RETA FINAL
VOLUME 2

CONCENTRADO TRIBUNAIS

www.editorasaraiva.com.br/direito
Visite nossa página

COORDENAÇÃO
DARLAN BARROSO
MARCO ANTONIO ARAUJO JUNIOR

RETA FINAL
VOLUME 2

CONCENTRADO TRIBUNAIS

CONCURSOS PÚBLICOS

>>> CONTEÚDO ADEQUADO PARA CONCURSO DE ANALISTA E TÉCNICO DO(S):
- TRIBUNAL REGIONAL DO TRABALHO
- TRIBUNAL REGIONAL FEDERAL
- TRIBUNAL REGIONAL ELEITORAL
- TRIBUNAIS DE JUSTIÇA
- MINISTÉRIO PÚBLICO ESTADUAL
- MINISTÉRIO PÚBLICO DO TRABALHO
- MINISTÉRIO PÚBLICO FEDERAL

Av. Paulista, 901, 3º andar
Bela Vista – São Paulo – SP – CEP: 01311-100

SAC sac.sets@somoseducacao.com.br

DADOS INTERNACIONAIS DE CATALOGAÇÃO NA PUBLICAÇÃO (CIP)
ANGÉLICA ILACQUA CRB-8/7057

Reta final : concentrado tribunais – vol. 2 / coordenação de Darlan Barroso e Marco Antonio Araujo Junior. São Paulo: Saraiva Educação, 2020.
1000 p.

Bibliografia
ISBN 978-65-5559-076-0 (impresso)

1. Direito. 2. Concursos públicos. I. Título. II. Barroso, Darlan. III. Araujo Junior, Marco Antonio.

20-0431

CDD 153.1
CDU 371.3

Índices para catálogo sistemático:
1. Direito
2. Concursos públicos

Direção executiva	Flávia Alves Bravin
Direção editorial	Renata Pascual Müller
Gerência de projetos e produção editorial	Fernando Penteado
Planejamento	Josiane de Araujo Rodrigues
Novos projetos	Sérgio Lopes de Carvalho
	Dalila Costa de Oliveira
Edição	Clarissa Boraschi Maria (coord.)
	Daniel Pavani Naveira
Produção editorial	Daniele Debora de Souza (coord.)
	Luciana Cordeiro Shirakawa
Arte e digital	Mônica Landi (coord.)
	Camilla Felix Cianelli Chaves
	Claudirene de Moura Santos Silva
	Deborah Mattos
	Guilherme H. M. Salvador
	Tiago Dela Rosa
Projetos e serviços editoriais	Daniela Maria Chaves Carvalho
	Kelli Priscila Pinto
	Laura Paraíso Buldrini Filogônio
	Marília Cordeiro
	Nicoly Wasconcelos Razuk
Diagramação	Muiraquitã Editoração Gráfica
Revisão	Amélia Kassis Ward
	Bernardete Maurício
	Daniela Georgeto
	Ivani Martins Cazarim
	Luciana Cordeiro Shirakawa
	Mariana Góis
Capa	Tiago Dela Rosa
Produção gráfica	Marli Rampim
	Sergio Luiz Pereira Lopes
Impressão e acabamento	Bartira

Data de fechamento da edição: 4-9-2020

Dúvidas? Acesse www.editorasaraiva.com.br/direito

Nenhuma parte desta publicação poderá ser reproduzida por qualquer meio ou forma sem a prévia autorização da Saraiva Educação. A violação dos direitos autorais é crime estabelecido na Lei n. 9.610/98 e punido pelo art. 184 do Código Penal.

CL 606711   CAE 735222

Sobre os Coordenadores

DARLAN BARROSO

Advogado. Sócio-fundador do MeuCurso. Mestre em Direito. Especialista em Direito Processual Civil pela PUC-SP. Professor de Direito Processual Civil e Coordenador de Pós-graduação em Processo Civil no MeuCurso. Foi coordenador de cursos preparatórios na Rede LFG, Diretor pedagógico no Damásio Educacional, autor e coordenador de obras na Editora Revista dos Tribunais. Atualmente, é autor e coordenador de obras na Saraiva Educação.

MARCO ANTONIO ARAUJO JR.

Advogado. Mestre em Direitos Difusos e Coletivos. Especialista em Direito das Novas Tecnologias pela Universidad Complutense de Madrid. Atuou como Conselheiro Seccional da OAB/SP (2013/2015 e 2016/2018), Presidente da Comissão de Defesa do Consumidor da OAB/SP (2013/2015 e 2016/2018), Membro da Comissão Nacional de Defesa do Consumidor do Conselho Federal da OAB (2013/2015 e 2016/2018). Diretor Adjunto da Comissão Permanente de Marketing do Brasilcon. Membro do Conselho Municipal de Defesa do Consumidor do Procon Paulistano. Foi Assessor-Chefe da Fundação Procon/SP. Atuou também como Presidente da Associação Nacional de Proteção e Apoio ao Concurso Público (Anpac) de 2015/2016 e 2017/2018 e atualmente atua como Vice-Presidente (2019/2020). Foi Professor, Coordenador do Núcleo de Prática Jurídica, Coordenador Acadêmico e Diretor do Curso de Direito da Uniban/SP; Professor e Coordenador do Curso Prima/SP; Professor e Diretor Acadêmico da Rede LFG; Professor, Coordenador da Graduação e Pós-graduação da Faculdade Damásio, Vice-Presidente Acadêmico, Diretor Executivo do Damásio Educacional e Diretor Acadêmico do IBMEC/SP. Atualmente, é Professor e Sócio-fundador do MeuCurso, autor e coordenador de obras na Saraiva Educação.

Sobre os Autores

ANA CAROLINA VICTALINO

Advogada. Mestre em Direito Processual Civil pela PUC-SP. Graduada em Direito pela PUC-SP. Professora de Direito Processual Civil nos cursos preparatórios e Pós-graduação do MeuCurso.

DANIEL LAMOUNIER

Advogado e Professor de Direito. Mestre em Direito Constitucional e especialista em Direitos Humanos e em Ciências Jurídico-Filosóficas pela Universidade de Coimbra, Portugal. Ex-Controlador Adjunto da Controladoria-Geral do Município de São Paulo.

DARLAN BARROSO

Advogado. Sócio-fundador do MeuCurso. Mestre em Direito. Especialista em Direito Processual Civil pela PUC-SP. Professor de Direito Processual Civil e Coordenador de Pós-graduação em Processo Civil no MeuCurso. Foi coordenador de cursos preparatórios na Rede LFG, Diretor pedagógico no Damásio Educacional, autor e coordenador de obras na Editora Revista dos Tribunais. Atualmente, é autor e coordenador de obras na Saraiva Educação.

ENKI PIMENTA

Advogado. Mestre em Direito pela FMU. Membro efetivo da Comissão de Direito Civil da OAB-SP. Professor de Direito Civil, Processo Civil e Direito do Consumidor na FMU. Professor de Direito Civil e Direito do Consumidor no MeuCurso.

FERNANDO MARQUES

Advogado Criminalista. Doutorando em Direito e Mestre em Direito Penal pela PUC-SP. Especialista em Direito Público pela Escola Paulista de Direito. Especialista em Docência no Ensino Superior pela Faculdade Anchieta. Bacharel em Direito pela Universidade Paulista. Professor de Direito Penal no MeuCurso.

LUCIANA RANGEL

Advogada com ênfase em Direito Ambiental e Direito Mineral. Ex-assistente jurídico do Tribunal de Justiça do Estado de São Paulo. Professora de Direito Ambiental e Tutela Coletiva Especialista em Direito Processual Civil (Max Planck). Mestre em Geociências (Unicamp). Doutoranda em Geociências (Unicamp).

MARCELLE TASOKO

Advogada criminalista. Mestre em Direito Processual Penal pela PUC-SP. Pós-graduada *lato sensu* em Direito Penal e Processual Penal pela Universidade Presbiteriana Mackenzie. Professora de Direito e Processo Penal e Prática Penal na Universidade Mogi das Cruzes (UMC) e no MeuCurso.

MARCO ANTONIO ARAUJO JR.

Advogado. Mestre em Direitos Difusos e Coletivos. Especialista em Direito das Novas Tecnologias pela Universidad Complutense de Madrid. Atuou como Conselheiro Seccional da OAB/SP (2013/2015 e 2016/2018), Presidente da Comissão de Defesa do Consumidor da OAB/SP (2013/2015 e 2016/2018), Membro da Comissão Nacional de Defesa do Consumidor do Conselho Federal da OAB (2013/2015 e 2016/2018). Diretor Adjunto da Comissão Permanente de Marketing do Brasilcon. Membro do Conselho Municipal de Defesa do Consumidor do Procon Paulistano. Foi Assessor-Chefe da Fundação Procon/SP. Atuou também como Presidente da Associação Nacional de Proteção e Apoio ao Concurso Público (Anpac) de 2015/2016 e 2017/2018 e atualmente atua como Vice-Presidente (2019/2020). Foi Professor, Coordenador do Núcleo de Prática Jurídica, Coordenador Acadêmico e Diretor do Curso de Direito da Uniban/SP; Professor e Coordenador do Curso Prima/SP; Professor e Diretor Acadêmico da Rede LFG; Professor, Coordenador da Graduação e Pós-graduação da Faculdade Damásio, Vice-Presidente Acadêmico, Diretor Executivo do Damásio Educacional e Diretor Acadêmico do IBMEC/SP. Atualmente, é Professor e Sócio-fundador do MeuCurso, autor e coordenador de obras na Saraiva Educação.

PAULO RALIN

Advogado Trabalhista. Conselheiro Federal da OAB. Vice-Presidente da Comissão Nacional da Jovem Advocacia. Especialista em Direito do Trabalho pela

Universidade Federal da Bahia (UFBA). Mestre em Diretos Humanos pela Universidade Tiradentes-SE. Professor da Graduação e Pós-Graduação da Universidade Tiradentes-SE. Professor da Pós-Graduação da Estácio-SE. Professor da Pós-Graduação da Faculdade de Direito de Vitória-ES. Professor da Pós-graduação do Infoc-SP. Professor do Ralin Preparatório – OAB e Concursos-SE. Professor do MeuCurso – Cursos preparatórios-SP. Ex-Professor do Damásio Educacional-SP.

RAFAEL PAIVA

Advogado. Mestre em Direito. Professor de Direito Constitucional e Processo Penal no MeuCurso.

RENATA ORSI

Advogada atuante em São Paulo, responsável pela área trabalhista do Bulgueroni | Polonio Advogados. Graduada, Mestra e Doutora em Direito do Trabalho e da Seguridade Social pela Universidade de São Paulo (USP). Professora dos cursos de pós-graduação e preparatórios do MeuCurso. Professora dos cursos de pós-graduação da FGVLaw (Fundação Getulio Vargas).

RENATO SABINO

Juiz do Trabalho em São Paulo. Doutor em Direito do Trabalho pela USP. Mestre em Direito do Trabalho pela PUC-SP. Coordenador dos cursos trabalhistas do MeuCurso (preparatórios e Pós-graduação), onde também é professor das disciplinas de Direito e Processo do Trabalho.

ROBERTA BOLDRIN

Graduada em Direito pela Faculdade de Direito de São Bernardo do Campo. Especialista em Direito Tributário pela PUC-SP. Professora de Direito Tributário do Curso Preparatório do Damásio para a primeira e segunda fase do Exame da OAB, Carreiras Fiscais e do Curso Clio para Carreiras Internacionais em Direito Administrativo. Coordenadora Geral de Cursos Preparatórios para Concurso Público do Damásio Educacional. Mestranda em Direito Internacional dos Direitos Humanos pela Universidade Metodista de Piracicaba. Professora de Direito Tributário do MeuCurso.

SANDRO CALDEIRA

Delegado de Polícia Civil do Estado do Rio de Janeiro. Integrante da Assessoria Jurídica da Secretaria de Estado de Polícia Civil do Estado do Rio de Janeiro. Especialista em Direito Penal e Processo Penal; Professor em cursos de graduação e pós-graduação em Direito Penal e Processo Penal. Professor e Consultor em cursos preparatórios para concursos públicos; Professor e Consultor em cursos preparatórios para Exames da OAB; Especialista em Didática e Metodologia do Ensino Superior; articulista e palestrante, com vários trabalhos publicados na imprensa especializada; Master Coach; professor do MeuCurso.

SAVIO CHALITA

Advogado. Mestre em Direitos Sociais, Difusos e Coletivos. Membro efetivo da Comissão Especial de Direito Constitucional do Conselho Seccional de São Paulo (OAB/SP). Professor Universitário. Professor do MeuCurso. Professor de Direito Constitucional, Eleitoral e Ética Profissional e Estatuto da OAB. Autor de diversas obras.

THEODORO AGOSTINHO

Doutorando e Mestre em Direito Previdenciário pela Pontifícia Universidade Católica (PUC-SP), Especialista em Direito Previdenciário pela Escola Paulista de Direito (EPD), Coordenador dos cursos de pós-graduação e extensão da área previdenciária da Escola Brasileira de Direito (EBRADI), Coordenador e Professor da área de Direito Previdenciário da Lex Cursos Jurídicos, Coordenador do Instituto Brasileiro de Estudos Previdenciários (IBEP), Professor da FIPECAFI/USP, Palestrante junto à Abipem e à Apeprem, Parecerista e Advogado.

VANDERLEI GARCIA

Mestre em Função Social do Direito pela Faculdade Autônoma de Direito de São Paulo – Fadisp e pela Università Degli Studi di Roma II – Tor Vergata. Especialista em Direito Processual Civil pela Escola Paulista da Magistratura – EPM-SP. Pós-graduado em Direito Privado pela Faculdade de Direito Damásio de Jesus – FDDJ-SP. Professor titular da Graduação em Direito da Universidade Nove de Julho – Uninove e da Faculdade Autônoma de Direito de São Paulo – Fadisp, de programas de pós-graduação da Universidade Presbiteriana Mackenzie, de cursos preparatórios para concursos públicos e Exame de Ordem. Professor de direito civil no MeuCurso.

Sumário

Sobre os Coordenadores   5

Sobre os Autores   7

Apresentação dos Coordenadores   13

1. Direito Civil
   Enki Pimenta e *Vanderlei Garcia*   **14**

2. Direito Penal
   Fernando Marques e *Sandro Caldeira*   **138**

3. Direito do Trabalho
   Paulo Ralin e *Renata Orsi*   **276**

4. Estatuto da Criança e do Adolescente
   Ana Carolina Victalino   **366**

5. Direito Ambiental
   Luciana Rangel   **398**

6. Direito do Consumidor
   Marco Antonio Araujo Junior   **440**

7. Direito Previdenciário
   Theodoro Agostinho   **486**

8. Direito Eleitoral
   Savio Chalita   **558**

9. Direito Processual Civil
   Ana Carolina Victalino e *Darlan Barroso*   **624**

10. Direito Processual Penal
    Marcelle Tasoko e *Rafael Paiva*   **702**

11. Direito Processual do Trabalho
    Renato Sabino   **780**

12. Direito Tributário
    Roberta Boldrin   **850**

13. Serviço Público Federal
    Daniel Lamounier   **966**

Apresentação dos Coordenadores

O **Reta Final: Concentrado Tribunais**, em seu 2º volume, conta com as principais disciplinas dos editais para as carreiras de Analista e Técnico dos Tribunais Federais e Estaduais (TRF, TRT, TRE e TJ), e também do Ministério Público (MP, MPT, MPF), tais como: Direito Civil, Direito Processual Civil, Direito Penal, Direito Processual Penal, Direito do Trabalho, Direito Processual do Trabalho, Direito Tributário, ECA, Direito Ambiental, Direito do Consumidor, Direito Previdenciário, Direito Eleitoral e Serviço Público Federal.

A obra traz uma proposta inovadora e diferenciada, que permitirá uma leitura rápida, fluida e eficaz dos conteúdos mais importantes para as provas.

Escrita por autores que também são professores, a dinâmica da obra permite que os pontos mais importantes dos editais, com alta incidência nos concursos públicos, sejam trazidos em evidência, permitindo que o leitor possa saber aquilo que tem maior relevância na hora de estudar.

A obra revela ainda a metodologia criada por nós, ao longo dos nossos quase vinte anos de experiência em coordenação e direção dos principais cursos preparatórios do país (Prima, LFG, Damásio e agora MeuCurso).

É a metodologia da **Rota de Estudos** com **Saber** (leitura do texto) + **Praticar** (responder questões de provas anteriores sobre o tema estudado) + **Revisar** (verificar os comentários em cada questão e cada alternativa e revisar a matéria estudada).

Com isso, a obra permite que o leitor/candidato possa se aprofundar no conteúdo e colocar em prática o que aprendeu com os exercícios selecionados e incluídos abaixo de cada capítulo, com questões temáticas e comentários em todas as alternativas, indicando se a fonte utilizada vem da legislação, doutrina ou jurisprudência, e ainda, informando qual o nível de dificuldade daquela questão.

Em conjunto com o 1º volume, o **Reta Final: Disciplinas Essenciais – Concursos Públicos**, que aborda o estudo de Direito Constitucional, Direito Administrativo, Português, Informática, Matemática, Raciocínio Lógico e Estatuto da Pessoa com Deficiência, o candidato terá o conteúdo mais completo para sua preparação em busca da **Aprovação**!

Desejamos ótimos estudos e muito sucesso nos concursos!

Prof. Marco Antonio Araujo Junior (Instagram @profmarcoantonio)
Prof. Darlan Barroso (Instagram @darlanbarroso)
www.meucurso.com.br

ENKI PIMENTA e VANDERLEI GARCIA

1

DIREITO CIVIL

Sumário

1. LEI DE INTRODUÇÃO ÀS NORMAS DE DIREITO BRASILEIRO 17
   - **1.1** Interpretação da lei 17
   - **1.2** Revogação da lei 18
   - **1.3** *Vacatio legis* e vigência da lei 19
   - **1.4** Efeito repristinatório 20
   - **1.5** Conflitos intertemporal e interespacial das normas 20
   - **1.6** Obrigatoriedade das leis 21
   - **1.7** Integração das leis 21
   - **1.8** Aplicação da lei 22
   - **1.9** Questões 24
2. PARTE GERAL DO CÓDIGO CIVIL 25
   - **2.1** Pessoas 25
   - **2.2** Capacidade 26
   - **2.3** Extinção da personalidade jurídica da pessoa natural 28
   - **2.4** Ausência das pessoas naturais 28
   - **2.5** Comoriência 30
   - **2.6** Direitos de personalidade 30
   - **2.7** Nome 32
   - **2.8** Individualização da pessoa natural: estado e domicílio 33
   - **2.9** Pessoa jurídica 35
   - **2.10** Questões 39
3. BENS 43
   - **3.1** Conceito 43
   - **3.2** Classificação 43
   - **3.3** Questões 48
4. ATOS E FATOS JURÍDICOS 49
   - **4.1** Questões 53

- **5. ATOS ILÍCITOS** 56
  - **5.1** Questão 58
- **6.** PRESCRIÇÃO E DECADÊNCIA 58
  - **6.1** Questões 61
- **7.** OBRIGAÇÕES 61
  - **7.1** Modalidades de obrigações 62
  - **7.2** Pagamento 63
  - **7.3** Questões 68
- **8.** CONTRATOS 70
  - **8.1** Conceito 70
  - **8.2** Princípios contratuais 70
  - **8.3** Relatividade dos efeitos dos contratos 72
  - **8.4** Principais classificações contratuais 74
  - **8.5** Fases de formação dos contratos 77
  - **8.6** Extinção dos contratos 78
  - **8.7** Arras ou sinais 81
  - **8.8** Compra e venda 82
  - **8.9** Doação 84
  - **8.10** Empréstimo 86
  - **8.11** Questões 87
- **9.** ATOS UNILATERAIS 90
  - **9.1** Promessa de recompensa 90
  - **9.2** Gestão de negócios 91
  - **9.3** Pagamento indevido 91
  - **9.4** Enriquecimento sem causa 91
- **10.** RESPONSABILIDADE CIVIL 92
  - **10.1** Questão 95
- **11.** COISAS 95
  - **11.1** Posse 96
  - **11.2** Plantações e construções 98
  - **11.3** Direitos reais sobre coisa alheia 99
  - **11.4** Uso 101
  - **11.5** Habitação 101
  - **11.6** Direito do promitente comprador 101
  - **11.7** Concessões 102
  - **11.8** Usucapião 103
  - **11.9** Do condomínio em multipropriedade 104
  - **10.10 Questões** 107
- **12.** DIREITO DE FAMÍLIA 109
  - **12.1** Formas de famílias 109
  - **12.2** Casamento 109
  - **12.3** Regimes de bens 114
  - **12.4** União estável 118
  - **12.5** Parentesco 119
  - **12.6** Filiação 119
  - **12.7** Alimentos 121
  - **12.8** Questões 122
- **13.** SUCESSÕES 125
  - **13.1** Aspectos gerais 125

13.2 Características da herança 125
13.3 Ordem de vocação hereditária 125
13.4 Herdeiros legítimos 126
13.5 Ordem de sucessão legítima 126
13.6 Sucessão dos descendentes 126
13.7 Sucessão do cônjuge 127
13.8 Sucessão dos ascendentes 127
13.9 Sucessão na união estável 128
13.10 Sucessão testamentária 128
13.11 Nulidades da disposição 131
13.12 Substituição e fideicomisso 131
13.13 Herança 132
13.14 Inventário 133
13.15 Partilha 133
13.16 Colação 134
13.17 Questões 134
REFERÊNCIAS 136

1. LEI DE INTRODUÇÃO ÀS NORMAS DE DIREITO BRASILEIRO

De início, é importante observar que a Lei de Introdução às Normas de Direito Brasileiro – LINDB é norma que se dirige a **todos os ramos jurídicos**, salvo naquilo que for regulamentado de forma distinta por lei específica.

Ao contrário das demais normas, que têm como objeto o comportamento humano, a LINDB tem como objeto a *própria norma*, razão pela qual é conhecida como uma **norma de sobredireito**, ou como um conjunto de **normas sobre normas**. Recebe, ainda, outras denominações, tais como "lei das leis", "normas das normas", "norma de superdireito", *lex legum*, entre outras.

A LINDB regulamenta, dentre seus artigos, os seguintes assuntos:

- vigência e eficácia das normas jurídicas;
- conflitos da lei no tempo e no espaço;
- critérios de hermenêutica (é a ciência que trata da interpretação das leis);
- mecanismos de integração do ordenamento jurídico (analogia, costumes, princípios gerais do direito e equidade);
- normas de direito internacional privado (arts. 7º a 19);
- normas sobre segurança jurídica e eficiência na criação e aplicação do direito público (arts. 20 a 30 – acrescentados pela Lei n. 13.655/2018).

Como **fonte primária no Direito brasileiro**, de origem romano-germânica, adota-se a escola da *Civil Law*, razão pela qual a lei é a **fonte primária**, sendo ela a principal fonte do direito. Ademais, a própria **LINDB**, em seu art. 4º, determina que o Judiciário, por meio do juiz, deverá decidir com base nos costumes e princípios gerais do direito, sendo essas as fontes formais do direito. Portanto, verifica-se presente o princípio da legalidade, constante no art. 5º, II, da Constituição Federal. A analogia é mera regra de integração, e não fonte do direito.

Diferentemente da escola *Common Law*, de origem medieval, em que os precedentes judiciais constituem a principal fonte do direito. Inclusive há uma tendência no nosso ordenamento, pois a Emenda Constitucional n. 45/2014, ao incluir o art. 103-A na Constituição Federal, menciona que a aprovação de súmula vinculante, a partir de sua publicação na imprensa oficial, traz efeitos aos demais órgãos do Poder Judiciário e à administração pública direta e indireta, em todas as esferas.

O Código de Processo Civil incrementou o sistema *Common Law*, por exemplo, em seu art. 926, prevendo que os tribunais devem uniformizar sua jurisprudência e mantê-la estável, íntegra e coerente. Aqui, pode-se afirmar que jurisprudência é o conjunto de decisões reiteradas, constantes e pacíficas, de casos semelhantes da norma a situação fática.

Dessa forma, após a concepção da lei como fonte do direito, mas não exclusiva – art. 103-A da Constituição Federal e art. 926 do Código de Processo Civil –, a **LINDB** prevê as regras relativas à **vigência da lei no tempo**, desde o nascimento da norma até sua aplicação e revogação.

1.1 Interpretação da lei

a) Quanto às fontes

i) **Autêntica:** quando realizada pelo legislador, no momento de edição da norma.
ii) **Doutrinária:** quando realizada pelos estudiosos do Direito.
iii) **Jurisprudencial:** quando realizada pelos órgãos do Poder Judiciário.

b) Quanto aos meios

i) **Gramatical (lógica):** consiste em buscar o real sentido do texto legal, a partir das regras linguísticas gramaticais.

ii) **Lógica:** consiste em buscar o significado da norma nos fatos e motivos políticos, históricos e ideológicos que culminaram na sua criação; busca-se, por meio de um raciocínio lógico, o porquê das normas.

iii) **Ontológica:** é a busca pela essência da lei, da sua razão de ser (*ratio legis*).

iv) **Histórica:** consiste no estudo das circunstâncias fáticas que envolveram a elaboração da norma, procurando o real sentido do texto legal.

v) **Sistemática:** é a comparação entre a lei atual, em vários de seus dispositivos, e outros textos legais atuais ou anteriores.

vi) **Sociológica ou teleológica:** busca interpretar de acordo com a adequação da lei ao contexto da sociedade e aos fatos ou fins sociais da norma.

c) Quanto à extensão

i) **Declaratória:** é a interpretação nos exatos termos do que consta na lei, sem ampliar ou restringir o conteúdo do texto legal.

ii) **Extensiva:** amplia-se o sentido do texto legal, sob o argumento de que o legislador disse menos do que pretendia, sendo relevante ressaltar que as normas que restringem a liberdade, que é o caso da autonomia privada (liberdade contratual), e as normas de exceção, em regra, não admitem interpretação extensiva.

iii) **Restritiva:** restringe-se o texto legal, pois o legislador disse mais do que pretendia.

1.2 Revogação da lei

Revogar significa tornar sem efeito uma norma, retirando sua obrigatoriedade.

A norma jurídica perde a vigência, porque outra norma veio modificá-la ou revogá-la.

Norma jurídica é permanente e só poderá deixar de surtir efeitos se a ela sobrevier outra norma que a revogue.

Princípio da continuidade ou permanência da norma – se a lei superou a *vacatio* e entrou em vigor, permanecerá em vigor até que outra lei a retire do sistema.

A retirada da eficácia de uma norma jurídica pode ocorrer de duas formas:

a) Classificadas quanto à sua extensão

i) **Revogação total ou ab-rogação:** ocorre quando se torna sem efeito uma norma de forma integral, com a supressão total do seu texto por uma norma emergente. Ex.: Código Civil de 1916, revogado pelo art. 2.045 do Código Civil de 2002.

ii) **Revogação parcial ou derrogação:** ocorre quando uma lei nova torna sem efeito parte de uma lei anterior, como ocorreu com a primeira parte do Código Comercial, conforme o art. 2.045, segunda parte, do Código Civil de 2002.

b) Classificadas quanto ao modo

i) **Revogação expressa ou direta:** situação em que a lei nova declara taxativamente revogada a lei anterior ou aponta os dispositivos que pretende retirar.

ii) **Revogação tácita ou indireta:** situação em que a lei posterior é incompatível com a lei anterior, no entanto, sem previsão expressa no texto quanto à sua revogação.

- **Revogação tácita por incompatibilidade:** ocorre quando a lei nova é incompatível em suas regulamentações com a lei anterior.

- **Revogação tácita global:** ocorre quando a lei nova regulamenta inteiramente uma matéria tratada por lei anterior.

Ultratividade da lei é o poder (ou a possibilidade) que ela possui de vir a ser aplicada (produzir efeitos), **após a sua revogação**, ao fato produzido sob a sua vigência e em se tratando de determinadas matérias.

1.3 *Vacatio legis* e vigência da lei

Sendo sancionada, a lei deverá ser publicada no órgão oficial. Após a publicação, inicia-se o prazo de vigência, sendo este especificado na própria lei que foi sancionada ou não.

Vacatio legis é o prazo de vacância da norma para que ela seja obrigatória e exigível. É o período entre a publicação e o efetivo início dos efeitos da lei, ou seja, é o intervalo entre a data da publicação da lei e a sua entrada em vigor.

Assim, dispõe o art. 1º da LINDB: "Salvo disposição contrária, a lei começa a vigorar em todo o país quarenta e cinco dias depois de oficialmente publicada". Ou seja, **no Brasil**, no silêncio da lei, esta vigorará após **45 dias** depois de oficialmente publicada, salvo se houver disposição contrária.

Já nos **Estados estrangeiros**, a sua obrigatoriedade inicia-se no prazo de **três meses** após oficialmente publicada (art. 1º, § 1º, da LINDB).

> **IMPORTANTE**
>
> Para contagem do prazo, inclui-se a data da publicação no *Diário Oficial* e o último dia do prazo. Entrará em vigor no dia subsequente à consumação integral – art. 8º, § 1º, da Lei Complementar n. 95/98.

Regra: o período de vacância será aquele previsto pela própria lei. Ex.: art. 2.044 do Código Civil de 2002. **"Este Código entrará em vigor 1 (um) ano após a sua publicação"**.

Exceção: não havendo previsão expressa na lei (omissão), o período de *vacatio* será de **45 dias**, após a sua publicação oficial (art. 1º da LINDB).

Lei corretiva: observe que, se ocorrer **nova publicação de seu texto**, destinada a **correção, antes de entrar a lei em vigor**, o prazo de *vacatio* da lei começará a correr da **nova publicação** (art. 1º, § 3º, da LINDB). Isso porque, havendo correções a serem realizadas no texto de lei que **ainda não estiver em vigência**, por eventual equívoco em sua redação, incorreções ou erros materiais, deverá ser a lei **obrigatoriamente republicada**.

Porém, caso a lei já esteja em vigor, tais alterações serão consideradas como **lei nova** (art. 1º, § 4º, da LINDB).

Não se aplica o art. 132 do Código Civil, pois este é exclusivo aos cumprimentos obrigacionais.

Importante verificar a redação da **Lei Complementar n. 95/98**:

> Art. 8º A vigência da lei será indicada de forma expressa e de modo a contemplar prazo razoável para que dela se tenha amplo conhecimento, reservada a cláusula **"entra em vigor na data de sua publicação"** para as leis de pequena repercussão.
>
> § 1º A contagem do prazo para entrada em vigor das leis que estabeleçam período de vacância far-se-á com a **inclusão da data da publicação e do último dia do prazo**, entrando em vigor no dia subsequente à sua consumação integral. Desta forma, a contagem do prazo de *vacatio legis* inclui o dia da publicação e o último dia do prazo.

Dessa forma, verifica-se que a obrigatoriedade da lei não se inicia com a sua publicação, salvo se tiver disposição expressa nesse sentido.

Para melhor compreensão, veja o quadro a seguir quanto ao termo inicial e exemplos:

TERMO INICIAL	EXEMPLOS
Quando ela mesma indicar a data da publicação ou previsão expressa.	Art. 2.044 do Código Civil de 2002: "Art. 2.044. Este Código entrará em vigor 1 (um) ano após a sua publicação".
45 dias corridos, no caso de falta de previsão.	Lei Municipal – Publicação no diário oficial do Município. Lei Estadual – Publicação no diário oficial do Estado. Lei Federal – Publicação no diário da União.
3 meses no território estrangeiro (art. 1º, § 1º, da LINDB).	*Vacatio* de 1 ano: 1 ano + 3 meses?

1.4 Efeito repristinatório

O **efeito repristinatório** é aquele pelo qual uma norma revogada volta a valer no caso de revogação da sua revogadora.

Assim, temos:

1) Norma A – válida.
2) Norma B (revogadora) – revoga a Norma A (retira do sistema).
3) Norma C – revoga a Norma B.
4) Questiona-se: A Norma A (revogada) volta a valer com a revogação (pela Norma C) da sua Norma revogadora (no caso, B)?

Resposta: Não. Porque não existe e não se admite o efeito repristinatório automático no nosso sistema.

Acompanhe nosso esquema a respeito da **REPRISTINAÇÃO**:

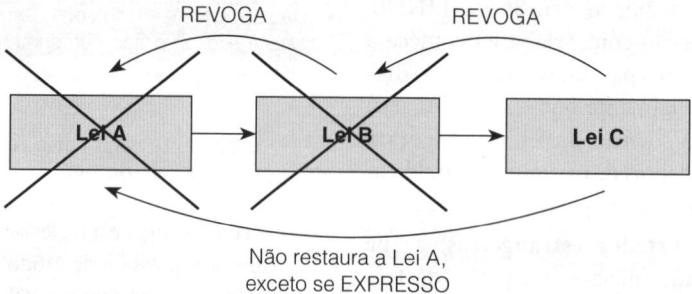

Não restaura a Lei A, exceto se EXPRESSO

Art. 2º, § 3º, da LINDB: "salvo disposição em contrário, a lei revogada não se restaura por ter a lei revogadora perdido a vigência".

Assim, **cuidado**: o efeito repristinatório não é automático no nosso ordenamento jurídico, porque somente será possível mediante **cláusula expressa** constante na lei posterior que revoga a **LEI REVOGADORA**.

Contudo, em algumas situações previstas, **excepcionalmente**, na nossa legislação, a lei revogada volta a viger **quando a lei revogadora for declarada inconstitucional** ou **quando for concedida a suspensão cautelar da eficácia da norma impugnada** (art. 11, § 2º, da Lei n. 9.868/99).

1.5 Conflitos intertemporal e interespacial das normas

Antinomia: é a presença de duas **normas conflitantes, válidas e emanadas de autoridade competente**, sem que se possa dizer qual delas merecerá **aplicação em determinado caso concreto**.

a) Critérios para solução das antinomias

1º **Critério – Cronológico**: norma posterior prevalece sobre norma anterior (mais fraco).

2º Critério – Da especialidade: norma especial prevalece sobre norma geral (intermediário).

3º Critério – Hierárquico: norma superior prevalece sobre norma inferior (mais forte).

b) Classificação das antinomias

Antinomia de 1º grau: conflito de normas válidas que envolve apenas um dos critérios anteriormente estudados.

Antinomia de 2º grau: choque de normas válidas que envolve dois dos critérios analisados.

Antinomia aparente: possibilidade de solução de acordo com os critérios anteriormente estudados.

Antinomia real: situação que não pode ser resolvida de acordo com os critérios expostos.

1) **Conflito entre norma posterior e norma inferior**: valerá a primeira, pelo critério cronológico: *antinomia de primeiro grau aparente*.

2) **Conflito entre norma especial e norma geral**: prevalecerá a especial, pelo critério da especialidade: *antinomia de primeiro grau aparente*.

3) **Conflito entre norma superior e norma inferior**: prevalecerá a primeira, pelo critério hierárquico: *antinomia de primeiro grau aparente*.

i) **Conflito entre norma especial anterior e norma geral posterior**: valerá a primeira, pelo critério da especialidade: *antinomia de segundo grau aparente*.

- Especialidade e cronológico: ESPECIALIDADE.

ii) **Conflito entre norma superior anterior e norma inferior e posterior**: prevalecerá também a primeira, pelo critério hierárquico: *antinomia de segundo grau aparente*.

- Hierárquico e cronológico: HIERÁRQUICO.

iii) **Conflito entre norma geral superior e norma especial e inferior**: *antinomia de segundo grau real*. Qual prevalecerá?

- **Solução do legislativo**: edição de uma terceira norma, apontando qual das duas em conflito deve ser aplicada.
- **Solução do judiciário**: ocorre quando o magistrado escolhe uma das duas normas, aplicando as formas de integração dos arts. 4º e 5º, da LINDB, buscando o preceito máximo de Justiça.

1.6 Obrigatoriedade das leis

"**Art. 3º** Ninguém se escusa de cumprir a lei, alegando que não a conhece".

Referida disposição legal visa a garantir a eficácia global às leis, a partir do momento em que entram em vigência em nosso ordenamento jurídico (*nemine excusat ignorantia legis*).

a) **Teoria da presunção legal (*jure et jure*)**: presume-se que a lei, uma vez publicada, torna-se conhecida de todos.

b) **Teoria da ficção jurídica**: pressupõe, de forma hipotética, que a lei se torna conhecida de todos.

c) **Teoria da necessidade social**: sustenta que a lei é obrigatória e deve ser cumprida por todos, não por motivo de um conhecimento presumido ou ficto, mas por elevadas razões de interesse público, para que seja possível a convivência social.

1.7 Integração das leis

Importante mencionar que a interpretação se distingue da integração na medida em que esta não tem por objetivo **buscar o real ou verdadeiro significado (sentido) da norma**.

As lacunas não são do direito, mas, sim, das leis. Visa ao preenchimento das lacunas, atividade de colmatação. Sendo vedado ao magistrado deixar de julgar alegando lacuna ou outro motivo – *non liquet* (art. 140 do CPC). Aplicando de acordo com a analogia, os costumes e os princípios gerais do direito (art. 4º da LINDB), atendendo aos fins sociais a que se destina (art. 5º da LINDB).

A integração, pois, será uma técnica utilizada sempre que o aplicador da lei **não encontrar no sistema jurídico** uma lei que regule especificamente uma situação concreta, ressaltando que o nosso ordenamento não permite que um direito deixe de ser assegurado ao jurisdicionado por falta de norma legal específica.

Desse modo, serão utilizados, **segundo a LINDB**, três métodos:

a) **Analogia:** consiste na técnica por meio da qual se aplica a um caso não previsto em lei uma norma que regule caso semelhante.

b) **Costumes:** é prática reiterada e uniforme de determinada conduta pelos membros da comunidade com fundamento na convicção de sua obrigatoriedade.

c) **Princípios gerais de direito:** princípios ou enunciados de valor genérico e abstrato, normalmente não previstos de modo expresso na lei e que orientam a compreensão do ordenamento jurídico.

Temos, ainda, como fonte do direito e como meio de interpretação das normas:

a) **Doutrina:** consiste no posicionamento, pesquisas, pareceres e interpretações apresentados pelos cientistas e estudiosos do Direito.

b) **Jurisprudência:** são as decisões reiteradas, constantes e pacíficas dos Tribunais sobre determinada matéria, incluindo as súmulas de entendimento dos respectivos Tribunais.

c) **Equidade:** trata-se da adaptação da regra ao caso concreto, sujeitando o julgamento realizado ao senso pessoal do julgado (critério de justiça).

• **Aplicação da norma jurídica no tempo – art. 6º da LINDB e art. 5º, XXXVI, da CF.**

"**Art. 6º** A Lei em vigor terá efeito imediato e geral, respeitados o ato jurídico perfeito [§ 1º], o direito adquirido [§ 2º] e a coisa julgada [§ 3º]".

Ou seja, a lei não será aplicável aos casos pendentes ou futuros. Já aos pretéritos, apenas se não houver ofensa ao que está disposto em relação ao ato jurídico perfeito, ao direito adquirido e à coisa julgada.

> **Ato jurídico perfeito:** é o ato já consumado segundo a lei vigente ao tempo em que se efetuou.
>
> **Direito adquirido:** é aquele exercido por seu titular; já integrado, incorporado, definitivamente, ao seu patrimônio e personalidade. Ex.: aposentadoria.
>
> **Coisa julgada:** é a decisão judicial em que já não caiba mais recurso.

1.8 Aplicação da lei

1) **Pessoas e personalidade:** a lei do país em que domiciliada a pessoa determina as regras sobre o começo e o fim da personalidade, o nome, a capacidade e os direitos de família.

a) Realizando-se o casamento no Brasil, será aplicada a lei brasileira quanto aos impedimentos dirimentes e às formalidades da celebração.

b) O casamento de estrangeiros poderá celebrar-se perante autoridades diplomáticas ou consulares do país de ambos os nubentes.

c) Tendo os nubentes domicílio diverso, regerá os casos de invalidade do matrimônio a lei do primeiro domicílio conjugal.

d) O regime de bens, legal ou convencional, obedece à lei do país em que tiverem os nubentes domicílio, e, se este for diverso, à do primeiro domicílio conjugal.

e) O estrangeiro casado, que se naturalizar brasileiro, pode, mediante expressa anuência de seu cônjuge, requerer ao juiz, no ato de entrega do decreto de naturalização, que se apostile a ele a adoção do regime de comunhão parcial de bens, respeitados os direitos de terceiros e dada essa adoção ao competente registro.

f) O divórcio realizado no estrangeiro, se um ou ambos os cônjuges forem brasileiros, só será reconhecido no Brasil depois de um ano da data da sentença, salvo se tiver sido antecedida de separação judicial por igual prazo, caso em que a homologação produzirá efeito imediato, obedecidas as condições estabelecidas para a eficácia das sentenças estrangeiras no país.

g) O Superior Tribunal de Justiça, na forma de seu regimento interno, poderá reexaminar, a requerimento do interessado, decisões já proferidas em pedidos de homologação de sentenças estrangeiras de divórcio de brasileiros, a fim de que passem a produzir todos os efeitos legais.

h) Salvo o caso de abandono, o domicílio do chefe da família estende-se ao outro cônjuge e aos filhos não emancipados, e o do tutor ou curador, aos incapazes sob sua guarda.

i) Quando a pessoa não tiver domicílio, considerar-se-á domiciliada no lugar de sua residência ou naquele em que se encontre.

2) **Bens:** para qualificar os bens e regular as relações a eles concernentes, aplicar-se-á a lei do país em que estiverem situados.

a) Aplicar-se-á a lei do país em que for domiciliado o proprietário, quanto aos bens móveis que ele trouxer ou se destinarem a transporte para outros lugares.

b) O penhor regula-se pela lei do domicílio que tiver a pessoa, em cuja posse se encontre a coisa apenhada.

3) Obrigações: para qualificar e reger as obrigações, aplicar-se-á a lei do país em que se constituírem.

a) Destinando-se a obrigação a ser executada no Brasil e dependendo de forma essencial, será esta observada, admitidas as peculiaridades da lei estrangeira quanto aos requisitos extrínsecos do ato.

b) A obrigação resultante do contrato reputa-se constituída no lugar em que residir o proponente.

4) Sucessão (morte ou ausência): a sucessão por morte ou por ausência obedece à lei do país em que domiciliado o defunto ou o desaparecido, quaisquer que sejam a natureza e a situação dos bens.

a) A sucessão de bens de estrangeiros, situados no país, será regulada pela lei brasileira em benefício do cônjuge ou dos filhos brasileiros, ou de quem os represente, sempre que não lhes seja mais favorável a lei pessoal do *de cujus*.

b) A lei do domicílio do herdeiro ou legatário regula a capacidade para suceder.

5) Pessoas jurídicas: as organizações destinadas a fins de interesse coletivo, como as sociedades e as fundações, obedecem à lei do Estado em que se constituírem.

a) Não poderão, entretanto, ter, no Brasil, filiais, agências ou estabelecimentos antes de os atos constitutivos serem aprovados pelo Governo brasileiro, ficando sujeitas à lei brasileira.

b) Os Governos estrangeiros, bem como as organizações de qualquer natureza, que eles tenham constituído, dirijam ou hajam investido de funções públicas, não poderão adquirir no Brasil bens imóveis ou suscetíveis de desapropriação.

c) Os Governos estrangeiros podem adquirir a propriedade dos prédios necessários à sede dos representantes diplomáticos ou dos agentes consulares.

6) **Competência da autoridade judiciária brasileira:** é competente a autoridade judiciária brasileira, quando for o réu domiciliado no Brasil ou aqui tiver de ser cumprida a obrigação.

a) Somente à autoridade judiciária brasileira compete conhecer das ações relativas a imóveis situados no Brasil.

b) A autoridade judiciária brasileira cumprirão, concedido o *exequatur* e segundo a forma estabelecida pela lei brasileira, as diligências deprecadas por autoridade estrangeira competente, observando a lei desta, quanto ao objeto das diligências.

7) **Provas de fatos:** a prova dos fatos ocorridos em país estrangeiro rege-se pela lei que nele vigorar, quanto ao ônus e aos meios de produzir-se, não admitindo os tribunais brasileiros provas que a lei brasileira desconheça.

1.9 Questões

1. **(CESPE – TJAL – Analista – Área Judiciária)** Assinale a opção correta de acordo com a Lei de Introdução às Normas do Direito Brasileiro (LINDB):

A) Correções de texto de lei já em vigor não se consideram lei nova.

B) De acordo com o princípio da obrigatoriedade, a lei que não se destina a viger apenas temporariamente, vigorará até que outra a modifique ou revogue.

C) A LINDB prevê expressamente, no caso de a lei ser omissa, o emprego da equidade, da analogia, dos costumes e dos princípios gerais do direito pelo juiz incumbido de decidir a respeito do caso concreto.

D) A analogia não pode ser utilizada para se proceder à colmatação de lacunas.

E) Denomina-se caso julgado a decisão judicial da qual não caiba mais recurso.

↳ **Resolução:**

Nos termos do art. 6º, § 3º, da LINDB: "Art. 6º A Lei em vigor terá efeito imediato e geral, respeitados o ato jurídico perfeito, o direito adquirido e a coisa julgada. (...) § 3º Chama-se coisa julgada ou caso julgado a decisão judicial de que já não caiba recurso".

↗ **Gabarito: "E".**

2. **(CESPE – TRE-MT – Analista Judiciário – Judiciária)** Com base no disposto na Lei de Introdução às Normas do Direito Brasileiro, assinale a opção correta:

A) No tocante aos regramentos do direito de família, adota-se o critério *jus sanguinis* na referida lei.

B) A sucessão de bens de estrangeiros situados no território brasileiro é disciplinada pela lei brasileira em favor do cônjuge ou dos filhos brasileiros, mesmo se a lei do país de origem do *de cujus* for-lhes mais favorável.

C) Ao confronto entre uma lei especial e outra lei geral e posterior dá-se o nome de antinomia de segundo grau.

D) Ocorre lacuna ontológica na lei quando existe texto legal para a solução do caso concreto, mas esse texto contraria os princípios que regem a própria justiça.

E) O juiz poderá decidir por equidade, mesmo sem previsão legal.

↳ **Resolução:**

Antinomia de 2º grau: ocorre quando identificado conflito de normas válidas que envolve dois dos critérios analisados, ou seja, nesse caso, da especialidade e da cronologia.

↗ **Gabarito: "C".**

3. **(FCC – TCE-AM – Analista Técnico do Ministério Público)** De acordo com a Lei de Introdução às Normas do Direito Brasileiro:
A) a lei nova revoga a anterior quando expressamente o declare, quando seja incompatível com o texto da lei antiga ou quando regule inteiramente a matéria de que tratava.
B) lei geral revoga lei especial anterior.
C) o desconhecimento da lei autoriza o seu descumprimento.
D) quando a lei for omissa, o juiz decidirá em favor do réu.
E) salvo disposição em contrário, a lei entra em vigor no país no momento de sua publicação.

↘ **Resolução:**
Nos termos do art. 2º, § 1º, da LINDB: "A lei posterior revoga a anterior quando expressamente o declare, quando seja com ela incompatível ou quando regule inteiramente a matéria de que tratava a lei anterior".

↗ **Gabarito: "A".**

4. **(CESPE – TRE-TO – Analista Judiciário – Área Judiciária)** De acordo com a Lei de Introdução às Normas do Direito Brasileiro:
A) o princípio da obrigatoriedade das leis é incompatível com o instituto do erro de direito.
B) em relação à eficácia da lei no tempo, a retroatividade de uma lei no ordenamento jurídico será máxima.
C) adota-se, quanto à eficácia da lei no espaço, o princípio da territorialidade mitigada.
D) em caso de omissão da lei, o juiz decidirá o caso de acordo com as regras de experiência.
E) será admitida correção de texto legal apenas antes de a lei entrar em vigor.

↘ **Resolução:**
O princípio da territorialidade mitigada também é chamado de territorialidade moderada ou territorialidade temperada. É a possibilidade de aplicação, em território nacional, da lei estrangeira. É adotado pelo art. 17 da LINDB: "As leis, atos e sentenças de outro país, bem como quaisquer declarações de vontade, não terão eficácia no Brasil, quando ofenderem a soberania nacional, a ordem pública e os bons costumes".

↗ **Gabarito: "C".**

2. PARTE GERAL DO CÓDIGO CIVIL

2.1 Pessoas

1) Conceito de personalidade jurídica

A personalidade jurídica é a **aptidão genérica para se adquirir direitos e deveres na ordem civil**, sendo que toda pessoa é capaz de direitos e deveres na ordem civil (art. 1º do CC). É a **capacidade de direito ou de gozo**.

2) Início da personalidade jurídica da pessoa natural

O início da personalidade da pessoa natural é marcado pelo **nascimento com vida**, conforme dicção do **art. 2º do Código Civil**. Por essa razão, o Código Civil adotou a Teoria Natalista, momento da primeira inspiração do ar (entrada de ar nos pulmões) do recém-nascido. A constatação cientifica, no caso de falecimento, se dá pelo exame chamado de Docimasia Hidrostática de Galeno.

Entretanto, o próprio art. 2º, segunda parte, do Código Civil põe a salvo o direito **do nascituro**, que é o ente já concebido, mas ainda não nascido, e **"põe a salvo os seus direitos, desde a concepção"**. Inclusive, é a posição adotada pelo CJF, cujo Enunciado 1 da Jornada de Direito Civil assim dispõe: "Art. 2º A proteção que o Código defere ao nascituro alcança o natimorto no que concerne aos direitos da personalidade, tais como nome, imagem e sepultura".

Segundo Maria Helena Diniz, o nascituro possui personalidade jurídica proveniente de duas espécies distintas:

a) formal, representada pelos direitos não patrimoniais, garantidos ao nascituro desde a sua concepção (nome, vida, saúde etc.);

b) material, que diz respeito aos direitos patrimoniais do nascituro, garantidos a partir do momento do seu nascimento com vida.

Assim, pode-se afirmar que na legislação em vigor o nascituro:

a) é titular de direitos personalíssimos (como o direito à vida);
b) pode receber doação, conforme dispõe o art. 542 do CC: "A doação feita ao nascituro valerá, sendo aceita por seu representante legal";
c) pode ser beneficiado por legado e herança (art. 1.798 do CC);
d) pode ter curador nomeado para a defesa de seus interesses;
e) é protegido penalmente (o Código Penal tipifica o crime de aborto);
f) tem direito a alimentos.

Natimorto não é pessoa, mas terá seu nome, sua imagem e sua sepultura respeitados (Enunciado 1 da 1ª Jornada do Centro de Estudos Judiciários do Conselho da Justiça Federal).

Quanto ao natimorto, ocorrerá o Registro em livro próprio – art. 53, § 1º, da Lei de Registros Públicos. Já a pessoa que nasce e morre em seguida terá certidão de nascimento e de óbito – art. 53, § 2º, da Lei de Registros Públicos.

2.2 Capacidade

Capacidade de fato: ao contrário da capacidade de direito, possui estágios definidos no Código Civil. Há duas modalidades de **incapacidade**: a **incapacidade absoluta** e a **incapacidade relativa**.

Incapacidade absoluta: é a inaptidão absoluta para a prática dos atos da vida civil. De acordo com o **art. 3º do Código Civil**, são considerados **absolutamente incapazes** somente os **menores de 16 anos** – após a reforma legislativa apresentada pela **Lei n. 13.146/2015**.

Observe que o negócio jurídico praticado pelo menor de **16 anos (absolutamente incapaz)** será considerado **nulo (nulidade absoluta)**, nos termos do art. 166, I, do Código Civil.

O instrumento utilizado para viabilizar a prática de atos da vida civil pelos absolutamente incapazes, ou seja, atos relativos aos direitos e interesses de menores, serão realizados por intermédio da **representação**, exercida pelos **pais**, se se tratar de menor sob o poder familiar (art. 1.690 do CC), ou pelo **tutor** (art. 1.728 do CC).

Incapacidade relativa: de acordo com o **art. 4º do Código Civil**, são considerados **relativamente incapazes** (também com alterações trazidas pela **Lei n. 13.146/2015**):

a) os **maiores de 16 e menores de 18 anos** (art. 4º, I);
b) os **ébrios habituais** e os **viciados em tóxico** (art. 4º, II);
c) aqueles que, por causa **transitória ou permanente, não puderem exprimir sua vontade** (art. 4º, III);
d) os **pródigos** (art. 4º, IV).

A capacidade dos indígenas será regulada por legislação especial.

Observe que, ao contrário do que ocorre na incapacidade absoluta, na relativa, os negócios jurídicos realizados pelos incapazes, quando desacompanhados de seus assistentes, **serão anulados (nulidade relativa)**.

ABSOLUTAMENTE INCAPAZ – art. 3º do CC	RELATIVAMENTE INCAPAZ – art. 4º do CC
Menor de 16 anos – menor impúbere. • **Representados (representante legal)**. • **Tutela**. Nos negócios jurídicos este será **NULO (art. 166, I, do CC)**.	Entre **16 e 18 anos** – menor púbere. • **Assistência**. Os ébrios habituais, os viciados em tóxicos, aqueles que, por causa transitória ou permanente, não puderem exprimir a sua vontade e os pródigos são **CURATELADOS**. Nos negócios jurídicos estes são **ANULÁVEIS (art. 171, I, do CC)**.

Exceção à nomenclatura do **curatelado**: **NASCITURO** – "**Art. 1.779.** Dar-se-á curador ao nascituro, se o pai falecer estando grávida a mulher, e não tendo o poder familiar".

Emancipação: trata-se de uma hipótese de antecipação da aquisição da capacidade civil plena antes da idade legal. Três são as formas de emancipação:

EMANCIPAÇÃO	
Emancipação Voluntária	É aquela concedida por **ato unilateral** dos pais em pleno exercício do poder parental, ou de apenas um deles na falta do outro (ou da perda do poder familiar de um deles).
Emancipação Judicial	Realiza-se mediante uma **sentença judicial**, na hipótese de um **menor colocado sob tutela**. Antes da sentença o tutor será, necessariamente, ouvido pelo magistrado (art. 5º, parágrafo único, I, segunda parte, do CC).
Emancipação Legal	Ocorre em razão de situações descritas na lei. O art. 5º do Código Civil nos traz as seguintes situações: a) casamento; b) exercício de emprego efetivo; c) colação de grau em curso de ensino superior; d) estabelecimento civil ou comercial, ou existência de relação de emprego, desde que, em função deles, o menor tenha economia própria.

Caso ocorra o divórcio, a separação ou a morte do cônjuge (viuvez), o emancipado não retorna à situação de incapacidade, os seus efeitos projetam para futuro (efeito *ex nunc*).

Entretanto, se o casamento for invalidado, atinge o casamento na sua origem. A sentença invalidará o casamento, ou seja, o atinge *ab initio*, com efeitos *ex tunc*. Assim, a emancipação também perderá a eficácia, ressalvada a hipótese de o juiz considerar o casamento putativo.

Casamento válido – 16 anos – exigindo-se autorização de ambos os pais, ou de seus representantes legais, enquanto não atingida a maioridade civil (art. 1.517 do CC).

"Art. 1.520. Não será permitido, em qualquer caso, o casamento de quem não atingiu a idade núbil, observado o disposto no art. 1.517 deste Código".

2.3 Extinção da personalidade jurídica da pessoa natural

A extinção da personalidade jurídica da pessoa natural ocorre com a **morte**, extinguindo-se sua capacidade, existência e personalidade (art. 6º do CC). **É a morte real**, ou seja, é a morte certa. Pode ser atestada por médicos ou, na falta destes, por duas pessoas qualificadas que tiverem presenciado a morte (art. 6º do CC).

Todavia, é possível cogitar **presunção de morte**, conforme se depreende da leitura do **art. 7º do Código Civil. Morte presumida (morte civil):** é a presunção da morte, quando ausente o cadáver.

A **morte presumida** poderá ocorrer de duas formas: **com ou sem declaração de ausência**.

Sem a necessidade de declaração de ausência, a morte da pessoa será declarada em duas hipóteses:

a) probabilidade extrema de morte daquele que se encontre em perigo de vida (art. 7º, I, do CC);
b) desaparecido em campanha de guerra ou feito prisioneiro, caso não seja encontrado até dois anos após o término da guerra (art. 7º, II, do CC).

2.4 Ausência das pessoas naturais

Ausente é aquele que **desaparece de seu domicílio**, sem que dele se tenha notícias. A ausência é um **processo que visa à proteção dos bens do desaparecido**, dando lugar à **proteção dos interesses dos sucessores**.

Esse processo possui **três estágios** bem definidos pelo Código Civil, conforme **a menor possibilidade de reaparecimento do ausente**:

a) **Declaração da ausência e curadoria dos bens:** quando o desaparecimento é recente e a possibilidade de retorno do ausente é possível. O objetivo do legislador foi o de preservar os bens deixados, evitando a sua deterioração.

Nessa fase, desaparecendo uma pessoa do seu domicílio sem dela haver notícia, se não houver deixado representante ou procurador a quem caiba administrar-lhe os bens, o juiz, a requerimento de qualquer interessado ou do Ministério Público, **fará a declaração da ausência da pessoa por sentença** e **nomear-lhe-á curador**.

Também se nomeará curador **quando o ausente deixar mandatário que não queira** ou **não possa exercer** ou **continuar o mandato**, ou **se os seus poderes forem insuficientes**. O juiz que nomear o curador fixar-lhe-á os poderes e obrigações, conforme as circunstâncias, observando, no que for aplicável, o disposto quanto aos tutores e curadores.

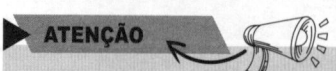

O **cônjuge do ausente**, quando não estiver separado judicialmente ou de fato por mais de dois anos antes da declaração da ausência, **será o seu legítimo curador**.

b) **Sucessão provisória:** haverá a sua requisição como se o ausente estivesse morto, estabelecendo o legislador um **rol de pessoas que têm legitimidade para requerer a sua abertura**. Decorrido **um ano** da arrecadação dos bens do ausente (sem representante legal), ou passando-se **três anos** (se ele deixou representante ou procurador, caso em que será dispensada a curadoria de seus bens, passando-se diretamente à sucessão provisória), poderão os interessados requerer que se declare a ausência e se abra provisoriamente a sucessão (art. 26 do CC).

SÃO LEGÍTIMOS INTERESSADOS:
I) o cônjuge não separado judicialmente; II) os herdeiros presumidos, legítimos ou testamentários; III) aquele que tenha direito a algum bem do ausente subordinado à sua morte, como no caso do donatário que recebe uma doação subordinada à condição suspensiva da morte do doador; IV) os credores de obrigações vencidas e não pagas.

Quanto aos efeitos da sentença: a sentença que determinar a abertura da sucessão provisória só produzirá efeitos após **180 dias de sua publicação**, mas, logo que passe em julgado, proceder-se-á à abertura do testamento, se houver, e ao inventário e partilha dos bens, como se o ausente fosse falecido. Praticadas as diligências de arrecadação, serão expedidos **editais na forma da lei processual**, de **dois em dois meses**, durante **um ano**, anunciando a arrecadação e convocando o ausente a tomar posse de seus bens.

Quanto à partilha de bens deixados: a **partilha dos bens deixados** será realizada entre os herdeiros, mas, para que estes possam ser imitidos na posse dos bens recebidos, deverão **prestar garantias da restituição destes** por meio de **penhor** (bens móveis) ou de **hipoteca** (bens imóveis), correspondentes ao valor dos quinhões que estejam recebendo (art. 30 do CC).

Entretanto, o próprio art. 30, § 2º, do Código Civil **atenua essa exigência**, permitindo que os **ascendentes, os descentes e o cônjuge** entrem na posse dos referidos bens, independentemente de garantia, desde que comprovem a qualidade de herdeiros.

Aplicar-se-á o *caput* desse artigo, por exemplo, em relação aos herdeiros colaterais, ao Estado, ao Município, aos legatários etc. No entanto, se o herdeiro **não tiver condições de prestar a garantia**, não poderá entrar na posse dos bens correspondentes ao seu quinhão, e estes ficarão sob a responsabilidade do curador ou de outro herdeiro designado pelo juiz que preste a garantia (art. 30, § 1º, do CC).

Poderá, entretanto, justificando a falta de condições de prestar a garantia, requerer que lhe seja entregue metade dos frutos e rendimentos do quinhão que caberia a ele (art. 34 do CC).

Os bens imóveis do ausente **não poderão ser vendidos**, salvo em caso de **desapropriação pelo Poder Público** ou **para evitar que se deteriorem**, e também **não poderão ser hipotecados**, salvo por determinação judicial (art. 31 do CC). Inovação da legislação civil é a possibilidade de **gravar-lhes com a hipoteca**, para evitar a ruína, hipótese que não era prevista anteriormente.

A renda ou frutos produzidos pelos bens cabentes aos descendentes, ascendentes e ao cônjuge pertencerá a estes. Os demais herdeiros deverão capitalizar metade desses frutos e rendimentos de acordo com o art. 29 do Código Civil ("Antes da partilha, o juiz, quando julgar conveniente, ordenará a conversão dos bens móveis, sujeitos a deterioração ou a extravio, em imóveis ou em títulos garantidos pela União"), e prestar contas ao juízo anualmente (art. 33 do CC).

Mesmo procurando preservar ao máximo o patrimônio do ausente enquanto houver uma possibilidade, ainda que remota, de retorno, estabeleceu o Código Civil uma espécie de **punição para o caso de este retornar** e provar-se que a **ausência foi voluntária e injustificada**.

Dispõe o parágrafo único do art. 33 do Código Civil que, nesse caso, o **ausente perderá o direito** ao recebimento de sua parte nos frutos e rendimentos produzidos pelos bens por ele deixados e arrecadados por seus herdeiros.

A preocupação do legislador é clara: evitar que a pessoa **desapareça sem motivo justo** e retorne quando quiser, aproveitando-se da boa-fé dos herdeiros que zelaram pela conservação de seus bens.

Cumpre salientar, ainda, que, durante o período da sucessão provisória, ainda é possível que o ausente retorne, quando em vigência a posse provisória dos herdeiros. Poderá ser provado, outrossim, que o ausente se encontra vivo. Nesses casos, todas as vantagens que os herdeiros estiverem auferindo em relação aos bens do ausente cessam, e este tem o direito de **recobrar a posse dos bens**. Ocorre que, até a efetiva entrega desses bens ao ausente, será de responsabilidade dos herdeiros a sua guarda e manutenção (art. 36 do CC).

c) **Sucessão definitiva:** decorridos **dez anos do trânsito em julgado** da sentença concessiva da abertura da sucessão provisória, é permitido que os interessados requeiram a abertura da sucessão definitiva do ausente, bem como o levantamento das cauções anteriormente prestadas. Tal faculdade será ainda conferida a eles no caso de se provar que o ausente conta com 80 anos e suas últimas notícias datam de mais de cinco anos.

Nesses casos, o legislador, supondo certa a sua morte, seja pelo tempo decorrido, seja pela sua idade avançada, passa a se preocupar somente com o direito dos seus herdeiros, permitindo que estes requeiram a conversão da sucessão provisória em definitiva, e o levantamento das cauções prestadas (art. 38 do CC). As demais restrições impostas em relação aos bens deixados pelo ausente também desaparecem.

Regressando o ausente nos **dez anos seguintes à abertura da sucessão definitiva**, ou algum de seus descendentes ou ascendentes, aquele ou estes terão apenas:

i) os **bens existentes no estado em que se acharem**;

ii) os **sub-rogados em seu lugar**;

iii) ou o **preço que os herdeiros e demais interessados houverem recebido pelos bens alienados depois daquele tempo**.

Não havendo interessados em requerer a abertura da sucessão definitiva, a teor do art. 39, parágrafo único, os bens arrecadados passarão para o domínio do Município ou do Distrito Federal, quando localizados nessas circunscrições, ou para o domínio da União.

2.5 Comoriência

A **comoriência** se caracteriza quando **dois ou mais indivíduos falecem na mesma ocasião**, não se podendo averiguar qual deles morreu primeiro, ou seja, se algum dos comorientes precedeu aos outros, presumindo-se como **simultaneamente mortos** (art. 8º do CC). É o exemplo do acidente aeronáutico.

Para aplicar a regra da comoriência, é necessário verificar se **há relação de direito sucessório**, ou seja, de que **uma pessoa seja herdeira da outra**, caso contrário, a aplicação da regra será desnecessária. Há a necessidade de se **esgotar todas as possibilidades de identificação médica de quem morreu primeiro** (precedência da morte).

2.6 Direitos de personalidade

São aqueles direitos inerentes à pessoa e à sua dignidade (art. 1º, III, da CF).

A personalidade é atributo inerente ao homem; não requer o preenchimento de qualquer requisito, nem depende do conhecimento ou da vontade do ser humano.

O **art. 1º do Código Civil** estabelece: "Toda pessoa é capaz de direitos e deveres na ordem civil". Como a **pessoa é o sujeito das relações jurídicas**, e a personalidade é a faculdade a ele admitida, **logo, toda pessoa é dotada de personalidade**.

CARACTERÍSTICAS DOS DIREITOS DE PERSONALIDADE:
a) O direito de personalidade, os direitos, as pretensões e as ações que dele irradiam são **irrenunciáveis, inalienáveis e irrestringíveis**. São direitos irradiados dele os de vida, liberdade, saúde (integridade física e psíquica), honra e igualdade, entre outros.
b) Os direitos adquiridos, que têm sua existência vinculada ao direito positivo que os disciplina, podem ser examinados em relação ao Estado e ingressam no **campo das liberdades públicas**, dependendo necessariamente de positivação.
c) Os **direitos inatos**, que independem de legislação, pois estão ligados ao seu titular e por serem inerentes ao homem, consideram-se **acima do direito positivo**, devendo o Estado reconhecê-los e protegê-los por meio das normas positivas.
d) Têm **caráter absoluto**, oponíveis *erga omnes*, de maneira que todos ficam obrigados a respeitá-los. Tal característica tem estreita ligação com a **indisponibilidade**, abrangendo a sua **intransmissibilidade (inalienabilidade), irrenunciabilidade e impenhorabilidade**, o que significa que se trata de direito que **não pode mudar de titular nem pela própria vontade do indivíduo**, pois vinculado à pessoa.
e) Têm **caráter vitalício e imprescritível**, que se evidenciam pelo fato de seu titular poder invocá-los a qualquer tempo, pois se trata de direitos que surgem com o nascimento da pessoa e somente se extinguem com sua morte. São, assim, direitos que **não se extinguem pelo não uso**.
f) Possuem **caráter extrapatrimonial direto**, mesmo que, em algumas circunstâncias, em especial em caso de lesão, possam ser **medidos economicamente**. Exemplo bem claro da possibilidade de o direito de personalidade também ter caráter patrimonial são os **direitos autorais**. Ainda que os **direitos morais** do autor sejam inalienáveis e irrenunciáveis, coexistem os direitos patrimoniais, que **permitem que seu titular utilize, frua e disponha de sua obra**.

O **art. 11 do Código Civil**, ao tratar dos direitos da personalidade, estabelece uma proteção a esses direitos, definindo-os como **intransmissíveis e irrenunciáveis**, não podendo o seu exercício sofrer **limitação voluntária**, exceto nos casos previstos em lei.

O **art. 12 do Código Civil** trata da **tutela geral dos direitos da personalidade**, protegendo os indivíduos de **qualquer ameaça ou lesão à sua integridade física ou moral**.

Por se tratar de regra genérica, reconhece **proteção a direitos de personalidade que não estão expressos nos demais artigos, mas que poderão se concretizar**. A proteção pode ser requerida para evitar que a ameaça seja consumada ou para que diminua os efeitos da ofensa praticada, sem prejuízo da reparação de danos morais e patrimoniais.

O **art. 13 do Código Civil** dispõe da **proteção à integridade física**, que **proíbe a disposição do próprio corpo**, quando esta importar em diminuição permanente da integridade física ou contrariar os bons costumes.

Exceção única está contida no parágrafo único do referido artigo, que permite a disposição, por **pessoa capaz**, de **tecidos, órgãos e partes do corpo** para fins de **transplante ou tratamento**, na forma da Lei n. 9.434/97.

O **art. 14 do Código Civil** dispõe sobre os **atos de disposição do corpo**, admitindo a **disposição gratuita do corpo**, no todo ou em parte, para **depois da morte**, desde que seja com intuito científico ou altruístico. Observe que o parágrafo único do art. 14 do Código Civil prevê que o ato de disposição **pode ser revogado a qualquer tempo** pelo doador.

O **art. 15 do Código Civil** dispõe sobre a **exigência de autorização espontânea e consciente** do paciente, ou de seu representante, se incapaz, para se submeter a cirurgia ou tratamento médico, protegendo, assim, a **inviolabilidade do corpo humano**.

Os **arts. 16, 17 e 18 do Código Civil** consagram o **direito e a proteção ao nome**, que o assegura, determinando que neles estão compreendidos o **prenome e o sobrenome da pessoa**. O nome integra a personalidade, individualizando e identificando o indivíduo. É assegurada a proteção ao seu uso e sua defesa contra abusos de terceiros, consistentes em publicação ou representação que exponha o nome ao desprezo público, por atingir sua reputação, ou na utilização em propaganda comercial sem autorização de seu titular.

O **art. 19 do Código Civil** prevê a **tutela ao pseudônimo**. Da mesma forma que é concedida proteção ao nome, o pseudônimo utilizado por artistas e escritores também é amparado pela ordem jurídica, em razão de **identificá-los em seu meio mesmo que não tenham alcançado a notoriedade**.

O **art. 20 do Código Civil** contempla os **direitos intelectuais e a proteção à imagem**. Esse dispositivo protege a imagem e os acontecimentos pessoais da exposição indevida, assegurando a individualidade da pessoa. No entanto, há certas limitações ao direito à imagem, com dispensa de anuência para sua divulgação, quando se tratar de pessoa notória ou no exercício de cargo público, bem como em todos os casos em que houver interesse público que prevaleça sobre o direito individual.

Finalmente, o **art. 21 do Código Civil** assegura **o direito e a proteção à intimidade**, ao dispor que a vida privada da pessoa é inviolável, protegendo a pessoa da indiscrição alheia e de interferências externas em sua vida particular.

2.7 Nome

1) Nome civil

Como visto, determina o **art. 16 do Código Civil** que toda pessoa tem direito ao nome, nele compreendidos o prenome e o sobrenome. O Código Civil vigente incluiu no dispositivo o nome civil, sendo nele **incluídos o prenome e o sobrenome**, considerando-o como direito da personalidade.

COMO DIREITO DA PERSONALIDADE, O NOME:
i) não pode ser renunciado;
ii) não pode ser transferido a outrem;
iii) é inalienável;
iv) não pode ser valorado economicamente;
v) é imprescritível;
vi) trata-se de direito subjetivo extrapatrimonial;
vii) é objeto imaterial.

2) Elementos constitutivos do nome civil

a) **Prenome:** é o **nome próprio ou nome de batismo**, escolhido pelos pais por ocasião do **registro de nascimento**, para individualizar seu portador. Pode ser **simples** (ex.: Antônio, José, João, Luís) ou **composto** (ex.: Luís Augusto, João Pedro, Maria Eduarda).

b) **Sobrenome:** é o segundo elemento fundamental do nome civil e serve para indicar a **procedência da pessoa**, ou a sua estirpe. Também chamado de **patronímico, apelido ou nome de família**, será **simples** quando provir apenas do sobrenome materno ou paterno (ex.: Silva, Garcia, Souza) e **composto** quando provir de ambos (ex.: Rodrigues Garcia, Souza Santos).

c) **Partícula:** é o eventual **complemento do sobrenome ou patronímico**, quando necessário, usualmente utilizado como "da", "dos", "de".

d) **Agnome:** é o sinal que se acrescenta ao nome completo para **distingui-lo de outros parentes que possuam o mesmo nome**. São bastante comuns os agnomes Filho, Júnior, Neto e Sobrinho.

e) **Cognome (ou apelido, epíteto, alcunha, hipocorístico):** é a **forma pejorativa ou afetiva** de identificar uma pessoa. O chamado **fenômeno hipocorístico** (ou *hipocorização*) é uma forma carinhosa de apelidar as pessoas: Bia (Beatriz), Leninha (Helena), Quinzinho (Joaquim), Bel (Isabel), Betinho (Roberto, Adalberto).

f) **Pseudônimo:** é palavra de origem grega, *pseudonimos* (de *pseudes* = falso e *onoma* = nome). Normalmente é utilizado no meio artístico ou literário para **ocultar sua verdadeira identidade** e ao mesmo tempo **identificar sua personalidade**. Com ele, dá-se publicidade a obra literária, artística ou científica. Há casos em que o pseudônimo substitui ou é utilizado por seu possuidor como legítimo civil. O pseudônimo, assim como o nome verdadeiro, goza da proteção da lei (art. 19 do CC).

g) **Axiônimos:** representam a forma de tratamento, expressões de reverência, títulos honoríficos ou acadêmicos (ex.: Excelência, Doutor, Mestre, Senhor, Barão, Majestade etc.).

2.8 Individualização da pessoa natural: estado e domicílio

1) Estado

A palavra "estado" provém do latim *status*, empregada pelos romanos para designar os vários predicados integrantes da personalidade. Constitui, assim, a **soma das qualificações da pessoa na sociedade**, hábeis a produzir efeitos jurídicos. É o seu modo particular de existir.

2) Aspectos

O estado da pessoa apresenta quatro aspectos:

a) **Estado individual:** é o modo de ser da pessoa, que a identifica de maneira individual perante a sociedade quanto a idade, sexo, cor, altura, saúde (são ou insano e incapaz) etc.

b) **Estado familiar:** é o que indica a sua situação na família, em relação ao matrimônio (solteiro, casado etc.) e ao parentesco (pai, filho etc.).

c) **Estado civil:** é a identificação que a pessoa pode ter na sociedade, classificada como casada, solteira, divorciada, viúva etc.

d) **Estado político:** é a qualidade jurídica que advém da posição do indivíduo na sociedade política, podendo ser nacional (nato ou naturalizado) e estrangeiro.

3) Características do estado da pessoa

AS PRINCIPAIS CARACTERÍSTICAS OU ATRIBUTOS DO ESTADO SÃO:	
INDIVISIBILIDADE	Ninguém pode ser, simultaneamente, casado e solteiro, maior e menor etc. O estado é uno e indivisível, regulamentado por normas de ordem pública. A dupla nacionalidade é uma exceção à regra da indivisibilidade do estado.
INDISPONIBILIDADE	Trata-se de bem fora do comércio, sendo inalienável e irrenunciável. Isso não impede a sua mutação diante de determinados fatos e preenchidos os requisitos legais: solteiro pode passar a ser casado, este pode se tornar viúvo etc.
IMPRESCRITIBILIDADE	Não se perde nem se adquire o estado pela prescrição. É elemento integrante da personalidade e, assim, nasce com a pessoa e com ela desaparece.

4) Domicílio

Domicílio é a sede jurídica da pessoa, onde ela se presume presente para os efeitos de direito e pratica habitualmente seus atos e negócios jurídicos, sendo o local em que responde por suas obrigações. Para o Código Civil, domicílio é o lugar em que a pessoa estabelece a sua residência com ânimo definitivo (art. 70).

Enquanto o domicílio é o lugar onde a pessoa estabelece a sua residência com ânimo definitivo, a habitação ou moradia é o local que a pessoa ocupa esporadicamente (ex.: casa de praia, casa de campo etc.).

5) São espécies de domicílio

	SÃO ESPÉCIES DE DOMICÍLIO:
DOMICÍLIO VOLUNTÁRIO	**a) Domicílio voluntário comum:** é aquele fixado livremente.
	b) Domicílio voluntário especial: fixado com base no contrato, podendo ser:
	b.1) do contrato: relativamente ao cumprimento de obrigações e direitos dele decorrentes (art. 78 do CC);
	b.2) de eleição: relativamente à competência para conhecer e julgar ações oriundas do contrato (art. 111 do CPC). Ação proposta no foro do domicílio do réu, a parte, se quiser, pode abrir mão do foro de eleição e demandar o réu no foro de seu domicílio;
	b.3) de contrato de adesão: não se tem admitido foro de eleição nos contratos de adesão, salvo demonstrando-se a inexistência de prejuízo ao aderente.
DOMICÍLIO NECESSÁRIO OU LEGAL	Domicílio necessário ou legal é o determinado pela lei, em razão da condição ou situação de certas pessoas. **Têm domicílio necessário** (arts. 76 e 77 do CC): **a) incapaz:** domicílio de seu representante legal; **b) servidor público:** tem por domicílio o lugar em que exerce permanentemente as suas funções, não perdendo, contudo, o domicílio voluntário, se o tiver (admite-se a pluralidade domiciliar); **c) militar em serviço ativo:** domicílio no local em que serve, e, sendo da Marinha ou da Aeronáutica, na sede do comando a que se encontra imediatamente subordinado; **d) marítimo:** é o local em que o navio está matriculado; **e) preso:** o lugar em que se encontra cumprindo a sentença; **f) agente diplomático:** se, citado no estrangeiro, alegar extraterritorialidade sem designar onde tem domicílio no país, será demandado no Distrito Federal ou no último ponto do país onde o teve. O Código Civil **admite a pluralidade domiciliar**, bastando, para tanto, que a pessoa tenha diversas residências em que alternadamente viva (art. 71 do CC).
DOMICÍLIO PROFISSIONAL	O domicílio profissional é também domicílio da pessoa natural, quanto às **relações concernentes à profissão**, o lugar em que esta é exercida, admitindo-se a pluralidade de domicílios profissionais, caso a pessoa exerça a profissão em diversos locais, configurando-se cada um desses locais como o domicílio para as relações que lhe corresponderem.

SÃO ESPÉCIES DE DOMICÍLIO:	
DOMICÍLIO SEM RESIDÊNCIA	Ainda é possível alguém ter **domicílio sem residência**, como os ciganos, andarilhos, caixeiros viajantes, que passam a vida em viagens e hotéis e, por isso, não têm residência habitual, considerando-se domicílio o lugar onde forem encontrados (art. 73 do CC).
MUDANÇA DE DOMICÍLIO	A mudança de domicílio caracteriza-se pelo *animus* **ou intenção de mudar**, nos termos do art. 74 do Código Civil. Portanto, não é qualquer ausência de determinado local que caracterizará a mudança de domicílio. A lei exige a intenção de mudança. O parágrafo único do art. 74 do Código Civil apresenta elementos objetivos para caracterizar esse *animus* de mudar, ao estatuir que "a prova da intenção resultará do que declarar a pessoas às municipalidades dos lugares que deixa, e para onde vai, ou na falta de tais declarações, da própria mudança, com as circunstâncias que a acompanharem". Raramente a pessoa fará declarações às autoridades municipais, de forma que o que deve caracterizar, de fato, a mudança são os atos exteriores, visíveis, que permitem perceber que houve a transferência do domicílio.

2.9 Pessoa jurídica

"Pessoa" é o ente físico ou coletivo suscetível de direitos e obrigações, sendo sinônimo de sujeito de direito. Já "sujeito de direito" é aquele que é sujeito de um dever jurídico, de uma pretensão ou titularidade jurídica, que é o poder de fazer valer, por meio de uma ação, o não cumprimento do dever jurídico, ou melhor, o poder de intervir na produção da decisão judicial.

Pessoas jurídicas são entidades às quais a lei empresta personalidade, capacitando-as como sujeitos de direitos e obrigações. Não possuem realidade física. São entidades abstratas, criadas pelo homem, às quais se atribui personalidade. São as denominadas pessoas jurídicas, que, assim como as pessoas físicas, são criações do direito.

Pode-se, então, conceituar pessoa jurídica como a unidade de pessoas naturais ou de patrimônios, que visa à consecução de certos fins, reconhecida pela ordem jurídica como sujeito de direitos e obrigações.

1) Classificação

Nos termos dos **arts. 40 e 44 do Código Civil**, as pessoas jurídicas serão classificadas como:

a) **Pessoa jurídica de direito público:** União, Estados, Municípios, Distrito Federal, fundações públicas e autarquias.

b) **Pessoa jurídica de direito privado:** associações, sociedades, fundações, organizações religiosas, partidos políticos, e empresas individuais de responsabilidade limitada.

Dessa forma, o **art. 44 do Código Civil** prevê cinco espécies de **pessoa jurídica de direito privado**:

i) **Associações:** são entidades formadas pela união de indivíduos com o propósito de realizar fins não econômicos. Não há, entre os associados, direitos e obrigações recíprocos. A associação, diferentemente das sociedades empresárias, não possui finalidade econômica.

O parágrafo único do art. 53 do Código Civil é baseado na não existência de atividade econômica que pressupõe a falta de vínculos entre os associados, sujeitos apenas aos direitos e obrigações em face da entidade à qual se afiliam. A assembleia geral é o órgão máximo das associações.

Ela possui poderes deliberativos, e o **art. 59 do Código Civil** estabeleceu-lhe competências absolutas:

- eleger os administradores;
- destituir os administradores;
- aprovar contas; e
- alterar o estatuto.

SOB PENA DE NULIDADE, O ESTATUTO DAS ASSOCIAÇÕES CONTERÁ:
I – a denominação, os fins e a sede da associação;
II – os requisitos para a admissão, demissão e exclusão dos associados;
III – os direitos e deveres dos associados;
IV – as fontes de recursos para sua manutenção;
V – o modo de constituição e de funcionamento dos órgãos deliberativos;
VI – as condições para a alteração das disposições estatutárias e para a dissolução;
VII – a forma de gestão administrativa e de aprovação das respectivas contas.

ii) **Sociedades:** são as entidades formadas pela união de pessoas que exercem atividade econômica e buscam o lucro como objetivo.

Dependendo do tipo de atividade realizada, as sociedades podem ser simples ou empresárias. As formas societárias previstas no nosso ordenamento são:

- sociedade em nome coletivo;
- sociedade em comandita simples;
- sociedade limitada;
- sociedade anônima;
- sociedade em comandita por ações.

iii) **Fundações:** são entidades resultantes de uma **afetação patrimonial**, por testamento ou escritura pública, que faz o seu instituidor, especificando o fim para o qual se destina.

Para a criação de uma fundação, há uma série ordenada de etapas que devem ser observadas, a saber:

- afetação de bens livres por meio do ato de **dotação patrimonial**;
- instituição por **escritura pública ou testamento**;
- **elaboração dos estatutos**. Há duas formas de instituição da fundação:
  - **direta**, quando o próprio instituidor o faz, pessoalmente; ou
  - **fiduciária**, quando confia a terceiro a organização da entidade.
- **aprovação dos estatutos:** é o órgão do Ministério Público que deverá aprovar os estatutos da fundação, com recurso ao juiz competente, em caso de divergência;
- **realização do registro civil**.

A FUNDAÇÃO SOMENTE PODERÁ CONSTITUIR-SE PARA FINS DE:
I – assistência social;
II – cultura, defesa e conservação do patrimônio histórico e artístico;
III – educação;
IV – saúde;
V – segurança alimentar e nutricional;
VI – defesa, preservação e conservação do meio ambiente e promoção do desenvolvimento sustentável;
VII – pesquisa científica, desenvolvimento de tecnologias alternativas, modernização de sistemas de gestão, produção e divulgação de informações e conhecimentos técnicos e científicos;
VIII – promoção da ética, da cidadania, da democracia e dos direitos humanos;
IX – atividades religiosas.

> **PARA QUE SE POSSA ALTERAR O ESTATUTO DA FUNDAÇÃO, É MISTER QUE A REFORMA:**
>
> I – seja deliberada por **dois terços dos competentes para gerir e representar a fundação**;
>
> II – **não contrarie ou desvirtue o fim desta**;
>
> III – **seja aprovada pelo órgão do Ministério Público** no prazo máximo de **45 (quarenta e cinco) dias**, findo o qual ou no caso de o Ministério Público a denegar, poderá o juiz supri-la, a requerimento do interessado.

Quando **insuficientes para constituir a fundação**, os bens a ela destinados serão, se de outro modo não dispuser o instituidor, **incorporados em outra fundação que se proponha a fim igual ou semelhante**.

Constituída a fundação por negócio jurídico entre vivos, o **instituidor é obrigado a transferir-lhe a propriedade, ou outro direito real**, sobre os bens dotados, e, se não o fizer, serão registrados, em nome dela, por mandado judicial.

Aqueles a quem o instituidor cometer a aplicação do patrimônio, tendo ciência do encargo, **formularão logo**, de acordo com as suas bases (art. 62), **o estatuto da fundação projetada**, submetendo-o, em seguida, à aprovação da autoridade competente, com recurso ao juiz.

Se o **estatuto não for elaborado no prazo assinado pelo instituidor, ou, não havendo prazo, em 180 dias, a incumbência caberá ao Ministério Público**, que velará pelas fundações onde situadas.

Tornando-se **ilícita, impossível ou inútil** a finalidade a que visa a fundação, ou **vencido o prazo de sua existência, o órgão do Ministério Público**, ou **qualquer interessado**, lhe promoverá a *extinção*, incorporando-se o seu patrimônio, salvo disposição em contrário no ato constitutivo, ou no estatuto, em **outra fundação, designada pelo juiz, que se proponha a fim igual ou semelhante**.

iv) **Partidos políticos:** são entidades com liberdade de criação, tendo autonomia para definir sua estrutura interna, organização e funcionamento, devendo seus estatutos estabelecer normas de fidelidade e disciplina partidária (art. 17 da CF).

O § 3º do art. 44 do Código Civil estabelece que os partidos políticos serão organizados e funcionarão conforme o disposto na **Lei n. 9.096/95**.

v) **Organizações religiosas:** são entidades que muito se assemelham às associações.

Contudo, o § 1º do art. 44 do Código Civil **garante-lhes liberdade de criação, organização, estruturação interna**, sendo **vedado ao Poder Público negar-lhes reconhecimento ou registro dos atos constitutivos**.

Finalmente, observe que o art. 44 do Código Civil não é um rol taxativo. Outras espécies, como as **cooperativas** e as **entidades desportivas**, não foram previstas nesse dispositivo e são consideradas como **pessoas jurídicas de direito privado**.

c) **Cooperativa:** por expressa disposição legal, conforme o art. 982, parágrafo único, do Código Civil, as **sociedades cooperativas** são consideradas sempre **simples**, ou seja, não empresárias, independentemente de seu objeto. Assim, **não estão sujeitas à falência**, a teor do que dispõem o art. 94 da Lei n. 11.101/2005 e o art. 4º da Lei n. 5.764/71.

d) **Entes despersonalizados:** aqueles que têm a coletividade de seres humanos ou de bens que não possuem personalidade jurídica própria. Ex.: massa falida; massa insolvente (consórcio, sociedade de fato – não possuem atos constitutivos – ou irregular – aquelas que possuem atos, mas não foram registrados).

2) Regulamentos

Começa a existência legal das pessoas jurídicas de direito privado com a **inscrição do ato constitutivo no respectivo registro**, precedida, quando necessário, de **autorização ou aprovação do Poder Executivo**, averbando-se no registro todas as alterações por que passar o ato constitutivo.

Observe que decai em **três anos** o direito de **anular a constituição das pessoas jurídicas de direito privado**, por defeito do ato respectivo, contado o prazo da publicação de sua inscrição no registro.

3) Desconsideração da personalidade jurídica

A pessoa jurídica é capaz de direitos de deveres na ordem civil, independentemente dos membros que a compõem, com os quais não tem vínculo, ou seja, sem qualquer ligação com a vontade individual das pessoas naturais que a compõem.

Em regra, os seus componentes somente poderão responder por débitos dentro dos **limites do capital social**, ficando a salvo o patrimônio individual, dependendo do tipo societário adotado. A regra é a de que a **responsabilidade dos sócios** em relação às dívidas da empresa seja sempre **subsidiária**, ou seja, primeiro exaure-se o patrimônio da pessoa jurídica para depois, e desde que o tipo societário adotado permita, os bens particulares dos sócios serem executados.

Devido a essa possibilidade de exclusão da responsabilidade dos sócios, a pessoa jurídica, por vezes, **desviou-se de seus princípios e fins**, cometendo fraudes e lesando credores, terceiros e até mesmo a sociedade. A partir daí, surgiu a possibilidade de desconsiderar a personalidade jurídica da empresa para buscar a responsabilização de seus sócios que estiverem abusando da sociedade empresária, fraudando-a ou desviando-a de suas finalidades.

TEORIAS	
TEORIA MAIOR	A chamada teoria maior tem base sólida e se trata da verdadeira desconsideração, vinculada à verificação do uso fraudulento da personalidade jurídica, ou seja, apresenta **requisitos específicos para que seja concretizada**. Adotando-se a teoria maior, a desconsideração só será levada a efeito caso restem preenchidos e demonstrados os requisitos legais configuradores do **uso abusivo da pessoa jurídica**. **Requisitos: desvio de finalidade e confusão patrimonial.**
TEORIA MENOR	Para a teoria menor, bastaria, para a caracterização da desconsideração, a mera comprovação da **insolvência da pessoa jurídica**, sem aferir nenhum desvio, confusão patrimonial ou irregularidade do ato. A teoria menor é adotada pelos **sistemas jurídicos protetivos**, já que se justifica na impossibilidade de transferência a terceiros dos riscos inerentes às atividades exploradas pelas pessoas jurídicas e, por conta disso, quem se beneficia da atividade explorada pela sociedade personificada, ou seja, os sócios também devem arcar com as obrigações surgidas.

A teoria menor da desconsideração é adotada, por exemplo, pelo Código de Defesa do Consumidor e pela Lei de Crimes Ambientais.

Já o Código Civil, em seu art. 50, adota a teoria maior da desconsideração, na medida em que se faz necessária a configuração de certos requisitos, os quais serão analisados a seguir.

Como requisito principal para a configuração da hipótese de aplicação da desconsideração, apresenta-se o **abuso da**

personalidade jurídica pelos sócios. O uso abusivo da personalidade jurídica é verificado com a ocorrência do **desvio de finalidade** ou pela **confusão patrimonial**, conforme trazido pelo art. 50 do Código Civil.

Desvio de finalidade é a **utilização dolosa da pessoa jurídica** com o propósito de **lesar credores e para a prática de atos ilícitos de qualquer natureza**.

Podem ser citadas como exemplos de uso abusivo da pessoa jurídica a constituição de sociedades fictícias; as operações societárias com fins dissimulados; a celebração de negócios jurídicos espúrios; a promiscuidade entre o patrimônio da sociedade e o dos sócios.

O **desvio de finalidade** tem ampla conotação e sugere uma fuga dos objetivos sociais da pessoa jurídica, deixando um rastro de prejuízo, direto ou indireto, para terceiros ou mesmo para outros sócios da empresa.

A **confusão patrimonial** pode ser verificada na hipótese em que o sócio utiliza o patrimônio da pessoa jurídica para realizar pagamentos pessoais e vice-versa, atentando contra a separação das atividades entre empresa e sócio.

Entende-se por confusão patrimonial a ausência de separação de fato entre os patrimônios, caracterizada por:

a) cumprimento repetitivo pela sociedade de obrigações do sócio ou do administrador ou vice-versa;

b) transferência de ativos ou de passivos sem efetivas contraprestações, exceto o de valor proporcionalmente insignificante; e

c) outros atos de descumprimento da autonomia patrimonial.

Finalmente, a mera existência de grupo econômico sem a presença dos requisitos de que trata o art. 50 do Código Civil não autoriza a desconsideração da personalidade da pessoa jurídica.

Não constitui desvio de finalidade a mera expansão ou a alteração da finalidade original da atividade econômica específica da pessoa jurídica.

2.10 Questões

1. (FGV – TJPI) Renata deu à luz sua filha Mariza, que, em razão de má-formação na gestação, sobreviveu por algumas horas e veio a falecer pouco depois do parto. Sobre os fatos narrados, verifica-se que, com o nascimento:

A) com vida, Mariza adquiriu personalidade, titularizou direitos e, ao morrer, seus genitores a sucederão nos eventuais interesses;

B) inviável, Mariza é considerada natimorta, portanto, não adquiriu personalidade, nem titularizou direitos;

C) com vida, Mariza adquiriu capacidade de direito, mas não titularizou direitos subjetivos e, ao morrer, não haveria potencial sucessão;

D) inviável, Mariza é considerada natimorta, embora lhe seja conferida personalidade e capacidade de direito;

E) com vida, Mariza adquiriu personalidade, mas, em razão da inviabilidade, não adquiriu capacidade de direito.

↳ **Resolução:**
Dispõe o art. 1º do Código Civil: "Toda pessoa é capaz de direitos e deveres na ordem civil".

Por sua vez, o art. 2º do Código Civil estabelece que: "A personalidade civil da pessoa começa do nascimento com vida; mas a lei põe a salvo, desde a concepção, os direitos do nascituro".

↗ **Gabarito: "A".**

2. (CESPE – TJCE – adaptada) Quanto à vigência da lei, à capacidade e ao direito sucessório julgue o item a seguir:

A capacidade de exercício ou de fato pressupõe a de gozo, mas esta pode subsistir sem a capacidade de exercício.

Certo.
Errado.

↳ **Resolução:**

A capacidade de exercício ou de fato pressupõe a de gozo, mas esta pode subsistir ou continuar existindo, sem a capacidade de exercício.

A capacidade de direito (ou de gozo) todas as pessoas possuem (art. 1º do CC).

A capacidade de exercício nem todos possuem (ex.: art. 3º do CC – absolutamente incapazes).

Logo, a capacidade de direito ou de gozo continuará existindo, mesmo sem a capacidade de exercício.

↗ **Gabarito: "Certo".**

3. (FGV – TJPI) Lívia e Leonardo são os pais de Luís, de 16 anos. Como presente de aniversário, os pais lhe deram uma viagem ao exterior. Entretanto, em razão da idade, certos atos jurídicos não poderiam ser praticados validamente pelo menino sem a assistência de um ou ambos os genitores. Para solucionar juridicamente a situação, apresenta-se como adequado buscar:

A) transferir a representação legal para algum acompanhante;

B) uma emancipação consensual através de instrumento público;

C) uma decisão judicial que constitua a emancipação do menor;

D) uma homologação judicial de acordo entre os genitores quanto à emancipação do menor;

E) a constituição de um tutor apto a assistir o menor nos atos jurídicos necessários.

↳ **Resolução:**

Dispõe o art. 5º do Código Civil: "A menoridade cessa aos dezoito anos completos, quando a pessoa fica habilitada à prática de todos os atos da vida civil. Parágrafo único. Cessará, para os menores, a incapacidade: I – pela concessão dos pais, ou de um deles na falta do outro, mediante instrumento público, independentemente de homologação judicial, ou por sentença do juiz, ouvido o tutor, se o menor tiver dezesseis anos completos".

↗ **Gabarito: "B".**

4. (FCC – TJPA) Sendo o ser humano sujeito de direitos e deveres, nos termos do disposto no art. 1º do Código Civil, pode-se afirmar que:

A) capacidade se confunde com legitimação.

B) todos possuem capacidade de fato.

C) capacidade é a medida da personalidade.

D) não existe mais de uma espécie de capacidade.

E) a capacidade de direito é sinônimo de capacidade limitada.

↳ **Resolução:**

Dispõe o art. 1º do Código Civil: "Toda pessoa é capaz de direitos e deveres na ordem civil".

↗ **Gabarito: "C".**

5. (FCC – TJPA) Maria tomou um voo comercial no Brasil com destino a Portugal. Após a decolagem, a aeronave sofreu uma pane e o avião caiu no Oceano Atlântico. As equipes de busca encontraram alguns destroços. Não encontraram corpos, mas não há qualquer indício de sobrevivente. Pedro, marido de Maria, para receber o seguro de vida do qual é beneficiário, poderá solicitar:

A) que seja declarada a morte presumida de Maria, pelas equipes de busca, em documento escrito;

B) à seguradora o pagamento da indenização independentemente da declaração de morte de sua esposa;

C) a decretação de ausência e a nomeação de curador para administrar os interesses da esposa desaparecida;

D) ao Judiciário a declaração, por sentença, da morte presumida, com a fixação da data provável da morte de Maria;

E) à companhia aérea uma declaração oficial sobre o acidente para apresentar à seguradora e requerer a indenização.

↳ **Resolução:**

Dispõe o art. 7º do Código Civil: "Pode ser declarada a morte presumida, sem decretação de ausência: I – se for extremamente provável a morte de quem estava em perigo de vida; (...) Parágrafo único. A declaração da morte presumida, nesses casos, somente poderá ser requerida depois de esgotadas as buscas e averiguações, devendo a sentença fixar a data provável do falecimento".

↗ **Gabarito: "D".**

6. **(FCC – TJPA)** Eduardo, casado com Edna, pai de Kátia de 18 anos de idade e de Gabriela de 27 anos de idade, desapareceu de seu domicílio e dele não há qualquer notícia. Seus pais, Márcia e Mauro estão desesperados pelo desaparecimento de seu filho. Para a declaração de ausência de Eduardo, presentes os requisitos legais, de acordo com o disposto no Código Civil brasileiro no título "Das Pessoas Naturais", será o legítimo curador de Eduardo:

A) Kátia, Gabriela, Márcia e Mauro, uma vez que ascendentes e descendentes concorrem em igualdade para efeitos de curadoria.

B) Edna, desde que não esteja separada judicialmente, ou de fato, por mais de dois anos antes da declaração da ausência.

C) Kátia ou Gabriela, tendo em vista que ambas são descendentes.

D) Gabriela, na qualidade de descendente mais velha, tendo em vista que entre os descendentes, os mais próximos precedem os mais remotos.

E) Márcia ou Mauro, tendo e vista que os ascendentes precedem os descendentes.

↳ **Resolução:**

Dispõe o art. 25 do Código Civil: "O cônjuge do ausente, sempre que não esteja separado judicialmente, ou de fato por mais de dois anos antes da declaração da ausência, será o seu legítimo curador".

De acordo com o Código Civil, Edna será o legítimo curador de Eduardo, desde que não esteja separada judicialmente, ou de fato, por mais de dois anos antes da declaração da ausência.

↗ **Gabarito: "B".**

7. **(CESPE – TJCE)** Uma família viajava de navio do Brasil para a Europa e, no curso da viagem, o navio naufragou, tendo morrido os quatro integrantes dessa família. Não foi possível identificar o integrante da família que morreu primeiro. Robson era o mais velho, Marcos, o mais novo, e João, maior de sessenta e cinco anos de idade. Rogério estava doente, em estágio terminal de sua vida.

Nessa situação hipotética, com base no disposto no Código Civil, dada a impossibilidade de constatar quem morreu primeiro, presume-se que:

A) Rogério morreu primeiro, por estar em estágio terminal da vida.

B) João morreu primeiro, por ser maior de sessenta e cinco anos de idade.

C) Robson morreu primeiro, por ser o mais velho.

D) todos morreram simultaneamente.

E) Marcos morreu primeiro.

↳ **Resolução:**

Dispõe o art. 8º do Código Civil: "Se dois ou mais indivíduos falecerem na mesma ocasião, não se podendo averiguar se algum dos comorientes precedeu aos outros, presumir-se-ão simultaneamente mortos".

↗ **Gabarito: "D".**

8. **(TJSC – TJSC)** Na afirmação abaixo, preencha os espaços vazios com as respostas corretas segundo o Código Civil, constantes em uma das alternativas dadas:

"Com exceção dos casos previstos em lei, os direitos da personalidade são _____ e _____ , não podendo o seu exercício sofrer qualquer limitação _____ ".

A) Indelegáveis – imprescritíveis – voluntária.

B) Inegociáveis – involuntários – alheia.

C) Irrenunciáveis – imprescritíveis – alheia.

D) Intransmissíveis – irrenunciáveis – voluntária.

E) Impreteríveis – irrenunciáveis – indevida.

↳ **Resolução:**

Dispõe o art. 11 do Código Civil: "Com exceção dos casos previstos em lei, os direitos da personalidade são intransmissíveis e irrenunciáveis, não podendo o seu exercício sofrer limitação voluntária".

↗ **Gabarito: "D".**

9. **(FCC – TJPA)** Considerando o domicílio a sede jurídica da pessoa, onde ela se presume presente para efeitos de direito, é correto afirmar que:

A) os ciganos, andarilhos e caixeiros viajantes, tem que ter obrigatoriamente uma residência habitual.

B) uma pessoa pode ter mais de um domicílio, mas não pode ter várias residências.
C) é impossível alguém ter domicílio sem ter residência.
D) a residência é um elemento do conceito de domicílio, o seu elemento objetivo.
E) o agente diplomático que, citado no estrangeiro, alegar extraterritorialidade sem designar onde tem, no país, o seu domicílio, não poderá ser demandado no Distrito Federal ou no último ponto do território brasileiro onde o teve.

↘ **Resolução:**
Dispõe o art. 70 do Código Civil: "O domicílio da pessoa natural é o lugar onde ela estabelece a sua residência com ânimo definitivo".

↗ **Gabarito: "D".**

10. (FCC – TJSE) O domicílio:

A) dos oficiais da marinha é o lugar onde servem.
B) do marítimo é o lugar em que o navio estiver atracado.
C) do incapaz é o lugar em que foi registrado o seu nascimento.
D) do militar do Exército é a sede do comando a que se encontrar subordinado.
E) do preso é o lugar em que cumpre a sentença.

↘ **Resolução:**
Dispõe o parágrafo único do art. 76 do Código Civil: "O domicílio do incapaz é o do seu representante ou assistente; o do servidor público, o lugar em que exercer permanentemente suas funções; o do militar, onde servir, e, sendo da Marinha ou da Aeronáutica, a sede do comando a que se encontrar imediatamente subordinado; o do marítimo, onde o navio estiver matriculado; e o do preso, o lugar em que cumprir a sentença".

↗ **Gabarito: "E".**

11. (PUC-PR – TJMS) Avalie as assertivas relacionadas às Pessoas Jurídicas de acordo com o Código Civil Brasileiro e, depois, assinale a alternativa CORRETA.

I. É vedada a instituição de Fundação por meio de testamento.

II. Nas Associações, os associados devem ter iguais direitos, mas o estatuto poderá instituir categorias com vantagens especiais.

III. Não há, entre os associados, direitos e obrigações recíprocos.

IV. Se a pessoa jurídica tiver administração coletiva, as decisões se tomarão pela maioria de votos dos presentes, salvo se o ato constitutivo dispuser de modo diverso.

V. O direito de anular a constituição das pessoas jurídicas de direito privado, por defeito do ato respectivo, não está sujeito à decadência.

A) Apenas as assertivas I, II e III estão corretas.
B) Apenas as assertivas II, III e V estão corretas.
C) Apenas as assertivas II, III e IV estão corretas.
D) Apenas as assertivas III, IV e V estão corretas.
E) Apenas as assertivas I, III e V estão corretas.

↘ **Resolução:**
Dispõe o art. 48 do Código Civil: "Se a pessoa jurídica tiver administração coletiva, as decisões se tomarão pela maioria de votos dos presentes, salvo se o ato constitutivo dispuser de modo diverso".

Estabelece o parágrafo único do art. 53 do Código Civil: "Não há, entre os associados, direitos e obrigações recíprocos".

Por fim, o art. 55 do Código Civil determina que: "Os associados devem ter iguais direitos, mas o estatuto poderá instituir categorias com vantagens especiais".

↗ **Gabarito: "C".**

12. (CESPE – TJES – adaptada) Acerca da Lei de Introdução ao Código Civil (LICC) – atual Lei de Introdução as Normas do Direito Brasileiro (LINDB) e da personalidade das pessoas, julgue o item a seguir.

De acordo com a sistemática adotada pelo Código Civil, a personalidade da pessoa natural tem início com o nascimento com vida. Por outro lado, no que tange às pessoas jurídicas de direito privado, em especial as sociedades, a personalidade tem início com a formalização de seus atos constitutivos, mediante a assinatura do contrato social pelos seus sócios ou fundadores.

Certo.
Errado.

↘ **Resolução:**
Dispõe o art. 45 do Código Civil: "Começa a existência legal das pessoas jurídicas de direito privado com a inscrição do ato constitutivo no respectivo registro, precedida, quando necessário, de autorização ou aprovação do Poder Executivo, averbando-se no registro todas as alterações por que passar o ato constitutivo".

↗ **Gabarito: "Errado".**

13. (CESPE – TJES) Julgue o item que se segue, relativo a pessoas jurídicas. Na hipótese de abuso de personalidade jurídica, caracterizado pelo desvio de finalidade, deve o juiz, de ofício, determinar que os efeitos de certas e determinadas obrigações sejam estendidos aos bens particulares dos administradores ou sócios da pessoa jurídica.
Certo.
Errado.

↘ **Resolução:**
Dispõe o art. 50 do Código Civil: "Em caso de abuso da personalidade jurídica, caracterizado pelo desvio de finalidade ou pela confusão patrimonial, pode o juiz, a requerimento da parte, ou do Ministério Público quando lhe couber intervir no processo, desconsiderá-la para que os efeitos de certas e determinadas relações de obrigações sejam estendidos aos bens particulares de administradores ou de sócios da pessoa jurídica beneficiados direta ou indiretamente pelo abuso".

↗ **Gabarito: Errado.**

3. BENS

3.1 Conceito

Bens e **coisas** são considerados como os **objetos de direito** no nosso sistema jurídico civil.

O Código Civil adotou uma sistemática para diferenciar **bens e coisas**. Assim, coisa constitui gênero de tudo aquilo que não é humano, ao contrário de bens, que são espécie de coisas e representam tudo aquilo que proporciona ao homem uma utilidade, sendo suscetível de apropriação. Podemos afirmar que bens são coisas, mas nem todas as coisas são bens.

São coisas materiais e imateriais que têm valor econômico e/ou podem ser objeto de relação jurídica.

Coisa: é tudo que existe na natureza, exceto o ser humano.

Coisas comuns: são os bens suscetíveis de apropriação. Ex.: ar atmosférico, mar, areia.

Res derelicta: bem móvel abandonado, passível de apropriação por qualquer pessoa.

3.2 Classificação

CLASSIFICAÇÃO DOS BENS		
TANGIBILIDADE	**a) bens corpóreos, materiais ou tangíveis:** são aqueles que possuem existência corpórea, que podem ser tocados. Ex.: carro, casa, animais, livros;	
	b) bens incorpóreos, imateriais ou intangíveis: são aqueles que não podem ser tocados, ou seja, que possuem existência abstrata. Ex.: direitos autorais, penhor, hipoteca.	
MOBILIDADE	**a) bens imóveis:** são aqueles que não podem ser removidos ou transportados sem deterioração ou destruição.	**a.1) bens imóveis por natureza ou por essência:** são os bens formados pelo solo e por tudo aquilo que se lhe incorporar de forma natural (art. 79 do CC);

CLASSIFICAÇÃO DOS BENS		
MOBILIDADE	a) bens imóveis: são aqueles que não podem ser removidos ou transportados sem deterioração ou destruição.	a.2) bens imóveis por acessão física industrial ou artificial: são formados por tudo o que o homem incorporar permanentemente ao solo, tais como as plantações ou construções, impossibilitando a retirada sem destruição ou deterioração;
		a.3) bens imóveis por acessão física intelectual: são aqueles bens móveis imobilizados pelo proprietário, constituindo uma ficção jurídica, ou seja, aqueles bens empregados para a exploração industrial, comodidade e aformoseamento. Ex.: caminhão ou trator incorporados em uma lavoura e necessários para a atividade;
		a.4) bens imóveis por disposição legal: são considerados como bens imóveis para possibilitar a proteção jurídica. Ex.: direito à sucessão aberta.
	b) bens móveis: são aqueles que podem ser transportados, por força própria ou de terceiros, sem ser deteriorados ou destruídos.	b.1) bens móveis por natureza: são aqueles que podem ser transportados por força própria ou alheia, sem qualquer dano. Quando puder se locomover por força própria, será denominado de semovente, como no caso dos animais. Notem que o art. 84 do Código Civil, em sua parte inicial, determina que os materiais destinados a alguma construção, enquanto não forem empregados, conservam sua qualidade de móveis, sendo chamados de *bens móveis propriamente ditos*;
		b.2) bens móveis por antecipação: são aqueles bens que eram imóveis, mas que foram mobilizados por atividade do homem, como no caso das lenhas que antes eram uma árvore incorporada ao solo. Ainda, a parte final do art. 84 do Código Civil especifica que, no caso de demolição, os bens imóveis podem ser mobilizados, ocorrendo a antecipação;
		b.3) bens móveis por determinação legal: segundo o art. 83 do Código Civil, consideram-se móveis, para os efeitos legais: I – as energias que tenham valor econômico; II – os direitos reais sobre objetos móveis e as ações correspondentes; III – os direitos pessoais de caráter patrimonial e respectivas ações.

CLASSIFICAÇÃO DOS BENS		
FUNGIBILIDADE	**a) bens infungíveis:** são aqueles que não podem ser substituídos por outro de mesma espécie, qualidade e quantidade. Os bens imóveis são sempre infungíveis, pois possuem registro que os individualiza;	
	b) bens fungíveis: nos termos do art. 85 do Código Civil, são fungíveis os móveis que podem substituir-se por outros da mesma espécie, qualidade e quantidade. Como regra, os bens móveis são fungíveis, com exceção de alguns bens, como os automóveis e as obras de arte, que serão infungíveis.	
CONSUNTIBILIDADE	**a) bens consumíveis:** são os bens cujo uso resulta em destruição imediata da própria coisa (*consuntibilidade fática ou física*), ou que podem ou não ser objeto ou destinados à alienação (*consuntibilidade jurídica ou de direito*);	
	b) bens inconsumíveis: são aqueles que possibilitam a utilização reiterada do bem, permitindo a retirada de sua utilidade, sem a deterioração ou destruição imediata (*inconsuntibilidade fática ou física*), ou aqueles que são inalienáveis (*inconsuntibilidade jurídica ou de direito*);	
	c) pelo Código de Defesa do Consumidor: a legislação consumerista adotou um critério quanto à durabilidade do bem utilizado.	**c.1) bens duráveis:** são aqueles que não desaparecem após o uso. Em caso de vício, o prazo para reclamar será de 90 dias;
		c.2) bens não duráveis: são aqueles que não têm permanência com o uso. De igual maneira, o prazo para reclamar a existência de vício oculto no bel será de 30 dias.
DIVISIBILIDADE	**a) bens divisíveis:** são os que se podem fracionar sem alteração na sua substância, diminuição considerável de valor ou prejuízo do uso a que se destinam (art. 87 do CC). Atentem que, conforme art. 88 do Código Civil, os bens naturalmente divisíveis podem tornar-se indivisíveis por determinação da lei ou por vontade das partes;	
	b) bens indivisíveis: são os bens que não podem ser partilhados, divididos ou fracionados sem perder a sua essência, causando uma desvalorização ou perda da qualidade essencial do todo ao qual faz parte.	**b.1) indivisibilidade natural:** é aquela cuja divisão gera diminuição de seu valor. Ex.: uma casa;
		b.2) indivisibilidade legal: é o caso da herança, que é indivisível até a partilha no inventário; bem como da hipoteca e das servidões;
		b.3) indivisibilidade convencional: é aquele instituído por vontade das partes, formando um condomínio sobre o bem. Ex.: no caso de um boi, cujos proprietários convencionam que o animal será utilizado para a reprodução, impossibilitando a sua divisão.

CLASSIFICAÇÃO DOS BENS			
INDIVIDUALIDADE	**a) bens singulares ou individuais:** são singulares os bens que, embora reunidos, se consideram *de per si*, independentemente dos demais. Podem ser simples, quando seus componentes estão ligados naturalmente (árvore, animal), ou compostos, quando seus componentes estão interligados por ação humana (carro, avião, relógio);		
	b) bens coletivos ou universais: são aqueles que se encontram agregados como um todo, consubstanciando um conjunto de várias coisas singulares, mas que serão considerados como um todo individualizado.	**b.1) universalidade de fato:** constitui universalidade de fato a pluralidade de bens singulares que, pertinentes à mesma pessoa, tenham destinação unitária. Ex.: biblioteca (em relação aos livros);	
		b.2) universalidade de direito: constitui universalidade de direito o complexo de relações jurídicas, de uma pessoa, dotadas de valor econômico. Ex.: a herança; a massa falida.	
DEPENDÊNCIA EM RELAÇÃO A OUTRO BEM (BENS RECIPROCAMENTE CONSIDERADOS)	**a) bens principais ou independentes:** são os bens que existem de forma autônoma e independente, de maneira concreta ou abstrata;		
	b) bens acessórios ou dependentes: são aqueles cuja existência depende de outro bem, mantendo, assim, uma relação de dependência.	**b.1) frutos:** são os bens acessórios que têm a sua origem no bem principal, mantendo a integridade deste, sem a diminuição de sua quantidade ou substância;	**b.1.1) frutos naturais:** são aqueles produzidos pela própria essência da coisa. Ex.: fruta em relação à árvore;
			b.1.2) frutos industriais: são aqueles que decorrem da atividade humana. Ex.: produto produzido em uma fábrica;
			b.1.3) frutos civis: são aqueles originados de uma relação jurídica ou econômica, de natureza privada, também chamados de rendimentos. Ex.: aluguéis, juros, dividendos de ações.

CLASSIFICAÇÃO DOS BENS				
DEPENDÊNCIA EM RELAÇÃO A OUTRO BEM (BENS RECIPROCAMENTE CONSIDERADOS)	b) bens acessórios ou dependentes: são aqueles cuja existência depende de outro bem, mantendo, assim, uma relação de dependência.	b.2) produtos: são os bens acessórios que, quando retirados do principal, têm sua quantidade e substância diminuídas. Ex.: petita de ouro de uma mina;		
		b.3) pertenças: são os bens que, não constituindo parte integrante, são destinados, de modo duradouro, ao uso, ao serviço (adorno) do bem principal, ou, ainda, ao seu aformoseamento;		
		b.4) partes integrantes: são os bens acessórios desprovidos de existência material própria, mas que estão unidos ao principal, formando com este um todo independente. Ex.: lâmpada com relação ao lustre; lente com relação à câmera;		
		b.5) benfeitorias: são os bens acessórios introduzidos nos bens móveis ou imóveis, visando a sua conservação ou melhora da sua utilidade.	b.5.1) necessárias: são as que têm por finalidade conservar ou evitar que o bem principal se deteriore;	
			b.5.2) úteis: são as que aumentam ou facilitam o uso da coisa, tornando-a útil;	
			b.5.3) voluptuárias: são aquelas de mero deleite, que tornam mais agradável o uso da coisa.	
TITULAR DE DOMÍNIO	a) bens particulares ou privados: são aqueles pertencentes às pessoas físicas ou jurídicas de direito privado. Por exclusão, os bens que não forem públicos, serão considerados como particulares, nos termos da parte final do art. 98 do Código Civil;			
	b) bens públicos: são aqueles pertencentes a uma entidade de direito público interno, ou seja, União, estados, Distrito Federal, municípios, entre outras (art. 98, parte inicial, do CC).	b.1) bens de uso geral ou comum do povo: são os bens destinados à utilização do público em geral, sem necessidade de permissão especial de uso. Ex.: praças, praias, ruas;		
		b.2) bens de uso especial: são os bens imóveis (prédios, terrenos, casas) utilizados pelo próprio Estado para a execução do serviço público, com destinação especial (*afetação*), como no caso das repartições públicas;		

CLASSIFICAÇÃO DOS BENS		
TITULAR DE DOMÍNIO	**b) bens públicos:** são aqueles pertencentes a uma entidade de direito público interno, ou seja, União, estados, Distrito Federal, municípios, entre outras (art. 98, parte inicial, do CC).	**b.3) bens dominicais ou dominiais:** são os bens considerados como disponíveis ou alienáveis da Administração Pública. Ex.: terras devolutas, estradas de ferro, ilhas em rios navegáveis.

3.3 Questões

1. (FGV – TJPI) Margarida, artista plástica, contratou a compra de madeira de demolição, proveniente de um prédio do centro histórico de Teresina. Sobre a situação narrada, é correto afirmar que os bens são considerados:

A) imóveis, pois são materiais de obra pertencentes ao prédio histórico;
B) móveis, pois, por serem provenientes de demolição, não mais integram o prédio;
C) fora do comércio por falta de valor econômico;
D) coisas abandonadas, e é possível adquiri-los por ocupação;
E) imóveis, pois adquirem a natureza do prédio, bem principal.

↘ **Resolução:**

Dispõe o art. 84 do Código Civil: "Os materiais destinados a alguma construção, enquanto não forem empregados, conservam sua qualidade de móveis; readquirem essa qualidade os provenientes da demolição de algum prédio".

↗ **Gabarito: "B".**

2. (UFMT – TJMT) Sobre as espécies de bens, analise as seguintes afirmativas.

I – São bens imóveis as edificações que, separadas do solo, conservam sua unidade, ainda que removidas para outro local.

II – São bens móveis os materiais destinados à construção, ainda que empregados para tal finalidade.

III – São bens divisíveis os que podem ser fracionados sem prejuízo do uso a que se destinam.

IV – São bens públicos os de domínio nacional que pertencem às pessoas jurídicas de direito público, sujeitos à usucapião.

Estão corretas as afirmativas

A) I, II e IV, apenas.
B) I e III, apenas.
C) III e IV, apenas.
D) I, II e III, apenas.

↘ **Resolução:**

Dispõe o art. 81 do Código Civil: "Não perdem o caráter de imóveis: I – as edificações que, separadas do solo, mas conservando a sua unidade, forem removidas para outro local".

Por sua vez, estabelece o art. 87 do Código Civil: "Bens divisíveis são os que se podem fracionar sem alteração na sua substância, diminuição considerável de valor, ou prejuízo do uso a que se destinam".

↗ **Gabarito: "B".**

3. (FUNDECT – TJMS) Assinale a alternativa correta.

A) O direito à sucessão aberta, para efeitos legais, é um bem móvel.
B) Os materiais destinados a alguma construção, enquanto não forem empregados, conservam sua qualidade de móveis; readquirem essa qualidade os provenientes da demolição de algum prédio.
C) Os direitos pessoais de caráter patrimonial e respectivas ações, para efeitos legais, são bens imóveis.
D) Perdem o caráter de imóveis os materiais provisoriamente separados de um prédio, ainda que para nele se reempregarem.
E) Os direitos reais sobre imóveis e as ações que os asseguram, para os efeitos legais, são considerados bens móveis.

↘ **Resolução:**

Dispõe o art. 84 do Código Civil: "Os materiais destinados a alguma construção, enquanto não forem empregados, conservam sua qualidade de móveis; readquirem essa qualidade os provenientes da demolição de algum prédio".

↗ **Gabarito: "B".**

4. ATOS E FATOS JURÍDICOS

1) **Conceito de fato jurídico *lato sensu*:** os acontecimentos, indistintamente considerados, que geram direitos subjetivos são chamados, em sentido amplo, de fatos jurídicos ou fatos jurígenos.

2) **Fato jurídico em sentido estrito:** são todos os acontecimentos naturais que determinam efeitos na órbita jurídica. Os fatos jurídicos em sentido estrito subdividem-se em:

a) **Ordinários** – são fatos da natureza de ocorrência comum, costumeira, cotidiana: o nascimento, a morte, o decurso do tempo.

b) **Extraordinários** – são fatos inesperados, às vezes imprevisíveis: um terremoto, uma enchente, o caso fortuito e a força maior.

3) **Ato jurídico em sentido estrito:** o ato jurídico em sentido estrito constitui simples manifestação de vontade, sem conteúdo negocial, que determina a produção de efeitos legalmente previstos.

4) **Negócio jurídico:** trata-se de uma declaração de vontade dirigida à provocação de determinados efeitos jurídicos. É a manifestação de vontade bilateral, que visa a criação, extinção ou modificação de direitos.

FATO JURÍDICO	ATO JURÍDICO	NEGÓCIO JURÍDICO
Ocorrência que tenha relevância jurídica ao Direito. **Fato natural *stricto sensu*** – independem da vontade humana: **Ordinário**. Ex.: nascimento, prescrição, maioridade. **Extraordinário** – fortuito (catástrofe) e força maior (furacão, terremoto, maremoto, raios). **FATO + DIREITO**	Fato jurídico relevante para o mundo do Direito que depende de **elemento volitivo** e **conteúdo lícito**. Ex.: mudança de domicílio, reconhecimento de filho, ocupação, tradição, direitos autorais do pintor. **FATO + DIREITO + VONTADE + LICITUDE**	Composição de interesses das partes com finalidade específica. É a principal forma para o exercício da autonomia da vontade, regulamentando os próprios interesses. Espécies: Unilateral (testamento), Bilateral (casamento), Plurilateral (sociedade, consórcio). **NEGÓCIO JURÍDICO = FATO + DIREITO + VONTADE + LICITUDE + COMPOSIÇÃO DE INTERESSES COM FINALIDADE ESPECÍFICA**

Com efeito, para apreender sistematicamente o tema, faz-se mister analisá-lo sob os **três planos em que o negócio jurídico pode ser visualizado**:

EXISTÊNCIA	VALIDADE	EFICÁCIA
Agente (Partes)	Agente capaz	Ausência dos elementos acidentais: • condição • termo • encargo
Objeto	Objeto lícito, possível, determinado ou determinável	
Forma	Forma prescrita ou não defesa em lei	

a) **Plano de existência** – um negócio jurídico não surge do nada, exigindo-se, para tanto, que seja considerado como tal o atendimento a certos requisitos mínimos. Nesse plano, não se cogita de invalidade ou eficácia do fato jurídico, importa, apenas, a realidade da existência. Tudo, aqui, fica circunscrito a se saber se o suporte fático suficiente do negócio jurídico efetivamente se compôs, dando, assim, ensejo à sua incidência. Para existir, basta que estejam presentes no negócio jurídico (substantivos):

i) partes (agentes);
ii) objeto; e
iii) forma.

b) **Plano de validade** – o Código Civil, em seu art. 104, enumera os **pressupostos de validade** do negócio jurídico (correspondente aos adjetivos):

i) o agente capaz;
ii) o objeto lícito, possível, determinado ou determinável; e
iii) a forma prescrita ou não defesa em lei.

c) **Plano de eficácia** – plano da produção dos efeitos pelos negócios jurídicos. Ainda que um negócio jurídico existente seja considerado válido, ou seja, perfeito para o sistema que o concebeu, isso não importa em produção imediata de efeitos, pois estes podem estar limitados por elementos acidentais de declaração.

ELEMENTOS ACIDENTAIS	
CONDIÇÃO	Elemento voluntário que subordina o nascimento ou extinção do direito subjetivo a acontecimento **futuro e incerto**. A modalidade **suspensiva** provoca a aquisição do direito; já a **resolutiva**, uma vez realizado o negócio, permite a extinção de seus efeitos na eventualidade de o fato previsto vir a acontecer. **Não se fala em direito adquirido** (art. 125 do CC). No entanto, é permitido praticar os atos destinados a conservá-lo (como no caso de imóvel em ruína).
TERMO	É o marco temporal que define o começo ou o fim dos efeitos jurídicos de um negócio jurídico. Pode ser legal ou convencional. O primeiro decorre da lei; o segundo, de cláusula contratual. O termo se caracteriza pela **futuridade e certeza**. O termo pode ser **suspensivo ou resolutivo**. O primeiro, também denominado inicial (*dies a quo*), é o dia a partir do qual os efeitos de um negócio jurídico começam a produzir. Ele não instaura a relação jurídica, que já existe. O segundo corresponde ao dia em que cessam os efeitos do ato negocial (*dies ad quem*). O **termo inicial suspende o exercício**, mas **não a aquisição do direito** (art. 131 do CC).
ENCARGO OU MODO	É a cláusula geradora de obrigação para a parte beneficiária em negócio jurídico gratuito e em favor do disponente, de terceiro ou do interesse público. É um peso atrelado a uma **vantagem** (ou uma restrição), e não uma prestação correspectiva sinalagmática. O encargo pode ser uma restrição no uso da coisa ou pode ser uma obrigação imposta àquele que é beneficiário. O encargo **não suspende a aquisição nem o exercício do direito**, salvo quando expressamente imposto no negócio jurídico, pelo disponente, como condição suspensiva (art. 136 do CC).

5) **Contagem dos prazos:** salvo disposição em contrário, para o implemento do termo negocial (art. 132 do CC), computam-se os prazos, excluindo o dia do começo e incluindo o do vencimento.

No caso de o dia do vencimento cair em feriado, considerar-se-á prorrogado para o seguinte dia útil. Se os prazos se derem em meses e anos, expiram no dia de igual número do de início, ou no imediato, se faltar exata correspondência.

Já no caso de serem estipulados em horas, por hora, contar-se-ão de minuto a minuto.

6) **Defeitos do negócio jurídico:** trata-se dos defeitos dos negócios jurídicos, que se classificam em **vícios de consentimento** – aqueles em que a vontade não é expressa de maneira absolutamente livre – e **vícios sociais** – em que a vontade manifestada não tem, na realidade, a intenção pura e de boa-fé que enuncia.

	SÃO VÍCIOS DE CONSENTIMENTO:
ERRO OU IGNORÂNCIA	Trata-se de uma falsa percepção da realidade, ao passo que a ignorância é um estado de espírito negativo, o total desconhecimento do declarante a respeito das circunstâncias do negócio. O erro, entretanto, só é considerado como causa de anulabilidade do negócio jurídico se for: a) **essencial** (substancial); e b) **escusável** (perdoável).
DOLO	Trata-se de um **artifício ou expediente astucioso**, empregado para induzir alguém à prática de um ato jurídico que o prejudica, aproveitando ao autor do dolo ou a terceiro. Pode-se classificar o dolo em **principal e acidental**. O principal é quando é a causa determinante do negócio. O acidental leva a distorções comportamentais que podem alterar o resultado do negócio. A distinção tem relevo considerando que o **principal enseja a anulação do negócio** e o **acidental só pode levar a perdas e danos**.
COAÇÃO	Trata-se da violência apta a influenciar a vítima a realizar negócio jurídico que a sua vontade interna não deseja efetuar, daí a possibilidade de sua anulação. São dois tipos de coação: **física** (*vis absoluta*) e **moral** (*vis compulsiva*). Importante notar que a doutrina entende que a *vis absoluta* neutraliza completamente a manifestação de vontade, tornando o negócio jurídico inexistente, e não simplesmente anulável.
LESÃO	Trata-se de um vício que permite a deformação da declaração de vontade por fatores pessoais do contratante, diante da inexperiência ou necessidade, explorada indevidamente pelo locupletante. A lesão se compõe de dois requisitos: 1) **objetivo ou material** (desproporção das prestações avençadas); e 2) **subjetivo, imaterial ou anímico** (a premente necessidade, a inexperiência ou a leviandade da parte lesada e o dolo de aproveitamento da parte beneficiada). Suas características são: 1) a lesão só é **admissível nos contratos comutativos**; 2) a **desproporção entre as prestações deve ser verificada no momento do contrato**, e não posteriormente; 3) a **desproporção deve ser considerável**.
ESTADO DE PERIGO	Identifica-se como uma hipótese de **inexigibilidade de conduta diversa**, ante a **iminência de dano** por que passa o agente, a quem não resta outra alternativa senão praticar o ato. A expressão "meu reino por um cavalo", da obra de Shakespeare, pode ser um exemplo para esse vício.

SÃO VÍCIOS SOCIAIS:	
SIMULAÇÃO	É uma **declaração enganosa de vontade**, visando a produzir efeito do ostensivamente indicado. É um defeito que não vicia a vontade do declarante, uma vez que este se mancomuna de livre vontade para atingir fins espúrios, em detrimento da lei ou da própria sociedade. Importante observar que a simulação deixou de ser uma causa de anulabilidade e passou a figurar entre as hipóteses de nulidade do ato jurídico. Art. 167. É **nulo o negócio jurídico simulado**, mas subsistirá o que se dissimulou, se válido for na substância e na forma. § 1º Haverá simulação nos negócios jurídicos quando: I – aparentarem conferir ou transmitir direitos a pessoas diversas daquelas às quais realmente se conferem, ou transmitem; II – contiverem declaração, confissão, condição ou cláusula não verdadeira; III – os instrumentos particulares forem antedatados, ou pós-datados.
FRAUDE CONTRA CREDORES	Consiste no ato de **alienação ou oneração de bens**, assim como de **remissão de dívidas**, praticado pelo devedor insolvente, ou à beira da insolvência, com o propósito de prejudicar credor preexistente, em virtude da diminuição experimentada pelo seu patrimônio. Dois elementos compõem a fraude, o primeiro de natureza subjetiva e o segundo de natureza objetiva. São eles, respectivamente: 1) o ***consilium fraudis*** (o conluio fraudulento); e 2) o ***eventus damni*** (o prejuízo causado ao credor). A anulação do ato praticado em fraude contra credores dá-se por meio de uma ação revocatória, denominada **ação pauliana**.

Disposição onerosa de bens com intuito de fraude:	Conluio fraudulento (*consilium fraudis*) + evento danoso (*eventus damni*).
Disposição gratuita de bens ou remissão de dívida:	Evento danoso (*eventus damni*).

7) **Invalidade do negócio jurídico:** a previsibilidade doutrinária e normativa da teoria das nulidades impede a proliferação de atos jurídicos ilegais ou portadores de vícios, a depender da natureza do interesse jurídico violado. Dessa forma, é possível afirmar que o reconhecimento desses estados são formas de proteção e defesa do ordenamento jurídico vigente.

Dentro dessa perspectiva, é correto dizer-se que o **ato nulo (nulidade absoluta)** viola norma de ordem pública, de natureza cogente, e carrega em si vício considerado grave.

Por sua vez, o ato **anulável (nulidade relativa)**, contaminado de vício menos grave, decorre de infringência de norma jurídica protetora de interesses eminentemente privados.

TEORIA DA NULIDADE DOS NEGÓCIOS JURÍDICOS: PRINCIPAIS ARTIGOS
Art. 171. Além dos casos expressamente declarados na lei, é **anulável o negócio jurídico**: I – por incapacidade relativa do agente; II – por vício resultante de erro, dolo, coação, estado de perigo, lesão ou fraude contra credores.

TEORIA DA NULIDADE DOS NEGÓCIOS JURÍDICOS: PRINCIPAIS ARTIGOS
Art. 178. É de **quatro anos** o prazo de decadência para pleitear-se a anulação do negócio jurídico, contado: I – no caso de coação, do dia em que ela cessar; II – no de erro, dolo, fraude contra credores, estado de perigo ou lesão, do dia em que se realizou o negócio jurídico; III – no de atos de incapazes, do dia em que cessar a incapacidade.
Art. 179. Quando a lei dispuser que determinado ato é anulável, sem estabelecer prazo para pleitear-se a anulação, será este de **dois anos**, a contar da data da conclusão do ato.
Art. 166. É nulo o negócio jurídico quando: I – celebrado por pessoa absolutamente incapaz; II – for ilícito, impossível ou indeterminável o seu objeto; III – o motivo determinante, comum a ambas as partes, for ilícito; IV – não revestir a forma prescrita em lei; V – for preterida alguma solenidade que a lei considere essencial para a sua validade; VI – tiver por objetivo fraudar lei imperativa; VII – a lei taxativamente o declarar nulo, ou proibir-lhe a prática, sem cominar sanção.

8) Nulidade absoluta *vs.* Nulidade relativa (anulabilidade)

NULIDADE ABSOLUTA	NULIDADE RELATIVA
1. O ato nulo atinge interesse público.	1. O ato anulável atinge interesses privados.
2. Opera-se de pleno direito.	2. Não se opera de pleno direito.
3. Pode ser arguida pelas partes, terceiro interessado, MP, DP, ou até mesmo de ofício pelo juiz.	3. Somente pode ser arguida pelos legítimos interessados.
4. Não se admite confirmação.	4. Admite-se confirmação expressa ou tácita.
5. Ação declaratória de nulidade é decidida por sentença de natureza declaratória.	5. Ação anulatória é decidida por sentença desconstitutiva.
6. Pode ser reconhecida, segundo o Código Civil, a qualquer tempo, não se sujeitando ao prazo prescricional ou decadencial.	6. A anulabilidade somente pode ser arguida pela via judicial, em prazos decadenciais de 4 anos (regra geral) ou de 2 anos (regra supletiva), salvo norma em sentido contrário.

4.1 Questões

1. **(FCC – TJPA)** O fato jurídico é todo acontecimento da vida relevante para o direito, mesmo que ilícito, podendo-se afirmar que:

A) os fatos humanos por si só, ou atos jurídicos em sentido amplo, não criam nem modificam direitos.

B) fatos humanos e fatos naturais significam a mesma coisa, ainda que decorram uns da atividade humana e outros da natureza.

C) os fatos naturais não se confundem, por exemplo, com o nascimento, a morte e a maioridade.

D) os fatos extraordinários não guardam relação com tempestades, terremotos e raios, por exemplo.

E) os fatos extraordinários não se enquadram na categoria dos fortuitos ou de força maior.

↘ **Resolução:**
Tanto os fatos humanos como os fatos naturais são tipos de **fatos jurídicos em sentido amplo**,

sendo que os primeiros decorrem da atividade humana e o segundo, da natureza.

↗ **Gabarito: "B"**.

2. **(FGV – TJPI)** Elisa convencionou com Lourdes a doação periódica de certa quantia em dinheiro caso ela seja aprovada e curse a faculdade de Administração no estado vizinho à cidade onde moram.

Sobre a situação descrita, é correto afirmar que o ajuste negocial está sujeito:

A) a encargo, no qual caberá a Lourdes cumprir os requisitos em questão para aquisição do direito às verbas;
B) a termo inicial, apenas produzindo efeitos após o ingresso de Lourdes no curso;
C) à condição suspensiva, somente se adquirindo o direito aos valores se Lourdes for aprovada e cursar a faculdade;
D) à condição resolutiva, adquirindo Lourdes o direito aos valores desde o início e os restituindo caso não seja aprovada;
E) a termo final, extinguindo o negócio jurídico com o ingresso de Lourdes no curso superior.

↘ **Resolução:**

Dispõe o art. 125 do Código Civil: "Subordinando-se a eficácia do negócio jurídico à condição suspensiva, enquanto esta se não verificar, não se terá adquirido o direito, a que ele visa".

↗ **Gabarito: "C"**.

3. **(FCC – TJPE)** O negócio jurídico NÃO é nulo quando:

A) for preterida alguma solenidade que a lei considera essencial para sua validade.
B) for indeterminável o seu objeto.
C) celebrado por pródigos.
D) o motivo determinante, comum a ambas as partes, for ilícito.
E) não revestir da forma prescrita em lei.

↘ **Resolução:**

Dispõe o art. 4º do Código Civil: "São incapazes, relativamente a certos atos ou à maneira de os exercer: (...) IV – os pródigos".

Estabelece o art. 171 do Código Civil: "Além dos casos expressamente declarados na lei, é anulável o negócio jurídico: I – por incapacidade relativa do agente".

↗ **Gabarito: "C"**.

4. **(FGV – TJPI)** Carolina, com dezesseis anos de idade, comprou um ingresso para um show de rock destinado ao público da faixa etária acima dos dezoito anos. Ao ser perguntada sobre sua idade, ela declarou ser maior. Ao saber da situação, os pais de Carolina impediram que ela fosse ao show. Sobre a situação descrita, é correto concluir que:

A) a sociedade empresária que vendeu o ingresso para Carolina deve restituir o valor que dela recebeu em razão da sua incapacidade relativa;
B) trata-se de ato nulo, pois praticado por agente absolutamente incapaz sem a respectiva representação, obrigando a restituição do valor recebido pelo ingresso;
C) a sociedade empresária só não seria obrigada a restituir o valor pago pelo ingresso, se provado que o pagamento reverteu em favor de Carolina;
D) a sociedade empresária não será obrigada a restituir o valor do ingresso, pois sofreu simulação quanto a quem contratou, subsistindo o negócio dissimulado;
E) a sociedade empresária não será obrigada a restituir o valor, pois no ato de declaração quanto a sua idade, Carolina declarou-se maior.

↘ **Resolução:**

Dispõe o art. 180 do Código Civil: "O menor entre dezesseis e dezoito anos, não pode, para eximir-se de uma obrigação, invocar a sua idade se dolosamente a ocultou quando inquirido pela outra parte, ou se, no ato de obrigar-se, declarou-se maior".

↗ **Gabarito: "E"**.

5. **(FGV – TJPI)** Alessandra sofreu um "sequestro relâmpago" e foi obrigada, sob coação moral irresistível, a realizar diversos saques de sua conta-corrente e empréstimos em seu nome. Cessados os atos de coação, é correto afirmar que Alessandra terá 4 anos de prazo:

A) prescricional para alegar a nulidade relativa dos atos e negócios praticados sob coação;

B) decadencial para alegar a nulidade absoluta dos atos e negócios praticados sob coação;
C) decadencial para alegar a inexistência dos atos e negócios praticados sob coação;
D) prescricional para alegar a inexistência dos atos e negócios praticados sob coação;
E) decadencial para alegar a nulidade relativa dos atos e negócios praticados sob coação.

↘ **Resolução:**
Dispõe o art. 178 do Código Civil: "É de quatro anos o prazo de decadência para pleitear-se a anulação do negócio jurídico, contado: I – no caso de coação, do dia em que ela cessar; II – no de erro, dolo, fraude contra credores, estado de perigo ou lesão, do dia em que se realizou o negócio jurídico; III – no de atos de incapazes, do dia em que cessar a incapacidade".

↗ **Gabarito: "E".**

6. (FCC – TJAP) Ricardo tem 15 anos e adquiriu um televisor. O negócio é:
A) anulável, convalidando-se dois anos depois de praticado.
B) anulável, convalidando-se quatro anos depois de praticado.
C) nulo, devendo ser invalidado de ofício pelo Juiz.
D) válido, gerando plenos efeitos.
E) nulo, mas podendo ser invalidado apenas a requerimento das partes ou do Ministério Público.

↘ **Resolução:**
Dispõe o art. 168 do Código Civil: "As nulidades dos artigos antecedentes podem ser alegadas por qualquer interessado, ou pelo Ministério Público, quando lhe couber intervir. Parágrafo único. As nulidades devem ser pronunciadas pelo juiz, quando conhecer do negócio jurídico ou dos seus efeitos e as encontrar provadas, não lhe sendo permitido supri-las, ainda que a requerimento das partes".

↗ **Gabarito: "C".**

7. (CESPE – TJSE – adaptada) Julgue o item a seguir, relativo a pessoas, bens e negócios jurídicos.
Associação é uma pessoa jurídica de caráter pessoal, e sua estrutura está fundamentada em patrimônio dedicado à realização de fins não econômicos.
Certo.
Errado.

↘ **Resolução:**
Dispõe o art. 53 do Código Civil: "Constituem-se as associações pela união de pessoas que se organizem para fins não econômicos".

↗ **Gabarito: "Errado".**

8. (VUNESP – TJPA) Assinale a alternativa correta sobre os negócios jurídicos, de acordo com as disposições do Código Civil de 2002.
A) O dolo, a coação e o estado de perigo são causas de nulidade absoluta do negócio jurídico.
B) O prazo decadencial para anulação do negócio jurídico, em caso de defeito que admita a anulação, segue a regra geral de 10 (dez) anos.
C) Em regra, a constituição, transferência, modificação ou renúncia de direitos reais sobre imóveis exigem escritura pública, independentemente do valor do bem.
D) A simulação é causa de anulabilidade do negócio jurídico, salvo se os requisitos genéricos de validade do negócio jurídico houverem sido observados.
E) As causas de nulidade podem ser reconhecidas de ofício pelo juiz, enquanto as causas de anulabilidade dependem de alegação da parte ou do interessado.

↘ **Resolução:**
Dispõe o art. 168 do Código Civil: "As nulidades dos artigos antecedentes podem ser alegadas por qualquer interessado, ou pelo Ministério Público, quando lhe couber intervir. Parágrafo único. As nulidades devem ser pronunciadas pelo juiz, quando conhecer do negócio jurídico ou dos seus efeitos e as encontrar provadas, não lhe sendo permitido supri-las, ainda que a requerimento das partes".

↗ **Gabarito: "E".**

9. (FCC – TJPI) A validade do negócio jurídico pressupõe capacidade do agente. Se o ato for praticado por pessoa relativamente incapaz, o vício é de:
A) nulidade, mas só pode ser reconhecido mediante a propositura de ação pelo Ministério Público.
B) nulidade e deve ser reconhecido de ofício pelo juiz.

C) anulabilidade e não poderá ser invocado pela outra parte em benefício próprio.
D) anulabilidade e pode ser reconhecido de ofício pelo juiz.
E) anulabilidade ou de nulidade, de acordo com tipificação legal.

↳ **Resolução:**
Dispõe o art. 105 do Código Civil: "A incapacidade relativa de uma das partes não pode ser invocada pela outra em benefício próprio, nem aproveita aos cointeressados capazes, salvo se, neste caso, for indivisível o objeto do direito ou da obrigação comum".

↗ **Gabarito: "C".**

5. ATOS ILÍCITOS

Ato ilícito: aquele que, por **ação ou omissão voluntária, negligência ou imprudência**, violar direito e causar dano a outrem, ainda que exclusivamente moral, comete ato ilícito (art. 186 do CC).

Também comete ato ilícito o titular de um direito que, ao exercê-lo, **excede manifestamente** os limites impostos pelo seu fim econômico ou social, pela boa-fé ou pelos bons costumes (art. 187 do CC).

▶ **ATENÇÃO**

Enunciado 37 da I Jornada de Direito Civil do CJF: "A responsabilidade civil decorrente do abuso do direito **independente de culpa** e fundamenta-se **somente no critério objetivo-finalístico**".

O **ato doloso é intencional**, manifestado pelo agente, causando diretamente um dano à vítima.

O ato ilícito doloso consiste na **intenção de ofender o direito** ou **prejudicar o patrimônio de alguém** por atuação **positiva (ação) ou negativa (omissão)**.

A **culpa**, no entanto, é a **conduta negligente, imprudente ou imperita** do agente. A atuação deste é causadora de lesão, embora o resultado danoso não seja querido pelo agente, portanto, não é necessária a má-fé do agente.

CULPA	
NEGLIGÊNCIA	É a omissão, é a falta de diligência na prática de um ato jurídico, é toda falta de cuidados normais que se esperam das pessoas. É a desatenção ou a falta de cuidado ao exercer certo ato, consistente na ausência de necessária diligência, implicando em **omissão ou inobservância de dever**, que é o de agir de forma diligente, prudente, com o devido cuidado exigido pela situação em tese.
IMPRUDÊNCIA	É a precipitação, o desprezo das cautelas que devemos tomar em nossos atos. Ela existe quando são **descumpridas regras técnicas preestabelecidas**. Age de forma imprudente aquele que, sabedor do grau de risco envolvido, mesmo assim acredita que seja possível a realização do ato sem prejuízo para qualquer um; age, assim, além da justa medida de prudência que o momento requer, excede os limites do bom senso e da justeza dos seus próprios atos.
IMPERÍCIA	É a atuação de quem **não possui habilitação técnica** para a prática do ato. Mesmo que o agente tenha conhecimento suficiente ou até melhor que o profissional, não tem ele qualificação técnica reconhecida por órgão competente para exercer a atividade. Na imperícia, requer-se do agente a falta de técnica ou de conhecimento (erro ou engano na execução, ou mesmo consecução do ato);

CULPA	
IMPERÍCIA	de outra forma, tem-se uma omissão daquilo que o agente não deveria desprezar, pois consiste em sua função, seu ofício, exigindo dele perícia – uso de técnica que lhe é própria ou exigível até mesmo pelo seu mister. Ex.: no caso do advogado que, sabendo e conhecendo do seu ofício, deixa decorrer o prazo sem apresentar a defesa necessária ao seu cliente.

Observe que **não constituem atos ilícitos**:

a) os praticados em **legítima defesa** ou no **exercício regular de um direito reconhecido**;
b) a **deterioração ou destruição da coisa alheia**, ou a **lesão a pessoa**, a fim de remover **perigo iminente**.

No segundo caso, o **ato será legítimo** somente quando as circunstâncias o tornarem **absolutamente necessário**, não excedendo os limites do indispensável para a remoção do perigo.

EXCLUDENTES DE ILICITUDE:	
LEGÍTIMA DEFESA	A legítima defesa encontra seus elementos conceituais no Código Penal, que enuncia seus pressupostos: agressão atual ou iminente; de caráter injusto; e moderação dos meios defensivos empregados. O dispositivo prevê a legítima defesa, o exercício regular de um direito reconhecido e o estado de necessidade. Essas três situações fazem desaparecer a ilicitude e afastam o dever de indenizar. A legítima defesa abrange não só os direitos de quem a exerce, mas também os direitos de terceiros. Assim, quem age em legítima defesa pode estar defendendo pessoas ou bens alheios, o que demonstra o caráter social do instituto da causa. Ex.: o inquilino que defende a propriedade do imóvel possuído indevidamente. Excluirá a obrigação de indenizar/reparar o dano à vítima quando o agente revida de imediato uma agressão atual ou iminente e injusta a um direito seu ou de outrem, desde que o faça de forma moderada.
ESTADO DE NECESSIDADE E A REMOÇÃO DE PERIGO IMINENTE	O estado de necessidade é a situação que enseja a prática de um mal menor para evitar outro maior. Considera-se em estado de necessidade quem pratica o fato para se salvar de perigo atual, que não provocou por sua vontade, nem podia de outro modo evitar, direito próprio ou alheio, cujo sacrifício, nas circunstâncias, não era razoável exigir-se. Deve haver um perigo, ou seja, uma ameaça a direito próprio ou alheio, e que um bem jurídico esteja em risco, para que o sujeito pratique o ato típico de salvá-lo. Esse perigo deve ser atual, presente e imediato, inevitável e com probabilidade de dano. Ex.: em um naufrágio, alguém consegue salvar somente algumas coisas que lhe pertencem e não outras alheias, que lhe foram emprestadas; ou que possa salvar-se, e não também um amigo seu. Aí o estado de necessidade. É a remoção do perigo iminente. É a ofensa ao direito alheio com o objetivo de remover perigo iminente quando as circunstâncias o tornarem absolutamente necessário, sem que exceda os limites para a remoção do perigo, devendo a ofensa ser necessária.

EXCLUDENTES DE ILICITUDE:	
EXERCÍCIO REGULAR DE UM DIREITO RECONHECIDO	O outro caso que afasta a responsabilidade indenizatória é o exercício regular de um direito reconhecido. No ato ilícito, há um procedimento contrário ao Direito. Portanto, o exercício de um direito elimina a ilicitude. Quem exerce um direito não provoca o dano. Ex.: o credor que, preenchendo as condições legais, requer a falência do devedor comerciante; ou o credor que negativa seu devedor em razão da ausência de pagamento de título. É o exercício do direito daquele que age dentro dos limites disponíveis pela lei, não podendo ser responsabilizado pelos danos ocasionados pelo cumprimento do seu direito.
CULPA EXCLUSIVA DA VÍTIMA	É o momento jurídico em que a própria vítima se coloca na situação de perigo por sua própria culpa (culpa exclusiva) para a ocorrência do evento danoso. O "agente" é mero instrumento do acidente. Assim, apura-se a ação ou omissão da própria vítima para excluir a responsabilidade de fato do agente. Ex.: pedestre que se joga na frente do veículo.
CULPA EXCLUSIVA DE TERCEIRO	O responsável é qualquer pessoa além da vítima. Não tem nenhuma ligação com o causador aparente do dano e o lesado. Ex.: ciclista empurrado por outro que colide com carro do particular. Fundamentação doutrinária, jurisprudencial e da legislação extravagante (art. 12, § 3º, III, do CDC ou art. 14, § 3º, III, do CDC).

5.1 Questão

1. (CESPE – TJSE – adaptada) Com relação aos contratos e da responsabilidade civil, julgue o item que se segue.

O dano decorrente de ato ilícito por abuso de direito tem natureza objetiva, aferível independentemente de culpa ou dolo do agente.
Certo.
Errado.

↳ **Resolução:**

Dispõe o art. 187 do Código Civil: "Também comete ato ilícito o titular de um direito que, ao exercê-lo, excede manifestamente os limites impostos pelo seu fim econômico ou social, pela boa-fé ou pelos bons costumes".

Conforme o Enunciado 37 da I Jornada de Direito Civil: "Art. 187: a responsabilidade civil decorrente do abuso do direito independe de culpa e fundamenta-se somente no critério objetivo-finalístico".

↗ Gabarito: "Certo".

6. PRESCRIÇÃO E DECADÊNCIA

1) Prescrição é a pena aplicada ao titular de um direito pelo seu não exercício dentro do lapso temporal (prazo legal). É a **perda da pretensão coercitiva do estado para ação**, em sentido material, porque a violação do direito é condição de tal pretensão ao exercício da tutela jurisdicional.

A prescrição atinge, tão somente, a **ação em sentido material, e não o direito subjetivo**, que **não se extingue**, gerando a chamada possibilidade de arguição em exceção, técnica de defesa que alguém tem contra quem não exerceu sua pretensão no prazo legal.

Dessa forma, violado o direito, nasce para o titular a pretensão, a qual se extingue, pela prescrição, nos prazos a que aludem os arts. 205 e 206 do Código Civil.

Observe que **a exceção prescreve no mesmo prazo em que a pretensão** (art. 190 do CC).

Princípio da *actio nata*: trata-se de princípio relacionado ao tema prescrição, segundo o qual **orienta-se que a prescrição se inicia com o nascimento da pretensão ou ação.**

Nesse sentido, o posicionamento do STJ:

(...) o instituto da prescrição é regido pelo princípio da *actio nata*, ou seja, o curso do prazo prescricional tem início com a efetiva lesão ou ameaça do direito tutelado, momento em que nasce a pretensão a ser deduzida em juízo (AgRg no REsp 1.148.236/RN, j. 7-4-2011).

Exceção é, pois, **técnica de defesa** que só se viabiliza quando a pretensão for efetivamente deduzida. Assim, o art. 190 somente possibilita aplicação aos casos em que, pela via de exceção, o demandado opuser ao demandante o mesmo direito que antes poderia ser exercido como pretensão, em via de ação. Ex.: se a defesa do réu se basear na compensação de crédito do réu em face do autor, prescrito este, não haverá como excepcioná-lo.

PRESCRIÇÃO – REQUISITOS:
a) Existência de uma pretensão, que possa ser alegada por meio de uma ação exercitável (objeto), em virtude da violação do direito.
b) Inércia do titular da ação, pelo seu não exercício (elemento causal), mantendo-se a passividade ante a violação que sofreu em seu direito.
c) Continuidade dessa inércia durante determinado lapso de tempo (fator operante), ou seja, para a consumação da prescrição, exige-se a inércia continuada, prolongada ou não passageira, sem qualquer interrupção ou suspensão.
d) Ausência de algum fato impeditivo, interruptivo ou suspensivo (fator neutralizante).

2) Decadência é a **extinção do direito pela inação de seu titular**, que deixa escoar o prazo legal ou voluntariamente fixado para o seu exercício.

A decadência tem por objeto o direito que, por determinação legal ou por vontade humana, está subordinado à condição de exercício em certo espaço de tempo sob pena de caducidade.

Se o **titular do direito potestativo** deixar de exercê-lo dentro do lapso de tempo estabelecido, tem-se a decadência e, por conseguinte, o perecimento ou a perda do direito, de modo que não será mais lícito ao titular colocá-lo em atividade.

DECADÊNCIA – CARACTERÍSTICAS:
a) Salvo disposição legal em contrário, não se aplicam à decadência as normas que impedem, suspendem ou interrompem a prescrição.
b) É nula a renúncia à decadência fixada em lei.
c) Deve o juiz, de ofício, conhecer da decadência, quando estabelecida por lei.
d) Se a decadência for convencional, a parte a quem aproveita pode alegá-la em qualquer grau de jurisdição, mas o juiz não pode suprir a alegação.

DIFERENÇAS ENTRE DECADÊNCIA E PRESCRIÇÃO (SEGUNDO MARIA HELENA DINIZ)	
Decadência	Prescrição
A decadência extingue o direito e, indiretamente, a ação.	A prescrição extingue a ação e, por via oblíqua, o direito.
O prazo decadencial é estabelecido por lei ou vontade unilateral ou bilateral.	O prazo prescricional é estabelecido somente por lei.
A decadência requer uma ação cuja origem é idêntica à do direito.	A prescrição supõe uma ação cuja origem seria diversa da do direito.
A decadência corre contra todos.	A prescrição não corre contra aqueles que estiverem sob a égide das causas de interrupção ou suspensão previstas em lei.
A decadência decorrente de prazo legal pode ser julgada, de ofício, pelo juiz, independentemente de arguição do interessado.	A prescrição das ações patrimoniais não pode ser, *ex officio*, decretada pelo magistrado.

DIFERENÇAS ENTRE DECADÊNCIA E PRESCRIÇÃO (SEGUNDO MARIA HELENA DINIZ)	
Decadência	Prescrição
A decadência resultante de prazo legal não pode ser enunciada.	A prescrição, após sua consumação, pode ser enunciada pelo prescribente.
A decadência só atinge direitos sem prestação que tendem à modificação do estado jurídico existente.	Somente as ações condenatórias sofrem os efeitos da prescrição.

PRESCRIÇÃO	DECADÊNCIA
Art. 205: traz o prazo geral de prescrição de 10 anos.	Pode ser prazo previsto em meses, dias, ou anos. Se o prazo for contado em dias (ex.: 120 dias do mandado de segurança), certamente será decadência.
Art. 206: traz o chamado prazo especial de prescrição, porque indica hipóteses específicas, situações concretas, e indica os prazos para certas situações. Cada parágrafo traz os prazos de forma simétrica. Os prazos são de 1, 2, 3, 4 e 5 anos.	Os prazos de 6, 7, 8, 9 anos são de decadência. Os prazos de 11 ou mais anos são de decadência. + Prazo de 1, 2, 3, 4, 5 e 10 anos.
Prazo de 1, 2, 3, 4, 5 e 10 anos comuns para ambos – O que fazer? Resolva pela natureza da ação a ser proposta:	
Prescrição: ação condenatória.	Decadência: ação judicial constitutiva ou desconstitutiva.
Ação declaratória? IMPRESCRITÍVEL.	

Causas impeditivas e suspensivas da prescrição: quando se fala em **causa impeditiva**, fala-se no fato que **impede o fluxo do prazo**, e quando se fala em **causa suspensiva**, fala-se no fato que **suspende o fluxo do prazo**.

CAUSAS IMPEDITIVAS	CAUSAS SUSPENSIVAS
São as circunstâncias que impedem que o curso da prescrição se inicie. As causas impeditivas da prescrição se fundam no *status* da pessoa, individual ou familiar, atendendo a razões de confiança, amizade e motivos de ordem moral. Superado o prazo, a **prescrição recomeça a correr da data do ato que a interrompeu ou do último ato do processo que a interromper**.	São circunstâncias que paralisam temporariamente o curso da prescrição. Superado o fato suspensivo, **a prescrição continua a correr, computado o tempo decorrido antes dele**.
Art. 197. **Não corre a prescrição**: I – entre os **cônjuges**, na constância da sociedade conjugal; II – entre **ascendentes e descendentes**, durante o poder familiar; III – entre **tutelados ou curatelados e seus tutores ou curadores**, durante a tutela ou curatela.	Art. 198. Também **não corre a prescrição**: (...) II – contra os **ausentes do País em serviço público da União, dos Estados ou dos Municípios**; III – contra os que se **acharem servindo nas Forças Armadas, em tempo de guerra**.
Art. 198. Também **não corre a prescrição**: I – **contra os incapazes** de que trata o art. 3º;	

CAUSAS IMPEDITIVAS	CAUSAS SUSPENSIVAS
Art. 199. **Não corre igualmente a prescrição**: I – pendendo condição suspensiva; II – não estando vencido o prazo.	Art. 199. **Não corre igualmente a prescrição**: (...) III – pendendo ação de evicção.
Art. 200. Quando a ação se originar de fato que deva ser apurado no juízo criminal, não correrá a prescrição antes da respectiva sentença definitiva.	
Art. 201. Suspensa a prescrição em favor de um dos credores solidários, só aproveitam os outros se a obrigação for indivisível.	

6.1 Questões

1. (CESPE – TJRO) É causa de suspensão da prescrição

A) o credor estar ausente do Brasil a serviço da União.
B) o casamento do devedor com a credora de dívida exigível já vencida antes do casamento.
C) a ação de evicção estar pendente.
D) o credor ser absolutamente incapaz.
D) a condição suspensiva estar pendente.

↳ **Resolução:**
Dispõe o art. 197 do Código Civil: "Não corre a prescrição: I – entre os cônjuges, na constância da sociedade conjugal".

↗ **Gabarito: "B".**

2. (CESPE – TJRO) A pretensão de reparação civil e a pretensão de cobrança de dívidas líquidas constantes de instrumento público ou particular, prescrevem, respectivamente, em:

A) 5 anos e 2 anos.
B) 1 ano e 3 anos.
C) 3 anos e 5 anos.
D) 5 anos e 3 anos.
E) 2 anos e 5 anos.

↳ **Resolução:**
Dispõe o art. 206 do Código Civil: "Prescreve: (...) § 3º Em três anos: (...) V – a pretensão de reparação civil; (...) § 5º Em cinco anos: I – a pretensão de cobrança de dívidas líquidas constantes de instrumento público ou particular.

↗ **Gabarito: "C".**

7. OBRIGAÇÕES

Obrigação é a relação jurídica em virtude da qual uma ou mais pessoas determinadas devem, em favor de outra ou de outras, uma prestação de caráter patrimonial.

Em outras palavras, obrigação é o vínculo jurídico temporário pelo qual a parte credora (uma ou mais pessoas) pode exigir da parte devedora (uma ou mais pessoas) uma prestação patrimonial e agir judicialmente ou mediante instauração de juízo arbitral sobre o seu patrimônio, se não for satisfeita espontaneamente.

ELEMENTOS DA OBRIGAÇÃO	
SUJEITO	Os sujeitos são: a parte **credora** (uma ou mais pessoas físicas ou jurídicas) e a parte **devedora** (uma ou mais pessoas físicas ou jurídicas).
OBJETO	O objeto é a prestação (dar, fazer ou não fazer alguma coisa).
VÍNCULO JURÍDICO	A **prestação** deve ter conteúdo patrimonial e ser lícita, possível e determinada ou determinável.

Obrigações naturais são as que não podem ser reclamadas em juízo, embora lícitas. A ideia de **obrigação imperfeita ou natural** também é válida para as **dívidas de jogo e de aposta**, agora tratadas no **art. 814 do Código Civil**.

A obrigação natural confere, hoje, **juridicidade à obrigação moral** e ao dever de consciência reconhecido e cumprido pelo devedor, que, posteriormente, não pode reaver o pagamento feito conscientemente.

7.1 Modalidades de obrigações

a) **Obrigação de dar:** segundo o Código Civil, as obrigações de dar envolvem a entrega de coisa móvel ou imóvel, individualizada ou não.

i) **Coisa certa:** na obrigação de entrega ou de dar coisa certa, o devedor se compromete a entregar um bem com características individuais, ou seja, coisa específica e predeterminada. Ex.: compra e venda de carro individualizado, sendo que o devedor deverá entregar aquele mesmo e específico carro, com cor, ano, marca etc.

ii) **Coisa incerta:** por seu turno, na obrigação de dar coisa incerta, o devedor deverá entregar um bem que não necessariamente precisa ser semelhante, mas com mesma *quantidade e gênero*. Ex.: compra e venda de um cavalo de criação.

> **ATENÇÃO**
>
> Objeto **INDETERMINÁVEL** – Invalidade do negócio jurídico – **NULO** (art. 166 do CC).

Escolha (concentração): como regra, para que a coisa incerta se torne certa, é necessária a escolha do objeto. Nesse caso, a **escolha pertence ao devedor**, salvo se o contrário estiver previsto no contrato. Assim, pode a escolha recair sobre o credor ou terceira pessoa, desde que tal previsão esteja expressamente prevista no contrato.

Teoria da escolha ou teoria da concentração: atente-se que, após a escolha pelo devedor, exige-se a comunicação da escolha ao credor ou devedor. Assim, a coisa incerta poderá se converter em obrigação de dar coisa certa.

Equivalência das prestações: por certo, não poderá o devedor dar a coisa pior ao credor, da mesma forma que o devedor não será obrigado a prestar a melhor coisa.

Finalmente, na obrigação de dar coisa incerta, antes de realizada a escolha, **não poderá o devedor alegar perda ou deterioração da coisa**, ainda que por força maior ou caso fortuito.

iii) **Obrigação de restituir:** pela obrigação de restituir, o devedor se compromete à devolução da coisa que efetivamente lhe pertence. Podemos exemplificar a obrigação de restituir nas relações constituídas por intermédio do comodato (empréstimo gratuito de coisas móveis ou imóveis infungíveis).

b) **Responsabilidade pela perda ou deterioração da coisa**

OBRIGAÇÕES DE DAR	
Sem culpa	Resolve-se a obrigação **(perda e deterioração)** ou Aceitar a coisa com abatimento proporcional do preço **(deterioração)**
Com culpa	Exigir o valor equivalente **(perda e deterioração)** ou Aceitar a coisa no estado **(deterioração)** + Perdas e danos **(perda e deterioração)**

OBRIGAÇÃO DE RESTITUIR	
Sem culpa	Resolve-se a obrigação **(perda)** ou Receber a coisa no estado em que se encontra **(deterioração)**
Com culpa	Exigir o valor equivalente **(perda e deterioração)** ou Aceitar a coisa no estado **(deterioração)** + Perdas e danos **(perda e deterioração)**

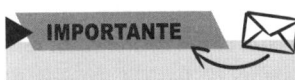

> **IMPORTANTE**
>
> Até a tradição pertence ao devedor a coisa, com os seus melhoramentos e acrescidos, pelos quais poderá exigir aumento no preço; se o credor não anuir, poderá o devedor resolver a obrigação.

c) Obrigação de fazer ou não fazer

i) **Obrigação de fazer:** é aquela na qual o devedor se compromete à realização de um serviço ou de determinada matéria.

> Obrigação positiva – Inadimplemento negativo.

Fungível: é aquela que pode ser realizada ou cumprida por qualquer pessoa, às custas do devedor.

Infungível: é aquela que tem natureza personalíssima ou *intuito personae*, decorrente do instrumento obrigacional ou pela própria natureza da prestação. Incorre em perdas e danos o devedor que recusar a prestação a só ele imposta, ou **só por ele exequível**.

> **IMPORTANTE**
>
> **Sem culpa:** resolve-se a obrigação (sem perda e deterioração).
> **Com culpa:** perda e deterioração ou terceiro cumpre a obrigação, às custas do devedor.

Em caso de urgência, pode o credor, independentemente de autorização judicial, executar ou mandar executar o fato, sendo depois ressarcido.

ii) **Obrigação de não fazer:** é aquela em que o devedor deve se abster, se omitir de praticar determinada conduta.

> Obrigação negativa – Inadimplemento positivo.

Regra: é sempre personalíssima, infungível e indivisível pela sua natureza.

Extingue-se a obrigação:

Sem culpa do devedor: se lhe for **impossível abster-se do ato**, que se obrigou a não praticar.

Com culpa do devedor: exigir o desfazimento (devedor ou terceiro) + perdas e danos.

7.2 Pagamento

É todo **cumprimento de obrigação**, importando em dar, fazer ou não fazer.

O pagamento é feito na forma estipulada, não podendo o credor ser obrigado a receber parcialmente o débito, salvo em casos especiais previstos pela lei, como na substituição do devedor por seus herdeiros, que só são responsáveis pelo débito na proporção dos seus quinhões (art. 1.997 do CC). Qualquer pessoa pode pagar uma dívida, sua ou de outrem.

Mas o Código Civil distingue: o pagamento pode ser feito por **terceiro interessado ou por terceiro não interessado**.

O termo interessado, aí, tem sentido técnico: **é aquele que pode ser responsabilizado pelo débito**, como o avalista ou um terceiro garantidor da dívida. No entanto, se alguém é parente ou amigo do devedor e deseja auxiliá-lo, também pode pagar, mas os efeitos são diversos.

Como regra, efetuar-se-á o pagamento no **domicílio do devedor**, salvo se as partes convencionarem diversamente, ou se o contrário resultar da lei, da natureza da obrigação ou das circunstâncias.

O pagamento de **dívida quesível deverá ser feito no domicílio do devedor**, ficando o credor obrigado a buscar o adimplemento. Diferenças:

Dívida quesível (*quérable*): o pagamento é feito no **domicílio do devedor**.

Dívida portável (*portable*): o pagamento é feito no **domicílio do credor**.

1) Inadimplemento

O inadimplemento ou não cumprimento da obrigação da maneira estipulada pode revestir formas diversas. A destruição da coisa e a ilicitude do negócio jurídico, em virtude de lei nova, importam em impedir de modo definitivo o cumprimento da obrigação.

O **inadimplemento total, cabal e definitivo** pode ser fortuito ou culposo, ensejando, na última hipótese, a responsabilidade do inadimplente.

Pode, diversamente, ter havido um simples **atraso no adimplemento da obrigação**, que não foi cumprida no tempo fixado, mas o foi posteriormente. Esse atraso ou retardamento importa em um inadimplemento temporário, quer por **parte do devedor** (*mora debitoris* ou *mora solvendi*), quer por **parte do credor** (*mora creditoris* ou *mora accipiendi*).

a) **Inadimplemento involuntário:** é aquele que ocorre *sem culpa do devedor*.

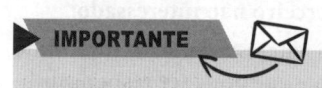

> **IMPORTANTE**
>
> **Caso fortuito:** evento imprevisível e inevitável.
> **Força maior:** evento previsível, mas inevitável.

Como regra, nessa modalidade não haverá responsabilidade civil.

> **ATENÇÃO**
>
> **Exceção:**
> a) Se houver cláusula de **assunção de responsabilidade (art. 398, parte final, do CC)**.
> b) O **devedor em mora** responde pela impossibilidade da prestação, ainda que resulte de caso fortuito ou força maior, se ocorrer durante o atraso **(art. 399 do CC)**.
> c) Se, correndo risco o objeto do comodato juntamente com o comodatário, antepuser este a salvação dos seus abandonando o do comodante, responderá pelo dano, ainda que de caso fortuito ou força maior **(art. 583 do CC)**.
> d) **Coisa incerta:** antes da escolha, não poderá o devedor alegar perda, ainda que por caso fortuito e força maior **(art. 246 do CC)**.

b) **Inadimplemento voluntário:** é aquele que ocorre *com culpa do devedor*.

Nessa modalidade, **haverá responsabilidade civil**.

Consequências (art. 389 do CC):

- perdas e danos;
- juros;
- atualização monetária;
- honorários advocatícios;
- cláusula penal;
- mora.

c) **Inadimplemento absoluto:** dá-se quando a obrigação não foi nem poderá ser cumprida, ou seja, não haverá interesse do credor no adimplemento da obrigação.

Pode ocorrer em três hipóteses:

i) **Por recusa do devedor.** Ex.: se o dono de um sítio se recusar a transmiti-lo a quem prometeu.

ii) **Pelo perecimento da coisa.** Ex.: se o imóvel prometido para doação for destruído por inundação ou incêndio.

iii) **Pela inutilidade da coisa para o credor.** Ex.: se o bufê para uma recepção, logo após o casamento, só for fornecido no dia seguinte.

d) **Inadimplemento relativo:** consiste no descumprimento da obrigação que, após descumprida, ainda interessa ao credor. Ocorre, portanto, quando a obrigação apenas se retarda.

> **ATENÇÃO**
>
> A obrigação, nesse caso, ainda pode ser cumprida mesmo após a data acordada para o seu adimplemento, por possuir, ainda, utilidade.
>
> Nesse caso, o efeito do inadimplemento é a *mora*, ou seja, o retardamento da prestação.
>
> Contudo, pode ainda vir a ser cumprida (purgada) pelo devedor e/ou pelo credor em outra oportunidade.

2) Mora

É o retardamento culposo no cumprimento da obrigação, quando a prestação ainda é útil para o credor.

A *mora debitoris* pressupõe uma **dívida líquida e certa, vencida e não paga** em virtude de culpa do devedor.

Uma vez que haja mora, o devedor responde também pela impossibilidade da prestação resultante de caso fortuito ou força maior, salvo se provar a isenção de culpa ou que o dano ainda sobreviria se a obrigação fosse oportunamente desempenhada.

A **constituição em mora** se realiza de pleno direito, ou seja, pelo simples **advento do termo ou decurso do prazo**, sem necessidade de qualquer interpelação judicial. É o princípio *dies interpellat pro homine* (art. 397 do CC).

Há mora do credor quando este se **recusa a receber o que lhe é devido**, na forma contratual ou legal (art. 394 do CC).

Os efeitos da **mora** *creditoris* importam em transferir a responsabilidade pela conservação da coisa ao credor, como se tradição tivesse havido, devendo o credor ressarcir o devedor pelas despesas que teve, depois da mora, pela conservação do bem e sujeitando-se, ainda, a recebê-lo pelo seu maior valor, se este oscilar entre o tempo do vencimento e o do pagamento, interrompendo, outrossim, o curso dos juros (art. 400 do CC).

3) Pagamento direto e indireto da obrigação

O **pagamento direto** consiste na forma de extinção (adimplemento) da obrigação nos exatos termos em que originalmente constituída. Ex.: em caso de compra e venda de um veículo por R$ 50.000,00, haverá o pagamento direto quando o vendedor entregar o veículo e o comprador entregar o dinheiro (R$ 50.000,00).

Por seu turno, **pagamento indireto** é o adimplemento/extinção anormal das obrigações, ou seja, de maneira distinta, diversa ou diferente daquela originalmente constituída pelas partes.

4) Formas de pagamento indireto das obrigações

a) **Pagamento em consignação:** é o depósito judicial da coisa devida ou depósito em estabelecimento bancário, se for débito em dinheiro, para liberar o devedor, nos casos legais (art. 334 do CC).

b) **Pagamento com sub-rogação:** é a substituição de uma pessoa ou de uma coisa por outra pessoa ou coisa, numa relação jurídica.

Sub-rogação pessoal pode ser:

i) por **força de lei**, a transferência do crédito ao pagador de dívida alheia (casos do art. 346 do CC);

ii) por **força de contrato ou de recibo** com tal fim, a transferência do crédito próprio ou alheio, pelo pagamento (art. 347 do CC).

> **ATENÇÃO**
>
> Distingue-se da cessão de crédito, porque esta se faz antes do pagamento e a sub-rogação se faz por causa do pagamento.

c) **Imputação ao pagamento:** é a escolha da parcela a ser quitada em um pagamento parcial do devedor que tem vários débitos em relação a um só credor.

Quando o devedor tem vários débitos em relação ao mesmo credor e paga quantia insuficiente para a liquidação de todos, o problema que surge é o de saber quais os débitos que devem ser considerados pagos, ou seja, em relação a que débitos o pagamento deve ser imputado.

A imputação pode decorrer de acordo entre os interessados ou de determinações legais.

d) **Dação em pagamento:** os elementos necessários da dação em pagamento são, pois, a existência de uma dívida e o pagamento desta pela entrega de uma coisa diferente da prometida, com assentimento do credor e visando à extinção da obrigação.

A dação em pagamento extingue a obrigação, pouco importando que a coisa dada em pagamento tenha valor maior ou menor do que a prestação originariamente devida.

e) **Novação:** é a transformação de uma obrigação em outra, ou melhor, a extinção de uma obrigação mediante a constituição de uma obrigação nova que se substitui à anterior, distinguindo-se a prestação antiga da nova, seja pelo valor ou natureza da prestação, seja por modificação do credor ou do devedor.

Para que haja novação, são necessários os seguintes elementos:

i) uma obrigação anterior, embora possa ser simples obrigação natural, condicional ou anulável;
ii) uma obrigação nova, que extingue a anterior;
iii) a vontade de realizar novação (*animus novandi*) extinguindo a obrigação anterior, em virtude da criação da obrigação nova; e
iv) capacidade das partes para novar e para dispor.

f) **Compensação:** é o meio de extinguir as dívidas de pessoas que, ao mesmo tempo, são credoras e devedoras umas das outras até o limite da existência do crédito recíproco (art. 368 do CC).

g) **Confusão:** é a extinção da obrigação decorrente da identificação em uma mesma pessoa das qualidades de credor e devedor (art. 381 do CC). Assim como a compensação, a confusão só pode ser alegada entre credor e devedor.

h) **Remissão de dívida:** é a renúncia do credor ao crédito que existe em seu favor, necessitando, para se tornar irrevogável, o acordo de vontades do credor e do devedor. A simples declaração do credor importa em extinção da dívida, mas pode ser revogada até o momento em que o devedor aceita a remissão.

i) **Transação:** a palavra "transação" é utilizada em sentidos diversos. Na acepção mais ampla e menos técnica, significa qualquer espécie de negócio. Em sentido restrito, é o negócio jurídico bilateral pelo qual os interessados, por concessões mútuas, evitam ou terminam um litígio (art. 840 do CC).

j) **Cessão de crédito:** é a possibilidade de o credor ceder seu crédito a terceira pessoa, se a isso não se opuserem a natureza da obrigação, a lei ou a convenção com o devedor; a cláusula proibitiva da cessão não poderá ser oposta ao cessionário de boa-fé, se não constar do instrumento da obrigação.

i) **Cessão *pro soluto*:** na cessão por título oneroso, o cedente, ainda que não se responsabilize, fica responsável junto ao cessionário pela **existência do crédito** ao tempo em que lhe cedeu; a mesma responsabilidade lhe cabe nas cessões por título gratuito, se tiver procedido de má-fé. Salvo estipulação em contrário, o **cedente não responde pela solvência do devedor**.

ii) **Cessão *pro solvendo*:** o cedente, responsável junto ao cessionário pela solvência do devedor (*pro solvendo*), **não responde por mais do que aquele recebeu**, com os respectivos juros; mas tem de ressarcir-lhe as despesas da cessão e as que o cessionário houver feito com a cobrança.

Assim, percebe-se que o cedente, na cessão *pro soluto*, se libera com a cessão da obrigação. No entanto, na obrigação *pro solvendo*, o cedente só se libera com o adimplemento da obrigação, visto que pode ser obrigado por esta (responde pela solvência).

Por fim, o crédito, uma vez penhorado, não pode mais ser transferido pelo credor que tiver conhecimento da penhora; mas o devedor que o pagar, não tendo notificação dela, fica exonerado, subsistindo somente contra o credor os direitos de terceiro.

k) **Assunção de dívida:** é faculdade de **terceiro assumir a obrigação do devedor**, com o consentimento expresso do credor, ficando exonerado o devedor primitivo, salvo se aquele, ao tempo da assunção, era insolvente e o credor o ignorava. Qualquer das partes pode assinar prazo ao credor para que consinta na assunção da dívida, interpretando-se o seu silêncio como recusa.

Salvo assentimento expresso do devedor primitivo, **consideram-se extintas, a partir da assunção da dívida, as garantias especiais por ele originariamente dadas ao credor**.

Observe que o novo devedor **não pode opor ao credor as exceções pessoais** que competiam ao devedor primitivo.

O adquirente de imóvel hipotecado pode tomar a seu cargo o pagamento do crédito garantido; se o credor, notificado, não impugnar em 30 dias a transferência do débito, entender-se-á dado o assentimento.

l) **Cláusula penal:** é a penalidade, de natureza civil, imposta pela inexecução total ou parcial de um dever obrigacional assumido (inadimplemento obrigacional).

É obrigação acessória que visa a garantir o cumprimento da obrigação principal, bem como fixar, antecipadamente, o valor das perdas e danos em caso de descumprimento.

Caráter: coercitivo, punitivo e reparatório.

A cláusula penal é um **pacto acessório**, regulamentado pela lei civil (arts. 408 a 416 do CC), pelo qual as partes, por **convenção expressa**, submetem o devedor que descumprir a obrigação a uma **pena ou multa** no caso de mora (cláusula penal moratória) ou de **inadimplemento** (cláusula penal compensatória).

A cláusula penal se apresenta geralmente sob a forma de pagamento de determinada quantia, admitindo-se, todavia, a cláusula cujo conteúdo seja a prática de ato ou mesmo uma abstenção por parte do inadimplente.

A **multa é convencionada** no momento da realização do ato jurídico ou posteriormente, revertendo em favor da parte inocente ou de terceiros (ex.: obra beneficente).

O valor da multa deve ser determinável, recorrendo-se, eventualmente, a vários fatores para a fixação definitiva do seu montante.

A **cláusula penal é moratória** quando se aplica em virtude de **mora do devedor** e **sem prejuízo da exigência da prestação principal**.

Assim, temos:

- **Multa moratória:** aplicável no caso de inadimplemento parcial da obrigação. Não tem função de compensação, mas somente para o caso de mora.
- **Multa compensatória:** incidente para o caso de inadimplemento total da obrigação.

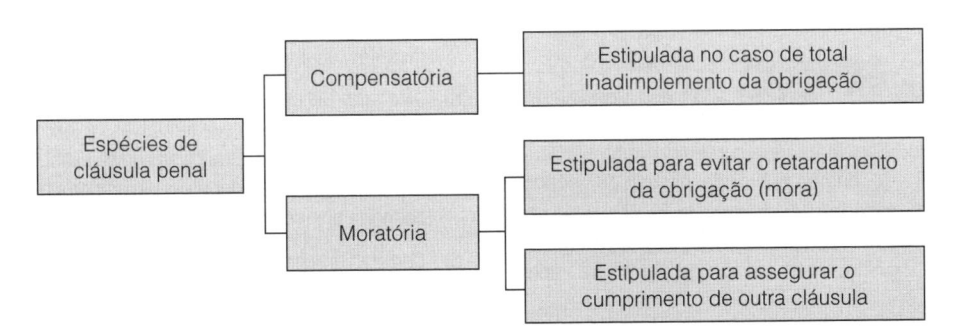

```
                                    ┌─ Estipulada no caso de total
                   ┌─ Compensatória ─┤   inadimplemento da obrigação
Espécies de        │
cláusula penal ────┤                 ┌─ Estipulada para evitar o retardamento
                   │                 │   da obrigação (mora)
                   └─ Moratória ─────┤
                                     └─ Estipulada para assegurar o
                                         cumprimento de outra cláusula
```

Efeitos da cláusula penal

i) **Compensatória:**
- pleitear o valor da multa estipulada;
- postular o ressarcimento por perdas e danos; ou
- exigir o cumprimento da obrigação.

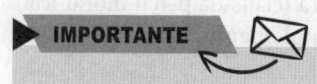

> **IMPORTANTE**
>
> O art. 410 do Código Civil proíbe a cumulação de pedidos.

ii) **Moratória:** pode exigir o cumprimento da obrigação principal, cumulada com a pena cominada (art. 411 do CC).

> **ATENÇÃO**
>
> Atente-se que, no caso da multa moratória, há a possibilidade de cumulação com a obrigação principal, ou seja, se possível, cumpre-se a obrigação principal, mais a multa moratória.

No entanto, no caso da multa compensatória, não há essa possibilidade, ou seja, ou cumpre-se a obrigação principal, se possível, ou exige-se a multa compensatória.

Multa moratória: obrigação principal + multa.

Multa compensatória: obrigação principal **ou** multa.

> **ATENÇÃO**
>
> Por outro lado, para o caso de impossibilidade de cumprimento da obrigação, sendo necessária a exigência de PERDAS e DANOS, no caso da multa moratória, poderão ser cumulados perdas e danos mais a multa moratória.

Entretanto, no caso da multa compensatória, jamais poderá ser cumulada com perdas e danos, especialmente porque a cláusula penal compensatória tem justamente o intuito de compensar todos os danos causados. Assim, nesta hipótese, ou exigem-se perdas e danos ou a multa compensatória.

> **ATENÇÃO**
>
> **Multa moratória:** multa + perdas e danos.
> **Multa compensatória:** multa **ou** perdas e danos.

7.3 Questões

1. **(FCC – TRT 15ª Região – Analista Judiciário – Área Judiciária)** Nas obrigações:
A) divisíveis, havendo dois ou mais devedores, cada um será obrigado pela dívida toda.
B) alternativas, pode o devedor obrigar o credor a receber parte em uma prestação e parte em outra.
C) solidárias, o credor pode renunciar a solidariedade em favor de um ou de alguns dos devedores.
D) de dar coisa incerta, indicada pelo gênero e pela quantidade, a escolha pertence ao credor, se o contrário não resultar do título da obrigação.
E) de fazer, se a prestação do fato tornar-se impossível sem culpa do devedor, responderá este por perdas e danos.

↳ **Resolução:**
A) *Incorreta*. De acordo com o art. 257 do Código Civil: "Havendo mais de um devedor ou mais de um credor em obrigação divisível, esta presume-se dividida em tantas obrigações, iguais e distintas, quantos os credores ou devedores".
B) *Incorreta*. De acordo com o art. 252 do Código Civil: "Nas obrigações alternativas, a escolha cabe ao devedor, se outra coisa não se estipulou. § 1º Não pode o devedor obrigar o credor a receber parte em uma prestação e parte em outra".
C) *Correta*. De acordo com o art. 282 do Código Civil: "O credor pode renunciar à solidariedade em favor de um, de alguns ou de todos os devedores".

D) *Incorreta*. De acordo com o art. 244 do Código Civil: "Nas coisas determinadas pelo gênero e pela quantidade, a escolha pertence ao devedor, se o contrário não resultar do título da obrigação; mas não poderá dar a coisa pior, nem será obrigado a prestar a melhor".

E) *Incorreta*. De acordo com o art. 248 do Código Civil: "Se a prestação do fato tornar-se impossível sem culpa do devedor, resolver-se-á a obrigação; se por culpa dele, responderá por perdas e danos".

↗ Gabarito: "C".

2. **(FCC – TRE-RN – Analista Judiciário – Área Administrativa)** Nas obrigações de dar coisa:

A) incerta, nas coisas determinadas pelo gênero e pela quantidade, a escolha pertence ao credor, se o contrário não resultar do título da obrigação.

B) incerta, antes da escolha, não poderá o devedor alegar perda ou deterioração da coisa, ainda que por força maior ou caso fortuito.

C) certa, até a tradição pertence ao devedor a coisa, com os seus melhoramentos e acrescidos, pelos quais não poderá exigir aumento no preço.

D) certa, os acessórios dela não mencionados não estão abrangidos pela obrigação, salvo se o contrário resultar do título ou das circunstâncias do caso.

E) certa, deteriorada a coisa, não sendo o devedor culpado, o credor deverá aceitar a coisa, abatido de seu preço o valor que perdeu, não podendo resolver a obrigação.

↘ **Resolução:**

A) *Incorreta*. De acordo com o art. 244 do Código Civil: "Nas coisas determinadas pelo gênero e pela quantidade, a escolha pertence ao devedor, se o contrário não resultar do título da obrigação; mas não poderá dar a coisa pior, nem será obrigado a prestar a melhor".

B) *Correta*. De acordo com o art. 246 do Código Civil: "Antes da escolha, não poderá o devedor alegar perda ou deterioração da coisa, ainda que por força maior ou caso fortuito".

C) *Incorreta*. De acordo com o art. 237 do Código Civil: "Até a tradição pertence ao devedor a coisa, com os seus melhoramentos e acrescidos, pelos quais poderá exigir aumento no preço; se o credor não anuir, poderá o devedor resolver a obrigação".

D) *Incorreta*. De acordo com o art. 233 do Código Civil: "A obrigação de dar coisa certa abrange os acessórios dela embora não mencionados, salvo se o contrário resultar do título ou das circunstâncias do caso".

E) *Incorreta*. De acordo com o art. 235 do Código Civil: "Deteriorada a coisa, não sendo o devedor culpado, poderá o credor resolver a obrigação, ou aceitar a coisa, abatido de seu preço o valor que perdeu".

↗ Gabarito: "B".

3. **(FAURGS – TJRS – Assessor Judiciário)** Sobre o direito das obrigações, é correto afirmar que

A) a cessão de crédito é eficaz para o devedor desde sua celebração.

B) a obrigação solidária que se converta em perdas e danos perde esta qualidade.

C) o direito à compensação não pode ser afastado por mútuo acordo das partes.

D) a obrigação indivisível que se converta em perdas e danos não perde esta qualidade.

E) o valor da cláusula penal, em qualquer situação, não pode exceder o da obrigação principal.

↘ **Resolução:**

A) *Incorreta*. De acordo com o art. 290 do Código Civil: "A cessão do crédito não tem eficácia em relação ao devedor, senão quando a este notificada; mas por notificado se tem o devedor que, em escrito público ou particular, se declarou ciente da cessão feita".

B) *Incorreta*. De acordo com o art. 271 do Código Civil: "Convertendo-se a prestação em perdas e danos, subsiste, para todos os efeitos, a solidariedade".

C) *Incorreta*. De acordo com o art. 375 do Código Civil: "Não haverá compensação quando as partes, por mútuo acordo, a excluírem, ou no caso de renúncia prévia de uma delas".

D) *Incorreta*. De acordo com o art. 258 do Código Civil: "A obrigação é indivisível quando a prestação tem por objeto uma coisa ou um fato não suscetíveis de divisão, por sua natureza, por motivo de ordem econômica, ou dada a razão determinante do negócio jurídico". Ainda, segundo o art. 263 do Código Civil: "Perde a qualidade de indivisível a obrigação que se resolver em perdas e danos".

E) *Correta.* De acordo com o art. 412 do Código Civil: "O valor da cominação imposta na cláusula penal não pode exceder o da obrigação principal".

↗ **Gabarito: "E".**

4. **(FCC – TRT 2ª Região – Analista Judiciário – Área Administrativa)** A respeito do inadimplemento das obrigações, é INCORRETO afirmar:
A) Não havendo fato ou omissão imputável ao devedor, não incorre este em mora.
B) Nas obrigações provenientes de ato ilícito, considera-se o devedor em mora a partir do momento em que for interpelado judicial ou extrajudicialmente.
C) O inadimplemento da obrigação, positiva e líquida, no seu termo, constitui de pleno direito em mora o devedor.
D) Considera-se em mora o credor que não quiser receber o pagamento, no tempo, lugar e forma que a convenção estabelecer.
E) Nas obrigações negativas, o devedor é havido por inadimplente desde o dia em que executou o ato de que devia se abster.

↳ **Resolução:**
A) *Incorreta.* De acordo com o art. 396 do Código Civil: "Não havendo fato ou omissão imputável ao devedor, não incorre este em mora".
B) *Incorreta.* De acordo com o art. 398 do Código Civil: "Nas obrigações provenientes de ato ilícito, considera-se o devedor em mora, desde que o praticou".
C) *Incorreta.* De acordo com o art. 397 do Código Civil: "O inadimplemento da obrigação, positiva e líquida, no seu termo, constitui de pleno direito em mora o devedor".
D) *Incorreta.* De acordo com o art. 394 do Código Civil: "Considera-se em mora o devedor que não efetuar o pagamento e o credor que não quiser recebê-lo no tempo, lugar e forma que a lei ou a convenção estabelecer".
E) *Incorreta.* De acordo com o art. 390 do Código Civil: "Nas obrigações negativas o devedor é havido por inadimplente desde o dia em que executou o ato de que se devia abster".

↗ **Gabarito: "B".**

8. CONTRATOS

8.1 Conceito

É a relação jurídica subjetiva, nucleada na solidariedade constitucional, destinada à produção de efeitos jurídicos existenciais e patrimoniais, não só entre os titulares subjetivos da relação, mas também perante terceiros.

Em outras palavras, contrato é toda **manifestação bilateral de vontades**, visando a **criação, modificação ou extinção de direitos e obrigações**.

Maria Helena Diniz apresenta dois elementos essenciais para a formação dos contratos: um elemento estrutural e um elemento funcional.

a) **Estrutural:** constituído pela alteridade (relação de iteração e dependência para com o outro. É a necessidade de existência de duas pessoas quando da constituição do contrato).

b) **Funcional:** constituído pela composição de interesses contrapostos, mas harmonizáveis.

8.2 Princípios contratuais

a) **Obrigatoriedade (força obrigatória dos contratos):** uma vez firmados, os contratos têm força de lei entre as partes, constrangendo os contratantes ao cumprimento do conteúdo completo do negócio jurídico (*pacta sunt servanda*).

Dessa forma, **não cumprida a obrigação**, responde o devedor por **perdas e danos**, mais **juros e atualização monetária** segundo índices oficiais regularmente estabelecidos, e **honorários de advogado** (art. 389 do CC). Pelo inadimplemento das obrigações respondem todos os bens do devedor (art. 391 do CC).

Observe que, havendo **circunstâncias excepcionais**, quando, por **motivos imprevisíveis**, **sobrevier desproporção manifesta entre o valor da prestação devida e o do momento de sua execução**, poderá o juiz corrigi-lo, a pedido da parte, de modo que assegure, quanto possível, o valor real da prestação (art. 317 do CC).

Aplica-se, nesse caso, a chamada **teoria da imprevisão**, possibilitando o **equilíbrio da relação contratual** por fatos supervenientes (cláusula *rebus sic stantibus*), legitimando a parte lesada da relação a buscar a revisão ou, até mesmo, a resolução do vínculo contratual.

> **IMPORTANTE**
> Cabe a revisão do **contrato bilateral ou sinalagmático**, portanto, não caberia para os contratos unilaterais ou gratuitos.

Exceção quanto aos contratos unilaterais: se no contrato as obrigações couberem a apenas uma das partes, poderá ela pleitear que a sua prestação seja reduzida ou alterado o modo de executá-la, a fim de evitar a onerosidade excessiva (art. 480 do CC).

Não cabe, pois, nos contratos aleatórios (salvo com relação às partes comutativas desses contratos. **Ex.: prêmio no contrato de seguro**).

b) **Função social do contrato**: os contratos deverão ser interpretados de acordo com as concepções do meio social em que estão inseridos, não trazendo onerosidade excessiva às partes (justiça contratual e equilíbrio entre as partes). A real função do contrato não é a segurança jurídica propriamente dita, mas, sim, atender aos interesses da pessoa humana, nunca podendo deixar de seguir a função social esperada das relações jurídicas.

Observe que, segundo o art. 421 do Código Civil, o princípio tem, efetivamente, a pretensão de assegurar a igualdade entre as partes, dispondo que a **liberdade de contratar** (liberdade contratual – conteúdo do negócio) será exercida **em razão** (autonomia privada) e **nos limites** da **função social do contrato**.

c) **Boa-fé objetiva:**
- **Função de interpretação (art. 113 do CC):** os negócios jurídicos devem ser interpretados conforme a boa-fé e os usos do lugar de sua celebração.
- **Função de controle (art. 187 do CC):** também comete ato ilícito o titular de um direito que, ao exercê-lo, excede manifestamente os limites impostos pelo seu fim econômico ou social, pela boa-fé ou pelos bons costumes.
- **Função de integração dos contratos (art. 422 do CC):** os contratantes são obrigados a guardar, tanto na conclusão do contrato quanto em sua execução, os princípios de probidade e boa-fé.

Decorrem do princípio da boa-fé objetiva os seguintes institutos:

i) *Supressio*: é a supressão, por renúncia tácita, de um direito ou de uma posição jurídica, pelo seu não exercício com o passar dos tempos, nos termos do art. 330 do Código Civil: "O pagamento reiteradamente feito em outro local faz presumir renúncia do credor relativamente ao previsto no contrato (*portable/querable*)".

ii) *Surrectio*: ao contrário da *supressio*, nesse caso ocorre o surgimento de um direito anteriormente não firmado diante de práticas reiteradas, usos e costumes. Ex.: índice de reajustamento de contrato de locação.

iii) *Tu quoque* (*the appeal to hypocrisy*): ocorre quando um contratante que violou uma norma jurídica não poderá, sem a caracterização do abuso de direito, aproveitar-se dessa situação anteriormente criada pelo desrespeito. Proíbe que um contratante faça contra o outro o que não faria contra si mesmo. Ex.: Teoria da Aparência em contratos empresariais.

iv) *Exceptio doli* (*specialis* ou *generalis*): é a defesa do réu contra ações dolosas, contrárias à má-fé – função reativa. Ex.:

"Art. 940. Aquele que demandar por dívida já paga, no todo ou em parte, sem ressalvar as quantias recebidas ou pedir mais do que for devido, ficará obrigado a pagar ao devedor, no primeiro caso, o dobro do que houver cobrado e, no segundo, o equivalente do que dele exigir, salvo se houver prescrição".

A *exceptio doli generalis* consiste em uma figura argumentativa da boa-fé que visa a obstar o exercício de pretensões dolosas dirigidas contra a outra parte contratante. Já a *exceptio doli specialis* consiste em espécie da *exceptio doli generalis*, voltada, exclusivamente, a atos de caráter negocial e a atos dele decorrentes, quando verificada a presença do dolo.

v) *Venire contra factum proprium non potest*: especifica que determinada pessoa não pode exercer um direito próprio contrariando um comportamento anterior, devendo ser mantidos a confiança e o dever de lealdade, decorrentes de boa-fé objetiva, depositada quando da formação dos contratos. Ex.: quitação de contrato fornecido pela empresa.

Pressupostos:
- um fato próprio;
- a legítima confiança de outrem na conservação do sentido objetivo da conduta;
- um comportamento contraditório com esse sentido objetivo;
- um dano ou um potencial de dano decorrente da contradição.

vi) *Duty to mitigate the loss* (dever de mitigação do prejuízo): nesse caso, o credor tem o dever de evitar ou de aumentar um prejuízo. Ex.: em caso de contrato de locação inadimplido, cabe ao credor (locador) propor a ação de despejo, e não ficar quieto esperando o prejuízo se agravar cada vez mais. O inquilino notifica o proprietário informando sua vontade de deixar o imóvel, mas continuaria pagando o aluguel até que o proprietário conseguisse outro locatário.

> **ATENÇÃO**
>
> **Enunciado 169 da III Jornada de Direito Civil:** "O princípio da boa-fé objetiva deve levar o credor a evitar o agravamento do próprio prejuízo".

d) **Autonomia privada:** é o poder que os particulares possuem de regular, pelo exercício de sua própria vontade, as relações de que participam, estabelecendo o conteúdo e a respectiva disciplina jurídica. Essa é a chamada **liberdade contratual** que as partes possuem de **autorregular suas relações jurídicas**, ou seja, o conteúdo dos negócios jurídicos (ex.: contratos atípicos).

Note que ainda existe a chamada **"liberdade de contratar"**, que não se confunde com a liberdade contratual, tendo em vista que referida liberdade determina a escolha das pessoas com quem o negócio será celebrado, exceto o Poder Público, que não terá tal liberdade.

8.3 Relatividade dos efeitos dos contratos

Como regra, os contratos somente vinculam (podem gerar efeitos) as pessoas que se encontram relacionadas pela obrigação no momento de seu cumprimento.

Dessa forma, o negócio celebrado, em regra, **somente atinge as partes contratantes**, ou seja, aqueles que tomaram parte em sua formação, já que ninguém pode tornar-se devedor ou credor sem sua plena aquiescência, não prejudicando ou beneficiando terceiros estranhos à lide (efeitos *inter partes*). É a consagração da regra contratual da *res inter alios acta* (vinculação exclusiva entre as partes que nele interviram, ou seja, produz eficácia somente entre as partes).

- Exceções:

a) Estipulação em favor de terceiro (arts. 436 a 438 do CC)	O contrato atinge um terceiro que não foi parte, podendo exigir o seu cumprimento (**efeitos exógenos** – de dentro para fora do contrato). Um dos contratantes **vincula o outro partícipe** a satisfazer a obrigação **em favor de terceira pessoa**, alheia à relação jurídica originária. Assim, o que estipula em favor de terceiro pode **exigir o cumprimento da obrigação** (art. 436 do CC). Ex.: seguro de vida (terceiro consta como beneficiário). Bifásicos: **1ª Fase:** Segurado – Seguradora = Beneficiário é **objeto de direito**. **2ª Fase:** Seguradora – Beneficiário = Beneficiário é **sujeito de direito**.
b) Promessa de fato de terceiro (arts. 439 e 440 do CC)	Hipótese em que uma **conduta de terceiro** que não é parte contratual **repercute no contrato**, o que pode gerar seu inadimplemento (**efeitos endógenos** – de fora para dentro do contrato). **Art. 439.** Aquele que tiver prometido fato de terceiro responderá por **perdas e danos**, quando este o não executar. **Art. 440.** Nenhuma obrigação haverá para quem se comprometer por outrem, se este, **depois de se ter obrigado**, **faltar à prestação** (terceiro anuir ao contrato). Ex.: promotor de eventos que celebra com empresa para a realização de show de cantor famoso e este não comparece. **1ª Fase:** Promitente – Contratante. **2ª Fase:** Contratante – Terceiro.
c) Contrato com pessoa a declarar (arts. 467 a 471)	No momento da conclusão do contrato, pode uma das partes reservar-se a faculdade de **indicar a pessoa que deve adquirir os direitos e assumir as obrigações dele decorrentes**. Essa indicação deve ser comunicada à outra parte no prazo de cinco dias da conclusão do contrato, se outro não tiver sido estipulado **(boa-fé objetiva)**. **A pessoa** nomeada **adquire os direitos e assume as obrigações decorrentes do contrato**, a partir do momento em que este foi celebrado (art. 469 do CC). O **contrato será eficaz somente entre os contratantes originários**: I – se **não houver indicação de pessoa**, ou se o **nomeado se recusar a aceitá-la**; II – se **a pessoa nomeada era insolvente**, e a **outra pessoa o desconhecia no momento da indicação** (art. 470 do CC). Se a pessoa a nomear era **incapaz ou insolvente no momento da nomeação**, o contrato **produzirá seus efeitos entre os contratantes originários** (art. 471 do CC).
d) Consumidor por equiparação ou *bystandard* (arts 17 e 29 CDC)	Todos os prejudicados pelo evento, **mesmo não tendo relação direta de consumo com o prestador ou fornecedor**, podem ingressar com ação fundada no Código de Defesa do Consumidor, visando à **responsabilização objetiva**. Ex.: roubo de identidade, em que o bandido abre conta em banco, emite cheques sem fundo, faz empréstimo em nome do cliente. Mesmo não havendo relação de consumo direta com a instituição financeira, o **prejudicado será considerado consumidor e se beneficiará das regras do Código de Defesa do Consumidor**.

e) Tutela externa do crédito (função social do contrato)	A **violação do crédito por pessoas estranhas** é defendida por uma forma de reparação de danos que são causados por esse tipo de ilícito. Aquele que **aliciar pessoas obrigadas em contrato escrito a prestar serviço a outrem** pagará a este a importância que ao prestador de serviço, pelo ajuste desfeito, houvesse de caber durante dois anos. Ex.: cervejaria que alicia cantor de pagode enquanto este mantinha relação contratual com outra cervejaria.

8.4 Principais classificações contratuais

CLASSIFICAÇÃO DOS CONTRATOS	
Quanto aos direitos e deveres das partes envolvidas	Análise da presença do **sinalagma (prestação e contraprestação recíprocas entre as partes contratantes)**: **a) Unilateral:** é aquele em que somente um contratante assume deveres em face do outro. Ex.: doação pura e simples. Há a presença de duas vontades, mas apenas uma delas será devedora, não havendo contraprestação. **b) Bilateral:** quando os contratantes são simultânea e reciprocamente credores e devedores uns dos outros, produzindo o negócio direitos e deveres para ambos, de forma proporcional. Contrato sinalagmático (reciprocidade e proporcionalidade das prestações). Ex.: compra e venda. **c) Plurilateral:** contrato que envolve várias pessoas, trazendo direitos e deveres para todos os envolvidos, na mesma proporção. Ex.: seguro de vida em grupo, contrato de consórcio.
Quanto ao sacrifício patrimonial das partes	**a) Onerosos:** são aqueles que trazem vantagens para ambos os contratantes, pois ambos sofrem o mencionado sacrifício patrimonial. Há uma prestação e uma contraprestação. Ex.: compra e venda. **b) Gratuitos:** são aqueles que oneram somente uma das partes, proporcionando à outra vantagens sem qualquer contraprestação. O **contrato deverá ser interpretado de maneira restritiva**. Ex.: doação pura e simples. **Regra:** os contratos onerosos são bilaterais e os gratuitos são unilaterais. **Exceção:** mútuo de dinheiro sujeito a juros (mútuo feneratício). Nesse caso, há uma obrigação de restituir a quantia emprestada (unilateral), porém com incidência de juros (onerosos). **Obs.:** Em caso de **onerosidade excessiva**, há a possibilidade de **revisão do contrato**, em razão de **desequilíbrio do contrato**.
Quanto ao momento do aperfeiçoamento do contrato	**a) Consensuais:** são aqueles que se aperfeiçoam pela simples manifestação de vontade das partes envolvidas. Ex.: compra e venda, doação, locação, mandato. A compra e venda gera efeitos a partir do momento em que as partes convencionam sobre a coisa e seu preço (art. 482 do CC). **b) Reais:** são aqueles que somente se aperfeiçoam com a entrega da coisa (tradição – *traditio rei*) de um contratante para outro. Ex.: comodato, mútuo, depósito.

CLASSIFICAÇÃO DOS CONTRATOS	
Quanto aos riscos que envolvem a prestação	**a) Comutativos ou pré-estimados:** são aqueles em que as prestações serão certas e determinadas, inexistindo riscos para as partes envolvidas. Ex.: compra e venda; o vendedor sabe o preço a ser pago e o comprador, a coisa que lhe será entregue. **b) Aleatórios:** são aqueles em que a prestação de uma das partes não é conhecida com exatidão no momento da celebração do negócio jurídico, pelo fato de depender da sorte, da álea, que é um fator desconhecido. Alguns contratos são aleatórios pela sua própria natureza: jogo e aposta, seguro. Em outros casos, o contrato se torna aleatório em razão da existência de elemento acidental, que torna a coisa ou o objeto incerto quanto à sua existência ou quantidade. Ex.: compra e venda de uma colheita futura.
Quanto aos riscos que envolvem a prestação	**a) *Emptio spei*:** hipótese em que um dos contratantes toma para si o risco relativo à própria existência da coisa, sendo ajustado preço, que será devido integralmente, mesmo que a coisa futura não exista no futuro, desde que não haja dolo ou culpa da outra parte (art. 458 do CC). Risco maior – venda da esperança. **b) *Emptio rei speratae*:** será desta natureza se o risco versar somente em relação à quantidade da coisa comprada, pois foi fixado pelas partes um mínimo como objeto do negócio (art. 459 do CC). Risco menor – venda da esperança com coisa comprada. A parte terá direito a todo o preço, desde que não tenha concorrido com culpa, ainda que a coisa venha a existir em quantidade inferior à esperada. Contudo, se a coisa não vier a existir, alienação não haverá, e o alienante devolverá o preço recebido (art. 459, parágrafo único, do CC).
Quanto à previsão legal	**a) Atípicos:** são aqueles que não encontram previsão legal. É lícito às partes estipular contratos atípicos, desde que observadas as normas gerais do Código Civil. **b) Típicos:** são aqueles que encontram regulamentação pela própria lei, ou seja, são aqueles que possuem um tratamento legal mínimo. Observem que os contratos atípicos podem ser **singulares** (contrato totalmente novo) ou **mistos** (soma de elementos que existem para contratos típicos): • **contrato típico + elemento típico** (ex.: contrato de locação de garagem); • **contrato atípico + elemento atípico** (ex.: novas garantias de contratos eletrônicos); • **contrato típico + elemento atípico** (ex.: venda pela internet de objeto virtual).
Quanto à negociação do conteúdo	**a) Adesão:** são aqueles em que uma parte, o estipulante, impõe o conteúdo negocial, restando à outra parte, o aderente, duas opções: aceitar ou não o conteúdo desse negócio. "Art. 54 do CDC. Contrato de adesão é aquele cujas cláusulas tenham sido aprovadas pela autoridade competente ou estabelecidas unilateralmente pelo fornecedor de produtos ou serviços, sem que o consumidor possa discutir ou modificar substancialmente seu conteúdo". **b) Paritário:** são espécie de contrato em que as partes se encontram em igualdade de condições para discutir os termos do ato do negócio e fixar as cláusulas e condições contratuais.

CLASSIFICAÇÃO DOS CONTRATOS	
Quanto à presença de formalidades	**a) Formais:** são aqueles que somente podem ser celebrados conforme características especiais previstas em lei – condição para a formação do contrato. **Cuidado!** O registro de bens imóveis constitui tão somente solenidade do contrato, não é formalidade para seu aperfeiçoamento. **b) Informais:** são aqueles que admitem a forma livre, sem seguir necessariamente uma determinação legal. Ex.: mandato, que pode ser expresso ou tácito, verbal ou escrito (art. 656 do CC).
Quanto à independência do contrato	**a) Principais:** são aqueles que existem por si só, não havendo qualquer relação de dependência em relação a outro pacto. Ex.: contrato de locação. **b) Acessórios:** são aqueles cuja validade depende de outro negócio, o contrato principal. Ex.: contrato de fiança, que depende de outro, como a locação. • **Princípio da gravitação jurídica:** o acessório segue o principal. • O contrato acessório não pode trazer mais obrigações do que o principal.
Quanto ao momento de cumprimento	**a) Instantâneos ou de execução imediata:** são aqueles que se aperfeiçoam e se cumprem de imediato. Ex.: compra e venda à vista. **b) Execução diferida:** são aqueles que possuem forma de cumprimento previsto de uma só vez no futuro. Ex.: compra e venda com pagamento pré ou pós-datado. **c) Execução continuada ou de trato sucessivo:** aqueles que têm o cumprimento previsto de forma sucessiva ou periódica no tempo. Ex.: compra e venda com pagamento parcelado, via boleto bancário.
Quanto à pessoalidade	**a) Pessoais, personalíssimo ou *intuito personae*:** são aqueles em que a pessoa do contratante é elemento constitutivo do contrato. Não pode ser transferido por ato *inter vivos* ou *causa mortis*. Em caso de morte, conclui-se o contrato. Em caso de transferência, pode ocorrer rescisão por inadimplemento. **b) Impessoais:** são aqueles em que a pessoa do contratante não constitui elemento essencial do contrato. Ex.: compra e venda de determinado imóvel. Em regra, pode ocorrer a transmissão por ato *inter vivos* ou *causa mortis*.
Quanto às pessoas envolvidas	**a) Individual ou intersubjetivo:** é aquele que conta com apenas um sujeito de cada lado da relação jurídica. **b) Individual plúrimo:** é aquele que conta com mais de um sujeito em um ou em ambos os polos da relação jurídica. **c) Individual homogêneo:** é aquele realizado por entidade autorizada para representar os interesses de pessoas determinadas. **d) Coletivo:** é aquele que possui, ao menos em um dos polos, uma entidade autorizada pela lei para a defesa de interesses de grupo ou categoria de pessoas indeterminadas, porém determináveis. **e) Difuso:** é aquele que possui, ao menos em um dos polos, uma entidade que tenha autorização legal para a defesa de interesses de pessoas indeterminadas.
Quanto à definitividade do negócio	**a) Definitivo:** fase de aperfeiçoamento do contrato, etapa em que ocorre o choque ou encontro de vontades. **b) Preliminares:** são negócios realizados que tendem à celebração de outros (pré-contratos).

8.5 Fases de formação dos contratos

a) **Fase de negociações preliminares ou de pontuação:** fase dos debates prévios, entendimentos e tratativas (conversações) sobre o contrato preliminar ou definitivo.

Não está previsto no Código Civil, sendo fase anterior à formação da proposta.
- Há a necessidade de se observar a boa-fé objetiva na fase de negociações.
- Não vincula os participantes quanto à celebração do contrato definitivo.

b) **Fase de proposta, policitação ou oblação:** fase da oferta formalizada, constitui a manifestação da vontade de contratar por uma das partes, que solicita a concordância da outra parte.

Somente produz efeito se recebida pela outra parte.

Proposta vincula o proponente: "Art. 427. A proposta de contrato obriga o proponente, se o contrário não resultar dos termos dela, da natureza do negócio, ou das circunstâncias do caso".

Oferta feita ao público: "Art. 429. A oferta ao público equivale a proposta quando encerra os requisitos essenciais ao contrato, salvo se o contrário resultar das circunstâncias ou dos usos".

Pode-se revogar a oferta pela mesma via de sua divulgação, desde que ressalvada essa faculdade na oferta realizada.

Proposta: deve ser séria, clara, precisa e definitiva.

Aceitação: pura e simples.

A aceitação fora do prazo, com adições, restrições ou modificações, importará nova proposta.

Deixa de ser obrigatória a proposta:

- se, feita sem prazo a pessoa presente, não foi imediatamente aceita. Considera-se também presente a pessoa que contrata por telefone ou por meio de comunicação semelhante – contrato com declaração consecutiva;
- se, feita sem prazo a pessoa ausente, tiver decorrido tempo suficiente para chegar a resposta ao conhecimento do proponente – contrato com declarações intervaladas;
- se, feita a pessoa ausente, não tiver sido expedida a resposta dentro do prazo dado;
- se, antes dela, ou simultaneamente, chegar ao conhecimento da outra parte a retratação do proponente.

Se a aceitação, por circunstância imprevista, chegar tarde ao conhecimento do proponente, este a comunicará imediatamente ao aceitante, sob pena de responder por perdas e danos.

Se o negócio for daqueles em que não seja costume a aceitação expressa, ou o proponente a tiver dispensado, reputar-se-á concluído o contrato, não chegando a tempo a recusa – aceitação tácita ou silêncio eloquente.

O **art. 434 do Código de Processo Civil**, quanto à aceitação, adotou a chamada Teoria da Agnição, na **subteoria da expedição** (expedida a aceitação), reputando que os contratos entre ausentes tornam-se perfeitos desde que a aceitação é expedida.

Exceções: Teoria da Agnição – **subteoria da recepção** (recebimento da aceitação) nas seguintes hipóteses:

- se antes dela ou com ela chegar ao proponente a retratação;
- se o proponente se houver comprometido a esperar resposta (recepção);
- se a resposta não chegar no prazo convencionado.

Considera-se inexistente a aceitação, se antes dela ou com ela chegar ao proponente a retratação do aceitante. Reputar-se-á celebrado o contrato no lugar em que foi proposto.

c) **Fase de contrato preliminar:** não é fase obrigatória do contrato, sendo dispensável para a sua formação.

Geralmente, é realizado em contratos de compra e venda para dar maior segurança às partes.

Contrato preliminar exige, para a sua formação, os mesmos requisitos essenciais do contrato definitivo.

Observe que o contrato preliminar, exceto quanto à forma, deve conter todos os requisitos essenciais ao contrato a ser celebrado.

São chamados de compromissos de contrato:

- compromisso unilateral de contrato ou contrato de opção;
- compromisso bilateral de contrato;
- compromisso unilateral de contrato ou contrato de opção: as duas partes assinam o instrumento, mas somente uma assume o compromisso de celebrar o contrato definitivo.

i) Se a promessa de contrato for unilateral, o credor, sob pena de esta ficar sem efeito, deverá manifestar-se no prazo nela previsto, ou, inexistindo este, no que lhe for razoavelmente assinado pelo devedor.

ii) Compromisso bilateral de contrato: quando as duas partes assumem a obrigação de celebrar o contrato definitivo.

iii) Concluído o contrato preliminar, e desde que dele não conste cláusula de arrependimento, qualquer das partes terá o direito de exigir a celebração do definitivo, assinando prazo à outra para que o efetive.

Possibilidades de exigir o cumprimento:

1ª Opção: concluído o contrato preliminar, qualquer das partes terá o direito de exigir a celebração do definitivo, assinando prazo à outra para que o efetive.

2ª Opção: se não ocorrer a efetivação do contrato, poderá o juiz suprir a vontade da parte inadimplente. Ex.: adjudicação compulsória. Esgotado o prazo, poderá o juiz, a pedido do interessado, suprir a vontade da parte inadimplente, conferindo caráter definitivo ao contrato preliminar, salvo se a isso se opuser a natureza da obrigação.

3ª Opção: se o estipulante não der execução ao contrato preliminar, poderá a outra parte considerá-lo desfeito, e pedir perdas e danos.

> **ATENÇÃO**
>
> No compromisso irretratável de compra e venda inexistem outras opções, exceto a adjudicação do imóvel, por se tratar de direito real: art. 1.225, VII, do CC.

d) **Fase de contrato definitivo ou de conclusão do contrato:** contrato perfeito e acabado: o descumprimento gera o inadimplemento contratual.

Nos termos do **art. 389 do Código Civil**, não cumprida a obrigação, responde o devedor por perdas e danos, mais juros e atualização monetária segundo índices oficiais regularmente estabelecidos, e honorários de advogado.

8.6 Extinção dos contratos

EXTINÇÃO DOS CONTRATOS	
NORMAL	**Cumprimento do contrato ou da obrigação.** 1) Pagamento da prestação, quitação de todas as parcelas, entrega da coisa, ato não é praticado. 2) Término do prazo previsto no contrato. 3) A partir do pagamento, toda responsabilidade civil será considerada como pós-contratual.

	EXTINÇÃO DOS CONTRATOS
FATOS ANTERIORES À SUA CELEBRAÇÃO	Hipóteses de invalidade do contrato em razão de **nulidade (absoluta)** ou **anulabilidade (nulidade relativa)**. É **nulo o negócio jurídico** quando: I – celebrado por pessoa absolutamente incapaz; II – for ilícito, impossível ou indeterminável o seu objeto; III – o motivo determinante, comum a ambas as partes, for ilícito; IV – não revestir a forma prescrita em lei; V – for preterida alguma solenidade que a lei considere essencial para a sua validade; VI – tiver por objetivo fraudar lei imperativa; VII – a lei taxativamente o declarar nulo (nulidade textual), ou proibir-lhe a prática, sem cominar sanção (nulidade virtual). **Nulidade textual:** art. 548 do Código Civil. É nula a doação de todos os bens sem reserva de parte, ou renda suficiente para a subsistência do doador. **Nulidade virtual:** art. 426 do Código Civil. Não pode ser objeto de contrato a herança de pessoa viva. Segundo o art. 171 do Código Civil, além dos casos expressamente declarados na lei, é anulável o negócio jurídico: i) por incapacidade relativa do agente; ii) por vício resultante de erro, dolo, coação, estado de perigo, lesão ou fraude contra credores. É de **quatro anos** o prazo de decadência para pleitear-se a anulação do negócio jurídico, contado: I – no caso de coação, do dia em que ela cessar; II – no de erro, dolo, fraude contra credores, estado de perigo ou lesão, do dia em que se realizou o negócio jurídico; III – no de atos de incapazes, do dia em que cessar a incapacidade.
FATOS POSTERIORES À SUA CELEBRAÇÃO	São os casos de **rescisão contratual** (gênero): **resolução** (espécie) ou **resilição** (espécie) dos contratos. **1) Resolução** é a extinção do contrato por descumprimento. Pode ser dar de quatro formas: **a) Por inexecução voluntária** Diz respeito à impossibilidade da prestação por dolo ou culpa do devedor. A inexecução sujeitará a parte inadimplente ao ressarcimento pelas perdas e danos sofridos (materiais, morais, estéticos, lucros cessantes e danos emergentes). A parte lesada pelo inadimplemento pode pedir a resolução do contrato, se não preferir exigir-lhe o cumprimento, cabendo, em qualquer dos casos, indenização por perdas e danos. **b) Por inexecução involuntária** Hipóteses em que ocorrer a impossibilidade de cumprimento da obrigação por caso fortuito ou forma maior. **Consequência:** a parte não poderá pleitear perdas e danos, sendo tudo o que foi pago devolvido e retornando à situação primitiva (resolução sem perdas e danos). **Exceção:** se o devedor estiver em mora, a não ser que prove a ausência de culpa ou que a perda da coisa objeto da obrigação ocorreria mesmo não havendo o atraso – art. 399 do CC.

EXTINÇÃO DOS CONTRATOS	
FATOS POSTERIORES À SUA CELEBRAÇÃO	Havendo previsão contratual a respeito da responsabilização por esses eventos por meio da cláusula de assunção convencional – art. 393 do CC. **Em casos específicos:** "Se, correndo risco o objeto do comodato juntamente com outros do comodatário, antepuser este a salvação dos seus abandonando o do comodante, responderá pelo dano ocorrido, ainda que se possa atribuir a caso fortuito, ou força maior" (art. 583 do CC). **c) Cláusula resolutiva tácita** Nos contratos bilaterais, nenhum dos contratantes, antes de cumprida a sua obrigação, pode exigir o implemento da do outro (art. 476 do CC). *Exceptio non rite adimpleti contractus:* se, depois de concluído o contrato, sobrevier a uma das partes contratantes diminuição em seu patrimônio capaz de comprometer ou tornar duvidosa a prestação pela qual se obrigou, pode a outra recusar-se à prestação que lhe incumbe, até que aquela satisfaça a que lhe compete ou dê garantia bastante de satisfazê-la. Quebra antecipada do contrato ou inadimplemento antecipado (***antecipated breach of contract***). **Inadimplemento antecipado do contrato:** se uma parte perceber que há risco real e efetivo, demonstrado pela realidade fática, de que a outra não cumpra com a sua obrigação, poderá antecipar-se, pleiteando a extinção do contrato, antes mesmo do prazo para cumprimento. É necessária **interpelação judicial** e há a possibilidade de exigir garantias para o cumprimento. **d) Resolução por onerosidade excessiva** Imprevisibilidade e extraordinariedade, ligada a uma onerosidade excessiva. Art. 478 do CC. **Contratos de execução continuada ou diferida**. Nesses casos, se a prestação de uma das partes se tornar excessivamente onerosa, com extrema vantagem para a outra, em virtude de acontecimentos extraordinários e imprevisíveis, poderá o devedor pedir a resolução do contrato. Os efeitos da sentença que a decretar retroagirão à data da citação. **Princípio da conservação dos contratos:** a resolução poderá ser evitada, oferecendo-se o réu a modificar equitativamente as condições do contrato. **2) Resilição:** é a dissolução do vínculo por vontade bilateral ou unilateral. Quando a lei prevê a extinção do negócio como um direito potestativo reconhecido à própria parte. **a) Distrato ou resilição bilateral:** de acordo com o **art. 472** do Código Civil: "O distrato faz-se pela mesma forma exigida para o contrato". Novo negócio jurídico em que as partes decidem, em comum acordo, pôr fim ao negócio anterior. **b) Resilição unilateral:** a resilição unilateral, nos casos em que a lei expressa ou implicitamente o permita, opera mediante denúncia notificada à outra parte. Algumas hipóteses: locação, prestação de serviços, mandato, comodato, depósito, doação, fiança. **Denúncia:** termo utilizado da notificação realizada nos contratos de locação (denúncia cheia – apresentando os motivos – ou denúncia vazia – sem a necessidade de apresentar os motivos).

EXTINÇÃO DOS CONTRATOS	
FATOS POSTERIORES À SUA CELEBRAÇÃO	**Revogação ou renúncia:** quebra da confiança. Ocorre nos casos de mandato, comodato, depósito, doação (modal ou com encargo). **Exoneração:** fiança por prazo indeterminado. A resilição unilateral, nos casos em que a lei expressa ou implicitamente o permita, opera mediante denúncia notificada à outra parte. Se, porém, dada a natureza do contrato, uma das partes houver feito investimentos consideráveis para a sua execução, a denúncia unilateral só produzirá efeito depois de transcorrido prazo compatível com a natureza e o vulto dos investimentos.
POR MORTE DE UM DOS CONTRATANTES	Extinção do contrato nos casos de obrigações personalíssimas, ou seja, *intuitu personae*, sem a possibilidade de substituição da parte no contrato. Ex.: fiança. Não transfere com a morte aos seus herdeiros.

```
                    RESCISÃO
       RESOLUÇÃO                RESILIÇÃO
     Descumprimento        Dissolução – Unilateral ou Bilateral
```

8.7 Arras ou sinais

Também denominadas de sinais, arras são disposições convencionais pelas quais uma parte entrega a outra um bem móvel como antecipação do pagamento, ou seja, como garantia da solidez da obrigação contraída.

Podem ser de duas espécies:

1) **Confirmatórias (art. 418 do CC):** são aquelas que, quando prestadas, marcam o início da execução do contrato, presentes nas hipóteses em que não constar a possibilidade de arrependimento quanto à celebração do contrato definitivo, tratando-se de regra geral.

Nesse caso, aplica-se o **art. 418 do Código Civil**, pelo qual:

> Se a parte que deu as arras não executar o contrato, poderá a outra tê-lo por desfeito, retendo-as; se a inexecução for de quem recebeu as arras, poderá quem as deu haver o contrato por desfeito, e exigir sua devolução mais o equivalente, com atualização monetária segundo índices oficiais regularmente estabelecidos, juros e honorários de advogado.

Ainda nessa primeira hipótese, a parte inocente pode pedir indenização suplementar, se provar maior prejuízo, valendo as arras como taxa mínima de indenização. Pode, também, a parte inocente exigir a execução do contrato, com perdas e danos, valendo as arras como o mínimo da indenização. Nesse caso, as arras terão **dupla função (tornar o contrato definitivo + antecipação das pernas e danos)**.

Características:

a) não conferem direito ao arrependimento em caso de descumprimento;

b) se o descumprimento for de quem deu: perde o valor;

c) se o descumprimento for de quem recebeu: devolve com mais um equivalente.

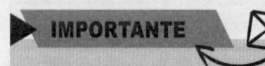

> **IMPORTANTE**
>
> Havendo comprovação de prejuízo superior ao sinal, a parte inocente poderá exigir (art. 419 do CC):
>
> a) indenização suplementar (as arras valem como taxa mínima);
>
> b) execução do contrato (as arras valem como indenização mínima).

2) **Penitenciais (art. 420 do CC):** têm natureza indenizatória. Quando estipuladas, garantem o direito ao arrependimento e possuem o condão unicamente de indenização.

Por isso, quem exerce esse direito, isto é, quem se arrepender, não é considerado inadimplente e **não há direito de indenização suplementar**.

No caso de constar no contrato a possibilidade de arrependimento, para qualquer das partes, as arras ou sinal terão função **unicamente indenizatória** (incluída a penalidade), e não a de confirmar o contrato definitivo, como ocorre na hipótese anterior.

Dessa forma, quem as deu, irá perdê-las em benefício da outra parte; e quem as recebeu, irá devolvê-las mais o equivalente. Em ambos os casos envolvendo as arras penitenciais, **não haverá direito a indenização suplementar** (art. 420 do CC).

Características:

a) não cabe indenização suplementar;
b) possui natureza indenizatória.

8.8 Compra e venda

Conceito: pelo contrato de compra e venda, um dos contratantes se obriga a transferir o domínio de certa coisa, e o outro, a pagar-lhe certo preço em dinheiro.

Dispõe o **art. 482** do Código Civil que: "A compra e venda, quando pura, considerar-se-á obrigatória e perfeita, desde que as partes acordarem no objeto e no preço".

Elementos:

- partes;
- objeto;
- preço.

> **IMPORTANTE**
>
> Para se configurar compra e venda, as partes deverão estipular a aquisição de coisa, por determinado valor (coisa por preço). Caso o enunciado disponha que as partes negociaram a aquisição de coisa, por coisa, será caracterizado o contrato de troca ou permuta (coisa por coisa).

Coisa: de acordo com o **art. 483 do Código Civil**: "A compra e venda pode ter por objeto **coisa atual ou futura**. Neste caso, ficará sem efeito o contrato **se esta não vier a existir**, salvo se a intenção das partes era de concluir **contrato aleatório**" (*emptio spei/emptio rei speratae*).

Preço: segundo o **art. 315 do Código Civil**: "As **dívidas em dinheiro** deverão ser **pagas no vencimento**, em **moeda corrente e pelo valor nominal**, salvo o disposto nos artigos subsequentes".

Ainda, de acordo com o **art. 318 do Código Civil**: "São **nulas as convenções de pagamento em ouro ou em moeda estrangeira**, bem como para compensar a diferença entre o valor desta e o da moeda nacional, excetuados os casos previstos na legislação especial" (exceto compra e venda internacional).

Nulo é o contrato de compra e venda, quando se deixa ao **arbítrio exclusivo de uma das partes a fixação do preço**.

São cláusulas especiais do contrato de compra e venda:

RETROVENDA
Art. 505. O vendedor de coisa imóvel pode **reservar-se o direito de recobrá-la** no prazo máximo de decadência de **três anos, restituindo o preço recebido e reembolsando as despesas do comprador**, inclusive as que, durante o período de resgate, se efetuaram com a sua **autorização escrita**, ou para a **realização de benfeitorias necessárias**.
• **Cláusula acessória** somente aceita e possibilita a **compra e venda de bens imóveis**. • **Natureza jurídica: condição resolutiva expressa**, com eficácia *ex tunc*. • **Propriedade resolúvel:** reconduzir as partes ao *status quo ante*. • Direito de retrato, que **é cessível e transmissível a herdeiros e legatários**, poderá ser exercido contra o **terceiro adquirente**.

PREEMPÇÃO, PREFERÊNCIA OU PRELAÇÃO CONVENCIONAL
É a obrigação de **oferecer o bem a quem lhe vendeu**, por meio de **notificação judicial ou extrajudicial**, para que o vendedor exerça seu **direito de prelação** em igualdade de condições, no caso de alienação futura (**tanto por tanto**).
Art. 513. A **preempção, ou preferência**, impõe ao comprador a **obrigação de oferecer ao vendedor a coisa que aquele vai vender**, ou **dar em pagamento**, para que este use de seu direito de prelação na compra, tanto por tanto.
Art. 515. Aquele que exerce a preferência está, sob pena de a perder, **obrigado a pagar, em condições iguais, o preço encontrado, ou o ajustado**.
Prazos: 180 dias – móveis; 2 anos – imóveis. **Se não tiver prazo especificado:** **Art. 516.** Inexistindo prazo estipulado, o direito de preempção caducará, se a coisa for móvel, não se exercendo nos três dias, e, se for imóvel, não se exercendo nos sessenta dias subsequentes à data em que o comprador tiver notificado o vendedor.
O direito de preempção é indivisível. **Art. 517.** Quando o direito de preempção for estipulado a favor de dois ou mais indivíduos em comum, só pode ser exercido em relação à coisa no seu todo. Se alguma das pessoas, a quem ele toque, perder ou não exercer o seu direito, poderão as demais utilizá-lo na forma sobredita.

RESTRIÇÕES À COMPRA E VENDA	
Da venda de ascendente a descendente **Art. 496.** É **anulável a venda de ascendente a descendente**, salvo se **os outros descendentes e o cônjuge do alienante expressamente houverem consentido**. **Parágrafo único.** Em ambos os casos, **dispensa-se o consentimento do cônjuge se o regime de bens for o da separação obrigatória**. **Prazo para anular a compra e venda:** dois anos – art. 179 do CC.	**Da venda entre cônjuges** **Art. 499.** É **lícita a compra e venda entre cônjuges**, com *relação a bens excluídos da comunhão*. **Nulidade absoluta:** impossibilidade do objeto (art. 166, II, do CC). **Comunhão universal:** é possível, pois **há bens excluídos da comunhão**, como os bens de uso pessoal e os utensílios de trabalho de cada um dos consortes.

8.9 Doação

Conceito: é o contrato (negócio jurídico) pelo qual o doador transfere do seu patrimônio bens ou vantagens para o donatário, sem a presença de qualquer remuneração (contraprestação).

Segundo o **art. 538 do Código Civil**: "Considera-se doação o contrato em que uma pessoa, por liberalidade, transfere do seu patrimônio bens ou vantagens para o de outra".

É negócio jurídico benévolo, unilateral, gratuito, comutativo, formal, solene ou não solene (escritura pública ou instrumento particular).

De acordo com o **art. 114 do Código Civil**: "Os negócios jurídicos benéficos e a renúncia interpretam-se estritamente" (proibição a qualquer forma de interpretação extensiva).

Características: aceitação – não é ato essencial do contrato, mas é essencial para o seu aperfeiçoamento.

O doador pode **fixar prazo ao donatário, para declarar se aceita ou não a liberalidade**. Desde que o donatário, ciente do prazo, não faça, dentro dele, a declaração, entender-se-á que aceitou, se a doação não for sujeita a encargo.

Em caso de silêncio, presume-se aceita a doação (presunção relativa).

Se o donatário for absolutamente incapaz, dispensa-se a aceitação, desde que se trate de doação pura.

A doação feita ao nascituro valerá, sendo aceita pelo seu representante legal.

A doação feita em contemplação de casamento futuro com certa e determinada pessoa, quer pelos nubentes entre si, quer por terceiro a um deles, a ambos, ou aos filhos que, de futuro, houverem um do outro, **não pode ser impugnada por falta de aceitação, e só ficará sem efeito se o casamento não se realizar.**

Com a realização do casamento, há a presunção de aceitação.

Classificação quanto à presença ou não de elementos acidentais:

1) **Doação pura e simples:** aquela feita por mera liberalidade ao donatário, sem a imposição de qualquer contraprestação, encargo ou condição.

2) **Doação condicional:** é aquela cuja eficácia do ato está subordinada a ocorrência de evento futuro e incerto, caso da doação ao nascituro, contemplação de casamento futuro e com cláusula de reversão.

3) **Doação a termo:** é aquela cuja eficácia do ato está subordinada a ocorrência de evento futuro e certo.

4) **Doação modal ou com encargo:** é aquela gravada com ônus, havendo liberalidade somente no valor que exceder o ônus. Não atendido o encargo, cabe a revogação da doação, como resilição unilateral.

	EFEITOS E REGRAS
DOAÇÃO REMUNERATÓRIA	É a modalidade de doação feita em caráter de retribuição por um serviço prestado pelo donatário, mas cuja prestação não pode ser exigida pelo serviço prestado (caso contrário, seria pagamento). "**Art. 540.** A doação feita em contemplação do merecimento do donatário não perde o caráter de liberalidade, como não o perde a doação remuneratória, ou a gravada, no excedente ao valor dos serviços remunerados ou ao encargo imposto".

	EFEITOS E REGRAS
DOAÇÃO REMUNERATÓRIA	Depende de análise caso a caso. Cabe a alegação de vício redibitório quanto ao bem doado – forma de doação onerosa. Cabe revogação por ingratidão. As doações remuneratórias de serviços feitos ao ascendente não estão sujeitas à colação.
DOAÇÃO CONTEMPLATIVA OU MERITÓRIA	É aquela feita em contemplação a um merecimento do donatário. Ex.: doação de livros feitos a um professor famoso. Leva em consideração qualidades pessoais do donatário. Caráter de liberalidade (doação pura e simples).
DOAÇÃO A NASCITURO	É aquela feita a quem foi concebido, mas ainda não nasceu. Validade: depende da aceitação por parte do representante legal. Eficácia: depende do nascimento com vida (condição suspensiva). Se houver um instante de vida, aperfeiçoa-se o contrato e haverá a transmissão aos herdeiros.
DOAÇÃO SOB FORMA DE SUBVENÇÃO PERIÓDICA	É a doação de trato sucessivo, em que o doador estipula rendas a favor do donatário. "**Art. 545.** A doação em forma de subvenção periódica ao beneficiado extingue-se morrendo o doador, salvo se este outra coisa dispuser, mas não poderá ultrapassar a vida do donatário". Causa de extinção: a morte do donatário.
DOAÇÃO EM CONTEMPLAÇÃO DE CASAMENTO FUTURO	É a doação realizada em contemplação de casamento futuro, com pessoa certa e determinada. É forma de doação condicional, havendo condição suspensiva, pois o contrato não gera efeitos enquanto não realizado o casamento. Diferente dos presentes de casamento (doação pura e simples). Não se aplica à união estável.
DOAÇÃO DE DESCENDENTE A ASCENDENTE	É a doação realizada de ascendente a descendente, importando em adiantamento do que lhes cabe por herança. É cabível de um cônjuge ao outro, exceto se casados em comunhão universal (STJ). Os bens deverão ser colacionados no processo de inventário por aquele que os recebeu, sob pena de sonegados, ou seja, de o herdeiro perder o direito que tem sobre a coisa. Todavia, é possível que o doador dispense essa colação (art. 2.006 do CC).
DOAÇÃO COM CLÁUSULA DE REVERSÃO	É aquela em que o doador estipula que os bens doados voltem ao patrimônio se sobreviver ao donatário. É condição resolutiva expressa, demonstrando a intenção do doador de beneficiar somente o donatário, e não os seus herdeiros ou sucessores, sendo, portanto, cláusula *intuitu personae*. O pacto somente tem eficácia se o doador sobreviver ao donatário. Se falecer antes deste, a condição não ocorre e os bens doados incorporam-se ao patrimônio do donatário. Não cláusula de inalienabilidade. Pode transferir a terceiros, no entanto, em caso de falecimento do donatário, e a alienação é tornada sem efeito, retornando o bem ao patrimônio do doador.

EFEITOS E REGRAS	
DOAÇÃO CONJUNTIVA	É aquela que conta com a presença de dois ou mais donatários, quando presente uma obrigação divisível. Em regra, há presunção relativa de divisão igualitária da coisa em quotas iguais entre os donatários. No entanto, o contrato poderá trazer previsão em contrário. Falecendo um dos donatários, a sua quota será transmitida diretamente aos sucessores. Direito de acrescer: possibilidade de as quotas se comunicarem. Convencional (contrato) ou legal (lei – marido e mulher).
DOAÇÃO INOFICIOSA	É nula (nulidade absoluta) a doação quanto à parte que exceder à que o doador, no momento da liberalidade, poderia dispor em testamento. É a doação que prejudica a legítima (quota-parte dos herdeiros necessários).
DOAÇÃO UNIVERSAL	É nula a doação de todos os bens sem reserva de parte, ou renda suficiente para a subsistência do doador. Proteção ao patrimônio mínimo.
DOAÇÃO DO CÔNJUGE ADÚLTERO AO SEU CÚMPLICE	A doação do cônjuge adúltero ao seu cúmplice pode ser anulada pelo outro cônjuge, ou por seus herdeiros necessários, até dois anos depois de dissolvida a sociedade conjugal. Proteção à entidade familiar. Exceção: pode-se aceitar a doação, desde que o doador conviva em união estável com o donatário (STJ) – o doador casado deve estar separado de fato, judicial ou extrajudicialmente. Impossibilidade de doação a concubina, de bem comum, na vigência de casamento.
DOAÇÃO A ENTIDADE FUTURA	É a doação feita a pessoa jurídica, que pode, ou ainda não, existir. Se não existir, sua eficácia fica condicionada à posterior regular constituição da entidade. A doação a entidade futura caducará se, em dois anos, esta não estiver constituída regularmente. Condição suspensiva.

8.10 Empréstimo

Inicialmente, note que, nos contratos em que se exige a transferência de patrimônio para outra pessoa, a finalidade para a qual o objeto é entregue ou transferido importará para a configuração do contrato. Veja:

ENTREGA DE COISA	Para uso:	Comodato
	Para consumo:	Mútuo
	Para guarda:	Depósito
	Para administração:	Mandato

1) **Empréstimo:** é o negócio jurídico pelo qual uma pessoa entrega uma coisa a outra, de forma gratuita, obrigando-se esta a devolver a coisa emprestada ou outra de mesma espécie e quantidade.

a) **Comodato:** bem infungível e inconsumível (empréstimo de uso).

b) **Mútuo:** bem fungível e consumível (empréstimo de consumo).

c) **Classificação:**

i) **Comodato:** é o empréstimo gratuito de coisas não fungíveis. Perfaz-se com a tradição do objeto.

No comodato, o comodatário é obrigado a conservar, como se sua própria fora, a coisa emprestada, não podendo usá-la senão de acordo com o contrato ou a natureza dela, sob pena de responder por perdas e danos.

O comodatário constituído em mora, além de por ela responder, pagará, até restituí-la, o aluguel da coisa que for arbitrado pelo comodante.

Se, correndo risco o objeto do comodato juntamente com outros do comodatário, antepuser este a salvação dos seus, abandonando o do comodante, responderá pelo dano ocorrido, ainda que se possa atribuir a caso fortuito, ou força maior.

ii) **Mútuo:** é o empréstimo de coisas fungíveis.

O mutuário é obrigado a restituir ao mutuante o que dele recebeu em coisa do mesmo gênero, qualidade e quantidade.

Esse empréstimo transfere o domínio da coisa emprestada ao mutuário, por cuja conta correm todos os riscos dela desde a tradição.

O mutuante pode exigir garantia da restituição, se antes do vencimento o mutuário sofrer notória mudança em sua situação econômica.

Destinando-se o mútuo a fins econômicos, presumem-se devidos juros, os quais, sob pena de redução, não poderão exceder a taxa a que se refere o art. 406, permitida a capitalização anual.

Não se tendo convencionado expressamente, o prazo do mútuo será:

a) até a próxima colheita, se o mútuo for de produtos agrícolas, tanto para o consumo quanto para a semeadura;

b) de 30 dias, pelo menos, se for de dinheiro;

c) do espaço de tempo que declarar o mutuante, se for de qualquer outra coisa fungível.

8.11 Questões

1. **(FCC – TCE-CE – Analista de Controle Externo – Atividade Jurídica)** Os contratos:

A) consensuais dependem da entrega da coisa para sua formação.

B) aleatórios são vedados pelo ordenamento jurídico.

C) são, em regra, formais, dependendo da forma escrita para produzirem efeitos.

D) são regidos, em regra, pelo princípio da relatividade.

E) produzem, em regra, efeitos *erga omnes*.

↘ **Resolução:**

Relatividade dos efeitos dos contratos: como regra, os contratos somente vinculam (podem gerar efeitos) com relação às pessoas que se achem vinculadas pela obrigação no momento de seu cumprimento.

↗ **Gabarito:** "D".

2. **(FCC – TJ-SE – Analista Judiciário – Área Judiciária)** A respeito dos contratos em geral, é correto que:

A) o que estipula em favor de terceiro não pode exigir o cumprimento da obrigação.

B) se o contrato tiver por objeto a herança de pessoa viva, deverá, obrigatoriamente, ser feito por instrumento público.

C) podem as partes, por cláusula expressa, reforçar, diminuir ou excluir a responsabilidade pela evicção.

D) pode o adquirente demandar pela evicção mesmo sabendo que a coisa era alheia ou litigiosa.

E) é vedado às partes celebrar contratos atípicos, ainda que observadas as normas gerais fixadas no Código Civil.

↘ **Resolução:**

A) *Incorreta*. Dispõe o art. 436 do Código Civil: "O que estipula em favor de terceiro pode exigir o cumprimento da obrigação".

B) *Incorreta*. Dispõe o art. 426 do Código Civil: "Não pode ser objeto de contrato a herança de pessoa viva".

C) *Correta*. Dispõe o art. 448 do Código Civil: "Podem as partes, por cláusula expressa, reforçar, diminuir ou excluir a responsabilidade pela evicção".

D) *Incorreta*. Dispõe o art. 457 do Código Civil: "Não pode o adquirente demandar pela evicção, se sabia que a coisa era alheia ou litigiosa".

E) *Incorreta*. Dispõe o art. 425 do Código Civil: "É lícito às partes estipular contratos atípicos, observadas as normas gerais fixadas neste Código".

↗ **Gabarito: "C".**

3. (FCC – TCE-AL – Procurador) Pelo contrato de compra e venda, um dos contratantes:

A) se obriga a transferir o domínio de certa coisa e o outro a recebê-lo, mediante o pagamento em dinheiro ou em outros bens.

B) transfere o domínio de certa coisa, e o outro, se obriga a pagar-lhe certo preço em dinheiro.

C) quando se tratar de venda sobre documento, transfere o domínio da coisa mediante a tradição, obrigando-se a entregar os documentos exigidos pelo contrato, ou pelos usos locais, em prazo fixado de comum acordo entre as partes.

D) se obriga a transferir o domínio de certa coisa, e o outro, a pagar-lhe certo preço em dinheiro.

E) transfere a propriedade resolúvel de certa coisa, e o outro se obriga a pagar-lhe certo preço em dinheiro, como condição para adquirir o domínio pleno.

↘ **Resolução:**

Dispõe o art. 481 do Código Civil: "Pelo contrato de compra e venda, um dos contratantes se obriga a transferir o domínio de certa coisa, e o outro, a pagar-lhe certo preço em dinheiro".

↗ **Gabarito: "D".**

4. (FCC – TRF 3ª Região – Analista Judiciário) Marcia celebrará contrato de compra e venda de imóvel com Isaías possuindo a intenção de estipular cláusula especial de retrovenda. No tocante à retrovenda, Márcia.

A) terá que respeitar o prazo decadencial máximo de dois anos previsto no Código Civil brasileiro.

B) terá que respeitar o prazo prescricional máximo de doze meses previsto no Código Civil brasileiro.

C) poderá estipular qualquer prazo uma vez que o Código Civil brasileiro não limita o tempo para o exercício da retomada do imóvel.

D) terá que respeitar o prazo decadencial máximo de três anos previsto no Código Civil brasileiro.

E) poderá estipular prazo não superior a cinco anos, sendo que este prazo, em casos excepcionais, poderá ser aumentado conjuntamente pelas partes.

↘ **Resolução:**

Dispõe o art. 505 do Código Civil: "O vendedor de coisa imóvel pode reservar-se o direito de recobrá-la no prazo máximo de decadência de três anos, restituindo o preço recebido e reembolsando as despesas do comprador, inclusive as que, durante o período de resgate, se efetuaram com a sua autorização escrita, ou para a realização de benfeitorias necessárias".

↗ **Gabarito: "D".**

5. (FCC – MPE-AM – Agente Técnico – Jurídico) A doação:

A) ao nascituro valerá se aceita pelo seu representante legal.

B) feita ao incapaz dispensa aceitação, desde que se trate de doação com encargo.

C) em forma de subvenção periódica pode ultrapassar a vida do donatário, se as partes assim o convencionarem.

D) do cônjuge adúltero a seu cúmplice é nula de pleno direito.

E) pode prever cláusula de reversão em favor de terceiro.

↳ **Resolução:**

A) *Correta.* Dispõe o art. 542 do Código Civil: "A doação feita ao nascituro valerá, sendo aceita pelo seu representante legal".

B) *Incorreta.* Dispõe o art. 543 do Código Civil: "Se o donatário for absolutamente incapaz, dispensa-se a aceitação, desde que se trate de doação pura".

C) *Incorreta.* Dispõe o art. 545 do Código Civil: "A doação em forma de subvenção periódica ao beneficiado extingue-se morrendo o doador, salvo se este outra coisa dispuser, mas não poderá ultrapassar a vida do donatário".

D) *Incorreta.* Dispõe o art. 550 do Código Civil: "A doação do cônjuge adúltero ao seu cúmplice pode ser anulada pelo outro cônjuge, ou por seus herdeiros necessários, até dois anos depois de dissolvida a sociedade conjugal".

E) *Incorreta.* Dispõe o art. 547, parágrafo único, do Código Civil: "Não prevalece cláusula de reversão em favor de terceiro".

↗ **Gabarito: "A".**

6. **(FCC – TCM-RJ)** De acordo com o Código Civil, a doação:

A) é nula quando realizada de ascendente para descendente.

B) dispensa aceitação, ainda que sujeita a encargo.

C) é anulável quando realizada de ascendente para descendente.

D) não poderá ultrapassar a vida do donatário, quando feita em forma de subvenção periódica.

E) não se reveste, em regra, da forma escrita.

↳ **Resolução:**

A) *Incorreta.* Dispõe o art. 544 do Código Civil: "A doação de ascendentes a descendentes, ou de um cônjuge a outro, importa adiantamento do que lhes cabe por herança".

B) *Incorreta.* Dispõe o art. 539 do Código Civil: "O doador pode fixar prazo ao donatário, para declarar se aceita ou não a liberalidade. Desde que o donatário, ciente do prazo, não faça, dentro dele, a declaração, entender-se-á que aceitou, se a doação não for sujeita a encargo".

C) *Incorreta.* Dispõe o art. 544 do Código Civil: "A doação de ascendentes a descendentes, ou de um cônjuge a outro, importa adiantamento do que lhes cabe por herança".

D) *Incorreta.* Dispõe o art. 545 do Código Civil: "A doação em forma de subvenção periódica ao beneficiado extingue-se morrendo o doador, salvo se este outra coisa dispuser, mas não poderá ultrapassar a vida do donatário".

E) *Incorreta.* Dispõe o art. 541 do Código Civil: "A doação far-se-á por escritura pública ou instrumento particular".

↗ **Gabarito: "D".**

7. **(FCC – TJ-PI – Analista Judiciário – Área Judiciária)** O contrato de comodato se caracteriza como:

A) empréstimo de consumo, cuja restituição deve ser feita pelo equivalente, diferentemente do mútuo, que é empréstimo de uso, porque o bem deve ser restituído em sua individualidade.

B) empréstimo de uso, porque o bem deve ser restituído em sua individualidade, diferentemente do mútuo, que é empréstimo de consumo, cuja restituição deve ser feita pelo equivalente.

C) espécie do gênero contrato de mútuo, por configurar uma obrigação de restituir coisa fungível.

D) negócio jurídico bilateral e oneroso.

E) negócio jurídico oneroso.

↳ **Resolução:**

O comodato é considerado como contrato de empréstimo para uso, ao contrário do mútuo, que se caracteriza como empréstimo de consumo.

↗ **Gabarito: "B".**

8. **(IESES – TJPB)** Segundo o ordenamento jurídico civilista, o ato de empréstimo gratuito de coisa não fungível, que se perfaz através da tradição do objeto é definido como:

A) Mútuo.
B) Depósito voluntário.
C) Comodato.
D) Doação.
E) Mandato.

↳ **Resolução:**

Dispõe o art. 579 do Código Civil: "O comodato é o empréstimo gratuito de coisas não fungíveis. Perfaz-se com a tradição do objeto".

↗ **Gabarito: "C".**

9. **(FCC – TRE-AP – Analista Judiciário – Área Judiciária)** Mário celebrou contrato de mútuo com Hortência emprestando-lhe a quantia de R$ 15.000,00 em dinheiro. Segundo as normas estabelecidas pelo Código Civil brasileiro, considerando que Mário e Hortência não convencionaram expressamente o prazo do mútuo, este será de pelo menos:

A) quarenta e cinco dias.
B) dez dias.
C) quinze dias.
D) trinta dias.
E) sessenta dias.

↳ **Resolução:**
Dispõe o art. 592 do Código Civil: "Não se tendo convencionado expressamente, o prazo do mútuo será: I – até a próxima colheita, se o mútuo for de produtos agrícolas, assim para o consumo, como para semeadura; II – de trinta dias, pelo menos, se for de dinheiro; III – do espaço de tempo que declarar o mutuante, se for de qualquer outra coisa fungível".

↗ **Gabarito: "D".**

9. ATOS UNILATERAIS

São consideradas **fontes de obrigações** resultantes da manifestação de vontade de **uma só pessoa**, independente da certeza por parte do credor.

Importante verificar que os atos unilaterais **só podem ser criados pela lei**, como nos casos das hipóteses previstas no Código Civil, tais como:

a) a **promessa de recompensa** (arts. 854 a 860);
b) a **gestão de negócios** (arts. 861 a 875);
c) o **pagamento indevido** (arts. 876 a 883); e
d) o **enriquecimento sem causa** (arts. 884 a 886).

9.1 Promessa de recompensa

Segundo determina o art. 854 do Código Civil: "aquele que, por anúncios públicos, se comprometer a recompensar, ou gratificar a quem preencha certa condição ou desempenhe certo serviço, contrai obrigação de cumprir o prometido".

Dessa forma, a promessa de recompensa é a declaração de vontade, feita mediante anúncio público, pela qual alguém se obriga a gratificar quem se encontra em determinada situação ou a praticar algum ato, independentemente do consentimento do credor. Assim, quem fizer o serviço ou satisfizer a condição, ainda que não pelo interesse da promessa, poderá exigir a recompensa estipulada (art. 855 do CC).

Antes de prestado o serviço ou preenchida a condição, pode o promitente revogar a promessa, contanto que o faça com a mesma publicidade; se houver assinado prazo para a execução da tarefa, entender-se-á que renuncia o arbítrio de retirar, durante ele, a oferta.

O candidato de boa-fé, que houver feito despesas, terá direito a reembolso.

Se o ato contemplado na promessa for praticado por mais de um indivíduo, terá direito à recompensa **o que primeiro o executou** e, sendo **simultânea a execução**, a cada um tocará **quinhão igual na recompensa**; se esta não for divisível, conferir-se-á por **sorteio**, e o que obtiver a coisa dará ao outro o valor de seu quinhão.

Se eventualmente se abrirem concursos com promessa pública de recompensa, é condição essencial, para valerem, a **fixação de um prazo**, observadas também as disposições dos parágrafos seguintes. A decisão da pessoa nomeada, nos anúncios, como juiz, obriga os interessados e, na falta de pessoa designada para julgar o mérito dos trabalhos que se apresentarem, entender-se-á que o promitente se reservou essa função.

Finalmente, as obras premiadas, nos concursos de que trata o artigo antecedente, só pertencerão ao promitente se assim for **estipulado na publicação da promessa**.

9.2 Gestão de negócios

Dispõe o art. 861 do Código Civil: "Aquele que, sem autorização do interessado, intervém na gestão de negócio alheio, dirigi-lo-á segundo o interesse e a vontade presumível de seu dono, ficando responsável a este e às pessoas com quem tratar".

Denomina-se "gestor de negócios" aquele que intervém, e "dono do negócio", o respectivo titular. O gestor atua como representante, embora sem a investidura de poderes, e a gestão dos negócios é a administração oficiosa de interesses alheios. A conduta do gestor reveste-se de espontaneidade. Se tal conduta for contra a vontade manifesta ou presumível do dono, o gestor responde pelo caso fortuito quando fizer operações arriscadas, ainda que o dono costumasse fazê-las, ou quando preterir interesse deste em proveito de interesses seus.

Querendo o dono aproveitar-se da gestão, **será obrigado a indenizar o gestor das despesas necessárias** que tiver feito e dos prejuízos que, por motivo de gestão, houver sofrido.

Se o negócio for **utilmente administrado**, cumprirão ao dono as obrigações contraídas em seu nome, reembolsando ao gestor as despesas necessárias ou úteis que houver feito, com os juros legais, desde o desembolso, respondendo, ainda, pelos prejuízos que este houver sofrido por causa da gestão.

9.3 Pagamento indevido

Segundo o art. 876 do Código Civil: "Todo aquele que recebeu o que lhe não era devido fica obrigado a restituir; obrigação que incumbe àquele que recebe dívida condicional antes de cumprida a condição".

O pagamento indevido é considerado como fonte de obrigação, em face do princípio da equidade, pelo qual não se permite o ganho de um, em detrimento de outro, sem causa justificada.

Verifiquem que àquele que voluntariamente pagou o indevido incumbe a prova de tê-lo feito por erro, e aos frutos, acessões, benfeitorias e deteriorações sobrevindas à coisa dada em pagamento indevido aplica-se o disposto quanto ao possuidor de boa-fé ou de má-fé, conforme o caso.

Se aquele que indevidamente recebeu um imóvel o tiver alienado em boa-fé, por título oneroso, responde somente pela quantia recebida; mas, se agiu de má-fé, além do valor do imóvel, responde por perdas e danos. No entanto, se o imóvel foi alienado por título gratuito, ou se, alienado por título oneroso, o terceiro adquirente agiu de má-fé, cabe ao que pagou por erro o direito de reivindicação.

Fica **isento de restituir** o pagamento indevido aquele que, recebendo-o como **parte de dívida verdadeira**, **inutilizou o título**, deixou prescrever a pretensão ou abriu mão das garantias que asseguravam seu direito; mas aquele que pagou dispõe de ação regressiva contra o verdadeiro devedor e seu fiador.

Agora, se o pagamento indevido tiver consistido no **desempenho de obrigação de fazer ou para eximir-se da obrigação de não fazer**, aquele que recebeu a prestação fica na **obrigação de indenizar o que a cumpriu**, na medida do lucro obtido.

Finalmente, não terá direito à repetição aquele que deu alguma coisa para obter fim ilícito, imoral ou proibido por lei. Nesse caso, o que se deu reverterá em favor de estabelecimento local de beneficência, a critério do juiz.

9.4 Enriquecimento sem causa

Nos termos do art. 884 do Código Civil: "Aquele que, sem justa causa, se enriquecer à custa de outrem, será obrigado a restituir o indevidamente auferido, feita a atualização dos valores monetários".

Se o enriquecimento tiver por objeto **coisa determinada**, quem a recebeu é obrigado a restituí-la, e, se a coisa não mais subsistir, a restituição se fará pelo valor do bem na época em que foi exigido.

Entretanto, a restituição é devida, não só quando não tenha havido causa que justifique o enriquecimento, mas também se esta deixou de existir.

Por fim, não caberá a restituição por enriquecimento se a lei conferir ao lesado outros meios para se ressarcir do prejuízo sofrido.

10. RESPONSABILIDADE CIVIL

1) Conceito

A responsabilidade civil é definida como a situação de quem sofre as consequências da violação de uma norma, ou como a obrigação que incumbe a alguém de reparar o prejuízo causado a outrem, pela sua atuação ou em virtude de danos provocados por pessoas ou coisas dele dependentes.

2) Elementos da responsabilidade civil

São elementos estruturais da responsabilidade civil:

a) **Ação ou omissão do agente:** pode derivar de ato próprio, de ato de terceiro que esteja sob a guarda do agente ou, ainda, de danos causados por coisas e animais que lhe pertençam.

b) **Culpa ou dolo do agente:** a obrigação de indenizar não existe, em regra, só porque o agente causador do dano procedeu objetivamente mal. É essencial que ele tenha agido com culpa. Agir com culpa significa atuar em termos de, pessoalmente, merecer censura ou reprovação do direito (art. 927, primeira parte, do CC).

Observe que o Código Civil adotou a **teoria da responsabilidade subjetiva**, verificada mediante a **comprovação da culpa do agente**, bem como do resultado (prejuízo) e do nexo causal. Diferente é a chamada **teoria da responsabilidade objetiva**, possibilitando a responsabilização do agente independentemente de ter agido com culpa, bastando tão somente a verificação do resultado (dano e efetivo prejuízo) e do nexo causal, como no caso da relação de consumo.

c) **Relação de causalidade:** é a relação de causa e efeito entre a ação ou omissão do agente e o dano verificado. Vem expressa no verbo "causar", utilizado no art. 186 do Código Civil. As principais teorias sobre a relação de causalidade são:

i) **Teoria da equivalência das condições:** toda e qualquer circunstância que haja concorrido para produzir o dano é considerada uma causa. A sua equivalência resulta de que, suprimida uma delas, o dano não se verifica. O ato do autor do dano era condição *sine qua non* para que o dano se verificasse.

ii) **Teoria da causalidade adequada:** somente considera como causadora do dano a condição por si só apta a produzi-lo. Se existiu no caso em apreciação dano somente por força de uma circunstância acidental, diz-se que a causa não era adequada.

RESPONSABILIDADE CIVIL CONTRATUAL/NEGOCIAL	RESPONSABILIDADE CIVIL EXTRACONTRATUAL/ AQUILIANA/*LEX AQUILIA* – LEI
É aquela que surge quando descumprida a obrigação prevista no contrato. Ex.: locação – arts. 389 e seguintes.	Aquele praticado em desacordo com a ordem jurídica, violando direitos e causando prejuízos a outrem. Lesão de direitos + dano (arts. 186, 187 e 927 do CC). **Atenção!** É INDEPENDENTE da criminal – art. 935 do CC.

NEXO CASUAL

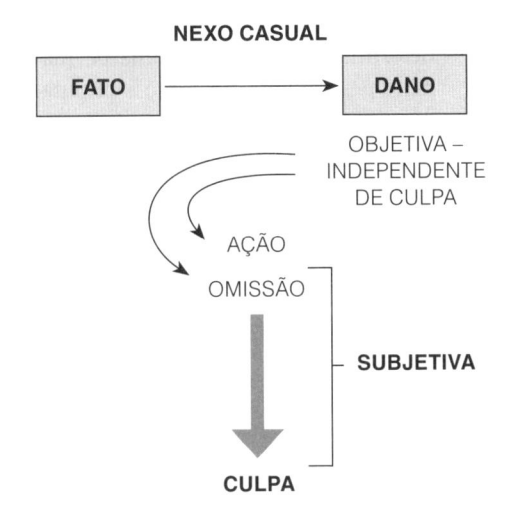

FATO → DANO

- OBJETIVA – INDEPENDENTE DE CULPA
- AÇÃO
- OMISSÃO
- SUBJETIVA
- CULPA

3) Rupturas do nexo causal

a) **Culpa exclusiva da vítima:** fica afastado o nexo de causalidade se a vítima, de forma exclusiva, foi culpada pelos danos que vier a sofrer.

b) **Caso fortuito ou força maior:** a doutrina diferencia o caso fortuito da força maior. A ligação comum entre ambos é a **imprevisibilidade da causa**, ou seja, na impossibilidade de prever ou de evitar os resultados da ocorrência de determinada causa.

Note que a doutrina diverge sobre o conceito dos institutos, informando Caio Mário da Silva Pereira que:

> (...) o caso fortuito é o acontecimento natural, derivado das forças da natureza ou o fato das coisas, como o raio, a inundação, o terremoto ou o temporal. Na força maior há sempre um elemento humano, a ação das autoridades (*factum principis*), como a revolução, o furto ou roubo, o assalto ou, noutro gênero, a desapropriação[1].

Por seu turno, Maria Helena Diniz afirma que:

> (...) [na] força maior a causa do dano é sempre conhecida porque decorre de um fato da natureza, ao passo que no caso fortuito o acidente advém de uma causa desconhecida ou de algum comportamento de terceiro que, sendo absoluto, acarreta a extinção das obrigações, salvo se as partes convencionaram o pagamento de alguma indenização ou se a lei estabelecer esse dever, nos casos de responsabilidade objetiva[2].

De qualquer modo, importante é que tanto o **caso fortuito quanto a força maior são acontecimentos inevitáveis**, que eliminam a relação de causalidade entre o prejuízo experimentado pela vítima e a conduta do suposto agente.

- Caso fortuito: fato imprevisível e inevitável.
- Força maior: fato previsível, mas inevitável.

c) **Dano:** sem a prova do dano, ninguém pode ser responsabilizado civilmente. O dano pode ser material ou simplesmente moral.

i) **Dano material:** é aquele que causa efetivamente um dano patrimonial e financeiro à vítima. Pode ser caracterizado como o dano material imediato e efetivo (batida de carro e danos causados ao veículo), bem como o que efetivamente o lesado perdeu, chamado de **dano emergente** (perda do material alimentício que transportava, em razão do acidente), e o que razoavelmente deixou de ganhar, chamado de **lucro cessante** (período em que a vítima ficou sem trabalhar, por exemplo).

ii) **Dano moral:** é o dano extrapatrimonial caracterizado pela violação ou ofensa à honra subjetiva da pessoa, de

---

[1] PEREIRA, Caio Mário da Silva. *Instituições de direito civil*. Rio de Janeiro: Forense, 1999.

[2] DINIZ, Maria Helena. *Curso de direito civil brasileiro*. São Paulo: Saraiva, 2006.

modo a causar sofrimento, dor, angústia e humilhação. O mero dissabor, o descumprimento de obrigações, os atos negociais do cotidiano, pela jurisprudência dos tribunais, não são suficientes, por si só, para causar o dano moral.

iii) **Dano estético:** é aquele causador de deformidade física na vítima de maneira permanente, tal como a amputação de membro, uma cicatriz permanente, a perda de um dos sentidos, entre outras.

SÃO RESPONSÁVEIS:	
INCAPAZ	Responde pelos prejuízos que causar, se as pessoas por ele responsáveis não tiverem obrigação de fazê-lo ou não dispuserem de meios suficientes. A indenização prevista neste artigo, que deverá ser equitativa, não terá lugar se privar do necessário o incapaz ou as pessoas que dele dependem.
ATOS PRATICADOS POR EXCLUDENTE DE ILICITUDE	Se a pessoa lesada, ou o dono da coisa, no caso do inciso II do art. 188, não for culpada do perigo, assistir-lhe-á direito à indenização do prejuízo que sofreu.
	No caso do inciso II do art. 188, se o perigo ocorrer por culpa de terceiro, contra este terá o autor do dano ação regressiva para haver a importância que tiver ressarcido ao lesado. A mesma ação competirá contra aquele em defesa de quem se causou o dano (art. 188, I).
EMPRESÁRIOS	Ressalvados outros casos previstos em lei especial, os empresários individuais e as empresas respondem, independentemente de culpa, pelos danos causados pelos produtos postos em circulação.
RESPONSABILIDADE POR ATO DE TERCEIRO	São também responsáveis pela reparação civil: I – os pais, pelos filhos menores que estiverem sob sua autoridade e em sua companhia; II – o tutor e o curador, pelos pupilos e curatelados, que se acharem nas mesmas condições; III – o empregador ou comitente, por seus empregados, serviçais e prepostos, no exercício do trabalho que lhes competir, ou em razão dele; IV – os donos de hotéis, hospedarias, casas ou estabelecimentos onde se albergue por dinheiro, mesmo para fins de educação, pelos seus hóspedes, moradores e educandos; V – os que gratuitamente houverem participado nos produtos do crime, até a concorrente quantia. As pessoas indicadas nos incisos I a V do artigo antecedente, ainda que não haja culpa de sua parte, responderão pelos atos praticados pelos terceiros ali referidos.
RESSARCIMENTO DO DANO	Aquele que ressarcir o dano causado por outrem pode reaver o que houver pago daquele por quem pagou, salvo se o causador do dano for descendente seu, absoluta ou relativamente incapaz.
RESPONSABILIDADE CRIMINAL	A responsabilidade civil é independente da criminal, não se podendo questionar mais sobre a existência do fato, ou sobre quem seja o seu autor, quando estas questões se acharem decididas no juízo criminal.

SÃO RESPONSÁVEIS:	
RESPONSABILIDADE DO DONO DO ANIMAL	O dono, ou detentor, do animal ressarcirá o dano por este causado, se não provar culpa da vítima ou força maior.
REPONSABILIDADE DO DONO DE EDIFÍCIO OU CONSTRUÇÃO	O dono de edifício ou construção responde pelos danos que resultarem de sua ruína, se esta provier de falta de reparos, cuja necessidade fosse manifesta.
	Aquele que habitar prédio, ou parte dele, responde pelo dano proveniente das coisas que dele caírem ou forem lançadas em lugar indevido. **Obs.:** Enunciado 557 da VI Jornada de Direito Civil: "Art. 938 – Nos termos do art. 938 do CC, se a coisa cair ou for lançada de condomínio edilício, não sendo possível identificar de qual unidade, responderá o condomínio, assegurado o direito de regresso".

▶ **ATENÇÃO**

Perda de uma chance ou **perda de uma chance real, do instituto francês**, é a probabilidade de obter lucro ou de evitar uma perda séria e real. Ex.: *Show do Milhão* – a participante, que já havia acumulado R$ 500 mil, verificou que, na pergunta valendo R$ 1 milhão, houve uma má formulação. Assim, como tinha 4 alternativas para selecionar 1 como certa, o STJ decidiu que a participante teria que ser indenizada em R$ 125 mil. Tal quantia corresponde a 25% de chance de acerto, dentre as 4 alternativas.

4) Indenização: quantificação

CRITÉRIOS PARA REPARAÇÃO – ART. 944 DO CC
Extensão do dano
Condições socioeconômicas
Condições psicológicas
Grau de culpa do agente, de terceiro ou da vítima (art. 945 do CC)

10.1 Questão

1. **(FGV – TJPI)** O Jornal ZY divulgou em sua página da internet a notícia de que Erínia, por vingança, havia matado sua enteada de três anos. Entretanto, a foto divulgada, por erro da edição do jornal, não era da criminosa, mas de Angélica, professora do ensino infantil.

No plano Civil, o caso narrado revela a ocorrência de:

A) erro escusável quanto à identidade de Angélica, que não foi percebido pela edição do jornal;

B) ato ilícito, que causou danos a Angélica em razão da conduta culposa dos editores do jornal;

C) ato abusivo, pois diante do equívoco cometido, a conduta desviou-se do seu propósito informativo;

D) ato abusivo, pois sem a autorização de Erínia a edição não tinha poderes para veicular a notícia;

E) ato ilícito, embora não haja causação de danos a Angélica, pois a notícia referia-se a Erínia.

↳ **Resolução:**

De acordo com a Súmula 221 do STJ: "São civilmente responsáveis pelo ressarcimento de dano, decorrente de publicação pela imprensa, tanto o autor do escrito quanto o proprietário do veículo de divulgação".

↗ **Gabarito: "B".**

11. COISAS

1) **Conceito:** os chamados direitos reais são aqueles que se apoiam na relação entre

homem e coisa, devendo esta possuir um valor econômico e que seja suscetível de apropriação. São os **direitos que se prendem à coisa**, prevalecendo com a exclusão de concorrência de quem quer que seja, independendo, para o seu exercício, da colaboração de outrem e conferindo ao seu titular a possibilidade de ir buscar a coisa onde quer que ela se encontre, para sobre ela exercer o seu direito.

2) **Características dos direitos reais:**

a) oponibilidade *erga omnes*;

b) existência de direito de sequela;

c) previsão de direito de preferência a favor do titular do direito real;

d) possibilidade de abandono e de renúncia a tais direitos;

e) viabilidade de incorporação por meio da posse;

f) previsão da usucapião como forma de aquisição.

11.1 Posse

Posse é considerada como uma situação fática, juridicamente protegida.

Importante verificar que, dentro daqueles chamados poderes inerentes à propriedade (gozar ou fruir; reaver ou buscar a coisa de quem injustamente possua ou detenha; usar e dispor da coisa – art. 1.228 do CC), na posse somente há o direito de usar e gozar da coisa ("alguns dos poderes inerentes à propriedade" – art. 1.196 do CC) por parte do possuidor, mas em justo título para a aquisição da propriedade.

Importante verificar que a **aquisição da propriedade móvel** está regulada nos arts. 1.260 a 1.274, compreendendo as seguintes espécies: **usucapião, ocupação, achado do tesouro, tradição, especificação, confusão, comissão e adjunção**.

1) Teorias da posse

a) **Teoria subjetiva (Savigny):** a posse é o poder direto que alguém tem para com a coisa, com a intenção de tê-la para si, podendo dispor fisicamente e defendê-la da intervenção ou agressão de terceiros. Do conceito formulado por Savigny extraem-se os dois elementos que caracterizam a teoria subjetiva, quais sejam:

i) **o *corpus*** – elemento objetivo ou material da posse, entendido como o domínio ou poder físico sobre a coisa ou na detenção do bem e possibilidade de disposição; e

ii) **o *animus domini*** – elemento subjetivo da teoria, caracterizado pela intenção do possuidor em ter a coisa para si, é dizer, o ânimo de ter a propriedade do bem.

b) **Teoria objetiva (Ihering):** parte do entendimento de que tão somente o elemento *corpus* é suficiente para caracterizar a posse, daí a objetividade da teoria. Dessa forma, o *animus domini* constitui elemento ínsito, implícito do poder de fato exercido sobre a coisa, ou seja, o *corpus*. Pela teoria objetiva é que delimita a distinção entre **posse e propriedade**, estabelecendo que aquela complementa e permite o exercício pleno dos direitos ínsitos à propriedade. É dizer, o aproveitamento econômico da coisa que pertence ao dono é possível quando este também possui a posse. Foi a teoria adotada pelo Direito Civil brasileiro.

2) Classificação da posse

ESPÉCIES E CLASSIFICAÇÃO DE POSSE	
POSSE DIRETA E POSSE INDIRETA	A distinção entre **posse direta e indireta** só é possível de ser realizada tomando por base a **teoria objetiva de Ihering**, isso porque o *corpus*, como possibilidade de utilização econômica da coisa, só é perceptível em sua teoria. Dessa forma, a **posse direta** consiste naquela exercida por quem tem a coisa em seu poder naquele momento, nos termos do art. 1.197 do Código Civil, o que não impede que o real dono da coisa (proprietário) mantenha posse sobre ela, chamado de **possuidor indireto**, conforme o art. 1.198 do Código Civil.
POSSE EXCLUSIVA, COMPOSSE E POSSES PARARELAS	**Posse exclusiva** é aquela que é exercida por um único possuidor. **Posse plena** é aquela em que o possuidor exerce de forma efetiva os poderes sobre sua propriedade como se sua fosse, assim, nem sempre a posse exclusiva será plena. **Composse** é uma situação na qual duas ou mais pessoas exercem, simultaneamente, os poderes possessórios sobre a mesma coisa. A composse poderá ser **simples ou plural**. A composse de coisa indivisa, no caso de duas ou mais pessoas, poderá ser exercida desde que nenhuma pessoa exclua os atos possessórios da outra (art. 1.199 do CC). **Cuidado!** Composse não pode ser confundida com as chamadas **posses paralelas**, que ocorrem quando várias pessoas detêm a posse sobre a mesma coisa, porém essas posses são obtidas de formas e origens distintas.
POSSE JUSTA E POSSE INJUSTA	A **posse será justa** quando for obtida de **forma legal**, sem que para isso seja empregada **violência ou qualquer tipo de ameaça**, ou seja, é a posse mansa e pacífica, ao contrário da **posse injusta**, obtida mediante violência, clandestinidade ou precariedade. A **posse clandestina** é aquela que furta coisa de forma sutil, sem que o possuidor perceba que dele está sendo tirado; por outro lado, a posse será **precária** quando o agente se negar a devolver a coisa que está em sua posse; e **violenta** é aquela obtida usando da força física ou por coação moral ou física.
POSSE DE BOA-FÉ E POSSE DE MÁ-FÉ	Em estudo da posse, aquele que detém a **posse de boa-fé** fará jus aos frutos colhidos da posse, não o proprietário, mas sim o possuidor. O que determinará se uma posse é de boa-fé ou não é a **consciência do possuidor** (elemento subjetivo) no momento em que toma posse; se este considera que tal posse é **livre de qualquer vício** e a **tomou de forma legal**, ele estaria agindo de boa-fé (art. 1.201 do CC). O título é tratado pela doutrina como a forma pela qual é **transmitida a posse ou a detenção da posse**, assim, se o adquirente da coisa a fez com título, presume-se que ele agiu de boa-fé, ou seja, o possuidor com justo título tem por si a presunção de boa-fé, salvo prova em contrário, ou quando a lei expressamente não admite essa presunção (art. 1.202 do CC). Por fim, a posse de boa-fé só perde esse caráter no caso e desde o momento em que as circunstâncias façam presumir que o possuidor não ignora que possui indevidamente.

ESPÉCIES E CLASSIFICAÇÃO DE POSSE	
POSSE NOVA E POSSE VELHA	A **posse nova** é a obtida em **menos de um ano e dia**, e a **posse velha** é aquela em que o possuidor tem a coisa em seu domínio por **mais de um ano e um dia**, distinção que traz alguns efeitos práticos, ou seja, em caso de **posse velha, não caberá ação de reintegração de posse**, e sim ação real pelo procedimento comum e, além disso, o esbulho será cessado e, para todos os efeitos, aquele que tenha o domínio da coisa será considerado possuidor.
POSSE NATURAL E POSSE CIVIL OU JURÍDICA	**Posse natural** é aquela em que o possuidor detém a coisa, ou seja, o simples fato de ter a coisa em seu poder o torna possuidor, diferente da posse **civil ou jurídica**, que será obtida pela transmissão do título.
POSSE *AD INTERDICTA* E POSSE *AD USUCAPIONEM*	**Posse *ad interdicta*** é aquela que pode ser obtida por meio de interditos possessórios, verdadeiras ações civis que visam a garantir ou devolver a posse a quem sofrer ameaça sobre ela. Para que uma posse possa ser considerada *ad interdicta*, é preciso que ela seja justa. A **posse *ad usucapionem*** é aquela obtida por meio do **lapso temporal**, assim, ao final de dez anos, aliado ao ânimo de dono, ao exercício contínuo e de forma mansa e pacífica, além do justo título e da boa-fé, o possuidor fará jus à usucapião ordinária (art. 1.242 do CC) caso tal fato se estenda por mais 15 anos, e então teremos a chamada **usucapião extraordinária**, independentemente de título de boa-fé (art. 1.238 do CC).
POSSE *PRO DIVISO* E POSSE *PRO INDIVISO*	Ambas são formas de composse, sendo a **posse *pro indiviso*** aquela em que todos os possuidores detêm a posse de determinada parte da coisa de forma ideal, ao mesmo tempo e sobre a mesma coisa; já a **posse *pro diviso*** é aquela em que ele possui determinada parte de fato, ou seja, os compossuidores estabelecem a divisão de fato sobre a coisa.

3) Perda da propriedade e perda da posse

Além de outras formas previstas no próprio Código Civil, **perde-se a propriedade**:

a) por alienação;
b) pela renúncia;
c) por abandono;
d) por perecimento da coisa;
e) por desapropriação.

Perde-se a posse quando cessa, embora contra a vontade do possuidor, o poder sobre o bem.

Só se considera perdida a posse para quem não presenciou o esbulho quando, tendo notícia dele, se abstém de retornar a coisa, ou, tentando recuperá-la, é violentamente repelido.

11.2 Plantações e construções

Toda construção ou plantação existente em um terreno presume-se feita pelo proprietário e à sua custa, até que se prove o contrário.

Aquele que semeia, planta ou edifica em terreno próprio com sementes, plantas ou materiais alheios, adquire a propriedade destes, mas fica obrigado a pagar o valor a quem de direito, além de responder por perdas e danos, se agiu de má-fé.

Aquele que semeia, planta ou edifica em terreno alheio perde, em proveito do proprietário, as sementes, as plantas e as construções; se procedeu de boa-fé, terá direito à indenização. Se a construção ou a plantação exceder consideravelmente o valor do terreno, aquele que, de boa-fé, plantou ou edificou, adquirirá a propriedade do solo, mediante pagamento da indenização fixada judicialmente, se não houver acordo.

Se de ambas as partes houve má-fé, adquirirá o proprietário as sementes, as plantas e as construções, devendo ressarcir o valor das acessões. Presume-se má-fé no proprietário quando o trabalho de construção, ou lavoura, se fez em sua presença e sem impugnação sua.

11.3 Direitos reais sobre coisa alheia

a) **Superfície:** trata-se de direito real de **fruição ou gozo sobre coisa alheia**, de origem romana. Surgiu da necessidade prática de se permitir **edificação sobre bens públicos**, estando o solo em poder do Estado.

No Direito Civil, o proprietário pode conceder a outrem o direito de **construir ou de plantar em seu terreno**, por **tempo determinado**, mediante escritura pública devidamente registrada no Cartório de Registro de Imóveis. Observe que o direito de superfície **não autoriza obra no subsolo**, salvo se for inerente ao objeto da concessão.

A concessão da superfície será **gratuita ou onerosa**; se onerosa, estipularão as partes se o pagamento será feito de uma só vez ou parceladamente, e, em qualquer caso, o superficiário responderá pelos encargos e tributos que incidirem sobre o imóvel.

Finalmente, notem que o direito de superfície poderá ser transferido a **terceiros** e, **por morte do superficiário, aos seus herdeiros**, sendo inviável a estipulação pelo concedente, a nenhum título, de qualquer pagamento pela transferência.

b) **Servidão:** é um encargo que suporta um prédio denominado **serviente**, em benefício de outro prédio chamado de **dominante**, conferindo ao titular o uso e gozo do direito ou faculdade. A servidão proporciona utilidade para o prédio dominante, e grava o prédio serviente, que pertence a diverso dono, constituindo-se mediante declaração expressa dos proprietários, ou por testamento, e subsequente registro no Cartório de Registro de Imóveis.

1) Classificação das servidões

i) **Convencional ou legal: servidão convencional** é aquela que decorre da livre manifestação de vontade das partes; **servidão legal**, por seu turno, é aquela posta de forma abstrata e imperativa pela lei (como no direito de vizinha, em que será imposto àquele que se encontra em relação de proximidade a necessidade de suportar os ônus da convivência).

ii) **Positiva ou negativa: servidão positiva** é aquela em que se permite ao titular do prédio dominante praticar determinada conduta, como no caso do art. 1.380 do Código Civil, inclusive possibilitando a realização de obras necessárias à sua conservação e uso, cujas despesas serão custeadas pelo titular do prédio dominante, todavia, nada impede que sejam custeadas pelo proprietário do prédio serviente. A **servidão negativa**, por seu turno, é aquela em que não se permite a prática de certa conduta, como na servidão de vista.

iii) **Aparente ou não aparente: servidão aparente** é aquela que se exterioriza por meio de construções e obras. Note que, neste caso, conforme o art. 1.379 do Código Civil, o exercício incontestado e contínuo de uma servidão aparente, por dez anos, autoriza o interessado a registrá-la em seu nome no Registro de Imóveis, valendo-lhe como título a sentença que julgar consumada a usucapião. Por outro lado, a **servidão não aparente** é aquela em que não há exteriorização, ou seja, não há indícios de sua existência.

2) Extinção das servidões

Salvo nas desapropriações, a servidão, uma vez registrada, só se extingue, com respeito a terceiros, quando **cancelada**. Se o prédio dominante estiver hipotecado, e a servidão for mencionada no título hipotecário, será também preciso, para que ela seja cancelada, o consentimento do credor.

Nos termos do art. 1.388 do Código Civil, o **dono do prédio serviente tem direito**, pelos meios judiciais, ao **cancelamento do registro**, embora o dono do prédio dominante lhe impugne:

i) quando o titular houver **renunciado à sua servidão**;

ii) quando tiver **cessado**, para o prédio dominante, **a utilidade ou a comodidade**, que determinou a constituição da servidão;

iii) quando o dono do prédio serviente **resgatar a servidão**.

Por fim, **também se extingue a servidão**, ficando ao dono do prédio serviente a faculdade de fazê-la cancelar, mediante a prova da extinção:

i) pela **reunião dos dois prédios no domínio da mesma pessoa**;

ii) pela **supressão das respectivas obras por efeito de contrato**, ou de outro título expresso;

iii) pelo **não uso, durante dez anos contínuos**.

PASSAGEM FORÇADA	SERVIDÃO
Direito de vizinhança.	Direito real de gozo ou fruição.
Obrigatória.	Facultativa.
Pagamento de indenização obrigatório.	Pagamento de indenização somente se as partes acordarem.

PASSAGEM FORÇADA	SERVIDÃO
Imóvel sem saída (não há outras opções).	Há outras opções.
Ação de passagem forçada.	Ação confessória.

c) **Usufruto:** trata-se de um direito real sobre coisa alheia, com o objetivo de conferir a alguém o direito de retirar, temporariamente, da coisa alheia os frutos e utilidades que ela produz, sem alterar a substância (art. 1.225, IV, do CC). Pode recair tanto sobre bens móveis quanto sobre bens imóveis, não se exigindo que sejam bens especificamente determinados.

3) Formas de constituição

i) **Convencional:** quando decorrer da vontade das partes, é criado por meio de contrato, atendendo às formalidades legais e devendo ser registrado para ter eficácia *erga omnes*. Ex.: doações universais legitimadas com cláusula de usufruto (art. 548 do CC).

ii) **Por força de lei:** quando a lei determina a constituição do usufruto. Ex.: o pai e a mãe, enquanto no exercício do poder familiar, são usufrutuários dos bens dos filhos (art. 1.689 do CC); quando um dos cônjuges não puder exercer a administração dos bens que lhe incumbe, segundo o regime de bens, caberá ao outro gerir os bens comuns e os do consorte, não estando dispensado o seu registro (art. 1.651 do CC).

iii) **Por decisão judicial:** quando declarado pelo juiz por sentença judicial, no caso dos arts. 867 e seguintes do Código de Processo Civil.

Salvo disposição em contrário, o usufruto **estende-se aos acessórios da coisa e seus acrescidos**. Se, entre os acessórios e os acrescidos, houver coisas consumíveis, terá o usufrutuário o dever de restituir, findo o usufruto, as que ainda houver e, das outras, o equivalente em gênero, qualidade e quantidade, ou, não sendo possível, o seu valor, estimado ao tempo da restituição.

Por fim, **não se pode transferir o usufruto por alienação**; mas o seu exercício pode ceder-se por título gratuito ou oneroso.

4) Extinção do usufruto

O usufruto extingue-se, cancelando-se o registro no Cartório de Registro de Imóveis:

i) pela renúncia ou morte do usufrutuário;

ii) pelo termo de sua duração;

iii) pela extinção da pessoa jurídica, em favor de quem o usufruto foi constituído, ou, se ela perdurar, pelo decurso de trinta anos da data em que se começou a exercer;

iv) pela cessação do motivo de que se origina;

v) pela destruição da coisa, guardadas as disposições dos arts. 1.407, 1.408, segunda parte, e 1.409;

vi) pela consolidação;

vii) por culpa do usufrutuário, quando aliena, deteriora ou deixa arruinar os bens, não lhes acudindo com os reparos de conservação, ou quando, no usufruto de títulos de crédito, não dá às importâncias recebidas a aplicação prevista no parágrafo único do art. 1.395;

viii) pelo não uso, ou não fruição, da coisa em que o usufruto recai (arts. 1.390 e 1.399).

> **ATENÇÃO**
>
> Constituído o usufruto em favor de duas ou mais pessoas, extinguir-se-á a parte em relação a cada uma das que falecerem, salvo se, por estipulação expressa, o quinhão destas couber ao sobrevivente.

11.4 Uso

É modalidade de direito real em que se permite, temporariamente, tirar de coisa alheia todas as utilidades indispensáveis do usuário e de sua família, a título oneroso ou gratuito.

Assim, o usuário usará da coisa e perceberá os seus frutos, quando o exigirem as necessidades pessoais suas e de sua família (art. 1.412 do CC).

No que diz respeito às necessidades pessoais, deve-se ter em consideração a condição social do usuário, bem como o lugar onde vive.

11.5 Habitação

A habitação pode ser entendida como uma modalidade especial de uso à moradia.

O titular desse direito pode usar a casa para si, residindo nela, mas não a alugar nem a emprestar.

E se for conferido a mais de uma pessoa, qualquer delas que a ocupar estará no exercício de direito próprio, nada devendo às demais a título de aluguel.

11.6 Direito do promitente comprador

Com o advento do Decreto-lei n. 58/37, o compromisso tornou-se irretratável, conferindo direito real ao comprador, desde que levado ao registro imobiliário.

O promitente comprador não recebe o domínio da coisa, mas passa a ter direitos reais sobre ela. Mediante **promessa de compra e venda**, em que não se pactuou arrependimento, celebrada por instrumento público ou particular, e registrada no Cartório de

Registro de Imóveis, adquire o promitente comprador **direito real à aquisição do imóvel**.

Assim, tratando-se de imóvel não loteado, lícito afigura-se convencionar o arrependimento, afastando-se, com isso, a constituição do direito real. Inexistindo cláusula nesse sentido, prevalece a irretratabilidade.

O promitente comprador, titular de direito real, pode exigir do promitente vendedor, ou de terceiros, a quem os direitos deste forem cedidos, a outorga da escritura definitiva de compra e venda, conforme o disposto no instrumento preliminar; e, se houver recusa, requerer ao juiz a adjudicação do imóvel.

11.7 Concessões

A Lei n. 11.481/2007 introduziu dois novos direitos reais no Código Civil brasileiro, a saber: a **concessão de uso especial para fins de moradia** e a **concessão de direito real de uso**. Não se trata propriamente de um direito real novo. Desde a edição da Medida Provisória n. 2.220, de 4 de setembro de 2001, editada como diploma substitutivo ao veto dos arts. 15 a 20 do Estatuto da Cidade (Lei n. 10.257/2001), a **concessão de uso especial para fins de moradia compõe o rol dos direitos reais**.

Ocorre que a Lei n. 11.481/2007, responsável pela introdução do instituto no Código Civil, pouco, ou melhor, praticamente nada acrescentou sobre o instituto, o qual continua submetido ao conteúdo e contornos normativos da Medida Provisória n. 2.220/2001.

Isso porque não foi inserido no Código Civil, ao contrário dos demais direitos reais, um título específico sobre esse direito. Segundo o art. 1º da Medida Provisória n. 2.220/2001, o direito à concessão de uso especial para fins de moradia só será outorgado àquele:

(...) que, até 30 de junho de 2001, possuiu como seu, por cinco anos, ininterruptamente e sem oposição, até duzentos e cinquenta metros quadrados de imóvel público situado em área urbana, utilizando-o para sua moradia ou de sua família, tem o direito à concessão de uso especial para fins de moradia em relação ao bem objeto da posse, desde que não seja proprietário ou concessionário, a qualquer título, de outro imóvel urbano ou rural.

A concessão exige praticamente os mesmos requisitos da usucapião urbana prevista no **art. 183 da Constituição Federal e no art. 1.240 do Código Civil**. Ocorre que a concessão, ao contrário da usucapião, nada mais é do que contrato administrativo pelo qual a Administração faculta ao particular a utilização privativa de bem público, para que a exerça conforme a sua destinação. O que era faculdade, porém, passa a ser direito do possuidor, e a Administração não pode recusar o contrato.

O art. 5º da referida medida provisória estabelece que é facultado ao Poder Público assegurar o exercício do direito de que tratam os arts. 1º e 2º em outro local na hipótese de ocupação de imóvel:

I – de uso comum do povo;

II – destinado a projeto de urbanização;

III – de interesse da defesa nacional, da preservação ambiental e da proteção dos ecossistemas naturais;

IV – reservado à construção de represas e obras congêneres; ou

V – situado em via de comunicação.

Há, como se vê, tentativa de trazer essa camada desfavorecida da população ao mundo legalizado, buscando outorgar-lhe títulos de direito real, inclusive dispondo, no art. 7º da Medida Provisória n. 2.220/2001, que "O direito de concessão de uso especial para fins de moradia é transferível por ato *inter vivos* ou *causa mortis*".

O direito de concessão de uso especial para fins de moradia pode ser reconhecido por ato administrativo ou por decisão judicial e tem publicidade, de caráter declaratório, com o registro no Registro Predial (art. 167, I, n. 37, da Lei n. 6.015/73).

11.8 Usucapião

ESPÉCIES DE USUCAPIÃO	
Requisitos Gerais	• posse com *animus domini*; • posse contínua, ininterrupta e sem oposição.
Usucapião Extraordinária (art. 1.238, *caput*, do CC)	• 15 anos sem interrupção nem oposição; • bem imóvel; • independentemente de justo título e de boa-fé.
Usucapião Extraordinária Reduzida (art. 1.238, parágrafo único, do CC)	• 10 anos sem interrupção nem oposição; • bem imóvel; • independentemente de título e boa-fé; • estabelecer no imóvel a sua moradia habitual, ou nele realizar obras ou serviços de caráter produtivo.
Usucapião Ordinária (art. 1.242 do CC)	• 10 anos; • posse contínua e inconteste; • com justo título e boa-fé.
Usucapião Ordinária Reduzida (art. 1.242, parágrafo único, do CC)	• 5 anos; • posse contínua e inconteste; • com justo título e boa-fé; • imóvel adquirido, onerosamente, com base no registro constante do respectivo cartório, cancelada posteriormente; • ter estabelecido a sua moradia, ou realizado investimentos de interesse social e econômico.
Usucapião Rural Especial ou Constitucional Rural (art. 1.239 do CC e art. 191 da CF)	• 5 anos sem interrupção nem oposição; • área de terra em zona rural; • até 50 hectares; • torná-la produtiva por seu trabalho ou de sua família; • ter nela sua moradia; • não ser proprietário de imóvel rural ou urbano.
Usucapião Urbano Especial ou Constitucional Urbano – Habitacional (art. 1.240 do CC e art. 183 da CF)	• 5 anos sem interrupção nem oposição; • área urbana; • até 250 m²; • utilizá-la para sua moradia ou de sua família; • não ser proprietário de outro imóvel urbano ou rural.
Usucapião Especial Urbano Coletivo Atenção ao art. 10 da Lei n. 10.257/2001 (Estatuto da Cidade)	• 5 anos (o possuidor pode, para o fim de contar o prazo exigido por este artigo, acrescentar sua posse à de seu antecessor, contanto que ambas sejam contínuas); • área total dividida pelo número de possuidores inferior a 250 m² por possuidor; • possuidores de baixa renda; • coletiva; • fins de moradia; • não ser proprietário de outro imóvel urbano ou rural.

ESPÉCIES DE USUCAPIÃO	
Usucapião Pró-Família – Especial Urbano (art. 1.240-A do CC)	• 2 anos sem interrupção nem oposição; • posse direta e com exclusividade; • imóvel urbano; • até 250 m²; • cuja propriedade divida com ex-cônjuge ou ex-companheiro que abandonou o lar; • utilizá-lo para sua moradia ou de sua família; • não ser proprietário de outro imóvel urbano ou rural.

11.9 Do condomínio em multipropriedade

A multipropriedade foi incutida pela Lei n. 12.777/2018. É regida pelo art. 1.358-B e os demais casos aplicáveis, de forma supletiva e subsidiária, das disposições do Código Civil e pelas disposições das Leis n. 4.591/64 e n. 8.078/90 (Código de Defesa do Consumidor).

O referido instituto é o regime em que se tem vários proprietários de fração de tempo, quanto ao uso e gozo com exclusividade. É um regime de condomínio em que cada um dos proprietários de um mesmo imóvel é titular de uma fração de tempo, à qual corresponde a faculdade de uso e gozo, com exclusividade, da totalidade do imóvel, a ser exercida pelos proprietários de forma alternada. Ainda que haja a unificação da multipropriedade, esta não se extinguirá.

CARACTERÍSTICAS – ART. 1.358-D
I – é indivisível, não se sujeitando a ação de divisão ou de extinção de condomínio; II – inclui as instalações, os equipamentos e o mobiliário destinados a seu uso e gozo.

Da fração de tempo:

A cada fração de tempo é indivisível, devendo cada período correspondente a cada fração de tempo ser de, no mínimo, **sete dias**, seguidos ou intercalados (§ 1º), podendo ser:

I – fixo e determinado, no mesmo período de cada ano;

II – flutuante, caso em que a determinação do período será realizada de forma periódica, mediante procedimento objetivo que respeite, em relação a todos os multiproprietários, o princípio da isonomia, devendo ser previamente divulgado;

III – misto, combinando os sistemas fixo e flutuante.

Todos os multiproprietários terão direito a uma mesma quantidade mínima de dias seguidos durante o ano, podendo haver a aquisição de frações maiores que a mínima, com o correspondente direito ao uso por períodos também maiores.

Instituição da multipropriedade:

Institui-se a multipropriedade por ato entre vivos ou testamento, registrado no competente Cartório de Registro de Imóveis, devendo constar daquele ato a duração dos períodos correspondentes a cada fração de tempo.

Assim como uma ata condominial, em que os condomínios trazem os regramentos, além das cláusulas que os multiproprietários decidirem estipular, a convenção de condomínio em multipropriedade determinará:	• os **poderes** e **deveres** dos **multiproprietários**, especialmente em matéria de instalações, equipamentos e mobiliário do imóvel, de manutenção ordinária e extraordinária, de conservação e limpeza e de pagamento da contribuição condominial (I); • o **número máximo de pessoas** que podem **ocupar simultaneamente** o imóvel no período correspondente a cada fração de tempo (II); • as **regras** de **acesso** do **administrador condominial** ao imóvel para cumprimento do dever de manutenção, conservação e limpeza (III); • a **criação de fundo de reserva** para reposição e manutenção dos equipamentos, instalações e mobiliário (IV); • o **regime aplicável em caso de perda ou destruição parcial ou total do imóvel**, inclusive para efeitos de participação no risco ou no valor do seguro, da indenização ou da parte restante (V); • as **multas aplicáveis** ao **multiproprietário** nas hipóteses de descumprimento de deveres (VI).

O instrumento de instituição da multipropriedade ou a convenção de condomínio em multipropriedade poderá estabelecer o limite máximo de frações de tempo no mesmo imóvel que poderão ser detidas pela mesma pessoa natural ou jurídica (art. 1.358-H).

Ainda, em caso de instituição da multipropriedade para posterior venda das frações de tempo a terceiros, o atendimento a eventual limite de frações de tempo por titular estabelecido no instrumento de instituição será obrigatório somente após a venda das frações (parágrafo único).

Direitos e obrigações do multiproprietário: além dos direitos previstos no instrumento de instituição e na sua convenção de condomínio em multipropriedade, são direitos do multiproprietário (art. 1.358-I):	**Uso e gozo:** usar e gozar, durante o período correspondente à sua fração de tempo, do imóvel e de suas instalações, equipamentos e mobiliário (I);
	Cessão: ceder a fração de tempo em locação ou comodato (II);
	Alienação: alienar a fração de tempo, por ato entre vivos ou por causa de morte, a título oneroso ou gratuito, ou onerá-la, devendo a alienação e a qualificação do sucessor, ou a oneração, ser informadas ao administrador (III);
	Participação e voto: participar e votar, pessoalmente ou por intermédio de representante ou procurador, desde que esteja quite com as obrigações condominiais, em (IV):
	a) assembleia geral do condomínio em multipropriedade, e o voto do multiproprietário corresponderá à quota de sua fração de tempo no imóvel;
	b) assembleia geral do condomínio edilício, quando for o caso, e o voto do multiproprietário corresponderá à quota de sua fração de tempo em relação à quota de poder político atribuído à unidade autônoma na respectiva convenção de condomínio edilício.

Direitos e obrigações do multiproprietário: além dos direitos previstos no instrumento de instituição e na sua convenção de condomínio em multipropriedade, são direitos do multiproprietário (art. 1.358-I):	**Pagamento:** pagar a contribuição condominial do condomínio em multipropriedade e, quando for o caso, do condomínio edilício, ainda que renuncie ao uso e gozo, total ou parcial, do imóvel, das áreas comuns ou das respectivas instalações, equipamentos e mobiliário (art. 1.358-J, I);
	Responsabilidade civil: responder por danos causados ao imóvel, às instalações, aos equipamentos e ao mobiliário por si, por qualquer de seus acompanhantes, convidados ou prepostos ou por pessoas por ele autorizadas (II);
	Comunicação dos danos: comunicar imediatamente ao administrador os defeitos, avarias e vícios no imóvel dos quais tiver ciência durante a utilização (III);
	Substituição ou modificação da mobília: não modificar, alterar ou substituir o mobiliário, os equipamentos e as instalações do imóvel (IV);
	Conservação para uso: manter o imóvel em estado de conservação e limpeza condizente com os fins a que se destina e com a natureza da respectiva construção (V);
	Uso: usar o imóvel, bem como suas instalações, equipamentos e mobiliário, conforme seu destino e natureza (VI); usar o imóvel exclusivamente durante o período correspondente à sua fração de tempo (VII);
	Obrigação de desocupar o imóvel para demais multiproprietários: desocupar o imóvel, impreterivelmente, até o dia e hora fixados no instrumento de instituição ou na convenção de condomínio em multipropriedade, sob pena de multa diária, conforme convencionado no instrumento pertinente (VIII);
	NOTA: Conforme previsão que deverá constar da respectiva convenção de condomínio em multipropriedade, o multiproprietário estará sujeito a multa, no caso de descumprimento de qualquer de seus deveres (art. 1.358-J, § 1º, I).
	Multa progressiva: multa progressiva e perda temporária do direito de utilização do imóvel no período correspondente à sua fração de tempo, no caso de descumprimento reiterado de deveres (art. 1.358-J, § 1º, II);
	Reparos urgentes: permitir a realização de obras ou reparos urgentes (IX);
	A responsabilidade pelas despesas referentes a reparos no imóvel, bem como suas instalações, equipamentos e mobiliário, será (art. 1.358-J, § 2º, II): de todos os multiproprietários, quando decorrentes do uso normal e do desgaste natural do imóvel (I); exclusivamente do multiproprietário responsável pelo uso anormal, sem prejuízo de multa, quando decorrentes de uso anormal do imóvel (II).

> **IMPORTANTE**
>
> O instrumento de instituição poderá prever fração de tempo destinada à realização, no imóvel e em suas instalações, em seus equipamentos e em seu mobiliário, de reparos indispensáveis ao exercício normal do direito de multipropriedade (art. 1.358-N). Pode ser atribuída ao instituidor da multipropriedade ou aos multiproprietários, proporcionalmente às respectivas frações.

Em caso de emergência, os reparos poderão ser feitos durante o período correspondente à fração de tempo de um dos multiproprietários.

Equiparação do multiproprietário (art. 1.358-K): serão equiparados aos multiproprietários os promitentes compradores e os cessionários de direitos relativos a cada fração de tempo.

Transferência da multipropriedade (art. 1.358-L): a transferência do direito de multipropriedade e a sua produção de efeitos perante terceiros dar-se-ão na forma da lei civil e não dependerão da anuência dos demais multiproprietários.

Quanto ao direito de preferência (art. 1.358-L, § 1º, do CC): não haverá direito de preferência na alienação de fração de tempo.

Exceção: salvo se estabelecido no instrumento de instituição ou na convenção do condomínio em multipropriedade em favor dos demais multiproprietários ou do instituidor do condomínio em multipropriedade.

Quanto à solidariedade do adquirente (art. 1.358-L, § 2º, do CC): caso o adquirente não obtenha a declaração de inexistência de débitos referente à fração de tempo no momento de sua aquisição, será solidariamente responsável com o alienante pelas obrigações de que trata o § 5º do art. 1.358-J deste Código.

Administração da multipropriedade (art. 1.358-M): a administração do imóvel e de suas instalações, equipamentos e mobiliário será de responsabilidade da pessoa indicada no instrumento de instituição ou na convenção de condomínio em multipropriedade, ou, na falta de indicação, de pessoa escolhida em assembleia geral dos condôminos.

Função do administrador (art. 1.358-M, § 1º, do CC): o administrador exercerá, além daquelas previstas no instrumento de instituição e na convenção de condomínio em multipropriedade, as seguintes atribuições:

a) **coordenação da utilização do imóvel pelos multiproprietários durante o período correspondente a suas respectivas frações de tempo (I);**

b) **determinação, no caso dos sistemas flutuante ou misto, dos períodos concretos de uso e gozo exclusivos de cada multiproprietário em cada ano (II);**

c) **manutenção, conservação e limpeza do imóvel (III);**

d) **troca ou substituição de instalações, equipamentos ou mobiliário (IV):**

i) determinar a necessidade da troca ou substituição;

ii) providenciar os orçamentos necessários para a troca ou substituição;

iii) submeter os orçamentos à aprovação pela maioria simples dos condôminos em assembleia;

e) **elaboração do orçamento anual, com previsão das receitas e despesas (V);**

f) **cobrança das quotas de custeio de responsabilidade dos multiproprietários (VI);**

g) **pagamento, por conta do condomínio edilício ou voluntário, com os fundos comuns arrecadados, de todas as despesas comuns (VII).**

10.10 Questões

1. **(IBFC – TJPE – Analista Judiciário – Função Judiciária)** Sobre os direitos reais, conceito jurídico delimitado pelo Código Civil, analise os itens abaixo:

I. O Direito real de propriedade abrange o solo. Este, por sua vez, compreende o espaço aéreo e subsolo correspondentes, em altura e profundidade úteis ao seu exercício, podendo o proprietário opor-se a atividades que sejam realizadas espaços, sendo sua realização, portanto, precedida de autorização expressa daquele.

II. O usucapião de coisa móvel se verifica quando determinado indivíduo, de boa-fé, ter a coisa como sua, de forma contínua e incontestada, pelo prazo de 4 (quatro) anos.

III. A avulsão ocorre quando o indivíduo, trabalhando em matéria-prima em parte alheia, obtiver espécie nova cuja propriedade será sua.

IV. É vedado ao dono do prédio que não tiver acesso a via pública constranger o vizinho a lhe dar passagem, mesmo que por meio de pagamento de indenização.

Assinale a alternativa correta.

A) Apenas I é incorreto.
B) II e III são corretos.
C) I e II são corretos.
D) Apenas II e IV são incorretos.
E) I, II, III e IV são incorretos.

↘ Resolução:

I. *Incorreto*. De acordo com o art. 1.229 do Código Civil: "A propriedade do solo abrange a do espaço aéreo e subsolo correspondentes, em altura e profundidade úteis ao seu exercício, não podendo o proprietário opor-se a atividades que sejam realizadas, por terceiros, a uma altura ou profundidade tais, que não tenha ele interesse legítimo em impedi-las".

II. *Incorreto*. De acordo com o art. 1.260 do Código Civil: "Aquele que possuir coisa móvel como sua, contínua e incontestadamente durante três anos, com justo título e boa-fé, adquirir-lhe-á a propriedade".

III. *Incorreto*. De acordo com o art. 1.251 do Código Civil: "Quando, por força natural violenta, uma porção de terra se destacar de um prédio e se juntar a outro, o dono deste adquirirá a propriedade do acréscimo, se indenizar o dono do primeiro ou, sem indenização, se, em um ano, ninguém houver reclamado".

IV. *Incorreto*. De acordo com o art. 1.285 do Código Civil: "O dono do prédio que não tiver acesso a via pública, nascente ou porto, pode, mediante pagamento de indenização cabal, constranger o vizinho a lhe dar passagem, cujo rumo será judicialmente fixado, se necessário".

↗ Gabarito: "E".

2. **(UFMT – TJMT – Analista Judiciário – Direito)** No que diz respeito à aquisição por acessão, marque V para as assertivas verdadeiras e F para as falsas.

( ) Aquele que semeia em terreno alheio perde, em proveito do proprietário, as sementes e plantas, não tendo direito à indenização se procedeu de boa-fé.

( ) O terreno aluvial formado em frente a prédios de proprietários distintos será dividido entre eles proporcionalmente à antiga margem.

( ) As ilhas que se formarem pelo desdobramento de um novo braço do rio pertencem aos proprietários dos terrenos à custa dos quais se constituíram.

( ) Os acréscimos formados imperceptivelmente por aterros naturais ao longo das margens das correntes de águas não pertencem aos donos dos terrenos marginais.

Assinale a sequência correta.

A) F, V, V, F.
B) F, F, V, V.
C) V, F, F, V.
D) V, V, F, F.

↘ Resolução:

I. *Falsa*. De acordo com o art. 1.214 do Código Civil: "O possuidor de boa-fé tem direito, enquanto ela durar, aos frutos percebidos. Parágrafo único. Os frutos pendentes ao tempo em que cessar a boa-fé devem ser restituídos, depois de deduzidas as despesas da produção e custeio; devem ser também restituídos os frutos colhidos com antecipação".

II. *Verdadeira*. De acordo com o art. 1.250 do Código Civil: "Os acréscimos formados, sucessiva e imperceptivelmente, por depósitos e aterros naturais ao longo das margens das correntes, ou pelo desvio das águas destas, pertencem aos donos dos terrenos marginais, sem indenização. Parágrafo único. O terreno aluvial, que se formar em frente de prédios de proprietários diferentes, dividir-se-á entre eles, na proporção da testada de cada um sobre a antiga margem".

III. *Verdadeira*. De acordo com o art. 1.249 do Código Civil: "As ilhas que se formarem em correntes comuns ou particulares pertencem aos proprietários ribeirinhos fronteiros, observadas as regras seguintes: (...) III – as que se formarem pelo desdobramento de um novo braço do rio continuam a pertencer aos proprietários dos terrenos à custa dos quais se constituíram".

IV. *Falsa*. De acordo com o art. 1.250 do Código Civil: "Os acréscimos formados, sucessiva e imperceptivelmente, por depósitos e aterros naturais ao longo das margens das correntes, ou pelo desvio das águas destas, pertencem aos donos dos terrenos marginais, sem indenização".

↗ **Gabarito: "A".**

3. **(PUC-PR – TJ-MS – Analista Judiciário – Área Fim)** Quando a posse indireta de pessoa que tem a coisa em seu poder derivar de relação de direito pessoal, sobrepor-se-á a ela sempre a posse direta, porque derivada do direito real de propriedade.

A) Quando a posse indireta de pessoa que tem a coisa em seu poder derivar de relação de direito pessoal, sobre-por-se-á a ela sempre a posse direta, porque derivada do direito real de propriedade.

B) Constituindo-se uma espécie de direito real de garantia, é assegurado ao credor pignoratício o direito de apropriar-se dos frutos da coisa empenhada que se encontra em seu poder.

C) Não se admite a presunção de detenção do fâmulo da posse por meros atos comportamentais porque a relação de dependência para com o outro deve ser expressamente prevista em contrato.

D) A propriedade das coisas móveis, corpóreas ou não, transfere-se por intermédio dos negócios jurídicos translativos, mesmo que operados antes da tradição.

E) Tratando-se a hipoteca de direito real de garantia de natureza *propter rem*, são consideradas válidas as cláusulas contratuais que proíbam o proprietário de alienar o imóvel hipotecado.

↘ **Resolução:**

A) *Incorreta*. De acordo com o art. 1.197 do Código Civil: "A posse direta, de pessoa que tem a coisa em seu poder, temporariamente, em virtude de direito pessoal, ou real, não anula a indireta, de quem aquela foi havida, podendo o possuidor direto defender a sua posse contra o indireto".

B) *Incorreta*. De acordo com o art. 1.433 do Código Civil: "O credor pignoratício tem direito: (...) V – a apropriar-se dos frutos da coisa empenhada que se encontra em seu poder".

C) *Incorreta*. De acordo com o art. 1.198 do Código Civil: "Considera-se detentor aquele que, achando-se em relação de dependência para com outro, conserva a posse em nome deste e em cumprimento de ordens ou instruções suas".

D) *Incorreta*. De acordo com o art. 1.267 do Código Civil: "A propriedade das coisas não se transfere pelos negócios jurídicos antes da tradição".

E) *Incorreta*. De acordo com o art. 1.475 do Código Civil: "É nula a cláusula que proíbe ao proprietário alienar imóvel hipotecado".

↗ **Gabarito: "B".**

12. DIREITO DE FAMÍLIA

12.1 Formas de famílias

a) **Família natural ou matrimonial:** á aquela decorrente do casamento;

b) **Família convencional, comportamental ou informal:** é aquela decorrente de união estável;

c) **Família monoparental:** é aquela decorrente por qualquer um dos pais em relação a seus filhos.

12.2 Casamento

1) Conceito de casamento

Casamento é o vínculo jurídico entre duas pessoas que se unem material e espiritualmente para constituírem uma família, reconhecida pelo Estado e formada com o objetivo de constituição familiar e no vínculo de afeto.

Estes são os **elementos básicos**, fundamentais e lapidares do casamento.

FORMAS DE CASAMENTO		
Casamento por procuração: é aquele realizado quando um ou ambos os indivíduos que se unirão em matrimônio estão ausentes, ou seja, não se encontram fisicamente no momento da habilitação ou da celebração. O casamento deverá ser realizado por instrumento público, com poderes especiais (art. 1.542 do CC).	**Casamento perante autoridade consular ou diplomática:** é o casamento realizado no exterior, em repartição consular brasileira, sendo necessária a presença do cônjuge ou dos cônjuges brasileiros, não existindo a possibilidade de o registro ser realizado por procuração, seja pública ou particular.	**Casamento nuncupativo:** é aquele realizado quando um dos contraentes está em **iminente risco de morte** e não há tempo para a celebração do matrimônio dentro das conformidades previstas pelo Código Civil. Nesse caso, quando algum dos contraentes estiver em iminente risco de vida, não obtendo a presença da autoridade à qual incumba presidir o ato, nem a de seu substituto, poderá o casamento ser celebrado **na presença de seis testemunhas**, que com os nubentes **não tenham parentesco em linha reta, ou, na colateral, até segundo grau**.

2) Pressupostos de existência jurídica do casamento

a) **Consentimento:** é essencial, pois a ausência de tal requisito por parte de um dos nubentes torna inexistente o casamento.

b) **Celebração por autoridade competente:** inexiste casamento se o consentimento é manifestado perante quem não tem competência para celebrar o ato matrimonial. Casamento celebrado perante autoridade incompetente (prefeito municipal ou delegado de polícia) não é nulo, mas simplesmente inexistente.

3) Pressupostos de validade

a) **Puberdade:** o legislador, no art. 1.517 do Código Civil, fixou **idade núbil aos 16 anos**, independentemente do sexo do nubente. Todavia, a **capacidade matrimonial** não se confunde com a capacidade civil (18 anos). Desse modo, se um ou ambos os pretendentes não tiverem atingido a maioridade civil, será necessária a **autorização dos pais ou dos seus representantes legais para a celebração do ato.** Havendo divergência entre os pais, o interessado poderá obter do juiz o suprimento judicial correspondente (arts. 1.517, parágrafo único, e 1.519 do CC).

> **ATENÇÃO**
> Conforme redação dada pela Lei n. 13.811/2019 ao art. 1.520 do Código Civil, **não será permitido, em qualquer caso, o casamento de quem não atingiu a idade núbil**, observado o disposto no art. 1.517.

b) **Potência:** é a aptidão para conjunção carnal. Fora as exceções legais (casamento de anciãos e casamento *in extremis* – art. 1.540 do CC), os nubentes devem ter aptidão para a vida sexual. Dois são os tipos de impotência que interessam ao direito matrimonial: a) *impotentia coeundi* (de concepção ou de cópula): pode gerar a anulação do casamento, desde que interesse a um dos cônjuges anulá-lo (art. 1.557, III, do CC); b) *impotentia generandi* (de gerar, ou, de procriar): não justifica a anulação do casamento, confirmando-se a ideia de que a prole não é finalidade do casamento.

c) **Sanidade**: o Código Civil não previu a sanidade dos nubentes como condição necessária à validade do casamento. O exame pré-nupcial não é obrigatório, salvo no caso de casamento de colaterais de terceiro grau (tios e sobrinhos), conforme disposto no Decreto-lei n. 3.200/41.

4) Pressupostos de regularidade

São os que se referem às **formalidades do casamento**, que é ato jurídico eminentemente formal. A lei soleniza-o, prescrevendo formalidades de observância obrigatória para a sua regularidade.

a) **Formalidades preliminares:** são as que antecedem o casamento.

Elas são de três ordens:

i) **habilitação** (arts. 1.525 e 1.526 do CC): nesta fase ocorre a apreciação dos documentos e apuração da capacidade dos nubentes e a inexistência dos impedimentos matrimoniais;

ii) **a publicação dos editais** (art. 1.527 do CC): a dispensa dos editais é possível nas seguintes hipóteses: se ficar comprovada a **urgência** (grave enfermidade, parto eminente, viagem inadiável etc.) e também no caso de **casamento nuncupativo**; e

iii) **a emissão do certificado da habilitação** (art. 1.531 do CC): o oficial extrairá o certificado de habilitação, que terá eficácia e validade pelo prazo de 90 dias.

b) **Formalidades concomitantes:** são as que acompanham a cerimônia e estão detalhadamente previstas nos arts. 1.533 a 1.538. Importante notar que sua inobservância determina a nulidade do ato.

5) Impedimentos matrimoniais e das causas suspensivas

São as circunstâncias que impossibilitam a realização de determinado casamento, em outras palavras, é a **ausência de requisito** ou **ausência de qualidade** que a lei articulou entre as **condições que invalidam** ou apenas **proíbem a união civil**.

As causas suspensivas são hipóteses de menor gravidade, previstas no Código Civil, que possibilitam o casamento por se tratar de matéria de ordem privada.

CAUSAS IMPEDITIVAS	CAUSAS SUSPENSIVAS
Dessa forma, **não podem casar (causas impeditivas de casamento)**: I – os ascendentes com os descendentes, seja o parentesco natural ou civil; II – os afins em linha reta; III – o adotante com quem foi cônjuge do adotado e o adotado com quem o foi do adotante;	Ainda, **não devem casar (causa suspensiva do casamento)**: I – o viúvo ou a viúva que tiver filho do cônjuge falecido, enquanto não fizer inventário dos bens do casal e der partilha aos herdeiros; II – a viúva, ou a mulher cujo casamento se desfez por ser nulo ou ter sido anulado, até dez meses depois do começo da viuvez, ou da dissolução da sociedade conjugal; III – o divorciado, enquanto não houver sido homologada ou decidida a partilha dos bens do casal;

CAUSAS IMPEDITIVAS	CAUSAS SUSPENSIVAS
IV – os irmãos, unilaterais ou bilaterais, e demais colaterais, até o terceiro grau inclusive; V – o adotado com o filho do adotante; VI – as pessoas casadas; VII – o cônjuge sobrevivente com o condenado por homicídio ou tentativa de homicídio contra o seu consorte.	IV – o tutor ou o curador e os seus descendentes, ascendentes, irmãos, cunhados ou sobrinhos, com a pessoa tutelada ou curatelada, enquanto não cessar a tutela ou curatela, e não estiverem saldadas as respectivas contas.
EFEITOS	
a) Impossibilitam a celebração do casamento; b) A sua oposição poderá ocorrer até o momento da celebração, **por qualquer pessoa**; c) Se o oficial do registro ou qualquer juiz tiver conhecimento do impedimento, **deverá reconhecê-lo de ofício**; d) Caso o casamento seja celebrado, será ele **nulo de pleno direito**, havendo **nulidade absoluta**.	a) Não impossibilitam a celebração do casamento; b) **Não geram a nulidade absoluta ou relativa** do casamento, mas apenas impõem **sanções patrimoniais aos cônjuges**, sendo que a principal sanção é o **regime da separação legal ou obrigatória de bens** (art. 1.641, I, do CC); c) Poderá ser arguida **somente pelos parentes em linha reta de um dos cônjuges, consanguíneos ou afins**, bem como pelos **colaterais em segundo grau, consanguíneos ou afins**; d) **Não pode ser reconhecida de ofício**. **Atenção!** Desaparecendo o motivo de imposição de causa suspensiva, justifica-se a ação de alteração de regime de bens, a ser proposta por ambos os cônjuges.

6) Eficácia do casamento

Nos termos do art. 1.565 do Código Civil, homem e mulher, em absoluta igualdade de direitos e deveres, pelo casamento, assumem mutuamente a condição de consortes, companheiros e responsáveis pelos encargos da família. Instaura-se o regime da cogestão na sociedade familiar.

E para reafirmar a recepção do princípio constitucional da igualdade, o legislador estatui, no § 1º do citado artigo, que qualquer dos nubentes, querendo, poderá acrescer ao seu o sobrenome do outro.

Os efeitos que produz o casamento podem ser encarados como restrições que cada um dos cônjuges impôs voluntariamente à sua liberdade pessoal e que, uma vez assumidas, devem ser respeitadas enquanto durar a união, os quais dão origem aos chamados **deveres conjugais** (art. 1.566 do CC).

Assim, são deveres de ambos os cônjuges:

a) fidelidade recíproca;
b) vida em comum, no domicílio conjugal;
c) mútua assistência;
d) sustento, guarda e educação dos filhos; e
e) respeito e consideração mútuos.

7) Invalidade do casamento

a) **Casamento inexistente:** o casamento é inexistente quando faltar um ou mais elementos essenciais à sua formação. O ato, não adquirindo existência, **nenhum efeito pode produzir.**

b) **Casamento nulo:** segundo o disposto no art. 1.548 do Código Civil, nulo é o casamento contraído por **infringência de impedimentos**, previstos no art. 1.521, I a VII, do Código Civil.

Note que o casamento contraído pelo **enfermo mental** sem o necessário discernimento para os atos da vida civil não é mais hipótese de nulidade do casamento, cujo inciso foi revogado pela Lei n. 13.146/2015 (Estatuto da Pessoa com Deficiência).

A decretação da nulidade pode ser promovida pelo Ministério Público, ou por qualquer interessado (art. 1.549 do CC). A sentença de nulidade do casamento tem caráter declaratório, uma vez que reconhece apenas o fato que o invalida, produzindo efeitos *ex tunc* (art. 1.563 do CC).

c) **Casamento anulável:** o art. 1.550 do Código Civil trata dos casos de casamento anulável que substituem, em linhas gerais, os outrora denominados impedimentos dirimentes relativos. Seis são as hipóteses legais de anulação do casamento. Não existem outras, logo, trata-se de uma enumeração taxativa e não exemplificativa.

ASSIM, É ANULÁVEL O CASAMENTO:

a) de quem **não completou a idade mínima para casar**;
b) do **menor em idade núbil**, quando **não autorizado por seu representante legal**;
c) por **vício da vontade**, nos termos dos arts. 1.556 a 1.558;
d) do **incapaz de consentir ou manifestar**, de modo inequívoco, o consentimento;
e) realizado pelo **mandatário**, sem que ele ou o outro contraente soubesse da **revogação do mandato**, e não sobrevindo coabitação entre os cônjuges; e
f) por **incompetência da autoridade celebrante**.

---

8) Dissolução da sociedade conjugal

Segundo o disposto no art. 1.571 do Código Civil, a sociedade conjugal termina:

i) pela morte de um dos cônjuges;
ii) pela nulidade ou anulação do casamento;
iii) pela separação judicial; ou
iv) pelo divórcio.

9) Características principais da separação judicial e do divórcio

a) **Qualquer dos cônjuges** poderá propor a ação de separação judicial, imputando ao outro qualquer ato que importe **grave violação dos deveres do casamento** e torne **insuportável a vida em comum**.

b) A separação judicial pode também ser pedida se **um dos cônjuges provar ruptura da vida em comum há mais de um ano** e a **impossibilidade de sua reconstituição**.

c) O cônjuge pode ainda pedir a separação judicial quando o outro estiver **acometido de doença mental grave**, manifestada **após o casamento**, que torne **impossível a continuação da vida em comum**, desde que, após uma duração de dois anos, a enfermidade tenha sido reconhecida de **cura improvável**. Nesse caso, reverterão ao cônjuge enfermo, que não houver pedido a separação judicial, os remanescentes dos bens que levou para o casamento e, se o regime de bens adotado o permitir, a meação dos adquiridos na constância da sociedade conjugal.

d) Dar-se-á a separação judicial por **mútuo consentimento dos cônjuges** se forem casados por **mais de um ano** e o **manifestarem perante o juiz**, sendo por ele devidamente homologada a convenção. O juiz pode **recusar a homologação e não decretar a separação judicial** se apurar que a convenção não preserva suficientemente os interesses dos filhos ou de um dos cônjuges.

e) A sentença de separação judicial importa a separação de corpos e a partilha de bens. Referida partilha poderá ser feita mediante proposta dos cônjuges e homologada pelo juiz ou por este decidida.

f) A separação judicial põe termo aos **deveres de coabitação** e **fidelidade recíproca** e ao **regime de bens**.

g) O procedimento judicial da separação caberá somente aos cônjuges, e, no caso de incapacidade, serão representados pelo curador, pelo ascendente ou pelo irmão.

h) Seja qual for a causa da separação judicial e o modo como esta se faça, é **lícito aos cônjuges restabelecer**, a todo tempo, a **sociedade conjugal**, por ato regular em juízo. Nesse caso, a reconciliação em **nada prejudicará o direito de terceiros**, adquirido antes e durante o estado de separado, seja qual for o regime de bens.

i) O cônjuge **declarado culpado** na ação de separação judicial **perde o direito de usar o sobrenome do outro**, desde que expressamente requerido pelo cônjuge inocente e se a alteração não acarretar: evidente prejuízo para a sua identificação; manifesta distinção entre o seu nome de família e o dos filhos havidos da união dissolvida; dano grave reconhecido na decisão judicial.

j) O cônjuge inocente na ação de separação judicial poderá **renunciar**, a qualquer momento, **ao direito de usar o sobrenome do outro**.

k) O **divórcio não modificará os direitos e deveres dos pais em relação aos filhos.** Em caso de novo casamento de qualquer dos pais, ou de ambos, **não poderá importar restrições aos direitos e deveres dos pais com relação aos filhos.**

l) Decorrido **um ano do trânsito em julgado da sentença** que houver decretado a **separação judicial**, ou **da decisão concessiva da medida cautelar de separação de corpos**, qualquer das partes poderá requerer sua **conversão em divórcio**. Essa conversão será **decretada por sentença**, da qual não constará referência à causa que a determinou.

m) O divórcio poderá ser **requerido por um ou por ambos os cônjuges**, no caso de comprovada separação de fato por mais de dois anos, podendo, ainda, ser concedido sem que haja prévia partilha de bens.

n) O **pedido de divórcio somente competirá aos cônjuges**. Se o cônjuge for incapaz **para propor a ação ou defender-se**, poderá fazê-lo **o curador, o ascendente ou o irmão**.

12.3 Regimes de bens

1) Tipos de regimes de bens

REGIME DE BENS	MEAÇÃO	HERANÇA DO CÔNJUGE OU COMPANHEIRO DE BENS COMUNS	HERANÇA DO CÔNJUGE OU COMPANHEIRO DE BENS PARTICULARES	FUNDAMENTO LEGAL
COMUNHÃO PARCIAL DE BENS	Haverá meação sobre todos os bens adquiridos na constância do casamento ou união estável.	Não possui direito à herança, pois já possui direito à meação sobre estes bens.	Sim, em concurso com os descendentes.	a) Art. 1.658 do CC. No regime de comunhão parcial, comunicam-se os bens que sobrevierem ao casal, na constância do casamento, com as exceções dos artigos seguintes. b) Art. 1.829, I, do CC.

REGIME DE BENS	MEAÇÃO	HERANÇA DO CÔNJUGE OU COMPANHEIRO DE BENS COMUNS	HERANÇA DO CÔNJUGE OU COMPANHEIRO DE BENS PARTICULARES	FUNDAMENTO LEGAL
COMUNHÃO UNIVERSAL DE BENS	Haverá meação sobre todos os bens, exceto os do art. 1.668 do CC.	Não possui direito à herança, pois já possui direito à meação sobre estes bens.	Não, pois já possui o direito à meação sobre estes bens.	a) Art. 1.667 do CC. O regime de comunhão universal importa a comunicação de todos os bens presentes e futuros dos cônjuges e suas dívidas passivas, com as exceções do artigo seguinte. b) Art. 1.829, I, do CC.
SEPARAÇÃO CONVENCIONAL DE BENS	Não.	Não, pois não há bens comuns, todos são particulares.	Sim, em concurso com os descendentes.	a) Art. 1.687 do CC. Estipulada a separação de bens, estes permanecerão sob a administração exclusiva de cada um dos cônjuges, que os poderá livremente alienar ou gravar de ônus real. b) Art. 1.829, I, do CC.
SEPARAÇÃO OBRIGATÓRIA DE BENS	Haverá meação, nos termos da Súmula 377 do STF: "No regime de separação legal de bens, comunicam-se os adquiridos na constância do casamento".	Não, pois a Súmula 377 do STF determina a possibilidade de meação sobre estes bens.	Não, por expressa determinação legal – art. 1.829, I, do CC.	a) Art. 1.829, I, do CC. b) Súmula 377 do STF.
PARTICIPAÇÃO FINAL NOS AQUESTOS	Haverá somente por ocasião da dissolução do casamento, por morte ou divórcio, nos termos do art. 1.672 do CC.	Não possui direito à herança, pois possui direito à meação sobre estes bens.	Sim, em concurso com os descendentes.	a) Art. 1.672 do CC. No regime de participação final nos aquestos, cada cônjuge possui patrimônio próprio, consoante disposto no artigo seguinte, e lhe cabe, à época da dissolução da sociedade conjugal, direito à metade dos bens adquiridos pelo casal, a título oneroso, na constância do casamento. b) Art. 1.829, I, do CC.

> **ATENÇÃO**
>
> O art. 1.647 do Código Civil determina que, **exceto no regime da separação absoluta**, ainda, ressalvadas as hipóteses do art. 1.648, **nenhum dos cônjuges poderá, sem a autorização do outro**:
>
> I – alienar ou gravar de ônus real os bens imóveis;
>
> II – pleitear, como autor ou réu, acerca desses bens ou direitos;
>
> III – prestar fiança ou aval;
>
> IV – fazer doação, não sendo remuneratória, de bens comuns, ou dos que possam integrar futura meação.
>
> Parágrafo único. São válidas as doações nupciais feitas aos filhos quando casarem ou estabelecerem economia separada.

2) Bens incluídos e excluídos da comunhão

REGIME DE BENS	BENS INCLUÍDOS NA COMUNHÃO	BENS EXCLUÍDOS DA COMUNHÃO
COMUNHÃO PARCIAL DE BENS	Art. 1.659. Excluem-se da comunhão: I – os bens que cada cônjuge possuir ao casar, e os que lhe sobrevierem, na constância do casamento, por doação ou sucessão, e os sub-rogados em seu lugar; II – os bens adquiridos com valores exclusivamente pertencentes a um dos cônjuges em sub-rogação dos bens particulares; III – as obrigações anteriores ao casamento; IV – as obrigações provenientes de atos ilícitos, salvo reversão em proveito do casal; V – os bens de uso pessoal, os livros e instrumentos de profissão; VI – os proventos do trabalho pessoal de cada cônjuge; VII – as pensões, meios-soldos, montepios e outras rendas semelhantes.	Art. 1.660. Entram na comunhão: I – os bens adquiridos na constância do casamento por título oneroso, ainda que só em nome de um dos cônjuges; II – os bens adquiridos por fato eventual, com ou sem o concurso de trabalho ou despesa anterior; III – os bens adquiridos por doação, herança ou legado, em favor de ambos os cônjuges; IV – as benfeitorias em bens particulares de cada cônjuge; V – os frutos dos bens comuns, ou dos particulares de cada cônjuge, percebidos na constância do casamento, ou pendentes ao tempo de cessar a comunhão. Art. 1.661. São incomunicáveis os bens cuja aquisição tiver por título uma causa anterior ao casamento. Art. 1.662. No regime da comunhão parcial, presumem-se adquiridos na constância do casamento os bens móveis, quando não se provar que o foram em data anterior.
COMUNHÃO UNIVERSAL DE BENS	Art. 1.667. O regime de comunhão universal importa a comunicação de todos os bens presentes e futuros dos cônjuges e suas dívidas passivas, com as exceções do artigo seguinte.	Art. 1.668. São excluídos da comunhão: I – os bens doados ou herdados com a cláusula de incomunicabilidade e os sub-rogados em seu lugar;

REGIME DE BENS	BENS INCLUÍDOS NA COMUNHÃO	BENS EXCLUÍDOS DA COMUNHÃO
COMUNHÃO UNIVERSAL DE BENS		II – os bens gravados de fideicomisso e o direito do herdeiro fideicomissário, antes de realizada a condição suspensiva; III – as dívidas anteriores ao casamento, salvo se provierem de despesas com seus aprestos, ou reverterem em proveito comum; IV – as doações antenupciais feitas por um dos cônjuges ao outro com a cláusula de incomunicabilidade; V – os bens referidos nos incisos V a VII do art. 1.659. Art. 1.669. A incomunicabilidade dos bens enumerados no artigo antecedente não se estende aos frutos, quando se percebam ou vençam durante o casamento. É importante **observar** os arts. 1.848 e 1.669 do CC; o art. 39 da Lei n. 9.610/98; e o art. 1.046, § 3º, do CPC.
PARTICIPAÇÃO FINAL NOS AQUESTOS	Art. 1.672. No regime de participação final nos aquestos, cada cônjuge possui patrimônio próprio, consoante disposto no artigo seguinte, e lhe cabe, à época da dissolução da sociedade conjugal, direito à metade dos bens adquiridos pelo casal, a título oneroso, na constância do casamento. Art. 1.673. Integram o patrimônio próprio os bens que cada cônjuge possuía ao casar e os por ele adquiridos, a qualquer título, na constância do casamento. Parágrafo único. A administração desses bens é exclusiva de cada cônjuge, que os poderá livremente alienar, se forem móveis.	Art. 1.674. Sobrevindo a dissolução da sociedade conjugal, apurar-se-á o montante dos aquestos, excluindo-se da soma dos patrimônios próprios: I – os bens anteriores ao casamento e os que em seu lugar se sub-rogaram; II – os que sobrevieram a cada cônjuge por sucessão ou liberalidade; III – as dívidas relativas a esses bens. Parágrafo único. Salvo prova em contrário, presumem-se adquiridos durante o casamento os bens móveis.

3) Pacto antenupcial

DO PACTO ANTENUPCIAL	
CONCEITO	É um contrato solene, **formalizado por meio de escritura pública**, em que os nubentes declaram a qual regime de bens estarão submetidos.

DO PACTO ANTENUPCIAL	
CONTEÚDO	Opção pelo regime de bens, forma de administração, possibilidade de estipulação que não tenha cunho patrimonial (existência de opiniões diferentes).
PROIBIÇÕES	Proibição de **cláusulas que prejudiquem os direitos conjugais e paternos**. É **nulo se não realizado por escritura pública** (art. 1.653 do CC).
REQUISITOS DE VALIDADE	Condicionada à capacidade civil, ou seja, se um dos nubentes tiver menos de 18 anos, necessitará da anuência de seus representantes legais; para valer em relação a terceiros, **deve ser transcrito no Registro Imobiliário**.
PRAZO DE VALIDADE	**Não produz efeitos se o casamento não for realizado**. Os nubentes podem substituí-lo por outro ou revogá-lo.

12.4 União estável

Reconhecida como entidade familiar, é constituída na união entre duas pessoas, de forma duradoura e estabelecida com o objetivo de constituição de unidade familiar.

Observe o quanto previsto na Resolução n. 175 do CNJ, a respeito da habilitação, celebração de casamento civil ou conversão de união estável em casamento entre pessoas de mesmo sexo.

1) Características principais

A união estável **não se constituirá se ocorrerem os impedimentos do art. 1.521** (os mesmos do casamento), não se aplicando a incidência do inciso VI no caso de a **pessoa casada se achar separada de fato ou judicialmente**. Ademais, as **causas suspensivas do art. 1.523** não impedirão a caracterização da união estável.

As relações pessoais entre os companheiros obedecerão aos deveres de lealdade, respeito e assistência, e de guarda, sustento e educação dos filhos.

2) Regime de bens

Na união estável, **salvo contrato escrito entre os companheiros**, aplica-se às relações patrimoniais, no que couber, o **regime da comunhão parcial de bens**.

A união estável poderá converter-se em casamento, mediante pedido dos companheiros ao juiz e assento no Registro Civil.

> **ATENÇÃO**
>
> As relações **não eventuais entre o homem e a mulher**, impedidos de casar, constituem **concubinato**.

UNIÃO ESTÁVEL (art. 1.723 do CC)	CONCUBINATO (art. 1.727 do CC)
Constitui uma entidade familiar (art. 226, § 3º, da CF).	Não constitui uma entidade familiar, mas mera sociedade de fato.
Pode ser constituída por pessoas solteiras, viúvas, divorciadas ou separadas de fato, judicial ou extrajudicialmente.	Constituída entre pessoas casadas não separadas, ou havendo impedimento matrimonial decorrente de parentesco ou crime.
As partes são denominadas companheiros ou conviventes.	As partes são chamadas de concubinos.
Há direito a meação patrimonial (art. 1.725 do CC), alimentos (art. 1.694 do CC) e sucessórios (art. 1.790 do CC).	Não há direito, exceto a participação patrimonial em relação aos bens adquiridos pelo esforço comum (Súmula 380 do STF).

UNIÃO ESTÁVEL (art. 1.723 do CC)	CONCUBINATO (art. 1.727 do CC)
Cabe eventual ação de reconhecimento e dissolução da união estável (art. 732 do CPC) na Vara da Família.	Cabe ação de reconhecimento e dissolução de sociedade de fato na Vara Cível.

12.5 Parentesco

Toda pessoa se enquadra em uma família por quatro ordens de relações: o **vínculo conjugal**; o **parentesco**; a **afinidade**; e o **vínculo socioafetivo**.

O parentesco é o vínculo estabelecido entre duas ou mais pessoas, em razão de consanguinidade, afinidade ou relação civil.

1) Espécies de parentesco

a) **Parentesco natural ou por consanguinidade:** é o que se origina da consanguinidade, ou seja, da relação de ascendência ou descendência (linha reta – art. 1.591 do CC) ou de um tronco comum, mas sem descenderem umas das outras (linha colateral – art. 1.592 do CC), que se estabelecem entre duas ou mais pessoas.

b) **Parentesco civil:** é o decorrente de qualquer outra origem, que não a consanguinidade, como no caso da adoção, isto é, em razão de vínculo legal que se estabelece à semelhança da filiação consanguínea, mas independente dos laços de sangue. É por força de uma ficção legal que se estabelece esse parentesco. Em decorrência do art. 227, § 6º, da Constituição Federal, no atual sistema codificado, o adotado tem os mesmos direitos do filho consanguíneo.

c) **Parentesco por afinidade:** inicialmente, vale ressaltar que o casamento não cria nenhum parentesco entre o homem e a mulher. Marido e mulher são, simplesmente, afins.

Embora haja simetria com a contagem dos graus no parentesco, a afinidade não decorre da natureza, nem do sangue, mas tão somente da lei. A afinidade, assim como o parentesco por consanguinidade, comporta duas linhas: **a reta e a colateral**. São afins em linha reta ascendente: sogro, sogra, padrasto e madrasta (no mesmo grau que pai e mãe). São afins na linha reta descendente: genro, nora, enteado, enteada (no mesmo grau que filho e filha). A afinidade na linha reta é sempre mantida, **nunca se extingue** (art. 1.595, § 2º, do CC); mas a afinidade colateral (ou seja, cunhados ou cunhadas) **extingue-se com o término do casamento**. Dessa forma, inexiste impedimento de o viúvo (ou divorciado) casar-se com a(o) cunhada(o).

d) **Vínculo socioafetivo:** é a proposta inédita, não visualizada pelo Código Civil de 1916 e que ganha legítimo reconhecimento na singela fórmula do art. 1.593 do Código Civil, quando se refere ao **parentesco que resulta de outra origem**.

A filiação socioafetiva é aquela que **não advém do vínculo biológico**, mas do **vínculo afetivo**; decorre do **ato de vontade**, do **respeito recíproco** e do **amor construído ao longo do tempo**, dia após dia, com base no **afeto, independentemente de vínculo sanguíneo**. Uma das principais fundamentações é a **cláusula geral de tutela da personalidade humana**, salvaguardando a filiação como elemento fundamental para a formação da identidade e da personalidade da criança.

12.6 Filiação

É a relação de parentesco estabelecida entre pais e filhos. A filiação faz surgir o chamado "poder familiar", assim entendido como o conjunto de direitos e deveres atribuído aos pais com relação à pessoa e aos bens dos filhos incapazes.

PODER FAMILIAR	
Segundo o art. 1.634 do Código Civil, compete a ambos os pais, qualquer que seja a sua situação conjugal, o **pleno exercício do poder familiar, que consiste em, quanto aos filhos**:	
I – dirigir-lhes a criação e a educação; II – exercer a guarda unilateral ou compartilhada nos termos do art. 1.584; III – conceder-lhes ou negar-lhes consentimento para casarem; IV – conceder-lhes ou negar-lhes consentimento para viajarem ao exterior; V – conceder-lhes ou negar-lhes consentimento para mudarem sua residência permanente para outro Município; VI – nomear-lhes tutor por testamento ou documento autêntico, se o outro dos pais não lhe sobreviver, ou o sobrevivo não puder exercer o poder familiar; VII – representá-los judicial e extrajudicialmente até os 16 (dezesseis) anos, nos atos da vida civil, e assisti-los, após essa idade, nos atos em que forem partes, suprindo-lhes o consentimento; VIII – reclamá-los de quem ilegalmente os detenha; IX – exigir que lhes prestem obediência, respeito e os serviços próprios de sua idade e condição.	
EXTINGUE-SE O PODER FAMILIAR:	I – pela **morte dos pais ou do filho**; II – pela **emancipação**, nos termos do art. 5º, parágrafo único; III – pela **maioridade**; IV – pela **adoção**; V – por **decisão judicial**, na forma do art. 1.638.
	Art. 1.638. Perderá por ato judicial o poder familiar o pai ou a mãe que: I – castigar imoderadamente o filho; II – deixar o filho em abandono; III – praticar atos contrários à moral e aos bons costumes; IV – incidir, reiteradamente, nas faltas previstas no artigo antecedente; V – entregar de forma irregular o filho a terceiros para fins de adoção.
	Parágrafo único. Perderá também por ato judicial o poder familiar aquele que: **I – praticar contra outrem igualmente titular do mesmo poder familiar:** a) homicídio, feminicídio ou lesão corporal de natureza grave ou seguida de morte, quando se tratar de crime doloso envolvendo violência doméstica e familiar ou menosprezo ou discriminação à condição de mulher; b) estupro ou outro crime contra a dignidade sexual sujeito à pena de reclusão; **II – praticar contra filho, filha ou outro descendente:** a) homicídio, feminicídio ou lesão corporal de natureza grave ou seguida de morte, quando se tratar de crime doloso envolvendo violência doméstica e familiar ou menosprezo ou discriminação à condição de mulher; b) estupro, estupro de vulnerável ou outro crime contra a dignidade sexual sujeito à pena de reclusão.

Ainda, o pai e a mãe, enquanto no exercício do poder familiar, **são usufrutuários dos bens dos filhos** e têm a **administração dos bens dos filhos menores sob sua autoridade**. Da mesma forma, compete aos pais, e na falta de um deles ao outro, com exclusividade, **representar os filhos menores de 16 anos**, bem como assisti-los até completarem a maioridade ou serem emancipados.

Os pais devem decidir em comum as questões relativas aos filhos e a seus bens; havendo divergência, poderá qualquer deles recorrer ao juiz para a solução necessária.

Com relação aos filhos, havidos ou não da relação de casamento, ou por adoção, estabelece o Código Civil que terão os **mesmos direitos e qualificações**, **proibidas quaisquer designações discriminatórias relativas à filiação**.

> **ATENÇÃO**
>
> Presumem-se concebidos na constância do casamento os filhos:
>
> I – nascidos cento e oitenta dias, pelo menos, depois de estabelecida a convivência conjugal;
>
> II – nascidos nos trezentos dias subsequentes à dissolução da sociedade conjugal, por morte, separação judicial, nulidade e anulação do casamento;
>
> III – havidos por fecundação artificial homóloga, mesmo que falecido o marido;
>
> IV – havidos, a qualquer tempo, quando se tratar de embriões excedentários, decorrentes de concepção artificial homóloga;
>
> V – havidos por inseminação artificial heteróloga, desde que tenha prévia autorização do marido.

Segundo o art. 1.598 do Código Civil, salvo prova em contrário, se, **antes de decorrido o prazo previsto no inciso II do art. 1.523**, a mulher contrair **novas núpcias e lhe nascer algum filho**, este se presume:

a) do **primeiro marido**, se **nascido dentro dos trezentos dias a contar da data do falecimento deste**; e

b) do **segundo marido**, se o **nascimento ocorrer após esse período** e já decorrido o prazo a que se refere o inciso I do art. 1.597.

12.7 Alimentos

Alimentos, na linguagem jurídica, têm uma **conotação ampla**, que não pode ser reduzida à noção de **mero sustento (alimentação)**, pelo contrário, envolve, também, várias outras questões, tais como vestuário, habitação, saúde, lazer, educação e profissionalização. Logo, podemos afirmar que alimentos são os **auxílios prestados a uma pessoa para prover as necessidades e subsistência da vida**.

1) Fontes da obrigação alimentar

A dívida de alimentos pode provir de várias fontes:

a) **Vontade das partes:** embora seja hipótese rara, ela pode se materializar nos casos de separação consensual, em que um dos cônjuges conveciona a pensão a ser paga ao outro. Também pode derivar de disposição testamentária (art. 1.920 do CC). Não cabe prisão.

b) **Parentesco:** a lei impõe aos pais o encargo de prover a mantença da família e, por decorrência jurídica, a eles compete **sustentar e educar os filhos**. Da mesma forma, aos filhos compete sustentar os pais, na velhice e quando necessitam de auxílio.

c) **Casamento e união estável:** por força do princípio constitucional que inseriu as uniões estáveis como espécie do gênero maior entidades familiares, os companheiros também podem pedir uns aos outros os alimentos de que necessitem para viver (art. 1.694 do CC).

d) **Ato ilícito:** quando o causador do dano fica obrigado a reparar o prejuízo mediante pagamento de uma indenização, a pensão alimentar decorre da responsabilidade civil, conforme decorre do disposto no art. 948, II, do Código Civil. Não cabe prisão.

e) **Alimentos avoengos:** Súmula 596 do STJ: "A obrigação de alimentar é complementar e subsidiaria, somente se os pais estiverem na impossibilidade total ou parcial".

f) **Extinção da obrigação:** por morte do credor; alteração substancial do binômio ou desaparecimento de um dos quesitos (art. 1.699); maioridade (Súmula 358 do STJ); pós-divórcio (art. 1.709).

PRESSUPOSTOS DA PRESTAÇÃO ALIMENTAR:
a) **Vínculo de direito família** (relação de parentesco, casamento ou união estável);
b) **Necessidade de quem pede** (situação econômica do credor, impossibilidade de prover sua subsistência – art. 1.695 do CC);
c) **Possibilidade daquele que se pede** (situação econômica do devedor);
d) **Proporcionalidade** (devem ser fixados na proporção das necessidades do reclamante e dos recursos da pessoa obrigada).

12.8 Questões

1. (FGV – TJSC) Marta e Rodrigo, ambos com 40 anos, pretendem contrair matrimônio. Com esse objetivo, dirigem-se ao cartório de notas e solicitam a elaboração de pacto antenupcial, por meio do qual desejam estipular que apenas os bens adquiridos após cinco anos de casamento sejam comunicados. Quanto aos bens adquiridos antes do referido termo, deverão observar o regime da separação total.

Na hipótese, essas disposições:

A) são nulas, pois se trata de fraude ao regime legal;

B) são válidas, visto ser livre convencionar o regime de bens;

C) devem ser interpretadas unicamente como regime de separação de bens;

D) podem ser objeto de conversão e adaptadas ao regime da comunhão parcial;

E) são válidas, desde que nenhum bem seja adquirido nos primeiros cinco anos.

↳ **Resolução:**

Dispõe o art. 1.639 do Código Civil: "É lícito aos nubentes, antes de celebrado o casamento, estipular, quanto aos seus bens, o que lhes aprouver. Assim, a lei não impõe um determinado regime matrimonial, permitindo a ampla liberdade para a escolha, salvo algumas exceções de ordem pública, como a imposição do regime de separação obrigatória".

↗ **Gabarito: "B".**

2. (VUNESP – TJPA) São requisitos para constituição da união estável, de acordo com o Código Civil de 2002:

A) a convivência contínua e duradoura, a coabitação, instrumento público ou particular de constituição de união estável e ser solteiro.

B) a convivência pública, contínua e duradoura, estabelecida com o objetivo de constituir família e a coabitação.

C) a convivência pública, contínua e duradora por, no mínimo, 3 (três) anos, estabelecida com o objetivo de constituir família e a coabitação.

D) a convivência pública, contínua e duradoura, estabelecida com o objetivo de constituir família e ser solteiro ou, se casado, encontrar-se separado de fato ou judicialmente.

E) a convivência contínua e duradoura por, no mínimo, 5 (cinco) anos, com o objetivo de constituir família e ser solteiro ou, se casado, encontrar-se separado de fato ou judicialmente.

↳ **Resolução:**

Dispõe o art. 1.723 do Código Civil: "É reconhecida como entidade familiar a união estável entre o homem e a mulher, configurada na convivência pública, contínua e duradoura e estabelecida com o objetivo de constituição de família. § 1º A união estável não se constituirá se ocorrerem os impedimentos do art. 1.521; não se aplicando a incidência do inciso VI no caso de a pessoa casada se achar separada de fato ou judicialmente. § 2º As causas suspensivas do art. 1.523 não impedirão a caracterização da união estável".

Estabelece o art. 1.724 do Código Civil: "As relações pessoais entre os companheiros obedecerão aos deveres de lealdade, respeito e assistência, e de guarda, sustento e educação dos filhos".

Determina o art. 1.725 do Código Civil: "Na união estável, salvo contrato escrito entre os companheiros, aplica-se às relações patrimoniais, no que couber, o regime da comunhão parcial de bens".

Conforme art. 1.726 do Código Civil: "A união estável poderá converter-se em casamento, mediante pedido dos companheiros ao juiz e assento no Registro Civil".

Por fim, dispõe o art. 1.727 do Código Civil: "As relações não eventuais entre o homem e a mulher, impedidos de casar, constituem concubinato".

↗ **Gabarito: "D".**

3. **(VUNESP – TJPA)** Clara, professora universitária, vive com Paula há 15 anos. O relacionamento é público, e dentre os demais familiares e amigos, Paula e Clara são reconhecidas como um casal. Elas compartilham o domicílio, as despesas cotidianas e as responsabilidades do dia a dia. Na universidade em que Clara leciona, há um acordo coletivo que reconhece aos cônjuges, companheiros e descendentes dos funcionários o direito a cursar com bolsa integral os cursos superiores lá oferecidos. Sobre a questão, é correto afirmar que, conforme o entendimento firmado no STF, as uniões entre pessoas do mesmo sexo:

A) devem gozar do mesmo *status* jurídico das uniões heterossexuais. Portanto Paula terá direito ao curso com bolsa integral;

B) por falta de previsão legal ou constitucional, não devem gozar do *status* jurídico de família. Portanto, Paula não terá direito à bolsa integral;

C) não constituem família, embora não haja vedação legal para tanto. Portanto, Paula não terá direito à bolsa;

D) não constituem família, entretanto há uma parceria econômica entre elas. Portanto, Paula terá direito à concessão da bolsa integral;

E) são consideradas família, mas não são equiparadas aos efeitos civis da união estável. Portanto, Paula não terá direito à bolsa.

↳ **Resolução:**

Toda pessoa tem o direito fundamental de constituir família, independentemente de sua orientação sexual ou de identidade de gênero. A família resultante da união homoafetiva não pode sofrer discriminação, cabendo-lhe os mesmos direitos, prerrogativas, benefícios e obrigações que se mostrem acessíveis a parceiros de sexo distinto que integrem uniões heteroafetivas (STF, 2ª Turma, RE 477.554/MG, rel. Min. Celso de Mello, j. 16-8-2011, *DJe* 26-8-2011).

↗ **Gabarito: "A".**

4. **(CESPE – TJRR)** No tocante às relações de parentesco, assinale a opção correta.

A) No caso de falecimento de mãe que esteja com a guarda de filho menor, o pai deve assumir a responsabilidade de guarda, visto que, falecendo um dos pais, permanece o outro no exercício do poder familiar, exceto quando ficar devidamente provado que o sobrevivente não tem condições de ter a criança ou adolescente em sua companhia.

B) Para o critério de classificação e de contagem do parentesco, adota-se, no ordenamento jurídico brasileiro, a linha como sendo a vinculação da pessoa a tronco ancestral comum. O grau de parentesco é o número de gerações existentes entre dois parentes. Assim, os irmãos são parentes em primeiro grau, e os primos e tios, em segundo grau.

C) A afinidade é o parentesco que se estabelece entre cada cônjuge e os parentes do outro. Esse tipo de parentesco, no qual não há limitação de grau, não está sujeito à extinção, mesmo com a dissolução do casamento ou da união estável que o originou.

D) A lei permite que um dos cônjuges adote o filho do outro, ainda que conste no assento de nascimento do adotando a filiação biológica, bastando, para tanto, que se comprove tão somente a convivência com o menor e se demonstre que a medida visa ao interesse do adotando.

↳ **Resolução:**
Dispõe o art. 1.631 do Código Civil: "Durante o casamento e a união estável compete o poder familiar aos pais; na falta ou impedimento de um deles, o outro o exercerá com exclusividade".

↗ **Gabarito: "A".**

5. **(PUCPR – TJMS)** Avalie as assertivas relacionadas à investigação de paternidade (Lei n. 8.560/92) e, depois, assinale a alternativa CORRETA.

I. É possível a legitimação e o reconhecimento de filho mediante declaração expressa na ata do casamento.

II. Em ação investigatória, a recusa do suposto pai a submeter-se ao exame de DNA induz presunção *juris et de juri* de paternidade.

III. O filho maior não pode ser reconhecido sem o seu consentimento.

IV. Julgada procedente a ação de investigação de paternidade, os alimentos são devidos a partir da citação.

V. Sempre que na sentença de primeiro grau se reconhecer a paternidade, nela se fixarão os alimentos provisionais ou definitivos do reconhecido que deles necessite.

A) Apenas as assertivas I, II e III estão corretas.
B) Apenas as assertivas II, III e V estão corretas.
C) Apenas as assertivas I, IV e V estão corretas.
D) Apenas as assertivas III, IV e V estão corretas.
E) Apenas as assertivas I, III e IV estão corretas.

↳ **Resolução:**
I. *Incorreta*. Dispõe o art. 3º da Lei n. 8.560/92: "É vedado legitimar e reconhecer filho na ata do casamento".

II. *Incorreta*. Diz a Súmula 301 do STJ que, "em ação investigatória, a recusa do suposto pai a submeter-se ao exame de DNA induz presunção *juris tantum* de paternidade".

No mesmo sentido, temos o parágrafo único do art. 2º-A da Lei n. 8.560/92: "A recusa do réu em se submeter ao exame de código genético – DNA gerará a presunção da paternidade, a ser apreciada em conjunto com o contexto probatório".

III. *Correta*. Dispõe o art. 4º da Lei n. 8.560/92: "O filho maior não pode ser reconhecido sem o seu consentimento".

IV. *Correta*. Trata-se da Súmula 277 do STJ: "A sentença retroage à data da citação".

V. *Correta*. Dispõe o art. 7º da Lei n. 8.560/92: "Sempre que na sentença de primeiro grau se reconhecer a paternidade, nela se fixarão os alimentos provisionais ou definitivos do reconhecido que deles necessite".

↗ **Gabarito: "D".**

6. **(FGV – TJPI)** Amália, mãe de Olívia, de oito anos, está desempregada. Sua filha mora com Antero, pai da menina e ex-marido de Amália. Embora Antero esteja empregado, não tem condições de prover integralmente o sustento de Olívia. Amália, atualmente, mora com a mãe, avó de Olívia, que é desembargadora aposentada do TJPI. Verifica-se, quanto ao episódio narrado:

A) que o dever de alimentos, restrito aos pais, obriga Antero a buscar renda complementar para prover as necessidades essenciais de Olívia;
B) que Amália perde o dever de alimentos, pois, embora seja a mãe de Olívia, não detém meios de prover à sua filha o sustento;
C) que o dever de alimentos é aferido pela necessidade do alimentado e, portanto, mesmo sem seu próprio sustento, Amália é obrigada a provê-los a Olívia;
D) que o dever de alimentos, por decorrer do exercício do poder familiar, incumbe apenas a Antero, que detém a guarda de Olívia;
E) que o dever de alimentos devidos pelos pais é extensível aos demais ascendentes, respeitado o grau de parentesco, e, portanto, pode ser demandado da avó materna.

↳ **Resolução:**
Dispõe o art. 1.694 do Código Civil: "Podem os parentes, os cônjuges ou companheiros pedir uns aos outros os alimentos de que necessitem para vi-

ver de modo compatível com a sua condição social, inclusive para atender às necessidades de sua educação. § 1º Os alimentos devem ser fixados na proporção das necessidades do reclamante e dos recursos da pessoa obrigada. § 2º Os alimentos serão apenas os indispensáveis à subsistência, quando a situação de necessidade resultar de culpa de quem os pleiteia".

Estabelece o art. 1.695 do Código Civil: "São devidos os alimentos quando quem os pretende não tem bens suficientes, nem pode prover, pelo seu trabalho, à própria mantença, e aquele, de quem se reclamam, pode fornecê-los, sem desfalque do necessário ao seu sustento".

Determina o art. 1.696 do Código Civil: "O direito à prestação de alimentos é recíproco entre pais e filhos, e extensivo a todos os ascendentes, recaindo a obrigação nos mais próximos em grau, uns em falta de outros".

↗ Gabarito: "E".

13. SUCESSÕES

13.1 Aspectos gerais

A sucessão em **sentido estrito ou restrito** designa a **transmissão de bens de uma pessoa** (autor da herança, também chamado de *cujus*) em decorrência de sua morte para outra pessoa, chamada genericamente de sucessor.

Existem **duas formas de sucessão no direito brasileiro** (art. 1.786 do CC):

a) **Legítima:** é a resultante da **lei**. Ocorre sempre que o autor da herança morre **sem deixar disposição de última vontade**; diz-se **sucessão *ad intestato*** (art. 1.788 do CC).

b) **Testamentária:** aquela resultante da **vontade do testador**. Deriva do testamento, isto é, da **manifestação de vontade do testador** que, além da legítima, abre espaço à vontade soberana do testador, unicamente com respeito à cota **disponível**. O direito brasileiro consagrou o sistema da **limitada liberdade de testar**, conforme a regra que deriva do disposto nos arts. 1.789 e 1.846 do Código Civil. Com efeito, **havendo herdeiros necessários** (art. 1.845 do CC), diz o art. 1.789 que o testador só pode **dispor da metade da herança**.

13.2 Características da herança

CARACTERÍSTICAS DA HERANÇA:
a) A herança é uma **universalidade de direito**, ainda que vários sejam os herdeiros.
b) Até a partilha todos os herdeiros encontram-se diante do espólio como **condôminos**, ou seja, possuidores e proprietários de uma **cota ideal**, abstrata, que só se materializará (ou concretizará) no momento da partilha.
c) O **estado de indivisão**, decorrente da abertura da sucessão, desaparece via inventário que, minucioso e exato, faz conhecer o complexo de bens transmitido pelo *de cujus* aos herdeiros. Ele garante a **igualdade de quinhões**, **prepara a partilha** e põe **fim ao estado condominial**.
d) O art. 1.792 determina que o herdeiro nunca responderá *ultra vires hereditatis*, ou seja, ele não responde pelos encargos superiores às forças da herança. Em outras palavras, a responsabilidade da herança pelas dívidas do defunto limita-se às suas forças (da herança).

13.3 Ordem de vocação hereditária

O critério da vocação pode ser conceituado como a **proximidade do vínculo familiar**.

Os **herdeiros mais próximos excluem os mais remotos** (salvo hipótese de representação) e os **herdeiros de grau igual**, quando herdam em nome próprio, recebem uma **cota igual da herança**. Assim:

a) herdeiros de grau igual: herdam por cabeça;

b) herdeiros de grau diferente: herdam por estirpe.

13.4 Herdeiros legítimos

São as pessoas indicadas na lei, conforme o art. 1.829 do Código Civil, como sucessores, na sucessão legal, a quem se **transmite a totalidade ou cota-parte da herança**.

> Art. 1.829. A sucessão legítima defere-se na ordem seguinte:
>
> I – aos descendentes, em concorrência com o cônjuge sobrevivente, salvo se casado este com o falecido no regime da comunhão universal, ou no da separação obrigatória de bens (art. 1.640, parágrafo único); ou se, no regime da comunhão parcial, o autor da herança não houver deixado bens particulares;
>
> II – aos ascendentes, em concorrência com o cônjuge;
>
> III – ao cônjuge sobrevivente;
>
> IV – aos colaterais.

A existência de herdeiros legítimos necessários impede a disposição testamentária dos bens constitutivos da legítima (art. 1.846 do CC), ou seja, pertence aos **herdeiros necessários**, de pleno direito, a **metade dos bens da herança**, constituindo a **legítima**.

Assim, são herdeiros necessários:

a) os descendentes;
b) os ascendentes; e
c) o cônjuge e o companheiro.

Os **herdeiros legítimos facultativos** são os herdeiros que podem vir a herdar, quando faltarem herdeiros necessários. Para excluí-los da sucessão, basta que o testador disponha dos bens, sem os contemplar. Nesta categoria incluem-se os **colaterais até o quarto grau**.

13.5 Ordem de sucessão legítima

Segundo o art. 1.829 do Código Civil, a ordem de sucessão legítima é a seguinte:

a) aos **descendentes**, em **concorrência com o cônjuge sobrevivente**, salvo se casado este com o falecido no **regime da comunhão universal**, ou no da **separação obrigatória de bens** (art. 1.640, parágrafo único); ou se, no **regime da comunhão parcial**, o autor da herança **não houver deixado bens particulares**;
b) aos **ascendentes, em concorrência com o cônjuge**;
c) ao **cônjuge sobrevivente**;
d) aos **colaterais**;
e) aos **Municípios, ao Distrito Federal ou à União**.

13.6 Sucessão dos descendentes

A **sucessão dos descendentes ocorre por cabeça** (quando os herdeiros se encontram no mesmo grau de parentesco do *de cujus*) ou **por estirpe** (quando herdeiros de graus diferentes).

Observe que, em concorrência com os descendentes (nos termos do art. 1.829, I, do CC), caberá ao cônjuge **quinhão igual ao dos que sucederem por cabeça**, não podendo a sua quota ser inferior à quarta parte da herança, se for ascendente dos herdeiros com que concorrer.

Entre os descendentes, os em **grau mais próximo excluem os mais remotos**, salvo o **direito de representação**. Os descendentes da mesma classe têm os **mesmos direitos à sucessão de seus ascendentes**.

Direito de representação: segundo o art. 1.851 do Código Civil, dá-se o direito de representação quando a **lei chama certos parentes do falecido a suceder em todos os direitos**, em que ele sucederia, **se vivo fosse**.

O direito de representação **dá-se na linha reta descendente, mas nunca na ascendente**, e os representantes **só podem herdar**, como tais, o que herdaria o representado, se vivo fosse.

Na **linha transversal**, somente se dá o direito de representação em favor dos **filhos**

de irmãos do falecido, quando com irmãos deste concorrerem. O quinhão do representado **partir-se-á por igual entre os representantes**.

Agora, o renunciante à herança de uma pessoa **poderá representá-la na sucessão de outra**.

13.7 Sucessão do cônjuge

De acordo com o art. 1.830 do Código Civil, o chamamento do cônjuge está condicionado a que, na data do óbito, não estivesse separado judicialmente do falecido, nem deste separado de fato há mais de dois anos, "salvo prova, neste caso, de que essa convivência se tornara impossível sem culpa do sobrevivente".

Agora, o cônjuge sobrevivente concorre à divisão da legítima, em igualdade com os descendentes ou ascendentes do falecido.

Em três hipóteses, todavia, a lei deixa de reconhecer vocação hereditária ao cônjuge, atribuindo a herança, em sua totalidade, aos descendentes:

a) se o **regime de bens do casal era o da comunhão universal**;

b) se o **regime de bens era o da separação obrigatória**; e

c) se o **regime de bens era o da comunhão parcial**, sem que o falecido tenha deixado bens particulares.

A **ausência de patrimônio particular** do *de cujus* importa serem comuns todos os seus bens: por uma circunstância fática, essa última situação se equipara à primeira (de comunhão universal) e, portanto, deve merecer igual tratamento. Diante de tais exceções à regra da concorrência entre descendentes e cônjuge, ao último caberá participar da sucessão em três hipóteses:

a) se o regime de bens do casal era o da **separação convencional**, isto é, aquele livremente adotado pelos **cônjuges mediante pacto antenupcial válido**;

b) se o regime de bens era o da **comunhão parcial**, e o *de cujus* tinha **bens particulares** (caso em que o cônjuge será, ao mesmo tempo, **herdeiro e meeiro**, incidindo a meação, obviamente, apenas sobre o **patrimônio comum**);

c) se o regime de bens era o da **participação final nos aquestos**. Também aqui haverá **herança e meação**. Quando o **cônjuge concorrer com ascendentes**, será irrelevante o regime de bens.

A legislação civil previu, ainda, com maior extensão, o **direito real de habitação sobre o imóvel residencial familiar para o cônjuge sobrevivente** (art. 1.831 do CC), determinando que:

> Ao cônjuge sobrevivente, qualquer que seja o regime de bens, será assegurado, sem prejuízo da participação que lhe caiba na herança, o direito real de habitação relativamente ao imóvel destinado à residência da família, desde que seja o único daquela natureza a inventariar.

13.8 Sucessão dos ascendentes

Não havendo descendentes, a sucessão devolve-se aos ascendentes. Aqui, também, o princípio da proximidade é a regra, mas *não se admite a representação*.

E no caso de os pais do *de cujus* estarem mortos, mas ainda vivos, por exemplo, seu avô paterno e ambos os avós maternos, como se dividirá a herança? O avô paterno receberá metade da herança, cabendo a outra metade a ambos os avós maternos, **conjuntamente** (art. 1.836, § 2º, do CC).

A sucessão do **filho adotivo por seus ascendentes** cria duas situações distintas, a saber:

a) **adoção plena:** a herança do filho adotivo devolve-se aos seus **pais adotivos** (art. 41, § 2º, do ECA);

b) **adoção simples:** a herança beneficiará os **ascendentes naturais**.

13.9 Sucessão na união estável

A sucessão do convivente está prevista no **art. 1.790 do Código Civil**.

Importante verificar que o STF decidiu, por ocasião do julgamento dos Recursos Extraordinários 646.721 e 878.694, ambos em regime de repercussão geral, **equiparar cônjuges e companheiros para fins de sucessão**, um do outro, inclusive em uniões homoafetivas. Dessa forma, a partir de agora, a sucessão se dará conforme as **mesmas regras previstas no art. 1.829 do Código Civil**, para a **sucessão legítima**, isto é:

i) **em primeiro lugar**, aos descendentes, em concorrência com o cônjuge ou companheiro(a), dependendo do regime de bens do casamento ou união;

ii) **em segundo lugar**, aos ascendentes em concorrência com o cônjuge ou companheiro(a);

iii) **em terceiro lugar**, exclusivamente ao cônjuge ou companheiro(a), se não existirem nem ascendentes nem descendentes.

Não existindo nenhum destes (nem descendentes, nem ascendentes, nem cônjuge, companheiro ou companheira), a **sucessão legítima se defere aos colaterais**.

13.10 Sucessão testamentária

É aquela que decorre da disposição de última vontade (testamento), sendo importante observar que o testador somente poderá dispor de metade da herança (art. 1.789 do CC), e a outra metade constitui a legítima, destinada e garantida aos herdeiros necessários.

1) Testamento

É a disposição de última vontade da pessoa, realizada em vida, dispondo sobre seu patrimônio, no todo ou em parte, para a transmissão após a sua morte, respeitada a legítima. Tem natureza jurídica de negócio jurídico, caracterizado como ato personalíssimo, unilateral, solene, revogável e gratuito.

CARACTERÍSTICAS	
ATO PERSONALÍSSIMO	Trata-se de ato manifestado como uma vontade, e somente a daquele que seja o titular do direito pode estar contida no testamento. **Art. 1.858 do Código Civil:** "O testamento é um ato personalíssimo, podendo ser mudado a qualquer tempo". Ser personalíssimo significa que somente o testador poderá realizar as suas próprias disposições testamentárias, não sendo admitido que outra pessoa disponha em seu lugar, **nem munida de procuração com poderes específicos**. No entanto, a própria lei permite que outra pessoa, estranha à relação, **assine a rogo do testador**, porém, jamais poderá ela decidir nenhuma disposição contida no testamento.
ATO UNILATERAL	Ocorre a manifestação de vontade, externada pela assinatura, **apenas de um polo do ato jurídico, qual seja, do próprio testador**. Observe que não é necessária a manifestação de vontade por parte dos herdeiros testamentários para que a transmissão da herança se processe de maneira correta.
ATO SOLENE	A solenidade é essência do testamento, uma vez que **deve corresponder e respeitar a exata vontade daquele que fez o testamento**, ou seja, é solene na medida em que a lei obriga que atenda a determinadas formalidades prescritas na própria legislação civil, a título de condição de validade do testamento.

CARACTERÍSTICAS	
ATO SOLENE	Caso o testamento não atenda a todas as determinações legais a ele atinentes, será considerado ato nulo (de pleno direito). **Exceção:** "testamento nuncupativo", admissível como espécie de testamento militar (art. 1.896 do CC).
ATO *CAUSA MORTIS*	O testamento é **ato jurídico válido**, porém somente produzirá seus efeitos quando da morte do testador, ou seja, **subordinado ao acontecimento de um evento futuro**.
ATO REVOGÁVEL	Justamente por ser o testamento subordinado a acontecimento de ato futuro, a lei permite, **diante de sua eficácia não imediata**, que o testador o **revogue por meio de outro testamento**, sendo que o que revoga não precisa ser, necessariamente, do mesmo tipo do que será revogado. Observe que a revogação pode ser **parcial ou total**, podendo ser expressa ou tácita. Essa revogabilidade do testamento encontra fundamento jurídico no art. 1.969: "O testamento pode ser revogado pelo mesmo modo e forma como pode ser feito".
ATO GRATUITO	A transferência patrimonial estabelecida pelo testamento **não será admitida na forma onerosa**, no entanto, é **livre ao testador estabelecer encargo para o beneficiário**.

2) Quem pode testar

É livre para testar qualquer pessoa que se encontre na plena capacidade de exercício de seus direitos, portanto, os maiores de 18 anos (capacidade civil plena).

Podem testar, ainda, o cego, o analfabeto, o pródigo, o falido, bem como os maiores de 16 anos, mas menores de 18 anos que, muito embora sejam relativamente incapazes, podem testar mesmo sem a assistência de seus representantes legais, assistentes ou curadores.

Se o **testador não souber, ou não puder assinar**, o tabelião ou seu substituto legal assim o declarará, assinando, neste caso, pelo testador, e, a seu rogo, uma das testemunhas instrumentárias.

O **indivíduo inteiramente surdo**, sabendo ler, lerá o seu testamento, e, se não o souber, **designará quem o leia em seu lugar**, presentes as testemunhas.

Ao **cego só se permite o testamento público**, que lhe será lido, em voz alta, duas vezes, uma pelo tabelião ou por seu substituto legal, e a outra por uma das testemunhas, designada pelo testador, fazendo-se de tudo circunstanciada menção no testamento.

3) Incapacidade para testar

São incapazes de testar os menores de 16 anos, os desprovidos de discernimento necessário para manifestar a sua vontade (interditado) e a pessoa jurídica.

4) Absolutamente incapazes de adquirir bens por testamento

Se o indivíduo ainda não tinha sido concebido à época da morte do testador, a menos que expressamente o autor da herança tenha estabelecido a **cláusula de benefício da prole eventual**, contemplando os filhos ainda não existentes.

As pessoas jurídicas de direito público externo relativamente aos bens imóveis situados no Brasil.

5) Relativamente incapazes de testar

a) as testemunhas do testador;
b) o concubinário (amante) do testador casado, salvo se este, sem culpa sua, estiver separado de fato do cônjuge há mais de cinco anos;
c) o tabelião, civil ou militar, o comandante ou escrivão, perante o qual se fizer, bem como o que fizer ou aprovar o testamento.

6) Modalidades de testamento

Segundo o Código Civil, são admissíveis quatro modalidades de testamento: o público, o cerrado, o particular e os especiais.

MODALIDADES DE TESTAMENTO	
TESTAMENTO PÚBLICO	É o lavrado por **tabelião em livros de notas**. São **requisitos** essenciais do testamento público: a) ser **escrito por tabelião ou por seu substituto legal em seu livro de notas**, de acordo com as declarações do testador, podendo este servir-se de minuta, notas ou apontamentos; b) lavrado o instrumento, ser **lido em voz alta pelo tabelião ao testador e a duas testemunhas**, a um só tempo; ou pelo testador, se o quiser, na presença destas e do oficial; c) ser o instrumento, em seguida à leitura, **assinado pelo testador, pelas testemunhas e pelo tabelião**.
TESTAMENTO CERRADO	É o secreto, feito e assinado pelo testador ou por alguém a seu rogo, seguido de aprovação pelo tabelião na presença de testemunhas. O testamento escrito pelo testador, ou por outra pessoa, a seu rogo, e por aquele assinado, será válido se aprovado pelo tabelião ou seu substituto legal, observadas as seguintes **formalidades**: a) que o testador o entregue ao tabelião em presença de duas testemunhas; b) que o testador declare que aquele é o seu testamento e quer que seja aprovado; c) que o tabelião lavre, desde logo, o auto de aprovação, na presença de duas testemunhas, e o leia, em seguida, ao testador e testemunhas; d) que o auto de aprovação seja assinado pelo tabelião, pelas testemunhas e pelo testador.
TESTAMENTO PARTICULAR	É forma mais comum e regular de declarar a vontade do testador, escrito de próprio punho ou mediante processo mecânico, lido em voz alta na presença de três testemunhas idôneas, que também assinarão.
TESTAMENTOS ESPECIAIS	**a) Marítimo:** quem estiver em viagem, a bordo de navio nacional, de guerra ou mercante, pode testar perante o comandante, em presença de duas testemunhas, por forma que corresponda ao testamento público ou ao cerrado. **b) Militar:** o testamento dos militares e demais pessoas a serviço das Forças Armadas em campanha, dentro do País ou fora dele, assim como em praça sitiada, ou que esteja de comunicações interrompidas, poderá fazer-se, não havendo tabelião ou seu substituto legal, ante duas ou três testemunhas, se o testador não puder, ou não souber assinar, caso em que assinará por ele uma delas.

MODALIDADES DE TESTAMENTO	
TESTAMENTOS ESPECIAIS	**c) Aeronáutico:** quem estiver em viagem, a bordo de aeronave militar ou comercial, pode testar perante pessoa designada pelo comandante, observado o disposto no artigo antecedente. O testamento marítimo ou aeronáutico **ficará sob a guarda do comandante**, que o entregará às autoridades administrativas do primeiro porto ou aeroporto nacional, contra recibo averbado no diário de bordo. **Caducará o testamento** marítimo, ou aeronáutico, se o **testador não morrer na viagem**, nem nos **90 dias subsequentes ao seu desembarque em terra**, onde possa fazer, na forma ordinária, outro testamento.

13.11 Nulidades da disposição

Segundo o art. 1.900 do Código Civil, é nula a disposição:

a) que institua herdeiro ou legatário sob a **condição captatória** de que este disponha, também por testamento, em benefício do testador ou de terceiro;

b) que se refira a **pessoa incerta**, cuja identidade não se possa averiguar;

c) que **favoreça a pessoa incerta**, cometendo a determinação de sua identidade a terceiro;

d) que deixe a **arbítrio do herdeiro, ou de outrem**, a fixação do valor do legado;

e) que favoreça as pessoas a que se referem os arts. 1.801 e 1.802.

Art. 1.801. Não podem ser nomeados herdeiros nem legatários:

I – a pessoa que, a rogo, escreveu o testamento, nem o seu cônjuge ou companheiro, ou os seus ascendentes e irmãos;

II – as testemunhas do testamento;

III – o concubino do testador casado, salvo se este, sem culpa sua, estiver separado de fato do cônjuge há mais de cinco anos;

IV – o tabelião, civil ou militar, ou o comandante ou escrivão, perante quem se fizer, assim como o que fizer ou aprovar o testamento.

Art. 1.802. São nulas as disposições testamentárias em favor de pessoas não legitimadas a suceder, ainda quando simuladas sob a forma de contrato oneroso, ou feitas mediante interposta pessoa.

Parágrafo único. Presumem-se pessoas interpostas os ascendentes, os descendentes, os irmãos e o cônjuge ou companheiro do não legitimado a suceder.

No entanto, **valerá a disposição**:

a) em favor de **pessoa incerta que deva ser determinada por terceiro**, dentre duas ou mais pessoas mencionadas pelo testador, ou pertencentes a uma família, ou a um corpo coletivo, ou a um estabelecimento por ele designado;

b) em **remuneração de serviços prestados ao testador**, por ocasião da moléstia de que faleceu, ainda que fique ao arbítrio do herdeiro ou de outrem determinar o valor do legado.

13.12 Substituição e fideicomisso

1) A **substituição testamentária** ocorre sempre que o testador designa uma ou mais pessoas para receber, no todo ou em parte, a herança ou o legado, no lugar do herdeiro, ou seja, na falta ou após o herdeiro ou legatário nomeados em primeiro lugar.

2) A **substituição fideicomissária** é considerada como forma de substituição indireta. Dessa forma, pode o testador

instituir herdeiros ou legatários, estabelecendo que, por ocasião de sua morte, a herança ou o legado se transmita ao fiduciário, resolvendo-se o direito deste, por sua morte, a certo tempo ou sob certa condição, em favor de outrem, que se qualifica de fideicomissário.

13.13 Herança

1) **Herança jacente:** falecendo alguém **sem deixar testamento ou herdeiro legítimo notoriamente conhecido**, os bens da herança, depois de arrecadados, ficarão sob a guarda e administração de um **curador**, até a sua entrega ao sucessor devidamente habilitado ou à declaração de sua vacância.

    Praticadas as diligências de arrecadação e ultimado o inventário, serão expedidos editais na forma da lei processual, e, **decorrido um ano de sua primeira publicação**, sem que haja herdeiro habilitado, ou penda habilitação, será a **herança declarada vacante**.

2) Herança vacante: o Código Civil considera a **herança vacante** a partir do momento em que todos os **chamados a suceder repudiarem a herança**, renunciando a esta, ou, se chamados, **não haver herdeiros** que se habilitassem no período de jacência da herança. Dessa forma, a jacência não se confunde com a vacância, sendo a primeira uma fase do processo que antecede a segunda.

3) **Exclusão por indignidade e deserdação:** são hipóteses de sanções civis, aplicáveis aos herdeiros, que poderão ser **privados de sua parte na herança**, ou **deserdados**, quando praticarem atos criminosos ou reprováveis contra o autor da herança, em todos os casos previstos para exclusão da sucessão.

    Indigno e deserdado são considerados **incompatíveis com a herança**.

    Indignidade é ato que deve ser reconhecido mediante ação de indignidade, por sentença judicial, nos termos do art. 1.815 do Código Civil. São pessoais os efeitos da exclusão; dessa forma, os **descendentes do herdeiro excluído sucedem** como se ele **morto fosse antes da abertura da sucessão**.

    Deserdação: por outro lado, a deserdação se manifesta como **ato de vontade do autor da herança** por meio do testamento, portanto, somente por ato exclusivo do autor da herança.

INDIGNIDADE	DESERDAÇÃO
1. A indignidade é ato reconhecido mediante uma **ação de indignidade**, prevista nos arts. 1.814 e seguintes do Código Civil.	1. A deserdação se manifesta por **ato de vontade do autor da herança por meio do testamento**, logo, somente o autor da herança pode deserdar.
2. **Qualquer sucessor** (seja herdeiro ou legatário) pode ser indigno.	2. **Somente o herdeiro necessário** pode ser deserdado.
3. A indignidade é reconhecida por ato praticado **antes ou depois da abertura da sucessão**.	3. A deserdação se dá por ato praticado **antes da abertura da sucessão**.
4. As causas de indignidade estão previstas no **art. 1.814**.	4. As causas de deserdação são as mesmas de indignidade **(art. 1.814)** e, também, as previstas nos **arts. 1.962 e 1.963**.

INDIGNIDADE	DESERDAÇÃO – DESCENDENTE POR ASCENDENTE	DESERDAÇÃO – ASCENDENTE POR DESCENDENTE
Segundo o **art. 1.814 do CC**, são excluídos da sucessão os herdeiros ou legatários: I – que houverem sido **autores, coautores ou partícipes de homicídio doloso**, ou **tentativa** deste, contra a pessoa de cuja sucessão se tratar, seu cônjuge, companheiro, ascendente ou descendente; II – que houverem **acusado caluniosamente em juízo o autor da herança** ou incorrerem em **crime contra a sua honra**, ou de seu cônjuge ou companheiro; III – que, por **violência ou meios fraudulentos**, inibirem ou obstarem o autor da herança de **dispor livremente de seus bens por ato de última vontade**.	Além dos casos de indignidade, autorizam, ainda, a deserdação dos descendentes por seus ascendentes **(art. 1.962 do CC)**: I – **ofensa física**; II – **injúria grave**; III – **relações ilícitas com a madrasta ou com o padrasto**; IV – **desamparo do ascendente em alienação mental ou grave enfermidade**.	Além dos casos de indignidade, autorizam a deserdação dos ascendentes pelos descendentes **(art. 1.963 do CC)**: I – **ofensa física**; II – **injúria grave**; III – **relações ilícitas com a mulher ou companheira do filho ou a do neto**, ou com o marido ou companheiro da filha ou o da neta; IV – **desamparo do filho ou neto com deficiência mental ou grave enfermidade**.

13.14 Inventário

É o procedimento judicial ou administrativo especial, destinado ao levantamento de todos os bens de determinada pessoa após sua morte, apurando a totalidade de bens, direitos e obrigações do *de cujus*.

Deverá ser instaurado no prazo de **60 dias da abertura da sucessão**, nomeando inventariante que administrará o espólio.

Para que o inventário extrajudicial possa ser realizado em cartório, é necessário observar alguns requisitos:

a) todos os herdeiros devem ser maiores e capazes;
b) todos os herdeiros precisam estar de acordo quanto à partilha dos bens;
c) o falecido não pode ter deixado testamento;
d) para a escritura ser feita será necessária a participação de advogado ou por defensor público.

13.15 Partilha

É o resultado e a consequência do inventário, produzindo a divisão dos bens entre os herdeiros, recebendo cada um o seu quinhão de direito.

Sobrepartilha: é a nova partilha de bens, ou a conferência de bens e de direitos que, por razões fáticas ou jurídicas, **não puderam ser divididas entre os herdeiros** (seja por sonegação ou por descoberta de bens após o encerramento do inventário com a regular partilha dos bens).

Quando parte da herança consistir em bens remotos do lugar do inventário, litigiosos, ou de liquidação morosa ou difícil, poderá proceder-se, no prazo legal, à partilha dos outros, reservando-se aqueles para uma ou mais sobrepartilhas, sob a guarda e a administração do mesmo ou diverso inventariante, e consentimento da maioria dos herdeiros.

Ficam sujeitos à **sobrepartilha os bens sonegados** e quaisquer **outros bens** da herança de que se tiver ciência após a partilha.

Sonegação: é a ocultação dolosa de bens que devem ser entregues ao inventariante, ou levados à colação no inventário.

CARACTERÍSTICAS DA SONEGAÇÃO
a) O herdeiro que sonegar bens da herança, não os descrevendo no inventário quando estejam em seu poder, ou, com o seu conhecimento, no de outrem, ou que os omitir na colação, a que os deva levar, ou que deixar de restituí-los, **perderá o direito que sobre eles cabia**.
b) Além dessa pena cominada, se o sonegador for o próprio inventariante, **remover-se-á**, em se provando a sonegação, ou negando ele a existência dos bens, quando indicados.
c) A pena de sonegados só se pode requerer e impor em **ação movida pelos herdeiros ou pelos credores da herança**.
d) A sentença que se proferir na ação de sonegados, movida por qualquer dos herdeiros ou credores, **aproveita aos demais interessados**.
e) Se não se restituírem os bens sonegados, por já não os ter o sonegador em seu poder, **pagará ele a importância dos valores que ocultou, mais as perdas e danos**.
f) Só se pode arguir de sonegação o inventariante depois de encerrada a descrição dos bens, com a declaração, por ele feita, de não existirem outros por inventariar e partir, assim como arguir o herdeiro, depois de declarar-se no inventário que não os possui.

13.16 Colação

É o ato de retorno de bens à herança, realizado por ocasião da abertura do inventário, que foram retirados do patrimônio do *de cujus* por ato de liberalidade sua.

A colação deve ser realizada nos autos do processo de inventário, no prazo de 10 dias, contados da citação do último herdeiro.

Os descendentes que concorrerem à sucessão do ascendente comum são obrigados, para igualar as legítimas, a conferir o valor das doações que dele em vida receberam, sob pena de sonegação. Para cálculo da legítima, o valor dos bens conferidos será computado na parte indisponível, sem aumentar a disponível.

A **colação tem por fim igualar**, na proporção estabelecida no Código, **as legítimas dos descendentes e do cônjuge sobrevivente**, obrigando também os donatários que, ao tempo do falecimento do doador, já não possuírem os bens doados. Se, computados os valores das doações feitas em adiantamento de legítima, não houver no acervo bens suficientes para igualar as legítimas dos descendentes e do cônjuge, os bens assim doados serão conferidos em espécie, ou, quando deles já não disponha o donatário, pelo seu valor ao tempo da liberalidade.

13.17 Questões

1. **(FGV – TJGO)** Em decorrência do naufrágio de uma embarcação, ocorreu a morte de Antônio e de seus dois filhos, Flávio e Eduardo. A embarcação foi encontrada com os três corpos, sem condições de identificação de qual dos três teria falecido primeiro. Antônio deixou duas filhas, Andréia e Priscila, além de quatro netos, sendo dois filhos de Flávio e dois filhos de Eduardo. Pode-se afirmar que, na hipótese:

A) os filhos de Flávio e de Eduardo não herdam bens deixados por Antônio, em virtude da comoriência;

B) os filhos de Flávio e de Eduardo não herdam bens deixados por Antônio, em virtude da existência de Andréia e Priscila;

C) os filhos de Flávio e Eduardo vão concorrer, cada um, em igualdade de condições com Andréia e Priscila, na herança deixada por Antônio;

D) os filhos de Flávio e Eduardo herdam, por representação, parte dos bens deixados por Antônio;

E) todos os bens deixados por Antônio devem ser herdados pelos filhos de Flávio e Eduardo.

↘ **Resolução:**

Dispõe o art. 8º do Código Civil: "Se dois ou mais indivíduos falecerem na mesma ocasião, não se podendo averiguar se algum dos comorientes precedeu aos outros, presumir-se-ão simultaneamente mortos".

Estabelece o art. 1.829 do Código Civil: "A sucessão legítima defere-se na ordem seguinte: I – aos descendentes, em concorrência com o cônjuge sobrevivente, salvo se casado este com o falecido no regime da comunhão universal, ou no da separação obrigatória de bens (art. 1.640, parágrafo único); ou se, no regime da comunhão parcial, o autor da herança não houver deixado bens particulares".

Determina o art. 1.851 do Código Civil: "Dá-se o direito de representação, quando a lei chama certos parentes do falecido a suceder em todos os direitos, em que ele sucederia, se vivo fosse".

Conforme redação do art. 1.852 do Código Civil: "O direito de representação dá-se na linha reta descendente, mas nunca na ascendente".

Por fim, dispõe o art. 1.854 do Código Civil: "Os representantes só podem herdar, como tais, o que herdaria o representado, se vivo fosse".

↗ **Gabarito: "D".**

2. **(FGV – TJAM)** A respeito da abertura da sucessão e da aceitação da herança, assinale a afirmativa incorreta.

A) Caso o herdeiro seja casado, a aceitação de herança independe da anuência do seu cônjuge.

B) Opera-se a transmissão imediata da propriedade, da posse dos bens e das dívidas do *de cujus*, no momento da abertura da sucessão, independentemente da vontade e do conhecimento dos herdeiros.

C) O período entre a abertura da sucessão e a aceitação da herança é denominado delação.

D) O direito de aceitar ou renunciar à herança tem natureza de direito subjetivo.

E) O direito positivo brasileiro veda, expressamente, ao sucessor por um mesmo e único título, a aceitação parcial da herança.

↘ **Resolução:**

Dispõe o art. 1.804 do Código Civil: "Aceita a herança, torna-se definitiva a sua transmissão ao herdeiro, desde a abertura da sucessão".

Estabelece o art. 1.805 do Código Civil: "A aceitação da herança, quando expressa, faz-se por declaração escrita; quando tácita, há de resultar tão-somente de atos próprios da qualidade de herdeiro".

Determina o art. 1.806 do Código Civil: "A renúncia da herança deve constar expressamente de instrumento público ou termo judicial".

↗ **Gabarito: "D".**

3. **(FCC – TJSE)** Na sucessão legítima, no que concerne ao direito de representação, é INCORRETO afirmar que:

A) os representantes só podem herdar, como tais, o que herdaria o representado, se vivo fosse.

B) na linha transversal, somente se dá o direito de representação em favor dos filhos de irmãos do falecido, quando com irmãos deste concorrerem.

C) o renunciante à herança de uma pessoa poderá representá-la na sucessão de outra.

D) o direito de representação dá-se na linha reta ascendente e descendente.

E) o quinhão do representado partir-se-á por igual entre os representantes. Direito Processual Civil.

↘ **Resolução:**

Dispõe o art. 1.851 do Código Civil: "Dá-se o direito de representação, quando a lei chama certos parentes do falecido a suceder em todos os direitos, em que ele sucederia, se vivo fosse".

Estabelece o art. 1.852 do Código Civil: "O direito de representação dá-se na linha reta descendente, mas nunca na ascendente".

Determina o art. 1.853 do Código Civil: "Na linha transversal, somente se dá o direito de representação em favor dos filhos de irmãos do falecido, quando com irmãos deste concorrerem".

Conforme redação do art. 1.854 do Código Civil: "Os representantes só podem herdar, como tais, o que herdaria o representado, se vivo fosse".

A redação do art. 1.855 do Código Civil é a seguinte: "O quinhão do representado partir-se-á por igual entre os representantes".

Por fim, dispõe o art. 1.856 do Código Civil: "O renunciante à herança de uma pessoa poderá representá-la na sucessão de outra".

↗ **Gabarito: "D".**

4. **(FGV – TJAL)** Janaína, divorciada e mãe de três filhos maiores, estabelece união homoafetiva com Jurema, sem, contudo, regulamentar a relação por escrito. Ao longo do

período de convivência, Janaína adquiriu pequeno apartamento, onde estabeleceu residência com sua companheira. Diante do recente falecimento de Janaína, aos 58 anos, que apenas deixou o imóvel em que residia, Jurema fará jus:

A) à meação do bem e ao direito real de habitação sobre o referido bem;

B) a um sétimo do apartamento;

C) à meação e a um quarto do imóvel;

D) a um quarto do imóvel e ao direito real de habitação sobre o referido bem;

E) à meação, a mais um quarto do imóvel e ao direito de habitação sobre o referido bem.

↳ **Resolução:**

Dispõe o art. 1.725 do Código Civil: "Na união estável, salvo contrato escrito entre os companheiros, aplica-se às relações patrimoniais, no que couber, o regime da comunhão parcial de bens".

No julgamento dos RE 878.694 e 646.721, o STF reconheceu a inconstitucionalidade do art. 1.790: "É inconstitucional a distinção de regimes sucessórios entre cônjuges e companheiros prevista no art. 1.790 do CC/2002, devendo ser aplicado, tanto nas hipóteses de casamento quanto nas de união estável, o regime do art. 1.829 do CC/2002".

Estabelece o art. 1.829 do Código Civil: "A sucessão legítima defere-se na ordem seguinte: I – aos descendentes, em concorrência com o cônjuge sobrevivente, salvo se casado este com o falecido no regime da comunhão universal, ou no da separação obrigatória de bens (art. 1.640, parágrafo único); ou se, no regime da comunhão parcial, o autor da herança não houver deixado bens particulares".

Determina o art. 1.831 do Código Civil que: "Ao cônjuge sobrevivente, qualquer que seja o regime de bens, será assegurado, sem prejuízo da participação que lhe caiba na herança, o direito real de habitação relativamente ao imóvel destinado à residência da família, desde que seja o único daquela natureza a inventariar".

↗ **Gabarito: "A".**

5. **(FGV – TJBA)** Eduardo faleceu em virtude de um acidente automobilístico. Não deixou descendentes ou ascendentes, restando apenas quatro irmãos na qualidade de herdeiros legítimos. Dois irmãos, André e Cláudio, são filhos do primeiro casamento do pai de Eduardo, enquanto os outros dois, Valério e Gabriel, são resultantes do casamento de seu pai com sua mãe. Para efeito de sucessão legítima, é correto afirmar que:

A) André e Cláudio herdarão a metade do que Valério e Gabriel herdarem;

B) os bens serão transmitidos para a municipalidade;

C) Valério e Gabriel herdarão a metade do que André e Cláudio herdarem;

D) os quatros irmãos herdarão em igualdade de condições, por força das regras da ordem da vocação hereditária prevista na lei civil;

E) os quatros irmãos herdarão em igualdade de condições, por força dos princípios constitucionais da dignidade da pessoa humana e da igualdade.

↳ **Resolução:**

Dispõe o art. 1.841 do Código Civil: "Concorrendo à herança do falecido irmãos bilaterais com irmãos unilaterais, cada um destes herdará metade do que cada um daqueles herdar".

↗ **Gabarito: "A".**

REFERÊNCIAS

CAVALIERI FILHO, Sérgio. *Programa de responsabilidade civil*. 10. ed. São Paulo: Atlas, 2012.

GAGLIANO, Pablo Stolze; PAMPLONA FILHO, Rodolfo. *Manual de direito civil*: volume único. 2. ed. São Paulo: Saraiva, 2018.

GONÇALVES, Carlos Roberto. *Direito civil brasileiro*: parte geral. São Paulo: Saraiva, 2018. v. I a VII.

NERY, Rosa Maria de Andrade; NERY JR., Nelson. *Código Civil comentado*. 18. ed. ampl. e atual. São Paulo: Revista dos Tribunais, 2018.

PEREIRA, Caio Mário da Silva. *Instituições de direito civil*. 21. ed. Rio de Janeiro: Forense, 2006, v. 1; 21. ed. Rio de Janeiro: Forense, 2006. v. 2 a 5.

REALE, Miguel. *O dano moral no direito brasileiro*. São Paulo: Revista dos Tribunais, 1992.

REALE, Miguel. *O projeto do novo Código Civil*. 2. ed. São Paulo: Saraiva, 1999.

VENOSA, Sílvio de Salvo. *Direito civil*: parte geral do direito civil. 19. ed. São Paulo: Atlas, 2019. v. I.

VENOSA, Sílvio de Salvo. *Direito civil*: teoria geral das obrigações e teoria geral dos contratos. 9. ed. São Paulo: Atlas, 2019. v. II.

VENOSA, Sílvio de Salvo. *Direito civil*: responsabilidade civil. 19. ed. São Paulo: Atlas, 2019. v. IV.

VENOSA, Sílvio de Salvo. *Direito civil*: direitos reais. 19. ed. São Paulo: Atlas, 2019. v. V.

VENOSA, Sílvio de Salvo. *Direito civil*: direito de família. 19. ed. São Paulo: Atlas, 2019. v. VI.

FERNANDO MARQUES e SANDRO CALDEIRA

2

DIREITO PENAL

Sumário

PARTE GERAL 141
1. PRINCÍPIOS DO DIREITO PENAL 141
   1.1 Princípio da legalidade 141
   1.2 Princípio da limitação da pena 141
   1.3 Princípio da intranscendência da pena. 142
   1.4 Princípio da individualização da pena 142
   1.5 Princípio da intervenção mínima 142
   1.6 Princípio da fragmentariedade do Direito Penal 142
   1.7 Princípio da insignificância 142
   1.8 Princípio da ofensividade 143
   1.9 Princípio da proporcionalidade 143
   1.10 Princípio da confiança 143
   1.11 Princípio da adequação social 143
   1.12 Princípio da presunção de inocência ou presunção da não culpabilidade ... 143
   1.13 Questões 143
2. APLICAÇÃO DA LEI PENAL 145
   2.1 Lei penal no tempo 145
   2.2 Lei penal no espaço 145
   2.3 Questões 147
3. TEORIA DO CRIME 150
   3.1 Elementos do crime 150
   3.2 Questões 152
4. TIPO PENAL DOLOSO 152
   4.1 Dolo 152
   4.2 Questões 153
5. TIPO PENAL CULPOSO 153
   5.1 Questões 154
6. CRIME CONSUMADO 155

- 7. TENTATIVA ... 155
  - 7.1 Questão ... 155
- 8. DESISTÊNCIA VOLUNTÁRIA ... 156
- 9. ARREPENDIMENTO EFICAZ ... 156
- 10. ARREPENDIMENTO POSTERIOR ... 156
  - 10.1 Questão ... 156
- 11. CRIME IMPOSSÍVEL ... 156
- 12. ERRO DE TIPO ... 156
  - 12.1 Questões ... 158
- 13. ANTIJURIDICIDADE ... 159
  - 13.1 Causas de exclusão de antijuricidade ... 159
- 14. CULPABILIDADE ... 162
  - 14.1 Teorias acerca da culpabilidade ... 162
  - 14.2 Elementos da culpabilidade ... 162
  - 14.3 Questões ... 165
- 15. CONCURSO DE PESSOAS ... 166
  - 15.1 Espécies de concurso de pessoas ... 166
  - 15.2 Requisitos para o concurso de pessoas ... 166
  - 15.3 Teorias sobre o concurso de pessoas ... 167
  - 15.4 Coautoria ... 167
  - 15.5 Participação ... 167
  - 15.6 Comunicabilidade de elementares e circunstâncias ... 168
  - 15.7 Cooperação dolosamente distinta ... 168
  - 15.8 Questões ... 168
- 16. PENAS ... 170
  - 16.1 Penas proibidas no Brasil ... 170
  - 16.2 Os principios que norteiam a aplicação das penas ... 171
  - 16.3 Finalidade da pena no Brasil ... 171
  - 16.4 Espécies de penas ... 171
  - 16.5 Aplicação da pena ... 176
  - 16.6 Questões ... 179
- 17. CONCURSO DE CRIMES ... 180
  - 17.1 Concurso material ou real ... 180
  - 17.2 Concurso formal ou ideal ... 181
  - 17.3 Crime continuado ... 181
  - 17.4 Questões ... 182
- 18. LIMITES DAS PENAS E UNIFICAÇÃO ... 183
- 19. SUSPENSÃO CONDICIONAL DA PENA – **SURSIS** ... *183*
- 20. LIVRAMENTO CONDICIONAL ... 185
- 21. MEDIDAS DE SEGURANÇA ... 186
- 22. EFEITOS DA CONDENAÇÃO ... 187
- 23. REABILITAÇÃO ... 188
- 24. EXTINÇÃO DA PUNIBILIDADE ... 189
  - 24.1 Questões ... 190
- 25. PRESCRIÇÃO ... 191
  - 25.1 Espécies ... 191
  - 25.2 Prazos prescricionais ... 191
  - 25.3 Prescrição da pretensão punitiva ... 192
  - 25.4 Prescrição da pretensão executória ... 194
  - 25.5 Disposições comuns ... 195
  - 25.6 Questão ... 196
- 26. AÇÃO PENAL ... 196

PARTE ESPECIAL 196
1. CRIMES CONTRA A PESSOA 196
   1.1 Crimes contra a vida 196
   1.2 Lesões corporais 203
   1.3 Periclitação da vida e da saúde 205
   1.4 Questões 208
2. CRIMES CONTRA A HONRA 210
   2.1 Crimes contra a honra objetiva 210
   2.2 Crimes contra a honra subjetiva 211
   2.3 Formas majoradas 213
   2.4 Exclusão do crime 213
   2.5 Retratação 213
   2.6 Explicações do ofendido 213
   2.7 Ação penal 213
   2.8 Questões 214
3. CRIMES CONTRA A LIBERDADE INDIVIDUAL 215
   3.1 Crimes contra a liberdade pessoal 216
   3.2 Questões 219
4. CRIMES CONTRA O PATRIMÔNIO 220
   4.1 Furto 220
   4.2 Roubo e extorsão 222
   4.3 Imunidades 229
   4.4 Questões 230
5. CRIMES CONTRA A DIGNIDADE SEXUAL 232
   5.1 Crimes contra a liberdade sexual 232
   5.2 Crimes contra vulnerável 236
   5.3 Disposições gerais 241
   5.4 Outras formas de exploração sexual 242
   5.5 Ultraje público ao pudor 245
   5.6 Questões 246
6. CRIMES CONTRA A PAZ PÚBLICA 247
   6.1 A paz pública 247
   6.2 Questões 249
7. CRIMES CONTRA A FÉ PÚBLICA 250
   7.1 Moeda falsa 250
   7.2 Falsidade de títulos e outros papéis públicos 252
   7.3 Questões 259
8. CRIMES CONTRA A ADMINISTRAÇÃO PÚBLICA 260
   8.1 Praticados por funcionário público 260
   8.2 Praticados por particular 266
   8.3 Questões 269
9. CRIMES CONTRA A ADMINISTRAÇÃO DA JUSTIÇA 270
   9.1 Denunciação caluniosa 270
   9.2 Comunicação falsa de crime ou contravenção 270
   9.3 Autoacusação falsa 271
   9.4 Falso testemunho ou falsa perícia 271
   9.5 Exercício arbitrário das próprias razões 272
   9.6 Favorecimento pessoal 272
   9.7 Favorecimento real 273
   9.8 Questões 273
REFERÊNCIAS 274

PARTE GERAL

1. PRINCÍPIOS DO DIREITO PENAL

1.1 Princípio da legalidade

O que se tem do princípio da legalidade é que este tem por primazia a segurança jurídica, com vistas a limitar o arbítrio estatal, definindo que somente existirá um crime quando este estiver positivado/tipificado, devendo ser a norma anterior ao fato. Assim, desse princípio decorrem o princípio da reserva legal e o princípio da anterioridade da lei penal.

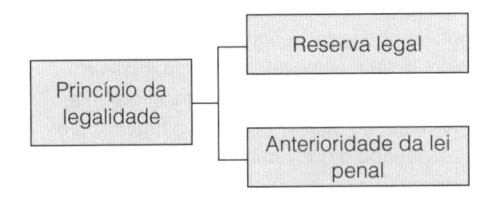

```
                    ┌── Reserva legal
Princípio da ──────┤
legalidade          └── Anterioridade da lei
                        penal
```

1) Princípio da reserva legal

Como primeira exigência do princípio da reserva legal, somente lei (em sentido estrito) pode definir condutas criminosas e, por consequência, estabelecer as respectivas sanções.

A Constituição Federal, em seu art. 22, I, destina à União, como competência exclusiva, legislar sobre Direito Penal.

Há divergência acerca da possibilidade de medida provisória tratar sobre matéria penal. A esse respeito existem duas correntes: a primeira defende, em conformidade com a Constituição Federal, que medidas provisórias não podem tratar sobre matéria de direito penal; a segunda defende que pode, desde que seja matéria favorável ao réu (linha de argumento usada pelo STF – RE 254.818/PR).

As normas penais em branco não ofendem o princípio da reserva legal. Para que tenham eficácia e aplicabilidade, precisam de outra norma, tornando-se possível compreender o âmbito de sua aplicação.

O princípio da reserva legal tem por função impedir a criação de conceitos vagos ou imprecisos, e a lei deve, pois, ser taxativa, de modo que incumbe ao Poder Legislativo a elaboração de leis que tenham a máxima precisão de seus elementos no que tange aos tipos penais.

2) Princípio da anterioridade da lei penal

Decorre deste princípio a exigência de que a lei seja anterior à prática da conduta. A lei, que institui o crime e a pena, deve existir anteriormente ao fato que se quer punir.

1.2 Princípio da limitação da pena

A Constituição Federal, por meio do art. 5º, XLVII, positiva que não haverá penas: de morte, salvo em caso de guerra declarada, nos termos do art. 84, XIX; de caráter perpétuo; de trabalhos forçados; de banimento; e cruéis.

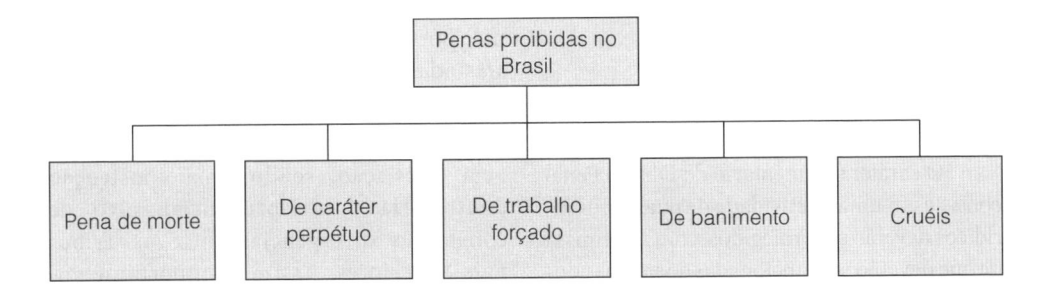

```
                    Penas proibidas no
                         Brasil
    ┌──────────┬──────────┼──────────┬──────────┐
Pena de morte  De caráter  De trabalho  De banimento  Cruéis
               perpétuo    forçado
```

1.3 Princípio da intranscendência da pena

Decorre deste princípio o impedimento da pena de ultrapassar a pessoa do condenado. Ou seja, caso este venha a falecer, sua punibilidade será extinta, não podendo ser transferida a outrem. É mais um princípio positivado pela Constituição Federal.

1.4 Princípio da individualização da pena

Ao se interpretar o texto constitucional e a Lei de Execução Penal, tem-se que a individualização da pena se dá em três fases distintas: legislativa, judiciária e administrativa.

FASES DE INDIVIDUALIZAÇÃO DA PENA	CONCEITO
FASE LEGISLATIVA	O legislador seleciona as condutas que atacam os bens jurídicos mais relevantes, cominando a estas as respectivas penas, que devem ser proporcionais ao bem a ser tutelado.
FASE JUDICIAL	O julgador, após ter chegado à conclusão de que o fato praticado é típico, ilícito e culpável, pronuncia qual é a infração praticada pelo réu. Nesse momento, inicia-se a fixação da pena-base, de acordo com o que determina o art. 68 do CP, atendendo o que também determina o art. 59 do mesmo diploma.
FASE ADMINISTRATIVA	A individualização consiste na execução da pena. Elenca o art. 5º da Lei n. 7.210/84 (Lei de Execução Penal) que os condenados serão classificados segundo os seus antecedentes e personalidade para orientar a individualização da pena.

1.5 Princípio da intervenção mínima

O princípio da intervenção mínima, também conhecido como *ultima ratio*, tem por finalidade limitar o poder incriminador do Estado, de modo que o Direito Penal é utilizado apenas quando as demais áreas do direito forem incapazes de dar tutela devida ao direito violado.

1.6 Princípio da fragmentariedade do Direito Penal

O caráter fragmentário do Direito Penal consiste em uma seletividade de quais bens jurídicos deverão ser protegidos, com a premissa de que deverão ser sancionadas apenas as condutas mais graves e mais perigosas praticadas contra os bens mais relevantes.

1.7 Princípio da insignificância

O princípio da insignificância é uma forma de excluir da incidência do direito penal condutas insignificantes. São casos de atos formalmente típicos, mas cujo resultado é insignificante, inexistindo afronta ao bem jurídico tutelado pela norma penal; portanto, a própria tipicidade estaria afastada.

O princípio da insignificância não se encontra positivado de modo expresso pela legislação, sendo uma construção doutrinária e jurisprudencial, alvo de constantes divergências entre os Tribunais Superiores. Assim, é importante conhecermos os requisitos elencados por estes. Vejamos:

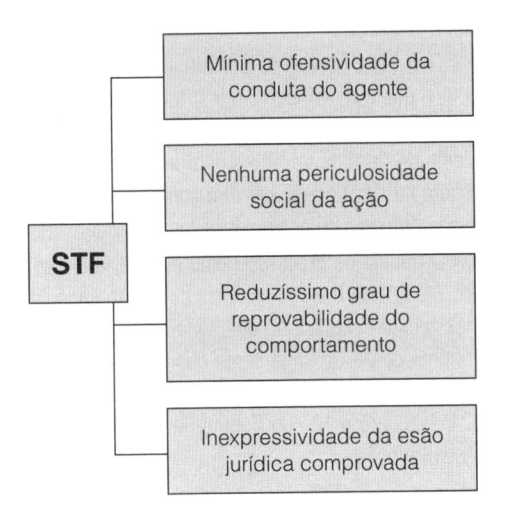

```
         ┌─ Mínima ofensividade da
         │   conduta do agente
         │
         ├─ Nenhuma periculosidade
         │   social da ação
  STF ───┤
         ├─ Reduzíssimo grau de
         │   reprovabilidade do
         │   comportamento
         │
         └─ Inexpressividade da esão
             jurídica comprovada
```

O STJ, por sua vez, elenca aspectos subjetivos: análise do objeto do crime em relação à vítima. Percebam que é uma análise casuística, fato que pode ser verificado no último requisito elencado pelo STF.

Em tese, alguns crimes e situações não admitem a aplicação do princípio da insignificância, todavia, temos divergência doutrinária e jurisprudencial. Vejamos:

a) furto qualificado;
b) roubo;
c) crime de moeda falsa;
d) tráfico de drogas;
e) crimes funcionais;
f) crimes ambientais.

> **ATENÇÃO**
>
> No que tange ao CRIME DE DESCAMINHO, há um entendimento próprio, reconhecendo a possibilidade de aplicação do princípio da insignificância, embora este seja considerado crime contra a administração e contra a ordem tributária. Os tribunais superiores adotam o patamar de R$ 20.000,00.

1.8 Princípio da ofensividade

Não basta que o crime esteja tipificado de modo formal, uma das exigências para que se tipifique um crime é sua tipicidade material, ou seja, há de se ter um perigo concreto, real e efetivo de dano a um bem jurídico penalmente protegido.

1.9 Princípio da proporcionalidade

Desde a Escola Clássica, com a obra de Beccaria, *Dos delitos e das penas*, já se enfatizava a necessidade de a pena ser proporcional ao delito cometido. Tal princípio se apresenta de modo evidente em diversas passagens da Constituição Federal, quando exige, por exemplo, a individualização da pena (art. 5º, XLVI), maior rigor para casos de maior gravidade (art. 5º, XLII, XLIII e XLIV) e moderação para infrações menos graves (art. 98, I).

1.10 Princípio da confiança

Este princípio consiste no fato de agir sob a premissa de que terceiros agirão em conformidade com as normas existentes na sociedade.

1.11 Princípio da adequação social

Decorre deste princípio que somente pode ser considerado crime o comportamento capaz de afrontar o sentimento social de justiça. *A contrario sensu*, o comportamento que não afronta tal sentimento não é criminoso.

1.12 Princípio da presunção de inocência ou presunção da não culpabilidade

O princípio da presunção de inocência tem por finalidade garantir ao acusado pela prática de infração penal um processo o mais justo possível, de modo que este princípio é considerado pela doutrina como um dos basilares do Estado Democrático de Direito.

1.13 Questões

1. **(TRF 3ª Região – Analista Judiciário – 2014)** Dentre as ideias estruturantes ou princípios abaixo, todos especialmente impor-

tantes ao direito penal brasileiro, NÃO tem expressa e literal disposição constitucional o da:

A) legalidade.
B) proporcionalidade.
C) individualização.
D) pessoalidade.
E) dignidade humana.

↘ **Resolução:**

O princípio da proporcionalidade é o único que não possui previsão constitucional expressa.

A) Art. 5º, XXXIX, da CF.
C) Art. 5º, XLVI, da CF.
D) Art. 5º, XLV, da CF.
E) Art. 1º, III, da CF.

↗ **Gabarito: "B".**

2. (TJMT – Escrevente Técnico Judiciário – 2008) É correto afirmar que o princípio da legalidade:

A) está previsto no Código de Processo Penal.
B) pode ser entendido como *in dubio pro reo*.
C) é uma garantia de que à lei compete fixar os crimes e suas penas.
D) não tem previsão legal.
E) consiste na ideia de ninguém poder ser punido por fato que lei posterior deixa de considerar crime.

↘ **Resolução:**

O princípio da legalidade é a aglutinação da reserva legal e a anterioridade penal.

↗ **Gabarito: "C".**

3. (TJMG – Escrevente Técnico Judiciário – 2010) Analisando a Constituição de 1988, é INCORRETO afirmar que:

A) a lei penal não retroagirá, salvo para beneficiar o réu.
B) não haverá juízo ou tribunal ou exceção.
C) não há crime sem lei anterior que o defina, nem pena sem prévia cominação legal.
D) tribunal do júri tem competência unicamente para o julgamento dos crimes dolosos consumados, contra a vida.

↘ **Resolução:**

O art. 5º, XXXVIII, da Constituição Federal estabelece que é reconhecida a instituição do júri, com a organização que lhe der a lei, assegurados: a) a plenitude de defesa; b) o sigilo das votações; c) a soberania dos veredictos; d) a competência para o julgamento dos crimes dolosos contra a vida.

O Código de Processo Penal especifica em seu art. 74, § 1º, que a competência do júri abrange crimes consumados e tentados. Veja-se: "Compete ao Tribunal do Júri o julgamento dos crimes previstos nos arts. 121, §§ 1º e 2º, 122, parágrafo único, 123, 124, 125, 126 e 127 do Código Penal, consumados ou tentados".

↗ **Gabarito: "D".**

4. (TJAL – Escrevente Técnico Judiciário – 2018) Julia, primária e de bons antecedentes, verificando a facilidade de acesso a determinados bens de uma banca de jornal, subtrai duas revistas de moda, totalizando o valor inicial do prejuízo em R$ 15,00 (quinze reais). Após ser presa em flagrante, é denunciada pela prática do crime de furto simples, vindo, porém, a ser absolvida sumariamente em razão do princípio da insignificância. De acordo com a situação narrada, o magistrado, ao reconhecer o princípio da insignificância, optou por absolver Julia em razão da:

A) atipicidade da conduta;
B) causa legal de exclusão da ilicitude;
C) causa de exclusão da culpabilidade;
D) causa supralegal de exclusão da ilicitude;
E) extinção da punibilidade.

↘ **Resolução:**

O princípio da insignificância implica reconhecimento da atipicidade material, apesar de haver a tipicidade formal – subsunção da conduta à literalidade do tipo penal –, em razão de não haver a efetiva lesão ao bem jurídico tutelado (patrimônio). Não existindo lesão ao bem jurídico que o tipo penal quer tutelar, pois o desvalor do resultado é insignificante, não merece o autor da conduta reprimenda de caráter penal.

↗ **Gabarito: "A".**

2. APLICAÇÃO DA LEI PENAL

2.1 Lei penal no tempo

Tem-se por regra a prevalência da lei do tempo do fato (*tempus regit actum*), ou seja, aplica-se a lei vigente quando da realização do fato. Todavia, há exceções. A lei penal pode produzir efeitos a fatos ocorridos tanto antes de sua entrada em vigor quanto após a sua revogação. Esse fenômeno é nomeado como extra-atividade da lei penal, da qual a retroatividade e a ultra-atividade são espécies.

Retroatividade: é a possibilidade de a lei penal retroagir no tempo, regulando os fatos ocorridos antes da sua entrada em vigor.

Ultra-atividade: é a possibilidade de a lei, mesmo depois da sua revogação, continuar a regular os fatos ocorridos durante a sua vigência.

Lex gravior: por força constitucional, lei posterior que de qualquer modo agravar a situação do sujeito não retroagirá (art. 5º, XL). Nesse caso, a lei tem irretroatividade absoluta.

Abolitio criminis: tem-se por *abolitio criminis* a ocorrência de uma nova lei excluir da órbita penal um fato que era considerado crime pela lei anterior. Trata-se de uma hipótese de descriminalização.

Novatio legis in mellius: ocorre quando uma lei nova, sem descriminalizar uma conduta, oferece tratamento mais favorável ao sujeito. Por garantia constitucional, a lei retroagirá, atingindo os fatos anteriores à sua vigência.

Lei posterior que traz benefícios e prejuízos ao réu: na atualidade, temos como entendimento, tanto do STF quanto do STJ, a vedação de extração dos pontos favoráveis de lei anterior e posterior, para benefício do réu. Ambos os tribunais seguem o argumento da doutrina majoritária, que, caso fosse permitida a conjugação de leis, o juiz estaria criando uma terceira lei.

Leis excepcionais e temporárias: de modo excepcional, continuam a viger seus efeitos mesmo após a sua revogação.

Leis excepcionais: são criadas para vigorar em períodos anormais, como guerra, catástrofes naturais etc. Sua duração se estende ao período de duração do fenômeno.

Leis temporárias: são criadas para vigorar em um período de tempo estabelecido previamente pelo legislador. Trazem em sua redação a data de cessação de sua vigência.

Tempo do crime: considera-se praticado o crime no momento da ação ou omissão, ainda que outro seja o momento do resultado. **Teoria da atividade adotada pelo Código.**

> **ATENÇÃO**
>
> **Súmula 711 do STF:** "A lei penal mais severa grave aplica-se ao crime continuado ou ao crime permanente, se a sua vigência é anterior à cessação da continuidade ou da permanência".
>
> **Crime continuado:** é o crime composto por uma diversidade de condutas criminosas, praticadas em momentos e locais diversos, com resultados distintos, todavia, tais condutas são consideradas como crime único, para efeitos da dosimetria penal. Em consequência disso, aplica-se a pena apenas de um crime.
>
> **Crime permanente:** é aquele em que a ação e a consumação se estendem no tempo.

2.2 Lei penal no espaço

A lei penal, em decorrência do princípio da soberania, tem vigência em todo o território de um Estado politicamente organizado, sendo elaborada desse modo para viger dentro dos limites em que o Estado exerce sua soberania. A regra, dessa forma, é que a lei penal tem seu âmbito de aplicação limitado ao país que a editou.

1) Princípio da territorialidade

Adotado como regra pelo Código Penal. Aplica-se a lei brasileira, sem prejuízo de convenções, tratados e regras de direito internacional, ao crime cometido no território nacional.

O território brasileiro compreende, em conformidade com o que dispõe o art. 2º da Lei n. 8.617/93:

Território brasileiro
- Mar territorial
- Espaço aéreo sobrejacente
- Solo e subsolo

São considerados para efeitos penais, como extensão do território brasileiro:

- os navios e aeronaves públicos, onde quer que se encontrem;
- os navios e aeronaves particulares, que se encontrem em alto-mar ou no espaço aéreo.

2) Extraterritorialidade

Há casos em que se torna necessário expandir os efeitos da lei penal, fazendo com que esta ultrapasse seus limites territoriais para regular fatos ocorridos além de sua soberania. Esse fenômeno se chama extraterritorialidade da lei penal.

Extraterritorialidade incondicionada: consiste na aplicação da lei brasileira sem nenhuma condicionante nos crimes esquematizados a seguir:

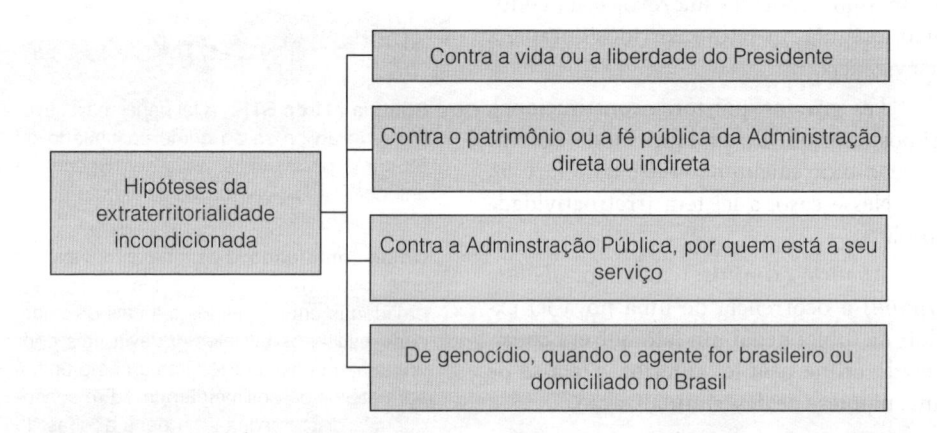

Hipóteses da extraterritorialidade incondicionada:
- Contra a vida ou a liberdade do Presidente
- Contra o patrimônio ou a fé pública da Administração direta ou indireta
- Contra a Adminstração Pública, por quem está a seu serviço
- De genocídio, quando o agente for brasileiro ou domiciliado no Brasil

Extraterritorialidade condicionada: a lei brasileira é aplicada subsidiariamente, quando certos requisitos são satisfeitos. São eles, de forma esquematizada:

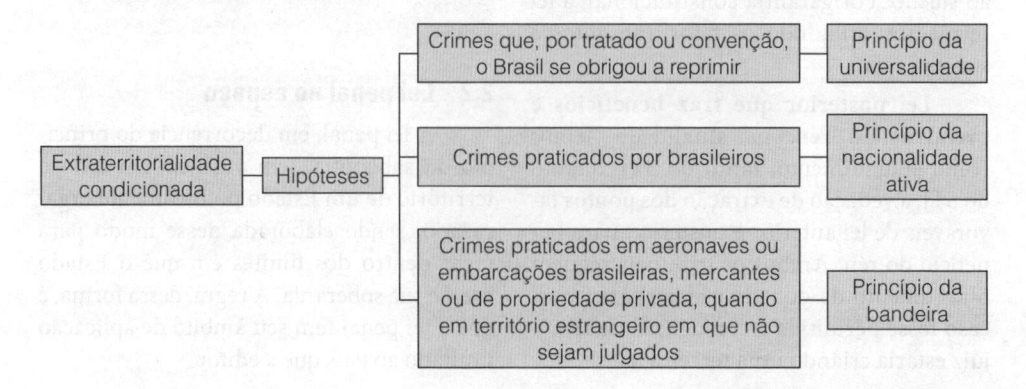

Extraterritorialidade condicionada — Hipóteses:
- Crimes que, por tratado ou convenção, o Brasil se obrigou a reprimir — Princípio da universalidade
- Crimes praticados por brasileiros — Princípio da nacionalidade ativa
- Crimes praticados em aeronaves ou embarcações brasileiras, mercantes ou de propriedade privada, quando em território estrangeiro em que não sejam julgados — Princípio da bandeira

Não bastam as hipóteses supraelencadas; para que a lei penal brasileira seja aplicada, há algumas condições:

- entrar o agente no território nacional;
- ser o fato punível também no país em que foi praticado;
- estar o crime incluído entre aqueles pelos quais a lei brasileira autoriza a extradição;
- não ter sido o agente absolvido no estrangeiro ou não ter aí cumprido a pena;
- não ter sido o agente perdoado no estrangeiro ou, por outro motivo, não estar extinta a punibilidade, segundo a lei mais favorável.

O Código Penal ainda cria a hipótese da **extraterritorialidade hipercondicionada** quando o crime é cometido no estrangeiro e a vítima do delito é um nacional. São condições para a aplicação da lei brasileira:

- entrar o agente no território nacional;
- ser o fato punível também no país em que foi praticado;
- estar o crime incluído entre aqueles pelos quais a lei brasileira autoriza a extradição;
- não ter sido o agente absolvido no estrangeiro ou não ter aí cumprido a pena;
- não ter sido o agente perdoado no estrangeiro ou, por outro motivo, não estar extinta a punibilidade, segundo a lei mais favorável;
- não ser solicitada ou negada a extradição;
- haver requisição do Ministro da Justiça.

Lugar do crime: considera-se praticado o crime no lugar em que ocorreu a ação ou omissão, no todo ou em parte, bem como onde se produziu ou deveria produzir-se o resultado. Teoria mista adotada pelo Código.

2.3 Questões

1. **(TRF 1ª Região – Analista Judiciário – 2011)** Paulo foi condenado à pena de 6 anos de reclusão, mínima prevista para o delito que cometeu, em regime inicial fechado. A sentença transitou em julgado. Lei posterior ao trânsito em julgado da sentença reduziu a pena mínima para o delito por cuja prática havia sido condenado para 3 anos de reclusão. Três anos após o trânsito em julgado da sentença e dois anos após a publicação dessa lei, Paulo foi preso e começou a cumprir a pena privativa de liberdade. Nesse caso, Paulo:

A) tem direito à redução da pena que lhe foi imposta com fundamento no novo patamar estabelecido pela lei nova.

B) não tem direito à redução da pena, porque a lei nova que a reduziu entrou em vigor após o trânsito em julgado da sentença condenatória.

C) não tem direito à redução da pena, porque, em decorrência do princípio da anterioridade da lei penal, aplica-se a lei em vigor à época do fato delituoso.

D) não tem direito à redução da pena, porque estava foragido, podendo, apenas, pleitear o seu cumprimento em regime menos rigoroso.

E) só teria direito à redução da pena se tivesse sido preso e iniciado o cumprimento da pena antes de entrar em vigor a lei que a reduziu.

↘ **Resolução:**
A lei penal mais benéfica sempre favorece o autor do crime, mesmo que já tenha se encerrado a execução da pena (art. 2º do CP).

↗ **Gabarito: "A".**

2. **(TRF 3ª Região – Analista Judiciário – 2007)** Sobre a aplicação da lei penal, considere:

I. A lei excepcional ou temporária não se aplica ao fato praticado durante sua vigência, se decorrido o período de sua duração ou cessadas as circunstâncias que a determinaram.

II. Considera-se praticado o crime no momento da ação ou omissão, ainda que outro seja o momento do resultado.

III. A lei brasileira não se aplica aos crimes contra o patrimônio ou a fé pública da União, do Distrito Federal, de Estado, de Território, de Município, de empresa pública, sociedade de economia mista, autarquia ou fundação instituída pelo Poder Público, se praticados no estrangeiro.

IV. Considera-se praticado o crime no lugar em que ocorreu a ação ou omissão, no todo ou em parte, bem como onde se produziu ou deveria produzir-se o resultado.

V. Aplica-se a lei brasileira, embora cometidos no estrangeiro, aos crimes contra a administração pública praticados por qualquer pessoa.

Está correto o que se afirma APENAS em:
A) I e III.
B) I e V.
C) II e III.
D) II e IV.
E) III, IV e V.

↳ **Resolução:**
II. Está correto em razão da teoria da atividade, pois o tempo do crime é a data da ação ou omissão.

IV. Está correto em razão da teoria da ubiquidade, visando a garantir a aplicação da norma brasileira, cuja conduta consumou-se em território brasileiro.

↗ **Gabarito: "D".**

3. **(TJRO – Escrevente Técnico Judiciário – 2015)** No dia 25 de fevereiro de 2014, na cidade de Ariquemes, Felipe, nascido em 3 de março de 1996, encontra seu inimigo Fernando na rua e desfere diversos disparos de arma de fogo em seu peito com intenção de matá-lo. Populares que presenciaram os fatos, avisaram sobre o ocorrido a familiares de Fernando, que optaram por transferi-lo de helicóptero para Porto Velho, onde foi operado. No dia 5 de março de 2014, porém, Fernando não resistiu aos ferimentos causados pelos disparos e veio a falecer ainda no hospital de Porto Velho. Considerando a situação hipotética narrada e as previsões do Código Penal sobre tempo e lugar do crime, é correto afirmar que, em relação a estes fatos, Felipe será considerado:

A) inimputável, pois o Código Penal adota a Teoria da Atividade para definir o tempo do crime, enquanto que o lugar do crime é definido pela Teoria da Ubiquidade;

B) inimputável, pois o Código Penal adota a Teoria da Atividade para definir o tempo do crime, enquanto que o lugar é definido pela Teoria do Resultado;

C) imputável, pois o Código Penal adota a Teoria do Resultado para definir tanto o tempo quanto o lugar do crime;

D) imputável, pois o Código Penal adota a Teoria da Ubiquidade para definir o momento do crime, enquanto que a Teoria da Atividade determina o lugar;

E) inimputável, pois o Código Penal adota a Teoria da Atividade para definir tanto o tempo quanto o local do crime.

↳ **Resolução:**
No momento da prática criminosa Ariquemes tinha 17 anos, portanto é inimputável. Além disso, o tempo do crime é conectado à teoria da atividade (art. 4º do CP) e baseado no momento da realização da ação ou da omissão, já a teoria do crime é definida pela teoria da ubiquidade (também chamada de mista), e o lugar do crime se dá onde ocorreu a prática criminosa ou onde se produziu ou deveria produzir seus resultados (art. 6º do CP).

↗ **Gabarito: "A".**

4. **(TJRO – Escrevente Técnico Judiciário – 2012)** Considere que um homem tenha sido denunciado pela prática de estelionato e que, durante a ação penal, tenha entrado em vigor uma nova lei que prevê diminuição da pena aplicável ao referido crime. Nessa situação hipotética, consoante disposições do Código Penal, a lei nova:

A) não se aplica ao crime em tela, uma vez que o fato criminoso que originou a ação penal foi praticado anteriormente à vigência da nova lei.

B) aplica-se ao crime em tela, independentemente do conteúdo material, dado que a lei penal obedece ao princípio da retroatividade.

C) aplica-se ao crime em tela, visto que a lei penal obedece ao princípio da retroatividade, caso caracterize-se situação em que o acusado será beneficiado.

D) pode ser aplicada ao crime em tela, desde que não tenha ocorrido o trânsito em julgado de sentença penal condenatória, situação que impede a retroatividade da lei nova.

E) não se aplica ao crime em tela, conforme o princípio da irretroatividade, visto que a ação penal já estava em curso quando a nova lei passou a vigorar.

↘ **Resolução:**
Regra geral, a lei penal jamais retroagirá, exceto para beneficiar o réu, ainda que haja sentença condenatória transitada em julgado.
↗ **Gabarito: "C".**

5. **(TJAL – Escrevente Técnico Judiciário – 2018)** Disposições constitucionais e disposições legais tratam do tema aplicação da lei penal no tempo, sendo certo que existem peculiaridades aplicáveis às normas de natureza penal. Sobre o tema, é correto afirmar que:

A) a lei penal posterior mais favorável possui efeitos retroativos, sendo aplicável aos fatos anteriores, desde que até o trânsito em julgado da ação penal;

B) a *abolitio criminis* é causa de extinção da punibilidade, fazendo cessar os efeitos penais e civis da condenação;

C) a lei penal excepcional, ainda que mais gravosa, possui ultratividade em relação aos fatos praticados durante sua vigência;

D) os tipos penais temporários poderão ser criados através de medida provisória;

E) a combinação de leis favoráveis, de acordo com a atual jurisprudência do Superior Tribunal de Justiça, é admitida no momento da aplicação da pena.

↘ **Resolução:**
A lei excepcional encontra previsão legal no art. 3º do Código Penal, que tem a seguinte redação: "A lei excepcional ou temporária, embora decorrido o período de sua duração ou cessadas as circunstâncias que a determinaram, aplica-se ao fato praticado durante sua vigência". A lei excepcional aplica-se a situações anômalas que justificam a sua ultratividade, pois visa a justamente resguardar os fatos ocorridos em circunstâncias extraordinárias, configurando exceção ao princípio da retroatividade da lei mais favorável ao réu.
↗ **Gabarito: "C".**

6. **(TJMT – Escrevente Técnico Judiciário – 2016)** Sobre a aplicação da lei penal, de acordo com o Decreto-Lei n. 2.848, de 7 de dezembro de 1940, Código Penal, marque V para as afirmativas verdadeiras e F para as falsas.

( ) Não há crime sem lei posterior que o defina.
( ) Considera-se praticado o crime no momento da omissão, ainda que outro seja o momento do resultado.
( ) Considera-se como extensão do território nacional, para efeitos penais, a aeronave de propriedade privada, que se ache no espaço aéreo correspondente.
( ) Não fica sujeito à lei brasileira, embora cometido no estrangeiro, o crime contra a liberdade do Presidente da República.

Assinale a sequência correta.

A) V, F, F, V.
B) F, V, V, F.
C) V, V, F, F.
D) F, F, V, V.

↘ **Resolução:**
A assertiva II está em conformidade com o art. 4º do Código Penal. Vale destacar que o tempo do crime é baseado na teoria da atividade. E a assertiva III está de acordo com o art. 5º, § 1º (parte final), do Código Penal.
↗ **Gabarito: "B".**

7. **(TJAL – Escrevente Técnico Judiciário – 2018)** Paulo, funcionário público do governo brasileiro, quando em serviço no exterior, vem a praticar um crime contra a administração pública. Descoberto o fato, foi absolvido no país em que o fato foi praticado. Diante desse quadro, é correto afirmar que Paulo:

A) não poderá ser julgado de acordo com a lei penal brasileira por já ter sido absolvido no estrangeiro.

B) somente poderá ser julgado de acordo com a legislação penal brasileira se entrar no território nacional.

C) não poderá ter contra si aplicada a lei penal brasileira porque o fato não ocorreu no território nacional.

D) poderá, por força do princípio da defesa real ou proteção, ser julgado de acordo com a lei penal brasileira.

E) poderá, com fundamento no princípio da representação, ser julgado de acordo com a lei penal brasileira.

↳ **Resolução:**

O princípio que embasa a aplicação incondicionada da lei brasileira ao crime cometido no estrangeiro contra a Administração Pública por quem está a seu serviço é o princípio real ou da defesa. Trata-se de princípio que inclui as hipóteses de aplicação da lei brasileira por se tratar de ofensa ao Estado brasileiro de forma direta. Mencionado princípio também justifica a aplicação da lei brasileira de forma incondicionada nos casos de atentado à vida ou à liberdade do Presidente da República (art. 7º, I, *a*, do CP), ao patrimônio ou à fé pública da União, do Distrito Federal, de estado, território, município, empresa pública, sociedade de economia mista, autarquia ou fundação instituída pelo Poder Público (art. 7º, I, *b*, do CP).

↗ Gabarito: "D".

3. TEORIA DO CRIME

O crime pode ser analisado sob três aspectos:

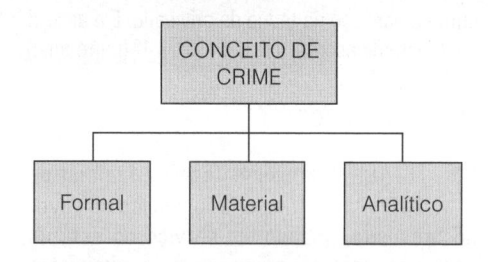

```
          CONCEITO DE
             CRIME
         /     |     \
      Formal Material Analítico
```

Diferente dos Códigos Penais anteriores, o Código atual não definiu um conceito de crime, desse modo, tal tarefa foi designada para a doutrina.

Sob o **aspecto formal**, não se analisa o crime em seu conteúdo, mas se valora tão somente a ilegalidade, sendo o crime, portanto, qualquer conduta legalmente punível.

Já o **aspecto material** dirige a sua atenção ao bem violado diante do desrespeito à lei.

No **aspecto analítico**, busca-se analisar, por meio de um prisma jurídico, os elementos que compõem o crime. Há um raciocínio em relação ao crime por etapas. Assim, sob esse ângulo, o crime é fato típico e culpável.

> **ATENÇÃO**
>
> Sob o aspecto analítico do conceito de crime, existem duas teorias: tripartida e bipartida. A primeira defende que a culpabilidade é elemento do crime, enquanto a segunda exclui a culpabilidade. Defende Damásio de Jesus[1] que, se a culpabilidade fosse elemento do crime, aquele que, dolosamente, adquirisse um produto de roubo cometido por um menor não cometeria receptação, pois, se o menor não cometesse o crime, ante a ausência de culpabilidade, o receptador não teria adquirido um produto desse crime.

3.1 Elementos do crime

1) Fato típico

O fato típico é composto dos seguintes elementos: conduta dolosa ou culposa, comissiva ou omissiva; resultado; nexo de causalidade entre a conduta e o resultado; e tipicidade.

a) Conduta

A conduta pode ser comissiva ou omissiva.

A **conduta comissiva** é praticada de modo positivo pelo agente, por meio de uma ação, que se manifesta por intermédio de um movimento corpóreo tendente a uma finalidade ilícita.

A **conduta omissiva** é um comportamento negativo, em que se espera uma ação do agente, mas este não a faz. A conduta omissiva desatende a uma ordem imperativa, em que a norma exigia que o agente agisse e este se omitiu. A omissão pode ser: própria ou imprópria.

Omissão própria: a conduta negativa vem descrita no preceito primário da lei penal, de modo que aquele que se omite responde por sua própria conduta, independentemente de qualquer resultado. Ex.: omissão de socorro (art. 135 do CP); omissão de notificação de doença (art. 269 do CP).

---

[1] JESUS, Damásio de. *Direito penal*. 29. ed. São Paulo: Saraiva, 2009, p. 107.

Nesses crimes, a simples omissão é suficiente para a consumação, independentemente de qualquer resultado. Percebam que, nesses crimes, o agente não tem o dever jurídico de agir, mas, sim, um dever genérico de proteção. Trata-se de uma imposição legal de proteção a um bem jurídico, cuja desconsideração do comando normativo por omissão ajusta a conduta à situação tipificada.

Omissão imprópria: o agente tinha o dever jurídico de agir, mas não faz o que deveria ser feito. A omissão, nesta hipótese, passa a ganhar relevância social, uma vez que se tem uma norma imperativa dizendo o que o agente deveria fazer. Em decorrência disso, aquele que se omitiu responde não somente pela omissão como simples conduta, mas também pelo resultado produzido.

O próprio Código Penal prevê, por meio do art. 13, § 2º, quando a omissão é relevante e estabelece em quais hipóteses o omitente deveria agir para evitar o resultado.

- **Por dever legal:** a primeira hipótese descrita na alínea a refere-se ao dever legal, em que se obriga alguém a cuidar, proteger, vigiar um determinado bem jurídico. São exemplos: os pais na obrigação de alimentarem seus filhos; os policiais em serviço etc.

Desse modo, a mãe que deixar de alimentar o filho, fazendo com que este venha a óbito, responderá por homicídio doloso, uma vez que ela tinha o dever legal de proteção do filho. Percebam que não se trata da omissão de socorro, prevista no art. 135 do Código Penal.

- **Por dever de garantidor:** o sujeito se subordina ao comando legal, sendo responsável por evitar o resultado, uma vez que assume tal responsabilidade de maneira prévia. Trata-se, neste caso, do dever do garantidor. Podemos citar como exemplos o médico que presta serviço de urgência em um pronto-socorro (dever gerado pela vontade unilateral); o guarda que é contratado para vigiar uma casa; a babá que é contratada para cuidar de uma criança (deveres gerados por contrato).

- **Por ingerência na norma:** trata-se da hipótese em que o agente, com seu comportamento anterior, criou o risco para a produção do resultado. Desse modo, podemos citar como exemplo o agente que instiga um indivíduo que não sabe nadar a atravessar um rio.

b) Resultado

Trata-se de uma modificação do mundo exterior provocado pelo comportamento humano voluntário. Há duas espécies de resultado: **jurídico** e **naturalístico**.

Sob o aspecto **jurídico**, o resultado é toda lesão ou ameaça de lesão a um interesse penalmente relevante. Percebam que todo crime tem um resultado jurídico, uma vez que todo crime agride um bem jurídico penalmente protegido.

Temos que o **resultado naturalístico** é a modificação provocada pela conduta do agente que repercute no mundo real, ou seja, é a conduta cujo resultado é capaz de alterar o mundo real.

c) Nexo de causalidade

O terceiro elemento do fato típico é o nexo de causalidade, que une o comportamento humano a um resultado material, com a finalidade de averiguar se o resultado é imputável ao sujeito. Desse modo, para averiguar se uma conduta é causa do resultado, basta retirá-la da série causal e averiguar se o resultado continua o mesmo; caso continue, tal conduta é causa. Esse sistema de aferição foi preconizado por Thyrén, nomeado como procedimento hipotético de eliminação.

d) Tipicidade

É a conformidade do fato praticado pelo agente com a moldura abstratamente descrita na lei penal. Um fato, para ser considerado como fato típico, precisa se adequar a um modelo descrito em lei. A conduta, para ser tipificada como criminosa, deve estar prevista em um tipo penal como proibida. A **adequação típica pode ser dar de forma direta ou de forma indireta**. A adequação típica imediata ocorre quando o fato se subsume imediatamente no modelo legal, sem a necessidade de se recorrer a outra norma, por exemplo: subtrair coisa alheia móvel, conduta que se amolda de forma imediata ao tipo descrito no art. 155 do Código Penal (furto). Já na adequação típica mediata, há necessidade de se recorrer a uma norma secundária, de caráter extensivo. Percebam que, nesse caso, o fato praticado pelo agente não se amolda diretamente ao modelo descrito pelo tipo. Ex.: no crime de homicídio tentado, há necessidade de ser recorrer ao art. 14, II, do Código Penal.

3.2 Questões

1. **(TJSC – Escrevente Técnico Judiciário – 2018)** Durante uma tragédia causada pela natureza, Júlio, que caminhava pela rua, é arrastado pela força do vento e acaba se chocando com uma terceira pessoa, que, em razão do choque, cai de cabeça ao chão e vem a falecer. Sobre a consequência jurídica do ocorrido, é correto afirmar que:

A) a tipicidade do fato restou afastada por ausência de tipicidade formal, apesar de haver conduta por parte de Júlio;

B) a tipicidade do fato restou afastada, tendo em vista que não houve conduta penal por parte de Júlio;

C) o fato é típico, ilícito e culpável, mas Júlio será isento de pena em razão da ausência de conduta;

D) a conduta praticada por Júlio, apesar de típica e ilícita, não é culpável, devendo esse ser absolvido;

E) a conduta praticada por Júlio, apesar de típica, não é ilícita, devendo esse ser absolvido.

↳ **Resolução:**
De acordo com todas as teorias aceitas no Direito Penal, o evento não configurou uma conduta penal. O choque do seu corpo com o da terceira pessoa ocorreu sem qualquer ingerência da vontade de Júlio. Não houve, portanto, no fato ocorrido, nenhuma ação livre de Júlio cujo corpo só se encontrava nas circunstâncias descritas em razão do vento desmedido. Com efeito, não há que se falar em conduta penal. Não havendo conduta, o fato sequer pode ser considerado típico e, como consequência, fica prejudicada qualquer análise acerca da ilicitude e da culpabilidade.

↗ **Gabarito: "B".**

2. **(TJMG – Escrevente Técnico Judiciário – 2010)** Quando o resultado do crime surge ao mesmo tempo em que se desenrola a conduta como no crime de injúria verbal, é CORRETO defini-lo como:

A) crime de mera conduta.

B) crime impróprio.

C) crime formal.

D) crime material.

↳ **Resolução:**
Os crimes formais dispensam a ocorrência do resultado, sendo este mero exaurimento. Neles, o resultado não ocorre sempre conjuntamente com a conduta, como no crime de corrupção passiva.

↗ **Gabarito: "C".**

4. TIPO PENAL DOLOSO

4.1 Dolo

1) Dolo direto

O agente quer o resultado e **sua vontade é dirigida a um fato típico**. Desse modo, nesse tipo de dolo, pratica sua conduta dirigida a um fim (a produção do resultado por ele pretendido inicialmente). **O Código Penal, em relação ao dolo direto, adotou a teoria da atividade**, a qual concebe o dolo como a vontade dirigida a um resultado, em que o agente tem vontade de realizar a ação e, em decorrência desta, obter um resultado.

2) Dolo eventual

O sujeito tem previsibilidade do resultado, todavia, embora não queira produzi-lo, continua com sua conduta, de modo que acaba consentindo com uma possível reprodução deste. O agente não quer praticar diretamente o delito, contudo, não se abstém de agir, fato que faz com que ele assuma o risco de produzir o resultado, que já era previsto.

O dolo pode ser ainda:

- **Dolo natural:** espécie de dolo adotada pela teoria finalista, na qual é concebido como um elemento puramente psicológico, desprovido de qualquer juízo de valor, sendo composto tão somente pela consciência e vontade.
- **Dolo normativo:** é o dolo concebido pela teoria clássica; constitui a culpabilidade.
- **Dolo genérico:** é a vontade de realizar o fato descrito em lei, sem nenhuma finalidade especial; consiste em mera vontade de praticar o verbo do tipo.
- **Dolo específico:** diferentemente, nesta espécie de dolo, o agente realiza a conduta com uma finalidade específica.
- **Dolo de dano:** consiste em uma simples vontade de produzir uma lesão a um bem jurídico penalmente protegido.
- **Dolo de perigo:** consiste na vontade de expor um bem jurídico a perigo de lesão.
- **Dolo de primeiro grau:** consiste na vontade de produzir as consequências primárias do delito, ou seja, o resultado almejado é o que está descrito no preceito primário da norma.
- **Dolo de segundo grau:** o agente tem por vontade praticar determinado delito, todavia, da prática deste decorrem efeitos colaterais, consequências secundárias da conduta que não eram desejadas no início. O agente não pode chegar ao desejado sem cometer atos acessórios.
- **Dolo geral:** também conhecido como erro sucessivo ou *aberratio causae*. Esta espécie de dolo ocorre quando o agente, na intenção de praticar determinado fato descrito em lei, realiza a conduta proibida e pratica, sucessivamente, uma nova ação diversa da primeira, como um mero exaurimento do crime, acreditando que este já tinha se consumado na primeira ação. O fato é que o resultado advém da segunda ação empregada contra a vítima.

4.2 Questões

1. (TJPE – Escrevente Técnico Judiciário – 2007) Em relação ao Dolo e a Culpa, é INCORRETO afirmar que:

A) age com culpa por negligência, o agente que por inércia psíquica ou indiferença, podendo tomar as cautelas exigíveis, não o faz por displicência.

B) salvo os casos expressos em lei, ninguém pode ser punido por fato previsto como crime, senão quando o pratica dolosamente.

C) a quantidade da pena para o crime não varia segundo a espécie de dolo.

D) na culpa consciente o agente prevê o resultado, mas espera, sinceramente, que não ocorra, enquanto na culpa inconsciente o agente não prevê o resultado que é previsível.

E) no dolo eventual ou também chamado de culpa própria, o agente realiza a conduta com a vontade firme e definida de obter o resultado pretendido.

↘ **Resolução:**

O dolo eventual ocorre quando o agente, sem querer produzir o resultado, assume o risco de produzi-lo.

↗ **Gabarito: "E".**

5. TIPO PENAL CULPOSO

No crime culposo, o agente não quer o resultado, todavia, **responde pela sua inobservância de um dever objetivo de cuidado**. A culpa, assim como o dolo, é um elemento normativo da conduta.

O Código elenca três maneiras de violação de um dever objetivo de cuidado, as quais serão analisadas a seguir:

- **Imprudência:** o agente age sem cautela, não se utilizando de seus poderes inibidores. Trata-se de um comportamento positivo, o agente neste caso faz, mas sem o cuidado necessário, de modo não prudente.
- **Negligência:** aqui, a culpa se dá de modo negativo, **o agente deixa de tomar o cuidado devido – antes de começar a agir**, o negligente não toma as cautelas devidas, por displicência ou preguiça mental.
- **Imperícia:** aqui, a culpa ocorre pela inaptidão técnica em profissão ou atividade. O agente não tem conhecimento e habilidade para o exercício de determinada conduta.

São modalidades de culpa:

Culpa consciente: nesta, o resultado é previsível, mas não é levado em consideração pelo agente, que continua a praticar a conduta, acreditando piedosamente que esse resultado não irá ocorrer.

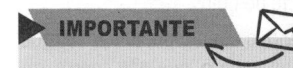

> **IMPORTANTE**
>
> Tanto a culpa consciente quanto o dolo eventual possuem previsibilidade do resultado, mas se distinguem, uma vez que, na culpa consciente, o agente tem previsibilidade do resultado, mas acredita que o evento não possa ocorrer, e no dolo eventual, o resultado também é previsível, mas o agente consente com ele.

Culpa inconsciente: nesta, o agente não prevê o resultado, que era previsível. O agente não conhece o perigo que sua conduta pode oferecer a um bem jurídico alheio, protegido pelo direito penal.

A culpa pode, ainda, ser classificada em:

- **Própria:** nesta, o agente não quer o resultado nem assume o risco de produzi-lo. É a culpa propriamente dita.
- **Imprópria:** é aquela que o agente, por erro de tipo inescusável, supõe estar diante de uma causa de justificação que lhe permita praticar, licitamente, um fato que esteja tipificado como crime. Ou seja, o agente parte do pressuposto de que está protegido por uma causa de exclusão de ilicitude.

> **ATENÇÃO**
>
> Diferentemente do que no ocorre no Direito Civil (art. 945 do CC), as culpas não podem ser compensadas na esfera penal. Podemos dizer que há concorrência de culpas quando dois indivíduos concorrem de modo culposo para a produção do resultado, tipificado como criminoso.

São elementos do crime culposo:

- conduta humana voluntária, comissiva ou omissiva;
- não observação de um dever objetivo de cuidado;
- resultado lesivo que o agente não queria, e pelo qual não assumiu o risco;
- nexo de causalidade, que une a conduta do agente que deixa de observar seu dever de cuidado e o resultado não querido e lesivo dela advindo;
- tipicidade, podendo-se falar em crime culposo quando há previsão legal expressa para tal modalidade de crime;
- previsibilidade, que pode ser objetiva ou subjetiva.

5.1 Questões

1. **(TJMG – Escrevente Técnico Judiciário – 2010)** Analise as seguintes afirmativas e assinale a CORRETA.
   - A) Casa de albergado é para cumprimento de pena dos condenados primários.
   - B) Não há tentativa em crime culposo.
   - C) No concurso material de crimes o agente, mediante uma só ação ou omissão, pratica dois ou mais crimes.

D) Partícipes são os que realizam ações rápidas essenciais, descritas no tipo.

↳ **Resolução:**

Em regra, não existe tentativa em crime culposo. Porém, há a exceção da culpa imprópria. Esta se verifica quando o agente prevê e quer o resultado, contudo, atua em erro vencível.

↗ **Gabarito: "B".**

2. **(TJPE – Escrevente Técnico Judiciário – 2017)** A culpa é elemento constituidor do crime, ou seja, sua presença se faz essencial para avaliação da responsabilidade penal do agente por ato considerado ilícito. Nesse sentido, a culpa apresenta diversas nuances capazes de serem identificadas a partir do estudo minucioso dos termos contidos na legislação pátria. Sobre o tema, assinale a alternativa que não contém descrição de ato culposo relevante aos olhos do Direito Penal:

A) Realização de ato sem a necessária aptidão técnica para o exercício da função ou ofício.

B) Prática de ato tido como perigoso, agindo com precipitação e sem cautela.

C) Realização de ato cujo resultado danoso é sabido pelo agente e lhe causa indiferença.

D) Exercício de ato sem precaução quanto a eventual resultado danoso.

E) Prática de ato cujo resultado danoso é previsto, mas há certeza por parte do agente quanto a sua não ocorrência.

↳ **Resolução:**

A realização da alternativa "C" é o chamado dolo eventual, em que o agente não quer o resultado danoso, todavia, assume o risco de produzir o resultado.

↗ **Gabarito: "C".**

6. CRIME CONSUMADO

O crime é consumado quando nele se reúnem todos os elementos de sua definição legal.

A consumação em algumas espécies de crimes:

Crimes materiais: a consumação se dá com a produção do resultado naturalístico. Ex.: no homicídio, o crime se consuma com a morte da vítima.

Crimes formais: a consumação se dá com a simples atividade do agente, independentemente de qualquer resultado. Ex.: na extorsão mediante sequestro, o crime se consuma no momento do sequestro com o intuito de obter vantagem.

Crimes de mera conduta: a consumação se dá com a simples ação ou omissão delituosa. Ex.: na violação de domicílio, o crime se consuma com o simples fato de o agente entrar ou permanecer em uma residência sem permissão.

7. TENTATIVA

Consideramos como crime tentado aquele em que o agente inicia a execução, mas não alcança sua consumação, por circunstâncias alheias à sua vontade.

Há dois requisitos para que o crime seja tentado:
- que a execução do crime tenha se iniciado;
- que a consumação não ocorra por circunstâncias alheias à vontade do agente.

> **IMPORTANTE**
>
> A adequação típica nos casos de tentativa trata-se de uma subordinação mediata ou indireta, pois a adequação se dá por meio de uma norma de extensão.

> **ATENÇÃO**
>
> O Código Penal, no que tange à tentativa, adota a teoria objetiva, pela qual não se pune a intenção, mas o efetivo percurso objetivo do crime.

7.1 Questão

1. **(TRF 1ª Região – Analista Judiciário – 2017)** Julgue o próximo item, relativo ao instituto da tentativa.

No que concerne à punibilidade da tentativa, o Código Penal adota a teoria objetiva.
A) Certo.
B) Errado.

↳ **Resolução:**
Enquanto os atos realizados não forem aptos à consumação ou quando ainda não estiverem inequivocamente vinculados a ela, o crime permanece na fase de preparação. Assim, só haverá a execução quando praticado o primeiro ato capaz de levar ao resultado consumativo.

↗ **Gabarito: "Certo".**

8. DESISTÊNCIA VOLUNTÁRIA

O agente também busca o resultado, mas, de modo voluntário, desiste ainda na prática dos atos de execução, não se utilizando de todos os meios que estavam ao seu alcance para que o crime se consumasse.

9. ARREPENDIMENTO EFICAZ

O agente esgota todos os meios que tinha para chegar à consumação do crime, todavia, arrepende-se e evita a ocorrência do resultado. A consequência do arrependimento eficaz é o mesmo da desistência voluntária, ou seja, o agente responde tão somente pelos atos já praticados. Percebam que, do mesmo modo, o agente desiste voluntariamente, sem nenhuma coação, ou circunstância alheia à sua vontade.

10. ARREPENDIMENTO POSTERIOR

No arrependimento posterior, o agente, de modo voluntário, após a produção do resultado, ou seja, depois que o crime se consuma, se arrepende e repara o dano ou restitui a coisa. A consequência jurídica do arrependimento posterior é a causa de diminuição da pena de 1/3 a 2/3. **São requisitos para a configuração do arrependimento posterior:**

- que o crime seja cometido sem grave violência ou grave ameaça à pessoa;
- que se tenha a reparação do dano ou restituição da coisa;
- que exista a voluntariedade do agente; ele não pode, por meio de coação, restituir a coisa ou reparar o dano;
- que o arrependimento se dê até o recebimento da denúncia ou da queixa.

10.1 Questão

1. **(TRF 1ª Região – Analista Judiciário – 2017)** Acerca dos institutos penais da desistência voluntária, do arrependimento eficaz e do arrependimento posterior, julgue o item a seguir.

É admissível a incidência do arrependimento eficaz nos crimes perpetrados com violência ou grave ameaça.
A) Certo.
B) Errado.

↳ **Resolução:**
O arrependimento eficaz incide em crimes perpetrados com violência ou grave ameaça, impedindo o resultado danoso de ocorrer, conforme descreve o art. 15 do Código Penal.

↗ **Gabarito: "Certo".**

11. CRIME IMPOSSÍVEL

O crime impossível é aquele que, por ineficácia absoluta do meio empregado ou pela impropriedade absoluta do objeto material, é impossível de se consumar. Observem que não se trata de isenção de pena, mas, sim, de uma causa geradora de atipicidade. O tipo incriminador não concebe uma ação possível de se fazer.

12. ERRO DE TIPO

Existem duas formas de erro de tipo:

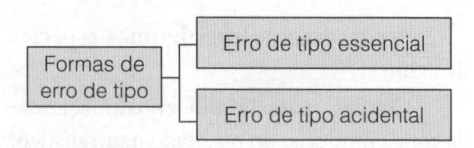

- Formas de erro de tipo
  - Erro de tipo essencial
  - Erro de tipo acidental

1) Erro de tipo essencial

O erro recai sobre elementares, circunstâncias ou qualquer outro dado que se agregue à figura típica. O erro de tipo essencial pode ser: vencível (inescusável, injustificável, que poderia ser evitado) ou invencível (escusável, justificável, que não poderia ser evitado).

- **Vencível:** é o erro que pode ser evitado caso o agente empregue uma mediana prudência. Ou seja, **o erro poderia ser evitado, o agente deveria ter empregado um mínimo de cuidado**.
- **Invencível:** o agente, mesmo tomando todas as cautelas necessárias, não pode evitá-lo, dadas as circunstâncias em que se encontra. Qualquer indivíduo nessa situação incorreria em erro também. No erro de tipo invencível, afastam-se o dolo e a culpa, assim, o fato que até então era típico, torna-se atípico. O erro não pode ser evitado, mesmo com o emprego de uma diligência mediana.

2) Erro de tipo acidental

Incide sobre um dado secundário, irrelevante, não impedindo o agente de saber que pratica um crime, não exclui o dolo, e o agente responde pelo crime como se não houvesse erro.

São formas de erro de tipo acidental:

```
Formas de erro de tipo
├── Erro sobre o objeto
├── Erro sobre a pessoa
├── Erro na execução
├── Aberratio criminis
└── Aberratio causae
```

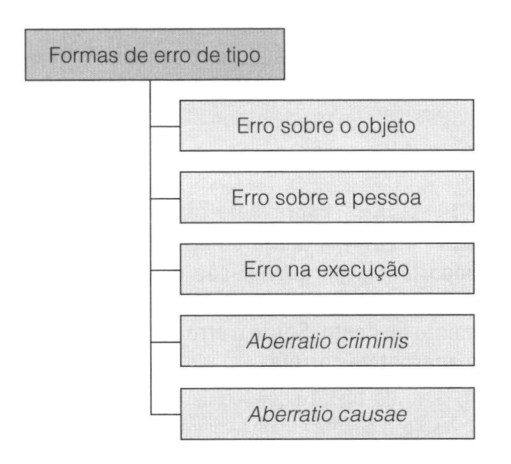

Erro sobre o objeto (*error in re*): o agente visa a atentar contra determinado objeto, iniciando a empreitada criminosa, mas, por conta de um erro, acaba acertando objeto diverso, ou seja, aquele que ele não pretendia. O erro é absolutamente irrelevante, e, não trazendo qualquer consequência jurídica, o agente responderá pelo crime de furto, não se afastando o dolo.

Error in persona: o sujeito visa a atingir uma pessoa, todavia, por erro, atinge outra, ou seja, tem por objetivo ofender determinada pessoa, mas acaba ofendendo um inocente. A consequência jurídica está prevista no art. 20, § 3º: "O erro quanto à pessoa contra a qual o crime é praticado não isenta de pena". **Aqui, o agente responde pelo crime como se tivesse praticado contra a pessoa visada**.

Aberratio ictus: aqui, por errar o alvo, o agente atinge outra pessoa, e não a pretendida, ou seja, ocorre um erro na execução do crime. No *aberratio ictus*, o agente sabe que A é A, mas acaba atingindo B, devido a um erro na execução. Pode ser de duas espécies:

- *Aberratio ictus* **com unidade simples ou resultado único:** o agente, em vez de atingir a pessoa pretendida (virtual), acaba acertando um terceiro inocente, não por confusão, mas por erro na execução/alvo, de modo que a vítima virtual não sofre nenhuma lesão.
- *Aberratio ictus* **com unidade complexa ou resultado complexo:** nesta hipótese, o agente atinge a vítima pretendida e também um terceiro inocente. Assim, dois resultados são produzidos: aquele que o agente pretendia e outro não querido. O agente responde pelos dois crimes, em concurso formal.

Aberratio causae **(dolo geral, erro sucessivo):** neste, a aberração se dá na causa do resultado do crime, o erro incide sobre o curso causal. **Incluem-se também na *aberratio causae* as situações em que ocorre o** chamado dolo geral, em que o agente, acreditando que o crime já havia se consumado (resultado pretendido), pratica outro ato, sendo este o responsável pela real consumação do crime.

Aberratio criminis (erro sobre o crime): aqui, o agente quer atingir um determinado bem jurídico, todavia, por erro na execução, acerta um bem diverso. **Percebam que o agente, nesta hipótese,** não atinge uma pessoa em vez de outra, mas comete um crime no lugar de outro. Pode ser de duas espécies:

- *Aberratio criminis* **com unidade simples ou resultado único:** o agente, neste caso, atinge apenas o bem jurídico, que ele não pretendia atingir. A consequência jurídica é que ele responde apenas pelo resultado produzido se este for previsto como crime culposo.

    Pode ocorrer em duas hipóteses:

    ✓ **O agente quer atingir uma pessoa e acaba atingindo uma coisa:** não responderá pelo crime de dano, uma vez que não existe crime de dano culposo. Todavia, poderá responder por tentativa de homicídio ou tentativa de lesão corporal.

    ✓ **O agente quer atingir uma coisa e acaba atingindo uma pessoa:** responderá apenas pelo resultado produzido em relação à pessoa.

- *Aberratio criminis* **com unidade complexa ou resultado duplo:** nesta hipótese, tanto o bem diverso quanto o bem visado são atingidos. A consequência jurídica é a aplicação da regra do concurso formal, aplicando ao agente a pena do crime mais grave, acrescida de 1/6 até a metade.

Erro determinado por terceiro: no erro provocado por terceiro, o agente é induzido ao erro. Assim prevê o art. 20, § 2º. Responde pelo crime o terceiro que determina o erro. A consequência jurídica é a responsabilização penal somente daquele que provocou, induziu o terceiro ao erro.

12.1 Questões

1. **(TRF 4ª Região – Analista Judiciário – 2014)** Com uma velha espingarda, o exímio atirador Caio matou seu próprio e amado pai Mélvio. Confundiu-o de longe ao vê-lo sair sozinho da casa de seu odiado desafeto Tício, a quem Caio realmente queria matar. Ao morrer, Mélvio vestia o peculiar blusão escarlate que, de inopino, tomara emprestado de Tício, naquela tão gélida quanto límpida manhã de inverno. O instituto normativo mais precisamente aplicável ao caso é, doutrinariamente, conhecido como:

    A) *error in personan* (Código Penal, art. 20, par. 3º).

    B) *parricidium* enquanto circunstância genérica de pena (Código Penal, art. 61, II, *e*, 1ª hipótese).

    C) *aberratio ictus* de unidade simples (Código Penal, art. 73, 1ª parte).

    D) *aberratio ictus* de unidade complexa (Código Penal, art. 73, 2ª parte).

    E) *aberratio delicti* (Código Penal, art. 74).

    ↳ **Resolução:**

    No caso descrito na questão, Caio responderá como se tivesse matado seu odiado desafeto Tício, a quem realmente queria matar. No caso em tela, estamos diante de *error in persona*, pelo qual o sujeito visa a atingir uma pessoa, todavia, por erro, atinge outra, ou seja, tem por objetivo ofender certa pessoa, mas acaba ofendendo um inocente. A consequência jurídica está prevista no art. 20, § 3º: "O erro quanto à pessoa contra a qual o crime é praticado não isenta de pena". Aqui, o agente responde pelo crime como se tivesse praticado contra a pessoa visada.

    ↗ **Gabarito: "A".**

2. **(TJPE – Escrevente Técnico Judiciário – 2017)** A teoria do erro detém grande importância para avaliação da responsabilidade penal de indivíduo acusado do cometimento de delito. Sobre o erro de tipo, assinale a alternativa correta:

    A) Erro de tipo é equívoco de representação, ou seja, o agente atinge terceiro achando tratar-se de pessoa que visava atingir com sua conduta ilícita.

B) Conhecido como "aberratio ictus", o erro de tipo se vislumbra quando do momento da execução do delito terceiro é atingido sem que o agente tenha vontade de o fazê-lo.

C) O erro de tipo é uma modalidade de erro que, quando verificada, não exclui o dolo, cabendo ao julgador verificar a ocorrência de engano durante a execução do delito e aplicar-lhe pena mais branda.

D) Erro verificável quando o agente criminoso supõe que sua conduta recai sobre determinada coisa e na realidade recai sobre outra.

E) Trata-se de erro sobre elemento constitutivo do tipo legal, excluindo o elemento subjetivo e permitindo uma condenação por ato culposo, quando previsto em lei penal.

↘ **Resolução:**

A questão trata do erro de tipo permissivo, que, se for invencível, excluirá o dolo e a culpa, mas, se for vencível, somente excluirá o dolo, mas permitirá a punição pelo delito culposo, caso prevista a modalidade culposa na lei.

↗ **Gabarito: "E".**

13. ANTIJURIDICIDADE

É a relação de antagonismo, de contrariedade entre a conduta do agente e o ordenamento jurídico. Ou seja, para que a conduta do agente seja ilícita, deve ela necessariamente estar tipificada como proibida, ou seja, contrária ao ordenamento jurídico.

13.1 Causas de exclusão de antijuricidade

1) Estado de necessidade

O estado de necessidade é causa de exclusão de ilicitude da conduta do agente que não tinha o dever legal de agir mediante uma situação de perigo atual, não provocada por sua vontade. Desse modo, o agente, na presença de dois ou mais bens jurídicos penalmente protegidos, seus ou de terceiros, na situação de perigo, sacrifica um para salvar o outro, de modo que tal perda não era razoável de se exigir.

Requisitos:

- **Uma situação de perigo atual:** a ameaça ao bem jurídico se verifica no exato momento em que o agente sacrifica o bem de terceiro.

- **O perigo deve ameaçar direito próprio ou alheio:** o direito a ser protegido é qualquer bem que esteja sob a tutela legal, podendo ser próprio ou alheio. No primeiro caso, é o exemplo do agente que, para se salvar de um naufrágio, toma o colete salva-vidas de outra pessoa; no segundo caso, é a hipótese da mãe que, para salvar seu filho de um naufrágio, toma o colete salva-vidas de outra pessoa.

- **O perigo não pode ter sido provocado voluntariamente pelo agente:** a situação de perigo não pode ter sido provocada pelo agente que ataca o bem jurídico de terceiro para salvar o seu ou de outrem. Ex.: o piloto que provocou a queda do avião não pode tomar o paraquedas de um passageiro a fim de salvar sua própria vida.

- **Não pode alegar o estado de necessidade quem tenha o dever legal de enfrentar o perigo:** o Código Penal é claro neste aspecto, decorre desta exigência o fato de determinadas funções ou profissões terem o dever de enfrentar determinado grau de perigo, como os bombeiros, os policiais, os seguranças etc.

- **Inevitabilidade do comportamento:** o sacrifício do bem jurídico se deu em razão da inexistência de qualquer outro meio que possibilitasse o salvamento dele. Desse modo, o agente que comete um homicídio, quando era possível apenas lesionar aquele que produziu a situação de perigo, não estará amparado pelo estado de necessidade.

- **Razoabilidade do sacrifício:** temos de observar que o agente deve ter razoabilidade na escolha do bem, por exemplo, não é razoável que o bem atacado seja superior ao bem protegido.

São formas de estado de necessidade:

- **Real:** é a situação de perigo real, existente, ou seja, que está ocorrendo verdadeiramente no momento em que o agente ataca os bens jurídicos de terceiro a fim de salvar direito próprio ou alheio.
- **Putativo:** neste caso o agente supõe, por erro, estar em uma situação de perigo. Ex.: os passageiros de um avião, acreditando que ele esteja caindo, e na insuficiência de paraquedas para todos, passam a agredir uns aos outros a fim de se salvarem. Toda conduta criminosa que derive dessa situação putativa estará amparada por essa causa de exclusão de ilicitude. Ou seja, o agente que cause lesão ou morte, por erro plenamente justificado nesta circunstância, não responderá por seus atos.
- **Defensivo:** neste caso, a conduta do agente é dirigida a quem deu causa a situação de perigo.
- **Agressivo:** neste caso, o bem jurídico sacrificado é de um inocente.

> **IMPORTANTE**
> - A jurisprudência tem entendido que a alegação de **dificuldades financeiras sem efetiva comprovação de situação de penúria suscetível a caracterizar eventual perigo não configura a causa de excludente de ilicitude**.
> - **Causas de diminuição**: o Código Penal prevê, no art. 24, § 2º, a flexibilidade que se deve ter na análise da razoabilidade do sacrifício do bem. Desse modo, aquele que não guarda a devida razoabilidade na escolha do bem a se proteger, na situação de perigo responderá pelo crime com diminuição da pena.

2) Legítima defesa

> **ATENÇÃO**
> Este ponto sofreu alterações pela Lei n. 13.964/2019, conhecida como Pacote Anticrime.

O art. 25 do Código Penal passou a vigorar com a seguinte redação:

Legítima defesa

Art. 25. Entende-se em legítima defesa quem, usando moderadamente dos meios necessários, repele injusta agressão, atual ou iminente, a direito seu ou de outrem.

Parágrafo único. Observados os requisitos previstos no *caput* deste artigo, considera-se também em legítima defesa o agente de segurança pública que repele agressão ou risco de agressão a vítima mantida refém durante a prática de crimes.

Percebam que o parágrafo único do artigo em estudo está conectado ao *caput*, razão pela qual o agente de segurança pública deve se ater à moderação dos meios necessários quando estiver repelindo a agressão injusta, que recai sobre ele ou terceiro.

Na verdade, a inovação *in fine* não trouxe ao ordenamento jurídico uma nova excludente de ilicitude, tendo em vista que o parágrafo único do art. 25 do Código Penal está abarcado pelo seu *caput*. A vítima refém durante a prática de crime está sofrendo uma agressão injusta a direito seu, assim, qualquer pessoa está legitimada a repelir tal agressão, pela regra do *caput* do art. 25 do Código Penal.

São requisitos para a ocorrência da legítima defesa:

- **agressão injusta:** a agressão deriva sempre de uma conduta humana que ataca determinado bem jurídico, desse modo, somente os seres humanos podem praticar agressões. Se um animal é utilizado como meio para se atingir determinado bem jurídico, o agente que se defende estará em legítima defesa, de modo que o exercício da legítima defesa se dá em face de quem utiliza o animal como instru-

mento para atacar um bem jurídico. A agressão injusta é aquela contrária ao ordenamento jurídico;
- **agressão atual ou iminente:** temos por agressão atual aquela que está acontecendo, ou seja, o agente se defende quando o ataque já está em curso. Já a agressão iminente é aquela que está prestes a ocorrer, podendo ser iniciada em qualquer momento. Existe quando há uma situação de perigo e a repulsa não permite demora;
- **em defesa de direito próprio ou de terceiro:** a defesa de direito próprio se dá quando o agente defende seu próprio bem jurídico. Já a defesa de direito de terceiro se dá quando o agente repele injusta agressão que atinge outrem, ou seja, defende terceira pessoa, próxima ou não;
- **moderação no emprego dos meios necessários à repulsa:** o agente, diante da situação de perigo, deve se utilizar dos meios necessários para conter a injusta agressão, ou seja, dos menos lesivos. Assim, o agente não deverá ultrapassar o necessário para repelir a injusta agressão;
- **conhecimento da situação justificante:** não basta que a agressão seja injusta, atual ou iminente, para que se tenha legítima defesa, o agente deverá conhecer a situação, caso contrário, a legítima defesa é excluída.

A legítima pode ser:

- **Autêntica (real):** neste caso, a agressão atual ou iminente existe de fato no mundo real, está acontecendo ou está prestes a acontecer.
- **Putativa (imaginária):** neste caso, a situação de agressão está no imaginário do agente, que acredita estar diante de tal.
- **Sucessiva:** consiste na repulsa contra o excesso daquele que estava amparado pela legítima defesa no início, ou seja, aquele que sofreu a injusta agressão se excede, fato que permite que o sujeito que deu causa à agressão se defenda.

> **IMPORTANTE**
>
> Legítima defesa real contra legítima defesa putativa: é possível.
>
> Legítima defesa putativa contra legítima defesa real: é cabível.
>
> Legítima defesa contra legítima defesa: não se admite, pois a agressão injusta é ilícita, não podendo ser lícita simultaneamente.
>
> Legítima defesa contra estado de necessidade: não é possível, pois aquele que age em estado de necessidade realiza uma conduta que tem amparo legal, mesmo que dessa conduta decorra ofensa a bens jurídicos protegidos.

3) Estrito cumprimento do dever legal

Aquele que cumpre um dever legal dentro dos limites impostos pela lei não comete ato ilícito. Compreende os deveres de intervenção do funcionário nas relações particulares, com o objetivo de assegurar o cumprimento da lei ou de ordens superiores da administração.

> **IMPORTANTE**
>
> - Necessidade de conhecimento da causa justificante.
> - Quando ao autor do delito é reconhecida a excludente, em regra, esta também se aplica aos coautores ou partícipes, de modo que eles também não poderão ser responsabilizados.

4) Exercício regular de direito

O exercício regular de direito corresponde a todos os direitos subjetivos, não se delimitando apenas a esfera penal. Ex.: quando um pai corrige seu filho, ele exerce um direito regular seu, todavia, assim como todas as outras causas de exclusão da ilicitude, ele não pode exceder tal direito.

5) Consentimento do ofendido

O consentimento do ofendido é uma causa supralegal de exclusão da ilicitude, que não se encontra prevista no Código Penal, mas que tem sido abordada e consentida no mundo jurídico.

Requisitos: capacidade do ofendido em consentir; que o bem no qual recaia a conduta do agente seja disponível; que o consentimento seja anterior a ofensa do bem jurídico.

14. CULPABILIDADE

Reprovação social em face de uma ação ou omissão típica e ilícita em determinadas circunstâncias, em que era possível atuar em conformidade com as exigências do ordenamento jurídico.

14.1 Teorias acerca da culpabilidade

Existem três teorias acerca da culpabilidade. Em primeiro lugar, desenvolveu-se a teoria psicológica da culpabilidade, seguida da teoria psicológica normativa da culpabilidade e, por fim, da teoria normativa pura da culpabilidade.

DAS TEORIAS	DOS ELEMENTOS QUE COMPÕEM A CULPABILIDADE
Teoria psicológica da culpabilidade	Imputabilidade + dolo ou culpa
Teoria psicológica normativa da culpabilidade	Imputabilidade + exigibilidade de conduta diversa + elemento psicológico-normativo (dolo ou culpa)
Teoria normativa pura da culpabilidade	Imputabilidade + potencial consciência de ilicitude + exigibilidade de conduta diversa

14.2 Elementos da culpabilidade

São três os elementos da culpabilidade, em conformidade com a teoria do Código Penal:

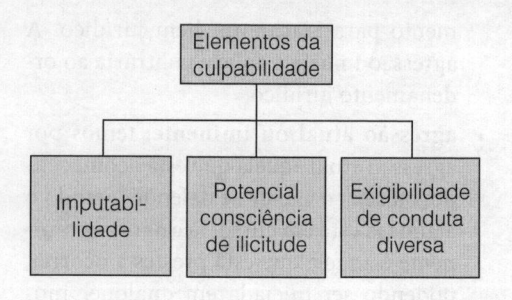

Elementos da culpabilidade:
- Imputabilidade
- Potencial consciência de ilicitude
- Exigibilidade de conduta diversa

1) Imputabilidade

Possibilidade de atribuir a alguém a responsabilidade por um determinado delito. Ou seja, é imputável o indivíduo que, no momento do crime, tinha plenas condições físicas e mentais, e consciência de que a conduta que praticava era crime.

São quatro as causas que excluem a imputabilidade:

Causas que excluem a imputabilidade:
- Doença mental
- Desenvolvimento mental incompleto
- Desenvolvimento mental retardado
- Embriaguez completa proveniente de caso fortuito ou força maior

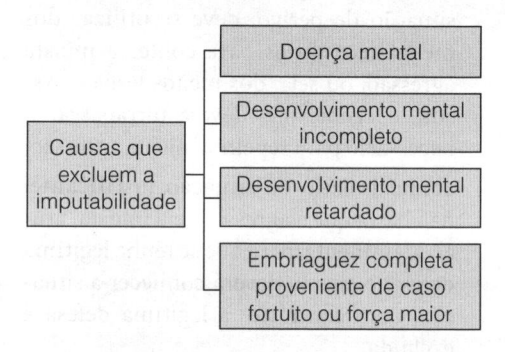

a) **Doença mental:** acerca da doença mental, Fernando Capez disserta que é a perturbação mental ou psíquica de qualquer ordem capaz de eliminar ou afetar a capacidade de entender o caráter criminoso do fato, bem como de comandar a vontade de acordo com esse entendimento. Citem-se como exemplos a epilepsia condutopática, a psicose, a neurose, a esquizofrenia, paranoias, a psicopatia, epilepsias em geral etc.[2].

---

[2] CAPEZ, Fernando. *Curso de direito penal*: parte geral. 18. ed. São Paulo: Saraiva, 2014. v. 1, p. 328.

Há de se observar também o que dispõe o art. 45 da Lei n. 11.343/2006, uma vez que a dependência patológica de substância psicotrópica configura doença mental quando tal consumo exclui a capacidade de entendimento e querer do agente. Segue o dispositivo, *in fine*:

> Art. 45. É isento de pena o agente que, em razão da dependência, ou sob o efeito, proveniente de caso fortuito ou força maior, de droga, era, ao tempo da ação ou da omissão, qualquer que tenha sido a infração penal praticada, inteiramente incapaz de entender o caráter ilícito do fato ou de determinar-se de acordo com esse entendimento.
>
> Parágrafo único. Quando absolver o agente, reconhecendo, por força pericial, que este apresentava, à época do fato previsto neste artigo, as condições referidas no caput deste artigo, poderá determinar o juiz, na sentença, o seu encaminhamento para tratamento médico adequado.

b) **Desenvolvimento mental incompleto:** neste caso, o agente se encontra em fase de desenvolvimento, não tendo atingido sua capacidade plena, pela falta de idade cronológica ou pela falta de convívio em sociedade. É o que o ocorre com os menores de 18 anos (art. 27 do CP) e com os indígenas impossibilitados de se desenvolverem pelo fato de não conviverem em sociedade, sendo capazes de chegar ao pleno desenvolvimento, caso sejam inseridos no cotidiano desta.

c) **Desenvolvimento mental retardado:** neste caso, o agente possui uma capacidade intelectual diferente do estágio de vida em que se encontra, não estando apto a alcançar o desenvolvimento pleno. Citem-se como exemplo os oligofrênicos, portadores de uma capacidade intelectual baixíssima.

d) **Embriaguez completa proveniente de caso fortuito ou força maior:** no ato da conduta, omissiva ou comissiva, o agente deve ser inteiramente incapaz de entender o caráter ilícito do fato ou de determinar-se de acordo com esse entendimento.

> **ATENÇÃO**
>
> Se a embriaguez for incompleta, ou seja, parcial, o agente é considerado semi-imputável, e a consequência jurídica é a redução de 1/3 a 2/3 da pena. A embriaguez não acidental não exclui a imputabilidade do agente, dessa forma, ele responderá pelo crime que venha a cometer quando embriagado estiver, independentemente de sua embriaguez ser voluntária ou culposa, completa ou incompleta.

São três os sistemas para a aferição da inimputabilidade, sendo eles:

Biológico: este sistema de aferição foi adotado como exceção no caso dos menores de 18 anos. O que se revela neste sistema é saber se o agente é portador de alguma doença mental, desenvolvimento mental incompleto ou retardado. Desse modo, se o agente possui essa anomalia, ele será considerado inimputável.

Psicológico: este sistema de aferição se importa com o momento da prática do crime, ou seja, se no momento da ação ou omissão o agente tinha ou não condições de avaliar o caráter criminoso do fato e orientar-se de acordo com esse entendimento.

Biopsicológico: este foi o sistema adotado pelo Código Penal. Como regra, combina os dois sistemas anteriores, aferindo tanto se o agente é portador de alguma doença mental, desenvolvimento mental incompleto ou retardado (sistema biológico), quanto se no momento da prática do crime o agente tinha capacidade de entender e vontade.

2) Potencial consciência de ilicitude

A potencial consciência de ilicitude é outro elemento integrativo da culpabilidade. Determina ser possível somente a punição do agente que, diante das condições fáticas na quais estava inserido, tinha a possibilidade de atingir o entendimento sobre o caráter criminoso de sua conduta.

a) Erro de direito

Tanto o art. 21 do Código Penal quanto o art. 3º da Lei de Introdução às Normas do Direito Brasileiro vedam o desconhecimento da lei como meio de excluir a responsabilidade jurídica do agente, todavia, tal desconhecimento, embora não exclua a culpabilidade, é circunstância atenuante genérica, prevista no art. 65, II, do Código Penal.

b) Erro de proibição

Trata-se de uma falsa percepção sobre o que é permitido e vedado pelo ordenamento jurídico. O agente acredita que determinada conduta é permitida, quando, por previsão legal, é proibida. Há um equívoco por parte do agente que pratica a conduta.

O erro de proibição pode ser inevitável (escusável) ou evitável (inescusável).

No erro de proibição inevitável, o agente não tinha conhecimento nem lhe era possível tê-lo acerca da ilicitude do fato, diante das circunstâncias do caso concreto. A consequência é a exclusão da culpabilidade, sendo o agente isento de pena.

No erro de proibição evitável, o agente também desconhece que o fato era ilícito, todavia, diante das circunstâncias do caso concreto, poderia saber. A consequência é a redução de pena de 1/6 a 1/3.

c) Descriminante putativa por erro de proibição ou erro de proibição indireto

Aqui, o agente tem conhecimento da realidade, todavia, há um equívoco de sua parte quando analisa os limites da norma autorizadora. Um exemplo é o caso do agente que é agredido pelo seu desafeto e, quando tal agressão se cessa, ele mata o agressor por trás, impulsionado pelos sentimentos. O agente acredita que está diante de uma legítima defesa, logo, uma exclusão da ilicitude, que, na realidade, não existe, dessa forma, o erro recai sob a apreciação dos limites da norma excludente. A consequência é a mesma do erro de proibição, tudo dependerá de o erro ser evitável ou inevitável.

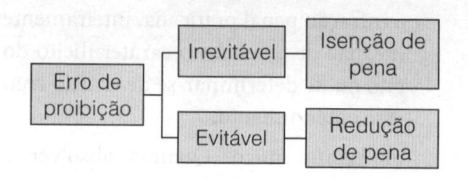

```
                    ┌─ Inevitável ─── Isenção de pena
Erro de proibição ──┤
                    └─ Evitável ───── Redução de pena
```

3) Exigibilidade de conduta diversa

A exigibilidade de conduta diversa está atrelada à reprovação da sociedade em relação à conduta do agente, ou seja, somente haverá exigibilidade de conduta diversa quando o sujeito podia agir de outra forma.

Duas são as causas legais de exclusão da culpabilidade por inexigibilidade de outra conduta:

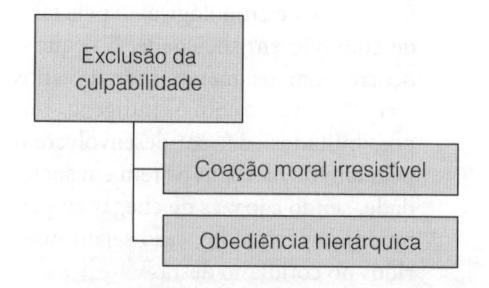

```
Exclusão da culpabilidade
    ├── Coação moral irresistível
    └── Obediência hierárquica
```

a) **Coação moral irresistível:** é aquela insuperável, à qual não se pode resistir, sendo uma grave ameaça. Se a moral for resistível, o agente será culpável, e a consequência será a incidência de uma circunstância atenuante genérica (art. 65, III, *c*, primeira parte, do CP).

b) **Obediência hierárquica:** nesta hipótese, o agente age cumprindo a ordem de um superior hierárquico seu. Se a ordem não for manifestamente ilegal, o agente que comete o fato típico e ilícito, por força da ordem de seu superior, não comete crime, pois estará acobertado por uma causa de exclusão da culpabilidade.

14.3 Questões

1. **(TRF 5ª Região – Analista Judiciário – 2008)** A respeito da imputabilidade penal, é correto afirmar:

A) A pena pode ser reduzida de um a dois terços, se o agente, por embriaguez proveniente de caso fortuito ou força maior, não possuía ao tempo da ação ou da omissão, a plena capacidade de entender o caráter criminoso do fato ou de determinar-se de acordo com esse entendimento.

B) é isento de pena o agente que, por embriaguez completa, voluntária ou culposa, pelo álcool ou substância de efeitos análogos era, ao tempo da ação ou da omissão, inteiramente incapaz de entender o caráter criminoso do fato ou de determinar-se de acordo com esse entendimento.

C) é isento de pena o agente que, em virtude de perturbação da saúde mental ou por desenvolvimento mental incompleto ou retardado, não possuía a plena capacidade de entender o caráter criminoso do fato ou de determinar-se de acordo com esse entendimento.

D) A pena pode ser reduzida de um a dois terços, se o agente, por doença mental ou desenvolvimento mental incompleto ou retardado, era, ao tempo da ação ou da omissão, inteiramente incapaz de entender o caráter criminoso do fato ou de determinar-se de acordo com esse entendimento.

E) A pena pode ser reduzida de um a dois terços se o agente, por embriaguez completa, proveniente de caso fortuito ou força maior, era, ao tempo da ação ou da omissão, inteiramente incapaz de entender o caráter criminoso do fato ou de determinar-se de acordo com esse entendimento.

↘ **Resolução:**
O parágrafo único do art. 26 do Código Penal determina que haverá a redução da pena quando o agente não era inteiramente incapaz de entender o caráter ilícito do fato.

↗ **Gabarito: "A".**

2. **(TJMT – Escrevente Técnico Judiciário – 2016)** Segundo o Decreto-lei n. 2.848, de 7 de dezembro de 1940, Código Penal, começa a imputabilidade penal aos:

A) dezesseis anos.
B) dezoito anos.
C) quatorze anos.
D) doze anos.

↘ **Resolução:**
Menoridade: trata-se de critério meramente biológico. Se o agente tem menos de 18 anos, é inimputável.

↗ **Gabarito: "B".**

3. **(TJPE – Escrevente Técnico Judiciário – 2007)** Exclui a punibilidade do sujeito do crime:

A) o estado de necessidade.
B) a legítima defesa.
C) a embriaguez fortuita.
D) o estrito cumprimento do dever legal.
E) o exercício regular de direito.

↘ **Resolução:**
A embriaguez fortuita é causa de exclusão da imputabilidade penal, de acordo com o que determina o art. 28 do Código Penal.

↗ **Gabarito: "C".**

4. **(TJAL – Escrevente Técnico Judiciário – 2018)** Gabriel, 25 anos, desferiu, de maneira imotivada, diversos golpes de madeira na cabeça de Fábio, seu irmão mais novo. Após ser denunciado pelo crime de lesão corporal gravíssima, foi realizado exame de insanidade mental, constatando-se que, no momento da agressão, Gabriel, em razão de desenvolvimento mental incompleto, não era inteiramente capaz de entender o caráter ilícito do fato. Diante da conclusão do laudo pericial, deverá ser reconhecida a:

A) inimputabilidade do agente, afastando-se a culpabilidade;
B) semi-imputabilidade do agente, afastando-se a culpabilidade;
C) inimputabilidade do agente, afastando-se a tipicidade;
D) semi-imputabilidade do agente, que poderá funcionar como causa de redução de pena;
E) semi-imputabilidade do agente, afastando-se a tipicidade.

↳ **Resolução:**

Gabriel foi submetido a exame, no qual ficou constatado que, no momento da ação, em razão de desenvolvimento mental incompleto, não era inteiramente capaz de entender o caráter ilícito do fato. Dessa forma, Gabriel era semi-imputável no momento da ação, dando causa à aplicação da diminuição de pena constante do art. 26, parágrafo único, do Código Penal. Ressalte-se que, quando a pessoa é inteiramente incapaz de entender o caráter ilícito do fato ou de determinar-se de acordo com esse entendimento, será isenta de pena, por ser considerada inimputável (art. 26, *caput*, do CP).

↗ **Gabarito: "D".**

15. CONCURSO DE PESSOAS

O Código Penal prevê infrações penais que podem ser praticadas apenas por uma pessoa, como roubo, furto, lesão corporal, entre outras. Todavia, também dispõe sobre infrações que exigem, no mínimo, três pessoas para que possam se configurar, é o caso do delito de associação criminosa. Estamos diante dos chamados crimes unissubjetivos, na hipótese dos crimes que exigem apenas uma pessoa para que haja sua consumação, e diante dos crimes plurissubjetivos, quando há necessidade de mais de um agente para a caracterização do delito.

O Código Penal dispõe sobre o concurso de pessoas em seu art. 29, que diz: "quem de qualquer modo concorre para o crime, incide nas penas a este cominadas, na medida de sua culpabilidade".

A regra é que o art. 29 do Codex seja aplicado aos delitos unissubjetivos, também nomeados de concurso eventual, tendo em vista que, para os crimes de concurso necessário, há exigência da presença de, no mínimo, duas pessoas, não havendo, portanto, a necessidade de regra expressa para os autores, ou coautores, tendo aplicação somente na hipótese de participação nessas infrações.

15.1 Espécies de concurso de pessoas

Concurso necessário: refere-se aos crimes plurissubjetivos, sendo exigível o concurso de pelo menos duas pessoas.

Concurso eventual: é aquele em que o crime pode ser praticado por apenas uma pessoa, todavia acaba sendo praticado por várias.

15.2 Requisitos para o concurso de pessoas

Para que o concurso de pessoas esteja caracterizado, é preciso verificar a presença de alguns requisitos:

a) Pluralidade de condutas

Há exigência de, no mínimo, duas condutas, que podem ser duas principais, realizadas pelos autores (coautoria), ou uma principal e uma acessória, praticadas, respectivamente, por autor e partícipe.

b) Relevância causal de cada conduta

A conduta do agente deve ter relevância, ou seja, contribuir para a prática do crime, pois, na ausência dela, temos que o agente não concorreu para a prática. Ex.: suponhamos que A, para furtar a residência do vizinho, pede a B sua escada a fim de escalar o muro e ter acesso ao local do crime. Nesse caso, B sabe da intenção de A. Assim, se, quando da prática delitiva, A entrar na casa pelo portão que estava aberto, não usando a escada de B, temos que a conduta deste é irrelevante.

c) Liame subjetivo entre os agentes

É necessária a existência de um vínculo psicológico entre os agentes, que os una para a prática da mesma infração penal. Não sendo possível aferir tal liame, cada agente responderá de forma isolada por sua conduta.

d) Identidade de infração penal

Os agentes devem ser unidos pelo liame subjetivo, em que praticam a mesma infração penal, sendo esta aquela escolhida por eles para a configuração do concurso de pessoas.

15.3 Teorias sobre o concurso de pessoas

Três são as teorias que têm por finalidade distinguir e apontar a infração penal cometida por cada um dos seus participantes:

a) Teoria pluralista

Nesta teoria, há valoração da culpabilidade e individualização da pena, de modo que cada colaborador responde por seu próprio crime. Assim, a quantidade de infrações se daria pelo número de autores e partícipes.

b) Teoria dualista

Há uma distinção entre o crime praticado pelos autores e aquele cometido pelos partícipes, assim, existiria uma infração penal para autores e outra para partícipes. Autores e partícipes responderão por crimes diferentes.

c) Teoria monista

Também nomeada como unitária, foi a adotada pelo nosso ordenamento jurídico penal. Está prevista no art. 29 do Código Penal, de modo que todos aqueles que concorrem para o crime incidem nas penas cominadas a este, na medida de sua culpabilidade.

Na acepção dessa teoria, existe um crime único, que é atribuído a todos aqueles que para ele concorreram, não importando se é autor ou partícipe.

Cumpre anotarmos que o Código Penal traz algumas exceções à teoria em estudo. Na parte especial, por exemplo, com relação ao crime de aborto, a gestante pratica o delito do art. 124, mas o agente que realiza o aborto, com o consentimento dela, pratica o delito do art. 126.

15.4 Coautoria

Conforme visto anteriormente, o concurso de pessoas pode ser realizado por meio da coautoria e da participação.

O coautor é aquele que executa a ação ou omissão, com outras pessoas, configurando o delito. São coautores aqueles que subtraem a coisa alheia móvel no crime de furto, por exemplo. É possível a repartição de tarefas entre coautores, quando da execução do crime. No crime de roubo, um agente segura a arma, provocando a ameaça, e o outro subtrai a coisa, respondendo, ambos, pelo mesmo crime.

15.5 Participação

A participação no concurso de pessoas pressupõe a existência de um autor principal, que realiza a conduta principal, ou seja, o verbo descrito no tipo penal. Trata-se de uma atividade acessória, e que só tem relevância penal quando o autor ou os coautores iniciam ao menos a execução.

Formas de participação:

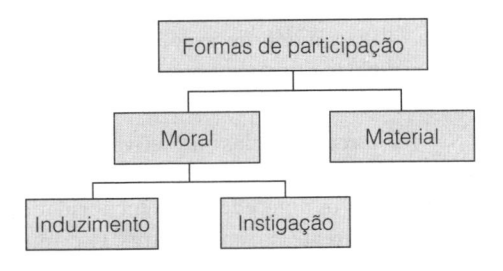

```
        Formas de participação
                |
        ┌───────┴───────┐
      Moral          Material
        |
   ┌────┴────┐
Induzimento  Instigação
```

Conforme o esquema, temos que a participação pode ser moral ou material.

A **participação moral** se subdivide em **induzimento** e instigação. O primeiro consiste em plantar na mente do sujeito a vontade de praticar a infração penal, é o típico exemplo de dar a ideia para que determinada pessoa mate seu desafeto. Na **instigação**, a ideia já existe, e o agente apenas a fomenta. Vamos usar o exemplo anterior como base: suponhamos que o agente já tinha a ideia de matar, e que outra pessoa o instigue dizendo: "mate mesmo".

O **auxílio material**, por sua vez, consiste na participação efetiva do partícipe, por exemplo, fornecer a arma para a prática do crime.

> **ATENÇÃO**
>
> - A doutrina fala da possibilidade da participação em cadeia, que consiste em cooperar na ação de um partícipe.
> - A doutrina admite a possibilidade de participação por omissão em crime comissivo quando o partícipe tinha o dever jurídico de impedir o crime.
> - A participação só é punível quando é relevante para a prática da infração penal.
> - Se o crime não chegar a ser pelo menos tentado, não há participação.

15.6 Comunicabilidade de elementares e circunstâncias

As circunstâncias podem ser objetivas ou subjetivas.

As **circunstâncias objetivas** estão relacionadas com os meios e modos de realização do crime, como tempo, lugar, qualidade da vítima, modo de execução etc. Tais circunstâncias se relacionam ao fato e não ao agente.

As **circunstâncias subjetivas** dizem respeito à pessoa do participante e não ao fato. São elas os antecedentes, a menoridade relativa, o parentesco, entre outras. O crime praticado contra ascendente é uma circunstância subjetiva (pessoal).

Do mesmo modo, as **elementares** podem ser **objetivas** ou **subjetivas**, sendo que a primeira se refere ao fato e a segunda, ao agente.

Devemos observar a regra do Código Penal, acerca da comunicabilidade, no que diz respeito às elementares, circunstâncias e condições especiais.

Assim é a **regra**:

AS CIRCUNSTÂNCIAS SUBJETIVAS OU DE CARÁTER PESSOAL NÃO SE COMUNICAM em nenhuma hipótese, sendo irrelevante o fato de o coautor ou partícipe ter conhecimento delas.

AS CIRCUNSTÂNCIAS OBJETIVAS COMUNICAM-SE, todavia, o coautor ou o partícipe precisam ter conhecimento da existência delas, para que haja a extensão.

AS ELEMENTARES, SEJAM ELAS DE CARÁTER PESSOAL OU OBJETIVO, SE COMUNICAM, todavia, mais uma vez, exige-se que os partícipes ou coautores saibam da existência delas.

15.7 Cooperação dolosamente distinta

Trata-se de hipótese em que o autor principal comete delito mais grave que o pretendido pelo partícipe ou coautor. Como consequência jurídica, o autor responde pelo crime mais grave, enquanto o partícipe ou coautor responde pelo crime menos grave, ou seja, aquele que de fato ele queria praticar. Se o crime mais grave for previsível, o partícipe e o autor continuam respondendo pelo crime menos grave, mas com a possibilidade de aumento de ATÉ METADE DA PENA DESTE.

15.8 Questões

1. **(TRF 1ª Região – Analista Judiciário – 2011)** Considere as assertivas a respeito do concurso de pessoas.

I. Há concurso de agentes quando dois motoristas, dirigindo imprudentemente seus veículos, provocam colisão, daí resultando a morte de terceiro.

II. Há concurso de agentes quando duas pessoas deixam de prestar socorro a uma terceira pessoa ferida, podendo cada uma delas fazê-lo sem risco pessoal.

III. Considera-se partícipe e não coautor o ex-empregado de um hotel que revela o segredo do cofre desse estabelecimento, possibilitando que dois hóspedes amigos seus subtraíssem valores do seu interior.

Está correto o que se afirmar SOMENTE em:

A) II.
B) III.
C) I e II.
D) I e III.
E) II e III.

↘ Resolução:
Há o liame subjetivo entre os agentes (portanto, há concurso de pessoas), e o empregado não realiza o tipo do verbo penal (teoria restritiva) nem fica claro que ele tenha o controle final do fato (teoria do domínio do fato), portanto, como ele apenas colabora no fato, é partícipe.

↗ Gabarito: "B".

2. (TRF 3ª Região – Analista Judiciário – 2007) João, tesoureiro de órgão público, agindo em concurso com José e em proveito deste, que não é funcionário público, mas que sabe que João o é, desvia certa quantia em dinheiro, de que tem a posse em razão do cargo. Por essa conduta:

A) José não responde por crime nenhum, já que foi João quem desviou o dinheiro.
B) João responde por peculato e José por apropriação indébita.
C) João e José respondem pelo crime de peculato.
D) João não responde por crime porque o dinheiro foi todo entregue para José, que é quem deve ser processado.
E) João e José respondem pelo crime de peculato, mas este tem a pena reduzida pela metade, porque foi João quem desviou o dinheiro.

↘ Resolução:
O particular responderá pelo crime de peculato em razão da comunicabilidade da condição de funcionário público, elementar do tipo penal. É necessário destacar que somente se comunicam, pois o particular sabe da condição do funcionário público do participante.

↗ Gabarito: "C".

3. (TRF 5ª Região – Analista Judiciário – 2012) Indivíduos que são alcançados pela lei penal, não porque tenham praticado uma conduta ajustável a uma figura delitiva, mas porque, executando atos sem conotação típica, contribuíram, objetivamente e subjetivamente, para a ação criminosa de outrem:

A) não são punidos por atipicidade da conduta.
B) são coautores e incidem na mesma pena cabível ao autor do crime.
C) são concorrentes de menor importância e têm a pena diminuída de um sexto a um terço.
D) são considerados partícipes e incidem nas penas cominadas ao crime, na medida de sua culpabilidade.
E) podem ser coautores ou partícipes e a pena, em qualquer caso, é diminuída de um terço.

↘ Resolução:
O partícipe não atua diretamente no crime, mas contribui para que o resultado ocorra, assim, responderá na medida da sua culpabilidade.

↗ Gabarito: "D".

4. (TJSC – Escrevente Técnico Judiciário – 2018) Vitor atua como servidor de determinado cartório judicial de Tribunal de Justiça. Surpreso, ao verificar que o computador do cartório era avaliado em R$ 5.000,00, decide subtrair o bem, na parte da noite, utilizando-se, para tanto, da chave do cartório que permanecia em sua posse. Precisando de ajuda para impedir que as câmeras de segurança captassem sua ação, narra o seu plano criminoso para seu vizinho Caio, e este, sabendo que Vitor, em razão de sua função, tinha acesso ao local, confia na empreitada delitiva e aceita dela participar. Após a subtração do computador da forma arquitetada, já do lado de fora do Fórum, Vitor e Caio são abordados

e presos em flagrante. A conduta de Vitor tipifica o crime de:

A) furto qualificado com a causa de aumento do repouso noturno, já que o delito foi praticado em concurso de pessoas, não podendo os agentes responderem por crimes diferentes;

B) peculato, enquanto a conduta de Caio se ajusta ao crime de furto qualificado em situação de repouso noturno, tendo em vista que o peculato é crime classificado como próprio;

C) furto qualificado, sem a causa de aumento do repouso noturno, assim como a de Caio, tendo em vista que o crime foi praticado por Vitor na condição de particular;

D) peculato, assim como a de Caio, apesar de o crime contra a Administração Pública ser classificado como próprio;

E) peculato, assim como a de Caio, tendo em vista que o crime de peculato não é classificado como próprio.

↳ **Resolução:**

Embora o crime de peculato seja um crime próprio, ou seja, apenas possa ser praticado por sujeito ativo que detenha uma característica especial, no caso, a de ser funcionário público, tal condição constitui elementar do tipo, estendendo-se, nos termos do art. 30 do Código Penal, à pessoa que age em concurso com o funcionário público.

↗ **Gabarito: "D".**

5. **(TJAL – Escrevente Técnico Judiciário – 2018)** No Direito Penal, a doutrina costuma reconhecer o concurso de pessoas quando a infração penal é cometida por mais de uma pessoa, podendo a cooperação ocorrer através de coautoria ou participação. Sobre o tema, de acordo com o Código Penal, é correto afirmar que:

A) o auxílio material é punível se o crime chegar, ao menos, a ser cogitado;

B) as circunstâncias de caráter pessoal, diante de sua natureza, não se comunicam, ainda que elementares do crime;

C) em sendo de menor importância a participação ou coautoria, a pena poderá ser reduzida de um sexto a um terço;

D) a teoria sobre concurso de agentes adotada pela legislação penal brasileira, em regra, é a dualista;

E) se algum dos concorrentes quis participar de crime menos grave, ser-lhe-á aplicada a pena deste.

↳ **Resolução:**

Conforme previsto no art. 29, § 2º, do Código Penal, se algum dos concorrentes quis participar de crime menos grave, como consequência, lhe será aplicada a pena desse crime. Na hipótese de o resultado ser previsível, a pena do crime menos grave será aumentada até a metade.

↗ **Gabarito: "E".**

16. PENAS

Na atualidade, podemos compreender a pena como a consequência natural, imposta pelo Estado, em face daquele que viola uma norma penal. Desse modo, o agente que pratica um crime, ou seja, que comete um fato típico, antijurídico e culpável, tem por resposta do Estado a imposição de uma pena, seja ela privativa de liberdade, restritiva de direito, ou multa.

16.1 Penas proibidas no Brasil

Pena de morte: sua aplicação é permitida pelo ordenamento jurídico apenas em uma hipótese, "em caso de guerra declarada".

De caráter perpétuo: o tempo máximo para o cumprimento da pena privativa de liberdade é 40 anos, conforme prescreve o art. 75 do Código Penal.

De trabalho forçado: o detento/recluso não pode ser submetido a qualquer trabalho que humilhe a sua dignidade/honra, quando da execução da pena.

De banimento: consiste na expulsão do delinquente do território nacional, trata-se de uma negação do direito de nacionalidade.

Cruéis: penas que comportam em sua aplicação qualquer ato de crueldade, que desconsidere o homem como pessoa.

> **IMPORTANTE**
>
> A instituição de qualquer dessas penas pelo ordenamento jurídico é extremamente proibida. Trata-se de uma cláusula pétrea, não podendo, mesmo em caso de reforma da Constituição, sequer ser objeto de deliberação a proposta de emenda.

16.2 Os princípios que norteiam a aplicação das penas

Legalidade: decorre deste princípio a vedação de regulamento ou ato normativo infralegal dar previsão de pena. Somente lei em sentido estrito tem competência para estabelecer pena.

Anterioridade: decorre deste princípio a exigência de que a lei que instituía a pena seja anterior à prática da conduta. Desse modo, a lei que institui a pena deve existir anteriormente ao fato que se quer punir, devendo estar vigente na época em que o agente comete a infração penal.

Individualidade: em face da culpabilidade e do mérito do sentenciado, a pena é imposta de modo individualizado a ele, por meio de três fases:

- cominação;
- aplicação;
- execução.

O principal objetivo desse princípio é garantir que a pena seja aplicada de modo devido a cada infrator.

Inderrogabilidade: por força desse princípio, a pena jamais poderá deixar de ser aplicada, seja qual for o fundamento, "salvo as exceções previstas em lei".

Proporcionalidade: a pena deve ser proporcional à infração penal cometida pelo agente.

Humanidade: vedação à aplicação das penas de morte, salvo em caso de guerra declarada; perpétuas; de trabalhos forçados; de banimento e cruéis. Há previsão legal e constitucional no art. 75 do Código Penal e no art. 5º, XLVII, da Constituição Federal.

16.3 Finalidade da pena no Brasil

O Código Penal adota uma teoria mista no que tange à finalidade da pena.

A pena tem um fim especial de prevenção, segregando o delinquente da sociedade, e também um fim geral de prevenção, destinado a intimidar a sociedade.

16.4 Espécies de penas

1) Penas privativas de liberdade

O Código Penal prevê duas naturezas de penas privativas de liberdade, sendo elas: a reclusão e a detenção.

Reclusão: possibilidade de cumprimento da pena nos três regimes (fechado, semiaberto e aberto).

Detenção: possibilidade de cumprimento da pena apenas nos dois regimes menos severos: semiaberto e aberto.

Regime inicial de cumprimento de pena

a) **Pena de reclusão:**

- **Pena imposta superior a 8 anos:** inicia-se em regime fechado.
- **Pena imposta superior a 4 e inferior a 8 anos:** inicia-se em regime semiaberto.
- **Pena igual ou inferior a 4 anos:** inicia-se em regime aberto.

> **ATENÇÃO**
>
> Na pena de reclusão, se o condenado for reincidente, ele sempre iniciará no regime fechado, mesmo que a pena imposta não seja superior a 8 anos.
>
> **STF:** por meio do HC 72.589-9, concedeu, por unanimidade, o deferimento do pedido de *habeas corpus* ao sentenciado e, embora reincidente (condenação anterior de multa),

> a permissão para iniciar o cumprimento da pena em regime aberto, desde que a pena fosse inferior a 4 anos.
>
> **STJ: Súmula 269:** "É admissível a adoção do regime prisional semiaberto aos reincidentes condenados a penal igual ou inferior a quatro anos se favoráveis as circunstâncias judiciais".

b) **Pena de detenção:**

- **Pena imposta superior a 4 anos:** inicia-se em regime semiaberto.
- **Pena imposta igual ou inferior a 4 anos:** inicia-se em regime aberto.

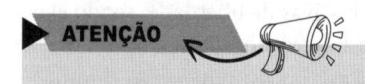

► **ATENÇÃO**

> Não existe regime inicial fechado na pena de detenção. Todavia, é admissível o regime fechado em caso de regressão, conforme decisão da 6ª Turma do STJ, por meio do HC 422.19901/0006870-3.

2) Penas restritivas de direitos

Consistem nas chamadas penas alternativas. São sanções modernas que substituem a aplicação da pena privativa de liberdade. No momento da determinação da pena na sentença, o juiz tem a possibilidade de substituir a pena privativa de liberdade.

O Código Penal elenca quatro modalidades de penas restritivas de direitos: prestação pecuniária, perda de bens e valores, prestação de serviços à comunidade e limitação de final de semana.

Existem alguns requisitos para a substituição da pena privativa de liberdade por pena alternativa restritiva de direito. Dividimos esses requisitos em objetivos e subjetivos.

- **Requisitos objetivos**
  - ✓ A quantidade da pena privativa aplicada deve ser igual ou inferior a 4 anos. No crime culposo, não importa a quantidade de pena imposta.
  - ✓ Natureza do crime: o crime praticado pelo agente deve ocorrer sem o uso de violência ou grave ameaça à pessoa. Atenção! No crime culposo, mesmo quando praticado com o emprego de violência, é admissível a substituição da pena privativa de liberdade por pena restritiva de direito.

- **Requisitos subjetivos**
  - ✓ Se o agente não é reincidente em crime doloso: assim, se o agente for reincidente em crime culposo, é admissível a substituição. **Excepcionalmente, se o infrator for reincidente em crime doloso, poderá ser aplicada a substituição, devendo o julgador analisar se a medida é socialmente recomendável**. A reincidência específica de crime doloso não comporta substituição.

Regras de substituição (pena privativa de liberdade em restritiva de direito)

- Pena privativa de liberdade igual ou inferior a um ano: substituição por uma restritiva de direito ou multa.
- Pena privativa de liberdade superior a um ano: substituição por duas penas restritivas de direito ou uma restritiva de direito e multa. Se forem aplicadas duas penas restritivas de direitos, o condenado cumprirá, simultaneamente, as que forem compatíveis entre si e, sucessivamente, as demais (art. 69, § 2º).

Reconversão da pena restritiva de direito

Caso o sentenciado descumpra as condições impostas pelo juiz, ele perderá o seu benefício e voltará a cumprir a pena original, qual seja, a privativa de liberdade.

Reconversão obrigatória

O descumprimento das condições pode ocorrer nos seguintes casos:

- **Na prestação de serviços à comunidade e na limitação de fim de semana, quando o condenado:**
    - ✓ não for encontrado por estar em lugar incerto e não sabido, ou desatender a intimação por edital;
    - ✓ não comparecer, injustificadamente, à entidade ou programa em que deva prestar serviço;
    - ✓ recusar-se, injustificadamente, a prestar o serviço que lhe foi imposto;
    - ✓ praticar falta grave;
    - ✓ sofrer condenação por outro crime à pena privativa de liberdade, cuja execução não tenha sido suspensa (nos termos do § 1º do art. 181 da LEP).

- **Na interdição temporária de direitos, quando o condenado:**
    - ✓ exercer, injustificadamente, o direito interditado;
    - ✓ não for encontrado por estar em lugar incerto e não sabido, ou desatender a intimação por edital;
    - ✓ sofrer condenação por outro crime à pena privativa de liberdade, cuja execução não tenha sido suspensa (nos termos do art. 181, § 2º, da LEP).

- **Na prestação pecuniária e na perda de bens e valores:** caso o condenado deixe de efetuar o pagamento na prestação fixada ou deixe de entregar os bens ou valores, declarados perdidos por sentença de maneira voluntária.

> **ATENÇÃO**
>
> **Não é admissível a reconversão na hipótese de o condenado não efetuar o pagamento da pena de multa.** A reconversão admitida pelo Código Penal consiste apenas no descumprimento das penas restritivas de direito. **MULTA NÃO É PENA RESTRITIVA DE DIREITO.**

> **IMPORTANTE**
>
> Feita a reconversão, o sentenciado cumprirá a pena privativa de liberdade, em razão do período de tempo restante da pena restritiva de direito.

Reconversão facultativa

Na hipótese de sobrevir condenação a pena privativa de liberdade por outro crime, o juiz reconverterá a pena restritiva de direito caso haja impossibilidade de cumprimento cumulativo de penas (pena restritiva de direito + pena privativa de liberdade).

Penas restritivas de direito em espécie

a) **Prestação pecuniária:** pena restritiva de direito, que consiste no pagamento em dinheiro à vítima, a seus dependentes ou a entidade pública ou privada com destinação social, de importância fixada pelo juiz da condenação.

A prestação pecuniária não pode ser:

- inferior a 1 salário mínimo;
- superior a 360 salários mínimos.

> **ATENÇÃO**
>
> - Se houver aceitação do beneficiário, a prestação pecuniária pode consistir em prestação de outra natureza.
> - Se coincidentes os beneficiários, o valor pago será deduzido do montante de eventual condenação em ação de reparação civil. Desse modo, se o ofendido vier a propor ação de reparação civil, ou a execução civil da sentença penal condenatória penal transitada em julgado, o valor referente à prestação pecuniária pago ao ofendido será descontado do total da condenação civil ou penal.
> - **Não se deve confundir a pena de multa com a prestação pecuniária:** a multa constitui uma dívida de valor, e o descumprimento dela não culmina em prisão. Em

- contrapartida, a prestação pecuniária pode ser convertida em prisão.

  A multa é destinada ao Fundo Penitenciário Nacional, enquanto a prestação pecuniária é destinada à própria vítima, a seus dependentes ou a entidade pública ou privada com destinação social.

  A fixação da multa se dá entre 10 e 360 dias-multa, enquanto na prestação a fixação se dá entre 1 e 360 salários mínimos.

b) **Perda de bens e valores:** a perda de bens se dará em favor do Fundo Penitenciário Nacional de quantia que pode atingir até o valor referente ao prejuízo causado ou do proveito obtido pelo agente ou por terceiro em consequência da prática do crime, prevalecendo aquele que for maior.

> **IMPORTANTE**
>
> Não se deve confundir a perda de bens e valores, prevista como pena alternativa pela atual legislação, com o confisco dos bens. Enquanto a perda de bens e valores é principal, o confisco configura mero efeito secundário extrapenal da condenação.

c) **Limitação de final de semana:** consiste na obrigação de permanecer, aos sábados e domingos, por cinco horas diárias, em casa de albergado ou outro estabelecimento adequado. Durante a permanência, poderão ser ministrados ao condenado cursos e palestras ou atribuídas atividades educativas.

> **ATENÇÃO**
>
> Dentre as penas alternativas, a limitação do final de semana foi a que recebeu menor aplicabilidade, pela quase inexistência de casas de albergado no Brasil.

d) **Prestação de serviços à comunidade:** dever de prestar determinada quantidade de horas de trabalho não renumerado e útil à sociedade. É aplicável às condenações superiores a seis meses de privação da liberdade. A prestação de serviço à comunidade dar-se-á em entidades assistenciais, hospitais, escolas, orfanatos e outros estabelecimentos congêneres, em programas comunitários ou estatais.

> **IMPORTANTE**
>
> - O condenado não recebe nenhuma renumeração. Uma vez que o agente cumpre a pena principal, não existe pena renumerada.
> - As tarefas realizadas pelo condenado devem estar de acordo com suas aptidões.
> - As tarefas devem sem cumpridas em razão de uma hora de tarefa por dia de condenação. Se a pena substituída for superior a um ano, é facultado ao condenado cumprir a pena substitutiva em menor tempo, nunca inferior à metade da pena privativa de liberdade fixada.

e) **Interdição temporária de direitos:** as penas de interdição temporária de direitos são:

- **Proibição do exercício de cargo, função ou atividade pública, bem como de mandato eletivo:** tal interdição suspende de modo temporário o exercício da função pública.

> **IMPORTANTE**
>
> Não se deve confundir a interdição temporária para o exercício da função pública com a perda de cargo exercido pelo condenado. A perda do cargo é efeito da condenação, e só ocorre quando a pena for superior a 4 anos, devendo ser motivadamente declarada na sentença.

- **Proibição do exercício de profissão, atividade ou ofício que dependam de habilitação especial, licença ou autorização do Poder Público:** destina-se a algumas profissões, atividades ou ofícios que exigem habilitação especial ou autorização do Poder Público para serem exercidos, sendo exigências controladas e fiscalizadas pelo Estado. É aplicada ao profissional que, durante o exercício de sua função, infringe os deveres que lhe eram inerentes.

- **Suspensão de autorização ou de habilitação para dirigir veículo:** consiste na suspensão de autorização ou de habilitação para dirigir veículos, sendo aplicável aos crimes culposos de trânsito.
- **Proibição de frequentar determinados lugares:** proíbe o condenado de frequentar determinados lugares. O juiz não pode aplicar a pena de forma genérica ou imprecisa, assim, os lugares que o condenado não poderá frequentar deverão estar previstos na sentença. O lugar proibido de se frequentar deverá ter alguma relação com a prática do delito e o condenado.
- **Proibição de inscrever-se em concurso, avaliação ou exame públicos:** refere-se aos concursos públicos, exigidos pela Constituição Federal (art. 37, II), bem como a avaliação ou exame público. Tal proibição vige até o cumprimento da pena.

3) Pena de multa

Consiste no pagamento de uma quantia de dinheiro ao Fundo Penitenciário Nacional, fixada na sentença e calculada em dias-multa, tendo por teto mínimo 10 dias-multa e por teto máximo 360 dias-multa.

Cálculo do valor da pena de multa:

1ª Etapa: encontrar o número de dias-multa;

2ª Etapa: encontrar o valor de cada dia-multa;

3ª Etapa: multiplicar o número de dias-multa pelo valor de cada dia-multa.

Fixação do número de dias-multa:

O número de dias-multa é fixado analisando-se a capacidade financeira do condenado; as circunstâncias judiciais previstas no art. 59 do Código Penal; ou, ainda, a culpabilidade do agente.

O juiz fixa a quantidade de dias-multa para, depois, fixar o valor de cada dia-multa.

Considerações importantes acerca da pena de multa:

- A pena de multa, por força do que dispõe o art. 50 do Código Penal, deve ser paga em até 10 dias a contar do trânsito em julgado da sentença, podendo o juiz permitir seu parcelamento considerando as circunstâncias ou a requerimento do condenado.
- Existe a possibilidade de a pena de multa ser descontada diretamente da renumeração do condenado, salvo na hipótese de ter sido aplicada com a pena privativa de liberdade.
- Na atualidade, a pena de multa não pode ser convertida em prisão caso o condenado deixe de pagá-la.
- Transitada em julgado a sentença condenatória, a multa será considerada dívida de valor, aplicando-se-lhes as normas da legislação relativa à dívida ativa da Fazenda Pública, inclusive no que concerne às causas interruptivas e suspensivas da prescrição.
- No caso de sobrevir doença mental ao condenado, dispõe o art. 52 do Código Penal a suspensão da pena de multa.
- Pelo princípio da intranscendência da pena, a multa não pode ser transferida para a esfera dos herdeiros.

ATENÇÃO

O art. 51 foi objeto de alteração legislativa, e passou a viger com a seguinte redação:

"Art. 51. Transitada em julgado a sentença condenatória, a multa será executada perante o juiz da execução penal e será considerada dívida de valor, aplicáveis as normas relativas à dívida ativa da Fazenda Pública, inclusive no que concerne às causas interruptivas e suspensivas da prescrição.

§ 1º (Revogado pela Lei n. 9.268, de 1º-4-1996)

§ 2º (Revogado pela Lei n. 9.268, de 1º-4-1996)".

A alteração corresponde ao atual entendimento do STJ e do STF.

A inovação se deu no sentido de deixar explícita qual é a Vara competente para a execução da multa. Antes, não se sabia se a tramitação se dava na Vara da Fazenda Pública ou na Vara de Execução Penal.

Em caso de não pagamento da multa, a execução é promovida prioritariamente pelo Ministério Público perante a Vara de Execução Penal, cabendo, caso o Ministério Público não promova e execução no prazo de 90 dias, à Fazenda Pública a promoção da execução:

ADIn 3.150: "EXECUÇÃO PENAL. CONSTITUCIONAL. AÇÃO DIRETA DE INCONSTITUCIONALIDADE. PENA DE MULTA. LEGITIMIDADE PRIORITÁRIA DO MINISTÉRIO PÚBLICO. NECESSIDADE DE INTERPRETAÇÃO CONFORME. PROCEDÊNCIA PARCIAL DO PEDIDO. 1. A Lei n. 9.268/96, ao considerar a multa penal como dívida de valor, não retirou dela o caráter de sanção criminal, que lhe é inerente por força do art. 5º, XLVI, *c*, da Constituição Federal. 2. Como consequência, a legitimação prioritária para a execução da multa penal é do Ministério Público perante a Vara de Execuções Penais. 3. Por ser também dívida de valor em face do Poder Público, a multa pode ser subsidiariamente cobrada pela Fazenda Pública, na Vara de Execução Fiscal, se o Ministério Público não houver atuado em prazo razoável (90 dias). 4. Ação direta de inconstitucionalidade cujo pedido se julga parcialmente procedente para, conferindo interpretação conforme à Constituição ao art. 51 do Código Penal, explicitar que a expressão 'aplicando-se-lhes as normas da legislação relativa à dívida ativa da Fazenda Pública, inclusive no que concerne às causas interruptivas e suspensivas da prescrição', não exclui a legitimação prioritária do Ministério Público para a cobrança da multa na Vara de Execução Penal. Fixação das seguintes teses: (i) O Ministério Público é o órgão legitimado para promover a execução da pena de multa, perante a Vara de Execução Criminal, observado o procedimento descrito pelos artigos 164 e seguintes da Lei de Execução Penal; (ii) Caso o titular da ação penal, devidamente intimado, não proponha a execução da multa no prazo de 90 (noventa) dias, o Juiz da execução criminal dará ciência do feito ao órgão competente da Fazenda Pública (Federal ou Estadual, conforme o caso) para a respectiva cobrança na própria Vara de Execução Fiscal, com a observância do rito da Lei n. 6.830/80".

Atenção! O julgamento da ADIn em tela retirou os efeitos da Súmula 521 do STJ, que dizia: "A legitimidade para a execução fiscal de multa pendente de pagamento imposta em sentença condenatória é exclusiva da Procuradoria da Fazenda Pública".

16.5 Aplicação da pena

1) Fases de aplicação da pena

Em relação à aplicação da pena privativa de liberdade, o Código Penal adotou o sistema trifásico.

a) Primeira fase – fixação da pena-base

A primeira fase de aplicação da pena se dá com a fixação da pena-base, da qual incidem os demais cálculos. Nesta fase, o juiz analisa as circunstâncias judiciais, previstas no art. 59 do Código Penal:

i) **Culpabilidade:** o julgador deve se atentar ao grau de reprovabilidade da conduta do agente.

ii) **Antecedentes:** somente poderão ser consideradas maus antecedentes as condenações anteriores com trânsito em julgado que não servem para afirmar a reincidência. A Súmula 444 do STJ dispõe: "É vedada a utilização de inquéritos policiais e ações penais em curso para agravar a pena base".

Decisão do STF no RHC 121.126/AC: "Processos ou inquéritos em curso não caracterizam maus antecedentes, sob pena de violação do princípio da presunção de inocência".

iii) **Conduta social:** o julgador analisa o comportamento do agente em face da sociedade.
iv) **Personalidade do agente:** valora-se aqui a índole do agente.
v) **Motivos:** valora-se aqui quais foram os motivos que levaram o agente a praticar o crime, enfatizando-se a aceitação ética por parte da sociedade, em face da conduta do autor.
vi) **Circunstâncias do crime:** possuem caráter genérico, objetivo e subjetivo, e podem dizer respeito, por exemplo, ao local do crime, à duração do tempo do delito, entre outras que não estejam positivadas em nenhum dispositivo específico.
vii) **Consequências do crime:** o julgador analisa a gravidade do dano à vítima, decorrente do crime.
viii) **Comportamento da vítima:** aqui se analisa se a conduta da vítima contribui para a ocorrência do crime.

> **ATENÇÃO**
>
> O juiz, na fixação da pena-base, jamais poderá sair dos limites legais.

b) Segunda fase – aplicação das circunstâncias agravantes e atenuantes

As agravantes e atenuantes previstas na parte geral do Código Penal são denominadas como circunstâncias legais genéricas.

As agravantes genéricas têm seu rol previsto no art. 61 do Código Penal. Dizemos que **o rol dessas agravantes é restrito**, pois não há possibilidade de utilização de qualquer mecanismo para aumentar suas hipóteses de aplicação.

A reincidência (art. 61, I, do CP) aplica-se tanto aos crimes dolosos quanto aos culposos.

> **ATENÇÃO**
>
> As demais circunstâncias (art. 61, II, do CP) somente são aplicáveis aos crimes dolosos. Esse é o entendimento predominante na jurisprudência e doutrina.

As atenuantes genéricas estão previstas no art. 65 do Código Penal e, embora este seja taxativo, é válido considerar a existência daquilo que a doutrina nomeia como atenuante inominada prevista no art. 66 do Código Penal.

> **IMPORTANTE**
>
> - Tanto as agravantes genéricas quanto as atenuantes genéricas são de aplicação obrigatória pelo juiz.
> - A aplicação de uma agravante nunca poderá levar a pena a ficar acima do máximo estabelecido pelo legislador. Do mesmo modo, a aplicação de uma atenuante não poderá ser feita de modo a deixar a pena mínima abaixo do estabelecido pelo legislador. De acordo com a Súmula 231 do STJ: "A incidência da circunstância atenuante não pode conduzir à redução da pena abaixo do mínimo legal".

Reincidência: verifica-se a reincidência quando o agente comete novo crime, depois de transitar em julgado a sentença que, no país ou no estrangeiro, o tenha condenado por crime anterior.

É de extrema importância saber quando a reincidência se faz presente:

INFRAÇÃO PENAL ANTERIOR	INFRAÇÃO PENAL POSTERIOR	CONSEQUÊNCIA
Crime	Crime	Reincidente
Contravenção penal	Contravenção penal	Reincidente
Crime	Contravenção penal	Reincidente
Contravenção penal	Crime	Primário

Regra: a condenação feita anteriormente por crime sempre gera reincidência, podendo a infração posterior ser crime ou contravenção penal. Todavia, se a contravenção for praticada anteriormente à condenação do crime, não se faz presente a reincidência.

> **ATENÇÃO**
>
> - A contravenção penal cometida no estrangeiro nunca gera reincidência. Isso porque não existe extraterritorialidade da lei penal brasileira quando se trata de contravenção penal.
> - Por força do que dispõe o art. 64, II, os crimes políticos e militares não geram reincidência.
> - A reincidência, por ser de caráter pessoal, não se comunica com os demais agentes do crime.
> - A prova da reincidência se faz pela apresentação de certidão cartorária comprovando a condenação anterior.

No concurso de agravantes e atenuantes, preponderam:

- os motivos determinantes;
- a personalidade do agente;
- a reincidência.

No caso de concurso de uma circunstância preponderante com outra que não tenha tal natureza, prevalecerá a preponderante. Todavia, no concurso de circunstâncias agravantes e atenuantes de idêntico valor, não se aumenta ou diminui a pena.

Tanto o STF quanto o STJ entendem que a menoridade do réu prepondera sobre todas as demais circunstâncias.

c) Terceira fase – aplicação da pena

As causas de aumento e diminuição, também conhecidas como majorantes e minorantes, são causas que modificam a pena, sendo fatores de redução ou aumento desta, podendo ser estabelecidas em quantidades fixas (ex.: dobro, triplo) ou variáveis (ex.: um a dois terços).

> **IMPORTANTE**
>
> Diferentemente das circunstâncias agravantes ou atenuantes, permitem o agravamento ou redução da pena além ou aquém dos limites máximo e mínimo estabelecidos pelo legislador no tipo penal.

No que tange à aplicação das causas de aumento e diminuição, elas são aplicadas umas sobre as outras. Aqui, não é admissível que existam compensações entre causas de diminuição e causas de aumento. Desse modo, se o juiz aplicar um aumento de 1/3 e uma diminuição de 1/3, não poderá compensá-los anulando-os. Percebam: se existirem causas de aumento e também de diminuição, primeiro o juiz aplica as majorantes e depois as minorantes.

Concurso entre duas ou mais causas de diminuição ou entre duas ou mais causas de aumento:

- **Hipótese 1** (concurso entre causas de aumento de pena da Parte Especial e da

Parte Geral): nesta hipótese, o juiz deverá aplicar ambos os aumentos. Primeiro se aplica a majorante da Parte Especial, para depois se aplicar a da Parte Geral.

- **Hipótese 2** (concurso entre causas de diminuição da Parte Geral e da Parte Especial): nesta hipótese, o juiz deverá aplicar as duas causas de diminuição.
- **Hipótese 3** (concurso entre causas de diminuição previstas na Parte Especial): em conformidade com o parágrafo único do art. 68 do Código Penal, o juiz pode limitar-se à aplicação de apenas uma causa de diminuição, elegendo a causa que mais diminua a pena. Trata-se de uma prerrogativa conferida ao magistrado.
- **Hipótese 4** (concurso entre causas de aumento situadas na Parte Especial): aqui, o juiz também poderá limitar-se à aplicação de apenas uma causa de aumento, elegendo aquela que mais aumente. Trata-se de uma prerrogativa do juiz.
- **Hipótese 5** (concurso entre causas de aumento situadas na Parte Geral): nesta hipótese, o juiz deverá aplicar ambas as causas de aumento.
- **Hipótese 6** (concurso entre causas de diminuição previstas na Parte Geral): nesta hipótese, o juiz deverá aplicar ambas as causas de diminuição.

16.6 Questões

1. (TRF 4ª Região – Analista Judiciário – 2010) Considere as seguintes assertivas sobre a substituição da pena privativa de liberdade pelas penas restritivas de direitos:

I. Na condenação igual ou inferior a dois anos, a substituição pode ser feita por multa ou por uma pena restritiva de direitos; se superior a dois anos, a pena privativa de liberdade pode ser substituída por uma pena restritiva de direitos e multa ou por duas restritivas de direitos.

II. As penas privativas de liberdade não superiores a 4 anos podem ser substituídas por penas restritivas de direitos se o crime não for cometido com violência ou grave ameaça à pessoa ou, qualquer que seja a pena aplicada, se o crime for culposo.

III. A pena restritiva de direitos converte-se em privativa de liberdade quando ocorrer o descumprimento injustificado da restrição imposta e, no cálculo da pena privativa de liberdade a executar, será deduzido o tempo cumprido da pena restritiva de direitos, respeitado o saldo mínimo de trinta dias de detenção ou reclusão.

IV. Se o condenado for reincidente específico em razão a prática do mesmo crime, o juiz poderá aplicar a substituição, desde que, em face da condenação anterior, a medida seja socialmente recomendável.

De acordo com o Código Penal, está correto o que consta APENAS em:

A) I e IV.
B) I, II e III.
C) II, III e IV.
D) II e III.
E) I, II e IV.

↳ **Resolução:**
Com fundamento no art. 44 do Código Penal, as penas poderão ser substituídas quando o crime não for cometido por violência ou grave ameaça. E o § 4º do mesmo artigo determina que, em caso de reincidência específica, poderá haver a substituição da pena.

↗ **Gabarito: "D".**

2. (TRF 2ª Região – Analista Judiciário – 2012) O fornecimento de cestas básicas a instituições de caridade inclui-se dentre as penas:

A) de multa.
B) privativas de liberdade.
C) restritivas de direitos.
D) de prisão simples.
E) acessórias.

↳ **Resolução:**
Conforme determina o art. 43 e incisos do Código Penal, o fornecimento de cestas básica é uma pena restritiva de direito.

↗ **Gabarito: "C".**

3. (TJSC – Escrevente Técnico Judiciário – 2018) Em Direito Penal, um dos temas mais debatidos na doutrina e na jurisprudência é a aplicação da pena. De acordo com o artigo 68 do Código Penal, deverão ser observadas três etapas distintas na dosimetria da pena. Sobre o tema, de acordo com as previsões do Código Penal e jurisprudência do Superior Tribunal de Justiça, é correto afirmar que:

A) no caso de ser reconhecida a presença dos requisitos para substituição da pena privativa de liberdade por restritiva de direitos, não precisará o magistrado fixar na sentença o regime inicial de cumprimento de pena;

B) na aplicação da pena, primeiro é aplicada a pena-base, depois as causas de aumento e de diminuição e, por último, são analisadas as circunstâncias agravantes e atenuantes;

C) no momento de reconhecer a presença de circunstâncias atenuantes e agravantes, não poderá o magistrado fixar a pena abaixo do mínimo legal ou acima do máximo cominado ao tipo;

D) na aplicação do regime inicial de pena nos crimes punidos apenas com pena de detenção, poderá o magistrado aplicar regime inicial fechado, semiaberto ou aberto;

E) no concurso de causas de aumento e de diminuição previstas na parte especial, não pode o juiz considerar apenas uma delas, cabendo aplicá-las em escala.

↳ **Resolução:**
Prevalece tanto em nossa jurisprudência como em nossa doutrina que o reconhecimento de uma circunstância agravante não pode implicar uma fixação da pena além do limite cominado no preceito penal secundário, na mesma medida em que o reconhecimento de uma circunstância atenuante também não permite a fixação da pena aquém da pena mínima cominada. Assim, insta registrar que o STJ fixou o entendimento, sedimentado na Súmula 231.

↗ **Gabarito: "C".**

17. CONCURSO DE CRIMES

Uma só pessoa pode praticar uma diversidade de crimes, fato que configura o concurso de crimes. Do mesmo modo, várias pessoas, unidas pelo mesmo vínculo psicológico, podem praticar uma pluralidade de crimes, configurando o concurso de crimes e o concurso de pessoas.

Três são as espécies de concursos de crime: **concurso formal**; **concurso material** e **crime continuado**.

Vários são os sistemas elencados pela doutrina para a aplicação da pena no concurso de crimes:

- **Sistema do cúmulo material:** somam-se as penas de cada um dos delitos que compõem o concurso. É o sistema adotado no concurso material (art. 69 do CP), no concurso formal imperfeito e no concurso de multas (art. 72 do CP).

- **Sistema do cúmulo jurídico:** a pena a ser aplicada deve ser mais grave que a cominada para cada um dos delitos, sem se chegar à soma deles.

- **Sistema de absorção:** aplica-se tão somente a pena do crime mais grave, desconsiderando as demais.

- **Sistema de exasperação:** aplica-se a pena do crime mais grave, aumentada de certa quantidade em decorrência dos demais crimes. É o sistema adotado no concurso formal perfeito (próprio) e no crime continuado.

17.1 Concurso material ou real

O concurso material consiste na prática de duas ou mais condutas, que produzem dois ou mais resultados, idênticos ou não, todavia, tais condutas são vinculadas pela identidade do agente.

Dois requisitos são necessários para a configuração do concurso material:

- a prática de mais de uma ação ou omissão;
- a prática de dois ou mais crimes.

O concurso material pode ser:

Homogêneo: quando o agente pratica dois ou mais crimes idênticos, não importando se a modalidade praticada é simples, qualificada ou privilegiada.

Heterogêneo: quando o agente pratica dois ou mais crimes diversos.

Aplicação da pena: as penas devem ser somadas, de modo que o juiz deve fixar separadamente a pena para cada um dos delitos praticados, e depois somá-las na própria sentença (sistema do cúmulo material).

17.2 Concurso formal ou ideal

Dois requisitos são indispensáveis para a configuração do concurso formal:

- singularidade de conduta, ou seja, apenas uma ação ou omissão;
- prática de dois ou mais crimes.

O concurso formal pode ser classificado em:

- **Homogêneo:** quando com um mesmo fato se realiza várias vezes o mesmo tipo penal. Ex.: com um mesmo disparo se dá a morte de duas pessoas; proferindo uma só expressão se injuria a muitos indivíduos.
- **Heterogêneo:** quando com um só fato se satisfazem as exigências de distintos tipos penais.
- **Próprio (Perfeito):** o agente objetiva realizar um único crime, mas acaba realizando dois, não por dolo, mas por culpa. Tem por objetivo a produção de apenas um resultado, mas sua única conduta é capaz de produzir mais de um resultado.
- **Impróprio (Imperfeito):** o agente objetiva a realização de mais de um crime, tendo consciência e vontade na prática de cada um deles.

Aplicação da pena no concurso formal

O sistema de exasperação é utilizado no concurso formal próprio. Aplica-se a pena do crime mais grave, aumentada de certa quantidade em decorrência dos demais crimes. Desse modo, a pena do crime mais grave, de acordo com o art. 70 do Código Penal, poderá ser aumentada de 1/6 até a metade.

Em contrapartida, no **concurso formal impróprio, utiliza-se o sistema do cúmulo material**.

Concurso material favorável ou benéfico: a aplicação da regra do concurso material ao concurso formal é mais benéfica ao réu. Utilização do sistema de acúmulo material em vez da utilização do sistema de exasperação.

Sistema do cúmulo material	Sistema de exasperação
Adotado no concurso material e no concurso formal impróprio.	Adotado no concurso formal próprio (perfeito) e no crime continuado.
Somam-se as penas de cada um dos delitos que compõem o concurso.	Aplica-se a pena do crime mais grave, aumentada em certa quantidade em decorrência dos demais crimes.

17.3 Crime continuado

Composto por uma diversidade de condutas criminosas, praticadas em momentos e locais diversos, cujos resultados são distintos, todavia, tais condutas são consideradas como crime único, para efeitos da dosimetria penal. Em consequência disso, aplica-se a pena apenas de um crime.

1) Espécies

- **Crime continuado comum:** crime praticado sem violência ou grave ameaça contra a pessoa (art. 71, *caput*, do CP).
- **Crime continuado específico:** crime doloso praticado com violência ou grave ameaça contra diversas vítimas (art. 71, parágrafo único, do CP).

Teoria adotada pelo Código Penal em relação à natureza do crime continuado:

- **Teoria da ficção jurídica:** a lei presume, por ficção, a existência de apenas um crime, quando, de fato, existem vários crimes. Consideram-se fictamente como único delito as várias ações levadas a efeito pelo agente, de modo que, quando analisadas individualmente, já consistiam em infrações penais.

2) Requisitos do crime continuado

- Mais de uma ação ou omissão;
- Prática de dois ou mais crimes da mesma espécie;
- Condições de tempo, lugar, maneira de execução e outras semelhantes;
- Os crimes subsequentes serem havidos como continuação do primeiro.

3) Crime continuado e aplicação da pena

- **Crime continuado simples:** a lei determina a aplicação da pena de um só dos crimes, se idênticas, ou a mais grave, se diversas, aumentada em qualquer dos casos de 1/3 a 2/3.
- **Crime continuado específico:** o juiz, considerando a culpabilidade, os antecedentes, bem como os motivos e as circunstâncias do crime, poderá aumentar a pena de um só dos crimes, se idênticas, ou a mais grave, se diversas, até o triplo. É necessário que se façam presentes as seguintes condições: diversidade de vítimas e, ainda, emprego de violência ou grave ameaça contra a pessoa.

> **ATENÇÃO**
> - O entendimento pacífico na doutrina e na jurisprudência é de que o aumento mínimo é de 1/6.
> - A pena imposta não poderá exceder o *quantum* equivalente ao cúmulo material das penas (art. 70, parágrafo único), não podendo superar também o limite de 30 anos, conforme dispõe o art. 75 do Código Penal.

4) Crime continuado e lei penal no tempo

Em relação à sucessão de leis penais no tempo e ao crime continuado, a lei posterior é aplicada mesmo que mais gravosa, se durante a execução do crime ela sobrevir.

Súmula 711 do STF: "A lei penal mais grave aplica-se ao crime continuado ou ao crime permanente, se a sua vigência é anterior à cessação da continuidade ou da permanência".

5) Aplicação da pena de multa no crime continuado

Divergência doutrinária e jurisprudencial:

Doutrina majoritária: no caso de concurso material, concurso formal ou crime continuado, o juiz deve aplicar todas as multas cabíveis somadas.

Posição majoritária da jurisprudência: defende que, no crime continuado, não se aplica o disposto no art. 72 do Código Penal, uma vez que não há concurso de crime, e sim um crime único, de modo que, em paralelismo com a pena privativa de liberdade, a unificação deve atingir também a pena de multa.

17.4 Questões

1. **(TRF 4ª Região – Analista Judiciário – 2014)** No cômputo da pena, estima-se o:
   A) acréscimo decorrente da continuidade genérica à vista da gravidade das circunstâncias judiciais verificadas.
   B) abatimento decorrente da semi-imputabilidade à vista da perspectiva de cura do quadro médico-psiquiátrico do agente.
   C) abatimento decorrente da tentativa à vista da aptidão concreta da conduta para ofender o bem jurídico tutelado.
   D) acréscimo decorrente do concurso formal heterogêneo à vista do número de infrações praticadas.

E) acréscimo decorrente do concurso formal homogêneo à vista da identidade objetivo-subjetiva das infrações praticadas.

↳ **Resolução:**
O concurso formal é homogêneo quando os crimes são idênticos. Ex.: três homicídios culposos praticados na direção de veículo automotor.

↗ Gabarito: "D".

2. **(TJMT – Escrevente Técnico Judiciário – 2008)** "A" foi condenado na mesma sentença pela prática do crime de furto e também pela prática do crime de estupro. Sobre o caso em tela, é correto afirmar que:

A) pela regra do concurso formal, as penas deverão ser somadas.
B) pela regra do concurso formal, deverá ser aplicada a pena mais grave com um aumento que poderá variar de 1/6 até 1/2.
C) pela regra do concurso material, deverá ser aplicada a pena mais grave com um aumento que poderá variar de 1/6 até 2/3.
D) pela regra do concurso material, deverá ser aplicada a pena mais grave com um aumento que poderá variar de 1/6 até 1/2.
E) pela regra do concurso material, as penas deverão ser somadas.

↳ **Resolução:**
De acordo com o art. 69 do Código Penal, os crimes em concurso material aplicam-se cumulativamente às penas.

↗ Gabarito: "E".

18. LIMITES DAS PENAS E UNIFICAÇÃO

O art. 75 sofreu alterações pela Lei n. 13.964/2019, e sua redação atual é:

> Art. 75. O tempo de cumprimento das penas privativas de liberdade não pode ser superior a 40 (quarenta) anos.
>
> § 1º Quando o agente for condenado a penas privativas de liberdade cuja soma seja superior a 40 (quarenta) anos, devem elas ser unificadas para atender ao limite máximo deste artigo.

Máximo de cumprimento

Por força constitucional, existe expressa vedação quanto à existência de penas de caráter perpétuo (art. 5º, XLVII, *b*, da CF). Desse modo, positiva o Código Penal em seu art. 75, *caput*: "O tempo de cumprimento das penas privativas de liberdade não pode ser superior a 40 (quarenta) anos".

▶ **IMPORTANTE**

O fato de o condenado não poder cumprir pena superior a 40 anos não exclui a possibilidade de ele ser condenado, por exemplo, a uma pena de reclusão de 50 anos. O fato é que ele apenas cumprirá 40 anos dessa punição. A principal consequência aqui se dá no que tange à concessão de alguns benefícios, bem como à possibilidade de progressão de regime.

Unificação das penas

O limite de cumprimento de pena de 40 anos não torna o sentenciado imune a qualquer outra condenação advinda durante a execução de sua pena.

Podem ocorrer duas situações:

- Nova condenação por fato anterior ao início do cumprimento da pena deve ser lançada no montante.
- Nova condenação por fato posterior ao início do cumprimento da pena deve ser lançada na pena unificada, desprezando-se o tempo já cumprido.

19. SUSPENSÃO CONDICIONAL DA PENA – *SURSIS*

A suspensão condicional da pena, também conhecida como *sursis*, tem por finalidade evitar que o condenado, cuja pena aplicada tenha curta duração, conviva no cárcere. O *sursis* é aplicado ao condenado para que ele passe por um período de prova e, caso cumpra tal prova, tenha sua pena privativa de liberdade extinta.

1) Requisitos objetivos

Qualidade da pena: somente é possível a concessão de *sursis* quando a pena imposta for privativa de liberdade, podendo ser ela reclusão, detenção ou prisão simples, não se estendendo às penas restritivas de direito e à multa penal.

Quantidade de pena aplicada: a pena aplicada ao condenado não seja superior a 2 anos (art. 77, *caput*, do CP), ressalvada a hipótese prevista no art. 77, § 2º, em que se permite a concessão do *sursis* quando a pena privativa de liberdade não for superior a 4 anos, desde que o condenado seja maior de 70 anos de idade (*sursis* etário) ou existam razões de saúde (*sursis* humanitário) que justifiquem a suspensão.

Impossibilidade de substituição por pena restritiva de direito: só pode ser aplicado quando for incabível a substituição da pena privativa de liberdade por uma pena restritiva de direito.

2) Requisitos subjetivos

Não há impedimento para a concessão do *sursis* se a prática do crime culposo for anterior à condenação pelo crime doloso e vice-versa. Do mesmo modo, a condenação anterior por pena de multa não impede a concessão do *sursis* (art. 77, § 1º, do CP).

A culpabilidade, os antecedentes, a conduta social e a personalidade do agente, bem como os motivos e as circunstâncias autorizam a concessão do benefício (art. 77, II, do CP).

3) Espécies de *sursis*

- *Sursis* **simples:** o condenado deve preencher os requisitos objetivos e subjetivos, ficando sujeito, no primeiro ano de prazo, a duas condições legais: prestação de serviço à comunidade ou limitação de fim de semana.

- *Sursis* **especial:** o agente, além de preencher os requisitos subjetivos e objetivos normais, deverá reparar o dano, quando possível, e ainda ter as circunstâncias judiciais, previstas no art. 59, todas favoráveis para si. O condenado não precisa, no primeiro ano de prazo, prestar serviços à comunidade ou ter a limitação de final de semana. Todavia, o juiz poderá aplicar, cumulativamente, as condições previstas no art. 78, § 2º, do Código Penal.

- *Sursis* **etário:** concedido ao condenado maior de 70 anos na data da sentença concessiva. Nesta hipótese, a pena aplicada não pode exceder 4 anos, de modo que o período de prova consiste em um período mínimo de 4 e máximo de 6 anos.

- *Sursis* **humanitário:** concedido ao condenado por motivos de saúde, não importando sua idade. Assim, a pena imposta não pode exceder quatro anos, e o período de prova consiste em um período mínimo de quatro e máximo de seis anos.

4) Revogação do *sursis*

Revogação obrigatória: trata-se de qualquer das hipóteses previstas em lei. Assim, a suspensão será revogada obrigatoriamente se, no curso do prazo, o beneficiário:

- é condenado, em sentença irrecorrível, por crime doloso;
- frustra, embora solvente, a execução da pena de multa ou não efetua, sem motivo justificado, a reparação do dano;
- descumpre a condição do art. 78, § 1º, do Código Penal.

Revogação facultativa: não obriga o juiz a revogar o benefício.

- Descumprimento de condição diversa da prestação de serviços à comunidade ou da limitação de final de semana.

- Superveniência de condenação irrecorrível, pela prática de contravenção penal ou crime culposo, a pena privativa de liberdade ou restritiva de direito, excluindo a hipótese de aplicação de pena de multa.

5) Prorrogação do período de prova

- Se o beneficiário está sendo processado por outro crime ou contravenção, considera-se prorrogado o prazo da suspensão até o julgamento definitivo. **Essa hipótese de prorrogação é automática.**

> **IMPORTANTE**
>
> Para que ocorra a prorrogação do período de prova, torna-se indispensável o recebimento da denúncia ou queixa.

- No caso de revogação facultativa, poderá o juiz prorrogar o período de prova até o máximo, se este já não for o fixado, em conformidade com o que dispõe o art. 81, § 3º, do Código Penal.

Cumpridas as condições e decorrido o período de prova, sem ter havido revogação, considera-se extinta a punibilidade (art. 82 do CP).

20. LIVRAMENTO CONDICIONAL

Instituto de política criminal que tem por objetivo permitir a redução do tempo de prisão por meio da concessão antecipada e provisória de liberdade ao condenado, quando é cumprida pena privativa de liberdade, mediante o preenchimento de alguns requisitos, que podem ser objetivos ou subjetivos, e a aceitação de determinadas condições.

1) Requisitos objetivos

- **Qualidade e quantidade da pena:** deve esta ser privativa de liberdade, igual ou superior a dois anos.

- **O cumprimento de parte da pena:**
  ✓ Não reincidente em crime doloso e com bons antecedentes: cumprimento de 1/3 da pena privativa de liberdade;
  ✓ Reincidente em crime doloso: cumprimento da metade da pena privativa de liberdade;
  ✓ Autor de crime hediondo não reincidente em crime específico: cumprimento de 2/3 da pena privativa de liberdade.

> **ATENÇÃO**
>
> Embora se tenha várias posições doutrinárias acerca da reincidência específica, predomina aquela que considera esta como a repetida prática de qualquer dos crimes previstos na Lei dos Crimes Hediondos.

- **Reparação do dano:** incumbe ao sentenciado reparar o dano causado pela prática da infração penal, salvo a impossibilidade de fazê-lo, pela efetiva demonstração, em face de sua precária situação econômica, ou pelo desaparecimento da vítima.

2) Requisitos subjetivos

- bom comportamento durante a execução da pena;
- não cometimento de falta grave nos últimos 12 meses;
- bom desempenho no trabalho que lhe foi atribuído; e
- aptidão para prover a própria subsistência mediante trabalho honesto.

3) Revogação do benefício

a) **Revogação obrigatória:**

Revoga-se o livramento se o liberado vem a ser condenado a pena privativa de liberdade, em sentença irrecorrível:

- Por crime cometido durante a vigência do benefício.

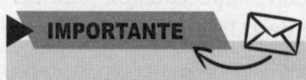

> **IMPORTANTE**
> A pena deve ser privativa de liberdade (não restritiva de direito ou multa).

- **Por crime anterior:** caso a revogação seja motivada pela prática de crime anterior à vigência do livramento, é admissível a soma da pena restante com a pena fixada pela prática do novo crime, assim, se da soma resultar tempo igual ou superior a dois anos, o condenado poderá ser beneficiado pelo livramento condicional, observados os requisitos objetivos e subjetivos para a concessão.

b) **Revogação facultativa**, em conformidade com o art. 87 do Código Penal, ocorre quando:
- o liberado deixar de cumprir qualquer das obrigações constantes da sentença;
- o liberado for irrecorrivelmente condenado, por crime ou contravenção, a pena que não seja privativa de liberdade.

> **ATENÇÃO**
> Não se computará na pena o tempo em que esteve solto o liberado e não será concedido novo livramento em relação à mesma pena, nos termos do art. 142 da Lei de Execução Penal.

Prorrogação: enquanto não passar em julgado a sentença em processo a que responda o liberado por crime praticado durante a vigência do livramento, não poderá o juiz declarar extinta a pena.

> **ATENÇÃO**
> A pena privativa de liberdade será extinta se, até o seu término, o livramento não for revogado. Extingue-se a punibilidade.

21. MEDIDAS DE SEGURANÇA

Forma de sanção penal, que possui caráter preventivo e curativo, objetivando que o sujeito ativo da infração penal, seja ele inimputável ou semi-imputável, mostrando periculosidade, não venha a cometer outro injusto, recebendo, dessa forma, tratamento adequado.

Caso o réu seja considerado imputável à época do crime, ele receberá pena. Em contrapartida, se à época da prática do crime ele era inimputável (podendo ser semi-imputável), receberá medida de segurança.

Duas são as espécies de internação, ambas contidas no art. 96 do Código Penal, em incisos distintos:

- A primeira, prevista no art. 96, I, do Código Penal, é a internação que equivale ao regime fechado da pena privativa de liberdade, inserindo-se o sentenciado no hospital de custódia e tratamento, ou estabelecimento adequado.
- A segunda, prevista no art. 96, II, do Código Penal, guarda relação com a pena restritiva de direitos, e consiste no tratamento ambulatorial, em que o sentenciado fica obrigado a comparecer periodicamente ao médico para acompanhamento.

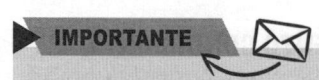

> **IMPORTANTE**
> O STJ se posicionou no sentido de que a medida de segurança deve se ajustar à natureza do tratamento que necessite o agente inimputável ou semi-imputável.

Tempo de cumprimento da medida de segurança

A lei penal não prevê um tempo máximo para o cumprimento da medida de segurança, estabelecendo que o tempo da internação ou do tratamento ambulatorial será indeterminado, até que não se averigue, mediante perícia médica, a cessação da periculosidade. Esta é a posição dos Supremos Tribunais:

STJ: o tempo de duração da medida de segurança não deve ultrapassar o limite máximo da pena abstratamente cominada ao delito praticado.

STF: baseia-se no prazo máximo de cumprimento de pena no Brasil para a duração da medida de segurança.

22. EFEITOS DA CONDENAÇÃO

O cumprimento da pena pelo agente é a principal e maior consequência do trânsito em julgado da sentença penal condenatória. Este é o efeito penal **PRIMÁRIO**.

Existem, ainda, os efeitos **SECUNDÁRIOS**, gerados também pela sentença condenatória transitada em julgado e que mais parecem com outra pena, de caráter acessório.

Os efeitos penais secundários, produzidos pela sentença penal condenatória, podem ser de duas ordens:

- penais;
- extrapenais: ultrapassam o âmbito penal, atuando fora deste. Os efeitos considerados como extrapenais estão positivados no arts. 91 e 92 do Código Penal e podem ser genéricos ou específicos.

Efeitos secundários extrapenais

Efeitos secundários extrapenais

- **Genéricos**
  - Recaem sobre toda e qualquer condenação
  - São automáticos
- **Específicos**
  - Incidem apenas nas condenações de determinados crimes
  - Não são automáticos

Efeitos secundários extrapenais

- **Genéricos**
  - Obrigação de indenizar o dano causado pelo crime
  - A perda em favor da União dos instrumentos do crime que constitua fato ilícito
  - Perda em favor da União do produto do crime ou de qualquer outro bem ou valor pela prática do fato criminoso
- **Específicos**
  - Perda do cargo, função pública ou mandado eletivo
  - Incapacidade para o exercício do pátrio poder, tutela ou curatela, nos crimes dolosos, cometidos contra filhos tutelados ou curatelados
  - Inabilitação para dirigir veículo quando utilizado como meio de prova para a prática de crime doloso

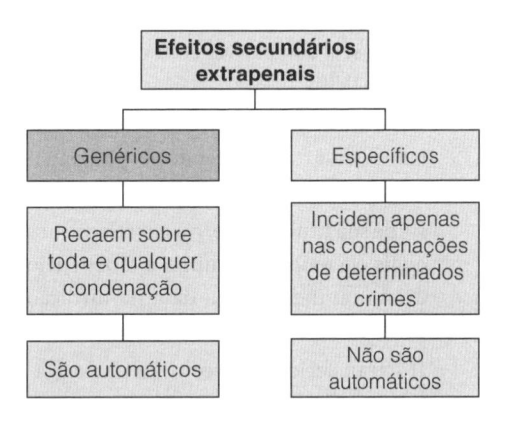

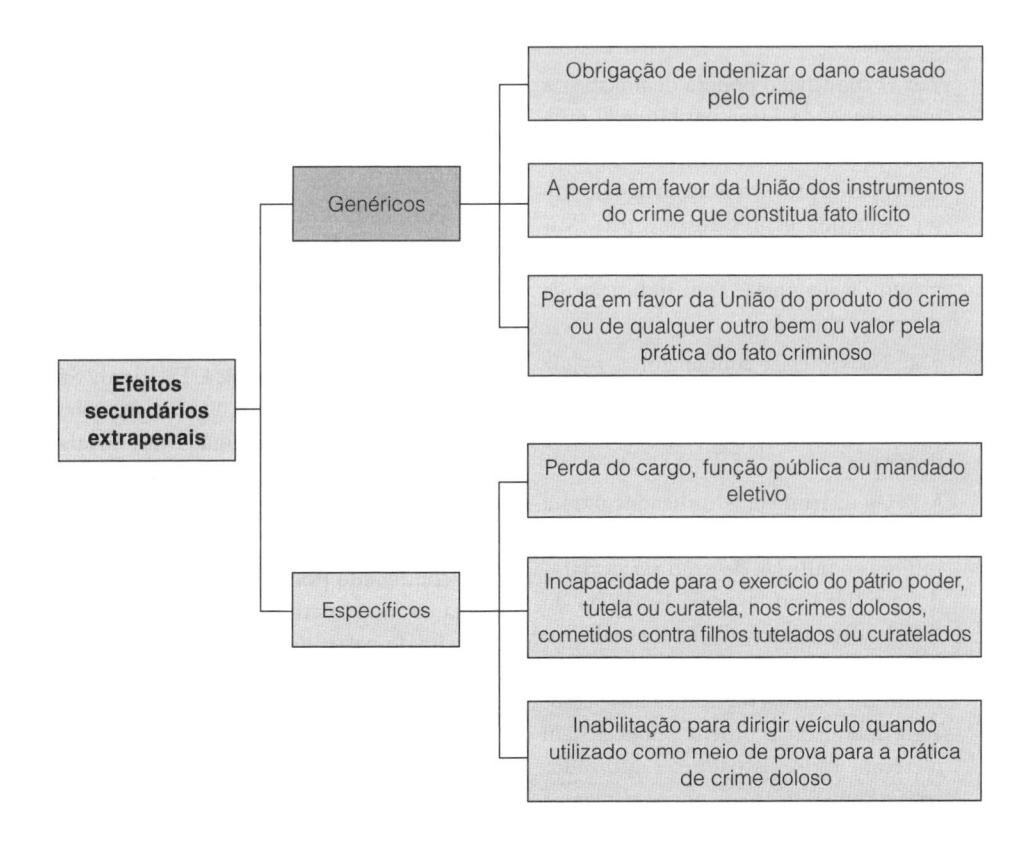

A Lei n. 13.964/2019 inseriu o art. 91-A no Código Penal:

Art. 91-A. Na hipótese de condenação por infrações às quais a lei comine pena máxima superior a 6 (seis) anos de reclusão, poderá ser decretada a perda, como produto ou proveito do crime, dos bens correspondentes à diferença entre o valor do patrimônio do condenado e aquele que seja compatível com o seu rendimento lícito.

§ 1º Para efeito da perda prevista no *caput* deste artigo, entende-se por patrimônio do condenado todos os bens:

I – de sua titularidade, ou em relação aos quais ele tenha o domínio e o benefício direto ou indireto, na data da infração penal ou recebidos posteriormente; e

II – transferidos a terceiros a título gratuito ou mediante contraprestação irrisória, a partir do início da atividade criminal.

§ 2º O condenado poderá demonstrar a inexistência da incompatibilidade ou a procedência lícita do patrimônio.

§ 3º A perda prevista neste artigo deverá ser requerida expressamente pelo Ministério Público, por ocasião do oferecimento da denúncia, com indicação da diferença apurada.

§ 4º Na sentença condenatória, o juiz deve declarar o valor da diferença apurada e especificar os bens cuja perda for decretada.

§ 5º Os instrumentos utilizados para a prática de crimes por organizações criminosas e milícias deverão ser declarados perdidos em favor da União ou do Estado, dependendo da Justiça onde tramita a ação penal, ainda que não ponham em perigo a segurança das pessoas, a moral ou a ordem pública, nem ofereçam sério risco de ser utilizados para o cometimento de novos crimes.

Da leitura do artigo supracitado, é possível constatar que, nas infrações em que a lei comine pena máxima superior a 6 anos de reclusão, poderá ser decretada a perda, como proveito do crime, dos bens correspondentes à diferença entre o valor do patrimônio do condenado e aquele que seja compatível com o seu rendimento lícito.

Por exemplo, suponhamos que determinado indivíduo venha a ser condenado por determinado crime que tenha por pena reclusão superior a 6 anos, e durante a instrução penal se comprove que ele tenha patrimônio de 1 milhão de reais, mesmo ganhando um salário mínimo. De plano, é perceptível que seu patrimônio é incompatível com a sua renda mensal. Assim, o Ministério Público poderá requerer a perda do patrimônio incompatível, no oferecimento da denúncia, devendo indicar a diferença apurada.

Em caso de condenação, o juiz declarará o valor da diferença apurada e especificará os bens cuja perda for decretada.

Importante observar que os bens devem guardar relação com a atividade criminosa.

No caso de organizações criminosas ou milícias, poderão os instrumentos utilizados pela milícia ser declarados perdidos em favor da União, quando a ação penal tramitar na Justiça Federal, ou do Estado, quando tramitar na Justiça Estadual. São exemplos de instrumentos citados pelo parágrafo: automóveis, armas, máquinas de falsificação, aparelhos celulares, entre outros.

Vale lembrar que, em valoração ao princípio do contraditório e da ampla defesa, o condenado poderá demonstrar a inexistência de incompatibilidade ou a procedência lícita do patrimônio.

23. REABILITAÇÃO

Instituto de política criminal positivada nos diplomas penais a fim de declarar e efetivar como reabilitado o condenado por sentença transitada em julgado de certos efeitos da condenação, bem como assegurar-lhe sigilo sobre seu processo e condenação.

> **IMPORTANTE**
> A reabilitação não é causa extintiva da punibilidade.

1) Condição

Exige que ocorra o trânsito em julgado da sentença condenatória, sob pena de carência da ação, não importando a natureza da sanção penal imposta ao acusado, uma vez que a reabilitação alcança qualquer pena aplicada em sentença definitiva.

2) Requisitos

a) Requisitos objetivos

- a extinção da pena deve ter se dado há mais de dois anos;
- o condenado deve ter ressarcido o dano causado pelo crime, salvo quando não puder fazê-lo ou se houver renúncia da vítima a esse direito.

b) Requisitos subjetivos

- o condenado deve ter domiciliado no país em um período de dois anos após a extinção da pena;
- o condenado, durante esses dois anos, deve demonstrar bom comportamento público e privado.

3) Revogação

Para que seja revogada a reabilitação:

- o reabilitado deve praticar novo delito no prazo de cinco anos após o cumprimento ou extinção da pena. Caso tenha passado tal período, a reabilitação não será revogada;
- a pena a ser aplicada em definitivo ao reabilitado não deve ser a pena de multa.

24. EXTINÇÃO DA PUNIBILIDADE

Consequência natural da prática de um delito, ou seja, o agente que comete um fato típico, ilícito e culpável será punido. Desse modo, praticada a conduta delituosa, surge para o Estado a possibilidade de fazer valer o *ius puniendi*.

Causas de extinção da punibilidade, diversas da prescrição

a) **Morte do agente:** a morte do agente cessa o poder de punição do Estado sobre sua pessoa, não podendo a pena, pelo princípio da personalidade ou intranscedência da pena, ultrapassar a pessoa do delinquente.

b) **Anistia:** consiste na renúncia do *ius puniendi* pelo Estado, de modo que ele perdoa a prática de infrações penais que geralmente se delimitam a questões de cunho político. A regra, portanto, é que a anistia se direcione aos denominados crimes políticos, fato que não impede a concessão dela para crimes comuns. A concessão da anistia é de competência da União, encontrando-se no rol das atribuições destinadas ao Congresso Nacional.

c) **Graça:** ato privativo do Presidente da República. Concedido de maneira individual, necessitando ser solicitado, pode ser provocado por petição do condenado, por iniciativa do Ministério Público, do Conselho Penitenciário ou da autoridade administrativa. Pressupõe o trânsito em julgado da condenação.

d) **Indulto:** ato privativo do Presidente da República. Concedido de modo coletivo, não necessitando ser solicitado, pois se dá de forma espontânea. Pressupõe o trânsito em julgado da condenação.

e) ***Abolitio criminis:*** ocorre *abolitio criminis* quando lei posterior não considera mais como crime fato que anteriormente era previsto como ilícito penal. Desse modo, desconsiderado o ilícito penal, nenhum efeito penal permanecerá, tais como reincidência e maus antecedentes. Aqueles que tiverem cumprido a pena em razão da infração penal que foi revogada, terão sua punibilidade extinta.

f) **Decadência:** também causa de extinção da punibilidade, é o instituto jurídico pelo qual a vítima, ou seu representante que tenha qualidade para tal, perde o seu direito de queixa ou de representação em face do decurso de certo prazo.

g) **Perempção:** é o instituto jurídico aplicável às ações penais de iniciativa privada, extinguindo tal ação em face da inércia, negligência do querelante.

h) **Perdão do ofendido:** poderá ser concedido somente nas hipóteses em que se procede mediante queixa. O perdão do ofendido se delimita aos crimes persequíveis por meio de ação penal exclusivamente privada, e pode ser concedido no processo (processual) ou fora dele (extraprocessual). O perdão do ofendido somente surtirá efeitos caso o querelado aceite.

i) **Renúncia ao direito de queixa:** pode ser tanto tácita quanto expressa. Desse modo, se, antes de iniciada a ação penal privada, o ofendido manifestar sua vontade de não exercer o direito de queixa, extingue-se a punibilidade.

j) **Retratação do agente:** o agente comete o fato típico, antijurídico e culpável, todavia, retrata-se e retira o que foi dito, sendo irrelevante a aceitação por parte do ofendido. Causa de extinção da punibilidade quando a lei assim permitir.

k) **Perdão judicial:** não se dirige a toda e qualquer infração penal, somente àquelas previamente determinadas em lei. Cumpre saber que o perdão judicial opera independentemente de aceitação do agente, sendo concedida na própria sentença ou acórdão. A sentença que conceder perdão judicial não é considerada para efeitos de reincidência.

24.1 Questões

1. **(TJSC – Escrevente Técnico Judiciário – 2018)** O perdão judicial poderá ser aplicado quando, devidamente previsto em lei, as consequências da infração atingirem o próprio agente de forma tão grave que a própria sanção se torne desnecessária. Sobre o tema, é correto afirmar que:

A) o perdão judicial poderá ser aplicado no homicídio culposo, quando as consequências atingirem o agente de forma grave o suficiente para tornar a pena desnecessária, mas não na lesão corporal culposa;

B) a sentença que aplica perdão judicial não será considerada para efeitos de reincidência, em que pese haja reconhecimento da prova da materialidade e da autoria;

C) o perdão judicial é previsto no Código Penal como causa de exclusão da culpabilidade, em que pese haja tipicidade e ilicitude, gerando absolvição própria;

D) a sentença que reconhece perdão judicial impõe absolvição imprópria, gerando aplicação de medida de segurança;

E) o perdão judicial é causa de exclusão da tipicidade, gerando absolvição própria.

↘ **Resolução:**
Nos termos expressos no art. 120 do Código Penal, o perdão não poderá ser considerado para efeitos de reincidência.

↗ **Gabarito: "B".**

2. **(TJMG – Escrevente Técnico Judiciário – 2010)** Analisando as causas de extinção da punibilidade, NÃO se inclui entre elas:

A) a doença grave do agente.

B) a graça.

C) a perempção.
D) a renúncia ao direito de queixa.

↳ **Resolução:**
A doença grave do agente não permite que ele tenha a pena extinta, mas pode permitir que este cumpra a pena em regime aberto domiciliar, nos termos do art. 117, II, da Lei de Execução Penal.

↗ **Gabarito: "A".**

25. PRESCRIÇÃO

Instituto jurídico mediante o qual o Estado, pela incapacidade de valer-se do seu direito punitivo em determinado tempo previsto em lei, faz com que ocorra a extinção da punibilidade.

25.1 Espécies

O Código Penal prevê duas espécies de prescrição, sendo elas: prescrição da pretensão punitiva e prescrição da pretensão executória.

Prescrição da pretensão punitiva: consiste na perda do Estado em punir, levando-se em consideração prazos anteriores ao trânsito em julgado definitivo, para ambas as partes.

Prescrição da pretensão executória: consiste na perda do direito do Estado em aplicar a sanção penal, com o trânsito em julgado da sentença penal condenatória para as partes, levando-se em consideração a pena em concreto.

O marco inicial da prescrição da pretensão executória se dá com o trânsito em julgado para a acusação.

25.2 Prazos prescricionais

Cumpre ser apontado que a prescrição é matéria de natureza penal, tendo em vista que altera ou extingue o poder de punir do Estado. Portanto, podemos concluir que os prazos prescricionais são penais, e devem ser contados de acordo com as regras dos arts. 10 e 11 do Código Penal.

Art. 10. O dia do começo inclui-se no cômputo do prazo. Contam-se os dias, os meses e os anos pelo calendário comum.

Art. 11. Desprezam-se, nas penas privativas de liberdade e nas restritivas de direitos, as frações de dia, e, na pena de multa, as frações de cruzeiro.

Os prazos são verificados no art. 109 do Código Penal.

Art. 109. A prescrição, antes de transitar em julgado a sentença final, salvo o disposto no § 1º do art. 110 deste Código, regula-se pelo máximo da pena privativa de liberdade cominada ao crime, verificando-se:

I – em vinte anos, se o máximo da pena é superior a doze;

II – em dezesseis anos, se o máximo da pena é superior a oito anos e não excede a doze;

III – em doze anos, se o máximo da pena é superior a quatro anos e não excede a oito;

IV – em oito anos, se o máximo da pena é superior a dois anos e não excede a quatro;

V – em quatro anos, se o máximo da pena é igual a um ano ou, sendo superior, não excede a dois;

VI – em 3 (três) anos, se o máximo da pena é inferior a 1 (um) ano.

Prescrição das penas restritivas de direito

Parágrafo único. Aplicam-se às penas restritivas de direito os mesmos prazos previstos para as privativas de liberdade.

Observem: o art. 129, *caput*, que dispõe sobre o crime de lesão corporal simples, tem pena mínima de detenção de três meses a um ano. Assim, qual pena deve ser levada em consideração como critério para o cálculo do prazo prescricional nos termos do art. 109 do Código Penal?

a) Até o trânsito em julgado para a acusação, deverá ser considerada a pena máxima em abstrato, pois ainda não é possível delimitar qual será a maior pena aplicável ao caso concreto. Cumpre citar que, no cálculo da pena máxima, incidem as qualificadoras (com aumento máximo) e as causas de diminuição (com diminuição mínima).

b) Após o trânsito em julgado para a acusação, a prescrição é calculada a partir da pena em concreto fixada na sentença. Percebam que, nesta hipótese, as vias recursais foram esgotadas, dessa forma, o recurso exclusivo da defesa não poderá piorar a situação do condenado, em valoração à proibição da *reformatio in pejus*.

25.3 Prescrição da pretensão punitiva

1) Efeitos

Não importa a modalidade da prescrição da pretensão punitiva do Estado, a regra é o afastamento de todos os efeitos de eventual sentença condenatória. É de entendimento do STF que condenações prescritas não podem gerar reincidência ou maus antecedentes, por respeito ao princípio da presunção de inocência. Do mesmo modo, os efeitos civis também devem ser afastados, tendo em vista que somente a sentença condenatória pode gerar consequências extrapenais.

2) Termo inicial

Para o termo inicial da prescrição, é adotada a teoria do resultado, desse modo, o termo inicial da pretensão punitiva será:

Regra: começa a fluir do dia da consumação.

Nos crimes tentados, a partir do último ato de execução.

Nos crimes permanentes, a partir da cessação da permanência, ou seja, quando ocorrer o último momento consumativo.

Nos crimes de bigamia e nos de falsificação ou alteração de assentamento do registro civil, da data em que o fato se tornou conhecido.

Nos crimes contra a dignidade sexual de crianças e adolescentes, previstos neste Código ou em legislação especial, da data em que a vítima completar 18 anos, salvo se a esse tempo já houver sido proposta a ação penal.

3) Causas suspensivas

A Lei n. 13.964/2019 trouxe novas causas impeditivas da prescrição, e o art. 116 do Código Penal passou a vigorar com a seguinte redação:

Art. 116. Antes de passar em julgado a sentença final, a prescrição não corre:

I – enquanto não resolvida, em outro processo, questão de que dependa o reconhecimento da existência do crime;

II – enquanto o agente cumpre pena no estrangeiro;

III – na pendência de embargos de declaração ou de recursos aos Tribunais Superiores, quando inadmissíveis; e

IV – enquanto não cumprido ou não rescindido o acordo de não persecução penal.

Parágrafo único. Depois de passada em julgado a sentença condenatória, a prescrição não corre durante o tempo em que o condenado está preso por outro motivo.

Da leitura do artigo supracitado, temos como exemplos de causas suspensivas, entre outras, que podem ou não estar no Código Penal:

a) **Enquanto não resolvida, em outro processo, questão de que dependa o reconhecimento da existência do crime.**

Conforme prelecionam os professores Gustavo Junqueira e Patrícia Vanzolini:

> (...) não corre prescrição, assim enquanto queda suspenso o processo penal pelo crime de bigamia, aguardando decisão em outro processo civil, sobre a validade do primeiro casamento, eis que, se o primeiro casamento for nulo, não existe o crime de bigamia[3].

b) **Enquanto o agente cumpre pena no estrangeiro.**

c) **Na pendência de embargos de declaração ou de recursos aos Tribunais Superiores, quando inadmissíveis.**

A prescrição não poderá ocorrer na pendência de embargos de declaração ou de recurso aos Tribunais Superiores, quando inadmissíveis.

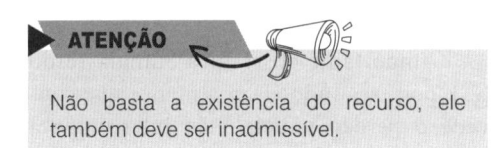

> **ATENÇÃO**
> Não basta a existência do recurso, ele também deve ser inadmissível.

d) **Enquanto não cumprido ou não rescindido o acordo de não persecução penal.**

O acordo de não persecução penal foi inserido também pela Lei n. 13.964/2019 e está previsto no art. 28-A do Código de Processo Penal. É aplicado quando não for caso de arquivamento e tiver o investigado confessado formal e circunstancialmente a prática de infração penal sem violência ou grave ameaça e com pena mínima inferior a 4 anos.

Ademais, não será usado o acordo de não persecução penal quando for cabível transação penal de competência dos Juizados Especiais Criminais, nos termos da lei; se o investigado for reincidente ou se houver elementos probatórios que indiquem conduta criminal habitual, reiterada ou profissional, exceto se insignificantes as infrações penais pretéritas; ter sido o agente beneficiado nos cinco anos anteriores ao cometimento da infração, em acordo de não persecução penal, transação penal ou suspensão condicional do processo; e nos crimes praticados no âmbito de violência doméstica ou familiar, ou praticados contra a mulher por razões da condição de sexo feminino, em favor do agressor.

4) Espécies de prescrição da pretensão punitiva

a) **Prescrição da pretensão punitiva propriamente dita:** se dá com base na pena máxima cominada ao tipo praticado, tendo em vista que, por não se saber ao certo a pena que será aplicada pelo juiz na sentença, o cálculo deverá recair, preventivamente, sobre a pior das hipóteses, ou seja, sobre a condenação na pena máxima.

b) **Prescrição da pretensão punitiva retroativa:** em primeiro lugar, para verificar a ocorrência dessa modalidade de prescrição, qual seja, a retroativa, torna-se de suma importância a constatação da pena em concreto aplicada, ou seja, esta só ocorre quando houver trânsito em julgado da condenação para a acusação (Ministério Público), isso porque, como já dito, é neste momento que a pena aplicada ao condenado é concretizada, não havendo mais possibilidade de sua modificação em seu prejuízo.

Características da prescrição retroativa
- O prazo prescricional é calculado a partir da pena em concreto
- O lapso temporal em que é reconhecida a prescrição é anterior à decisão condenatória

---

[3] JUNQUEIRA, Gustavo; VANZOLINI, Patrícia. *Manual de direito penal*: parte geral. 4. ed. São Paulo: Saraiva, 2018.

Aqui, o prazo prescricional é calculado a partir da pena em concreto, e o lapso temporal em que é reconhecida a prescrição é anterior à decisão condenatória.

c) **Prescrição da pretensão punitiva superveniente:** a pena em concreto será tomada como base para o cálculo prescricional, sendo aquela considerada após o trânsito em julgado da sentença condenatória para a acusação, e a contagem do prazo terá início após a sentença penal condenatória recorrível, encerrando-se com o trânsito em julgado definitivo tanto para a acusação quanto para a defesa.

```
           Características da
          prescrição superveniente
         ┌──────────┴──────────┐
    O prazo              O lapso temporal
 prescricional é             em que é
 calculado tendo          reconhecida a
 como critério a            prescrição é
  pena em concreto       posterior à decisão
                            condenatória
                             recorrível
```

5) Causas que interrompem a prescrição

a) **Recebimento da denúncia ou queixa:** o entendimento majoritário é do momento da publicação do despacho (decisão) que recebe a inicial. Ademais, também se entende que o recebimento do aditamento à denúncia ou queixa apenas interrompe a prescrição quando traz fato novo.

> **ATENÇÃO**
>
> O recebimento da denúncia ou queixa por juiz absolutamente incompetente não gera prescrição, é o entendimento dos Tribunais Superiores.

b) **Sentença de pronúncia:** a prescrição se interrompe com a entrega (publicação) da sentença em cartório.

c) **Decisão confirmatória da pronúncia:** a interposição de recurso em sentido estrito contra a decisão de pronúncia, com o acórdão que nega provimento ao recurso confirmando a pronúncia, também interrompe a prescrição.

d) **Pela publicação da sentença ou acórdão condenatório recorríveis:** da leitura do art. 389 do Código de Processo Penal, é predominante o entendimento de que a prescrição se interrompe com a data da publicação da sentença nas mãos do escrivão. Cumpre anotar, conforme expõe Julio Fabbrini Mirabete, que, se a sentença já se encontrava nos autos gerando efeitos, descabe o reconhecimento da extinção da punibilidade pela desídia do escrivão na publicação.

No que tange à decisão condenatória recorrível, a data da interrupção é aquela da publicação do acórdão.

Importante observar a Súmula 18 do STJ, pois, segundo ela, a sentença que concede o perdão judicial não interrompe a prescrição, visto que se trata de sentença declaratória da extinção da punibilidade. No entanto, é de entendimento da doutrina que a sentença que reconhece a semi-imputabilidade do acusado interrompe a prescrição, pois é condenatória.

25.4 Prescrição da pretensão executória

1) Efeitos

Diferentemente da prescrição da pretensão punitiva, a prescrição da pretensão executória não atinge os efeitos secundários da condenação, logo, tal prescrição afasta somente o efeito principal da condenação, ou seja, a pena imposta.

2) Prazo prescricional

Como visto, o cálculo do prazo prescricional se dá em razão da pena aplicada pelo juiz.

3) Termo inicial

Nos termos do art. 112, I, do Código Penal, o termo inicial será sempre o trânsito em julgado da sentença penal condenatória para a acusação. Também poderá ser com a revogação do *sursis* e do livramento condicional (art.112, I, *in fine*). Ou pelo dia em que se interrompe a execução, salvo quando o tempo de interrupção deva-se computar a pena (art. 112, II).

4) Causas suspensivas

Nos termos do art. 116, parágrafo único, do Código Penal, fica suspenso o prazo da Prescrição da Pretensão Executória (PPE) quando o agente está preso por outro motivo, de modo que tanto a prisão processual quanto a prisão-pena suspendem o curso de tal prescrição.

É de entendimento do STF que o *sursis* suspende a ocorrência da PPE, tendo em vista que a própria pena está suspensa.

No que tange às multas, as causas suspensivas da prescrição executória estão previstas na legislação tributária.

5) Causas interruptivas

Em conformidade com o art. 117, VI, do Código Penal, o início ou a continuação do cumprimento da pena interrompe a PPE. No que tange à prescrição e à reincidência, tal tema é versado no art. 117, V, do Código Penal. Contudo, temos que nos atentar para as três posições existentes sobre o momento em que se considera a prescrição no caso de reincidência:

a) Para o STJ, no momento da prática do fato, sem ter ocorrido a sentença condenatória irrecorrível.

b) Para a doutrina majoritária, no momento da prática do fato, todavia condicionada à existência de sentença condenatória irrecorrível pela nova infração.

c) No momento do trânsito em julgado da sentença que condena o agente pela nova infração.

6) Prescrição executória em caso de fuga

Importante anotarmos que, em caso de fuga, nos termos do art. 113 do Código Penal, o cálculo do prazo prescricional é realizado com base na pena que resta a cumprir.

7) Aumento do prazo da PPE em caso de reincidência

Para o condenado reincidente, é acrescido 1/3 ao prazo prescricional estabelecido no art. 109, se já transitou a sentença condenatória. Cumpre anotar que só será acrescido tal aumento prescricional ao crime em que o sujeito é considerado reincidente, e não aos demais.

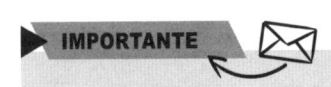

> **IMPORTANTE**
>
> Já é entendimento pacífico no STF que tal aumento só é aplicável para a PPE, tendo em vista que o artigo exige que já tenha transitado em julgado a sentença condenatória.
>
> Observem que o assunto se encontra disposto nos termos da Súmula 220 do STJ: "A reincidência não influi no prazo da prescrição da pretensão punitiva".

25.5 Disposições comuns

1) Redução do prazo prescricional pela idade

Dispõe o art. 115 do Código Penal que, ao menor de 21 anos na data do fato e maior de 70 anos de idade na data da decisão definitiva, o prazo prescricional é reduzido pela metade. No que tange à redução para maiores de 70 anos, a regra é da data da sentença.

2) Prescrição e medida de segurança

A prescrição incide também na medida de segurança, tendo pois na prescrição da pretensão punitiva a pena em abstrato, pautando-se no máximo da pena prevista em abstrato para o crime, conforme entendimento do STJ.

25.6 Questão

1. (TRF 4ª Região – Analista Judiciário – 2010) O curso da prescrição NÃO é interrompido:

A) pela reincidência.
B) pelo recebimento da denúncia.
C) pela publicação da sentença absolutória recorrível.
D) pela decisão confirmatória da pronúncia.
E) pelo início ou continuação do cumprimento da pena.

↳ **Resolução:**
Em sentença absolutória recorrível não interrompe a prescrição, pois não se encontra no rol descrito no art. 117 do Código Penal.

↗ Gabarito: "C".

26. AÇÃO PENAL

A ação penal pública pode ser subdividida em incondicionada ou condicionada.

A ação pública será **incondicionada** quando estiverem dispensados quaisquer requisitos para a sua promoção.

A ação pública será **condicionada** quando a atividade do Ministério Público se encontrar subordinada a uma condição:

- mediante representação do ofendido;
- quando requisitado pelo Ministro da Justiça, caso contrário, o inquérito não poderá ser instaurado (art. 5º do CPP), nem a denúncia oferecida.

Quando a iniciativa da ação penal for do ofendido ou de quem legalmente o represente, a ação penal será de natureza privada.

A parte legítima para promover a ação penal será o particular, e não mais o Ministério Público.

A ação penal privada pode ser:

- ação penal privada exclusiva;
- ação penal privada personalíssima;
- ação penal privada subsidiária pública.

PARTE ESPECIAL

1. CRIMES CONTRA A PESSOA

1.1 Crimes contra a vida

Os crimes contra a vida inauguram a parte especial do Código Penal, e estão disciplinados a partir dos arts. 121 e seguintes. O bem jurídico protegido é a vida humana; em alguns tipos, será a vida humana intrauterina, e em outros, a vida extrauterina. A vida humana é considerada como o bem jurídico mais precioso e importante para o homem, portanto, os crimes inseridos neste título são crimes de elevado potencial ofensivo. Apesar de a vida humana ser o bem jurídico mais relevante a ser protegido, devemos lembrar que nenhum direito é absoluto diante da necessidade de convivência com todos os demais direitos. Até mesmo a vida possui limitação, prevista na Constituição Federal, que estabelece a pena de morte em tempo de guerra (art. 5º, XLVII, *a*, da CF), além de outras previsões no Código Penal Militar, por exemplo.

1) Homicídio – art. 121 do CP

Bem jurídico protegido	Vida humana extrauterina – somente após o início do parto poderá ser enquadrado como homicídio.
Tipo objetivo	Matar (retirar a vida de outrem).

Tipo subjetivo	Dolo, mas admite-se a forma culposa (art. 121, § 3º, do CP).
Sujeitos	Quanto ao sujeito ativo, o crime é comum, portanto, qualquer pessoa pode praticar. Também é comum quanto ao sujeito passivo, ou seja, qualquer pessoa poderá ser vítima.
Consumação/ Tentativa	Estará consumado com a morte da vítima (cessação da atividade encefálica – art. 3º da Lei n. 9.434/97). O crime é plurissubsistente, admite-se tentativa.
Ação penal	É crime de ação penal pública incondicionada.
Competência	Compete ao Tribunal do Júri julgar e processar os crimes dolosos contra a vida (art. 5º, XXXVIII, *d*, da CF).

a) Homicídio simples (art. 121, caput, do CP)

O homicídio simples é aquele descrito no *caput* do art. 121 do Código Penal, mas tenha cuidado, pois ele sempre será doloso, portanto, será julgado e processado pelo Tribunal do Júri. O homicídio doloso simples não é considerado hediondo, exceto quando for praticado em ação típica de extermínio, conforme o art. 1º, I, da Lei n. 8.072/90.

b) Homicídio privilegiado (art. 121, § 1º, do CP)

O homicídio privilegiado é, na verdade, uma causa de diminuição da pena, e deverá ser analisada a sua incidência pelos jurados, e não pelo juiz. A pena poderá ser reduzida de 1/6 a 1/3, e o *quantum* será determinado pelo magistrado. Importante ressaltar que as circunstâncias elencadas no § 1º não se comuni- cam quando ocorrer concurso de pessoas (art. 30 do CP). O legislador disciplinou três situações que possibilitam a diminuição de pena.

Hipóteses de privilégio:	
I – relevante valor social	Possui um liame com o interesse coletivo (ex.: o agente mata um criminoso que cometeu diversos crimes na cidade).
II – relevante valor moral	Nesse caso, o interesse em jogo é individual, normalmente por compaixão (ex.: homicídio piedoso, eutanásia).
III – sob violenta emoção logo em seguida da injusta provocação provocada pela vítima	Atenção para o caráter temporal, pois é necessário que seja a conduta praticada imediatamente após a injusta provocação da vítima. **Cuidado!** O domínio da violenta emoção enseja a possibilidade do enquadramento nos termos do art. 121, § 1º, do Código Penal. Entretanto, se o agente estiver sob a influência de violenta emoção, mas o ato não for realizado logo em seguida, teremos apenas a incidência de uma atenuante de pena, conforme elencado no art. 65, III, *c*, do Código Penal.

c) Homicídio qualificado (art. 121, § 2º, do CP)

O homicídio qualificado possui uma pena em abstrato mais elevada que o homicídio simples, sendo o seu patamar de 12 a 30 anos. Sempre será considerado crime hediondo, conforme o art. 1º, I, da Lei n. 8.072/90.

Hipóteses de qualificadora:	
I – mediante paga ou promessa de recompensa, ou por outro motivo torpe	• Qualificadora subjetiva: possui ligação com a motivação do crime. • É aquele moralmente reprovável, repugnante.
II – por motivo fútil	• Qualificadora subjetiva: possui ligação com a motivação do crime. • É aquele motivo que não possui significância e se torna desproporcional com a conduta praticada. **Cuidado!** Nem a ausência de motivo nem o ciúme se enquadram nesta qualificadora.
III – com emprego de veneno, fogo, explosivo, asfixia, tortura ou outro meio insidioso ou cruel, ou de que possa resultar perigo comum	• Qualificadora objetiva: possui ligação com o meio utilizado para a prática do crime. **Atenção!** Para que incida a qualificadora pelo emprego de veneno, é preciso que a vítima NÃO saiba que está sendo envenenada. Se ela souber, incidirá o meio cruel.
IV – à traição, de emboscada, ou mediante dissimulação ou outro recurso que dificulte ou torne impossível a defesa do ofendido	• Qualificadora objetiva: possui ligação com o modo utilizado para a prática do crime.
V – para assegurar a execução, a ocultação, a impunidade ou vantagem de outro crime	• Qualificadora subjetiva: possui ligação com a motivação do crime.
VI – contra a mulher por razões da condição de sexo feminino	• Há divergência quanto à natureza da qualificadora do crime de feminicídio; uns entendem ser objetiva, outros, subjetiva. • Aumento de pena no crime de feminicídio – art. 121, § 7º, do Código Penal (no patamar máximo, chega em 45 anos, lembrando que o máximo de pena que se pode cumprir são 30 anos, por força de lei). • Homicídio em razão da condição de sexo feminino ocorrerá quando houver: (i) violência doméstica e familiar; (ii) menosprezo ou discriminação à condição de mulher.
VII – contra autoridade ou agente descrito nos arts. 142 e 144 da Constituição Federal, integrantes do sistema prisional e da Força Nacional de Segurança Pública, no exercício da função ou em decorrência dela, ou contra seu cônjuge, companheiro ou parente consanguíneo até terceiro grau, em razão dessa condição	• Assim como no feminicídio, também há divergência quanto à natureza da qualificadora. • Complementa-se com os arts. 142 e 144 da Constituição Federal.

Não poderá incidir mais de uma qualificadora ao mesmo tempo. Caso esteja presente mais de uma qualificadora, uma será utilizada como qualificadora, e as demais serão utilizadas como agravantes genéricas, nos termos do art. 61, II, *a*, *b*, *c* e *d*, do Código Penal.

O crime de homicídio poderá ser enquadrado ao mesmo tempo como qualificado e privilegiado (chamado de homicídio híbrido)! No entanto, será necessário que a qualificadora seja de natureza objetiva (art. 121, § 2º, III e IV, do CP, divergência quanto aos incisos VI e VII).

Também se deve total atenção para o fato de que o homicídio privilegiado-qualificado não possui natureza hedionda (STJ, HC 153.728, 5ª Turma, rel. Min. Felix Fischer, *DJe* 31-5-2010).

d) Homicídio doloso circunstanciado (art. 121, §§ 4º e 6º, do CP)

Trata-se de causa de aumento de pena que será aplicada nas hipóteses tanto de homicídio simples quanto de homicídio qualificado. O aumento será de 1/3 se o crime for praticado contra menor de 14 anos ou maior de 60 anos, e de 1/3 até metade se for praticado por milícia privada ou grupo de extermínio.

e) Homicídio culposo (art. 121, § 3º, do CP)

O homicídio possui previsão na modalidade culposa, possibilitando a responsabilização do agente quando violar seu dever de cuidado, agindo com imprudência, negligência ou imperícia. Não é possível a tentativa quando se tratar de crime culposo. Também há previsão do homicídio culposo agravado ou circunstanciado (art. 121, § 4º, 1ª parte), ou seja, aumento de pena de 1/3, especificamente, para o homicídio culposo. O homicídio culposo NÃO é hediondo, e não será processado e julgado pelo Tribunal do Júri.

Aumento de pena para homicídio culposo Art. 121, § 4º, do CP	Inobservância de regra técnica de profissão, arte ou ofício.
	Deixar de prestar imediato socorro à vítima.
	Não procurar diminuir as consequências do seu ato.
	Fugir para evitar prisão em flagrante.

> **ATENÇÃO**
>
> **Homicídio culposo na direção de veículo automotor – art. 302 do CTB:** se for causado na direção de veículo automotor, deverá o agente responder pelo crime previsto no art. 302 do Código de Trânsito Brasileiro (Lei n. 9.503/97).

f) Perdão judicial (art. 121, § 5º, do CP)

Nesse caso, o juiz, ainda que tenha ocorrido a prática de um fato típico e antijurídico e fique comprovada a culpa, deixa de aplicar a pena. Trata-se de causa de extinção de punibilidade, conforme determina o art. 107, IX, do Código Penal. Deve-se ter cuidado com o fato de ser aplicável somente para o homicídio culposo, não sendo possível sua aplicação no caso de homicídio doloso.

> **IMPORTANTE**
>
> **Súmula 18 do STJ:** "A sentença concessiva do perdão judicial é declaratória da extinção da punibilidade, não subsistindo qualquer efeito condenatório".

g) Causa de aumento de pena para feminicídio (art. 121, § 7º, do CP)

Haverá aumento de pena de 1/3 até a metade se o crime for praticado durante a gestação ou nos 3 meses após o parto, contra pessoa menor de 14 anos, maior de 60 anos, com deficiência ou portadora de doenças degenerativas que acarretem condição limitante ou de vulnerabilidade física ou mental; na presença física ou virtual de descendente ou de ascendente da vítima, ou no caso de descumprimento das medidas protetivas de urgência previstas nos incisos I, II e III do art. 22 da Lei n. 11.340/2006 (Lei Maria da Penha):

LEI MARIA DA PENHA

Art. 22. Constatada a prática de violência doméstica e familiar contra a mulher, nos termos desta Lei, o juiz poderá aplicar, de imediato, ao agressor, em conjunto ou separadamente, as seguintes medidas protetivas de urgência, entre outras:

I – suspensão da posse ou restrição do porte de armas, com comunicação ao órgão competente, nos termos da Lei n. 10.826, de 22 de dezembro de 2003;

II – afastamento do lar, domicílio ou local de convivência com a ofendida;

III – proibição de determinadas condutas, entre as quais:

a) aproximação da ofendida, de seus familiares e das testemunhas, fixando o limite mínimo de distância entre estes e o agressor;

b) contato com a ofendida, seus familiares e testemunhas por qualquer meio de comunicação;

c) frequentação de determinados lugares a fim de preservar a integridade física e psicológica da ofendida.

Sujeitos	Quanto ao **sujeito ativo**, o crime é comum, portanto, qualquer pessoa pode praticar. Também é comum quanto ao **sujeito passivo**, ou seja, qualquer pessoa poderá ser vítima, sendo, entretanto, necessário que tenha uma mínima capacidade de discernimento, pois, se não tiver, o agente responderá por homicídio.
Consumação/ Tentativa	Estará consumado com a morte ou lesão grave da vítima. Não se admite tentativa.
Ação penal	É crime de ação penal pública incondicionada.
Competência	Compete ao Tribunal do Júri julgar e processar os crimes dolosos contra a vida (art. 5º, XXXVIII, *d*, da CF).

2) Induzimento, instigação ou auxílio ao suicídio – art. 122 do CP

Bem jurídico protegido	Vida humana extrauterina.
Tipo objetivo	Induzir, instigar ou auxiliar alguém a se suicidar. • Induzir: colocar a ideia na cabeça da vítima, fazer nascer a ideia do suicídio. • Instigar: estimular uma ideia já existente. • Auxiliar: prestar auxílio material, mas não praticar ato executório (ex.: emprestar uma corda para a vítima se enforcar). **Atenção!** Se praticar ato executório, responderá por homicídio.
Tipo subjetivo	Dolo.

Crime condicionado pelo resultado

O crime de participação em suicídio não admite a forma tentada. Assim, ou ele se consuma ou não se consuma. No entanto, para que possa se consumar, é necessário que tenha ocorrido o suicídio (morte) ou que a pessoa tenha sofrido lesão corporal grave (ou gravíssima). Se a lesão corporal for leve ou inexistente, o fato será considerado como atípico.

a) Conceito de suicídio

Suicídio é o ato pelo qual a pessoa tira a própria vida de forma direta, consciente e voluntária. O suicídio não é punido no Brasil, nem a sua tentativa, por conta do princípio da alteridade. Não punimos a autolesão. É importante ressaltar a necessidade de supressão da própria vida de forma voluntária e consciente, pois, caso isso não esteja presente, não haverá suicídio.

b) Causa de aumento de pena (art. 122, I e II, do CP)

A pena será duplicada se o agente praticar o crime por motivo egoístico ou se a vítima for menor ou tiver diminuída, por qualquer causa, a capacidade de resistência. **Atenção** à **idade!** Trata-se do menor de 18 e maior de 14 anos com discernimento. Se a vítima for menor de 14 anos, o agente responde por homicídio.

> ▶ **ATENÇÃO**
>
> **Duelo americano:** duas pessoas com duas armas, estando apenas uma delas carregada, combinam de tirar na sorte qual deles deverá se suicidar; quando atiram, apenas um irá se matar, tendo em vista a arma carregada. Nesse caso, o sobrevivente responde pelo crime do art. 122 do Código Penal.
>
> **Roleta russa**: apenas uma arma, com uma única munição, é passada entre os participantes até que um deles, ao puxar o gatilho, tira a sua própria vida. Os sobreviventes respondem pelo crime do art. 122 do Código Penal.
>
> **Pacto de morte:** no pacto de morte poderão ocorrer situações distintas:
> - sobrevivente que praticou atos de execução da morte do outro – responderá por homicídio;
> - sobrevivente que auxiliou a morte do outro – responderá pelo crime de participação em suicídio;
> - ambos sobrevivem e praticam atos de execução um contra a vida do outro – os dois respondem por tentativa de homicídio;
> - ambos se auxiliaram, mas sobreviveram – os dois respondem por participação em suicídio, se tiverem lesões corporais graves ou gravíssimas;
> - um praticou atos da execução contra a vida de ambos – se os dois sobrevivem, o que praticou atos de execução responderá por tentativa de homicídio, e o outro responderá por participação em suicídio se o executor tiver lesões de natureza grave ou gravíssima.

3) Infanticídio – art. 123 do CP

Bem jurídico protegido	Vida humana extrauterina.
Tipo objetivo	Matar, sob a influência do estado puerperal, o próprio filho durante ou logo após o parto.
Tipo subjetivo	Dolo.
Sujeitos	O crime é próprio tanto para o sujeito ativo quanto para o passivo. Somente poderá praticar o crime a mãe da vítima que estiver sob influência do estado puerperal, e a vítima somente será o filho recém-nascido ou nascente.
Consumação/ Tentativa	Crime material, somente estará consumado com a morte do recém-nascido ou nascente. Admite-se tentativa.
Ação penal	É crime de ação penal pública incondicionada.
Competência	Compete ao Tribunal do Júri julgar e processar os crimes dolosos contra a vida (art. 5º, XXXVIII, *d*, da CF).

Estado puerperal

O estado puerperal pode ocorrer no período pós-parto, diante das mudanças físicas e psicológicas que podem influenciar a saúde mental da mulher. O critério caracterizador do "estado puerperal" é o critério psicofisiológico. Com relação ao momento, a lei fala em "logo após", ou seja, não há, objetivamente, um prazo determinado, portanto, deve ser analisado no caso concreto por profissional da área.

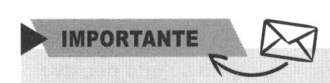

> ▶ **IMPORTANTE**
>
> **Erro de tipo:** caso a mãe, em estado puerperal, mate uma criança pensando ser o seu próprio filho, responderá como se tivesse tirado a

vida do próprio filho, ou seja, estará incursa no art. 123 do Código Penal, tendo em vista a presença do erro sobre a pessoa, conforme determina o art. 20, § 3º, do Código Penal.

4) Aborto – arts. 124, 125, 126 e 127 do CP

Bem jurídico protegido	Vida humana intrauterina.
Tipo objetivo	Abortar – interrupção artificial da vida humana intrauterina. • Autoaborto (aborto provocado pela gestante – art. 124, primeira parte, do CP; ou com seu consentimento – art. 124, parte final, do CP). • Aborto sem o consentimento da gestante (art. 125 do CP). • Aborto com o consentimento da gestante (art. 126 do CP).
Tipo subjetivo	Dolo.
Sujeitos	**Art. 124 do CP** – É crime próprio, no qual só se considera autora do crime a gestante. Admite-se, contudo, participação e coautoria daquele que presta auxílio a ela. **Art. 125 do CP** – É crime comum, que pode ser praticado por qualquer pessoa que provoque o aborto na gestante sem o consentimento dela. A lei não exige uma qualificação especial do autor do crime. Admitem-se coautoria e participação. **Art. 126 do CP** – É crime comum, e qualquer pessoa poderá praticar. Quanto ao **sujeito passivo**, somente o produto da concepção independe do estado da gestação.
Consumação/ Tentativa	Crime material, somente estará consumado com a morte.
Ação penal	É crime de ação penal pública incondicionada.
Competência	Compete ao Tribunal do Júri julgar e processar os crimes dolosos contra a vida (art. 5º, XXXVIII, *d*, da CF).

a) Objeto material

O crime de aborto possui como objeto material o feto, sem haver distinção entre óvulo fecundado, embrião ou feto. Para configurar qualquer desses crimes, é necessária prova da gravidez. Caso o feto já esteja sem vida, ou a mulher não esteja grávida, restará caracterizado o crime impossível, nos termos do art. 17 do Código Penal.

b) Autoaborto ou consentimento para o aborto (art. 124 do CP)

O crime previsto no art. 124 do Código Penal pune a gestante que pratica o aborto, ou seja, que pratica os atos executórios (art. 124, primeira parte, do CP), e também pune a gestante quando, apesar de não praticar o ato executório, consente que outrem realize o aborto (art. 124, parte final, do CP).

c) Aborto sem o consentimento da gestante e com o consentimento da gestante (arts. 125 e 126 do CP)

O crime do art. 125 do Código Penal pune aquele que realiza o aborto na gestante sem seu consentimento, ao passo que a conduta do art. 126 do Código Penal é voltada para aquele que realiza o aborto com o consentimento da gestante. Nesse caso, a gestante responde pelo crime do art. 124 e o terceiro, pelo crime do art. 126 do Código Penal. Já no aborto sem o consentimento, a gestante não estará incursa em nenhum crime, mas somente o terceiro.

d) Causa de aumento de pena (art. 127 do CP)

Ainda que o legislador se utilize da expressão "forma qualificada", trata-se, na verdade, de causa de aumento de pena, hipótese em que haverá o aumento da pena em 1/3 se, em consequência do aborto ou dos meios empregados para provocá-lo, a gestante sofre lesão corporal de natureza grave; e são duplicadas se, por qualquer dessas causas, lhe sobrevém a morte.

e) Aborto legal (art. 128 do CP)

O legislador prevê situações em que o aborto será permitido. São causas especiais de exclusão de ilicitude. Poderá o médico realizar o aborto quando não houver outro meio de salvar a vida da gestante (**aborto necessário ou terapêutico**); ou quando a gravidez resultar de estupro e o aborto for precedido de consentimento da gestante ou, quando incapaz, de seu representante legal (**aborto sentimental ou humanitário**).

> **ATENÇÃO**
>
> **Aborto de fetos anencefálicos:** o STF, na ADPF 54/2012, decidiu, por maioria, pela inconstitucionalidade de interpretação segundo a qual a interrupção da gravidez de feto anencéfalo é conduta tipificada nos arts. 124, 126 e 128, I e II, todos do Código Penal. Portanto, **houve autorização para a realização de aborto de fetos anencéfalos,** espécie de aborto eugenésico.
>
> **Gravidez molar ou extrauterina:** nesses casos, não há proteção do Direito Penal, pois se trata de situação patológica.

1.2 Lesões corporais

Previsão no art. 129 do Código Penal.

Bem jurídico protegido	Tutela a incolumidade pessoal de cada indivíduo, a sua integridade e saúde corporal, fisiológica e mental.
Tipo objetivo	Ofender.
Tipo subjetivo	Dolo, mas admite-se a figura culposa (art. 129, § 3º, do CP).
Sujeitos	O crime é comum tanto ao sujeito ativo quanto ao sujeito passivo, ou seja, qualquer pessoa pode praticar o crime, bem como qualquer pessoa poderá figurar como vítima.
Consumação/ Tentativa	Crime material, estará consumado com a lesão à integridade ou saúde da vítima. Admite-se tentativa.
Ação penal	• Lesão corporal leve e culposa: ação penal pública condicionada à representação (art. 88 da Lei n. 9.099/95). • Lesão corporal grave ou gravíssima: ação penal pública incondicionada.
Competência	Lesão corporal leve e culposa: infração de menor potencial ofensivo, portanto, a competência será do Juizado Especial Criminal. Nas demais, será do Juízo Criminal Comum.

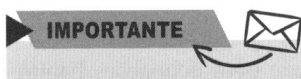

> **IMPORTANTE**
>
> **PROVA DA MATERIALIDADE**
>
> O crime de lesão corporal deixa vestígios, portanto, será necessária a realização do exame de corpo de delito para comprovação da materialidade do crime, nos termos do art. 168 do Código de Processo Penal.

1) Lesão corporal

O crime de lesão corporal é dividido da seguinte maneira:

- **Lesão corporal leve** – art. 129, *caput*.
- **Lesão corporal grave** – art. 129, § 1º.
- **Lesão corporal gravíssima** – art. 129, § 2º.

- **Lesão corporal seguida de morte** – art. 129, § 3º.
- **Lesão corporal privilegiada (causa de diminuição de pena)** – art. 129, § 4º.
- **Lesão corporal privilegiada (substituição da pena)** – art. 129, § 5º.
- **Lesão corporal culposa** – art. 129, § 6º.
- **Aumento de pena** – art. 129, § 7º.
- **Perdão judicial** – art.129, § 8º.
- **Lesão corporal com violência doméstica** – art. 129, § 9º.
- **Causas de aumento de pena na lesão corporal com violência doméstica** – art. 129, §§ 10 e 11.
- **Lesão corporal funcional** – art. 129, § 12.

a) Lesão corporal leve (art. 129, caput, do CP)

Para saber se a lesão é leve, deverá ser utilizada a exclusão, ou seja, quando não se enquadrar em nenhuma das outras descritas no tipo, ela será leve. A Lei n. 9.099/95 disciplina a ação penal do crime de lesão corporal leve, nos termos do art. 88 (será pública condicionada à representação).

b) Lesão corporal grave (art. 129, § 1º, do CP)

Será considerada grave a lesão corporal quando houver:

i) incapacidade para ocupações habituais por mais de 30 dias;
ii) perigo de vida;
iii) debilidade permanente de membro, sentido ou função;
iv) aceleração de parto. A pena será de reclusão de 1 a 5 anos.

c) Lesão corporal gravíssima (art. 129, § 2º, do CP)

A lesão gravíssima impõe uma pena em abstrato de 2 a 8 anos, e estará configurada quando gerar:

i) incapacidade permanente para o trabalho;
ii) enfermidade incurável;
iii) perda ou inutilização do membro, sentido ou função;
iv) deformidade permanente;
v) aborto.

d) Lesão corporal seguida de morte (art. 129, § 3º, do CP)

Nesse caso, o crime é preterdoloso. O agente tinha o dolo de lesionar, mas ocorreu o resultado morte, por culpa. Não é possível a tentativa em crimes preterdolosos.

A competência para processo e julgamento será da vara criminal comum, NÃO sendo do Tribunal do Júri.

e) Lesão corporal culposa (art. 129, § 6º, do CP)

A lesão será culposa quando o indivíduo não observar o dever de cuidado e agir com imprudência, negligência ou imperícia. A modalidade culposa não admite a forma tentada e possui uma pena de 2 meses a 1 ano. Ação penal é pública condicionada à representação (art. 88 da Lei n. 9.099/95).

Admite-se perdão judicial – art. 129, § 8º, do Código Penal.

> **ATENÇÃO**
>
> **Lesão corporal culposa na direção de veículo automotor – art. 303 do CTB:** se o crime for praticado na direção de veículo automotor, o agente deverá ser punido nos termos do art. 303 do Código de Trânsito Brasileiro.
>
> Se o agente utilizou o veículo como instrumento para a prática do crime, deverá responder pela lesão corporal dolosa leve, grave ou gravíssima do Código Penal – art. 129 do CP.

> **IMPORTANTE**
>
> **Súmula 542 do STJ:** "A ação penal relativa ao crime de lesão corporal resultante de violência doméstica contra a mulher é pública incondicionada".

1.3 Periclitação da vida e da saúde

1) Perigo de contágio venéreo – art. 130 do CP

Bem jurídico protegido	Incolumidade física da pessoa, a sua vida e a saúde.
Tipo objetivo	Expor por meio de relação sexual ou qualquer ato libidinoso.
Tipo subjetivo	Dolo (art. 130, *caput*); já a conduta do § 1º é de perigo com dolo de dano.
Sujeitos	O crime é próprio, pois é preciso que o agente esteja infectado por doença venérea.
Consumação/ Tentativa	Estará consumado com a prática da relação sexual ou ato libidinoso. Admite-se tentativa.
Ação penal	Ação penal pública condicionada à representação (art. 130, § 2º, do CP).
Competência	Juizado Especial Criminal (*caput*). Juízo Criminal Comum (qualificado – art. 130, § 1º, do CP).

2) Abandono de incapaz – art. 133 do CP

Bem jurídico protegido	A vida, a saúde e a segurança da pessoa humana.
Tipo objetivo	Abandonar pessoa que está sob seu cuidado, guarda, vigilância ou autoridade.
Tipo subjetivo	Dolo de perigo.
Sujeitos	O crime é próprio, pois é preciso que o agente possua o dever de zelar pela vida, saúde ou segurança da vítima. • Cuidado: assistência eventual. • Guarda: assistência duradoura. • Vigilância: assistência acauteladora. • Autoridade: o agente é superior à vítima. Independentemente de ser de direito público ou privado, a autoridade dá ordens à vítima. O sujeito passivo deve estar sob vigilância do agente e não possuir condições de se defender dos riscos do abandono.
Consumação/ Tentativa	Consuma-se com o abandono que resulte em perigo concreto, sendo possível a tentativa na conduta comissiva.
Ação penal	Ação penal pública incondicionada.
Competência	Juízo Criminal Comum.

a) Abandono

Para configurar o crime, é necessário que a vítima seja incapaz de se defender dos riscos do abandono, podendo essa incapacidade ser tanto permanente quanto passageira. Abandonar significa deixar a vítima desassistida, desamparada, podendo ser definitivo ou temporário, mas, para que o crime esteja configurado, é necessário que, no decorrer do abandono, exista perigo de dano à vida, à saúde ou à segurança da vítima.

b) Abandono de incapaz qualificado (art. 133, §§ 1º e 2º, do CP)

O § 1º determina uma pena em abstrato de reclusão de 1 a 5 anos caso o abandono resulte em lesão corporal de natureza grave. Já o § 2º dispõe que a pena será de reclusão de 4 a 12 anos se o resultado for a morte. Em ambas as formas qualificadas estamos diante de crimes preterdolosos, ou seja, o dolo do agente era somente abandonar a vítima para expor a perigo, mas obteve um resultado culposo de lesão corporal ou morte.

> **ATENÇÃO**
>
> O crime do art. 133 possui um dolo de perigo. Caso o agente abandone com a intenção de causar algum dano específico, não responderá pelo crime em análise. Se ele abandona com a intenção de que ocorra a morte da vítima, responderá pelo crime de homicídio, por exemplo.

c) Causa de aumento de pena (art. 133, § 3º, do CP)

Quando incide o § 3º do art. 133, a doutrina chama de abandono de incapaz circunstanciado. Trata-se de causa de aumento em que a pena será aumentada em 1/3 se o abandono se der em lugar ermo, se o agente for ascendente ou descendente, cônjuge, irmão, tutor ou curador da vítima, ou se a vítima for maior de 60 anos.

3) Exposição ou abandono de recém-nascido – art. 134 do CP

Bem jurídico protegido	A vida, a integridade físico-psíquica do recém-nascido.
Tipo objetivo	Expor ou abandonar recém-nascido.
Tipo subjetivo	Dolo com a finalidade específica de ocultar desonra própria (dolo de perigo).
Sujeitos	O crime é próprio, pois o agente deve ser o pai ou a mãe do recém-nascido abandonado. O sujeito passivo deve ser recém-nascido.
Consumação/ Tentativa	Consuma-se com o abandono do recém-nascido desde que resulte em situação de perigo concreto. É possível a tentativa na conduta comissiva.
Ação penal	Ação penal pública incondicionada.
Competência	Juizado Especial Criminal (*caput*). Juízo Comum (quando for qualificado).

a) Tipo objetivo

É importante tecer algumas considerações sobre os núcleos do tipo penal. O legislador utilizou os verbos expor ou abandonar, que são sinônimos para a doutrina. No entanto, a conduta de expor é praticada de forma ativa pelo agente, ou seja, ele leva o recém-nascido para um determinado local e lá o deixa. Já na conduta de abandonar, praticada de forma passiva, o agente simplesmente deixa a vítima e se afasta.

> **IMPORTANTE**
>
> **Dolo de perigo:** da mesma forma que o crime anterior, o dolo do agente é de perigo, e não de dano. Caso tenha outro dolo, responderá pelo respectivo crime. Importante ressaltar que nesse crime o dolo possui uma finalidade específica, a de ocultar desonra própria. Essa finalidade deve estar presente para que o sujeito responda pelo art. 134 do Código Penal.

b) Abandono de recém-nascido qualificado (art. 134, §§ 1º e 2º, do CP)

A pena será de detenção de 1 a 3 anos se resultar em lesão corporal de natureza grave ou gravíssima, ou de 2 a 6 anos se resultar em morte. Nesse caso, o crime é preterdoloso, em que, a princípio, só existia o dolo de ocultar desonra própria, mas obteve-se um resultado culposo.

4) Omissão de socorro – art. 135 do CP

Bem jurídico protegido	A vida, a saúde da pessoa humana.
Tipo objetivo	Deixar de prestar assistência ou não pedir socorro.
Tipo subjetivo	Dolo de perigo.
Sujeitos	O crime é comum quanto ao sujeito ativo, pois qualquer pessoa pode praticar. Já o sujeito passivo deverá ser criança abandonada, criança extraviada, pessoa inválida e ao desamparo, pessoa ferida e ao desamparo, pessoa em grave e iminente perigo.
Consumação/ Tentativa	Consuma-se com a omissão de socorro em qualquer dos núcleos do tipo.
Ação penal	Ação penal pública incondicionada.
Competência	Juizado Especial Criminal.

> **IMPORTANTE**
>
> **Sujeitos passivos:** o tipo penal indica expressamente quem poderá figurar como vítima do crime.
> - Criança abandonada – é aquela que foi abandonada por quem tinha o dever de cuidado, guarda, vigilância.
> - Criança extraviada – é a criança que está perdida e não tem como voltar para casa sozinha.
> - Pessoa inválida – é a pessoa que, por algum motivo, não possui condições de se defender sozinha, precisa de auxílio.
> - Pessoa ferida – é a pessoa que teve lesões na sua integridade corporal.
> - Pessoa em grave e iminente perigo – qualquer pessoa, não precisa estar lesionada, ser criança ou inválida.

a) Omissão de socorro

O tipo penal pune a conduta de quem deixa de prestar socorro, assistência, sem justificativa, quando possível fazê-lo sem risco pessoal, ou quando não pede socorro da autoridade pública. Esse dispositivo acaba colocando, para todas as pessoas, o dever legal de prestar assistência mútua.

> **IMPORTANTE**
>
> **Omissão de socorro e Código de Trânsito Brasileiro:** no Código de Trânsito Brasileiro, o art. 304 será utilizado para o condutor de veículo que se envolver em acidente de trânsito e não socorrer a vítima, ou não solicitar auxílio da autoridade pública. Nesse caso, por conta do princípio da especialidade da norma, o agente responde pelo art. 304 do Código de Trânsito Brasileiro:
>
> "Art. 304. Deixar o **condutor do veículo, na ocasião do acidente**, de prestar imediato socorro à vítima, ou, não podendo fazê-lo diretamente, por justa causa, deixar de solicitar auxílio da autoridade pública:
>
> Penas – detenção, de seis meses a um ano, ou multa, se o fato não constituir elemento de crime mais grave".

b) Crime omissivo

O crime em análise é omissivo próprio, pois a conduta descrita é deixar de, no caso:

i) prestar assistência;
ii) pedir socorro à autoridade pública.

c) Causa de aumento de pena

A pena será aumentada na metade se a omissão resultar em lesão corporal de natureza grave e, consequentemente, gravíssima, ou, ainda, será triplicada se resultar em morte. Nesse caso, estaremos diante de um crime preterdoloso.

5) Maus-tratos – art. 136 do CP

Bem jurídico protegido	A vida, a saúde da pessoa humana.

Tipo objetivo	Expor a vida ou a saúde de pessoa sob sua autoridade, guarda ou vigilância.
Tipo subjetivo	Dolo com finalidade de educação, ensino, tratamento ou custódia.
Sujeitos	O crime é próprio, somente podendo ser praticado por quem tenha autoridade, guarda ou vigilância da vítima. Quanto ao sujeito passivo, é necessário que a vítima esteja sob autoridade, guarda ou vigilância do sujeito ativo.
Consumação/ Tentativa	Consuma-se com a presença do perigo concreto para a vítima. A tentativa é admitida na modalidade comissiva da conduta.
Ação penal	Ação penal pública incondicionada.
Competência	Juizado Especial Criminal (*caput*). Juízo Criminal Comum (condutas qualificadas).

a) Modos de execução

O crime de maus-tratos pune a conduta daquele que expõe a perigo a vida ou saúde de alguém que esteja sob sua autoridade, guarda ou vigilância, no entanto, o legislador descreve as formas de execução, que podem se dar por meio de:

i) privação de alimentos ou cuidados indispensáveis;
ii) sujeição a trabalho excessivo ou inadequado;
iii) abuso de meio corretivo ou disciplinar.

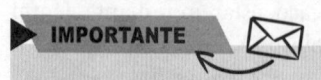

▶ **IMPORTANTE**

Estatuto do Idoso: a Lei n. 10.741/2003 (Estatuto do Idoso) elenca um crime específico para quando a vítima for idosa; neste caso, responderá o agente pelo crime do art. 99 da citada Lei, por conta do princípio da especialidade da norma.

b) Conduta qualificada (art. 136, §§ 1º e 2º, do CP)

O legislador determinou uma pena em abstrato mais elevada quando a conduta gerar o resultado de lesão corporal grave e, consequentemente, gravíssima, ou a morte. Em ambos os casos são hipóteses de crime preterdoloso, ou seja, o resultado mais grave deve ser culposo. Se o resultado era querido pelo agente, o enquadramento se dará no crime de lesão corporal grave ou gravíssima, ou, ainda, se for o caso, de homicídio doloso.

c) Causa de aumento de pena (art. 136, § 3º, do CP)

Causa de aumento de pena introduzido no Código Penal pelo Estatuto da Criança e do Adolescente (Lei n. 8.069/90). A pena será aumentada de 1/3 se o crime for praticado contra pessoa menor de 14 anos.

▶ **ATENÇÃO**

Importante observar a diferença entre o crime de maus-tratos e o crime de tortura, e isso será determinado de acordo com o caso concreto. Na tortura, o crime é de dano, sendo necessário que haja um intenso sofrimento físico ou mental; já o crime de maus-tratos é crime de perigo concreto.

1.4 Questões

1. **(VUNESP – MPE-SP)** Sobre o feminicídio, introduzido no Código Penal pela Lei n. 13.104/2015, assinale a alternativa correta.

A) Foi introduzido como um novo crime no Código Penal, incidindo sempre que mulheres figurarem como vítimas de homicídio tentado ou consumado.

B) Trata-se de mais uma hipótese de homicídio simples, mas que terá sua pena aumentada em 1/3 pelo fato da vítima ser mulher.

C) Não foi incluído no rol dos crimes hediondos, considerando as graves consequências já estabelecidas nas causas de aumento do § 7º do art. 121 do CP.

D) Acrescentou uma hipótese de homicídio qualificado no § 2º do art. 121 do CP.

E) Estabeleceu uma modalidade de homicídio qualificado, mas manteve as penas do homicídio simples, considerando as causas de aumento previstas no § 7º do art. 121 do CP.

↳ **Resolução:**

O feminicídio foi introduzido como uma conduta qualificada, nos termos do art. 121, § 2º, do Código Penal.

↗ **Gabarito: "D".**

2. (IBFC – MPE-SP) Com relação ao crime de Homicídio, analise as assertivas abaixo:

I. A prática por milícia privada, sob o pretexto de prestação de serviço de segurança, ou por grupo de extermínio, qualifica o crime de homicídio.

II. Também qualifica do crime de homicídio, se praticado contra pessoa menor de 14 (quatorze) anos ou maior de 60 (sessenta) anos.

III. Se o agente comete o crime sob a influência de violenta emoção, provocada por ato injusto da vítima, o juiz pode reduzir a pena.

IV. O homicídio é qualificado, se praticado para assegurar a vantagem de outro crime.

Está CORRETO, apenas, o que se afirma em:

A) I.
B) I e II.
C) I, II e III.
D) IV.
E) I e IV.

↳ **Resolução:**

A assertiva I está errada, visto que se trata, na verdade, de causa de aumento de pena (1/3 até metade).

A assertiva II também é causa de aumento de pena (1/3).

A assertiva III também está errada, pois, nesse caso, o juiz deve reduzir a pena. Trata-se de direito subjetivo do agente.

↗ **Gabarito: "D".**

3. (FCC – TRF 2ª Região) João, movido por motivo torpe, procurou Pedro, uma criança de nove anos de idade, e o agrediu a socos, pontapés e pedradas, causando-lhe ferimentos graves. No mesmo contexto, vendo que Pedro continuava vivo, desferiu-lhe um tiro na cabeça, ocasionando-lhe a morte. João responderá por:

A) Infanticídio.
B) Lesão corporal seguida de morte.
C) Homicídio qualificado.
D) Homicídio simples.
E) Lesão corporal agravada.

↳ **Resolução:**

No caso em análise, não se trata de lesão corporal seguida de morte, pois a intenção de João era tirar a vida de Pedro, portanto, responderá por homicídio qualificado pelo motivo torpe.

↗ **Gabarito: "C".**

4. (FCC – MPE-PE) A pena no homicídio culposo é aumentada de 1/3 (um terço):

I. Se o crime resulta de inobservância de regra técnica de profissão, arte ou ofício.

II. Se o agente deixa de prestar imediato socorro à vítima.

III. Se o agente foge para evitar prisão em flagrante.

IV. Se o crime é praticado contra pessoa menor de 14 (quatorze) ou maior de 60 (sessenta) anos.

V. Se o crime for praticado por milícia privada, sob o pretexto de prestação de serviço de segurança, ou por grupo de extermínio.

Está correto o que se afirma APENAS em:

A) I, II e IV.
B) II, III e IV.
C) I, II e III.
D) II, III e V.
E) I, III e V.

↳ **Resolução:**

O enunciado da questão traz as hipóteses de aumento da pena no crime de homicídio culposo, porém, as assertivas IV (art. 121, § 4º) e V (art. 121, § 6º) trazem hipóteses de causa de aumento da pena do homicídio doloso.

↗ **Gabarito: "C".**

5. **(CESPE – MPU)** Com relação aos crimes em espécie, julgue o item que se segue, considerando o entendimento firmado pelos tribunais superiores e a doutrina majoritária.

Situação hipotética: João, penalmente imputável, dominado por violenta emoção após injusta provocação de José, ateou fogo nas vestes do provocador, que veio a falecer em decorrência das graves queimaduras sofridas.

Assertiva: Nessa situação, João responderá por homicídio na forma privilegiada-qualificada, sendo possível a concorrência de circunstâncias que, ao mesmo tempo, atenuam e agravam a pena.

( ) Certo.
( ) Errado.

↘ **Resolução:**
É correta a assertiva, pois a possibilidade de "Homicídio na forma privilegiada-qualificada" ocorre desde que as qualificadoras sejam de caráter objetivo.

↗ **Gabarito: "Certo".**

6. **(VUNESP – MPE/SP)** A respeito dos crimes contra a periclitação da vida e da saúde, previstos no Código Penal, é correto afirmar que:

A) o crime de abandono de incapaz somente se configura se o dever de cuidado do autor para com o incapaz decorre de relação familiar.

B) o crime de contágio de moléstia grave, para se configurar, exige que a exposição a contágio ocorra por relação sexual ou qualquer outro ato libidinoso.

C) o crime de condicionamento de atendimento médico-hospitalar emergencial é próprio de médico, não se configurando se a condição é imposta por pessoa diversa.

D) o crime de omissão de socorro se caracteriza pela conduta de deixar de prestar assistência, quando possível, ainda que o agente peça socorro à autoridade pública.

E) todos, sem exceção, não admitem a modalidade culposa.

↘ **Resolução:**
Os crimes contra a periclitação da vida e da saúde estão descritos nos arts. 130 a 136 do Código Penal, e nenhum deles comporta modalidade culposa.

↗ **Gabarito: "E".**

2. CRIMES CONTRA A HONRA

O legislador tipificou três crimes contra a honra: a calúnia, a difamação e a injúria. O bem jurídico protegido é a honra da pessoa humana, no entanto, a honra pode ser dividida em honra objetiva e honra subjetiva.

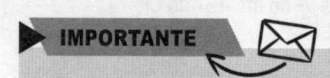

> ▶ **IMPORTANTE** ✉
>
> **Súmula 396 do STF:** "Para a ação penal por ofensa a honra, sendo admissível a exceção da verdade quanto ao desempenho de função pública, prevalece a competência especial por prerrogativa de função, ainda que já tenha cessado o exercício funcional do ofendido".

2.1 Crimes contra a honra objetiva

A honra objetiva consiste na visão que o grupo social (coletividade) possui em relação a uma pessoa.

1) Calúnia – art. 138 do CP

Bem jurídico protegido	Tutela a honra objetiva.
Tipo objetivo	Caluniar alguém imputando-lhe falsamente fato definido como crime.
Tipo subjetivo	Dolo.
Sujeitos	O crime é comum, podendo ser praticado por qualquer pessoa. O sujeito passivo também pode ser qualquer pessoa. A calúnia também pode ser dirigida aos mortos, mas serão os parentes os sujeitos passivos do crime. Pessoa jurídica poderá ser vítima quando a imputação for de crime ambiental.
Consumação/ Tentativa	Consuma-se quando a imputação chega ao conhecimento de terceiros. A tentativa é admitida em algumas situações, como, por exemplo, quando é praticada por escrito.

Ação penal	Ação penal privada (em regra).
Competência	Juizado Especial Criminal.

a) Crime de calúnia (art. 138 do CP)

O crime pune a conduta de quem imputa falsamente a prática de crime a alguém, ou seja, o agente sabe que a imputação não é verdadeira, mas a faz para agredir a honra da pessoa. É necessário que o fato imputado seja tipificado como crime, pois, caso haja imputação de contravenção penal, o agente não responderá por calúnia, mas poderá responder por difamação.

> **ATENÇÃO**
>
> **Erro de tipo:** se o agente fizer a imputação de um fato definido como crime, acreditando que é verdadeiro, ainda que seja falso, estará incorrendo em erro de tipo, nos termos do art. 20, *caput*, do Código Penal. Dessa forma, não responderá pelo crime de calúnia, pois este exige que o sujeito saiba que a imputação é falsa. Portanto, sua conduta será atípica.

b) Propalação ou divulgação da calúnia (art. 138, § 1º, do CP)

O legislador indica a aplicação da mesma pena do *caput* para aquele que, sabendo que a imputação é falsa, propala ou divulga. Estará o crime consumado quando a divulgação chegar ao conhecimento de outra pessoa.

c) Exceção da verdade (art. 138, § 3º, do CP)

A exceção da verdade é o mecanismo que possibilita ao agente comprovar que o fato imputado por ele não é falso. Caso o agente consiga comprovar que a imputação não é falsa, não há que se falar em calúnia. Existem algumas situações em que não será possível a exceção da verdade. São as hipóteses do art. 138, § 3º, I, II e III, do Código Penal.

2) Difamação – art. 139 do CP

Bem jurídico protegido	Tutela a honra objetiva.
Tipo objetivo	Imputar fato ofensivo à sua reputação.
Tipo subjetivo	Dolo.
Sujeitos	O crime é comum, podendo ser praticado por qualquer pessoa. O sujeito passivo também pode ser qualquer pessoa, desde que pessoa determinada.
Consumação/ Tentativa	Consuma-se quando terceira pessoa toma conhecimento da imputação ofensiva. Admite-se tentativa quando a difamação tiver sido feita por escrito e não chegar ao conhecimento de terceiros.
Ação penal	Ação penal privada (em regra).
Competência	Juizado Especial Criminal.

a) Veracidade da imputação

Diferente do que ocorre no crime de calúnia, em que a imputação do crime deve ser falsa, na difamação, não é necessário que a imputação de fato ofensivo à reputação seja verdadeira ou falsa. Dessa forma, em regra, não comporta o crime de difamação a exceção da verdade, pois seria irrelevante essa apuração. Ocorre que o legislador trouxe uma hipótese em que será admitida exceção da verdade, caso a vítima (ofendido pela difamação) seja funcionária pública no exercício das suas funções.

2.2 Crimes contra a honra subjetiva

Já a honra subjetiva consiste na visão que cada um possui acerca de si mesmo (honra dignidade e honra decoro).

1) Injúria – art. 140 do CP

Bem jurídico protegido	Tutela a honra subjetiva.
Tipo objetivo	Injuriar alguém, ofendendo lhe a dignidade ou decoro.
Tipo subjetivo	Dolo.
Sujeitos	O crime é comum, podendo ser praticado por qualquer pessoa. O sujeito passivo também pode ser qualquer pessoa, desde que tenha capacidade de entender o significado das ofensas que estão sendo feitas.
Consumação/ Tentativa	Consuma-se quando a vítima toma conhecimento da ofensa à sua dignidade ou decoro. Admite-se tentativa quando a injúria tiver sido feita por escrito e não chegar ao conhecimento da pessoa ofendida.
Ação penal	Ação penal privada (em regra).
Competência	Juizado Especial Criminal (injúria – *caput*). Juízo Criminal Comum (injúria racial – art. 140, § 3º, do CP).

a) Conduta da injúria

O crime de injúria pune a conduta daquele que ofende a dignidade ou decoro da vítima por meio de insultos, xingamentos, qualidades negativas. Diferente do que acontece nos crimes de calúnia e difamação, na injúria não é necessário que sejam fatos determinados, somente é preciso que sejam feitas atribuições e conceitos negativos que ofendam a vítima.

b) Perdão judicial (art. 140, § 1º, do CP)

Poderá ocorrer o perdão judicial, considerado uma causa de extinção de punibilidade. Nesse caso, o juiz pode deixar de aplicar a pena em duas situações: (i) quando o ofendido, de forma reprovável, provocou diretamente a injúria; (ii) no caso de retorsão imediata, que consista em outra injúria.

c) Injúria real (art. 140, § 2º, do CP)

Trata-se do crime de injúria qualificada, que será aquele em que ocorrer emprego de violência ou vias de fato que, pela forma de sua utilização, se consideram aviltantes, ofensivas, como, por exemplo, jogar ovo podre em alguém, com o intuito de ofender a pessoa. As vias de fato são absorvidas e o agente responde somente pela injúria qualificada. No entanto, se ocorrer lesão corporal, serão aplicadas as penas em concurso de crimes.

d) Injúria qualificada pelo preconceito (art. 140, § 3º, do CP)

O agente responderá pela injúria preconceituosa com uma pena de reclusão de 1 a 3 anos e multa quando utilizar na injúria elementos de raça, cor, etnia, religião, origem ou condição de pessoa idosa ou deficiente.

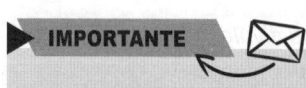

> **IMPORTANTE**
>
> **Injúria racial x Racismo:** há diferenças entre tais crimes, e é importante ter cuidado para não os confundir. O racismo está previsto na Lei n. 7.716/89, que define os crimes resultantes de preconceito de raça ou de cor, em que há previsão de tipos penais específicos.
>
> O sujeito passivo do racismo é indeterminado, ou seja, o preconceito manifestado é direcionado para toda uma categoria, bem como também pode se configurar quando da prática de condutas que impeçam o exercício de algum direito, em razão de raça, cor, etnia, religião ou procedência nacional.
>
> O crime de racismo é imprescritível e inafiançável.

2.3 Formas majoradas

O art. 141 do Código Penal dispõe um aumento de pena de 1/3 se qualquer dos três crimes contra a honra (calúnia, injúria ou difamação) for cometido:

I – contra o Presidente da República, ou contra chefe de governo estrangeiro;

II – contra funcionário público, em razão de suas funções;

III – na presença de várias pessoas, ou por meio que facilite a divulgação da calúnia, da difamação ou da injúria;

IV – contra pessoa maior de 60 anos ou portadora de deficiência, exceto no caso de injúria.

Já no parágrafo único do mesmo dispositivo, o aumento da pena será em dobro se o crime for cometido mediante paga ou promessa de recompensa.

2.4 Exclusão do crime

O art. 142 do Código Penal determina que não constitui crime de injúria ou de difamação: a ofensa irrogada em juízo, na discussão da causa, pela parte ou por seu procurador; a opinião desfavorável da crítica literária, artística ou científica, salvo quando inequívoca a intenção de injuriar ou difamar; o conceito desfavorável emitido por funcionário público, em apreciação ou informação que preste no cumprimento de dever do ofício.

Existe discussão quanto à natureza jurídica do instituto, mas a corrente majoritária se posiciona no sentido de ser uma causa especial de exclusão do crime. São imunidades, o inciso I é chamado de imunidade judiciária, o inciso II de imunidade literária, artística ou científica, e o inciso III de imunidade funcional.

2.5 Retratação

O querelado (réu nos crimes de ação penal privada) poderá se retratar da conduta praticada nos crimes de calúnia e difamação. Não é possível a retratação no crime de injúria. A retratação é uma causa de extinção de punibilidade, nos moldes do art. 107, VI, do Código Penal, e ficará o agente isento de pena. Poderá ser feita pelo querelado ou por seu procurador com poderes especiais.

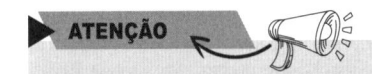

> **ATENÇÃO**
>
> **Concordância do ofendido:** para que ocorra a retratação, não será necessária, em regra, a concordância do ofendido. Atenção ao parágrafo único, que abre a oportunidade para a vítima escolher se prefere a retratação pelos mesmos meios em que foi praticado o crime, no caso de terem sido utilizados meios de comunicação.

> **IMPORTANTE**
>
> O dispositivo utiliza a expressão "querelado", portanto, é cabível retratação apenas nos casos de ação penal privada, não sendo possível quando se tratar das hipóteses do art. 141, I e II, do Código Penal.

2.6 Explicações do ofendido

O art. 144 do Código Penal possibilita que a pessoa que se coloca como vítima possa pedir explicações em juízo. Nada mais é do que a solicitação pelas vias judiciais para que o agente esclareça a sua conduta e, posteriormente, quando for o caso, seja utilizada para instruir uma possível ação penal. Não há prazo determinado pela lei para tal procedimento, mas entende que poderá ser feito dentro do prazo decadencial para o oferecimento da queixa-crime ou da representação. Também não interrompe nem suspende o prazo de 6 meses para oferecimento de queixa-crime ou de representação.

2.7 Ação penal

A ação penal está prevista no art. 145 do Código Penal.

A regra geral para os crimes contra a honra é que a ação penal será privada. No entanto, será pública condicionada a requisição do Ministro da Justiça se a vítima for o Presidente da República ou chefe de governo estrangeiro. Outra exceção é quando se tratar de injúria real que resultar lesão corporal grave ou gravíssima, caso em que a ação penal será pública incondicionada; se a lesão for leve, a ação penal será pública condicionada à representação. A injúria racial também é processada por meio de ação penal pública condicionada à representação.

> **IMPORTANTE**
>
> Se o crime contra a honra for dirigido contra funcionário público no exercício das funções, o legislador determinou que a ação penal será pública condicionada à representação, mas a Súmula 714 do STF dá legitimidade concorrente, em que ficará a critério da vítima oferecer a queixa-crime ou a representação.
>
> **Súmula 714 do STF:** "É concorrente a legitimidade do ofendido, mediante queixa, e do Ministério Público, condicionada à representação do ofendido, para a ação penal por crime contra a honra de servidor público em razão do exercício de suas funções".

2.8 Questões

1. (CESPE – STJ) Considerando a doutrina e a jurisprudência dos tribunais superiores acerca dos crimes em espécie, julgue o seguinte item.

    Situação hipotética: Um servidor público, no exercício de suas funções, foi vítima de injúria e difamação.

    Assertiva: Nessa situação, será concorrente a legitimidade do servidor ofendido, mediante queixa, e do Ministério Público, condicionada à representação do ofendido, para a ação penal correspondente.

    ( ) Certo.
    ( ) Errado.

    ↳ **Resolução:**
    De acordo com a Súmula 714 do STF: "É concorrente a legitimidade do ofendido, mediante queixa, e do MP, condicionada à representação do ofendido, para a ação penal por crime contra a honra do servidor público em razão do exercício de suas funções".

    ↗ **Gabarito: "Certo".**

2. (FGV – TRT 12ª Região) Insatisfeito com o comportamento de seu empregador Juca, Carlos escreve uma carta para a família daquele, afirmando que Juca seria um estelionatário e torturador. Lacra a carta e a entrega no correio, adotando todas as medidas para que chegasse aos destinatários. No dia seguinte, porém, Carlos se arrepende de seu comportamento e passa a adotar conduta para evitar que a carta fosse lida por qualquer pessoa e o crime consumado. Carlos vai até a casa de Juca, tenta retirar a carta da caixa do correio, mas vê o exato momento em que Juca e sua esposa pegam o envelope e leem todo o escrito. Ofendido, Juca procura seu advogado e narra o ocorrido. Considerando a situação apresentada, o advogado de Juca deverá esclarecer que a conduta de Carlos configura crime de:

    A) Injúria, consumada.
    B) Tentativa de injúria, pois houve arrependimento eficaz, devendo Carlos responder apenas pelos atos já praticados.
    C) Tentativa de calúnia, pois houve desistência voluntária, devendo Carlos responder apenas pelos atos já praticados.
    D) Tentativa de calúnia, pois houve arrependimento eficaz, devendo Carlos responder apenas pelos atos já praticados.
    E) Calúnia consumada.

    ↳ **Resolução:**
    O crime de calúnia pune a conduta de quem acusa publicamente alguém de um crime, pressupõe um determinado fato indicado como crime, e não simplesmente a indicação de um conceito negativo. É necessária a narrativa do fato, portanto, dentre as alternativas, responderá por injúria consumada, prevista no art. 140 do Código Penal.

    ↗ **Gabarito: "A".**

3. **(FGV – TJPI)** Senador da República, em página pessoal da internet ("blog"), na qual comenta assuntos do cotidiano, imputou a delegado de polícia o fato de ter arquivado investigações sob sua condução para atender a interesses políticos de seus aliados. Tal postura do Parlamentar constitui:

A) exercício arbitrário ou abuso de poder.
B) exercício arbitrário das próprias razões.
C) difamação.
D) calúnia.
E) conduta atípica.

↘ **Resolução:**
A conduta imputada ao Delegado seria o crime de prevaricação, portanto, a banca considerou como correta a alternativa "D".

↗ **Gabarito: "D".**

4. **(CESPE – TRF 1ª Região)** No que se refere ao cumprimento de mandados judiciais e suas repercussões criminais na esfera penal, julgue o item que se segue.

Crime de injúria racial cometido contra oficial de justiça no exercício de suas funções ou em razão delas é absorvido pelo crime de desacato, em razão do princípio da consunção.
( ) Certo.
( ) Errado.

↘ **Resolução:**
Os bens jurídicos tutelados são distintos, além disso, o crime de injúria racial é mais grave que o crime de desacato, portanto, não se aplica o princípio da consunção.

↗ **Gabarito: "Errado".**

5. **(FCC – MPE-SE)** Dentre as hipóteses de formas qualificadas dos crimes de injúria, calúnia e difamação, NÃO se incluem os crimes cometidos:

A) mediante promessa de recompensa.
B) contra Governador de Estado.
C) contra chefe de governo estrangeiro.
D) na presença de várias pessoas.
E) contra funcionário público, em razão de suas funções.

↘ **Resolução:**
Nas hipóteses do art. 141 do Código Penal, não há a previsão do descrito na alternativa "B": "Art. 141. As penas cominadas neste Capítulo aumentam-se de um terço, se qualquer dos crimes é cometido: I – contra o Presidente da República, ou contra chefe de governo estrangeiro; II – contra funcionário público, em razão de suas funções; III – na presença de várias pessoas, ou por meio que facilite a divulgação da calúnia, da difamação ou da injúria; IV – contra pessoa maior de 60 (sessenta) anos ou portadora de deficiência, exceto no caso de injúria. Parágrafo único. Se o crime é cometido mediante paga ou promessa de recompensa, aplica-se a pena em dobro".

↗ **Gabarito: "B".**

3. CRIMES CONTRA A LIBERDADE INDIVIDUAL

Os crimes previstos no Capítulo VI do Título I do Código Penal tutelam a liberdade da pessoa humana, pautada no art. 5º, *caput*, da Constituição Federal.

Os crimes contra a liberdade pessoal	Seção I – Constrangimento ilegal, ameaça, sequestro e cárcere privado, redução a condição análoga à de escravo e tráfico de pessoas	Arts. 146 a 149-A do CP
Os crimes contra a inviolabilidade do domicílio	Seção II – Violação de domicílio	Art. 150 do CP
Os crimes contra a inviolabilidade de correspondência	Seção III – Violação de correspondência, sonegação ou destruição de correspondência, violação de comunicação telegráfica, radioelétrica ou telefônica, correspondência comercial	Arts. 151 e 152 do CP
Os crimes contra a inviolabilidade dos segredos	Seção IV – Divulgação de segredo, violação do segredo profissional e violação de dispositivo informático alheio	Arts. 153 a 154-B do CP

3.1 Crimes contra a liberdade pessoal

1) Constrangimento ilegal – art. 146 do CP

Bem jurídico protegido	Tutela a liberdade individual.
Tipo objetivo	Constranger, coagir, compelir, forçar alguém a fazer ou deixar de fazer algo que não está obrigado pela lei.
Tipo subjetivo	Dolo.
Sujeitos	O crime é comum, podendo ser praticado por qualquer pessoa. O sujeito passivo também pode ser qualquer pessoa com capacidade de autodeterminação. **Atenção!** Se o agente for funcionário público, poderá responder por abuso de autoridade (Lei n. 4.898/65 ou art. 350 do CP).
Consumação/ Tentativa	Consuma-se quando a vítima age ou deixa de agir infringindo a lei. Admite-se tentativa.
Ação penal	Ação penal pública incondicionada.
Competência	Juízo Criminal Comum.

a) Conduta do constrangimento ilegal

O tipo penal em comento está pautado no art. 5º, II, da Constituição Federal ("ninguém será obrigado a fazer ou deixar de fazer alguma coisa senão em virtude de lei"). O crime pune a conduta daquele que constrange outrem a fazer ou deixar de fazer algo. Tal tipificação parte do pressuposto de que somente o Estado pode exigir parâmetro de conduta humana. É necessário que a imposição de conduta seja ilegal, contrária aos ditames estatais. Pode ocorrer por meio de violência física, grave ameaça ou outro meio capaz de reduzir a resistência da vítima. É importante que a imposição à vítima seja de um comportamento certo e determinado, além de ser ilegal.

b) Causa de aumento de pena (art. 146, § 1º, do CP)

A pena de detenção prevista no *caput* será aplicada em dobro e, ainda, cumulada com multa quando para a execução do crime se reunirem mais de três pessoas, ou seja, no mínimo quatro, ou quando houver emprego de arma.

c) Concurso de crimes (art. 146, § 2º, do CP)

O legislador utilizou a expressão "aplicam-se as correspondentes à violência", dessa forma, além da pena prevista para o crime, teremos a aplicação do concurso material de crime (art. 69 do CP) com o crime referente a violência empregada.

d) Causas de exclusão do crime (art. 146, § 3º, do CP)

Em determinadas situações o crime não estará caracterizado. São elas: a intervenção médica ou cirúrgica sem o consentimento do paciente ou de seu representante legal, se justificada por iminente perigo de vida, e a coação exercida para impedir suicídio.

2) Ameaça – art. 147 do CP

Bem jurídico protegido	Tutela liberdade individual na sua paz de espírito pelo seu sentimento de segurança.
Tipo objetivo	Ameaçar.
Tipo subjetivo	Dolo.
Sujeitos	O crime é comum, podendo ser praticado por qualquer pessoa. O sujeito passivo também pode ser qualquer pessoa, mas deve ser pessoa física, certa e determinada com capacidade de entender a ameaça.

Sujeitos	**Atenção!** Se o agente for funcionário público, poderá responder por abuso de autoridade (Lei n. 4.898/65).
Consumação/ Tentativa	Consuma-se quando a vítima toma conhecimento da ameaça. A tentativa é admitida quando for feita por escrito, por exemplo.
Ação penal	Ação penal pública condicionada à representação.
Competência	Juizado Especial Criminal.

a) Conduta da ameaça

O crime de ameaça pune a conduta daquele que intimida alguém, de forma que deixa a vítima com medo de que ocorra um castigo ou outro malefício contra ela ou terceiros. A ameaça pode se dar por palavras, por escritos, gestos ou qualquer outro meio simbólico. A ameaça pode ser direta (imediata) ou indireta (mediata), e pode ser praticada de forma explícita, implícita ou condicional.

b) Elementos normativos

A ameaça, para estar configurada, necessita que estejam presentes os elementos normativos do crime, no caso, o "mal injusto" e que seja "grave". O primeiro ocorre quando o agente não possui amparo legal para a realização da conduta, ao passo que a gravidade se configura quando o dano prometido pela ameaça é algo com importância significativa, independentemente de afetar a parte econômica, física ou moral.

3) Sequestro e cárcere privado – art. 148 do CP

Bem jurídico protegido	Tutela liberdade física da pessoa, seu direito de ir e vir, de locomoção.
Tipo objetivo	Privar a liberdade.
Tipo subjetivo	Dolo.
Sujeitos	O crime é comum, podendo ser praticado por qualquer pessoa. O sujeito passivo também pode ser qualquer pessoa. **Atenção!** Se o agente for funcionário público, poderá responder por abuso de autoridade (Lei n. 4.898/65).
Consumação/ Tentativa	Consuma-se com a privação da liberdade da vítima. É admitida tentativa.
Ação penal	Ação penal pública incondicionada.
Competência	Juízo Criminal Comum.

a) Detenção ou retenção

O crime de sequestro ou cárcere privado pode se dar por meio de detenção ou retenção, vejamos:

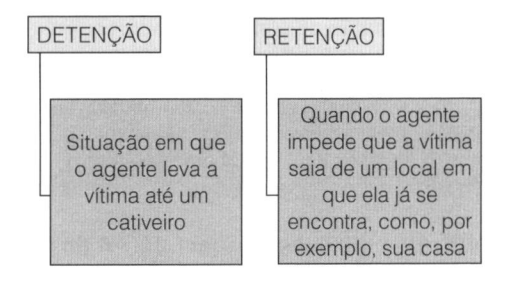

DETENÇÃO	RETENÇÃO
Situação em que o agente leva a vítima até um cativeiro	Quando o agente impede que a vítima saia de um local em que ela já se encontra, como, por exemplo, sua casa

ATENÇÃO

DETENÇÃO OU RETENÇÃO ILEGAL
Para que o crime esteja configurado, é necessário que a detenção ou retenção não seja proveniente de permissão legal, ou seja, se o agente estiver privando a liberdade de locomoção de alguém amparado pela lei, não estará praticando o crime.

b) Conduta qualificada (art. 148, § 1º, do CP)

O § 1º indica uma pena de 2 a 5 anos de reclusão se:

i) a vítima for ascendente, descendente, cônjuge ou companheiro do agente ou maior de 60 anos;
ii) o crime for praticado mediante internação da vítima em casa de saúde ou hospital;
iii) houver privação da liberdade superior a 15 dias;
iv) o crime for praticado contra menor de 18 anos;
v) o crime for praticado com fim libidinoso.

c) Conduta qualificada pelo resultado (art. 148, § 2º, do CP)

Nesse caso, a pena será de reclusão de 2 a 8 anos se a vítima tiver grave sofrimento físico ou moral em decorrência de maus-tratos ou pela natureza da detenção.

> **IMPORTANTE**
>
> **Classificação do crime:** o crime em comento é considerado permanente e material, ou seja, a sua consumação se propaga no tempo, dessa forma, poderá ocorrer a prisão em flagrante em qualquer momento enquanto a vítima estiver com a sua liberdade retirada.

4) Tráfico de pessoas – art. 149-A do CP

Bem jurídico protegido	Liberdade pessoal da vítima, no sentido de não ser submetida a qualquer das finalidades previstas no tipo penal.
Tipo objetivo	Conduta mista com oito verbos: agenciar, aliciar, recrutar, transportar, transferir, comprar, alojar ou acolher pessoa.
Tipo subjetivo	Dolo.
Sujeitos	O crime é comum, pode ser praticado por qualquer pessoa. O sujeito passivo também pode ser qualquer pessoa.

Consumação/ Tentativa	Consuma-se com a prática de qualquer dos verbos do tipo, e admite-se tentativa.
Ação penal	Ação penal pública incondicionada.
Competência	Juízo Criminal Comum.

a) Lei n. 13.344/2016

O art. 149-A foi inserido no Código Penal pela Lei n. 13.344/2016, com uma conduta de extrema complexidade na tentativa de proteger ainda mais a constante violação dos direitos humanos.

b) Definição de tráfico de pessoas

A definição internacional de tráfico de pessoas pode ser encontrada no Protocolo Adicional à Convenção das Nações Unidas contra o Crime Organizado Transnacional relativo à Prevenção, Repressão e Punição do Tráfico de Pessoas, em Especial de Mulheres e Crianças de 2000:

> O recrutamento, o transporte, a transferência, o alojamento ou o acolhimento de pessoas, recorrendo à ameaça ou uso da força ou a outras formas de coação, ao rapto, à fraude, ao engano, ao abuso de autoridade ou à situação de vulnerabilidade ou à entrega ou aceitação de pagamentos ou benefícios para obter o consentimento de uma pessoa que tenha autoridade sobre outra para fins de exploração.

> **IMPORTANTE**
>
> O crime indica expressamente as finalidades que devem estar presentes para ensejar a prática de qualquer das condutas do agente, sendo necessária, portanto, a existência de dolo específico de:
>
> • remover-lhe órgãos, tecidos ou partes do corpo;
> • submetê-la a trabalho em condições análogas à de escravo;

- submetê-la a qualquer tipo de servidão;
- adoção ilegal;
- exploração sexual.

c) Causa de aumento de pena (art. 149-A, § 1º, do CP)

A pena será aumentada de 1/3 até 1/2 se:

i) o crime for cometido por funcionário público no exercício de suas funções ou a pretexto de exercê-las;

ii) o crime for cometido contra criança, adolescente ou pessoa idosa ou com deficiência;

iii) o agente se prevalecer de relações de parentesco, domésticas, de coabitação, de hospitalidade, de dependência econômica, de autoridade ou de superioridade hierárquica inerente ao exercício de emprego, cargo ou função; ou

iv) a vítima do tráfico de pessoas for retirada do território nacional.

d) Causa de diminuição de pena (art. 149-A, § 2º, do CP)

O legislador indica que a pena será diminuída de 1/3 a 2/3 **se o réu for primário e não integrar organização criminosa** (art. 149-A, § 2º, do CP). Atenção, pois se trata de requisitos cumulativos.

3.2 Questões

1. **(VUNESP – MPE-SP)** Mévio, professor de uma renomada escola, é muito ativo no intercâmbio internacional de jovens, de 16 a 21 anos, sendo proprietário de empresa específica para prestar serviços de assessoria para emissão de passaporte, obtenção de vistos, matrículas nos cursos estrangeiros e intermediação de locais para abrigo dos jovens. A empresa de Mévio atua tanto levando jovens brasileiros para o exterior quanto trazendo jovens estrangeiros para o país. Para a surpresa de todos, Mévio foi acusado de crime de tráfico de pessoas (art. 149-A do CP), bem como de integrar organização criminosa. Segundo a denúncia do órgão de acusação, os jovens brasileiros por ele recrutados, no exterior, eram submetidos à exploração sexual e à servidão. Igualmente, os jovens estrangeiros, no Brasil, eram submetidos a trabalho escravo e exploração sexual. Tendo em vista o art. 149-A do Código Penal e a Lei n. 13.344/2016 – Tratamento jurídico do tráfico de pessoas, assinale a alternativa correta.

A) O art. 149-A do CP só tem incidência quanto aos jovens brasileiros, recrutados para exploração sexual e servidão no exterior, não se aplicando aos jovens estrangeiros recrutados e explorados no Brasil.

B) Para vítimas adolescentes, Mévio será punido de forma aumentada, mas, sendo primário, ainda que integrante de organização criminosa, terá a pena reduzida, por expressa previsão legal.

C) Para as vítimas submetidas à exploração sexual, Mévio será punido de forma aumentada e, ainda que primário, não fará jus à redução da pena, por integrar organização criminosa.

D) O tipo penal previsto do art. 149-A do CP dispensa a ocorrência de resultado naturalístico.

E) Ainda que os jovens, brasileiros ou estrangeiros, tenham sido explorados no Brasil ou no exterior, não se caracteriza o crime previsto no 149-A do CP, que exige que as condutas nele previstas se deem mediante grave ameaça ou violência.

↳ **Resolução:**
O crime descrito no art. 149-A do Código Penal é formal, de consumação antecipada ou resultado cortado, portanto a assertiva está correta.

↗ **Gabarito: "C".**

2. **(CESPE – TRF 5ª Região)** Acerca dos aspectos penais do tráfico interno e internacional de pessoas, assinale a opção correta.

A) O Brasil vem se empenhando em adotar todas as medidas necessárias ao combate ao tráfico de pessoas, tendo tipificado todas as condutas definidas no Protocolo de Palermo desde sua assinatura.

B) O crime de tráfico de pessoas previsto no CP atende aos compromissos assumidos pelo Brasil no âmbito internacional, uma vez que as condutas passíveis de punição são significativamente restritas no código.

C) O CP prevê que são puníveis as condutas consistentes em agenciar, aliciar, recrutar, transportar, transferir, comprar, alojar ou acolher pessoa, mediante grave ameaça, violência, coação, fraude ou abuso, com a finalidade de adoção ilegal ou exploração sexual.

D) O consentimento de pessoa brasileira, maior de idade, para ser levada ao exterior com a finalidade de se prostituir basta para excluir o crime de tráfico de pessoas, uma vez que ela tem consciência do trabalho e de suas condições.

E) O tráfico de pessoas é equiparado aos crimes hediondos, de forma que a concessão do livramento condicional a acusados desse crime deve obedecer aos rigores da respectiva legislação.

↳ **Resolução:**
Nos termos do recente art. 149-A, introduzido no Código Penal pela Lei n. 13.334/2016.

↗ **Gabarito: "C".**

4. CRIMES CONTRA O PATRIMÔNIO

4.1 Furto

O furto está previsto no art. 155 do Código Penal.

A tutela jurídica ao patrimônio se estende tanto para as pessoas físicas quanto para as jurídicas. O Capítulo I do Título II trata do furto, que são crimes que não utilizam grave ameaça ou violência contra a pessoa.

1) Furto

Bem jurídico protegido	O patrimônio – propriedade, posse e detenção.
Tipo objetivo	Subtrair coisa alheia móvel.
Tipo subjetivo	Dolo.
Sujeitos	O crime é comum, pode ser praticado por qualquer pessoa. O sujeito passivo também pode ser qualquer pessoa.
Consumação/ Tentativa	No momento em que a coisa é retirada da esfera de disponibilidade da vítima e passa para o poder do agente, ainda que por breve período, sendo prescindível a posse pacífica da res pelo sujeito ativo do delito, admite-se tentativa.
Ação penal	Ação penal pública incondicionada.
Competência	Juízo Criminal Comum.

a) Furto simples

Furtar possui o significado de subtrair, retirar. A coisa deve ser móvel e alheia. A subtração pode ser tanto escondida, clandestina, como também aos olhos da vítima, no entanto, é necessário que não tenha concordância com a conduta, ou seja, não pode a vítima ter dado a posse da coisa para o agente, deve haver oposição, ainda que seja presumida.

> ▶ **ATENÇÃO**
>
> **Furto de uso:** é uma conduta atípica, consistente na subtração momentânea com a intenção de devolução após o uso da coisa móvel subtraída nas mesmas condições em que o bem se encontrava. Não pode o agente ser punido pelo crime em análise por falta de elemento subjetivo do tipo do furto, no caso, o dolo de ficar com o bem de forma definitiva ou de entregar para terceiro.

b) Furto famélico

Trata-se de estado de necessidade, conforme determina o art. 24 do Código Penal, em que o agente furta para:

i) prática da conduta para minimizar a fome;

ii) inevitabilidade da conduta;

iii) a coisa subtraída de ser capaz de contornar a emergência;

iv) poucos recursos adquiridos ou impossibilidade de trabalhar.

c) Causa de aumento de pena (art. 155, § 1º, do CP)

A pena será aumentada de 1/3 se o crime for praticado no período de repouso noturno. É chamado de furto circunstanciado.

d) Furto privilegiado (art. 155, § 2º, do CP)

Nos termos do art. 155, § 2º, do Código Penal, o juiz poderá substituir a pena de reclusão pela de detenção, diminuí-la de 1/3 a 2/3 ou, ainda, aplicar somente a pena de multa, quando o agente for primário e a coisa for de pequeno valor (a orientação majoritária nos Tribunais é a de que, para fins de configuração do crime de furto, coisa de pequeno valor é aquela que não ultrapassa um salário mínimo ao tempo da conduta).

e) Furto de energia (art. 155, § 3º, do CP)

O legislador equiparou a energia elétrica à coisa móvel ou qualquer outra de valor econômico.

f) Furto qualificado

Há previsão de várias formas qualificadas do crime de furto que estão disciplinadas a partir do § 4º do art. 155 do Código Penal.

Art. 155, § 4º, do CP	Pena de reclusão de 2 a 8 anos e multa	Crime cometido: • com destruição ou rompimento de obstáculo à subtração da coisa; • com abuso de confiança, ou mediante fraude, escalada ou destreza; • com emprego de chave falsa; • mediante concurso de duas ou mais pessoas.
Art. 155, § 4º-A, do CP	Pena de reclusão de 4 a 10 anos e multa	Se houver emprego de explosivo ou de artefato análogo que cause perigo comum.
Art. 155, § 5º, do CP	Pena de reclusão de 3 a 8 anos	Subtração de veículo automotor que venha a ser transportado para outro Estado ou para o exterior.
Art. 155, § 6º, do CP	Pena de reclusão de 2 a 5 anos	Furto de semovente domesticável: semovente é aquilo que possui movimento próprio. O dispositivo, na realidade, protege os animais domesticáveis (cachorro, gato, porco, boi, galinha etc.).
Art. 155, § 7º, do CP	Pena de reclusão de 4 a 10 anos e multa	Subtração de substâncias explosivas ou de acessórios que, conjunta ou isoladamente, possibilitem sua fabricação, montagem ou emprego.

> **ATENÇÃO**
>
> **Súmula 442 do STJ:** "É inadmissível aplicar, no furto qualificado, pelo concurso de agentes, a majorante do roubo".
>
> **Súmula 511 do STJ:** "É possível o reconhecimento do privilégio previsto no § 2º do art. 155 do CP nos casos de crime de furto qualificado, se estiverem presentes a primariedade do agente, o pequeno valor da coisa e a qualificadora for de ordem objetiva".
>
> **Súmula 567 do STJ:** "Sistema de vigilância realizado por monitoramento eletrônico ou por existência de segurança no interior de estabelecimento comercial, por si só, não torna impossível a configuração do crime de furto".

4.2 Roubo e extorsão

1) Roubo – art. 157 do CP

Bem jurídico protegido	A posse, propriedade e integridade física e liberdade individual (crime complexo).
Tipo objetivo	Subtrair coisa alheia móvel mediante grave ameaça ou violência a pessoa ou depois de havê-la, por qualquer meio, reduzido à impossibilidade de resistência.
Tipo subjetivo	Dolo.
Sujeitos	O crime é comum, podendo ser praticado por qualquer pessoa. O sujeito passivo também pode ser qualquer pessoa.
Consumação/ Tentativa	Consuma-se no momento em que o agente obtém a posse do bem, mediante violência ou grave ameaça, ainda que não seja mansa e pacífica e/ou haja perseguição policial, sendo prescindível que o objeto subtraído saia da esfera de vigilância da vítima. Admite-se tentativa.
Ação penal	Ação penal pública incondicionada.
Competência	Juízo Criminal Comum.

a) Roubo próprio (art. 157, caput, do CP)

O crime de roubo é um crime complexo, pois surge na junção de dois ou mais delitos. O agente se utiliza de violência ou grave ameaça, ou, ainda, coloca a vítima em uma situação de impossibilidade de oferecer resistência para que possa subtrair a coisa. O roubo estará caracterizado quando o sujeito utilizar:

GRAVE AMEAÇA	A grave ameaça é uma violência moral, é a promessa de um mal grave, iminente e verossímil. A ameaça deve surtir um potencial intimidatório. Não é preciso anunciar verbalmente o mal a ser feito, uma arma visível já configura a ameaça.
VIOLÊNCIA À PESSOA	O agente emprega violência física contra a vítima, por meio de lesão corporal ou vias de fato.
"POR QUALQUER MEIO"	Deve ser interpretada como qualquer outro meio empregado, violência imprópria, como a utilização de drogas e soníferos, por exemplo.

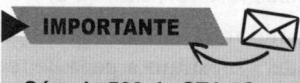

> **IMPORTANTE**
>
> **Súmula 582 do STJ:** "Consuma-se o crime de roubo com a inversão da posse do bem mediante emprego de violência ou grave ameaça, ainda que por breve tempo e em seguida à perseguição imediata ao agente e recuperação da coisa roubada, sendo prescindível a posse mansa e pacífica ou desvigiada".

b) Roubo impróprio (art. 157, § 1º, do CP)

Nesse caso, o agente primeiro subtrai a coisa e, após a subtração, emprega violência ou grave ameaça para garantir a posse do bem ou, ainda, a impunidade, ou seja, inicialmente estávamos diante de um crime de furto, mas, diante das circunstâncias, se transformou em roubo. Para a tipificação em roubo impróprio, é necessário que o agente tenha se apoderado do bem, e que a violência ou ameaça aconteça na sequência.

c) Causas de aumento de pena (art. 157, § 2º, do CP)

As majorantes são utilizadas tanto para roubo próprio quanto para roubo impróprio. É chamado de roubo circunstanciado pela doutrina. O aumento será de 1/3 a 1/2, e irá incidir se:

i) houver concurso de duas ou mais pessoas;

ii) a vítima estiver em serviço de transporte de valores e o agente conhecer tal circunstância;

iii) a subtração for de veículo automotor que venha a ser transportado para outro Estado ou para o exterior;
iv) o agente mantiver a vítima em seu poder, restringindo sua liberdade;
v) a subtração for de substâncias explosivas ou de acessórios que, conjunta ou isoladamente, possibilitem sua fabricação, montagem ou emprego.

d) Causa de aumento de pena (art. 157, § 2º-A, do CP)

O legislador elencou outras causas de aumento de pena, no entanto, as que estão no recente § 2º-A ensejam um amento de 2/3 quando a violência ou ameaça é exercida com emprego de arma de fogo ou se há destruição ou rompimento de obstáculo mediante o emprego de explosivo ou de artefato análogo que cause perigo comum.

e) Roubo qualificado (art. 157, § 3º, do CP)

A pena será de reclusão de 7 a 18 anos e multa se o roubo resultar em lesão corporal de natureza grave e, consequentemente, gravíssima, e reclusão de 20 a 30 anos e multa se resultar em morte. Nas duas situações se configuram crimes preterdolosos.

> **► ATENÇÃO**
>
> **Latrocínio**
> O crime de latrocínio é o roubo qualificado pelo resultado morte (art. 157, § 3º, II, do CP).
> É importante ressaltar que NÃO SE TRATA DE CRIME CONTRA A VIDA, mas, sim, de crime contra o patrimônio. Dessa forma, não é de competência do Tribunal do Júri, matéria inclusive sumulada pelo Supremo Tribunal Federal.
> **Súmula 603 do STF:** "A competência para o processo e julgamento de latrocínio é do juiz singular e não do Tribunal do Júri".
> **Consumação do latrocínio:**
> **Súmula 610 do STF:** "Há crime de latrocínio quando o homicídio se consuma ainda que não realize o agente a subtração de bens da vítima".

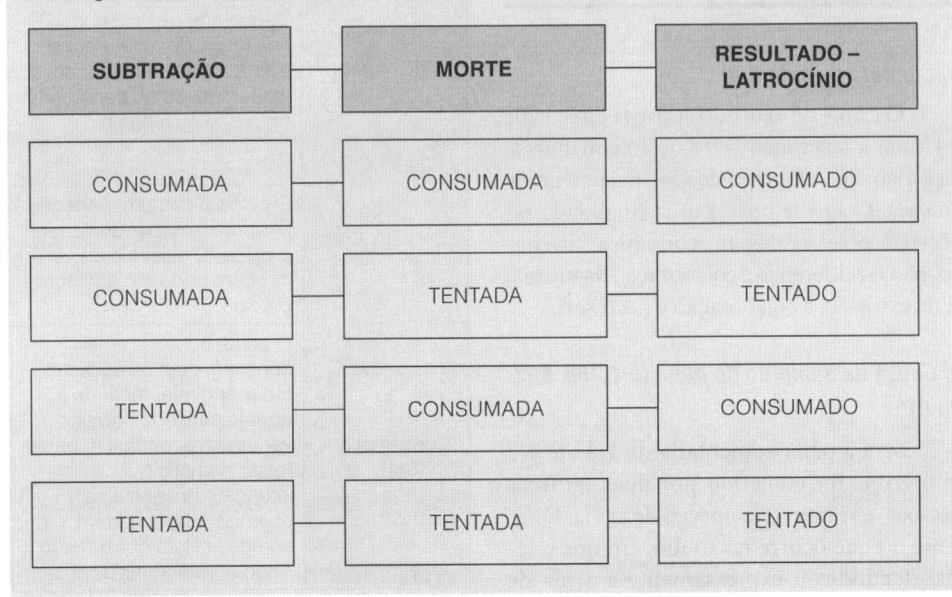

SUBTRAÇÃO	MORTE	RESULTADO – LATROCÍNIO
CONSUMADA	CONSUMADA	CONSUMADO
CONSUMADA	TENTADA	TENTADO
TENTADA	CONSUMADA	CONSUMADO
TENTADA	TENTADA	TENTADO

2) Extorsão – art. 158 do CP

Bem jurídico protegido	O patrimônio e, secundariamente, a integridade física e a inviolabilidade pessoal da vítima (crime complexo).
Tipo objetivo	Constranger alguém, mediante violência ou grave ameaça.
Tipo subjetivo	Dolo.
Sujeitos	O crime é comum, podendo ser praticado por qualquer pessoa. O sujeito passivo também pode ser qualquer pessoa.
Consumação/Tentativa	O crime é formal, portanto, basta o agente empregar os meios para constranger a vítima com violência ou grave ameaça, para que esta faça, tolere que se faça ou deixe de fazer alguma coisa. A tentativa é admitida. **Súmula 96 do STJ:** "O crime de extorsão consuma-se independentemente da obtenção da vantagem indevida".
Ação penal	Ação penal pública incondicionada.
Competência	Juízo Criminal Comum.

a) Conduta da extorsão

O crime de extorsão consiste em coagir a vítima a fazer, não fazer ou tolerar que se faça algo com emprego de violência ou grave ameaça. O agente possui uma finalidade especial de obter vantagem econômica. No roubo, não faz diferença a colaboração da vítima; já na extorsão, a colaboração é necessária.

b) Causa de aumento de pena (art. 158, § 1º, do CP)

Será a pena aumentada de 1/3 até 1/2 se o crime for cometido por duas ou mais pessoas, e se houver emprego de arma. Diferente do que ocorre no roubo, em que o legislador indicou expressamente a arma de fogo, na extorsão, qualquer arma poderá ensejar a majoração da pena.

c) Extorsão qualificada (art. 158, §§ 2º e 3º, do CP)

O § 2º do art. 158 indica a aplicação do disposto no § 3º do mesmo artigo se a extorsão for praticada mediante violência. O referido dispositivo indica uma pena de reclusão de 6 a 12 anos e multa. Além disso, também haverá essa pena quando o crime for cometido mediante a restrição da liberdade da vítima, e essa condição é necessária para a obtenção da vantagem econômica pelo agente.

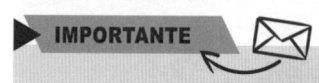

> **IMPORTANTE**
>
> **Extorsão qualificada pela morte:** a extorsão qualificada pela morte, consumada ou tentada, é crime hediondo (art. 1º, IV, da Lei n. 8.072/90).

3) Extorsão mediante sequestro – art. 159 do CP

Bem jurídico protegido	O patrimônio, a liberdade de locomoção e a integridade física.
Tipo objetivo	Sequestrar pessoa com a finalidade de obter para si ou para outrem qualquer vantagem, como condição de preço ou resgate.
Tipo subjetivo	Dolo.
Sujeitos	O crime é comum, podendo ser praticado por qualquer pessoa. O sujeito passivo também pode ser qualquer pessoa.
Consumação/Tentativa	O crime é formal, e se consuma com o sequestro. Independentemente de o agente conseguir obter a vantagem econômica, basta restar demonstrada a intenção do agente na obtenção da vantagem, e o crime já estará consumado. A tentativa é admitida.

Ação penal	Ação penal pública incondicionada.
Competência	Juízo Criminal Comum.

a) Conduta da extorsão mediante sequestro

O núcleo do tipo é "sequestrar", ou seja, é a retirada da liberdade de locomoção da vítima por um espaço de tempo. No entanto, possui o agente a intenção de obter uma vantagem para si ou para outrem advinda de condição ou valor exigido para resgate. A vantagem pode ser qualquer uma, desde que de valor econômico, pois se trata de crime patrimonial. Trata-se de crime permanente, e a sua consumação se prolonga no tempo até que a vítima tenha sua liberdade devolvida.

b) Conduta qualificada (art. 159, §§ 1º, 2º e 3º, do CP)

O art. 159 do Código Penal possui em seus parágrafos condutas qualificadas, em que o legislador indicou um patamar mínimo e máximo da pena em abstrato mais elevado do que o *caput*.

Art. 159, § 1º, do CP	Reclusão de 12 a 20 anos	• Se o sequestro durar mais de 24 horas. • Se o sequestrado for menor de 18 ou maior de 60 anos. • Se o crime for cometido por bando ou quadrilha.
Art. 159, § 2º, do CP	Reclusão de 16 a 24 anos	• Se resultar em lesão corporal grave ou gravíssima.
Art. 159, § 3º, do CP	Reclusão de 24 a 30 anos	• Se resultar em morte.

c) Causa de diminuição da pena (art. 159, § 4º, do CP)

A pena será diminuída de 1/3 a 2/3 se o crime for cometido em concurso de pessoas e um dos concorrentes do crime denunciar à autoridade e facilitar a liberação do sequestrado. É conhecido como delação premiada.

4) Dano – art. 163 do CP

Bem jurídico protegido	Propriedade e posse das coisas móveis e imóveis.
Tipo objetivo	Destruir – inutilizar – deteriorar coisa alheia.
Tipo subjetivo	Dolo.
Sujeitos	O crime é comum, pode ser praticado por qualquer pessoa. O sujeito passivo também pode ser qualquer pessoa.
Consumação/ Tentativa	O crime é material e se consuma com o efetivo dano total ou parcial da coisa. A tentativa é admitida.
Ação penal	Ação penal pública incondicionada, salvo nos casos do art. 163, IV, do seu parágrafo.
Competência	Juizado Especial Criminal (dano simples); Juízo Criminal Comum (dano qualificado).

> **IMPORTANTE**
>
> O crime de dano previsto no art. 163 do Código Penal pune a conduta dolosa, não havendo previsão desta. Portanto, caso o agente cause dano culposo, a sua conduta será penalmente atípica, cabendo tão somente o dever de indenizar civilmente. Existem duas exceções em que se admite dano

culposo: no crime militar (art. 266 do CPM) e no crime ambiental (art. 62, parágrafo único, da Lei n. 9.605/98).

a) Objeto material

O objeto material do crime de dano é coisa alheia, e o dolo do agente é destruir ou inutilizá-la. Se a coisa for própria, a conduta será atípica. Se o dano for sobre *res nullius*, ou seja, coisa de ninguém, ou, ainda, *res derelicta*, que é a coisa abandonada, também não haverá crime.

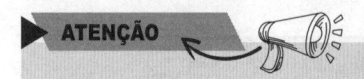

▶ **ATENÇÃO**

Materialidade do crime: o crime de dano deixa vestígios, portanto, é imprescindível a realização de exame de corpo de delito nos termos do art. 168 do Código de Processo Penal para comprovar a materialidade do crime.

b) Dano qualificado (art. 163, parágrafo único, do CP)

Para o dano qualificado, o legislador determinou uma pena em abstrato de detenção de 6 meses a 3 anos. Responderá o agente nos termos do art. 163, parágrafo único, quando o crime for praticado com violência à pessoa ou grave ameaça, quando houver emprego de substância inflamável ou explosiva, se o fato não constitui crime mais grave, contra o patrimônio da União, de Estado, do Distrito Federal, de Município ou de autarquia, fundação pública, empresa pública, sociedade de economia mista ou empresa concessionária de serviços públicos, por motivo egoístico ou com prejuízo considerável para a vítima.

5) Apropriação indébita – art. 168 do CP

Bem jurídico protegido	O patrimônio – propriedade e posse legítima de bens móveis.
Tipo objetivo	Apropriar-se.
Tipo subjetivo	Dolo.
Sujeitos	O crime é comum, pode ser praticado por qualquer pessoa. O sujeito passivo também pode ser qualquer pessoa, desde que seja proprietário, possuidor ou usufrutuário de um bem móvel apropriado.
Consumação/ Tentativa	O crime é material, e se consuma com a inversão da posse ou detenção de domínio. Admite-se tentativa.
Ação penal	Ação penal pública incondicionada.
Competência	Juízo Criminal Comum.

a) Conduta da apropriação indébita

Diferentemente do que ocorre no furto e no roubo, a apropriação indébita carrega o sentido de quebra de confiança, pois é a vítima que faz a entrega da coisa para o agente voluntariamente.

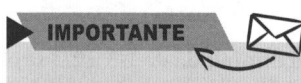

▶ **IMPORTANTE**

Requisitos para tipificação

Para a tipificação do crime do art. 168 do Código Penal, alguns requisitos devem estar presentes:

- entrega voluntária do bem pela vítima;
- posse ou detenção desvigiada;
- boa-fé do agente ao tempo do recebimento do bem;
- modificação posterior no comportamento do agente.

b) Dolo genérico e dolo específico

O crime de apropriação indébita possui o dolo específico, também chamado de elemento subjetivo especial, pois o agente deve ter a intenção de ter a coisa para si de forma definitiva. No entanto, esse fim deverá surgir após o agente ter a posse ou detenção do bem.

c) Causas de aumento de pena (art. 168, § 1º, do CP)

O legislador indica um aumento de 1/3 quando o agente recebeu a coisa em depósito necessário, na qualidade de tutor, curador, síndico, liquidatário, inventariante, testamenteiro ou depositário judicial, ou em razão de ofício, emprego ou profissão. Na última causa, será necessário demonstrar o nexo de causalidade entre a relação de trabalho e o recebimento da coisa.

d) Apropriação indébita privilegiada (art. 170 do CP – aplicação do art. 155, § 2º, do CP)

Trata-se de causa de diminuição da pena, sendo reduzida, neste caso, a reclusão de 1/3 a 2/3 ou, ainda, substituída por detenção ou multa. Para que possa ser aplicada, o agente deve ser primário e a coisa de pequeno valor.

> **ATENÇÃO**
>
> O crime de apropriação de coisa havida por erro, caso fortuito ou força da natureza disposto no art. 169 do Código Penal diferencia-se da apropriação indébita do art. 168 do Código Penal, pois neste a vítima entrega a coisa ao agente voluntariamente sem estar em erro, ao passo que no art. 169 a vítima faz a entrega por erro, caso fortuito ou força da natureza.

6) Estelionato – art. 171 do CP

Bem jurídico protegido	Patrimônio.
Tipo objetivo	Obter vantagem induzindo alguém em erro por meio de fraude.
Tipo subjetivo	Dolo.
Sujeitos	O crime é comum, podendo ser praticado por qualquer pessoa. O sujeito passivo também pode ser qualquer pessoa, mas deve possuir a capacidade de ser iludida.
Consumação/ Tentativa	O crime é material, e se consuma com a obtenção da vantagem, admite-se tentativa.
Ação penal	Ação penal pública incondicionada.
Competência	Juízo Criminal Comum. **Cuidado!** Será competente a Justiça Federal quando o delito for praticado em detrimento de bens, serviços ou interesses da União ou de suas entidades autárquicas ou empresas públicas (art. 109, IV, da CF). **Súmula 107 do STJ**: "Compete à Justiça Comum Estadual processar e julgar crime de estelionato praticado mediante falsificação das guias de recolhimento das contribuições previdenciárias, quando não ocorrente lesão à autarquia federal".

a) Conduta do crime de estelionato

O crime de estelionato pune a conduta de quem induz ou mantém alguém em erro, por meio da utilização de artifício, ardil, ou qualquer meio fraudulento, a fim de obter, para si ou para outrem, vantagem ilícita em prejuízo alheio. O legislador elencou no art. 171, § 2º, do Código Penal várias condutas equiparadas, que são punidas com a mesma pena elencada no *caput* do dispositivo.

> **IMPORTANTE**
>
> **Forma de execução:** no estelionato, o agente não emprega violência ou grave ameaça! Os meios utilizados pelo agente são outros, ele coloca a vítima em uma falsa percepção da realidade ou a mantém em erro para obter a vantagem desejada.

> **ATENÇÃO**
>
> **Estelionato × Extorsão:** o crime de estelionato não se confunde com a extorsão (art. 168 do CP). Na extorsão, o agente faz a vítima entregar a coisa por coação; já no estelionato, a vítima entrega a coisa por fraude.
>
> **Estelionato × Apropriação indébita:** no estelionato, a entrega da coisa opera-se em razão da fraude; já na apropriação indébita, a vítima entrega a coisa voluntariamente, não estando em erro.

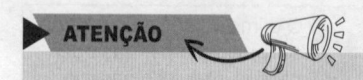

b) Estelionato privilegiado (art. 171, § 1º, do CP)

A pena será aplicada nos termos do art. 155, § 2º, do Código Penal, presentes os seguintes requisitos cumulativos:

i) o agente ser primário; e
ii) o prejuízo ser de pequeno valor.

c) Causa de aumento de pena (art. 171, § 3º, do CP)

A pena é aumentada em 1/3 se o crime for cometido em detrimento de entidade de direito público ou de instituto de economia popular, assistência social ou beneficência. Entidades de direito público são a União, estados, municípios, Distrito Federal, autarquias e entidades paraestatais. Quando aplicado esse aumento de pena, fala-se em estelionato circunstanciado.

d) Fraude cometida por meio de cheque (art. 171, § 2º, VI, do CP)

Trata-se de uma das condutas equiparadas, punindo-se aquele que emite cheque sem suficiente provisão de fundos em poder do sacado, ou lhe frustra o pagamento.

A **Súmula 48 do STJ** dispõe que: "Compete ao Juízo do local da obtenção da vantagem ilícita processar e julgar crime de estelionato cometido mediante falsificação de cheque".

Já a **Súmula 246 do STF** coloca que: "Comprovado não ter havido fraude, não se configura o crime de emissão de cheque sem fundos".

7) Receptação – art. 180 do CP

Bem jurídico protegido	O patrimônio.
Tipo objetivo	• **Receptação própria** – adquirir, receber, transportar, conduzir e ocultar. • **Receptação imprópria** – **influir** para que alguém de boa-fé adquira (obtenha ou compre), receba (aceite em pagamento ou simplesmente aceite) ou oculte (encubra, disfarce) produto de crime.
Tipo subjetivo	Dolo.
Sujeitos	O crime é comum, pode ser praticado por qualquer pessoa, mas não poderá ser agente ativo aquele que tenha participado do crime pressuposto. O sujeito passivo também pode ser qualquer pessoa, mas será a mesma vítima do crime pressuposto.
Consumação/ Tentativa	A receptação própria é crime material, portanto, estará consumado quando o agente realiza uma das condutas descritas no tipo. Já a receptação imprópria é crime formal e se consuma com o agente influenciando, ainda que o terceiro não seja efetivamente influenciado. A tentativa é admitida na receptação própria.
Ação penal	Ação penal pública incondicionada.
Competência	Juízo Criminal Comum.

a) Conduta da receptação

Como é possível observar na redação do dispositivo e na tabela acima colocada, o crime de receptação pode ser dividido em duas condutas típicas: a **receptação própria** e a **receptação imprópria**. Em ambas as situações o agente do crime de receptação não pode ter participado do crime pressuposto, ou seja, do crime que ocorreu antes para que pudesse vir a existir a receptação. Não importa se é conhecido o agente do crime pressuposto, basta que se tenha prova do crime. O objeto material do crime de receptação é o produto do crime pressuposto.

Receptação própria
(art. 180, *caput*, 1ª parte)

"adquirir, receber, transportar, conduzir ou ocultar, em proveito próprio ou alheio, coisa que sabe ser produto de crime"

Receptação imprópria
(art. 180, *caput*, 2ª parte)

"influir para que terceiro, de boa-fé, a adquira, receba ou oculte"

b) Receptação qualificada (art. 180, § 1º, do CP)

A conduta qualificada prescreve uma pena de reclusão de 3 a 8 anos e multa quando o sujeito, no exercício de atividade comercial ou industrial, adquirir, receber, transportar, conduzir, ocultar, ter em depósito, desmontar, montar, remontar, vender, expor à venda, ou de qualquer forma utilizar, em proveito próprio ou alheio. Trata-se de crime próprio, pois exige que o sujeito ativo esteja no exercício das atividades descritas.

c) Receptação culposa (art. 180, § 3º, do CP)

A conduta na modalidade culposa será punida com a pena de detenção de um mês a um ano e multa, e se configura quando o sujeito não teve o cuidado que deveria para perceber que a coisa advinha de conduta criminosa. Os indícios da origem criminosa do bem devem ser analisados por determinadas circunstâncias:

i) natureza ou desproporção entre o valor e o preço da coisa adquirida ou recebida pelo agente;

ii) condição de quem a oferece;

iii) quando a coisa deve presumir-se obtida por meio criminoso.

d) Receptação privilegiada e perdão judicial (art. 180, § 5º, do CP)

Na receptação DOLOSA, se o agente for primário e a coisa receptada de pequeno valor, será aplicado o art. 155, § 2º, do Código Penal, ou seja, o juiz poderá substituir a pena de reclusão por detenção ou diminuir a pena privativa de liberdade de 1/3 a 2/3. Por outro lado, na receptação CULPOSA (art. 180, § 3º, do CP), o juiz, considerando as circunstâncias, poderá deixar de aplicar a pena.

e) Causa de aumento de pena (art. 180, § 6º, do CP)

Chamada de receptação circunstanciada, configura-se quando a receptação for referente a bens do patrimônio da União, de estado, do Distrito Federal, de município ou de autarquia, fundação pública, empresa pública, sociedade de economia mista ou empresa concessionária de serviços públicos. Aplica-se em dobro a pena prevista no *caput* deste artigo.

4.3 Imunidades

1) Imunidade absoluta

O Código Penal prescreve ao final do título algumas disposições gerais para os crimes contra o patrimônio. Uma delas está no art. 181 do Código Penal, chamada de escusa absolutória. Trata-se de causa pessoal de isenção de pena, ou seja, uma imunidade absoluta. Nesse caso, a isenção advém de relação existente entre o agente e a vítima. Isso irá acontecer quando o crime for praticado por cônjuge, na constância da sociedade conjugal, ascendente ou descendente, seja o parentesco legítimo ou ilegítimo, civil ou natural.

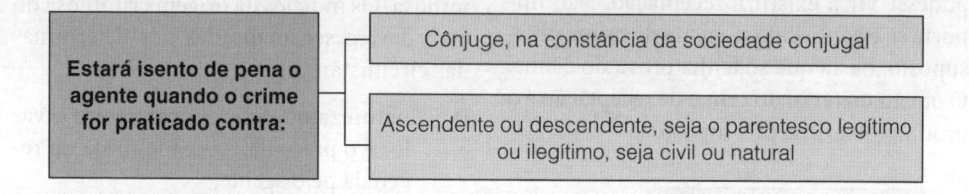

Estará isento de pena o agente quando o crime for praticado contra:
- Cônjuge, na constância da sociedade conjugal
- Ascendente ou descendente, seja o parentesco legítimo ou ilegítimo, seja civil ou natural

> **ATENÇÃO**
>
> **União estável:** o legislador indica no art. 181 apenas o cônjuge na constância do casamento, sendo importante lembrar que a união estável foi equiparada ao casamento (art. 226, § 3º, da CF) e, portanto, é entendimento majoritário que a escusa absolutória se estende aos casos de união estável.

2) Imunidade relativa

Já o art. 182 do Código Penal coloca imunidades relativas, fazendo com que os crimes contra o patrimônio, que, em regra, são de ação penal pública incondicionada, tornem-se, nas situações ali elencadas, condicionados à representação, exigindo-se, assim, uma condição de procedibilidade, consistente na autorização da vítima para que a Polícia Judiciária possa agir, confeccionando o boletim de ocorrência e determinando a instauração de inquérito policial, bem como para que o Ministério Público possa oferecer a ação penal.

3) Inaplicabilidade das imunidades

O art. 183 do Código Penal regulamenta a aplicação dos artigos anteriores, deixando claro em quais situações não haverá incidência das imunidades.

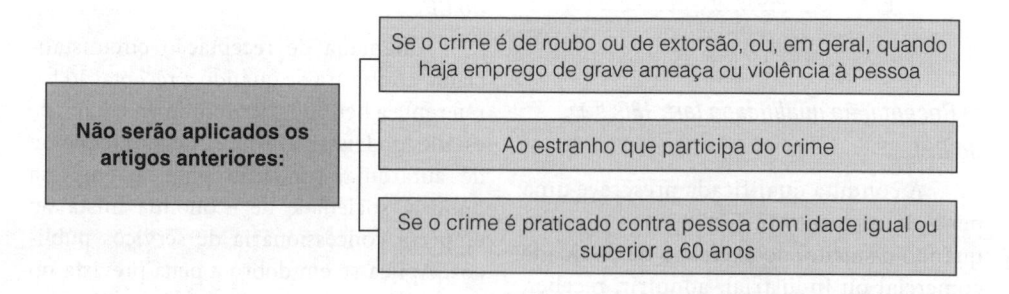

Não serão aplicados os artigos anteriores:
- Se o crime é de roubo ou de extorsão, ou, em geral, quando haja emprego de grave ameaça ou violência à pessoa
- Ao estranho que participa do crime
- Se o crime é praticado contra pessoa com idade igual ou superior a 60 anos

4.4 Questões

1. **(FCC – TRF 4ª Região)** Rômulo e José combinaram durante uma festa a prática de um roubo contra determinada farmácia durante a madrugada. Saindo da festa, os dois rumaram no carro de José para o estabelecimento comercial vítima e lá praticaram o roubo, subtraindo todo o dinheiro que havia no caixa. Para o roubo Rômulo utilizou uma arma de brinquedo, enquanto José empregou um revólver calibre 38, devidamente municiado.

Quando os dois roubadores estavam saindo da farmácia com o produto do roubo, o segurança do estabelecimento, Pedro, resolveu reagir e, neste momento, José efetuou contra ele três disparos de arma de fogo, ferindo-o gravemente na região do abdômen. Pedro foi socorrido no hospital mais próximo e sobreviveu aos ferimentos. Naquela mesma noite Rômulo e José foram presos pela polícia, que conseguiu recuperar a *res furtiva* e apreender as armas utilizadas (simulacro e revólver calibre 38). Neste caso:

A) Rômulo e José responderão por crime de tentativa de latrocínio.
B) José responderá por crime de tentativa de latrocínio, enquanto Rômulo por roubo qualificado pelo concurso de agentes.
C) José responderá por crime de tentativa de latrocínio, enquanto Rômulo por roubo duplamente qualificado pelo concurso de agentes e emprego de arma de fogo.
D) Rômulo e José responderão por crime de roubo duplamente qualificado pelo concurso de agentes e emprego de arma de fogo, bem como pelo crime de tentativa de homicídio contra a vítima Pedro.
E) José responderá por crime de roubo duplamente qualificado pelo concurso de agentes e emprego de arma de fogo, bem como pelo crime de tentativa de homicídio contra a vítima Pedro, enquanto Rômulo responderá por crime de roubo qualificado pelo concurso de agentes.

↘ **Resolução:**
A conduta descrita se enquadra no crime de latrocínio tentado, pois estaria consumado com a morte da vítima.
Súmula 610 do STF: "Há crime de latrocínio, quando o homicídio se consuma, ainda que não realize o agente a subtração de bens da vítima".

↗ **Gabarito: "A".**

2. (FCC – TRF 3ª Região) Brutus, no interior de uma loja, a pretexto de adquirir roupas, solicitou ao vendedor vários modelos para experimentar, mas, no interior do provador, escondeu uma das peças dentro de suas vestes, devolveu as demais e deixou o local. Brutus cometeu crime de:

A) furto qualificado pela fraude.
B) Apropriação indébita.
C) Furto simples.
D) Estelionato.
E) Furto de coisa comum.

↘ **Resolução:**
No caso em tela, ocorreu furto qualificado pela fraude, visto que o agente, com a finalidade de burlar a vigilância da vítima, subtrai o bem sem que ela perceba (art. 155, § 4º, II, do CP). A vontade de alterar a posse é unilateral. Não se pode confundir com estelionato, em que a vontade de alterar a posse é bilateral.

↗ **Gabarito: "A".**

3. (FCC – TRF 3ª Região) Peter, pessoa de grande porte físico, agarrou Paulus pelas costas e o imobilizou com uma "gravata". Com a vítima imobilizada, subtraiu-lhe a carteira, o celular e o relógio. Em seguida, deixou o local e soltou a vítima que não sofreu nenhum ferimento. Peter cometeu crime de:

A) Extorsão simples.
B) Furto qualificado pela destreza.
C) Roubo qualificado.
D) Roubo simples.
E) Extorsão qualificada.

↘ **Resolução:**
Não se enquadra a situação descrita em nenhuma das qualificadoras elencadas no art. 157, § 4º, do Código Penal. Dessa forma, trata-se de roubo simples, tendo em vista que o agente utilizou violência para garantir a subtração da coisa. A violência residiu no fato de reduzir a resistência da vítima com o uso da "gravata".

↗ **Gabarito: "D".**

4. (FCC – TRF 4ª Região) Gerson subtraiu para si energia elétrica alheia de pequeno valor, fazendo-o em concurso com Marcio, sendo ambos absolutamente primários. Com esses dados, à luz da jurisprudência hoje dominante no Superior Tribunal de Justiça, classificam-se os fatos como furto:

A) Simples.
B) De bagatela.
C) Privilegiado.
D) Qualificado.
E) Privilegiado-qualificado.

⤷ **Resolução:**

De acordo com a Súmula 511 do STJ: "É possível o reconhecimento do privilégio previsto no § 2º do art. 155 do Código Penal nos casos de furto qualificado, se estiverem presentes a primariedade do agente, o pequeno valor da coisa e a qualificadora for de ordem objetiva".

↗ **Gabarito: "E"**.

5. (FCC – TRF 3ª Região) No que concerne aos crimes contra o patrimônio:

A) se o agente obteve vantagem ilícita, em prejuízo da vítima, mediante fraude, responderá pelo delito de extorsão.

B) se, no crime de roubo, em razão da violência empregada pelo agente, a vítima sofreu lesões corporais leves, a pena aumenta-se de um terço.

C) se configura o crime de receptação mesmo se a coisa tiver sido adquirida pelo agente sabendo ser produto de crime não classificado como de natureza patrimonial.

D) não comete infração penal quem se apropria de coisa alheia vinda a seu poder por erro, caso fortuito ou força da natureza.

E) o corte e a subtração de eucaliptos de propriedade alheia não configura, em tese, o crime de furto por não se tratar de bem móvel.

⤷ **Resolução:**

No caso em tela, a conduta se enquadra nos termos do art. 180 do Código Penal. O crime de receptação é um crime acessório, uma vez que depende de um delito anterior (ex.: furto – art. 155 do CP). Ocorre que, no crime de receptação, o sujeito é punido ainda que o agente do crime anterior não seja punido.

↗ **Gabarito: "C"**.

5. CRIMES CONTRA A DIGNIDADE SEXUAL

5.1 Crimes contra a liberdade sexual

A dignidade da pessoa humana elencada no art. 1º, III, da Constituição Federal dá respaldo aos crimes contra a dignidade sexual. Cabe salientar que toda pessoa possui o direito de dispor do seu corpo e, com isso, escolher voluntariamente com quem irá se envolver sexualmente, e, dentro disso, quais atos irá praticar e em que momento irá fazer. Resguarda a liberdade de dispor do seu próprio corpo no que tange a finalidades sexuais. A lesão a esse bem jurídico ocorre de duas formas: mediante violência, seja física ou moral, ou mediante fraude.

> **ATENÇÃO**
>
> **Lei n. 12.845/2013:** dispõe sobre o atendimento obrigatório e integral de pessoas em situação de violência sexual.

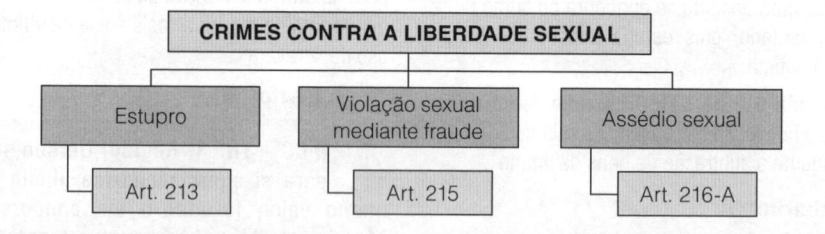

CRIMES CONTRA A LIBERDADE SEXUAL
- Estupro — Art. 213
- Violação sexual mediante fraude — Art. 215
- Assédio sexual — Art. 216-A

1) Estupro – art. 213 do CP

Bem jurídico protegido	Dignidade sexual da vítima. Na verdade, é um crime pluriofensivo, pois tutela a dignidade sexual (liberdade sexual) e a integridade corporal.
Tipo objetivo	Constranger (forçar, obrigar, compelir) a: i) ter conjunção carnal; ii) praticar qualquer ato libidinoso – com violência ou grave ameaça.
Tipo subjetivo	Dolo.

Sujeitos	O crime é comum, podendo ser praticado por qualquer pessoa. O sujeito passivo também pode ser qualquer pessoa.
Consumação/Tentativa	O crime estará consumado com a conjunção carnal ou com a prática de qualquer ato libidinoso. Admite-se tentativa.
Ação penal	Ação penal pública incondicionada.
Competência	Juízo Criminal Comum.

a) Conduta do crime de estupro

Atualmente, estupro significa tanto a conjunção carnal violenta quanto o ato de obrigar a vítima a praticar ou permitir que pratique com o agente qualquer ato libidinoso. Diferentemente do que acontecia antes da Lei n. 12.015/2009, que considerava estupro somente a conjunção carnal. O núcleo do tipo é o verbo "constranger", que significa coagir a pessoa a fazer ou deixar de fazer algo, que no caso seria:

Conjunção carnal
- Em sentido estrito, significa a introdução do pênis na vagina (cópula vaginal)

Ato libidinoso
- Ato voluptuoso, lascívio, que é qualquer ato que tem por finalidade satisfazer o prazer sexual (ex.: sexo anal, sexo oral, introdução de dedos na vagina ou ânus etc.)

Para a execução do crime, o agente deve utilizar violência ou grave ameaça, ou seja, esses são os meios de execução. A violência é material, ou seja, o agente emprega força física, diferente do que acontece com a ameaça, em que será utilizada violência moral. O agente também pode utilizar os dois ao mesmo tempo.

> **IMPORTANTE**
>
> **Atentado violento ao pudor:** a conduta anteriormente tipificada no art. 214 do Código Penal, que foi revogado pela Lei n. 12.015/2009, não foi alvo de *abolitio criminis*, mas, sim, hipótese do princípio da continuidade normativa, ou, ainda, chamado de princípio da continuidade típico-normativa. A conduta ainda subsiste, no entanto, foi deslocada para o art. 213 do Código Penal, configurando crime de estupro.

> **ATENÇÃO**
>
> **Crime hediondo:** nos termos do art. 1º, V, da Lei n. 8.072/90, o estupro é crime hediondo. É importante ressaltar que o crime será hediondo tanto na forma simples como na qualificada, bem como se o crime for consumado ou tentado.

b) Conduta qualificada (art. 213, §§ 1º e 2º, do CP)

Se o crime resultar em lesão corporal de natureza grave (ou gravíssima) ou se a vítima for menor de 18 e maior de 14 anos, o agente estará sujeito à pena de reclusão de 8 a 12 anos. Trata-se de crime preterdoloso, em que o resultado mais grave é culposo. Por outro lado, o § 2º disciplina o caso de a conduta resultar em morte, hipótese em que sujeito responderá pela pena de reclusão de 12 a 30 anos.

> **IMPORTANTE**
>
> Se a vítima for menor de 14 anos, ou se, por enfermidade ou doença mental, não tiver o necessário discernimento para a prática do

ato, ou, ainda, por qualquer outra causa que não a deixe oferecer resistência, a conduta não será enquadrada no art. 213 do Código Penal, mas, sim, no crime do art. 217-A do Código Penal (estupro de vulnerável).

```
                    FRAUDE
                   ┌────┴────┐
          Quanto à         Quanto à
        identidade do    legitimidade do
           sujeito            ato
```

2) Violação sexual mediante fraude – art. 215 do CP

Bem jurídico protegido	Dignidade sexual da vítima.
Tipo objetivo	i) Ter conjunção carnal; ii) praticar qualquer ato libidinoso – mediante fraude ou outro meio que impeça ou dificulte a livre manifestação da vontade.
Tipo subjetivo	Dolo.
Sujeitos	O crime é comum, podendo ser praticado por qualquer pessoa. O sujeito passivo também pode ser qualquer pessoa.
Consumação/ Tentativa	O crime estará consumado com a conjunção carnal ou com a prática de qualquer ato libidinoso. Admite-se tentativa.
Ação penal	Ação penal pública incondicionada.
Competência	Juízo Criminal Comum.

a) Conduta do crime de violação sexual mediante fraude

A doutrina denomina o crime em comento de estelionato sexual, em que o agente **não** utiliza violência ou ameaça, no entanto, pratica o ato por meio de fraude ou outro meio que impeça ou dificulte a livre manifestação da vontade. O agente utiliza meio enganoso, que macula a vontade da vítima. Fraude é o artifício, o ardil capaz de enganar a vítima, de forma que afeta a sua livre manifestação da vontade.

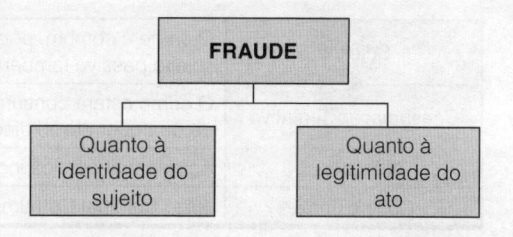

b) Aplicação da pena de multa (art. 215, parágrafo único, do CP)

A pena prevista no tipo penal é de reclusão de 2 a 6 anos, no entanto, será cumulada com multa se o agente praticar a conduta com a finalidade de obter vantagem econômica, nos termos do parágrafo único.

3) Importunação sexual – art. 215-A do CP

Bem jurídico protegido	Dignidade sexual da vítima.
Tipo objetivo	Praticar ato libidinoso.
Tipo subjetivo	Dolo.
Sujeitos	O crime é comum, podendo ser praticado por qualquer pessoa. O sujeito passivo também pode ser qualquer pessoa.
Consumação/ Tentativa	O crime estará consumado com a prática do ato libidinoso. Admite-se tentativa.
Ação penal	Ação penal pública incondicionada.
Competência	Juízo Criminal Comum.

> **IMPORTANTE**
>
> Trata-se de crime introduzido no ordenamento jurídico brasileiro com a Lei n. 13.718, de 24 de setembro de 2018, que tipificou os crimes de importunação sexual e de divulgação de cena de estupro, tornando pública incondicionada a natureza da ação penal

dos crimes contra a liberdade sexual e dos crimes sexuais contra vulnerável, estabelecendo causas de aumento de pena para esses crimes e definindo como causas de aumento de pena o estupro coletivo e o estupro corretivo; além de algumas revogações da Lei de Contravenções Penais.

a) Conduta do crime de importunação sexual

A conduta se faz no núcleo "praticar", ou seja, realizar, cometer, no caso, um ato libidinoso, que é o ato com conotação sexual dirigido para uma pessoa determinada, ou pessoas determinadas. A conduta é realizada para satisfazer a lascívia própria ou de terceiros. Não se pode confundir o crime em comento com o crime de ato obsceno:

Importunação sexual (art. 215-A do CP)
- O ato é praticado contra uma determinada pessoa

Ato obsceno (art. 233 do CP)
- No ato obsceno, a ofensa é ao ultraje público ao pudor. A conduta é praticar ato obsceno em lugar público, ou aberto, ou exposto ao público

4) Assédio sexual – art. 216-A do CP

Bem jurídico protegido	Dignidade sexual da vítima e liberdade de exercício de trabalho.
Tipo objetivo	Constranger alguém com a finalidade de obter vantagem ou favor sexual.
Tipo subjetivo	Dolo.
Sujeitos	O crime é próprio, o agente deve ser superior hierárquico ou ascendente em relação de emprego, cargo ou função. O sujeito passivo também deve ser pessoa determinada, ou seja, deve ser subordinado ao agente ativo do crime.
Consumação/ Tentativa	Existem duas correntes: i) crime formal: se consuma com o constrangimento, ainda que não se obtenha a vantagem sexual – doutrina majoritária; ii) crime habitual: necessárias práticas reiteradas para configuração do delito. **O posicionamento majoritário é no sentido de que o crime é formal, portanto, nesse caso, admite-se tentativa**.
Ação penal	Ação penal pública incondicionada.
Competência	Juizado Especial Criminal.

▶ **ATENÇÃO**

Lei n. 9.099/95 – Infração de menor potencial ofensivo: o crime de assédio sexual disciplinado no art. 216-A do Código Penal é infração de menor potencial ofensivo, tendo em vista a sua pena máxima, que é de dois anos, dessa forma, será de competência do Juizado Especial Criminal, e ainda terá os benefícios que existem no procedimento, como a transação penal, por exemplo.

a) Causa de aumento de pena (art. 216-A, § 2º, do CP)

Se a vítima do crime for menor de 18 anos, a pena será aumentada de 1/3. A incidência dessa causa de aumento de pena afasta a aplicação dos benefícios da Lei n. 9.099/95, pois o patamar da pena ultrapassará os limites para incidência da Lei do Jecrim.

> **IMPORTANTE**
>
> Caso a vítima seja menor de 14 anos ou pessoa vulnerável, não estará configurado o crime do art. 216-A, mas, sim, estupro de vulnerável, nos termos do art. 217-A do Código Penal.

5.2 Crimes contra vulnerável

Importante, antes mesmo de estudar os crimes disciplinados no Capítulo II, Título VI, da Parte Especial do Código Penal, é saber que, para a caracterização dos crimes aqui elencados, pouco importa a vontade da vítima, ou seja, a lei não leva em consideração o consentimento dos vulneráveis.

Tipo subjetivo	Dolo.
Sujeitos	O crime é comum, podendo ser praticado por qualquer pessoa. Quanto ao sujeito passivo, deve ser pessoa vulnerável.
Consumação/ Tentativa	O crime é material, estará consumado com a ocorrência da conjunção carnal ou qualquer ato libidinoso.
Ação penal	Ação penal pública incondicionada.
Competência	Juízo Criminal Comum.

1) Estupro de vulnerável – art. 217-A do CP

Bem jurídico protegido	Dignidade sexual do vulnerável.
Tipo objetivo	Ter conjunção carnal ou praticar atos de libidinagem com vítima vulnerável.

a) Pessoa vulnerável (sujeito passivo do crime)

O conceito de pessoa vulnerável, para fins dos crimes descritos, pode ser retirado do *caput* do art. 217-A, bem como do § 1º do mesmo dispositivo legal.

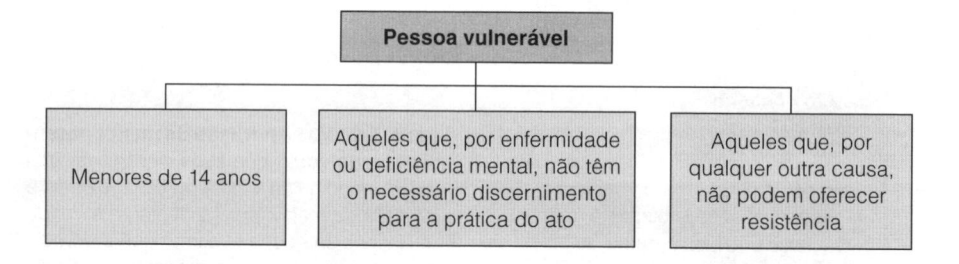

Pessoa vulnerável
- Menores de 14 anos
- Aqueles que, por enfermidade ou deficiência mental, não têm o necessário discernimento para a prática do ato
- Aqueles que, por qualquer outra causa, não podem oferecer resistência

> **ATENÇÃO**
>
> **Conhecimento da vulnerabilidade:** para que o agente se enquadre no tipo penal em comento, é necessário que tenha ciência da vulnerabilidade da vítima, sob pena de atipicidade da conduta, por erro de tipo, nos termos do art. 20, *caput*, do Código Penal. Como nesses casos o agente não agiu com dolo, e não há previsão da modalidade culposa, a conduta é atípica.

b) Estupro de vulnerável e o Estatuto do Deficiente

O Estatuto do Deficiente assegura no art. 6º, II, o direito do deficiente de gerir a sua vida sexual, sendo assim, estaríamos diante de um conflito de normas? Na verdade, o art. 217-A do Código Penal se preocupa com a vulnerabilidade advinda de deficiência mental, já o Estatuto do Deficiente abrange as várias modalidades de deficiência. Portanto, para que fique caracterizado o crime do art. 217-A do Código Penal, é necessário analisar o caso concreto para demonstrar se houve abuso da pessoa com deficiência diante da sua vulnerabilidade para com ela manter relação sexual ou atos libidinosos.

c) Conduta do estupro de vulnerável

Não se deve misturar a conduta do crime em análise com o estupro do art. 213 do Código Penal. Aqui não é necessário que ocorra constrangimento mediante violência ou grave ameaça, configurando-se pela simples prática de conjunção carnal ou ato libidinoso com pessoa vulnerável.

d) Conduta qualificada (art. 217-A, §§ 3º e 4º, do CP)

Se o crime resultar em lesão corporal de natureza grave (ou gravíssima), a pena será de 10 a 20 anos de reclusão; se resultar em morte, a reclusão será de 12 a 30 anos.

> **IMPORTANTE**
>
> A Lei n. 13.718/2018 acrescentou o § 5º ao art. 217-A e consolidou algo que durante muito tempo era discutido e questionado na doutrina e nos tribunais: "As penas serão aplicadas independente de a vítima já ter tido relações sexuais anteriores ao crime, e ter consentido com o ato", o que já era previsto na Súmula 593 do STJ.
>
> **Súmula 593 do STJ**: "O crime de estupro de vulnerável se configura com a conjunção carnal ou prática de ato libidinoso com menor de 14 anos, sendo irrelevante eventual consentimento da vítima para a prática do ato, sua experiência sexual anterior ou existência de relacionamento amoroso com o agente".

> **ATENÇÃO**
>
> **Crime hediondo:** nos termos do art. 1º, VI, da Lei n. 8.072/90, o estupro de vulnerável é crime hediondo.
>
> Importante ressaltar que tanto na forma simples como nas qualificadas o crime será hediondo, bem como se o crime for consumado ou tentado.

2) Corrupção de menores – art. 218 do CP

Bem jurídico protegido	Dignidade sexual do vulnerável menor de 14 anos.
Tipo objetivo	Induzir a satisfazer.
Tipo subjetivo	Dolo.
Sujeitos	O crime é comum, podendo ser praticado por qualquer pessoa. Quanto ao sujeito passivo, deve ser pessoa vulnerável menor de 14 anos.
Consumação/ Tentativa	O crime é material, estará consumado com a ocorrência da conjunção carnal ou qualquer ato libidinoso.
Ação penal	Ação penal pública incondicionada.
Competência	Juízo Criminal Comum.

a) Conduta do crime de corrupção de menores

O núcleo do tipo é "induzir", ou seja, fazer surgir na mente do menor de 14 anos a vontade de satisfazer a lascívia de terceira pessoa. A conduta deve ser dirigida para pessoa ou pessoas certas. Caso o induzimento seja para pessoas indeterminadas, o sujeito responde pelo crime de favorecimento da prostituição ou outra forma de exploração sexual de criança ou adolescente ou vulnerável, conforme art. 218-B do Código Penal.

> **ATENÇÃO**
>
> **Cuidado para o sujeito ativo!**
>
> O tipo penal descrito no art. 218 do Código Penal pune aquele que **induz** o vulnerável a satisfazer a lascívia de outrem, **não podendo ser atribuído para aquele que será beneficiado pelo que a vítima fizer**. Se porventura esse terceiro tiver conjunção carnal ou ato libidinoso com o menor de 14 anos, responderá pelo crime do art. 217-A do Código Penal.

3) Satisfação de lascívia mediante presença de criança ou adolescente – art. 218-A do CP

Bem jurídico protegido	Dignidade sexual do vulnerável menor de 14 anos.
Tipo objetivo	Praticar na presença de alguém menor de 14 anos, ou induzi-lo a presenciar conjunção carnal ou outro ato libidinoso.
Tipo subjetivo	Dolo.
Sujeitos	O crime é comum, podendo ser praticado por qualquer pessoa. Quanto ao sujeito passivo, deve ser pessoa vulnerável menor de 14 anos.
Consumação/Tentativa	A consumação dependerá da forma de execução: i) praticar na presença de menor de 14 anos: estará consumado com a prática do ato perante o vulnerável; ii) induzir a presenciar: estará consumado com o induzimento, ainda que a conjunção carnal ou ato libidinoso não ocorra.
Ação penal	Ação penal pública incondicionada.
Competência	Juízo Criminal Comum.

> **IMPORTANTE**
>
> Para configurar o delito, não é necessária a presença física do menor de 14 anos no local em que ocorre a conjunção carnal ou ato libidinoso, ou seja, basta que o vulnerável assista ao ato, ainda que por meio e auxílio de meios tecnológicos (videoconferência, webcam etc.).

a) Conduta do crime de satisfação da lascívia mediante a presença de criança ou adolescente

A conduta punida no tipo penal é da prática de conjunção carnal ou ato libidinoso na presença de criança e adolescente, ou, ainda, daquele que induz a criança ou adolescente a presenciar tais atos. Atenção ao fato de que não há envolvimento corporal algum com a criança ou o adolescente.

b) Comparação com o art. 241-D do ECA

Não se pode confundir o tipo penal em comento com o descrito no art. 241-D do Estatuto da Criança e do Adolescente. Nesse caso, o sujeito possui o dolo de praticar com a criança ato libidinoso. Caso se concretize o ato libidinoso, ou, ainda, conjunção carnal, responderá o agente pelo crime de estupro de vulnerável, nos termos do art. 217-A do Código Penal.

> Art. 241-D. Aliciar, assediar, instigar ou constranger, por qualquer meio de comunicação, criança, com o fim de com ela praticar ato libidinoso:
>
> Pena – reclusão, de 1 (um) a 3 (três) anos, e multa.
>
> Parágrafo único. Nas mesmas penas incorre quem:
>
> I – facilita ou induz o acesso à criança de material contendo cena de sexo explícito ou pornográfica com o fim de com ela praticar ato libidinoso;
>
> II – pratica as condutas descritas no *caput* deste artigo com o fim de induzir criança a se exibir de forma pornográfica ou sexualmente explícita.

c) Causa de aumento de pena (art. 226, II, do CP)

Se o agente for ascendente, padrasto, madrasta, irmão, cônjuge, companheiro, tutor ou curador, preceptor ou empregador da vítima ou se assumiu, por lei ou outra forma, obrigação de cuidado, proteção ou vigilância da vítima, a pena será majorada de metade.

d) Infiltração de agentes de polícia na internet (art. 190-A do ECA)

O Estatuto da Criança e do Adolescente prescreve em seu art. 190-A a possibilidade de haver infiltração de agentes de polícia para auxiliar na investigação dos crimes elencados no *caput* do citado dispositivo, entre eles, o crime do art. 218-A do Código Penal.

> Art. 190-A. A infiltração de agentes de polícia na internet com o fim de investigar os crimes previstos nos arts. 240, 241, 241-A, 241-B, 241-C e 241-D desta Lei e nos arts. 154-A, 217-A, 218, 218-A e 218-B do Decreto-Lei n. 2.848, de 7 de dezembro de 1940 (Código Penal), obedecerá às seguintes regras:
>
> I – será precedida de autorização judicial devidamente circunstanciada e fundamentada, que estabelecerá os limites da infiltração para obtenção de prova, ouvido o Ministério Público;
>
> II – dar-se-á mediante requerimento do Ministério Público ou representação de delegado de polícia e conterá a demonstração de sua necessidade, o alcance das tarefas dos policiais, os nomes ou apelidos das pessoas investigadas e, quando possível, os dados de conexão ou cadastrais que permitam a identificação dessas pessoas;
>
> III – não poderá exceder o prazo de 90 (noventa) dias, sem prejuízo de eventuais renovações, desde que o total não exceda a 720 (setecentos e vinte) dias e seja demonstrada sua efetiva necessidade, a critério da autoridade judicial.
>
> § 1º A autoridade judicial e o Ministério Público poderão requisitar relatórios parciais da operação de infiltração antes do término do prazo de que trata o inciso II do § 1º deste artigo.
>
> § 2º Para efeitos do disposto no inciso I do § 1º deste artigo, consideram-se:
>
> I – dados de conexão: informações referentes a hora, data, início, término, duração, endereço de Protocolo de Internet (IP) utilizado e terminal de origem da conexão;
>
> II – dados cadastrais: informações referentes a nome e endereço de assinante ou de usuário registrado ou autenticado para a conexão a quem endereço de IP, identificação de usuário ou código de acesso tenha sido atribuído no momento da conexão.
>
> § 3º A infiltração de agentes de polícia na internet não será admitida se a prova puder ser obtida por outros meios.

4) Favorecimento da prostituição ou de outra forma de exploração sexual de criança ou adolescente ou de vulnerável – art. 218-B do CP

Bem jurídico protegido	Dignidade sexual do vulnerável menor de 18 anos ou que, por enfermidade ou deficiência mental, não tem o necessário discernimento para a prática do ato.
Tipo objetivo	São vários verbos nucleares: submeter (dominar, sujeitar); induzir (dar ideia); atrair (seduzir); facilitar (tornar acessível); impedir (colocar obstáculo); dificultar (tornar complicado, difícil).
Tipo subjetivo	Dolo.
Sujeitos	O crime é comum, podendo ser praticado por qualquer pessoa. Quanto ao sujeito passivo, deve ser pessoa vulnerável menor de 18 anos ou que, por enfermidade ou deficiência mental, não tem o necessário discernimento para a prática do ato.

Consumação/Tentativa	A consumação dependerá da forma de execução e se dará com a prática de alguns dos núcleos do tipo. Admite-se tentativa.
Ação penal	Ação penal pública incondicionada.
Competência	Juízo Criminal Comum.

> **ATENÇÃO**
>
> **Crime hediondo:** o crime do art. 218-B, *caput* e §§ 1º e 2º, do Código Penal está enquadrado no rol da lei como crime hediondo.

a) Conduta equiparada (art. 218-B, § 2º, do CP)

Será punido com a mesma pena do *caput* aquele que praticar conjunção carnal ou outro ato libidinoso com pessoa menor de 18 e maior de 14 anos que esteja na situação das circunstâncias do *caput*, ou o proprietário, o gerente ou o responsável pelo local em que se verifiquem as práticas referidas no *caput* deste artigo.

b) Causa de aumento de pena (art. 226, II, do CP)

Se o agente for ascendente, padrasto, madrasta, irmão, cônjuge, companheiro, tutor ou curador, preceptor ou empregador da vítima ou se assumiu, por lei ou outra forma, obrigação de cuidado, proteção ou vigilância da vítima, a pena será majorada de metade.

c) Revogação tácita do art. 244-A do ECA

Com a inclusão do art. 218-B pela Lei n. 12.015/2009, houve revogação tácita do art. 244-A do Estatuto da Criança e do Adolescente, dessa forma, a tipificação se dará nos termos do art. 218-B do Código Penal.

5) Divulgação de cena de estupro ou de cena de estupro de vulnerável, de cena de sexo ou de pornografia – art. 218-C do CP

Bem jurídico protegido	Dignidade sexual e intimidade.
Tipo objetivo	O crime é um tipo penal misto alternativo e possui nove ações nucleares: oferecer, trocar, disponibilizar, transmitir, vender, expor à venda, distribuir, publicar e divulgar.
Tipo subjetivo	Dolo.
Sujeitos	O crime é comum, podendo ser praticado por qualquer pessoa. Quanto ao sujeito passivo, deve ser pessoa vulnerável menor de 18 anos ou que, por enfermidade ou deficiência mental, não tem o necessário discernimento para a prática do ato.
Consumação/Tentativa	A consumação será atingida com a prática de qualquer dos núcleos do tipo penal.
Ação penal	Ação penal pública incondicionada.
Competência	Juízo Criminal Comum.

Objeto material: Que contenha cena de estupro de vulnerável, cena de sexo, nudez ou pornografia
- Fotografia
- Vídeo
- Registro audiovisual

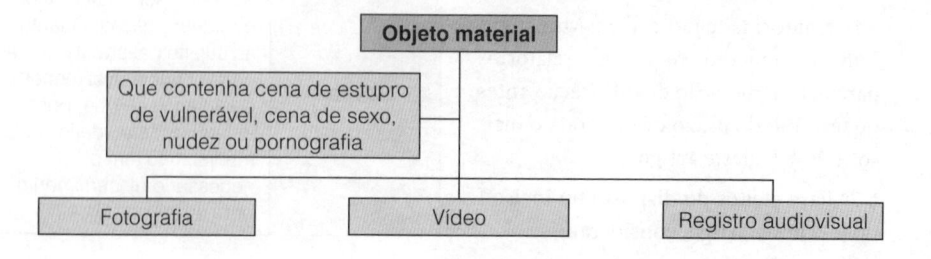

a) Causa de aumento de pena (art. 218-C, § 1º, do CP)

A pena será aumentada de 1/3 a 2/3 se o crime for praticado por agente que mantém ou tenha mantido relação íntima de afeto com a vítima ou com o fim de vingança ou humilhação.

b) Exclusão de ilicitude (art. 218-C, § 2º, do CP)

Quando as condutas do tipo penal forem praticadas em publicação de natureza jornalística, científica, cultural ou acadêmica com a adoção de recurso que impossibilite a identificação da vítima, **com prévia autorização, caso seja maior de 18 anos, não haverá crime**.

c) Conflito de crimes

É importante ressaltar que o Estatuto da Criança e do Adolescente prescreve condutas específicas quando envolver criança e adolescente, portanto, a expressão vulnerável descrita no *caput* do art. 218-C deve abranger somente as pessoas que não possuem discernimento para a prática do ato ou, ainda, que não possam exercer resistência. Dessa forma, o tipo penal do Código Penal não abarca os menores de 14 anos, pois estes estarão protegidos pelos arts. 240, 241, 241-A e 241-B do Estatuto de Criança e do Adolescente.

5.3 Disposições gerais

1) Ação penal – art. 225 do CP

Recentemente, com o advento da Lei n. 13.718/2018, o art. 225 do Código Penal sofreu alteração e passou a disciplinar de forma EXPRESSA que todas as ações penais que envolvem os crimes definidos nos Capítulos I e II deste Título serão processados e julgados por meio de ação penal PÚBLICA INCONDICIONADA.

A doutrina se manifesta no sentido de que bastaria o legislador revogar o art. 225 do Código Penal, pois a regra relativa às ações penais é que sejam públicas incondicionadas quando a lei não dispuser de forma contrária, ou seja, não precisa o legislador indicar que a ação será pública incondicionada.

2) Aumento de pena – art. 226 do CP

O art. 226 do Código Penal disciplina uma causa de aumento de pena que é aplicada da seguinte forma:

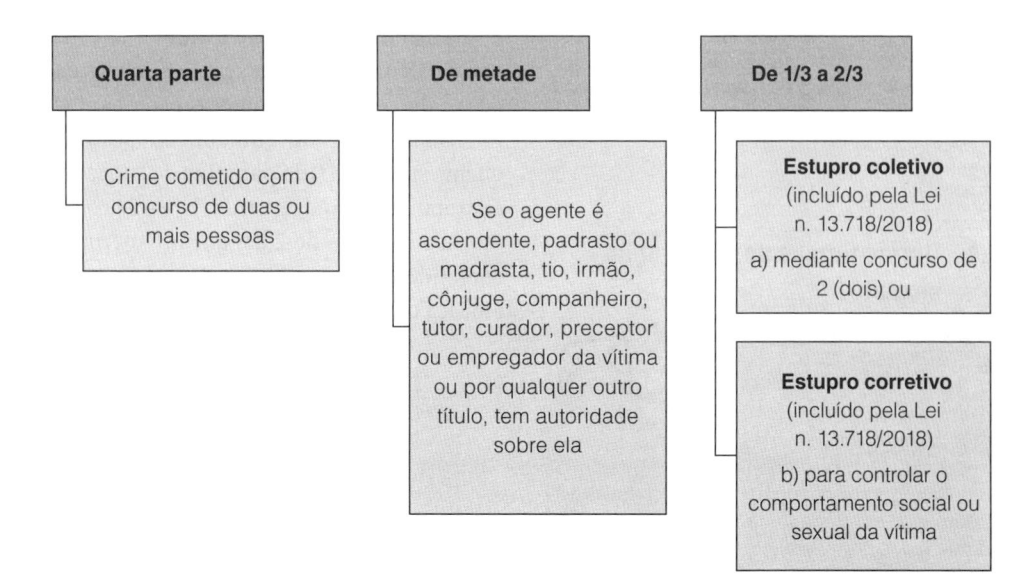

Quarta parte
- Crime cometido com o concurso de duas ou mais pessoas

De metade
- Se o agente é ascendente, padrasto ou madrasta, tio, irmão, cônjuge, companheiro, tutor, curador, preceptor ou empregador da vítima ou por qualquer outro título, tem autoridade sobre ela

De 1/3 a 2/3
- **Estupro coletivo** (incluído pela Lei n. 13.718/2018)
  a) mediante concurso de 2 (dois) ou
- **Estupro corretivo** (incluído pela Lei n. 13.718/2018)
  b) para controlar o comportamento social ou sexual da vítima

a) Crimes abarcados pelo aumento de pena

O art. 226 do Código Penal será aplicado nos crimes disciplinados nos Capítulos I, I-A e II do Título VI da Parte Especial do Código Penal:

- Estupro – art. 213
- Violação sexual mediante fraude – art. 215
- Importunação sexual – art. 215-A
- Assédio sexual – art. 216-A
- Registro não autorizado da intimidade sexual – art. 216-B
- Estupro de vulnerável – art. 217-A
- Corrupção de menores – art. 218
- Satisfação da lascívia mediante presença de criança ou adolescente – art. 218-A
- Favorecimento da prostituição ou de outra forma de exploração sexual de criança ou adolescente ou de vulnerável – art. 218-B
- Divulgação de cena de estupro ou de cena de estupro de vulnerável, de cena de sexo ou de pornografia – art. 218-C

> **ATENÇÃO**
>
> **Aumento de quarta parte:** a pena será aumentada em quarta parte se o crime for cometido em concurso de duas ou mais pessoas; contudo, tal aumento não será aplicado ao crime de estupro, pois, neste caso, há causa de aumento específica nos moldes do art. 226, IV, *a*, do Código Penal, chamada de estupro coletivo.

5.4 Outras formas de exploração sexual

> **IMPORTANTE**
>
> Lenocínio é sinônimo de rufianismo, proxenetismo, ou seja, é aquela pessoa que estimula, proporciona, dá assistência a devassidão ou corrupção de alguém; são os chamados popularmente de cafetão.

1) Mediação para servir a lascívia de outrem – art. 227 do CP

Bem jurídico protegido	Dignidade sexual e moralidade pública.
Tipo objetivo	Induzir alguém a satisfazer a lascívia de outrem.
Tipo subjetivo	Dolo.
Sujeitos	O crime é comum, podendo ser praticado por qualquer pessoa. Quanto ao sujeito passivo, também pode ser qualquer pessoa.
Consumação/ Tentativa	A consumação será atingida com a prática de qualquer ato que a vítima pratique para satisfazer a lascívia de outrem.
Ação penal	Ação penal pública incondicionada.
Competência	Juízo Criminal Comum.

a) Conduta qualificada (art. 227, §§ 1º e 2º, do CP)

São duas formas qualificadas diferentes. O § 1º estabelece uma pena de reclusão de 2 a 5 anos se a vítima é maior de 14 e menor de 18 anos, ou se o agente é seu ascendente, descendente, cônjuge ou companheiro, irmão, tutor ou curador, ou pessoa a quem esteja confiada para fins de educação, de tratamento ou de guarda. Já o § 2º coloca pena de reclusão de 2 a 8 anos se o crime é cometido com emprego de violência, grave ameaça ou fraude.

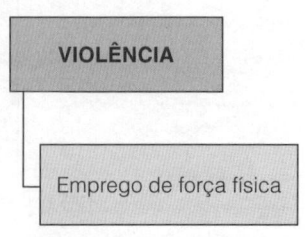

```
         VIOLÊNCIA
             |
             └── Emprego de força física
```

GRAVE AMEAÇA

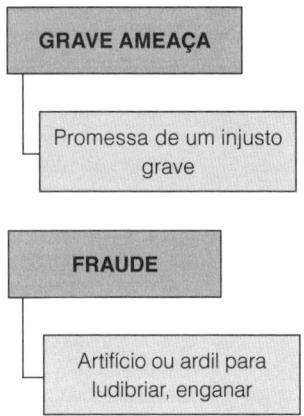

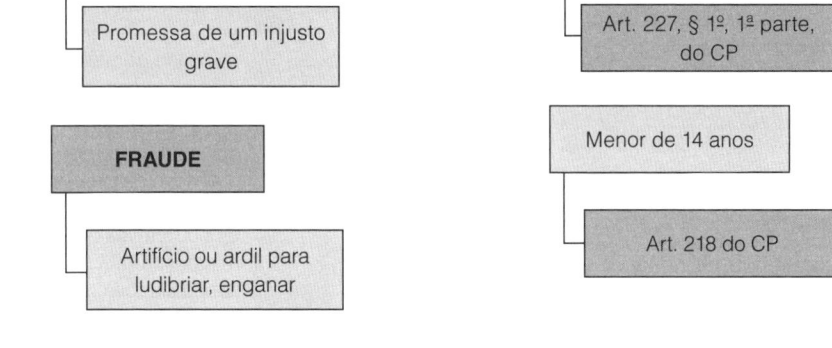

- Promessa de um injusto grave

FRAUDE

- Artifício ou ardil para ludibriar, enganar

> **IMPORTANTE**
>
> **Concurso de crimes na figura qualificada:** a qualificadora do § 2º do Código Penal coloca de forma expressa que, no caso de violência, o agente irá responder também pela violência empregada. Dessa forma, deverá ser aplicado o concurso de crimes.

> **ATENÇÃO**
>
> Se a conduta for praticada com a finalidade de lucro, o agente responderá também pela pena de multa, ou seja, de forma cumulativa, nos termos do art. 227, § 3º, do Código Penal.

b) Vulnerabilidade da vítima e tipo penal incriminador

Um dos aspectos que caracterizam a vulnerabilidade da vítima é o caráter biológico, demonstrado pela idade. No crime em comento, a conduta praticada pelo agente poderá se enquadrar em determinado tipo penal, dependendo da idade da vítima. Vejamos:

- 18 anos ou mais
  - Art. 227, *caput*, do CP

- Maior de 14 anos e menor de 18 anos
  - Art. 227, § 1º, 1ª parte, do CP

- Menor de 14 anos
  - Art. 218 do CP

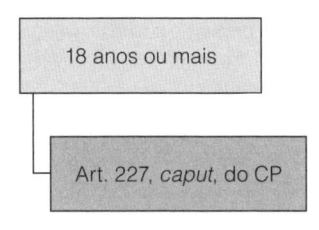

2) Casa de prostituição – art. 229 do CP

Bem jurídico protegido	Dignidade sexual. **Atenção!** Falava-se que o bem jurídico era a moralidade pública na esfera sexual, no entanto, de acordo com o REsp 1.683/375 (STJ), Informativo 631, é a dignidade sexual.
Tipo objetivo	Manter, por conta própria ou de terceiro, estabelecimento em que ocorra exploração sexual independentemente de lucro. Não é necessário que tenha finalidade de lucro.
Tipo subjetivo	Dolo.
Sujeitos	O crime é comum, podendo ser praticado por qualquer pessoa. Quanto ao sujeito passivo, é a pessoa explorada sexualmente.
Consumação/ Tentativa	O crime é habitual e permanente, portanto, sua consumação se dá com a efetiva manutenção do estabelecimento, independentemente da ocorrência de qualquer ato sexual.
Ação penal	Ação penal pública incondicionada.
Competência	Juízo Criminal Comum.

> **IMPORTANTE**
>
> **Atenção no sujeito ativo!** Não figurará apenas o proprietário do imóvel em que se instala o estabelecimento, mas também o locatário e o gerente, desde que cientes da destinação do local.

a) Princípio da adequação social e erro de proibição

Algo muito importante de ser levantado é que, mesmo ocorrendo grande omissão estatal diante da prática de tal crime, não se pode dizer que a conduta é atípica, e muito menos que existe aplicação do princípio da adequação social. O tipo penal incriminador ainda está vigente, portanto, passível de tipificação da conduta. Por outro lado, a ineficácia dos órgãos estatais no combate a essa conduta acaba abrindo possibilidade para a aplicação do instituto do erro de proibição (art. 20 do CP), mas isso deverá ser analisado de acordo com o caso concreto para averiguar a evitabilidade ou inevitabilidade do erro.

b) Manutenção de local para prostituição de menores de 18 anos

Caso o local seja destinado a exploração sexual de pessoas menores de 18 e maiores de 14 anos, não responderá o agente pelo crime em comento, mas, sim, pelo crime descrito no art. 281-B, § 2º, II, do Código Penal.

3) Rufianismo – art. 230 do CP

Bem jurídico protegido	Moralidade pública na esfera sexual.
Tipo objetivo	Tirar proveito da prostituição alheia, participando diretamente de seus lucros ou fazendo-se sustentar, no todo ou em parte, por quem a exerça.
Tipo subjetivo	Dolo.
Sujeitos	O crime é comum, podendo ser praticado por qualquer pessoa. Quanto ao sujeito passivo, é a pessoa que exerce a atividade de prostituição (homem ou mulher).
Consumação/ Tentativa	O crime é habitual, estará consumado com a obtenção de proveito em decorrência de prostituição de outrem, mas demonstrada habitualidade.
Ação penal	Ação penal pública incondicionada.
Competência	Juízo Criminal Comum.

a) Conduta qualificada (art. 230, § 1º, do CP)

Nos termos do art. 230, § 1º, do Código Penal, a pena será de reclusão de 3 a 6 anos e multa se a vítima é menor de 18 e maior de 14 anos ou se o crime é cometido por ascendente, padrasto, madrasta, irmão, enteado, cônjuge, companheiro, tutor ou curador, preceptor ou empregador da vítima, ou por quem assumiu, por lei ou outra forma, obrigação de cuidado, proteção ou vigilância.

IDADE DA VÍTIMA

- Vítima é menor de 18 e maior de 14 anos

QUALIDADE DO SUJEITO ATIVO

- Se o crime é cometido por ascendente, padrasto, madrasta, irmão, enteado, cônjuge, companheiro, tutor ou curador, preceptor ou empregador da vítima, ou por quem assumiu, por lei ou outra forma, obrigação de cuidado, proteção ou vigilância

b) Conduta qualificada (art. 230, § 2º, do CP)

Se o crime é **cometido mediante violência, grave ameaça, fraude ou outro meio que impeça ou dificulte a livre manifestação da vontade da vítima**, a pena será de reclusão, de 2 a 8 anos, sem prejuízo da pena correspondente à violência.

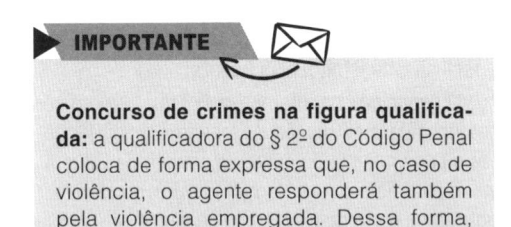

VIOLÊNCIA	GRAVE AMEAÇA	FRAUDE
Emprego de força física	Promessa de um injusto grave	Artifício ou ardil para ludibriar, enganar

▶ **IMPORTANTE**

Concurso de crimes na figura qualificada: a qualificadora do § 2º do Código Penal coloca de forma expressa que, no caso de violência, o agente responderá também pela violência empregada. Dessa forma, deverá ser aplicado o **concurso material** de crimes.

Consumação/ Tentativa	O crime estará consumado com a prática do ato obsceno em local público ou aberto ou exposto. **Atenção!** O crime se consuma independentemente de ter sido o ato presenciado por alguém. Admite-se tentativa.
Ação penal	Ação penal pública incondicionada.
Competência	Juizado Especial Criminal.

5.5 Ultraje público ao pudor

1) Ato obsceno – art. 233 do CP

Bem jurídico protegido	Pudor público, moralidade coletiva.
Tipo objetivo	Praticar ato obsceno em lugar público, ou aberto ou exposto ao público.
Tipo subjetivo	Dolo.
Sujeitos	O crime é comum, podendo ser praticado por qualquer pessoa. O sujeito passivo é a coletividade, e quem, eventualmente, presenciar o ato obsceno praticado.

a) Conduta de ato obsceno

Para entender a conduta do crime, **é** necessária uma breve conceituação do que é considerado ato obsceno. A expressão abrange uma infinidade de atos que poderão variar de acordo com o tempo, a cultura e a região. Obsceno é aquilo que fere o pudor, a vergonha, mas voltado ao sentimento sexual. O ato deve ser objetivamente obsceno, sem qualquer subjetividade demonstrada. É necessária uma análise do elemento normativo do tipo, tendo em vista o princípio da adequação social. Importante ressaltar que, para configurar o delito, não é necessário que o ato seja visto efetivamente, basta que tenha a possibilidade de alguém ver.

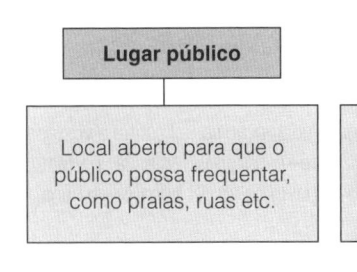

Lugar público	Lugar aberto	Lugar exposto
Local aberto para que o público possa frequentar, como praias, ruas etc.	Lugar aberto é aquele que o público pode frequentar, mas possui um controle na entrada (cinemas, teatros, shoppings, entre outros).	É o local privado, mas que permite que as pessoas vejam o ato praticado, como varanda de um imóvel, carro etc.

5.6 Questões

1. (FGV – TJAL) Valter, 30 anos, foi denunciado pela prática de crime de estupro de vulnerável (*Art. 217-A, § 1º, do CP – pena: 8 a 15 anos de reclusão*) e corrupção de menores (*Art. 244-B, Lei n. 8.069/90 – pena: 1 a 4 anos de reclusão*) em concurso formal de delitos, pois, segundo consta da denúncia, na companhia de seu sobrinho de 16 anos, teria praticado conjunção carnal com vítima de 22 anos que possuía deficiência mental e não podia oferecer resistência. Consta do procedimento a informação de que o adolescente responderia a outra ação socioeducativa pela suposta prática de ato infracional. Os fatos são integralmente confirmados durante a instrução, de modo que o Ministério Público requer a condenação nos termos da denúncia. A defesa, porém, requer a absolvição do crime de corrupção de menores e aplicação da pena mínima do estupro. Considerando as informações narradas e que não há circunstância a justificar a aplicação da pena de qualquer dos crimes, em caso de condenação, acima do mínimo legal, no momento da sentença:

A) não deverá ser reconhecida a corrupção de menores, diante do passado infracional do adolescente, afastando-se o concurso de crimes;

B) deverá ser reconhecida a corrupção de menores, não havendo, porém, quaisquer consequências na aplicação da pena, já que o crime de estupro é mais grave;

C) não deverá ser reconhecida a corrupção de menores, que resta configurada quando o agente pratica crime com menor de 14 anos, afastando-se o concurso de crimes;

D) deverá ser reconhecida a corrupção de menores e, aplicando-se a pena mínima do crime de estupro de vulnerável, diante do concurso formal, deverá, no caso, ser aplicada a regra da exasperação;

E) deverá ser reconhecida a corrupção de menores e, aplicando-se a pena mínima do crime de estupro de vulnerável, diante do concurso formal, deverá, no caso, ser aplicada a regra da cumulação de penas.

↳ **Resolução:**

Neste caso, deve ser aplicado o cúmulo material benéfico.

Dispõe o art. 70 do Código Penal: "Quando o agente, mediante uma só ação ou omissão, pratica dois ou mais crimes, idênticos ou não, aplica-se-lhe a mais grave das penas cabíveis ou, se iguais, somente uma delas, mas aumentada, em qualquer caso, de um sexto até metade. As penas aplicam-se, entretanto, cumulativamente, se a ação ou omissão é dolosa e os crimes concorrentes resultam de desígnios autônomos, consoante o disposto no artigo anterior".

Estabelece o art. 244-B do Estatuto da Criança e do Adolescente: "Corromper ou facilitar a corrupção de menor de 18 (dezoito) anos, com ele praticando infração penal ou induzindo-o a praticá-la: Pena – reclusão, de 1 (um) a 4 (quatro) anos".

Por fim, o art. 217-A traz a figura do estupro de vulnerável: "Ter conjunção carnal ou praticar outro ato libidinoso com menor de 14 (catorze) anos: Pena – reclusão, de 8 (oito) a 15 (quinze) anos".

O enunciado da alternativa "E" diz: "deverá ser reconhecida a corrupção de menores e, aplicando-se a pena mínima do crime de estupro de vulnerável, diante do concurso formal, deverá, no caso, ser aplicada a regra da cumulação de penas".

Ou seja, o examinador estava pedindo a aplicação da pena mínima do delito e qual seria a hipótese aplicável.

Supondo a pena mínima de estupro de vulnerável pelo critério da exasperação > 8 anos > + 1/6 = total de 9 anos e 4 meses.

No cúmulo material benéfico: pena de estupro de 8 anos + 1 ano de corrupção de menores = total de 9 anos.

Portanto, justifica-se correta a aplicação do cúmulo material benéfico.

↗ **Gabarito: "E".**

2. (TJSC – TJSC) O funcionário público chefe de setor, que no banheiro da repartição, força conjunção carnal com mulher funcionária, mediante grave ameaça, comete:

A) assédio sexual;

B) favorecimento pessoal;

C) estupro;

D) exploração de prestígio;

E) atentado ao puder mediante fraude.

↳ **Resolução:**

No caso, houve conjunção carnal contra a vontade da mulher, utilizando-se de grave ameaça, portanto, responderá pelo disposto no art. 213 do Código Penal.

↗ **Gabarito: "C".**

6. CRIMES CONTRA A PAZ PÚBLICA

6.1 A paz pública

O legislador prescreve neste título crimes vagos, ou seja, que não possuem vítimas determinadas, visando a resguardar a coletividade, a sociedade como um todo. São, no total, quatro condutas tipificadas:

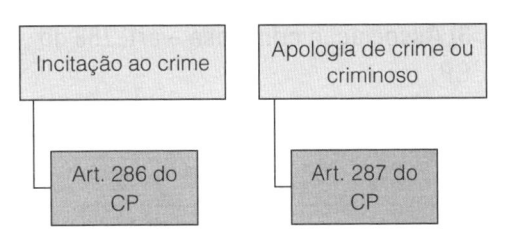

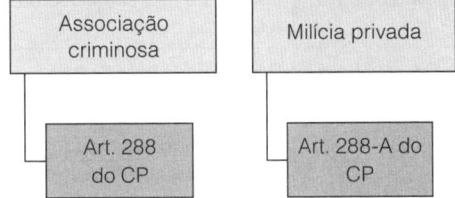

- Incitação ao crime — Art. 286 do CP
- Apologia de crime ou criminoso — Art. 287 do CP
- Associação criminosa — Art. 288 do CP
- Milícia privada — Art. 288-A do CP

1) Incitação ao crime – art. 286 do CP

Bem jurídico protegido	Paz pública.
Tipo objetivo	Incitar publicamente a prática de crime.
Tipo subjetivo	Dolo.
Sujeitos	O crime é comum, podendo ser praticado por qualquer pessoa. O sujeito passivo é a coletividade, a sociedade em geral, pois se trata de crime vago.
Consumação/ Tentativa	O crime estará consumado no momento em que o agente incita publicamente a prática de determinado crime. Admite-se tentativa, mas irá depender do meio utilizado para praticar a conduta.
Ação penal	Ação penal pública incondicionada.
Competência	Juizado Especial Criminal.

a) Conduta da incitação ao crime

O tipo penal descreve a conduta de incitar a prática de crime, mas não elenca a forma de execução, portanto, poderá ser praticado de diversas formas, seja por meio de palavras, de gestos, por escrito etc. No entanto, o tipo penal exige que seja feita publicamente e que a incitação seja de um crime determinado.

Quando o legislador utilizou tal expressão, acarretou a necessidade de que a incitação seja destinada a um número indeterminado de pessoas. Outro ponto fundamental é se atentar ao fato de que o agente deve incitar a prática de crime, e não de contravenção. O crime estará caracterizado quando o agente estimular **a prática de um crime, não** sendo necessário que o crime seja praticado, nem que seja ao menos tentado, dessa forma, não importa se a incitação levou, de fato, alguém a praticar a conduta incitada.

> **IMPORTANTE**
>
> **Incitação ao genocídio:** caso o agente incite a prática do crime de genocídio, não responderá pelo crime em comento, mas, sim, pelo crime do art. 3º da Lei n. 2.889/56.
>
> **Incitação ao crime e Código Penal Militar:** art. 155 do Decreto-lei n. 1.001/69 (Código Penal Militar).
>
> **Incitação ao crime e Lei de Segurança Nacional:** art. 23 da Lei n. 7.170/83, incitação com conotação política.
>
> **Incitação ao crime de preconceito ou discriminação:** se o agente incitar com a finalidade de discriminação ou preconceito de raça, cor, etnia, religião ou procedência nacional, responde pelo art. 20 da Lei n. 7.716/89.

2) Apologia de crime ou criminoso – art. 287 do CP

Bem jurídico protegido	Paz pública.
Tipo objetivo	Fazer, publicamente, apologia a fato criminoso ou a autor de crime.
Tipo subjetivo	Dolo.
Sujeitos	O crime é comum, podendo ser praticado por qualquer pessoa. O sujeito passivo é a coletividade, a sociedade em geral, pois se trata de crime vago.
Consumação/ Tentativa	O crime estará consumado com a apologia. Admite-se tentativa dependendo da forma de execução da conduta.
Ação penal	Ação penal pública incondicionada.
Competência	Juizado Especial Criminal (é infração de menor potencial ofensivo).

a) Conduta do crime de apologia de crime ou criminoso

Ainda que aparentemente o delito em tela se aproxime de crime anterior, de incitação ao crime, o tipo penal em análise pune conduta distinta. Aqui se trata do agente que faz apologia, ou seja, elogia, exalta um determinado fato criminoso ou o autor do crime. Assim, enquanto na incitação o crime ainda não ocorreu e o estímulo é direto, com clara instigação do sujeito ativo para a prática do crime, no crime de apologia, verifica-se que este ocorre após a prática do crime, sendo o estímulo indireto, ou seja, exalta-se o delito ou seu autor, e não o crime em si. O dispositivo coloca de forma expressa que a apologia deve ser feita publicamente.

> **ATENÇÃO**
>
> **Apologia ao crime e Lei de Segurança Nacional:** art. 22 da Lei n. 7.170/83, apologia com finalidade política.

3) Associação criminosa – art. 288 do CP

Bem jurídico protegido	Paz pública.
Tipo objetivo	Associar (reunir) três ou mais pessoas para o fim específico de cometer crimes.
Tipo subjetivo	Dolo.
Sujeitos	O crime é comum, podendo ser praticado por qualquer pessoa. O sujeito passivo é a coletividade, a sociedade em geral, pois se trata de crime vago.
Consumação/ Tentativa	O crime estará consumado quando se aperfeiçoa entre os associados a vontade de praticar os crimes. Não é necessário que tenha sido praticado nenhum crime, é crime formal. Não é admitida tentativa.
Ação penal	Ação penal pública incondicionada.
Competência	Juízo Criminal Comum.

a) Conceito de associação criminosa

Muitas mudanças ocorreram na legislação, e o que hoje se considera como associação criminosa, antes era "quadrilha ou bando". A alteração se deu com o advento da Lei n. 12.850/2013. As mudanças não foram somente na nomenclatura, outros elementos também sofreram alterações. Para a associação estar configurada, é necessário que possua caráter estável e permanente, não bastando uma única junção de pessoas. A conduta é se associar com três ou mais pessoas com a finalidade específica de cometer crimes. Os crimes não precisam ser da mesma espécie. Além disso, para a consumação, não é necessário que ocorra prática de algum crime, bastando a mera associação dos agentes em caráter durável. O número mínimo de pessoas deve ser três.

b) Causa de aumento de pena (art. 299, parágrafo único, do CP)

Se houver crianças ou adolescentes entre os sujeitos associados, ou se a associação for armada, a pena será aumentada até metade. No caso da associação armada, será aplicada a causa de aumento de pena se for arma própria ou imprópria; também será aplicada a causa se for arma branca.

▶ **IMPORTANTE**

Conduta qualificada: a Lei n. 8.072/90 indica uma modalidade qualificada do delito de associação criminosa, com uma pena de 3 a 6 anos de reclusão quando a associação se forma com a finalidade de praticar crimes hediondos e equiparados (tortura, tráfico ilícito de drogas e afins ou terrorismo). Há quem indique se tratar de um novo tipo penal, no entanto, o dispositivo apenas trouxe novos limites da pena.

Associação para tráfico de drogas: no caso de associação para a prática do crime de tráfico de drogas, o legislador tipificou conduta específica descrita no art. 35 da Lei n. 11.343/2016. Dessa forma, o crime do art. 288 do Código Penal não será aplicado diante do princípio da especialidade da norma. Importante ressaltar que, no crime da lei especial, o mínimo de pessoas são duas, já no crime do art. 288 do Código Penal exigem-se, no mínimo, três pessoas.

6.2 Questões

1. **(CESPE – TER-PE)** Antônio e mais três pessoas, todas desempregadas, reuniram-se no intuito de planejar e executar crimes de roubos armados a carros-fortes.

Nessa situação hipotética, a conduta de Antônio:

A) não caracteriza crime de associação criminosa, pois, havendo mais de três agentes, caracteriza-se a organização criminosa, dado o princípio da especialidade.

B) só poderá ser caracterizada como crime de organização criminosa se a pena máxima prevista pelos delitos praticados for igual ou superior a quatro anos e se estes tiverem caráter transnacional.

C) configura crime de roubo em concurso de pessoas, em face da associação transitória dos agentes, já que não houve divisão de tarefas nem hierarquia entre eles.

D) só poderá ser caracterizada como crime de associação criminosa se os outros agentes forem maiores de idade ou praticarem pelo menos um roubo.

E) configura crime de associação criminosa, ainda que os agentes sejam quatro e a pena máxima prevista para a prática do crime de roubo seja superior a quatro anos.

↳ **Resolução:**
Não demonstra o enunciado que existe hierarquia de tarefas e estrutura ordenada entre os quatro agentes, portanto, resta configurado o crime de associação criminosa.

↗ **Gabarito: "E".**

2. **(CETRO – TJRJ)** No que concerne ao ato de fazer apologia a crime ou criminoso, descrito na legislação penal, nos termos: "Fazer, publicamente, apologia de fato criminoso ou de autor de crime", é correto afirmar que:

A) a tentativa é teoricamente possível, desde que o meio de fazer apologia não seja o oral.

B) se trata de contravenção penal.

C) se trata de crime conta a incolumidade pública.

D) se trata de crime próprio.

E) se trata de crime material.

↳ **Resolução:**
O crime de apologia a crime ou criminoso admite tentativa, desde que seja praticado na forma escrita.

↗ **Gabarito: "A".**

7. CRIMES CONTRA A FÉ PÚBLICA

7.1 Moeda falsa

Possui previsão no art. 289 do Código Penal.

> **ATENÇÃO**
>
> O crime em análise não pune a conduta de quem cria uma nova cédula a partir de fragmentos de notas verdadeiras, sendo essa conduta punida pelo art. 290 do Código Penal.

1) Moeda falsa

Bem jurídico protegido	Fé pública com relação à emissão de moeda.
Tipo objetivo	Falsificar, seja fabricando ou alterando moeda metálica ou papel-moeda de curso legal no país ou no estrangeiro.
Tipo subjetivo	Dolo.
Sujeitos	O crime é comum, podendo ser praticado por qualquer pessoa. O sujeito passivo é a coletividade, ou seja, a sociedade em geral, pois se trata de crime vago.
Consumação/ Tentativa	O crime estará consumado com a falsificação ou, no caso da conduta equiparada, com a prática de qualquer das condutas do § 1º. Admite-se tentativa.
Ação penal	Ação penal pública incondicionada.
Competência	Juízo Criminal Comum (Justiça Federal).

> **IMPORTANTE**
>
> **Crimes de falso:** todos os crimes de falso descritos no Código Penal exigem alguns requisitos:
>
> Dolo
> ↓
> Imitação da verdade
> ↓
> Dano potencial
> ↓
> Falsificação convincente
>
> Falsificação convincente é aquela capaz de iludir.
>
> Caso a falsificação seja grosseira, o crime do art. 289 do Código Penal não estará configurado. Para determinar se é grosseira ou convincente, será necessária a realização de perícia.
>
> **Súmula 73 do STJ:** "A utilização de papel-moeda grosseiramente falsificado configura, em tese, o crime de estelionato, da competência da Justiça Estadual".

a) Conduta de moeda falsa

A conduta é falsificar a moeda, e poderá ser praticada de duas formas diferentes:

i) fabricação – também chamada de contrafação, que ocorre quando há criação material da moeda com aparência de verdadeira;

ii) alteração – neste caso, utiliza-se uma moeda ou papel-moeda verdadeiro e se altera o real valor.

b) Conduta equiparada (art. 289, § 1º, do CP)

Será punida com a mesma pena do *caput*, no caso, reclusão de 3 a 12 anos e multa, a pessoa que, por conta própria ou alheia, importa, exporta, adquire, vende, troca, cede, empresta, guarda, introduz em circulação a moeda falsa, estando incursa na mesma pena do *caput* do artigo.

> **ATENÇÃO**
>
> A punição neste parágrafo é para a pessoa que não concorreu para a falsificação, pois, caso tenha agido nos termos do *caput*, por ele será enquadrada.

c) Conduta privilegiada (art. 289, § 2º, do CP)

O legislador pune com uma pena mais branda, de detenção de 6 meses a 2 anos, a pessoa que recebe de boa-fé a moeda falsa, mas, depois que descobre a falsidade, a coloca em circulação. Nesse caso, o crime estará consumado com a colocação da moeda em circulação. Trata-se de infração de menor potencial ofensivo, portanto, processado e julgado no Juizado Especial Criminal, nos termos da Lei n. 9.099/95. A doutrina indica como a figura privilegiada do crime.

d) Falsificação qualificada (art. 289, § 3º, do CP)

Também chamada pela doutrina de **falsificação funcional**. A conduta qualificada é crime próprio, pois somente poderá ser praticada por funcionário público, diretor, gerente ou fiscal de banco de emissão que fabricar ou autorizar a fabricação ou emissão de:

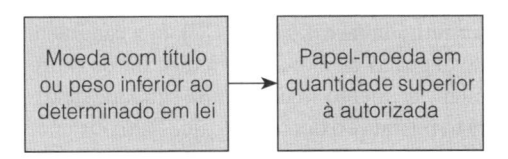

| Moeda com título ou peso inferior ao determinado em lei | → | Papel-moeda em quantidade superior à autorizada |

> **IMPORTANTE**
>
> Não é aplicado o princípio da insignificância aos crimes contra a fé pública. Ainda que a moeda falsificada seja de pouco valor, o crime estará configurado.

2) Crimes assimilados ao de moeda falsa – art. 290 do CP

Bem jurídico protegido	Fé pública.
Tipo objetivo	Formar cédula, nota ou bilhete representativo de moeda com fragmentos de cédulas, notas ou bilhetes verdadeiros; suprimir em nota, cédula ou bilhete recolhidos, para o fim de restituí-los à circulação, sinal indicativo de sua inutilização; restituir à circulação cédula, nota ou bilhete em tais condições, ou já recolhidos para o fim de inutilização.
Tipo subjetivo	Dolo.
Sujeitos	O crime é comum, podendo ser praticado por qualquer pessoa. O sujeito passivo é a coletividade, a sociedade em geral, pois se trata de crime vago.
Consumação/ Tentativa	O crime estará consumado com a formação da cédula dos fragmentos, com a supressão do sinal identificador de recolhimento, ou com a entrada da moeda em circulação. Admite-se tentativa.
Ação penal	Ação penal pública incondicionada.
Competência	Juízo Criminal Comum (Justiça Federal).

a) Conduta do crime

O legislador tipificou neste crime três condutas distintas:

i) formar cédula, nota ou bilhete representativo de moeda com fragmentos de cédulas, notas ou bilhetes verdadeiros;

ii) suprimir, em nota, cédula ou bilhete recolhidos, para o fim de destruí-los à circulação, sinal indicativo de sua inutilização;

iii) restituir à circulação cédula, nota ou bilhete em tais condições, ou já recolhidos para o fim de inutilizar.

Trata-se de tipo penal misto alternativo, mas, quando houver a prática de duas ou mais condutas com objetos distintos, deverá ser aplicado o concurso de crimes, portanto, nesse caso, seria um tipo misto cumulativo.

b) Conduta qualificada

Se o crime for cometido por funcionário que trabalha na repartição em que o dinheiro se achava recolhido, ou nela tem fácil ingresso em razão do cargo, a pena será de reclusão de 2 a 12 anos e multa, nos termos do parágrafo único do art. 290 do Código Penal.

7.2 Falsidade de títulos e outros papéis públicos

1) Falsificação de papéis públicos – art. 293 do CP

Bem jurídico protegido	Fé pública, na confiabilidade dos papéis públicos.
Tipo objetivo	Falsificar, fabricando-os ou alterando-os.
Tipo subjetivo	Dolo.
Sujeitos	O crime é comum, podendo ser praticado por qualquer pessoa. O sujeito passivo é o Estado e a pessoa prejudicada pela conduta.
Consumação/ Tentativa	O crime estará consumado com a falsificação ou alteração no todo ou em parte dos papéis públicos elencados nos incisos do tipo penal. Admite-se tentativa.
Ação penal	Ação penal pública incondicionada.
Competência	Juízo Criminal Comum (caso a emissão do papel seja incumbência da União, será competente a Justiça Federal – art. 109 da CF).

São elencados os seguintes papéis públicos:

I – selo destinado a controle tributário, papel selado ou qualquer papel de emissão legal destinado à arrecadação de tributo;

Nesse caso, são os documentos destinados para a arrecadação de tributos.

II – papel de crédito público que não seja moeda de curso legal;

São os títulos da dívida pública, seja nas esferas federais, estaduais ou municipais.

III – vale postal;

O inciso III foi revogado pelo art. 36 da Lei n. 6.538/76. Além disso, o art. 47 da mesma lei conceitua o vale postal. Pelo princípio da especialidade da norma, restará caracterizado o art. 36 da Lei n. 6.538/76.

IV – cautela de penhor, caderneta de depósito de caixa econômica ou de outro estabelecimento mantido por entidade de direito público;

Cautela de penhor é o documento que representa o pagamento de quantia emprestada, com o pagamento a coisa empenhada pode ser retirada (art. 1.432 do CC). Já a caderneta de depósito de caixa econômica ou de outro estabelecimento mantido por entidade de direito público é o documento que fica consignada a movimentação da conta-corrente ou da poupança no estabelecimento bancário.

> **ATENÇÃO**
>
> Caso a falsificação seja de caderneta de estabelecimento privado, o crime será de falsificação de documento particular, nos termos do art. 298 do Código Penal.

V – talão, recibo, guia, alvará ou qualquer outro documento relativo a arrecadação de rendas públicas ou a depósito ou caução por que o poder público seja responsável;

Talão é a parte destacável que fica com o canhoto com os dizeres da parte que foi destacada. Recibo é uma declaração de quitação ou confirmação de recebimento de coisas. Guia é o documento emitido por repartição arrecadadora ou adquirido para efetivar recolhimento de valores, taxas, impostos etc. Alvará é um documento com a finalidade de autorizar o recolhimento ou levantamento de valores depositados perante o Poder Público.

VI – bilhete, passe ou conhecimento de empresa de transporte administrada pela União, por Estado ou por Município:

Bilhete é o papel impresso que garante ao portador acesso ao meio de transporte coletivo. O passe possui a mesma finalidade do bilhete, mas é concedido por empresa de transporte coletivo. Conhecimento é o documento que comprova a entrega de coisa para transporte.

a) Conduta equiparada – art. 293, § 1º, do CP

O legislador ampliou a incidência do tipo penal para outras condutas, dessa forma, incidirá nas mesmas penas descritas no *caput* do dispositivo quem:

I – usa, guarda, possui ou detém qualquer dos papéis falsificados a que se refere este artigo;

II – importa, exporta, adquire, vende, troca, cede, empresta, guarda, fornece ou restitui à circulação selo falsificado destinado a controle tributário;

III – importa, exporta, adquire, vende, expõe à venda, mantém em depósito, guarda, troca, cede, empresta, fornece, porta ou, de qualquer forma, utiliza em proveito próprio ou alheio, no exercício de atividade comercial ou industrial, produto ou mercadoria:

a) em que tenha sido aplicado selo que se destine a controle tributário, falsificado;

b) sem selo oficial, nos casos em que a legislação tributária determina a obrigatoriedade de sua aplicação.

2) Falsificação de documento público – art. 297 do CP

Bem jurídico protegido	Fé pública.
Tipo objetivo	Falsificar, no todo ou em parte, documento público, ou alterar documento público verdadeiro.
Tipo subjetivo	Dolo.
Sujeitos	O crime é comum, podendo ser praticado por qualquer pessoa. O sujeito passivo é o Estado e a pessoa prejudicada pela conduta.
Consumação/ Tentativa	O crime estará consumado com a falsificação ou alteração, no todo ou em parte, de documento público. Admite-se tentativa.
Ação penal	Ação penal pública incondicionada.
Competência	Juízo Criminal Comum.

a) Conduta do crime de falsificação de títulos e outros papéis públicos

O tipo penal descreve no *caput* duas condutas: **falsificar** ou **alterar**. Falsificar significa fabricar o documento, no todo ou em parte; já alterar significa modificar um documento verdadeiro já existente.

> **IMPORTANTE**
>
> Para a esfera penal, entende-se por documento o escrito feito por uma pessoa determinada que demonstra a declaração de vontade ou, ainda, a existência de algum fato,

direito ou obrigação com alguma relevância jurídica e com eficácia probatória. Os documentos podem ser públicos ou particulares. A doutrina considera o documento público como sendo aquele emanado por funcionário público com competência para tal ato.

Documento público por equiparação: o legislador, no § 2º, equiparou a documento público o emanado de entidade paraestatal, o título ao portador ou transmissível por endosso, as ações de sociedade comercial, os livros mercantis e o testamento particular, dessa forma, o agente que falsificar ou alterar tais objetos responderá pelo crime em análise.

b) Causa de aumento de pena (art. 297, § 1º, do CP)

O legislador coloca um aumento de pena de sexta parte se o agente for funcionário público e praticar o crime prevalecendo-se do cargo. Trata-se da chamada figura circunstanciada.

c) Falsidade equiparada (falsidade previdenciária – art. 297, § 3º, do CP)

Foi acrescentada pela Lei n. 9.983/2000 e será punida com a mesma pena do *caput*. Trata-se da proteção da fé pública dos documentos relacionados à Previdência Social. Nesse caso, o documento é materialmente verdadeiro, mas as informações inseridas são falsas, ou seja, trata-se de falsidade ideológica. A doutrina enaltece que houve falha legislativa em inserir uma conduta de falsidade ideológica em um dispositivo que trata de falsidade material. Portanto, a conduta é **inserir** ou **fazer inserir**:

Inciso I	• na folha de pagamento ou em documento de informações que seja destinado a fazer prova perante a previdência social, pessoa que não possua a qualidade de segurado obrigatório;
Inciso II	• na Carteira de Trabalho e Previdência Social do empregado ou em documento que deva produzir efeito perante a previdência social, declaração falsa ou diversa da que deveria ter sido escrita;
Inciso III	• em documento contábil ou em qualquer outro documento relacionado com as obrigações da empresa perante a previdência social, declaração falsa ou diversa da que deveria ter constado.

> **ATENÇÃO**
>
> Caso a falsidade na Carteira de Trabalho e Previdência Social tenha relação com os direitos trabalhistas do empregado, o crime praticado será o disposto no art. 49 do Decreto-lei n. 5.452/43, mas, se a falsidade atingir a Previdência, o crime praticado será o do art. 297, § 3º, II, do Código Penal: "Art. 49. Para os efeitos da emissão, substituição ou anotação de Carteiras de Trabalho e Previdência Social, **considerar-se-á, crime de falsidade**, com as penalidades previstas no art. 299 do Código Penal: I – fazer, no todo ou em parte, qualquer documento falso ou alterar o verdadeiro; II – afirmar falsamente a sua própria identidade, filiação, lugar de nascimento, residência, profissão ou estado civil e beneficiários, ou atestar os de outra pessoa; III – servir-se de documentos, por qualquer forma falsificados; IV – falsificar, fabricando ou alterando, ou vender, usar ou possuir Carteira de Trabalho e Previdência Social assim alteradas; V – anotar dolosamente em Carteira de Trabalho e Previdência Social ou registro de empregado, ou confessar ou declarar em juízo ou fora dele, data de admissão em emprego diversa da verdadeira".

> **IMPORTANTE**
>
> **Crimes de falso:** todos os crimes de falso descritos no Código Penal exigem alguns requisitos:
>
> Dolo → Imitação da verdade → Dano potencial → Falsificação convincente
>
> Falsificação convincente é aquela capaz de iludir, se for grosseira, e o crime do art. 289 do Código Penal não estará configurado. Para determinar se é grosseira ou convincente, será necessária a realização de perícia.

> **ATENÇÃO**
>
> É indispensável que ocorra perícia para comprovação da materialidade do delito, nos termos do art. 158 do Código de Processo Penal. Normalmente se faz exame documentoscópico e grafotécnico.

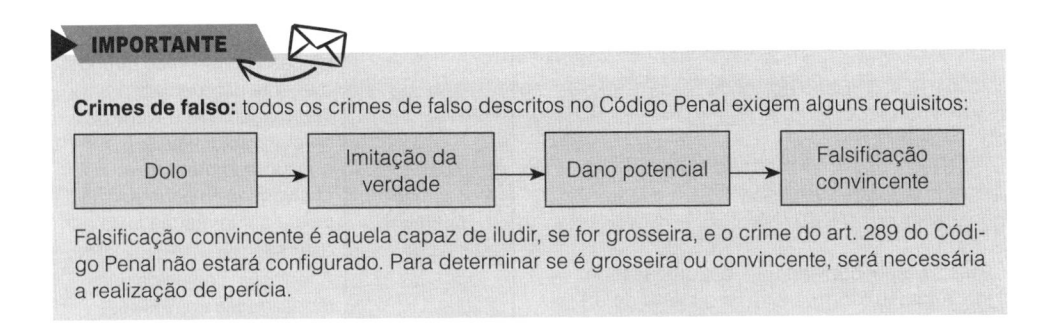

3) Falsificação de documento particular – art. 298 do CP

Bem jurídico protegido	Fé pública.
Tipo objetivo	Falsificar, no todo ou em parte, documento particular, ou alterar documento particular verdadeiro.
Tipo subjetivo	Dolo.
Sujeitos	O crime é comum, podendo ser praticado por qualquer pessoa. O sujeito passivo é o Estado e a pessoa prejudicada pela conduta.
Consumação/ Tentativa	O crime estará consumado com a falsificação ou alteração, no todo ou em parte, de documento particular. Admite-se tentativa.
Ação penal	Ação penal pública incondicionada.
Competência	Juízo Criminal Comum.

a) Conceito de documento particular

No crime anterior foram explicados os conceitos de documento e de documento público. O crime em análise possui no momento, como objeto material do crime, o **documento particular**. Para saber se o documento é particular, utiliza-se o critério de exclusão. Dessa forma, se o objeto é um documento, analisa-se se é público; se não for público, ele será particular. O art. 298, parágrafo único, equiparou o cartão de crédito ou débito ao documento particular, sendo uma norma penal explicativa ou interpretativa.

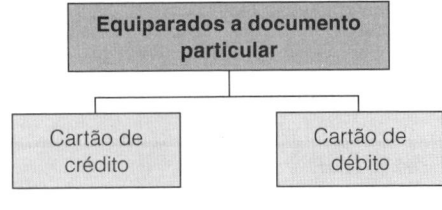

Equiparados a documento particular:
- Cartão de crédito
- Cartão de débito

> **IMPORTANTE**
>
> **Uso de documento particular falsificado:** se a conduta do agente for usar documento particular falsificado, não responderá pelo crime do art. 298 do Código Penal, mas, sim, pelo art. 304 do Código Penal.

> **ATENÇÃO**
>
> **Crimes de falso:** todos os crimes de falso descritos no Código Penal exigem alguns requisitos:
>
> Dolo ↓ Imitação da verdade ↓

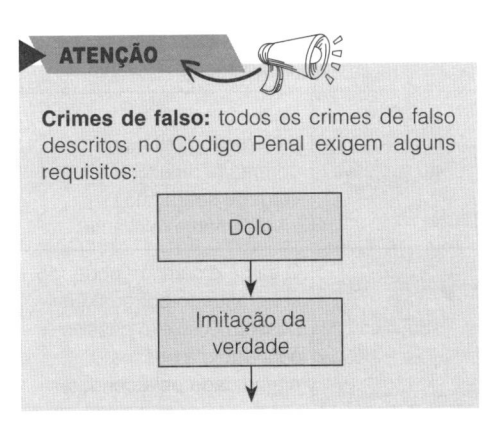

```
      ↓
┌─────────────────┐
│ Dano potencial  │
└─────────────────┘
         ↓
┌─────────────────┐
│  Falsificação   │
│   convincente   │
└─────────────────┘
```

Falsificação convincente é aquela capaz de iludir, se for grosseira, e o crime do art. 289 do Código Penal não estará configurado. Para determinar se é grosseira ou convincente, será necessária a realização de perícia.

▶ **IMPORTANTE**

É indispensável que ocorra perícia para comprovação da materialidade do delito, nos termos do art. 158 do Código de Processo Penal. Normalmente se faz exame documentoscópico e grafotécnico.

4) Falsidade ideológica – art. 299 do CP

Bem jurídico protegido	Fé pública.
Tipo objetivo	Omitir, em documento público ou particular, declaração que dele devia constar, ou nele inserir ou fazer inserir declaração falsa ou diversa da que devia ser escrita, com o fim de prejudicar direito, criar obrigação ou alterar a verdade sobre fato juridicamente relevante.
Tipo subjetivo	Dolo específico de prejudicar direito, criar obrigação ou alterar a verdade sobre fato juridicamente relevante.
Sujeitos	O crime é comum, podendo ser praticado por qualquer pessoa. O sujeito passivo é o Estado e a pessoa prejudicada pela conduta.
Consumação/Tentativa	O crime estará consumado no caso de omissão quando o agente não declara a informação que deveria; já na outra ação estará consumado quando efetivamente inserir ou fizer inserir a informação falsa ou diversa. A tentativa é admitida nas modalidades comissivas (inserir ou fazer inserir), mas não se admite na modalidade omissiva (omitir).
Ação penal	Ação penal pública incondicionada.
Competência	Juízo Criminal Comum.

a) Falsidade ideológica

Diferentemente do que ocorre nos dois crimes anteriores, o artigo em análise pune a falsidade ideológica, e não a falsidade material. O documento é perfeito, verdadeiro, mas a ideia lançada nele é falsa, ou seja, o agente omite, em documento público ou particular, declaração que dele devia constar, ou nele insere ou faz inserir declaração falsa ou diversa da que devia ser escrita. É necessário que esteja presente a finalidade expressa do artigo para configuração do delito, qual seja, com o fim de prejudicar direito, criar obrigação ou alterar a verdade sobre fato juridicamente relevante.

```
┌─────────────────────┐
│ Falsidade ideológica│
└─────────────────────┘
         │
    ┌────┴────┐
    │         │
┌────────┐ ┌────────┐
│Documento│ │Documento│
│público │ │particular│
└────────┘ └────────┘
```

b) Causa de aumento de pena (art. 299, parágrafo único, do CP)

O legislador indica um aumento de pena em sexta parte se o agente for funcionário público e comete o crime prevalecendo-se do cargo, ou quando a falsificação recair sobre assentamento de registro civil.

Quanto ao registro civil, é importante indicar o art. 29 da Lei n. 6.015/71 (Lei de Registros Públicos). Merece atenção o termo inicial da prescrição da pretensão punitiva para esse caso, pois, em regra, se utiliza do dia em que o crime se consumou (art. 111, I, do CP). No entanto, nesse caso, existe previsão expressa de um termo diferenciado, que, no caso, será da data em que o fato se tornou conhecido, conforme determina o art. 111, IV, do Código Penal.

5) Falso reconhecimento de firma ou letra – art. 300 do CP

Bem jurídico protegido	Fé pública.
Tipo objetivo	Reconhecer como verdadeira, no exercício de função pública, firma ou letra que o não seja.
Tipo subjetivo	Dolo.
Sujeitos	O crime é próprio, somente aquele que exerce função pública e possui poderes para reconhecimento de firmas ou letras. Quanto ao sujeito passivo, é o Estado e a pessoa prejudicada pela conduta.
Consumação/ Tentativa	O crime estará consumado quando o agente reconhecer como verdadeira a letra ou firma que não é. Admite-se tentativa.
Ação penal	Ação penal pública incondicionada.
Competência	Juízo Criminal Comum.

> **IMPORTANTE**
>
> **Crime com finalidade de fins eleitorais:** se o agente praticar a conduta com fins eleitorais, resta configurado o art. 352 da Lei n. 4.737/65 – Código Eleitoral, e não o artigo em análise.

6) Certidão ou atestado ideologicamente falso – art. 301 do CP

Bem jurídico protegido	Fé pública.
Tipo objetivo	Atestar ou certificar falsamente, em razão de função pública, fato ou circunstância que habilite alguém a obter cargo público, isenção de ônus ou de serviço de caráter público, ou qualquer outra vantagem.
Tipo subjetivo	Dolo.
Sujeitos	O crime é próprio, somente pode ser cometido por funcionário público que possui poderes para emitir atestados e certidões. Não é necessário que a pessoa esteja no exercício da sua função pública, mas apenas que a conduta seja praticada "em razão da função pública". Quanto ao sujeito passivo, é o Estado e a pessoa prejudicada pela conduta.
Consumação/ Tentativa	O crime estará consumado quando o agente concluir o atestado ou a certidão ideologicamente falsa. Admite-se tentativa.
Ação penal	Ação penal pública incondicionada.
Competência	Juizado Especial Criminal.

a) Conduta do crime de certidão ou atestado ideologicamente falso

O legislador pune a conduta de quem atesta ou certifica, sendo importante saber a diferença entre os núcleos do tipo. Vejamos:

Atestar	Certificar
É colocar o testemunho por aquele que assina acerca de um fato, ou seja, a pessoa testemunha algo que, pessoal ou diretamente no exercício das suas funções, pode observar e tomar conhecimento	O funcionário público, em razão da sua função, irá afirmar a veracidade de um fato que está comprovado em um documento, ou, ainda, irá transcrever no todo ou em parte esse documento

b) Falsidade material de atestado ou certidão (art. 301, § 1º, do CP)

O legislador prescreve no mesmo tipo penal a conduta para aquele que falsificar, no todo ou em parte, atestado ou certidão, ou alterar o teor de certidão ou de atestado verdadeiro, para prova de fato ou circunstância que habilite alguém a obter cargo público, isenção de ônus ou de serviço de caráter público, ou qualquer outra vantagem. Nesse caso, a pena é mais severa, com detenção de 2 meses a 1 ano.

▶ ATENÇÃO

Crimes de falso: todos os crimes de falso descritos no Código Penal exigem alguns requisitos:

- Dolo
- Imitação da verdade
- Dano potencial
- Falsificação convincente

Falsificação convincente é aquela capaz de iludir, se for grosseira, e o crime do art. 289 do Código Penal não estará configurado. Para determinar se é grosseira ou convincente, será necessária a realização de perícia.

7) Falsidade de atestado médico – art. 302 do CP

Bem jurídico protegido	Fé pública.
Tipo objetivo	Dar o médico, no exercício da sua profissão, atestado falso.
Tipo subjetivo	Dolo.
Sujeitos	O crime é próprio, somente pode ser praticado por médico. Quanto ao sujeito passivo, é o Estado e a pessoa prejudicada pela conduta.
Consumação/ Tentativa	O crime estará consumado quando o agente concluir o atestado ou a certidão ideologicamente falsa. Admite-se tentativa.
Ação penal	Ação penal pública incondicionada.
Competência	Juizado Especial Criminal.

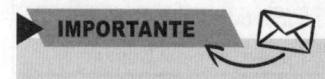

▶ IMPORTANTE

Crime próprio: somente o **MÉDICO** pode praticar o crime. Dentista, nutricionista, fisioterapeuta, ou outros profissionais não podem ser agentes dessa conduta.

a) Pena cumulativa (art. 302, parágrafo único, do CP)

Se o agente praticar a conduta com a intenção de lucro, será aplicada cumulativamente a pena de multa. Não é necessário que a vantagem indevida seja efetivamente recebida.

8) Uso de documento falso – art. 304 do CP

Bem jurídico protegido	Fé pública.
Tipo objetivo	Fazer uso de qualquer dos papéis falsificados ou alterados, a que se referem os arts. 297 a 302 do Código Penal.
Tipo subjetivo	Dolo.
Sujeitos	O crime é comum, podendo ser praticado por qualquer pessoa. Quanto ao sujeito passivo, é o Estado e a pessoa prejudicada pela conduta.
Consumação/ Tentativa	O crime estará consumado quando o agente utilizar documento falso ou alterado. Não é admitida a tentativa.
Ação penal	Ação penal pública incondicionada.
Competência	Juízo Criminal Comum.

▶ **ATENÇÃO**

Conduta do agente: para que a pessoa responda pelo crime de uso de documento falso, **ela não pode ter participado de nenhuma maneira da falsificação ou alteração**. Outro ponto importante é que o crime não pune a conduta de quem guarda ou possui o documento falso, mas somente de quem utiliza.

a) Crime remetido

A conduta descrita no art. 304 do Código Penal é chamada de crime remetido, pois pune a conduta e subordina a penalidade a um outro crime. Nesse caso, o agente responderá quando utilizar um determinado documento, e a sua pena por ter utilizado tal objeto material será de acordo com a pena prevista para aquele que falsifica o documento utilizado. Dessa forma, a sanção penal irá corresponder às sanções aplicadas para os crimes dos arts. 297 a 302 do Código Penal.

7.3 Questões

1. **(FCC – TRF 4ª Região)** Ronaldo, dono de um minimercado situado na cidade de Florianópolis, recebeu em seu estabelecimento, de boa-fé e como verdadeira, uma nota de R$ 100,00 de um cliente para pagamento de uma compra. No dia seguinte, Ronaldo tomou conhecimento de que a nota recebida é falsa, mas, mesmo assim, ele a restituiu à circulação. Neste caso, Ronaldo:

A) não cometeu qualquer infração penal.

B) cometeu crime de moeda falsa e está sujeito à pena de detenção, de 6 meses a 2 anos, e multa.

C) cometeu crime de moeda falsa e está sujeito à pena de reclusão, de 3 a 12 anos, e multa, sem qualquer benefício.

D) cometeu crime de moeda falsa e está sujeito à pena de reclusão, de 3 a 12 anos, e multa, que será reduzida de 1/6 a 1/3 em razão da boa-fé quando do recebimento da cédula.

E) cometeu crime de moeda falsa e está sujeito à pena de reclusão, de 3 a 12 anos, e multa, mas o Magistrado poderá lhe conceder o perdão judicial.

↘ **Resolução:**

O crime cometido é o de moeda falsa privilegiada, com previsão no § 2º do art. 289: "Quem, tendo recebido de boa-fé, como verdadeira, moeda falsa ou alterada, a restitui à circulação, depois de conhecer a falsidade, é punido com detenção, de seis meses a dois anos, e multa".

↗ **Gabarito: "B"**.

2. **(VUNESP – TJSP)** Tirso de Arruda é servidor público e nas horas de folga auxilia seu irmão, Tássio, em uma pequena gráfica, sem qualquer remuneração. Aproveitando-se dos materiais ali existentes, im-

primiu dez passes de transporte público municipal, para usar nos deslocamentos de casa para o trabalho e vice-versa. Ao agir dessa forma, Tirso cometeu o crime:

A) de falsificação de selo ou sinal público.
B) de falsificação de papéis públicos.
C) de emissão de título ao portador sem permissão legal.
D) de falsificação de documento público.
E) assimilado ao de moeda falsa.

↳ **Resolução:**

Crime previsto no art. 293, VI: "Falsificação de papéis públicos: Art. 293. Falsificar, fabricando-os ou alterando-os: (...) VI – bilhete, passe ou conhecimento de empresa de transporte administrada pela União, por Estado ou por Município".

↗ **Gabarito: "B".**

3. **(CESPE – TRE-BA)** A pedido de Ronaldo, um amigo portador de doença congênita cardiovascular, a médica Joana emitiu atestado médico afirmando que ele estava apto a praticar, sem prejuízos para sua saúde, esportes como a corrida. Ronaldo, então, utilizou o atestado como instrumento de prova para um concurso público para a polícia civil. Uma semana depois de assumir o cargo, Ronaldo passou mal, e o atestado foi colocado à prova, tendo passado a ser objeto de investigação criminal. O perito escalado para contestar ou reafirmar o atestado concedido pela médica protegeu a colega de profissão e atestou que o problema cardíaco de Ronaldo, embora congênito, pode ser de difícil diagnóstico, o que justificaria suposta falha de Joana. Ronaldo, entretanto, em sede de inquérito, confessou que havia pedido o atestado à médica. O perito voltou atrás e retratou-se, tendo afirmado que seria impossível a médica não ter verificado a doença.

A respeito das condutas de Ronaldo, de Joana e do perito, assinale a opção correta:

A) Ronaldo não cometeu crime, configurando arrependimento eficaz o fato de ele ter confessado em sede de inquérito.
B) A conduta de Joana configura crime contra a administração pública.
C) O perito não cometeu crime, cabendo-lhe apenas punição administrativa.

D) Joana cometeu crime de certidão ou atestado ideologicamente falso.
E) A conduta de Joana configura crime de falsidade de atestado médico.

↳ **Resolução:**

A conduta praticada por Joana se amolda perfeitamente ao crime previsto no art. 302: "Falsidade de atestado médico: Art. 302. Dar o médico, no exercício da sua profissão, atestado falso: Pena – detenção, de um mês a um ano. Parágrafo único. Se o crime é cometido com o fim de lucro, aplica-se também multa".

↗ **Gabarito: "E".**

4. **(FUNDECT – TJMS)** Atribuir se ou atribuir a terceiro falsa identidade para obter vantagem, em proveito próprio ou alheio, ou para causar dano a outrem, consiste no crime de:

A) Falsidade ideológica.
B) Uso de documento falso.
C) Falsa identidade.
D) Falsidade material de atestado ou certidão.
E) Falsificação de documento público.

↳ **Resolução:**

Conduta prevista no *caput* do art. 307: "Falsa identidade: Art. 307. Atribuir-se ou atribuir a terceiro falsa identidade para obter vantagem, em proveito próprio ou alheio, ou para causar dano a outrem: Pena – detenção, de três meses a um ano, ou multa, se o fato não constitui elemento de crime mais grave".

↗ **Gabarito: "C".**

8. CRIMES CONTRA A ADMINISTRAÇÃO PÚBLICA

8.1 Praticados por funcionário público

Antes de analisar os crimes praticados por funcionário público, é interessante entender quem é considerado funcionário público para o **Código** Penal. O legislador coloca tal conceito no art. 327:

Funcionário público

Art. 327. Considera-se funcionário público, para os efeitos penais, quem, embora transitoriamente ou sem remuneração, exerce cargo, emprego ou função pública.

§ 1º Equipara-se a funcionário público quem exerce cargo, emprego ou função em entidade paraestatal, e quem trabalha para empresa prestadora de serviço contratada ou conveniada para a execução de atividade típica da Administração Pública.

O art. 327 do Código Penal não elenca um crime, apenas explica o conceito de funcionário público. Esse tipo de dispositivo é chamado de norma penal explicativa. Os crimes praticados por funcionários públicos contra a Administração Pública em geral são chamados de crimes funcionais.

Cargo	Emprego público	Função pública
Criado por lei, com denominação própria, número certo e remuneração pelos cofres públicos.	Núcleos de encargos permanentes para serem preenchidos por agentes contratados por meio de relação trabalhista.	A própria atividade, as atribuições exercidas pelos servidores públicos.

1) Peculato – art. 312 do CP

Bem jurídico protegido	Administração pública em seus aspectos moralidade e preservação do erário.
Tipo objetivo	Apropriar-se o funcionário público de dinheiro, valor ou qualquer outro bem móvel, público ou particular, de que tem a posse em razão do cargo, ou desviá-lo, em proveito próprio ou alheio.
Tipo subjetivo	Dolo, também pune a conduta culposa.
Sujeitos	O crime é próprio, o agente deve ser funcionário público. O sujeito passivo é o Estado, a Administração Pública e, eventualmente, pessoa que seja lesionada pela conduta.
Consumação/Tentativa	A consumação vai depender do núcleo praticado.
Ação penal	Ação penal pública incondicionada.
Competência	Juízo Criminal Comum.

a) Condutas previstas no peculato

A doutrina classifica o peculato da seguinte maneira:

Peculato próprio – art. 312, *caput*, do CP

O funcionário público se apropria de coisa que já está em sua posse, e começa a se portar como se fosse dono dessa coisa. A posse da coisa se dá por atribuição do cargo do agente, estando ligada à sua competência funcional. Estará consumado no momento em que o funcionário se apropria da coisa.

Peculato desvio – art. 312, *caput*, 2ª parte, do CP

O funcionário dá destinação diversa, em benefício próprio ou alheio, obtendo vantagem que não precisa ser econômica. Estará consumado quando o destino da coisa for modificado.

Peculato furto – art. 312, § 1º, do CP

O funcionário subtrai coisa da qual não tinha a posse e estava em custódia da administração. O legislador também indicou a conduta de concorrer para que seja subtraído. Neste último caso, configura-se crime de concurso necessário, ou seja, devem estar presentes, no mínimo, duas pessoas.

Peculato culposo – art. 312, § 2º, do CP

A conduta também é punida na modalidade culposa, e responderá o agente que concorrer com imprudência, negligência ou imperícia para a prática de qualquer modalidade, seja apropriação, desvio ou subtração.

Peculato mediante erro de outrem – art. 313 do CP

A doutrina chama a conduta de peculato estelionato, e pune a conduta de quem, no exercício da sua função, toma posse de valores recebidos mediante erro de outrem.

CUIDADO! É importante ressaltar que esse erro de terceiro deve ser espontâneo, e não levado pelo agente, pois, se assim for, poderá responder por estelionato, nos termos do art. 171 do Código Penal, ou até mesmo concussão.

b) Pressupostos do peculato

Para que a conduta seja configurada, é necessário observar alguns pressupostos. A doutrina indica primeiramente a necessidade da posse lícita do dinheiro ou outro bem móvel pelo funcionário público. A posse pode ser direta ou indireta, além da detenção. Outro ponto é que essa posse deve se dar em razão do cargo, e a conduta é cometida por conta das facilidades que o cargo proporciona.

c) Sujeito ativo

O peculato é um crime funcional, ou seja, praticado por funcionário público, nos termos do art. 327 do Código Penal. Para a caracterização do crime de peculato, é necessário estar presente essa condição especial do agente, de ser funcionário público, no entanto, poderá um particular responder pelo peculato quando estiver em concurso de pessoas com o funcionário público na prática do peculato. Dessa forma, é possível concurso de pessoas tanto na modalidade de coautoria como na de participação.

d) Causa de aumento de pena (art. 327, § 2º, do CP)

A pena será aumentada em 1/3 se o agente for ocupante de cargo em comissão ou de função de direção ou assessoramento de órgão da administração direta, sociedade de economia mista, empresa pública ou fundação instituída pelo Poder Público.

> **ATENÇÃO**
>
> Nos crimes contra a Administração Pública, o entendimento sumulado é no sentido de **não ser possível a aplicação do princípio da insignificância**, independentemente do valor.
>
> Súmula 599 do STJ: "O princípio da insignificância é inaplicável aos crimes contra a administração pública".

2) Concussão – art. 316 do CP

Bem jurídico protegido	Administração Pública em seus aspectos de moralidade, além do patrimônio e da liberdade individual do particular prejudicado.
Tipo objetivo	Exigir, para si ou para outrem, direta ou indiretamente, ainda que fora da função ou antes de assumi-la, mas em razão dela, vantagem indevida.
Tipo subjetivo	Dolo.
Sujeitos	O crime é próprio, o agente deve ser funcionário público. O sujeito passivo é o Estado, a Administração Pública e, eventualmente, pessoa que seja lesionada pela conduta.
Consumação/ Tentativa	O crime é formal, e estará consumado no momento em que o agente exige a vantagem, independente de recebimento. Há divergência se é possível ou não tentativa. Para aqueles que entendem ser possível, a admitem quando feita por carta, por exemplo, e ela não chegou ao destino (extraviou). A doutrina majoritária entende não ser possível tentativa.
Ação penal	Ação penal pública incondicionada.
Competência	Juízo Criminal Comum.

a) Conduta do crime de concussão

O crime de concussão pune a conduta de quem exige vantagem indevida, utilizando a sua função pública para isso. A exigência carrega explícita ou implicitamente uma ameaça feita para alguém. Alguns requisitos devem ser observados para sua caracterização:

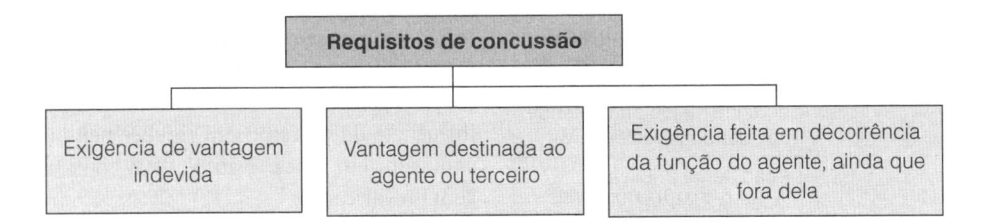

Requisitos de concussão
- Exigência de vantagem indevida
- Vantagem destinada ao agente ou terceiro
- Exigência feita em decorrência da função do agente, ainda que fora dela

São três elementos que devem estar presentes na concussão:

i) exigência de vantagem indevida;
ii) vantagem destinada ao agente ou terceiro;
iii) exigência feita em decorrência da função que o agente exerce, mesmo que pratique a conduta fora dela ou **não** tenha assumido.

b) Conduta qualificada (art. 316, § 2º, do CP)

Terá a pena de reclusão de 2 a 12 anos o agente que desviar para si ou para outrem tributo ou contribuição social que recebeu indevidamente.

3) Corrupção passiva – art. 317 do CP

Bem jurídico protegido	Administração Pública em seus aspectos de moralidade e a probidade dos agentes públicos.
Tipo objetivo	**Solicitar** ou **receber**, para si ou para outrem, direta ou indiretamente, ainda que fora da função ou antes de assumi-la, mas em razão dela, vantagem indevida, ou **aceitar promessa** de tal vantagem.
Tipo subjetivo	Dolo.
Sujeitos	O crime é próprio, o agente deve ser funcionário público. O sujeito passivo é o Estado, a Administração Pública e, eventualmente, pessoa que seja lesionada pela conduta.
Consumação/ Tentativa	O crime é formal, e estará consumado no momento em que o agente solicita, recebe ou aceita a promessa, independente de recebimento da vantagem. Há divergência se é possível ou não tentativa. Para aqueles que entendem ser possível, a admitem quando feita por carta, por exemplo, e ela não chegou ao destino (extraviou). A doutrina majoritária entende não ser possível tentativa.
Ação penal	Ação penal pública incondicionada.
Competência	Juízo Criminal Comum.

a) Conduta da corrupção passiva

O tipo penal descreve três verbos nucleares. Trata-se de tipo penal misto alternativo:

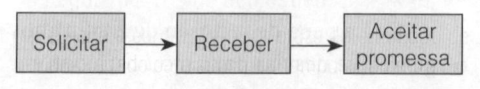

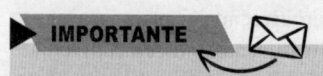

Solicitar → Receber → Aceitar promessa

> **IMPORTANTE**
>
> **Corrupção passiva × Corrupção ativa:** a corrupção pode ser ativa (art. 333 do CP), hipótese em que o sujeito ativo será o particular, e passiva (art. 317 do CP), quando o sujeito ativo do crime for funcionário público. Verifica-se, portanto, que são crimes diferentes, configurando-se como exceção a regra prevista no art. 29 do Código Penal, pois nesse caso, mesmo havendo concurso de pessoas, cada um dos agentes responderá por uma infração penal distinta, seja a do art. 333 ou a do art. 317, ambos do Código Penal, conforme as características de cada agente criminoso.

b) Causa de aumento de pena (art. 317, § 1º, do CP)

Se, em consequência de vantagem ou promessa, o funcionário retarda ou deixa de praticar qualquer ato de ofício ou o pratica infringindo dever funcional, a pena será aumentada de 1/3.

c) Corrupção passiva privilegiada (art. 317, § 2º, do CP)

Será punido com detenção de três meses a um ano, ou multa, o funcionário público que pratica, deixa de praticar ou retarda ato de ofício, com infração de dever funcional, cedendo a pedido ou influência de outrem. Trata-se de infração de menor potencial ofensivo, portanto, aplicável a Lei n. 9.099/95. Nesse caso, não há vantagem indevida, ele cede ao pedido ou influência de outrem, sem receber nenhuma vantagem em troca. Não se deve confundir com prevaricação.

4) Facilitação de contrabando ou descaminho – art. 318 do CP

Bem jurídico protegido	Administração Pública na sua esfera patrimonial (descaminho). A saúde, a moral e a ordem pública (contrabando).

Tipo objetivo	Facilitar, com infração de dever funcional, a prática de contrabando ou descaminho.
Tipo subjetivo	Dolo.
Sujeitos	O crime é próprio, o agente deve ser funcionário público. O sujeito passivo é o Estado, a Administração Pública.
Consumação/ Tentativa	Estará consumado no momento em que o agente facilitar o contrabando ou descaminho, estando ciente de que está infringindo seu dever funcional, não havendo necessidade de que haja efetivamente o contrabando ou descaminho. A tentativa é admitida na conduta comissiva.
Ação penal	Ação penal pública incondicionada.
Competência	Juízo Criminal Comum.

a) Conduta do crime de facilitação de contrabando ou descaminho

A conduta é facilitar, ou seja, tornar mais fácil o crime de contrabando ou descaminho. A conduta pode ser praticada por ação ou omissão. O contrabando ou descaminho não é praticado pelo agente do crime em análise, mas, sim, por particular, nos termos dos arts. 334 e 334-A do Código Penal. A conduta de facilitação de contrabando ou descaminho é praticada por funcionário público, que possui o dever especial de impedir o contrabando e o descaminho.

▶ **IMPORTANTE**

O sujeito ativo do crime é o funcionário público, sendo necessário que ele tenha o poder de impedir o contrabando ou descaminho. Tratando-se de qualquer outro funcionário que possua outra função, responde pelo crime de descaminho ou contrabando em concurso de pessoas, como partícipe dos crimes dos arts. 334 ou 334-A do CP.

5) Prevaricação – art. 319 do CP

Bem jurídico protegido	Administração Pública em seus aspectos de moralidade.
Tipo objetivo	Retardar ou deixar de praticar, indevidamente, ato de ofício, ou praticá-lo contra disposição expressa de lei, para satisfazer interesse ou sentimento pessoal.
Tipo subjetivo	Dolo.
Sujeitos	O crime é próprio, o agente deve ser funcionário público. O sujeito passivo é o Estado, a Administração Pública e, eventualmente, pessoa que seja lesionada pela conduta.
Consumação/ Tentativa	Estará consumado no momento em que o agente retarda ou deixa de praticar indevidamente o ato de ofício, ou quando pratica o ato contrário ao disposto na lei. A tentativa é admitida na conduta comissiva.
Ação penal	Ação penal pública incondicionada.
Competência	Juízo Criminal Comum.

a) Conduta da prevaricação

O tipo penal descreve três verbos nucleares:

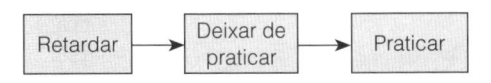

Retardar → Deixar de praticar → Praticar

▶ **ATENÇÃO**

Crime de mão própria: somente pode ser praticado pelo funcionário público, diante da sua atuação pessoal, não havendo possibilidade de delegação da conduta.

8.2 Praticados por particular

1) Resistência – art. 329 do CP

Bem jurídico protegido	Preservação da autoridade e prestígio inerente à Administração Pública.
Tipo objetivo	Opor-se à execução de ato legal, mediante violência ou ameaça a funcionário competente para executá-lo ou a quem lhe esteja prestando auxílio.
Tipo subjetivo	Dolo.
Sujeitos	O crime é comum, inclusive o funcionário público, quando equiparado ao particular. O sujeito passivo, em um primeiro momento, é o Estado, e, em momento posterior, é o funcionário ou pessoa que sofrera ameaça ou violência.
Consumação/ Tentativa	O crime se consuma com a prática da violência ou ameaça, ainda que o opositor não consiga impedir que se execute o ato. Se o opositor conseguir impedir a execução do ato, teremos configurado o § 1º.
Ação penal	Ação penal pública incondicionada.
Competência	Juizado Especial Criminal (*caput*) ou Juízo Criminal Comum (§ 1º).

Princípio da consunção: quanto aos crimes de desacato e desobediência, aplica-se o princípio da consunção.

- Em recente decisão proferida no HC 380.029/RS (j. 22-5-2018), o STJ afastou a consunção entre os delitos, embora não tenha negado essa possibilidade a depender das circunstâncias do caso concreto.

2) Desobediência – art. 330 do CP

Bem jurídico protegido	Preservação da autoridade e prestígio inerente à Administração Pública.
Tipo objetivo	Desobedecer a ordem legal de funcionário público.
Tipo subjetivo	Dolo.
Sujeitos	Crime comum, incluindo o funcionário público, quando não se referir às suas funções precípuas. O sujeito passivo, *a priori*, trata-se do Estado; em momento posterior, é o funcionário público autor da ordem de desobediência.
Consumação/ Tentativa	No momento em que se desatende a uma ordem legal emanada do funcionário público.
Ação penal	Ação penal pública incondicionada.
Competência	Juizado Especial Criminal.

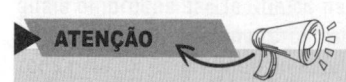

▶ **ATENÇÃO**

Concurso material: há cabimento de cumulação material, por disposição expressa na lei, conforme o § 2º do artigo em comento: "As penas deste artigo são aplicáveis sem prejuízo das correspondentes à violência".

Assim, se, em razão da resistência, o servidor sofrer lesão corporal, por exemplo, o agente responderá pela resistência e pela lesão em concurso material de crimes.

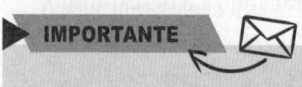

▶ **IMPORTANTE**

Desobediência e Lei Maria da Penha: foi acrescido o art. 24-A na Lei n. 11.340/2006, que pune o agente que descumprir decisão judicial que defere medidas protetivas de urgência. O dispositivo em comento entrou em vigor em 2018.

"Art. 24-A. Descumprir decisão judicial que defere medidas protetivas de urgência previstas nesta Lei:

Pena – detenção, de 3 (três) meses a 2 (dois) anos.

§ 1º A configuração do crime independe da competência civil ou criminal do juiz que deferiu as medidas.

§ 2º Na hipótese de prisão em flagrante, apenas a autoridade judicial poderá conceder fiança.

§ 3º O disposto neste artigo não exclui a aplicação de outras sanções cabíveis".

3) Desacato – art. 331 do CP

Bem jurídico protegido	Resguardar o respeito da função pública e o regular andamento das atividades administrativas.
Tipo objetivo	Desacatar funcionário público no exercício da função ou em razão dela.
Tipo subjetivo	Dolo.
Sujeitos	O crime é comum, qualquer pessoa pode praticar. O sujeito passivo, primeiramente, é o Estado e, em momento posterior, o servidor ofendido.
Consumação/ Tentativa	Trata-se de crime formal, dessa forma, consuma-se no momento em que o funcionário público toma conhecimento do ato humilhante e ofensivo. O crime estará caracterizado independentemente de o funcionário se sentir diminuído ou não.
Ação penal	Ação penal pública incondicionada.
Competência	Juizado Especial Criminal.

▶ **ATENÇÃO**

Presença do funcionário: para que o desacato se configure, faz-se necessário que a conduta ocorra na presença do funcionário público.

4) Corrupção ativa – art. 333 do CP

Bem jurídico protegido	Probidade da Administração Pública.
Tipo objetivo	Oferecer ou prometer vantagem indevida a funcionário público, para determiná-lo a praticar, omitir ou retardar ato de ofício.
Tipo subjetivo	Dolo.
Sujeitos	O crime é comum, qualquer pessoa pode praticar. O sujeito passivo, primeiramente, é o Estado.
Consumação/ Tentativa	O crime se consuma no momento em que o funcionário toma conhecimento da vantagem ou de sua promessa, ainda que este o recuse (crime formal). A tentativa depende do *modus operandi* do corruptor, ou seja, se esta se der por meio verbal ou gestual, não se admitirá a tentativa, no entanto, se ocorrer de forma escrita, será possível admiti-la.
Ação penal	Ação penal pública incondicionada.
Competência	Juízo Criminal Comum.

a) Conduta da corrupção ativa

Deve-se atentar para não confundir a corrupção ativa com a corrupção passiva, sendo esta praticada pelo funcionário público. O crime em análise pune o particular que pratica crime contra a Administração Pública. Conforme explicado no crime do art. 317 do Código Penal, trata-se de exceção a teoria monista do art. 29 do Código Penal com relação ao concurso de pessoas.

O tipo penal descreve dois verbos nucleares:

Oferecer → Prometer

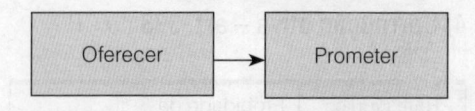

b) Causa de aumento de pena (art. 333, parágrafo único, do CP)

A pena do agente será aumentada em 1/3 se, em consequência da conduta do agente, o funcionário violar os seus deveres relativos ao cargo público que possui.

5) Descaminho – art. 334 do CP

Bem jurídico protegido	Probidade da Administração Pública.
Tipo objetivo	Iludir, no todo ou em parte, o pagamento de direito ou imposto devido pela entrada, pela saída ou pelo consumo de mercadoria.
Tipo subjetivo	Dolo.
Sujeitos	O crime é comum, qualquer pessoa pode praticar. **Atenção!** O funcionário público encarregado de prevenir ou reprimir o descaminho, que auxilie sua ocorrência, não será tratado como concorrente no crime em comento, responderá pelo crime de facilitação de contrabando ou descaminho. O sujeito passivo será o Estado.
Consumação/ Tentativa	O crime se aperfeiçoa com a liberação pela alfândega sem que tenha ocorrido o pagamento dos impostos devidos. Admite-se tentativa.
Ação penal	Ação penal pública incondicionada.
Competência	Juízo Criminal Comum.

> **ATENÇÃO**
>
> Incide o princípio da insignificância aos crimes tributários federais e de descaminho quando o débito tributário verificado não ultrapassar o limite de R$ 20.000,00, a teor do disposto no art. 20 da Lei n. 10.522/2002, com as atualizações efetivadas pelas Portarias n. 75 e n. 130, ambas do Ministério da Fazenda. Trata-se de posicionamento adotado pelo STF e pelo STJ.

6) Contrabando – art. 334-A do CP

Bem jurídico protegido	Probidade da Administração Pública.
Tipo objetivo	Importar ou exportar mercadoria proibida.
Tipo subjetivo	Dolo.
Sujeitos	O crime é comum, podendo ser praticado por qualquer pessoa. O funcionário público encarregado de prevenir ou reprimir o contrabando, que auxilie sua ocorrência, responde pelo crime de facilitação de contrabando ou descaminho. O sujeito passivo será o Estado.
Consumação/ Tentativa	O crime se consuma quando a mercadoria proibida passa pelas barreiras fiscais, ainda que a mercadoria não tenha chegado ao seu destino final. Admite-se tentativa.
Ação penal	Ação penal pública incondicionada.
Competência	Juízo Criminal Comum.

a) Causa de aumento de pena (art. 334, § 3º, do CP)

A pena aplica-se em dobro se o crime de contrabando é praticado em transporte aéreo, marítimo ou fluvial.

> **IMPORTANTE**
>
> **Súmula 151 do STJ:** "A competência para o processo e julgamento por crime de contrabando ou descaminho define-se pela prevenção do Juízo Federal do lugar da apreensão dos bens".

8.3 Questões

1. **(FCC – TRF 4ª Região)** Tício e Tácito, trabalhadores autônomos do ramo de construção civil, fazendo-se passar por policiais civis, compareceram na empresa "X" aduzindo ter em mãos um mandado de busca e apreensão diante de suspeita de crime tributário, e de um mandado de prisão temporária contra Manoel, um dos sócios daquela empresa. Para não cumprir os mandados, Tício e Tácito solicitaram e receberam a quantia de R$ 3.000,00 em dinheiro de Rodrigo, o outro sócio diretor da empresa. No caso apresentado, Tício e Tácito cometeram crime de:

A) corrupção ativa;

B) usurpação de função pública;

C) corrupção passiva;

D) concussão;

E) exercício arbitrário ou abuso de poder.

↳ **Resolução:**
De acordo com o art. 238 do Código Penal: "Usurpação de função pública: Art. 328. Usurpar o exercício de função pública: Pena – detenção, de três meses a dois anos, e multa. Parágrafo único. Se do fato o agente aufere vantagem: Pena – reclusão, de dois a cinco anos, e multa".

↗ Gabarito: "B".

2. **(FCC – TRF 5ª Região)** Não é considerado funcionário público, ainda que por extensão, para os efeitos penais o:

A) funcionário atuante em empresa contratada para prestar serviço atípico para a Administração pública.

B) servidor temporário.

C) servidor ocupante em cargos por comissão.

D) empregado público contratado sob o regime da CLT.

E) cidadão nomeado para compor as mesas receptoras de votos e de justificativas no dia das eleições.

↳ **Resolução:**
No art. 327, § 1º, do Código Penal, o legislador equiparou a funcionário público quem exerce cargo, emprego ou função em entidade paraestatal, e quem trabalha para empresa prestadora de serviço contratada ou conveniada para a execução de atividade típica da Administração Pública.

↗ Gabarito: "A".

3. **(CONSULPLAN – TRF 2ª Região)** Sobre os crimes contra a Administração Pública, assinale a alternativa INCORRETA.

A) O agente que der causa à instauração de ação de improbidade administrativa contra alguém, imputando-lhe crime de que o sabe inocente, comete o crime de denunciação caluniosa.

B) Aquele que exige, para si ou para outrem, direta ou indiretamente, ainda que fora da função ou antes de assumi-la, mas em razão dela, vantagem indevida, comete o crime de corrupção ativa.

C) Comete o crime de prevaricação o agente que retarda ou deixa de praticar, indevidamente, ato de ofício, ou praticá-lo contra disposição expressa de lei, para satisfazer interesse ou sentimento pessoal.

D) O crime de condescendência criminosa consiste em deixar o funcionário, por indulgência, de responsabilizar subordinado que cometeu infração no exercício do cargo ou, quando lhe falte competência, não levar o fato ao conhecimento da autoridade competente.

↳ **Resolução:**
O crime de corrupção ativa não se faz na conduta de exigir, tal núcleo configura o crime de concussão, nos termos do art. 316 do Código Penal.

↗ Gabarito: "B".

4. **(FCC – TRF 3ª Região)** A respeito dos Crimes contra a Administração pública, é INCORRETO afirmar que:

A) o particular pode ser coautor do crime de concussão.

B) comete o crime de excesso de exação o funcionário que emprega meio vexatório na cobrança de tributo.

C) o crime de prevaricação exige o intuito do agente de satisfazer interesse ou sentimento pessoal.

D) comete crime de corrupção passiva quem oferece dinheiro a funcionário público para determiná-lo a retardar ato de ofício.

E) o ato de desferir um tapa no rosto de funcionário público, em razão da sua função, sem causar lesão, pode caracterizar o crime de desacato.

↳ **Resolução:**

Nesse caso, o crime seria de corrupção ativa, e não passiva. Corrupção passiva é crime praticado por funcionário público contra a Administração Pública, e não por particular.

↗ **Gabarito: "D".**

5. **(FCC – TRF 3ª Região)** Lucius, funcionário público, escrevente de cartório de secretaria de Vara Criminal, apropriou-se de um relógio valioso que foi remetido ao Fórum juntamente com os autos do inquérito policial no qual foi objeto de apreensão. Lucius cometeu crime de:

A) apropriação de coisa achada.

B) apropriação indébita simples.

C) apropriação indébita qualificada pelo recebimento da coisa em razão de ofício, emprego ou profissão.

D) apropriação de coisa havida por erro.

E) peculato.

↳ **Resolução:**

No caso em tela, Lucius tinha a posse do relógio por conta do seu cargo, portanto, responde pelo crime de peculato, nos termos do art. 312 do Código Penal.

↗ **Gabarito: "E".**

9. CRIMES CONTRA A ADMINISTRAÇÃO DA JUSTIÇA

9.1 Denunciação caluniosa

Possui previsão no art. 339 do Código Penal.

Bem jurídico protegido	Regular andamento da administração da justiça.
Tipo objetivo	Dar causa à instauração de investigação policial, de processo judicial, instauração de investigação administrativa, inquérito civil ou ação de improbidade administrativa contra alguém, imputando-lhe crime de que o sabe inocente.
Tipo subjetivo	Dolo.
Sujeitos	O crime é comum, podendo ser praticado por qualquer pessoa. O sujeito passivo será, *a priori*, o Estado e, de forma secundária, o indivíduo que fora indevidamente denunciado.
Consumação/ Tentativa	O crime se consuma com o início das diligências investigativas ou demais procedimentos elencados no tipo penal.
Ação penal	Ação penal pública incondicionada.
Competência	Juízo Criminal Comum.

9.2 Comunicação falsa de crime ou contravenção

Possui previsão no art. 340 do Código Penal.

Bem jurídico protegido	Administração da justiça.
Tipo objetivo	Provocar a ação de autoridade, comunicando-lhe a ocorrência de crime ou de contravenção que sabe não se ter verificado.
Tipo subjetivo	Dolo.
Sujeitos	O crime é comum, podendo ser praticado por qualquer pessoa. O sujeito passivo será o Estado.

Consumação/ Tentativa	O crime se consuma no momento em que a autoridade policial pratica algum ato no intuito de esclarecer o fato criminoso.
Ação penal	Ação penal pública incondicionada.
Competência	Juizado Especial Criminal.

> **ATENÇÃO**
>
> **Comunicação falsa de crime x Denunciação caluniosa:** na comunicação falsa de crime, o sujeito comunica a ocorrência do crime que sabe não ter acontecido e provoca a ação da autoridade, mas essa comunicação é feita de forma genérica (pessoa indeterminada), ou seja, não imputa para determinada pessoa a sua prática, diferente da denunciação caluniosa, em que é indicada determinada pessoa como agente do crime.

9.3 Autoacusação falsa

Possui previsão no art. 341 do Código Penal.

Bem jurídico protegido	Administração da justiça.
Tipo objetivo	Acusar-se, perante a autoridade, de crime inexistente ou praticado por outrem.
Tipo subjetivo	Dolo.
Sujeitos	O crime é comum, podendo ser praticado por qualquer pessoa. O sujeito passivo será o Estado.
Consumação/ Tentativa	Acusar-se, perante a autoridade, de crime inexistente ou praticado por outrem. Não admite tentativa.
Ação penal	Ação penal pública incondicionada.
Competência	Juizado Especial Criminal.

9.4 Falso testemunho ou falsa perícia

Possui previsão no art. 342 do Código Penal.

Bem jurídico protegido	Administração da justiça.
Tipo objetivo	Fazer afirmação falsa, ou negar ou calar a verdade como testemunha, perito, contador, tradutor ou intérprete em processo judicial, ou administrativo, inquérito policial, ou em juízo arbitral.
Tipo subjetivo	Dolo.
Sujeitos	O sujeito ativo pode ser: i) testemunha; ii) perito; iii) contador; iv) tradutor; v) intérprete. O sujeito passivo será o Estado e, eventualmente, a pessoa prejudicada pelo fato.
Consumação/ Tentativa	O falso testemunho é delito formal, ou seja, consuma-se no momento em que a testemunha termina seu depoimento, assinando-o; na falsa perícia, a consumação se dá no momento de entrega do laudo para a autoridade competente. Quanto à tentativa, em regra, entende-se ser inadmissível, salvo se for prestada por escrito e este foi interceptado antes da sua entrega.
Ação penal	Ação penal pública incondicionada.
Competência	Juízo Criminal Comum. **Súmula 165 do STJ**: "Compete à Justiça Federal processar e julgar crime de falso testemunho cometido no processo trabalhista".

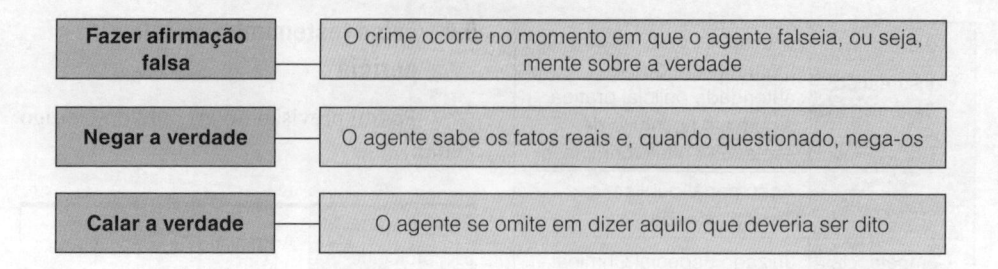

Fazer afirmação falsa	O crime ocorre no momento em que o agente falseia, ou seja, mente sobre a verdade
Negar a verdade	O agente sabe os fatos reais e, quando questionado, nega-os
Calar a verdade	O agente se omite em dizer aquilo que deveria ser dito

> **IMPORTANTE**
>
> **Retratação:** o art. 342, § 2º, do Código Penal estabelece uma causa de extinção da punibilidade se houver retratação do agente, ou se este declarar a verdade, ou seja, se o agente assumir que errou, deixando, assim, de ser punível. A retratação, para surtir os seus efeitos, deve acontecer antes da sentença, no processo em que se deu o ilícito de falso testemunho ou falsa perícia.

9.5 Exercício arbitrário das próprias razões

Possui previsão no art. 345 do Código Penal.

Bem jurídico protegido	Administração da justiça.
Tipo objetivo	"Fazer" justiça com as próprias mãos.
Tipo subjetivo	Dolo.
Sujeitos	O sujeito ativo pode ser qualquer pessoa, tratando-se, assim, de crime comum. O sujeito passivo será o Estado.
Consumação/ Tentativa	Há posicionamento divergente quanto ao momento de consumação do crime. Há quem entenda ser crime material, portanto, estaria consumado com a satisfação da pretensão do agente ativo. Para os que consideram o crime formal, o crime estará consumado com o início dos atos executórios, sem importar se a "justiça" foi feita. A tentativa é admitida.

Ação penal	Ação penal pública incondicionada.
Competência	Juizado Especial Criminal.

1) Concurso formal de crimes

Se o sujeito ativo for funcionário público e praticar o crime no exercício das suas funções, responderá em concurso formal impróprio de crimes. Nesse caso, será o crime em comento (exercício arbitrário das próprias razões e crime de abuso de autoridade).

2) Concurso material obrigatório

Caso o agente empregue violência ou grave ameaça à pessoa, será aplicado o concurso material de crimes, por expressa previsão legal, nos termos do parágrafo único do art. 345 do Código Penal.

9.6 Favorecimento pessoal

Possui previsão no art. 348 do Código Penal.

Bem jurídico protegido	Administração da justiça.
Tipo objetivo	Auxiliar – Subtrair.
Tipo subjetivo	Dolo.
Sujeitos	O sujeito ativo pode ser qualquer pessoa, tratando-se, assim, de crime comum. O sujeito passivo será o Estado.
Consumação/ Tentativa	O crime se consuma no momento em que se presta o efetivo auxílio e o favorecido obtém êxito. A tentativa é admitida.

Ação penal	Ação penal pública incondicionada.
Competência	Juizado Especial Criminal.

1) Conduta do favorecimento pessoal

O agente presta assistência (de qualquer natureza) para quem acabou de cometer um crime punido com reclusão, com o objetivo de subtraí-lo à ação da autoridade, impedindo as atividades judiciárias, hipóteses em que terá uma pena de detenção, de um a seis meses, e multa.

2) Figura privilegiada – art. 348, § 1º, do CP

Se o agente prestar auxílio a autor de crime apenado com a detenção, terá uma pena mais branda, fixada em quinze dias a três meses, e multa.

> **IMPORTANTE**
>
> **Escusa absolutória – art. 348, § 2º, do Código Penal:** o próprio tipo penal estabelece que, quando quem auxilia o criminoso for seu ascendente, descendente, cônjuge ou irmão, a estes caberá a incidência da escusa absolutória, haja vista tratar-se de hipótese de inexigibilidade de conduta diversa.

9.7 Favorecimento real

Possui previsão no art. 349 do Código Penal.

Bem jurídico protegido	Administração da justiça.
Tipo objetivo	Prestar.
Tipo subjetivo	Dolo.
Sujeitos	O sujeito ativo pode ser qualquer pessoa, tratando-se, assim, de crime comum. O sujeito passivo será o Estado e, secundariamente, a vítima do crime anterior.
Consumação/ Tentativa	O crime se consuma com a efetiva prestação do auxílio ao criminoso, ainda que este não logre assegurar o proveito do delito. Trata-se de crime formal. A tentativa é admitida.
Ação penal	Ação penal pública incondicionada.
Competência	Juizado Especial Criminal.

1) Conduta do favorecimento real

O favorecimento real é considerado um crime acessório (bem como o favorecimento pessoal), pois sua tipificação depende da prática de crime antecedente.

O agente presta auxílio ao criminoso (sem que se enquadre nas hipóteses de coautoria ou receptação) para que se mantenha seguro o proveito do crime. Nesse caso, o agente não obtém nenhuma vantagem ou lucro nesse auxílio, fazendo-o por pura amizade.

> **ATENÇÃO**
>
> Se o agente prestar auxílio com intenção de lucro, responderá pelo crime do art. 180 do Código Penal, ou seja, receptação, e não favorecimento real.

9.8 Questões

1. **(FCC – TJAP)** Com relação ao crime de "Exercício arbitrário das próprias razões", considere o art. 345 do Código Penal:

   Art. 345. ...... justiça pelas próprias mãos, para satisfazer ...... , embora ...... , salvo quando ...... o permite.

   Completa correta e, respectivamente, as lacunas da definição do tipo penal:

   A) Fazer – objetivo – ilegítima – o juiz;
   B) Fazer – pretensão – legítima – a lei;
   C) Buscar – pretensão – lícita – o juiz;
   D) Fazer – pretensão – lícita – o juiz;
   E) Buscar – dívida – legal – a lei.

↘ **Resolução:**

"Exercício arbitrário das próprias razões: Art. 345. Fazer justiça pelas próprias mãos, para satisfazer pretensão, embora legítima, salvo quando a lei o permite: Pena – detenção, de quinze dias a um mês, ou multa, além da pena correspondente à violência".

↗ **Gabarito: "B".**

2. **(FCC – TER-PR)** Luiz, condenado há vários anos de prisão pela prática de diversos crimes assume, perante a autoridade, a autoria de crime que não cometeu, com o intuito de livrar outra pessoa da condenação. Assim agindo, Luiz:

A) praticou o crime de comunicação falsa de crime.
B) não praticou qualquer tipo penal.
C) praticou o crime de fraude processual.
D) praticou o crime de denunciação caluniosa.
E) praticou o crime de autoacusação falsa.

↘ **Resolução:**

A figura da autoacusação está descrita no art. 341 do Código Penal.

↗ **Gabarito: "E".**

3. **(FCC – MPE-PE)** Dar causa à instauração de ação de improbidade administrativa contra alguém, imputando-lhe crime de que sabe inocente:

A) configura o delito de comunicação falsa de crime.
B) configura o delito de fraude processual.
C) configura o delito de fraude processual.
D) configura o delito de autoacusação falsa.
E) não tem relevância penal, porque a ação de improbidade administrativa é ação cível.

↘ **Resolução:**

Questão que exige a literalidade da lei, conforme dispõe o art. 339 do Código Penal, crime de denunciação caluniosa.

↗ **Gabarito: "B".**

4. **(FCC – TRF 4ª Região)** Paulo auxilia seu irmão, autor de crime a que é cominada pena de reclusão, a subtrair-se à ação de autoridade pública. Nesse caso, Paulo:

A) comete crime de fraude processual.
B) comete crime de favorecimento real, com redução da pena aplicada em metade.
C) comete crime de favorecimento pessoal, com redução da pena aplicada em metade.
D) fica isento de pena.
E) comete crime de favorecimento real.

↘ **Resolução:**

Nos termos do art. 348, § 2º, do Código Penal, se quem prestar o auxílio for irmão, como no caso da questão, ficará isento de pena.

↗ **Gabarito: "D".**

REFERÊNCIAS

BITENCOURT, Cezar Roberto. *Tratado de direito penal*: parte geral. 13. ed. São Paulo: Saraiva, 2008. v. 1.

CAPEZ, Fernando. *Curso de direito penal*: parte geral. 18. ed. São Paulo: Saraiva, 2014. v. 1.

GRECO, Rogério. *Curso de direito penal*. 13. ed. Niterói: Impetus, 2011. v. I.

JESUS, Damásio de. *Direito penal*. 29. ed. São Paulo: Saraiva, 2009, p. 107.

JUNQUEIRA, Gustavo; VANZOLINI, Patrícia. *Manual de direito penal*: parte geral. 4. ed. São Paulo: Saraiva, 2018.

PRADO, Luiz Regis. *Curso de direito penal brasileiro*: parte geral – arts. 1º a 120. 11. ed. São Paulo: Revista dos Tribunais, 2012. v. 1.

SANTOS, Juarez Cirino dos. *Direito penal*: parte geral. Curitiba: ICPC/Lumen Juris, 2006.

PAULO RALIN e RENATA ORSI

3

DIREITO DO TRABALHO

Sumário

1. PRINCÍPIOS DO DIREITO DO TRABALHO 278
   1.1 Questões 281
2. FONTES DO DIREITO DO TRABALHO 282
   2.1 Questões 283
3. INTEGRAÇÃO DO DIREITO DO TRABALHO 284
   3.1 Questões 285
4. RELAÇÃO DE TRABALHO E RELAÇÃO DE EMPREGO 286
   4.1 Questões 288
5. SUJEITOS DO CONTRATO DE TRABALHO 290
   5.1 Questões 296
6. SUCESSÃO DE EMPREGADORES 299
   6.1 Questões 299
7. RESPONSABILIDADE DO SÓCIO RETIRANTE 300
   7.1 Questões 300
8. CONTRATO DE TRABALHO 302
   8.1 Conceito e características 302
   8.2 Elementos de formação do contrato de trabalho 302
   8.3 Contrato de trabalho a prazo 303
   8.4 Alteração do contrato de trabalho 304
   8.5 Transferência de empregado 305
   8.6 Suspensão e interrupção do contrato de trabalho 305
   8.7 Terceirização 307
   8.8 Subempreitada 308
   8.9 Trabalho temporário 308
   8.10 Questões 309
9. IDENTIFICAÇÃO PROFISSIONAL 313
   9.1 Questão 315

10. AVISO PRÉVIO – CESSAÇÃO DO CONTRATO DE TRABALHO – ESTABILIDADES . . 315
    10.1 Aviso prévio 315
    10.2 Cessação do contrato de trabalho 316
    10.3 Estabilidades e garantias de emprego 320
    10.4 FGTS – Fundo de Garantia do Tempo de Serviço 323
    10.5 Questões 324
11. SALÁRIO E REMUNERAÇÃO 327
    11.1 Conceito e distinções 327
    11.2 Composição do salário 328
    11.3 Salário *in natura* (salário-utilidade) 329
    11.4 Classificações do salário 329
    11.5 Regras de proteção ao salário 330
    11.6 Questões 330
12. EQUIPARAÇÃO SALARIAL 332
    12.1 Questões 334
13. DANO EXTRAPATRIMONIAL 335
    13.1 Questões 336
14. DURAÇÃO DO TRABALHO E REPOUSO SEMANAL REMUNERADO 337
    14.1 Questões 342
15. FÉRIAS 344
    15.1 Questões 346
16. TRABALHO DA MULHER 347
    16.1 Questões 350
17. TRABALHO DO MENOR 351
    17.1 Questões 352
18. SEGURANÇA E MEDICINA NO TRABALHO 354
    18.1 Questões 356
19. DIREITO COLETIVO DO TRABALHO 357
    19.1 Questões 364
REFERÊNCIAS 365

1. PRINCÍPIOS DO DIREITO DO TRABALHO

O Direito do Trabalho não está separado dos demais ramos da ciência jurídica; mesmo sendo uma ciência autônoma, encontra amparo e ligações com demais ramos. Portanto, em regra, os princípios gerais do direito (igualdade, liberdade, propriedade privada etc.) também lhe são aplicáveis.

Porém, a doutrina costuma destacar princípios específicos desse ramo do Direito. Para a prova de concurso, recomenda-se o estudo dos princípios apontados por Américo Plá Rodriguez, quais sejam:

1) Princípio da proteção (ou princípio protecionista, protetivo, tutelar ou tuitivo)

O Direito do Trabalho confere superioridade jurídica a quem, na relação de emprego, é economicamente inferior e desprovido de poder jurídico para fazer frente ao empregador (ou seja, o empregado).

São 3 subdivisões do princípio da proteção:

a) Princípio do in dubio pro operario

Sempre que uma norma admitir diversas interpretações deverá prevalecer a mais favorável ao empregado. Em tal vertente, há dúvida na interpretação de apenas uma norma, e não um conflito entre leis.

Exemplo: o art. 10, II, *b*, do ADCT prevê que a estabilidade gestacional se estende desde a confirmação da gravidez até cinco meses após o parto; entretanto, não especifica se a confirmação deve ser feita pelo empregador (1ª interpretação) ou apenas pela própria gestante (2ª interpretação). Pela aplicação do *in dubio*, prevaleceu a corrente de que a confirmação deve ocorrer apenas por parte da gestante, sendo desnecessário o conhecimento pelo empregador (Súmula 244, I, do TST + RE 629.053 – STF).

b) Princípio da norma mais favorável

No conflito entre duas normas distintas (exemplos: Constituição *vs.* Lei; Lei *vs.* Acordo ou Convenção Coletiva de trabalho) prevalecerá a mais benéfica ao trabalhador (independentemente da hierarquia tradicional das normas jurídicas). Para apurar qual norma é a mais benéfica, prevalece a teoria do conglobamento, i.e., que interpreta as normas em sua inteireza para, ao final, determinar qual, globalmente, é mais benéfica ao trabalhador.

Exemplo: se determinado contrato de trabalho contemplar férias de 45 dias, em vez dos 30 dias tradicionalmente assegurados pelo art. 130 da CLT, a previsão do contrato valerá em detrimento da previsão legal – mesmo porque, na hierarquia tradicional de normas jurídicas, a legislação encontra-se acima dos contratos.

> **ATENÇÃO**
>
> A Lei da Reforma Trabalhista (Lei n. 13.467/2017) trouxe mitigações ao princípio da norma mais favorável, ao prever que, em determinadas matérias (previstas no art. 611-A da CLT, de forma exemplificativa), pode a negociação coletiva suprimir ou reduzir direitos do trabalhador. Para mais informações sobre o tema, veja, a seguir, o estudo sobre Direito Coletivo do Trabalho.

c) Princípio da condição mais benéfica (ou direito adquirido)

Vantagens mais benéficas já conquistadas pelo trabalhador não podem ser modificadas para pior (a respeito, cf. Súmula 51, I, do TST, que regulamenta a impossibilidade de alteração de vantagens previstas em Regulamento Interno de empresa, salvo para os empregados admitidos após a alteração, bem como Súmula 288 do TST, que trata de previdência complementar fornecida pelo empregador).

> **IMPORTANTE**
>
> Se determinada empresa prevê plano de saúde para seus empregados, não poderá reduzir o padrão para os empregadores já contratados. A redução, assim, somente afetará empregados contratados após a mudança (Súmula 51, I, do TST).

2) Princípio da irrenunciabilidade de direitos (indisponibilidade, inderrogabilidade dos direitos trabalhistas)

Como regra geral, os direitos trabalhistas são de ordem pública e, por isso, não podem ser renunciados/transacionados pelo trabalhador. Apenas algumas exceções são previstas na legislação, a saber, celebração de acordo nas Comissões de Conciliação Prévia (arts. 625-A e s. da CLT); celebração de acordo em audiência trabalhista (art. 846 da CLT); negociação com os sindicatos em algumas matérias (e.g., art. 7º, VI, da CF: redução salarial mediante negociação coletiva + art. 611-A da CLT); renúncia por um regulamento de empresa quando houver dois coexistentes (Súmula 51, II, do TST; Súmula 288, II, do TST) etc. Ainda, mister faz-se ressaltar que, é importante mencionar que o aviso prévio é direito irrenunciável pelo trabalhador (Súmula 276, TST), bem como o direito às férias – tanto que não se mostra possível a venda integral das férias, mas apenas de 1/3 do período.

> **ATENÇÃO**
>
> A Lei da Reforma Trabalhista (Lei n. 13.467/2017) trouxe importante mitigação a referido princípio. Além de prever a possibilidade de negociação *in pejus* pelo sindicato em determinadas matérias (previstas no art. 611-A da CLT), permitiu a determinados empregados a negociação direta de condições de trabalho com seu empregador, inclusive renunciando a direitos. Trata-se da figura do "empregado hipersuficiente", previsto no art. 444, parágrafo único, da CLT: empregado com diploma de nível superior e que percebe salário igual ou superior a duas vezes o limite máximo dos benefícios do RGPS ("teto da Previdência Social"). Tal empregado poderá negociar, diretamente com seu empregador, todos os direitos constantes do já mencionado art. 611-A da CLT.

3) Princípio da continuidade da relação de emprego

Como regra geral, o contrato de trabalho presume-se celebrado por prazo indeterminado, apenas se admitindo a celebração de contratos com prazos determinados nas hipóteses expressamente previstas em lei (a seguir explicitadas). Ademais, segundo tal princípio, o contrato de trabalho é contínuo e de trato sucessivo, não sendo afetado por hipóteses de suspensão e interrupção (a seguir estudadas).

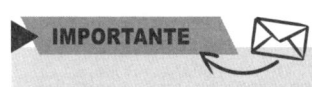

> **IMPORTANTE**
>
> O princípio da continuidade determina que o ônus de provar a rescisão contratual é sempre do empregador, na forma da Súmula 212 do TST. Assim, por exemplo, se o empregado ajuíza reclamação trabalhista alegando que foi dispensado, mas a empresa alega que ocorreu pedido de demissão, deverá provar o fato alegado.

4) Princípio da primazia da realidade

Para o direito do trabalho, não interessam formalismos, e sim a realidade da prestação de serviços. Assim, independentemente de qualquer acordo celebrado entre as partes de uma relação de trabalho, valerão as condições verificadas em concreto – em outras palavras, os fatos prevalecem sobre os documentos. Não por outra razão, a doutrina costuma afirmar que o contrato de trabalho é um "contrato-realidade": havendo prestação de serviços com os requisitos dos arts. 2º e 3º da CLT, verifica-se a relação de emprego, ainda que as partes tenham celebrado outra espécie contratual. A respeito, cf. art. 9º da CLT ("serão nulos de pleno direito os atos praticados com o objetivo de *desvirtuar* (...) a aplicação dos preceitos contidos na presente Consolidação").

Exemplo: o trabalhador é forçado pelo empregador a abrir uma empresa para ser contratado como pessoa jurídica (na chamada "pejotização"). Se, em juízo, lograr demonstrar que trabalhou com pessoalidade, habitualidade, onerosidade e subordinação, o contrato empresarial será descaracterizado e será reconhecido o vínculo de emprego.

> **ATENÇÃO**
>
> Com fulcro em tal princípio, o Tribunal Superior do Trabalho pacificou o posicionamento de que a anotação da CTPS gera presunção apenas relativa de veracidade (*iuris tantum*) e não absoluta (*iuris et de iure*) – cf. Súmula 12 do TST. Por isso, por exemplo, se houver anotação de salário na CTPS menor do que o efetivamente pago, poderá o trabalhador, mediante outras provas, desconstituir a anotação da CTPS, provando que recebia valor superior.

5) Princípio da razoabilidade

Embora inicialmente apontado por Américo Plá Rodriguez como princípio próprio do direito do trabalho, a atual doutrina questiona tal entendimento, já que a razoabilidade se mostra comum a todos os ramos da ciência jurídica. De qualquer forma, o princípio dita que, nas relações de trabalho, empregado e empregador devem primar por um comportamento padrão, que não destoe do comportamento tido como moralmente aceitável pela sociedade (comportamento do "bom pai de família" – *bonus pater familiae*). Assim, enquanto o empregado tem dever de fidelidade perante seu empregador, este deve reconhecer que o trabalhador, na relação de emprego, não perde sua característica de cidadão e, como tal, merece pleno respeito a seus direitos fundamentais.

Exemplo: embora seja admitida a instalação de câmeras de vigilância na empresa, não é possível, por força do princípio da razoabilidade, monitorar determinados ambientes, como banheiros e vestiários.

6) Princípio da boa-fé contratual

Mais uma vez, princípio comum a todos os ramos da ciência jurídica – porém, com aplicação intensificada no Direito do Trabalho. Dita que, na execução do contrato de trabalho, deve haver plena lealdade entre empregado e empregador, de forma a manter-se a confiança recíproca que é base para a manutenção da relação de emprego. Havendo quebra da confiança, há justa causa (tanto do empregado quanto do empregador).

Exemplo: empregado que divulga informações sigilosas da empresa manifestamente viola seu dever de boa-fé e, consequentemente, pode ser dispensado por justa causa (art. 482, *g*, da CLT).

7) Princípio da não discriminação

Também comum aos demais ramos do direito, deve ser observado tanto na contratação do trabalhador (assim, e.g., proíbem-se a exigência de experiência superior a 6 meses na função para admissão do trabalhador – art. 442-A da CLT – e a consideração do sexo na contratação, exceto funções específicas – art. 373-A da CLT) quanto na sua execução (ver, e.g., a questão da equiparação salarial) e na sua extinção (cf., nesse sentido, a Lei n. 9.029/95 e a Súmula 443 do TST, que tratam da dispensa discriminatória).

> **ATENÇÃO**
>
> Caso constatada a dispensa discriminatória do empregado, o art. 4º da Lei n. 9.029/95 prevê que este fará jus a indenização por danos morais e, ainda, poderá escolher entre:
>
> a) reintegração no emprego, com pagamento de todos os salários desde a dissolução contratual; ou

b) indenização em dobro, por todo o período de afastamento.

> **IMPORTANTE**
>
> As provas de concurso não costumam perguntar quais são os princípios de Direito do Trabalho, mas sim sua aplicação a casos concretos. Por isso, mais importante do que memorizar os princípios é entender seu conteúdo.

1.1 Questões

1. **(Instituto AOCP – TRT 1ª Região)** No que diz respeito aos princípios do direito material do trabalho, assinale a alternativa INCORRETA.
A) O direito comum é fonte subsidiária do direito do trabalho.
B) Em razão da vigência do princípio da proteção no direito do trabalho, é correto afirmar que, em havendo a coexistência de dois regulamentos em determinada empresa, a opção do empregado por um deles tem efeito jurídico de renúncia às regras do sistema do outro.
C) Em razão da vigência do princípio da proteção e da norma mais favorável no direito do trabalho, é correto afirmar que, em havendo a coexistência de dois regulamentos em determinada empresa, o empregado poderá aderir às regras mais benéficas de um ou de outro, não estando obrigado a fazer opção por apenas um deles.
D) O princípio da aplicação da norma mais favorável é um desdobramento do princípio da proteção.
E) O princípio da proteção pressupõe a proibição de alterações contratuais lesivas ao empregado, razão pela qual as cláusulas de regulamento de empresa que revoguem ou alterem vantagens deferidas anteriormente somente atingirão os trabalhadores admitidos após a revogação ou alteração respectiva.

↘ **Resolução:**
A alternativa incorreta é a "C". Em conformidade com a Súmula 51, II, do TST, na hipótese de coexistência de dois regulamentos da empresa, a opção do empregado por um deles tem efeito jurídico de renúncia às regras do sistema do outro. Referida regra representa uma exceção ao princípio da irrenunciabilidade dos direitos trabalhistas.

↗ **Gabarito: "C".**

2. **(FCC – TRT 6ª Região)** Invocando a regra da condição mais benéfica ao empregado, que se insere no princípio da proteção peculiar ao Direito do Trabalho, é correto afirmar:
A) Havendo conflito entre duas normas jurídicas, prevalece a mais favorável ao empregado.
B) Havendo dúvida quanto ao alcance da norma tutelar, julga-se a favor do empregado.
C) As normas legais não prevalecem diante de normas instituídas por convenção ou acordo coletivo, por terem estas destinação mais específica.
D) A supressão de direitos trabalhistas instituídos por regulamento de empresa só alcança os empregados admitidos posteriormente.
E) As condições estabelecidas em convenção coletiva de trabalho, quando mais favoráveis, prevalecem sobre as estipuladas em acordo.

↘ **Resolução:**
A alternativa correta é a "D". Nos termos da Súmula 51, I, do TST, as cláusulas regulamentares, que revoguem ou alterem vantagens deferidas anteriormente, só atingirão os trabalhadores admitidos após a revogação ou alteração do regulamento. Referido posicionamento reflete o princípio da condição mais benéfica ou direito adquirido.

↗ **Gabarito: "D".**

3. **(FCC – TRT 24ª Região)** O advogado Hércules pretende fundamentar uma tese na petição inicial de reclamatória trabalhista utilizando o ditame segundo o qual, ainda que haja mudanças vertiginosas no aspecto de propriedade ou de alteração da estrutura jurídica da empresa, não pode haver afetação quanto ao contrato de trabalho já estabelecido. Tal valor está previsto no princípio de Direito do Trabalho denominado:
A) razoabilidade.
B) disponibilidade subjetiva.
C) responsabilidade solidária do empregador.
D) asserção empresarial negativa.
E) continuidade da relação de emprego.

↳ **Resolução:**
A alternativa correta é a "E". De acordo com o princípio da continuidade da relação de emprego, o contrato de trabalho presume-se celebrado por prazo indeterminado, apenas se admitindo a celebração de contratos a prazo nas hipóteses expressamente previstas em lei. Esse princípio também reflete na sistemática da sucessão de empregadores, ocasião na qual as mudanças ocorridas na estrutura jurídica da empresa não afetarão os contratos de trabalho, na forma dos arts. 10 e 448 da CLT.

↗ **Gabarito: "E".**

4. **(FCC – TRT 14ª Região)** A relação objetiva evidenciada pelos fatos define a verdadeira relação jurídica estipulada pelos contratantes, ou seja, em matéria trabalhista, importa o que ocorre na prática mais do que as partes pactuaram, em forma mais ou menos expressa, ou o que se insere em documentos, formulários e instrumentos de contrato. Tal enunciado corresponde ao princípio específico do Direito do Trabalho:

A) Condição mais benéfica.
B) Primazia da realidade.
C) Intangibilidade contratual lesiva.
D) Busca do pleno emprego.
E) Continuidade da relação de emprego.

↳ **Resolução:**
A alternativa correta é a "B". O princípio da primazia da realidade determina que no Direito do Trabalho não interessam formalismos, mas sim a realidade da prestação de serviços. Dessa forma, independentemente de qualquer pactuação entre as partes de uma relação de trabalho, os fatos prevalecem sobre os documentos.

↗ **Gabarito: "B".**

5. **(FCC – TRT 24ª Região)** No estudo da Teoria Geral do Direito do Trabalho é correto afirmar que na hipótese de um instrumento coletivo de trabalho dispor sobre norma prevista na Consolidação das Leis do Trabalho (CLT), porém com determinação de multa com valor superior em caso de infração, é de se aplicar aquela norma em detrimento desta, com fundamento no princípio da:

A) primazia da realidade.
B) boa-fé contratual objetiva.
C) intangibilidade contratual objetiva.
D) aplicação da norma mais favorável.
E) leal contraprestação.

↳ **Resolução:**
A alternativa correta é a "D". Segundo o princípio da norma mais favorável, em caso de conflito entre duas normas diversas, prevalecerá aquela mais benéfica ao trabalhador, independentemente da hierarquia das normas jurídicas.

↗ **Gabarito: "D".**

2. FONTES DO DIREITO DO TRABALHO

Fontes do direito são instrumentos de onde este emana.

Mais importante do que conhecer as fontes do Direito do Trabalho é compreender sua inserção nas classificações trazidas pela doutrina – as quais podem ser sintetizadas da seguinte forma:

1) Fontes formais *vs.* fontes materiais

Fontes **formais** são instrumentos formais que exteriorizam o direito (leis, Constituição Federal, costume etc.), e fontes **materiais** são os fatores que ensejam o surgimento de normas (fatores sociais, econômicos, históricos etc. – por exemplo, o liberalismo, o comunismo etc.).

2) Fontes autônomas *vs.* fontes heterônomas

Fontes **heterônomas** são aquelas produzidas por terceiros (i.e., não integrantes da relação laboral – por exemplo, leis, decretos, Constituição Federal), enquanto fontes autônomas são oriundas das próprias partes sociais (por exemplo, acordos e convenções coletivas de trabalho, contrato individual de trabalho, costume etc.).

3) Fontes estatais *vs.* fontes extraestatais

As fontes podem ser **estatais** ou **extraestatais**, a depender de emanarem do Estado (e.g., lei, Constituição Federal, decretos etc.) ou de outros entes (e.g., acordos e convenções coletivos de trabalho).

As fontes do Direito do Trabalho, especificamente, são:

a) Constituição (especialmente arts. 7º a 11);
b) Consolidação das Leis do Trabalho – CLT (Decreto-lei n. 5.452/43);
c) Leis Ordinárias, Leis Complementares e Medidas Provisórias;
d) Atos do Poder Executivo (decretos e regulamentos, normas regulamentadoras, portarias (do MTE, por exemplo), provimentos, atos etc.);
e) Convenções e Acordos Coletivos de Trabalho;
f) Regulamento Interno de Empresa;
g) Contrato Individual de Trabalho;
h) Sentença normativa (art. 114, § 2º, da CF – decisão da Justiça do Trabalho em dissídios coletivos);
i) Usos e costumes;
j) Fontes de direito internacional, especialmente Convenções, Recomendações e Resoluções da OIT (desde que ratificadas pelo Brasil).

2.1 Questões

1. **(FCC – TRT 14ª Região)** A doutrina dominante classifica como fontes formais autônomas do Direito do Trabalho:
A) a Constituição Federal e as Medidas Provisórias.
B) as Portarias do Ministério do Trabalho e Emprego (MTE).
C) os fatos sociais e políticos que contribuíram para formação e a substância das normas jurídicas trabalhistas.
D) os acordos coletivos de trabalho e as convenções coletivas de trabalho.
E) as greves de trabalhadores em busca de melhores condições de trabalho.

↳ **Resolução:**
A alternativa correta é a "D". Fonte formal – instrumento formal que exterioriza o direito. Fonte autônoma – oriunda das próprias partes sociais.

↗ **Gabarito: "D".**

2. **(CESPE – TRT 8ª Região)** Em relação aos princípios e às fontes do direito do trabalho, assinale a opção CORRETA.
A) Em virtude do princípio da boa-fé, via de regra, o trabalhador pode renunciar a seu direito de férias, se assim preferir.
B) Na falta de disposições legais ou contratuais, a justiça do trabalho ou as autoridades administrativas poderão decidir o caso de acordo com os usos e costumes, que são fontes do direito do trabalho.
C) Por conter regras específicas acerca da maioria dos institutos trabalhistas, na análise de um caso concreto, a Consolidação das Leis do Trabalho pode se sobrepor aos dispositivos constantes da Constituição Federal de 1988 (CF).
D) A sentença normativa é fonte do direito do trabalho, mas não o são os atos normativos do Poder Executivo.
E) Os princípios gerais de direito não são aplicados na interpretação das normas do direito do trabalho, ainda que subsidiariamente.

↳ **Resolução:**
A alternativa correta é a "B". Nos termos do art. 8º, *caput*, da CLT, as autoridades administrativas e a Justiça do Trabalho, na falta de disposições legais ou contratuais, decidirão, conforme o caso, pela jurisprudência, por analogia, por equidade e outros princípios e normas gerais de direito, principalmente do direito do trabalho, e, ainda, de acordo com os usos e costumes e o direito comparado.

↗ **Gabarito: "B".**

3. **(FCC – TRT 15ª Região)** No Direito do Trabalho, as sentenças normativas da Justiça do Trabalho, os costumes e a Convenção Coletiva de Trabalho são classificados, respectivamente, como fontes:

A) formal autônoma, material heterônima e formal autônoma.
B) material autônoma, formal heterônima e formal autônoma.
C) formal autônoma, material heterônima e material heterônima.
D) material heterônima, formal autônoma e material heterônima.
E) formal heterônima, formal autônoma e formal autônoma.

↘ **Resolução:**
A alternativa correta é a "E". Sentenças normativas (art. 114, § 2º, da CF) – fonte formal (instrumento formal que exterioriza o direito) e heterônoma (produzidas por terceiros) / costumes – fonte formal (instrumento formal que exterioriza o direito) e autônoma (oriundos das próprias partes sociais) / convenção coletiva de trabalho – fonte formal (instrumento formal que exterioriza o direito) e autônoma (oriunda das próprias partes sociais).

↗ **Gabarito: "E".**

4. **(FCC – TRT 14ª Região)** O termo "fonte do direito" é empregado metaforicamente no sentido de origem primária do direito ou fundamento de validade da ordem jurídica. No Direito do Trabalho, o estudo das fontes é de relevada importância, subdividindo-se em algumas modalidades. Assim sendo, considera-se fonte formal heterônoma do Direito do Trabalho:

A) As convenções coletivas de trabalho firmadas entre sindicatos de categorias profissional e econômica.
B) Os acordos coletivos de trabalho firmados entre uma determinada empresa e o sindicato da categoria profissional.
C) As greves de trabalhadores por reajuste salarial de toda a categoria.
D) Os fenômenos sociais, políticos e econômicos que inspiram a formação das normas juslaborais.
E) A sentença normativa proferida em dissídio coletivo.

↘ **Resolução:**
A alternativa correta é a "E". Sentença normativa (art. 114, § 2º, da CF) – fonte formal (instrumento formal que exterioriza o direito) e heterônoma (produzidas por terceiros).

↗ **Gabarito: "E".**

3. INTEGRAÇÃO DO DIREITO DO TRABALHO

Integrar, segundo seu significado, seria incluir; neste caso jurídico, significa preencher lacunas. No Direito do Trabalho, o art. 8º da CLT contempla as principais regras acerca do tema:

> Art. 8º As autoridades administrativas e a Justiça do Trabalho, na falta de disposições legais ou contratuais, decidirão, conforme o caso, pela jurisprudência, por analogia, por equidade e outros princípios e normas gerais de direito, principalmente do direito do trabalho, e, ainda, de acordo com os usos e costumes, o direito comparado, mas sempre de maneira que nenhum interesse de classe ou particular prevaleça sobre o interesse público.
>
> § 1º O direito comum será fonte subsidiária do direito do trabalho.
>
> § 2º Súmulas e outros enunciados de jurisprudência editados pelo Tribunal Superior do Trabalho e pelos Tribunais Regionais do Trabalho não poderão restringir direitos legalmente previstos nem criar obrigações que não estejam previstas em lei.
>
> § 3º No exame de convenção coletiva ou acordo coletivo de trabalho, a Justiça do Trabalho analisará exclusivamente a conformidade dos elementos essenciais do negócio jurídico, respeitado o disposto no art. 104 da Lei n. 10.406, de 10 de janeiro de 2002 (Código Civil), e balizará sua atuação pelo princípio da intervenção mínima na autonomia da vontade coletiva.

Alguns pontos destacam-se sobre a matéria – a qual foi profundamente alterada pela Lei da Reforma Trabalhista (Lei n. 13.467/2017):

1) Os instrumentos de preenchimento de lacuna à disposição das autoridades

judiciárias e administrativas encontram-se no *caput* do artigo e são: jurisprudência, analogia, equidade, princípios gerais do direito e do direito do trabalho, usos e costumes e direito comparado;

2) É possível, ainda, a aplicação subsidiária do direito comum (normalmente, direito civil);

3) Como se sabe, o TST procede a constantes revisões do Direito do Trabalho, atualizando-o e adaptando-o às novas necessidades sociais por meio da edição de Súmulas e Orientações Jurisprudenciais (o chamado "ativismo judicial"). A reforma visa a limitar tal atuação, diante da previsão do art. 8º, § 2º, da CLT;

4) Também objetivando limitar os poderes da Justiça do Trabalho, o art. 8º, § 3º, da CLT consagra o princípio da intervenção mínima na autonomia da vontade coletiva, ao afirmar que, no exame de convenção coletiva ou acordo coletivo de trabalho, a Justiça do Trabalho analisará exclusivamente a conformidade dos elementos essenciais do negócio jurídico, respeitado o disposto no art. 104 do Código Civil (ou seja, não pode analisar o mérito da negociação – se é boa ou não para o trabalhador –, mas apenas se contém algum vício). A ideia, aqui, é fortalecer a negociação coletiva, como a seguir analisado.

3.1 Questões

1. **(FCC – TRT – 2ª Região)** Acerca das fontes do Direito do Trabalho, considere:

I. As autoridades administrativas e a Justiça do Trabalho, na falta de disposições legais ou contratuais, decidirão, conforme o caso, apenas pela jurisprudência, por analogia, por equidade, pelo direito comparado e outros princípios e normas gerais de direito, admitindo-se, excepcionalmente, que um interesse de classe ou particular prevaleça sobre o interesse público.

II. Súmulas e outros enunciados de jurisprudência editados pelo Tribunal Superior do Trabalho e pelos Tribunais Regionais do Trabalho não poderão restringir direitos legalmente previstos nem criar obrigações que não estejam previstas em lei.

III. No exame de convenção coletiva ou acordo coletivo de trabalho, a Justiça do Trabalho, além de analisar a conformidade dos elementos essenciais do negócio jurídico (agente capaz, objeto lícito, possível, determinado ou determinável e forma prescrita ou não defesa em lei), poderá anular cláusulas coletivas com base em juízos de valor sobre o pactuado, balizando sua atuação pelo princípio da intervenção adequada na autonomia da vontade coletiva.

Está correto o que se afirma APENAS em:

A) I.
B) II.
C) II e III.
D) I e III.
E) I e II.

↳ **Resolução:**

A alternativa correta é a "B". Conforme determina o art. 8º, § 2º, da CLT, as súmulas e outros enunciados de jurisprudência editados pelo Tribunal Superior do Trabalho e pelos Tribunais Regionais do Trabalho não poderão restringir direitos legalmente previstos nem criar obrigações que não estejam previstas em lei.

↗ **Gabarito: "B".**

2. **(FCC – TRT – 6ª Região)** O artigo 8º da Consolidação das Leis do Trabalho elenca algumas fontes subsidiárias ou supletivas do Direito do Trabalho, NÃO se incluindo:

A) direito comparado.
B) jurisprudência.
C) analogia.
D) usos e costumes.
E) convenção coletiva de trabalho.

↳ **Resolução:**

A alternativa correta é a "E". Nos termos do art. 8º, *caput*, da CLT, as autoridades administrativas e a justiça do trabalho, na falta de disposições legais ou contratuais, decidirão, conforme o caso, pela jurisprudência, por analogia, por equidade e outros princípios e normas gerais de direito, principalmente do Direito do Trabalho, e, ainda, de acordo com os usos e costumes e o direito comparado.

↗ **Gabarito: "E".**

3. **(FCC – TRT 15ª Região)** A Consolidação das Leis do Trabalho, no seu Título I – Introdução, prevê expressamente no art. 8º algumas modalidades de fontes do Direito do Trabalho, como a analogia. O dispositivo legal NÃO relaciona:

A) presunção jurídica.
B) princípios gerais do direito.
C) direito comparado.
D) equidade.
E) usos e costumes.

↘ **Resolução:**

A alternativa correta é a "A". Nos termos do art. 8º, *caput*, da CLT, as autoridades administrativas e a Justiça do Trabalho, na falta de disposições legais ou contratuais, decidirão, conforme o caso, pela jurisprudência, por analogia, por equidade e outros princípios e normas gerais de direito, principalmente do direito do trabalho, e, ainda, de acordo com os usos e costumes e o direito comparado.

↗ **Gabarito: "A".**

4. RELAÇÃO DE TRABALHO E RELAÇÃO DE EMPREGO

Relação de trabalho é gênero do qual a relação de emprego é espécie. Dessa forma, relação de trabalho pode ser conceituada como toda relação em que alguém (pessoa física) presta serviços a outrem (e.g., trabalho autônomo, avulso, eventual, voluntário etc.). Já relação de emprego é a prestação de serviços que contempla requisitos *cumulativos*, a saber (arts. 2º e 3º da CLT):

1) Pessoalidade

Inicialmente, o empregado, como sujeito obrigado à prestação de serviços, sempre será *pessoa física*, não havendo possibilidade de celebrar-se contrato de trabalho (e estabelecer-se relação empregatícia) entre duas pessoas jurídicas. De outra parte, por óbvio, o empregador poderá ser uma pessoa física ou jurídica, ou ente despersonalizado (como condomínio e massa falida).

Ainda, a pessoalidade determina que o empregado, por ser contratado por suas características pessoais, não pode se fazer substituir na prestação de serviços (salvo hipóteses excepcionais, admitidas pelo empregador). Trata-se de contrato *intuitu personae*. Assim, o empregado é contratado para prestar serviços pessoalmente e somente poderá ser substituído por outro no caso de haver aquiescência patronal e em situações excepcionais.

> **ATENÇÃO**
>
> Casos em que o trabalhador constitui pessoa jurídica para prestar serviços para determinada empresa, no fenômeno que ficou conhecido como "pejotização". Embora não se possa presumir a fraude em tais contratos, é certo que, se demonstrada a existência dos requisitos dos arts. 2º e 3º da CLT, poderá ser caracterizado o vínculo de emprego, por força do princípio da primazia da realidade.

2) Onerosidade

O empregado presta serviços ao empregador mediante pagamento de salário; assim, não é empregado o trabalhador voluntário.

3) Não eventualidade

Somente será empregado quem prestar serviços habitualmente ao **empregador**, i.e., com obrigação de assiduidade e comparecimento regular ao trabalho. Portanto, não é empregado o trabalhador eventual (e.g., o trabalhador que faz "bicos", o chapa, o garçom que trabalha em eventos etc.).

> **IMPORTANTE**
>
> Trabalhador avulso – cujo principal exemplo é o trabalhador portuário – é aquele que presta serviços de natureza urbana ou rural a diversas empresas, sem vínculo empregatício, com a intermediação do Órgão Gestor de Mão de Obra (OGMO) ou sindicato (veja-se que difere do trabalhador eventual porque este presta seus serviços de forma direta para o tomador, enquanto o avulso tem um intermediário). Para provas de concurso, memorizar que o avulso tem os mesmos direitos assegurados ao empregado comum, embora não possua relação de emprego (art. 7º, XXXIV, da CF).

4) Subordinação

O empregado sujeita-se ao poder diretivo do empregador, ou seja, às ordens por ele proferidas. Difere, portanto, do autônomo, que presta sua atividade por conta própria, assumindo os riscos dela decorrentes. Ressalte-se que o fato de determinado trabalhador depender economicamente do empregador é irrelevante para a caracterização da subordinação – deve restar provada a submissão às ordens do empregador (subordinação jurídica e não subordinação financeira ou técnica). Assim, é possível que o trabalhador dependa economicamente do empregador e seja autônomo; ou que um empregado não dependa, mas tenha vínculo de emprego mesmo assim.

> **ATENÇÃO**
>
> a) Exclusividade não é um dos requisitos da relação de emprego. Por isso, é possível que um empregado tenha diversos vínculos empregatícios, com empresas diferentes.
>
> b) A Lei da Reforma Trabalhista (Lei n. 13.467/2017) previu de forma expressa a figura do trabalhador autônomo no art. 442-B da CLT, dispondo que a contratação do autônomo, cumpridas todas as formalidades legais, com ou sem exclusividade, de forma contínua ou não, afasta a qualidade de empregado.

c) Estágio (Lei n. 11.788/2008) é ato educativo escolar supervisionado, desenvolvido no ambiente de trabalho, que visa à preparação para o trabalho produtivo de educandos que estejam frequentando o ensino regular em instituições de **educação superior**, de **educação profissional**, de **ensino médio**, da **educação especial** e dos **anos finais do ensino fundamental**, na modalidade profissional da educação de jovens e adultos (EJA).

O **estágio** poderá ser obrigatório ou não obrigatório. O estágio obrigatório é aquele cuja carga horária é requisito para aprovação e obtenção de diploma.

Quem pode contratar estagiários são pessoas jurídicas de direito público e direito privado, além de profissionais liberais de nível superior devidamente registrados em seus conselhos. É permitida a realização de estágio por estudantes estrangeiros matriculados em cursos superiores no País, desde que observado o prazo do visto temporário de estudante.

O estágio não gera vínculo empregatício, desde que observados os seguintes requisitos:

a) matrícula e frequência regular em um dos cursos acima mencionados;

b) celebração de termo de compromisso entre o estagiário, a parte concedente e a instituição de ensino;

c) compatibilidade entre as atividades realizadas e o termo de compromisso.

Ademais, o estágio deverá ser acompanhado por professor orientador da instituição de ensino e por supervisor da parte concedente (que pode supervisionar até 10 estagiários), comprovado por vistos nos relatórios (apresentados de 6 em 6 meses) e por menção de aprovação final.

Se qualquer um desses requisitos não for observado, haverá formação de vínculo direto entre a parte concedente do estágio e o estagiário, exceto quando se tratar da Administração Pública (no qual o estagiário terá direito apenas à remuneração e aos depósitos do FGTS – OJ 366 da SDI-1/TST).

São direitos assegurados ao estagiário:

- seguro contra acidentes pessoais;
- no caso de estágio não obrigatório, deve ser fornecida bolsa ou outra forma de contraprestação e auxílio-transporte (no estágio obrigatório, é faculdade das partes);
- a eventual concessão de benefícios relacionados a transporte, alimentação e saúde, entre outros, não caracteriza vínculo empregatício;
- saúde e segurança no trabalho;
- jornada máxima: 4 horas/dia e 20 horas/semana para estudantes de educação especial e dos anos finais do ensino fundamental; 6 horas/dia e 30 horas/semana no caso de educação superior, educação profissional e ensino médio. Nos cursos que alternem teoria e prática, a jornada poderá ser de 40 horas semanais, nos períodos em que não houver aulas presenciais. Ademais, nos períodos de avaliação, a carga horária do estágio será reduzida pelo menos à metade, segundo estipulado no termo de compromisso;
- o contrato não pode exceder dois anos, exceto se o estagiário for pessoa com deficiência (PcD);
- o estagiário tem direito a recesso anual de 30 dias para cada ano trabalhado, gozado, preferencialmente, durante as férias escolares. Se o estagiário receber bolsa, esse recesso deverá ser remunerado. Os dias de recesso serão concedidos de maneira proporcional, nos casos de o estágio ter duração inferior a 1 ano. Cabe frisar que não se trata de férias; por tal razão, não há direito ao terço constitucional e não há a possibilidade de venda de 1/3 do período.

4.1 Questões

1. **(FCC – TRT 20ª Região)** A Consolidação das Leis do Trabalho elenca na combinação dos artigos 2º e 3º os requisitos fáticos e jurídicos da relação de emprego. Nesse sentido:

A) torna-se inviável a prestação pessoal do trabalho, no curso do contrato, por certo período, o empregado poderá se fazer substituir por outro trabalhador.

B) um trabalhador urbano que preste serviço ao tomador com finalidade lucrativa, mesmo que por diversos meses seguidos, mas apenas em domingos ou finais de semana, configura-se como trabalhador eventual.

C) considerando que nem todo trabalho é passível de mensuração econômica, não se pode estabelecer que a onerosidade se constitui em um elemento fático-jurídico da relação de emprego.

D) somente o empregador é que, indistintamente, pode ser pessoa física ou jurídica, com ou sem finalidade lucrativa, jamais o empregado.

E) na hipótese de trabalhador intelectual, a subordinação está relacionada ao poder de direção do empregador, mantendo o empregado a autonomia da vontade sobre a atividade desempenhada, sem se reportar ao empregador.

↳ **Resolução:**

A alternativa correta é a "D". O requisito da pessoalidade na relação de emprego determina que o empregado, como sujeito obrigado à prestação de serviços, sempre será pessoa física, não havendo possibilidade de estabelecer-se relação empregatícia entre duas pessoas jurídicas.

↗ **Gabarito: "D".**

2. **(FCC – TRT – 14ª Região)** Quanto aos institutos jurídicos denominados "relação de trabalho" e "relação de emprego" é correto afirmar que:

A) A relação de emprego é uma espécie do gênero relação de trabalho.

B) Ambas possuem características idênticas, podendo se afirmar que são expressões sinônimas.

C) A relação de trabalho é modalidade derivada da relação de emprego.

D) Não há relação de trabalho se não houver relação de emprego.
E) São institutos independentes e não guardam nenhuma relação entre si.

↳ **Resolução:**
A alternativa correta é a "A". Relação de trabalho é gênero do qual a relação de emprego é espécie. Assim, a relação de trabalho pode ser conceituada como toda relação em que uma pessoa física presta serviços a outrem. Já a relação de emprego é a prestação de serviços que contempla os requisitos cumulativos previstos nos arts. 2º e 3º da CLT.

↗ **Gabarito: "A".**

3. **(FCC – TRT 4ª Região)** A relação de trabalho é o gênero do qual a relação de emprego é uma espécie. Dentre os requisitos legais previstos na Consolidação das Leis do Trabalho que caracterizam a relação empregatícia, NÃO está inserida a:
A) subordinação jurídica do trabalhador ao empregador.
B) infungibilidade em relação ao obreiro.
C) eventualidade dos serviços prestados.
D) onerosidade da relação contratual.
E) prestação dos serviços por pessoa física ou natural.

↳ **Resolução:**
A alternativa correta é a "C". De acordo com o requisito da não eventualidade, apenas será considerado como empregado quem prestar serviços habitualmente ao empregador, com obrigação de assiduidade e comparecimento regular ao trabalho.

↗ **Gabarito: "C".**

4. **(FCC – TRT 3ª Região)** Anacleto, policial militar, trabalhou para a empresa Indústria Mundo Novo Ltda. como agente de segurança nos horários em que não estava a serviço da corporação. Na referida empresa, Anacleto cumpria expressamente as ordens emanadas da direção, recebia um salário mensal, e trabalhava de forma contínua e ininterrupta todas as vezes que não estava escalado na corporação. Considerando a situação apresentada:
A) estando presentes as características da relação de emprego, existe vínculo empregatício entre a empresa Indústria Mundo Novo Ltda. e Anacleto, porém a situação de militar de Anacleto impede o reconhecimento desse vínculo.
B) não existe vínculo empregatício entre a empresa Indústria Mundo Novo Ltda. e Anacleto, já que o trabalho prestado por Anacleto para essa empresa ocorria apenas nas ocasiões em que Anacleto não estava escalado na corporação, caracterizando, portanto, trabalho eventual.
C) não existe vínculo empregatício entre a empresa Indústria Mundo Novo Ltda. e Anacleto, já que o trabalho prestado por Anacleto para essa empresa constitui trabalho autônomo.
D) o vínculo de emprego entre a empresa Indústria Mundo Novo Ltda. e Anacleto somente pode ser reconhecido nos períodos em que Anacleto não estava escalado na corporação e em que houve trabalho efetivo em favor da empresa Indústria Mundo Novo Ltda.
E) estando presentes as características da relação de emprego, é legítimo o reconhecimento do vínculo de emprego entre a empresa Indústria Mundo Novo Ltda. e Anacleto, independentemente do eventual cabimento de penalidade disciplinar prevista no estatuto do policial militar.

↳ **Resolução:**
A alternativa correta é a "E". Nos termos da Súmula 386 do TST, preenchidos os requisitos do art. 3º da CLT, é legítimo o reconhecimento de relação de emprego entre policial militar e empresa privada, independentemente do eventual cabimento de penalidade disciplinar prevista no estatuto do policial militar.

↗ **Gabarito: "E".**

5. **(FCC – TRT – 6ª Região)** O requisito essencial previsto em lei para caracterizar uma relação como sendo de emprego e que não precisa se verificar em qualquer relação de trabalho é a:
A) exclusividade.
B) ausência de onerosidade.
C) subordinação jurídica.
D) boa-fé contratual objetiva.
E) autonomia privada coletiva.

↳ **Resolução:**
A alternativa correta é a "C". Nas relações de emprego, o requisito da subordinação determina que o em-

pregado presta serviços sujeito ao poder diretivo do empregador, isto é, sujeito às ordens por ele proferidas.

↗ **Gabarito: "C".**

6. (FCC – TRT – 8ª Região) Determinado órgão da administração pública fundacional do Município de Campinas, Estado de São Paulo, ofereceu estágio em área operacional específica. Neste caso, este órgão:

A) não estará obrigado a contratar, em favor do estagiário, seguro contra acidentes pessoais em razão da natureza de pessoa jurídica de direito público.
B) não poderá oferecer estágio, uma vez que se trata de um órgão público e não privado.
C) poderá deixar de celebrar termo de compromisso com a instituição de ensino e o educando em razão da sua natureza de pessoa jurídica de direito público.
D) indicará funcionário de seu quadro de pessoal, com formação ou experiência profissional na área de conhecimento desenvolvida no curso do estagiário, para orientar e supervisionar até quinze estagiários simultaneamente.
E) deverá enviar à instituição de ensino responsável, com periodicidade mínima de seis meses, relatório de atividades, com vista obrigatória ao estagiário.

↳ **Resolução:**
A alternativa correta é a "E". De acordo com o art. 9º da Lei n. 11.788/2008, as pessoas jurídicas de direito privado e os órgãos da administração pública direta, autárquica e fundacional de qualquer dos poderes da união, dos estados, do distrito federal e dos municípios, bem como profissionais liberais de nível superior devidamente registrados em seus respectivos conselhos de fiscalização profissional, podem oferecer estágio, devendo, entre outras obrigações, enviar à instituição de ensino, com periodicidade mínima de 6 meses, relatório de atividades, com vista obrigatória ao estagiário.

↗ **Gabarito: "E".**

5. SUJEITOS DO CONTRATO DE TRABALHO

São sujeitos do **contrato de trabalho, que compõe a relação jurídica trabalhista**:

1) Empregado

Conforme preceitua o art. 3º da CLT, é toda pessoa física que presta serviços de natureza não eventual a empregador, sob a dependência deste e mediante salário. Além do empregado típico previsto pela CLT, outras espécies podem ser encontradas na legislação, destacando-se:

a) Empregado em domicílio

Segundo o art. 6º da CLT, não há qualquer distinção entre o empregado atuante na empresa e aquele que *trabalha em sua residência*, desde que presentes os requisitos da relação de emprego.

Tal equiparação estende-se, inclusive, ao teletrabalhador, i.e., trabalhador que presta serviços em seu domicílio em contato com o empregador por meios telemáticos e informáticos (nesse sentido, o parágrafo único do art. 6º da CLT dispõe que o controle realizado pelas vias telemáticas equipara-se ao controle direto pelo empregador, evidenciando a possibilidade de existir subordinação também no teletrabalho).

> **ATENÇÃO**
>
> A Lei da Reforma Trabalhista (Lei n. 13.467/2017) regulamentou o teletrabalho nos arts. 75-A a 75-E da CLT – cuja leitura atenta se recomenda. Importante ressaltar, entretanto, que a regulamentação do teletrabalho é matéria expressamente autorizada à negociação coletiva, na forma do art. 611-A, VIII, da CLT.

A CLT conceitua teletrabalho como a prestação de serviços preponderantemente fora das dependências do empregador, com a utilização de tecnologias de informação e de comunicação que, por sua natureza, não se constituam como trabalho externo (art. 75-B, *caput*, da CLT). Embora o trabalho seja preponderantemente externo, prevê o art. 75-B, parágrafo único, da CLT que o comparecimento, pelo empregado, às dependências do empregador, para a realização de atividades específicas que exijam sua presença (por exemplo, reuniões e treinamentos) não descaracteriza o regime de teletrabalho.

A prestação de serviços em regime de teletrabalho deverá constar expressamente do **contrato de trabalho**, especificando-se as atividades que serão realizadas pelo empregado (art. 75-C, *caput*, da CLT).

Quanto à alteração de regimes, dispõe a CLT que poderá ser realizada a **alteração entre regime presencial e de teletrabalho**, desde que haja mútuo acordo entre as partes, registrado em aditivo contratual (art. 75-C, § 1º, da CLT); por outro lado, na alteração do regime de **teletrabalho para o presencial** por determinação do empregador, deverá ser garantido prazo de transição mínimo de quinze dias, com correspondente registro em aditivo contratual (art. 75-C, § 2º, da CLT).

No que tange às **ferramentas de trabalho**, a CLT prevê que as disposições relativas à responsabilidade pela aquisição, manutenção ou fornecimento dos equipamentos tecnológicos e da infraestrutura necessária e adequada à prestação do trabalho remoto, bem como ao reembolso de despesas arcadas pelo empregado, serão previstas em contrato escrito (art. 75-D da CLT) – ou seja, não necessariamente serão de responsabilidade do empregado, podendo ser acordado que serão também custeadas pelo empregado.

De qualquer maneira, as utilidades eventualmente fornecidas pelo empregador para prestação dos serviços **não integram a remuneração do empregado** (art. 75-D, parágrafo único, da CLT).

Visando à prevenção de acidentes e doenças laborais, previu-se que o empregador deverá **instruir** os empregados, de maneira expressa e ostensiva quanto às precauções a tomar a fim de evitar doenças e acidentes do trabalho, devendo o empregado assinar **termo de responsabilidade** comprometendo-se a seguir as instruções fornecidas pelo empregador (art. 75-E da CLT).

Finalmente, previsão extremamente relevante consta do art. 62, III, da CLT: o teletrabalho passa a ser uma das **exceções ao controle de jornada**.

b) Empregado doméstico

Expressamente excluído da regulamentação da CLT (art. 7º), é disciplinado pela Lei Complementar n. 150/2015. Distingue-se do empregado comum por prestar serviços contínuos de *finalidade não lucrativa* à pessoa ou à família no âmbito residencial destas. Inicialmente, com relação à **continuidade**, a legislação entende como doméstico o trabalhador que presta serviços durante três ou mais vezes por semana (se trabalhar por período inferior, será considerado diarista). Não confundir com o requisito "habitualidade", que admite uma frequência menor. De outra parte, o conceito **de âmbito residencial** compreende a *casa e suas extensões* (e.g., jardim, carro da família, casa de campo, apartamento na praia – portanto, são considerados empregados domésticos o caseiro, o motorista, a babá, a enfermeira contratada para cuidar de pessoa idosa ou doente etc.). Quanto à **ausência de finalidade lucrativa** da atividade, ressalte-se que o empregador não pode aproveitar o trabalho do doméstico com finalidade de obter lucros (e.g., vender bolos e doces com a ajuda da cozinheira), sob pena de vê-lo transformado em um empregado comum. Quanto aos direitos assegurados ao doméstico, destacam-se:

i) Idade mínima para o trabalho de 18 anos, conforme Convenção n. 182/99 da OIT;

ii) Possibilidade de contratação por prazo determinado em contrato de experiência (com duração máxima de 90 dias, podendo ser prorrogado uma vez, dentro desse prazo) ou para atender a necessidades familiares de natureza transitória e para substituição temporária de empregado doméstico com contrato de trabalho interrompido ou suspenso (com duração limitada ao término do evento que motivou a contratação, sendo, no máximo, de 2 anos);

iii) Duração normal do trabalho de 8h/dia e 44h/semana, com direito a remuneração das horas extras em, no mínimo, 50%. É obrigatório registro do horário de trabalho do empregado por qualquer meio manual, mecânico ou eletrônico;

iv) Possibilidade de negociação de sistema de compensação de jornada, mediante acordo escrito. Nesse caso, as primeiras 40 horas mensais deverão ser pagas como extraordinárias, salvo se compensadas no mesmo mês; as horas que ultrapassarem 40 horas mensais deverão ser compensadas em, no máximo, um ano. Assim, por exemplo, se o empregado fizer 30 horas extraordinárias no mês, as horas não compensadas dentro deste mês deverão ser pagas como horas extras (por exemplo, se só compensar 20, terão de ser pagas as outras 10). Porém, se o empregado fizer 60 horas extraordinárias no mês, o empregador só será obrigado a pagar 40 no mês – as demais poderão ser compensadas em até um ano. Por exemplo, fez 60 horas, e conseguiu compensar 30 no mês: o empregador deve pagar 10 e as outras 20 ficam para compensação em até um ano;

v) Remuneração em dobro ao trabalho não compensado prestado em domingos e feriados, sem prejuízo da remuneração relativa ao repouso semanal;

vi) Possibilidade de contratação a tempo parcial, por, no máximo, 25 horas semanais, e para cumprimento de jornada 12 x 36;

> **ATENÇÃO**
>
> A Lei da Reforma Trabalhista (Lei n. 13.467/2017) alterou os parâmetros do trabalho a tempo parcial constantes do art. 58-A da CLT. Porém, tais alterações não se aplicam ao empregado doméstico, que tem regulamentação própria da matéria.

vii) Caso o empregado acompanhe o empregador em viagem (o que só pode ocorrer mediante prévio acordo escrito entre as partes), serão consideradas como de trabalho apenas as horas efetivamente trabalhadas, podendo as horas extraordinárias ser compensadas em outro dia. Ademais, a remuneração-hora do serviço em viagem será, no mínimo, 25% (vinte e cinco por cento) superior ao valor do salário-hora normal. Esse acréscimo, porém, pode ser convertido em acréscimo ao banco de horas, mediante acordo, a ser utilizado a critério do empregado;

viii) Intervalo intrajornada mínimo de 1 hora e, no máximo, de 2 horas; porém, mediante prévio acordo escrito entre empregador e empregado, referido intervalo poderá ser reduzido a 30 minutos. Ademais, caso o empregado resida no local de trabalho, o período de intervalo poderá ser desmembrado em 2 períodos, desde que cada um deles tenha, no mínimo, 1 hora, até o limite de 4 horas ao dia. Nesse caso, é obrigatória a anotação dessa condição no registro diário de horário, vedada sua prenotação;

ix) Intervalo interjornada de, no mínimo, 11 horas consecutivas;

x) Anotação obrigatória do contrato de trabalho na CTPS, efetuada contra recibo, dentro de 48 horas;

> **IMPORTANTE**
>
> A Lei da Liberdade Econômica (Lei n. 13.874/2019) alterou o art. 29, *caput*, da CLT, passando a determinar que o empregador

> terá o prazo de 5 dias úteis para anotar na CTPS, em relação aos trabalhadores que admitir, a data de admissão, a remuneração e as condições especiais, se houver, facultada a adoção de sistema manual, mecânico ou eletrônico. Porém, tais alterações não se aplicam ao empregado doméstico, que tem regulamentação própria da matéria.

xi) Jornada noturna, considerada das 22h de um dia às 5h do outro, com duração de 52 minutos e 30 segundos, e adicional noturno de, no mínimo, 20% da remuneração da hora normal;

xii) Férias de 30 dias (com acréscimo remuneratório de 1/3), após cada período de 12 meses de trabalho (com período concessivo de 12 meses). No caso de rescisão do contrato (exceto por justa causa), haverá direito a 1/12 por mês ou fração superior a 14 dias. É admitido o fracionamento de férias, a critério do empregador, em até dois períodos, um deles de no mínimo 14 dias corridos. Também há direito ao abono pecuniário de férias (máximo: 1/3) – porém, este deverá ser requerido em até 30 dias antes do término do período aquisitivo. Ainda, é lícito ao empregado que reside no local de trabalho nele permanecer durante as férias;

xiii) Vedação a descontos no salário do empregado por fornecimento de alimentação, vestuário, higiene ou moradia, bem como por despesas com transporte, hospedagem e alimentação em caso de acompanhamento em viagem (havendo previsão expressa de que referidas parcelas não têm natureza salarial). São permitidos, apenas, descontos relativos a:

- adiantamentos salariais;
- mediante acordo escrito entre as partes, para a inclusão do empregado em planos de assistência médico-hospitalar e odontológica, de seguro e de previdência privada, não podendo a dedução ultrapassar 20% do salário; e
- despesas de moradia quando esta se referir a local diverso da residência em que ocorrer a prestação de serviço, desde que essa possibilidade tenha sido expressamente acordada entre as partes;

xiv) DSR e feriados;

xv) 13º salário;

xvi) Vale-transporte, o qual poderá ser substituído, a critério do empregador, pela concessão, mediante recibo, dos valores para a aquisição das passagens necessárias ao custeio das despesas decorrentes do deslocamento residência-trabalho e vice-versa;

xvii) Integração obrigatória na Previdência Social, com contribuição de 8% sobre o salário-de-contribuição, por parte do empregador, e 8, 9 ou 11%, por parte do empregado;

xviii) Integração obrigatória ao FGTS, com depósito de 8% da remuneração, a cargo do empregador;

xix) Proteção contra a dispensa sem justa causa, dispondo a lei que o empregador doméstico, mensalmente, deverá depositar 3,2%, na conta vinculada do FGTS, sobre a remuneração do empregado, destinada ao pagamento de indenização compensatória no caso de perda do emprego, sem justa causa ou por culpa do empregador. Esse valor substitui a multa de 40% do empregado comum. O valor depositado será movimentado pelo empregador em caso de dispensa por justa causa, demissão, término do contrato de trabalho por prazo determinado, aposentadoria, falecimento do empregado doméstico. Na hipótese de culpa recíproca, metade dos valores previstos será movimentada pelo empregado, enquanto a outra metade será movimentada pelo empregador.

Em matéria de justa causa do empregado doméstico, ademais das situações compreendidas no art. 482 da CLT, é inserida a hipótese de submissão a maus-tratos de idoso, de enfermo, de pessoa com deficiência ou de criança sob cuidado direto ou indireto do empregado (art. 27 da Lei Complementar n. 150/2015). Em matéria de justa causa do empregador, além das hipóteses do art. 483 da CLT, também são consideradas quaisquer das formas de violência doméstica ou familiar contra mulheres de que trata o art. 5º da Lei n. 11.340, de 7 de agosto de 2006 (art. 27, parágrafo único, da Lei Complementar n. 150/2015);

xx) Aviso prévio proporcional ao tempo de serviço;

xxi) Licença-maternidade e estabilidade gestacional;

xxii) Prescrição do art. 7º, XXIX, da CF;

xxiii) Seguro contra acidentes do trabalho, a cargo do empregador, no percentual de 0,8% da remuneração;

xxiv) Seguro-desemprego, na forma da Lei n. 7.998, de 11 de janeiro de 1990, no valor de 1 (um) salário mínimo, por período máximo de 3 meses, de forma contínua ou alternada.

c) Empregado rural

Caracterizado pelos mesmos requisitos do empregado urbano, com a ressalva de que este presta serviços a empregador rural (caracterização feita pela atividade do empregador), em prédio rural ou rústico.

> **ATENÇÃO**
>
> Empregado rural tem alguns direitos diferenciados em relação ao empregado comum. O mais importante deles é a diferenciação no que tange ao trabalho noturno, a seguir estudada com mais vagar: para empregados da pecuária, o horário noturno vai das 20h às 4h e, da agricultura, das 21h às 5h, ambos com adicional de 25% sobre a hora diurna (art. 7º da Lei n. 5.889/73).

d) Empregado hipersuficiente

Criado pela Lei da Reforma Trabalhista (Lei n. 13.467/2017), tal trabalhador é caracterizado pelo fato de receber **salário mais elevado** (i.e., igual ou superior a duas vezes o limite máximo dos benefícios do Regime Geral de Previdência Social, hoje correspondente a R$ 5.531,13) e de **portar diploma de nível superior** (art. 444, parágrafo único, CLT).

Preenchidas tais condições, o empregado hipersuficiente poderá negociar diretamente com seu empregador as condições de trabalho previstas no art. 611-A da CLT (i.e., as mesmas em relação às quais é permitida a negociação *in pejus* pelo sindicato). Entre as matérias permitidas, destacam-se: redução de intervalo intrajornada, sobreaviso, modalidades de remuneração, troca de dias de feriado, enquadramento do grau de insalubridade etc.

> **IMPORTANTE**
>
> Com a Lei da Reforma Trabalhista (Lei n. 13.467/2017), passa a ser possível a determinados empregados a realização de arbitragem, na forma do art. 507-A da CLT. Trata-se dos trabalhadores que tenham remuneração superior a duas vezes o limite máximo dos benefícios do RGPS (independentemente, portanto, do diploma de nível superior – o que os diferencia dos empregados hipersuficientes, acima mencionados) –, para os quais poderá ser pactuada **cláusula compromissória de arbitragem**, por iniciativa do empregado ou mediante a sua concordância expressa.

e) Empregado intermitente

Positivado na legislação brasileira com a Lei da Reforma Trabalhista (Lei n. 13.467/2017), o trabalho intermitente é aquele em que o empregado, embora subordinado ao empregador, não tem habitualidade na prestação de serviços – a qual ocorre com alternância entre períodos de trabalho e de inatividade (art. 452-A da CLT). No período de inatividade, o empregado não se considera à disposição do empregador (e, portanto, não será remunerado); por isso, pode prestar serviços a outros tomadores.

Em síntese, o trabalhador – embora devidamente registrado e vinculado à empresa – recebe apenas pelos dias em que trabalhar, efetivamente (assim, por exemplo, pode acontecer de o empregado trabalhar um dia e ficar outro dia sem trabalhar, ou uma semana, ou um mês).

Aplica-se a qualquer espécie de atividade do empregado e do empregador, exceto para os aeronautas, pois estes são regidos por legislação própria (art. 443, § 3º, da CLT).

O art. 452-A da CLT prevê diversas regras envolvendo o trabalho intermitente:

i) Será celebrado **por escrito** e deve conter especificamente o **valor da hora de trabalho** (o qual não pode ser inferior ao valor horário do salário mínimo ou àquele devido aos demais empregados do estabelecimento que exerçam a mesma função, em contrato intermitente ou não);

ii) Ao final da prestação de serviços, o empregador deverá pagar imediatamente ao empregado: a remuneração, o proporcional das férias (acrescido de 1/3), o proporcional do 13º, o DSR e os adicionais legais (parcelas discriminadas no recibo de pagamento). Ainda, o empregador deverá recolher as contribuições previdenciárias e os depósitos do FGTS com base no total dos valores pagos mensalmente ao empregado;

iii) O empregador deve convocar o empregado, por qualquer meio de comunicação eficaz, para a prestação de serviços, informando qual será a jornada, com, pelo menos, **três dias corridos de antecedência**;

iv) Recebida a convocação, o empregado terá o prazo de **um dia útil para responder** ao chamado, presumindo-se, no silêncio, a recusa. A recusa é livre ao empregado e, portanto, não descaracteriza a subordinação.

v) Uma vez **aceita a oferta** para o comparecimento ao trabalho, as partes ficam vinculadas a essa aceitação. Assim, se qualquer uma das partes a descumprir, sem justo motivo (ou seja, empregado não comparece ao trabalho ou o empregador não recebe o trabalho do empregado), pagará à outra, no prazo de trinta dias, **multa de 50% da remuneração** que seria devida, permitida a compensação em igual prazo;

vi) A cada doze meses de trabalho, o empregado adquire direito a usufruir, nos doze meses subsequentes, um mês de **férias** (período durante o qual não poderá ser convocado para prestar serviços pelo mesmo empregador).

2) Empregador

Conforme disposto pelo art. 2º da CLT, é "a empresa, individual ou coletiva, que, assumindo os riscos da atividade econômica, admite, assalaria e dirige a prestação pessoal de serviço". São equiparados ao empregador os profissionais liberais, as instituições de beneficência, as associações recreativas ou outras instituições sem fins lucrativos, que admitirem trabalhadores como empregados (empregador por equiparação).

Também se enquadram no conceito os grupos econômicos. i.e., grupos de empresas que, embora tenham personalidade jurídica própria, estejam sob a direção, controle ou administração de outra – nessa situação, todas as empresas do grupo são **solidaria-**

mente responsáveis pelas dívidas trabalhistas contraídas.

É importante ressaltar que, conforme a Lei da Reforma Trabalhista (Lei n. 13.467/2017), não caracteriza grupo econômico a mera identidade de sócios, sendo necessárias, para a configuração do grupo, a demonstração do interesse integrado, a efetiva comunhão de interesses e a atuação conjunta das empresas dele integrantes (art. 2º, § 3º, da CLT).

> **ATENÇÃO**
>
> Quando o empregado prestar serviços a mais de uma empresa do grupo econômico no mesmo horário de trabalho será considerada a existência de um único contrato de **trabalho**, salvo ajuste em contrário (grupo econômico como *empregador único* – Súmula 129 do TST).

> **IMPORTANTE**
>
> A CLT é omissa com relação às sanções que podem ser aplicadas pelo empregador, contemplando, apenas, a suspensão disciplinar (de, no máximo, 30 dias, sob pena de restar configurada a rescisão injusta do contrato de trabalho – art. 474 da CLT) e a dispensa com justa causa (art. 482 da CLT). Entretanto, a doutrina entende possível, também, a aplicação de advertência verbal ou escrita – tudo a depender da gravidade do ato praticado. Ainda, é importante ressaltar que também existe, no Direito do Trabalho, vedação ao *bis in idem*, não podendo o empregador aplicar mais de uma sanção ao mesmo ato praticado pelo empregado (por exemplo, flagra o empregado furtando dinheiro do caixa da empresa e aplica suspensão de 30 dias; ao retornar, dispensa o empregado com justa causa).

5.1 Questões

1. **(FCC – TST)** Sobre a legislação que regula o trabalho doméstico:
A) é lícita a contratação por prazo determinado de empregado para substituir temporariamente outro com contrato interrompido ou suspenso, não podendo ser firmado por prazo superior a 1 ano.
B) o acompanhamento do empregador em viagem pelo seu empregado deve ser previamente pactuado por escrito entre eles, sendo que a remuneração do salário-hora em viagem será de, no mínimo, 50% do salário-hora normal.
C) o período de férias poderá, desde que haja acordo escrito entre empregado e empregador, ser fracionado em até 2 períodos, sendo 1 deles de, no mínimo, 14 dias corridos.
D) é facultado ao empregador efetuar descontos no salário do empregado, mediante acordo escrito entre as partes, para a inclusão do empregado em planos de previdência privada, não podendo a dedução ultrapassar 30% do salário.
E) poderão ser descontadas do salário do empregado as despesas com moradia quando essa se referir a local diverso da residência em que ocorrer a prestação de serviço, desde que essa possibilidade tenha sido expressamente acordada entre as partes.

↳ **Resolução:**
A alternativa correta é a "E". Conforme disposto no art. 18, § 2º, da Lei Complementar n. 150/2015, poderão ser descontadas as despesas com moradia do salário do empregado doméstico quando essa se referir a local diverso da residência em que ocorrer a prestação de serviço, desde que essa possibilidade tenha sido expressamente acordada entre as partes.

↗ **Gabarito: "E".**

2. **(FGV – TRT 12ª Região)** Gilda pretende contratar uma babá para tomar conta de sua filha. De acordo com a Lei de Regência, a idade mínima para que alguém seja contratado como empregado doméstico é de:
A) 14 anos.
B) 16 anos.
C) 18 anos.
D) 20 anos.
E) 21 anos.

↳ **Resolução:**
A alternativa correta é a "C". Nos termos do art. 1º, parágrafo único, da LC n. 150/2015, é vedada a contratação de menor de 18 anos para desempenho de trabalho doméstico, de acordo

com a Convenção n. 182/99 da Organização Internacional do Trabalho (OIT).

↗ Gabarito: "C".

3. **(FCC –TRT 11ª Região)** Matias é motorista da família Silva prestando seus serviços três dias da semana, no qual leva e busca as crianças na escola. Felícia é jardineira exercendo suas atividades para a família Silva quatro vezes por semana. Gilberto faz faxina na residência da família Silva uma vez por semana. E, por fim, Deise é acompanhante da matriarca da família Silva duas vezes por semana. Nestes casos, observando-se o requisito temporal e considerando que os demais requisitos legais estão presentes, são empregados domésticos:

A) Matias e Felícia, apenas.
B) Matias, Felícia e Deise, apenas.
C) Matias, e Deise, apenas.
D) Matias, Felícia, Gilberto, apenas.
E) Matias, Felícia, Gilberto e Deise.

↘ Resolução:
A alternativa correta é a "A". Em conformidade com o art. 1º, *caput*, da Lei Complementar n. 150/2015, será considerado como empregado doméstico aquele que presta serviços de forma contínua, subordinada, onerosa e pessoal e de finalidade não lucrativa à pessoa ou à família, no âmbito residencial destas, por mais de 2 dias por semana.

↗ Gabarito: "A".

4. **(FCC – TRT 7ª Região)** Considere as assertivas a seguir a respeito do empregado rural.

I. O empregado rural que labora na lavoura possui o horário noturno de trabalho das vinte horas de um dia às quatro horas do dia seguinte.
II. As férias do rurícola são de trinta dias úteis, havendo norma legal específica neste sentido.
III. É devido a licença-maternidade, com duração de cento e vinte dias, à trabalhadora rural.
IV. O empregado rural possui direito ao salário-família em igualdade de condições com o trabalhador urbano.

É correto o que se afirma APENAS em:
A) III e IV.
B) I e IV.
C) I, III e IV.
D) II e III.
E) II, III E IV.

↘ Resolução:
A alternativa correta é a "A".
III. Art. 7º, XVIII, da CF e art. 392, *caput*, da CLT.
IV. Art. 7º, XII, da CF.

↗ Gabarito: "A".

5. **(FCC – TRT 2ª Região)** Luiz, empregado da empresa Alfa, ingressou com reclamação trabalhista contra a mesma e também contra as empresas Beta e Gama, que não estão sob a direção, controle ou administração de outra, ao argumento de que integram grupo econômico, pois possuem identidade de sócios. Na mesma reclamação trabalhista, Luiz pede o reconhecimento de sucessão por parte da empresa Delta. Neste caso, nos termos da lei vigente:

A) caracterizada a sucessão empresarial ou de empregadores, as obrigações trabalhistas, salvo as contraídas à época em que os empregados trabalhavam para a empresa sucedida, são de responsabilidade do sucessor. A empresa sucedida responderá solidariamente com a sucessora quando ficar comprovada fraude na transferência.

B) a mera identidade de sócios, por si só, caracteriza grupo econômico, independentemente da demonstração do interesse integrado, efetiva comunhão de interesses e atuação conjunta das empresas dele integrantes.

C) não é possível o reconhecimento de existência de grupo econômico se as empresas não estiverem sob a direção, controle ou administração de outra.

D) as empresas integrantes do mesmo grupo econômico sempre serão responsáveis subsidiariamente pelas obrigações decorrentes da relação de emprego.

E) sempre que uma ou mais empresas, tendo, embora, cada uma delas, personalidade jurídica própria, estiverem sob a direção, controle ou administração de outra, ou ainda quando, mesmo guardando cada uma sua autonomia, integrem grupo econômico, serão responsáveis solidariamente pelas obrigações decorrentes da relação de emprego.

↳ **Resolução:**

A alternativa correta é a "E". Na forma do art. 2º, § 2º, da CLT, sempre que uma ou mais empresas, tendo, embora, cada uma delas, personalidade jurídica própria, estiverem sob a direção, controle ou administração de outra, ou ainda quando, mesmo guardando cada uma sua autonomia, integrem grupo econômico, serão responsáveis solidariamente pelas obrigações decorrentes da relação de emprego.

↗ **Gabarito: "E".**

6. (AOCP – TRT 1ª Região) Antônio foi admitido, com registro em CTPS, na função de entregador, na empresa Roupa Bonita Confecções Ltda. em 1 de dez. de 2017 e foi demitido, sem justa causa, em 30 de mar. de 2018. Cumpria horário das 8h às 18h. Não recebeu as verbas rescisórias e outros direitos trabalhistas. Os sócios da empregadora são Paulo e Pedro, os quais também são sócios da empresa Roupa Bonita Tecelagem Ltda. A qual fabrica e fornece os tecidos para a Roupa Bonita Confecções. Paulo e Pedro são sócios, também, da Livraria Boa Leitura Ltda. e Delícia Bolos e da Doces Finos Ltda. Dessa última empresa, fazem parte do quadro social, também, José e João. Ocorre que Antônio prestava serviços com registro em CTPS para a empresa Roupa Bonita Confecções Ltda., mas, diariamente, desde o início do pacto laboral, auxiliava o entregador da Roupa Bonita Tecelagem Ltda. das 18h15 às 20h15. Diante do exposto, assinale a alternativa que apresenta quais empresas são legítimas para integrar o polo passivo da reclamatória trabalhista ajuizada pelo ex-empregado, bem como com qual ou quais empresas este poderá ver declarado o vínculo empregatício.

A) As empresas Roupa Bonita Confecções e Roupa Bonita Tecelagem serão responsáveis solidárias pelo crédito perseguido na reclamatória trabalhista. Nesse caso, Antônio terá direito à declaração de vínculo empregatício também em face da Roupa Bonita Tecelagem, pois o fato de que este, habitualmente, prestou serviços a essa empresa gerou a existência de um segundo contrato de trabalho, coexistente com o primeiro.

B) As quatro empresas listadas no enunciado, tendo em vista que Pedro e Paulo integram o quadro social de todas, serão responsáveis solidárias pelo crédito perseguido na reclamatória trabalhista. Nesse caso, Antônio não terá direito à declaração de vínculo empregatício em face da Roupa Bonita Tecelagem.

C) As empresas Roupa Bonita Confecções e Roupa Bonita Tecelagem serão responsáveis solidárias pelo crédito perseguido na reclamatória trabalhista. Todavia, Antônio não terá direito à declaração de vínculo empregatício em face da empresa Roupa Bonita Tecelagem, pois a prestação de serviços a mais de uma empresa do mesmo grupo econômico não caracteriza a coexistência de mais de um contrato de trabalho.

D) As quatro empresas listadas no enunciado, tendo em vista que Pedro e Paulo integram o quadro social de todas. Nesse caso, Antônio terá direito à declaração de vínculo empregatício também em face da Roupa Bonita Tecelagem, pois o fato de que este, habitualmente, prestava serviços para essa empresa gerou a existência de um segundo contrato de trabalho.

E) As empresas Roupa Bonita Confecções, Roupa Bonita Tecelagem e Livraria Boa Leitura serão responsáveis solidárias, tendo em vista que Pedro e Paulo integram o quadro social de todas. Nesse caso, Antônio não terá direito à declaração de vínculo empregatício também em face da Roupa Bonita Tecelagem, pois o fato de que este, habitualmente, prestava serviços para essa empresa gerou a existência de um segundo contrato de trabalho.

↳ **Resolução:**

A alternativa correta é a "A". A Súmula 129 do TST determina que a prestação de serviços a mais de uma empresa do mesmo grupo econômico, durante a mesma jornada de trabalho, não caracteriza a coexistência de mais de um contrato de trabalho, salvo ajuste em contrário. Contudo, na presente questão, verifica-se que a prestação de serviços não ocorreu durante a mesma jornada de trabalho, motivo pelo qual haverá direito ao reconhecimento de vínculo de emprego com ambas as empresas beneficiárias da prestação dos serviços.

↗ **Gabarito: "A".**

6. SUCESSÃO DE EMPREGADORES

Sabe-se que o contrato de trabalho, com relação ao empregado, é pessoal. Por outro lado, a pessoalidade não existe com relação ao empregador – daí por que pode haver alteração da titularidade jurídica da empresa sem que sejam prejudicados direitos já adquiridos pelo empregado (art. 10 da CLT), e sem que seja necessário celebrar um novo contrato de trabalho (art. 448 da CLT).

A sucessão de empresas, assim, é alteração da titularidade jurídica do empregador (alteração subjetiva do contrato de trabalho), e tem por consequência a responsabilidade do sucessor por todas as dívidas trabalhistas (presentes, passadas e futuras) do sucedido (art. 448-A, *caput*, da CLT).

Não é necessário que o empregado preste serviços para o sucessor para a caracterização de sua responsabilidade – basta que haja efetiva alteração da titularidade jurídica da empresa para que o novo titular seja integralmente responsável pelas dívidas do anterior. Porém, se demonstrada a fraude na sucessão, o sucedido continuará responsável pelas dívidas, de forma solidária (art. 448-A, parágrafo único, da CLT).

Há, entretanto, importante exceção em matéria de sucessão trabalhista: se a empresa sucedida se encontrar em falência ou recuperação judicial, não haverá sucessão (art. 60, parágrafo único, e art. 141 da Lei n. 11.101/2005).

6.1 Questões

1. **(CESPE – TRT 7ª Região)** A empresa A adquiriu a empresa B, que pertencia ao mesmo grupo econômico da empresa C, a qual não foi adquirida pela empresa A. Meses depois, a empresa A foi surpreendida com reclamação trabalhista de um empregado da empresa C, o qual requereu a condenação solidária das empresas A e B sob o fundamento de que, na época da compra da empresa B pela empresa A, a empresa C era reconhecidamente inidônea.

Nessa situação, o pedido de condenação está:

A) correto, porque o simples fato de as empresas pertencerem ao mesmo grupo econômico é suficiente para a condenação solidária em qualquer caso de sucessão trabalhista.

B) errado, porque a empresa C não foi adquirida pela empresa A, de modo que esta não responde pelos débitos trabalhistas daquela.

C) correto, porque as empresas A e B são responsáveis solidariamente pelas condenações da empresa C face à sucessão trabalhista operada.

D) errado, porque a única hipótese de condenação solidária na sucessão trabalhista seria diante da comprovação de fraude na sucessão.

↳ **Resolução:**

A alternativa correta é a "C". Conforme determina a OJ 411 da SDI-1 do TST, o sucessor não responde solidariamente por débitos trabalhistas de empresa não adquirida, integrante do mesmo grupo econômico da empresa sucedida, quando, à época, a empresa devedora direta era solvente ou idônea economicamente, ressalvada a hipótese de má-fé ou fraude na sucessão.

↗ **Gabarito: "C".**

2. **(FCC – TRT 24ª Região)** Em razão de problemas de saúde, os sócios proprietários da empresa Celestial Peças e Componentes Eletrônicos transferiram todas as suas cotas sociais para seus sobrinhos. Houve alteração da razão social da empresa, mas permaneceram explorando o mesmo ramo de atividades, sem alteração de endereço e com a utilização dos mesmos maquinários e empregados. A situação caracterizou a sucessão de empregadores. Nesse sentido, em relação aos contratos de trabalho dos empregados da empresa sucedida:

A) as obrigações anteriores à alteração recairão sobre a empresa sucedida, e as posteriores, sobre a sucessora.

B) as cláusulas e condições estabelecidas no contrato de trabalho deverão ser repactuadas entre os empregados e o novo empregador, com participação do ente sindical.

C) a mudança na propriedade da empresa não afetará os contratos de trabalho dos respectivos empregados.

D) a transferência de obrigações dependerá das condições em que a sucessão foi pactuada entre as partes.

E) os contratos de trabalho serão extintos, devendo haver novos registros em carteira profissional em razão das novas relações contratuais.

↳ **Resolução:**

A alternativa correta é a "C". Na forma dos arts. 10 e 448 da CLT, a mudança na propriedade ou na estrutura jurídica da empresa não afetará os contratos de trabalho dos respectivos empregados.

↗ Gabarito: "C".

3. **(FCC – TRT 20ª Região)** A Rede de Drogarias Ômega sucedeu a Farmácia Delta por incorporação, ocupando o mesmo local, as mesmas instalações e o fundo de comércio, mantendo ainda as mesmas atividades e empregados. Nessa situação, os contratos de trabalho dos empregados da empresa sucedida:

A) permanecerão inalterados e seguirão seu curso normal, visto que as alterações na propriedade da empresa não afetam os contratos de trabalho dos empregados nem os direitos adquiridos por eles.

B) continuarão vigentes desde que as obrigações trabalhistas anteriores recaiam sobre a empresa sucedida, e as posteriores sobre a sucessora.

C) passarão por obrigatória repactuação com o novo empregador quanto às cláusulas e condições estabelecidas originalmente.

D) serão automaticamente extintos, fazendo surgir novas relações contratuais com a empresa sucessora.

E) permanecem vigentes e inalterados pelo prazo de um ano, mas a transferência de obrigações trabalhistas dependerá das condições em que a sucessão foi pactuada.

↳ **Resolução:**

A alternativa correta é a "A". De acordo com os arts. 10 e 448 da CLT, qualquer alteração na estrutura jurídica da empresa não afetará os direitos adquiridos por seus empregados, bem como a mudança na propriedade ou na estrutura jurídica da empresa não afetará os contratos de trabalho dos respectivos empregados.

↗ Gabarito: "A".

7. RESPONSABILIDADE DO SÓCIO RETIRANTE

Sempre se discutiu, em direito do trabalho, sobre a responsabilidade do sócio retirante quanto a dívidas trabalhistas assumidas pela empresa, aplicando-se, como regra, os arts. 1.003 e 1.032 do CC, que previam sua responsabilidade por dois anos após a averbação de sua retirada na Junta Comercial.

Agora, nos termos do art. 10-A da CLT, a questão é consolidada, prevendo-se regra similar: o sócio retirante responde subsidiariamente pelas obrigações trabalhistas da sociedade relativas ao período em que figurou como sócio, somente em ações ajuizadas até dois anos depois de averbada a modificação do contrato. Porém, deverá ser observada a seguinte ordem de preferência:

a) a empresa devedora;

b) os sócios atuais; e

c) os sócios retirantes.

Ainda, importante exceção vem prevista no parágrafo único do mesmo artigo: o sócio retirante responderá **solidariamente** com os demais quando ficar comprovada fraude na alteração societária decorrente da modificação do contrato.

7.1 Questões

1. **(FCC – TRT 15ª Região)** A empresa Marco Inicial Engenharia Ltda. foi vendida em agosto de 2017. Por ocasião da venda, a empresa estava em situação financeira difícil e, há mais de um ano, não recolhia o FGTS dos empregados, estando também atrasado o pagamento do 13º salário de 2016. Havia, ainda, muitas horas extras sem pagamento e sem a devida compensação. Os novos proprietários que assumiram a direção da empresa não qui-

taram os direitos anteriores dos trabalhadores e, pior, passaram a atrasar o pagamento dos salários, sendo que desde janeiro de 2018 deixaram de quitar os salários. Alguns trabalhadores resolveram ingressar em juízo pleiteando a rescisão indireta dos contratos de trabalho, cobrando os direitos não quitados e, buscando informações sobre os novos proprietários e sobre a venda da empresa, verificaram que estes não têm qualquer patrimônio pessoal, o que os levou a suspeitar de fraude na transferência da empresa. A responsabilidade pelos direitos trabalhistas, nesse caso, é dos:

A) antigos proprietários, que, na condição de empregadores originais, poderão cobrar dos novos proprietários as obrigações contraídas após a sucessão da empresa.

B) novos proprietários, mas de forma parcial, pois, na condição de sucessores, respondem pelas obrigações trabalhistas contraídas após a aquisição da empresa, sendo que os direitos anteriores à venda são de responsabilidade dos sucedidos.

C) antigos proprietários, pois, havendo fraude na transferência da empresa, não há que se falar em sucessão.

D) novos proprietários, na condição de sucessores, sendo que os antigos proprietários, sucedidos, têm responsabilidade solidária com os sucessores se ficar comprovada fraude na transferência.

E) novos proprietários, na condição de sucessores, sendo que os antigos proprietários, sucedidos, têm responsabilidade subsidiária com os sucessores se ficar comprovada fraude na transferência.

↘ **Resolução:**

A alternativa correta é a "D". Nos termos do art. 10-A, parágrafo único, da CLT, o sócio retirante responderá solidariamente com os demais apenas quando ficar comprovada fraude na alteração societária decorrente da modificação do contrato.

↗ **Gabarito: "D".**

2. (FCC – TRT – 6ª Região) Lucas vendeu sua parte na sociedade Posto de Gasolina Boa Viagem Ltda. em 17 de fevereiro de 2017, data em que foi feita a averbação da modificação do contrato. Tendo em vista a responsabilidade do sócio retirante e esgotados os meios de execução da pessoa jurídica e dos sócios atuais, responde:

A) subsidiariamente pelas obrigações trabalhistas da sociedade relativas ao período em que figurou como sócio, somente em ações ajuizadas até dois anos depois de averbada a modificação do contrato.

B) solidariamente pelas obrigações trabalhistas da sociedade relativas ao período em que figurou como sócio, somente em ações ajuizadas até dois anos depois de averbada a modificação do contrato.

C) subsidiariamente pelas obrigações trabalhistas da sociedade relativas ao período dos últimos dois anos em que figurou como sócio, somente em ações ajuizadas até dois anos depois de averbada a modificação do contrato.

D) solidariamente pelas obrigações trabalhistas da sociedade relativas ao período dos últimos dois anos em que figurou como sócio, somente em ações ajuizadas até dois anos depois de averbada a modificação do contrato.

E) subsidiariamente pelas obrigações trabalhistas da sociedade relativas ao período em que figurou como sócio, somente em ações ajuizadas até cinco anos depois de averbada a modificação do contrato.

↘ **Resolução:**

A alternativa correta é a "A". Em conformidade com o art. 10-A, *caput*, da CLT, o sócio retirante responde subsidiariamente pelas obrigações trabalhistas da sociedade relativas ao período em que figurou como sócio, somente em ações ajuizadas até dois anos depois de averbada a modificação do contrato.

↗ **Gabarito: "A".**

3. (FCC – TRT 15ª Região) Sobre grupo econômico e implicações no contrato de trabalho, considere:

I. As empresas que integram um grupo econômico respondem solidariamente pelas obrigações decorrentes da relação de emprego, quando, mesmo guardando cada uma delas personalidade jurídica própria, estiverem sob a direção, controle ou administração de outra, exceto se possuírem cada uma sua autonomia.

II. Para a configuração do grupo econômico, é necessário que haja identidade de sócios, independentemente da demonstração de interesse integrado, comunhão de interesses e a atuação conjunta das empresas dele integrantes.

III. O sócio retirante responde subsidiariamente pelas obrigações trabalhistas da sociedade relativas ao período em que figurou como sócio, somente em ações ajuizadas até dois anos depois de averbada a modificação do contrato, observada a ordem de preferência.

IV. O sócio retirante responderá subsidiariamente com os demais quando ficar comprovada fraude na alteração societária decorrente da modificação do contrato.

Está correto o que consta em:

A) II, apenas.
B) I e III, apenas.
C) I e IV, apenas.
D) III, apenas.
E) I, II, III e IV.

↳ **Resolução:**

A alternativa correta é a "D". De acordo com o disposto no art. 10-A, *caput*, I, II e III, da CLT, o sócio retirante responde subsidiariamente pelas obrigações trabalhistas da sociedade relativas ao período em que figurou como sócio, somente em ações ajuizadas até dois anos depois de averbada a modificação do contrato, observada a seguinte ordem de preferência: I – a empresa devedora; II – os sócios atuais; e III – os sócios retirantes.

↗ **Gabarito: "D".**

8. CONTRATO DE TRABALHO

8.1 Conceito e características

Segundo o art. 442 da CLT, contrato de trabalho é o acordo, tácito ou expresso (verbal ou escrito, por prazo determinado ou indeterminado ou, ainda, de forma intermitente – art. 443 da CLT), firmado por uma pessoa física (empregado) que se compromete a prestar serviços pessoalmente, com habitualidade, mediante remuneração, a outra pessoa física ou jurídica (empregador), a qual será responsável pela direção de seus serviços. Nesse contexto, são *características* do contrato de trabalho:

a) Trata-se de instrumento jurídico de **direito privado**, pois regula interesses privados de empregado e empregador;

b) Independe de forma prescrita em lei – i.e., pode ser caracterizado de maneira **expressa** ou **tácita** (salvo raras exceções, envolvendo contratos que devem ser celebrados por escrito – e.g., contrato de aprendizagem, contrato de trabalho temporário etc.);

c) Trata-se de **negócio jurídico bilateral** e **sinalagmático**, pois envolve prestações concorrentes de ambas as partes;

d) É **prestação de trato sucessivo** – i.e., não se esgota com a realização de um ato singular, mas se projeta no tempo enquanto executada a prestação de serviços;

e) O serviço prestado pelo empregado é, necessariamente, remunerado – daí o caráter **oneroso** do contrato de trabalho;

f) Tem natureza *intuitu personae*, representada pela impossibilidade de substituição do empregado (a não ser excepcionalmente, como visto).

> ▶ **ATENÇÃO**
>
> Prova do contrato de trabalho é realizada por meio das anotações constantes na Carteira de Trabalho e Previdência Social (CTPS) do empregado, as quais, segundo a Súmula 12 do TST, geram presunção relativa de veracidade.

8.2 Elementos de formação do contrato de trabalho

São elementos essenciais do contrato de trabalho: capacidade, objeto lícito, consentimento livre e forma, quando prevista em lei.

1) Capacidade

Conforme dispõe o art. 7º, XXXIII, da CF, é proibido qualquer trabalho a menores de 16 anos, salvo na condição de aprendiz, a partir de 14 anos.

Ademais, o objeto do contrato de trabalho deve ser lícito, i.e., não pode contrariar a legislação vigente, a ordem pública e os bons costumes. Importante, aqui, é a distinção entre objeto ilícito e proibido, para fins de celebração do contrato de trabalho.

2) Objeto lícito

Objeto ilícito é aquele *que viola a lei, a moral e os bons costumes* – e, portanto, implica total nulidade do contrato de trabalho (assim, e.g., o contrato de trabalho com um traficante de drogas; ainda, o contrato envolvendo jogo do bicho – OJ-S-DI1-199, TST).

No *objeto proibido*, a despeito de existir proibição legal, o contrato gera todos os seus efeitos, pois há prevalência do interesse do trabalhador e para evitar o enriquecimento sem causa do empregador (assim, e.g., o trabalho prestado à Administração Pública sem concurso, em que há pagamento da contraprestação e recolhimento do FGTS, embora não consubstanciado o vínculo – Súmula 363 do TST –, bem como o trabalho do menor de 16 anos e do estrangeiro em situação irregular).

3) Consentimento livre

Ainda, a vontade individual é determinante para a formação do contrato de trabalho, uma vez que este é, por natureza, um **contrato consensual**.

4) Forma

Finalmente, consoante acima salientado, como regra geral, o contrato de trabalho não tem forma determinada por lei, podendo ser celebrado tanto de forma expressa (por escrito ou verbalmente) quanto de forma tácita. Porém, em algumas relações de emprego, exige a lei formalidade específica para celebração do contrato (aprendiz, temporário, atleta profissional de futebol etc.).

8.3 Contrato de trabalho a prazo

Por força do princípio da continuidade da relação de trabalho, regra geral é o contrato por prazo indeterminado. Porém, há hipóteses excepcionais em que é aceito o contrato por prazo – como o trabalho temporário (Lei n. 6.019/74), o contrato de safra (art. 14 da Lei n. 5.889/73) e contratos previstos no art. 443, §§ 1º e 2º, da CLT, ou seja, contratos envolvendo:

a) serviços cuja natureza ou transitoriedade justifique a predeterminação do prazo (e.g., contratação de um professor para dar um curso de especialização em uma faculdade);
b) atividades empresariais de caráter transitório (empresa de comércio de produtos natalinos);
c) contrato de experiência.

O contrato por prazo determinado não pode ultrapassar 2 anos, sendo admitida uma única prorrogação dentro desse prazo. O contrato de experiência, por seu turno, não pode ultrapassar 90 dias, também se admitindo uma prorrogação dentro desse período. Assim, pode-se, e.g., celebrar um contrato por 1 ano e, depois, prorrogar-se por mais 1, mas nunca por 2 + 2 anos (totalizando 4 anos). Caso ultrapassado o período máximo, ou prorrogado mais de uma vez o contrato, será considerado celebrado por prazo indeterminado:

Ademais, considera-se por prazo indeterminado todo contrato que suceder, dentro de 6 meses, a outro contrato por prazo determinado, salvo se a expiração deste dependeu da execução de serviços especializados ou da realização de certos acontecimentos.

Importantes são as regras sobre **rescisão do contrato a prazo**.

Inicialmente, dispõe o art. 479 da CLT que, se houver dispensa sem justa causa do empregado com contrato a prazo, o empregador deverá pagar-lhe, a título de indenização, e por metade, a remuneração a que teria direito até o termo do contrato. Assim, por exemplo, se um empregado é contratado por 6 meses, com salário de R$ 1.000,00, e dispensado no segundo mês, terá direito a indenização de R$ 2.000,00 (ou seja, quatro meses de salários faltantes pela metade). Por óbvio, essa indenização não exclui o direito do empregado às verbas normais da rescisão, quais sejam: 13º salário proporcional, férias proporcionais e multa de 40% do FGTS.

De outra parte, se o empregado contratado a prazo pedir demissão antes do término do contrato, será obrigado a indenizar o empregador dos prejuízos que desse fato lhe resultarem (art. 480 da CLT). Referida indenização, porém, não poderá exceder àquela a que teria direito o empregado em idênticas condições (ou seja, à metade dos salários faltantes até o final do contrato, na linha do acima explicitado). Nessa situação, ademais, o empregado terá direito de receber 13º proporcional e férias proporcionais.

Finalmente, segundo o art. 481 da CLT, aos contratos por prazo determinado que contiverem cláusula assecuratória do direito recíproco de rescisão antes de expirado o termo ajustado serão aplicados todos os princípios que regem a rescisão dos contratos por prazo indeterminado. Nesse caso, assim, ocorrendo a rescisão antecipada por qualquer das partes, haverá direito ao aviso prévio, e não serão devidas as multas acima explicitadas.

> **ATENÇÃO**
>
> O art. 4º da Lei Complementar n. 150/2015 prevê hipóteses de contratação de empregado doméstico a prazo, a saber: I – mediante contrato de experiência (cuja duração não pode ultrapassar 90 dias); II – para atender a necessidades familiares de natureza transitória e para substituição temporária de empregado doméstico com contrato de trabalho interrompido ou suspenso (cuja duração não pode ultrapassar 2 anos).

8.4 Alteração do contrato de trabalho

Como acima ressaltado, o contrato de trabalho é um contrato de trato sucessivo; consequentemente, não é crível admitir-se que não sofrerá nenhuma alteração desde a sua celebração.

Como regra geral, as alterações do contrato de trabalho somente são permitidas se presentes, concomitantemente, os seguintes requisitos:

a) mútuo consentimento das partes; e

b) a alteração não acarretar prejuízos ao empregado, diretos ou indiretos.

Há, todavia, exceções a tal regra geral – as quais envolvem o conceito de *ius variandi*: prerrogativa assegurada ao empregador de alterar unilateralmente o contrato de trabalho, ainda que cause prejuízos ao empregado.

Inserem-se no *ius variandi* ordinário modificações relacionadas ao cotidiano da atividade empresarial, tais como a alteração de maquinário ou do uniforme utilizado pelos trabalhadores. Já o *ius variandi* extraordinário compreende, entre outras situações:

a) A reversão do ocupante de cargo de confiança ao cargo anterior, com supressão da gratificação de função paga pelo exercício do cargo – a qual não se incorporará, em hipótese alguma, a seu salário (art. 468, §§ 1º e 2º, da CLT).

b) A transferência do empregado do turno noturno de trabalho para o diurno, com supressão do respectivo adicional (Súmula 265 do TST). Tal possibilidade existe em razão da proteção à saúde do trabalhador, pois o labor no horário noturno é prejudicial.

c) A modificação unilateral da data de pagamento do salário pelo empregador, desde que nada em contrário venha previsto em contrato ou instrumento normativo e que o salário seja pago até o quinto dia útil seguinte ao mês vencido (OJ 159 da SDI-1/TST).

> **IMPORTANTE**
>
> O art. 456-A da CLT, inserido pela Lei n. 13.467/2017 (Lei da Reforma Trabalhista), passa a prever as seguintes regras específicas acerca dos uniformes utilizados no ambiente de trabalho:
> - Cabe ao empregador definir o padrão de vestimenta no meio ambiente laboral, sendo lícita a inclusão no uniforme de logomarcas da própria empresa ou de empresas parceiras e de outros itens de identificação relacionados à atividade desempenhada;
> - A higienização do uniforme é de responsabilidade do trabalhador, salvo nas hipóteses em que forem necessários procedimentos ou produtos diferentes dos utilizados para a higienização das vestimentas de uso comum.

8.5 Transferência de empregado

A mudança de local de trabalho do empregado poderá ser efetuada com seu consentimento, na forma do art. 469, *caput*, da CLT. Entretanto, há situações em que tal consentimento mostra-se desnecessário, a saber:

a) Transferência de empregados que *exerçam cargo de confiança* ou cujos contratos tenham como *condição, implícita ou explícita, a transferência* (e.g., empregado contratado para a implantação de novas filiais), desde que comprovada a real necessidade de serviço, nos termos da Súmula 43 do TST;

b) *Extinção do estabelecimento* em que trabalhar o empregado;

c) *Transferência provisória*, para atender a necessidade de serviço. Nesse caso, entretanto, deve ser provada a real necessidade de serviço e será devido o pagamento de adicional de transferência enquanto perdurar a situação (pelo menos 25% do salário do empregado).

Importante, a esse respeito, a OJ 113 da SDI-1/TST, que garante o direito ao adicional também ao ocupante de cargo de confiança ou transferido em razão do contrato que é transferido provisoriamente.

> **ATENÇÃO**
>
> Não se considera transferência a mera remoção do empregado, i.e., a mudança de local de trabalho que não implique alteração em seu domicílio (v. art. 469, parágrafo único, da CLT). Nesses casos, porém, caberá ao empregador pagar a diferença das despesas com transporte que o empregado tiver, na forma da Súmula 29 do TST.

8.6 Suspensão e interrupção do contrato de trabalho

Trata-se de hipóteses em que as obrigações principais das partes (obrigação de prestar serviços e pagar salários) tornam-se inexigíveis em decorrência de determinadas contingências. Ambas envolvem a *paralisação transitória dos serviços prestados* – ou seja, não há extinção ou cessação do contrato de trabalho, mas apenas inexecução temporária dos serviços, podendo permanecer ou não a obrigação de pagar salários.

Ademais, implicam *suspensão dos efeitos do contrato* – porém, determinadas obrigações permanecem mesmo durante a suspensão e a interrupção, como a de lealdade, fidelidade, preservação de sigilo etc. Ainda, o empregado não poderá ser dispensado no curso da suspensão ou interrupção, salvo por justa causa, e, por ocasião de seu retorno, são asseguradas ao empregado todas as vantagens que, em sua ausência, tenham sido atribuídas à categoria (art. 471 da CLT).

As principais diferenças existentes entre os dois institutos referem-se à contagem do tempo de serviço e à percepção do salário pelo empregado.

Com efeito, na **interrupção**, embora não haja prestação de serviços, há *pagamento de salários* pelo empregador e *contagem do tempo de serviço* correspondente ao afastamento. Já na **suspensão**, o empregado *não recebe salários, tampouco é contado como tempo de serviço* o período em que permaneceu afastado. Com base em tal distinção, a doutrina aponta exemplos de hipóteses de interrupção e suspensão contratual:

- **Interrupção:** férias; descanso semanal remunerado (DSR) e feriados; licença remunerada; afastamento por doença ou acidente até o 15º dia, inclusive; faltas justificadas (art. 473 da CLT); afastamento de estável para responder a inquérito para apuração de falta grave, *se a decisão for de improcedência da ação* (art. 494 da CLT); afastamento para atuar na Comissão de Conciliação Prévia (art. 625-B, § 2º, da CLT); afastamento da gestante para realizar exames e consultas (art. 392, § 4º, II, da CLT) etc.

- **Suspensão:** suspensão disciplinar de até 30 dias (art. 474 da CLT); licença não remunerada; afastamento por doença ou acidente após o 16º dia; afastamento para exercício de encargo público (e.g., mandato sindical); eleição para exercer cargo de direção de S.A. (cf. Súmula 269 do TST); ausência por motivo de prisão (a suspensão se configura apenas durante o inquérito ou a ação penal, se o empregado estiver preso – com o trânsito em julgado da decisão, independentemente da prisão, pode-se operar rescisão do contrato com justa causa, segundo o art. 482, *d*, da CLT); suspensão do estável para ajuizamento do inquérito para apuração de falta grave, *se este for procedente*; prazo fixado pelas leis de previdência social para a efetivação do benefício de aposentadoria por invalidez (art. 475 da CLT); ausência para exercício de cargo público ou mandato político eletivo (art. 472 da CLT) etc.

Em razão de sua especificidade, os seguintes casos devem ser analisados:

- **Greve:** a teor da Lei n. 7.783/89 (Lei de Greve), é hipótese de suspensão contratual, já que não há pagamento de salários. Porém, admite-se a possibilidade de as partes convencionarem o pagamento de salários – quando a greve configurará hipótese de interrupção contratual.

- **Prestação de serviço militar e acidente do trabalho, a partir do 16º dia:** embora, a rigor, sejam hipóteses de suspensão (pois não há pagamento de salários), o § 1º do art. 4º da CLT prevê a contagem do tempo de serviço pelo período do afastamento (assim como são devidos os depósitos do FGTS). Assim, segundo a doutrina, trata-se de hipóteses híbridas (suspensão *sui generis*).

- **Licença-maternidade:** embora exista entendimento doutrinário de que se trata de suspensão *sui generis* do contrato de trabalho (pois não há pagamento de salários pelo empregador, e sim de benefício – salário-maternidade – pela Previdência Social), para a prova da OAB recomenda-se adotar o posicionamento majoritário, no sentido de que se se trata de hipótese de interrupção.

- **Aposentadoria por invalidez:** é considerada mera hipótese de suspensão do contrato, pois o benefício pode ser revisto a qualquer tempo pelo INSS (Súmula 160, TST). Cabe ressaltar que não há mais a limitação pelo prazo de 5 anos, previsto pela súmula.

> **IMPORTANTE**
>
> Plano de saúde pago pelo empregador ao empregado deve ser mantido nas hipóteses de aposentadoria por invalidez e auxílio-doença acidentário, nos termos da Súmula 440 do TST.

8.7 Terceirização

Terceirização corresponde à prática empresarial de, mediante a contratação de trabalhadores por empresa interposta, reduzir custos trabalhistas e promover maior especialização em suas atividades.

Nesse sentido, uma determinada empresa (denominada "contratante"), em vez de contratar diretamente empregados, celebra contrato de prestação de serviços com outra empresa (denominada "contratada"), por meio do qual a última se obriga a colocar à disposição da primeira seus empregados, para a prestação de serviços específicos e predeterminados.

Após permanecer anos sem regulamentação legal (sendo apenas contemplado pela Súmula 331 do TST), o instituto da terceirização, em 2017, passou a ser disciplinado pelos arts. 4º-A a 4º-C e 5º-A a 5º-D da Lei n. 6.019/74. Entre as principais alterações operadas pela novel legislação, destacam-se:

1) Atividade-fim

Passa a ser expressamente permitida a terceirização de atividade principal (atividade-fim) da empresa contratante (arts. 4º-A, 4º-C e 5º-A). Com tal modificação, resta superada a Súmula 331 do TST quando assevera ser ilegal a terceirização de atividade principal da empresa.

Ressalte-se que, na forma do já disposto na Súmula 331 do TST, mantém-se a **responsabilidade subsidiária** da empresa tomadora de serviços por eventuais direitos trabalhistas não adimplidos pela prestadora.

2) Exigências da prestadora de serviços

O art. 4º-A, *caput*, passa a exigir que a prestadora de serviços possua "capacidade econômica compatível" com a execução dos serviços contratados (art. 4º-B, III).

Ademais, consoante o art. 4º-A, § 1º, é vedada à contratante a utilização dos trabalhadores em atividades distintas daquelas que foram objeto do contrato com a empresa prestadora de serviços.

3) Contratante pessoa física

Passa a ser possível a terceirização de serviços por pessoa física (importante, por exemplo, nas relações de emprego doméstico – art. 4º-A, *caput*).

4) Direitos dos trabalhadores terceirizados

Aos trabalhadores terceirizados, quando executarem seus serviços nas dependências da tomadora, serão asseguradas as mesmas condições relativas a:

a) Alimentação garantida aos empregados da contratante, quando oferecida em refeitórios;

b) Direito de utilizar os serviços de transporte;

c) Atendimento médico ou ambulatorial existente nas dependências da contratante ou local por ela designado;

d) Treinamento adequado, fornecido pela contratada, quando a atividade o exigir.

Exceção às alíneas *a* e *c*, acima, vem prevista no art. 4º-C, § 2º, da CLT: nos contratos que impliquem contratação de terceiros em número elevado (igual ou superior a 20% dos empregados da contratante), é possível a esta fornecer aos terceirizados os serviços de alimentação e atendimento ambulatorial em outros locais, desde que com igual padrão de atendimento (por exemplo, em refeitórios separados).

Também devem ser asseguradas as mesmas condições sanitárias, de medidas de proteção à saúde e de segurança no trabalho e de instalações adequadas à prestação do serviço (art. 4º-C, *caput* e incisos).

5) Isonomia salarial

A novel legislação não regulamentou o salário isonômico entre empregados internos e trabalhadores terceirizados; com efeito, previu que contratante e contratada poderão estabelecer que os empregados da contratada farão jus a salário equivalente ao pago aos empregados da contratante, além de outros direitos – mas sem qualquer obrigatoriedade (art. 4º-C, § 1º).

6) Limites

Com o intuito de evitar fraudes, a legislação prevê dois limites à contratação de empresa interposta:

a) Não poderá ser contratante a pessoa jurídica cujos titulares ou sócios tenham, nos últimos dezoito meses, trabalhado para a contratante (com ou sem vínculo empregatício), exceto se já aposentados (art. 5º-C). A ideia é, nitidamente, evitar fraudes em que a empresa dispensa seus empregados e condiciona sua recontratação à abertura de empresa prestadora de serviços, muito comum no dia a dia das relações trabalhistas.

b) O empregado que for dispensado não poderá prestar serviços para a mesma empresa como terceirizado (empregado de empresa prestadora de serviços) antes do decurso de prazo de dezoito meses, contados a partir de sua dispensa (art. 5º-D) – mais uma vez, evitando-se a fraude acima descrita.

7) Quarteirização

Passa a ser expressamente regulado o instituto da quarteirização, segundo o qual a empresa tomadora contrata uma empresa (prestadora) e esta última, por sua vez, contrata outra empresa para prestar serviços na primeira (art. 4º-A, § 1º).

8) Local de trabalho

A lei prevê a possibilidade de realização dos serviços nas instalações físicas da contratante ou em outro local, de comum acordo entre as partes (art. 5º-A, § 2º), com responsabilidade da contratante pelas condições de segurança, higiene e salubridade dos trabalhadores, em qualquer caso (art. 5º-A, § 3º).

8.8 Subempreitada

No *contrato de subempreitada*, determinada pessoa física ou jurídica que deseja realizar uma obra de construção civil (**dono da obra**) contrata um **empreiteiro principal**, mediante contrato de empreitada. Este empreiteiro, por seu turno, contrata outra pessoa (**subempreiteiro**), transferindo-lhe a execução de certos serviços. Por fim, o subempreiteiro poderá, para a execução dos serviços, utilizar-se de trabalhadores por ele diretamente contratados. A princípio, o subempreiteiro responde pelas obrigações trabalhistas derivadas dos contratos de trabalho que celebrar com seus empregados.

Entretanto, nos termos do art. 455 da CLT, a tais empregados compete também o direito de reclamar contra o *empreiteiro principal* pelo inadimplemento dessas obrigações pelo subempreiteiro (hipótese em que fica assegurada a ação regressiva do empreiteiro principal em face do subempreiteiro). Porém, a responsabilidade *não atinge o dono da obra* – salvo se for uma empresa construtora ou incorporadora (OJ 191 da SDI-1/TST).

No IRR-190-53.2015.5.03.0090, o TST pacificou que a responsabilidade no âmbito da subempreitada, do empreiteiro principal e do dono da obra, quando empresa construtora ou incorporadora, é de natureza subsidiária.

8.9 Trabalho temporário

O trabalho temporário, disciplinado na Lei n. 6.019/74, atualizada pela Lei n. 13.429/2017, é espécie de terceirização que envolve uma empresa de trabalho temporário

(ETT) e uma empresa tomadora de seus serviços. Nessa relação, a empresa tomadora firma contrato com a ETT mediante o qual esta se compromete, mediante pagamento, a fornecer àquela um trabalhador para lhe prestar serviços por determinado período. Para sua legalidade, o trabalho temporário envolve uma série de requisitos:

a) O trabalho temporário pode ser utilizado em apenas duas situações: para atender a necessidade transitória de substituição de pessoal ou a demanda complementar de serviços, i.e., demanda que seja oriunda de fatores imprevisíveis ou, quando decorrente de fatores previsíveis, tenha natureza intermitente, periódica ou sazonal (e.g., substituição de empregada que está em gozo de licença-maternidade ou contratação de temporários na época do Natal, em razão do aumento das vendas). De qualquer forma, é proibida a contratação de trabalho temporário para a substituição de trabalhadores em greve, salvo nos casos previstos em lei (abaixo estudados).

b) É importante ressaltar que o contrato de trabalho temporário pode versar sobre o desenvolvimento de atividades-meio e atividades-fim a serem executadas na empresa tomadora de serviços.

c) Deve ser celebrado contrato por escrito, de natureza civil, entre a empresa tomadora de serviços e a empresa de trabalho temporário (ETT), indicando expressamente o motivo justificador da demanda de trabalho temporário, o prazo e as modalidades de remuneração da prestação de serviço, bem como regras sobre saúde e segurança do trabalhador. Entre a ETT e o trabalhador temporário deve haver vínculo de emprego, também formalizado por contrato escrito.

d) O contrato tem duração máxima de 180 dias, podendo ser prorrogado por até 90 dias, consecutivos ou não, quando comprovada a manutenção das condições que o ensejaram.

e) A prestadora de serviços deverá anotar a Carteira de Trabalho e Previdência Social (CTPS) do empregado. Ademais, é responsabilidade da empresa contratante garantir as condições de segurança, higiene e salubridade dos trabalhadores, quando o trabalho for realizado em suas dependências ou em local por ela designado. A contratante, ademais, deverá estender ao trabalhador da empresa de trabalho temporário o mesmo atendimento médico, ambulatorial e de refeição destinado aos seus empregados, existente nas dependências da contratante, ou local por ela designado.

f) Como regra geral, a empresa tomadora de serviços tem responsabilidade subsidiária pelo pagamento de direitos trabalhistas ao empregado, como ocorre na terceirização comum. Entretanto, no caso de falência da ETT, a responsabilidade da tomadora é solidária.

g) Não é possível, após o término da relação temporária, contratar o temporário mediante contrato de experiência, tendo em vista que já houve a prova do empregado na empresa.

h) O trabalhador temporário, após o término do contrato, somente poderá ser colocado à disposição da mesma tomadora de serviços em novo contrato temporário após 90 dias do término do contrato anterior, sob pena de configuração de vínculo empregatício.

8.10 Questões

1. (FCC – TRT 3ª Região) O contrato de trabalho é:

I. um contrato de direito público, devido à forte limitação sofrida pela autonomia da vontade na estipulação de seu conteúdo.

II. concluído, como regra, *intuito personae* em relação à pessoa do empregador.

III. um contrato sinalagmático.

IV. um contrato sucessivo. A relação jurídica de emprego é uma "relação de débito permanente", em que entra como elemento típico a continuidade, a duração.

V. um contrato consensual. A lei, via de regra, não exige forma especial para sua validade.

Considerando as proposições acima, está correto o que consta APENAS em:

A) III, IV e V.
B) III e V.
C) I, II e V.
D) I, III e IV.
E) I, II e IV.

↳ **Resolução:**

A alternativa correta é a "A".

III. O contrato de trabalho envolve prestações concorrentes de ambas as partes.

IV. O contrato de trabalho não se esgota com a realização de um único ato, mas se projeta no tempo enquanto executada a prestação de serviços.

V. O contrato de trabalho, via de regra, não exige forma específica para sua validade e pode ser caracterizado de maneira expressa ou tácita, salvo algumas exceções.

↗ **Gabarito: "A".**

2. (FCC – TRT 3ª Região) No que tange ao contrato de experiência:

A) trata-se de um período inicial do contrato por prazo indeterminado, havendo, contudo, regras especiais aplicáveis em razão da precariedade da relação laboral no aludido período.
B) não se concebe hipótese de prorrogação do seu prazo, já que, em tal caso, o contrato se descaracterizaria.
C) o seu prazo máximo de duração é de 60 dias, prorrogável uma única vez.
D) pode ser prorrogado uma única vez, desde que respeitado o limite máximo de duração de 90 dias.
E) somente pode ser celebrado excepcionalmente, nas hipóteses em que o empregado vai ocupar cargo de confiança, sendo necessária uma avaliação prévia de sua conduta pelo empregador.

↳ **Resolução:**

A alternativa correta é a "D". Em conformidade com o disposto nos arts. 445, parágrafo único, e 451 da CLT, o contrato de experiência não poderá exceder de 90 dias, podendo ser prorrogado por uma única vez nesse período.

↗ **Gabarito: "D".**

3. (FCC – TRT 24ª Região) As alterações do contrato de trabalho são disciplinadas na Consolidação das Leis do Trabalho e a preocupação do legislador centrou-se nos aspectos das vontades das partes, da natureza da alteração e dos efeitos que esta gerará para determinar se será válida ou não. Em razão disso, excluem-se naturalmente da análise da legalidade as alterações obrigatórias, que são imperativamente impostas por lei ou por normas coletivas. No tocante às alterações do contrato de trabalho, estabelece a legislação vigente:

A) Nos contratos individuais de trabalho só é lícita a alteração das respectivas condições por mútuo consentimento, mesmo que resultem, direta ou indiretamente, prejuízos ao empregado.
B) Não se considera alteração unilateral a determinação do empregador para que o respectivo empregado reverta ao cargo efetivo, anteriormente ocupado, deixando o exercício de função de confiança.
C) É ilícita a transferência quando ocorrer extinção do estabelecimento em que trabalhar o empregado.
D) Mesmo que não haja necessidade de serviço, o empregador poderá transferir o empregado para localidade diversa da que resultar do contrato, mas, nesse caso, ficará obrigado a um pagamento suplementar, sempre superior a 25% dos salários que o empregado percebia naquela localidade, enquanto durar essa situação.
E) É vedada, em qualquer hipótese, a transferência de empregados que exerçam cargo de confiança.

↳ **Resolução:**

A alternativa correta é a "B". Na forma do art. 468, § 1º, da CLT, a determinação do empregador para que o respectivo empregado reverta ao cargo efetivo, anteriormente ocupado, deixando o exercício de função de confiança não será considerada como alteração unilateral.

↗ Gabarito: "B".

4. (FCC – TRT 21ª Região) Leôncio é vendedor da loja de Auto Peças Sorte Sua Ltda., sendo obrigado pelo seu empregador a usar uniforme com a logomarca da loja, que consiste em uma camisa que muda de cor a cada mês: pode ser azul, verde, vermelha, rosa ou laranja. O empregado recebe a vestimenta sem qualquer ônus. No mês em que o uniforme possui cor da qual desgosta, Leôncio recusa-se a usá-lo, utilizando sua própria vestimenta no local de trabalho. Tendo em vista a doutrina, a legislação vigente, bem como as alterações introduzidas pela Lei n. 13.467/2017:

A) o uso obrigatório de uniforme deve fazer parte do regulamento interno da empresa, com registro no Ministério do Trabalho, razão pela qual, se não estiverem satisfeitas tais exigências, pode Leôncio se recusar a utilizá-lo.

B) Leôncio pode se recusar a usar o uniforme da empresa se assim preferir, uma vez que a definição da vestimenta no meio ambiente laboral deve ser tomada em conjunto, entre empregado e empregador.

C) Leôncio é obrigado a usar o uniforme imposto pelo empregador, desde que este seja o responsável pela sua higienização, ou seja, arque com os custos da lavagem.

D) cabe ao empregador definir o padrão de vestimenta no meio ambiente laboral, sendo lícita a inclusão no uniforme de logomarcas da própria empresa, razão pela qual Leôncio não pode se recusar a utilizá-lo.

E) Leôncio pode se recusar a utilizar o uniforme se, além da logomarca da empresa, constarem outras de empresas parceiras, uma vez que não é empregado destas.

↘ Resolução:
A alternativa correta é a "D". De acordo com o disposto no art. 456-A, *caput*, da CLT compete ao empregador definir o padrão de vestimenta no meio ambiente laboral, sendo lícita a inclusão no uniforme de logomarcas da própria empresa ou de empresas parceiras e de outros itens de identificação relacionados à atividade desempenhada.

↗ Gabarito: "D".

5. (FCC – TRT 9ª Região) Juliana, gerente regional de vendas e exercente de cargo de confiança, foi informada de que iria ser transferida para trabalhar na filial de sua empregadora, acarretando a mudança de seu domicílio, sem que fosse comprovada, pela empresa, a real necessidade de serviço naquele lugar e sem a sua anuência. Diante da situação apresentada, Juliana:

A) é obrigada a aceitar a transferência, desde que receba o adicional de transferência de 25% sobre seu salário.

B) é obrigada a aceitar a transferência, uma vez que exerce cargo de confiança.

C) não é obrigada a aceitar a transferência, pois o cargo de confiança está restrito à região para a qual foi contratada.

D) não é obrigada a aceitar a transferência, sendo requisito essencial a comprovação pelo empregador da real necessidade de serviço.

E) é obrigada a aceitar a transferência, pois decorre do jus variandi do empregador, independendo da vontade da trabalhadora.

↘ Resolução:
A alternativa correta é a "D". A Súmula 43 do TST determina que será presumida como abusiva a transferência de que trata o § 1º do art. 469 da CLT quando não houver a comprovação da necessidade do serviço, motivo pelo qual, no caso em tela, Juliana não será obrigada a consentir com a transferência.

↗ Gabarito: "D".

6. (FCC – TRT 2ª Região) Acerca da suspensão e interrupção do contrato de trabalho, de acordo com a legislação vigente e entendimento sumulado do TST:

A) o empregado poderá deixar de comparecer ao serviço sem prejuízo do salário por 1 dia por ano para acompanhar filho de até 5 anos em consulta médica ou exames complementares.

B) para a proteção do emprego, o contrato de trabalho poderá ser suspenso, por um período improrrogável de 2 a 5 meses, para participação do empregado em curso ou programa de qualificação profissional oferecido pelo empregador, desde que haja concordância formal do empregado e independentemente de previsão em convenção ou acordo coletivo de trabalho.

C) o afastamento do empregado em virtude das exigências do serviço militar, ou de outro encargo público, constituirá motivo para alteração ou rescisão do contrato de trabalho por parte do empregador, não se configurando hipótese de suspensão ou interrupção do contrato de trabalho.

D) durante o período de suspensão contratual para participação em curso ou programa de qualificação profissional, o empregado não fará jus aos benefícios voluntariamente concedidos pelo empregador.

E) assegura-se o direito à manutenção de plano de saúde ou de assistência médica oferecido pela empresa ao empregado, não obstante suspenso o contrato de trabalho em virtude de auxílio-doença acidentário ou de aposentadoria por invalidez.

↳ **Resolução:**

A alternativa correta é a "E". Nos termos da Súmula 440 do TST, será assegurado o direito à manutenção de plano de saúde ou de assistência médica oferecido pela empresa ao empregado, não obstante suspenso o contrato de trabalho em virtude de auxílio-doença acidentário ou de aposentadoria por invalidez.

↗ **Gabarito: "E".**

7. (FCC – TRT 15ª Região) Quanto à terceirização:

A) considera-se prestação de serviços a terceiros a transferência feita pela contratante da execução de quaisquer de suas atividades, exceto sua atividade principal, à pessoa jurídica de direito privado prestadora de serviços que possua capacidade econômica compatível com a sua execução.

B) o capital social mínimo exigido para o funcionamento de empresa de prestação de serviços a terceiros, com mais de vinte e até cinquenta empregados, é de R$ 25.000,00.

C) são asseguradas aos empregados da empresa prestadora de serviços a terceiros, quando e enquanto os serviços, que podem ser de qualquer uma das atividades da contratante, forem executados nas dependências da tomadora, as mesmas condições relativas à alimentação garantidas aos empregados da contratante, desde que não oferecida em refeitórios.

D) o empregado que for demitido não poderá prestar serviços para esta mesma empresa na qualidade de empregado de empresa prestadora de serviços antes do decurso de prazo de dezoito meses, contados a partir da demissão do empregado.

E) nos contratos que impliquem mobilização de empregados da contratada em número igual ou superior a 25% dos empregados da contratante, esta poderá disponibilizar aos empregados da contratada os serviços de alimentação e atendimento ambulatorial em outros locais apropriados e com igual padrão de atendimento, com vistas a manter o pleno funcionamento dos serviços existentes.

↳ **Resolução:**

A alternativa correta é a "D". Conforme disposto no art. 5º-D da Lei n. 6.019/74, o empregado que for demitido não poderá prestar serviços para esta mesma empresa na qualidade de empregado de empresa prestadora de serviços antes do decurso de prazo de dezoito meses, contados a partir da demissão do empregado.

↗ **Gabarito: "D".**

8. (FCC –TRT – 24ª Região) A empresa Ajax Produções contratou os serviços de dois operadores de som para atender à necessidade transitória de substituição de seu pessoal regular e permanente, optando pelo regime de trabalho temporário. Conforme legislação que regula o trabalho temporário:

A) o contrato entre a empresa de trabalho temporário e a empresa tomadora ou cliente, com relação a um mesmo empregado, não poderá exceder um ano, sujeito a apenas uma prorrogação por igual período.

B) fica assegurada ao trabalhador temporário remuneração equivalente à percebida pelos empregados de mesma categoria da empresa tomadora ou cliente, calculada à base horária, garantida, em qualquer hipótese, a percepção do salário mínimo regional.

C) entre a empresa de trabalho temporário e a empresa tomadora ou cliente deverá haver obrigatoriamente contrato escrito, mas entre a empresa de trabalho temporário e cada um dos assalariados colocados à disposição de uma empresa tomadora o contrato poderá ser verbal.

D) no caso de falência da empresa de trabalho temporário, a empresa tomadora ou cliente é subsidiariamente responsável pela remuneração, indenização trabalhista e recolhimento das contribuições previdenciárias, no tocante ao tempo em que o trabalhador esteve sob suas ordens.

E) a empresa de trabalho temporário poderá cobrar do trabalhador a importância máxima de 2% sobre o valor do primeiro salário a título de mediação, bem como efetuar os descontos previstos em Lei.

↙ **Resolução:**
A alternativa correta é a "B". Nos termos do art. 12, *a*, da Lei n. 6.019/74, fica assegurada ao trabalhador temporário remuneração equivalente à percebida pelos empregados de mesma categoria da empresa tomadora ou cliente, calculados à base horária, garantida, em qualquer hipótese, a percepção do salário mínimo regional.

↗ **Gabarito: "B".**

9. IDENTIFICAÇÃO PROFISSIONAL

Como visto, a CTPS é a principal prova do contrato de trabalho, cujas anotações geram presunção relativa de veracidade (Súmula 12 do TST). As regras sobre a CTPS vêm previstas nos arts. 13 e s. da CLT, sendo válido destacar que foram promovidas diversas alterações sobre o tema pela Lei n. 13.874/2019 (Lei da Liberdade Econômica):

- A Carteira de Trabalho e Previdência Social (CTPS) é obrigatória para o exercício de qualquer emprego (incluindo o rural, ainda que temporário) e para o exercício por conta própria de atividade profissional remunerada (art. 13 da CLT).

Nos termos do § 1º do art. 13, também é obrigatória a CTPS a quem:

> I – proprietário rural ou não, trabalhe individualmente ou em regime de economia familiar, assim entendido o trabalho dos membros da mesma família, indispensável à própria subsistência, e exercido em condições de mútua dependência e colaboração;

> II – em regime de economia familiar e sem empregado, explore área não excedente do módulo rural ou de outro limite que venha a ser fixado, para cada região, pelo Ministério do Trabalho e Previdência Social;

- Ainda, nos termos do § 2º do art. 13 da CLT, a Carteira de Trabalho e Previdência Social (CTPS) obedecerá aos modelos que o Ministério da Economia adotar.

- De acordo com o art. 14, *caput*, da CLT, a CTPS será emitida pelo Ministério da Economia preferencialmente em meio eletrônico. Excepcionalmente, a CTPS poderá ser emitida em meio físico, desde que:

> I – nas unidades descentralizadas do Ministério da Economia que forem habilitadas para a emissão;

> II – mediante convênio, por órgãos federais, estaduais e municipais da administração direta ou indireta; e

> III – mediante convênio com serviços notariais e de registro, sem custos para a administração, garantidas as condições de segurança das informações – art. 14, parágrafo único, da CLT;

- Os procedimentos para emissão da CTPS ao interessado serão estabelecidos pelo Ministério da Economia em regulamento próprio, privilegiada a emissão em formato eletrônico – art. 15 da CLT;

- Em conformidade com o disposto no art. 16 da CLT, a CTPS terá como identificação única do empregado o número de inscrição no Cadastro de Pessoas Físicas (CPF);

- O empregador terá o prazo de 5 (cinco) dias úteis para anotar na CTPS, em relação aos trabalhadores que admitir, a data de admissão, a remuneração e as condições especiais, se houver, facultada a adoção de sistema manual, mecânico ou eletrônico, conforme instruções a serem expedidas pelo Ministério da Economia, devendo o trabalhador ter acesso às informações da sua CTPS no prazo de até 48 horas a partir de sua anotação – art. 29, *caput* e § 8º, da CLT;

- Caso ocorra extravio ou inutilização da Carteira de Trabalho e Previdência Social por culpa da empresa, esta ficará sujeitará a multa no valor de meio salário mínimo;

- É vedado ao empregador, sob pena de multa, efetuar anotações desabonadoras à conduta do empregado em sua Carteira de Trabalho e Previdência Social;

- Caso a empresa se recuse a fazer as anotações na CTPS ou devolvê-la ao empregado, poderá este comparecer, pessoalmente ou intermédio de seu sindicato, perante o Ministério do Trabalho, para apresentar reclamação. Determinar-se-á, então, a realização de diligência para instrução do feito, notificando-se o reclamado por carta registrada, para que, em dia e hora previamente designados, venha prestar esclarecimentos ou efetuar as devidas anotações na Carteira de Trabalho e Previdência Social ou sua entrega. Caso o reclamado não compareça, lavrar-se-á termo de ausência, considerando-se este revel e confesso e sendo as anotações efetuadas por despacho da autoridade que tenha processado a reclamação. Comparecendo, por outro lado, o empregador e recusando-se a fazer as anotações reclamadas, será lavrado termo de comparecimento e assegurado o prazo de 48 horas para apresentar defesa. Posteriormente, o processo seguirá para julgamento;

- O art. 40 da CLT determina que a CTPS regularmente emitida e anotada servirá de prova nos casos de dissídio na Justiça do Trabalho entre a empresa e o empregado por motivo de salário, férias ou tempo de serviço e para cálculo de indenização por acidente de trabalho ou moléstia profissional.

- Com a Lei n. 13.467/2017 (Lei da Reforma Trabalhista), foi aumentado o valor da multa aplicada ao empregador que mantiver empregado não registrado: R$ 3.000,00 por empregado não registrado, acrescido de igual valor em cada reincidência (antes, o valor era de um salário mínimo) – salvo para microempresa ou empresa de pequeno porte, quando o valor será reduzido para R$ 800,00 por empregado não registrado (art. 47 da CLT). Ademais, prevê-se que a infração de ausência de registro na CTPS constitui exceção ao critério da dupla visita – ou seja, não é necessária visita de orientação pelo auditor-fiscal do trabalho antes da aplicação da multa. Por outro lado, a multa por ausência de anotação de dados na ficha de registro do empregado gera multa de R$ 600,00 por empregado prejudicado.

- O art. 49 trata das condutas que configuram crime de falsidade (nos termos do Código Penal) em relação à emissão, substituição ou anotação na CTPS, a saber:

  I – fazer, no todo ou em parte, qualquer documento falso ou alterar o verdadeiro;

  II – afirmar falsamente a sua própria identidade, filiação, lugar de nascimento, residência, profissão ou estado civil e beneficiários, ou atestar os de outra pessoa;

  III – servir-se de documentos, por qualquer forma falsificados;

  IV – falsificar, fabricando ou alterando, ou vender, usar ou possuir Carteira de Trabalho e Previdência Social assim alteradas;

  V – anotar dolosamente em Carteira de Trabalho e Previdência Social ou registro de empregado, ou confessar ou declarar em juízo ou fora dele, data de admissão em emprego diversa da verdadeira;

- Ainda, nos termos do art. 51 da CLT, incorrerá em multa no valor de 3 salários mínimos quem vender ou expuser à venda qualquer tipo de carteira igual ou semelhante ao tipo oficialmente adotado.

9.1 Questão

1. (FCC – TST) Na CTPS – Carteira de Trabalho e Previdência Social do empregado, o contrato de experiência:

A) não precisa ser anotado; deve ser de no máximo três meses e pode ser acordado tácita ou verbalmente.

B) deve ser anotado, não poderá ser estipulado por mais de 180 dias e pode ser acordado tácita ou expressamente.

C) deve ser anotado e estipulado pelo prazo de 90 dias com direito a uma única prorrogação de mais 90 dias.

D) pode ser anotado e estipulado pelo prazo de mais de 90 dias, com direito a uma única prorrogação de mais 45 dias.

E) deve ser anotado e não ultrapassar o limite máximo de 90 dias, com direito a uma única prorrogação.

↳ **Resolução:**

A alternativa correta é a "E". Conforme determina o art. 13, *caput*, da CLT, a carteira de trabalho e previdência social é obrigatória para o exercício de qualquer emprego, não se excluindo dessa obrigatoriedade a anotação do contrato de experiência.

↗ **Gabarito: "E".**

10. AVISO PRÉVIO – CESSAÇÃO DO CONTRATO DE TRABALHO – ESTABILIDADES

10.1 Aviso prévio

O aviso prévio corresponde à comunicação que deve preceder a rescisão imotivada do contrato sem prazo. Tem por finalidade propiciar tempo para que o empregado consiga nova colocação no mercado ou permitir que o empregador reorganize sua produção, contratando substituto para o empregado que rescindiu o contrato de trabalho.

Atualmente, o aviso prévio é proporcional ao tempo de serviço (art. 7º, XXI, da CF e Lei n. 12.506/2011), sendo calculado da seguinte forma:

- Se o trabalhador tem até um ano incompleto de trabalho na empresa, terá direito a trinta dias de aviso;
- Para cada ano adicional de trabalho, terá direito a mais 3 dias de aviso;
- O limite máximo do aviso será de 90 dias (adquirido quando o trabalhador tem 20 anos ou mais de empresa).

Entretanto, ressalte-se que referida proporcionalidade apenas se aplica às rescisões contratuais ocorridas após 13 de outubro de 2011, data da vigência da nova lei (Súmula 441 do TST).

Caso não concedido o aviso prévio pelo empregador, fica este obrigado a pagar os salários correspondentes ao prazo, e considerá-lo como tempo de serviço efetivo. Caso não concedido pelo empregado, fica o empregador autorizado a descontar o salário correspondente ao prazo do aviso.

A Súmula 276 do TST consagra a irrenunciabilidade do aviso prévio pelo empregado, exceto se comprovado que este obteve novo emprego.

Durante o período do aviso prévio trabalhado, o empregador deve permitir que o empregado se afaste por duas horas diárias ou falte por sete dias corridos para procurar novo emprego, nos termos do art. 488 da CLT. Em nenhuma hipótese, a redução da jornada poderá ser substituída pelo pagamento das horas correspondentes, sob pena de nulidade do aviso prévio, nos termos da Súmula 230 do TST.

O aviso prévio, seja trabalhado ou indenizado, integra sempre o tempo de serviço do empregado. Nesse sentido, reflete sobre cálculo de todas as verbas rescisórias, na baixa da CTPS (OJ 82 da SDI-1/TST) e na contagem da prescrição trabalhista (OJ 83 da SDI-1/TST).

> **ATENÇÃO**
>
> Com a Reforma Trabalhista (Lei n. 13.467/2017), o prazo para pagamento de verbas rescisórias passa a ser de 10 dias contados do término do contrato de trabalho (art. 477, § 6º, da CLT). Como o aviso prévio integra o contrato de trabalho, é possível concluir que o prazo para pagamento será de 10 dias após o término do aviso prévio.

A justa causa praticada no curso do aviso, salvo a de abandono de emprego, retira do empregado qualquer direito às verbas rescisórias de natureza indenizatória (Súmula 73 do TST).

Caso ocorra doença no curso do aviso prévio, este será suspenso para após o término do benefício previdenciário, já que, enquanto estiver doente, não poderá o empregado procurar outro emprego. Nesse sentido, a Súmula 371 do TST:

> Súmula 371. Aviso prévio indenizado. Efeitos. Superveniência de auxílio-doença no curso deste.
>
> A projeção do contrato de trabalho para o futuro, pela concessão do aviso prévio indenizado, tem efeitos limitados às vantagens econômicas obtidas no período de pré-aviso, ou seja, salários, reflexos e verbas rescisórias. No caso de concessão de auxílio-doença no curso do aviso prévio, todavia, só se concretizam os efeitos da dispensa depois de expirado o benefício previdenciário.

O aviso prévio "cumprido em casa" se equipara ao indenizado para fins de prazo para pagamento das verbas rescisórias e aplicação da multa do art. 477 da CLT, conforme entendimento consolidado do TST (OJ 14 da SDI-1/TST).

Finalmente, no caso de cessação das atividades da empresa, ainda que seja paga indenização, simples ou em dobro, permanece o direito ao aviso prévio:

Súmula 44. Aviso prévio.

A cessação da atividade da empresa, com o pagamento da indenização, simples ou em dobro, não exclui, por si só, o direito do empregado ao aviso prévio.

10.2 Cessação do contrato de trabalho

1) Verbas rescisórias

Em matéria de cessação do contrato de trabalho, inicialmente, devem-se estudar as verbas devidas em cada espécie de cessação – contidas na tabela a seguir:

a) **Dispensa com justa causa:** serão devidos o saldo de salários e as férias vencidas/integrais acumulados com o décimo terceiro salário;

b) **Demissão:** serão devidos o saldo de salários; férias vencidas/integrais acumuladas com o décimo terceiro salário; décimo terceiro salário proporcional e férias proporcionais acumuladas com o décimo terceiro salário;

c) **Dispensa sem justa causa (e rescisão indireta):** serão devidos o saldo de salários; férias vencidas/integrais acumuladas com décimo terceiro salário; décimo terceiro salário; salário proporcional; férias proporcionais acumuladas com décimo terceiro salário; aviso prévio; saque dos depósitos do FGTS com multa de 40%; seguro-desemprego.

d) **Culpa recíproca (e força maior):** serão devidos os saldos dos salários; férias vencidas/integrais acumuladas com décimo terceiro salário; metade do décimo terceiro salário proporcional; metade das férias proporcionais acumuladas com décimo terceiro; metade do aviso prévio; saque dos depósitos do FGTS com multa de 20%.

e) **Rescisão por mútuo acordo ("distrato"):** serão devidos o saldo de salários;

férias vencidas/integrais acumuladas com décimo terceiro salário; décimo terceiro salário proporcional; férias proporcionais acumuladas com décimo terceiro; metade do aviso prévio, se indenizado; metade da multa do FGTS (20%); saque de 80% dos depósitos do FGTS; **NÃO HÁ DIREITO AO SEGURO-DESEMPREGO.**

2) Formalidades

A Lei da Reforma Trabalhista (Lei n. 13.467/2017) trouxe grandes mudanças com relação às formalidades para rescisão do contrato de trabalho, conforme o art. 477 da CLT – quais sejam:

a) Não mais é necessária a homologação da rescisão contratual no sindicato ou Ministério do Trabalho. O artigo passa a dispor que, na extinção do contrato de trabalho, o empregador deverá: a) proceder à anotação na Carteira de Trabalho e Previdência Social do empregado; b) comunicar a dispensa aos órgãos competentes; e c) realizar o pagamento das verbas rescisórias no prazo e na forma estabelecidos no artigo (§§ 1º, 3º, 4º e 7º).

b) Nos termos do art. 477, § 4º, CLT, o pagamento das verbas rescisórias será efetuado:

I – em dinheiro, depósito bancário ou cheque visado, conforme acordem as partes; ou

II – em dinheiro ou depósito bancário quando o empregado for analfabeto.

O prazo para pagamento de referidas verbas passa a ser sempre de 10 dias contados a partir do término do contrato (art. 477, § 6º, da CLT), independentemente da modalidade de rescisão. No mesmo prazo, o empregador deverá entregar ao empregado os documentos que comprovem a comunicação da extinção contratual aos órgãos competentes.

> **IMPORTANTE**
>
> Como visto, com a Reforma Trabalhista (Lei n. 13.467/2017), o prazo para pagamento de verbas rescisórias passa a ser de 10 dias contados do término do contrato de trabalho (art. 477, § 6º, da CLT). Como o aviso prévio integra o contrato de trabalho, é possível concluir que o prazo para pagamento será de 10 dias após o término do aviso prévio.

c) Facilita-se o saque do seguro-desemprego e a movimentação da conta do Fundo de Garantia do Tempo de Serviço (FGTS), mediante simples apresentação da CTPS com anotação da extinção do contrato, desde que a comunicação da rescisão, acima mencionada, pela empresa tenha sido devidamente realizada (art. 477, § 10, da CLT).

As demais formalidades para cessação do contrato continuam contidas nos outros parágrafos do art. 477 da CLT:

i) No instrumento de rescisão, deverá ser especificada a natureza de cada parcela paga ao empregado e discriminado o seu valor. Nesse sentido, a Súmula 330 do TST disciplina a eficácia liberatória do termo de rescisão contratual;

ii) Caso não observado o prazo para quitação das verbas rescisórias, a empresa deve pagar multa no valor de um salário (art. 477, § 8º, da CLT). Ressalte-se que, se a relação de emprego tiver sido reconhecida apenas em juízo, também incidirá a multa do art. 477, § 8º, da CLT – já que, por óbvio, também houve atraso no pagamento das verbas. Nesse sentido, segundo a Súmula 462 do TST, referida multa não será devida apenas quando, comprovadamente, o empregado der causa à mora no pagamento das verbas rescisórias;

iii) Qualquer compensação no pagamento não poderá exceder o equivalente a um mês de remuneração do empregado.

3) Principais espécies de cessação do contrato de trabalho

a) **Demissão:** rescisão do contrato de trabalho por iniciativa do empregado. No caso de pedido de demissão apresentado pelo empregado, este terá obrigação de conceder aviso prévio de 30 dias ao empregador (salvo se por ele dispensado).

> **ATENÇÃO**
>
> Corroborando o atual posicionamento do STF, o art. 477-B da CLT passa a dispor que eventual **Plano de Demissão Voluntária ou Incentivada** (PDV ou PDI), para dispensa individual, plúrima ou coletiva, desde que previsto em convenção coletiva ou acordo coletivo de trabalho, enseja quitação plena e irrevogável dos direitos decorrentes da relação empregatícia, salvo disposição em contrário estipulada entre as partes.

b) **Dispensa:** rescisão do contrato de trabalho por iniciativa do empregador.

i) **Dispensa sem justa causa:** trata-se de direito potestativo do empregador, embora sujeita ao pagamento de indenização (40% dos depósitos do FGTS – art. 7º, I, da CF).

A dispensa sem justa causa poderá ser individual, plúrima ou coletiva. Segundo o art. 477-A da CLT, nenhuma delas, para sua efetivação, **necessita de autorização prévia de entidade sindical** ou de **celebração de convenção coletiva ou acordo coletivo de trabalho** (art. 477-A da CLT).

ii) **Dispensa com justa causa:** condicionada ao preenchimento dos seguintes requisitos: **taxatividade** (a falta deve estar prevista em lei); **imediatidade** (o empregador deve tomar as providências cabíveis imediatamente após constatar a ocorrência do ato faltoso, sob pena de restar configurado o perdão tácito); **nexo causal** (a falta deve ter relação com o exercício do trabalho); **gravidade** (o ato deve ser grave o suficiente para abalar a relação de confiança); **proibição ao *bis in idem*** (a uma mesma falta não podem ser aplicadas duas ou mais sanções).

As principais hipóteses que autorizam a dispensa com justa causa encontram-se previstas no art. 482 da CLT – dentre as quais se destacam:

- Ato de improbidade (crime não relacionado ao trabalho ou ato que abale a confiança da relação de emprego);
- Incontinência de conduta (ato atentatório à moral sexual – e.g., assédio sexual);
- Mau procedimento;
- Negociação habitual por conta própria ou alheia, sem permissão do empregador e prejudicial ao serviço;
- Condenação criminal do empregado, passada em julgado, desde que não tenha havido suspensão da execução da pena;
- Desídia (preguiça, "corpo mole");
- Embriaguez habitual ou em serviço;
- Violação de segredo da empresa;
- Indisciplina (desrespeito a ordens gerais);
- Insubordinação (desrespeito a ordem individual);
- Abandono de emprego (30 dias);
- Ato lesivo da honra ou da boa fama praticado no serviço contra qualquer pessoa, ou ofensas físicas, nas mesmas condições, salvo em caso de legítima defesa, própria ou de outrem;

- Ato lesivo da honra ou da boa fama ou ofensas físicas praticadas contra o empregador e superiores hierárquicos, salvo em caso de legítima defesa, própria ou de outrem: no caso, não precisa ser em serviço;
- Prática constante de jogos de azar;
- Perda da habilitação ou dos requisitos estabelecidos em lei para o exercício da profissão, em decorrência de conduta dolosa do empregado;
- **Dispensa discriminatória:** decorrente de sexo, cor, religião, estado civil, preferência sexual do empregado. Nos termos do art. 4º da Lei n. 9.029/95, no caso de dispensa discriminatória, o empregado tem direito à indenização por danos morais e pode escolher entre a reintegração no emprego, com pagamento de todos os salários, ou indenização em dobro. A dispensa do portador de HIV e outras doenças graves que causem estigma social é presumidamente discriminatória, cabendo reintegração (Súmula 443 do TST).

iii) **Rescisão indireta (dispensa indireta):** justa causa do empregador, cujas hipóteses encontram-se previstas no art. 483 da CLT, e também são **taxativas**. Também deve ser observada a imediatidade no reconhecimento da rescisão indireta.

Segundo o art. 483 da CLT, o empregado poderá considerar rescindido o contrato e pleitear a devida indenização quando:

- forem exigidos serviços superiores às suas forças, defesos por lei, contrários aos bons costumes, ou alheios ao contrato;
- for tratado pelo empregador ou por seus superiores hierárquicos com rigor excessivo;
- correr perigo manifesto de mal considerável;
- não cumprir o empregador as obrigações do contrato;
- praticar o empregador ou seus prepostos, contra ele ou pessoas de sua família, ato lesivo da honra e boa fama;
- o empregador ou seus prepostos ofenderem-no fisicamente, salvo em caso de legítima defesa, própria ou de outrem;
- o empregador reduzir o seu trabalho, sendo este por peça ou tarefa, de forma a afetar sensivelmente a importância dos salários.

iv) **Culpa recíproca:** é a justa causa simultânea do empregado e do empregador (e.g., briga no ambiente de trabalho).

v) **Força maior (art. 501 da CLT):** acontecimento imprevisível para o qual não concorreu o empregador, mas que impossibilite a manutenção dos contratos de trabalho (e.g., destruição da empresa por conta de um incêndio). O *factum principis* também se insere na hipótese de força maior – i.e., o ato de autoridade pública que impossibilite a execução do contrato de trabalho. O *factum principis* vem previsto pelo art. 486 da CLT. Referido dispositivo estabelece a obrigatoriedade de o Estado arcar com as verbas de natureza indenizatória decorrentes da rescisão do contrato. É importante ressaltar que a culpa do empregador afasta a responsabilidade da Administração; ademais, se o ato da administração apenas dificultar a execução do contrato (e.g., alterando o horário de funcionamento de determinada atividade), não há configuração do *factum principis* – deve realmente impossibilitar a continuidade da atividade. Se o empregador alegar a ocorrência do *factum*, dita o artigo que a pessoa jurídica de direito público será "chamada à autoria" (em verdade, trata-se de hipótese de denunciação da lide) e terá 30 dias para se manifestar. Posteriormente, o empregado será ouvido no prazo de 3 dias e o juiz mandará o processo para a Fazenda Pública.

vi) **Rescisão antecipada do contrato a prazo:** no caso de rescisão antecipada de contrato a prazo por iniciativa do empregador, este será obrigado a pagar ao empregado a metade da remuneração a que este teria direito até o término do contrato. Ao contrário, se o causador da dispensa for o empregado, terá de ressarcir os prejuízos causados ao empregador (limitada a indenização à metade da remuneração a que o empregado teria direito até o término do contrato). Porém, é possível que o contrato contenha cláusula assecuratória de rescisão antecipada – nesse caso, aplicar-se-ão todas as regras relativas à rescisão do contrato por prazo indeterminado, inclusive o direito ao aviso prévio, cf. Súmula 163 do TST.

vii) **Morte do empregado:** equivale à demissão, com direitos transferidos a seus dependentes da Previdência Social ou, na falta, sucessores previstos pela lei civil, indicados em alvará judicial, independentemente de inventário ou arrolamento (Lei n. 6.858/80).

viii) **Morte do empregador pessoa física:** nos termos do § 2º do art. 483 da CLT, não extingue o contrato de imediato. Se os herdeiros do empregador continuarem sua atividade, o empregado pode escolher se quer ou não permanecer prestando serviços (hipótese de demissão, mas com direito aos saques do FGTS e sem aviso prévio). Se o serviço não continuar, o empregado é dispensado (dispensa sem justa causa).

ix) **Aposentadoria:** desde 2007, o STF pacificou entendimento de que a aposentadoria espontânea não constitui causa de extinção do contrato de trabalho (ADI 1721-3). No mesmo sentido, o posicionamento do TST (OJ 361 da SDI-1).

x) **Rescisão por acordo/distrato:** em, talvez, uma das maiores inovações da Reforma Trabalhista (Lei n. 13.467/2017), a CLT passa a consagrar a hipótese de cessação do contrato de trabalho mediante **acordo entre empregado e empregador** (espécie de distrato) – caso em que serão devidas as seguintes verbas:

- **Metade do aviso prévio,** se indenizado (se trabalhado, deverá ocorrer pelo período integral);
- **Metade da indenização dos depósitos do FGTS** (ou seja, apenas 20% de indenização, e não 40%, como ocorre atualmente);
- **O valor total das demais verbas rescisórias** (13º salário, férias indenizadas etc.).
- Ademais, o trabalhador poderá movimentar **80% dos valores depositados na conta do FGTS** (art. 20, I-A, da Lei n. 8.036/90), **mas não terá direito ao saque do seguro-desemprego.**

> **ATENÇÃO**
>
> **QUITAÇÃO ANUAL DE DÉBITOS TRABALHISTAS:** o novo art. 507-B da CLT (inserido pela Lei n. 13.467/2017 – Lei da Reforma Trabalhista) prevê ser facultado a empregados e empregadores, **na vigência ou não do contrato de emprego,** firmar o **termo de quitação anual de obrigações trabalhistas,** perante o sindicato dos empregados da categoria. O termo deverá discriminar as obrigações de dar e de fazer cumpridas **mensalmente** e ensejará **quitação anual dada pelo empregado, com eficácia liberatória** das parcelas nele especificadas (impedindo, portanto, que o empregado venha a pleitear em juízo as parcelas constantes do termo).

10.3 Estabilidades e garantias de emprego

As garantias de emprego constituem exceções ao direito potestativo do empregador de rescindir livremente o contrato de trabalho – admitindo-se, em tais casos, apenas que o próprio empregado peça demissão (art. 500 da CLT) ou que ocorra dispensa pautada em cometimento de falta grave pelo empregado.

Para as provas de concurso, recomenda-se a memorização das seguintes hipóteses de estabilidades:

1) Dirigente sindical (art. 8º, VIII, da CF, c/c art. 543, § 3º, da CLT)

Garante-se o emprego do dirigente sindical, inclusive suplente, desde o registro da candidatura até um ano após o término do mandato. O objetivo de referida estabilidade é evitar que o dirigente sindical sofra perseguições no ambiente de trabalho.

A jurisprudência firmou entendimento no sentido de que o membro do conselho fiscal do sindicato não tem estabilidade, tampouco o delegado sindical (OJs 365 e 369 da SDI-1/TST). Ademais, a entidade sindical poderá ter, em seus quadros, no máximo 7 dirigentes sindicais, e suplentes, portadores de estabilidade no emprego (Súmula 369, II, do TST).

> **IMPORTANTE**
>
> Para efetivar-se a estabilidade do dirigente sindical, faz-se necessária a comunicação, pela entidade sindical, ao empregador, da candidatura do empregado e de sua eleição, no prazo de 24 horas – porém, o empregado terá direito à estabilidade sempre que a empresa tomar conhecimento de sua candidatura ou eleição, durante o contrato de trabalho, por qualquer meio (Súmula 369, I, do TST). Ressalte-se que não há estabilidade ao dirigente sindical se o registro de sua candidatura ocorrer durante o período de aviso prévio, ainda que indenizado (Súmula 369, V, do TST).
>
> A dispensa do dirigente sindical somente será válida se ocorrer falta grave devidamente apurada em inquérito judicial, conforme Súmula 379 do TST e Súmula 197 do STF.

2) Gestante (art. 10, II, *b*, do ADCT)

A garantia de emprego estende-se desde a confirmação da gravidez até cinco meses após o parto (não confundir com a licença-maternidade, que tem duração de 120 dias).

A garantia de emprego da gestante independe do conhecimento da gravidez pelo empregador (Súmula 244, I, do TST – critério objetivo) e se configura inclusive nos contratos a prazo (Súmula 244, III, do TST). Ainda, caso a gravidez ocorra durante o aviso prévio, também haverá direito à estabilidade (art. 391-A do CLT).

> **ATENÇÃO**
>
> A Lei Complementar n. 146/2014 inovou ao estender a estabilidade a quem detiver a guarda do filho no caso de falecimento da genitora.

Finalmente, na forma do art. 391-A, parágrafo único, da CLT, a estabilidade gestacional passou a ser assegurada também às empregadas e empregados adotantes, pelo prazo de 5 meses contados do termo de adoção ou de guarda para fins de adoção.

3) Representante dos empregados na Comissão Interna de Prevenção de Acidentes (art. 10, II, *a*, do ADCT)

Estende-se desde o registro da candidatura até um ano após o término do mandato, inclusive ao suplente (mas *não é garantida* ao representante do empregador – apenas do empregado).

Segundo a Súmula 339, II, do TST, tal estabilidade não constitui garantia pessoal, subsistindo apenas enquanto permanecer a atividade empresarial (portanto, não subsiste no caso de extinção da empresa ou do estabelecimento).

4) Empregado acidentado

Tem garantia de emprego pelo prazo de 12 meses após a cessação do auxílio-doença acidentário (i.e., auxílio-doença decorrente de acidente do trabalho ou doença profissional, nos termos do art. 118 da Lei n. 8.213/91).

Como se percebe, o recebimento do benefício previdenciário pelo empregado é pressuposto para a aquisição da garantia de emprego, como dispõe a Súmula 378, II, do TST, salvo no caso de doença ocupacional constatada após a dispensa. Por isso, é necessário que o empregado se afaste por, pelo menos, 16 dias para que goze da estabilidade (já que os primeiros 15 dias de afastamento são pagos pela empresa, e não pela Previdência Social).

O empregado que sofre acidente no curso do aviso prévio também tem referida estabilidade, segundo doutrina e jurisprudência majoritárias. Da mesma forma, é assegurada a estabilidade caso o empregado seja contratado a prazo (Súmula 378, III, do TST).

5) Empregados eleitos diretores de sociedades cooperativas por eles criadas (art. 55 da Lei n. 5.764/71)

A garantia de emprego do dirigente sindical é assegurada aos empregados das empresas em que sejam eleitos diretores de cooperativas por eles criadas, desde o registro da candidatura até um ano após o término do mandato.

> **IMPORTANTE**
>
> Segundo entendimento jurisprudencial do TST, suplentes de dirigentes de cooperativas não têm direito (por interpretação do dispositivo legal): "OJ 253 da SDI-1. Estabilidade provisória. Cooperativa. Lei n. 5.764/1971. Conselho Fiscal. Suplente. Não assegurada. O art. 55 da Lei n. 5.764/1971 assegura a garantia de emprego apenas aos empregados eleitos diretores de Cooperativas, não abrangendo os membros suplentes".

6) Representantes dos empregados na Comissão de Conciliação Prévia (CCP) (art. 625-B, § 1º, da CLT)

Titulares e suplentes, até um ano após o término do mandato. Embora a lei não indique em que momento se inicia tal garantia, entende-se, por analogia ao dirigente sindical, que se refere ao registro da candidatura.

7) Representantes dos empregados no Conselho Curador do FGTS (art. 3º, § 9º, da Lei n. 8.036/90)

Desde a nomeação até um ano após o término do mandato, devendo a falta grave ser comprovada por processo sindical.

8) Representantes dos empregados no CNPS (Conselho Nacional da Previdência Social) (art. 3º, § 7º, da Lei n. 8.213/91)

Desde a nomeação até um ano após o término do mandato, devendo a falta grave ser comprovada por processo judicial.

9) Servidor público celetista

A estabilidade prevista pelo art. 41 da CF (após 3 anos de efetivo exercício) apenas é assegurada para os empregados de entes da Administração direta, autárquica e fundacional, nos termos da Súmula 390 do TST (ou seja, não abrange empregados de empresas estatais, ainda que concursados):

> Súmula 390. Estabilidade. Art. 41 da CF/1988. Celetista. Administração direta, autárquica ou fundacional. Aplicabilidade. Empregado de empresa pública e sociedade de economia mista. Inaplicável.
>
> I – O servidor público celetista da administração direta, autárquica ou fundacional é beneficiário da estabilidade prevista no art. 41 da CF/1988.
>
> II – Ao empregado de empresa pública ou de sociedade de economia mista, ain-

da que admitido mediante aprovação em concurso público, não é garantida a estabilidade prevista no art. 41 da CF/1988.

> **ATENÇÃO**
>
> O RE 589.998, julgado em 20 de março de 2013 pelo Plenário do STF, com repercussão geral, reconheceu a obrigatoriedade de motivação da dispensa unilateral de empregado por empresa pública e sociedade de economia mista (em contrariedade ao disposto na OJ 247 da SDI-1/TST). O colegiado reconheceu, entretanto, expressamente, a inaplicabilidade do instituto da estabilidade no emprego aos trabalhadores de empresas públicas e sociedades de economia mista.

10) Representantes dos empregados na empresa

A Lei da Reforma Trabalhista (Lei n. 13.467/2017) previu, no art. 510-D, que os membros da comissão de representantes dos empregados na empresa não poderão ser dispensados de forma arbitrária desde o registro da candidatura até um ano após o fim do mandato, entendendo-se como despedida arbitrária a que não se fundar em motivo disciplinar, técnico, econômico ou financeiro.

11) Redução salarial

Na forma do art. 611-A, § 3º, da CLT, se pactuada cláusula que reduza o salário ou a jornada, a convenção coletiva ou o acordo coletivo de trabalho deverá prever a **proteção dos empregados contra dispensa imotivada** durante o prazo de vigência do instrumento.

Caso dispensado sem justa causa, empregado deverá ser reintegrado. Entretanto, se expirado o prazo da estabilidade (Súmula 244, II, do TST) ou se o juiz não julgar conveniente a reintegração (art. 496 da CLT), pode ser convertida em indenização (salários e demais direitos trabalhistas correspondentes aos meses faltantes até o término do contrato).

> **IMPORTANTE**
>
> Segundo a OJ 399 da SDI-1/TST, o ajuizamento de reclamação trabalhista após decorrido o prazo da estabilidade não configura abuso do exercício do direito de ação, desde que respeitado o prazo prescricional de dois anos.

10.4 FGTS – Fundo de Garantia do Tempo de Serviço

O FGTS tem previsão na Lei n. 8.036/90.

Trata-se de **conta bancária individualizada** em nome do empregado, onde o empregador depositará, mensalmente, o percentual de 8% de sua remuneração (ou 2%, caso se tratar de aprendiz). Note que o percentual de 8% incide sobre a *remuneração* do trabalhador, incluídas as gorjetas (Súmula 354 do TST), horas extras e adicionais eventuais (Súmula 63 do TST), aviso prévio trabalhado ou indenizado (Súmula 305 do TST).

As contas do FGTS são absolutamente impenhoráveis (art. 2º, § 2º, da Lei n. 8.036/90).

Segundo o art. 3º da Lei n. 8.036/90, o FGTS é regido por normas e diretrizes estabelecidas pelo Conselho Curador, composto de representantes dos empregados, empregadores e governo (representação tripartite). Os representantes dos trabalhadores e dos empregadores (além dos suplentes) serão indicados pelas centrais sindicais e confederações, e nomeados pelo Ministro do Trabalho. Têm mandato de 2 anos, permitida uma recondução.

O Conselho se reunirá ordinariamente, a cada bimestre, por convocação de seu presidente. Esgotado esse período, não tendo ocorrido convocação, qualquer de seus membros poderá fazê-la, no prazo de 15 dias. Ademais, havendo necessidade, qualquer membro poderá convocar reunião extraordinária, na forma que vier a ser regulamentada pelo Conselho Curador.

As decisões do Conselho são tomadas pela maioria simples de seus membros (presentes, pelo menos, 7 membros), tendo o Presidente voto de qualidade.

Importante ressaltar que as ausências ao trabalho dos representantes dos trabalhadores no Conselho Curador serão abonadas, computando-se como jornada efetivamente trabalhada para todos os fins e efeitos legais. Ainda, os membros do Conselho Curador representantes dos trabalhadores, efetivos e suplentes, terão garantia de emprego desde a nomeação até um ano após o término do mandato.

Abaixo são destacadas as principais hipóteses de saque do FGTS:

a) **Cessação do contrato de trabalho:** o saque dos depósitos do FGTS é assegurado nas hipóteses de **dispensa sem justa causa, rescisão indireta, culpa recíproca, encerramento das atividades da empresa, término de contrato a prazo, morte do empregador** (se implicar rescisão do contrato de trabalho), **força maior e distrato (limitado até 80%)**. Não é permitido o saque no caso de **demissão** ou **dispensa com justa causa**. A retirada a que faz jus o trabalhador corresponde aos depósitos efetuados na conta vinculada, *durante o período de vigência do último contrato de trabalho,* acrescida de juros e atualização monetária, deduzidos os saques. Sobre o valor dos depósitos, incidirá multa de 40% no caso de dispensa sem justa causa ou rescisão indireta e de 20% no caso de culpa recíproca ou força maior e distrato. Referidas multas incidem inclusive sobre saques ocorridos na vigência do contrato, corrigidos monetariamente (OJ 42 da SDI-1/TST).

b) **Outras hipóteses:** saque para **financiamento habitacional** ou **compra de imóvel próprio** (nas condições determinadas pelo Sistema Financeiro da Habitação – SFH); saque em razão de **neoplasia maligna, vírus do HIV** ou **doença em estágio terminal do trabalhador ou seus dependentes**; saque em razão **de idade superior a 70 anos**; saque em razão de necessidade pessoal decorrente de desastre natural causado por chuvas, vendavais e inundações; **permanência, por três anos,** fora do regime do FGTS; **aposentadoria, morte do trabalhador** (quando o pagamento será efetuado a seus dependentes habilitados perante a Previdência Social ou herdeiros) etc.

> **ATENÇÃO**
>
> O STF, em julgamento proferido em 2014 (ARE 709.212), declarou a inconstitucionalidade do prazo prescricional de 30 anos do FGTS (prescrição trintenária), previsto no art. 23, § 5º, da Lei n. 8.036/90 e no art. 55 do Decreto n. 99.684/90. Hoje, portanto, aplica-se a tal direito o prazo prescricional bienal e quinquenal, previsto no art. 7º, XXIX, da CF. Diante disso, a nova redação da Súmula 362 do TST houve por bem tratar de regras envolvendo direito intertemporal, ao dispor que, para os casos em que a ciência da lesão ocorreu a partir de 13 de novembro de 2014 (data da decisão do STF), é quinquenal a prescrição do direito de reclamar contra o não recolhimento de contribuição para o FGTS, observado o prazo de dois anos após o término do contrato; porém, para os casos em que o prazo prescricional já estava em curso em 13 de novembro de 2014, aplica-se o prazo prescricional que se consumar primeiro: trinta anos, contados do termo inicial, ou cinco anos, a partir de 13 de novembro de 2014.

10.5 Questões

1. **(FCC – TRT 2ª Região)** Com relação ao aviso prévio, considere:

    I. Conta-se o prazo do aviso prévio excluindo-se o dia do começo e incluindo o do vencimento.

II. Ao aviso prévio serão acrescidos 3 dias por ano de serviço prestado na mesma empresa, até o máximo de 30 perfazendo um total de até 60 dias.

III. É possível e legal substituir o período que se reduz da jornada de trabalho no aviso prévio trabalhado, pelo pagamento das horas correspondentes.

IV. O direito ao aviso prévio é irrenunciável pelo empregado. O pedido de dispensa de cumprimento não exime o empregador de pagar o respectivo valor, salvo comprovação de haver o prestador dos serviços obtido novo emprego.

De acordo com a legislação competente, bem como com entendimento sumulado do TST, está correto o que se afirma APENAS em:

A) II e III.
B) I, II e IV.
C) II, III e IV.
D) I e III.
E) I e IV.

↳ **Resolução:**
A alternativa correta é a "E".
I. Súmula 380 do TST.
IV. Súmula 276 do TST.

↗ **Gabarito: "E".**

2. **(FGV – TRT 12ª Região)** Marta era empregada da empresa Surpresa Ltda., exercendo a função de secretária. Após dois anos de serviços prestados, recebeu aviso prévio trabalhado. Durante o período de cumprimento do aviso prévio, a respectiva empregada praticou ato de improbidade.

À luz da legislação e da jurisprudência uniforme do TST, é correto afirmar que

A) o caso deverá ser levado ao conhecimento da Justiça do Trabalho, que determinará qual será a forma de rompimento contratual final.
B) a empregada não tem direito ao restante do prazo do aviso prévio e ao pagamento das verbas rescisórias de natureza indenizatória.
C) considerando que o fato aconteceu durante o aviso prévio, o empregador será obrigado a perdoar a falta.
D) altera-se a natureza jurídica da ruptura contratual para culpa recíproca, de modo que Marta receberá 50% das verbas devidas.
E) a ocorrência de falta grave não é mais juridicamente relevante, porque seu contrato já havia sido rompido.

↳ **Resolução:**
A alternativa correta é a "B". Na forma do art. 491 da CLT e Súmula 73 do TST, o empregado que, durante o prazo do aviso prévio, cometer qualquer das faltas consideradas pela lei como justas para a rescisão, perde o direito ao restante do respectivo prazo, bem como retira do empregado qualquer direito às verbas rescisórias de natureza indenizatória.

↗ **Gabarito: "B".**

3. **(FCC – TRT 15ª Região)** Na extinção do contrato de trabalho:

A) o pagamento a que fizer jus o empregado será efetuado em dinheiro, depósito bancário ou cheque visado, conforme acordem as partes; ou somente em dinheiro quando o empregado for analfabeto.
B) qualquer compensação no pagamento não poderá exceder o equivalente ao período do aviso prévio devido ao empregado.
C) a entrega ao empregado de documentos que comprovem a comunicação da extinção contratual aos órgãos competentes, bem como o pagamento dos valores constantes do instrumento de rescisão ou recibo de quitação, deverão ser efetuados até dez dias contados a partir do término do contrato.
D) o pagamento das parcelas constantes do instrumento de rescisão ou recibo de quitação deverá ser efetuado até o primeiro dia útil imediato ao término do contrato; ou até o décimo dia, contado da data da notificação da demissão, quando da ausência do aviso prévio, indenização do mesmo ou dispensa de seu cumprimento.
E) as dispensas imotivadas individuais, plúrimas ou coletivas dependem de autorização prévia de entidade sindical ou de celebração de convenção coletiva ou acordo coletivo de trabalho para sua efetivação.

↘ **Resolução:**
A alternativa correta é a "C". De acordo com o disposto no art. 477, § 6º, da CLT, a entrega ao empregado de documentos que comprovem a comunicação da extinção contratual aos órgãos competentes bem como o pagamento dos valores constantes do instrumento de rescisão ou recibo de quitação deverão ser efetuados até dez dias contados a partir do término do contrato.

↗ **Gabarito: "C".**

4. **(FCC – TRT 2ª Região)** Juliana, secretária, e sua empregadora Móveis Luxo Só Ltda. resolveram, de comum acordo, extinguir o contrato de trabalho que durou por 10 anos. A empregadora a informou de que terá direito às verbas rescisórias, inclusive à indenização sobre o saldo do FGTS, pela metade. Entretanto, receberá pela metade o aviso prévio que será indenizado e poderá sacar metade dos seus depósitos fundiários, não tendo direito ao ingresso no Programa de Seguro-Desemprego. Com base em tais informações e, de acordo com a legislação vigente, a informação prestada pela empresa está:

A) incorreta, uma vez que Juliana terá direito ao saque de 80% dos seus depósitos fundiários.
B) totalmente correta.
C) incorreta, uma vez que Juliana terá direito ao saque dos depósitos fundiários na sua integralidade.
D) incorreta, pois além de sacar metade dos seus depósitos fundiários, Juliana terá direito ao ingresso no Programa do Seguro-Desemprego.
E) incorreta no tocante ao aviso prévio indenizado, que será devido integralmente.

↘ **Resolução:**
A alternativa correta é a "A". Na forma do art. 484-A, § 1º, da CLT, a extinção do contrato por acordo entre empregado e empregador permite a movimentação da conta vinculada do trabalhador no FGTS, limitada até 80% do valor dos depósitos.

↗ **Gabarito: "A".**

5. **(FCC – TRT 6ª Região)** Considere as afirmações abaixo.
I. Matheus trabalha na filial da empresa X, na cidade de Caruaru. Em 25 de abril de 2017 foi eleito membro da CIPA. Entretanto, no dia 28 de outubro de 2017, o estabelecimento em que trabalhava foi extinto e ele foi dispensado sem justa causa. A dispensa é válida, em razão da extinção do estabelecimento.

II. Uma empregada gestante foi despedida sem justa causa no primeiro mês de gravidez. O empregador desconhecia a gravidez da empregada. A dispensa é válida, em razão do desconhecimento do estado gravídico pelo empregador.

III. Uma empresa constituiu em 15 de setembro de 2017 uma Comissão de Conciliação Prévia com atribuição de tentar conciliar os conflitos individuais de trabalho havidos em seu âmbito. Um dos representantes que a compõe, eleito pelos empregados, foi dispensado sem justa causa em 23 de janeiro de 2018. A dispensa é válida porque somente são detentores de estabilidade no emprego, até o término do mandato, os integrantes de Comissão de Conciliação Prévia instituída no âmbito do sindicato.

IV. Uma empresa que possui 500 empregados promoveu, em 23 de janeiro de 2018, eleição para a composição e instituição de comissão de representação dos trabalhadores. Um dos três membros que compõem a comissão foi dispensado arbitrariamente dois dias após a eleição e um dia antes de tomar posse. A dispensa é inválida, tendo em vista que os integrantes da comissão têm estabilidade no emprego desde o registro da candidatura até um ano após o término do mandato.

Está correto o que se afirma APENAS em:

A) I e III.
B) I e IV.
C) III e IV.
D) II e III.
E) II e IV.

↘ **Resolução:**
A alternativa correta é a "B".
I. Súmula 339, II, do TST.
IV. Art. 510-D, § 3º, da CLT.

↗ **Gabarito: "B".**

6. **(FCC – TRT 15ª Região)** Considerando as disposições legais e o entendimento pacífico do Tribunal Superior do Trabalho (TST) a respeito das hipóteses de estabilidade provisória no emprego, considere:

I. Mariano, membro do conselho fiscal do Sindicato dos Comerciários de Presidente Prudente e Região, por atuar na defesa de direitos da categoria respectiva, tem estabilidade no emprego desde o registro da candidatura até um ano após o término do mandato.

II. Antonia, eleita como suplente de diretor da Cooperativa criada e gerida pelos empregados das Indústrias Reunidas Laterman Ltda, tem estabilidade no emprego desde o registro da candidatura até um ano após o término do mandato.

III. Embora, em razão do acidente de trabalho sofrido, tenha ficado afastado do trabalho por mais de 15 dias e tenha percebido auxílio-doença acidentário, Zelindo não tem direito à garantia de emprego decorrente de acidente de trabalho, pois foi contratado por prazo determinado.

IV. Bernardo, empregado de categoria diferenciada eleito dirigente sindical, goza de estabilidade provisória, pois exerce na empresa atividade pertinente à categoria profissional do sindicato para o qual foi eleito dirigente.

V. Cleide, empregada doméstica que ficou grávida no curso do contrato de experiência, tem direito a estabilidade provisória do emprego desde o registro da candidatura até 120 dias após o parto, por disposição expressa da Lei Complementar n. 150/2015.

Está correto o que consta APENAS em:

A) I e IV.
B) II e III.
C) II e V.
D) III.
E) IV.

↳ **Resolução:**
A alternativa correta é a "E".
IV. Súmula 369, III, do TST.

↗ **Gabarito: "E".**

7. **(FCC – TRT 2ª Região)** De acordo com a Lei n. 8.036/1990, o Conselho Curador estabelece normas e diretrizes que regem o Fundo de Garantia do Tempo de Serviço (FGTS). Representantes dos trabalhadores e dos empregadores:

A) fazem parte da composição deste Conselho Curador, sendo que terão mandato de dois anos, vedada a recondução, inclusive para os suplentes.

B) fazem parte da composição deste Conselho Curador, sendo que terão mandato de dois anos, podendo ser reconduzidos uma única vez, inclusive os suplentes.

C) não fazem parte da composição deste Conselho Curador, tratando-se de um órgão governamental que possui apenas integrantes indicados pela autoridade competente do Poder Executivo.

D) não fazem parte da composição deste Conselho Curador, tratando-se de um órgão governamental que possui apenas integrantes indicados pelas autoridades competentes dos Poderes Executivo e Legislativo.

E) fazem parte da composição deste conselho curador, sendo que terão mandato de três anos, vedada a recondução, inclusive para os suplentes.

↳ **Resolução:**
A alternativa correta é a "B". Em conformidade com o art. 3º, § 3º, da Lei n. 8.036/90, os representantes dos trabalhadores e dos empregadores e seus respectivos suplentes serão indicados pelas respectivas centrais sindicais e confederações nacionais e nomeados pelo Ministro do Trabalho e da Previdência Social para o Conselho Curador do FGTS, e terão mandato de 2 anos, podendo ser reconduzidos uma única vez.

↗ **Gabarito: "B".**

11. SALÁRIO E REMUNERAÇÃO

11.1 Conceito e distinções

Nos termos do art. 457 da CLT, remuneração é igual a salário + gorjetas. **Salário** corresponde à contraprestação paga pelo empregador ao empregado, de forma habitual, pelos serviços prestados e pelo tempo à disposição, por força do contrato de trabalho. Por seu turno, as **gorjetas**, que integram apenas a remuneração, são pagas por terceiros.

Considera-se gorjeta não só a importância espontaneamente dada pelo cliente ao empregado como também o valor cobrado pela empresa, como serviço ou adicional, destinado à distribuição aos empregados – o qual não pode ser "embolsado" pelo empregador, cabendo à negociação coletiva determinar os critérios da distribuição.

> **ATENÇÃO**
>
> Conforme a Súmula 354 do TST, as gorjetas servem de base de cálculo para todas as verbas trabalhistas, com exceção de: aviso prévio, adicional noturno, horas extras e repouso semanal remunerado.

11.2 Composição do salário

Previsão no art. 457, §§ 1º e 2º, da CLT.

O salário, além da importância fixa em dinheiro, compõe-se de:

1) Comissões

Reguladas pela Lei n. 3.207/57, são destinadas, precipuamente, a vendedores. Podem ser **forma exclusiva** ou não de remuneração. Em qualquer caso, entretanto, é *assegurado o salário mínimo ao empregado* (o qual será arcado pelo empregador, em virtude de este assumir o risco do negócio). Dita o art. 466 da CLT que as comissões são exigíveis após **ultimada a transação** – segundo a Lei n. 3.207/57, a transação será ultimada a partir da aceitação pelo empregador, não sendo necessário o pagamento pelo comprador. No caso de venda em parcelas, as comissões poderão ser pagas proporcionalmente à liquidação das parcelas, mesmo no caso de cessação do contrato de trabalho. O pagamento das comissões pode ser realizado pelo empregador em até 3 meses.

2) Gratificações legais

Por exemplo, a **gratificação natalina/13º salário** (Leis n. 4.090/62 e 4.749/65) e a **gratificação de função** (art. 62, parágrafo único, da CLT). Ademais, na forma da Súmula 247 do TST, também se insere em tal conceito a parcela denominada "quebra de caixa".

Observação: A gratificação natalina (13º salário – Leis n. 4.090/62 e 4.749/65) é paga em **duas parcelas**: a primeira entre fevereiro e novembro, e a segunda até o dia 20 de dezembro de cada ano. A primeira parcela do 13º salário deverá ser paga por ocasião das férias se requerido pelo empregado no mês de janeiro.

3) Adicionais habituais

Por exemplo, adicionais de periculosidade, insalubridade, transferência, noturno etc. – ressaltando-se que todos consistem em salário-condição, ou seja, somente integram o salário enquanto existente a condição que enseja seu pagamento.

4) Salário *in natura*

Parcela do salário do empregado que é paga em bens, conforme a seguir estudado.

A Lei da Reforma Trabalhista (Lei n. 13.467/2017) alterou profundamente a redação do art. 457 da CLT, passando a prever uma série de parcelas que NÃO integram o salário, a saber:

a) Diárias para viagens.
b) Ajudas de custo.
c) **Auxílio-alimentação**, desde que não pago em dinheiro.
d) Prêmios.
e) Abonos.

> **IMPORTANTE**
>
> A participação nos lucros ou resultados, desde que paga conforme os requisitos da Lei n. 10.101/2000, não tem natureza salarial (art. 7º, XI, da CF). O pagamento da PLR

> pode ser efetuado duas vezes ao ano, desde que haja uma diferença mínima de um trimestre entre os pagamentos. Ademais, nos termos da Súmula 451 do TST, no caso de rescisão contratual antecipada, é devido o pagamento da PLR de forma proporcional aos meses trabalhados.

11.3 Salário *in natura* (salário-utilidade)

O art. 458 da CLT permite o pagamento de parte do salário em utilidades ou bens: trata-se do denominado salário *in natura*. Jamais se admitirá, entretanto, o pagamento com **bebidas alcoólicas, drogas** ou, ainda, **maços de cigarro** (Súmula 367, II, do TST). Ainda, no caso de fornecimento de **habitação e alimentação**, estas não podem superar, respectivamente, 25% e 20% do salário contratual. Na habitação coletiva, o valor do salário-utilidade será obtido a partir da divisão do valor da habitação entre os coabitantes – sendo vedada a utilização da mesma unidade residencial por mais de uma família. Ainda, pelo menos 30% do salário deve ser pago em dinheiro (art. 82, parágrafo único, da CLT).

Para que o bem fornecido pelo empregador tenha natureza salarial, deve preencher três requisitos, cumulativamente:

a) deve ser habitual;

b) deve ser gratuito;

c) deve ser fornecido **pelo** trabalho, e não **para** o trabalho (ou seja, **não** pode ser indispensável ao trabalho, mas mera vantagem, benefício assegurado ao empregado – assim é que, por exemplo, uniformes e EPI não integram o salário, mas um vale-compras ofertado pelo empregador integra, pois não é imprescindível para o empregado trabalhar – cf. Súmula 367, I, do TST).

Entretanto, há algumas utilidades que, mesmo sendo concedidas **pelo** trabalho, não têm natureza salarial, em virtude de expressa exclusão da lei nesse sentido (art. 458, § 2º, da CLT): **educação**, compreendendo os valores relativos à matrícula, mensalidade, anuidade, livros e material didático; **transporte** destinado ao deslocamento para o trabalho e retorno, em percurso servido ou não por transporte público; **assistência médica**, hospitalar e odontológica, prestada diretamente ou mediante seguro-saúde; **seguros de vida e de acidentes pessoais; previdência privada**; e valores relativos ao **vale-cultura**.

A Lei da Reforma Trabalhista (Lei n. 13.467/2017) contemplou conceito amplo de "assistência médica", para fins de não integração ao salário, dispondo que o valor relativo à assistência prestada por serviço médico ou odontológico, próprio ou não, inclusive o reembolso de despesas com medicamentos, óculos, aparelhos ortopédicos, próteses, órteses, despesas médico-hospitalares e outras similares, mesmo quando concedido em diferentes modalidades de planos e coberturas, não integram o salário do empregado para qualquer efeito nem o salário de contribuição (art. 458, § 5º, da CLT).

> **ATENÇÃO**
>
> Se o veículo é essencial para o trabalho, não terá natureza salarial, ainda que o empregado o utilize em atividades particulares (Súmula 367, I, do TST). Já a alimentação é considerada salário para todos os fins (Súmula 241 do TST), salvo se concedida nos termos do PAT (Programa de Alimentação do Trabalhador – OJ 133 da SDI-1/TST).

11.4 Classificações do salário

1) Salário mínimo (art. 7º, IV, da CF)

Fixado em lei, deve ser capaz de atender às necessidades vitais básicas do trabalhador e de sua família com moradia, alimentação, educação, saúde, lazer, vestuário, higiene, transporte e previdência social. Segundo a Súmula Vinculante 4 do STF, não pode ser usado como indexador de base de cálculo de vantagem de servidor público ou de empregado, nem ser substituído por decisão judicial, salvo nos casos previstos na Constituição Federal. O empregado pode receber o pagamento do piso salarial ou do salário mínimo proporcional ao tempo trabalhado. Apenas não se admite a remuneração inferior ao salário mínimo na Administração Pública direta, autárquica e fundacional, ainda que o empregado público cumpra jornada de trabalho reduzida (OJ 358 da SDI-I/TST).

2) Salário complessivo

Corresponde ao pagamento global ao empregado, sem discriminação das parcelas – não é admitido no Brasil, cf. Súmula 91 do TST.

3) Salário de categoria (piso salarial)

Fixado por sentença normativa ou acordo ou convenção coletiva de trabalho.

11.5 Regras de proteção ao salário

a) **Inalterabilidade salarial.**

b) **Garantia de valor mínimo.**

c) **Irredutibilidade salarial, salvo negociação coletiva (art. 7º, VI, da CF).**

d) **Intangibilidade salarial:** proibição de descontos. Ao empregador, a princípio, é vedado efetuar qualquer desconto nos salários – há, porém, importantes exceções:

i) adiantamentos salariais;

ii) descontos legais (e.g., imposto de renda);

iii) descontos previstos em ACT ou CCT;

iv) danos causados com dolo;

v) danos causados com culpa, se acordado previamente;

vi) com autorização prévia e por escrito do empregado, para integração em plano de assistência médica, odontológica, seguro, previdência privada ou cooperativa, salvo se restar demonstrada a coação (que não se presume) – cf. art. 462 da CLT e Súmula 342 do TST.

e) **Proteção em relação à época própria:** o pagamento do salário não deve ser estipulado por período superior a 1 (um) mês, salvo em relação a comissões, percentagens e gratificações. Quando houver sido estipulado por mês, deverá ser efetuado até o quinto dia útil do mês subsequente ao vencido (art. 459, § 1º, da CLT).

f) **Proteção em relação ao local e forma de pagamento:** o salário deve ser pago em **dia útil** e **no local de trabalho**, durante o expediente ou logo após. O pagamento do salário será feito mediante recibo assinado pelo empregado (ou, caso seja analfabeto, por meio de sua impressão digital ou a rogo). Considera-se como recibo o comprovante de depósito bancário (art. 464 da CLT).

g) **Impenhorabilidade do salário, salvo pensão alimentícia e valores que excedam 50 salários mínimos (art. 833, IV, do CPC).**

h) **Privilégio na falência:** o salário é crédito privilegiado nas recuperações judiciais e nas falências (créditos de até 150 salários mínimos e derivados de acidente do trabalho, sem limite – art. 83, I, da Lei n. 11.101/2005).

11.6 Questões

1. **(FCC – TRT 15ª Região)** Sobre salário e remuneração:

A) consideram-se prêmios as liberalidades concedidas pelo empregador em forma de bens, serviços ou valor em dinheiro a empregado ou a grupo de empregados, em razão de desempenho superior ao ordinariamente esperado no exercício de suas atividades.

B) as importâncias, ainda que habituais, pagas a título de ajuda de custo e diárias para viagem, limitadas a cinquenta por cento da remuneração mensal, não integram a remuneração do empregado, não se incorporam ao contrato de trabalho e não constituem base de incidência de encargo trabalhista e previdenciário.

C) prêmios são as liberalidades concedidas em forma de bens, serviços ou valor em dinheiro, pelo empregador, em razão de seu poder potestativo, ao empregado ou a grupo de empregados, independentemente do exercício de suas atividades.

D) as importâncias pagas a título de auxílio-alimentação, vedado o seu pagamento em dinheiro, não se incorporam ao contrato de trabalho e não constituem base de incidência de encargo trabalhista e previdenciário, salvo se habituais.

E) o pagamento do salário e comissões, qualquer que seja a modalidade do trabalho, não deve ser estipulado por período superior a 1 mês.

↘ **Resolução:**

A alternativa correta é a "A". Nos termos do art. 457, § 4º, da CLT, os prêmios são liberalidades concedidas pelo empregador em forma de bens, serviços ou valor em dinheiro a empregado ou a grupo de empregados, em razão de desempenho superior ao ordinariamente esperado no exercício de suas atividades.

↗ **Gabarito: "A".**

2. **(FCC – TRT 2ª Região)** Jonas é auxiliar de produção na Metalúrgica Sincera S/A, e suas férias foram agendadas para serem gozadas em março. Ocorre que dois dias antes de sair de férias, requereu ao seu empregador o adiantamento de seu 13º salário. Tendo em vista que, além do salário em dinheiro, Jonas também recebe sua remuneração em utilidades, no tocante ao seu 13º salário é correto o que se afirma em:

A) Jonas terá direito ao adiantamento de seu 13º salário juntamente com suas férias, por ter requerido no período de dois dias que antecedeu seu gozo, bem como para seu cálculo serão computados tanto o salário em dinheiro quanto as utilidades recebidas.

B) Jonas terá direito ao adiantamento de seu 13º salário juntamente com suas férias, por ter requerido no período de dois dias que antecedeu seu gozo, mas, para cálculo da sua remuneração, somente será computado o valor em dinheiro, não fazendo jus às utilidades recebidas.

C) Quando parte da remuneração for paga em utilidades, o valor da quantia efetivamente descontada e correspondente a essas será computado para fixação da respectiva gratificação natalina, não tendo direito Jonas ao adiantamento em suas férias, pois é do empregador a prerrogativa de antecipar tal pagamento.

D) Quando parte da remuneração for paga em utilidades, o valor da quantia efetivamente descontada e correspondente a essas será computado para fixação da respectiva gratificação natalina, não tendo direito Jonas ao adiantamento em suas férias, pois o mesmo deveria ter sido requerido até janeiro do ano correspondente.

E) Quando parte da remuneração for paga em utilidades, o valor da quantia efetivamente descontada e correspondente a essas será computado para fixação da respectiva gratificação natalina, tendo direito Jonas ao adiantamento da mesma em suas férias, pois sempre que o empregado o requerer, sem limite temporal, o empregador deverá adiantá-la.

↘ **Resolução:**

A alternativa correta é a "D". Conforme disposto no art. 2º, § 2º, da Lei n. 4.749/65, o adiantamento da gratificação natalina será pago ao ensejo das férias do empregado, sempre que este o requerer no mês de janeiro do correspondente ano.

↗ **Gabarito: "D".**

3. **(INSTITUTO AOCP – TRT 1ª Região)** José é funcionário do Bar e Petiscaria Hora Feliz Ltda. na função de garçom, com registro em CTPS. Recebe o salário previsto em convenção coletiva da categoria. Além disso, recebe gorjetas pagas espontaneamente pelos clientes. O estabelecimento ainda cobra dos clientes taxa de serviço, à razão de 10% dos itens consumidos, cujo valor é destinado à distribuição aos empregados. A empresa fornece, também, uniforme a todos os empregados, a ser utilizado no local de trabalho para a prestação do serviço. Diante do exposto, no

que se refere à remuneração do empregado, é correto afirmar que

A) tanto a importância dada pelos clientes espontaneamente a José quanto o valor cobrado pela empregadora a título de taxa de serviço são considerados gorjeta.
B) o uniforme fornecido pela empresa a José integra sua remuneração.
C) as gorjetas recebidas por José dos clientes não integram sua remuneração.
D) somente é considerada gorjeta a importância dada pelos clientes espontaneamente a José.
E) a taxa de serviço cobrada pelo estabelecimento, nos termos do enunciado, não integra a remuneração do empregado.

↳ **Resolução:**
A alternativa correta é a "A". Conforme determina o art. 457, § 3º, da CLT, será considerada como gorjeta não só a importância espontaneamente dada pelo cliente ao empregado, como também o valor cobrado pela empresa, como serviço ou adicional, a qualquer título, e destinado à distribuição aos empregados.

↗ Gabarito: "A".

4. (FCC – TRT 24ª Região) A empresa Asas Indomáveis S/A contratou Benício como instrutor regional de aviação. Ajustou um valor a ser pago em dinheiro, além de prestações mensais *in natura*. Nesse sentido, serão compreendidas no salário para todos os efeitos legais aquelas fornecidas a título de

A) uniformes utilizados no local de trabalho, para a prestação dos serviços.
B) aluguel de apartamento de moradia do trabalhador, cujo valor corresponde a 20% do salário contratual.
C) seguros de vida e de acidentes pessoais.
D) automóvel destinado ao deslocamento do trabalhador para o trabalho e retorno.
E) assistência odontológica, prestada mediante seguro-saúde.

↳ **Resolução:**
A alternativa correta é a "B". Na forma do art. 458, *caput* e § 3º, da CLT, além do pagamento em dinheiro, compreende-se no salário, para todos os efeitos legais, a alimentação, habitação, vestuário ou outras prestações *in natura* que a empresa, por força do contrato ou do costume, fornecer habitualmente ao empregado, sendo válido destacar que a habitação e a alimentação fornecidas como salário-utilidade deverão atender aos fins a que se destinam e não poderão exceder, respectivamente, a 25% e 20% do salário contratual.

↗ Gabarito: "B".

12. EQUIPARAÇÃO SALARIAL

Previsão no art. 461 da CLT + Súmula 6 do TST.

A equiparação salarial pressupõe a existência **concomitante** de cinco identidades entre o paradigma e o paragonado (respectivamente, quem serve de modelo e quem pede a equiparação):

1) Identidade de função

As tarefas substanciais dos cargos devem ser idênticas, independentemente do nome do cargo.

2) Identidade de empregador

Independentemente do estabelecimento em que trabalha o empregado. No trabalho temporário, cf. art. 12, *a*, da Lei n. 6.019/74, a remuneração do temporário deve ser a mesma da auferida por empregado que exerça a mesma função na empresa tomadora. Ainda, a cessão de empregado a outro órgão governamental também implica equiparação, desde que a empresa cedente arque com o salário do paradigma e do postulante.

▶ **ATENÇÃO**

Na relação de terceirização, não é necessário assegurar o mesmo salário do empregado interno ao empregado terceirizado, sendo mera opção entre as partes contratantes (art. 4º-C, § 1º, Lei n. 6.019/74).

3) Identidade do local de trabalho

Considerado o mesmo local como o mesmo estabelecimento.

4) Identidade do tempo na função e na empresa

O tempo na função não pode ser superior a 2 anos em favor do paradigma, e a diferença de tempo na empresa não pode ser superior a 4 anos.

5) Identidade qualitativa e quantitativa

O trabalho deve ser realizado com *igual produtividade* e *perfeição técnica*. O TST admite a equiparação no trabalho intelectual, desde que atendidos os requisitos do art. 461 e que a perfeição técnica seja aferida por critérios objetivos.

São causas excludentes da equiparação salarial (ou seja, causas que impedem a equiparação, mesmo que presentes as cinco identidades acima):

a) **Quadro de carreira:** segundo o art. 461, §§ 2º e 3º, da CLT, obsta-se a equiparação salarial quando o empregador tiver pessoal organizado em quadro de carreira ou adotar, por meio de norma interna da empresa ou de negociação coletiva, plano de cargos e salários, dispensada qualquer forma de homologação ou registro em órgão público, e sendo possível efetuar promoções por merecimento e por antiguidade, ou por apenas um destes critérios, dentro de cada categoria profissional.

Ao instituir quadro de carreira, o empregador tem uma série de obrigações referentes ao provimento dos cargos, o que pode ensejar o desvio de função. Assim, mesmo diante da exclusão do pleito de equiparação salarial, deve o empregador assegurar o pleno acesso aos cargos contidos no quadro. Nesse sentido, a Súmula 127 do TST:

> Súmula 127. Quadro de carreira. Quadro de pessoal organizado em carreira, aprovado pelo órgão competente, excluída a hipótese de equiparação salarial, não obsta reclamação fundada em preterição, enquadramento ou reclassificação.

Segundo o TST, ademais, o simples desvio de função não gera direito a reenquadramento, mas apenas a diferenças salariais.

> OJ 125 da SDI-1. Desvio de função. Quadro de carreira. O simples desvio funcional do empregado não gera direito a novo enquadramento, mas apenas às diferenças salariais respectivas, mesmo que o desvio de função haja iniciado antes da vigência da CF/1988.

b) **Readaptação:** não serve de paradigma o empregado readaptado em nova função em decorrência de reabilitação profissional previdenciária (acidente de trabalho), pois – por força do princípio da irredutibilidade salarial – sua remuneração está vinculada à função anterior.

Observação: diante da exigência de fixação de salários por lei para os servidores públicos, prevista no art. 37, XIII, da CF, é impossível a equiparação salarial em relação a tais trabalhadores. Há exceção, porém, envolvendo sociedade de economia mista, já que esta, ao admitir empregados sob o regime da CLT, equipara-se a empregador privado, conforme disposto no art. 173, § 1º, II, da CF (Súmula 455 do TST).

> **IMPORTANTE**
>
> Segundo o art. 461, § 6º, da CLT (inserido pela Lei n. 13.467/2017 – Reforma Trabalhista), caso comprovada discriminação por motivo de sexo ou etnia, o juízo determinará, além do pagamento das diferenças salariais devidas, multa, em favor do empregado discriminado, no valor de 50% do limite máximo dos benefícios do Regime Geral de Previdência Social.

Vejamos, por fim, outros aspectos importantes da equiparação:

- Não é excludente da equiparação a situação de o salário do paradigma ter sido fixado por sentença judicial, salvo se o desnível for decorrente de vantagem pessoal ou tese superada pela jurisprudência de Tribunal Superior. Porém, não se admite a denominada "equiparação salarial em cadeia", ficando vedada a indicação de paradigmas remotos (§ 5º do art. 461 da CLT).
- Postulante e paradigma não precisam, à época da reclamação, estar a serviço do estabelecimento, desde que o pedido se relacione com situação pretérita (Súmula 6 do TST).
- No pleito de equiparação salarial, o ônus da prova é do empregado, salvo se invocado fato modificativo, extintivo ou impeditivo do direito do autor (Súmula 6, VIII, do TST).
- A prescrição é parcial, i.e., somente alcança as parcelas anteriores aos últimos 5 anos do ajuizamento da ação (Súmula 6, IX, do TST).

12.1 Questões

1. (FCC – TRT 6ª Região) Considere as afirmativas abaixo a respeito da equiparação salarial.

I. Sendo idêntica a função, a todo trabalho de igual valor, prestado ao mesmo empregador, no mesmo estabelecimento empresarial, ou dentro da mesma região metropolitana, corresponderá igual salário, sem distinção de sexo, etnia, nacionalidade ou idade.

II. Para efeito de se aferir trabalho de igual valor, para fins de equiparação salarial, considera-se o feito com igual produtividade e com a mesma perfeição técnica, entre pessoas cuja diferença de tempo de serviço para o mesmo empregador não seja superior a quatro anos e a diferença de tempo na função não seja superior a dois anos.

III. Não se poderá falar em equiparação salarial quando o empregador tiver pessoal organizado em quadro de carreira ou adotar, por meio de norma interna da empresa ou de negociação coletiva, plano de cargos e salários, devidamente homologado no Ministério do Trabalho.

IV. No caso de comprovada discriminação por motivo de sexo ou etnia, o juízo determinará, além do pagamento das diferenças salariais devidas, multa, em favor do empregado discriminado, no valor de 50% do limite máximo dos benefícios do Regime Geral de Previdência Social.

Está correto o que se afirma APENAS em

A) I e III.
B) I, II e III.
C) II e IV.
D) II, III e IV.
E) I, III E IV.

↳ **Resolução:**
A alternativa correta é a "C".
II. Art. 461, § 1º, da CLT.
IV. Art. 461, § 6º, da CLT.

↗ **Gabarito: "C".**

2. (FCC – TST) João ingressou com reclamação trabalhista contra a Empresa B pleiteando equiparação salarial com o paradigma Antonio, alegando que este ganha salário 10% a maior. De acordo com a CLT, alterada pela Lei n. 13.467/2017:

A) sendo idêntica a função, a todo trabalho de igual valor, prestado ao mesmo empregador, no mesmo estabelecimento empresarial, corresponderá igual salário, sem distinção de sexo, etnia, nacionalidade ou idade, entre pessoas, entre outros requisitos, cuja diferença do tempo de serviço para o mesmo empregador não seja superior a quatro anos e a diferença de tempo na função não seja superior a dois anos.

B) sendo idêntica a função, a todo trabalho de igual valor, prestado ao mesmo empregador, no mesmo estabelecimento empresarial, corresponderá igual salário, sem distinção de sexo, etnia, nacionalidade ou idade, entre pessoas, entre outros requisitos, cuja diferença do tempo de serviço para o mesmo empregador não seja superior a dois anos e a diferença de tempo na função não seja superior a quatro anos.

C) a equiparação salarial prevalecerá mesmo quando o empregador tiver pessoal organizado em quadro de carreira ou adotar, por meio de norma interna da empresa ou de negociação coletiva, plano de cargos e salários dispensada qualquer forma de homologação ou registro em órgão público.

D) trabalho de igual valor, para fins de equiparação salarial, será o que for feito com, pelo menos, 80% da produtividade e com a mesma perfeição técnica, entre pessoas cuja diferença de tempo de serviço para o mesmo empregador não seja superior a quatro anos e a diferença de tempo na função não seja superior a dois anos.

E) no caso de comprovada discriminação por motivo de sexo ou etnia, o juízo determinará, além do pagamento das diferenças salariais devidas, multa, em favor do empregado discriminado, no valor de 20% do limite máximo dos benefícios do regime geral da previdência social.

↘ **Resolução:**
A alternativa correta é a "A". Conforme disposto no art. 461, *caput* e § 1º, da CLT, sendo idêntica a função, a todo trabalho de igual valor, prestado ao mesmo empregador, no mesmo estabelecimento empresarial, corresponderá igual salário, sem distinção de sexo, etnia, nacionalidade ou idade, sendo considerado como trabalho de igual valor aquele que for feito com igual produtividade e com a mesma perfeição técnica, entre pessoas cuja diferença de tempo de serviço para o mesmo empregador não seja superior a quatro anos e a diferença de tempo na função não seja superior a dois anos.

↗ **Gabarito: "A".**

3. (FGV – TRT 12ª Região) Wesley e Maria trabalham na empresa Alfa Ltda. como contadores. Ocorre que Maria recebe salário superior ao colega, que então pretende ajuizar reclamação trabalhista para ver reparada a lesão de que se intitula vítima.

Dos requisitos abaixo listados, de acordo com a CLT, é necessário para o deferimento de equiparação salarial:

A) diferença inferior a 2 anos de idade entre os cotejados.

B) mesma perfeição técnica.

C) identidade de sexo.

D) mesma nacionalidade.

E) espaço físico comum de trabalho.

↘ **Resolução:**
A alternativa correta é a "B". Nos termos do art. 461, § 1º, da CLT, para efeitos de equiparação salarial, trabalho de igual valor será aquele que for feito com igual produtividade e com a mesma perfeição técnica.

↗ **Gabarito: "B".**

13. DANO EXTRAPATRIMONIAL

Após anos de aplicação, pela Justiça do Trabalho, dos preceitos civilistas para caracterização do dano moral/extrapatrimonial no Direito do Trabalho, a CLT passa a consagrar de forma expressa referida espécie de dano, no Título II-A (arts. 223-A a G). Muitas das previsões são mera consagração de entendimentos já consolidados pelos tribunais trabalhistas; outras representam verdadeiras inovações, e têm sido objeto de crítica da doutrina especializada.

Inicialmente, o art. 223-A da CLT especifica que serão aplicados à reparação de danos de natureza extrapatrimonial decorrentes da relação de trabalho **apenas os dispositivos previstos na própria CLT** – evitando, assim, a aplicação subsidiária de outros diplomas, como o Código Civil ou o Código de Defesa do Consumidor.

O dano extrapatrimonial é conceituado no art. 223-B como a **ação ou omissão que ofenda a esfera moral ou existencial da pessoa física ou jurídica**, as quais são as titulares exclusivas do direito à reparação.

Quanto à **pessoa física**, consideram-se como bens juridicamente tuteláveis a honra, a imagem, a intimidade, a liberdade de ação, a autoestima, a sexualidade, a saúde, o lazer e a integridade física (art. 223-C da CLT). Quanto à **pessoa jurídica**, são a imagem, a marca, o nome, o segredo empresarial e o sigilo da correspondência (art. 223-D da

CLT) – veja-se, nesse sentido, que a CLT prevê a expressa possibilidade de a pessoa jurídica também ser indenizada por violações de natureza extrapatrimonial, como já vinha reconhecendo a jurisprudência.

O art. 223-E da CLT consagra a responsabilidade pelo dano extrapatrimonial a **todos os que tenham colaborado para a ofensa ao bem jurídico tutelado**, na proporção da ação ou da omissão.

No que tange à ação reparatória, na linha do entendimento já consolidado pelo STJ (Súmula 389 do STJ), reconhece-se a possibilidade de pedido de reparação por danos extrapatrimoniais **cumulado com indenização por danos materiais decorrentes do mesmo ato lesivo** – situação em que o prolator da decisão discriminará os valores das indenizações a título de danos patrimoniais e das reparações por danos morais (art. 223-F, *caput* e § 1º). Nesse caso, a CLT prevê, ainda, que a composição das perdas e danos (lucros cessantes e danos emergentes) não interfere na avaliação dos danos extrapatrimoniais (art. 223-F, § 2º).

Na **apreciação do pedido** de danos extrapatrimoniais, segundo o art. 223-G da CLT, o juízo considerará:

I – a natureza do bem jurídico tutelado;

II – a intensidade do sofrimento ou da humilhação;

III – a possibilidade de superação física ou psicológica;

IV – os reflexos pessoais e sociais da ação ou da omissão;

V – a extensão e a duração dos efeitos da ofensa;

VI – as condições em que ocorreu a ofensa ou o prejuízo moral;

VII – o grau de dolo ou culpa;

VIII – a ocorrência de retratação espontânea;

IX – o esforço efetivo para minimizar a ofensa;

X – o perdão, tácito ou expresso;

XI – a situação social e econômica das partes envolvidas;

XII – o grau de publicidade da ofensa.

Porém, para a **fixação dos valores da indenização**, há parâmetros expressos previstos pelo § 1º do art. 223-G (os quais vêm sendo criticados, especialmente por ferirem a liberdade de atuação do magistrado):

a) No caso de ofensa de natureza leve, a indenização será de até 3 vezes o último salário contratual do ofendido;

b) No caso de ofensa de natureza média, até 5 vezes;

c) No caso de ofensa de natureza grave, até 20 vezes;

d) No caso de ofensa de natureza gravíssima, até 50 vezes.

Tais valores serão fixados a cada um dos ofendidos, vedada a acumulação, e também serão observados no caso de pessoa jurídica (utilizando-se como parâmetro o salário contratual do ofensor). Ainda, se houver reincidência entre partes idênticas, o juízo poderá elevar ao dobro o valor da indenização.

13.1 Questões

1. **(FCC – TRT 2ª Região)** Márcia ingressou com reclamação trabalhista contra sua ex-empregadora, pessoa jurídica Luz Nova Ltda., com pedido de indenização por danos morais, ao argumento de que restou prejudicado o seu direito ao lazer, pois era obrigada a trabalhar em períodos extensos, fazendo horas extras diariamente, o que lhe impossibilitava o convívio social e familiar. Luz Nova Ltda. contestou a ação e apresentou reconvenção, com pedido de indenização por danos morais, argumentando que Márcia havia violado a imagem da empresa, ao publicar ofensas contra ela nas redes sociais. Neste caso, nos termos da lei trabalhista vigente que regula o dano extrapatrimonial:

A) o lazer não é bem juridicamente tutelado inerente ao empregado, pois se trata de direito fundamental oponível apenas contra o Estado e não contra o empregador.

B) a pessoa jurídica não é titular do direito à reparação, pois a sua esfera moral não é tutelável.

C) a imagem, a marca, o nome, o segredo empresarial e o sigilo da correspondência são bens juridicamente tutelados inerentes à pessoa jurídica.

D) a Consolidação das Leis do Trabalho não prevê a reparação de danos de natureza extrapatrimonial decorrentes da relação de trabalho, sendo utilizada a lei civil, subsidiariamente sempre.

E) ao apreciar o pedido de reparação por danos extrapatrimoniais, o juízo não considerará os reflexos sociais da ação ou omissão e a situação social das partes envolvidas, mas apenas os reflexos pessoais da ação ou omissão e a situação econômica das partes.

↳ **Resolução:**
A alternativa correta é a "C". Conforme determina o art. 223-D da CLT, a imagem, a marca, o nome, o segredo empresarial e o sigilo da correspondência são bens juridicamente tutelados inerentes à pessoa jurídica.

↗ **Gabarito: "C".**

14. DURAÇÃO DO TRABALHO E REPOUSO SEMANAL REMUNERADO

1) Duração normal do trabalho

8h/dia; 44h/semana (art. 7º, XIII, da CF).

Ressalte-se que a duração acima mencionada consiste na duração **normal** de trabalho, e não na duração **máxima**, pois permitida a realização de horas extras pelo trabalhador, como adiante se verá.

Ademais da duração normal do trabalho, há hipóteses de jornadas diferenciadas – para concursos, as mais relevantes são:

a) **Jornada 12 x 36 (art. 59-A da CLT):** antes da Lei n. 13.467/2017 (Lei da Reforma Trabalhista), a jornada 12 x 36 (12 horas de trabalho seguidas por 36 de descanso) somente era admitida se prevista em lei ou negociação coletiva (Súmula 444 do TST); agora, passa a poder ser negociada também por acordo individual escrito entre empregado e empregador (art. 59-A da CLT).

A CLT também inova com relação aos intervalos para repouso e alimentação, afirmando que poderão ser observados ou indenizados (art. 59-A da CLT). Também estabelece que a remuneração mensal do trabalhador abrange os pagamentos devidos pelo descanso semanal remunerado e pelo descanso em feriados, sendo considerados compensados os feriados e as prorrogações de trabalho noturno, quando houver (art. 59-A, parágrafo único, da CLT) – superando, portanto, a disposição da Súmula 444 do TST.

Ainda em matéria de jornada 12 x 36, a CLT prevê que eventual necessidade de prorrogação de jornada em ambiente insalubre dispensa a autorização por parte do Ministério do Trabalho (art. 60, parágrafo único, da CLT).

b) **Trabalho a tempo parcial (art. 58-A da CLT):** trabalho cuja duração não exceda a **trinta horas semanais**, sem a possibilidade de horas suplementares semanais (horas extras), ou, ainda, aquele cuja duração não exceda a **vinte e seis horas semanais**, com a possibilidade de acréscimo de até seis horas suplementares semanais. Neste último caso, permite-se que as horas suplementares sejam compensadas até a semana imediatamente posterior à da sua execução (devendo ser feita a sua quitação na folha de pagamento do mês subsequente, caso não sejam compensadas – art. 58-A, § 5º, da CLT).

No regime anterior à Reforma Trabalhista (Lei n. 13.467/2017), as férias do trabalhador a tempo parcial eram reduzidas (antigo art. 130-A, CLT); no novo regime, são devidas pelo período normal (art. 58-A, § 7º, da CLT). Da mesma forma, agora é permitido o abono pecuniário de férias a esse trabalhador, antes não admitido (art. 58-A, § 6º, da CLT).

c) **Jornada do advogado:** a jornada do advogado não pode exceder a duração diária de 4h contínuas e 20h semanais, salvo ACT ou CCT ou em caso de dedicação exclusiva (assim especificada no contrato de trabalho). Ademais, o adicional de horas extras, nesse caso, é de 100% e a jornada noturna, das 20h às 5h, com adicional de 25%.

d) **Jornada do bancário:** segundo o art. 224 da CLT, a duração normal dos bancários será de 6 horas contínuas, com exceção dos sábados, perfazendo o total de 30 horas semanais. Poderá a jornada ser prorrogada excepcionalmente por mais duas horas diárias, não ultrapassando 40h semanais. É assegurado intervalo de 15 minutos para alimentação, não computado na jornada.

É permitido o trabalho noturno apenas nas funções de compensação de cheques e computação eletrônica.

Caso o bancário exerça função de direção, gerência, fiscalização, chefia e equivalentes (ou outros cargos de confiança), não se aplica a jornada diferenciada, desde que o valor da gratificação de função não seja inferior a 1/3 do salário do cargo efetivo (art. 224, § 2º, da CLT).

Observação: o TST, em Incidente de Recursos de Revista Repetitivos (Tema 0001), entendeu que, como regra geral, o divisor aplicável para cálculo das horas extras do bancário, inclusive para os submetidos à jornada de oito horas, será de 180 e 220, para a jornada normal de seis e oito horas, respectivamente. Assim, a inclusão, por acordo ou convenção coletiva, do sábado como dia de repouso semanal remunerado não altera o divisor, em virtude de não haver redução do número de horas semanais, trabalhadas e de repouso.

e) **Jornada do professor:** segundo o art. 318 da CLT, o professor poderá lecionar em um mesmo estabelecimento por mais de um turno, desde que não ultrapasse a jornada de trabalho semanal estabelecida legalmente, assegurado e não computado o intervalo para refeição.

2) Períodos integrantes da jornada de trabalho

Integram a jornada de trabalho as horas à disposição do empregador, tanto de trabalho efetivo quanto o tempo em que o empregado está à espera de ordens (art. 4º, *caput*, da CLT).

A Reforma Trabalhista (Lei n. 13.467/2017) alterou o conceito de "**tempo à disposição do empregador**", determinando que não será computado como período extraordinário de trabalho o que exceder a jornada normal, quando o empregado, **por escolha própria**, buscar proteção pessoal, em caso de insegurança nas vias públicas ou más condições climáticas, bem como adentrar ou permanecer nas dependências da empresa para exercer atividades particulares, entre outras:

- práticas religiosas;
- descanso;
- lazer;
- estudo;
- alimentação;
- atividades de relacionamento social;
- higiene pessoal;
- troca de roupa ou uniforme, quando não houver obrigatoriedade de realizar a troca na empresa.

Assim, em todas essas situações, a empresa fica desobrigada de pagar horas extras ao empregado (art. 4º, § 2º, da CLT).

De outra parte, também são excluídas do cômputo da jornada de trabalho, pela Lei da Reforma, as chamadas *horas in itinere*, i.e., o tempo despendido pelo empregado desde a sua residência até a efetiva ocupação do posto de trabalho e para o seu retorno, caminhando ou por qualquer meio de transporte, inclusive o fornecido pelo empregador (art. 58, § 2º, da CLT). Nesse sentido é revogado o § 3º do art. 58, que autorizava as microempresas e empresas de pequeno porte a negociarem com o sindicato a média das horas *in itinere*, bem como a natureza de seu pagamento.

Os *intervalos* não são computados na jornada, exceto:

a) trabalhadores nos serviços de mecanografia e digitação – pausa de 10 minutos a cada 90 minutos trabalhados (art. 72 da CLT);

b) intervalos concedidos por liberalidade pelo empregador (Súmula 118 do TST);

c) empregados de câmaras frigoríficas – pausa de 20 minutos após 1 hora e 40 minutos de trabalho (art. 253 da CLT);

d) empregados em minas de subsolo – pausa de 15 minutos a cada 3 horas trabalhadas (art. 298 da CLT);

e) os dois intervalos de 30 minutos cada um assegurados à empregada lactante, até seis meses de idade da criança (art. 396 da CLT).

3) Exclusões

As regras sobre jornada de trabalho não se aplicam aos ocupantes de cargo de confiança (art. 62, II e parágrafo único, da CLT), desde que percebam gratificação de função de, pelo menos, 40% do salário do cargo efetivo. Também não se aplicam ao empregado que realiza atividades externas, desde que o controle de horário seja incompatível com o exercício da função e que tal condição seja expressa na CTPS (art. 62, I, da CLT). Finalmente, de acordo com previsão trazida pela Lei n. 13.467/2017, não há aplicação das regras sobre jornada ao teletrabalhador (art. 62, III, da CLT).

4) Controle da jornada

É obrigatório para os estabelecimentos com mais de vinte trabalhadores, permitida a pré-assinalação do período de repouso (art. 74, § 2º, da CLT). Pode ser manual, mecânico ou eletrônico. Se o trabalho for executado fora do estabelecimento, o horário dos empregados constará do registro manual, mecânico ou eletrônico em seu poder (art. 74, § 3º, da CLT). Ainda, fica permitida a utilização de registro de ponto por exceção à jornada regular de trabalho, mediante acordo individual escrito, convenção coletiva ou acordo coletivo de trabalho (art. 74, § 4º, da CLT).

5) Prorrogação de jornada

É o trabalho prestado além da jornada legal ou ajustada, remunerado com adicional de, no mínimo, 50% (art. 7º, XVI, da CF). É admitido nos casos de necessidade imperiosa (e.g., força maior, serviços inadiáveis etc. – cf. art. 61 da CLT) ou acordo entre as partes (art. 59 da CLT).

O acordo de prorrogação pode ser individual ou coletivo, desde que escrito, sendo permitida a realização de, no máximo, 2 horas extras por dia.

Excedido o limite de 2 horas extras por dia, configura-se infração administrativa, mas o empregador deve, mesmo assim, pagar as horas ao empregado, que integram o cálculo dos haveres trabalhistas (Súmula 376 do TST). Se houver supressão total ou parcial das horas extras habitualmente prestadas, é devido pagamento de indenização (correspondente à média das horas extras nos últimos 12 meses multiplicada pelo número de anos de trabalho ou fração de seis meses de prestação de horas extras – **Súmula 291 do TST**).

Nas atividades insalubres, tanto a compensação quanto a prorrogação de jornada devem ser expressamente autorizadas pelo MTE (art. 60 da CLT + Súmula 85, VI, do TST) – exceção feita à prorrogação de jornada 12 x 36 em ambiente insalubre, como visto (art. 60, parágrafo único, da CLT).

6) Compensação de jornada

Regime em que o empregado trabalha mais horas em um dia e compensa o período trabalhado a mais em outro dia (art. 59, §§ 2º a 6º, da CLT).

Há dois tipos de compensação de jornada apontados pela doutrina: a **tradicional**, em que há objetivo específico para a realização do trabalho extraordinário (por exemplo, o empregado trabalha mais durante a semana para folgar no sábado), e o banco de horas, em que não existe objetivo predeterminado (empregado faz horas extraordinárias que são colocadas numa espécie de poupança, a serem posteriormente por ele "sacadas").

A compensação tradicional pode ser celebrada por **acordo coletivo ou convenção coletiva**, com duração de até 12 meses, ou mesmo por **acordo individual, tácito ou escrito**, desde que para a compensação no mesmo mês (art. 59, § 6º, da CLT).

Quanto ao banco de horas, o TST entendia que somente era possível sua celebração mediante acordo ou convenção coletiva (Súmula 85, V, do TST). Agora, passa a ser possível a negociação diretamente entre empregado e empregador, mediante acordo individual escrito. Porém, nessa hipótese, a compensação deverá ocorrer no período máximo de seis meses (art. 59, § 5º, da CLT) (enquanto no primeiro caso, por negociação coletiva, poderá ter duração de até 12 meses).

Ademais, a CLT, com a redação dada pela Lei n. 13.467/2017 (Lei da Reforma Trabalhista), incorpora em seu texto a orientação contida na Súmula 85, II, do TST, ao dispor que o não atendimento das exigências legais para compensação de jornada, inclusive quando estabelecida mediante acordo tácito, não implica a repetição do pagamento das horas excedentes à jornada normal diária se não ultrapassada a duração máxima semanal, sendo devido apenas o respectivo adicional (art. 59-B da CLT). Refuta, por outro lado, o previsto no item III da mesma Súmula, ao estabelecer que a prestação de horas extras habituais **não descaracteriza** o acordo de compensação de jornada e o banco de horas.

7) Minutos que antecedem ou sucedem a jornada de trabalho

Variações de 5 minutos, observado o limite de 10 minutos diários, não são descontadas ou computadas como hora extra. Ultrapassado esse limite, porém, será considerada como extra a totalidade do tempo que exceder a jornada normal (art. 58, § 1º, da CLT + Súmula 366 do TST). A Súmula 449 do TST considera inválida a cláusula coletiva que estende esses minutos residuais (ou seja, que amplia o limite para além de cinco minutos antes e depois da jornada).

8) Turnos ininterruptos de revezamento

Trabalho prestado em horários com sucessivas modificações, conforme a necessidade da empresa. Para a caracterização do trabalho em turnos ininterruptos, basta a circunstância de que o empregado preste serviços em horários diferenciados (ainda que dentro de um mesmo turno), **mesmo se a empresa não tiver atividade contínua** (OJ 360 da SDI-1/TST). A jornada máxima para o trabalho em turnos ininterruptos é de 6 horas, podendo ser ampliada por negociação coletiva (art. 7º, XIV, da CF/1988 + Súmula 423 do TST). A concessão de intervalos e o descanso semanal remunerado não descaracterizam o trabalho prestado em turnos ininterruptos de revezamento (Súmula 360 do TST). Se o trabalho for prestado em horário noturno, o empregado terá direito ao adicional noturno (Súmula 213 do STF) e à consideração da hora noturna reduzida (OJ 395 da SDI-1/TST).

9) Sobreaviso e prontidão

No sobreaviso, o empregado permanece em sua residência, aguardando o chamado do empregador para comparecer ao serviço. Na prontidão, o empregado permanece no estabelecimento, sem trabalhar, esperando a convocação do empregador. Segundo o art. 244, §§ 2º e 3º, da CLT, no sobreaviso, o empregado fará jus ao pagamento adicional de 1/3 do salário normal, com limite de 24 horas à disposição. Na prontidão, receberá 2/3 do salário, com limite de 12 horas.

O simples uso de celular pelo empregado não caracteriza sobreaviso, salvo se este permanecer de plantão (Súmula 428 do TST).

10) Intervalos

O intervalo **interjornada** corresponde ao período de descanso assegurado ao empregado entre duas jornadas de trabalho – mínimo de 11 horas consecutivas (art. 66 da CLT). O intervalo **intrajornada** é a pausa para repouso e alimentação concedida ao empregado durante a jornada de trabalho. A duração do intervalo intrajornada é definida nos termos do art. 71 da CLT: trabalho com duração superior a 6 horas – mínimo de 1 hora e máximo de 2 horas, salvo acordo escrito ou contrato coletivo em contrário; duração superior a 4 horas, até 6 horas: mínimo de 15 minutos – art. 71, § 1º, da CLT.

A redução do intervalo intrajornada é admissível com autorização do MTE, se o estabelecimento atender integralmente às exigências concernentes à organização dos refeitórios, e quando os respectivos empregados não estiverem sob regime de trabalho prorrogado a horas suplementares (art. 71, § 3º, da CLT). Ademais, com a Lei n. 13.467/2017 (Lei da Reforma Trabalhista), passa a ser possível a redução também mediante negociação coletiva, em até 30 minutos (art. 611-A, III, da CLT).

Caso não observados tais requisitos para redução do intervalo, o empregador fica sujeito ao pagamento, de natureza indenizatória, apenas do período suprimido, com acréscimo de 50% sobre o valor da remuneração da hora normal de trabalho (art. 71, § 4º, da CLT).

Conforme o art. 71, § 5º, da CLT, pode haver fracionamento em pequenos intervalos ao final de cada viagem, para os motoristas, cobradores, fiscais de linha e operadores do de veículos rodoviários no transporte público, desde que:

a) os intervalos sejam concedidos após a primeira hora e antes do início da última hora de trabalho;

b) haja previsão em norma coletiva;

c) seja mantida a remuneração.

11) Trabalho noturno

A jornada noturna é regulada de maneira diferenciada conforme o meio em que é realizado o trabalho, se urbano ou rural.

a) **Urbano:** Das 22h às 5h – Hora reduzida: 52min30s – Adicional de 20%.

b) **Rural:** Das 21h às 5h para agricultura e das 20h às 4h para pecuária – Hora normal: 60min – Adicional de 25%.

Prorrogada a hora após o período noturno, é devido o adicional noturno em relação às horas prorrogadas (ainda que prestadas após as 4h ou 5h – Súmula 60, II, do TST).

Ressalte-se que, no âmbito do trabalho doméstico, são observadas as mesmas regras do trabalho noturno do trabalhador urbano (art. 14 da LC n. 150/2015).

12) Descanso semanal remunerado (DSR)

O descanso semanal remunerado corresponde ao período de, pelo menos, **24 horas consecutivas** por semana, assegurado por lei, em que o empregado não trabalha, mas recebe salário (art. 7º, XV, da CF e Lei n. 605/49). Nos termos da OJ 410 da SDI-1/TST, não pode ocorrer a concessão de repouso semanal remunerado após o sétimo dia consecutivo de trabalho, importando no seu pagamento em dobro. O pagamento é também feito em dobro se houver trabalho no DSR sem folga compensatória em outro dia (Súmula 146 do TST).

14.1 Questões

1. (FCC – TRT 15ª Região) Com relação à jornada de trabalho, considere:

    I. A duração diária do trabalho poderá ser acrescida de horas extras, em número não excedente de duas, por acordo individual, convenção coletiva ou acordo coletivo de trabalho. Se for celebrado o banco de horas por acordo individual escrito, a compensação ocorrerá no período máximo de seis meses.

    II. Os empregados sujeitos ao regime de tempo parcial, sob qualquer duração, são proibidos de prestar horas extras.

    III. Os empregados em regime de teletrabalho estão excluídos do controle de jornada de trabalho, não tendo direito a horas extras, mesmo que forem prestadas.

    Está correto o que consta de
    A) I, II e III.
    B) I e III, apenas.
    C) II e III, apenas.
    D) I e II, apenas.
    E) I, apenas.

    ↳ **Resolução:**
    A alternativa correta é a "B".
    I. Art. 59, *caput*, da CLT
    III. Art. 62, III, da CLT.

    ↗ **Gabarito: "B".**

2. (FCC – TRT 15ª Região) Robson foi contratado pela empresa International Meal do Brasil Ltda. em regime de trabalho de tempo parcial, com duração de 20 horas semanais. Durante os últimos seis meses de trabalho, Robson fez 6 horas extras semanais. Robson requereu a seu empregador, 15 dias antes do término do período aquisitivo, a conversão de um terço do período de férias em abono pecuniário, o que foi recusado pelo empregador, sob a alegação de ser incabível o abono de férias nos contratos de trabalho em regime de tempo parcial. Em relação a essa situação:

    A) Robson não poderia ter feito horas extras, tendo em vista que as mesmas são vedadas nessa modalidade de contratação.
    B) as horas extras somente poderiam ter sido prestadas se a jornada semanal fosse de 26 horas.
    C) as horas extras deverão ser pagas com o acréscimo de 50% sobre o salário-hora normal, não havendo nessa modalidade de contratação a possibilidade de compensação.
    D) o abono de férias somente pode ser concedido, a requerimento do empregado, quando as férias tiverem duração de trinta dias, o que não ocorre no regime de trabalho de tempo parcial.
    E) é facultado ao empregado contratado sob regime de tempo parcial converter um terço do período de férias a que tiver direito em abono pecuniário.

    ↳ **Resolução:**
    A alternativa correta é a "E". Na forma do art. 58-A, § 6º, da CLT, é faculdade do empregado contratado sob regime de tempo parcial converter um terço do período de férias a que tiver direito em abono pecuniário.

    ↗ **Gabarito: "E".**

3. (FCC – TRT 2ª Região) O conceito de turnos ininterruptos de revezamento diz respeito ao tipo de jornada a que se submete o empregado, caracterizando-se pela alternância periódica de horários em que a referida jornada é prestada. Visando compensar os prejuízos ao trabalhador decorrente dessa modalidade de jornada, o constituinte estabeleceu jornada especial de trabalho de:

A) seis horas diárias em uma semana e oito horas diárias na outra semana, de forma alternada.

B) oito horas diárias e quarenta horas semanais.

C) seis horas diárias, salvo negociação coletiva.

D) oito horas diárias, salvo negociação coletiva.

E) seis horas diárias e trinta horas semanais.

↳ **Resolução:**

A alternativa correta é a "C". Em conformidade com o disposto no art. 7º, XIV, da CF, os trabalhadores em turnos ininterruptos de revezamento estarão sujeitos à jornada de seis horas, salvo negociação coletiva.

↗ **Gabarito: "C".**

4. (FCC – TRT 15ª Região) Eunice trabalha em uma indústria alimentícia que fabrica doces e chocolates. Nos meses de janeiro e fevereiro, em razão da produção de chocolates para a Páscoa, trabalhou de 2ª a 6ª feira, das 9h às 18h, gozando diariamente de 15 minutos para repouso e alimentação. Nesse contexto, Eunice faz jus a:

A) uma hora integral, acrescida de 50% sobre a remuneração da hora normal de trabalho, tendo tal pagamento natureza salarial.

B) uma hora integral, acrescida de 50% sobre a remuneração da hora normal de trabalho, tendo tal pagamento natureza indenizatória.

C) 45 minutos, acrescidos de 50% sobre a remuneração da hora normal de trabalho, tendo tal pagamento natureza indenizatória.

D) 45 minutos, acrescidos de 50% sobre a remuneração da hora normal de trabalho, tendo tal pagamento natureza salarial.

E) 45 minutos, sem acréscimo, pois não se trata de hora extra, mas sim de pagamento de natureza meramente indenizatória.

↳ **Resolução:**

A alternativa correta é a "C". Nos termos do art. 71, § 4º, da CLT, a não concessão ou a concessão parcial do intervalo intrajornada mínimo, para repouso e alimentação, a empregados urbanos e rurais, implica o pagamento, de natureza indenizatória, apenas do período suprimido, com acréscimo de 50% sobre o valor da remuneração da hora normal de trabalho.

↗ **Gabarito: "C".**

5. (FCC –TRT 12ª Região) As normas trabalhistas regulamentam o trabalho noturno e as horas extraordinárias. Segundo tais normas:

A) o trabalho noturno urbano será considerado como aquele que é executado entre as 23 horas de um dia até as 6 horas do dia seguinte.

B) o trabalho noturno terá remuneração superior à do diurno e, para esse efeito, sua remuneração terá um acréscimo de 50% (cinquenta por cento), pelo menos, sobre a hora diurna.

C) a hora do trabalho noturno para o trabalhador urbano será computada como de cinquenta e dois minutos e trinta segundos.

D) a remuneração da hora extraordinária ou suplementar será, pelo menos, 20% (vinte por cento) superior à hora normal.

E) os gerentes que exercem cargos de gestão, bem como os diretores e chefes de departamento ou filial também estão sujeitos ao regime de duração do trabalho, recebendo pelo trabalho extraordinário superior a 10 horas por dia.

↳ **Resolução:**

A alternativa correta é a "C". Conforme determina o art. 73, § 1º, da CLT, a hora do trabalho noturno será computada como de 52 minutos e 30 segundos.

↗ **Gabarito: "C".**

6. (FCC – TRT 11ª Região) Considere as seguintes situações hipotéticas: Marta é empregada vendedora comissionista da loja X situada no interior do Shopping Y. Sua irmã, Gabriela, é vendedora comissionista pracista da fábrica de remédios Z. Nestes casos, de acordo com o entendimento Sumulado do TST, é devida a remuneração do repouso semanal:

A) e dos dias feriados apenas para Marta.

B) e dos dias feriados apenas para Gabriela.

C) para Marta e Gabriela e dos dias feriados apenas para Marta.

D) para Marta e Gabriela, sendo que os feriados não são remunerados, tendo em vista que já recebem comissões pelas vendas efetuadas nestes dias.

E) e dos dias feriados para Marta e Gabriela.

↘ **Resolução:**
A alternativa correta é a "E". Na forma da Súmula 27 do TST, é devida a remuneração do repouso semanal e dos dias feriados ao empregado comissionista, ainda que pracista.

↗ **Gabarito: "E".**

15. FÉRIAS

Previsão no art. 7º, XVII, da CF e arts. 129 a 153 da CLT.

1) Conceito

Férias são o período em que o trabalhador *não presta seus serviços,* durante determinado número de *dias consecutivos,* por força de *direito adquirido nos 12 meses* anteriores, sem prejuízo do *salário.* Trata-se de hipótese de **interrupção** contratual (art. 130, § 2º, da CLT).

2) Período aquisitivo

O direito às férias nasce após cada 12 meses de vigência do contrato de trabalho: é o chamado **período aquisitivo**. Requisito para sua obtenção é a assiduidade, conforme tabela constante do art. 130 da CLT.

Caso o empregado obtenha até 5 faltas injustificadas durante o período aquisitivo, terá 30 dias corridos de férias; caso sejam de 6 a 14 dias de faltas injustificadas, as férias são reduzidas para 24 dias corridos; caso as faltas injustificadas sejam de 15 a 23 dias, as férias passam para 18 dias corridos e se de 24 a 32 dias, as férias serão de 12 dias corridos.

3) Período de gozo

Ao empregador, é vedado descontar as faltas do período de férias do empregado, sob pena de ocorrência de *bis in idem*, já que o dia da falta já foi descontado (art. 130, § 1º, da CLT).

São consideradas faltas justificadas, para fins de férias (art. 131 da CLT):

a) as previstas no art. 473 da CLT (licença gala, licença nojo, alistamento eleitoral, vestibular, até 3 dias, em cada 12 meses de trabalho, em caso de realização de exames preventivos de câncer devidamente comprovada etc.);

b) licença-maternidade, de 120 dias (arts. 392 e 392-A da CLT), e licença em razão de aborto, de duas semanas (art. 395 da CLT);

c) em razão de acidente do trabalho ou enfermidade atestada pelo INSS, salvo se o empregado permanecer por mais de 6 meses recebendo benefício (ainda que descontínuos, dentro do mesmo período aquisitivo), hipótese em que perderá o direito a férias (art. 133, IV, da CLT);

d) falta justificada pela empresa (sem desconto no salário);

e) licença remunerada de até 30 dias;

f) suspensão preventiva para responder a inquérito administrativo ou prisão preventiva, no caso de impronúncia ou absolvição;

g) paralisação dos serviços da empresa, até 30 dias.

O empregado perderá o direito às férias:

a) se deixar o emprego e não for readmitido dentro de 60 dias subsequentes à sua saída;

b) permanecer em gozo de licença remunerada por mais de 30 dias;

c) deixar de trabalhar por mais de 30 dias, em virtude de paralisação parcial ou total dos serviços da empresa;

d) tiver percebido da Previdência Social prestações de acidente de trabalho ou de auxílio-doença por mais de 6 meses, embora descontínuos (art. 133 da CLT).

4) Período concessivo

Corresponde aos 12 meses subsequentes à aquisição do direito às férias.

As férias serão gozadas em data fixada pelo empregador, segundo seus interesses (art. 136 da CLT), mediante aviso escrito ao empregado com, pelo menos, 30 dias de antecedência, contra recibo (art. 135 da CLT).

Exceções: membros da mesma família que trabalhem na mesma empresa ou estabelecimento podem tirar as férias juntos, desde que isso não acarrete prejuízo ao empregador, e estudante menor de 18 anos pode tirar as férias junto com as férias escolares.

Importante ressaltar que é vedado o início das férias no período de dois dias que antecede feriado ou dia de repouso semanal remunerado (art. 134, § 3º, da CLT).

As férias serão concedidas em um só período; excepcionalmente, podem ser fracionadas em 3 períodos, um deles jamais menor do que 14 dias e os outros dois não inferiores a 5 dias cada um (art. 134 da CLT).

Durante as férias, o empregado fica *proibido de prestar serviços a outro empregador*, salvo se existente outro contrato de trabalho (art. 138 da CLT). Se as férias foram concedidas após período concessivo, será devido seu pagamento em dobro e o empregado poderá ingressar com reclamação pedindo a fixação do gozo por sentença (art. 137, *caput* e § 1º, da CLT).

5) Remuneração

Durante as férias, o empregado receberá sua remuneração + 1/3 constitucional (art. 7º, XVII, da CF – art. 142 da CLT). Ressalte-se que o **terço constitucional** refere-se tanto às férias gozadas quanto às indenizadas (Súmula 328 do TST). Na remuneração das férias, é computada a parte relativa ao salário *in natura*, de acordo com a anotação na CTPS, bem como adicional noturno, de horas extras, insalubridade e periculosidade.

O pagamento das férias (e do respectivo abono) deve ser realizado até **2 dias antes do gozo**, devendo o empregado dar quitação do pagamento, com indicação do início e do término das férias (art. 145 da CLT). Caso não observado referido prazo, o empregador deverá pagar a remuneração de férias em dobro (Súmula 450 do TST).

Independentemente do tempo de trabalho, o empregado terá direito a férias proporcionais, salvo na hipótese de justa causa (Súmulas 171 e 261 do TST).

6) Prescrição

Nos termos do art. 149 da CLT, a **prescrição** do direito de reclamar a concessão das férias ou o pagamento da respectiva remuneração é contada do término do período concessivo ou, se for o caso, da cessação do contrato de trabalho.

7) Abono de férias

É instituto que permite a conversão de 1/3 das férias em pecúnia. Para valer-se de tal benefício, o empregado deverá efetuar pedido em até 15 dias *antes do término do período aquisitivo*, e receberá os valores até dois dias antes do período concessivo (art. 143, § 1º, da CLT + art. 145 da CLT).

8) Férias coletivas (arts. 139 a 141 da CLT)

Podem abranger:

a) a totalidade dos empregados da empresa;

b) a totalidade dos empregados de determinado setor;

c) a totalidade dos empregados de determinado estabelecimento.

É necessário notificar os trabalhadores (mediante afixação de avisos no local de trabalho), o Ministério do Trabalho e o sindicato com antecedência mínima de 15 dias, das datas de início e fim das férias, bem como dos setores abrangidos. Podem ser gozadas em dois períodos anuais, nenhum inferior a 10 dias corridos (veja, nesse ponto, a diferença com o fracionamento das férias individuais, já que, naquelas, apenas um período não pode ser inferior a 10 dias; nestas, os dois períodos não podem ser inferiores). Os empregados com menos de 12 meses de empresa gozarão, na oportunidade, férias proporcionais, iniciando-se, então, novo período aquisitivo.

15.1 Questões

1. **(FCC – TRT 15ª Região)** Sandra Feitosa, nascida em 1º de março de 1959, foi contratada, juntamente com seu marido, João Feitosa, nascido em 7 de janeiro de 1958, para trabalhar na empresa Zigma. Sandra ocupava o cargo de Gerente Comercial e João, o cargo de Vendedor, estando subordinado à sua esposa. Sandra e João programaram uma viagem de férias de 30 dias, prevista para dezembro, e solicitaram ao departamento de recursos humanos a concessão das férias nesse período. O departamento de recursos humanos da empresa negou o pedido de férias, sob o fundamento de que as férias conjuntas prejudicariam a área comercial, em razão da ausência de dois empregados e do aumento das vendas no mês de dezembro. Em função disso, a empresa Zigma determinou que Sandra e João usufruíssem as férias em três períodos, sendo o primeiro de 15 dias, o segundo de 10 dias e o último de 5 dias.

Diante do exposto:

A) a empresa não pode negar o pedido de concessão de férias, uma vez que os membros de uma família, que trabalharem no mesmo estabelecimento ou empresa, terão direito a gozar férias no mesmo período, se assim o desejarem.

B) a empresa não pode negar o pedido de concessão de férias, porque compete aos empregados escolher a época que melhor consulte seus interesses para descansar.

C) o fracionamento da concessão das férias de Sandra e João depende da concordância dos empregados.

D) aos maiores de 50 anos de idade, como Sandra e João, as férias serão sempre concedidas de uma só vez.

E) o fracionamento da concessão das férias de Sandra e João poderá ocorrer apenas em casos excepcionais e desde que cada período não seja inferior a 10 dias.

↘ **Resolução:**
A alternativa correta é a "C". Em conformidade com o art. 134, § 1º, da CLT, desde que haja concordância do empregado, as férias poderão ser usufruídas em até três períodos, sendo que um deles não poderá ser inferior a 14 dias corridos e os demais não poderão ser inferiores a cinco dias corridos, cada um.

↗ **Gabarito: "C".**

2. **(FCC – TRT 2ª Região)** Carlos, Alessandra e Augusto trabalham na empresa Flor de Lótus Ltda. Luana, por sua vez, acabou de ser dispensada por justa causa. Carlos trabalhou durante 7 meses e, em seguida, ausentou-se para a apresentação ao serviço militar obrigatório. Já Alessandra, no seu período aquisitivo, se ausentou injustificadamente por 8 dias. Augusto acabou de receber comunicação de concessão de férias. Nesses casos, de acordo com a legislação vigente e entendimento sumulado do TST, é correto o que se afirma em:

A) Alessandra terá direito às férias, na proporção de 18 dias corridos.

B) Não há proibição legal para que as férias de Augusto se iniciem imediatamente antes de feriados ou dia de descanso semanal remunerado.

C) Augusto poderá entrar no gozo das férias antes de apresentar ao empregador a sua Carteira de Trabalho e Previdência Social, para que nela seja anotada a concessão das férias. Nesse caso, deverá apresentá-la para a devida anotação em até 15 dias após o término do período de férias e seu retorno ao trabalho.

D) O tempo de trabalho anterior à apresentação de Carlos para o serviço militar obrigatório será computado no período aquisitivo, desde que ele compareça ao estabelecimento dentro de 120 dias da data em que se verificar a respectiva baixa.

E) Luana não terá direito ao recebimento da remuneração das férias proporcionais.

↘ **Resolução:**
A alternativa correta é a "E". De acordo com o art. 146, parágrafo único, da CLT e Súmula 171 do

TST, o empregado que tiver rescindido seu contrato de trabalho por justa causa não terá direito ao recebimento de férias proporcionais.

↗ Gabarito: "E".

3. **(INSTITUTO AOCP – TRT 1ª Região)** Ana foi contratada pela empresa Mania de Confecções sob o regime de tempo integral, sendo que o contrato de trabalho já completou doze meses de vigência. No decorrer do período ora laborado, Ana teve dez faltas injustificadas ao trabalho. Assim, com base no caso citado, Ana tem direito a:

A) 20 (vinte) dias corridos de férias.
B) 24 (vinte e quatro) dias corridos de férias.
C) 30 (trinta) dias corridos de férias.
D) 18 (dezoito) dias corridos de férias.
E) 22 (vinte e dois) dias corridos de férias.

↘ **Resolução:**
A alternativa correta é a "B". Nos termos do art. 130, II, da CLT, tendo em vista que Ana faltou dez dias de forma injustificada durante o período aquisitivo, ela terá direito a 24 dias corridos de férias.

↗ Gabarito: "B".

4. **(FGV – TRT 12ª Região)** Dalva é empregada da empresa Estrela do Sul S.A. e tem um filho menor de 18 anos, que frequenta regularmente a escola. Requereu ao seu empregador que pudesse gozar as suas férias em período coincidente com as férias escolares de seu filho.

À luz da CLT, é correto afirmar que:

A) Dalva tem direito àquilo que reivindica, pois tendo filho estudante menor de 18 anos, pode fazer coincidir as suas férias com as escolares;
B) para que a empregada possa fruir do direito perseguido, deverá assim requerer ao empregador em até 15 dias antes do término do período aquisitivo;
C) somente se a empregada também fosse estudante é que poderia tirar férias no mesmo período das férias escolares de seu filho;
D) caso Dalva seja casada com empregado da Estrela do Sul S.A., a família poderá tirar as férias no recesso escolar de seu filho;
E) o empregador não está obrigado a conceder as férias em período coincidente com as férias escolares do filho menor de sua empregada.

↘ **Resolução:**
A alternativa correta é a "E". Em conformidade com o disposto no art. 136, § 2º, da CLT, apenas o empregado estudante, menor de 18 anos, terá direito a fazer coincidir suas férias com as férias escolares.

↗ Gabarito: "E".

5. **(FGV – TRT 12ª Região)** A empresa Alfa S.A. informou a todos os empregados, por meio de comunicação interna e cartazes no estabelecimento, que concederá férias coletivas de 30 dias a todos.

À luz da legislação em vigor, é correto afirmar que:

A) as férias coletivas poderão ser fracionadas em 3 períodos, desde que nenhum deles seja inferior a 10 dias;
B) somente se estiver previsto em norma coletiva é que poderá haver concessão de férias coletivas;
C) o empregador em tela precisa informar acerca do início e fim das férias ao Ministério do Trabalho e ao sindicato dos empregados com antecedência mínima de 15 dias;
D) por determinação legal, mesmo nas férias coletivas, um dos setores da empresa precisa continuar funcionando para receber eventual visita da fiscalização do Trabalho;
E) a CLT prevê que, em havendo concessão de férias coletivas, serão os empregados, excepcionalmente, que marcarão o período de férias.

↘ **Resolução:**
A alternativa correta é a "C". Nos termos do art. 139, § 2º, da CLT, para concessão de férias coletivas, o empregador comunicará ao órgão local do Ministério do Trabalho e ao sindicato representativo da categoria profissional, com a antecedência mínima de 15 dias, as datas de início e fim das férias, precisando quais os estabelecimentos ou setores abrangidos pela medida.

↗ Gabarito: "C".

16. TRABALHO DA MULHER

Previsão nos arts. 372 a 401 da CLT + art. 7º, XVIII, XX e XXX, da CF.

A legislação trabalhista sempre contemplou diversas proibições ao trabalho da mulher. Inicialmente defendidas como uma forma de tutela às mulheres, atualmente tais proibições têm sido consideradas discriminatórias (como, e.g., proibição à realização de horas extras, trabalho noturno etc.) e, por isso, as legislações têm se limitado a tutelar questões envolvendo maternidade.

Nos termos do art. 377 da CLT, de qualquer maneira, a adoção de medidas de proteção ao trabalho das mulheres é considerada de *ordem pública*, não justificando, em hipótese alguma, a redução de salário.

Destacam-se, a seguir, as principais regras de proteção ao trabalho da mulher:

1) Força muscular

Ao empregador é vedado empregar mulher em serviço que demande o emprego de força muscular superior a 20 kg (para o trabalho contínuo) ou 25 kg (para o trabalho ocasional), salvo no caso de remoção do material por aparelhos mecânicos (art. 390 da CLT).

2) Revista íntima

O empregador e seus prepostos não podem submeter as empregadas a revistas íntimas, sob pena de condenação por dano moral e rescisão indireta do contrato (art. 373-A, VI – a proibição também se estende aos homens, por força do art. 5º, *caput* e I, da CF). A Lei n. 13.271/2016 instituiu multa às empresas privadas, aos órgãos e entidades da administração pública, direta e indireta que efetuarem revista íntima de suas funcionárias, empregadas e de clientes do sexo feminino, no valor de R$ 20.000,00, revertidos aos órgãos de proteção dos direitos da mulher, dobrada na reincidência, independentemente da indenização por danos morais e materiais e sanções de ordem penal.

3) Dispensa em razão de matrimônio ou gravidez

É vedado ao empregador dispensar mulher porque contraiu matrimônio ou se encontra em estado gravídico (art. 391 da CLT).

4) Trabalho aos domingos

Permitido, porém, segundo o art. 386 da CLT, que, havendo trabalho aos domingos, seja organizada uma escala de revezamento quinzenal, que favoreça o repouso dominical.

5) Licença-maternidade

Período em que a empregada, em razão de ciclo gravídico-puerperal, é afastada de seu trabalho, sem prejuízo da remuneração (representada pelo benefício previdenciário de salário-maternidade). O período de afastamento é de 120 dias, sendo até 28 dias antes do parto. Os períodos poderão ser aumentados de duas semanas cada um, mediante atestado médico (art. 392, § 2º, da CLT).

No caso de adoção ou guarda para fins de adoção (ainda que por casal homoafetivo) de criança ou adolescente de qualquer idade (portanto, até os 18 anos incompletos do adotado), a licença também será de 120 dias (art. 392-A da CLT), mas será concedida a apenas um dos adotantes ou guardiães, empregado ou empregada.

Segundo o art. 392-B da CLT, em caso de morte da genitora, é assegurado ao cônjuge ou companheiro empregado o gozo de licença por todo o período da licença-maternidade ou pelo tempo restante a que teria direito a mãe, exceto no caso de falecimento do filho ou de seu abandono. Finalmente, no caso de aborto não criminoso, comprovado por atestado médico oficial, a licença será de 2 semanas, ficando assegurado à empregada o direito de retornar à função que ocupava antes de seu afastamento.

Observação: a licença-paternidade, nos termos do art. 10, § 1º, do ADCT, é de 5 dias. Caso a empresa venha a aderir ao Programa Empresa-Cidadã (Lei n. 11.770/2008), poderá tal prazo ser ampliado para 20 dias. Da mesma forma, no caso de adesão a referido programa, o período de licença-maternidade poderá ser acrescido de mais 60 dias, conforme o art. 1º, I, da Lei n. 11.770/2008.

6) Amamentação

O art. 396 da CLT assegura dois descansos de meia hora cada um, para a gestante ou adotante amamentar o filho, até que este complete seis meses de idade. O período de seis meses pode ser dilatado pela autoridade competente, quando a saúde da criança o exigir. É possível sair mais cedo uma hora do trabalho.

7) Creches

Os estabelecimentos com pelo menos 30 mulheres de mais de 16 anos de idade deverão ter local apropriado para manutenção dos filhos no período de amamentação, exigência que poderá ser suprida por creches distritais mantidas, diretamente ou mediante convênios com outras entidades públicas ou privadas, pelas próprias empresas, em regime comunitário, ou a cargo do Sesi, do Sesc, da LBA ou de entidades sindicais (art. 389, §§ 1º e 2º, da CLT). Esses locais deverão possuir, ao menos, um *berçário*, uma *saleta de amamentação*, uma *cozinha dietética* e uma *instalação sanitária* (art. 400 da CLT).

Ademais, a Portaria n. 3.296/86 do MTE prevê a possibilidade de se substituir a creche pelo pagamento do "reembolso-creche", que deve cobrir integralmente as despesas com pagamento da creche, até pelo menos 6 meses de idade, conforme estipulado em acordo ou convenção coletiva (portanto, tratando-se de flexibilização de norma da CLT, é necessária negociação coletiva).

8) Rescisão do contrato

Pode a empregada gestante resilir o contrato se os serviços acarretarem *prejuízos à sua saúde ou do feto*, mediante atestado médico (art. 394 do CLT). De outra parte, é garantida a **transferência de função** da gestante se as condições de saúde determinarem, assegurando-se o retorno à função anteriormente ocupada quando da volta ao trabalho (art. 392, § 4º, I, da CLT).

9) Consultas médicas

A gestante fica dispensada do horário de trabalho pelo tempo necessário à realização de, no mínimo, seis **consultas médicas** e demais exames complementares (art. 392, § 4º, II, da CLT).

10) O art. 394-A da CLT passa a regulamentar o afastamento de gestante/lactante de atividades insalubres, nos seguintes termos:

- A **gestante** deverá ser afastada, enquanto durar a gestação, de atividades insalubres em **grau máximo**.

> **ATENÇÃO**
>
> O STF, em julgamento proferido em 2019 (ADI 5938), declarou inconstitucional o disposto no art. 394-A, II e III, da CLT com relação à exigência de apresentação de atestado médico pela gestante para o afastamento de atividades insalubres em grau médio e mínimo e pela lactante nos casos de afastamento de atividades insalubres em qualquer grau. Diante disso, a partir da decisão proferida pelo STF, em 29 de maio de 2019, as empregadas gestantes e lactantes deverão ser afastadas de atividades insalubres em qualquer grau, independente de apresentação de atestado médico emitido por médico de confiança da mulher.

Nas hipóteses anteriormente previstas, a empresa deverá realocar a empregada para outra atividade na empresa, desde que seja salubre – e, nesse caso, será mantido o pagamento do adicional de insalubridade (cujo valor será, posteriormente, compensado da Previdência Social – art. 394-A, § 2º, CLT). Caso não seja possível, a hipótese será considerada como gravidez de risco e ensejará a percepção de salário-maternidade durante o afastamento do trabalho (§ 3º).

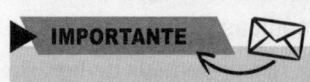

> **IMPORTANTE**
>
> A Lei n. 13.467/2017 (Lei da Reforma Trabalhista) revogou o descanso especial de 15 minutos no caso de prorrogação da jornada, constante do ora revogado art. 384 da CLT. Tal dispositivo previa que a empregada teria direito a um intervalo de 15 minutos sempre que prorrogar a jornada de trabalho. Embora o STF, em recente decisão, tivesse considerado recepcionado tal dispositivo pela Constituição Federal (e não extensivo aos homens), a novel legislação houve por bem revogá-lo.

16.1 Questões

1. (FCC – TRT 6ª Região) Para proteção ao trabalho da mulher, a lei prevê que a empregada grávida tem estabilidade no emprego:

A) da concepção até 120 dias após o parto.
B) da confirmação da gravidez até 180 dias após o parto.
C) da confirmação da gravidez até cinco meses após o parto.
D) da comunicação da gravidez ao empregador até sete meses após o parto.
E) de 13 meses, considerada a licença de 120 dias somada com nove meses de gestação.

↳ **Resolução:**
A alternativa correta é a "C". De acordo com o disposto no art. 10, II, b, do ADCT, é vedada a dispensa arbitrária ou sem justa causa da empregada gestante, desde a confirmação da gravidez até cinco meses após o parto.

↗ **Gabarito: "C".**

2. (CESPE –TRT 8ª Região) Considerando o disposto na Consolidação das Leis do Trabalho acerca da proteção ao trabalho da mulher, da estabilidade da gestante e da licença-maternidade, assinale a opção CORRETA.

A) O empregador não tem direito de exigir de empregada exame ou atestado médico com vistas a constatar gravidez ou infertilidade.

B) É admissível a prorrogação ininterrupta do horário normal de expediente da empregada se o trabalho extraordinário não exceder a três horas.
C) Constitui motivo de demissão por justa causa o fato de a mulher encontrar-se em estado de gravidez não declarado quando de sua admissão.
D) O prazo de licença-maternidade é de 120 dias, descontados os dias em que a gestante tiver se afastado para fins de acompanhamento do seu período gestacional.
E) A proteção especial ao trabalho da mulher não se estende a empresas familiares em que ela atue como empregada.

↳ **Resolução:**
A alternativa correta é a "A". Em conformidade com o art. 373-A, IV, da CLT, é vedado ao empregador exigir atestado ou exame, de qualquer natureza, para comprovação de esterilidade ou gravidez, na admissão ou permanência no emprego.

↗ **Gabarito: "A".**

3. (FCC – TRT 9ª Região) Constitui medida de proteção ao trabalho da mulher, a:

A) determinação de vagas exclusivas nos cursos de formação e qualificação de mão de obra, ministrados por instituições governamentais, em percentual equivalente a 50%.
B) obrigatoriedade, nos estabelecimentos em que trabalham pelo menos 20 mulheres, com mais de 16 anos de idade, de local apropriado onde seja permitido às empregadas guardar sob vigilância e assistência os seus filhos no período de amamentação.
C) garantia de que os locais destinados à guarda dos filhos das operárias durante o período da amamentação possuam, no mínimo, um berçário, uma saleta de amamentação, uma cozinha dietética e uma instalação sanitária.
D) vedação de emprego de mulher em serviço que demande força muscular superior a 15 quilos para o trabalho contínuo, ou 30 e 20 quilos para o trabalho ocasional.
E) possibilidade de afastamento do emprego da empregada gestante, mediante atestado médico, a partir do 30º dia antes do parto.

↳ **Resolução:**
A alternativa correta é a "C". Na forma do art. 400 da CLT, os locais destinados à guarda dos filhos

das operárias durante o período da amamentação deverão possuir, no mínimo, um berçário, uma saleta de amamentação, uma cozinha dietética e uma instalação sanitária.

↗ Gabarito: "C".

17. TRABALHO DO MENOR

Previsão nos arts. 402 a 441 da CLT.

Assim como no trabalho da mulher, destacam-se, a seguir, as principais regras de proteção ao trabalho do menor:

1) Limitação da idade

Como já estudado, há vedação constitucional ao trabalho do **menor de 16 anos**, exceto na condição de aprendiz aos 14 anos, e ao trabalho noturno, perigoso ou insalubre aos menores de 18 anos (art. 7º, XXXIII, da CF).

2) Conceito

Para fins da CLT, considera-se menor o trabalhador entre 14 e 18 anos, inclusive aprendizes (art. 402 da CLT). Porém, as regras de proteção não se aplicam aos que trabalhem sob a direção de seu pai, mãe ou tutor em oficinas exclusivamente familiares, desde que ausente a subordinação (art. 402, parágrafo único, da CLT) – mas, mesmo em oficinas familiares, o menor não poderá trabalhar: à noite; em condições insalubres ou perigosas; em locais ou serviços prejudiciais à sua moralidade; em atividades que demandem força muscular superior à prevista em lei; em prorrogação de jornada.

3) Contratação e desligamento

A jurisprudência admite *a contratação do menor sem a assistência dos pais*, desde que possua CTPS. De forma análoga, entende-se que o menor tem liberdade para se *desligar* do emprego. A única restrição se refere ao *ato de homologação e quitação de verbas rescisórias*, em que o menor deverá ser **assistido** pelos pais (art. 439 da CLT).

4) Força muscular

Similarmente ao que ocorre com a mulher, ao empregador é vedado empregar menor em serviço que demande o emprego de **força muscular** superior a 20 kg (para o trabalho contínuo) ou 25 kg (para o trabalho ocasional), salvo no caso de remoção do material por aparelhos mecânicos – art. 405, § 5º, da CLT.

5) Trabalho em locais prejudiciais ao desenvolvimento moral (art. 405, II, da CLT)

Trata-se do trabalho prestado em teatros, revistas, cinema, televisão, empresas circenses, venda a varejo de bebidas alcoólicas, entre outros, o que é proibido. Porém, eventualmente, pode o juiz autorizar o menor a trabalhar em circos, cinemas e televisão, desde que a representação artística tenha fim educativo ou não seja prejudicial à sua formação moral; ou a ocupação do menor seja indispensável à própria subsistência ou à de seus pais, avós ou irmãos e não cause nenhum prejuízo à sua formação moral (art. 406 da CLT).

6) Prorrogação de jornada (art. 413 da CLT)

Há proibição, exceto em regime de compensação ou, excepcionalmente, por motivo de força maior (nesse caso, desde que o trabalho do menor seja imprescindível ao funcionamento do estabelecimento).

7) Trabalho realizado em ruas, praças e outros logradouros

Depende de autorização judicial, desde que a ocupação do menor seja indispensável à própria subsistência ou à de seus pais, avós ou irmãos e não cause nenhum prejuízo à sua formação moral (art. 405, § 2º, da CLT).

8) Jornada

Se o menor de 18 anos trabalhar em mais de um estabelecimento, o total das horas trabalhadas não poderá exceder oito horas diárias (art. 414 da CLT). Ademais, a autoridade fiscalizadora pode proibir que o menor permaneça nos locais de trabalho nos períodos de repouso (art. 409 da CLT).

9) Afastamento (abandono forçado)

Se o trabalho for prejudicial à saúde, desenvolvimento físico ou moralidade do menor, pode a autoridade competente obrigá-lo a abandonar o serviço. Nesse caso, cabe à empresa possibilitar a mudança de funções para outra compatível (sob pena de se considerar ocorrida a rescisão indireta do contrato – art. 407 da CLT).

10) Aprendizagem

Trata-se de contrato de trabalho especial, celebrado por escrito, com prazo máximo de dois anos (exceto se for pessoa com deficiência, quando poderá exceder tal prazo). Podem ser contratados como aprendizes os maiores de 14 e menores de 24 anos (exceto se forem pessoas com deficiência, que poderão ser contratadas com idade superior). O contrato pressupõe, obrigatoriamente, a inscrição em programa de aprendizagem, desenvolvido sob orientação de entidade qualificada. Ademais, deve haver anotação na CTPS, matrícula e frequência à escola por parte do aprendiz, caso não tenha concluído o ensino médio.

Observação: nos locais onde não houver oferta de ensino médio, a contratação do aprendiz poderá ocorrer sem a frequência à escola, desde que concluído o ensino fundamental.

A formação técnico-profissional do aprendiz, caracterizada por atividades teóricas e práticas, será organizada em atividades de complexidade progressiva. Os cursos serão ministrados pelos órgãos do Sistema S e, subsidiariamente, por outras entidades (ETECs e entidades sem fins lucrativos).

Ao aprendiz, a título de remuneração, deverá ser garantido o salário mínimo por hora, salvo condição mais favorável. Ademais, recorde-se que o FGTS corresponde a 2% da remuneração.

Estabelecimentos de qualquer natureza devem empregar e matricular nos cursos de aprendizagem aprendizes entre 5 e 15% de seus empregados, cujas funções demandem formação profissional. Tal limite, entretanto, não se aplica se o empregador exercer atividade sem fins lucrativos, cujo objetivo seja a educação profissional.

É permitida a contratação do aprendiz pela empresa onde for realizada a aprendizagem, sem vínculo de emprego com a tomadora (art. 431 da CLT).

Concluído o curso de aprendizagem, será fornecido certificado de qualificação profissional ao menor.

A jornada de trabalho do aprendiz é de 6 horas, vedadas a prorrogação e a compensação. Pode ser de 8 horas para os aprendizes que já completaram o ensino fundamental, se computadas as horas destinadas à aprendizagem teórica (há, entretanto, discussões quanto à constitucionalidade de tal previsão).

As hipóteses de cessação do contrato de aprendizagem vêm previstas no art. 433 da CLT.

17.1 Questões

1. **(INSTITUTO AOCP – TRT 1ª Região)** Simão, há um mês, completou 16 anos de idade e intenciona ingressar no mercado de trabalho para auxiliar seus pais com as despesas da residência, considerando estar difícil a situação financeira da família. O pai de Simão trabalha como frentista em um Posto de Combustíveis, sendo que sua função é exercida em contato direto com as bombas de combustíveis. O pai de Simão tomou conhecimento que seu empregador está contratando novos funcionários para exercerem a mesma função que a sua, ocasião em que o pai de Simão indicou o filho para o trabalho. Por todo o exposto, é correto afirmar que Simão:

A) pode iniciar na empresa como aprendiz de seu pai na função de frentista, para, assim, adquirir experiência no abastecimento dos veículos, dentre outras peculiaridades do serviço.
B) pode iniciar o trabalho na mesma função que seu pai, pois já completou 16 anos de idade.
C) não pode iniciar qualquer atividade laboral, pois somente poderá fazê-lo quando completar 18 anos de idade.
D) não pode trabalhar na empresa na mesma função que seu pai, pois a atividade de frentista, em contato direto com combustíveis, é proibida a menores de 18 anos de idade.
E) pode iniciar seu trabalho na empresa na mesma função que seu pai, desde que concilie o trabalho com os estudos.

↳ **Resolução:**
A alternativa correta é a "D". Conforme determina o art. 7º, XXXIII, da CF e art. 405, I, da CLT, é vedado o trabalho em condições perigosas, insalubre ou noturno a menores de 18 anos.

↗ **Gabarito: "D".**

2. (FCC – TRT 21ª Região) Considerando as regras de proteção ao trabalho do menor, em relação ao contrato de aprendizagem:

A) para os fins do contrato de aprendizagem, a comprovação da escolaridade de aprendiz com deficiência é dispensável.
B) considerada como formação técnico profissional metódica, a aprendizagem pode ser desenvolvida entre os 14 e os 18 anos, sendo que a validade do contrato de aprendizagem pressupõe anotação na Carteira de Trabalho e Previdência Social, matrícula e frequência do aprendiz na escola.
C) os estabelecimentos poderão destinar o equivalente a até 10% de sua cota de aprendizes à formação técnico-profissional metódica em áreas relacionadas a práticas de atividades desportivas, à prestação de serviços relacionados à infraestrutura, incluindo as atividades de construção, ampliação, recuperação e manutenção de instalações esportivas e à organização e promoção de eventos esportivos.
D) a duração do trabalho do aprendiz não excederá oito horas diárias, sendo vedadas a prorrogação e a compensação de jornada.

E) o contrato de aprendizagem extinguir-se-á no seu termo ou quando o aprendiz completar 18 anos, ou no caso de desempenho insuficiente ou inadaptação do aprendiz, salvo para o aprendiz com deficiência quando desprovido de recursos de acessibilidade, de tecnologias assistivas e de apoio necessário ao desempenho de suas atividades.

↳ **Resolução:**
A alternativa correta é a "C". De acordo com o art. 429, § 1º-B, da CLT, os estabelecimentos poderão destinar o equivalente a até 10% de sua cota de aprendizes à formação técnico-profissional metódica em áreas relacionadas a práticas de atividades desportivas, à prestação de serviços relacionados à infraestrutura, incluindo as atividades de construção, ampliação, recuperação e manutenção de instalações esportivas e à organização e promoção de eventos esportivos.

↗ **Gabarito: "C".**

3. (FCC – TRT 15ª Região) Conforme a legislação vigente, o contrato de aprendizagem será extinto:

A) quando o aprendiz completar 21 anos de idade.
B) em caso de aprendiz com deficiência, quando este completar 24 anos de idade.
C) antecipadamente ao seu termo, quando o aprendiz cometer falta considerada de grau médio ou grave.
D) no seu termo, independentemente de pedido do aprendiz para encerramento antecipado.
E) antecipadamente ao seu termo, se o desempenho do aprendiz for insuficiente ou houver inadaptação.

↳ **Resolução:**
A alternativa correta é a "E". Nos termos do art. 433 da CLT, o contrato de aprendizagem será extinto no seu termo ou quando o aprendiz completar 24 anos, ressalvado o aprendiz deficiente, ou ainda antecipadamente em caso de desempenho insuficiente ou inadaptação do aprendiz; falta disciplinar grave; ausência injustificada à escola que implique perda do ano letivo; ou a pedido do aprendiz.

↗ **Gabarito: "E".**

18. SEGURANÇA E MEDICINA NO TRABALHO

1) Comissão Interna de Prevenção de Acidentes – CIPA (arts. 163 a 165 da CLT)

A CIPA tem por finalidade a prevenção de acidentes e doenças decorrentes do trabalho, de forma a tornar compatível o trabalho com a preservação da vida e a promoção da saúde do trabalhador. Será obrigatória a constituição de Comissão Interna de Prevenção de Acidentes (CIPA), por estabelecimento, conforme normas do MTE, as quais regulamentarão suas atribuições, composição e funcionamento. As atuais normas se encontram na NR 5 do MTE.

É composta por representantes de empregadores, titulares e suplentes, por eles designados, e representantes de empregados, titulares e suplentes, eleitos por escrutínio secreto do qual participem, independentemente de filiação sindical, apenas os empregados interessados. O mandato dos empregados eleitos é de 1 ano, permitida uma reeleição (exceto para o caso do membro suplente que tiver participado de menos da metade das reuniões da CIPA). O presidente será designado anualmente pelo empregador, entre seus representantes e o vice-presidente eleito pelos empregados.

2) Atividades perigosas – periculosidade

Situação do ambiente de trabalho que implica *risco* ao trabalhador e, portanto, enseja pagamento de adicional. São agentes perigosos:

a) **inflamáveis** (art. 193, I, da CLT + NR 16);
b) **explosivos** (art. 193, I, CLT + NR 16);
c) **eletricidade** (art. 193, I, CLT + NR 16);
d) **roubos ou outras espécies de violência física** nas atividades profissionais de segurança pessoal ou patrimonial (art. 193, II, da CLT + NR 16);
e) **radiação ionizante** (OJ 345 da SDI-1/TST);
f) **atividades em motocicleta** (art. 193, § 4º, da CLT).

> **ATENÇÃO**
>
> Empregados que operam bomba de gasolina também têm direito ao adicional de periculosidade (Súmula 39 do TST), assim como aqueles que trabalham em prédio com armazenamento de inflamáveis (OJ 385 da SDI-1/TST). Por outro lado, o TST não concede o adicional a pilotos e comissários que permanecem a bordo de aeronave durante seu abastecimento (Súmula 447 do TST).

Para fazer jus ao adicional, é necessário que o empregado tenha contato permanente ou intermitente com os agentes perigosos. O mero contato eventual ou por tempo extremamente reduzido não dá direito (Súmula 364 do TST).

O adicional é de 30% sobre o salário básico, não sendo considerados prêmios, gratificações e participação nos lucros. O adicional de periculosidade integra o cálculo das seguintes parcelas: indenizações, horas extras e adicional noturno; porém, não integra o cálculo das horas de sobreaviso (Súmula 132 do TST e OJ 259 da SDI-1/TST).

Não é permitido acordar, via negociação coletiva, percentual inferior ao adicional de periculosidade, ainda que o tempo de exposição ao risco seja meramente intermitente, já que matéria atinente à segurança e saúde do trabalhador é infensa à negociação (Súmula 364, II, do TST).

3) Atividades insalubres – insalubridade (arts. 189 a 192 da CLT)

Situação do ambiente que expõe o empregado a agentes *químicos, físicos* ou *biológicos* acima dos limites de tolerância e, portanto, enseja pagamento de adicional, conforme seja o grau da insalubridade.

As atividades ou operações insalubres são aquelas definidas em quadro aprovado pelo MTE (NR 15), o qual contempla também os respectivos limites de tolerância. Ainda que a perícia judicial constate a existência de agente nocivo, é necessário que este esteja enquadrado pelo MTE para ensejar o adicional de insalubridade (Súmula 460 do STF). No mesmo sentido, a Súmula 448 do TST dita que não basta a constatação da insalubridade por meio de laudo pericial para que o empregado tenha direito ao respectivo adicional, sendo necessária a classificação da atividade insalubre na relação oficial elaborada pelo Ministério do Trabalho.

Observação: nos termos do item II da Súmula 448 do TST, a higienização de instalações sanitárias de uso público ou coletivo de grande circulação e a respectiva coleta de lixo podem ser equiparadas às atividades de contato com lixo urbano e, por isso, ensejam o pagamento de adicional de insalubridade em grau máximo. O mesmo não pode ser dito, porém, em relação à limpeza em residências e escritórios, que não dá direito ao adicional.

O adicional será concedido nos percentuais de 40, 20 e 10% do salário mínimo da região, segundo se classifique nos graus máximo, médio e mínimo. Ainda que o trabalho seja intermitente, há direito ao adicional (Súmula 47 do TST).

Enquanto percebido, o adicional integra o salário para todos os fins (Súmula 139 do TST), exceto para cálculo do DSR e feriados (OJ 103 da SDI-1/TST). Porém, é salário-condição – i.e., se suprimida a causa que lhe deu origem, cessa seu pagamento. Assim, se houver reclassificação ou descaracterização da insalubridade, poderá ser alterado o recebimento do adicional, sem violação ao princípio da irredutibilidade salarial (Súmula 248 do TST). Entretanto, o simples fornecimento de EPI não exime o empregador do pagamento do adicional, apenas se eliminar o agente agressivo (Súmulas 289 e 80 do TST).

Nos termos do art. 193, § 2º, da CLT, não é possível a cumulação dos adicionais de periculosidade e insalubridade, podendo o empregado optar pelo adicional que lhe for mais favorável.

Na reclamação trabalhista em que se pleiteia o adicional de insalubridade ou periculosidade, é imprescindível a realização de perícia para comprovação dos agentes nocivos ou dos riscos à saúde, nos termos do art. 195, § 2º, da CLT. Tal regra, entretanto, restou mitigada com a edição da Súmula 453 do TST, que trata da situação em que o empregador realiza o pagamento espontâneo do adicional de periculosidade. Também não será necessária a perícia quando a própria lei já garante o adicional a uma determinada atividade.

Recomenda-se a memorização das regras acerca do afastamento de gestante/lactante de atividades insalubres, nos seguintes termos (art. 394-A, CLT):

- A **gestante** deverá ser afastada, enquanto durar a gestação, de atividades insalubres em **grau máximo**;
- Ressalte-se, ainda, que o STF, em julgamento proferido em 2019 (ADI 5.938), declarou inconstitucional o disposto no art. 394-A, II e III, da CLT com relação à exigência de apresentação de atestado médico pela gestante para o afastamento de atividades insalubres em grau médio e mínimo e pela lactante nos casos de afastamento de atividades insalubres em qualquer grau. Diante disso, a partir da decisão proferida pelo STF, em 29 de maio de 2019, as empregadas gestantes e lactantes deverão ser afastadas de atividades insalubres em qualquer grau, independente de apresentação de atestado médico emitido por médico de confiança da mulher.

Nas hipóteses acima previstas, a empresa deverá realocar a empregada para outra atividade na empresa, desde que seja salubre – e, nesse caso, será mantido o pagamento do adicional de insalubridade (cujo valor será, posteriormente, compensado da Previdência Social – art. 394-A, § 2º, da CLT). Caso não seja possível, a hipótese será considerada como gravidez de risco e ensejará a percepção de salário-maternidade durante o afastamento do trabalho (§ 3º).

18.1 Questões

1. **(FCC – TRT 24ª Região)** A Comissão Interna de Prevenção de Acidentes (CIPA) tem como objetivo a prevenção de acidentes e doenças decorrentes do trabalho, de modo a tornar compatível permanentemente o trabalho com a preservação da vida e a promoção da saúde do trabalhador. Em relação à CIPA, segundo a legislação:

A) os representantes dos empregadores, titulares e suplentes, serão eleitos, entre todos os empregados, em escrutínio secreto.

B) os representantes dos empregados, titulares e suplentes, serão designados pelo sindicato.

C) o empregador designará, anualmente, dentre os seus representantes eleitos, o Vice-Presidente da CIPA.

D) o mandato dos membros eleitos da CIPA terá a duração de 1 ano, permitida uma reeleição.

E) os empregados elegerão, dentre os empregados designados pelo sindicato, o Presidente da CIPA.

↘ **Resolução:**
A alternativa correta é a "D". Conforme determina o art. 164, § 3º, da CLT, o mandato dos membros eleitos da CIPA terá a duração de 1 ano, permitida uma reeleição.

↗ **Gabarito: "D".**

2. **(FCC – TRT 9ª Região)** Segundo as normas de segurança e medicina do trabalho:

A) são consideradas atividades ou operações perigosas, na forma da regulamentação aprovada pelo Ministério do Trabalho e Emprego, aquelas que, por sua natureza, métodos de trabalho e tempo de exposição, impliquem risco acentuado à vida do empregado.

B) é devido adicional de periculosidade ao empregado exposto a roubos ou outras espécies de violência física nas atividades profissionais de segurança pessoal ou patrimonial, não sendo permitido desconto ou compensação de outros adicionais já concedidos ao vigilante por meio e acordo coletivo.

C) os materiais e substâncias empregados, manipulados ou transportados nos locais de trabalho, quando perigosos ou nocivos à saúde, devem ser acondicionados em embalagem lacrada, feita de material próprio, de acordo com a padronização internacional.

D) os representantes dos empregados na CIPA, titulares e suplentes, serão eleitos em escrutínio secreto, do qual participem exclusivamente os empregados sindicalizados.

E) o trabalho em condições de periculosidade assegura ao empregado um adicional de 30% sobre o salário, sem os acréscimos resultantes de gratificações, prêmios ou participações nos lucros da empresa.

↘ **Resolução:**
A alternativa correta é a "E". Nos termos do art. 193, § 1º, da CLT, o trabalho em condições de periculosidade assegura ao empregado um adicional de 30% sobre o salário sem os acréscimos resultantes de gratificações, prêmios ou participações nos lucros da empresa.

↗ **Gabarito: "E".**

3. **(FCC – TRT 19ª Região)** De acordo com a previsão da Consolidação das Leis do Trabalho, os adicionais de insalubridade e de periculosidade incidem, respectivamente, sobre o salário:

A) normativo e o salário mínimo.

B) mínimo e o salário-base.

C) profissional e o salário normativo.

D) base e o salário mínimo.

E) mínimo, em ambos os casos.

↘ **Resolução:**
A alternativa correta é a "B".
Adicional de insalubridade – art. 192 da CLT.

Adicional de periculosidade – art. 193, § 1º, da CLT.

↗ Gabarito: "B".

4. **(FCC – TRT 9ª Região)** Considere as proposições:

I. Atividades ou operações insalubres são aquelas que, por sua natureza, condições ou métodos de trabalho, exponham os empregados a agentes nocivos à saúde, acima dos limites de tolerância fixados em razão da natureza e da intensidade do agente e do tempo de exposição aos seus efeitos.

II. A eliminação ou neutralização da insalubridade ocorrerá com a adoção de medidas que conservem o ambiente de trabalho dentro dos limites de tolerância e com a utilização pelo trabalhador de EPI's que diminuam a intensidade do agente agressivo a limites de tolerância.

III. O trabalho em condições de periculosidade assegura ao empregado um adicional de 30% (trinta por cento) sobre o salário, com os acréscimos resultantes de gratificações, prêmios ou participações nos lucros da empresa.

IV. A caracterização e a classificação da insalubridade e da periculosidade far-se-ão através de perícias, ficando a primeira a cargo de Médico do Trabalho e a segunda a cargo de Engenheiro do Trabalho, registrado no Ministério do Trabalho.

V. O adicional de insalubridade e o adicional de periculosidade incorporam-se ao salário do empregado, não podendo deixar de ser pagos mesmo que tenha havido a cessação do risco à saúde ou à integridade física do mesmo.

Está correto APENAS o que se afirma em:
A) I, II e V.
B) III, IV e V.
C) II, III e V.
D) I e II.
E) II e IV.

↘ **Resolução:**
A alternativa correta é a "D".
I. Art. 189 da CLT.
II. Art. 191, I e II, da CLT.

↗ Gabarito: "D".

19. DIREITO COLETIVO DO TRABALHO

1) Análise constitucional

O direito coletivo do trabalho destina-se a analisar as interações entre trabalhadores organizados em sindicatos e seus respectivos empregadores, que podem ou não estar organizados em sindicatos. Texto fundamental é o art. 8º da CF – cujos principais aspectos são enunciados a seguir:

a) O inciso I consagra a liberdade dos empregados e empregadores de criar sindicatos (também os *funcionários públicos*), independentemente de autorização. No Brasil, até 1988, essa liberdade não existia, pois a criação do sindicato dependia de autorização dada pelo Ministério do Trabalho – art. 520 da CLT. Com a Constituição Federal de 1988, o regime foi alterado, para exigir-se tão somente o registro do sindicato no MTE (o que, segundo o STF, não fere a liberdade sindical, pois tem mera finalidade cadastral e de publicidade – além da obtenção da personalidade jurídica – Súmula 677 do STF). Ademais, o inciso consagra a *proibição de interferência ou intervenção*: o Estado não pode se imiscuir nas questões sindicais;

b) O inciso II consagra limitações à organização sindical: o legislador, em primeiro lugar, impõe a organização em **categoria**; em seguida, limita territorialmente o sindicato, estabelecendo que este não poderá ser inferior à área de um município; finalmente, estabelece que só poderá haver um sindicato de cada categoria em um determinado local – é a chamada **unicidade sindical** (em contraposição à pluralidade sindical, vigente em outros países);

> **ATENÇÃO**
>
> A unicidade impede a criação de mais de um sindicato por categoria, mas não o agrupamento de mais de uma categoria em um sindicato, nos termos do art. 570, parágrafo único, da CLT.

c) Segundo o inciso III, ao sindicato cabe a defesa dos direitos e interesses coletivos ou individuais da categoria, inclusive em questões judiciais ou administrativas. Aqui, insere-se a capacidade dos sindicatos para celebrarem convenções e acordos coletivos de trabalho, representarem os empregados em audiência (art. 843 da CLT), atuarem como substitutos processuais e fornecerem assistência judiciária gratuita (Lei n. 5.584/70);

d) O inciso IV consagra a contribuição confederativa, que somente pode ser cobrada dos empregados filiados ao sindicato (Súmula 666 do STF);

e) Segundo o inciso V, ninguém será obrigado a filiar-se ou a manter-se filiado a sindicato (liberdade de filiação e não filiação). Também não é possível estabelecer-se qualquer tipo de preferência para o empregado sindicalizado. Nesse sentido, a OJ 20 da SDC proíbe o *estabelecimento de preferência para admissão* para trabalhadores sindicalizados;

f) Nos termos do inciso VI, é obrigatória a participação dos sindicatos nas negociações coletivas de trabalho. Porém, atualmente, sabe-se que tal obrigatoriedade aplica-se apenas aos sindicatos profissionais (de empregados), já que as empresas podem celebrar acordos coletivos de trabalho independentemente de representação sindical;

g) Segundo o inciso VII, o aposentado filiado tem direito a votar e ser votado nas organizações sindicais;

h) O inciso VIII consagra a já estudada estabilidade do dirigente sindical.

2) Estrutura sindical brasileira

a) **Categoria (art. 511 da CLT)**

A categoria, profissional ou econômica, é determinada por um interesse profissional ou econômico comum (fato social). Para definir a categoria, tanto do empregado quanto do empregador, o legislador considera, precipuamente, a atividade exercida, que deve ser idêntica, similar ou conexa. Assim, para a *categoria econômica*, elemento essencial é a solidariedade de interesses econômicos. A categoria econômica é determinada a partir da **atividade preponderante** da empresa (se a empresa não tiver atividade preponderante, é cindida). Já a *categoria profissional* é determinada pela similitude das condições de vida oriundas de trabalho em comum.

Como regra geral, todos os empregados de uma empresa enquadram-se na categoria profissional correspondente à categoria econômica dessa empresa. Porém, há uma exceção, prevista no § 3º do art. 511: a **categoria profissional diferenciada**. A justificativa para esta categoria é o fato de que, em determinadas profissões, o trabalhador tem condições de vida muito diferentes, que impedem sua comparação com os demais trabalhadores daquela empresa. Assim, ele terá um sindicato separado, independentemente da empresa onde atua. As categorias diferenciadas mais importantes são: secretárias, motoristas e vendedores. Cabe frisar que o empregado de categoria diferenciada somente tem direito à aplicação das normas coletivas da categoria se o seu empregador participou da negociação, conforme entendimento consolidado do TST, na Súmula 374.

Não se pode confundir filiação ao sindicato com pertencimento a uma categoria. Com efeito, pelo simples fato de o trabalhador exercer atividade remunerada, já pertence a uma categoria, sendo abrangido por eventuais instrumentos coletivos (acordos e convenções) celebrados pelo sindicato. De outra parte, se assim desejar, poderá filiar-se ao sindicato, e ter acesso aos serviços por ele prestados (e.g., assistência médica, colônia de férias etc.).

b) **Natureza jurídica do sindicato:** associação – é pessoa jurídica de direito privado.

c) **Dissolução do sindicato:** é regulada em seu estatuto. Porém, é possível ocorrer dissolução judicial, já que apenas o Poder Judiciário tem a prerrogativa de dissolver o sindicato se este se desviar de suas finalidades e ameaçar a ordem jurídica (art. 5º, XIX, da CF).

d) **Órgãos do sindicato:** o sindicato tem liberdade para organizar-se, conforme seu estatuto. Porém, como limitação a tal aspecto da liberdade, a legislação, acertadamente, limita o número de dirigentes do sindicato, evitando que um grande número de trabalhadores faça jus à estabilidade (art. 522 da CLT). Assim, são órgãos do sindicato:

i) Diretoria (3 a 7 membros – devendo eleger o Presidente do sindicato entre seus membros);

ii) Conselho Fiscal (3 membros – fiscalização financeira do sindicato);

iii) Assembleia Geral (que elege os órgãos anteriores). Ainda, existem os delegados sindicais (art. 523 da CLT), os quais atuam nas delegacias sindicais, que podem ser instituídas dentro da base territorial do sindicato "para melhor proteção dos associados e da categoria econômica ou profissional ou profissão liberal representada" (art. 517, § 2º, da CLT).

Ademais, os sindicatos podem ter **empregados**, aos quais é assegurada a aplicação "dos preceitos das leis de proteção do trabalho e de previdência social, inclusive o direito de associação em sindicato" (art. 526, § 2º, da CLT).

e) **Níveis da organização sindical:** na organização sindical, há três níveis diversos (sistema confederativo):

i) **Sindicatos (entes sindicais de base);**

ii) **Federações (art. 534 da CLT):**

- Formadas pela união de pelo menos cinco sindicatos;
- Constituídas por Estados.

iii) **Confederações (art. 535 da CLT):**

- Formadas pela união de pelo menos três Federações;
- Âmbito nacional – sede na Capital da República.

Centrais sindicais não integram o sistema confederativo. Trata-se de associações civis, sem natureza de ente sindical. A Lei 11.648/2008, entretanto, reconheceu as centrais sindicais no sistema do direito coletivo brasileiro – especialmente para assegurar-lhes direito a uma fatia das contribuições sindicais.

f) **Contribuições sindicais:** o sindicato é financiado por diversas espécies de contribuições:

i) Inicialmente, destaca-se a **contribuição sindical** *stricto sensu* (arts. 578 a 610 da CLT + art. 8º, IV, parte final, da CF), antes obrigatória a todos os integrantes da categoria, mas que agora, com a Lei n. 13.467/2017 (Lei da Reforma Trabalhista), passa a depender de autorização expressa do empregado (arts. 545, 578, 579, 582, 602 da CLT) ou opção expressa do empregador, quanto à contribuição a seu cargo (arts. 583 a 587 da CLT), para seu recolhimento.

Com a extinção da contribuição sindical obrigatória, o objetivo do legislador é extinguir sindicatos fracos, que vivem das contribuições que lhes são repassadas anualmente pelo governo, e assegurar a sobrevivência apenas de sindicatos efetivamente representativos. Com efeito, agora, para sobreviver, os sindicatos terão de "conquistar" a categoria que representam, obtendo direitos e vantagens a seus membros, para que trabalhadores e empregadores autorizem o pagamento das contribuições sindicais.

Para o empregado que aceite o pagamento da contribuição, esta consistirá num dia de salário por ano; para o empregador, será proporcional ao capital social da empresa, recolhida em janeiro ou quando da instituição da empresa.

ii) Ademais da contribuição sindical *stricto sensu*, a **mensalidade sindical** (art. 548, *b*, da CLT), fixada pelo próprio sindicato, decorre da associação à entidade – portanto só é exigida de filiados.

iii) Por seu turno, a **contribuição assistencial** (art. 513, *e*, da CLT) é decorrência da atividade do sindicato por meio da negociação coletiva – portanto, fixada nas convenções e nos acordos coletivos de trabalho (ou nas sentenças normativas). Segundo entendimento jurisprudencial, só pode ser cobrada dos filiados ao sindicato (PN 119 do TST + Súmula 666 do STF).

iv) Finalmente, a **contribuição confederativa** (art. 8º, IV, da CF) destina-se ao custeio do sistema confederativo (sindicatos, federações, confederações), é fixada diretamente pela Assembleia Geral do sindicato e só pode ser cobrada dos *trabalhadores filiados* aos sindicatos (Súmula Vinculante 40 do STF).

3) Convenções e acordos coletivos de trabalho

Nos termos do art. 611 da CLT, a convenção coletiva de trabalho (CCT) corresponde ao acordo entre dois sindicatos, i.e., sindicato de categoria profissional e sindicato de categoria econômica. Tem abrangência a toda a categoria, independentemente de filiação do empregado ao sindicato (efeitos *erga omnes*). Já o acordo coletivo de trabalho (ACT) é celebrado diretamente entre o sindicato profissional e a empresa ou grupo de empresas interessadas – tem aplicabilidade, portanto, apenas aos empregados da empresa (ou das empresas) signatária, também independentemente de filiação ao sindicato.

Caso inexista sindicato a representar determinada categoria, esta será representada pela respectiva Federação ou, na inexistência dessa, pela Confederação (art. 611, § 2º, da CLT).

Após a assinatura da CCT/ACT, deverá ser depositada no MTE em 8 dias, passando a ter vigência **3 dias** depois do depósito. Ademais, cópias autênticas deverão ser afixadas nas sedes dos sindicatos convenentes e na das empresas no prazo de 5 dias da data do depósito.

> **ATENÇÃO**
>
> Empregado pertencente à categoria profissional diferenciada não tem o direito de exigir de seu empregador vantagens previstas em instrumento coletivo no qual a empresa onde trabalha não foi representada por órgão de classe de sua categoria (Súmula 374 do TST).

Diversas alterações foram efetuadas pela Lei n. 13.467/2017 (Reforma Trabalhista) à disciplina das convenções e acordos coletivos de trabalho – as quais são sintetizadas a seguir:

a) **Torna-se possível a negociação coletiva *in pejus*,** i.e., ainda que para "piorar" o regime previsto pela legislação trabalhista em determinadas matérias. E tal negociação, nos termos do art. 611-A, § 2º, da CLT, poderá ocorrer ainda que inexista expressa indicação de contrapartidas recíprocas para eventual supressão de direitos da categoria.

Nesse sentido, o art. 8º, § 3º, da CLT consagra o **princípio da intervenção mínima na autonomia da vontade coletiva**, ao afirmar que, no exame de convenção coletiva ou acordo coletivo de trabalho, a Justiça do Trabalho analisará exclusivamente a conformidade dos elementos essenciais do negócio jurídico, respeitado o disposto no art. 104 do Código Civil.

Em seguida, o art. 611-A indica em **quais matérias** a convenção e o acordo coletivo de trabalho terão prevalência em relação à lei (em rol que, segundo o próprio dispositivo, é meramente exemplificativo):

I – pacto quanto à jornada de trabalho, observados os limites constitucionais;

II – banco de horas anual;

III – intervalo intrajornada, respeitado o limite mínimo de trinta minutos para jornadas superiores a seis horas;

IV – adesão ao Programa Seguro-Emprego (PSE), de que trata a Lei n. 13.189/2015;

V – plano de cargos, salários e funções compatíveis com a condição pessoal do empregado, bem como identificação dos cargos que se enquadram como funções de confiança;

VI – regulamento empresarial;

VII – representante dos trabalhadores no local de trabalho;

VIII – teletrabalho, regime de sobreaviso e trabalho intermitente;

IX – remuneração por produtividade, incluídas as gorjetas percebidas pelo empregado, e remuneração por desempenho individual;

X – modalidade de registro de jornada de trabalho;

XI – troca do dia de feriado;

XII – enquadramento do grau de insalubridade;

XIII – prorrogação de jornada em ambientes insalubres, sem licença prévia das autoridades competentes do Ministério do Trabalho;

XIV – prêmios de incentivo em bens ou serviços, eventualmente concedidos em programas de incentivo;

XV – participação nos lucros ou resultados da empresa.

Por outro lado, o art. 611-B da CLT contempla rol taxativo de matérias que não poderão ser objeto de redução ou supressão mediante negociação coletiva:

I – normas de identificação profissional, inclusive as anotações na CTPS;

II – seguro-desemprego;

III – valor dos depósitos mensais e da indenização rescisória do FGTS;

IV – salário mínimo;

V – valor nominal do décimo terceiro salário;

VI – remuneração do trabalho noturno superior à do diurno;

VII – proteção do salário na forma da lei, constituindo crime sua retenção dolosa;

VIII – salário-família;

IX – repouso semanal remunerado;

X – remuneração do serviço extraordinário superior, no mínimo, em 50% à do normal;

XI – número de dias de férias devidas ao empregado;

XII – gozo de férias anuais remuneradas com, pelo menos, um terço a mais do que o salário normal;

XIII – licença-maternidade com a duração mínima de cento e vinte dias;

XIV – licença-paternidade nos termos fixados em lei;

XV – proteção do mercado de trabalho da mulher, mediante incentivos específicos, nos termos da lei;

XVI – aviso prévio proporcional ao tempo de serviço, sendo no mínimo de trinta dias, nos termos da lei;

XVII – normas de saúde, higiene e segurança do trabalho previstas em lei ou em normas regulamentadoras do Ministério do Trabalho e Emprego (ressaltando-se que as regras sobre duração do trabalho e intervalos não são consideradas como normas de saúde, higiene e segurança do trabalho – cf. parágrafo único do art. 611-B da CLT);

XVIII – adicional de remuneração para as atividades penosas, insalubres ou perigosas;

XIX – aposentadoria;

XX – seguro contra acidentes do trabalho, a cargo do empregador;

XXI – ação, quanto aos créditos resultantes das relações de trabalho, com prazo prescricional de cinco anos para os trabalhadores urbanos e rurais, até o limite de dois anos após a extinção do contrato de trabalho;

XXII – proibição de qualquer discriminação no tocante a salário e critérios de admissão do trabalhador com deficiência;

XXIII – proibição de trabalho noturno, perigoso ou insalubre a menores de dezoito anos e de qualquer trabalho a menores de dezesseis anos, salvo na condição de aprendiz, a partir de quatorze anos;

XXIV – medidas de proteção legal de crianças e adolescentes;

XXV – igualdade de direitos entre o trabalhador com vínculo empregatício permanente e o trabalhador avulso;

XXVI – liberdade de associação profissional ou sindical do trabalhador, inclusive o direito de não sofrer, sem sua expressa e prévia anuência, qualquer cobrança ou desconto salarial estabelecidos em convenção coletiva ou acordo coletivo de trabalho;

XXVII – direito de greve, competindo aos trabalhadores decidir sobre a oportunidade de exercê-lo e sobre os interesses que devam por meio dele defender;

XXVIII – definição legal sobre os serviços ou atividades essenciais e disposições legais sobre o atendimento das necessidades inadiáveis da comunidade em caso de greve;

XXIX – tributos e outros créditos de terceiros;

XXX – as disposições previstas nos arts. 373-A, 390, 392, 392-A, 394, 394-A, 395, 396 e 400 da CLT (normas de proteção ao trabalho da mulher). Como se vê, trata-se, basicamente, dos direitos constitucionalmente assegurados ao trabalhador.

b) **Ultratividade das cláusulas normativas:** a vigência máxima dos ACT e CCT é de 2 anos (art. 614, § 3º, da CLT). Antes da Reforma Trabalhista, entendia o TST que as vantagens individuais previstas em ACT/CCT/sentença normativa aderem ao contrato de trabalho com ultratividade, ou seja, vigoram até o advento do novo diploma normativo, que poderá manter, revogar ou modificar a vantagem (Súmula 277 do TST).

Porém, contrariando tal posicionamento, a Lei n. 13.467/2017 passa a vedar qualquer tipo de ultratividade das normas coletivas, i.e., possibilidade de suas cláusulas vigorarem por mais de dois anos.

c) **Prevalência do acordo coletivo sobre a convenção coletiva:** o art. 620 da CLT passa a prever que as condições estabelecidas em acordo coletivo de trabalho sempre prevalecerão sobre as estipuladas em convenção coletiva de trabalho – na linha do entendimento esposado por alguns tribunais pátrios, no sentido de que deve ser priorizado o princípio da especialidade ou especificidade (acordos são mais específicos em relação às demandas da categoria, e, por isso, devem prevalecer).

4) Greve e *lockout* (locaute)

A greve é **direito** decorrente das relações coletivas de trabalho, expressamente previsto pelo art. 9º da CF, e regulamentado pela Lei n. 7.783/89.

Trata-se de paralisação coletiva, temporária e pacífica, total ou parcial, da prestação de serviços por trabalhadores, com o objetivo de obter melhores condições de trabalho ou o cumprimento de obrigações pelo empregador.

Só é possível deflagrar-se a greve depois que outras formas de composição não surtiram efeito (art. 3º da Lei n. 7.783/89 + OJ 11 da SDC/TST). A greve, ademais, deve ser determinada pela categoria, em assembleia geral convocada pelo sindicato (art. 4º da Lei n. 7.783/89). Após a aprovação da greve, é necessário notificar o empregador (ou a entidade patronal correspondente), nos seguintes prazos:

a) atividades comuns: aviso prévio de 48 horas;

b) serviços essenciais: aviso prévio de 72 horas (nesta hipótese, a comunicação será tanto ao empregador quanto aos usuários) – arts. 3º, parágrafo único, e 13 da Lei n. 7.783/89.

Iniciado o movimento, é preciso respeitar direitos do empregador e de terceiros, sob pena de restar caracterizada greve abusiva, com responsabilidade civil ou criminal pelos atos praticados (art. 15 da Lei n. 7.783/89). Observe-se que a lei veda expressamente o **"piquete não pacífico"**, ou seja, a situação em que os grevistas impedem os não grevistas de entrarem no estabelecimento para trabalhar (§ 3º do art. 6º da Lei n. 7.783/89).

No caso de greve envolvendo **atividades essenciais** (art. 10 da Lei n. 7.783/89), deve ser assegurada manutenção de um serviço mínimo (nos termos da Lei, "serviços indispensáveis ao atendimento das necessidades inadiáveis da comunidade"). São consideradas atividades essenciais:

I – tratamento e abastecimento de água; produção e distribuição de energia elétrica, gás e combustíveis;

II – assistência médica e hospitalar;

III – distribuição e comercialização de medicamentos e alimentos;

IV – funerários;

V – transporte coletivo;

VI – captação e tratamento de esgoto e lixo;

VII – telecomunicações;

VIII – guarda, uso e controle de substâncias radioativas, equipamentos e materiais nucleares;

IX – processamento de dados ligados a serviços essenciais;

X – controle de tráfego aéreo;

XI – compensação bancária.

Durante a greve, é vedada a dispensa de trabalhadores ou contratação de substitutos. Porém, é possível contratar substitutos para atender a necessidade da empresa, quando a paralisação possa acarretar prejuízos irreparáveis ou no caso de não prestação de serviços essenciais. Também é permitida a contratação de substitutos se mantida a greve após solucionada a controvérsia (quer pelas partes, quer pela Justiça do Trabalho) ou no caso de abuso do direito de greve (art. 7º, parágrafo único, da Lei n. 7.783/89).

O *lockout*, ou seja, a paralisação das atividades por iniciativa do empregador com o objetivo de frustrar a negociação coletiva ou dificultar o atendimento das reivindicações do empregado, é vedado pelo ordenamento brasileiro (art. 17 da Lei n. 7.783/89).

19.1 Questões

1. **(FCC – TRT 15ª Região)** Acerca do direito coletivo do trabalho e da organização sindical:

A) dentre outros requisitos, as associações profissionais, para serem reconhecidas como sindicatos, deverão reunir um terço, no mínimo, de empresas legalmente constituídas, sob a forma individual ou de sociedade, caso se tratar de associação de empregadores; ou um terço dos que integrem a mesma categoria ou exerçam a mesma profissão liberal quando se tratar de associação de empregados ou de trabalhadores ou agentes autônomos ou de profissão liberal.

B) excepcionalmente, o Ministro do Trabalho poderá autorizar o reconhecimento de mais de um sindicato representativo da mesma categoria econômica ou profissional em uma dada base territorial.

C) o ocupante de cargo eletivo no sindicato poderá, mediante autorização do Presidente, cumular seu exercício com o emprego remunerado pelo sindicato ou por entidade sindical de grau superior.

D) é exigida a qualidade de sindicalizado para o exercício de qualquer função representativa de categoria econômica ou profissional, em órgão oficial de deliberação coletiva, bem como para o gozo de favores ou isenções tributárias, inclusive em se tratando de atividades não econômicas.

E) os bens imóveis das entidades sindicais não serão alienados sem a prévia autorização das respectivas assembleias gerais, reunidas com a presença da maioria absoluta dos associados com direito a voto ou dos Conselhos de Representantes com a maioria absoluta dos seus membros, salvo se houver autorização expressa e avaliação prévia realizada pela Caixa Econômica Federal.

↳ **Resolução:**

A alternativa correta é a "A". Na forma do art. 515, *a*, da CLT, as associações profissionais, entre outros requisitos, deverá reunir um terço, no mínimo, de empresas legalmente constituídas, sob a forma individual ou de sociedade, caso se tratar de associação de empregadores; ou de um terço dos que integrem a mesma categoria ou exerçam a mesma profissão liberal quando se tratar de associação de empregados ou de trabalhadores ou agentes autônomos ou de profissão liberal.

↗ **Gabarito: "A".**

2. **(FCC – TRT 6ª Região)** Em consonância com o regramento contido na Consolidação das Leis do Trabalho:

A) categoria econômica é aquela constituída da similitude de condições de vida oriunda da profissão ou trabalho em comum, em situação de emprego na mesma atividade econômica ou em atividades econômicas similares ou conexas.

B) constitui objeto ilícito de convenção coletiva ou de acordo coletivo de trabalho, exclusivamente, a supressão ou a redução ao direito de igualdade jurídica entre o trabalhador com vínculo empregatício permanente e o trabalhador avulso.

C) categoria profissional diferenciada é aquela que se forma da solidariedade de interesses econômicos dos que empreendem atividades idênticas, similares ou conexas.

D) a contribuição sindical é devida por todos aqueles que participarem de uma determinada categoria econômica ou profissional, ou de uma profissão liberal, em favor do Sindicato representativo da mesma categoria ou profissão.

E) as condições estabelecidas em convenção coletiva de trabalho, quando mais favoráveis, prevalecerão sobre as estipuladas em acordo coletivo de trabalho.

↳ **Resolução:**

A alternativa correta é a "B". Conforme disposto no art. 611-B, XXV, da CLT, constitui objeto ilícito de convenção coletiva ou de acordo coletivo de trabalho a supressão ou a redução ao direito de igualdade entre o trabalhador com vínculo empregatício permanente e o trabalhador avulso.

↗ **Gabarito: "B".**

3. **(FCC – TRT 15ª Região)** O direito de greve, assegurado constitucionalmente, não é absoluto. Os serviços e atividades essenciais são definidos por lei, que também disporá sobre o atendimento das necessidades inadiáveis da comunidade. Nesse sentido, nos serviços e atividades essenciais:

A) caso empregadores e trabalhadores não cumpram a exigência de prestação, durante a greve, dos serviços indispensáveis ao atendimento das necessidades inadiáveis da comunidade, o Poder Público deverá assegurar tal prestação.

B) os sindicatos, os empregadores e os trabalhadores ficam obrigados, de comum acordo, a garantir, durante a greve, a prestação de pelo menos 70% dos serviços indispensáveis ao atendimento das necessidades inadiáveis da comunidade.

C) são necessidades inadiáveis da comunidade aquelas que, se não atendidas, trazem prejuízos financeiros às empresas e à população.

D) as entidades sindicais ou os trabalhadores, conforme o caso, ficam obrigados a comunicar a decisão de deflagração da greve aos empregadores e aos usuários com antecedência mínima de 48 horas da paralisação.

E) as entidades sindicais são responsáveis por comunicar a decisão de deflagração da greve aos empregadores, aos usuários e ao Ministério do Trabalho com antecedência mínima de 72 horas da paralisação.

↳ **Resolução:**
A alternativa correta é a "B". De acordo com os arts. 11, *caput*, e 12 da Lei n. 7.783/89, nos serviços ou atividades essenciais, os sindicatos, os empregadores e os trabalhadores ficam obrigados, de comum acordo, a garantir, durante a greve, a prestação dos serviços indispensáveis ao atendimento das necessidades inadiáveis da comunidade e, em caso de inobservância desta imposição, o Poder Público assegurará a prestação dos serviços indispensáveis.

↗ **Gabarito: "B".**

REFERÊNCIAS

ARAÚJO JUNIOR, Marco Antônio; BARROSO, Darlan. *Reta Final OAB*: teoria unificada. 8. ed. São Paulo: Saraiva, 2019.

BARROS, Alice Monteiro de. *Curso de direito do trabalho*. 11. ed. São Paulo: LTr, 2017.

DELGADO, Mauricio Godinho. *Curso de direito do trabalho*. 17. ed. São Paulo: LTr, 2018.

_____. *Direito coletivo do trabalho*. 5. ed. São Paulo: LTr, 2014.

MANNRICH, Nelson (Coord.). *Reforma trabalhista*: reflexões e críticas. 2. ed. São Paulo: LTr, 2018.

MARTINEZ, Luciano. *Curso de direito do trabalho*. 9. ed. São Paulo: Saraiva, 2018.

SILVA, Homero Batista Matheus da. *Comentários à reforma trabalhista*. São Paulo: RT, 2017.

4

ESTATUTO DA CRIANÇA E DO ADOLESCENTE

ANA CAROLINA VICTALINO

Sumário

1. EVOLUÇÃO DO DIREITO DA CRIANÇA E DO ADOLESCENTE NO BRASIL E A CONSTITUIÇÃO FEDERAL ... 367
   - 1.1 Questões ... 368
2. CONCEITO DE CRIANÇA E ADOLESCENTE ... 369
   - 2.1 Questões ... 370
3. DIREITOS FUNDAMENTAIS DE CRIANÇAS E ADOLESCENTES ... 370
   - 3.1 Questões ... 373
4. TIPOS DE FAMÍLIA E COLOCAÇÃO EM FAMÍLIA SUBSTITUTA ... 375
   - 4.1 Questões ... 379
5. PREVENÇÃO DAS CRIANÇAS E DOS ADOLESCENTES ... 381
   - 5.1 Questões ... 382
6. MEDIDAS DE PROTEÇÃO ... 383
   - 6.1 Questões ... 384
7. CONSELHO TUTELAR ... 385
   - 7.1 Questões ... 386
8. PRÁTICA E APURAÇÃO DE ATO INFRACIONAL ... 387
   - 8.1 Questões ... 389
9. MEDIDAS SOCIOEDUCATIVAS ... 391
   - 9.1 Questões ... 392
10. CRIMES E INFRAÇÕES ADMINISTRATIVAS ... 393
    - 10.1 Questões ... 396
REFERÊNCIAS ... 397

1. EVOLUÇÃO DO DIREITO DA CRIANÇA E DO ADOLESCENTE NO BRASIL E A CONSTITUIÇÃO FEDERAL

O direito da criança e do adolescente no Brasil é marcado por 4 fases distintas, passando pela fase da absoluta indiferença até atingir a atual da proteção integral e absoluta, expressamente prevista na Constituição Federal de 1988 e no Estatuto da Criança e do Adolescente (Lei n. 8.069/90).

Rapidamente, podemos classificar a evolução do direito da criança e do adolescente, nas seguintes fases:

a) **Fase da absoluta indiferença:** com vigência até o século XIV, nessa fase inexistia qualquer legislação com referência à proteção da criança e do adolescente.

b) **Fase da mera imputação criminal ou direito penal diferenciado:** com vigência até o século XIX, nesta fase inexistia qualquer referência protetiva à criança e ao adolescente, mas tão somente a previsão de punição pela prática de ato equiparado a crime. Nesta fase, regida pelas Ordenações Afonsinas e Filipinas, pelo Código Criminal do Império, de 1830, e pelo Código Penal, de 1890, as leis se limitavam à responsabilização criminal com idade diferenciada para punição. O Código Criminal do Império do Brasil de 1830, no art. 10, § 1º, somente impedia a responsabilização criminal dos que tivessem menos de 14 anos. Já o Código Penal da República de 1890, só não considerava criminosos "Os menores de nove anos completos" (art. 27, § 1º) ou aqueles que, sendo maiores de nove e menores de quatorze anos, houvessem agido sem discernimento.

c) **Fase tutelar:** com vigência no século XX, nesta fase surge as primeiras legislações específicas para as crianças e adolescentes, todavia, não há dispositivos protetivos, mas sim legislações com características higienistas e repressivas. Esta fase retrata a doutrina da criança e adolescente em situação irregular ou doutrina do menor, cuja preocupação do Estado era com as crianças órfãs, abandonadas e que tinham praticado ato equiparado a crime ("delinquentes"). São legislações da fase tutelar:

- Código Mello Matos (1927);
- Código de Menores (1979).

d) **Fase da Proteção Integral:** com vigência no século XX e XXI, nesta fase é assegurado os direitos das crianças e adolescentes. A legislação protetiva das crianças e adolescentes os consideram como pessoas em desenvolvimento, sendo, portanto, sujeitos de direitos. É, pois, nesta quarta fase que se insere a Constituição Federal de 1988 e o Estatuto da Criança e do Adolescente (Lei n. 8.069/90).

A proteção da criança e adolescente é assegurada pela Constituição Federal, especificamente em seu art. 227, o qual determina que é dever da família, da sociedade e do Estado assegurar à criança, ao adolescente e ao jovem, com **absoluta prioridade**, o direito à vida, à saúde, à alimentação, à educação, ao lazer, à profissionalização, à cultura, à dignidade, ao respeito, à liberdade e à convivência familiar e comunitária, além de colocá-los a salvo de toda forma de negligência, discriminação, exploração, violência, crueldade e opressão.

A Constituição Federal de 1988, promulgada na **fase da proteção integral da criança e adolescente**, prevê, expressamente, a **assistência integral e proteção especial às crianças e aos adolescentes**, destacando-se os seguintes aspectos:

- idade mínima de 16 anos para admissão ao trabalho, sendo lícito a partir dos 14 anos o contrato de aprendizagem e a vedação **a qualquer tipo de trabalho a menores de 14 anos (art. 7º, XXXIII, da CF)**;

- punição severa ao **abuso, à violência e à exploração sexual da criança e do adolescente**;
- garantia de direitos previdenciários e trabalhistas;
- garantia de acesso do trabalhador adolescente e jovem à escola;
- obediência aos princípios de brevidade, excepcionalidade e respeito à condição peculiar de pessoa em desenvolvimento, quando da aplicação de qualquer medida privativa da liberdade;
- igualdade dos filhos havidos ou não da relação do casamento e por adoção;
- inimputabilidade dos menores de 18 anos.

1.1 Questões

1. **(VUNESP – TJMS)** Com relação à retrospectiva e evolução históricas do tratamento jurídico destinado à criança e ao adolescente no ordenamento pátrio, é correto afirmar:

A) na fase da absoluta indiferença, não havia leis voltadas aos direitos e deveres de crianças e adolescentes.

B) na fase da proteção integral, regida pelo Estatuto da Criança e do Adolescente, as leis se limitam ao reconhecimento de direitos e garantias de crianças e adolescentes, sem intersecção com o direito amplo à infância, porque direito social, amparado pelo art. 6º da Constituição Federal.

C) a fase da mera imputação criminal não se insere na evolução histórica do tratamento jurídico concedido à criança e ao adolescente no ordenamento jurídico pátrio porque foi extraída do direito comparado.

D) na fase da mera imputação criminal, regida pelas Ordenações Afonsinas e Filipinas, pelo Código Criminal do Império, de 1830, e pelo Código Penal, de 1890, as leis se limitavam à responsabilização criminal de maiores de 16 (dezesseis) anos por prática de ato equiparado a crime.

E) na fase tutelar, regida pelo Código Mello Mattos, de 1927, e Código de Menores, de 1979, as leis se limitavam à colocação de crianças e adolescentes, em situação de risco, em família substituta, pelo instituto da tutela.

↳ **Resolução:**

A) *Correta*. Na fase da absoluta indiferença não havia leis com referência às crianças e adolescentes.

B) *Incorreta*. Na fase da proteção integral, prevista no ECA e na CF, as leis também garantem direitos à infância.

C) *Incorreta*. No Brasil, a fase da mera imputação criminal teve manifestação nas Ordenações Afonsinas e Filipinas, pelo Código Criminal do Império, de 1830, e pelo Código Penal, de 1890, as leis se limitavam à responsabilização criminal com idade diferenciada para punição.

D) *Incorreta*. O Código Criminal do Império do Brasil de 1830, no art. 10, § 1º, somente impedia a responsabilização criminal dos que tivessem menos de 14 anos. Já o Código Penal da República de 1890, só não considerava criminosos "Os menores de nove anos completos" (art. 27, § 1º) ou aqueles que, sendo maiores de nove e menores de quatorze anos, houvessem agido sem discernimento.

E) *Incorreta*. Na fase tutelar, Código Melo Mattos e de Menores, havia dispositivos repressivos aos desvios de condutas de crianças e adolescentes, isto é, medida repressiva para a prática de ato infracional.

↗ **Gabarito: "A"**.

2. **(CESPE – TJPR)** A atual doutrina da proteção integral, que rege os direitos da criança e do adolescente, reconhece crianças e adolescentes como

A) objetos de proteção do Estado e de medidas judiciais, mas que devem ser responsabilizados pela própria situação de irregularidade.

B) sujeitos de direito, devendo o Estado, a família e a sociedade lhes assegurar direitos fundamentais.

C) objetos de proteção do Estado e de medidas judiciais, sendo o Estado o principal responsável por lhes assegurar direitos.

D) sujeitos de direito que devem ser responsabilizados pela própria situação de irregularidade.

↳ **Resolução:**

A) *Incorreta.* Na doutrina da proteção integral e absoluta, crianças e adolescentes não são considerados objetos de proteção, mas sim sujeitos de direito. Ademais, o termo situação de irregularidade não se aplica à teoria da proteção absoluta, pois era utilizado para expressar a teoria anterior, chamada fase tutelar, da situação de irregularidade da criança e do adolescente.

B) *Correta.* Para doutrina da proteção integral, as crianças e adolescentes são sujeitos de direito, sendo dever da família, da sociedade e do Estado assegurar os direitos fundamentais (art. 227 da CF).

C) *Incorreta.* Vide comentário à alternativa "A".

D) *Incorreta.* Vide comentário à alternativa "A".

↗ **Gabarito: "B".**

3. **(FCC – TRT 24ª Região)** A partir da edição do Estatuto da Criança e do Adolescente, passou-se a evitar o vocábulo *menor*. Porém, no âmbito do Direito do Trabalho, tal palavra não carrega seu efeito negativo, mantendo-se sua utilização nesse campo. Tal discussão foi enfrentada pelo Direito do Trabalho porque o Estatuto da Criança e do Adolescente trouxe consigo a doutrina:

A) assistencialista.
B) da situação irregular.
C) da proteção integral
D) da indiferença legal.
E) Higienista.

↳ **Resolução:**

A) *Incorreta.* O ECA foi editado na fase da proteção integral, sendo a criança e o adolescente sujeitos de direitos e não objetos de proteção, uma característica da fase tutelar com legislação, que se referia à criança e ao adolescente em situação irregular e com caráter higienista.

B) *Incorreta.* Vide comentários às alternativas "A" e "C".

C) *Correta.* O ECA foi editado na fase da proteção integral, conforme dispõe o art. 1º do ECA: "Esta Lei dispõe sobre a proteção integral à criança e ao adolescente".

D) *Incorreta.* Na fase da indiferença legal não existiam leis com referências às crianças e aos adolescentes.

E) *Incorreta.* Vide comentários às alternativas "A" e "C".

↗ **Gabarito: "C".**

2. CONCEITO DE CRIANÇA E ADOLESCENTE

Sob forte influência da doutrina da proteção integral, o Estatuto da Criança e do Adolescente é a lei que dispõe sobre a proteção integral à criança e ao adolescente, garantindo a eles os mesmos direitos que os adultos conferindo-lhes direitos próprios e específicos, considerando sua condição de pessoa em fase peculiar de desenvolvimento.

O Estatuto da Criança e do Adolescente é regido por um **critério etário**, sendo aplicável apenas às crianças e aos adolescentes, estabelecendo o art. 2º, *caput*, a seguinte distinção, considerando:

- **CRIANÇA:** pessoa menor de 12 anos de idade;
- **ADOLESCENTE:** pessoa com 12 anos completos até 18 anos.

Nesse ponto, é importante citar que, para o período etário tratado pelo ECA (0 a 18 anos de idade), existem outras legislações protetivas específicas a determinadas idades. São elas:

a) **Lei da Escuta Especializada (Lei n. 13.431/2017):** legislação que garante proteção específica e especial de escuta e depoimento pessoal assegurados às crianças e aos adolescentes, vítimas ou testemunhas de violência;

b) **Lei da Primeira Infância (Lei n. 13.257/2016):** garante proteção especial aos **primeiros 6 anos de vida da criança**;

c) **Estatuto da Juventude (Lei n. 12.852/2013):** legislação que garante proteção especial aos jovens (pessoas entre 15 e 29 anos de idade), aplicando-se, assim, ao **jovem adolescente entre 15 e 18 anos** (art. 1º, § 2º, da Lei n. 12.852/2013).

Ademais, apesar de o ECA ser direcionado apenas a crianças e adolescentes, nos casos expressos em lei **aplicam-se excepcionalmente as regras do Estatuto às pessoas entre 18 e 21 anos de idade.** Exemplos de aplicação excepcional do ECA a maiores de 18 anos:

- art. 40: adoção de maiores de 18 anos (art. 1.619 do Código Civil);
- art. 121, § 5º: execução de medida socioeducativa de internação para maiores de 18 anos, devendo ocorrer a liberdade compulsória aos 21 anos.

2.1 Questões

1. **(IADES – SEASTER-PA)** A Lei n. 8.069/90, também chamada Estatuto da Criança e do Adolescente, dispõe de mecanismos de proteção integral à criança e ao adolescente. Considera-se criança, para efeito de proteção da lei, a pessoa até:

A) doze anos de idade incompletos.
B) dez anos de idade incompletos.
C) onze anos de idade incompletos.
D) nove anos de idade incompletos.
E) treze anos de idade incompletos.

↳ **Resolução:**

A) *Correta*. O ECA é regido por um critério etário, sendo aplicável apenas às crianças e aos adolescentes, estabelecendo o art. 2º, *caput*: "Considera-se criança, para os efeitos desta Lei, a pessoa até doze anos de idade incompletos, e adolescente aquela entre doze e dezoito anos de idade".
B) *Incorreta*. Vide comentário à alternativa "A".
C) *Incorreta*. Vide comentário à alternativa "A".
D) *Incorreta*. Vide comentário à alternativa "A".
E) *Incorreta*. Vide comentário à alternativa "A".

↗ **Gabarito: "A".**

2. **(UECE-CEV – SEAS-CE)** Nos casos expressos em lei, aplica-se, excepcionalmente, o ECA às pessoas que tenham idade entre:

A) 18 e 21 anos.
B) 21 e 24 anos.
C) 12 e 16 anos.
D) 12 e 14 anos.

↳ **Resolução:**

A) *Correta*. Resposta de acordo com o art. 2º, parágrafo único, do ECA: "Nos casos expressos em lei, aplica-se excepcionalmente este Estatuto às pessoas entre dezoito e vinte e um anos de idade".
B) *Incorreta*. Vide comentário à alternativa "A".
C) *Incorreta*. O ECA se aplica obrigatoriamente, e não excepcionalmente, às pessoas até 18 anos idade (art. 2º do ECA).
D) *Incorreta*. Vide comentário à alternativa "C".

↗ **Gabarito: "A".**

3. **(PUC-PR – TJPR)** Nos termos do Estatuto da Criança e do Adolescente, assinale a alternativa CORRETA.

A) Considera-se criança a pessoa com até 14 (quatorze) anos de idade incompletos.
B) Considera-se adolescente qualquer pessoa que tenha até 21 (vinte e um) anos de idade.
C) Considera-se criança a pessoa com no máximo 10 (dez) anos de idade completos.
D) Considera-se adolescente a pessoa que tem entre 12 (doze) e 18 (dezoito) anos de idade.
E) Considera-se adolescente qualquer pessoa com no máximo 16 (dezesseis) anos de idade.

↳ **Resolução:**

A) *Incorreta*. Vide comentário à alternativa "D".
B) *Incorreta*. Vide comentário à alternativa "D".
C) *Incorreta*. Vide comentário à alternativa "D".
D) *Correta*. Resposta de acordo com o art. 2º do ECA: "Considera-se criança, para os efeitos desta Lei, a pessoa até doze anos de idade incompletos, e adolescente aquela entre doze e dezoito anos de idade".
E) *Incorreta*. Vide comentário à alternativa "D".

↗ **Gabarito: "D".**

3. DIREITOS FUNDAMENTAIS DE CRIANÇAS E ADOLESCENTES

A criança e o adolescente gozam de todos os direitos fundamentais inerentes à pessoa humana, sem prejuízo da proteção integral tratada no Estatuto da Criança e Adolescente e outras leis específicas, sendo-lhes asseguradas todas as oportunidades e facilidades, a fim de lhes facultar o desenvolvimento físico, mental, moral, espiritual e social, em condições de liberdade e de dignidade.

O Estatuto da Criança e do Adolescente, Título II, Livro I, Parte Geral, reafirma os direitos fundamentais já previstos na Constituição Federal e que devem ser aplicados a todas as crianças e adolescentes, sem discriminação de nascimento, situação familiar, idade, sexo, raça, etnia ou cor, religião ou crença, deficiência, condição pessoal de desenvolvimento e aprendizagem, condição econômica, ambiente social, região e local de moradia ou outra condição que diferencie as pessoas, as famílias ou a comunidade em que vivem.

De acordo com o ECA, é dever da família, da comunidade, da sociedade em geral e do Poder Público assegurar, com absoluta prioridade, a efetivação dos direitos referentes à vida, à saúde, à alimentação, à educação, ao esporte, ao lazer, à profissionalização, à cultura, à dignidade, ao respeito, à liberdade e à convivência familiar e comunitária.

Por sua vez, é dever de todos velar pela dignidade da criança e do adolescente, **pondo-os a salvo de qualquer tratamento desumano, violento, aterrorizante, vexatório ou constrangedor**. Neste ponto, de acordo com o ECA, os pais, os integrantes da família ampliada, os responsáveis, os agentes públicos executores de medidas socioeducativas ou qualquer pessoa encarregada de cuidar de crianças e de adolescentes não podem fazer uso de castigo físico, tratamento cruel ou degradante como formas de correção, disciplina, educação ou qualquer outro pretexto, sob pena de sofrer sanções e medidas aplicadas pelo Conselho Tutelar, de acordo com a gravidade do caso.

> **IMPORTANTE**
>
> Medidas aplicadas pelo **CONSELHO TUTELAR** em caso de uso de castigo físico, tratamento cruel ou degradante como formas de correção, disciplina, educação das crianças e dos adolescentes:
> - encaminhamento a programa oficial ou comunitário de proteção à família;
> - encaminhamento a tratamento psicológico ou psiquiátrico;
> - encaminhamento a cursos ou programas de orientação;
> - obrigação de encaminhar a criança a tratamento especializado;
> - advertência.

Com relação à educação, importante mencionar que é garantido acesso à escola pública e gratuita a criança e adolescente com a **garantia de vagas no mesmo estabelecimento para os irmãos** (art. 53, V, da Lei n. 8.069/90):

> V – acesso à escola pública e gratuita, próxima de sua residência, garantindo-se vagas no mesmo estabelecimento a irmãos que frequentem a mesma etapa ou ciclo de ensino da educação básica.

No que diz respeito ao direito à profissionalização e proteção no ambiente de trabalho, é importante ressaltar que o art. 60 do ECA deve ser lido em conjunto com o art. 7º, XXXIII, da CF, **prevalecendo os direitos previstos na Constituição Federal, que veda o trabalho para os menores de 14 anos**.

> **IMPORTANTE**
>
> **MENOR DE 14 ANOS:** vedado qualquer tipo de trabalho;
> **A PARTIR DE 14 ANOS:** trabalho na condição de aprendiz;
> **A PARTIR DOS 16 ANOS:** possível a admissão ao trabalho.

É **vedado** o trabalho:

- **noturno**, realizado entre as 22h e as 5h;
- **perigoso, insalubre ou penoso**;
- realizado em **locais prejudiciais à sua formação** e ao seu desenvolvimento físico, psíquico, moral e social;
- realizado em **horários e locais que não permitam a frequência à escola**.

Por sua vez, reafirmando o disposto no art. 227, *caput*, da Constituição Federal, **as crianças e os adolescentes têm direito de ser criados e educados no seio de sua família** e, **excepcionalmente, em família substituta**, assegurada a convivência familiar e comunitária, em ambiente que garanta seu desenvolvimento integral.

> **ATENÇÃO**
>
> As crianças e os adolescentes serão retirados do seu seio familiar em situações excepcionais, razão pela qual o **acolhimento institucional e o acolhimento familiar são medidas provisórias e excepcionais**, utilizáveis como forma de transição para reintegração familiar ou, não sendo esta possível, para colocação em família substituta, **não implicando privação de liberdade (art. 100, § 1º, do ECA)**.

> **IMPORTANTE**
>
> Será garantida a **convivência da criança e do adolescente** com a **mãe ou o pai privado de liberdade** por meio de visitas periódicas promovidas pelo responsável ou, nas hipóteses de acolhimento institucional, pela entidade responsável, **independentemente de autorização judicial**.

Sendo a convivência familiar um direito fundamental da criança e do adolescente, a legislação prevê programa de **apadrinhamento**, a fim de garantir às crianças e aos adolescentes acolhidos em instituições ou famílias acolhedoras a possibilidade de criar vínculos externos à instituição para fins de convivência familiar e comunitária e colaboração com o seu desenvolvimento nos aspectos social, moral, físico, cognitivo, educacional e financeiro.

Podem ser padrinhos e madrinhas **pessoas naturais maiores de 18 (dezoito) anos não inscritas nos cadastros de adoção** e **pessoas jurídicas** a fim de colaborar para o seu desenvolvimento.

> **ATENÇÃO**
>
> O **apadrinhamento** não é forma de colocação em família substituta, mas tão somente programa destinado a crianças e adolescentes que estejam em acolhimento institucional ou familiar.

Considerando que **a manutenção ou a reintegração de criança ou adolescente à sua família terá preferência em relação a qualquer outra providência**, é importante analisar os prazos da medida provisória e excepcional de acolhimento familiar ou institucional.

> **ATENÇÃO**
>
> Toda criança ou adolescente que estiver inserido em programa de acolhimento familiar ou institucional terá sua **situação reavaliada, no máximo, a cada três meses**.
>
> A **permanência** da criança e do adolescente em programa de acolhimento institucional **não se prolongará por mais de dezoito meses**, salvo comprovada necessidade que atenda ao seu superior interesse, devidamente fundamentada pela autoridade judiciária.

Sendo a regra a manutenção da criança e do adolescente com sua família natural (pais biológicos), a colocação em família substituta ocorrerá após a extinção do poder familiar, na forma do que dispõem os arts. 1.634 a 1.638 do Código Civil.

> **IMPORTANTE**
>
> A condenação criminal do pai ou da mãe não implicará a destituição do poder familiar, exceto em **2 situações (art. 1.638, parágrafo único, do Código Civil)**:
> - Titular do poder familiar praticar contra outrem igualmente titular do mesmo poder familiar, os seguintes crimes: homicídio, feminicídio ou lesão corporal de natureza grave ou seguida de morte, quando se tratar de crime doloso envolvendo violência doméstica e familiar ou menosprezo ou discriminação à condição de mulher; estupro ou outro crime contra a dignidade sexual sujeito à pena de reclusão.
> - Titular do poder familiar praticar contra filho, filha ou outro descendente, os seguintes crimes: homicídio, feminicídio ou lesão corporal de natureza grave ou seguida de morte, quando se tratar de crime doloso envolvendo violência doméstica e familiar ou menosprezo ou discriminação à condição de mulher; estupro ou outro crime contra a dignidade sexual sujeito à pena de reclusão.

A perda/extinção e a suspensão do poder familiar serão decretadas judicialmente, em procedimento observado o contraditório, nos casos previstos na legislação civil.

PODER FAMILIAR	
PERDA/EXTINÇÃO (arts. 1.635 e 1.638 do CC)	**SUSPENSÃO** (art. 1.637 do CC)
• pela morte dos pais ou do filho; • pela emancipação; • pela maioridade; • pela adoção; • por decisão judicial, na forma do art. 1.638 do CC.	• abuso de autoridade; • arruinar os bens dos filhos; • condenação do pai ou mãe por sentença irrecorrível, em virtude de crime cuja pena exceda a dois anos de prisão.

Aos pais incumbe o dever de sustento, guarda e educação dos filhos menores, cabendo-lhes ainda, no interesse destes, a obrigação de cumprir e fazer cumprir as determinações judiciais.

Importante ressaltar que a falta ou a carência de recursos materiais não constitui motivo suficiente para a perda ou a suspensão do poder familiar. Assim, inexistindo outro motivo que por si só autorize a decretação da medida, a criança ou o adolescente será mantido em sua família de origem.

> **ATENÇÃO**
>
> - O procedimento **para a** perda ou a suspensão do poder familiar **terá** início por provocação do Ministério Público **ou de quem** tenha legítimo interesse.
> - **É obrigatória a oitiva dos pais sempre que eles forem** identificados **e estiverem em** local conhecido, **ressalvados os casos de não comparecimento perante a Justiça quando devidamente citados**.

3.1 Questões

1. (FCC – TRT 15ª Região) O Estatuto da Criança e do Adolescente (Lei n. 8.069/90) prevê normas relativas ao direito à profissionalização e à proteção no trabalho, entre as quais:

A) ao adolescente empregado, aprendiz, em regime familiar de trabalho, aluno de escola técnica, assistido em entidade governamental ou não governamental, é vedado trabalho noturno, realizado entre as 20 horas de um dia e as 5 horas do dia seguinte.

B) ao adolescente até 16 anos de idade é assegurada bolsa de aprendizagem, após o que, na condição de aprendiz, passa a receber salário.

C) a formação técnico-profissional obedecerá aos seguintes princípios: garantia de acesso e frequência obrigatória ao ensino regular; atividade compatível com o desenvolvimento do adolescente; horário especial para o exercício das atividades.

D) o programa social que tenha por base o trabalho educativo, sob responsabilidade de entidade governamental ou não governamental com fins lucrativos, deverá assegurar ao adolescente que dele participe condições de capacitação para o exercício de atividade regular remunerada.

E) no trabalho educativo o adolescente não pode receber qualquer valor a título de remuneração pelo trabalho efetuado ou pela participação na venda dos produtos de seu trabalho, sob pena de desvirtuamento da finalidade e descaracterização do trabalho educativo.

↳ **Resolução:**

A) *Incorreta*. A vedação ao trabalho noturno de acordo com a Constituição Federal e art. 67, I, do ECA é aquele compreendido das 22h às 5h.

B) *Incorreta*. De acordo com o art. 64 do ECA: "Ao adolescente até quatorze anos de idade é assegurada bolsa de aprendizagem".

C) *Correta*. De acordo com o art. 63 do ECA: "A formação técnico-profissional obedecerá aos seguintes princípios: I – garantia de acesso e frequência obrigatória ao ensino regular; II – atividade compatível com o desenvolvimento do adolescente; III – horário especial para o exercício das atividades".

D) *Incorreta*. De acordo com o art. 68 do ECA deve ser entidade governamental ou não governamental sem fins lucrativos.

E) *Incorreta*. De acordo com o art. 68, § 2º, do ECA: "A remuneração que o adolescente recebe pelo trabalho efetuado ou a participação na venda dos produtos de seu trabalho não desfigura o caráter educativo".

↗ **Gabarito: "C".**

2. **(FGV – TJSC)** O Estatuto da Criança e do Adolescente estabelece ser assegurada, com absoluta prioridade, a efetivação dos direitos da criança e do adolescente. Assim, Oficial da Infância e Juventude orientou os profissionais da saúde de um hospital particular sobre o dever que possuem de respeitar tal princípio, quando do atendimento de crianças e adolescentes na emergência.

A orientação do Oficial da Infância e Juventude, nessa hipótese, está:

A) correta, porque a prioridade compreende a primazia de receber proteção e socorro.

B) incorreta, pois a prioridade compreende a primazia de receber proteção e socorro apenas na rede pública.

C) incorreta, já que a prioridade abrange a precedência de atendimento nos serviços de relevância pública.

D) incorreta, pois inexiste prioridade, quando não há destinação privilegiada de recursos públicos.

E) correta, uma vez que a garantia da prioridade abrange a necessidade de uma intervenção mínima.

↳ **Resolução:**

A) *Correta*. O art. 4º, parágrafo único, do ECA dispõe que a garantia de prioridade compreende: a) primazia de receber proteção e socorro em quaisquer circunstâncias; b) precedência de atendimento nos serviços públicos ou de relevância pública; c) preferência na formulação e na execução das políticas sociais públicas; d) destinação privilegiada de recursos públicos nas áreas relacionadas com a proteção à infância e à juventude.

B) *Incorreta*. É assegurado prioridade de proteção e socorro em quaisquer circunstâncias, seja rede pública ou particular.

C) *Incorreta*. Vide comentários às alternativas "A" e "B".

D) *Incorreta*. Vide comentário às alternativas "A" e "B".

E) *Incorreta*. A intervenção mínima prevista no ECA diz respeito a princípio relacionado a medida de proteção que nos termos do art. 100, VII, do ECA "deve ser exercida exclusivamente pelas autoridades e instituições cuja ação seja indispensável à efetiva promoção dos direitos e à proteção da criança e do adolescente".

↗ **Gabarito: "A".**

3. **(VUNESP – MPE-SP)** Com relação ao direito fundamental de crianças e adolescentes à liberdade, ao respeito e à dignidade, como pessoas em desenvolvimento, previsto nos artigos 15 a 18 do Estatuto da Criança e do Adolescente, é correto afirmar que:

A) a exploração sexual atinge o direito à integridade física, psíquica e moral da criança e do adolescente e assim deve ser entendido como preocupação da família, única responsável pela sua erradicação.

B) compete ao Poder Público, sem intromissão da sociedade civil, velar pela dignidade da criança e do adolescente, pondo-os a salvo de tratamento desumano, violento, aterrorizante, vexatório ou constrangedor.

C) o direito à liberdade se divide em liberdade da pessoa física, liberdade de pensamento, liberdade de expressão coletiva, liberdade de ação profissional e liberdade de conteúdo político, econômico e social.

D) o direito ao respeito se restringe à inviolabilidade da integridade psíquica da criança e do adolescente, como forma de garantir a sua intimidade e privacidade.

E) ao facultar aos adolescentes que tenham entre catorze e dezoito anos de idade o direito a voto, o art. 16, inciso VI, do Estatuto da Criança e do Adolescente busca garantir sua participação na vida familiar e comunitária.

↳ **Resolução:**

A) *Incorreta*. É dever de todos (Poder Público, família e sociedade) e não só da família velar pela dignidade da criança e do adolescente, pondo-os a salvo de qualquer tratamento desumano, violento, aterrorizante, vexatório ou constrangedor (art. 18 do ECA).

B) *Incorreta*. Vide comentário à alternativa "A".

C) *Correta*. De acordo com o art. 16 do ECA.

D) *Incorreta*. O direito ao respeito não se restringe à inviolabilidade da integridade psíquica da criança, pois de acordo com o art. 17 do ECA: "O direito ao respeito consiste na inviolabilidade da integridade física, psíquica e moral da criança e do adolescente, abrangendo a preservação da imagem, da identidade, da autonomia, dos valores, ideias e crenças, dos espaços e objetos pessoais".

E) *Incorreta*. O direito de voto ao adolescente busca garantir a participação na vida política, na forma da lei.

↗ **Gabarito: "C."**

4. TIPOS DE FAMÍLIA E COLOCAÇÃO EM FAMÍLIA SUBSTITUTA

O Estatuto da Criança e Adolescente prevê a existência de 3 tipos de famílias, a saber:

a) **Família natural (art. 25 do ECA):** pais biológicos ou qualquer deles e seus descendentes.

b) **Família extensa ou ampliada (art. 25, parágrafo único, do ECA):** formada por parentes próximos com os quais a criança ou adolescente convive e mantém vínculos de afinidade.

c) **Família substituta (art. 28 do ECA):** quando não houver o exercício do poder familiar ou seu exercício com deficiência.

A colocação em família substituta far-se-á mediante guarda, tutela ou adoção (nacional ou internacional). A criança ou o adolescente será previamente ouvido sempre que possível, sendo obrigatório o seu consentimento em audiência nos casos em que for maior de 12 anos.

▶ **IMPORTANTE**

- **grupos de irmãos:** devem ser colocados na mesma família substituta, ressalvada a **comprovada existência de risco de abuso ou outra situação que justifique plenamente a excepcionalidade de solução diversa**;
- **indígena/remanescente de quilombo:** necessidade de intervenção e oitiva de representantes do órgão federal responsável pela política indigenista e **antropólogos**.

1) Guarda

A guarda é modalidade provisória de colocação em família substituta e ocorre quando há situação provisória e excepcional de afastamento de criança e adolescente do seio familiar, bem como no curso dos processos de concessão de tutela e adoção, podendo, nestes casos, ser deferida, liminar ou incidentalmente, exceto quando houver adoção por estr1angeiros (art. 33, § 1º, do ECA).

> **IMPORTANTE**
>
> Guarda fora dos casos de tutela e adoção: **SITUAÇÃO EXCEPCIONAL** para atender a situações peculiares ou suprir a falta eventual dos pais ou responsáveis, podendo ser deferido o direito de representação para a prática de atos determinados.

QUADRO SINÓTICO SOBRE GUARDA
• não pode ser concedida provisoriamente em procedimento de adoção internacional;
• obriga a prestação de assistência material, moral e educacional à criança ou ao adolescente;
• confere a seu detentor o direito de opor-se a terceiros, inclusive aos pais, mas em regra não concede direito de representação;
• a guarda confere à criança ou ao adolescente a condição de dependente, para todos os fins e efeitos de direito, inclusive previdenciários;
• em regra, não impede o exercício do direito de visitas pelos pais, assim como o dever de prestar alimentos; e
• poderá ser revogada a qualquer tempo, mediante ato judicial fundamentado, ouvido o Ministério Público.

> **ATENÇÃO**
>
> O **dirigente de entidade** que desenvolve programa de **acolhimento institucional é equiparado ao guardião**, para todos os efeitos de direito (art. 92, § 1º, do ECA).

Pelo fato de a guarda ser situação provisória, poderá ser revogada a qualquer tempo, mediante ato judicial fundamentado, ouvido o Ministério Público (art. 35 da Lei n. 8.069/90).

2) Tutela

A tutela será deferida a pessoa de até 18 (dezoito) anos incompletos, nas situações de:

a) falecimento ou ausência dos pais; ou
b) perda ou suspensão do poder familiar.

O deferimento da tutela pressupõe a prévia decretação da perda ou suspensão do poder familiar e implica necessariamente o dever de guarda (assistência material, moral e educacional), bem como garante ao tutor o direito de representação do tutelado.

MODALIDADES DE TUTELA
• testamento ou documento autêntico (art. 1.729 do CC);
• legítima (ausência de nomeação pelos pais): ascendentes e parentes colaterais até o terceiro grau (art. 1.731 do CC);
• dativa (art. 1.732 do CC).

> **ATENÇÃO**
>
> A tutela testamentária é expressamente prevista no ECA e por disposição do art. 37, parágrafo único, será objeto de controle judicial, isto é, somente será deferida a tutela à pessoa indicada na disposição de última vontade, se restar comprovado que a medida é vantajosa ao tutelando e que não existe outra pessoa em melhores condições de assumi-la.

Pelo fato de a tutela consistir em situação definitiva de colocação em família substituta, garantindo ao tutor o direito de representação, a destituição da tutela ocorrerá mediante procedimento específico com observância do contraditório (arts. 38 e 24 da Lei n. 8.069/90).

3) Adoção

A adoção é medida excepcional e irrevogável, à qual se deve recorrer apenas quando esgotados os recursos de manutenção da criança ou do adolescente na família natural (pais biológicos) ou extensa (parentes próximos).

A adoção é ato personalíssimo, razão pela qual é **vedada a adoção por procuração** e em caso de conflito entre direitos e interesses do adotando e de outras pessoas, inclusive seus pais biológicos, **devem prevalecer os direitos e os interesses do adotando**.

REQUISITOS PARA ADOÇÃO	
ADOTANTES	**ADOTANDO (criança ou adolescente)**
• **IDADE:** maiores de 18 anos, independentemente do estado civil; • **DIFERENÇA DE IDADE:** pelo menos 16 anos mais velho do que o adotando; • **NÃO PODE SER ASCENDENTE (AVÓS) e IRMÃOS DO ADOTANDO;** • **ADOÇÃO EM CONJUNTO:** necessidade de casamento ou união estável.	• **IDADE:** no máximo 18 anos até a data do pedido, salvo se já estiver sob a guarda ou tutela dos adotantes; • **CONSENTIMENTO:** obrigatório nos casos de maiores de 12 anos.

A adoção ocorrerá por processo judicial, e de acordo com o art. 47, § 10, do ECA, deverá ser concluída no prazo de 120 dias, prorrogável por uma única vez por igual período mediante decisão judicial fundamentada.

▶ **ATENÇÃO**

- **Adoção constitui-se por** sentença judicial constitutiva, **que será inscrita no registro civil mediante mandado do qual não se fornecerá certidão**.
- **Nenhuma observação sobre a origem do ato poderá constar nas certidões do registro.**
- A adoção depende do consentimento dos pais ou do representante legal **do adotando; o consentimento poderá ser** dispensado nos casos de pais que sejam desconhecidos ou tenham sido destituídos do poder familiar.
- **Os pais podem exercer** o arrependimento **de entrega para adoção no** prazo de 10 dias, contado da data de prolação da sentença de extinção do poder familiar.

Será deferida a adoção para as pessoas inscritas em registros de adoção, podendo, no entanto, ser **deferida adoção em favor de candidato domiciliado no Brasil não cadastrado previamente nos termos desta Lei quando:**

- **se tratar de pedido de adoção unilateral;**
- **for formulada por parente com o qual a criança ou adolescente mantenha vínculos de afinidade e afetividade;**
- oriundo o pedido de quem detém a tutela ou guarda legal de criança maior de 3 (três) anos ou adolescente, desde que o lapso de tempo de convivência comprove a fixação de laços de afinidade e afetividade, e não seja constatada a ocorrência de má-fé.

▶ **ATENÇÃO**

Terão prioridade de tramitação os processos de adoção em que o adotando for criança ou adolescente com deficiência ou com doença crônica.

A adoção será precedida de estágio de convivência com a criança ou o adolescente, no entanto este poderá ser dispensado se o adotando já estiver sob a tutela ou guarda legal do adotante durante tempo suficiente para que seja possível avaliar a conveniência da constituição do vínculo.

PERÍODO DE ESTÁGIO DE CONVIVÊNCIA	
Adoção nacional	Adoção internacional
90 dias, prorrogável por igual período mediante decisão fundamentada.	**Mínimo de 30 dias** e **máximo de 45 dias**, prorrogável por até igual período, uma única vez mediante decisão fundamentada.

> **IMPORTANTE**
>
> **POSSIBILIDADE DE ADOÇÃO CONJUNTA por divorciados e ex-companheiros:**
> - acordo sobre a guarda, não sendo obrigatória a adoção da guarda compartilhada;
> - acordo sobre regime de visitas;
> - estágio de convivência iniciado na constância do período de convivência;
> - comprovar a existência de vínculos de afinidade e afetividade com aquele não detentor da guarda.

> **ATENÇÃO**
>
> - **ADOÇÃO *POST MORTEM* ou NUNCUPATIVA:** é possível a adoção póstuma se o **adotante**, após inequívoca manifestação de vontade, vier a **falecer no curso do procedimento, antes de prolatada a sentença**.
> - **ADOÇÃO UNILATERAL:** quando um dos cônjuges ou concubinos adota o filho do outro, podendo ser deferida a adotante domiciliado no Brasil, independentemente de inscrição no cadastro de adoção.

> **ATENÇÃO**
>
> **ENTREGA DE RECÉM-NASCIDO PARA ADOÇÃO ANTES OU LOGO APÓS O NASCIMENTO:**
> - manifestação de interesse pela gestante ou mãe prestado na Justiça da Infância e da Juventude;
> - necessidade de consentimento de ambos os genitores de entregar o recém-nascido para adoção;
> - busca de família extensa, pelo prazo máximo de 90 (noventa) dias, prorrogável por igual período;
> - decretação de extinção do poder familiar e encaminhamento para adoção quando inexistente representante da família extensiva;
> - os genitores podem se retratar até a data da audiência ou exercer o direito de arrependimento no prazo de 10 dias contado da data de prolação da sentença de extinção do poder familiar;
> - serão cadastrados para adoção recém-nascidos e crianças acolhidas não procuradas por suas famílias no prazo de 30 (trinta) dias, contados a partir do dia do acolhimento.

A adoção atribui a condição de filho ao adotado, com os mesmos direitos e deveres, inclusive sucessórios, **desligando-o de qualquer vínculo com pais e parentes**, salvo os impedimentos matrimoniais.

O adotado tem direito de conhecer sua origem biológica, bem como de obter acesso irrestrito ao processo no qual a medida foi aplicada e seus eventuais incidentes, após completar 18 (dezoito) anos. No entanto, o acesso ao processo de adoção poderá ser também deferido ao **adotado menor de 18 (dezoito) anos, a seu pedido, assegurada orientação e assistência jurídica e psicológica**.

> **IMPORTANTE**
>
> A morte dos adotantes não restabelece o poder familiar dos pais naturais.

4) Adoção internacional

Considera-se adoção internacional aquela na qual o pretendente possui residência habitual em país-parte da Convenção de Haia e deseja adotar criança em outro país-parte da Convenção.

A adoção internacional de criança ou adolescente brasileiro ou domiciliado no Brasil somente terá lugar quando restar comprovado:

- que a colocação em família adotiva é a solução adequada ao caso concreto;
- esgotamento de possibilidade de colocação em família adotiva brasileira;
- consentimento do adotando.

> **ATENÇÃO**
>
> - **Brasileiros residentes no exterior** terão **preferência aos estrangeiros**, nos casos de **adoção internacional** de criança ou adolescente brasileiro.
> - A adoção internacional pressupõe a **intervenção das Autoridades Centrais Estaduais e Federal** em matéria de adoção internacional.
> - Na adoção internacional **não será concedida a guarda provisória**.

De acordo com o art. 47 do ECA, o vínculo da adoção constitui-se por sentença judicial e contra esta decisão é cabível o recurso de apelação, todavia, a **apelação interposta da sentença proferida em processo de adoção nacional tem apenas efeito devolutivo**, e, ausente o efeito suspensivo, já começa a produzir efeitos. Por sua vez, a **apelação interposta de sentença proferida em processo de adoção internacional tem efeito devolutivo e suspensivo automático** nos termos do art. 199-A do ECA.

> **IMPORTANTE**
>
> A sentença proferida no processo de adoção é impugnável por apelação, cujos efeitos do recurso de apelação são:
>
> - **ADOÇÃO NACIONAL:** como regra apenas efeito devolutivo, podendo ser requerido o efeito suspensivo se houver perigo de dano irreparável ou de difícil reparação ao adotando.
> - **ADOÇÃO INTERNACIONAL:** como regra efeito devolutivo e suspensivo automático.

4.1 Questões

1. **(VUNESP – MPE-SP)** Nos termos do disposto no Estatuto da Criança e do Adolescente (ECA) em relação à Família Natural, Substituta, Guarda, Tutela ou Adoção, é correto afirmar que:

A) os filhos havidos fora do casamento poderão ser reconhecidos pelos pais, conjunta ou separadamente, no próprio termo de nascimento, por testamento, mediante escritura ou outro documento público, qualquer que seja a origem da filiação, não podendo tal reconhecimento preceder o nascimento do filho.

B) poderá ser deferida adoção em favor de candidato domiciliado no Brasil não cadastrado previamente nos termos expressos da Lei n. 8.069/90 (ECA) quando for formulada por parente com o qual a criança ou adolescente mantenha vínculos de afinidade e afetividade.

C) a colocação em família substituta far-se-á mediante guarda, tutela ou adoção, independentemente da situação jurídica da criança ou adolescente, nos termos da Lei n. 8.069/90 (ECA), sendo que em se tratando de criança maior de 10 (dez) anos de idade, será necessário seu consentimento, colhido em audiência.

D) salvo expressa e fundamentada determinação em contrário, da autoridade judiciária competente, o deferimento da guarda de criança ou adolescente a terceiros não impede o exercício do direito de visitas pelos pais, afastando apenas o dever de prestar alimentos.

E) o deferimento da tutela pressupõe a prévia decretação da perda ou suspensão do poder familiar e estabelece, salvo decisão expressa da autoridade judiciária, o dever de guarda.

↳ **Resolução:**

A) *Incorreta*. De acordo com o art. 26, parágrafo único, ECA, o reconhecimento do filho pode ocorrer antes do seu nascimento.

B) *Correta.* Art. 50, § 13, II, do ECA.
C) *Incorreta.* O consentimento é obrigatório quando o menor tiver mais que 12 anos, nos termos do art. 28, § 2º do ECA.
D) *Incorreta.* De acordo com o art. 33, § 4º, do ECA, o deferimento de guarda a terceiros não impede o exercício do direito de visitas pelos pais, assim como o dever de prestar alimentos, que serão objeto de regulamentação específica, a pedido do interessado ou do Ministério Público.
E) *Incorreta.* Nos termos do art. 36, parágrafo único do ECA, o dever de guarda na tutela não é exceção, pois a concessão da tutela implica necessariamente o dever de guarda.

↗ **Gabarito: "B".**

2. **(CESPE – TJDFT)** Uma gestante, pretendendo entregar para adoção o seu filho que vai nascer, dirigiu-se ao cartório de registro civil.
Nessa situação hipotética, de acordo com o Estatuto da Criança e do Adolescente, a gestante deverá ser encaminhada para:
A) o Ministério Público local.
B) a justiça da infância e da juventude local.
C) assistente social cadastrado na serventia.
D) o conselho tutelar local.
E) o conselho de direitos da criança e do adolescente local.

↘ **Resolução:**
A) *Incorreta.* De acordo com o art. 19-A do ECA: "A gestante ou mãe que manifeste interesse em entregar seu filho para adoção, antes ou logo após o nascimento, será encaminhada à Justiça da Infância e da Juventude".
B) *Correta.* Vide comentário à alternativa "A".
C) *Incorreta.* Vide comentário à alternativa "A".
D) *Incorreta.* Vide comentário à alternativa "A".
E) *Incorreta.* Vide comentário à alternativa "A".

↗ **Gabarito: "B".**

3. **(VUNESP – MPE-SP)** A colocação da criança e/ou do adolescente em família substituta, nos termos ao artigo 28 do Estatuto da Criança e do Adolescente, é regida pela seguinte premissa:
A) faz-se por procedimento em que o adolescente, maior de 12 (doze) anos, será ouvido por equipe interprofissional, respeitado seu estágio de desenvolvimento e grau de compreensão sobre as implicações da medida, e terá sua opinião considerada, sem exigência de consentimento.
B) na apreciação do pedido, levar-se-á em conta o grau de parentesco e a relação de afinidade ou de afetividade, a fim de evitar ou minorar as consequências decorrentes da medida.
C) faz-se por procedimento em que a criança será ouvida pelo Ministério Público, que reduzirá a termo sua opinião sobre a medida, para utilização em razões recursais, se necessário.
D) seguindo a linha de preocupação com o superior interesse da criança e do adolescente, a capacidade financeira da família substituta será considerada como elemento de principal relevância na análise da necessidade de separação de grupo de irmãos.
E) independentemente da situação jurídica da criança e do adolescente, far-se-á mediante guarda ou adoção.

↘ **Resolução:**
A) *Incorreta.* Nos termos do art. 28, § 2º, do ECA, é necessário o consentimento do maior de 12 anos.
B) *Correta.* Nos termos do art. 28, § 3º, do ECA: "Na apreciação do pedido levar-se-á em conta o grau de parentesco e a relação de afinidade ou de afetividade, a fim de evitar ou minorar as consequências decorrentes da medida".
C) *Incorreta.* De acordo com o art. 28, § 1º, do ECA a criança será sempre que possível ouvida por equipe interprofissional e não pelo Ministério Público.
D) *Incorreta.* Segundo o art. 28, § 4º, do ECA: "Os grupos de irmãos serão colocados sob adoção, tutela ou guarda da mesma família substituta, ressalvada a comprovada existência de risco de abuso ou outra situação que justifique plenamente a excepcionalidade de solução diversa, procurando-se, em qualquer caso, evitar o rompimento definitivo dos vínculos fraternais".
E) *Incorreta.* Nos termos do *caput* do art. 28 do ECA a colocação em família substituta far-se-á mediante guarda, tutela ou adoção.

↗ **Gabarito: "B".**

5. PREVENÇÃO DAS CRIANÇAS E DOS ADOLESCENTES

O Estatuto da Criança e Adolescente traz em seus dispositivos uma política de prevenção do que será comercializado, exposto e destinado às crianças e adolescentes. Em razão da proteção integral da criança e do adolescente ser de toda a sociedade, inclusive do Poder Público, o Estatuto trouxe situações específicas a serem adotas pelo Poder Público por meio dos seus órgãos competentes.

Trata-se de situações que devem ser fiscalizadas a fim de possibilitar a convivência das crianças e dos adolescentes de acordo com seu nível de desenvolvimento em diversões e espetáculos públicos. Sobre essa atividade regulatória, podemos destacar as seguintes:

a) **indicação de classificação etária dos espetáculos e diversões públicas;**

b) **comercialização em embalagem lacrada**, com advertência de seu conteúdo, as revistas e publicações contendo material impróprio ou inadequado a crianças e adolescentes;

c) **proibição de entrada e permanência** de crianças e adolescentes em estabelecimentos que explorem comercialmente bilhar, sinuca ou congênere ou em casas de jogos, assim entendidas as que realizem apostas;

d) **proibição de venda** à criança ou ao adolescente de armas, munições, explosivos, bebidas alcoólicas, bilhetes lotéricos, fogos de artifício etc.;

e) **proibição de hospedagem** de criança ou adolescente em hotel, motel, pensão ou estabelecimento congênere, **salvo se autorizado ou acompanhado pelos pais ou responsável**.

Regulada no capítulo da prevenção especial, de extrema importância a análise a respeito da autorização para viagem, isso porque o Estatuto da Criança e Adolescente prevê regras específicas para os casos de viagem nacional e internacional.

VIAGEM DE CRIANÇA E ADOLESCENTE	
Nacional	**Internacional**
• somente adolescente maior de 16 anos poderá viajar desacompanhado dos pais ou responsável; • **CRIANÇA ou adolescente menor de 16 anos não poderá viajar desacompanhada dos pais**, sem expressa autorização judicial, mas, cuidado: **a autorização judicial não será exigida se:** a) viagem for em comarca contígua ou da mesma região metropolitana da residência da criança; b) a criança estiver acompanhada de ascendente ou colateral maior até o terceiro grau; c) a criança estiver acompanhada de pessoa maior, expressamente autorizada pelo pai, mãe ou responsável.	• **criança e adolescente** necessitam de autorização para viajar, mas cuidado: **a autorização será dispensada se a criança ou o adolescente:** a) estiver acompanhado de **ambos os pais ou responsável**; b) viajar na companhia de **um dos pais, autorizado expressamente pelo outro por meio de documento com firma reconhecida.**

5.1 Questões

1. (FCC – TJGO) O Estatuto da Criança e do Adolescente proíbe, para crianças e adolescentes, de forma expressa:

A) a venda de fogos de artifício de qualquer natureza ou potencial de causar dano físico por utilização indevida.
B) o consumo de bebidas alcoólicas.
C) a venda de bilhetes lotéricos e equivalentes.
D) a venda de tinta em *spray* aerossol ou congênere de difícil remoção.
E) a venda de *videogames* de conteúdo violento ou ofensivo aos costumes.

↳ **Resolução:**

A) *Incorreta*. O art. 81, IV, do ECA autoriza a venda de fogos com reduzido potencial e que sejam incapazes de provocar qualquer dano físico em caso de utilização indevida.
B) *Incorreta*. O art. 81, II, do ECA proíbe a venda de bebidas alcoólicas para crianças e adolescentes e não o consumo.
C) *Correta*. De acordo com o art. 81, VI, do ECA, é proibida a venda de bilhetes lotéricos e equivalentes a crianças e adolescentes.
D) *Incorreta*. Inexiste proibição expressa no ECA.
E) *Incorreta*. Inexiste proibição expressa no ECA.

↗ **Gabarito: "C."**

2. (FGV – TJSC) Fernanda, 17 anos, viaja de ônibus de São Paulo para Balneário Camboriú, na companhia do namorado Flávio, de 18 anos, para passar o carnaval. Quando desceram na rodoviária de destino, ao serem abordados pelo Oficial da Infância e Juventude, informam que a adolescente não possui autorização dos pais e apresentam o voucher do hotel em que irão se hospedar.

De acordo com as normas previstas no Estatuto da Criança e do Adolescente, a situação dos namorados no Balneário Camboriú, quanto à viagem e/ou hospedagem, está:

A) regular, pois é dispensável a autorização dos pais da adolescente para a viagem e a hospedagem.
B) irregular, pois é indispensável a autorização dos pais da adolescente para a viagem e a hospedagem.
C) regular, pois a adolescente está na companhia do namorado, que é maior.
D) irregular, pois a adolescente precisa de autorização dos pais de viagem.
E) irregular, pois a adolescente precisa da autorização dos pais para a hospedagem.

↳ **Resolução:**

A) *Incorreta*. De acordo com o art. 83 do ECA, o adolescente de 16 anos pode viajar desacompanhada dos pais e sem autorização. No entanto, o ECA proíbe a hospedagem de criança ou de adolescente de qualquer idade em hotel, sem a autorização ou acompanhamento dos pais ou responsáveis (art. 82 do ECA).
B) *Incorreta*. Vide comentário à alternativa "A".
C) *Incorreta*. Vide comentário à alternativa "A".
D) *Incorreta*. Vide comentário à alternativa "A".
E) *Correta*. Vide comentário à alternativa "A".

↗ **Gabarito: "E"**.

3. (FGV – TJRJ) Com relação a diversões e espetáculos públicos, é correto afirmar que:

A) as crianças com mais de 7 e menos de 10 anos de idade podem ingressar e permanecer nos locais de apresentação ou exibição, sem seus pais ou responsáveis.
B) hoje não mais se exige que revistas e publicações contendo material impróprio ou inadequado a crianças e adolescentes sejam comercializadas em embalagem lacrada, com a advertência de seu conteúdo.
C) é permitida a presença de adolescentes, acima de 16 anos, em estabelecimentos que ofereçam jogos de bilhar ou sinuca.
D) o Poder Público, através do órgão competente, regulará as diversões e espetáculos públicos, informando sobre a natureza deles, as faixas etárias a que não se recomendem, locais e horários em que sua apresentação se mostre inadequada.
E) os responsáveis pelas diversões e espetáculos públicos deverão afixar, em lugar visível e de fácil acesso, à entrada do local, informação destacada sobre a natureza do espetáculo, dispensada a referência à faixa etária, que se constitui em verdadeira censura.

↘ **Resolução:**

A) *Incorreta.* De acordo com o art. 75, parágrafo único, do ECA: "As crianças menores de dez anos somente poderão ingressar e permanecer nos locais de apresentação ou exibição quando acompanhadas dos pais ou responsável".
B) *Incorreta.* Nos termos do art. 78 do ECA, as revistas e publicações com material impróprio e inadequado para crianças e adolescentes deverão ser comercializadas em embalagem lacrada, com a advertência de seu conteúdo.
C) *Incorreta.* O art. 80 veda o ingresso e permanência de crianças e adolescentes de qualquer idade em estabelecimentos que ofereçam jogos de bilhar ou sinuca.
D) *Correta.* De acordo com o art. 74 do ECA: "O Poder Público, através do órgão competente, regulará as diversões e espetáculos públicos, informando sobre a natureza deles, as faixas etárias a que não se recomendem, locais e horários em que sua apresentação se mostre inadequada".
E) *Incorreta.* Nos termos do art. 74, parágrafo único, do ECA, deverá ser informada também a referência à faixa etária a que se destinam as diversões e espetáculos públicos.

↗ **Gabarito: "D".**

4. **(FGV – TJRJ)** Richard, americano, pretende embarcar para a Disney com Bianca, sua prima brasileira de 15 anos de idade. A viagem é presente de aniversário. Richard está de passagem pelo Brasil e é domiciliado nos EUA. Chamado para esclarecer dúvidas de Richard, o comissário de plantão no aeroporto orienta que a viagem poderá ser realizada:

A) se houver autorização de um dos genitores de Bianca, com firma reconhecida.
B) se houver autorização de ambos os genitores de Bianca, com firmas reconhecidas.
C) se for comprovado que Richard é parente colateral de Bianca.
D) se houver autorização de ambos os genitores de Bianca, com firmas reconhecidas, mais a prova do alegado parentesco.
E) somente através de autorização judicial.

↘ **Resolução:**

A) *Incorreta.* De acordo com o art. 85 do ECA: "Sem prévia e expressa autorização judicial, nenhuma criança ou adolescente nascido em território nacional poderá sair do País em companhia de estrangeiro residente ou domiciliado no exterior".
B) *Incorreta.* Vide comentário à alternativa "A".
C) *Incorreta.* Vide comentário à alternativa "A".
D) *Incorreta.* Vide comentário à alternativa "A".
E) *Correta.* Por Richard ser estrangeiro (americano) domiciliado no exterior (EUA).

↗ **Gabarito: "E".**

6. MEDIDAS DE PROTEÇÃO

As medidas de proteção serão aplicadas quando houver uma situação de risco, isto é, quando existir uma ameaça ou violação de direito previsto no Estatuto em razão de:

a) **ação ou omissão da sociedade ou do Estado;**
b) **falta, omissão ou abuso dos pais ou responsável;**

Também poderá ser aplicada medida de proteção em razão de **conduta da criança ou adolescente**.

A competência para aplicação de medida de proteção será determinada pelo domicílio dos pais ou responsável ou pelo lugar onde se encontre a criança ou adolescente, à falta dos pais ou responsável.

Ressalte-se que na aplicação das medidas levar-se-ão em conta as necessidades pedagógicas, preferindo-se aquelas que visem ao fortalecimento dos vínculos familiares e comunitários, bem como deverão ser respeitados os seguintes princípios que regem a aplicação das medidas:

- condição da criança e do adolescente como sujeitos de direitos;
- proteção integral e prioritária das crianças e dos adolescentes;
- responsabilidade primária e solidária do Poder Público;
- interesse superior da criança e do adolescente;
- privacidade;
- intervenção precoce, mínima e atual;

- responsabilidade parental;
- prevalência da família;
- obrigatoriedade da informação;
- oitiva obrigatória e participação da criança e do adolescente.

Várias são as medidas de proteção, e, por disposição legal, **poderão ser aplicadas isolada ou cumulativamente, bem como substituídas a qualquer tempo (art. 99 do ECA)**. O art. 101 do ECA traz um rol exemplificativo de medidas, a saber:

- encaminhamento aos pais ou responsável, mediante termo de responsabilidade;
- matrícula e frequência obrigatórias em estabelecimento oficial de ensino fundamental;
- inclusão em serviços e programas oficiais ou comunitários de proteção, apoio e promoção da família, da criança e do adolescente;
- requisição de tratamento médico, psicológico ou psiquiátrico, em regime hospitalar ou ambulatorial;
- inclusão em programa oficial ou comunitário de auxílio, orientação e tratamento a alcoólatras e toxicômanos;
- acolhimento institucional;
- inclusão em programa de acolhimento familiar;
- colocação em família substituta.

> **IMPORTANTE**
>
> **ACOLHIMENTO INSTITUCIONAL E ACOLHIMENTO FAMILIAR:**
> - medida provisória e excepcional;
> - forma de transição para reintegração familiar ou colocação em família substituta;
> - não implica privação de liberdade;
> - necessidade de guia de acolhimento, expedida pela autoridade judiciária, para encaminhamento para acolhimento institucional;
> - deverá ocorrer no local mais próximo à residência dos pais ou do responsável.

> **ATENÇÃO**
>
> Em caráter excepcional e de urgência, pessoa diversa da autoridade judiciária poderá encaminhar criança ou adolescente para acolhimento institucional (art. 93 do ECA), cabendo ao dirigente da instituição acolhedora comunicar o fato em até 24 (vinte e quatro) horas ao Juiz da Infância e da Juventude, sob pena de responsabilidade.

No que diz respeito à competência para aplicação da medida de proteção, o Estatuto da Criança e Adolescente inclui como atribuições do Conselho Tutelar a aplicação de medida de proteção (art. 136, I, do ECA). Além do Conselho Tutelar, a autoridade judiciária é competente para aplicação de medida protetiva. No entanto, nos termos do que dispõe o art. 101, § 2º, do ECA, as medidas protetivas que geram o afastamento da criança e adolescente do seio familiar são de competência exclusiva da autoridade judiciária.

6.1 Questões

1. (CESPE – TJDFT) À luz do disposto no Estatuto da Criança e do Adolescente, é correto afirmar que o acolhimento familiar é uma medida de proteção:

A) irrevogável, utilizada como medida para posterior colocação em família substituta.

B) provisória e excepcional, utilizada como forma de transição para reintegração familiar ou colocação em família substituta.

C) irrevogável e excepcional, que atribui à criança acolhida a condição de filho.

D) irrevogável, que atribui à criança acolhida a condição de dependente.

E) provisória, utilizada como forma de adaptação da criança à família para posterior adoção.

↘ **Resolução:**

A) *Incorreta*. De acordo com o art. 101, § 1º, do ECA: "O acolhimento institucional e o acolhimento familiar são medidas provisórias e ex-

cepcionais, utilizáveis como forma de transição para reintegração familiar ou, não sendo esta possível, para colocação em família substituta, não implicando privação de liberdade".
B) *Correta.* Vide comentário à alternativa "A".
C) *Incorreta.* Vide comentário à alternativa "A".
D) *Incorreta.* Vide comentário à alternativa "A".
E) *Incorreta.* Vide comentário à alternativa "A".

↗ **Gabarito: "B".**

2. **(FCC – Câmara Legislativa do Distrito Federal)** De acordo com o que dispõe a Lei n. 8.069/90, são medidas de proteção à criança e ao adolescente, a eles aplicáveis sempre que os direitos reconhecidos no Estatuto da Criança e do Adolescente lhes forem ameaçados ou violados:
A) acolhimento institucional; semiliberdade e internação.
B) encaminhamento aos pais ou responsável, mediante termo de responsabilidade; liberdade assistida e advertência.
C) orientação, apoio e acompanhamento temporários; prestação de serviços à comunidade e advertência.
D) acolhimento institucional; orientação, apoio e acompanhamento temporários e colocação em família substituta.
E) advertência; liberdade assistida e obrigação de reparar o dano.

↘ **Resolução:**
A) *Incorreta.* Semiliberdade e internação são medidas socioeducativas.
B) *Incorreta.* Encaminhamento aos pais ou responsável, liberdade assistida e advertência são medidas socioeducativas.
C) *Incorreta.* Prestação de serviços à comunidade e advertência são medidas socioeducativas.
D) *Correta.* Acolhimento institucional, orientação, apoio e colocação em família substituta são espécies de medidas de proteção, nos termos do art. 101 do ECA.
E) *Incorreta.* Advertência, liberdade assistida e obrigação de reparar o dano são medidas socioeducativas, nos termos do art. 112 do ECA.

↗ **Gabarito: "D".**

3. **(FGV – DPE-RO)** A responsabilidade pela plena efetivação dos direitos assegurados a crianças e adolescentes previstos nas leis e na Constituição Federal é:
A) primária e solidária da União, estado e município.
B) exclusivamente do Estado membro da federação.
C) primária do município e subsidiária do estado.
D) primária e solidária do estado e da União, respondendo o município subsidiariamente.
E) primária e solidária do estado e do município, respondendo a União subsidiariamente.

↘ **Resolução:**
A) *Correta.* De acordo com o art. 100, III, do ECA, é princípio que rege a aplicação das medidas de proteção a responsabilidade primária e solidária das 3 esferas de governo.
B) *Incorreta.* Vide comentário à alternativa "A".
C) *Incorreta.* Vide comentário à alternativa "A".
D) *Incorreta.* Vide comentário à alternativa "A".
E) *Incorreta.* Vide comentário à alternativa "A".

↗ **Gabarito: "A".**

7. CONSELHO TUTELAR

O Conselho Tutelar é órgão permanente e autônomo, não jurisdicional, integrante da administração pública local, encarregado pela sociedade de zelar pelo cumprimento dos direitos da criança e do adolescente. O Conselho Tutelar é composto por membros da sociedade, eleitos pela população local de cada município para mandato de quatro anos, permitida recondução por novos processos de escolha.

▶ **ATENÇÃO**

CONSELHO TUTELAR:
• órgão autônomo e não jurisdicional;
• encarregado de zelar pelo cumprimento dos direitos da criança e do adolescente;
• promove a execução de suas decisões.

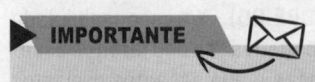

> **IMPORTANTE**
>
> **ATRIBUIÇÕES DO CONSELHO TUTELAR:**
> - atender as crianças e os adolescentes que necessitam de aplicação de medida de proteção;
> - pode aplicar todas as medidas de proteção, **exceto aquelas que geram o afastamento da criança e adolescente do seio familiar**;
> - representar ao Ministério Público para efeito das ações de perda ou suspensão do poder familiar, após esgotadas as possibilidades de manutenção da criança ou do adolescente junto à família natural;
> - promover e incentivar, na comunidade e nos grupos profissionais, ações de divulgação e treinamento para o reconhecimento de sintomas de maus-tratos em crianças e adolescentes;
> - se, no exercício de suas atribuições, o Conselho Tutelar entender necessário o afastamento do convívio familiar, comunicará *incontinenti* o fato ao Ministério Público, prestando-lhe informações sobre os motivos de tal entendimento e as providências tomadas para a orientação, o apoio e a promoção social da família.

As decisões do Conselho Tutelar somente poderão ser revistas pela autoridade judiciária a pedido de quem tenha legítimo interesse.

7.1 Questões

1. (CESPE – MPE-PI) O professor de uma escola suspeitou, durante a aula, de que um de seus alunos, de doze anos de idade, estava sendo vítima de maus-tratos.

Nesse caso, o ECA determina que o caso seja obrigatoriamente reportado:

A) ao Ministério Público.
B) ao conselho tutelar.
C) ao juízo da infância e da juventude.
D) à autoridade policial mais próxima.
E) ao centro especializado de assistência social mais próximo.

↳ **Resolução:**

A) *Incorreta.* Nos termos do art. 13 do ECA: "Os casos de suspeita ou confirmação de castigo físico, de tratamento cruel ou degradante e de maus-tratos contra criança ou adolescente serão obrigatoriamente comunicados ao Conselho Tutelar da respectiva localidade, sem prejuízo de outras providências legais".
B) *Correta.* De acordo com o art. 13 do ECA.
C) *Incorreta.* Vide comentário à alternativa "A".
D) *Incorreta.* Vide comentário à alternativa "A".
E) *Incorreta.* Vide comentário à alternativa "A".

↗ **Gabarito: "B".**

2. (VUNESP – MPE-SP) Em relação ao Conselho Tutelar, nos termos previstos no Estatuto da Criança e do Adolescente, assinale a alternativa correta.

A) As decisões do Conselho Tutelar somente poderão ser revistas pela autoridade judiciária ou pelo representante do Ministério Público a pedido de quem tenha legítimo interesse.
B) Em cada Município e em cada Região Administrativa do Distrito Federal haverá, no mínimo, 1 (um) Conselho Tutelar como órgão integrante da Administração Pública local, composto de 5 (cinco) membros, escolhidos pela população local para mandato de 3 (três) anos, permitida 1 (uma) recondução mediante novo processo de escolha.
C) A aplicação das medidas de proteção pelo Conselho Tutelar devem ser precedidas de manifestação do representante do Ministério Público.
D) Pode se candidatar a membro do Conselho Tutelar, atendidos os demais requisitos legais, qualquer pessoa com idade superior a 18 anos.
E) A competência do Conselho Tutelar será determinada pelo domicílio dos pais ou responsável ou pelo lugar onde se encontre a criança ou adolescente, à falta dos pais ou responsável. Nos casos de ato infracional, será competente a autoridade do lugar da ação ou omissão, observadas as regras de conexão, continência e prevenção.

↳ **Resolução:**

A) *Incorreta.* De acordo com o art. 137 do ECA, somente a autoridade judiciária poderá rever as decisões do Conselho Tutelar.

B) *Incorreta.* Não há limite para recondução nos termos do art. 132 do ECA.
C) *Incorreta.* De acordo com o art. 136, I, do ECA, o Conselho Tutelar tem como atribuição a aplicação de medida de proteção, independentemente de manifestação do MP.
D) *Incorreta.* Segundo o art. 133 do ECA, para a candidatura a membro do Conselho Tutelar serão exigidos os seguintes requisitos: reconhecida idoneidade moral, idade superior a 21 anos e residir no município.
E) *Correta.* De acordo com o art. 147 do ECA.

↗ **Gabarito: "E".**

8. PRÁTICA E APURAÇÃO DE ATO INFRACIONAL

Segundo o ECA, ato infracional é a conduta descrita em lei como crime ou contravenção penal que se praticada por criança ou adolescente dá origem a um tratamento diferenciado.

A prática de ato infracional pelo adolescente tem por consequência a aplicação de medida socioeducativa. Por sua vez, se o ato infracional for praticado por criança, será aplicada medida de proteção. Reafirmando o comando constitucional (art. 228 da CF), o ECA, em seu art. 104, dispõe que os menores de 18 anos são penalmente inimputáveis, assim, sujeitos às medidas previstas no Estatuto e não no Código Penal, razão pela qual a eles são aplicadas as medidas socioeducativas.

> **IMPORTANTE**
>
> **PRÁTICA DE ATO INFRACIONAL**
> CRIANÇA: aplicação somente de medida de proteção.
> ADOLESCENTE: aplicação de medida socioeducativa e/ou de proteção.

A competência para apuração de ato infracional será do lugar da ação ou omissão, observadas as regras de conexão, continência e prevenção. Por sua vez, a execução das medidas poderá ser delegada à autoridade competente da residência dos pais ou responsável, ou do local onde sediar-se a entidade que abrigar a criança ou adolescente.

> **ATENÇÃO**
>
> A idade a ser observada para apuração do ato infracional é a que o adolescente tinha na data do fato.

Apuração de ato infracional cometido por adolescente

Praticado o ato infracional pelo adolescente, o ECA estabelece uma série de direitos a serem respeitados, dentre os quais se destacam:

• direito de não ter sua liberdade privada: medida excepcional admitida somente em caso de ato infracional em flagrante ou por ordem judicial;
• direito de identificação dos responsáveis por sua apreensão;
• direito a comunicação de sua apreensão ao juiz, família ou pessoa indicada;
• direito de não ser identificado compulsoriamente em caso de dúvida;
• direito de não ser transportado em compartimento fechado de veículo policial;
• direito de permanecer provisoriamente internado (antes da sentença) pelo prazo máximo de 45 dias.

Além dos direitos elencados acima, o adolescente infrator tem garantias processuais previstas no ECA, dentre as quais se destacam:

• devido processo legal: em reafirmação ao já assegurado na Constituição Federal, ao adolescente infrator são garantidos pelo ECA o contraditório, a ampla defesa etc.

> **ATENÇÃO**
>
> **Dispõe a Súmula 342 do STJ:** "No procedimento para aplicação de medida socioeducativa, é nula a desistência de outras provas em face da confissão do adolescente".

- formalização da acusação, por citação ou outro meio equivalente;
- possibilidade de confrontação com as vítimas e testemunhas, de modo a permitir a produção de provas necessárias à sua defesa;
- defesa técnica por advogado;
- aos necessitados, assistência judiciária completa e gratuita;
- direito de ser ouvido pessoalmente;
- direito de solicitar a presença de seus pais ou responsável.

O adolescente apreendido em flagrante por cometer ato infracional será, desde logo, encaminhado à autoridade policial competente para a tomada das seguintes providências:

ATO INFRACIONAL	
Sem violência ou grave ameaça	Com violência e grave ameaça
• em regra boletim de ocorrência circunstanciada.	• lavratura de auto de apreensão; • oitiva de testemunhas e do adolescente; • requisição de exames ou perícias necessárias à comprovação da materialidade e autoria da infração.

Importante ressaltar que, se os pais ou responsável do adolescente comparecerem na delegacia, o adolescente será prontamente liberado pela autoridade policial, sob termo de compromisso e responsabilidade de sua apresentação ao representante do Ministério Público, **exceto nos casos de o adolescente permanecer sob internação**.

Sendo caso de excepcional internação, a autoridade policial encaminhará, desde logo, o adolescente ao representante do Ministério Público, juntamente com cópia do auto de apreensão ou boletim de ocorrência. Apresentado o adolescente, as medidas a serem tomadas são as seguintes:

ADOLESCENTE APRESENTADO AO MP
• oitiva informal do adolescente; • oitiva dos pais ou responsável; • oitiva da vítima ou testemunha.

ADOLESCENTE APRESENTADO AO MP
MP tem três opções: • promover o arquivamento dos autos; • conceder a remissão; • representar à autoridade judiciária para aplicação de medida socioeducativa.

Nos casos de arquivamento e remissão, os autos são encaminhados ao juiz para homologação; todavia, se este discordar da homologação, encaminhará os autos ao Procurador-Geral de Justiça e este poderá tomar duas providências:

a) oferecer representação por meio de outro membro do Ministério Público;
b) ratificar o arquivamento ou a remissão, obrigando nesse caso o juiz a realizar a homologação.

Não sendo caso de arquivamento ou remissão, o Ministério Público oferecerá representação à autoridade judiciária, propondo a instauração de procedimento para aplicação de medida socioeducativa.

> **ATENÇÃO**
>
> Nenhum adolescente a quem se atribua a prática de ato infracional, ainda que ausente ou foragido, será processado sem defensor.
> **AUSÊNCIA DE DEFENSOR: será nomeado pelo juiz, ressalvado o direito de, a todo tempo, constituir outro de sua preferência.**

A remissão será concedida pelo Ministério Público como forma de exclusão do processo. Concedida a remissão pelo MP, não haverá procedimento judicial.

> **IMPORTANTE**
>
> A concessão de remissão **no curso do processo é concedida pela autoridade judiciária** e importará na suspensão ou extinção do processo. Já a **remissão concedida pelo Ministério Público é realizada antes do início do processo**.

> **ATENÇÃO**
>
> **EFEITOS DA REMISSÃO**
> - não implica necessariamente o reconhecimento ou a comprovação da responsabilidade;
> - não prevalece para efeito de antecedentes;
> - pode incluir eventualmente a aplicação de medida de proteção ou socioeducativa, exceto a colocação em regime de semiliberdade e a internação;
> - pode ser revista judicialmente, a qualquer tempo, mediante pedido expresso do adolescente ou de seu representante legal, ou do Ministério Público.

8.1 Questões

1. **(VUNESP – MPE-SP)** Assinale a alternativa correta no que se refere à apuração de ato infracional, nos termos do Estatuto da Criança e do Adolescente:

A) A remissão, como forma de extinção ou suspensão do processo, poderá ser concedida pelo representante do Ministério Público, em qualquer fase do procedimento, antes da sentença.

B) O advogado constituído ou o defensor nomeado no procedimento de apuração de ato infracional, no prazo de cinco dias, contado da audiência de apresentação, oferecerá defesa prévia e rol de testemunhas.

C) Se o adolescente, devidamente notificado, não comparecer injustificadamente à audiência de apresentação, a autoridade judiciária designará nova data, sendo vedada sua condução coercitiva.

D) A representação oferecida pelo Representante do Ministério Público à autoridade judiciária propondo a instauração de procedimento para aplicação da medida socioeducativa que se afigurar a mais adequada independe de prova pré-constituída da autoria e materialidade.

E) A intimação da sentença que aplicar medida de internação ou regime de semiliberdade será feita unicamente na pessoa do defensor.

↘ **Resolução:**

A) *Incorreta*. A remissão concedida pelo MP, antes do início do processo, é forma de exclusão do processo e não extinção ou suspensão (art. 188 do ECA).

B) *Incorreta*. Nos termos do art. 186, § 3º, do ECA, o prazo para oferecimento de defesa é de 3 dias.

C) *Incorreta*. Segundo o art. 187 do ECA, a falta de comparecimento do adolescente notificado autoriza condução coercitiva.

D) *Correta*. De acordo com o art. 182, § 2º, do ECA: "A representação independe de prova pré-constituída da autoria e materialidade".

E) *Incorreta*. Nos termos do art. 190, I e II, do ECA, a intimação da sentença que aplicar medida de internação ou regime de semiliberdade será feita ao adolescente e ao seu defensor e quando não for encontrado o adolescente, a seus pais ou responsável, sem prejuízo do defensor.

↗ **Gabarito: "D".**

2. (FCC – Câmara Legislativa do Distrito Federal) Segundo previsão do Estatuto da Criança e do Adolescente, em caso de flagrante de ato infracional cometido mediante violência ou grave ameaça à pessoa, a autoridade policial:

A) está dispensada da lavratura do auto de apreensão em flagrante, caso o ato infracional não seja cometido com violência ou grave ameaça à pessoa, substituindo-o por boletim de ocorrência circunstanciada.

B) deverá lavrar auto de apreensão em flagrante qualquer que seja a natureza do ato infracional.

C) deverá registrar boletim de ocorrência circunstanciada qualquer que seja a natureza do ato infracional.

D) deverá lavrar auto de prisão em flagrante delito.

E) está dispensada da lavratura de auto de prisão em flagrante, bem como do registro de boletim de ocorrência circunstanciado, caso a Polícia Militar, no atendimento da ocorrência, tenha registrado o fato e identificado seu autor em instrumento próprio.

↳ **Resolução:**

A) *Incorreta.* De acordo com o art. 173, parágrafo único, do ECA, é discricionariedade da autoridade policial lavrar auto de apreensão ou substituí-lo por boletim de ocorrência nos casos de ato infracional que não seja cometido com violência ou grave ameaça. Por ser conduta discricionária, poderá a autoridade lavrar auto de apreensão, mesmo de ato infracional cometido mediante violência ou grave ameaça.

B) *Correta.* De acordo com o art. 173, I, do ECA, em caso de flagrante de ato infracional cometido mediante violência ou grave ameaça a pessoa será lavrado auto de apreensão.

C) *Incorreta.* Nos casos de flagrante de ato infracional cometido mediante violência ou grave ameaça a pessoa é obrigatória a lavratura de auto de apreensão (art. 173, I, do ECA).

D) *Incorreta.* Não é auto de prisão e sim auto de apreensão.

E) *Incorreta.* Vide comentário à alternativa "D".

↗ **Gabarito: "B".**

3. (FGV – MPE-RJ) Pablo, adolescente de 15 (quinze) anos, subtraiu para si uma bolsa contendo documentos pessoais, aparelho de telefone celular e dinheiro em espécie da idosa Joana, em via pública, no Centro do Rio de Janeiro, mediante grave ameaça pelo emprego de arma de fogo e violência consistente em uma coronhada na cabeça da vítima. Policiais Militares foram alertados e, após diligência que durou uma hora, encontraram o menor com os objetos da vítima e com a arma de fogo. O menor foi levado à delegacia, onde foram adotadas as medidas de praxe, inclusive sendo juntado documento informando que o adolescente já cometera outros três atos ilícitos nas mesmas circunstâncias. Ao receber o procedimento e cumpridas as formalidades legais, o Promotor de Justiça da Infância e Juventude deverá:

A) oferecer denúncia em face de Pablo e requerer sua prisão preventiva.

B) oferecer denúncia em face de Pablo e requerer o relaxamento de sua prisão em flagrante.

C) oferecer representação pela prática de ato infracional em face de Pablo e requerer sua prisão preventiva.

D) oferecer representação pela prática de ato infracional em face de Pablo e requerer sua internação provisória.

E) conceder remissão a Pablo e determinar seu encaminhamento para cumprimento de medida protetiva.

↳ **Resolução:**

A) *Incorreta.* Adolescente não é preso e sim apreendido e o MP em caso de ato infracional deve oferecer representação e não denúncia (art. 182 do ECA).

B) *Incorreta.* Vide comentário à alternativa "A".

C) *Incorreta.* Vide comentários à alternativa "A".

D) *Correta.* De acordo com o art. 182 do ECA: "Se, por qualquer razão, o representante do Ministério Público não promover o arquivamento ou conceder a remissão, oferecerá representação à autoridade judiciária, propondo a instauração de procedimento para aplicação da medida socioeducativa que se afigurar a mais adequada".

E) *Incorreta.* Por se tratar de ato infracional mediante grave ameaça, nos termos do art. 122, I, do ECA deverá ser aplicada medida socioeducativa e não protetiva.

↗ **Gabarito: "D".**

9. MEDIDAS SOCIOEDUCATIVAS

A consequência da realização do ato infracional pelo adolescente implica a adoção de medida socioeducativa, bem como medidas de proteção, caso seja necessário. As medidas socioeducativas poderão ser aplicadas isolada ou cumulativamente, bem como substituídas a qualquer tempo, nos termos dos arts. 113 e 99 do ECA.

São medidas socioeducativas:

- advertência;
- obrigação de reparar o dano;
- prestação de serviços à comunidade;
- liberdade assistida;
- inserção em regime de semiliberdade;
- internação em estabelecimento educacional.

a) **Advertência:** consiste na admoestação verbal, reduzida a termo e assinada, aplicável aos atos infracionais mais leves.

b) **Obrigação de reparar o dano:** aplicada aos atos infracionais praticados com reflexos patrimoniais. Deverá ocorrer a restituição da coisa, ressarcimento ou compensação do dano. Havendo impossibilidade de reparação do dano, a obrigação poderá ser substituída.

c) **Prestação de serviços à comunidade:** realização de tarefas gratuitas não superior ao prazo de seis meses em entidades assistenciais, hospitais, escolas etc. Jornada máxima de oito horas semanais, podendo ser realizadas aos sábados, domingos e feriados ou em dias úteis, de modo a não prejudicar a frequência à escola ou à jornada normal de trabalho.

d) **Liberdade assistida:** acompanhamento, auxílio e orientação do adolescente por pessoa capacitada designada para esse fim. A liberdade assistida será fixada pelo prazo mínimo de seis meses, podendo a qualquer tempo ser prorrogada, revogada ou substituída por outra medida. São encargos do orientador: promoção social do adolescente e sua família; acompanhar a educação formal do adolescente, inclusive matriculando-o em instituição de ensino; buscar a inserção do adolescente no mercado de trabalho, promovendo sua educação profissionalizante; e apresentar relatório do caso.

e) **Inserção em regime de semiliberdade:** são duas as hipóteses de sua decretação, desde o início, ou como forma de transição para o meio aberto. Esta medida dispensa autorização judicial para realização de atividades externas, sendo obrigatórias a escolarização e a profissionalização. Nesta medida não há prazo determinado, e aplicam-se a ela, no que couber, as disposições relativas à internação. Sua especificação é disposta no art. 120 do ECA.

f) **Internação em estabelecimento educacional:** é a mais gravosa de todas as medidas; suas principais características são a brevidade, a excepcionalidade e o respeito à condição peculiar do adolescente em desenvolvimento. A internação não tem prazo determinado, mas **deve ser reavaliada a cada seis meses, no máximo. A medida não poderá ultrapassar o prazo de três anos**; terminado esse prazo, o adolescente é liberado, colocado em semiliberdade ou liberdade assistida. A medida pode ser aplicada após os 18 anos, ocorrendo a **liberdade compulsória aos 21 anos**. Para que haja desinternação, há a necessidade de autorização judicial, que será concedida após o MP ser ouvido. A internação permite que o adolescente realize atividades externas. Determinações judiciais sobre a internação poderão ser revistas a qualquer tempo pela autoridade judiciária.

> **ATENÇÃO**
>
> Em razão da excepcionalidade da medida, a internação será aplicada em três hipóteses:
> - ato infracional praticado com grave ameaça ou violência;
> - reiteração de atos infracionais graves;
> - descumprimento injustificado e reiterado de medida imposta anteriormente.

> **IMPORTANTE**
>
> - **Prazo máximo de internação:** três anos (regra) ou três meses (casos de descumprimento de medida anteriormente imposta).
> - **Reavaliação da medida de internação:** no máximo a cada seis meses.
> - **Liberdade compulsória:** 21 anos.

O **primeiro ato infracional, ainda que grave** (como o tráfico de drogas), mas sem o uso de violência ou grave ameaça, **não autoriza a aplicação de internação**.

Dispõe a Súmula 492 do STJ: "O ato infracional análogo ao tráfico de drogas, por si só, não conduz obrigatoriamente à imposição de medida socioeducativa de internação do adolescente".

São direitos dos adolescentes internados:

- entrevistar-se pessoalmente com o representante do Ministério Público;
- peticionar diretamente a qualquer autoridade;
- avistar-se reservadamente com seu defensor;
- ser informado de sua situação processual, sempre que solicitada;
- ser tratado com respeito e dignidade;
- permanecer internado na mesma localidade ou naquela mais próxima ao domicílio de seus pais ou responsável;
- receber visitas, ao menos semanalmente;
- corresponder-se com seus familiares e amigos etc.

9.1 Questões

1. **(CESPE – MPE-PI)** De acordo com o ECA, após a verificação da prática de ato infracional por um adolescente, o juiz deverá considerar para aplicar medida socioeducativa, além das circunstâncias da infração:

A) a personalidade do adolescente e a gravidade da infração.

B) os motivos da conduta praticada pelo adolescente e a gravidade da infração.

C) somente a gravidade da infração.

D) a capacidade do adolescente de cumprir a medida e a gravidade da infração.

E) somente a capacidade de discernimento do adolescente.

↳ **Resolução:**

A) *Incorreta.* De acordo com o art. 112, § 1º, do ECA, após a verificação da prática do ato infracional o juiz deverá levar em conta a capacidade do adolescente cumprir a medida, as circunstâncias e a gravidade da infração.

B) *Incorreta.* Vide comentário à alternativa "A".

C) *Incorreta.* Vide comentário à alternativa "A".

D) *Correta.* Segundo o art. 112, § 1º, do ECA: "A medida aplicada ao adolescente levará em conta a sua capacidade de cumpri-la, as circunstâncias e a gravidade da infração".

E) *Incorreta.* Vide comentário à alternativa "A".

↗ **Gabarito: "D".**

2. **(CESPE – IFF)** Criança que cometer ato infracional estará sujeita a:

A) liberdade assistida.

B) obrigação de reparar o dano.

C) prestação de serviços à comunidade.

D) inserção em regime de semiliberdade.

E) orientação, apoio e acompanhamento temporários.

↳ **Resolução:**

A) *Incorreta.* Liberdade assistida é medida socioeducativa e criança que pratica ato infracional está sujeita a aplicação de medida de proteção (art. 105 do ECA).

B) *Incorreta.* Obrigação de reparar o dano é medida socioeducativa e criança que pratica ato infracional está sujeita a aplicação de medida de

proteção (art. 105 do ECA).
C) *Incorreta*. Prestação de serviços à comunidade é medida socioeducativa e criança que pratica ato infracional está sujeita a aplicação de medida de proteção (art. 105 do ECA).
D) *Incorreta*. Inserção em regime de semiliberdade é medida socioeducativa e criança que pratica ato infracional está sujeita a aplicação de medida de proteção (art. 105 do ECA).
E) *Correta*. De acordo com o art. 101, II, do ECA, são exemplos de medidas de proteção: orientação, apoio e acompanhamento temporários.

↗ **Gabarito: "E".**

3. **(FEPESE – DPE-SC)** Qual o prazo mínimo em que deverá ser fixada a medida de liberdade assistida?
A) 10 dias.
B) 30 dias.
C) 45 dias.
D) 90 dias.
E) 6 meses.

↘ **Resolução:**
A) *Incorreta*. De acordo com o art. 118, § 2º, do ECA, o prazo mínimo é de 6 meses.
B) *Incorreta*. Vide comentário à alternativa "A".
C) *Incorreta*. Vide comentário à alternativa "A".
D) *Incorreta*. Vide comentário à alternativa "A".
E) *Correta*. Segundo o art. 118, § 2º, do ECA: "A liberdade assistida será fixada pelo prazo mínimo de seis meses, podendo a qualquer tempo ser prorrogada, revogada ou substituída por outra medida, ouvido o orientador, o Ministério Público e o defensor".

↗ **Gabarito: "E".**

10. CRIMES E INFRAÇÕES ADMINISTRATIVAS

Os crimes cometidos contra a criança e o adolescente, seja por ação ou omissão, são de ação pública incondicionada, aplicando-se a eles as normas da Parte Geral do Código Penal e, quanto ao processo, as pertinentes ao Código de Processo Penal. Abaixo, os crimes previstos no ECA.

▶ **ATENÇÃO**

Os crimes previstos no ECA são aqueles praticados **CONTRA** as crianças e os adolescentes, e não por crianças e adolescentes, pois estes não cometem crimes, mas sim atos infracionais.

DISPOSITIVO LEGAL	CLASSIFICAÇÃO
Art. 228. Deixar de manter registro sobre atividades durante gravidez (18 anos) ou deixar de fornecer declaração de nascimento, com as intercorrências do parto. Pena – detenção de 6 (seis) meses a 2 (dois) anos. **Parágrafo único.** Se o crime é culposo: Pena – detenção de 2 (dois) a 6 (seis) meses, ou multa.	Crime próprio, omissivo, infração de menor potencial ofensivo, crime doloso (*caput*) ou culposo (parágrafo único).
Art. 229. Deixar o médico, enfermeiro ou dirigente de estabelecimento de atenção à saúde de gestante de identificar corretamente o neonato e a parturiente, por ocasião do parto, bem como deixar de proceder aos exames referidos no art. 10 do ECA. Pena – detenção de 6 (seis) meses a 2 (dois) anos. **Parágrafo único.** Se o crime é culposo: Pena – detenção de 2 (dois) a 6 (seis) meses, ou multa.	Crime próprio, omissivo, infração de menor potencial ofensivo, crime doloso (*caput*) ou culposo (parágrafo único).

DISPOSITIVO LEGAL	CLASSIFICAÇÃO
Art. 230. Privar a liberdade da criança ou adolescente sem estar em flagrante ordem judicial. Pena – detenção de 6 (seis) meses a 2 (dois) anos.	Crime comum, comissivo, infração de menor potencial ofensivo, crime doloso.
Art. 231. Deixar a autoridade responsável pela apreensão de comunicar o juiz ou a família. Pena – detenção de 6 (seis) meses a 2 (dois) anos.	Crime próprio, omissivo, infração de menor potencial ofensivo, crime doloso.
Art. 232. Submeter criança sob sua autoridade, guarda ou vigilância a vexame ou constrangimento. Pena – detenção de 6 (seis) meses a 2 (dois) anos.	Crime próprio, comissivo, infração de menor potencial ofensivo, crime doloso.
Art. 232. Submeter criança sob sua autoridade, guarda ou vigilância a vexame ou constrangimento. Pena – detenção de 6 (seis) meses a 2 (dois) anos.	Crime próprio, comissivo, infração de menor potencial ofensivo, crime doloso.
Art. 234. Deixar o juiz, sem justa causa, de ordenar a liberação, quando a apreensão é irregular. Pena – detenção de 6 (seis) meses a 2 (dois) anos.	Crime próprio, crime omissivo, infração de menor potencial ofensivo, crime doloso.
Art. 235. Descumprir, injustificadamente, prazo legal em benefício de adolescente privado de liberdade. Pena – detenção de 6 (seis) meses a 2 (dois) anos.	Crime próprio, omissivo, infração de menor potencial ofensivo, crime doloso.
Art. 236. Impedir ou embaraçar ação do Conselho Tutelar, MP ou juiz. Pena – detenção de 6 (seis) meses a 2 (dois) anos.	Crime comum, comissivo ou omissivo, infração de menor potencial ofensivo, crime doloso.
Art. 237. Subtrair criança ou adolescente para colocar em lar substituto: Pena – reclusão de 2 (dois) a 6 (seis) anos, e multa.	Crime comum, formal (basta a subtração, não precisa colocar em lar substituto), comissivo e doloso.
Art. 238. Prometer ou efetivar a entrega do filho ou pupilo a terceiro, mediante paga ou recompensa: Pena – reclusão de 1 (um) a 4 (quatro) anos, e multa.	Crime próprio, formal ("prometer") ou material ("efetivar"), comissivo e doloso.
Art. 239. Promover ou auxiliar ato destinado ao envio de criança ou adolescente ao exterior: Pena máxima: 6 anos (se houver violência, a pena máxima será de 8 anos).	Crime comum, formal, comissivo e doloso.
Art. 240. Produzir, reproduzir, dirigir, fotografar, filmar ou registrar cena de sexo explícito ou pornográfica: Pena máxima – 8 anos. O agenciador também responde (art. 1º). A pena é aumentada em 1/3 se houver função pública, relações domésticas ou parentesco (§ 2º).	Crime comum, comissivo, doloso.
Art. 241. Vender ou expor à venda material contendo cena de sexo explícito ou pornográfica: Pena máxima – 8 anos.	Crime comum, formal, comissivo e doloso.
Art. 241-A. Oferecer, trocar, disponibilizar, transmitir, distribuir, publicar ou divulgar esse material: Pena máxima – 6 anos. O provedor também responde quando comunicado e não retira do ar (§§ 1º e 2º).	Crime comum, formal, comissivo e doloso.

DISPOSITIVO LEGAL	CLASSIFICAÇÃO
Art. 241-B. Adquirir, possuir ou armazenar esse material: Pena máxima – 4 anos. Se houver pequena quantidade, a pena é diminuída de 1/3 a 2/3 (§ 1º). Não é crime se a finalidade for comunicar à autoridade (§ 2º).	Crime comum, formal, comissivo e doloso.
Art. 241-C. Simular por meio de adulteração, montagem ou modificação de fotografia: Pena máxima – 3 anos. Também reponde quem vende, distribui, publica ou armazena esse material.	Crime comum, formal, comissivo e doloso.
Art. 241-D. Aliciar, assediar, instigar ou constranger criança com o fim de praticar ato libidinoso (normalmente pela internet): Pena máxima – 3 anos. Também pratica quem mostra material à criança ou induz a criança a se exibir de forma pornográfica.	Crime comum, formal, comissivo e doloso.
Art. 241-E. O ECA definiu as denominadas "cenas de sexo explícito ou pornográficas" como atividades sexuais explícitas, reais ou simuladas, ou exibição de órgãos genitais para fins primordialmente sexuais. Essa expressão aparece em inúmeros crimes.	Norma penal explicativa.
Art. 242. Vender, fornecer ou entregar, à criança ou adolescente, arma ou munição: Pena máxima – 6 anos.	Crime comum, comissivo e doloso.
Art. 243. Vender, fornecer, servir, ministrar ou entregar, ainda que gratuitamente, de qualquer forma, a criança ou a adolescente, bebida alcoólica ou, sem justa causa, outros produtos cujos componentes possam causar dependência física ou psíquica (alterada pela Lei n. 13.106, de 17-3-2015): Pena máxima – 4 anos.	Crime comum, comissivo e doloso.
Art. 244. Vender, fornecer ou entregar fogos de artifício. Pena máxima – 4 anos.	Crime comum, comissivo e doloso.
Art. 244-A. Submeter criança ou adolescente à exploração sexual ou prostituição. Pena máxima – 10 anos. O proprietário, gerente ou responsável do local também responde.	Revogação tácita pelo art. 218-B, *caput*, do CP, inserido pela Lei n. 12.015/2009.
Art. 244-B. Corromper ou facilitar a corrupção de menores de 18 anos. Pode ser por meio da internet. A pena aumenta em 1/3 se for crime hediondo.	Crime comum, formal, comissivo e doloso.

Infrações administrativas

Constituem violações menos graves que os crimes, cujas penas são fixadas em multas, fechamento de estabelecimento etc.

As infrações administrativas estão previstas nos arts. 245 a 258-B do ECA, destacando-se as seguintes:

DISPOSITIVO LEGAL	PENALIDADE
Art. 249. Descumprir, dolosa ou culposamente, os deveres inerentes ao poder familiar ou decorrentes de tutela ou guarda, bem como determinação da autoridade judiciária ou Conselho Tutelar.	Pena – multa de três a vinte salários de referência, aplicando-se o dobro em caso de reincidência.
Art. 250. Hospedar criança ou adolescente desacompanhado dos pais ou responsável, ou sem autorização escrita desses ou da autoridade judiciária, em hotel, pensão, motel ou congênere.	Pena – multa. § 1º Em caso de reincidência, sem prejuízo da pena de multa, a autoridade judiciária poderá determinar o fechamento do estabelecimento por até 15 (quinze) dias. § 2º Se comprovada a reincidência em período inferior a 30 (trinta) dias, o estabelecimento será definitivamente fechado e terá sua licença cassada.
Art. 254. Transmitir, através de rádio ou televisão, espetáculo em horário diverso do autorizado ou sem aviso de sua classificação.	Pena – multa de vinte a cem salários de referência; duplicada em caso de reincidência a autoridade judiciária poderá determinar a suspensão da programação da emissora por até dois dias.
Art. 256. Vender ou locar a criança ou adolescente fita de programação em vídeo, em desacordo com a classificação atribuída pelo órgão competente.	Pena – multa de três a vinte salários de referência; em caso de reincidência, a autoridade judiciária poderá determinar o fechamento do estabelecimento por até quinze dias.

10.1 Questões

1. (VUNESP – MPE-SP) Em relação aos crimes e infrações administrativas previstas no Estatuto da Criança e do Adolescente, é correto afirmar:

A) simular a participação de criança ou adolescente em cena de sexo explícito ou pornográfica por meio de montagem ou modificação de fotografia ou outra forma de representação visual caracteriza crime previsto com pena de reclusão.

B) para efeito dos crimes previstos no Estatuto da Criança e do Adolescente, a expressão "cena de sexo explícito ou pornográfica" compreende qualquer situação que envolva criança ou adolescente em atividades sexuais explícitas reais, ou exibição dos órgãos genitais de uma criança ou adolescente para fins primordialmente sexuais, caracterizando-se como infração administrativa as meras simulações de tais atividades.

C) divulgar, total ou parcialmente, sem autorização devida, por qualquer meio de comunicação, nome, ato ou documento de procedimento policial, administrativo ou judicial relativo a criança ou adolescente a que se atribua ato infracional é tipificado como crime.

D) hospedar criança ou adolescente sem a companhia dos pais ou responsável, ou sem autorização escrita desses ou da autoridade judiciária, em hotel, pensão, motel ou congênere é conduta tipificada como crime.

E) exibir filme, trailer, peça, amostra ou congênere classificado pelo órgão competente como inadequado às crianças ou adolescentes admitidos ao espetáculo é conduta tipificada como crime.

↘ **Resolução:**

A) *Correta*. De acordo com o art. 241-C do ECA, a pena será de reclusão de 1 a 3 anos e multa.
B) *Incorreta*. De acordo com a conduta descrita no art. 241-E do ECA, constitui crime e não infração administrativa. Art. 241-E: "Para efeito dos crimes previstos nesta Lei, a expressão 'cena de sexo explícito ou pornográfica' compreende qualquer situação que envolva criança ou adolescente em atividades sexuais explícitas, reais ou simuladas, ou exibição dos órgãos genitais de uma criança ou adolescente para fins primordialmente sexuais".
C) *Incorreta*. A conduta descrita no art. 247 do ECA, constitui infração administrativa.
D) *Incorreta*. A conduta descrita no art. 250 do ECA, constitui infração administrativa.
E) *Incorreta*. A conduta descrita no art. 255 do ECA, constitui infração administrativa.

↗ **Gabarito: "A".**

2. **(FGV – TJSC)** Jorge, 18 anos, grava dois filmes com sua namorada, Júlia, de 17 anos. O primeiro, com cenas pornográficas da adolescente, e o segundo, com cenas de sexo explícito em que ele participa, ambos com o consentimento dela. Passados quatro meses da gravação, o relacionamento termina e Jorge mantém os vídeos armazenados em seu aparelho celular. Ayrton, primo de Jorge, pega o telefone e transmite o vídeo com as cenas pornográficas da adolescente para Jean, que, ao abri-lo, apaga o conteúdo imediatamente de seu telefone.

De acordo com os dados do problema e os crimes previstos no Estatuto da Criança e do Adolescente, é correto afirmar que:

A) Jorge não praticou crime, já que o vídeo foi consentido.
B) Jean praticou crime, pois chegou a abrir o vídeo.
C) Ayrton não praticou crime, pois as cenas eram pornográficas, e não de sexo explícito.
D) Jorge praticou crime quando fez o vídeo.
E) Ayrton não praticou crime porque não vendeu o vídeo.

↘ **Resolução:**

A) *Incorreta*. Nos termos do art. 240 do ECA, Jorge praticou crime.
B) *Incorreta*. Nos termos dos arts. 240 e 241-A do ECA, a conduta de Jean de abrir o vídeo não é tipificada como crime.
C) *Incorreta*. Nos termos do art. 241-A do ECA, Ayrton praticou crime.
D) *Correta*. Nos termos do art. 240 do ECA.
E) *Incorreta*. Vide comentário à alternativa "C".

↗ **Gabarito: "D".**

REFERÊNCIAS

BARROS, Guilherme Ferreira de Melo. *Direito da criança e do adolescente*. 7. ed. Salvador: JusPodivm, 2018.

NUCCI, Guilherme de Souza. *Estatuto da Criança e do Adolescente comentado*. 4. ed. São Paulo: Forense, 2018.

LUCIANA RANGEL

5
DIREITO AMBIENTAL

Sumário

1. CONCEITO DE MEIO AMBIENTE 400
2. DIREITO AMBIENTAL NA CONSTITUIÇÃO FEDERAL DE 1988 401
3. REPARTIÇÃO DE COMPETÊNCIAS CONSTITUCIONAIS 401
   3.1 Competências legislativas 402
   3.2 Competências materiais 403
4. PRINCÍPIOS INFORMADORES DO DIREITO AMBIENTAL 404
   4.1 Princípio do meio ambiente como direito humano fundamental 404
   4.2 Princípio da sustentabilidade 405
   4.3 Princípio da obrigatoriedade de intervenção estatal 405
   4.4 Princípio do controle do poluidor pelo Poder Público 405
   4.5 Princípio da prevenção 405
   4.6 Princípio da precaução 406
   4.7 Princípio do poluidor-pagador 406
   4.8 Princípio do usuário-pagador 406
   4.9 Princípio do protetor-recebedor 406
   4.10 Princípio da tríplice responsabilização 407
   4.11 Princípio da ubiquidade 407
   4.12 Princípio da informação 407
   4.13 Princípio da participação popular 407
   4.14 Princípio da educação ambiental 407
   4.15 Princípio da solidariedade intergeracional 408
   4.16 Princípio da função socioambiental 408
   4.17 Princípio da recuperação de áreas degradadas 408
   4.18 Princípio da reparação integral 408
5. POLÍTICA NACIONAL DO MEIO AMBIENTE 408
   5.1 Estrutura 408
   5.2 Sistema Nacional do Meio Ambiente (SISNAMA) 409

6.	INSTRUMENTOS DE PROTEÇÃO AMBIENTAL	410
	6.1 Licenciamento ambiental	410
	6.2 Avaliação de impacto ambiental	413
	6.3 Espaços Territoriais Especialmente Protegidos	415
	6.4 Instrumentos econômicos	420
7.	POLÍTICAS SETORIZADAS	423
	7.1 Lei da Mata Atlântica	423
	7.2 Política Nacional de Recursos Hídricos	423
	7.3 Política Nacional de Resíduos Sólidos	424
	7.4 Política Nacional de Saneamento Básico	425
	7.5 Política Nacional de Mudanças Climáticas	426
8.	MEIO AMBIENTE ARTIFICIAL E POLÍTICA URBANA	426
9.	PATRIMÔNIO CULTURAL E INSTRUMENTOS DE PROTEÇÃO	428
10.	RESPONSABILIDADE CIVIL AMBIENTAL	429
11.	RESPONSABILIDADE PENAL AMBIENTAL	432
12.	RESPONSABILIDADE ADMINISTRATIVA AMBIENTAL	433
13.	QUESTÕES	434
REFERÊNCIAS		438

1. CONCEITO DE MEIO AMBIENTE

O dever de proteção do meio ambiente como direito humano fundamental é questão que afeta o bem-estar e o desenvolvimento econômico de todo planeta, razão pela qual pessoas, comunidades, empresas e instituições devem tomar para si, de modo equitativo, solidário e colaborador, toda ordem de esforços voltados a adotar medidas que resguardem a integridade desse patrimônio para a atual e as futuras gerações.

Nessa ordem de ideias, o alerta sobre a gravidade dos riscos ao ambiente, em razão do largo processo de desenvolvimento industrial e da intensificação de todo tipo de intervenção antrópica negativa sobre a biodiversidade e demais bens ecológicos, teve um marco formal importante no âmbito da Organização das Nações Unidas: a Conferência de Estocolmo sobre Meio Ambiente Humano, em junho de 1972. Como resultado do aludido encontro internacional, concebeu-se o documento denominado Declaração de Estocolmo sobre Meio Ambiente Humano, caracterizado como carta principiológica, que trouxe uma série de princípios que deveriam inspirar os países à formulação de sua legislação ambiental.

No Brasil, embora na década de 1970 já houvesse normas e instrumentos direcionados à proteção do meio ambiente, foi a Lei de Política Nacional do Meio Ambiente a primeira a trazer um **conceito legal de meio ambiente**, como "o conjunto de condições, leis, influências e interações de ordem física, química e biológica, que permite, abriga e rege a vida em todas as suas formas" (art. 3º, I, da Lei n. 6.938/81), assim como internalizar toda principiologia adotada na Declaração de Estocolmo.

Nota-se, claramente, que aludido dispositivo legal refere-se ao ambiente natural. No entanto, é certo que desde a Conferência de Estocolmo já se entendia que o meio ambiente não era composto apenas dos elementos naturais (fauna, flora, água, ar e solo), mas também de outros bens que guardam relação de essencialidade com o homem, tais como os elementos urbanísticos e culturais, a exemplo do Princípio 15, ao disciplinar que "deve-se aplicar o planejamento aos assentamento humanos e à urbanização com vistas a evitar repercussões prejudiciais sobre o meio ambiente e a obter os máximos benefícios sociais, econômicos e ambientais para todos. A este respeito devem-se abandonar os projetos destinados à dominação colonialista e racista".

Doutrinariamente, o meio ambiente é classificado didaticamente em:

- **Natural** (art. 225 da CF): composto pelos elementos bióticos (fauna e flora) e abióticos (ar, águas e solo), que independem de ação humana para existir;
- **Artificial ou urbano** (arts. 182 e 183 da CF): bens criados pelo homem, que, por exclusão, não integram o patrimônio cultural (espaço urbano construído, ordenamento territorial, saneamento ambiental, qualidade sonora e visual, salubridade eletromagnética, mobilidade urbana, dentre outros);
- **Cultural** (arts. 215 a 216-A da CF): bens de natureza material e imaterial, tomados individualmente ou em conjunto, que possuam valor histórico, paisagístico, artístico, arqueológico, paleontológico, ecológico e/ou científico;
- **Do trabalho** (arts. 7º, XXII, e 200, VIII, da CF): bens necessários ao exercício de atividade laboral com qualidade e dignidade, notadamente relacionados à saúde, higiene e segurança no trabalho.

A Constituição Federal define o meio ambiente como "bem de uso comum do povo" (art. 225, *caput*, da CF). Possui, portanto, natureza jurídica patrimonial, pertencente a toda sociedade. O art. 2º, I, da Lei n. 6.938/81 o considera "patrimônio público a ser necessariamente assegurado e protegido, tendo em vista o uso coletivo". A expressão "patrimônio público", contudo, deve ser interpretada sob a ótica constitucional, ou seja, como bem de uso comum do povo, de titularidade transindividual.

De outro lado, é certo que os bens ambientais, além de serem considerados patrimônio metaindividual, pertencem simultaneamente a determinada pessoa física ou jurídica, de direito público ou de direito privado.

Desse modo, diz-se que cada um dos bens que compõem o patrimônio ambiental é revestido, simultaneamente, de dupla titularidade: de um lado é de toda a coletividade; e, de outro, é público ou privado, a depender de quem exerce a respectiva relação de domínio. Daí o motivo pelo qual os bens ambientais podem ser objeto de proteção jurídica nas vias coletiva e individual.

2. DIREITO AMBIENTAL NA CONSTITUIÇÃO FEDERAL DE 1988

O **Direito Ambiental** pode ser definido como o ramo do direito público composto por princípios e regras que disciplinam as atividades humanas que afetem ou possam afetar o meio ambiente, com o objetivo de assegurar sustentabilidade às gerações presentes e futuras.

A **Constituição Federal de 1988**, denominada "Constituição Verde", inspirada nos trabalhos realizados na Conferência das Nações Unidas sobre Meio Ambiente Humano e em consonância com uma crescente tendência mundial de constitucionalização das normas protetivas ambientais, trouxe, pela primeira vez, um capítulo reservado à sua tutela.

Vê-se, pois, que o chamado "Estado constitucional ecológico" ou "Estado socioambiental" caracteriza o meio ambiente como:

- direito fundamental e metaindividual (de terceira dimensão ou geração);

- bem de uso comum do povo, ou seja, de fruição coletiva; e
- bem de caráter indisponível e intergeracional.

A propósito, em uma perspectiva filosófica, identifica-se aludido dispositivo constitucional como "antropocentrista mitigado". **Antropocentrista** porque o meio ambiente é caracterizado como bem (objeto de tutela), à disposição e a serviço de toda sociedade. Desse modo, o homem apresenta-se no centro das preocupações ambientais, não se qualificando o meio ambiente como sujeito de direitos. Em outro dizer, a natureza é valorizada sob o ponto de vista instrumental. **Mitigado** pois, a despeito do antropocentrismo claramente identificado no *caput* do art. 225 da CF, verifica-se no § 1º, VII, preocupação jurídica com a tutela dos animais, ao proibir práticas que lhes submetam à crueldade, embora sobre eles permaneça a qualidade jurídica de bens, e não de sujeitos de direito.

Como lei fundamental, pois, coube à Constituição deixar manifesta a importância da temática ambiental para a nação brasileira, erigindo o meio ambiente à categoria de valor da ordem social e direito fundamental do indivíduo. Assim, a base constitucional do Direito Ambiental não está apenas no art. 225, mas também em disposições que identificam os bens que constituem o patrimônio ambiental, que tratam do sistema de repartição de competências materiais e administrativas sobre o tema, que trazem princípios ambientais implícitos e explícitos, dentre outras.

3. REPARTIÇÃO DE COMPETÊNCIAS CONSTITUCIONAIS

No modelo de ampla descentralização administrativa adotado pela Constituição Federal para o Estado brasileiro, diversas atribuições foram conferidas a cada um dos entes federados – União, Estados-membros,

Distrito Federal e Municípios –, desdobradas em dois segmentos: competências legislativas, que tratam de poder para elaboração de leis e atos normativos; e competências administrativas, que conferem ao Poder Público atribuições para o desenvolvimento de tarefas concretas por meio do exercício de poder de polícia.

3.1 Competências legislativas

A **competência legislativa** atribui a determinada esfera de poder a titularidade para editar normas sobre assuntos diversos.

Em matéria ambiental, a regra é que todos os entes federativos podem legislar sobre os mais variados temas, em harmonia, inclusive, com o disciplinado no art. 225 da CF, ao determinar diversas incumbências protetivas ao Poder Público. Já no plano excepcional, há temas cuja competência legislativa é atribuída a um único ente político.

Assim, o sistema legislativo de competência organiza-se da seguinte forma: União, Estados e Distrito Federal possuem **competência legislativa concorrente** para legislar sobre diversos assuntos (art. 24 da CF), exercendo os municípios **competência legislativa suplementar**, a fim de complementar a legislação federal e estadual no que couber (art. 30, II, da CF). De outro lado, a cada um dos entes políticos são determinadas algumas **competências exclusivas**.

REPARTIÇÃO DE COMPETÊNCIAS LEGISLATIVAS

Regra:

a) **Concorrente (U, E e DF)** = arts. 24, I, VI, VII e VIII, da CF:
- direito urbanístico;
- florestas, caça, pesca, fauna, conservação da natureza, defesa do solo e dos recursos naturais, proteção do meio ambiente e controle da poluição;
- proteção ao patrimônio histórico, cultural, artístico, turístico e paisagístico;
- responsabilidade por dano ao meio ambiente, a bens e direitos de valor artístico, estético, histórico, turístico e paisagístico.

No sistema de competência concorrente:

- União = edita normas gerais (art. 24, § 1º, da CF);
- Estados e DF = editam normas especiais (art. 24, § 2º, da CF);
- Estados e DF = podem exercer competência legislativa plena para atender a suas peculiaridades, caso inexista norma geral (art. 24, § 3º, da CF);
- A superveniência de lei federal sobre normas gerais suspende a eficácia da lei estadual, no que lhe for contrária (art. 24, § 4º, da CF).

b) **Suplementar (M)** = art. 30, II, da CF:
- suplementar a legislação federal e a estadual no que couber.

Exceções:

a) **Exclusiva *lato sensu*:**

Privativa (U) = art. 22, IV, XII e XXVI, da CF:
- águas e energia;
- jazidas, minas, outros recursos minerais e metalurgia;
- atividades nucleares de qualquer natureza.

No sistema de competência privativa: lei complementar poderá autorizar os Estados a legislar sobre questões específicas das matérias relacionadas (art. 22, parágrafo único, da CF).

b) **Exclusiva *stricto sensu* (M)** = art. 30, I, da CF:
- legislar sobre assuntos de interesse local.

c) **Exclusiva remanescente (E e DF)** = art. 25, § 1º, da CF:
- são reservadas aos Estados as competências que não lhes sejam vedadas na Constituição Federal.

Comumente são levadas ao Poder Judiciário lides em que se discute competência exclusiva municipal para legislar sobre determinada matéria, pois, ao contrário das demais hipóteses, a Constituição Federal não enumera os "assuntos de interesse local", ficando a cargo do intérprete qualificar determinada situação concreta como de competência legislativa municipal exclusiva.

3.2 Competências materiais

Competência material ou administrativa é a que atribui a determinada esfera de poder o direito de estabelecer estratégias, fixar políticas públicas, fiscalizar, controlar, incentivar, fomentar, dentre outras ações voltadas a executar a política protetiva do meio ambiente.

Em matéria ambiental, a regra é que todos os entes federativos podem praticar ações de implementação na seara ambiental, também em consonância com o disciplinado no art. 225 da CF. Excepcionalmente, há temas cuja competência material é atribuída a um único ente político.

Assim, o sistema legislativo de competência organiza-se da seguinte forma: União, Estados, Distrito Federal e Municípios possuem **competência material comum** para agir em diversos assuntos (art. 23 da CF). De outro lado, a cada um dos entes políticos são atribuídas algumas **competências exclusivas**.

REPARTIÇÃO DE COMPETÊNCIAS MATERIAIS

Regra:

a) **Comum (U, E, DF e M)** = art. 23, III, IV, VI, VII, IX e XI, da CF:

- proteger os documentos, as obras e outros bens de valor histórico, artístico e cultural, os monumentos, as paisagens naturais notáveis e os sítios arqueológicos;
- impedir a evasão, a destruição e a descaracterização de obras de arte e de outros bens de valor histórico, artístico ou cultural;
- proteger o meio ambiente e combater a poluição em qualquer de suas formas;
- preservar as florestas, a fauna e a flora;
- promover a melhoria das condições de saneamento básico;
- registrar, acompanhar e fiscalizar as concessões de direitos de pesquisa e exploração de recursos hídricos e minerais em seus territórios.

No sistema de competência comum: leis complementares fixarão normas para a cooperação entre a União e os Estados, o Distrito Federal e os Municípios, tendo em vista o equilíbrio do desenvolvimento e do bem-estar em âmbito nacional (art. 23, parágrafo único, da CF). Na esfera ambiental, foi editada a Lei Complementar n. 140/2011.

Exceções:

a) **Exclusiva (U)** = art. 21, IX, XII, *b*, XIX, XX, XXIII e XXV, da CF:

- elaborar e executar planos nacionais e regionais de ordenação do território e de desenvolvimento econômico e social;
- explorar, diretamente ou mediante autorização, concessão ou permissão, os serviços e instalações de energia elétrica e o aproveitamento energético dos cursos de água, em articulação com os Estados onde se situam os potenciais hidroenergéticos;
- instituir sistema nacional de gerenciamento de recursos hídricos e definir critérios de outorga de direitos de seu uso;
- instituir diretrizes para o desenvolvimento urbano, inclusive habitação, saneamento básico e transportes urbanos;
- explorar os serviços e instalações nucleares de qualquer natureza e exercer monopólio estatal sobre a pesquisa, a lavra, o enriquecimento e reprocessamento, a industrialização e o comércio de minérios nucleares e seus derivados;
- estabelecer as áreas e as condições para o exercício da atividade de garimpagem, em forma associativa.

b) **Exclusiva (E e DF)** = art. 25, §§ 2º e 3º, da CF:

- explorar diretamente, ou mediante concessão, os serviços locais de gás canalizado, na forma da lei, vedada a edição de medida provisória para a sua regulamentação;
- instituir regiões metropolitanas, aglomerações urbanas e microrregiões (mediante lei complementar), constituídas por agrupamentos de municípios limítrofes, para integrar a organização, o planejamento e a execução de funções públicas de interesse comum.

c) **Exclusiva (M)**: art. 30, V, VIII e IX, da CF:

- organizar e prestar, diretamente ou sob regime de concessão ou permissão, os serviços públicos de interesse local, incluído o de transporte coletivo, que tem caráter essencial;
- promover, no que couber, adequado ordenamento territorial, mediante planejamento e controle do uso, do parcelamento e da ocupação do solo urbano;
- promover a proteção do patrimônio histórico-cultural local, observada a legislação e a ação fiscalizadora federal e estadual.

A Lei Complementar n. 140/2011 foi editada para o fim de estabelecer e regulamentar, na seara ambiental, as regras de cooperação entre os entes políticos, aptas ao exercício das competências comuns fixadas no art. 23 da Constituição Federal. Os arts. 7º, 8º e 9º tratam, respectivamente, das ações administrativas da União, dos estados e dos municípios. Ao Distrito Federal cabem as ações administrativas previstas aos estados e aos municípios (art. 10 da Lei Complementar n. 140/2011). A norma também guarda sintonia com o art. 225 da Constituição Federal, que impõe ao Poder Público, de modo amplo, o dever de defender e preservar o meio ambiente para as presentes e futuras gerações.

4. PRINCÍPIOS INFORMADORES DO DIREITO AMBIENTAL

Princípios jurídicos são espécies de normas jurídicas, previstas de modo implícito ou explícito no ordenamento, que representam mandamentos gerais nucleares, disposições fundamentais que servem de alicerce e influenciam todas as demais normas.

Os **princípios informadores do Direito Ambiental** têm forte origem em documentos editados no âmbito internacional (ONU), notadamente na Declaração de Estocolmo sobre Meio Ambiente Humano (Suécia/1972) e na Declaração do Rio de Janeiro sobre Meio Ambiente e Desenvolvimento (Rio/1992). No Direito Pátrio, encontram disciplinamento basilar na Lei de Política Nacional do Meio Ambiente (Lei n. 6.938/81), na Constituição Federal, bem como em legislação setorizada.

Sem pretensão exaustiva, importa analisar os princípios de maior incidência em provas, bem como algumas de suas referências legislativas (explícitas ou implícitas).

4.1 Princípio do meio ambiente como direito humano fundamental

Em vista do quadro progressivo de degradação ambiental e dos alertas da comunidade científica internacional acerca dos riscos de colapso planetário, provocados especialmente pelo uso excessivo e desmedido de recursos naturais não renováveis e essenciais à vida e ao equilíbrio ecológico, o direito ao meio ambiente ecologicamente equilibrado passou a compor o quadro de direitos fundamentais mencionados como de terceira geração ou dimensão. Assim, no âmbito da Declaração de Estocolmo sobre Meio Ambiente Humano (ONU, 1972), erigiu-se o direito à salubridade ambiental ao rol dos direitos humanos fundamentais conquistados e necessários à dignidade da pessoa humana.

O texto constitucional assegura o direito ao meio ambiente ecologicamente equilibrado para garantir às pessoas não apenas o direito à vida, mas à "sadia qualidade de vida" (art. 225, *caput*, da CF). Assim, o "mínimo existencial ambiental" representa ampliação do rol dos direitos fundamentais. O direito é caracterizado, ainda, como de natureza transindividual, motivo pelo qual todos aqueles que guardam alguma relação com quaisquer desses bens, ainda que sobre eles exerça relação de titularidade individual, devem zelar por sua integridade, pois também é patrimônio considerado de todos. É por essa razão que usos e interferências no meio ambiente que possam implicar consumo, destruição ou descaracterização desses bens devem passar pelo crivo dos órgãos administrativos competentes, pois são atores que exercem a função de zelar pelo patrimônio coletivo.

É ainda da natureza do meio ambiente como direito humano fundamental que decorre, por exemplo, a essencialidade, indisponibilidade e imprescritibilidade das demandas civis coletivas ambientais. Mas cuidado: a imprescritibilidade na seara civil ambiental é tema objeto de repercussão geral, reconhecida em 31 de maio de 2018 (*sub judice*): RE 654.833, Rel. Min. Alexandre de Moraes (Tema 999). Discute-se se a prescrição deve ser absoluta e abranger todo objeto da demanda, ou apenas o pedido de reparação de dano ambiental.

4.2 Princípio da sustentabilidade

O princípio representa um imperativo que visa compatibilizar, em apertada síntese, o desenvolvimento econômico, social, cultural e político com a necessária proteção do meio ambiente.

No âmbito internacional, o princípio foi oficializado no Relatório Brundtland (Comissão Mundial Sobre Meio Ambiente e Desenvolvimento, ONU, 1987). No ordenamento interno, o princípio está implícito nos arts. 170, VI, c. 225, *caput*, da Constituição Federal e no art. 4º, I, da Lei n. 6.938/81.

4.3 Princípio da obrigatoriedade de intervenção estatal

O Estado possui dever proativo de regular a ordem ambiental, seja como agente normativo ou administrador. Precisa agir na manutenção da salubridade dos bens ambientais, considerando que constituem patrimônio de toda sociedade.

A Constituição Federal é explícita ao determinar as incumbências do Poder Público (art. 225, *caput* e § 1º), assim como a Política Nacional do Meio Ambiente (art. 2º, I, III e VII, da Lei n. 6.938/81).

4.4 Princípio do controle do poluidor pelo Poder Público

Como decorrência da obrigatoriedade de intervenção estatal, o Poder Público deve controlar ações antrópicas que possam interferir no meio ambiente.

Essa autoridade pode ser exercida por meio de diversos mecanismos, tais como licenciamento ambiental, avaliação de impacto ambiental, acompanhamentos de estado de qualidade ambiental, dentre outros (arts. 23, VI, e 225, § 1º, V, da CF e art. 2º, V e VII, da Lei n. 6.938/81).

4.5 Princípio da prevenção

O princípio objetiva regular as atividades do homem, de modo a impor e priorizar medidas que visem evitar a ocorrência de prejuízo ambiental, notadamente porque as ações coercitivas *a posteriori* podem mostrar-se onerosas, ineficazes e/ou irreversíveis.

A prevenção opera em situações de risco concreto de dano, conhecido e não discutido pela ciência (arts. 2º, II e IX, e 4º, VI, da Lei n. 6.938/81).

4.6 Princípio da precaução

Assim como o princípio da prevenção, o princípio da precaução também visa determinar ações voltadas a impedir dano ambiental, sobretudo em situações de risco abstrato, incerto, não conhecido ou objeto de divergência científica.

Nesse caso, aplica-se a máxima *in dubio pro ambiente* ou *in dubio pro natura*, pois a discussão entre os cientistas sobre determinadas ações serem ou não passíveis de degradação ambiental não pode ser usada como argumento para se afastar a exigência de determinada conduta proativa.

O princípio tem sido lembrado em diversos diplomas normativos, dentre os quais: Lei de Biossegurança (art. 1º, *caput*, da Lei n. 11.105/2005); Lei da Mata Atlântica (art. 6º, parágrafo único, da Lei n. 11.428/2006); Lei de Política Nacional de Resíduos Sólidos (art. 6º, I, da Lei n. 12.305/2010); Lei de Política Nacional sobre Mudança do Clima (art. 3º, *caput*, da Lei n. 12.187/2009).

4.7 Princípio do poluidor-pagador

O princípio está fundamentado na teoria econômica das externalidades e possui duas faces: repressiva e preventiva (art. 4º, VII, da Lei n. 6.938/81).

No âmbito repressivo, indica a necessidade de o poluidor internalizar nos custos de produção de um bem ou de prestação de um serviço as despesas com obrigações de fazer, de não fazer e/ou de indenizar danos causados ao meio ambiente.

De outro lado, no âmbito preventivo, o princípio exige que o "potencial poluidor" tome medidas que visem evitar a ocorrência de danos futuros, por meio de igual processo de internalização de custos, tal como ocorre ao investir em tecnologias limpas, na realização de aprofundado estudo de impacto ambiental para o exercício de sua atividade, dentre outras medidas preventivas.

De todo modo, busca-se corrigir uma falha de mercado, caracterizada pelo fenômeno da privatização dos lucros e da socialização das perdas.

4.8 Princípio do usuário-pagador

Alguns bens ambientais, dada a sua essencialidade e/ou pouca disponibilidade (escassez), não podem ser considerados de livre apropriação. Assim, o princípio visa, de modo estratégico, atribuir economicidade a determinados bens, a fim de que se permita exigir pagamento por seu uso.

Importa destacar: o que justifica a cobrança é a simples utilização do recurso e não um ato de poluição (art. 4º, VII, da Lei n. 6.938/81).

O exemplo mais emblemático que materializa o usuário-pagador é a cobrança pelo uso da água, instrumento expresso na Política Nacional de Recursos Hídricos (arts. 1º, II, e 19 da Lei n. 9.433/97).

4.9 Princípio do protetor-recebedor

Também amparado na teoria econômica das externalidades – assim como o poluidor-pagador, contudo, em um viés positivo –, o princípio objetiva premiar, recompensar, remunerar, beneficiar ou incentivar de alguma forma quem, voluntariamente, utiliza instrumentos econômicos de política ambiental direcionados à respectiva tutela. Os participantes podem ser da esfera pública ou privada, e frise-se, a característica marcante desses mecanismos é a voluntariedade.

A primeira norma a tratar expressamente do princípio foi a de Política Nacional de Resíduos Sólidos (art. 6º, II, da Lei n. 12.305/2010) com a nomenclatura "protetor-recebedor", embora parte da doutrina ambiental já discorresse sobre o tema sob a denominação "provedor-recebedor".

Os instrumentos econômicos assentados no princípio do protetor-recebedor e que incentivam a prestação de serviços ambientais estão previstos em rol *numerus apertus* no art. 9º, XIII, da Lei 6.938/81. São exemplos: a tributação ecológica, o mercado de carbono, a servidão ambiental, a concessão florestal, o seguro ambiental, dentre outros.

4.10 Princípio da tríplice responsabilização

Expresso no art. 225, § 3º, da Constituição Federal, o princípio determina que as condutas e atividades consideradas lesivas ao meio ambiente sujeitarão os infratores, pessoas físicas ou jurídicas, à responsabilidade civil, penal e/ou administrativa. Diz-se "e/ou" pois os regimes jurídicos caracterizadores de cada modalidade de responsabilização são distintos e autônomos, razão pela qual para cada caso concreto dever-se-á verificar o preenchimento dos respectivos pressupostos legais.

A responsabilidade civil ambiental, como se sabe, é de natureza objetiva, conforme consagrou-se na Lei de Política Nacional do Meio Ambiente (art. 14, § 1º, da Lei n. 6.938/81). Diferentemente, a responsabilidade penal é subjetiva (art. 3º da Lei n. 9.605/98). A responsabilidade administrativa, a despeito da divergência ainda verificada na doutrina e jurisprudência, vem sendo considerada de natureza subjetiva, de acordo com precedentes mais recentes do Superior Tribunal de Justiça.

4.11 Princípio da ubiquidade

O princípio indica que as questões protetivas do ambiente devem ser consideradas na edição de normas e na implementação de políticas de desenvolvimento sobre as mais diversas áreas.

Daí a ubiquidade também ser chamada de "princípio da concomitância ou da onipresença".

4.12 Princípio da informação

A sociedade deve ter acesso ao conhecimento dos aspectos e das medidas em envolvam a tutela do meio ambiente, não apenas por ser a titular desse patrimônio, mas também para propiciar a formação de consciência individual e coletiva acerca de seus deveres de proteção.

O princípio vem lembrado não apenas na Constituição Federal (art. 225, § 1º, VI), mas também na Lei de Política Nacional do Meio Ambiente (arts. 4º, V, 6º, § 3º, e 9º, VII, da Lei n. 6.938/81), no Estatuto da Cidade (art. 40, § 4º, II e III, da Lei n. 10.257/2001), bem como na lei que dispõe sobre o acesso público aos dados e informações existentes nos órgãos e entidades integrantes do Sisnama (art. 2º, § 1º, da Lei n. 10.650/2003).

4.13 Princípio da participação popular

Como decorrência do regime democrático, a sociedade tem direito de participar ativamente de processos normativos, políticos e administrativos em matéria ambiental.

O princípio deve ser observado, por exemplo: em consultas públicas para criação de unidades de conservação; em audiências públicas, seja no âmbito de licenciamento ambiental que exija elaboração de EIA/RIMA ou em processo de elaboração de Plano Diretor (arts. 2º, XIII, 40, § 4º, I, 43, II e IV, e 44 da Lei n. 10.257/2001); no exercício do direito constitucional de petição (art. 5º, XXXIV, a, da CF); no plebiscito, referendo ou iniciativa popular de projeto de lei sobre questão ambiental (art. 14 da CF); na integração do Plenário do Conselho Nacional do Meio Ambiente (art. 5º do Decreto n. 99.274/90); na legitimidade do cidadão para propositura de ação popular (art. 1º da Lei n. 4.717/65); dentre outras situações.

4.14 Princípio da educação ambiental

O princípio compreende os processos por meio dos quais o indivíduo e a coletividade constroem valores sociais, conhecimentos, habilidades, atitudes e competências voltadas à proteção do meio ambiente.

Trata-se de um componente essencial e permanente da educação nacional, devendo estar presente, de forma articulada, em todos os níveis e modalidades do processo educativo, em caráter formal e não formal.

O princípio é explicitamente mencionado no art. 225, § 1º, VI, da Constituição Federal, bem como nos arts. 2º, VI e X, e 4º, IV, da Lei n. 6.938/81.

A lei que institui a Política Nacional de Educação Ambiental disciplina que educação ambiental deve ser compreendida como "os processos por meio dos quais o indivíduo e a coletividade constroem valores sociais, conhecimentos, habilidades, atitudes e competências voltadas para a conservação do meio ambiente, bem de uso comum do povo, essencial à sadia qualidade de vida e sua sustentabilidade" (art. 1º da Lei n. 9.795/99).

4.15 Princípio da solidariedade intergeracional

A sociedade e o Poder Público devem estabelecer vínculo solidário entre as gerações presentes e futuras, cumprindo-se o compromisso de proteger e preservar o meio ambiente (art. 225, *caput, in fine*, da CF).

4.16 Princípio da função socioambiental

A função socioambiental da propriedade urbana e rural se manifesta na configuração do direito de propriedade, devendo os imóveis observar as diretrizes legais protetivas do meio ambiente (arts. 5º, XXII e XXIII, 170, II, III e VI, 182, §§ 2º e 4º, 186, I e II, e 225, § 1º, III, da CF).

O princípio fundamenta, por exemplo, o parcelamento, edificação ou utilização compulsórios, o IPTU progressivo no tempo e a desapropriação-sanção de imóvel não edificado, subutilizado ou não utilizado; a criação pelo Poder Público de espaços territoriais especialmente protegidos; dentre outros instrumentos. Vem disciplinado, por exemplo: no Código Civil (art. 1.228, § 1º, da Lei n. 10.406/2002); no Código Florestal (art. 28 da Lei n. 12.651/2012); e no Estatuto da Cidade (arts. 5º a 8º da Lei n. 10.257/2001).

4.17 Princípio da recuperação de áreas degradadas

O princípio deixa claro que quem praticar ato poluente deve recuperar o ambiente degradado, priorizando-se obrigações de reparação *in natura* (correção prioritária na fonte).

Está disciplinado na Constituição Federal quanto à atividade de exploração de recursos minerais (art. 225, § 2º), mas está disciplinado de modo mais amplo na Lei de Política Nacional do Meio Ambiente (art. 2º, VIII, da Lei n. 6.938/81).

4.18 Princípio da reparação integral

A sociedade possui direito à efetiva e integral reparação do meio ambiente. A teor do Código Civil, a indenização deve medir-se pela extensão do dano (art. 944 da Lei n. 10.406/2002). O princípio também encontra amparo no Código de Defesa do Consumidor (art. 6º, VI, da Lei n. 8.078/90).

5. POLÍTICA NACIONAL DO MEIO AMBIENTE

5.1 Estrutura

A Lei que institui a Política Nacional do Meio Ambiente tem por objetivo preservar, melhorar e recuperar a qualidade ambiental propícia à vida, visando assegurar, no país, condições ao desenvolvimento socioeconômico, aos interesses da segurança nacional e à proteção da dignidade da vida humana (art. 2º, *caput*, da Lei n. 6.938/81). Trata-se de norma estruturante do Direito Ambiental brasileiro, notadamente porque:

- estabelece princípios, conceitos e objetivos gerais;
- constitui o Sistema Nacional do Meio Ambiente (Sisnama);

- enumera uma série de instrumentos para proteção do meio ambiente;
- declara o princípio da tríplice responsabilização em matéria ambiental;
- institui sistema de responsabilidade civil objetiva em matéria ambiental.

Anote-se, ademais, o Decreto n. 99.274/90, que regulamenta a Lei de Política Nacional do Meio Ambiente.

5.2 Sistema Nacional do Meio Ambiente (SISNAMA)

O Sistema Nacional do Meio Ambiente é composto por órgãos e entidades da União, dos Estados, do Distrito Federal e dos Municípios, bem como as fundações instituídas pelo Poder Público, responsáveis pela proteção e melhoria da qualidade ambiental (art. 6º, *caput*, da Lei n. 6.938/81). É estruturado da seguinte forma (arts. 6º e s. da Lei n. 6.938/81 e arts. 3º e s. do Decreto n. 99.274/90)[1,2]:

- **Órgão superior:** o Conselho de Governo, com a função de assessorar o Presidente da República na formulação da política nacional e nas diretrizes governamentais para o meio ambiente e os recursos ambientais;
- **Órgão consultivo e deliberativo:** o Conselho Nacional do Meio Ambiente (Conama), com a finalidade de assessorar, estudar e propor ao Conselho de Governo diretrizes de políticas governamentais para o meio ambiente e os recursos naturais, e deliberar, no âmbito de sua competência, sobre normas e padrões compatíveis com o meio ambiente ecologicamente equilibrado e essencial à sadia qualidade de vida;
- **Órgão central:** O Instituto Brasileiro do Meio Ambiente e dos Recursos Naturais Renováveis (Ibama) e o Instituto Chico Mendes de Conservação da Biodiversidade (ICMBio), com a finalidade de executar e fazer executar a política e as diretrizes governamentais fixadas para o meio ambiente, de acordo com as respectivas competências;
- **Órgãos executores:** o Instituto Brasileiro do Meio Ambiente e dos Recursos Naturais Renováveis (Ibama) e o Instituto Chico Mendes de Conservação da Biodiversidade (ICMBio), com a finalidade de executar e fazer executar a política e as diretrizes governamentais fixadas para o meio ambiente, de acordo com as respectivas competências;
- **Órgãos setoriais:** os órgãos ou entidades federais responsáveis pela execução de programas, projetos e pelo controle e fiscalização de atividades capazes de provocar a degradação ambiental;
- **Órgãos seccionais:** os órgãos ou entidades estaduais responsáveis pela execução de programas, projetos e pelo controle e fiscalização de atividades capazes de provocar a degradação ambiental;
- **Órgãos locais:** os órgãos ou entidades municipais, responsáveis pelo controle e fiscalização dessas atividades, nas suas respectivas jurisdições.

Com relação à competência dos órgãos executores do Sisnama, muito cobrada em provas, vale destacar que cabe ao Ibama exercer poder de polícia ambiental e executar ações das políticas nacionais de meio ambiente, referentes às atribuições federais, ao licenciamento ambiental, ao controle da qualidade ambiental, à autorização de uso dos recursos naturais e à fiscalização, ao monitoramento e ao controle ambiental (art. 2º da Lei n. 7.735/89); e ao ICMBio cumpre executar ações e exercer o poder de polícia ambiental para a proteção das unidades

---

[1] Atualizado, pois no dispositivo legal ainda consta "Secretaria do Meio Ambiente da Presidência da República".
[2] Designação dada pela doutrina.

de conservação instituídas pela União (art. 1º da Lei n. 11.516/2007).

O Sisnama constitui-se, pois, de quaisquer órgãos administrativos que, de algum modo (direta ou indiretamente), sejam responsáveis pela concretização da Política Nacional do Meio Ambiente.

6. INSTRUMENTOS DE PROTEÇÃO AMBIENTAL

A Lei n. 6.938/81 traz um rol exemplificativo de instrumentos de proteção ambiental, entendidos como mecanismos jurídicos postos à disposição do Estado e da sociedade para implementação dos objetivos da Política Nacional do Meio Ambiente. São, didaticamente, classificados em:

- **Instrumentos de comando e controle** (art. 9º, I a XII): identificados em razão de uso de poder de polícia estatal, para o fim de tutelar o meio ambiente, seja no âmbito preventivo ou reparatório. Verifica-se, assim, que o Estado edita determinado comando normativo para, em seguida, controlar atividades antrópicas.
- **Instrumentos econômicos** (art. 9º, XIII): caracterizados por oferecer recompensa, remuneração, benefício ou incentivo a quem, voluntariamente, fomenta a proteção ambiental. São mecanismos considerados "de complementação", pois, associados aos instrumentos de comando e controle, visam trazer mais eficácia à Política Nacional do Meio Ambiente.

Alguns desses instrumentos possuem maior incidência em provas e, por essa razão, serão a seguir estudados.

6.1 Licenciamento ambiental

O **licenciamento ambiental** é mecanismo de gestão ambiental, consubstanciado em processo administrativo, submetido, portanto, ao regime jurídico de Direito Público, destinado a licenciar atividades ou empreendimentos utilizadores de recursos ambientais, efetiva ou potencialmente poluidores ou capazes, sob qualquer forma, de causar degradação ambiental (art. 2º, I, da Lei Complementar n. 140/2011 e art. 10 da Lei n. 6.938/81). Possui **natureza jurídica** de instrumento de comando e controle da Política Nacional do Meio Ambiente (art. 9º, IV, da Lei n. 6.938/81), cujo regramento encontra-se, fundamentalmente, na Lei Complementar n. 140/2011, na Lei n. 6.938/81 e na Resolução Conama n. 237/97.

O licenciamento ambiental materializa diversos princípios informadores: sustentabilidade, prevenção, precaução, poluidor-pagador, informação, participação democrática, solidariedade intergeracional, função socioambiental da propriedade, recuperação de áreas degradadas, dentre outros.

O licenciamento ambiental, na perspectiva de processo administrativo, abrange duas modalidades:

- **Prévio**: ocorre antes da instalação e operação do empreendimento. É a **regra**, pois é da essência desse mecanismo ser útil para anteceder a obra ou atividade e, com isso, exigir comportamentos que visem evitar a ocorrência de dano ou, ao menos, que possam minimizar os efeitos negativos de impactos ambientais considerados inevitáveis.
- **Corretivo**: é considerado "tardio", porque exigido depois de instalada ou iniciada a operação do empreendimento. É a exceção, porque objetiva corrigir uma situação desconforme (quanto a empreendimentos instalados antes de a legislação exigir o licenciamento); ou uma situação clandestina (quanto a empreendimentos instalados ilicitamente, em desrespeito às normas vigentes).

No âmbito do licenciamento ambiental, há três espécies basilares de licenças ambientais, a serem expedidas isolada ou sucessivamente, de acordo com a natureza, as características e a fase do empreendimento ou atividade (arts. 8º e 18 da Resolução Conama n. 237/97). Diz-se "basilares" pois há outras espécies de licenças, consideradas derivações dessas três modalidades, de acordo com a legislação de cada estado. Contudo, costuma-se cobrar em provas as três espécies essenciais:

- **Licença prévia:** concedida na fase preliminar do planejamento do empreendimento ou atividade aprovando sua localização e concepção, atestando a viabilidade ambiental e estabelecendo os requisitos básicos e condicionantes a serem atendidos nas próximas fases de sua implementação. Não pode ser superior a 5 anos;
- **Licença de instalação:** autoriza a instalação do empreendimento ou atividade de acordo com as especificações constantes dos planos, programas e projetos aprovados, incluindo as medidas de controle ambiental e demais condicionantes, da qual constituem motivo determinante. Não pode ser superior a 5 anos.
- **Licença de operação:** autoriza a operação da atividade ou empreendimento, após a verificação do efetivo cumprimento do que consta das licenças anteriores, com as medidas de controle ambiental e condicionantes determinados para a operação. Será de, no mínimo, 4 anos e, no máximo, 10 anos.

Lembre-se que as licenças ambientais não geram direitos adquiridos, mas apenas estabilidade temporal, podendo ser revogadas a qualquer tempo por razões fundamentadas no interesse público (v. Súmula 613 do STJ).

O processo de licenciamento ambiental deve respeitar um trâmite até a emissão da respectiva licença. Tais etapas foram sintetizadas pelo Conama (independentemente da licença a ser requerida) e merecem destaque (art. 10 da Resolução Conama n. 237/97):

a) Definição pelo órgão ambiental competente, com a participação do empreendedor, dos documentos, projetos e estudos ambientais, necessários ao início do processo de licenciamento correspondente à licença a ser requerida.

b) Requerimento da licença ambiental pelo empreendedor, acompanhado dos documentos, projetos e estudos ambientais pertinentes, dando-se a devida publicidade.

c) Análise pelo órgão ambiental competente, integrante do Sisnama, dos documentos, projetos e estudos ambientais apresentados e a realização de vistorias técnicas, quando necessárias.

d) Solicitação de esclarecimentos e complementações pelo órgão ambiental competente, integrante do Sisnama, uma única vez, em decorrência da análise dos documentos, projetos e estudos ambientais apresentados, quando couber, podendo haver a reiteração da mesma solicitação caso os esclarecimentos e complementações não tenham sido satisfatórios.

e) Audiência pública, quando couber, de acordo com a regulamentação pertinente.

f) Solicitação de esclarecimentos e complementações pelo órgão ambiental competente, decorrentes de audiências públicas, quando couber, podendo haver reiteração da solicitação quando os esclarecimentos e complementações não tenham sido satisfatórios.

g) Emissão de parecer técnico conclusivo e, quando couber, parecer jurídico.

h) Deferimento ou indeferimento do pedido de licença, dando-se a devida publicidade.

Ainda quanto às etapas do processo de licenciamento ambiental, é importante ressaltar o regramento basilar relativo às audiências públicas, disciplinado no art. 11 da Resolução Conama n. 1/86 e na Resolução Conama n. 9/87. A audiência pública tem por finalidade expor à sociedade e a todos os interessados o conteúdo dos estudos ambientais realizados para implementação de obra ou atividade sujeita ao licenciamento ambiental, a fim de esclarecer os impactos (positivos e negativos) que possam repercutir no meio ambiente e na vida das pessoas, dando-se à coletividade oportunidade para dirimir suas dúvidas, tecer críticas e dar sugestões. O instrumento concretiza, pois, o princípio da participação democrática e, uma vez solicitado, deve ser obrigatoriamente realizado, pena de invalidade da licença ambiental. São legitimados para requerê-la: a) órgão ambiental competente; b) Ministério Público; c) entidade civil; d) cinquenta ou mais cidadãos.

Assunto comumente cobrado em provas e que também merece destaque diz respeito à competência para o licenciamento ambiental, que, em síntese, pertence a todos os entes políticos (art. 23, VI, da CF) e está disciplinada na Lei Complementar n. 140/2011.

Em regra, o licenciamento deve ocorrer no âmbito estadual (art. 8º, XIV e XV, da Lei Complementar n. 140/2011), ressalvadas as situações em que a competência será atribuída a órgão federal (Ibama) ou municipal (arts. 7º, XIV, e 9º, XIV, respectivamente, da Lei Complementar n. 140/2011).

Assim, compete à União promover o licenciamento ambiental de empreendimentos e atividades:

- localizados ou desenvolvidos conjuntamente no Brasil e em país limítrofe;
- localizados ou desenvolvidos no mar territorial, na plataforma continental ou na zona econômica exclusiva;
- localizados ou desenvolvidos em terras indígenas;
- localizados ou desenvolvidos em unidades de conservação instituídas pela União, exceto em Áreas de Proteção Ambiental (APAs);
- localizados ou desenvolvidos em 2 ou mais Estados;
- de caráter militar, excetuando-se do licenciamento ambiental, nos termos de ato do Poder Executivo, aqueles previstos no preparo e emprego das Forças Armadas, conforme disposto na Lei Complementar n. 97/99;
- destinados a pesquisar, lavrar, produzir, beneficiar, transportar, armazenar e dispor material radioativo, em qualquer estágio, ou que utilizem energia nuclear em qualquer de suas formas e aplicações, mediante parecer da Comissão Nacional de Energia Nuclear (Cnen); ou
- que atendam tipologia estabelecida por ato do Poder Executivo, a partir de proposição da Comissão Tripartite Nacional, assegurada a participação de um membro do Conselho Nacional do Meio Ambiente (Conama), e considerados os critérios de i) porte, ii) potencial poluidor e iii) natureza da atividade ou empreendimento.

Aos estados, como dito, cabe a regra, ou seja, promover o licenciamento ambiental de atividades ou empreendimentos utilizadores de recursos ambientais, efetiva ou potencialmente poluidores ou capazes, sob qualquer forma, de causar degradação ambiental, ressalvados os casos de competência federal ou municipal; bem como promover o licenciamento ambiental de atividades ou empreendimentos localizados ou desenvolvidos em unidades de conservação instituídas pelo Estado, exceto em Áreas de Proteção Ambiental (APAs).

Já aos municípios, a competência é de promover o licenciamento ambiental das atividades ou empreendimentos:

- que causem ou possam causar impacto ambiental de âmbito local, conforme tipologia definida pelos respectivos Conselhos Estaduais de Meio Ambiente, considerados os critérios de porte, potencial poluidor e natureza da atividade; ou

- localizados em unidades de conservação instituídas pelo município, exceto em Áreas de Proteção Ambiental (APAs).

Os empreendimentos e atividades devem ser licenciados ou autorizados por um único ente federativo, ou seja, a legislação não prevê hipótese de licenciamento ambiental por dois ou mais entes políticos (art. 13, *caput*, da Lei Complementar n. 140/2011 e art. 7º da Resolução Conama n. 237/97).

Ainda no intuito de organizar o sistema de competências estabelecido de modo horizontal aos entes federativos, a Lei Complementar n. 140/2011 traz conceito importante de **atuação supletiva**, que significa a ação de um ente federativo que substitui a do originalmente detentor de determinada atribuição, nas hipóteses legalmente estabelecidas (arts. 2º, II, e 15 da Lei Complementar n. 140/2011); bem como de **atuação subsidiária**, que significa o auxílio no desempenho de atribuições decorrentes das competências comuns, quando solicitado, podendo consistir em apoio técnico, científico, administrativo ou financeiro (arts. 2º, III, e 16 da Lei Complementar n. 140/2011).

Há, ainda, outras particularidades do licenciamento ambiental que devem ser observadas:

- a supressão de vegetação decorrente de licenciamentos ambientais deve ser autorizada pelo ente federativo licenciador (art. 13, § 2º, da Lei Complementar n. 140/2011);
- no procedimento de licenciamento exige-se certidão do Município de uso e ocupação do solo e, quando necessário, autorização para supressão de vegetação e outorga para uso da água (art. 10, § 1º, da Resolução Conama n. 237/97);
- a renovação de licenças ambientais deve ser requerida com antecedência mínima de 120 dias da expiração de seu prazo de validade (art. 14, § 4º, da Lei Complementar n. 140/2011);

- a atribuição para lavrar auto de infração ambiental decorrente do licenciamento e instaurar processo administrativo respectivo é do órgão licenciador (art. 17, *caput*, da Lei Complementar n. 140/2011);
- o ente federativo que tiver conhecimento de iminência ou ocorrência de degradação da qualidade ambiental deverá determinar medidas para evitá-la, fazer cessá-la ou mitigá-la, comunicando imediatamente ao órgão competente para que as providências cabíveis sejam tomadas (art. 17, § 2º, da Lei Complementar n. 140/2011);
- na hipótese de lavratura de mais de um auto de infração sobre o mesmo fato, deve prevalecer o do órgão licenciador competente (art. 17, § 3º, da Lei Complementar n. 140/2011).

6.2 Avaliação de impacto ambiental

A **Avaliação de Impacto Ambiental** (AIA) caracteriza-se como "gênero" que incorpora diversas espécies de estudos técnicos de natureza ambiental, voltados a estudar os impactos, positivos ou negativos, gerados por quaisquer empreendimentos potencial ou efetivamente poluidores do meio ambiente. Ou seja, objetiva avaliar os níveis de intervenção humana no ambiente e apresentar soluções voltadas a assegurar sustentabilidade para a atividade pretendida.

Tais estudos são necessariamente exigidos para instruírem o processo de licenciamento ambiental, mas também podem ser úteis em outras situações, por exemplo, a título de exigência de órgãos do Sisnama para deferimento de autorizações ambientais, ou como subsídio para celebração de contratos.

A **natureza jurídica** da AIA é de instrumento de comando e controle da Política Nacional do Meio Ambiente (art. 9º, III, da Lei n. 6.938/81), cujo regramento encontra-se, basilarmente, na Lei n. 6.938/81, na Resolução Conama n. 1/86 e na Resolução Conama n. 237/97.

A título exemplificativo, são modalidades de AIA: Estudo Ambiental Simplificado (EAS); Relatório Ambiental Preliminar (RAP); Plano de Controle Ambiental e Relatório de Controle Ambiental (PCA/RCA); Plano de Recuperação de Áreas Degradadas (PRAD); Estudo de Viabilidade Ambiental (EVA); Estudo de Impacto de Vizinhança e Relatório de Impacto de Vizinhança (EIV/RIV); e Estudo de Impacto Ambiental e Relatório de Impacto ao Meio Ambiente (EIA/RIMA).

A escolha da modalidade de AIA depende de normas legais específicas, da análise discricionária do corpo técnico do órgão ambiental competente, do tipo de obra ou atividade pretendida, dentre outros fatores.

A responsabilidade pela elaboração da AIA é do empreendedor e dos signatários do estudo técnico.

As modalidades de AIA mais cobradas em exames são, sem dúvida: o Estudo de Impacto de Vizinhança e respectivo Relatório (EIV/RIV) e o Estudo de Impacto Ambiental e respectivo Relatório (EIA/RIMA).

O **Estudo de Impacto de Vizinhança (EIV/RIV)** é um dos diversos instrumentos de política urbana previstos no Estatuto da Cidade. Objetiva contemplar os impactos positivos e negativos de determinado empreendimento ou atividade quanto à qualidade de vida da população residente na área e suas proximidades, incluindo a análise, no mínimo, das seguintes questões: I – adensamento populacional; II – equipamentos urbanos e comunitários; III – uso e ocupação do solo; IV – valorização imobiliária; V – geração de tráfego e demanda por transporte público; VI – ventilação e iluminação; VII – paisagem urbana e patrimônio natural e cultural (art. 37 da Lei n. 10.257/2001). Os empreendimentos e atividades privados ou públicos em área urbana que dependerão de elaboração de EIV/RIV deverão ser definidos em lei municipal, a fim de obter as licenças ou autorizações de construção, ampliação ou funcionamento a cargo do Poder Público municipal (art. 36 da Lei n. 10.257/2001).

O **Estudo de Impacto Ambiental (EIA/RIMA)** é instrumento de *status* constitucional, expressamente previsto como elemento de instrução de processos de licenciamento ambiental, para instalação de qualquer obra ou atividade potencialmente causadora de "significativa degradação" do meio ambiente (art. 225, § 1º, IV, da CF). Trata-se da modalidade mais complexa e abrangente de Avaliação de Impacto Ambiental (AIA), cujas linhas gerais estão disciplinadas na Resolução Conama n. 1/86. O EIA/RIMA, sem dúvida, materializa uma gama extensa de princípios informadores do Direito Ambiental, uma vez que objetiva, em síntese, diagnosticar com profundidade a área de influência de determinado projeto, analisar os impactos ambientais e suas alternativas, definir as respectivas medidas mitigadoras e compensatórias, elaborar programa de acompanhamento e de monitoramento, além de recomendar as alternativas mais favoráveis e caracterizar a qualidade ambiental futura da respectiva área de influência. Assim, o mecanismo compreende os princípios da sustentabilidade, prevenção, precaução, poluidor-pagador, informação, participação democrática, solidariedade intergeracional, função socioambiental da propriedade, recuperação de áreas degradadas, dentre outros (art. 225 da CF e arts. 2º e 4º da Lei n. 6.938/81).

O Estudo de Impacto de Vizinhança (EIV) não se confunde com o Estudo de Impacto Ambiental (EIA). Com efeito, são instrumentos diametralmente distintos: o primeiro prioriza a avaliação de impactos no ambiente urbano; e o segundo os impactos no ambiente natural.

Ressalte-se, ademais, que a "significativa degradação" para exigência de EIA/RIMA deverá ser constatada pelo órgão competente, de acordo com o caso concreto. Contudo, a Resolução Conama n. 1/86 elenca diversas modalidades de empreendimentos que, por sua natureza, dependem de EIA/RIMA, porque presumida a "significativa degradação", seja potencial ou efetiva.

6.3 Espaços Territoriais Especialmente Protegidos

Os Espaços Territoriais Especialmente Protegidos (ETEPs) são áreas geográficas (de terra e/ou de mar), públicas ou privadas, dotadas de atributos especiais que requeiram sujeição a um regime jurídico próprio, especialmente dedicadas à proteção e à manutenção da diversidade biológica e de seus recursos ambientais associados, com impossibilidade total ou parcial de modificação ou intervenção antrópica. Possuem natureza jurídica de instrumento da Política Nacional do Meio Ambiente (art. 9º, VI, da Lei n. 6.938/81).

Ao Poder Público (em sentido amplo) incumbe definir, em todas as unidades da Federação, espaços territoriais e seus componentes a serem especialmente protegidos, sendo a alteração e a supressão permitidas somente por meio de lei (lei ordinária), vedada qualquer utilização que comprometa a integridade dos atributos que justifiquem sua proteção (art. 225, § 1º, III, da CF).

As modalidades de ETEPs estão disciplinadas em vários diplomas legais, tais como:

- **Patrimônio nacional** (art. 225, § 4º, da CF): composto pela "Floresta Amazônica brasileira, Mata Atlântica, Serra do Mar, Pantanal Mato-Grossense e Zona Costeira", cuja utilização deve ser disciplinada na forma da lei, dentro de condições que assegurem a preservação do meio ambiente, inclusive quanto ao uso dos recursos naturais. Ressalte-se, contudo, que o dispositivo constitucional listou apenas três dos seis biomas terrestres que compõem o território brasileiro: Amazônia, Mata Atlântica, Pantanal, Cerrado, Caatinga e Pampa. A propósito, a Serra do Mar e a Zona Costeira não são considerados biomas autônomos, pois integram a Mata Atlântica.

- **Zoneamento ambiental** (art. 9º, II, da Lei n. 6.938/81): instrumento de ordenação territorial, que inclui critérios de controle e utilização de bens ambientais. É considerado "gênero", composto de diversas modalidades, tais como o zoneamento industrial nas áreas críticas de poluição (Lei n. 6.803/80), zoneamento costeiro (Lei n. 7.661/88), zoneamento agroecológico (Lei n. 8.171/91), zoneamento ecológico-econômico (Decreto n. 4.297/2002), dentre outros.

- **Mecanismos de tutela do Código Florestal** (Lei n. 12.651/2012): incluem as Áreas de Preservação Permanente (APPs), a Reserva Legal (RL), as áreas de uso restrito, o uso ecologicamente sustentável dos apicuns e salgados, as áreas verdes urbanas, a Cota de Reserva Ambiental (CRA), dentre vários outros. As APPs e a RLs serão estudadas a seguir.

- **Sistema Nacional de Unidades de Conservação da Natureza** (Lei n. 9.985/2000): as doze modalidades de unidades de conservação serão tratadas adiante.

- **Reservas da Biosfera** (art. 41, *caput*, da Lei n. 9.985/2000): é um modelo, adotado internacionalmente, de gestão integrada, participativa e sustentável dos recursos naturais, com os objetivos básicos de preservação da diversidade biológica, desenvolvimento de atividades de pesquisa, monitoramento ambiental, educação ambiental, desenvolvimento sustentável e melhoria da qualidade de vida das populações.

- **Unidades de conservação atípicas**: embora não estejam disciplinadas na Lei n. 9.985/2000, possuem características semelhantes às unidades de conservação tratadas na referida lei, tais como os hortos florestais, os jardins zoológicos, os jardins botânicos, dentre outras.

A seguir, serão estudados os instrumentos que possuem maior incidência em provas.

a) Código Florestal

As **Áreas de Preservação Permanente (APPs)** são áreas urbanas ou rurais protegidas, cobertas ou não por vegetação nativa, com a função ambiental de preservar os recursos hídricos, a paisagem, a estabilidade geológica e a biodiversidade, facilitar o fluxo gênico de fauna e flora, proteger o solo e assegurar o bem-estar das populações humanas (art. 3º, II, da Lei n. 12.651/2012).

A função ecológica das APPs é, em síntese, a proteção de fragilidades ambientais (bens bióticos e abióticos, geografia peculiar, ecossistemas etc.). Significa dizer que a relevância e/ou a sensibilidade de uma área ou bem ambiental é o fato que determina a necessidade de proteção especial.

As Áreas de Preservação Permanente são identificadas em dois grupos:

- **APPs de norma imperativa (art. 4º da Lei n. 12.651/2012):** existem por simples disposição de lei, bastando sua identificação no plano fático para que, sem outra formalidade, sejam caracterizadas como APPs:

    I – as faixas marginais de qualquer curso d'água natural perene e intermitente, excluídos os efêmeros, desde a borda da calha do leito regular, em largura mínima de:

    a) 30 (trinta) metros, para os cursos d'água de menos de 10 (dez) metros de largura;

    b) 50 (cinquenta) metros, para os cursos d'água que tenham de 10 (dez) a 50 (cinquenta) metros de largura;

    c) 100 (cem) metros, para os cursos d'água que tenham de 50 (cinquenta) a 200 (duzentos) metros de largura;

    d) 200 (duzentos) metros, para os cursos d'água que tenham de 200 (duzentos) a 600 (seiscentos) metros de largura;

    e) 500 (quinhentos) metros, para os cursos d'água que tenham largura superior a 600 (seiscentos) metros;

    II – as áreas no entorno dos lagos e lagoas naturais, em faixa com largura mínima de:

    a) 100 (cem) metros, em zonas rurais, exceto para o corpo d'água com até 20 (vinte) hectares de superfície, cuja faixa marginal será de 50 (cinquenta) metros;

    b) 30 (trinta) metros, em zonas urbanas;

    III – as áreas no entorno dos reservatórios d'água artificiais, decorrentes de barramento ou represamento de cursos d'água naturais, na faixa definida na licença ambiental do empreendimento;

    IV – as áreas no entorno das nascentes e dos olhos d'água perenes, qualquer que seja sua situação topográfica, no raio mínimo de 50 (cinquenta) metros;

    V – as encostas ou partes destas com declividade superior a 45°, equivalente a 100% (cem por cento) na linha de maior declive;

    VI – as restingas, como fixadoras de dunas ou estabilizadoras de mangues;

    VII – os manguezais, em toda a sua extensão;

    VIII – as bordas dos tabuleiros ou chapadas, até a linha de ruptura do relevo, em faixa nunca inferior a 100 (cem) metros em projeções horizontais;

    IX – no topo de morros, montes, montanhas e serras, com altura mínima de 100 (cem) metros e inclinação média maior que 25°, as áreas delimitadas a partir da curva de nível correspondente a 2/3 (dois terços) da altura mínima da elevação sempre em relação à base, sendo esta definida pelo plano horizontal determinado por planície ou espelho d'água adjacente ou, nos relevos ondulados, pela cota do ponto de sela mais próximo da elevação;

X – as áreas em altitude superior a 1.800 (mil e oitocentos) metros, qualquer que seja a vegetação;

XI – em veredas, a faixa marginal, em projeção horizontal, com largura mínima de 50 (cinquenta) metros, a partir do espaço permanentemente brejoso e encharcado.

- **APPs administrativas (art. 6º da Lei n. 12.651/2012)**: são APPs declaradas de interesse social por ato específico do Chefe do Poder Executivo, cobertas com florestas ou outras formas de vegetação, destinadas a uma ou mais das seguintes finalidades:

    I – conter a erosão do solo e mitigar riscos de enchentes e deslizamentos de terra e de rocha;

    II – proteger as restingas ou veredas;

    III – proteger várzeas;

    IV – abrigar exemplares da fauna ou da flora ameaçados de extinção;

    V – proteger sítios de excepcional beleza ou de valor científico, cultural ou histórico;

    VI – formar faixas de proteção ao longo de rodovias e ferrovias;

    VII – assegurar condições de bem-estar público;

    VIII – auxiliar a defesa do território nacional, a critério das autoridades militares;

    IX – proteger áreas úmidas, especialmente as de importância internacional.

A regra é de que não se deve intervir em Área de Preservação Permanente. Contudo, são autorizadas intervenções ou supressões de vegetação excepcionais, em casos de utilidade pública, interesse social ou nas chamadas atividades eventuais ou de baixo impacto ambiental, desde que devidamente autorizadas pelo órgão ambiental competente (arts. 3º, VIII, IX e X, e 8º da Lei n. 12.651/2012 e Resolução Conama n. 369/2006).

As obrigações previstas na legislação florestal têm natureza real (*propter rem*), ou seja, recaem sobre quem tem o domínio ou a posse do bem, e são transmitidas ao sucessor, de qualquer natureza, no caso de transferência de domínio ou posse do imóvel rural (arts. 2º, § 2º, e 7º, § 2º, da Lei n. 12.651/2012).

Adquirido determinado imóvel com passivo ambiental, transmissor e adquirente serão responsáveis pela reparação dos danos causados: o transmissor na qualidade de poluidor direto e o adquirente como poluidor indireto (art. 3º, IV, da Lei n. 6.938/81 e art. 2º, § 2º, da Lei n. 12.651/2012).

Além das modalidades de APPs disciplinadas no Código Florestal (norma editada pela União), os estados e os municípios podem prever outras hipóteses de APP, aplicando-se, respectivamente, os sistemas de competência legislativa concorrente e suplementar em matéria ambiental (arts. 24, VI, e 30, II, da CF).

A **Reserva Legal (RL)** é área localizada no interior de uma propriedade ou posse rural, com a função de (art. 3º, III, da Lei n. 12.651/2012):

- assegurar o uso econômico de modo sustentável dos recursos naturais do imóvel rural;
- auxiliar a conservação e a reabilitação dos processos ecológicos;
- promover a conservação da biodiversidade;
- promover o abrigo e a proteção de fauna silvestre e da flora nativa.

A função ecológica da RL, em síntese, reside na necessidade de manutenção de cobertura mínima no imóvel rural para assegurar a integração de biomas (proteção de biodiversidade, equilíbrio de ciclo hidrológico, ciclo de chuvas, ciclo de ventos, umidade relativa do ar, temperatura média etc.).

Os limites da RL estão identificados em porcentuais do imóvel rural (art. 12 da Lei n. 12.651/2012):

- Se localizado na Amazônia Legal (art. 3º, I, da Lei n. 12.651/2012):
  - 80% no imóvel situado em área de florestas;
  - 35% no imóvel situado em área de cerrado;
  - 20% no imóvel situado em área de campos gerais;
- Se localizado nas demais regiões do País: 20%.

Alguns empreendimentos não estão sujeitos a constituição de reserva legal (art. 12, §§ 6º, 7º e 8º, da Lei n. 12.651/2012):

- de abastecimento público de água e tratamento de esgoto;
- relativos às áreas adquiridas ou desapropriadas por detentor de concessão, permissão ou autorização para exploração de potencial de energia hidráulica, nas quais funcionem empreendimentos de geração de energia elétrica, subestações ou sejam instaladas linhas de transmissão e de distribuição de energia elétrica;
- relativos às áreas adquiridas ou desapropriadas com o objetivo de implantação e ampliação de capacidade de rodovias e ferrovias.

Nos termos da Lei de Política Agrícola, são isentas de tributação e do pagamento do Imposto Territorial Rural (ITR) as áreas dos imóveis rurais consideradas de Reserva Legal (RL) e de Preservação Permanente (APP), previstas na Lei n. 12.651/2012 (art. 104 da Lei n. 8.171/91). O Código Florestal também trata de tais deduções, porque consideradas instrumento econômico de política ambiental (art. 41, II, *c*, da Lei n. 12.651/2012).

O proprietário ou possuidor pode escolher a localização da reserva legal, mas deve submetê-la à aprovação do órgão estadual competente (art. 14 da Lei n. 12.651/2012).

A obrigação de instituir reserva legal aplica-se ao proprietário, ao possuidor ou ocupante a qualquer título, pessoa física ou jurídica, de direito público ou privado (art. 17, *caput*, da Lei n. 12.651/2012). Na posse, a área de reserva legal é assegurada por termo de compromisso firmado pelo possuidor com o órgão competente do Sisnama, com força de título executivo extrajudicial (art. 18, § 2º, da Lei n. 12.651/2012).

A exploração econômica de área de Reserva Legal é admitida, no regime de manejo sustentável, desde que previamente aprovada pelo órgão ambiental competente e mediante condições (arts. 17, § 1º, e 22 da Lei n. 12.651/2012).

A área de reserva legal deverá ser registrada no órgão ambiental competente por meio de inscrição no Cadastro Ambiental Rural (CAR), e tal desobriga a averbação no Cartório de Registro de Imóveis (arts. 18, *caput* e § 4º, e 29 a 30 da Lei n. 12.651/2012).

O registro do imóvel no CAR é obrigatório e não será considerado título para fins de reconhecimento do direito de propriedade ou posse (art. 29, *caput* e § 2º, da Lei n. 12.651/2012).

O Cadastro Ambiental Rural (CAR), em suma, é caracterizado como registro público eletrônico de âmbito nacional, obrigatório para todos os imóveis rurais, com a finalidade de integrar as informações ambientais das propriedades e posses rurais, compondo base de dados para controle, monitoramento, planejamento ambiental e econômico e combate ao desmatamento (art. 29, *caput*, da Lei n. 12.651/2012).

A reserva legal poderá ser instituída em regime de condomínio ou coletiva entre propriedades rurais, respeitado o percentual previsto no art. 12 em relação a cada imóvel (art. 16, *caput*, da Lei n. 12.651/2012).

b) Sistema Nacional de Unidades de Conservação da Natureza

As **Unidades de Conservação (UCs)** são espaços territoriais e seus recursos ambientais, incluindo as águas jurisdicionais, com características naturais relevantes, legalmente instituídas pelo Poder Público, com objetivos de conservação e limites definidos, sob regime especial de administração, ao qual se aplicam garantias adequadas de proteção (art. 2º, I, da Lei n. 9.985/2000).

A função ecológica das UCs é a ampla proteção ambiental de espaços delimitados geograficamente.

As UCs são identificadas em dois grupos: Unidades de Conservação de Proteção Integral (UCPIs) e Unidades de Conservação de Uso Sustentável (UCUSs).

As Unidades de Conservação de Proteção Integral são: Estação Ecológica, Reserva Biológica, Parque Nacional, Monumento Natural e Refúgio de Vida Silvestre.

As Unidades de Conservação de Uso Sustentável são: Área de Proteção Ambiental, Área de Relevante Interesse Ecológico, Floresta Nacional, Reserva Extrativista, Reserva de Fauna, Reserva de Desenvolvimento Sustentável e Reserva Particular do Patrimônio Natural.

O objetivo básico das UCPIs é preservar a natureza, sendo admitido apenas o uso indireto dos recursos naturais (art. 7º, § 1º, da Lei n. 9.985/2000). Uso indireto, segundo a lei, é aquele que não envolve consumo, coleta, dano ou destruição dos recursos naturais (art. 2º, IX, da Lei n. 9.985/2000). Já as UCUSs têm por objetivo compatibilizar a conservação da natureza com o uso sustentável de parcela dos seus recursos naturais (art. 7º, § 2º, da Lei n. 9.985/2000).

As unidades de conservação podem ser criadas por ato do Poder Público, ou seja, pela União, estados, Distrito Federal e municípios (art. 22, *caput*, da Lei n. 9.985/2000). Para isso, são necessários estudos técnicos e consultas públicas para identificar a localização, a dimensão e os limites mais adequados da unidade de conservação, com exceção da criação de Estação Ecológica ou Reserva Biológica, em que não será obrigatória a consulta pública (art. 22, §§ 2º e 4º, da Lei n. 9.985/2000).

A ampliação dos limites de uma unidade de conservação, sem modificação dos seus limites originais, exceto pelo acréscimo proposto, pode ser feita por instrumento normativo do mesmo nível hierárquico do que criou a unidade. Contudo, devem ser realizados os procedimentos de consulta pública, que permitam identificar a localização, a dimensão e os limites mais adequados para a unidade (art. 22, §§ 2º e 6º, da Lei n. 9.985/2000).

As unidades de conservação de uso sustentável podem ser transformadas total ou parcialmente em unidades de conservação de proteção integral, por instrumento normativo do mesmo nível hierárquico do que criou a unidade, desde que obedecidos os respectivos procedimentos de consulta pública (art. 22, § 5º, da Lei n. 9.985/2000).

Contudo, a modificação de uma unidade de conservação de proteção integral para o grupo de uso sustentável, a redução dos limites geográficos ou a desafetação só podem ser feitas mediante lei específica (art. 225, § 1º, III, da CF e art. 22, § 7º, da Lei n. 9.985/2000).

O **plano de manejo** é documento de natureza técnica mediante o qual, com fundamento nos objetivos gerais de uma unidade de conservação, se estabelece o seu zoneamento e as normas que devem presidir o uso da área e o manejo dos recursos naturais, inclusive a implantação das estruturas físicas necessárias à gestão da unidade (art. 2º, XVII, da Lei n. 9.985/2000). Algumas particularidades merecem ser observadas (arts. 27 e s. da Lei n. 9.985/2000):

- O plano de manejo deve abranger a área da unidade de conservação, sua zona de amortecimento e os corredores ecológicos, incluindo medidas com o fim de promover sua integração à vida econômica e social das comunidades vizinhas.

- Na elaboração, atualização e implementação do plano de manejo das reservas extrativistas, das reservas de desenvolvimento sustentável, das áreas de proteção ambiental e, quando couber, das florestas nacionais e das áreas de relevante interesse ecológico, será assegurada a ampla participação da população residente.
- O plano de manejo de uma unidade de conservação deve ser elaborado no prazo de cinco anos a partir da data de sua criação.

A **zona de amortecimento** é identificada como o entorno de uma unidade de conservação, onde as atividades humanas estão sujeitas a normas e restrições específicas, com o propósito de minimizar os impactos negativos sobre a unidade (art. 2º, XVIII, da Lei n. 9.985/2000). As unidades de conservação devem possuir uma zona de amortecimento, exceto área de proteção ambiental e reserva particular do patrimônio natural (art. 25, *caput*, da Lei n. 9.985/2000).

Os **corredores ecológicos**, por sua vez, são porções de ecossistemas naturais ou seminaturais, ligando unidades de conservação, que possibilitam entre elas o fluxo de genes e o movimento da biota, facilitando a dispersão de espécies e a recolonização de áreas degradadas, bem como a manutenção de populações que demandam para sua sobrevivência áreas com extensão maior do que aquela das unidades individuais (art. 2º, XIX, da Lei n. 9.985/2000). Devem existir sempre que conveniente (art. 25, *caput*, da Lei n. 9.985/2000).

A **compensação ambiental**, instituída no art. 36 da Lei n. 9.985/2000, consubstancia-se em obrigação de apoiar a implantação e a manutenção de unidade de conservação do grupo de proteção integral, nos casos de licenciamento ambiental em que se verificar significativo impacto e, portanto, necessidade de apresentação de EIA/RIMA. Referido apoio deve ser convertido em valor, a ser apurado de acordo com o grau de impacto ambiental causado pelo empreendimento.

A ADI 3.378 declarou a inconstitucionalidade da expressão "não pode ser inferior a meio por cento dos custos totais previstos para a implantação do empreendimento" contida no mencionado § 1º, razão pela qual o valor da compensação-compartilhamento deve ser fixado proporcionalmente ao impacto ambiental (e não aos custos do empreendimento), após estudo em que se assegurem o contraditório e a ampla defesa.

Compete ao órgão ambiental licenciador definir as unidades de conservação a serem beneficiadas, considerando as propostas apresentadas no EIA/RIMA e ouvido o empreendedor, ou será a que for afetada pelo empreendimento, ainda que seja unidade de conservação de uso sustentável (art. 36, §§ 2º e 3º, da Lei n. 9.985/2000).

A obrigação poderá, ainda, em virtude do interesse público, ser cumprida em unidades de conservação de posse e domínio públicos do grupo de Uso Sustentável, especialmente as localizadas na Amazônia Legal (art. 36, § 4º, da Lei n. 9.985/2000).

A compensação ambiental do SNUC, identificada como obrigação de apoio à unidade de conservação decorrente de licenciamento ambiental de significativo impacto, não se confunde com a compensação ambiental prevista no âmbito de responsabilidade civil, como forma de reparação de danos.

6.4 Instrumentos econômicos

Os instrumentos econômicos são mecanismos de política ambiental voltados a oferecer recompensa, remuneração, benefício ou incentivo a quem, voluntariamente, fomenta a proteção ambiental. São mecanismos identificados como "de complementação", pois, associados aos instrumentos de comando e controle, visam trazer mais eficácia à Política Nacional do Meio Ambiente, instrumentalizando, precipuamente, o princípio do protetor-recebedor. Os atores podem ser da esfera pública ou privada, e, repita-se, sua atuação deve ocorrer de forma voluntária (não são, pois, instrumentos que dependem de uso de poder de polícia do Estado). As hipóteses mencionadas no art. 9º, XIII, da Lei n. 6.938/81 são exemplificativas.

Serão identificadas as modalidades mais comentadas na doutrina:

a) Servidão ambiental

A servidão ambiental é modalidade de renúncia voluntária do proprietário rural, em caráter temporário ou permanente, total ou parcial, do direito de uso, exploração ou supressão de recursos naturais existentes na propriedade, mediante anuência do órgão ambiental competente (arts. 9º-A, 9º-B e 9º-C da Lei n. 6.938/81).

A servidão ambiental pode ser onerosa ou gratuita, temporária ou perpétua. Se temporária, o prazo mínimo é de 15 anos. A servidão ambiental perpétua equivale, para fins creditícios, tributários e de acesso aos recursos de fundos públicos, à Reserva Particular do Patrimônio Natural (RPPN).

O detentor da servidão ambiental poderá aliená-la, cedê-la ou transferi-la, total ou parcialmente, por prazo determinado ou em caráter definitivo, em favor de outro proprietário ou de entidade pública ou privada que tenha a conservação ambiental como fim social. O contrato de alienação, cessão ou transferência da servidão ambiental deve ser averbado na matrícula do imóvel.

b) Concessão florestal

A concessão florestal é caracterizada na Lei de Gestão de Florestas Públicas (Lei n. 11.284/2006) como modalidade de delegação onerosa, feita pelo poder concedente, do direito de praticar manejo florestal sustentável para exploração de produtos e serviços numa unidade de manejo, mediante licitação, à pessoa jurídica, em consórcio ou não, que atenda às exigências do respectivo edital de licitação e demonstre capacidade para seu desempenho, por sua conta e risco e por prazo determinado (art. 9º, XIII, da Lei n. 6.938/81 e arts. 3º, VII, 7º e s. da Lei n. 11.284/2006). É dizer, trata-se de modalidade de contrato administrativo que objetiva transferir a um particular o direito de explorar economicamente uma floresta pública, no regime de manejo florestal sustentável, para exploração de produtos e serviços, mediante prévio procedimento licitatório.

Quanto às obrigações ambientais relacionadas à floresta pública objeto da concessão, verifica-se, de um lado, que o concessionário assume deveres protetivos como uma das contrapartidas pelo direito de exploração econômica de uma unidade de manejo; e, de outro lado, que o poder concedente permanece titular do imóvel e, portanto, imbuído dos deveres ambientais inerentes à relação de propriedade que exerce sobre a área, que, como se sabe, é de natureza *propter rem* (art. 2º, § 2º, da Lei n. 12.651/2012). Desse modo, inexiste disposição ou transferência do dever de tutela ambiental do Estado ao particular, tratando-se de situação de admissão compartilhada de obrigações, no plano da tutela transindividual, ainda que entre os contratantes possa existir direito regressivo.

Como instrumento econômico de política protetiva, a concessão florestal permite promover o uso sustentável de floresta, transformando-se a biodiversidade em ativo real, a fim de evitar, por exemplo, ações descontroladas de desmatamento e a grilagem de terras públicas.

c) Seguro ambiental

O seguro ambiental é mecanismo contratual que garante ao contratante (potencial poluidor) disponibilidade de recursos financeiros necessários à eventual reparação de danos causados ao meio ambiente. Verifica-se, portanto, que o seguro ambiental implementa a eficácia do princípio do poluidor-pagador e da reparação integral, pois, na hipótese de sobrevir degradação, restará afastado o risco de inadimplemento obrigacional, situação que beneficia a sociedade, titular do patrimônio ambiental. Embora essa modalidade de instrumento econômico já seja comum no país, está pendente de regulamentação legal específica.

d) Índice de sustentabilidade empresarial

O índice de sustentabilidade empresarial (Bovespa) é instrumento que avalia, minuciosamente, empresas que possuem compromissos socioambientais e que investem em ações preventivas, formando uma espécie de *ranking* que permite ao investidor direcionar seus investimentos, dada a redução de riscos de desvalorização de tais ações decorrentes da menor probabilidade de essas empresas serem poluidoras e, futuramente, obrigadas à recomposição onerosa de danos ambientais.

e) Tributação ecológica

A tributação ecológica é mecanismo tributário que visa beneficiar quem integra voluntariamente ações voltadas à proteção do meio ambiente, o que pode ocorrer, por exemplo, mediante repasse de verbas arrecadadas por um ente político a outro que venha fomentar ações de tutela ambiental (ICMS ecológico); ou, ainda, por meio de descontos em tributos para quem investir em projetos diversos de proteção do meio ambiente (IPTU ecológico).

Desse modo, é possível a edição de determinada norma para fixar as regras e os critérios para recompensar aqueles que praticam ações de proteção do meio ambiente.

f) Mercado de carbono

O mercado de carbono é modalidade de comércio voluntário destinado à negociação de Reduções Certificadas de Emissões (RCEs) de Gases de Efeito Estufa (GEEs), amparada pelos princípios da prevenção, da precaução, da sustentabilidade, do protetor-recebedor, dentre outros, cujos atores podem ser o Poder Público ou a iniciativa privada.

A criação de mercado de carbono no Brasil é constitucional e sua prática não envolve atos de alienação ou de disposição do patrimônio ambiental, mas apenas a negociação de títulos representativos de proteção voluntária do meio ambiente.

A Lei de Política Nacional sobre Mudanças Climáticas determina, como um de seus objetivos, o estímulo ao desenvolvimento do Mercado Brasileiro de Redução de Emissões (MBRE), popularmente designado "mercado de carbono" (art. 4º, VIII, da Lei n. 12.187/2009). Referido mercado poderá ser operacionalizado em bolsas de mercadorias e futuros, bolsas de valores e entidades de balcão organizado, autorizadas pela Comissão de Valores Mobiliários (CVM), onde se dará a negociação de títulos mobiliários representativos de emissões de gases de efeito estufa evitadas certificadas, comumente denominados Reduções Certificadas de Emissões (RCEs) (art. 9º da Lei n. 12.187/2009).

O Brasil firmou compromissos internacionais voltados à redução de emissão de gases de efeito estufa, estabelecidos, especialmente, na Convenção-Quadro das Nações Unidas sobre Mudanças Climáticas (Decreto n. 2.652/98); no Protocolo de Quioto à CQNUMC (Decreto n. 5.445/2005); e no Acordo de Paris sobre a CQNUMC, compromisso que visa fortalecer a resposta global à ameaça da mudança do clima, no contexto do desenvolvimento sustentável e dos esforços de erradicação da pobreza, a fim de:

i) manter o aumento da temperatura média global bem abaixo de 2°C em relação aos níveis pré-industriais, e envidar esforços para limitar esse aumento da temperatura a 1,5°C em relação aos níveis pré-industriais, reconhecendo que isso reduziria significativamente os riscos e os impactos da mudança do clima;

ii) aumentar a capacidade de adaptação aos impactos negativos da mudança do clima e promover a resiliência à mudança do clima e um desenvolvimento de baixa emissão de gases de efeito estufa, de maneira que não ameace a produção de alimentos; e

iii) tornar os fluxos financeiros compatíveis com uma trajetória rumo a um desenvolvimento de baixa emissão de gases de efeito estufa e resiliente à mudança do clima (art. 2º do Decreto n. 9.073/2017).

No âmbito interno, o Brasil já havia adotado, como resultado dos esforços da Conferência das Nações Unidas sobre Mudanças Climáticas (COP 15), realizada em Copenhague em dezembro de 2009, o compromisso nacional voluntário de promover ações de mitigação de emissões de gases de efeito estufa, com vistas em reduzir entre 36,1% e 38,9% suas emissões projetadas até 2020 (art. 12 da Lei n. 12.187/2009). Contudo, o comércio de carbono representa apenas uma das diversas estratégias disponíveis para atingir as metas de redução estabelecidas e, por ser considerado instrumento econômico de política protetiva ambiental, deve ser praticado de modo voluntário entre os sujeitos.

7. POLÍTICAS SETORIZADAS

Ao lado da Política Nacional do Meio Ambiente (Lei n. 6.938/81), existem diversas normas que estabelecem Políticas Ambientais Setorizadas, que disciplinam determinados grupos de bens ambientais, por exemplo, a mata atlântica, os recursos hídricos, os resíduos sólidos, o saneamento básico, as mudanças climáticas, a educação ambiental, os povos e as comunidades tradicionais, a biossegurança, a biodiversidade, dentre outros.

A seguir, algumas merecem destaque, mencionando-se suas principais características.

7.1 Lei da Mata Atlântica

A Lei da Mata Atlântica (Lei n. 11.428/2006) dispõe sobre a utilização e proteção da vegetação nativa do Bioma Mata Atlântica. O corte, a supressão e a exploração da vegetação do Bioma Mata Atlântica são realizados conforme se trate de vegetação primária ou secundária, nesta última, levando-se em conta o estágio de regeneração (se avançado, médio ou inicial).

O corte e a supressão da vegetação primária do Bioma Mata Atlântica somente serão autorizados em caráter excepcional, quando necessários à realização de obras, projetos ou atividades de utilidade pública, pesquisas científicas e práticas preservacionistas (art. 20 da Lei n. 11.428/2006).

É vedada a supressão de vegetação primária do Bioma Mata Atlântica, para fins de loteamento ou edificação, nas regiões metropolitanas e áreas urbanas consideradas como tal em lei específica (art. 30 da Lei n. 11.428/2006).

O corte, a supressão e a exploração da vegetação secundária em estágio avançado e médio de regeneração do Bioma Mata Atlântica somente serão autorizados em situações específicas (arts. 21 a 24 da Lei n. 11.428/2006).

O corte, a supressão e a exploração da vegetação secundária em estágio inicial de regeneração do Bioma Mata Atlântica serão autorizados pelo órgão estadual competente (art. 25 da Lei n. 11.428/2006).

7.2 Política Nacional de Recursos Hídricos

A Política Nacional de Recursos Hídricos (Lei n. 9.433/97) regula o regime jurídico das águas no Brasil, estabelece instrumentos para a gestão dos recursos hídricos e cria o Sistema Nacional de Gerenciamento de Recursos Hídricos (SINGREH). Dentre os seus fundamentos, estabelece que a água é um bem de domínio público e um recurso natural limitado, dotado de valor econômico (art. 1º, I e II, da Lei n. 9.433/97). Partindo-se dessa premissa, estabelece os seguintes instrumentos jurídicos de proteção: os Planos de Recursos Hídricos; o enquadramento dos corpos de água em classes, segundo os usos preponderantes da água; a outorga dos direitos de uso de recursos hídricos; a cobrança pelo uso de recursos hídricos; e o Sistema de Informações sobre Recursos Hídricos (art. 5º da Lei n. 9.433/97).

A outorga de direito de uso de recursos hídricos tem como objetivos assegurar o controle quantitativo e qualitativo dos usos da água e o efetivo exercício dos direitos de acesso à água (arts. 5º e 11 da Lei n. 9.433/97). E todos os usos de recursos hídricos sujeitos a outorga (art. 12 da Lei n. 9.433/97) estão igualmente submetidos a cobrança pelo uso da água (art. 20 da Lei n. 9.433/97).

7.3 Política Nacional de Resíduos Sólidos

A Política Nacional de Resíduos Sólidos (Lei n. 12.305/2010) estabelece princípios, objetivos, instrumentos e diretrizes relativos à gestão integrada e ao gerenciamento de resíduos sólidos, incluídos os perigosos, às responsabilidades dos geradores e do Poder Público e aos instrumentos econômicos aplicáveis.

A gestão integrada de resíduos sólidos é o conjunto de ações voltadas para a busca de soluções para os resíduos sólidos, de forma a considerar as dimensões política, econômica, ambiental, cultural e social, com controle social e sob a premissa do desenvolvimento sustentável (art. 3º, XI, da Lei n. 12.305/2010).

O gerenciamento de resíduos sólidos representa o conjunto de ações exercidas, direta ou indiretamente, nas etapas de coleta, transporte, transbordo, tratamento e destinação final ambientalmente adequada dos resíduos sólidos e disposição final ambientalmente adequada dos rejeitos, de acordo com plano municipal de gestão integrada de resíduos sólidos ou com plano de gerenciamento de resíduos sólidos, exigidos na forma da Lei (art. 3º, X, da Lei n. 12.305/2010).

São instrumentos de Política Nacional de Resíduos Sólidos:

- os planos de resíduos sólidos: instrumentos voltados à gestão integrada e ao gerenciamento de resíduos sólidos (arts. 8º, I, e 14 a 24 da Lei n. 12.305/2010);
- a coleta seletiva: a coleta de resíduos sólidos previamente segregados conforme sua constituição ou composição (arts. 3º, V, e 8º, III, da Lei n. 12.305/2010);
- o sistema de logística reversa: é o instrumento de desenvolvimento econômico e social caracterizado por um conjunto de ações, procedimentos e meios destinados a viabilizar a coleta e a restituição dos resíduos sólidos ao setor empresarial, para reaproveitamento em seu ciclo ou em outros ciclos produtivos, ou outra destinação final ambientalmente adequada (arts. 3º, XII, 8º, III, e 33 da Lei n. 12.305/2010);
- os incentivos fiscais, financeiros e creditícios (art. 8º, IX, da Lei n. 12.305/2010);
- o licenciamento e a revisão de atividades efetiva ou potencialmente poluidoras (art. 8º, XVII, *f*, da Lei n. 12.305/2010);
- a avaliação de impactos ambientais (art. 8º, XVII, *d*, da Lei n. 12.305/2010); entre outros.

Destacam-se, ainda, como diretrizes importantes dessa política setorizada, a **responsabilidade compartilhada pelo ciclo de vida dos produtos**, que é o conjunto de atribuições individualizadas e encadeadas dos fabricantes, importadores, distribuidores e comerciantes, dos consumidores e dos titulares dos serviços públicos de limpeza urbana e de manejo dos resíduos sólidos, para minimizar o volume de resíduos sólidos e rejeitos gerados, bem como para reduzir os impactos causados à saúde humana e à qualidade ambiental decorrentes do ciclo de vida dos produtos (arts. 3º, XVII, e 30 da Lei n. 12.305/2010). Deve ser implementada por meio de diversas ferramentas, notadamente a **coleta seletiva** e o **sistema de logística reversa**.

7.4 Política Nacional de Saneamento Básico

A Política Nacional de Saneamento Básico (Lei n. 11.445/2007) estabelece regras para o planejamento, a regulação e o exercício da titularidade dos serviços públicos ligados ao saneamento básico.

O saneamento básico é o conjunto de serviços, infraestruturas e instalações operacionais de abastecimento de água potável; esgotamento sanitário; limpeza urbana e manejo de resíduos sólidos; e drenagem e manejo das águas pluviais urbanas (art. 3º, I, da Lei n. 11.445/2007).

Os recursos hídricos não integram os serviços públicos de saneamento básico (art. 4º, *caput*, da Lei n. 11.445/2007). A utilização de recursos hídricos na prestação de serviços públicos de saneamento básico, inclusive para disposição ou diluição de esgotos e outros resíduos líquidos, é sujeita a outorga de direito de uso (art. 3º, parágrafo único, da Lei n. 11.445/2007).

Do mesmo modo, as ações de saneamento executadas por meio de soluções individuais que não dependam de terceiros para operar os serviços, bem como ações e serviços de saneamento básico de responsabilidade privada, não constituem serviço público de saneamento (art. 5º da Lei n. 11.445/2007).

Os municípios e Distrito Federal são os titulares dos serviços públicos de saneamento básico (art. 8º-C da Lei n. 11.445/2007) podendo delegar a organização, a regulação, a fiscalização e a prestação desses serviços (art. 8º da Lei n. 11.445/2007).

A sustentabilidade econômico-financeira dos serviços públicos de saneamento básico é assegurada, sempre que possível, mediante remuneração pela cobrança dos serviços de:

i) abastecimento de água e esgotamento sanitário;

ii) limpeza urbana e manejo de resíduos sólidos urbanos;

iii) manejo de águas pluviais urbanas (art. 29 da Lei n. 11.445/2007).

Importante destacar que é possível estabelecer estrutura de remuneração, com base em subsídios para atender usuários e localidades de baixa renda. A Lei de Política Nacional de Saneamento Básico determina que os serviços públicos de saneamento básico terão a sustentabilidade econômico-financeira assegurada por meio de remuneração pela cobrança dos serviços, e, quando necessário, por outras formas adicionais, como subsídios ou subvenções (art. 29, *caput*, da Lei n. 11.445/2007). Em adição, disciplina que a instituição das tarifas, preços públicos e taxas para os serviços de saneamento básico deve observar ampliação do acesso dos cidadãos e localidades de baixa renda aos serviços (art. 29, § 1º, II, da Lei n. 11.445/2007), podendo ser adotados subsídios tarifários e não tarifários para os usuários e localidades que não tenham capacidade de pagamento ou escala econômica suficiente para cobrir o custo integral dos serviços (art. 29, § 2º, da Lei n. 11.445/2007). E, finalmente, deixa expresso que a estrutura de remuneração e de cobrança dos serviços públicos de saneamento básico deve considerar a quantidade mínima de consumo ou de utilização do serviço, visando à garantia de objetivos sociais, como a preservação da saúde pública, o adequado atendimento dos usuários de menor renda e a proteção do meio ambiente, bem como a capacidade de pagamento dos consumidores (art. 30, III e VI, da Lei n. 11.445/2007), podendo as taxas ou as tarifas decorrentes da prestação de serviço de limpeza urbana e manejo de resíduos sólidos considerar o nível de renda da população da área atendida (art. 35, II, da Lei n. 11.445/2007).

7.5 Política Nacional de Mudanças Climáticas

A Política Nacional de Mudanças Climáticas (Lei n. 12.187/2009) estabelece seus princípios, objetivos, diretrizes e instrumentos, destacando-se o mercado de carbono, como modalidade de comércio voluntário destinado à negociação de Reduções Certificadas de Emissões (RCEs) de Gases de Efeito Estufa (GEEs), que representa um dos instrumentos econômicos de proteção do ambiente.

Além da referida política nacional, os principais instrumentos legais relacionados à tutela do clima são: Convenção-Quadro das Nações Unidas sobre Mudanças Climáticas (Decreto n. 2.652/98), Protocolo de Quioto à CQNUMC (Decreto n. 5.445/2005), Fundo Nacional sobre Mudança do Clima (Lei n. 12.114/2009) e Acordo de Paris sobre a CQNUMC (Decreto n. 9.073/2017).

É possível a operacionalização do Mercado Brasileiro de Redução de Emissões (MBRE) em bolsas de mercadorias e futuros, bolsas de valores e entidades de balcão organizado, autorizadas pela Comissão de Valores Mobiliários (CVM), onde se dará a negociação de títulos mobiliários representativos de emissões de gases de efeito estufa evitadas certificadas (art. 9º da Lei n. 12.187/2009).

Ainda no âmbito da Política Nacional sobre Mudanças Climáticas, o Brasil assumiu, como compromisso nacional voluntário, ações de mitigação das emissões de gases de efeito estufa, com vistas a reduzir entre 36,1% e 38,9% suas emissões projetadas até 2020 (art. 12, *caput*, da Lei n. 12.187/2009).

8. MEIO AMBIENTE ARTIFICIAL E POLÍTICA URBANA

Como se sabe, compete à União, aos Estados e ao Distrito Federal legislar concorrentemente sobre direito urbanístico (art. 24, I, da CF). Nesses termos, cabe aos municípios suplementar a legislação federal e estadual, no que couber (art. 30, II, da CF); ou legislar, exclusivamente, sobre assuntos de interesse local (art. 30, I, da CF). Em adição, a política de desenvolvimento urbano deve ser executada pelo Poder Público municipal, conforme diretrizes gerais fixadas em lei (art. 182, *caput*, da CF), nos termos, ainda, de sua competência material fixada exclusivamente para promover, no que couber, adequado ordenamento territorial, mediante planejamento e controle do uso, do parcelamento e da ocupação do solo urbano (art. 30, VIII, da CF).

O **Estatuto da Cidade** (Lei n. 10.257/2001), ao regulamentar os dispositivos constitucionais que tratam da execução da política urbana (arts. 182 e 183 da CF), estabelece as normas de ordem pública e de interesse social que regulam o uso da propriedade urbana em prol do bem coletivo, da segurança e do bem-estar dos cidadãos, bem como do equilíbrio ambiental.

Merece destaque o dispositivo que trata dos instrumentos de política urbana (art. 4º), que são os seguintes:

I – planos nacionais, regionais e estaduais de ordenação do território e de desenvolvimento econômico e social;

II – planejamento das regiões metropolitanas, aglomerações urbanas e microrregiões;

III – planejamento municipal, em especial:

a) plano diretor;

b) disciplina do parcelamento, do uso e da ocupação do solo;

c) zoneamento ambiental;

d) plano plurianual;

e) diretrizes orçamentárias e orçamento anual;

f) gestão orçamentária participativa;

g) planos, programas e projetos setoriais;

h) planos de desenvolvimento econômico e social;

IV – institutos tributários e financeiros:

a) imposto sobre a propriedade predial e territorial urbana (IPTU);

b) contribuição de melhoria;

c) incentivos e benefícios fiscais e financeiros;

V – institutos jurídicos e políticos:

a) desapropriação;

b) servidão administrativa;

c) limitações administrativas;

d) tombamento de imóveis ou de mobiliário urbano;

e) instituição de unidades de conservação;

f) instituição de zonas especiais de interesse social;

g) concessão de direito real de uso;

h) concessão de uso especial para fins de moradia;

i) parcelamento, edificação ou utilização compulsórios;

j) usucapião especial de imóvel urbano;

l) direito de superfície;

m) direito de preempção;

n) outorga onerosa do direito de construir e de alteração de uso;

o) transferência do direito de construir;

p) operações urbanas consorciadas;

q) regularização fundiária;

r) assistência técnica e jurídica gratuita para as comunidades e grupos sociais menos favorecidos;

s) referendo popular e plebiscito;

t) demarcação urbanística para fins de regularização fundiária;

u) legitimação de posse.

VI – estudo prévio de impacto ambiental (EIA) e estudo prévio de impacto de vizinhança (EIV).

O **plano diretor** é o instrumento básico da política de desenvolvimento e de expansão urbana, lembrando que a propriedade urbana cumpre sua função social quando atende às exigências fundamentais de ordenação da cidade expressas no plano diretor (art. 182, §§ 1º e 2º, da CF).

Deve ser aprovado pela Câmara Municipal, e é obrigatório para cidades com mais de 20 mil habitantes; integrantes de regiões metropolitanas e aglomerações urbanas; onde o Poder Público municipal pretenda utilizar os instrumentos previstos no § 4º do art. 182 da Constituição Federal; integrantes de áreas de especial interesse turístico; inseridas na área de influência de empreendimentos ou atividades com significativo impacto ambiental de âmbito regional ou nacional; ou incluídas no cadastro nacional de municípios com áreas suscetíveis à ocorrência de deslizamentos de grande impacto, inundações bruscas ou processos geológicos ou hidrológicos correlatos (art. 182, § 1º, da CF e art. 41 da Lei n. 10.257/2001).

As consequências jurídicas para quem descumprir as diretrizes estabelecidas no Plano Diretor estão expressamente previstas no art. 182, § 4º, I, II e III, da CF, bem como nos arts. 5º a 8º da Lei n. 10.257/2001.

Além do Estatuto da Cidade, outras normas urbanísticas merecem atenção:

- A **Lei de Parcelamento do Solo Urbano** (Lei n. 6.766/79), que traz normas para loteamento e desmembramento urbano (subdivisão de gleba em lotes destinados a edificação, com ou sem abertura de novas vias de circulação, logradouros públicos, prolongamento, modificação ou ampliação das vias existentes); disposições penais (crimes contra a administração pública) etc.

- O **Estatuto da Metrópole** (Lei n. 13.089/2015), que estabelece diretrizes gerais para instituição e gestão de regiões metropolitanas, aglomerações urbanas e microrregiões, instituídas pelos Estados mediante lei complementar etc.

- A **Lei de Política Nacional de Mobilidade Urbana** (Lei n. 12.587/2012), que institui diretrizes gerais para mobilidade urbana, como instrumento da política de desenvolvimento urbano, objetivando a integração entre os diferentes modos de transporte e a melhoria da acessibilidade e mobilidade das pessoas e cargas no território do Município. O Plano de Mobilidade Urbana é considerado instrumento de efetivação da Política Nacional de Mobilidade Urbana e, em municípios acima de 20.000 habitantes e em todos os demais obrigados, na forma da lei, deverá ser elaborado, integrado e compatível com os respectivos planos diretores, ou neles inserido (art. 24, *caput*, e § 1º, da Lei n. 12.587/2012). Deverá ser compatibilizado com o plano diretor municipal, existente ou em elaboração, no prazo máximo de 6 anos da entrada em vigor desta Lei (art. 24, § 3º, da Lei n. 12.587/2012).

9. PATRIMÔNIO CULTURAL E INSTRUMENTOS DE PROTEÇÃO

A tutela cultural brasileira possui **fundamento constitucional** basilar nos arts. 215, 216, 216-A e 225, § 7º, da CF.

O **patrimônio cultural brasileiro** está identificado no art. 216, *caput*, da Constituição Federal como os bens de natureza material e imaterial, tomados individualmente ou em conjunto, portadores de referência à identidade, à ação, à memória dos diferentes grupos formadores da sociedade brasileira, nos quais se incluem:

- as formas de expressão;
- os modos de criar, fazer e viver;
- as criações científicas, artísticas e tecnológicas;
- as obras, objetos, documentos, edificações e demais espaços destinados às manifestações artístico-culturais;
- os conjuntos urbanos e sítios de valor histórico, paisagístico, artístico, arqueológico, paleontológico, ecológico e científico.

Em seguida, o art. 216, § 1º, da Constituição Federal elenca instrumentos jurídicos hábeis à sua proteção: inventários (que correspondem à modalidade de levantamento de bens; registros (úteis para bens imateriais); vigilância; tombamento (útil para bens móveis e imóveis); desapropriação; além de outras formas de acautelamento e preservação. É dizer, o rol apresentado é, sem dúvida, de natureza exemplificativa.

No **âmbito infraconstitucional** também há normas que visam proteger esse conjunto de bens. Confira-se:

- Decreto-lei n. 25/37: proteção de patrimônio cultural e tombamento;
- Lei n. 12.288/2010: Estatuto da Igualdade Racial;
- Lei n. 12.343/2010: Plano Nacional de Cultura (art. 215, § 3º, da CF).

Tema de grande controvérsia atual diz respeito às práticas desportivas que utilizam animais como manifestações culturais. Isso porque, recentemente, a Emenda Constitucional n. 96/2017 incluiu o § 7º no art. 225 da CF, nos seguintes termos:

> Para fins do disposto na parte final do inciso VII do § 1º deste artigo, não se consideram cruéis as práticas desportivas que utilizem animais, desde que sejam manifestações culturais, conforme o § 1º do art. 215 desta Constituição Federal, registradas como bem de natureza imaterial integrante do patrimônio cultural brasileiro, devendo ser regulamentadas por lei específica que assegure o bem-estar dos animais envolvidos.

O dispositivo compreende reação do Poder Legislativo (exemplo de "efeito *backlash*") à decisão que, pouco antes, havia sido proferida pelo Supremo Tribunal Federal, ao declarar a inconstitucionalidade de lei estadual que regulamentava a prática da "vaquejada". Segundo o STF, não obstante se tratar de manifestação cultural, os animais envolvidos nessa prática sofrem tratamento cruel, razão pela qual a atividade contraria o art. 225, § 1º, VII, da Constituição Federal. Assim, a obrigação de o Estado garantir a todos o pleno exercício de direitos culturais, incentivando a valorização e a difusão das manifestações, não prescinde da observância do aludido dispositivo constitucional, que veda práticas que submetam os animais a crueldade (STF, Plenário, ADI 4.983/CE, rel. Min. Marco Aurélio, j. 6-10-2016).

Atualmente, tramitam no Supremo Tribunal Federal as ADIs 5.728 e 5.772, que objetivam questionar a EC n. 96/2017, por ofensa ao art. 225, § 1º, VII, da CF e ao art. 60, § 4º, IV, da CF, bem como dispositivos da Lei n. 13.364/2016, que elevam a prática da vaquejada à condição de patrimônio cultural imaterial, e da Lei n. 10.220/2001, que institui normas sobre a atividade de peão de rodeio e o equipara a atleta profissional, incluindo as vaquejadas como modalidade de provas de rodeio.

10. RESPONSABILIDADE CIVIL AMBIENTAL

O Direito Ambiental possui função precipuamente prospectiva, ou seja, destina-se a disciplinar comportamentos que visem projetar-se para o futuro, a fim de evitar práticas danosas ao ambiente, pois, como se sabe, as ações voltadas à recomposição desses prejuízos podem mostrar-se excessivamente onerosas, ineficazes e/ou irreversíveis.

Dessa forma, o **sistema de tríplice responsabilização**, de *status* constitucional, visa submeter os infratores, pessoas físicas ou jurídicas, a sanções penais e administrativas, independentemente da obrigação de reparar os danos causados, diante da prática de quaisquer condutas e atividades consideradas lesivas ao meio ambiente (art. 225, § 3º, da CF).

Os **sujeitos envolvidos** na tutela reparatória do ambiente são:

- **Poluidor:** pessoa física ou jurídica, de direito público ou privado, responsável, direta ou indiretamente, por atividade causadora de degradação ambiental (art. 3º, IV, da Lei n. 6.938/81).

- **Sociedade:** titular do direito ao meio ambiente ecologicamente equilibrado (art. 225, *caput*, da CF), representada no âmbito processual por diversos legitimados, por exemplo, os cidadãos para propositura de ação popular (art. 1º da Lei n. 4.717/65) e os sujeitos autorizados ao ajuizamento de ação civil pública (art. 5º da Lei n. 7.347/85): Ministério Público, Defensoria Pública, União, estados, Distrito Federal e municípios, autarquia, empresa pública, fundação ou sociedade de economia mista e a associação constituída há pelo menos um ano e com pertinência temática entre suas finalidades sociais.

O **sistema de responsabilidade civil em matéria ambiental** foi, de modo inovador, disciplinado na Lei de Política Nacional do Meio Ambiente, ao determinar que o poluidor é obrigado, **independentemente da existência de culpa**, a indenizar ou reparar os danos causados ao meio ambiente e a terceiros, afetados por sua atividade (art. 14, § 1º, da Lei n. 6.938/81).

Estabeleceu-se, pois, o sistema de responsabilidade objetiva em matéria ambiental, cujos **pressupostos** são:

- **conduta:** atividade decorrente de ação ou omissão;

- **resultado:** prejuízo material ou imaterial ao meio ambiente, que atinge a sociedade e, reflexamente, um particular ou o Poder Público;

- **nexo causal:** relação de causa e efeito entre a conduta e o dano dela decorrente, a ser apurado de acordo com uma das teorias do risco adotadas;

- **dano ambiental** é o prejuízo de natureza antrópica a um dos bens que compõem o patrimônio ambiental. A esse respeito, o Direito Ambiental faz importante distinção terminológica:

i) **impacto:** qualquer alteração das propriedades físicas, químicas e biológicas do meio ambiente, causada por qualquer forma de matéria ou energia resultante das atividades humanas que, direta ou indiretamente, afetam: I – a saúde, a segurança e o bem-estar da população; II – as atividades sociais e econômicas; III – a biota; IV – as condições estéticas e sanitárias do meio ambiente; V – a qualidade dos recursos ambientais. O impacto, portanto, pode ser uma alteração positiva ou negativa (art. 1º da Resolução Conama n. 1/86);

ii) **degradação:** a alteração adversa das características do meio ambiente, ou seja, sinônimo de "impacto negativo" (art. 3º, II, da Lei n. 6.938/81);

iii) **poluição:** é a degradação ambiental resultante de atividades que direta ou indiretamente: a) prejudiquem a saúde, a segurança e o bem-estar da população; b) criem condições adversas às atividades sociais e econômicas; c) afetem desfavoravelmente a biota; d) afetem as condições estéticas ou sanitárias do meio ambiente; e) lancem matérias ou energia em desacordo com os padrões ambientais estabelecidos (art. 3º, III, da Lei n. 6.938/81).

Quanto à **dimensão**, o dano pode ser:

i) **coletivo** (direto): o prejuízo concernente ao ambiente, na sua perspectiva transindividual (art. 14, § 1º, da Lei n. 6.938/81);

ii) **individual** (reflexo ou por ricochete): o prejuízo que lesa reflexamente a esfera do indivíduo, em seu patrimônio ou saúde. O dano atinge a sociedade de forma imediata e o indivíduo (terceiro) de forma mediata (art. 14, § 1º, da Lei n. 6.938/81).

Quanto à **natureza do direito lesado**, o dano pode ser:

i) **patrimonial:** relativo à perda material do bem ambiental;

ii) **extrapatrimonial:** relativo à desvalorização ou ofensa imaterial ao bem ambiental, que atinge seu valor intrínseco ou reduz o bem-estar da coletividade.

Ainda quanto ao dano ambiental, é importante reiterar que a responsabilidade civil, e nesse caso a de natureza ambiental, tem por objetivo extirpar a situação danosa, buscando-se, sempre que possível, o retorno do ambiente ao *status quo ante*. Nesse cenário é que se diz que a responsabilidade civil tem função eminentemente reparatória (e não sancionatória). São três as formas de reparação do dano ambiental:

- **restauração natural ou reparação *in natura*:** trata-se de tutela específica, caracterizada pela condenação do responsável a determinada obrigação de fazer ou de não fazer (por exemplo, descontaminar um curso d'água).

- **compensação ambiental:** refere-se a tutela pelo equivalente, ou seja, solução alternativa à reparação específica, em caso de impossibilidade técnica de restauração ou de absoluta inviabilidade, por meio de medida de equivalente importância ecológica, no mesmo ecossistema onde ocorreu o dano (por exemplo, plantar espécies arbóreas em local próximo).

- **indenização:** trata-se de tutela genérica (perdas e danos). Pode ser cumulada com uma das medidas anteriores ou determinada isoladamente, se impossível a restauração ou a compensação ambiental. Para fixação do valor, a ser destinado a fundos de defesa de direitos difusos, deverá ser considerada a extensão do dano, além da situação econômica do agente, o benefício econômico que o poluidor auferiu com a poluição, as condutas anteriores ao dano (atuação diligente ou omissa), dentre outros aspectos.

Quanto às teorias que identificam o nexo de causalidade, são aplicadas no Direito Ambiental:

- **teoria do risco integral** (regra): o risco abrange qualquer situação, lícita ou ilícita, daí por que é denominado "integral", não se admitindo alegação de caso fortuito, força maior ou fato exclusivo de terceiro (excludentes ligadas ao nexo de causalidade), bem como cláusula de não indenizar (relacionada ao Direito Privado). O risco da atividade é inerente e suficiente para estabelecer o dever de reparar. É a teoria amplamente aceita na jurisprudência ambiental.
- **teoria do risco criado** (exceção): são admitidas as excludentes do nexo causal para afastar a responsabilidade civil ambiental. Tais excludentes estão relacionadas a acontecimentos externos ao agente e, por isso, faltaria o necessário liame para configuração da responsabilidade.

No tocante à tutela processual civil coletiva em matéria ambiental, algumas peculiaridades se fazem importantes anotar:

- **imprescritibilidade das demandas civis coletivas**: decorre do princípio do meio ambiente como direito humano fundamental, que dá ao bem ambiental caráter essencial e indisponível.

> **ATENÇÃO**
>
> A imprescritibilidade na seara civil coletiva ambiental é tema objeto de repercussão geral, reconhecida em 31 de maio de 2018 (*sub judice* – RE 654.833, rel. Min. Alexandre de Moraes, Tema 999).

- **prescritibilidade das demandas civis individuais**: nesse caso, tutela-se o meio ambiente na sua perspectiva de bem de titularidade individual.
- **pluralidade de poluidores**: responsabilidade solidária (art. 942 do CC), formando-se litisconsórcio facultativo.
- **Súmula 613 do STJ**: "Não se admite a aplicação da teoria do fato consumado em tema de Direito Ambiental".
- **possibilidade de desconsideração da personalidade jurídica**: poderá ocorrer sempre que a personalidade jurídica se opuser ao ressarcimento dos prejuízos causados à qualidade do meio ambiente (art. 4º da Lei n. 9.605/98 e arts. 133 a 137 do CPC), aplicando-se, pois, a chamada "teoria menor", que não exige prova de desvio de finalidade ou de confusão patrimonial para o deferimento da medida.
- **inversão do ônus da prova**: fundamentada no princípio da precaução, opera-se a inversão *ope judicis* disciplinada no art. 6º, VIII, do CDC, transferindo-se ao empreendedor o dever de provar que sua atividade é segura e não prejudicial ao meio ambiente.
- **Súmula 618 do STJ**: "A inversão do ônus da prova aplica-se às ações de degradação ambiental".
- **Súmula 623 do STJ**: "As obrigações ambientais possuem natureza *propter rem*, sendo admissível cobrá-las do proprietário ou possuidor atual e/ou dos anteriores, à escolha do credor".
- **valor da indenização**: não se confere caráter punitivo à reparação dos danos ambientais, cuja função incumbe ao Direito Penal e Administrativo.
- **Súmula 629 do STJ**: Quanto ao dano ambiental, é admitida a condenação do réu à obrigação de fazer ou à de não fazer cumulada com a de indenizar.
- **ações coletivas**: as principais ações voltadas à defesa coletiva do meio ambiente são: a ação civil pública (arts. 127 e 129, III, da CF e Lei n. 7.347/85), a ação popular

(art. 5º, LXXIII, da CF e Lei n. 4.717/65), o mandado de segurança coletivo (art. 5º, LXX, da CF e Lei n. 12.016/2009) e o mandado de injunção coletivo (art. 5º, LXXI, da CF e Lei n. 13.300/2016).

- **Termo de Ajustamento de Conduta (TAC):** o compromisso de ajustamento de conduta, nos termos da Resolução do Conselho Nacional do Ministério Público n. 179/2017:

> é instrumento de garantia dos direitos e interesses difusos e coletivos, individuais homogêneos e outros direitos de cuja defesa está incumbido o Ministério Público, com natureza de negócio jurídico que tem por finalidade a adequação da conduta às exigências legais e constitucionais, com eficácia de título executivo extrajudicial a partir da celebração.

O compromisso também pode assumir natureza jurídica de título executivo judicial, se tomado em juízo. Inexiste direito subjetivo à celebração de Termo de Ajustamento de Conduta (art. 5º, § 6º, da Lei n. 7.347/85). Além disso, caso venha a ser celebrado, o compromisso não poderá dispor sobre o conteúdo da norma violada, mas apenas sobre a forma de seu cumprimento. Isso porque o direito ao meio ambiente possui natureza indisponível, cuja titularidade é atribuída à sociedade. Assim, aquele que toma o compromisso, por não ser exatamente o titular dos respectivos direitos (pois apenas age em seu nome), não pode fazer concessões que impliquem renúncia aos respectivos direitos transindividuais.

11. RESPONSABILIDADE PENAL AMBIENTAL

A tutela penal do meio ambiente, fundamentada no plano constitucional (art. 225, § 3º, da CF/88), não encontra regulamento apenas na Lei n. 9.605/98, valendo também destacar:

- arts. 19 e s. da Lei n. 6.453/77: atividades nucleares;
- arts. 50 e s. da Lei n. 6.766/79: parcelamento do solo urbano;
- art. 2º da Lei n. 7.643/87: proteção dos cetáceos;
- arts. 14 e s. da Lei n. 7.802/89: agrotóxicos;
- arts. 24 a 29 da Lei n. 11.105/2005: biossegurança.

A Lei n. 9.605/98, como se sabe, dispõe sobre as sanções penais e administrativas derivadas de condutas e atividades lesivas ao meio ambiente. Possui uma "Parte Geral", que contém regras que complementam e/ou excepcionam as que estão disciplinadas na Parte Geral do Código Penal; e outra "Parte Especial", que tipifica diversos comportamentos praticados contra os mais variados bens ambientais, agrupados da seguinte forma: crimes contra a fauna (arts. 29 e s.), crimes contra a flora (arts. 38 e s.), poluição e outros crimes ambientais (arts. 54 e s.), crimes conta o ordenamento urbano e o patrimônio cultural (arts. 62 e s.) e crimes contra a administração ambiental (arts. 66 e s.).

A pessoa jurídica pode ser sujeito ativo da infração penal (art. 225, § 3º, da CF e art. 3º da Lei n. 9.605/98). As condições são as seguintes:

- que a infração tenha ocorrido no interesse ou no benefício da pessoa jurídica;
- que haja vinculação entre o ato praticado e a atividade da empresa;
- que haja vinculação entre o autor material do delito e a empresa (ou seja, que a conduta parta de decisão de representante legal (presidente, diretor, administrador, gerente, preposto etc.).

Sobre o litisconsórcio passivo de pessoa jurídica e de seu representante legal (art. 3º, parágrafo único, da Lei n. 9.605/98), atualmente, os Tribunais Superiores abandonaram a aplicação da teoria da dupla imputação. Significa que não há necessidade de que ambos sejam réus para que possam responder pela prática criminosa. Assim por exemplo, se for trancada a ação penal em relação à pessoa física, poderá prosseguir a ação contra a pessoa jurídica; ou ainda, eventual ausência de descrição pormenorizada da conduta dos gestores da empresa não resulta no esvaziamento do elemento volitivo do tipo penal (culpa ou dolo) em relação à pessoa jurídica.

Todos os crimes ambientais são de ação penal de iniciativa pública incondicionada (art. 26 da Lei n. 9.605/98).

Os prazos prescricionais são regulados pela Parte Geral do Código Penal.

12. RESPONSABILIDADE ADMINISTRATIVA AMBIENTAL

A tutela administrativa do meio ambiente, também disciplinada no plano constitucional (art. 225, § 3º, da CF), encontra-se basilarmente regulamentada na Lei n. 9.605/98, no Decreto n. 6.514/2008, na Lei n. 6.938/81, bem como na Lei n. 9.784/99, que regula o processo administrativo no âmbito da Administração Pública Federal. Há, contudo, importantes disposições sobre responsabilidade administrativa em normas esparsas, por exemplo:

- Lei n. 6.938/81: Política Nacional do Meio Ambiente;
- Lei n. 7.802/89: Lei de Agrotóxicos (arts. 14, 17 e 18);
- Lei n. 9.433/97: Política Nacional de Recursos Hídricos (arts. 49 e 50);
- Lei n. 11.105/2005: Lei de Biossegurança (arts. 20 e s.);
- Lei n. 12.651/2012: Código Florestal (art. 38);
- Lei n. 13.123/2015: Lei de Biodiversidade, Acesso ao Patrimônio Genético e Conhecimento Tradicional Associado (arts. 27 e 28); entre outras.

Infração administrativa ambiental é a conduta que viola regras jurídicas ambientais no âmbito administrativo (art. 70 da Lei n. 9.605/98 e art. 2º do Decreto n. 6.514/2008).

Verifica-se que as condutas que caracterizam crimes ambientais encontram, em sua imensa maioria, correspondentes entre as infrações administrativas, justamente para que se perfaça o princípio da tríplice responsabilização. Assim, estão as infrações administrativas agrupadas da seguinte forma (arts. 24 e s. do Decreto n. 6.514/2008): infrações contra a fauna, infrações contra a flora, infrações relativas à poluição e outras infrações ambientais, infrações contra o ordenamento urbano e o patrimônio cultural, infrações administrativas contra a administração ambiental e infrações cometidas exclusivamente em unidades de conservação.

As sanções administrativas são as seguintes (art. 72 da Lei n. 9.605/98 e art. 3º do Decreto n. 6.514/2008): advertência; multa simples; multa diária; apreensão dos animais, produtos e subprodutos da fauna e flora, instrumentos, petrechos, equipamentos ou veículos de qualquer natureza utilizados na infração; destruição ou inutilização do produto; suspensão de venda e fabricação do produto; embargo de obra ou atividade; demolição de obra; suspensão parcial ou total das atividades; restritiva de direitos:

a) suspensão de registro, licença ou autorização;

b) cancelamento de registro, licença ou autorização;

c) perda ou restrição de incentivos e benefícios fiscais;

d) perda ou suspensão da participação em linhas de financiamento em estabelecimentos oficiais de crédito;

e) proibição de contratar com a administração pública.

Para aplicação das sanções administrativas, devem ser observados (art. 4º do Decreto n. 6.514/98):

- a gravidade dos fatos, tendo em vista os motivos da infração e suas consequências para a saúde pública e para o meio ambiente;
- os antecedentes do infrator, quanto ao cumprimento da legislação de interesse ambiental; e
- a situação econômica do infrator.

É possível a conversão de multa simples em serviços de preservação, melhoria e recuperação da qualidade do meio ambiente (arts. 139 e s. do Decreto n. 6.514/2008, com redação dada pelo Decreto n. 9.179/2017).

As regras gerais para o processo de apuração de infração administrativa ambiental estão dispostas nos arts. 94 e s. do Decreto n. 6.514/2008, aplicando-se, subsidiariamente, a Lei n. 9.784/99, que regula o processo administrativo no âmbito da Administração Pública Federal. O art. 95 do Decreto n. 6.514/2008 determina que o processo administrativo será orientado pelos princípios da legalidade, finalidade, motivação, razoabilidade, proporcionalidade, moralidade, ampla defesa, contraditório, segurança jurídica, interesse público e eficiência, bem como pelos critérios mencionados no parágrafo único do art. 2º da Lei n. 9.784/99.

A prescrição administrativa está regulada no art. 21 do Decreto n. 6.514/2008, cujo prazo é de cinco anos para a ação da administração objetivando apurar a prática de infrações contra o meio ambiente, contada da data da prática do ato, ou, no caso de infração permanente ou continuada, do dia em que esta tiver cessado. Considera-se iniciada a ação de apuração de infração ambiental pela administração com a lavratura do auto de infração. Há, ainda, hipótese de prescrição intercorrente para o procedimento de apuração do auto de infração que ficar paralisado por mais de três anos, pendente de julgamento ou despacho, cujos autos serão arquivados de ofício ou mediante requerimento da parte interessada, sem prejuízo da apuração da responsabilidade funcional decorrente da paralisação (art. 21, § 2º, do Decreto n. 6.514/2008).

13. QUESTÕES

1. **(UFMT – TJMT)** A intervenção ou a supressão de vegetação nativa em Área de Preservação Permanente somente ocorrerá nas hipóteses de utilidade pública, de interesse social ou de baixo impacto ambiental previstas nesta Lei (Código Florestal).

Diante desse dispositivo, a primeira coluna apresenta as hipóteses para intervenção ou a supressão de vegetação nativa em Área de Preservação Permanente previstas no Código Florestal e a segunda, situações que caracterizam tais hipóteses.

1 – Utilidade pública
2 – Interesse social
3 – Baixo impacto ambiental

( ) Atividades imprescindíveis à proteção da integridade da vegetação nativa, tais como prevenção, combate e controle do fogo, controle da erosão, erradicação de invasoras e proteção de plantios com espécies nativas.

( ) Atividades que comprovadamente proporcionem melhorias na proteção das funções ambientais, tais como preservar os recursos hídricos, a paisagem, a estabilidade geológica e a biodiversidade, facilitar o fluxo gênico de fauna e flora, proteger o solo e assegurar o bem-estar das populações humanas.

( ) Abertura de pequenas vias de acesso interno e suas pontes e pontilhões, quando necessárias à travessia de um curso d'água, ao acesso de pessoas e animais para a obtenção de água ou à retirada de produtos oriundos das atividades de manejo agroflorestal sustentável.

Marque a sequência correta.

A) 2, 3, 1.
B) 1, 2, 3.
C) 3, 1, 2.
D) 2, 1, 3.

↳ **Resolução:**

A) *Incorreta*. As hipóteses mencionadas são, respectivamente, de intervenção ou supressão de vegetação nativa excepcional em área de preservação em razão de atividade de interesse social (art. 3º, IX, da Lei n. 12.651/2012), de utilidade pública (art. 3º, XVIII, da Lei n. 12.651/2012), e de baixo impacto ambiental (art. 3º, X, da Lei n. 12.651/2012).
B) *Incorreta*. Ver resposta do item A.
C) *Incorreta*. Ver resposta do item A.
D) *Correta*. As hipóteses são, respectivamente, de intervenção ou supressão de vegetação nativa excepcional em área de preservação em razão de atividade de interesse social (art. 3º, IX, da Lei n. 12.651/2012), de utilidade pública (art. 3º, XVIII, da Lei n. 12.651/2012), e de baixo impacto ambiental (art. 3º, X, da Lei n. 12.651/2012).

↗ **Gabarito: "D".**

Observação: O Código Florestal Brasileiro estabelece conceitos, princípios, regras e instrumentos variados para proteção das mais diversas formas de vegetação existentes em nosso território, dentre os quais, as Áreas de Preservação Permanente (APPs). São espaços protegidos, cobertos ou não por vegetação nativa, em áreas rurais ou urbanas, com a função ambiental de preservar os recursos hídricos, a paisagem, a estabilidade geológica e a biodiversidade, facilitar o fluxo gênico de fauna e flora, proteger o solo e assegurar o bem-estar das populações humanas (arts. 3º, II, e 4º a 9º da Lei n. 12.651/2012). A intervenção ou a supressão de vegetação nativa em APP poderá ocorrer apenas em situações excepcionais, classificadas na lei como hipóteses de utilidade pública, de interesse social ou de baixo impacto ambiental (arts. 3º, VIII, IX e X, e 8º, *caput*, da Lei n. 12.651/2012), desde que autorizada por órgão ambiental competente.

2. (UFMT – TJMT) O renomado Professor Dr. Tibélio, em seu magistério, costuma realizar com fins didáticos dissecação de animais silvestres vivos, por entender mais conveniente apesar de existirem recursos alternativos viáveis cientificamente. É correto afirmar que o ato do Professor Dr. Tibélio:

A) não se enquadra no crime de maus-tratos, disposto no Art. 32 da Lei de Crimes Ambientais, uma vez que havia fins didáticos.
B) só se enquadraria no crime de maus-tratos se fossem animais domésticos.
C) enquadra-se no crime de maus-tratos, disposto no Art. 32 da Lei de Crimes Ambientais.
D) só se enquadraria no crime de maus-tratos se fossem animais em extinção.

↳ **Resolução:**

A) *Incorreta*. O ato enquadra-se no crime de maus-tratos, na figura prevista no art. 32, § 1º, da Lei n. 9.605/98: "Incorre nas mesmas penas quem realiza experiência dolorosa ou cruel em animal vivo, ainda que para fins didáticos ou científicos, quando existirem recursos alternativos".
B) *Incorreta*. O crime de maus-tratos não está adstrito aos animais domésticos, podendo ser "silvestres, domésticos ou domesticados, nativos ou exóticos" (art. 32, *caput*, da Lei n. 9.605/98).
C) *Correta*. De fato, a figura está tipificada no art. 32, § 1º, da Lei n. 9.605/98: "Incorre nas mesmas penas quem realiza experiência dolorosa ou cruel em animal vivo, ainda que para fins didáticos ou científicos, quando existirem recursos alternativos".
D) *Incorreta*. A figura típica de maus-tratos não exige que os animais estejam em extinção. Diferentemente, afirma a norma que os animais podem ser "silvestres, domésticos ou domesticados, nativos ou exóticos" (art. 32, *caput*, da Lei n. 9.605/98).

↗ **Gabarito: "C".**

Observação: A Lei n. 9.605/98 dispõe sobre infrações e sanções penais e administrativas derivadas de condutas e atividades lesivas ao meio ambiente. Os crimes ambientais estão agrupados em diversas categorias, dentre as quais, a dos crimes contra a fauna (arts. 29 a 37), incluindo-se a figura dos maus-tratos contra os animais (art. 32).

3. (IBFC –TJPE) A Política Nacional sobre Mudança do Clima (PNMC) almeja diversos resultados. Assinale a alternativa que não contempla um dos objetivos dispostos na lei que criou a política nacional mencionada:

A) Estimular o desenvolvimento do Mercado Brasileiro de Redução de Emissões.
B) Reduzir emissões de gases de efeito estufa em relação às suas diferentes fontes.
C) Preservar e recuperar recursos naturais.
D) Desestimular políticas públicas de incentivo à utilização de energia produzida a partir da manipulação de material nuclear.
E) Consolidar a expansão de áreas legalmente protegidas.

↳ **Resolução:**
A) *Incorreta*. A Política Nacional sobre Mudança do Clima visará ao estímulo ao desenvolvimento do Mercado Brasileiro de Redução de Emissões – MBRE (art. 4º, VIII, da Lei n. 12.187/2009).
B) *Incorreta*. A Política Nacional sobre Mudança do Clima visará à redução das emissões antrópicas de gases de efeito estufa em relação às suas diferentes fontes (art. 4º, II, da Lei n. 12.187/2009).
C) *Incorreta*. A Política Nacional sobre Mudança do Clima visará à preservação, à conservação e à recuperação dos recursos ambientais, com particular atenção aos grandes biomas naturais tidos como Patrimônio Nacional (art. 4º, VI, da Lei n. 12.187/2009).
D) *Correta*. A Lei de Política Nacional sobre Mudança do Clima (Lei n. 12.187/2009) não traz previsão a esse respeito.
E) *Incorreta*. A Política Nacional sobre Mudança do Clima visará à consolidação e à expansão das áreas legalmente protegidas e ao incentivo aos reflorestamentos e à recomposição da cobertura vegetal em áreas degradadas (art. 4º, VII, da Lei n. 12.187/2009).

↗ **Gabarito: "D".**
Observação: A Lei n. 12.187/2009 traz conceitos, princípios, objetivos, diretrizes e instrumentos da Política Nacional sobre Mudança do Clima. Além disso, o art. 12 da referida norma expressa o compromisso nacional voluntário adotado pelo Brasil de promover ações de mitigação de emissões de gases de efeito estufa, com vistas em reduzir entre 36,1 e 38,9% suas emissões projetadas até 2020. Há outros instrumentos legais relacionados à tutela do clima: Convenção-quadro das Nações Unidas sobre Mudanças Climáticas (Decreto n. 2.652/98), Protocolo de Quioto à CQNUMC (Decreto n. 5.445/2005), Fundo Nacional sobre Mudança do Clima (Lei n. 12.114/2009), Acordo de Paris sobre a CQNUMC (Decreto n. 9.073/2017), dentre outros.

4. **(FCC – TRF 5ª Região)** De acordo com a Lei n. 12.305/2010, o plano de gerenciamento de resíduos sólidos:

A) é parte integrante do processo de licenciamento ambiental do empreendimento ou atividade pelo órgão competente do Sisnama.
B) não atinge os resíduos industriais, ou seja, aqueles gerados nos processos produtivos e instalações industriais, uma vez que estes não estão sujeitos a este plano de gerenciamento.
C) não atinge os resíduos de mineração, ou seja, os gerados na atividade de pesquisa, extração ou beneficiamento de minérios, uma vez que estes não estão sujeitos a este plano de gerenciamento.
D) terá como causa obstativa de sua implementação ou operacionalização a inexistência do plano municipal de gestão integrada.
E) será aprovado ou não pela autoridade estadual competente nos empreendimentos e atividades não sujeitos a licenciamento ambiental, em razão da incompetência absoluta da autoridade municipal nestes casos específicos.

↳ **Resolução:**
A) *Correta*. De fato, o plano de gerenciamento de resíduos sólidos é parte integrante do processo de licenciamento ambiental do empreendimento ou atividade pelo órgão competente do Sisnama (art. 24 da Lei n. 12.305/2010).
B) *Incorreta*. Os geradores de resíduos industriais, ou seja, aqueles gerados nos processos produtivos e instalações industriais, estão sujeitos à elaboração do plano de gerenciamento de resíduos sólidos (arts. 13, I, *f*, e 20, I, da Lei n. 12.305/2010).
C) *Incorreta*. Os geradores de resíduos de mineração, ou seja, os gerados na atividade de pesquisa, extração ou beneficiamento de minérios, estão sujeitos à elaboração do plano de gerenciamento de resíduos sólidos (arts. 13, I, *k*, e 20, I, da Lei n. 12.305/2010).
D) *Incorreta*. A inexistência do plano municipal de gestão integrada de resíduos sólidos não obsta a elaboração, a implementação ou a operacionalização do plano de gerenciamento de resíduos sólidos (art. 21, § 2º, da Lei n. 12.305/2010).

E) *Incorreta*. O plano de gerenciamento de resíduos sólidos é parte integrante do processo de licenciamento ambiental do empreendimento ou atividade pelo órgão competente do Sisnama. Contudo, nos empreendimentos e atividades não sujeitos a licenciamento ambiental, a aprovação do plano de gerenciamento de resíduos sólidos cabe à autoridade municipal competente (art. 24, *caput* e § 1º, da Lei n. 12.305/2010).

↗ **Gabarito: "A".**

Observação: A Política Nacional de Resíduos Sólidos dispõe sobre princípios, objetivos e instrumentos, bem como sobre as diretrizes relativas à gestão integrada e ao gerenciamento de resíduos sólidos, incluídos os perigosos, às responsabilidades dos geradores e do Poder Público e aos instrumentos econômicos aplicáveis (art. 1º, *caput*, da Lei n. 12.305/2010). Os Planos de Resíduos Sólidos são considerados instrumentos dessa política setorizada, cujas modalidades são: o Plano Nacional de Resíduos Sólidos; os planos estaduais de resíduos sólidos; os planos microrregionais de resíduos sólidos e os planos de resíduos sólidos de regiões metropolitanas ou aglomerações urbanas; os planos intermunicipais de resíduos sólidos; os planos municipais de gestão integrada de resíduos sólidos (objeto dessa questão); e os planos de gerenciamento de resíduos sólidos, de responsabilidade dos geradores de resíduos sólidos (art. 14 da Lei n. 12.305/2010).

5. **(FCC – MPE-SE)** Em geral, a Área de Proteção Ambiental é extensa, com um certo grau de ocupação humana, dotada de atributos abióticos, bióticos, estéticos ou culturais especialmente importantes para a qualidade de vida e o bem-estar das populações humanas, e tem como objetivos básicos proteger a diversidade biológica, disciplinar o processo de ocupação e assegurar a sustentabilidade do uso dos recursos naturais. Diante disso, é **INCORRETO** afirmar que:

A) a Área de Proteção Ambiental é constituída por terras públicas ou privadas.

B) a Área de Proteção Ambiental não comporta utilização, ainda que inserida em propriedade privada.

C) as condições para a realização de pesquisa científica e visitação pública nas áreas sob domínio público serão estabelecidas pelo órgão gestor da unidade.

D) a Área de Proteção Ambiental disporá de um Conselho presidido pelo órgão responsável por sua administração e constituído por representantes dos órgãos públicos, de organizações da sociedade civil e da população residente, conforme dispuser o regulamento.

E) constitui, junto com a Reserva de Desenvolvimento Sustentável, a Reserva Particular do Patrimônio Natural, a Área de Relevante Interesse Ecológico, a Floresta Nacional; a Reserva Extrativista e a Reserva de Fauna o Grupo das Unidades de Uso Sustentável.

↘ **Resolução:**

A) *Incorreta*. De fato, a Área de Proteção Ambiental é constituída por terras públicas ou privadas (art. 15, § 1º, da Lei n. 9.985/2000).

B) *Correta*. A Área de Proteção Ambiental é modalidade de unidade de conservação de uso sustentável (art. 14, I, da Lei n. 9.985/2000), razão pela qual é criada justamente para possibilitar a exploração do ambiente de maneira a garantir a perenidade dos recursos ambientais renováveis e dos processos ecológicos, mantendo a biodiversidade e os demais atributos ecológicos, de forma socialmente justa e economicamente viável (art. 2º, XI, da Lei n. 9.985/2000).

C) *Incorreta*. Com efeito, as condições para a realização de pesquisa científica e visitação pública nas áreas sob domínio público serão estabelecidas pelo órgão gestor da unidade (art. 15, § 3º, da Lei n. 9.985/2000).

D) *Incorreta*. De fato, a Área de Proteção Ambiental disporá de um Conselho presidido pelo órgão responsável por sua administração e constituído por representantes dos órgãos públicos, de organizações da sociedade civil e da população residente, conforme dispuser o regulamento (art. 15, § 5º, da Lei n. 9.985/2000).

E) *Incorreta*. Sim, a Área de Proteção Ambiental é modalidade de unidade de conservação de uso sustentável, juntamente com as demais mencionadas na alternativa (art. 14 da Lei n. 9.985/2000).

↗ **Gabarito: "B".**

Observação: A Lei n. 9.985/2000, regulamentando o disposto no art. 225, § 1º, I, II, III e VII, da Constituição Federal, institui o Sistema Nacional de Unidades de Conservação na Natureza (SNUC), cujas modalidades representam espécies do gênero Espaços Territoriais Especialmente Protegidos (ETEPs). As Unidades de Conservação (UCs) estão classificadas em dois grupos: de Proteção Integral e de Uso Sustentável, cujas modalidades variam de acordo com a maior ou menor possibilidade de intervenção antrópica na área, a titularidade do imóvel ou dos imóveis que as integram, dentre outros fatores. A Área de Proteção Ambiental (APA) está disciplinada no art. 15 da Lei n. 9.985/2000.

REFERÊNCIAS

AMADO, Frederico. *Direito ambiental*. 10. ed. São Paulo: JusPodivm, 2019.

ANTUNES, Paulo de Bessa. *Direito ambiental*. 20. ed. São Paulo: Atlas, 2019.

FIORILLO, Celso Antonio Pacheco. *Curso de direito ambiental brasileiro*. 19. ed. São Paulo: Saraiva, 2019.

MACHADO, Paulo Affonso Leme. *Direito ambiental brasileiro*. 25. ed. São Paulo: Malheiros, 2017.

MILARÉ, Édis. *Direito do ambiente*. 11. ed. São Paulo: Revista dos Tribunais, 2018.

RODRIGUES, Marcelo Abelha. *Direito ambiental esquematizado*. 6. ed. São Paulo: Saraiva, 2019.

SIRVINSKAS, Luís Paulo. *Manual de direito ambiental*. 16. ed. São Paulo: Saraiva, 2018.

6

DIREITO DO CONSUMIDOR

MARCO ANTONIO ARAUJO JUNIOR

Sumário

1. TUTELAS DE CONSUMO – ORIGEM CONSTITUCIONAL E SEU SURGIMENTO .. 442
   1.1 Questões 442
2. RELAÇÕES JURÍDICAS DE CONSUMO 443
   2.1 Questões 444
3. TEORIAS DOUTRINÁRIAS PARA DEFINIÇÃO DE CONSUMIDOR 445
   3.1 Questões 446
4. POLÍTICA NACIONAL SOBRE AS RELAÇÕES DE CONSUMO 447
   4.1 Questões 448
5. DIREITOS BÁSICOS 449
   5.1 Questões 450
6. PRODUTOS E SERVIÇOS 452
   6.1 Questões 452
7. RESPONSABILIDADE CIVIL NAS RELAÇÕES DE CONSUMO 454
   7.1 Questões 456
8. PRESCRIÇÃO E DECADÊNCIA NO CDC 457
   8.1 Questões 457
9. DESCONSIDERAÇÃO DA PERSONALIDADE JURÍDICA 459
   9.1 Questões 460
10. PRÁTICAS COMERCIAIS 461
    10.1 Questões 462
11. FORMAS PUBLICITÁRIAS PROIBIDAS 464
    11.1 Questões 464
12. PRÁTICAS ABUSIVAS 466
    12.1 Questões 468
13. PROTEÇÃO CONTRATUAL 469
    13.1 Questões 470

14. TUTELA ADMINISTRATIVA DO CONSUMIDOR 472
   14.1 Questões 472
15. HIPÓTESES DE APLICAÇÃO DE PENAL 473
   15.1 Questões 474
16. TUTELA PENAL DO CONSUMIDOR 475
   16.1 Questões 476
17. TIPOS PENAIS 477
   17.1 Questões 478
18. TUTELA PROCESSUAL DO CONSUMIDOR 480
   18.1 Questões 481
19. CONVENÇÃO COLETIVA DE CONSUMO 482
   19.1 Questões 483
REFERÊNCIAS 484

1. TUTELAS DE CONSUMO – ORIGEM CONSTITUCIONAL E SEU SURGIMENTO

Sendo o consumo uma conduta natural do ser humano em sociedade, surgiu a necessidade de sua proteção e disciplina jurídica. No Brasil, o marco dessa tutela jurídica foi a Constituição Federal de 1988.

A tutela do consumo está diretamente relacionada à garantia de dignidade da pessoa humana (art. 1º, III, da CF), mas é no rol dos direitos e garantias fundamentais que a tutela do consumidor surge de maneira expressa. O art. 5º, XXXII, da CF estabelece que "o Estado promoverá, na forma da lei, a defesa do consumidor". Esse dispositivo reconhece a defesa do consumidor como cláusula pétrea, bem como a necessidade de uma tutela diferenciada para esse sujeito.

A Constituição Federal também deu à defesa do consumidor a condição de princípio da ordem econômica, nos termos do art. 170, V, tendo em vista a necessidade de intervenção do Estado para a tutela do consumidor no mercado de consumo.

Para efetivar as normas constitucionais indicadas, as quais possuem uma norma de eficácia limitada, necessitando de complementação, o legislador tratou de estabelecer, no ADCT, o prazo de seis meses para a edição do Código de Defesa do Consumidor (CDC). Todavia, somente dois anos após a promulgação da Constituição Federal de 1988 o Código foi sancionado (Lei n. 8.078/90), regulamentando, em nível infraconstitucional, o direito fundamental da defesa do consumidor.

O Código de Defesa do Consumidor (CDC) visa regular todos os aspectos das relações jurídicas de consumo, concentrando sua proteção no sujeito que ostenta a posição de consumidor. Para que essa tutela se torne efetiva, estabelece o art. 1º do CDC que suas normas são de ordem pública (aplicação cogente) e interesse social (efeitos difusos e coletivos), daí por que suas disposições e regras não podem ser afastadas por vontade das partes.

1.1 Questões

1. (Cespe – Juiz Substituto – 2019) À luz do Código de Defesa do Consumidor, julgue os seguintes itens acerca de proteção contratual.

I. A proteção contratual prevê a nulidade de cláusulas que estejam em desacordo com as normas consumeristas, o que, em regra, configura a invalidade ou a inexistência do negócio jurídico.

II. Em contratos de adesão, é permitida a existência de cláusulas que acarretem limitações de direitos consumeristas.

III. Na resolução dos contratos de consórcio de veículos automotores, eventuais prejuízos causados por inadimplente ao grupo serão descontados da compensação ou da restituição das parcelas quitadas.

Assinale a opção CORRETA.

A) Apenas o item I está certo.
B) Apenas o item II está certo.
C) Apenas os itens I e III estão certos.
D) Apenas os itens II e III estão certos.

↘ **Resolução:**

I. *Incorreto*. Art. 51, § 2º, do CDC. O erro está em dizer que, em regra, a presença de cláusulas abusivas invalida ou torna inexistente o negócio jurídico.

II. *Correto*. Art. 54, §§ 1º a 4º, do CDC. Nos contratos de adesão, são sim permitidas cláusulas que acarretem limitações de direitos dos consumidores.

III. *Correto*. Art. 53, §§ 2º e 3º, do CDC.

↗ **Gabarito: "D".**

2. (FCC – Consultor Legislativo – 2018) Quanto às cláusulas abusivas, no CDC:

A) sua caracterização não implica sanção normativa expressa, devendo somente ser reequilibrado o contrato após sua exclusão.
B) são previstas em rol taxativo e não elucidativo.
C) são anuláveis ou ineficazes, conforme o caso concreto, interessando somente às partes contratantes.

D) por si sós, não invalidam o contrato, exceto quando de sua ausência, apesar dos esforços de integração, decorrer ônus excessivo a qualquer das partes.

E) não abrangem a outorga de crédito ou financiamento ao consumidor, que se submete nessa parte ao Banco Central, somente.

↳ **Resolução:**
Abra o seu Código de Defesa do Consumidor (Lei n. 8.078/90) e observe:
A) *Incorreto.* Art. 51, *caput.*
B) *Incorreto.* Art. 51, *caput.*
C) *Incorreto.* Art. 51, *caput.*
D) *Correto.* Art. 51, § 2º.
E) *Incorreto.* Art. 52.

↗ **Gabarito: "D".**

3. **(FCC – Promotor de Justiça – 2018)** Em contrato de prestação de serviços celebrado entre entidade de atendimento particular e um idoso, previu-se cláusula segundo a qual todos os produtos não incluídos na mensalidade (fraldas, produtos de higiene, pomadas etc.) deverão ser dela adquiridos. Desse modo, o contratante obrigou-se a pagar a mensalidade e esses produtos extras. Nessa situação hipotética, esse ajuste:

A) não é irregular, porque em se tratando de negócio jurídico privado, as partes têm liberdade para contratar.

B) não é irregular, porque não há violação a interesses metaindividuais.

C) não é irregular, por tratar-se de contrato de adesão.

D) é irregular, por conter cláusula abusiva de venda casada.

E) é irregular, porque o contratante idoso não foi representado por quem de direito.

↳ **Resolução:**
O CDC proíbe a denominada venda casada (art. 39, I), assim entendida a prática de condicionar o fornecimento de produto ou serviço ao fornecimento de outro produto ou serviço. Busca-se, dessa forma, proteger o direito básico de livre escolha do consumidor (art. 6º, II, do CDC).

São exemplos dessa prática abusiva: condicionar a concessão de empréstimo bancário à contratação de um seguro de vida; condicionar o consumo de produtos alimentícios nas salas de cinema à aquisição de tais produtos nas dependências da empresa cinematográfica etc.

↗ **Gabarito: "D".**

2. RELAÇÕES JURÍDICAS DE CONSUMO

O direito do consumidor é tutelado pela relação de consumo específica (microssistema de proteção). Para sua caracterização, é essencial a identificação de três elementos, sob pena de excluir a aplicação do CDC e das demais normas protetivas. São eles:

1) Elementos subjetivos (sujeitos envolvidos na relação de consumo)

a) **Consumidor:** pessoa física ou jurídica que adquire produtos e utiliza serviços como destinatário final no mercado de consumo (art. 2º do CDC). Será também consumidor, por equiparação, a coletividade de pessoas (parágrafo único do art. 2º do CDC), aquele que for vítima do acidente de consumo (art. 17 do CDC) e a pessoa exposta a uma determinada prática comercial (art. 29 do CDC).

b) **Fornecedor:** pessoa física, jurídica, pública, privada ou ente despersonalizado que desenvolve atividade econômica no mercado de consumo (art. 3º do CDC).

2) Elementos objetivos (objetos da relação de consumo)

a) **Produto:** qualquer bem móvel ou imóvel, material ou imaterial, que tenha valor econômico, destinado a satisfazer uma necessidade do consumidor (art. 3º, § 1º, do CDC). É importante lembrar que a forma de aquisição e o estado em que o produto se encontra (novo ou usado) são irrelevantes para a sua caracterização.

b) **Serviço:** toda atividade remunerada (direta ou indiretamente), desenvolvida no mercado de consumo para satisfazer o consumidor (art. 3º, § 2º, do CDC). Os serviços públicos podem ser caracterizados nas relações de consumo desde que o Estado atue economicamente (art. 22 do CDC).

3) Elementos finalísticos

São as condições do destinatário final do consumidor nas relações de consumo.

É importante salientar que não se tipifica como consumo a relação: locatícia de locação predial; entre condômino e condomínio; entre franqueado e franqueador; entre representante comercial e empresa; do beneficiário do crédito educativo; entre o beneficiário da previdência social e o INSS; e de caráter trabalhista.

2.1 Questões

1. (FCC – Procurador do Estado) Nas relações jurídicas derivadas de contratos regidos pelo Código de Defesa do Consumidor, aplicam-se as seguintes regras legais:

I. Em contrato de adesão, a inserção de cláusula no formulário não desfigura a natureza de adesão do contrato.

II. É anulável a cláusula que estabelecer a inversão do ônus da prova em prejuízo do consumidor.

III. Os órgãos públicos, por si ou suas empresas, concessionárias, permissionárias ou sob qualquer outra forma de empreendimento, são obrigados a fornecer serviços adequados, eficientes, seguros e contínuos, independentemente de serem ou não essenciais.

IV. Pelas obrigações, as sociedades consorciadas são solidariamente responsáveis, as sociedades coligadas só responderão por culpa e as sociedades integrantes dos grupos societários e as sociedades controladas são subsidiariamente responsáveis.

V. Em todos os documentos de cobrança de débitos apresentados ao consumidor, deverão constar o nome, o endereço e o número de inscrição no Cadastro de Pessoas Físicas – CPF ou no Cadastro Nacional de Pessoa Jurídica – CNPJ do fornecedor do produto ou serviço correspondente. Está correto o que se afirma APENAS em:

A) I, II e V.
B) I e III.
C) II e IV.
D) III, IV e V.
E) I, IV e V.

↳ **Resolução:**

Todas as cláusulas abusivas são nulas de pleno direito, não há hipótese de anulabilidade.

Sociedades integrantes de grupos societários e sociedades controladas: responsabilidade subsidiária

Sociedades consorciadas: responsabilidade solidária.

Sociedades coligadas: responsabilidade subjetiva.

↗ **Gabarito: "E".**

2. (Cespe – DPE-PE – 2018) Acerca da responsabilidade do fornecedor de produtos e serviços, assinale a opção correta de acordo com as regras e os princípios previstos no CDC.

A) O comerciante responde pelo vício do produto que comercializa, mesmo que não tenha conhecimento da existência de falha de adequação que tenha surgido no momento de sua fabricação.

B) O CDC veda que o fornecedor provoque, nas ações propostas pelo consumidor, a intervenção de terceiro por intermédio da denunciação da lide ou do chamamento ao processo.

C) O consumidor pode pleitear a nulidade do contrato quando, por fato superveniente, determinada cláusula contratual se tornar excessivamente onerosa.

D) A informação ou a comunicação publicitária parcialmente falsa, apta a induzir o consumidor a erro, deve ser considerada publicidade abusiva e caracteriza ato ilícito do fornecedor.

E) Independentemente de o consumidor ser pessoa física ou jurídica, será considerada nula de pleno direito a cláusula que atenue a responsabilidade do fornecedor, mesmo diante de situação justificável.

↘ **Resolução:**

Propaganda abusiva: discriminatória, ou que incite à violência, explore o medo ou a superstição, se aproveite de inexperiência de criança, desrespeite valores ambientais ou induza o consumidor a comportar de forma prejudicial ou perigosa à sua saúde ou segurança.

Propaganda enganosa: inteira ou parcialmente falsa, capaz de induzir o consumidor a erro quanto aos dados dos produtos ou serviços.

Ambos do art. 37 do CDC.

↗ **Gabarito: "A".**

3. (FCC – Procurador-TO) Determinados contratos de prestação de serviços que trazem subjacente uma relação de consumo protegida pelo Código de Defesa do Consumidor são apontados pela doutrina como de natureza relacional, na medida em que traduzem um vínculo continuado, que se protrai no tempo, com potenciais mudanças do cenário econômico e mercadológico original. Uma importante inovação trazida pelo Código de Defesa do Consumidor, especialmente vocacionada para aplicação em contratos dessa natureza, consiste na:

A) modificação das cláusulas contratuais que estabeleçam prestações desproporcionais, sendo assim presumidas aquelas que estabelecem reajustes automáticos por índices inflacionários.

B) obrigatoriedade de apropriação, de forma automática no preço contratado, de ganhos de produtividade e de inovação tecnológica.

C) previsão de manutenção do equilíbrio econômico-financeiro do contrato, assim caracterizado pela taxa de retorno inicialmente avençada.

D) aplicação automática da redução constante de preços em função da presunção de economias de escala.

E) revisão de cláusulas contratuais em razão de fatos supervenientes que as tornem excessivamente onerosas.

↘ **Resolução:**

Para a doutrina majoritária, o Código de Defesa do Consumidor, em seu art. 6º, V, 2ª parte, adotou a teoria da base objetiva do negócio jurídico, uma vez que não se exige ali a imprevisibilidade do fato superveniente que torna excessivamente onerosa a prestação para o consumidor.

No mesmo sentido já decidiu o STJ: O preceito insculpido no inciso V do art. 6º do CDC dispensa a prova do caráter imprevisível do fato superveniente, bastando a demonstração objetiva da excessiva onerosidade advinda para o consumidor (REsp 598.342/MT, Rel. Min. Aldir Passarinho, j. 18-2-2010).

↗ **Gabarito: "E".**

3. TEORIAS DOUTRINÁRIAS PARA DEFINIÇÃO DE CONSUMIDOR

A condição de destinatário final do consumidor gera diversas interpretações jurídicas na doutrina e na jurisprudência. As principais teorias são:

- **Teoria maximalista ou objetiva:** identifica como consumidor a pessoa física ou jurídica que adquire o produto ou utiliza o serviço na condição de destinatário final, não importando se haverá uso particular ou profissional do bem, tampouco se terá ou não a finalidade de lucro, desde que não haja repasse ou reutilização dele.

- **Teoria finalista, subjetiva ou teleológica:** identifica como consumidor a pessoa física ou jurídica que retira definitivamente de circulação o produto ou serviço do mercado, utilizando o serviço para suprir uma necessidade ou satisfação pessoal. A aquisição ou uso de bem ou serviço para o exercício de atividade econômica, civil ou empresária descaracteriza o requisito essencial à formação da relação de consumo.

- **Teoria mista, híbrida ou finalismo aprofundado:** entende que a relação de consumo tutelada pelo CDC não se caracteriza pela simples presença de um fornecedor e um consumidor destinatário final de um bem ou serviço, mas pela sua condição vulnerável no mercado. Este modelo teórico representa o atual modelo jurisprudencial do STJ.

3.1 Questões

1. **(FCC – Defensor Público-RS)** Aureliano procurou a Defensoria Pública para orientação jurídica acerca de um contrato de crédito pessoal à pessoa física, modalidade por adesão, que firmou com o Banco Cred-Mais. Sustentou que o pactuado lhe era excessivamente oneroso, razão pela qual não conseguia mais adimplir as prestações mensais do financiamento. Com foco na proteção contratual ao consumidor e no entendimento preponderante do Superior Tribunal de Justiça, mostra-se possível a modificação judicial com o argumento da abusividade na cláusula que:

A) estipula juros remuneratórios com taxa superior a um por cento ao mês, porém inferior à taxa média de mercado divulgada pelo Banco Central do Brasil, em relação ao mesmo período.

B) prevê taxa anual dos juros remuneratórios superior ao duodécuplo da taxa mensal contratada.

C) prevê cobrança de comissão de permanência, para o caso de inadimplência, de forma alternativa à multa de mora e aos juros, sendo o índice expressamente limitado ao somatório destes.

D) estipula o seguro prestamista no corpo do próprio contrato de empréstimo.

E) estipula os juros de mora, cumulativos aos juros remuneratórios, no patamar de um por cento ao mês.

↳ **Resolução:**

A) *Incorreta*. A prestação de serviço de energia elétrica tem natureza pessoal, e não *propter rem*.

B) *Incorreta*. Débitos pretéritos, ainda que os atuais estejam pagos, não ensejam o corte no fornecimento de serviço de energia elétrica.

C) *Incorreta*. O serviço de fornecimento de energia elétrica é, sim, *uti singuli*, porém, não é remunerado por taxa, e, sim, por meio de tarifa.

D) *Correta*. A suspensão do fornecimento de energia elétrica por débitos pretéritos é ilícita, assim como também é ilícito juridicamente a cobrança judicial e extrajudicial da integralidade do débito contra Joana, visto que não foi Joana quem contraiu esses débitos, mas o proprietário anterior.

E) *Incorreta*. A suspensão do abastecimento e a cobrança feita a Joana pelo débito do período anterior a julho de 2017, constituem práticas ilícitas, que ensejam, sim, indenização por dano moral *in re ipsa*.

↗ **Gabarito: "D".**

2. **(FCC – Defensor Público-RS)** A respeito do microssistema consumerista e da proteção ao consumidor no ordenamento jurídico, considere:

I. A Lei n. 8.078, de 11 de setembro de 1990, dispõe de cláusulas abertas e de conceitos legais indeterminados, que permitem melhor adequação ao caso concreto.

II. Em consonância com a Constituição Federal de 1988, a defesa do consumidor constitui um direito fundamental de proteção à pessoa em situação de vulnerabilidade.

III. Consoante teoria do diálogo das fontes e o próprio Código de Defesa do Consumidor, admite-se a aplicação da norma mais favorável ao consumidor, mesmo que esta se encontre externamente ao microssistema consumerista.

IV. O consumidor é vulnerável e hipossuficiente no mercado de consumo consoante presunção *juris et de jure*. É correto o que consta APENAS em:

A) I e III.
B) II e IV.
C) III e IV.
D) I, II e III
E) I, II e IV.

↳ **Resolução:**

Vulnerabilidade: Fenômeno de ordem material com presunção absoluta – *juris et de jure*.

Hipossuficiência: Fenômeno de ordem processual que deve ser analisado no caso concreto.

"Porém, essa concepção foi superada com o surgimento do Código Civil de 2002 e da teoria do diálogo das fontes."

"A essência da teoria é de que as normas jurídicas não se excluem – supostamente porque pertencentes a ramos jurídicos distintos –, mas se complementam. No Brasil, a principal incidência da teoria se dá justamente na interação entre o CDC e o CC/2002, em matérias como a responsabilidade civil e o Direito Contratual. Do ponto de vista legal, a tese está baseada no art. 7º do CDC, que adota um modelo aberto de interação legislativa. Repise-se que, de acordo com tal comando, os direitos previstos no CDC não excluem outros decorrentes de tratados ou convenções internacionais de que o Brasil seja signatário, da legislação interna ordinária, de regulamentos expedidos pelas autoridades administrativas competentes, bem como dos que derivem dos princípios gerais do direito, analogia, costumes e equidade."

↗ Gabarito: "D".

3. **(Vunesp – TJSP – Juiz Substituto)** No período de 2 (dois) meses, Luciana recebeu em sua residência, sem solicitação prévia, edições semanais de uma revista. No início do terceiro mês, Luciana recebe boleto de cobrança de uma anuidade da revista e, em seguida, mantém contato com a editora e manifesta desinteresse no produto. A editora cancela o boleto de cobrança da anuidade e emite novo boleto referente às 8 (oito) edições recebidas por Luciana no período de 2 (dois) meses. Quanto a esse boleto, assinale a alternativa correta.

A) Inexiste obrigação de pagamento, pois as revistas recebidas são equiparadas a amostras grátis.

B) Inexiste obrigação de pagamento uma vez que houve excesso de cobrança, já que a editora tem direito ao recebimento do valor correspondente a 7 (sete) edições da revista e que a primeira é equiparada a amostra grátis.

C) Existe obrigação de pagamento, pois, embora Luciana não fosse obrigada a manifestar o desinteresse no prazo de 7 (sete) dias, haveria enriquecimento sem causa por parte dela em detrimento da editora.

D) Existe obrigação de pagamento, pois Luciana não manifestou o desinteresse no produto no prazo de 7 (sete) dias a contar do recebimento da primeira edição.

↘ **Resolução:**

A cobrança contraria o estabelecido no Código de Defesa do Consumidor (CDC). Esse custo é de quem contrata o serviço da instituição financeira e não pode ser transferido ao consumidor.

O Código de Defesa do Consumidor assegura ao consumidor o direito à informação sobre produtos e serviços, liberdade de escolha e igualdade nas contratações. Essas condições, porém, não ocorrem nesse caso, pois o consumidor não tem a opção de escolha e não sabe como será a cobrança da sua dívida, se por boleto, pagamento no caixa do banco ou débito em conta.

Os consumidores não são informados previamente a respeito da futura cobrança e também não recebem a cópia do contrato que assinam. Arcar com encargos bancários é uma obrigação que compõe a atividade do fornecedor, portanto, não pode ser repassada ao consumidor.

↗ Gabarito: "A".

4. POLÍTICA NACIONAL SOBRE AS RELAÇÕES DE CONSUMO

A Política Nacional das Relações de Consumo, descrita nos arts. 4º e 5º do CDC, é um sistema que sintetiza todas as diretrizes, os princípios e objetivos criados pelo Estado que devem ser observados e seguidos por todos os agentes do mercado de consumo.

Por meio de uma política nacional, busca-se implantar um sistema jurídico único e uniforme, com normas de ordem pública e interesse social, de aplicação necessária, destinada a tutelar os interesses de todos os consumidores.

1) Princípios previstos no CDC – Da Política Nacional das Relações de Consumo (art. 4º do CDC):

a) princípio do reconhecimento da vulnerabilidade (art. 4º, I, do CDC);

b) princípio da intervenção do Estado (art. 4º, II, do CDC);

c) princípio da harmonização de interesses (art. 4º, III, do CDC);

d) princípio da boa-fé e da equidade (art. 4º, III, *in fine*, do CDC);

e) princípio da educação, da transparência e da informação (art. 4º, IV, do CDC);

f) princípio do controle da qualidade e segurança dos produtos e serviços (art. 4º, V, do CDC);
g) princípio da coibição e repressão das práticas abusivas (art. 4º, VI, do CDC);
h) princípio da racionalização e melhoria dos serviços públicos (art. 4º, VII, do CDC); e
i) princípio do estudo constante das modificações do mercado (art. 4º, VIII, do CDC).

2) Instrumentos da Política Nacional das Relações de Consumo (art. 5º do CDC):

a) assistência jurídica integral e gratuita;

> **ATENÇÃO**
>
> **Súmula 481 do STJ:** "Faz jus ao benefício da justiça gratuita a pessoa jurídica com ou sem fins lucrativos que demonstrar sua impossibilidade de arcar com os encargos processuais".

b) promotorias de justiça e defesa do consumidor;
c) delegacias especializadas;
d) Juizados Especiais Cíveis e varas especializadas; e
e) associações de defesa do consumidor.

4.1 Questões

1. **(FCC – TJSC – Juiz Substituto)** No tocante à proteção contratual prevista nas relações de consumo:
A) o consumidor pode desistir do contrato no prazo da garantia conferida pela lei ao produto.
B) as declarações de vontade constantes de escritos particulares, recibos e pré-contratos relativos às relações de consumo vinculam o fornecedor, ensejando inclusive execução específica.
C) a garantia contratual deve ser conferida ao consumidor pelo prazo e nos limites legalmente previstos.
D) se o consumidor desistir do contrato e exercer o direito de arrependimento, deverá escolher outro produto de valor equivalente, sendo-lhe porém defeso pleitear a devolução dos valores eventualmente pagos.
E) os contratos consumeristas admitem a renúncia do direito de indenização por benfeitorias necessárias, desde que as partes sejam plenamente capazes.

↳ **Resolução:**
A garantia contratual por vício (do produto ou do serviço) conferida pelo fornecedor ao consumidor é de livre convenção entre as partes, vale dizer, não tem prazo mínimo ou máximo. Lembro que era bastante comum, na época da Copa do Mundo, empresas anunciarem a venda de TV's com garantia "até a próxima Copa", ou seja, 4 anos.

O que não pode ser alterado é o tempo e os termos da garantia legal, pois as regras que a definem (art. 26 do CDC) são de natureza cogente.

Vale lembrar também que o tempo de garantia legal é somado ao tempo da garantia contratual.

↗ **Gabarito: "B".**

2. **(FUMARC – Prefeitura de Santa Luzia – Advogado)** Acerca da proteção contratual do consumidor, NÃO é correto afirmar:
A) As cláusulas contratuais serão interpretadas de maneira mais favorável ao consumidor.
B) As declarações de vontade constantes de escritos particulares, recibos e pré-contratos relativos às relações de consumo não vinculam o fornecedor.
C) Os contratos que regulam as relações de consumo não obrigarão os consumidores, se não lhes for dada a oportunidade de tomar conhecimento prévio de seu conteúdo.
D) Se o consumidor exercitar o direito de arrependimento previsto no Código de Defesa do Consumidor, os valores eventualmente pagos serão devolvidos, de imediato, monetariamente atualizados.

↳ **Resolução:**
A) *Correta*. Art. 47 do CDC.
B) *Incorreta*. Art. 48 do CDC.

C) *Correta.* Art. 46 CDC.
D) *Correta.* Art. 49, *caput* e parágrafo único, do CDC.

↗ **Gabarito: "B".**

3. **(FAURGS – TJRS – Juiz Substituto)** Acerca da responsabilidade civil e da proteção do consumidor no CDC, assinale a alternativa correta.

A) Acerca dos vícios do produto, o CDC repete a regra constante do Código Civil, prevendo que o fornecedor somente pode ser responsabilizado diante de vícios ocultos.
B) O prazo para o consumidor reclamar dos vícios de qualidade ou quantidade de um dado produto é de natureza prescricional, sendo este prazo de 5 (cinco) anos.
C) A responsabilidade do comerciante por vício de qualidade ou quantidade do produto é apenas subsidiária, já que o comerciante só poderá ser responsabilizado quando o fabricante, o construtor, o produtor ou o importador não puderem ser identificados.
D) O fornecedor poderá colocar no mercado produtos e serviços potencialmente nocivos ou perigosos à saúde ou segurança, mas deverá informar, de maneira ostensiva e adequada, a respeito da sua nocividade ou periculosidade, sem prejuízo da adoção de outras medidas cabíveis em cada caso concreto.
E) O CDC admite que a responsabilização objetiva dos fornecedores de produtos ou de serviços ocorra somente em casos de vício de qualidade ou quantidade.

↘ **Resolução:**

Ato do produto = acidente (arts. 12 a 14 do CDC):
- O prejuízo é extrínseco ao bem. Danos além do produto (acidente de consumo);
- Garantia da incolumidade físico-psíquica do consumidor, protegendo sua saúde e segurança;
- Prescrição (art. 27 do CDC) em 5 anos;
- Comerciante tem responsabilidade subsidiária.

Vício do produto = defeito (arts. 18 a 20 do CDC):
- Prejuízo é intrínseco. Desconformidade com o fim a que se destina;
- Garantir a incolumidade econômica do consumidor, desfalque econômico do consumidor;
- Decadência (art. 26 do CDC) em 30 dias (produtos não duráveis) e 90 dias (produtos duráveis);
- Comerciante tem responsabilidade solidária.

Vício é defeito.

Fato é acidente.

↗ **Gabarito: "D".**

5. DIREITOS BÁSICOS

Os direitos básicos do consumidor têm seus interesses nucleares, materiais ou instrumentais relacionados aos direitos fundamentais universalmente consagrados que, diante de sua relevância social e econômica, o legislador disciplinou de maneira específica.

O art. 6º do CDC traz um rol mínimo desses direitos, mas o art. 7º do referido diploma afirma que outros direitos também serão garantidos aos consumidores em razão de tratados ou convenções internacionais de que o Brasil seja signatário.

São direitos básicos do consumidor, conforme dispõe o **art. 6º do CDC:**

a) proteção da vida, saúde e segurança;
b) informação e educação; liberdade de escolha e igualdade nas contratações;
c) proteção do consumidor contra publicidade enganosa ou abusiva e práticas comerciais condenáveis;
d) modificação e revisão das cláusulas contratuais;
e) prevenção e reparação de danos individuais, coletivos e difusos dos consumidores;
f) facilitação da defesa dos direitos dos consumidores, inclusive com a inversão do ônus da prova, a favor do consumidor, no processo civil, quando, a critério do juiz, for verossímil a alegação ou quando for ele hipossuficiente, segundo as regras ordinárias de experiências;

g) adequação e eficácia dos serviços públicos;

h) informação adequada e clara sobre os diferentes produtos e serviços;

> **ATENÇÃO**
>
> O direito à informação possui duas dimensões distintas:
>
> 1) o acesso (garantir que o consumidor tenha essa informação); e
>
> 2) a compreensão (permitir que o consumidor vulnerável entenda o teor e as consequências das informações prestadas).
>
> Em relação a esse aspecto, o Estatuto da Pessoa com Deficiência (Lei n. 13.146/2015) incluiu o parágrafo único no art. 6º, do CDC, estabelecendo que a compreensibilidade das informações no mercado de consumo deve ser acessível à pessoa deficiente, cujas diretrizes serão fixadas em regulamento próprio. A questão também é tratada no parágrafo único do art. 6º, o qual determina que a informação deve ser acessível à pessoa com deficiência. Todavia, a questão será tratada em um regulamento próprio.
>
> Importante observar, também, tratando-se de produto industrial, ao fabricante cabe prestar as informações a que se refere este artigo, por meio de impressos apropriados que devam acompanhar o produto.

i) acesso aos órgãos judiciários e administrativos para prevenção ou reparação de danos patrimoniais e morais, individuais, coletivos ou difusos.

5.1 Questões

1. **(FAURGS – TJRS – Juiz de Direito Substituto – 2016)** Considere as afirmações abaixo, com relação à proteção do consumidor.

I – A garantia contratual é complementar à legal e será conferida mediante termo escrito.

II – Os valores eventualmente pagos, a qualquer título, durante o prazo de reflexão, serão devolvidos, de imediato, monetariamente atualizados, se o consumidor exercitar o direito de arrependimento.

III – As declarações de vontade constantes de escritos particulares, recibos e pré-contratos relativos às relações de consumo não vinculam o fornecedor.

Quais estão corretas?

A) Apenas I.
B) Apenas III.
C) Apenas I e II.
D) Apenas I e III.
E) I, II e III.

↳ **Resolução:**
I. *Correta.* Art. 50 do CDC.
II. *Correta.* Art. 50, parágrafo único, do CDC.
III. *Incorreta.* Art. 48 do CDC.

↗ **Gabarito: "C".**

2. **(Cespe – TJAM – Juiz Substituto)** Xavier adquiriu, em 20 de setembro de 2012, na casa de materiais de construção Materc Ltda., piso em cerâmica fabricado pela empresa Ceramic Ltda. A Materc Ltda. comprometeu-se a instalar na cozinha da residência de Xavier o material comprado e assim o fez, prevendo contratualmente trinta dias de garantia. Posteriormente, em 19 de março de 2013, o piso passou a apresentar rachaduras. Diante de tal situação, Xavier contatou, em 20 de março de 2013, os técnicos das empresas envolvidas, que, no mesmo dia, compareceram ao local. O representante da Materc Ltda. não reconheceu a má prestação do serviço; contudo, o preposto da fabricante atestou que os produtos adquiridos apresentavam vícios. Não obstante, este informou que, como já havia transcorrido o prazo da garantia oferecido pelo serviço, bem como o prazo de trinta dias previsto em lei, nada poderia ser feito. Inconformado com os produtos adquiridos, Xavier ingressou com ação de cobrança contra os fornecedores e requereu que estes, solidariamente, restituíssem a quantia paga. Nessa situação hipotética, conforme as disposições do CDC:

A) o defeito descrito caracteriza a existência de fato do produto e, por isso, o prazo prescricional é de cinco anos.

B) ao autor é assegurado o prazo prescricional de três anos previsto legalmente para a reparação civil, razão pela qual ainda não houve a perda da pretensão.

C) a Ceramic Ltda. não pode ser responsabilizada civilmente, pois o autor se insurgiu tão somente contra os produtos adquiridos.

D) a garantia contratual substituiu a garantia legal prevista para o caso em questão e, portanto, está prescrita a pretensão do autor.

E) a relação jurídica estabelecida entre as partes é de consumo e, por se tratar de vício oculto, o direito do autor de reclamar ainda não caducou.

↳ **Resolução:**

Pela descrição abordada na questão, não ficou claro o fato do produto, conforme as disposições do CDC.

Mas esse tipo de questão é comum, infelizmente.

Lembra bastante aquela referente ao penhor bancário, em que não fica evidente o fato, mas os tribunais as tratam como fato, talvez para ajudar os consumidores em juízo que serão beneficiados pelos prazos mais longos no exercícios de seus direitos.

O mesmo se dá nas questões de furto e estelionato em concessionárias de veículos, quando claramente se trata de estelionato, mas os tribunais taxam como furto para que as lojas recebam a indenização securitária.

Dica: salve essa questão no seu caderno/ao se deparar com questão parecida com essa sobre penhor: É FATO e não vício/loja de veículos vítima de "estelionato" em *test-drive* na verdade foi vítima de FURTO.

↗ **Gabarito: "A".**

3. (CESPE – TJPR – Juiz Substituto) À luz da jurisprudência do STJ, assinale a opção correta, a respeito de práticas e cláusulas abusivas elencadas no Código de Defesa do Consumidor.

A) A exigência de indicação da classificação internacional de doenças (CID) para cobertura de exames e pagamento de honorários médicos pelas operadoras de planos de saúde é lícita.

B) A mera negativa de sociedade empresária do ramo securitário a consumidor que deseje contratar seguro de vida é lícita, se o fundamento da recusa for a complexidade técnica da atividade do contratado.

C) Nos contratos de compromisso de compra e venda de imóveis em construção decorrente de incorporação imobiliária, é abusiva cláusula que estipule cobrança de juros compensatórios incidentes em período anterior à entrega das chaves.

D) Em contrato de prestação de serviço de telefonia fixa, cláusula que preveja a cobrança de tarifa básica pelo uso dos serviços é considerada abusiva.

↳ **Resolução:**

A) *Correta*. Jurisprudência do STJ:

"1. Controvérsia estabelecida em sede de ação civil pública movida pelo Ministério Público do Rio de Janeiro em torno da exigência de indicação da CID (Classificação Internacional de Doenças) como condição para realização de exames e pagamento de honorários médicos por parte das operadoras de planos de saúde. (...) 7. O condicionamento da indicação da CID nas requisições de exames e serviços de saúde ao deferimento da cobertura destes decorre, razoavelmente, do fato de as operadoras de planos de saúde estarem obrigadas a prestar os serviços relacionados no plano-referência celebrado com o respectivo usuário. 8. Inocorrência de abusividade no procedimento, não se tonalizando como iníqua e nem colocando o consumidor em desvantagem exagerada, ou incompatível com a boa-fé ou a equidade, a exigência de indicação da CID pelo profissional que requisita a realização de exames médicos" (REsp 1509055/RJ, Rel. Ministro Paulo de Tarso Sanseverino, Terceira Turma, j. 22-8-2017, *DJe* 25-8-2017).

B) *Incorreta*. Jurisprudência do STJ:

"A negativa pura e simples de contratar seguro de vida é ilícita, violando a regra do art. 39, IX, do CDC. Diversas opções poderiam substituir a simples negativa de contratar, como a formulação de prêmio mais alto ou ainda a redução de cobertura securitária, excluindo-se os sinistros relacionados à doença preexistente, mas não poderia negar ao consumidor a prestação de serviços. As normas expedidas pela Susep para regulação de seguros devem ser interpretadas em consonância com o mencionado dispositivo. Ainda que o ramo securitário consubstancie atividade de alta complexidade técnica, regulada por órgão específico, a contratação de seguros está inserida no âmbito das relações de consumo, portanto tem necessariamente de respeitar as disposições do CDC. A recusa da contratação é possível, como previsto na Circular Susep n. 251/2004, mas apenas em hipóteses realmente excepcionais" (REsp 1.300.116/SP, Rel. Min. Nancy Andrighi, j. 23-10-2012).

C) *Incorreta*. Jurisprudência do STJ:

"A Segunda Seção (3ª e 4ª Turmas) do STJ decidiu, no último dia 13/06, que não é abusiva a cláusula de cobrança de juros compensatórios incidentes em período anterior à entrega das chaves nos contratos de compromisso de compra e venda de imóveis em construção sob o regime de incorporação imobiliária" (Segunda Seção, EREsp 670.117-PB, Rel. originário Min. Sidnei Beneti, Rel. para acórdão Min. Antonio Carlos Ferreira, j. 13-6-2012).

Desse modo, os "juros no pé" são admitidos pelo ordenamento jurídico brasileiro.

D) *Incorreta*. Dispõe a Súmula 356 do STJ: "É legítima a cobrança de tarifa básica pelo uso dos serviços de telefonia fixa".

↗ **Gabarito: "A".**

6. PRODUTOS E SERVIÇOS

Os produtos e serviços oferecidos no mercado de consumo não poderão acarretar riscos à saúde e à segurança dos consumidores, salvo aqueles que, por sua natureza e fruição, apresentem riscos inerentes. O fornecedor deverá higienizar os equipamentos e utensílios utilizados no fornecimento de produtos ou serviços, ou colocados à disposição do consumidor, e informar, de maneira ostensiva e adequada, quando for o caso, sobre o risco de contaminação. Em se tratando de produto industrial, ao fabricante cabe prestar as informações através de impressos apropriados que acompanham o produto.

Nocividade e periculosidade

a) **Quanto à classificação:**

- **Nocividade e periculosidade latente ou inerente:** característica dos produtos que apresentam perigo latente, previsível. Nestes casos, é obrigatória a informação do fornecedor sobre a nocividade ou periculosidade do produto, a qual deve ser ostensiva e adequada;

- **nocividade/periculosidade adquirida:** característica dos produtos que não apresentam perigo ou risco latente, mas, em razão de defeitos de fabricação, põem em risco a saúde e a segurança do consumidor; e

- **nocividade periculosidade exagerada:** característica dos produtos proibidos de serem inseridos no mercado de consumo, ainda que o fornecedor tenha todos os cuidados acerca das informações sobre o risco ou perigo.

6.1 Questões

1. **(Vunesp – Prefeitura de Francisco Morato – Procurador)** A respeito das sanções administrativas previstas no Código de Defesa do Consumidor, é correto afirmar:

A) inadmite-se a cumulação, salvo por medida cautelar.

B) para aplicação da multa, dispensa-se a análise em procedimento administrativo.

C) a pena de cassação da concessão será aplicada à concessionária de serviço público apenas quando violar obrigação legal.

D) a pena de inutilização do produto será aplicada sempre que as circunstâncias de fato desaconselharem a cassação de licença, a interdição ou suspensão da atividade.

E) pendendo ação judicial na qual se discuta a imposição de penalidade administrativa, não haverá reincidência até o trânsito em julgado da sentença.

↘ **Resolução:**

Sanções administrativas no CDC.

O CDC traz 12 espécies no art. 56.

São aplicadas pela autoridade administrativa, no âmbito de sua atribuição, mediante procedimento administrativo e assegurada ampla defesa.

Podem ser aplicadas isoladamente ou cumulativamente.

Podem ser aplicadas inclusive por medida cautelar, antecedente ou incidente de procedimento administrativo.

São aplicadas sem prejuízo das sanções de natureza civil, penal e das definidas em normas específicas.

1) Multa.

Deve ser graduada de acordo com a gravidade da infração, a vantagem auferida e a condição econômica do fornecedor.

Reverte para: Fundo de Defesa de Direitos Difusos previsto na Lei de Ação Civil Pública (no caso de valores cabíveis à União) ou Fundos estaduais ou municipais de proteção ao consumidor (demais casos).

Valor: não inferior a 200 e não superior a 3 milhões de vezes o valor da Unidade Fiscal de Referência (Ufir), ou índice equivalente que venha a substituí-lo.

2) Apreensão do produto.

3) Inutilização do produto.

4) Cassação do registro do produto junto ao órgão competente.

5) Proibição de fabricação do produto.

6) Suspensão de fornecimento de produtos ou serviço.

7) Revogação de concessão ou permissão de uso.

Serão aplicadas quando forem constatados vícios de quantidade ou de qualidade por inadequação ou insegurança do produto ou serviço.

8) Suspensão temporária de atividade.

9) Cassação de licença do estabelecimento ou de atividade.

10) Interdição, total ou parcial, de estabelecimento, de obra ou de atividade.

11) Intervenção administrativa.

Serão aplicadas quando o fornecedor REINCIDIR na prática das infrações de maior gravidade previstas neste código e na legislação de consumo. MAS ATENÇÃO: pendendo ação judicial na qual se discuta a imposição de penalidade administrativa, não haverá reincidência até o trânsito em julgado da sentença.

A intervenção administrativa, especificamente, será aplicada sempre que as circunstâncias de fato desaconselharem a cassação de licença, a interdição ou suspensão da atividade.

A pena de cassação da concessão será aplicada à concessionária de serviço público, quando violar obrigação legal ou contratual.

12) Imposição de contrapropaganda.

Será aplicada quando o fornecedor incorrer na prática de publicidade enganosa ou abusiva.

Ocorre às expensas do infrator.

A contrapropaganda deve ser divulgada pelo responsável da mesma forma, frequência e dimensão e, preferencialmente no mesmo veículo, local, espaço e horário, de forma capaz de desfazer o malefício da publicidade enganosa ou abusiva.

↗ **Gabarito: "E".**

2. **(FCC – Promotor – MPMT)** O dever de informação na oferta de produtos ou serviços:

A) não viola o interesse coletivo do grupo de consumidores, caso transgredido.

B) admite a subinformação.

C) exige comportamento positivo do fornecedor.

D) não é assegurado pela Lei n. 8.078/90.

E) exige do fornecedor que informe apenas o preço.

↘ **Resolução:**

O dever de informação exige um comportamento positivo do fornecedor.

Trata-se de desdobramento do direito básico do consumidor, previsto no art. 6º, III, do CDC.

↗ **Gabarito: "C".**

3. **(MPE – Promotor – TJSP)** A contagem do prazo para o exercício do direito de reclamar pelos vícios aparentes ou de fácil constatação inicia-se a partir:

A) do momento em que ficar evidenciado o defeito.

B) da entrega efetiva do produto ou do término da execução dos serviços.

C) da instauração de inquérito civil para apurar a responsabilidade pelos vícios aparentes ou de fácil constatação.

D) da aquisição efetiva do produto ou da data da contratação dos serviços.

E) do conhecimento do dano e de sua autoria.

↘ **Resolução:**

Regra geral: a partir da entrega efetiva do produto ou do término da execução dos serviços. – Art. 26, § 1º, do CDC.

Exceção: tratando-se de vício oculto, o prazo decadencial inicia-se quando ficar evidenciado o defeito – Art. 26, § 3º, do CDC.

↗ **Gabarito: "B".**

7. RESPONSABILIDADE CIVIL NAS RELAÇÕES DE CONSUMO

1) Responsabilidade pelo fato do produto e/ou serviço (arts. 12, 13 e 14 do CDC)

Possui como objeto evitar a falha, garantindo a segurança a parte mais vulnerável da relação, ou seja, o consumidor. Parte da doutrina prefere a expressão "acidente de consumo" para caracterizar essa hipótese de responsabilidade.

A responsabilidade pelo fato do produto impõe ao fabricante, produtor, construtor e importador, nacional ou estrangeiro, independentemente da existência de culpa, o dever de indenizar por defeitos dos produtos colocados em circulação no mercado de consumo quando:

a) não puderem ser identificados o fabricante, o construtor, o produtor ou o importador;
b) o produto for fornecido sem identificação clara do seu fabricante, construtor, produtor ou importador; e
c) não conservar adequadamente os produtos perecíveis.

Será responsável, ainda, pela medição, pesagem e se a balança não estiver aferida oficialmente pelo órgão responsável.

O parágrafo único do art. 13 do CDC assegura que, caso o comerciante seja responsável e arque com a indenização, terá direito de regresso contra os demais responsáveis, sendo vedada a possibilidade de denunciação da lide na ação em que o fornecedor está sendo demandado (art. 88 do CDC).

Por sua vez, a responsabilidade pelo fato do serviço impõe ao fornecedor de serviços prestados, independentemente da existência de culpa, a reparação dos danos causados aos consumidores por defeitos relativos à prestação de serviços, bem como por informações insuficientes ou inadequadas sobre a sua fruição e riscos.

A responsabilidade é objetiva, portanto, basta colocar o produto ou serviço no mercado de consumo para ser responsável pelo defeito. A colocação no mercado de produto de melhor qualidade (art. 12, § 2º, do CDC), bem como de serviço com novas técnicas (art. 14, § 2º, do CDC), não será considerada defeito do produto ou do serviço anteriormente disponibilizado.

Não serão responsabilizados o fabricante, produtor, construtor e importador, quando provarem (art. 12, § 3º, do CDC):

a) que não colocaram o produto no mercado;
b) que o defeito inexiste; e
c) que o consumidor ou terceiro tem culpa exclusiva.

No mesmo sentido, não será responsabilizado o prestador que provar (art. 14, § 3º, do CDC):

a) que o defeito do serviço prestado inexiste; e
b) que o consumidor ou terceiro tem culpa exclusiva.

2) Responsabilidade pelo vício do produto/serviço (arts. 18, 19 e 20 do CDC)

Possui como objeto a falha do dever de adequação. O vício é um efeito decorrente da violação da qualidade, quantidade e informação dos produtos postos em circulação.

3) Responsabilidade pelo vício de qualidade dos produtos (art. 18 do CDC)

Essa espécie de responsabilidade pelo vício de qualidade do produto impõe aos fornecedores de produtos de consumo duráveis ou não duráveis que respondam solidariamente pelos vícios que os tornem impróprios ou inadequados ao consumo a que se destinam ou lhes diminuam o valor, assim como por aqueles decorrentes da disparidade, com as indicações constantes do recipiente, da embalagem, rotulagem ou mensagem publicitária, respeitadas as variações decorrentes de sua natureza. Nestes casos são responsáveis solidariamente pela reparação todos os fornecedores. Constatado o vício de qualidade do produto, se não for sanado em 30 (trinta) dias, alternativamente e de acordo com a sua vontade, pode o consumidor exigir:

a) a substituição do produto por outro da mesma espécie, em perfeitas condições (art. 18, § 1º, I, do CDC);

b) a restituição imediata da quantia paga, atualizada monetariamente, sem prejuízo de perdas e danos (art. 18, § 1º, II, do CDC); e

c) o abatimento proporcional do preço (art. 18, § 1º, III, do CDC).

As partes podem convencionar o prazo e a modificação do prazo, não podendo ser inferior a 7 (sete) dias nem superior a 180 (cento e oitenta) dias. Nos contratos de adesão, a cláusula de prazo deverá ser convencionada em separado.

Nos casos de produto *in natura*, será responsável perante o consumidor o fornecedor imediato (comerciante), salvo se o produtor for identificado claramente.

4) Responsabilidade por vício de quantidade dos produtos (art. 19 do CDC)

Este tipo de responsabilidade pelo vício de quantidade do produto impõe que os fornecedores respondam solidariamente pelos vícios sempre que, respeitadas as variações decorrentes de sua natureza, seu conteúdo líquido for inferior às indicações constantes do recipiente, da embalagem, rotulagem ou de mensagem publicitária.

Também nos vícios de quantidade do produto são responsáveis solidariamente pela reparação todos os fornecedores (partícipes da cadeia produtiva), inclusive o comerciante, que tem previsão expressa no § 2º do art. 19 do CDC.

Constatado o vício de quantidade do produto, alternativamente e de acordo com a sua vontade, pode o consumidor exigir:

a) o abatimento proporcional no preço;

b) a complementação do peso ou medida;

c) a substituição do produto por outro da mesma espécie, marca ou modelo; e

d) a restituição imediata da quantia paga, atualizada monetariamente, sem prejuízo de perdas e danos.

5) Responsabilidade pelos vícios de serviço (arts. 20 e 21 do CDC)

Essa responsabilidade impõe que o fornecedor de serviços responda pelos vícios de qualidade que os tornem impróprios ao consumo ou lhes diminuam o valor, assim como por aqueles decorrentes da disparidade com as indicações constantes da oferta ou mensagem publicitária.

Constatado o vício de qualidade do serviço, alternativamente e de acordo com a sua vontade, pode o consumidor exigir (art. 20, I a III, do CDC):

a) a reexecução dos serviços, sem custo adicional e quando cabível;

b) a restituição imediata da quantia paga, monetariamente atualizada, sem prejuízo de eventuais perdas e danos; e

c) o abatimento proporcional do preço.

A reexecução dos serviços poderá ser confiada a terceiros devidamente capacitados, por conta e risco do fornecedor.

No fornecimento de serviços que tenham por objetivo a reparação de qualquer produto, considerar-se-á implícita a obrigação do fornecedor de empregar componentes de reposição originais adequados e novos, ou que mantenham as especificações técnicas do fabricante, salvo, quanto a estes últimos, autorização em contrário do consumidor.

7.1 Questões

1. **(FCC – SEFAZ-PI – Analista do Tesouro Estadual – Conhecimentos Gerais – 2015)** De acordo com o Código de Defesa do Consumidor:

A) o fornecedor não será responsabilizado se comprovar culpa concorrente do consumidor.

B) podem postular indenização apenas as pessoas que houverem adquirido ou utilizado o produto ou serviço causador do dano.

C) a responsabilidade do profissional liberal é apurada mediante verificação de culpa.

D) a responsabilidade civil afere-se sempre de maneira objetiva.

E) o comerciante é sempre responsabilizado direta e solidariamente com o fabricante pelos danos decorrentes de defeito do produto.

↳ **Resolução:**

A) *Incorreta*. Dispõe o art. 14 do CDC: "O fornecedor de serviços só não será responsabilizado quando provar: I – que, tendo prestado o serviço, o defeito inexiste; II – a culpa EXCLUSIVA do consumidor ou de terceiro".

B) *Incorreta*. Dispõe o art. 17 do CDC: "Para os efeitos desta seção equiparam-se aos consumidores todas as vítimas do evento".
Estabelece ainda o art. 29 do CDC: "Para os fins deste capítulo e do seguinte, equiparam-se aos consumidores TODAS as pessoas determináveis ou não, expostas às práticas nele previstas".

C) *Correta*. Conforme art. 14, § 4º, do CDC.

D) *Incorreta*. O erro desta alternativa está na palavra "sempre", já que ao longo do art. 14 do CDC é ilustrado várias hipóteses em que o "sempre" está excluído.

E) *Incorreta*. O comerciante é sempre responsabilizado direta e solidariamente com o fabricante pelos danos decorrentes de defeito do produto.
É o que dispõe o art. 13 do CDC: "O comerciante é igualmente responsável...".

⤻ **Gabarito: "C".**

2. **(CESPE – TJPR – Juiz Substituto)** A respeito de cobrança de dívidas e cadastros de inadimplentes, de prescrição, de práticas comerciais abusivas e de oferta e publicidade, assinale a opção correta, de acordo com a jurisprudência do STJ.

A) A cobrança indevida de pagamento por serviços de telefonia enseja a condenação da empresa prestadora do serviço por danos morais presumidos, independentemente de efetuada a inscrição do nome do consumidor em cadastros de inadimplentes.

B) A ação de indenização por danos morais decorrente da inscrição indevida de consumidor em cadastro de inadimplentes promovida por instituição financeira aplica-se o prazo prescricional de três anos, previsto no Código Civil.

C) Em salas de cinema, a prática de compelir consumidor espectador a comprar todo e qualquer produto dentro da própria sala de exibição de filmes não é abusiva, por ser essa atividade de caráter complementar à principal.

D) A responsabilidade do comerciante é subsidiária à do fabricante no caso de o vendedor se aproveitar de publicidade enganosa do fabricante para a comercialização do produto.

↳ **Resolução:**

Dispõe a jurisprudência do STJ:
"AGRAVO REGIMENTAL NO AGRAVO EM RECURSO ESPECIAL. RESPONSABILIDADE CIVIL. INSCRIÇÃO INDEVIDA. INDENIZAÇÃO. DANOS MORAIS. TERMO INICIAL DA PRESCRIÇÃO. RECONHECIMENTO PELO TRIBUNAL DE ORIGEM. CARÊNCIA SUPERVENIENTE DE INTERESSE RECURSAL. RESPONSABILIDADE EXTRACONTRATUAL. EXTINÇÃO PELA PRESCRIÇÃO TRIENAL. SÚMULA 83/STJ. AGRAVO IMPROVIDO. 1. Tendo o acórdão recorrido reconhecido que o termo inicial para contagem do prazo prescricional seria a partir da ciência da inscrição, nesse ponto, carece de interesse processual a recorrente. 2. **No que se refere ao prazo prescricional da ação de indenização por danos morais decorrente da inscrição indevida em cadastro de inadimplentes, promovida por instituição financeira ou assemelhada, como no caso dos autos, por tratar-se de responsabilidade extracontratual, incide o prazo de 3 (três) anos previsto no art. 206, § 3º, V, do CC/2002**. 3. A aplicação do art. 27 do Código de Defesa do Consumidor, que prevê o prazo de 5 (cinco) anos para ajuizamento da demanda, restringe-se tão somente às hipóteses de responsabilidade decorrente de fato do produto ou do serviço. 4. Agravo

regimental a que se nega provimento" (AgRg no AREsp 586.219/RS, Rel. Ministro Marco Aurélio Bellizze, Terceira Turma, julgado em 9-12-2014, *DJe* 15-12-2014).

↗ Gabarito: "B".

3. **(CESPE – MPPI – Promotor de Justiça)** No que se refere à defesa do consumidor em juízo e a assuntos relacionados a esse tema, assinale a opção correta, considerando as normas do CDC e o entendimento do STJ.

A) O Ministério Público não tem legitimidade para pleitear tratamento médico ou entrega de medicamentos nas demandas de saúde propostas contra os entes federativos quando se tratar de feitos contendo beneficiários individualizados.

B) O Ministério Público tem legitimidade ativa para atuar na defesa de direitos difusos, coletivos e individuais homogêneos do consumidor, exceto se decorrentes da prestação de serviço público.

C) O prazo prescricional para a execução individual é contado da data do trânsito em julgado da sentença coletiva, sendo desnecessária a sua publicação em órgão oficial.

D) A procedência da pretensão reparatória coletiva em sentença genérica exige do interessado individual a propositura de nova ação para comprovar o dano, a sua extensão, o nexo causal, além de sua qualidade de parte integrante da coletividade lesada.

E) O Ministério Público tem legitimidade exclusiva para a liquidação e execução da sentença coletiva quando decorrido o prazo de um ano sem habilitação de interessados em número compatível com a gravidade do dano.

↘ **Resolução:**
Arts. 99, parágrafo único, e 100, parágrafo único, do CDC.

↗ Gabarito: "C".

8. PRESCRIÇÃO E DECADÊNCIA NO CDC

1) Prescrição

A prescrição é um instituto do direito material e é caracterizada pela perda da pretensão, em virtude da inércia de seu titular, no prazo previsto no art. 189 do CC.

2) Decadência

A decadência traduz-se em uma limitação que a lei estabelece para o exercício de um direito, extinguindo-o e pondo termo ao estado de sujeição existente.

O Código de Defesa do Consumidor estabelece duas hipóteses em que o prazo decadencial não correrá, a saber:

a) a reclamação comprovadamente formulada pelo consumidor perante o fornecedor de produtos e serviços até a resposta negativa correspondente, que deve ser transmitida de forma inequívoca (art. 26, § 2º, I, do CDC); e

b) a instauração de inquérito civil, até seu encerramento (art. 26, § 2º, III, do CDC).

8.1 Questões

1. **(FCC – DPE-SP – Defensor Público)** Márcia adquiriu um apartamento da construtora Felizes S/A, ainda na fase de construção. Entregue o apartamento e passados 3 meses, os azulejos de sua cozinha começam a cair e ela nota algumas rachaduras na parede. Neste mesmo período, sua mãe é internada e Márcia somente entra em contato com a construtora para reclamar 8 meses após a constatação dos defeitos. Nesse caso:

A) Márcia poderá requerer a reforma do apartamento, mas não terá direito à indenização.

B) decaiu o direito de Márcia de reclamar nos termos do art. 26 do CDC, mas terá direito à indenização.

C) a empresa tem o dever de resolver o problema em 30 dias, sob pena de rescisão do contrato.

D) Márcia poderá optar pela devolução do seu dinheiro e perdas e danos ou pela reforma no bem.

E) o direito de Márcia, com relação aos vícios, decaiu e não há direito de indenização.

↳ **Resolução:**
Direito de reclamar de vício aparente ou de fácil constatação.
Prazo decadencial:
30 dias para produtos não duráveis.
90 dias para produtos duráveis.
Tratando-se de vício aparente ou de fácil constatação, como é o caso do enunciado, o prazo passa a ser computado a partir da entrega do produto ou do término do serviço.
O apartamento é um produto durável e a queda de azulejos e o aparecimento de rachaduras são vícios aparentes/de fácil constatação. Portanto, Márcia teria 90 dias para reclamar, mas só o fez após 8 meses, ou seja, o prazo decadencial prescreveu.
Prazo prescricional (direito de reaver na justiça os danos sofridos) é de 5 anos.

↗ **Gabarito: "B".**

2. **(CESPE – MPPI – Promotor de Justiça)** A respeito das normas de direito penal e processo penal previstas no CDC, julgue os itens a seguir.

I. Omitir sinais ostensivos sobre a nocividade de produtos em embalagens constitui conduta delitiva punida quando praticada com dolo ou culpa.

II. O diretor de pessoa jurídica que promover o fornecimento de produtos em condições proibidas incide nas penas cominadas aos crimes previstos no CDC, na medida de sua culpabilidade.

III. É circunstância agravante dos crimes tipificados no CDC o cometimento em detrimento de menor de dezoito anos de idade, de maior de sessenta anos de idade ou de pessoas com deficiência mental, interditadas ou não.

IV. Além das penas privativas de liberdade e de multa, pode ser imposta, cumulativa ou alternativamente, a pena de liquidação compulsória da pessoa jurídica.

Estão certos apenas os itens:

A) I e II.
B) I e IV.
C) III e IV.
D) I, II e III.
E) II, III e IV.

↳ **Resolução:**
I) *Correto.* Dispõe o art. 63 do CDC: "Omitir dizeres ou sinais ostensivos sobre a nocividade ou periculosidade de produtos, nas embalagens, nos invólucros, recipientes ou publicidade: Pena – Detenção de seis meses a dois anos e multa. § 1º Incorrerá nas mesmas penas quem deixar de alertar, mediante recomendações escritas ostensivas, sobre a periculosidade do serviço a ser prestado. § 2º Se o crime é culposo: Pena Detenção de um a seis meses ou multa".

II) *Correto.* Dispõe o art. 75 do CDC: "Quem, de qualquer forma, concorrer para os crimes referidos neste código, incide as penas a esses cominadas na medida de sua culpabilidade, bem como o diretor, administrador ou gerente da pessoa jurídica que promover, permitir ou por qualquer modo aprovar o fornecimento, oferta, exposição à venda ou manutenção em depósito de produtos ou a oferta e prestação de serviços nas condições por ele proibidas".

III) *Correto.* Dispõe o art. 76 do CDC: "São circunstâncias agravantes dos crimes tipificados neste código: I – serem cometidos em época de grave crise econômica ou por ocasião de calamidade; II – ocasionarem grave dano individual ou coletivo; III – dissimular-se a natureza ilícita do procedimento; IV – quando cometidos: a) por servidor público, ou por pessoa cuja condição econômico-social seja manifestamente superior à da vítima; b) em detrimento de operário ou rurícola; de menor de dezoito ou maior de sessenta anos ou de pessoas portadoras de deficiência mental interditadas ou não; V – serem praticados em operações que envolvam alimentos, medicamentos ou quaisquer outros produtos ou serviços essenciais".

IV) *Incorreto.* Dispõe o art. 78 do CDC: "Além das penas privativas de liberdade e de multa, podem ser impostas, cumulativa ou alternadamente, observado o disposto nos arts. 44 a 47, do Código Penal: I – a interdição temporária de direitos; II – a publicação em órgãos de comunicação de grande circulação ou audiência, às expensas do condenado, de notícia sobre os fatos e a condenação; III – a prestação de serviços à comunidade".

Deve-se lembrar, ainda, que não há responsabilidade penal da pessoa jurídica na hipótese de crime previsto no CDC. Assim, aplicar a liquidação compulsória violaria o princípio da intranscendência da pena (art. 5º, XLV, da CF).

Destaque-se que, tratando-se de crimes ambientais, a liquidação forçada é admitida. Dispõe o art. 24 da Lei n. 9.605/98: "A pessoa jurídica constituída ou utilizada, preponderantemente, com o fim de permitir, facilitar ou ocultar a prática de crime definido nesta Lei terá decretada sua liquidação forçada, seu patrimônio será considerado instrumento do crime e como tal perdido em favor do Fundo Penitenciário Nacional".

↗ **Gabarito: "D"**.

3. **(FCC – MPMT – Promotor)** Os instrumentos do contrato de adesão:

A) não têm qualquer regra estabelecida pelo legislador, pois cabe ao consumidor realizar a leitura do contrato antes de assiná-lo.

B) serão redigidos com caracteres ostensivos e legíveis, cujo tamanho da fonte não poderá ser inferior ao corpo 12.

C) serão redigidos com caracteres ostensivos e legíveis, cujo tamanho da fonte não poderá ser inferior ao corpo 14.

D) serão redigidos com caracteres ostensivos e legíveis, sem tamanho predefinido.

E) serão redigidos conforme decidido pelo fornecedor.

↘ **Resolução:**
Importante observar a parte de Contratos de Adesão no CDC.

Dispõe o art. 54: "Contrato de adesão é aquele cujas cláusulas tenham sido aprovadas pela autoridade competente ou estabelecidas unilateralmente pelo fornecedor de produtos ou serviços, sem que o consumidor possa discutir ou modificar substancialmente seu conteúdo. § 1º A inserção de cláusula no formulário não desfigura a natureza de adesão do contrato. § 2º Nos contratos de adesão admite-se cláusula resolutória, desde que a alternativa, cabendo a escolha ao consumidor, ressalvando-se o disposto no § 2º do artigo anterior. § 3º Os contratos de adesão escritos serão redigidos em termos claros e com caracteres ostensivos e legíveis, cujo tamanho da fonte não será inferior ao corpo doze, de modo a facilitar sua compreensão pelo consumidor. § 4º As cláusulas que implicarem limitação de direito do consumidor deverão ser redigidas com destaque, permitindo sua imediata e fácil compreensão".

↗ **Gabarito: "A"**.

9. DESCONSIDERAÇÃO DA PERSONALIDADE JURÍDICA

O CDC adotou a teoria da desconsideração da personalidade jurídica (*disregard doctrine*) com o objetivo de garantir a máxima proteção ao consumidor, devendo os sócios se responsabilizarem pelas obrigações assumidas pela sociedade, toda vez que o magistrado, no caso concreto, vislumbrar, em detrimento do consumidor, a possibilidade de:

a) abuso de direito;
b) excesso de poder;
c) infração da lei;
d) fato ou ato ilícito;
e) violação dos estatutos ou contrato social;
f) falência;
g) estado de insolvência;
h) encerramento ou inatividade da pessoa jurídica provocado por má administração; e
i) sempre que a personalidade jurídica for, de alguma forma, obstáculo ao ressarcimento de prejuízos causados aos consumidores.

A desconsideração da personalidade jurídica será eventual, para o caso em concreto, não representando a extinção ou dissolução da sociedade, mas tão somente a suspensão episódica da sua personalidade, para que haja a reparação do dano causado ao consumidor. O CPC (Lei n. 13.105/2015) disciplinou o incidente de desconsideração da personalidade nos arts. 133 a 137, o qual é cabível em todas as fases do processo de conhecimento, cumprimento de sentença e execução de título extrajudicial. O CPC dispensa o incidente, se o pedido já for formulado na petição inicial (art. 134, § 2º, do CPC).

Decretada a desconsideração da personalidade jurídica pelo magistrado, que pode ser de ofício ou a requerimento das partes, haverá a responsabilização civil do proprietário, sócio-gerente, administrador, sócio majoritário, acionista, controlador, entre outros, alcançando os respectivos patrimônios pessoais.

> **ATENÇÃO**
>
> A responsabilidade das sociedades está disposta nos arts. 28, §§ 2º, 3º e 4º, do CDC.

9.1 Questões

1. **(Vunesp – TJAC – Juiz Substituto)** Carlota Joaquina fez um implante de próteses mamárias e, decorridos dez anos da cirurgia, em razão de dores na região, realizou exames médicos que constataram a ruptura das próteses e presença de silicone livre em seu corpo, que lhe causou deformidade permanente. Em razão desses fatos, após um ano contado do conhecimento da causa das dores, ingressou com ação judicial pleiteando indenização. Diante dessa situação hipotética, assinale a alternativa correta.

A) Operou-se a decadência do direito de reclamar pelos vícios apresentados na prótese, já que decorrido o prazo legal para exercício desse direito.

B) Operou-se a prescrição da pretensão de cunho indenizatório, pois já decorridos mais de cinco anos da realização da cirurgia para implante das próteses.

C) A pretensão não está prescrita, pois, referindo-se a pleito de reparação de danos, o prazo prescricional para formular pretensão indenizatória é de três anos, contados do conhecimento do vício do produto.

D) Não ocorreu a prescrição da pretensão à reparação pelos danos causados, eis que a ação foi proposta antes de decorrido o quinquênio contado da data de conhecimento do fato do produto.

↘ **Resolução:**

Para entender a questão, em primeiro lugar, faz-se necessário esclarecer qual o tipo de responsabilidade consumerista está em jogo na situação hipotética. Perceba-se que houve um acidente de consumo, um fato/defeito na prestação do serviço médico (cirurgia estética), pois é extrínseco e representa uma falha de segurança, atingindo a incolumidade física da consumidora/paciente (deformidade permanente ocasionada pela ruptura das próteses e liberação de silicone no corpo).

Um segundo ponto é entender quando surgiu o conhecimento do dano e de sua autoria (termo *a quo* do prazo), o que é esclarecido pelo enunciado da questão: após 10 anos da cirurgia (através da realização de exames médicos), mas 1 ano antes do ingresso com a ação judicial pleiteando indenização.

Tratando-se de fato do serviço, é aplicável o prazo prescricional de 5 anos previsto no art. 27 do CDC, cuja contagem só se inicia "a partir do conhecimento do dano e de sua autoria". Carlota Joaquina, assim, propôs ação indenizatória após apenas 1 ano da contagem do prazo prescricional, sendo correta apenas a alternativa "D".

↗ **Gabarito: "D".**

2. **(Vunesp – TJAC – Juiz Substituto)** Os alunos de uma escola privada consumiram, na lanchonete próxima a uma escola, um alimento que causou intoxicação e os levou ao hospital, onde ficaram internados alguns dias, perdendo aulas importantes. A associação de pais, ao ficar sabendo do ocorrido, propôs ação coletiva visando à indenização aos alunos atingidos pela intoxicação.

Diante desses fatos hipotéticos, assinale a alternativa correta.

A) A sentença fará coisa julgada *erga omnes*, se o pedido for julgado procedente, beneficiando todas as crianças que foram vítimas da intoxicação, exceto as que tiverem ingressado com ações individuais e não requereram a suspensão dos respectivos processos no prazo legal.

B) A associação tem legitimidade para a propositura da ação coletiva se estiver constituída há pelo menos um ano e incluir em seus fins institucionais a defesa dos interesses dos alunos, desde que tenha autorização assemblear para a propositura da ação.

C) Se a ação coletiva for julgada procedente, a eficácia *erga omnes* e *ultra partes* beneficiará os autores das ações individuais, independentemente de terem requerido a suspensão das ações individuais, em razão do princípio da hipossuficiência do consumidor.

D) Têm legitimidade para a propositura da ação coletiva as entidades e órgãos da Administração

Pública, direta ou indireta, desde que com personalidade jurídica.

↳ **Resolução:**

Efeitos da sentença em ação coletiva:

Erga omnes – direitos difusos: exceto se o pedido for julgado improcedente por insuficiência de provas.

Ultra partes – coletivos *stricto sensu*: limitadamente ao grupo, categoria ou classe (exceto em caso de improcedência por insuficiência de prova).

Erga omnes – individuais homogêneos: caso em procedência do pedido, para beneficiar todas as vítimas e seus sucessores.

No caso de direitos difusos e coletivos *stricto sensu* os efeitos da coisa julgada não prejudicarão os interesses individuais do grupo, coletividade, classe ou categoria.

Em caso de improcedência nas ações individuais homogêneas, os interessados que não tiverem participado da ação coletiva poderão intentar ação a título individual.

↗ **Gabarito: "A".**

10. PRÁTICAS COMERCIAIS

As práticas comerciais podem ser entendidas como todas as ações de *marketing* e publicidade no mercado de consumo para atingir o consumidor.

Oferta

É qualquer informação (telemarketing, pedidos, orçamentos) ou publicidade (anúncios, mala direta, *folder*, *outdoor*) suficientemente precisa, veiculada por qualquer forma ou meio de comunicação, com relação a produtos ou serviços oferecidos ou apresentados, obrigando o fornecedor que a fizer veicular e integrando o contrato que vier a ser celebrado.

a) **Requisitos da oferta**

- **veiculação:** trata-se do fenômeno da "exposição" das informações ativadas no mercado de consumo; e
- **precisão da informação:** deve conter elementos claros que possam identificar o produto ou serviço ofertado.

O CDC (art. 31) impõe regras à oferta e apresentação dos produtos, exigindo que assegurem informações corretas, claras, precisas, ostensivas e em língua portuguesa sobre os produtos e serviços em relação a características, qualidades, quantidade, composição, preço, garantia, prazos de validade, origem, riscos que apresentem à saúde e riscos que apresentem à segurança do consumidor. No caso de produtos refrigerados, as informações serão gravadas de forma indelével.

Os fabricantes e importadores deverão assegurar a oferta de componentes e peças de reposição enquanto não cessar a fabricação do produto, sendo certo que, depois de cessadas a produção ou importação, a oferta deverá ser mantida por período razoável de tempo na forma da lei (art. 32, *caput* e parágrafo único, do CDC).

Caso o fornecedor descumpra os requisitos do art. 31 do CDC, ocorrerá vício na informação, permitindo que o consumidor possa, nos termos do art. 35 do CDC:

- exigir o cumprimento forçado da obrigação, nos termos da oferta, apresentação ou publicidade;
- aceitar outro produto ou prestação de serviço equivalente, pagando ou recebendo a diferença; ou
- rescindir o contrato, com a restituição da quantia eventualmente antecipada, monetariamente atualizada, além de composição de perdas e danos.

b) **Publicidade:** surge com intuito de realizar uma das fases integrantes do processo de *marketing*, qual seja a ativação do mercado de consumo.

Algumas formas publicitárias são expressamente proibidas ou especialmente reguladas pela lei, como é o caso de publicidade de tabacos, bebidas alcoólicas, medicamentos e terapias.

10.1 Questões

1. **(VUNESP – Câmara de Campo Limpo Paulista – Procurador Jurídico – 2018)** Semprônio ajuizou ação declaratória de inexigibilidade de débito cumulada com a indenização por danos materiais e morais contra a instituição financeira. A negativação do nome do autor nos órgãos de proteção do consumidor se deu de forma indevida pelo banco. No tocante aos danos materiais e morais sofridos por Semprônio, assinale a assertiva correta.

A) A lei estabelece parâmetros para fixação por danos morais, devendo o magistrado observar os critérios de razoabilidade e da proporcionalidade, de modo a arbitrar os danos morais de forma moderada.

B) O pagamento de danos morais deve ser acrescido de juros de mora desde a citação e a incidência de correção monetária desde o arbitramento.

C) É incabível a cumulação de danos materiais e morais sofridos por Semprônio devido à negativação indevida do nome nos órgãos de proteção do consumidor.

D) A indenização por danos materiais independe da demonstração dos prejuízos alegados por Semprônio.

E) A condenação por danos morais exige prova de que a negativação do nome de Semprônio depende de prova de dano sofrido pelo consumidor.

↳ **Resolução:**

A questão fala de negativação do nome do consumidor em cadastros de inadimplentes e conclui que o dano moral daí decorrente é contratual, fluindo os juros de mora da citação.

Ocorre que a jurisprudência do STJ É PACÍFICA AO ENTENDER QUE A INSCRIÇÃO EM CADASTRO DE INADIMPLENTE É SEMPRE EXTRACONTRATUAL, ainda que a dívida objeto da inscrição seja contratual, salvo em caso de previsão expressa no instrumento contratual de responsabilidades decorrentes de inscrição indevida (EDcl REsp 1.375.530/SP, Rel. Ministro João Otávio de Noronha, Terceira Turma, j. 6-10-2015, *DJe* 9-10-2015).

Salutar colacionar explicação do STJ sobre a compreensão:

"A indevida inscrição de um nome em cadastros de inadimplência consubstancia ato ilícito, e não um inadimplemento contratual, ainda que a obrigação cujo alegado descumprimento deu origem à inscrição tenha natureza contratual. O ilícito contratual somente se configura quando há o descumprimento, por uma das partes, de obrigação regulada no instrumento. A inscrição nos órgãos de inadimplência não representa o exercício de um direito contratual. Quando indevida, equipara-se a um ato de difamação. Tratando-se de ato ilícito, os juros devem incidir na forma da Súmula 54/STJ, ou seja, a partir da prática do ato" (Terceira Turma, REsp n. 660.459/RS, relatora para acórdão Ministra Nancy Andrighi, *DJ* 20-8-2007).

"Tendo em vista que a inscrição em cadastros restritivos de crédito não está prevista nas relações avençadas entre as partes, cuida-se a hipótese de responsabilidade extracontratual. O dever de indenizar decorreu da violação ao art. 159 do CC/16 e não do descumprimento de uma cláusula contratual. Precedentes das duas Turmas que compõem a Segunda Seção desta Corte. 2. Agravo regimental desprovido" (AgRg no Ag n. 801.258/PR, relator Ministro Jorge Scartezzini, Quarta Turma, *DJ* 5-2-2007).

E ainda:

"O Tribunal de origem decidiu em consonância com a jurisprudência desta Corte Superior, no sentido de que dano extrapatrimonial decorrente da inscrição indevida em cadastro de inadimplentes é extracontratual, ainda que a dívida objeto da inscrição seja contratual (EDcl n. REsp 1.375.530/SP, Rel. Ministro JOÃO OTÁVIO DE NORONHA, Terceira Turma, j. 6-10-2015, *DJe* 9-10-2015), incidindo os juros de mora a partir do evento danoso, nos termos da Súmula 54 do STJ. 3. Agravo interno não provido" (AgInt no AREsp 1.286.801/MS, Rel. Ministro Luis Felipe Salomão, Quarta Turma, j. 25-9-2018, *DJe* 28-9-2018).

↗ **Gabarito: "B"**

2. **(CESPE – TJPR – Juiz Substituto)** Com base na jurisprudência do STJ, julgue os itens a seguir, a respeito de relações consumeristas.

I. A recusa de cobertura securitária sob a alegação de doença preexistente é considerada lícita se exigidos exames médicos previamente à contratação do seguro.

II. Nos contratos de assistência à saúde, é abusiva cláusula contratual que estipule qualquer prazo de carência para cobertura de casos de urgência e emergência.

III. As regras do Código de Defesa do Consumidor são aplicáveis aos contratos de empreendimentos habitacionais celebrados por sociedades cooperativas.

Assinale a opção CORRETA.

A) Apenas o item I está certo.
B) Apenas o item II está certo.
C) Apenas os itens I e III estão certos.
D) Apenas os itens II e III estão certos.

↳ **Resolução:**

Plano de saúde: Carência de 24 horas para procedimentos de urgência e emergência.

Súmula 597 do STJ: "A cláusula contratual de plano de saúde que prevê carência para utilização dos serviços de assistência médica nas situações de emergência ou de urgência é considerada abusiva se ultrapassado o prazo máximo de 24 horas contado da data da contratação".

O que é carência nos contratos de plano de saúde? Carência é o tempo que a pessoa terá que esperar para poder gozar dos serviços oferecidos pelo plano de saúde. Esse prazo normalmente varia de acordo com o procedimento médico ou hospitalar. Exemplo: consultas médicas, sem carência; partos – carência de 300 dias etc. Os prazos de carência devem estar previstos no contrato.

É lícita a cláusula contratual do plano de saúde que estabeleça prazos de carência? Em regra, sim, desde que respeitados os limites máximos estabelecidos pela Lei n. 9.656/98.

Imagine agora a seguinte situação hipotética: João, há dois meses, contratou o plano de saúde "X". João estava se sentindo mal e foi até o hospital conveniado ao plano. Constatou-se que ele necessitava de internação em caráter de urgência/emergência, porque estava com suspeita de AVC. O plano de saúde negou a autorização para internação alegando que existe uma cláusula no contrato prevendo carência de 180 dias para que o usuário tenha direito à internação.

Foi lícita a conduta do plano de saúde de negar a internação? Não. A seguradora tinha a obrigação de arcar com a internação, mesmo estando no período de carência. Em se tratando de procedimento de emergência ou de urgência, ou seja, de evento que se não for realizado imediatamente implica em risco concreto de morte ou lesão irreparável para o paciente, deve ser adotado o prazo de carência de vinte e quatro horas e não o de cento e oitenta dias, sob pena de violação à legítima expectativa do consumidor ao celebrar o contrato para preservar a sua vida, sua saúde e sua integridade física.

A legislação permite que o contrato estipule prazo de carência (art. 12 da Lei n. 9.656/98). No entanto, mesmo havendo carência, os planos de saúde e seguros privados de saúde são obrigados a oferecer cobertura nos casos de urgência e emergência a partir de 24 horas depois de ter sido assinado o contrato (art. 12, V, *c*).

Como se trata de situação-limite, em que há nítida possibilidade de violação de direito fundamental à vida, não é possível à seguradora invocar prazo de carência contratual para restringir o custeio dos procedimentos de emergência ou de urgência.

Em caso de recusa indevida, é possível a condenação do plano de saúde ao pagamento de indenização? Sim. A recusa indevida da operadora de plano de saúde a autorizar o tratamento do segurado é passível de condenação por dano moral, uma vez que agrava a situação de aflição e angústia do segurado, comprometido em sua higidez físico-psicológica pela enfermidade.

↗ **Gabarito: "C".**

3. **(Cespe – MPE-PI – Promotor de Justiça Substituto – 2019)** Considerando o disposto no CDC e o entendimento do STJ, julgue os seguintes itens, relativos à cobrança de dívidas, a bancos de dados e a cadastros de consumidores.

I. As entidades mantenedoras de cadastros de crédito respondem subsidiariamente com a fonte e o consulente pela inexatidão das informações constantes em seus arquivos e pelos danos que causem aos consumidores.

II. A manutenção de inscrição negativa nos cadastros de proteção ao crédito respeita a exigibilidade do débito inadimplido, podendo o limite máximo de cinco anos ser restringido caso seja menor o prazo prescricional para a cobrança do crédito.

III. Em respeito à exigibilidade do crédito e ao princípio da veracidade da informação, o termo inicial do limite temporal de cinco anos para a inscrição da dívida no banco de dados de inadimplência conta-se a partir do primeiro dia seguinte à data de vencimento da dívida.

Assinale a opção correta.

A) Apenas o item I está certo.
B) Apenas o item II está certo.
C) Apenas os itens I e III estão certos.
D) Apenas os itens II e III estão certos.
E) Todos os itens estão certos.

↳ **Resolução:**

I. *Correto.* Art. 16 da Lei n. 12.414/2011: "O banco de dados, a fonte e o consulente são responsáveis objetiva e solidariamente pelos danos materiais e morais que causarem ao cadastrado".

"As entidades mantenedoras de cadastros de crédito devem responder solidariamente com a fonte e o consulente pela inexatidão das informações constantes em seus arquivos e pelos danos que podem causar danos aos consumidores (art. 16 da Lei n. 12.414/2011)" (Recurso Especial 1.630.659/DF, 2016/0263672-7, Relatora Ministra Nancy Andrighi, j. em 11-9-2018).

↗ **Gabarito: "D".**

11. FORMAS PUBLICITÁRIAS PROIBIDAS

Estão previstas no art. 37 do CDC. São elas:

a) **Publicidade enganosa:** é enganosa a publicidade que se mostra inteira ou parcialmente falsa, capaz de induzir o consumidor a erro, acerca da natureza, característica, qualidade, quantidade, propriedades, origem, preço e quaisquer outros dados sobre produtos e serviços. A enganosidade pode ocorrer por ação/comissão ou omissão. Será **enganosa por ação** a publicidade que de forma ativa se mostrar inteira ou parcialmente falsa, capaz de induzir em erro o consumidor, acerca da natureza, característica, qualidade, quantidade, propriedades, origem, preço e quaisquer outros dados sobre produtos e serviços. Por outro lado, será **enganosa por omissão** quando de forma passiva se mostrar inteira ou parcialmente falsa, deixando de informar dado essencial do produto ou serviço (aquele que a ausência poderia influenciar na compra ou contratação), relacionado a natureza, característica, qualidade, quantidade, propriedades, origem, preço e quaisquer outros dados relevantes, capazes de induzir a erro o consumidor.

b) **Publicidade abusiva:** publicidade abusiva é aquela que ofende valores éticos, sociais e religiosos da sociedade, mostrando-se discriminatória de qualquer natureza, que incite a violência, explore o medo ou a superstição, se aproveite da deficiência de julgamento e experiência da criança, desrespeite valores ambientais, ou seja, capaz de induzir o consumidor a se portar de forma prejudicial ou perigosa à saúde ou à segurança.

c) **Publicidade clandestina:** é aquela que não pode ser claramente identificada pelo consumidor.

Caso o fornecedor descumpra as regras da publicidade (art. 37 do CDC), ocorrerá vício na informação, permitindo que o consumidor possa, nos termos do art. 35 do CDC:

• exigir o cumprimento forçado da obrigação, nos termos da oferta, apresentação ou publicidade;

• aceitar outro produto ou prestação de serviço equivalente, pagando ou recebendo a diferença; e

• rescindir o contrato com a restituição da quantia eventualmente antecipada, monetariamente atualizada, além de composição de perdas e danos.

11.1 Questões

1. **(FCC – Promotor)** Não identificado o fabricante, o construtor, o produtor ou o importador do bem:

A) o comerciante do respectivo produto não poderá ser responsabilizado.

B) a reparação de danos causados ao consumidor ficará prejudicada.
C) caberá ao consumidor identificá-lo, para que o dano seja reparado.
D) não haverá direito de regresso, caso a reparação recaia sobre terceiros.
E) o comerciante do respectivo produto poderá ser responsabilizado.

↳ **Resolução:**

Comerciante será responsabilizado de forma subsidiária, nos termos do art. 13, do CDC, quando:

I) o fabricante, o construtor, o produtor ou o importador não puderem ser identificados;

II) o produto for fornecido sem identificação clara do seu fabricante, produtor, construtor ou importador; ou

III) não conservar adequadamente os produtos perecíveis.

Já no caso de vício do produto, o comerciante será responsável de forma solidária, consoante art. 18 do CDC, pois o referido artigo trata de fornecedores de uma forma geral. Leia-se: "Art. 18. Os fornecedores de produtos de consumo duráveis ou não duráveis respondem solidariamente pelos vícios de qualidade ou quantidade (...)".

↗ **Gabarito: "E".**

2. **(Vunesp – TJAC – Juiz Substituto)** Maria da Silva comprou um aparelho celular e, durante o regular uso, a bateria superaqueceu e explodiu, ferindo a sua sobrinha que estava manuseando o aparelho. Diante desse fato hipotético, assinale a alternativa correta quanto à responsabilidade do fornecedor.

A) Há responsabilidade do fornecedor por fato do produto, pois o aparelho se apresentou defeituoso, causando danos aos consumidores.
B) Não há responsabilização do fornecedor pelos ferimentos na sobrinha com base na legislação consumerista, pois o aparelho celular não lhe pertence e, desse modo, não é considerada consumidora.
C) Trata-se de dano causado por vício do produto, devendo Maria da Silva e a sobrinha serem reparadas pelos danos patrimoniais e físicos sofridos.
D) O fornecedor se exime da responsabilidade de reparar os danos se conseguir comprovar a inexistência de culpa pelo defeito do aparelho celular.

↳ **Resolução:**

Vício

Intrínseco ao produto.

Incolumidade econômica decadencial:

a) 30 dias – não duráveis;

b) 90 dias – duráveis.

Responsabilidade solidária do comerciante

Fato

Extrínseco ao produto

Incolumidade físico-psíquica

Prazo prescricional: 5 anos.

Responsabilidade subsidiária do comerciante

Consumidor: toda pessoa física ou jurídica que adquire ou utiliza produto ou serviço como destinatário final.

Equipara-se: Coletividade de pessoas, ainda que indetermináveis, que haja intervindo nas relações de consumo.

Todo aquele que não participou da relação de consumo, não adquiriu qualquer produto ou contratou serviços mas sofreu algum tipo de lesão pode invocar a proteção da lei consumerista na qualidade de consumidor equiparado.

Apenas a título de conhecimento:

Fornecedor aparente é aquele que, embora não tendo participado diretamente do processo de fabricação, apresenta-se como tal por ostentar nome, marca ou outro sinal em comum com o bem que foi fabricado por terceiro, assumindo posição de real fabricante perante o consumidor.

↗ **Gabarito: "A".**

3. **(Vunesp – Prefeitura de Cerquilho)** Maria fez uma compra de um eletrodoméstico, em 10 parcelas, na data de 2 de maio de 2016, na Loja Santelmo, sendo que a última parcela do seu crediário deveria ter sido paga em 2 de fevereiro de 2017. Não quitou todas as parcelas em dia, pagando, porém, integralmente o seu débito, com juros e correção monetária em janeiro de 2019, informando à Loja Santelmo desse fato, que lhe confirmou via e-mail que estava tudo quitado na mesma ocasião. Entretanto, ao tentar fazer uma nova compra a crédito em outro estabelecimento, na data de 2 maio de 2019, descobriu que seu nome está negativado pelas Lojas Santelmo, pela dívida já quitada.

Diante dessa situação, é certo afirmar que:

A) a loja agiu corretamente em manter o nome de Maria no rol dos maus pagadores, mesmo após a quitação, pois é possível deixar até cinco anos a inscrição pelo débito existente, a contar da inadimplência.

B) mesmo sendo irregular a manutenção de tal inscrição em nome de Maria, se houver outras inscrições preexistentes a essa da Loja Santelmo, não caberá indenização por dano moral, nos termos da atual orientação do STJ sobre o tema.

C) se o débito de Maria tivesse prescrito para cobrança, ainda assim poderia a Loja Santelmo manter por cinco anos da data da inadimplência o nome da consumidora no cadastro de inadimplentes.

D) o cadastro de inadimplentes, por ter natureza de pessoa jurídica de direito privado, só poderia ter inserido o nome de Maria no cadastro dos maus pagadores mediante aviso prévio de 10 dias.

E) para que não fosse considerada irregular a inserção do nome de Maria no Banco de dados negativo, seria indispensável o aviso de recebimento (AR) na carta de comunicação sobre negativação de seu nome.

↳ **Resolução:**

A) *Incorreta*. Dispõe a Súmula 548 do STJ: "Incumbe ao credor a EXCLUSÃO do registro da dívida em nome do devedor no cadastro de inadimplentes no prazo de 5 (cinco) dias úteis, a partir do integral e efetivo pagamento do débito".

Dispõe o § 1º do art. 42 do CDC: "Os cadastros e dados de consumidores devem ser objetivos, claros, verdadeiros e em linguagem de fácil compreensão, NÃO podendo conter informações negativas referentes a período SUPERIOR a 5 (cinco) anos".

B) *Correta*. Dispõe a Súmula 385 do STJ: "Da anotação IRREGULAR em cadastro de proteção ao crédito, NÃO cabe indenização por dano moral, quando PREEXISTENTE legítima inscrição, RESSALVADO o direito ao CANCELAMENTO".

C) *Incorreta*. Dispõe a Súmula 323 do STJ: "A inscrição do nome do devedor pode ser mantida nos serviços de proteção ao crédito até o prazo máximo de cinco anos, independentemente da prescrição da EXECUÇÃO".

D) *Incorreta*.

E) *Incorreta*. Dispõe a Súmula 359 do STJ: "Cabe ao órgão mantenedor do Cadastro de Proteção ao Crédito a NOTIFICAÇÃO do devedor ANTES de proceder à inscrição".

Dispõe a Súmula 404 do STJ: "É DISPENSÁVEL o aviso de recebimento (AR) na carta de comunicação ao consumidor sobre a negativação de seu nome em bancos de dados e cadastros".

A ausência de prévia comunicação ao consumidor da inscrição do seu nome em cadastros de proteção ao crédito, prevista no art. 43, § 2º, do CDC, enseja o direito à compensação por danos morais. (Tese julgada sob o rito do art. 543-C do CPC/1973 – TEMA 40).

Observação: A ação de indenização por danos morais decorrente da inscrição indevida em cadastro de inadimplentes não se sujeita ao prazo quinquenal do art. 27 do CDC, mas ao prazo de 3 (três) anos, conforme previsto no art. 206, § 3º, V, do Código Civil.

Dispõe o § 2º do art. 42 do CDC: "A abertura de cadastro, ficha, registro e dados pessoais e de consumo DEVERÁ ser comunicada por escrito ao consumidor, quando não solicitada por ele".

Dispõe o § 2º do art. 42 do CDC: "Os bancos de dados e cadastros relativos a consumidores, os serviços de proteção ao crédito e congêneres são considerados entidades de caráter PÚBLICO".

↗ **Gabarito: "B".**

12. PRÁTICAS ABUSIVAS

São comportamentos comerciais dos fornecedores (contratuais ou não) que abusam da boa-fé e da vulnerabilidade do consumidor; noutras palavras, condutas em desconformidade com os padrões mercadológicos éticos e leais.

As práticas abusivas descritas no art. 39 do CDC são meramente exemplificativas. O *caput* do art. 39, ao utilizar a expressão "dentre outras", abre espaço para o reconhecimento de práticas abusivas pela doutrina, pela jurisprudência e, também, por outras normas específicas.

> **ATENÇÃO**
>
> **Súmula 597 do STJ:** "A cláusula contratual de plano de saúde que prevê carência para utilização dos serviços de assistência médica nas situações de emergência ou de urgência é considerada abusiva se ultrapassado o prazo máximo de 24 horas contado da data da contratação".
>
> **Súmula 609 do STJ:** "A recusa de cobertura securitária, sob a alegação de doença preexistente, é ilícita se não houve a exigência de exames médicos prévios à contratação ou a demonstração de má-fé do segurado".

Além de sanções administrativas e penais, as práticas abusivas podem gerar o dever de indenizar, em razão do art. 6º, VII, do CDC. O juiz pode, também, com fundamento no art. 84 do CDC, determinar a abstenção ou prática de conduta, sob força de preceito cominatório.

Espécies de práticas comerciais abusivas – art. 39 do CDC

a) venda casada (também conhecida como venda condicionada ou operação casada);
b) recusa de fornecimento;
c) remessa de produto ou fornecimento de serviço sem prévia solicitação do consumidor;
d) aproveitamento da vulnerabilidade do consumidor;
e) exigência de vantagem excessiva do consumidor;
f) execução de serviço sem orçamento prévio e autorização expressa do consumidor;
g) repasse de dados e informações depreciativas sobre o consumidor;
h) descumprimento de normas técnicas;
i) recusa de venda de bens ou de prestação de serviços com pagamento à vista;
j) elevação injustificada de preços;
k) inexistência de prazo para cumprimento da obrigação;
l) uso de índice de reajuste diverso do previsto em contrato ou lei;
m) permitir o ingresso em estabelecimentos comerciais ou de serviços de um número maior de consumidores que o fixado pela autoridade administrativa como máximo.

- **Cobrança de dívidas:** determina o art. 42 do CDC que, na cobrança de débitos, o consumidor inadimplente não poderá ser exposto ao ridículo ou a qualquer tipo de constrangimento ou ameaça.

O art. 42-A do CDC exige a identificação do fornecedor em todos os documentos de cobrança de débitos, a qual será feita mediante apresentação do nome completo do fornecedor, o endereço (domicílio) e o número de inscrição no Cadastro de Pessoas Físicas (CPF) ou no Cadastro Nacional de Pessoa Jurídica (CNPJ).

- **Banco de dados e cadastro de consumidores:** inclui-se nos direitos fundamentais do consumidor o de ter acesso aos bancos de dados que envolvam seu nome, tais como cadastros, registros, fichas, dados pessoais e de consumo (art. 43 do CDC). Em razão do Estatuto da Pessoa com Deficiência (Lei n. 13.146/2015), as informações relativas aos Bancos de Dados e Cadastros de Consumidores deverão ser disponibilizadas em formato acessível para essas pessoas, mediante solicitação do consumidor (art. 43, § 6º, do CDC).

Os bancos de dados podem ser públicos ou privados, mas sempre serão considerados entidades de caráter público, o que permite elegê-los como sujeitos passivos no *habeas data*.

A abertura de cadastro, ficha, registro e dados pessoais ou de consumo em nome do consumidor, quando não solicitada por ele, deve ser comunicada ao mesmo por escrito e com antecedência.

A obrigação de comunicar o consumidor é do órgão responsável pela negativação, enquanto a obrigação de levantamento do nome do consumidor dos bancos de dados, em caso de quitação da obrigação, é do fornecedor.

Nesse sentido, a jurisprudência vem entendendo que, mesmo havendo regular inscrição do nome do devedor em cadastro de órgão de proteção ao crédito, após o integral pagamento da dívida, incumbe ao credor requerer a exclusão do registro desabonador, no prazo de cinco dias úteis, a contar do primeiro dia útil posterior à completa disponibilização do numerário necessário à quitação do débito vencido (REsp 1.424.792/BA).

12.1 Questões

1. **(FCC – TJAP – Analista de fomento)** Quanto à proteção ao consumidor nas práticas comerciais, é correto afirmar:

A) Os fabricantes e importadores deverão assegurar a oferta de componentes e peças de reposição enquanto não cessar a fabricação ou importação do produto; cessadas a fabricação ou a importação, cessará de imediato também a oferta de componentes e peças.

B) Toda informação ou publicidade, suficientemente precisa, veiculada por qualquer forma ou meio de comunicação com relação a produtos e serviços oferecidos ou apresentados, obriga o fornecedor que a fizer veicular ou dela se utilizar e integra o contrato que vier a ser celebrado.

C) A publicidade deve ser veiculada com linguagem clara e objetiva, podendo, porém, ser redigida e entendida como notícia jornalística.

D) É enganosa, dentre outras, a publicidade que incite à violência, que seja discriminatória ou que explore o medo ou a superstição.

E) O ônus da prova da veracidade e da correção da informação ou comunicação publicitária cabe a quem questioná-la, por ser fato constitutivo de seu direito.

↘ **Resolução:**

A) *Incorreta*. Dispõe o art. 32, parágrafo único, do CDC: "Cessadas a produção ou importação, a oferta deverá ser mantida por período razoável de tempo, na forma da lei".

B) *Correta*. Conforme art. 30 do CDC.

C) *Incorreta*. Dispõe o art. 36 do CDC: "A publicidade deve ser veiculada de tal forma que o consumidor, fácil e imediatamente, a identifique como tal".

D) *Incorreta*. Dispõe o § 2º do art. 37, do CDC: "É abusiva, dentre outras a publicidade discriminatória de qualquer natureza, a que incite à violência, explore o medo ou a superstição, se aproveite da deficiência de julgamento e experiência da criança, desrespeita valores ambientais, ou que seja capaz de induzir o consumidor a se comportar de forma prejudicial ou perigosa à sua saúde ou segurança".

E) *Incorreta*. Dispõe o art. 38 do CDC: "O ônus da prova da veracidade e correção da informação ou comunicação publicitária cabe a quem as patrocina".

↗ **Gabarito: "B"**.

2. **(MPPI – Promotor)** Em relação ao Sistema Nacional de Defesa do Consumidor (SNDC) e à convenção coletiva de consumo, julgue os itens a seguir.

I. A convenção coletiva de consumo torna-se obrigatória a partir do registro desse instrumento no cartório de títulos e documentos e somente obrigará os filiados às entidades signatárias.

II. Compete ao Departamento de Proteção e Defesa do Consumidor do SNDC, entre outras atribuições, requisitar à polícia judiciária a instauração de inquérito policial para a investigação de delito contra consumidores.

III. O SNDC é integrado exclusivamente por órgãos públicos.

Assinale a opção correta.

A) Apenas o item I está certo.
B) Apenas o item II está certo.
C) Apenas os itens I e III estão certos.
D) Apenas os itens II e III estão certos.
E) Todos os itens estão certos.

↳ **Resolução:**
Art. 107, §§ 1º a 3º, do CDC.

↗ **Gabarito: "A"**.

3. **(Vunesp – TJAC – 2019)** Nos termos do Código de Defesa do Consumidor, é vedado ao fornecedor de produtos ou serviços:
A) estipular prazo para o cumprimento de sua obrigação ou deixar a fixação de seu termo inicial a exclusivo critério do consumidor.
B) elevar o preço de produtos e serviços, ainda que com apresentação de justo motivo.
C) inserir cláusulas contratuais que transfiram responsabilidades a terceiros.
D) inserir cláusulas contratuais que determinem a utilização facultativa da arbitragem.

↳ **Resolução:**
A) *Incorreta*. O que é prática abusiva é o fornecedor (e não o consumidor, como coloca a alternativa) deixar de estipular prazo para o cumprimento de sua obrigação ou deixar a fixação de seu termo inicial a seu exclusivo critério – art. 39, XII, do CDC.
B) *Incorreta*. Somente é prática abusiva, segundo o inciso X do art. 39 do CDC, elevar sem justa causa o preço de produtos ou serviços.
C) *Correta*. Conforme art. 51, III, do CDC.
D) *Incorreta*. Apenas a imposição compulsória da arbitragem é cláusula abusiva, conforme art. 51, VII, do CDC.

↗ **Gabarito: "C"**.

13. PROTEÇÃO CONTRATUAL

Na busca de um novo equilíbrio contratual, capaz de preservar os interesses dos contratantes, surge uma nova concepção contratual decorrente de uma forte intervenção do Estado nas relações privadas, marcada por uma função social. Essa nova roupagem da teoria contratual pauta-se no princípio da boa-fé objetiva e na segurança do tráfego das relações.

O CDC adota essa concepção social na proteção contratual do consumidor, cujas regras protetivas foram inseridas no seu Capítulo VI, dividido da seguinte maneira: disposições gerais sobre as relações contratuais (arts. 46 a 50 do CDC); cláusulas abusivas nas relações contratuais (arts. 51 a 53 do CDC); disciplina do contrato de adesão (art. 54 do CDC).

- **Interpretação dos contratos de consumo:** de acordo com o art. 47 do CDC, as cláusulas contratuais nas relações de consumo devem ser interpretadas favoravelmente ao consumidor. Importante notar que as cláusulas limitativas de direito, permitidas pelo CDC, são válidas mesmo diante da regra de interpretação favorável, desde que redigidas pelo fornecedor de maneira clara e em destaque.

- **Direito de arrependimento nas relações de consumo:** para proteger o consumidor de uma prática comercial na qual ele não desfruta das melhores condições para decidir sobre a conveniência do negócio, o art. 49 do CDC prevê a hipótese de arrependimento toda vez que ocorrer a contratação fora do estabelecimento comercial, seja por internet, telefone, catálogo ou qualquer outra forma. Trata-se de um prazo de reflexão. O tema ainda possui um tratamento especializado no Decreto n. 7.962/2013, o qual estabelece regras mais rígidas quando a contratação ocorrer no comércio eletrônico.

- **Cláusulas contratuais abusivas:** o art. 51 do CDC estabelece de maneira exemplificativa um rol de cláusulas abusivas nas relações de consumo. Trata-se de uma técnica legal de controle de conteúdo dos contratos de consumo, trazendo como efeito a sua completa nulidade, pois contrariam normas de ordem pública e o interesse social da proteção e defesa do consumidor.

A natureza da sentença que reconhece a nulidade é constitutiva negativa, ou desconstitutiva, produzindo efeitos *ex tunc*.

Espécies de cláusulas contratuais abusivas (art. 51 do CDC):

a) cláusula de não indenizar (art. 51, I, do CDC);
b) renúncia ou disposição de direitos (art. 51, I, do CDC);
c) limitação de indenização (art. 51, I, do CDC);
d) reembolso de quantia paga (art. 51, II, do CDC);
e) transferência de responsabilidade a terceiros (art. 51, III, do CDC);
f) desvantagem exagerada para o consumidor e cláusula incompatível com a boa-fé e a equidade (art. 51, IV, do CDC);
g) inversão do ônus da prova (art. 51, VI, do CDC);
h) arbitragem compulsória (art. 51, VII, do CDC);
i) imposição de representante (art. 51, VIII, do CDC);
j) vantagens especiais para o fornecedor (art. 51, IX, X, XII e XIII, do CDC);
k) violação de normas ambientais (art. 51, XIV, do CDC);
l) abusividade por desacordo com o sistema de proteção ao consumidor (art. 51, XV, do CDC);
m) renúncia à indenização por benfeitorias necessárias (art. 51, XVI, do CDC); e
n) autorização para que o fornecedor cancele o contrato unilateralmente (art. 51, XI, do CDC).

- **Relações contratuais de crédito:** o CDC estabelece regras específicas para os contratos que envolvam outorga de crédito. No que diz respeito aos contratos bancários ou que, de alguma forma, envolvam concessão de crédito ao consumidor, o fornecedor é obrigado a informar o consumidor, prévia e adequadamente, sobre (art. 52 do CDC):

a) preço do produto ou serviço em moeda corrente nacional;
b) percentual dos juros de mora;
c) acréscimos legalmente previstos;
d) número e periodicidade das prestações;
e) soma total a pagar com e sem financiamento;
f) multa de mora (no máximo de 2% (dois por cento) do valor da prestação); e
g) forma de liquidação antecipada do débito.

- **Contrato de adesão:** o art. 54 do CDC define o contrato de adesão como aquele que contenha cláusulas "aprovadas pela autoridade competente ou estabelecidas unilateralmente pelo fornecedor de produtos ou serviços, sem que o consumidor possa discutir ou modificar substancialmente seu conteúdo".

Em regra, o contrato é escrito e vem em formulário impresso, faltando apenas a inclusão dos dados cadastrais do consumidor; contudo, ainda será contrato de adesão aquele que permitir a simples inclusão de cláusulas relacionadas a preço, condição de entrega, data de pagamento etc.

13.1 Questões

1. **(CESPE – MPPI – Juiz)** À luz do entendimento do STJ quanto a contratos bancários celebrados com instituições financeiras, julgue os seguintes itens.

I. É abusiva cláusula que preveja a cobrança de ressarcimento de serviços prestados por terceiros, sem a especificação do serviço a ser efetivamente prestado.

II. É abusiva cláusula que imponha o ressarcimento, pelo consumidor, da comissão do correspondente bancário nos contratos celebrados a partir de 25 de fevereiro de 2011, sendo válida a cláusula anterior a essa data, ressalvado o controle da onerosidade excessiva.

III. É válida a cobrança de tarifa de avaliação de bem dado em garantia, bem como cláusula que preveja o ressarcimento de despesa com o registro do contrato, ressalvadas a abusividade da cobrança por serviço não efetivamente prestado e a possibilidade de controle da onerosidade excessiva.

Assinale a opção correta.

A) Apenas o item I está certo.
B) Apenas o item II está certo.
C) Apenas os itens I e III estão certos.
D) Apenas os itens II e III estão certos.
E) Todos os itens estão certos.

↳ **Resolução:**

I. *Correto*. É abusiva cláusula que preveja a cobrança de ressarcimento de serviços prestados por terceiros, sem a especificação do serviço a ser efetivamente prestado.

II. *Correto*. "2. TESES FIXADAS PARA OS FINS DO ART. 1.040 DO CPC/2015: 2.1. Abusividade da cláusula que prevê a cobrança de ressarcimento de serviços prestados por terceiros, sem a especificação do serviço a ser efetivamente prestado; [...]" (REsp 1.578.553/SP, Rel. Ministro Paulo De Tarso Sanseverino, Segunda Seção, julgado em 28-11-2018, *DJe* 6-12-2018).

↗ **Gabarito: "E".**

2. **(FCC – Banrisul)** Com base no Código de Proteção e Defesa do Consumidor (Lei n. 8.078/90, atualizada):

A) o fornecedor é sempre pessoa jurídica, pública ou privada, nacional ou estrangeira, bem como os entes despersonalizados, que desenvolvem atividade de produção, montagem, criação, construção, transformação, importação, exportação, distribuição ou comercialização de produtos ou prestação de serviços.

B) produto é qualquer bem, móvel ou imóvel, caracterizado por sua materialidade, ao passo que o serviço é um bem imaterial.

C) é considerada prática abusiva por parte do fornecedor condicionar o fornecimento de produto ou de serviço ao fornecimento de outro produto ou serviço, bem como, sem justa causa, a limites quantitativos.

D) é considerada publicidade abusiva qualquer modalidade de informação ou comunicação de caráter publicitário, inteira ou parcialmente falsa, ou, por qualquer outro modo, mesmo por omissão, capaz de induzir em erro o consumidor a respeito da natureza, características, qualidade, quantidade, propriedades, origem, preço e quaisquer outros dados sobre produtos e serviços.

E) no fornecimento de produtos ou serviços que envolva outorga de crédito ou concessão de financiamento ao consumidor, o fornecedor deverá, entre outros requisitos, informá-lo prévia e adequadamente sobre o montante da taxa efetiva anual de juros, desobrigando-se da informação quanto ao montante dos juros de mora.

↳ **Resolução:**

A) *Incorreta*. O fornecedor é sempre pessoa jurídica, pública ou privada, nacional ou estrangeira, bem como os entes despersonalizados, que desenvolvem atividade de produção, montagem, criação, construção, transformação, importação, exportação, distribuição ou comercialização de produtos ou prestação de serviços. Art. 3º, *caput*, do CDC.

B) *Incorreta*. Produto é qualquer bem, móvel ou imóvel, caracterizado por sua materialidade, ao passo que o serviço é um bem imaterial. Art. 3º, § 1º, do CDC.

C) *Correta*. É prática abusiva "condicionar o fornecimento de produto ou de serviço ao fornecimento de outro produto ou serviço, bem como, sem justa causa, a limites quantitativos". Art. 39, I, do CDC.

D) *Incorreta*. É considerada publicidade abusiva qualquer modalidade de informação ou comunicação de caráter publicitário, inteira ou parcialmente falsa, ou, por qualquer outro modo, mesmo por omissão, capaz de induzir em erro o consumidor a respeito da natureza, características, qualidade, quantidade, propriedades, origem, preço e quaisquer outros dados sobre produtos e serviços. (faltou: enganosa). Art. 37, § 1º, do CDC.

E) *Incorreta*. No fornecimento de produtos ou serviços que envolva outorga de crédito ou concessão de financiamento ao consumidor, o fornecedor deverá, entre outros requisitos, informá-lo prévia e adequadamente sobre o montante da taxa efetiva anual de juros, desobrigando-se da informação quanto ao montante dos juros de mora. Art. 52, I a V, do CDC.

↗ **Gabarito: "C".**

14. TUTELA ADMINISTRATIVA DO CONSUMIDOR

A defesa dos direitos e das garantias dos consumidores pode ser exercida tanto pela via jurisdicional como pela via administrativa, realizada por órgãos dos quatro entes federados (União, Estados, Distrito Federal e Municípios) e demais entes que compõem a Administração Pública indireta, e até mesmo por algumas entidades privadas.

- **Espécies de sanções administrativas (arts. 55 a 60 do CDC):**

a) multa (art. 56, I do CDC);

b) apreensão do produto (art. 56, II, do CDC);

c) inutilização de produto (art. 56, III, do CDC);

d) cassação do registro de produto ou serviço (art. 56, IV, do CDC);

e) proibição de fabricação de produto (art. 56, V, do CDC);

f) suspensão de fornecimento de produto ou serviço (art. 56, VI, do CDC);

g) suspensão temporária de atividade e interdição de estabelecimento, de obra ou de atividade (art. 56, VII e X, do CDC);

h) revogação de concessão ou permissão de uso; cassação de licença do estabelecimento ou de atividade (art. 56, VIII e IX, do CDC);

i) interdição de estabelecimento, obra ou atividade (art. 56, X, do CDC);

j) intervenção administrativa (art. 56, XI, do CDC);

k) imposição de contrapropaganda (art. 56, XII, do CDC); e

l) abusividade por desacordo com o sistema de proteção ao consumidor (art. 51, XV, do CDC).

14.1 Questões

1. **(MPESP – Promotor)** A respeito da convenção coletiva de consumo, assinale a alternativa INCORRETA.

A) Tornar-se-á obrigatória a partir da homologação pelo órgão do Ministério Público com atribuição.

B) Pode regular as relações de consumo, envolvendo condições relativas ao preço, à qualidade, à quantidade, à garantia e características de produtos e serviços.

C) Pode ser firmada entre as entidades civis de consumidores e as associações de fornecedores ou sindicatos de categoria econômica.

D) Pode dispor sobre a forma de reclamação e de composição do conflito de consumo.

E) Somente obrigará os filiados às entidades signatárias.

↘ **Resolução:**

Observar o título da Convenção Coletiva de Consumo no CDC.

Dispõe o art. 107 do CDC: "As entidades civis de consumidores e as associações de fornecedores ou sindicatos de categoria econômica podem regular, por convenção escrita, relações de consumo que tenham por objeto estabelecer condições relativas ao preço, à qualidade, à quantidade, à garantia e características de produtos e serviços, bem como à reclamação e composição do conflito de consumo. § 1º A convenção tornar-se-á obrigatória a partir do registro do instrumento no cartório de títulos e documentos. § 2º A convenção somente obrigará os filiados às entidades signatárias. § 3º Não se exime de cumprir a convenção o fornecedor que se desligar da entidade em data posterior ao registro do instrumento".

↗ Gabarito: "A".

2. **(Vunesp – TJAC)** A Política Nacional das Relações de Consumo é regida pelo seguinte princípio, dentre outros:

A) racionalização e melhoria dos serviços públicos e privados.

B) harmonização dos interesses dos participantes das relações de consumo e compatibilização da proteção do consumidor com a necessidade de desenvolvimento socioeconômico do Brasil.

C) coibição e repressão de abusos praticados no mercado de consumo que possam causar prejuízo aos consumidores e fornecedores.

D) educação e informação de consumidores e fornecedores quanto aos seus direitos e deveres, com vistas à melhoria do mercado de consumo.

↳ **Resolução:**

A) *Incorreta*. O erro da assertiva está na menção a serviços privados, pois não estão previstos no art. 4º, VII, do CDC.

B) *Incorreta*. O erro da assertiva é a previsão de "desenvolvimento socioeconômico do Brasil", ao passo em que o inciso III do art. 4º traz "desenvolvimento econômico e tecnológico".

C) *Incorreta*. O erro da assertiva está na previsão que "possam causar prejuízos aos consumidores e fornecedores", pois o inciso VI do art. 4º do CDC não traz a figura dos fornecedores nesse tocante.

D) *Correta*. Trata-se da literalidade do inciso IV do art. 4º do CDC.

↗ Gabarito: "D".

3. **(Vunesp – Prefeitura de Francisco Morato)** A empresa concessionária responsável pelo fornecimento de água e tratamento de esgoto que abastece o município de Francisco Morato, por falta de manutenção, faz a cidade ficar uma semana sem tal serviço, dado o rompimento de uma importante tubulação. Nesse caso, é correto afirmar:

A) não se aplica a legislação consumerista, tendo em vista se tratar de um serviço de natureza universal e não singular.

B) mesmo se tratando de serviço essencial, a empresa poderia ter suspendido o serviço, pois o caso é de força maior.

C) pode ser promovida ação civil pública para discutir tais prejuízos, pela afronta a um direito exclusivamente individual homogêneo.

D) a legislação consumerista se aplica ao caso, pois serviços públicos podem ser objeto da relação de consumo.

E) somente os munícipes diretamente afetados pela falha no sistema de abastecimento de água são considerados consumidores, mesmo que tal problema afete municípios vizinhos e cidadãos de outras localidades.

↳ **Resolução:**

O STJ entende a aplicação das normas do CDC apenas para os serviços públicos remunerados por meio de tarifa ou preço público (e não para os serviços públicos remunerados por taxas). Exemplo: concessionárias de água e esgoto, de energia elétrica.

Os serviços públicos ditos gratuitos, isto é, que são prestados sem uma contraprestação do consumidor, não caracterizam uma relação de consumo, como nos casos dos serviços *uti universi*, prestados a toda coletividade, essenciais ou não, pois são remunerados através de tributos, caracterizando uma relação tributária e não consumerista.

Os serviços públicos, desde que remunerados, direta ou indiretamente, são regidos pelo Código de Defesa do Consumidor, a exemplo da telefonia fixa, são caracterizados pela facultatividade da utilização e a possibilidade de mensuração na sua cobrança.

↗ Gabarito: "D".

15. HIPÓTESES DE APLICAÇÃO DE PENAL

a) **Constatados vícios de quantidade ou de qualidade por inadequação ou insegurança do produto ou serviço (art. 58 do CDC),** há a aplicação das seguintes sanções: Apreensão, Inutilização de produtos, Proibição de fabricação de produtos, Suspensão do fornecimento de produto ou serviço, Cassação do registro do produto e/ou, Revogação da concessão ou permissão de uso;

b) **Reincidência do fornecedor na prática das infrações de maior gravidade previstas no CDC e na legislação de consumo (art. 59 do CDC),** tendo como sanções a cassação de alvará de licença, Interdição e suspensão temporária da atividade e Intervenção administrativa;

c) **Violação da obrigação legal ou contratual pela concessionária (art. 59, § 1º, do CDC),** a cassação da concessão à concessionária de serviço público;

d) **Sempre que as circunstâncias de fato desaconselharem a cassação de licença, a interdição ou suspensão da atividade (art. 59, § 2º, do CDC)**, tendo como sanção a intervenção administrativa;

e) **Prática de publicidade enganosa ou abusiva pelo fornecedor (art. 60 do CDC)**, tendo como sanção a contrapropaganda (contrapublicidade).

15.1 Questões

1. **(VUNESP – TJAC – Juiz de Direito Substituto – 2019)** João da Silva foi com seu afilhado comprar um presente de aniversário. Escolhido o presente, ao tentar comprar mediante crediário, não foi possível concretizar, pois seu nome constava no banco de dados dos serviços de proteção de crédito em razão de ter deixado de adimplir com as últimas três parcelas de financiamento de 24 meses realizado em outra instituição financeira há cinco anos. Foi informado que seu nome foi incluído no cadastro há três anos.

Diante dos fatos hipotéticos, assinale a alternativa correta.

A) Incorreta a manutenção do nome de João no registro de proteção ao crédito, se já decorrido o prazo prescricional de cinco anos contados do financiamento realizado.

B) João da Silva tem direito à exclusão do registro no cadastro de inadimplentes, além de ser indenizado por danos morais pelo desgosto causado ao afilhado, se já decorrido o prazo prescricional trienal para a propositura da ação de cobrança.

C) Correta a manutenção de João no cadastro de inadimplentes, pois o nome pode ser mantido nos serviços de proteção ao crédito por até cinco anos, independentemente da prescrição da execução.

D) Se João da Silva estiver discutindo judicialmente o valor cobrado, seu nome deve ser imediatamente excluído do cadastro de inadimplentes.

↘ **Resolução:**

O STJ não aceita que o nome do consumidor permaneça inscrito em cadastro de proteção ao crédito por mais que cinco anos contados do dia seguinte ao vencimento da dívida nem após a prescrição da pretensão do fornecedor de cobrança. Existem inúmeros julgados nesse sentido. A título de exemplo: REsps 1.630.889, 1.630.659, 1.316.117 etc.

E mais: a inserção de dívida prescrita em cadastro de proteção ou em protesto, ou sua manutenção após o prazo de prescrição, gera dano moral *in re ipsa*. A título de exemplo: AgRg no REsp 1.125.338 ou REsp 1.639.470.

Portanto, o enunciado 323 da Súmula da jurisprudência do STJ, utilizado como fundamento para a resposta da questão, não reflete a posição atual do Tribunal da Cidadania que, apesar de não o ter cancelado formalmente, não o aplica mais em suas decisões, pelo menos, desde 2016.

Assim, com respeito aos colegas que fundamentaram de maneira diversa, entendo que a resposta correta para a questão é a alternativa A, já que ela reflete a posição atual do STJ: a inscrição do nome do consumidor em cadastro de proteção ao crédito tem duração máxima de cinco anos, contados do vencimento da dívida, e não pode ser mantida por prazo superior ao da prescrição da pretensão de cobrança, sob pena de se transformar o cadastro em uma forma de forçar o consumidor a adimplir obrigação natural.

↗ **Gabarito: "C".**

2. **(Vunesp – Prefeitura de Cerquilho/SP)** Leia as seguintes situações:

(i) Uma loja de departamento anuncia no jornal do bairro que qualquer peça do estoque tem preço de R$ 19,99, mas não esclarece que se trata do valor da parcela e não da peça toda;

(ii) Uma academia de ginástica, em um anúncio pela internet, afirma que quem não frequentar suas dependências continuará sendo "gordo" e "pelancudo" e terá dificuldade em arrumar emprego pela aparência.

Assinale a alternativa que demonstra corretamente como se classificam os anúncios.

A) o item (i) se trata de publicidade enganosa comissiva.

B) o item (ii) se trata de publicidade enganosa por omissão.

C) os itens (i) e (ii) são publicidades abusivas.

D) o item (i) traz caso de publicidade enganosa por omissão.

E) o item (ii) é caso de publicidade abusiva por omissão.

↳ **Resolução:**
Demonstra corretamente como se classificam os anúncios: d) o item (i) traz caso de publicidade enganosa por omissão.
Art. 37, §§ 1º a 3º, do CDC.
Art. 67 do CDC.
↗ **Gabarito: "D".**

3. **(CESPE – MPPI – Promotor)** Assinale a opção que apresenta relações jurídicas em que, de acordo com o entendimento do STJ, aplicam-se primordialmente as disposições do Código de Defesa do Consumidor (CDC).
A) contrato firmado com cooperativa de crédito e a relação estabelecida entre condomínio e condôminos.
B) responsabilidade civil do transportador aéreo internacional pelo extravio da carga e contrato de plano de saúde.
C) contrato de seguro firmado por microempresa e relação jurídica entre os titulares do direito de uso dos jazigos de cemitério particular e a administradora deste.
D) serviços notariais e contrato previdenciário celebrado com entidade fechada.
E) contrato de franquia e contrato firmado entre postos e distribuidores de combustível.

↳ **Resolução:**
A) *Incorreta*. O CDC não se aplica às relações estabelecidas entre condomínio e condômino. De fato, não existe relação de consumo entre o condomínio e o condômino, o que existe é uma relação de convivência.
B) *Incorreta*. De acordo com o STF e o STJ, no caso de transporte aéreo internacional envolvendo consumidor, a responsabilidade pelo extravio da carga aplica-se normas e tratados internacionais de acordo firmado pela União e não o CDC. "Súmula 608: Aplica-se o Código de Defesa do Consumidor aos contratos de plano de saúde, salvo os administrados por entidades de autogestão".
C) *Correta*.
D) *Incorreta*. Súmula 563 STJ, que define: "O CDC é aplicável às entidades abertas de previdência complementar, não incidindo nos contratos previdenciários celebrados com entidades fechadas". A atividade notarial também não é regida pelo CDC, pois não envolve relação de consumo, eis que o tabelião não se enquadra no conceito de fornecedor.
E) *Incorreta*. O CDC não é aplicável nos contratos firmados entre postos e distribuidores de combustível. Para o STJ, a relação jurídica entre os litigantes tem um nítido caráter mercantil, não sendo adequada a equiparação do posto de gasolina a consumidor.

↗ **Gabarito: "C".**

16. TUTELA PENAL DO CONSUMIDOR

- **Características dos crimes de consumo:**

a) são crimes de perigo, bastando a ação ou omissão do fornecedor para a ocorrência do delito, independentemente da existência de efetivo dano ao consumidor; e

b) são crimes de menor potencial ofensivo, passíveis dos benefícios da transação penal e do *sursis* processual – suspensão condicional do processo (Leis n. 9.099/95 – Juizado Especial Criminal Estadual – e 10.259/2001 – Juizado Especial Criminal Federal).

- **Concurso de pessoas:** quem, de qualquer forma, concorrer para os crimes referidos no CDC, incidem as penas a estes cominadas na medida de sua culpabilidade, bem como o diretor, administrador ou gerente da pessoa jurídica que promover, permitir ou por qualquer modo aprovar fornecimento, oferta, exposição à venda ou manutenção em depósito de produtos ou oferta e prestação de serviços nas condições por ele proibidas (art. 75 do CDC).

- **São circunstâncias agravantes (art. 76 do CDC):**

a) serem os crimes cometidos em época de grave crise econômica ou por ocasião de calamidade;

b) ocasionarem grave dano individual ou coletivo;

c) dissimular-se a natureza ilícita do procedimento;

d) quando cometidos:

i) por servidor público, ou por pessoa cuja condição econômico-social seja manifestamente superior à da vítima; e

ii) em detrimento de operário ou rurícola; de menor de 18 ou maior de 60 anos ou de pessoas portadoras de deficiência mental, interditadas ou não; e

e) serem praticados em operações que envolvam alimentos, medicamentos ou quaisquer outros produtos ou serviços essenciais.

- **Penas privativas de liberdade e de multa imposta de forma cumulativa ou alternada arts. 44 a 47 do CP:**

a) a interdição temporária de direitos;

b) a publicação em órgãos de comunicação de grande circulação ou audiência, às expensas do condenado, de notícia sobre os fatos e a condenação; e

c) a prestação de serviços à comunidade.

16.1 Questões

1. **(Vunesp – TJAC)** Almerinda da Silva foi a uma loja de eletrodomésticos e comprou um smartphone importado. Ao chegar em casa verificou que o manual de instruções estava redigido em inglês e, por não conhecer a língua, não conseguiu sequer ligar o aparelho.

Essa situação indica a violação do seguinte direito básico do consumidor, nos termos do CDC:

A) Educação e divulgação sobre o consumo adequado dos produtos e serviços, assegurando liberdade de escolha.

B) Proteção contra a publicidade enganosa e abusiva no fornecimento de produtos e serviços.

C) Efetiva prevenção e reparação de danos patrimoniais e morais.

D) Informação adequada e clara sobre diferentes produtos e serviços.

↳ **Resolução:**

Em primeiro lugar, impende esclarecer que a expressão "direitos básicos do consumidor" refere-se à previsão legal do art. 6º do CDC e seus incisos:

"Art. 6º São direitos básicos do consumidor: I – a proteção da vida, saúde e segurança contra os riscos provocados por práticas no fornecimento de produtos e serviços considerados perigosos ou nocivos; II – a educação e divulgação sobre o consumo adequado dos produtos e serviços, asseguradas a liberdade de escolha e a igualdade nas contratações; III – a informação adequada e clara sobre os diferentes produtos e serviços, com especificação correta de quantidade, características, composição, qualidade, tributos incidentes e preço, bem como sobre os riscos que apresentem; IV – a proteção contra a publicidade enganosa e abusiva, métodos comerciais coercitivos ou desleais, bem como contra práticas e cláusulas abusivas ou impostas no fornecimento de produtos e serviços; V – a modificação das cláusulas contratuais que estabeleçam prestações desproporcionais ou sua revisão em razão de fatos supervenientes que as tornem excessivamente onerosas; VI – a efetiva prevenção e reparação de danos patrimoniais e morais, individuais, coletivos e difusos; VII – o acesso aos órgãos judiciários e administrativos com vistas à prevenção ou reparação de danos patrimoniais e morais, individuais, coletivos ou difusos, assegurada a proteção Jurídica, administrativa e técnica aos necessitados; VIII – a facilitação da defesa de seus direitos, inclusive com a inversão do ônus da prova, a seu favor, no processo civil, quando, a critério do juiz, for verossímil a alegação ou quando for ele hipossuficiente, segundo as regras ordinárias de experiências; IX – (Vetado); X – a adequada e eficaz prestação dos serviços públicos em geral".

Considerando que a situação hipotética do enunciado trouxe apenas uma desinformação sobre o uso do produto – desacompanhada de dano – somente poderíamos estar diante da falha do direito de informação (informação adequada e clara sobre diferentes produtos e serviços). Eventual dúvida poderia surgir em relação ao item **a**, todavia, a questão da educação e da divulgação sobre o consumo adequado de produtos e serviços, assegurando a livre escolha, é voltada a momento anterior à aquisição (liberdade de escolha quanto à compra de determinado produto ou serviço), e não posterior, como denota o enunciado.

↗ **Gabarito: "D".**

2. **(Vunesp – Prefeitura de Cerquilho)** Nuvem Alta é uma cooperativa habitacional, que está construindo casas populares no município de Cerquilho. Os contratos com os cooperados dizem que os imóveis deveriam ter sido entregues até o final de maio de 2019, e até a presente data nada foi construído no endereço do empreendimento.

Diante desse quadro hipotético, é certo afirmar:

A) pela atual jurisprudência do STJ, aplica-se entre os cooperados e a cooperativa as disposições do Código de Defesa do Consumidor.

B) a cooperativa não se encaixa no conceito de fornecedor, pois seu escopo não é de auferir lucro, o que a afasta do conceito previsto no Código de Defesa do Consumidor a esse respeito.

C) por se tratar de uma relação civil, qualquer prejuízo que for causado aos cooperados deverá ser analisado sob o prisma do Código Civil.

D) a jurisprudência do STF já afirmou que nesse caso aplica-se o Código Civil, por se tratar de relação entre pessoas que estão em pé de igualdade contratual.

E) aplicar-se-á o Código de Defesa do Consumidor, por previsão expressa no texto da lei, de que toda e qualquer venda de imóvel deve ser submetida à legislação consumerista.

↘ **Resolução:**

Súmula 602 do STJ: O Código de Defesa do Consumidor é aplicável aos empreendimentos habitacionais promovidos pelas sociedades cooperativas.

↗ **Gabarito: "A".**

3. **(Cespe – TJPR)** Se determinada mercadoria apresentar vício do produto poucos dias após a sua aquisição, o consumidor terá direito à reparação do vício:

A) diretamente pelo comerciante, por ser subsidiária a responsabilidade do fabricante.

B) pelo fabricante em até sete dias, caso a mercadoria seja essencial.

C) no prazo prescricional de noventa dias, caso seja produto durável.

D) pelo comerciante, pela assistência técnica ou pelo fabricante, no prazo de trinta dias.

↘ **Resolução:**

"Ação civil pública. Vício do produto. Reparação em 30 dias. Dever de sanção do comerciante, assistência técnica ou diretamente do fabricante. Direito de escolha do consumidor. Cabe ao consumidor a escolha para exercer seu direito de ter sanado o vício do produto em 30 dias – levar o produto ao comerciante, à assistência técnica ou diretamente ao fabricante" (REsp 1.634.851/RJ, Rel. Min. Nancy Andrighi, por maioria, julgado em 12-9-2017, *DJe* 15-2-2018 – Informativo n. 619 do STJ).

↗ **Gabarito: "D".**

17. TIPOS PENAIS

São os tipos penais previstos no Código de Defesa do Consumidor:

a) Omitir dizeres ou sinais ostensivos sobre a nocividade ou periculosidade de produtos, nas embalagens, nos invólucros, recipientes ou publicidade, com pena de detenção de seis meses a dois anos e multa, conforme **art. 63**.

Dispõe os parágrafos do mesmo artigo que, incorre nas mesmas penas quem deixar de alertar, mediante recomendações escritas ostensivas, sobre a periculosidade do serviço a ser prestado.

E se o crime for culposo, a pena será de detenção de um a seis meses ou multa.

b) Deixar de comunicar à autoridade competente e aos consumidores a nocividade ou periculosidade de produtos cujo conhecimento seja posterior à sua colocação no mercado com pena de detenção de seis meses a dois anos e multa, conforme **art. 64**.

Dispõe o parágrafo único que incorre nas mesmas penas quem deixar de retirar do mercado, imediatamente quando determinado pela autoridade competente, os produtos nocivos ou perigosos, na forma desse artigo.

c) Executar serviço de alto grau de periculosidade, contrariando determinação de autoridade competente com a pena de detenção de seis meses a dois anos e multa, conforme **art. 65**.

São as redações do parágrafo do mesmo dispositivo "as penas deste artigo são aplicáveis sem prejuízo das correspondentes à lesão corporal e à morte" e "A prática do disposto no inciso XIV do art. 39 desta Lei também caracteriza o crime previsto no *caput* deste artigo".

d) Fazer afirmação falsa ou enganosa, ou omitir informação relevante sobre a natureza, característica, qualidade, quantidade, segurança, desempenho, durabilidade, preço ou garantia de produtos ou serviços com pena de detenção de três meses a um ano e multa, conforme **art. 66**.

São as redações do parágrafo do mesmo dispositivo "Incorrerá nas mesmas penas quem patrocinar a oferta" e "Se o crime é culposo há pena de detenção de um a seis meses ou multa".

e) Fazer ou promover publicidade que sabe ou deveria saber ser enganosa ou abusiva com pena de detenção de três meses a um ano e multa, conforme **art. 67**.

f) Fazer ou promover publicidade que sabe ou deveria saber ser capaz de induzir o consumidor a se comportar de forma prejudicial ou perigosa a sua saúde ou segurança com pena de detenção de seis meses a dois anos e multa, conforme **art. 68**.

g) Deixar de organizar dados fáticos, técnicos e científicos que dão base à publicidade, sendo a pena de detenção de um a seis meses ou multa, conforme **art. 69**.

h) Empregar na reparação de produtos, peças ou componentes de reposição usados, sem autorização do consumidor, com pena de detenção de três meses a um ano e multa, conforme dispõe **art. 70**.

i) Utilizar, na cobrança de dívidas, de ameaça, coação, constrangimento físico ou moral, afirmações falsas, incorretas ou enganosas ou de qualquer outro procedimento que exponha o consumidor, injustificadamente, a ridículo ou interfira com seu trabalho, descanso ou lazer, sendo a pena de detenção de três meses a um ano e multa, conforme **art. 71**.

j) Impedir ou dificultar o acesso do consumidor às informações que sobre ele constem em cadastros, banco de dados, fichas e registros, sendo a pena de detenção de seis meses a um ano ou multa, conforme **art. 72**.

k) Deixar de corrigir imediatamente informação sobre consumidor constante de cadastro, banco de dados, fichas ou registros que sabe ou deveria saber ser inexata, com pena de detenção de um a seis meses ou multa, conforme **art. 73**.

l) Deixar de entregar ao consumidor o termo de garantia adequadamente preenchido e com especificação clara de seu conteúdo, com pena de detenção de um a seis meses ou multa, conforme **art. 74**.

17.1 Questões

1. **(CESPE – Promotor de Justiça-SP)** A respeito da oferta de produtos ou serviços, é **INCORRETO** afirmar:

A) Deve informar sobre os riscos que apresentam à saúde e segurança dos consumidores.

B) Deve assegurar informações corretas, claras, precisas, ostensivas e em língua portuguesa

sobre suas características, qualidades, quantidade, composição, preço, garantia, prazos de validade e origem.
C) Deverá ser mantida por período razoável de tempo, quando cessadas a produção ou importação.
D) As informações veiculadas não integram o contrato que vier a ser celebrado.
E) O consumidor poderá exigir o cumprimento forçado da obrigação.

↘ **Resolução:**
Art. 30 do CDC: "Toda informação ou publicidade, suficientemente precisa, veiculada por qualquer forma ou meio de comunicação com relação a produtos e serviços oferecidos ou apresentados, obriga o fornecedor que a fizer veicular ou dela se utilizar e *integra* o contrato que vier a ser celebrado".

↗ **Gabarito: "D".**

2. **(FCC – DPE-SP – Defensor Público – 2019)** O Código de Defesa do Consumidor disciplinou temas da relação de consumo e seus efeitos, além de aspectos processuais ligados à proteção do consumidor. Tal lei, contudo, não tratou de matéria referente:
A) à tutela coletiva.
B) à distribuição do ônus de prova.
C) às responsabilidades decorrentes da relação de consumo.
D) à teoria dos contratos.
E) aos recursos cíveis.

↘ **Resolução:**
A) *Incorreta*. O CDC, em seu Título III, Capítulo II, cuida "Das Ações Coletivas Para a Defesa de Interesses Individuais Homogêneos". Trata-se de diploma legal que compõe o microssistema de tutela jurisdicional coletiva.
B) *Incorreta*. CDC: "Art. 6º São direitos básicos do consumidor: (...) VIII – a facilitação da defesa de seus direitos, inclusive com a inversão do ônus da prova, a seu favor, no processo civil, quando, a critério do juiz, for verossímil a alegação ou quando for ele hipossuficiente, segundo as regras ordinárias de experiências".
C) *Incorreta*. O CDC, em seu Título I, Capítulo IV, Seções II e III, trata, respectivamente, "Da Responsabilidade pelo Fato do Produto e do Serviço" e "Da Responsabilidade por Vício do Produto e do Serviço".
D) *Incorreta*. CDC, Título I, Capítulo VI: "Da Proteção Contratual". Dispõe, por exemplo, que "As cláusulas contratuais serão interpretadas de maneira mais favorável ao consumidor" (art. 47).
E) *Correta*. De fato, o CDC nada menciona sobre recursos cíveis.

↗ **Gabarito: "E".**

3. **(Vunesp – Prefeitura de Francisco Morato)** Quanto ao conceito de banco de dados e cadastro de consumidores, é correto afirmar que:
A) são sinônimos e refletem um grupo de informações que espontaneamente é formado a partir de elementos fornecidos pelos próprios consumidores.
B) ambos formam um grupo de informações sobre consumidores, que diferem apenas por ser o cadastro de consumidores de caráter público e o banco de dados entidade de caráter privado, nos termos da legislação consumerista.
C) são diferentes, pois banco de dados é o conjunto de informações acerca de um consumidor coletadas no mercado, sendo utilizadas normalmente por empresas que prestam serviços de proteção ao crédito, sem a participação dos consumidores, mas com seu prévio conhecimento antes da inclusão, enquanto o cadastro exige em sua formação a entrega espontânea desses dados pelo consumidor.
D) tanto no banco de dados quanto no cadastro de consumidores as informações podem ser compartilhadas com outros fornecedores sem qualquer anuência do consumidor, como proteção e regulação de riscos do mercado.
E) somente no cadastro é necessária a informação prévia direcionada ao consumidor, informando que seu nome será inserido nessa lista, o que não se aplica à inserção de seu nome em banco de dados.

↘ **Resolução:**
O marco inicial do prazo de cinco anos para a manutenção de informações de devedores em cadastros negativos deve corresponder ao primeiro dia seguinte à data de vencimento da dívida, mesmo

na hipótese de a inscrição ter decorrido do recebimento de dados provenientes dos cartórios de protesto de títulos.

"De fato, não é o protesto o dado registrado no cadastro de inadimplentes, mas sim a dívida que o fundamenta, eis que é a inadimplência a informação essencial para a verificação do risco na concessão de crédito, propósito da existência do banco de dados de consumidores", apontou a relatora do recurso especial do Ministério Público do Distrito Federal, ministra Nancy Andrighi (decisão da 3ª Turma do STJ).

A ministra também lembrou que, com o advento da Lei n. 12.414/2011, o STJ firmou o entendimento de que as entidades mantenedoras de cadastros de crédito devem responder solidariamente pela exatidão das informações constantes em seus arquivos, em conjunto com a fonte e a parte consulente.

↗ Gabarito: "A".

18. TUTELA PROCESSUAL DO CONSUMIDOR

O consumidor tem duas formas de se defender em juízo: individual e coletivamente. A defesa individual terá por base as regras processuais do Código de Processo Civil e será coletiva a defesa quando tratar de:

a) interesses ou **direitos difusos**, ou seja, os **transindividuais**, de **natureza indivisível, de que sejam titulares pessoas indeterminadas e ligadas por circunstâncias de fato**;

b) interesses ou **direitos coletivos**, ou seja, os **transindividuais**, de **natureza indivisível de que seja titular grupo, categoria ou classe de pessoas ligadas entre si ou com a parte contrária por uma relação jurídica base**; e

c) interesses ou direitos **individuais homogêneos**, assim entendidos os **decorrentes de origem comum**, podendo ser também postuladas sozinhas em juízo.

1) Legitimidade para a tutela processual do consumo

Além do consumidor interessado, terão **legitimidade concorrente** para propor as ações (art. 82 do CDC):

i) o Ministério Público;

ii) a União, os Estados, os Municípios e o Distrito Federal;

iii) as entidades e órgãos da Administração Pública, direta ou indireta, ainda que sem personalidade jurídica, especificamente, destinados à defesa dos interesses e direitos protegidos por este Código; e

iv) as associações legalmente constituídas há pelo menos um ano (salvo quando haja manifesto interesse social evidenciado pela dimensão ou característica do dano, ou pela relevância do bem jurídico a ser protegido – § 1º do art. 82 do CDC) e que incluam entre seus fins institucionais a defesa dos interesses e direitos protegidos por este Código, dispensada a autorização assemblear.

2) Ações coletivas para defesa de interesses individuais homogêneo

O CDC permite a proteção dos consumidores em larga escala mediante ações coletivas e ações civis públicas, pelas quais o consumidor poderá ser protegido. O que se verifica é que, aos poucos, começa-se a descobrir a importância desse tipo de ação nos ajuizamentos feitos pelo ministério público ou pelas associações de defesa do consumidor. Mas a lei consumerista, digamos assim, "quer mais", ela "gostaria" que existissem muitas ações coletivas, pois um de seus alicerces fundamentais na questão processual é exatamente este: controlar como um todo os atos dos fornecedores.

Além disso, é importante lembrar que as ações coletivas são, talvez, as únicas capazes de fazer cessar aquilo que conhecemos como "abuso de varejo" (uma tática empresarial dolosa de impingir pequenas perdas a centenas ou milhares de consumidores simultaneamente).

3) A coisa julgada nas ações coletivas

a) Direitos difusos:

No caso de procedência, a coisa julgada produz efeito *erga omnes*.

No caso de improcedência:

i) por falta de provas, não tem eficácia nenhuma;

ii) por outro fundamento, há o efeito *erga omnes*.

b) Direitos coletivos:

No caso de procedência, o efeito da coisa julgada será *ultra partes*.

No caso de improcedência:

i) por falta de provas, não tem eficácia nenhuma;

ii) por outro fundamento, há o efeito *ultra partes*.

c) Direitos individuais homogêneos:

No caso de procedência, a coisa julgada produz efeito *erga omnes*.

No caso de improcedência, o efeito será *erga omnes*.

18.1 Questões

1. **(FCC – TJAP)** Tendo em vista as normas do Código de Defesa do Consumidor, é correto afirmar:

A) O fornecedor do produto só será responsabilizado pelos atos de seus prepostos ou representantes autônomos se estes não tiverem patrimônio próprio para arcar com os danos que tenham causado.

B) A garantia contratual do produto é facultativa e pode ser conferida aumentando ou diminuindo o prazo da garantia legal, mediante termo escrito em língua portuguesa ou em espanhol se o produto for importado de país pertencente ao MERCOSUL.

C) As cláusulas do contrato podem transferir a responsabilidade pela qualidade do produto a terceiros, desde que tenham endereço conhecido e se encontrem no exercício regular de suas atividades.

D) O consumidor pode desistir do produto em trinta dias a contar de seu recebimento, sempre que sua aquisição tenha ocorrido virtualmente ou por telefone.

E) Os produtos colocados no mercado de consumo não deverão acarretar riscos à saúde ou segurança dos consumidores, exceto os que forem considerados normais e previsíveis em decorrência de sua natureza e fruição, obrigando-se os fornecedores, em qualquer hipótese, a dar as informações necessárias e adequadas a seu respeito.

↘ **Resolução:**
A) *Incorreta*. Art. 34 do CDC.
B) *Incorreta*. Art. 50, parágrafo único, do CDC.
C) *Incorreta*. Art. 51, III, do CDC.
D) *Incorreta*. Art. 49 do CDC.
E) *Correta*. Art. 8º do CDC.

↗ **Gabarito: "E".**

2. **(INAZ-Pará)** No Código de Proteção e Defesa do Consumidor, referente à Proteção Contratual, o consumidor pode desistir do contrato no prazo de sete dias a contar de sua assinatura ou do ato de recebimento do produto ou serviço. Em qual condição a contratação de fornecimento de produtos e serviços deve correr?

A) Se for produto eletrônico.
B) Somente se for prestação de serviço.
C) Se o produto for importado.
D) No falecimento do contratante.
E) Quando for por telefone.

↘ **Resolução:**

Dispõe o art. 49 do CDC: "O consumidor pode desistir do contrato, no prazo de 7 dias a contar de sua assinatura ou do ato de recebimento do produto ou serviço, sempre que a contratação de fornecimento de produtos e serviços ocorrer fora do estabelecimento comercial, especialmente **por telefone** ou a domicílio".

↗ **Gabarito: "E"**.

3. (FCC – Defensor Público) No ano de 2017, no julgamento do REsp 1.634.851, foi abordada a tese de que o comerciante pode ser responsabilizado pelo desgaste sofrido pelo consumidor, na tentativa de obter solução para o vício apresentado pelo produto ou serviço junto ao fabricante. Em outros julgados, acompanhando a tese esposada no aresto acima, em especial, os AREsp 1.241.259/SP e AREsp 1.132.385/SP, duas Turmas do Superior Tribunal de Justiça também se pautaram pelo cabimento de dano moral indenizável pela falta de pronta solução pelo fornecedor para reparos dos vícios apresentados pelo produto e serviço, e pelo tempo gasto pelo consumidor para tentar, sem conhecimento técnico, solucioná-los. Tal tese denomina-se de:

A) desvio produtivo do consumidor.

B) teoria do risco integral.

C) inversão do ônus probatório nas relações de consumo.

D) dano moral *in re ipsa*.

E) desconsideração maior da pessoa jurídica.

↳ **Resolução:**

Teoria do desvio produtivo do consumidor.

No voto e na ementa do REsp 1.737.412/SE, a Min. Nancy Andrighi mencionou a "Teoria do desvio produtivo do consumidor". O que vem a ser isso?

Trata-se de uma teoria desenvolvida por Marcos Dessaune, autor do livro *Desvio produtivo do consumidor:* o prejuízo do tempo desperdiçado. São Paulo: RT, 2011.

Segundo o autor, "o desvio produtivo caracteriza-se quando o consumidor, diante de uma situação de mau atendimento, precisa desperdiçar o seu tempo e desviar as suas competências – de uma atividade necessária ou por ele preferida – para tentar resolver um problema criado pelo fornecedor, a um custo de oportunidade indesejado, de natureza irrecuperável".

Logo, o consumidor deverá ser indenizado por esse tempo perdido.

↗ **Gabarito: "A"**.

19. CONVENÇÃO COLETIVA DE CONSUMO

No art. 107 do CDC, observa-se a figura da "Convenção coletiva de consumo", a qual, sendo celebrada por entidades civis de consumidores e associações de fornecedores ou sindicatos de categoria econômica, poderia regular, por escrito, relações de consumo prevendo condições relativas a preço, à qualidade, à quantidade, à garantia e características de produtos e serviços, incluindo também à reclamação e composição de conflitos. Uma vez seja registrada em cartório de títulos e documentos, tornar-se-ia obrigatória aos que dela tomarem parte.

No ano 1991, quando passou a viger o CDC, havia espaço para o ajuizamento de demandas de consumo. Aliás, a observar o art. 5º do CDC, trata da execução da Política Nacional das Relações de Consumo, observa-se que a busca pelo processo judicial era praticamente o caminho único para a satisfação e recomposição do direito do consumidor que, porventura, sofresse alguma lesão no mercado. Inclusive a faceta da fiscalização administrativa, a ser conduzida por Procons, ficava em segundo plano.

Qualquer setor da economia, das relações em sociedade, quando pretende encontrar soluções junto ao Poder Judiciário brasileiro, acaba convivendo com a demora e outros percalços. É neste sentido que a convenção coletiva de consumo pode ser incentivada e almejada pelos interessados na harmonia do mercado, permitindo que, através do diálogo, sejam encontradas melhores e mais eficientes respostas no comparativo à judicialização de conflitos.

A função desta convenção, diríamos, a sua razão de existir, é poder propiciar algo melhor ao empregado, no comparativo com o que existe na lei, ou sobre aquilo que ainda não está regulado pelo Estado.

19.1 Questões

1. **(FGV – AL-RO – Consultor Legislativo – Assessoramento Legislativo – 2018)** Com base no Código de Defesa do Consumidor e na jurisprudência do Superior Tribunal de Justiça sobre os bancos de dados e cadastros de consumidores, assinale a afirmativa correta.

A) O aviso de recebimento (AR) na carta de comunicação ao consumidor sobre a negativação de seu nome em bancos de dados e cadastros é dispensável.

B) A anotação irregular em cadastro de proteção ao crédito cabe indenização por dano moral, mesmo quando preexistente legítima inscrição, ressalvado o direito ao cancelamento.

C) A inscrição do nome do devedor pode ser mantida nos serviços de proteção ao crédito até o prazo máximo de três anos, independentemente da prescrição da execução.

D) A exclusão do registro da dívida em nome do devedor no cadastro de inadimplentes no prazo de três dias úteis, a partir do integral e efetivo pagamento do débito, incumbe ao credor.

E) A utilização de escore de crédito, método estatístico de avaliação de risco que não constitui banco de dados, depende do consentimento do consumidor, que terá o direito de solicitar esclarecimentos sobre as informações pessoais valoradas e as fontes dos dados considerados no respectivo cálculo.

↳ **Resolução:**

Súmula 323 do STJ: "A inscrição do nome do devedor pode ser mantida nos serviços de proteção ao crédito até o prazo máximo de cinco anos, independentemente da prescrição da execução".

↗ **Gabarito: "A".**

2. **(CESPE – Defensor-PE)** Conforme previsão expressa no CDC, possuem legitimidade para firmar convenção coletiva de consumo apenas as:

A) associações de fornecedores ou sindicato de categoria econômica e as entidades e os órgãos da administração pública destinados à defesa dos direitos dos consumidores.

B) entidades públicas ou privadas destinadas à defesa dos direitos dos consumidores, as associações de fornecedores e os sindicatos de categoria econômica.

C) entidades civis de consumidores e seus respectivos filiados.

D) entidades civis representativas de consumidores e as associações de fornecedores ou sindicatos de categoria econômica.

E) associações de fornecedores ou sindicatos de categoria econômica, o Ministério Público e a Defensoria Pública.

↳ **Resolução:**

A convenção coletiva de consumo é um instrumento, previsto no CDC (art. 107), que busca a antecipação de eventuais conflitos nas relações de consumo, regulando sua solução e estabelecendo condições para a sua composição. Trata-se de um meio de solução de conflitos coletivos, em que fornecedores e consumidores, por suas entidades representativas, estabelecem, de forma antecipada, condições para certos elementos da relação de consumo, que terão incidência nos contratos individuais que serão celebrados.

Segundo dispõe o CDC, a convenção coletiva pode ter por objeto o estabelecimento de condições relativas ao preço, à qualidade, à quantidade, à garantia e características de produtos e serviços, bem como à reclamação e composição do conflito de consumo. A sua finalidade precípua é a de buscar solucionar, de forma antecipada e coletiva, eventuais conflitos que possam advir dos contratos futuros, individualmente firmados entre os filiados às entidades de representação signatárias da convenção. Os direitos e garantias previstos no CDC constituem normas regidas por princípios de ordem pública, de tal forma que não podem ser suprimidos ou restringidos por força de ajuste entre as partes signatárias do instrumento coletivo. A convenção coletiva de consumo não pode ter por objeto qualquer cláusula que impeça ou importe em restrição, ainda que indireta, aos direitos previstos no CDC. Somente pode haver, por meio da convenção, a ampliação das garantias e direitos, nunca a sua diminuição. Nos termos do que reza o art. 107, *caput*, do CDC, exige-se que a convenção coletiva observe, para a elaboração do instrumento respectivo, a forma escrita. Nos termos do § 1º do art. 107, a convenção se torna obrigatória, e, portanto, eficaz, a partir do registro do instrumento em cartório de títulos e documentos.

↗ **Gabarito: "D".**

3. Durante o parto, o recém-nascido sofreu lesões físicas decorrentes da atuação médica. Nesse caso, é correto afirmar que a responsabilidade civil do médico:

A) inexiste.

B) é subjetiva.

C) é sempre objetiva, por tratar-se de uma atividade de risco.

D) é de regra objetiva, por se tratar de uma relação de consumo.

↳ **Resolução:**

"Responsabilidade civil do médico em caso de cirurgia plástica I – A obrigação nas cirurgias meramente estéticas é de resultado, comprometendo-se o médico com o efeito embelezador prometido. II – Embora a obrigação seja de resultado, a responsabilidade do cirurgião plástico permanece subjetiva, com inversão do ônus da prova (responsabilidade com culpa presumida) (não é responsabilidade objetiva). III – O caso fortuito e a força maior, apesar de não estarem expressamente previstos no CDC, podem ser invocados como causas excludentes de responsabilidade" (STJ, 4ª Turma, REsp 985.888/SP, Rel. Min. Luis Felipe Salomão, julgado em 16-2-2012) (Informativo 491 do STJ).

↗ **Gabarito: "B".**

REFERÊNCIAS

MARQUES, Claudia; ROSCOE, Leonardo. *Manual de direito do consumidor.* 6. ed. São Paulo: Revista dos Tribunais, 2018.

MIRAGEM, Bruno. *Curso de direito do consumidor.* 6. ed. São Paulo: Revista dos Tribunais, 2016.

7

DIREITO PREVIDENCIÁRIO

THEODORO AGOSTINHO

Sumário

1. PREVIDÊNCIA SOCIAL 489
   1.1 Seguridade social 489
   1.2 Formas de custeio 489
   1.3 Regimes de previdência 490
   1.4 Questões 490
2. PRINCÍPIOS DO DIREITO PREVIDENCIÁRIO 492
   2.1 Princípios na Constituição Federal 492
   2.2 Princípios gerais da seguridade social 494
   2.3 Princípios específicos da previdência social 494
   2.4 Questões 495
3. DIREITO PREVIDENCIÁRIO 498
   3.1 Conceito 498
   3.2 Fontes do Direito Previdenciário 499
   3.3 Legislação previdenciária 499
   3.4 Aplicação do Direito Previdenciário 500
   3.5 Financiamento do Direito Previdenciário 500
   3.6 Aplicabilidade do Direito Previdenciário 501
   3.7 Direito Previdenciário e demais ramos do direito 501
   3.8 Questões 501
4. SEGURIDADE SOCIAL: ORGANIZAÇÃO 503
   4.1 Conceito 503
   4.2 Espécies 504
   4.3 Organização 504
   4.4 Saúde 504
   4.5 Assistência social 504
   4.6 Previdência Social 504
   4.7 Beneficiários 504

- **4.8** Conselho Nacional de Previdência (CNP) 505
- **4.9** Conselho Nacional de Assistência Social (CNAS) 505
- **4.10** Conselho de Recursos do Seguro Social (CRPS) 505
- **4.11** Instituto Nacional do Seguro Social (INSS) 505
- **4.12** Tipos de contribuintes 505
- **4.13** Segurados obrigatórios 505
- **4.14** Segurados facultativos 506
- **4.15** Questões 506
5. REGIMES PREVIDENCIÁRIOS E SUA APLICAÇÃO 508
   - **5.1** Regime Geral de Previdência Social (RGPS) 508
   - **5.2** Agentes públicos – Cargos efetivos e vitalícios 509
   - **5.3** Regime previdenciário complementar 509
   - **5.4** Entidade fechada de previdência privada 509
   - **5.5** Regime dos militares das Forças Armadas 510
   - **5.6** Princípios específicos do RGPS 510
   - **5.7** Inscrições e filiação 510
   - **5.8** Prestações do RGPS 511
   - **5.9** Questões 511
6. CUSTEIO E CONTRIBUINTES DA SEGURIDADE SOCIAL 513
   - **6.1** Relação de custeio 513
   - **6.2** Relação de prestação 513
   - **6.3** Obrigação previdenciária 513
   - **6.4** Relação obrigacional tributária e previdenciária 514
   - **6.5** Diferença entre contribuinte e segurado 514
   - **6.6** Segurados da Previdência Social 514
   - **6.7** Empresa e entidades equiparadas 515
   - **6.8** Empregador doméstico 515
   - **6.9** Segurado contribuinte individual 515
   - **6.10** Questões 517
7. REGIME GERAL DE PREVIDÊNCIA SOCIAL E OS SEGURADOS 518
   - **7.1** Segurados – Conceito 518
   - **7.2** Segurados obrigatórios 519
   - **7.3** Segurados facultativos 519
   - **7.4** Empregado rural e urbano 520
   - **7.5** Contribuinte individual 521
   - **7.6** Trabalhador avulso 521
   - **7.7** Principais características 521
   - **7.8** Filiação do segurado menor de idade 522
   - **7.9** Retorno de aposentado à atividade 522
   - **7.10** Qualidade de segurado 522
   - **7.11** Período de graça 523
   - **7.12** Segurado – Perda da qualidade 525
   - **7.13** Questões 525
8. DEPENDENTES E SEGURADOS 527
   - **8.1** Dependentes – Conceito 527
   - **8.2** Inscrição de dependentes 528
   - **8.3** Filiação de dependentes 528
   - **8.4** Inscrição dos segurados 528
   - **8.5** Inscrição de segurado *post mortem* *529*

8.6	Questões	529
9.	**FINANCIAMENTO DA SEGURIDADE SOCIAL**	**532**
9.1	Sistema contributivo	533
9.2	Participação da União	533
9.3	Contribuições sociais	534
9.4	Questões	536
10.	**PERÍODO DE CARÊNCIA**	**537**
10.1	Conceito	537
10.2	Questões	539
11.	**SISTEMA E AS FORMAS DE CONTRIBUIÇÕES**	**540**
11.1	Salário de contribuição	540
11.2	Salário-base	541
11.3	Contribuição do segurado contribuinte individual e facultativo	542
11.4	Contribuições das empresas	542
11.5	Contribuição sobre a folha de pagamento	542
11.6	PIS/PASEP	543
11.7	Contribuição Social sobre o Lucro Líquido – CSLL	543
11.8	Contribuições e aferição indireta	544
11.9	Simples doméstico	544
11.10	Questões	545
12.	**PRESCRIÇÃO E DECADÊNCIA DA SEGURIDADE SOCIAL**	**547**
12.1	Prescrição	547
12.2	Decadência	547
12.3	Diferenças entre decadência e prescrição	547
12.4	Causas de interrupção da prescrição	547
12.5	Decadência e as contribuições	547
12.6	Questões	548
13.	**BENEFÍCIOS DA NOVA PREVIDÊNCIA**	**550**
14.	**BENEFÍCIOS**	**551**
14.1	Aposentadoria por idade	551
14.2	Aposentadoria por idade – Professores	552
14.3	Aposentadoria por invalidez	552
14.4	Benefício de Prestação Continuada (BPC)	552
14.5	Pensão por morte	553
14.6	Salário-maternidade	554
14.7	Auxílio-acidente	555
14.8	Auxílio-doença	555
14.9	Auxílio-reclusão	556
14.10	Salário-família	556
REFERÊNCIAS		**557**

1. PREVIDÊNCIA SOCIAL

1.1 Seguridade social

A Constituição Federal (CF), em seu art. 194, optou por um **Sistema de Seguridade Social** baseado em três pilares:

- Saúde;
- Previdência social;
- Assistência social.

1) Saúde

Prevista no art. 196 da CF.

É o pilar da seguridade social de maior abrangência, dado que é assegurada para todo cidadão brasileiro e para os estrangeiros.

O acesso deve ser entendido de maneira ampla, que vai desde o atendimento nos hospitais de urgência e emergência até a fiscalização e o controle realizados pela Vigilância Sanitária.

A Saúde enquanto política pública é realizada pelo Sistema Único de Saúde (com previsão no art. 198 da CF), cuja responsabilidade é concorrente entre União, Estados e Municípios.

O art. 199 da CF ainda trata da assistência à saúde.

2) Previdência social

É o ramo da Seguridade Social destinado apenas para cidadãos que exercem ou exerceram atividades econômicas e contribuem ou contribuíram para o Regime Geral de Previdência Social ou para os Regimes Próprios de Previdência Social. Esse é ponto que distingue esse ramo dos demais que integram a Seguridade Social.

O art. 201 da CF traz as formas de atendimento da previdência social.

3) Assistência social

Cabe ao Estado a prestação de assistência social às pessoas carentes, sem exigência de qualquer contribuição, visando assegurar o mínimo existencial, tendo em vista o princípio da dignidade da pessoa humana.

A Lei n. 8.742/93 dispõe sobre a organização da Assistência Social (LOAS).

1.2 Formas de custeio

O art. 195 da CF estabelece que a seguridade social será custeada por toda a sociedade, de forma direta e indireta, nos termos da lei, mediante recursos provenientes dos orçamentos da União, dos Estados, do Distrito Federal e dos Municípios.

Acrescenta-se a essa forma de custeio as seguintes contribuições (disciplinado pela Lei n. 8.212/91 e regulamentado pelo Decreto n. 3.048/99):

a) do empregador, da empresa e da entidade a ela equiparada na forma da lei, incidentes sobre a folha de salários e demais rendimentos do trabalho pagos ou creditados, a qualquer título, à pessoa física que lhe preste serviço, mesmo sem vínculo empregatício; a receita ou o faturamento; o lucro;

b) do trabalhador e dos demais segurados da previdência social, podendo ser adotadas alíquotas progressivas de acordo com o valor do salário de contribuição, não incidindo contribuição sobre aposentadoria e pensão concedidas pelo Regime Geral de Previdência Social;

c) sobre a receita de concursos de prognósticos; e

d) do importador de bens ou serviços do exterior, ou de quem a lei a ele equiparar.

Lei complementar federal poderá instituir outras fontes destinadas a garantir a manutenção ou expansão da seguridade social, além daquelas diretamente previstas na Constituição Federal.

O § 5º do art. 195 da CF estabelece que nenhum benefício ou serviço da seguridade social poderá ser criado, majorado ou estendido sem a correspondente fonte de custeio total.

1.3 Regimes de previdência

O seguro previdenciário, ou previdência, é essencial na vida de qualquer cidadão trabalhador que queira garantir certa medida de segurança ao seu futuro.

Há três formas distintas:

- RGPS;
- RPPS;
- RPC.

a) **RGPS:** Regime Geral de Previdência Social (RGPS) é gerenciado pelo Instituto Nacional do Seguro Social (INSS). Essa é a opção de filiação de todos os trabalhadores que estão ligados ao INSS por meio da Consolidação das Leis de Trabalho (CLT). Destina-se aos trabalhadores do setor privado e empregados públicos celetistas, objetivando a proteção previdenciária a essas classes de cidadãos.

b) **RPPS:** Regime Próprio de Previdência Social (RPPS) é voltado ao servidor público que possui cargo efetivo no Estado, no Distrito Federal, no Município ou na União. Esse regime foi estabelecido por entidades de caráter público, como fundos previdenciários e institutos de previdência. A filiação dos trabalhadores nesse caso também é obrigatória. Esse regime torna efetivas as leis que regulamentam a proteção do beneficiário em idade avançada (aposentadoria) e de pensão por morte (aos dependentes do segurado). De caráter obrigatório e contributivo, instituído pela União, Estados, Distrito Federal ou Municípios em substituição ao RGPS, destinado aos seus respectivos membros e servidores.

c) **RPC:** Regime de Previdência Complementar é de caráter privado e funciona debaixo da autonomia exercida por entidades complementares de previdência, sejam elas abertas, sejam fechadas. A ideia desse tipo de regime é adicionar uma renda aos trabalhadores que desejam ampliar seus ganhos, além do plano previdenciário oficial.

Dispõe o art. 202 da CF:

O regime de previdência privada, de caráter complementar e organizado de forma autônoma em relação ao regime geral de previdência social, será facultativo, baseado na constituição de reservas que garantam o benefício contratado, e regulado por lei complementar.

1.4 Questões

1. **(VUNESP – Prefeitura de Cerquilho-SP – Procurador Jurídico – 2019)** Entre os princípios e objetivos que regem a previdência social, previstos no Decreto n. 3.048/99, está:

A) diversidade dos benefícios e serviços às populações urbanas e rurais.

B) caráter centralizado da Administração.

C) redutibilidade do valor dos benefícios.

D) seletividade e distributividade na prestação dos benefícios.

E) gestão tripartite.

↳ **Resolução:**

Não confundir os princípios da PREVIDÊNCIA SOCIAL com os da SEGURIDADE SOCIAL (alguns são idênticos, mas outros não).

Dispõe o art. 2º da Lei n. 8.213/91, que "A Previdência Social rege-se pelos seguintes princípios e objetivos: I – universalidade de participação nos planos previdenciários; II – uniformidade e equivalência dos benefícios e serviços às populações urbanas e rurais; III – seletividade e distributividade na prestação dos benefícios; IV – cálculo dos benefícios considerando-se os salários de contribuição corrigidos monetariamente; V – irredutibilidade do valor dos benefícios de forma a preservar-lhes o poder aquisitivo; VI – valor da renda mensal dos benefícios substitutos do salário de contribuição ou do rendimento do trabalho do segurado não inferior ao do salário mínimo; VII – previdência complementar facultativa, custeada por contribuição adicional; VIII – caráter democrático e descentralizado da gestão administrativa, com a participação do governo e da comunidade, em especial de trabalhadores em atividade, empregadores e aposentados".

Por sua vez, o art. 194, parágrafo único, da CF: "Compete ao Poder Público, nos termos da lei, organizar a seguridade social, com base nos seguintes objetivos: I – universalidade da cobertura e do atendimento; II – uniformidade e equivalência dos benefícios e serviços às populações urbanas e rurais; III – seletividade e distributividade na prestação dos benefícios e serviços; IV – irredutibilidade do valor dos benefícios; V – equidade na forma de participação no custeio; VI – diversidade da base de financiamento; VII – caráter democrático e descentralizado da administração, mediante gestão quadripartite, com participação dos trabalhadores, dos empregadores, dos aposentados e do Governo nos órgãos colegiados".

A Lei n. 8.213/91 menciona 8 princípios previdenciários, já o Decreto n. 3.048/99 aponta apenas 7 princípios (a questão cobrou o assunto de acordo com o decreto, mas colocamos conforme a lei, por ser mais completa).

O Decreto n. 3.048/99 regulamenta as Leis n.'" 8.212/91 e Lei n. 8.213/91, mas é falho em vários aspectos e muitas vezes chega até a contrariar as leis (o que não é permitido). Por isso esse decreto não é muito cobrado em questões e, quando é, os examinadores focam mais nas regras que não há divergências.

↗ Gabarito: "D".

2. **(Dédalus Concursos – Lemeprev-SP – Contador – 2018)** Salvo disposição em contrário da Constituição Federal, o RPPS não poderá conceder benefícios distintos dos previstos no RGPS, ficando restrito, quanto ao dependente:
A) Auxílio-doença.
B) Pensão por morte.
C) Salário-família.
D) Aposentadoria por invalidez.

↘ **Resolução:**
Conforme o art. 18 da Lei n. 8.213/91: "O Regime Geral de Previdência Social compreende as seguintes prestações, devidas inclusive em razão de eventos decorrentes de acidente do trabalho, expressas em benefícios e serviços (...) II – quanto ao dependente: a) pensão por morte; b) auxílio-reclusão".

Então, pelo fato de a questão tratar dos benefícios dos dependentes, a banca quer que achemos a pensão por morte ou auxílio-reclusão. Os outros benefícios são do segurado.

↗ Gabarito: "B".

3. **(VUNESP – Prefeitura de São José do Rio Preto-SP – Procurador do Município – 2019)** A Lei Federal n. 9.717, de 27 de novembro de 1998, estabelece normas gerais para a organização e o funcionamento dos regimes próprios de previdência social (RPPS) dos servidores públicos da União, dos Estados, do Distrito Federal e dos Municípios, dos militares dos Estados e do Distrito Federal. Com o intuito de garantir o equilíbrio financeiro e atuarial desses regimes, o diploma determina que cada RPPS conte obrigatoriamente com:
A) plano de equacionamento de eventual déficit mediante a criação de contribuições extraordinárias.
B) sistema de capitalização baseado na solidariedade intergeracional.
C) regime de previdência complementar para os servidores titulares de cargo efetivo.
D) registro contábil individualizado das contribuições de cada servidor e dos entes estatais, conforme diretrizes gerais.
E) sistema de repartição simples, caracterizado por contribuição definida e benefício estimado.

↘ **Resolução:**
A Lei n. 9.717/98 dispõe sobre regras gerais para a organização e o funcionamento dos regimes próprios de previdência social dos servidores públicos da União, dos Estados, do Distrito Federal e dos Municípios, dos militares dos Estados e do Distrito Federal e dá outras providências.

Assim, nos termos do art. 1º, VII, da Lei n. 9.717/98, "os regimes próprios de previdência social dos servidores públicos da União, dos Estados, do Distrito Federal e dos Municípios, dos militares dos Estados e do Distrito Federal deverão ser organizados, baseados em normas gerais de contabilidade e atuária, de modo a garantir o seu equilíbrio financeiro e atuarial, observados os seguintes critérios: (...) VII – registro contábil individualizado das contribuições de cada servidor e dos entes estatais, conforme diretrizes gerais".

↗ **Gabarito: "D".**

2. PRINCÍPIOS DO DIREITO PREVIDENCIÁRIO

Visando a proteção da seguridade social, a Constituição estabeleceu uma série de princípios:

> Art. 194. A seguridade social compreende um conjunto integrado de ações de iniciativa dos Poderes Públicos e da sociedade, destinadas a assegurar os direitos relativos à saúde, à previdência e à assistência social.
>
> Parágrafo único. Compete ao Poder Público, nos termos da lei, organizar a seguridade social, com base nos seguintes objetivos:
>
> I – universalidade da cobertura e do atendimento;
>
> II – uniformidade e equivalência dos benefícios e serviços às populações urbanas e rurais;
>
> III – seletividade e distributividade na prestação dos benefícios e serviços;
>
> IV – irredutibilidade do valor dos benefícios;
>
> V – equidade na forma de participação no custeio;
>
> VI – diversidade da base de financiamento, identificando-se, em rubricas contábeis específicas para cada área, as receitas e as despesas vinculadas a ações de saúde, previdência e assistência social, preservado o caráter contributivo da previdência social; e
>
> VII – caráter democrático e descentralizado da administração, mediante gestão quadripartite, com participação dos trabalhadores, dos empregadores, dos aposentados e do Governo nos órgãos colegiados.

2.1 Princípios na Constituição Federal

1) Princípio da universalidade da cobertura e do atendimento

Por esse princípio, todos têm direito ao atendimento e a ter uma ampla cobertura aos riscos sociais.

A proteção social deve alcançar a todos os eventos cuja reparação seja premente, dando subsistência a quem dela necessite, visando entregar ações, prestações e serviços de seguridade social a todos os que necessitem, seja relativo à previdência social, seja nos casos de saúde e assistência social.

Universalidade = igualdade isonômica (igualdade material e não formal), ou seja, igualar os desiguais e diferenciar os desiguais.

Refere-se tanto aos sujeitos protegidos quanto ao elenco de prestações que serão fornecidas pelo sistema de seguridade social.

A universalidade pode ser classificada de duas maneiras:

a) **Universalidade da cobertura:** a previdência será responsável por dar cobertura às situações amparadas por lei que gerem necessidade social. Assim, a cobertura refere-se a situações de vida que serão protegidas de uma forma isonômica. O sistema atenderá às necessidades das pessoas atingidas por uma contingência humana taxativa e previamente prevista no ato legislativo, como a incapacidade laborativa, a idade avançada e a morte.

b) **Universalidade do atendimento:** fornecimento de serviços e benefícios a todos os segurados, titulares do direito à proteção social. Diz respeito às adversidades ou aos acontecimentos que serão cobertos pela legislação, em que a pessoa atingida não mantenha condições próprias de renda ou de subsistência.

2) Princípio da uniformidade e equivalência dos benefícios e serviços às populações urbanas e rurais

É abarcado no art. 7º da CF, dando tratamento uniforme a trabalhadores urbanos e rurais, havendo assim idênticos benefícios e serviços para os mesmos eventos cobertos pelo sistema (equivalência).

A uniformidade diz respeito aos aspectos objetivos, ou seja, representa os eventos fáticos que deverão ser cobertos.

A equivalência visa tomar por base o aspecto pecuniário ou o atendimento dos serviços, que não serão obrigatoriamente idênticos, mas equivalentes, na medida do possível, dependendo de algumas variáveis legais.

Por serviços, entende-se bens imateriais colocados à disposição dos segurados ou dependentes. São exemplos: o serviço social e a reabilitação profissional.

3) Princípio da seletividade e distributividade na prestação dos benefícios e serviços

Os recursos têm sua limitação. Isso pressupõe que os benefícios são concedidos a quem efetivamente necessite deles, razão em que se fundamenta a seguridade social, apontando os requisitos necessários para a concessão de benefícios e serviços. Atender os que mais precisam dentro dos recursos que estão disponíveis para tanto é o que rege esse princípio.

A possibilidade econômico-financeira do INSS determina que nem todas as pessoas terão direito a perceber benefícios previdenciários, bem como nem toda contingência poderá ser coberta.

O legislador deve selecionar as contingências sociais mais importantes e distribuí-las a um maior número possível de pessoas acometidas de necessidades.

4) Princípio da irredutibilidade do valor dos benefícios

Equivale ao da intangibilidade do salário dos empregados e dos vencimentos dos servidores. Significa que o benefício legalmente concedido pela Previdência Social, ou Assistência social, salvo por força de lei ou ordem jurídica, não poderá ter seu valor nominal diminuído.

O princípio da irredutibilidade, combinado com o art. 201, §§ 3º e 4º, da CF, é o fundamento das ações revisionais de benefícios. Esse princípio baliza qualquer revisão de benefício e deverá ser objeto de prequestionamento em toda e qualquer ação que venha discutir a revisão de renda mensal inicial de benefícios previdenciários e a aplicação de índices inflacionários.

5) Princípio da equidade na forma de participação no custeio

Trata-se da participação equitativa de trabalhadores, empregados e o Poder Público no custeio da seguridade social.

Pelo princípio da equidade, busca-se assegurar que aos hipossuficientes seja garantida a proteção social, exigindo-se deles, quando possível, contribuição equivalente ao seu poder aquisitivo.

Esse princípio estipula que a participação no custeio será de acordo com os rendimentos do cidadão brasileiro, assim, por exemplo, a contribuição dos trabalhadores recai sobre a folha de pagamento, ou seja, quem ganha mais contribui mais.

O princípio da equidade na forma de participação no custeio por ser corolário do princípio da isonomia e da capacidade contributiva dos contribuintes, conforme vem expresso no art. 145, § 1º, da CF.

A equidade no custeio significa igualdade material no financiamento, cuja finalidade é a proporção entre as quotas com que cada um dos contribuintes irá contribuir para a satisfação da seguridade social.

O destinatário dessa equidade não é só o juiz, mas também o legislador ordinário, que deve tratar igualmente das pessoas que se encontrem em idênticas condições.

6) Princípio da diversidade da base de financiamento

Esse princípio garante maior estabilidade da seguridade social, uma vez que impede que se atribua o ônus do custeio a segmentos específicos da sociedade.

Quanto maior for a base de financiamento, ou seja, sendo a obrigação do custeio imposta a um maior número possível de segmentos da sociedade, maior será a capacidade de a seguridade social fazer frente aos seus objetivos constitucionalmente traçados.

7) Princípio do caráter democrático e descentralizado da administração

Esse princípio nos alude a ideia de que a Administração é ator social e deve participar da gestão do sistema, como meio democrático da sociedade civil.

A seguridade social tem administração de caráter democrático e descentralizado mediante gestão quadripartite, ou seja, com participação nos órgãos colegiados dos trabalhadores, dos empregadores, dos aposentados e do governo.

2.2 Princípios gerais da seguridade social

1) Solidariedade

Dividido em 3 vertentes:

a) solidariedade na instituição da seguridade social: o objetivo é resguardar a população contra necessidades advindas de contingências sociais.

b) solidariedade na distribuição do ônus contributivo: é a equidade na forma de participação do custeio (quem detém maior capacidade, contribui com mais).

c) solidariedade na prestação do amparo: as ações da seguridade social devem priorizar as pessoas mais necessitadas.

2) Obrigatoriedade

A participação dos membros da sociedade nas ações da seguridade social deve ser obrigatória.

3) Suficiência

Os benefícios e serviços oferecidos pela seguridade social devem ser capazes de afastar a necessidade advinda de uma contingência social.

4) Subsidiariedade

A seguridade social intervém de forma subsidiária, ou seja, somente se o indivíduo não tem como prover à própria subsistência ou de tê-la provida por sua família. Essa proteção social deve ser ministrada até o ponto suficiente para afastar a necessidade.

2.3 Princípios específicos da previdência social

1) Contributividade

Elemento marcante da Previdência Social, tanto no Regime Próprio (art. 40 da CF) quanto no Regime Geral (art. 201 da CF), não sendo verificada nas ações da saúde e da assistência social.

Não basta o estado de necessidade para que uma pessoa tenha direito aos benefícios da Previdência Social, exige-se que ela seja contribuinte, ou seja, possua o *status* de segurada do Regime Geral de Previdência Social.

2) Automaticidade da filiação

Por filiação, entendemos a relação jurídica de vinculação de uma pessoa física com a previdência social. Essa vinculação é automática, bastando que a pessoa exerça uma atividade laborativa remunerada.

Essa vinculação automática diz respeito ao segurado obrigatório, ou seja, àquele que exerce trabalho remunerado.

3) Preservação do equilíbrio financeiro

A previdência social deverá sempre atentar para a relação entre custeio e pagamento de benefícios na execução da política previdenciária, objetivando manter o sistema em condições superavitárias, e observar as oscilações da média etária da população, bem como sua expectativa de vida, para a adequação dos benefícios a essas variáveis.

O equilíbrio financeiro deve se preocupar com o curto prazo, isto é, com que haja recursos orçamentários para o pagamento dos benefícios da Previdência social para o exercício financeiro seguinte.

O equilíbrio atuarial se preocupa também com a existência de recursos orçamentários a longo prazo, ou seja, com que as contribuições previdenciárias arrecadadas hoje sejam suficientes para pagamento dos benefícios no futuro.

4) Irredutibilidade do valor dos benefícios de forma a preservar-lhes o poder aquisitivo (art. 201, § 4º, da CF – reajuste periódico dos benefícios)

Esse preceito que suplanta a noção de irredutibilidade salarial (art. 7º, VI, da CF) e de vencimentos e subsídios (art. 37, X, da CF), já que em ambos os casos não há previsão de manutenção do valor real dos ganhos de trabalhadores e servidores, mas apenas nominal, enquanto no princípio da irredutibilidade a intenção é proteger o valor dos benefícios de eventual deterioração.

5) Valor da renda mensal dos benefícios de caráter substitutivo não inferior ao do salário mínimo (art. 201, § 2º, da CF)

Os benefícios previdenciários buscam substituir, de forma geral, a remuneração do segurado, que deixou de existir diante da ocorrência de uma contingência social que lhe impossibilitou de realizar atividade laborativa e lhe debelou necessidade.

2.4 Questões

1. **(VUNESP – Prefeitura de Valinhos-SP – Procurador – 2019)** Sobre a seguridade social, é correto afirmar que:

A) seus objetivos são a garantia de padrão de qualidade e o piso salarial profissional nacional para os profissionais da área.

B) compreende um conjunto integrado de ações de iniciativa dos poderes públicos e da sociedade, destinadas a assegurar os direitos relativos à saúde, à previdência e à assistência social.

C) será financiada por toda a sociedade, de forma direta, nos termos da lei, mediante recursos provenientes dos orçamentos dos Estados, do Distrito Federal e dos Municípios.

D) tem como base o primado do trabalho, e como objetivo o bem-estar e a justiça sociais.

E) tem por objetivo o caráter democrático e centralizado da Administração, mediante gestão tripartite, com participação dos trabalhadores, dos empregadores e do Governo nos órgãos colegiados.

↳ **Resolução:**

A) *Incorreta*. Esses princípios não existem. Art. 194, parágrafo único, da CF: "Compete ao Poder Público, nos termos da lei, organizar a seguridade social, com base nos seguintes objetivos: I – universalidade da cobertura e do atendimento; II – uniformidade e equivalência dos benefícios e serviços às populações urbanas e rurais; III – seletividade e distributividade na prestação dos benefícios e serviços; IV – irredutibilidade do valor dos benefícios, de forma a preservar-lhe o poder aquisitivo; V – equidade na forma de participação no custeio; VI – diversidade da base de financiamento; VII – caráter democrático e descentralizado da administração, mediante gestão quadripartite, com participação dos trabalhadores, dos empregadores, dos aposentados e do governo nos órgãos colegiados".

B) *Correta*. Art. 194, *caput*, da CF: "A seguridade social compreende um conjunto integrado de ações de iniciativa dos Poderes Públicos e da sociedade, destinadas a assegurar os direitos relativos à saúde, à previdência e à assistência social".

C) *Incorreta*. Art. 195 da CF: "A seguridade social será financiada por toda a sociedade, de forma direta e indireta, nos termos da lei, mediante recursos provenientes dos orçamentos da União, dos Estados, do Distrito Federal e dos Municípios, e das seguintes contribuições sociais:".

Contribuição direta -> sociedade;

Contribuição indireta -> orçamentos dos entes públicos (U / E / DF / M).

D) *Incorreta*. Essa alternativa fala sobre a Ordem Social e não sobre Seguridade Social.

Art. 193 da CF: "A ordem social tem como base o primado do trabalho, e como objetivo o bem-estar e a justiça sociais".

E) *Incorreta*. Art. 194, parágrafo único, VII, da CF: "Caráter democrático e descentralizado da administração, mediante gestão quadripartite, com participação dos trabalhadores, dos empregadores, dos aposentados e do Governo nos órgãos colegiados".

↗ **Gabarito: "B".**

2. **(FCC – TRF 4ª Região – Analista Judiciário – Área Judiciária – 2019)** Sobre os cálculos dos benefícios previdenciários do Instituto Nacional de Seguro Social (INSS), NÃO está correto o que consta de:

A) O INSS utilizará as informações retiradas do Cadastro Nacional de Informações Sociais (CNIS) sobre os vínculos e remunerações dos segurados, para fins de cálculos dos salários de benefício. Quando houver dúvidas sobre a regularidade de um vínculo, o INSS poderá exigir a apresentação de documentos que servirão de base à anotação, sob pena de exclusão do vínculo.

B) O fator previdenciário será de incidência obrigatória nos cálculos das aposentadorias por tempo de contribuição integral, proporcional e dos professores, facultativa na aposentadoria por idade e não obrigatória nas aposentadorias especial e por invalidez.

C) Para os benefícios por incapacidade e salário maternidade, a regra de cálculo é a média aritmética dos doze últimos salários de contribuição. O valor deste benefício não poderá exceder a média dos últimos doze meses de salário de contribuição, inclusive em caso de remuneração variável.

D) No período básico de cálculo, se o segurado tiver recebido benefícios por incapacidade, sua duração será contada, considerando-se como salário de contribuição, no período, o salário de benefício que serviu de base para o cálculo da renda mensal, reajustado nas mesmas épocas e bases dos benefícios em geral, não podendo ser inferior ao valor de 1 (um) salário mínimo.

E) O salário-maternidade e o salário-família não seguem as mesmas regras de cálculo que as aposentadorias por tempo, idade e especial, pois não são calculados através do salário de benefício.

↘ **Resolução:**

Muita atenção, pois a questão quer saber qual é a ERRADA:

A) *Correta*. Art. 29-A, § 5º, da Lei n. 8.213/91: "Art. 29-A. O INSS utilizará as informações constantes no Cadastro Nacional de Informações Sociais – CNIS sobre os vínculos e as remunerações dos segurados, para fins de cálculo do salário de benefício, comprovação de filiação ao Regime Geral de Previdência Social, tempo de contribuição e relação de emprego. (...) § 5º Havendo dúvida sobre a regularidade do vínculo incluído no CNIS e inexistência de informações sobre remunerações e contribuições, o INSS exigirá a apresentação dos documentos que serviram de base à anotação, sob pena de exclusão do período".

Como podemos perceber, a presente assertiva está correta. No entanto, devemos assinalar a alternativa incorreta, nos termos do enunciado da questão.

B) *Correta*. Em regra, o fator previdenciário será de incidência obrigatória nos cálculos das aposentadorias por tempo de contribuição integral, proporcional e dos professores, exceto quanto se tratar de pessoa com deficiência ou se, após cumprido o tempo de contribuição, forem alcançados 86 pontos para mulher ou 96 pontos para homem, somando-se a respectiva idade com o tempo de contribuição do segurado(a), nos termos dos arts. 29 e 29-C da Lei n. 8.213/91.

Fica garantido ao segurado com direito à aposentadoria por idade a opção pela não aplicação do fator previdenciário, devendo o Instituto Nacional do Seguro Social, quando da concessão do benefício, proceder ao cálculo da renda mensal inicial com e sem o fator previdenciário, nos termos no art. 181-A do Decreto n. 3.048/99. Os demais benefícios não sofrem qualquer incidência do fator previdenciário.

C) *Incorreta.* Nos termos do § 10 do art. 29 da Lei n. 8.213/91, "o auxílio-doença não poderá exceder a média aritmética simples dos últimos 12 (doze) salários de contribuição, inclusive em caso de remuneração variável, ou, se não alcançado o número de 12 (doze), a média aritmética simples dos salários de contribuição existentes".

Contudo essa regra não é aplicável para todos os benefícios por incapacidade, mas tão somente ao auxílio-doença.

Ademais, no caso do salário-maternidade, o § 2º do art. 71-B da Lei n. 8.213/91, dispõe que: "O benefício de que trata o *caput* será pago diretamente pela Previdência Social durante o período entre a data do óbito e o último dia do término do salário-maternidade originário e será calculado sobre: I – a remuneração integral, para o empregado e trabalhador avulso; II – o último salário de contribuição, para o empregado doméstico; III – 1/12 (um doze avos) da soma dos 12 (doze) últimos salários de contribuição, apurados em um período não superior a 15 (quinze) meses, para o contribuinte individual, facultativo e desempregado; e IV – o valor do salário mínimo, para o segurado especial".

Como vimos, o a definição do valor do salário-maternidade irá variar de acordo com o tipo de segurado.

Apenas o auxílio doença não poderá exceder a média aritmética simples dos últimos 12 salários de contribuição, inclusive em caso de remuneração variável, ou, se não alcançado o número de 12, a média aritmética simples dos salários de contribuição existentes. Para os demais benefícios, tal regra não é aplicável.

Por todo o exposto, a presente assertiva está incorreta e deve ser assinalada como gabarito da questão, uma vez que o enunciado pede para assinalarmos a assertiva que NÃO esteja correta.

D) *Correta.* Art. 29, § 5º, da Lei n. 8.213/91: "Se, no período básico de cálculo, o segurado tiver recebido benefícios por incapacidade, sua duração será contada, considerando-se como salário de contribuição, no período, o salário de benefício que serviu de base para o cálculo da renda mensal, reajustado nas mesmas épocas e bases dos benefícios em geral, não podendo ser inferior ao valor de 1 (um) salário mínimo".

Como podemos perceber, a alternativa reproduz literalmente o texto legal. Por tal razão, a assertiva está correta.

E) *Correta.* Art. 28 da Lei n. 8.213/91.

Realmente, o salário-maternidade e o salário-família não seguem as mesmas regras de cálculo que as aposentadorias por tempo, idade e especial, uma vez que aqueles benefícios não são calculados por meio do salário de benefício.

Por outro lado, as aposentadorias por tempo de contribuição, por idade e especial utilizam o salário de benefício como base para o cálculo do benefício previdenciário, nos termos do art. 29 da Lei n. 8.213/91.

↗ **Gabarito: "C".**

3. (FCC – TRF 4ª Região – Analista Judiciário – Área Judiciária – 2019) Ivan Pereira sofreu acidente de trânsito em um final de semana quando voltava do clube com sua família. O mencionado segurado recebeu auxílio-doença por 1 ano. Posteriormente, o seu auxílio-doença foi diretamente convertido em aposentadoria por invalidez, a qual teve duração de quatro anos e meio. Após este período o INSS a cancelou. Sobre a alta da aposentadoria por invalidez, caso:

A) Ivan retorne ao mercado de trabalho na antiga empresa, percebendo o mesmo salário, não poderá ser demitido, tendo em vista a sua estabilidade no emprego pelo acidente ocorrido.

B) Ivan não retorne ao seu antigo emprego, a aposentadoria por invalidez cessará após tantos meses quantos forem os anos de duração do auxílio-doença ou da aposentadoria por invalidez.

C) Ivan retorne ao seu antigo emprego, a sua aposentadoria por invalidez será mantida de forma escalonada pelo período de um ano e meio. Isso ocorrerá como uma forma de indenização pelo período que esteve afastado.

D) a perícia determine que Ivan esteja apto ao exercício de atividade diversa da que exerça, a sua aposentadoria por invalidez cessará após quantos forem os anos de duração do auxílio-doença ou da aposentadoria por invalidez.

E) Ivan não retorne ao seu antigo emprego, a sua aposentadoria por invalidez será mantida de forma escalonada pelo período de um ano e meio. Isso ocorrerá mesmo que encontre um novo emprego.

↘ **Resolução:**

PRIMEIRA INFORMAÇÃO: Período afastado de Ivan: 5 anos e 6 meses (1 ano de auxílio-doença + 4 anos e 6 meses de aposentadoria por invalidez).

Observação: auxílio-doença e aposentadoria por invalidez podem ser "somados" quando esta última resulta da conversão do auxílio-doença.

SEGUNDA INFORMAÇÃO: São as "mensalidades de recuperação", ou seja, são benefícios (sanções premiais) para quem volta à ativa. São duas regras (com algumas subregras) no art. 47:

REGRA 1 DO INCISO I: se refere a quem se afastou por até 5 anos.

REGRA 2 DO INCISO II: se refere a quem se afastou acima de 5 anos (o caso do Ivan).

TERCEIRA INFORMAÇÃO:

i) se for dentro dos 5 anos (INCISO I, REGRA 1) aplica-se o benefício por tantos meses quantos forem os anos que a pessoa se afastou.

ii) se for após os 5 anos (INCISO II, REGRA 2) aplica-se o benefício por 1 ano e meio de forma escalonada (ver depois os percentuais no art. 47, II, da Lei n. 8.213/91).

QUARTA INFORMAÇÃO: terá estabilidade no emprego nos casos em que seja acidente de trabalho (art. 118 da Lei n. 8.213/91) (não é o caso de Ivan, afinal, estava em lazer).

QUINTA INFORMAÇÃO: se ele volta a trabalhar dentro dos 5 anos, cessa de imediato. Não tem sentido ficar recebendo nos casos em que ele pode se sustentar (art. 47, I, *a*, da Lei n. 8.213/91).

E se voltar a trabalhar após 5 anos no mesmo emprego, na mesma função e na mesma empresa? Nesse caso, ainda assim, terá direito à aposentadoria. A REGRA 2 (INCISO II) não faz diferenciação entre quem volta a trabalhar e quem não volta a trabalhar.

PRONTO! Agora, vamos resolver:

A) *Incorreta*. Origem do erro: dizer que ele tem estabilidade. Fundamento? QUARTA INFORMAÇÃO.

B) *Incorreta*. Origem do erro: aplicou a regra 1 a Ivan! Fundamentos? PRIMEIRA, SEGUNDA E TERCEIRA INFORMAÇÃO.

C) *Incorreta*. É de forma escalonada sim. É por um ano e meio sim. Faz lá a leitura do art. 47, II, depois! Porém não é uma indenização! É um benefício!

D) *Errada*. Não tem perícia nesse caso, não tem parâmetro legal para esta assertiva, inovaram teratologicamente nesta assertiva!!

E) *Correta*.

↗ **Gabarito: "E".**

3. DIREITO PREVIDENCIÁRIO

3.1 Conceito

A ciência jurídica serve para sistematizar e harmonizar a vida em uma sociedade politicamente organizada. O direito previdenciário, autônomo, embasado na estrutura constitucional, serve como sólido mecanismo científico de compreensão social.

O Direito previdenciário, em sua essência, visa estudar as relações previdenciárias em sua amplitude, aperfeiçoando a constitucional técnica de proteção da "Previdência Social".

O art. 6º da CF traz os dispositivos imprescindíveis referentes a direitos sociais supremamente tutelados, entre eles a Previdência Social. Dessa forma, o instituto previdenciário deve ser compreendido dentro do conceito sistêmico e importante do direito social, tal qual inserido e garantido como fundamento republicano.

Assim, o Direito Previdenciário, enquanto modalidade científica, concretiza o Direito Constitucional em dois aspectos:

a) pela adequação do plano legal hipotético (vontade constituinte almejada);

b) ao plano fenomênico (vontade constituinte concretizada).

Direito Previdenciário é o conjunto de normas que disciplinam a seguridade social, é o ramo do Direito Público, uma vez que a maior parte de seus institutos está localizado na Constituição Federal, cujo objeto é o estudo da seguridade social.

3.2 Fontes do Direito Previdenciário

- O Direito Previdenciário tem como fontes:
- Constituição Federal;
- Emenda Constitucional;
- Lei Complementar;
- Lei Ordinária;
- Medida Provisória;
- Decreto Legislativo;
- Resolução do Senado Federal;
- Atos Administrativos Normativos (Ordem de Serviço);
- Circular, Orientação Normativa etc.;
- Jurisprudência dos Tribunais Superiores.

Os **princípios** são o fundamento de uma norma jurídica, ou seja, os pilares que sustentam o Direito e que não estão definidos em nenhuma Lei, em nenhum diploma Legal. Inspiram os legisladores ou outros agentes responsáveis pela criação da norma a tratarem de certos assuntos por causa de certos motivos.

O parágrafo único do art. 194 da CF dispõe que a seguridade social será organizada, nos termos da lei, com base nos objetivos que relaciona.

A Ordem Social tem como base o primado do trabalho e seus objetivos são o bem-estar e a justiça social. O trabalho e a dignidade da pessoa humana são fundamentos do Estado Democrático de Direito. Apenas o trabalho proporciona ao homem o seu sustento e o da sua família, o que leva à conclusão de que só há dignidade humana quando houver trabalho, ou seja, só o trabalho propicia bem-estar e justiça sociais.

Dentre os temas que trata o Direito Previdenciário temos:

- Desaposentação;
- Fator Previdenciário;
- Fator Acidentário de Prevenção (FAP);
- Sistema de Inclusão Previdenciária;
- Revisões de Benefícios;
- Despensão;
- Abrangência da sociedade homoafetiva;
- Déficit previdenciário;
- Dano Moral Previdenciário;
- Reforma da Previdência;
- Ações Regressivas.

3.3 Legislação previdenciária

Como em todo ordenamento jurídico, o princípio da legalidade detém destacada importância no contexto social, inclusive no Direito Previdenciário.

De fato, no piso jurídico nacional não poderia ser diferente por conta das influências do Direito Europeu, a ponto de termos na Lei das Leis esse princípio explicitamente condensado no art. 5º, II.

No campo constitucional, com simples leitura, se observa uma profunda influência sobre as bases do Direito Previdenciário. No preâmbulo constitucional existem premissas acerca de direitos sociais e individuais, estando aqui um grande e influente norte piramidal que vai servir de parâmetro a toda legislação hierarquicamente inferior.

O art. 1º, III (dignidade da pessoa humana) e IV (valores sociais do trabalho), da CF, possui uma carga axiológica de suma importância que impacta sobremodo todos os institutos previdenciários daí decorrentes.

O princípio da solidariedade, subscrito no art. 3º, I, da CF, é o alicerce da arquitetura previdenciária.

O art. 7º, por sua vez, corrigindo distorções históricas, apregoa que são direitos dos trabalhadores urbanos e rurais, entre vários outros, a aposentadoria (inciso XXIV).

Ainda, dentro de um Título denominado "Da Ordem Social" (Título VIII), a partir dos arts. 193 e s., vislumbramos uma lógica estrutura organizada de planejamento constitucional denominada "Seguridade Social", que, por sua vez, vai envolver toda a essência do objeto de estudo do Direito Previdenciário.

Em suma, impossível a análise fria e limitada do Direito Previdenciário tão somente com a legislação em vigor, sem reconhecer as interfaces com Direito Constitucional em si, totalmente harmônico e em sintonia com esse pacote de proteção denominado "Previdência Social".

Nesse sentido, os principais diplomas legais que regem atualmente a Previdência Social, dentro do denominado Regime Geral (RGPS), são:

- Lei n. 8.212/91: trata do Custeio da Previdência Social (LC ou PC);
- Lei n. 8.213/91: trata dos Planos de Benefícios da Previdência Social (LB ou PB),
- Decreto-lei n. 3.048/99: trata do Regulamento Geral da Previdência Social (RGPS).
- Instrução Normativa INSS/PRES n. 77/2015 (benefícios).

3.4 Aplicação do Direito Previdenciário

O Direito Previdenciário é regido pelo **princípio** segundo o qual *tempus regit actum*, ou seja, aplica-se a lei vigente na data da ocorrência do fato.

Novas situações vão surgindo no meio social, limitando a seguridade social a essas limitações orçamentárias.

Portanto, mesmo que as normas relativas à pensão por morte sejam modificadas após o óbito, trazendo benefícios para os pensionistas, essas não serão aplicáveis para os casos anteriores à Lei, tal como vem preceituado no *tempus regit actum*.

As normas previdenciárias se aplicam a todos que vivem no território nacional, de acordo com o **princípio da territorialidade**.

Tratando-se de pessoas fora do Brasil, a legislação prevê (art. 11, I, *c*, da Lei n. 8.213/91) que são segurados obrigatórios "o brasileiro ou o estrangeiro domiciliado e contratado no Brasil para trabalhar como empregado em sucursal ou agência de empresa nacional no exterior".

Também é segurado obrigatório, na condição de empregado (art. 11, I, *e*, da Lei n. 8.213/91):

> o brasileiro civil que trabalha para a União, no exterior, em organismos oficiais brasileiros ou internacionais dos quais o Brasil seja membro efetivo, ainda que lá domiciliado e contratado, salvo se segurado na forma da legislação vigente do país do domicílio.

3.5 Financiamento do Direito Previdenciário

A seguridade social é financiada "por toda a sociedade, de forma direta e indireta, nos termos da lei, mediante recursos provenientes dos orçamentos da União, dos Estados, do Distrito Federal e dos Municípios", e pelas contribuições sociais previstas nos incisos I a IV do art. 195 da CF.

O financiamento visa embasar o programa do seguro-desemprego e o abono previsto no § 3º do art. 239 da CF, pago aos empregados que recebem até dois salários mínimos de remuneração mensal. O financiamento de forma indireta é feito com o aporte de recursos orçamentários da União, dos Estados, dos Municípios e do Distrito Federal.

A Lei n. 8.212/91 dispõe que, no âmbito federal, o orçamento da seguridade social é composto por receitas da União, das contribuições sociais e de outras fontes (art. 11).

3.6 Aplicabilidade do Direito Previdenciário

O Direito Previdenciário é autônomo, distinto do direito do trabalho.

Sua aplicabilidade e regulamentação são autônomas, tendo em vista que possui princípios e regras próprias que definem o conceito de relação jurídica previdenciária identificando os segurados, carência, filiação, prestações, inscrição, período de graça, forma de custeio etc.

3.7 Direito Previdenciário e demais ramos do direito

O Direito Previdenciário tem ligação com os demais ramos do direito, tanto de Direito Público como de Direito Privado, quais sejam:

- Constitucional;
- Administrativo;
- Econômico-Financeiro;
- Tributário;
- Penal;
- Internacional Público;
- Ambiental;
- Civil;
- Empresarial;
- Trabalho.

Todas as áreas que se relacionam com o ser humano, de alguma maneira, em direito possuem uma relação entre si.

3.8 Questões

1. **(FCC – TRF 4ª Região – Técnico Judiciário – Área Administrativa – 2019)** Os benefícios previdenciários são uma forma de indenização sobre a eclosão do risco social previdenciário. Sobre esses benefícios é correto afirmar:

A) Poderá ser concedido o salário-maternidade a mais de um segurado, decorrente do mesmo processo de adoção ou guarda, ainda que os cônjuges ou companheiros estejam submetidos a Regime Próprio de Previdência Social, ressalvado o pagamento do salário-maternidade à mãe biológica.

B) De acordo com a legislação atual, a aposentadoria especial será devida pela profissão que o segurado possui ou pela exposição aos agentes químicos, físicos e biológicos ou associação de agentes.

C) O professor ou a professora da educação infantil, fundamental e ensino médio, bem como o do superior terão direito a se aposentar com 25 anos de contribuição, se mulher, e 30 anos de contribuição, se homem.

D) O valor do auxílio-acidente poderá ser integrado ao salário de contribuição para fins de cálculo da futura aposentadoria. Por essa razão atualmente a aposentadoria e o auxílio-acidente não se cumulam.

E) Haverá obrigatoriedade da incidência legal do fator previdenciário nas aposentadorias especial e por idade.

↳ **Resolução:**

A) *Incorreta*. Art. 71-A, § 2º, da Lei n. 8.213/91: "Não poderá ser concedido o benefício (salário maternidade) a mais de um segurado, decorrente do mesmo processo de adoção ou guarda, ainda que os cônjuges ou companheiros estejam submetidos a Regime Próprio de Previdência Social".

B) *Incorreta*. Art. 57 da Lei n. 8.213/91: "A aposentadoria especial será devida, uma vez cumprida a carência exigida nesta Lei, ao segurado que tiver trabalhado sujeito a condições especiais que prejudiquem a saúde ou a integridade física, durante 15 (quinze), 20 (vinte) ou 25 (vinte e cinco) anos, conforme dispuser a lei".

C) *Incorreta*. O único erro é o termo "superior", pois, de acordo com o art. 56, § 1º, do Decreto n. 3.048/99, essa regra de aposentadoria por tempo de contribuição com tempo de contribuição reduzido só se aplica aos professores de educação infantil/ensino fundamental/ensino médio.

D) *Correta*. Art. 31 da Lei n. 8.213/91: "O valor mensal do auxílio-acidente integra o salário de contribuição, para fins de cálculo do salário de benefício de qualquer aposentadoria, observado, no que couber, o disposto no art. 29 e no art. 86, § 5º".

E) *Incorreta*. O fator previdenciário tem incidência obrigatória no benefício de aposentadoria por tempo de contribuição. Já na aposentadoria por idade, o fator previdenciário somente incidirá se for mais vantajoso para o segurado. Nas demais aposentadorias, não há que se falar em incidência do fator.

↗ Gabarito: "D".

2. **(FCC – TRF 4ª Região – Técnico Judiciário – Área Administrativa – 2019)** Sobre os benefícios por incapacidade é INCORRETO afirmar:

A) Para os empregados e para os empregados domésticos, o empregador ficará obrigado a pagar os 15 primeiros dias de afastamento da licença-saúde, e só a partir do décimo sexto dia o segurado afastado receberá do INSS.

B) A carência para o auxílio-doença é de 12 meses, salvo nos casos de acidentes de trabalho e de qualquer natureza, bem como no caso de doenças e afecções especificadas em lista elaborada pelos Ministérios da Saúde e da Previdência Social.

C) Não haverá direito ao auxílio-doença nos casos de doença preexistente, salvo quando a incapacidade sobrevier por motivo de progressão ou agravamento da doença ou da lesão.

D) Será pago um adicional de 25% no valor da aposentadoria por invalidez para aqueles que necessitam de ajuda permanente de terceiros.

E) O auxílio acidente é um benefício por incapacidade que será pago ao segurado no término do auxílio-doença decorrente de acidentes de trabalho ou de qualquer natureza. Deverá ser comprovada a redução da capacidade laboral para que haja direito ao benefício.

↘ **Resolução:**

A) *Incorreta.* Para os empregados e para os empregados domésticos, o empregador ficará obrigado a pagar os 15 primeiros dias de afastamento da licença-saúde, e só a partir do décimo sexto dia o segurado afastado receberá do INSS.

O item está errado porque essa regra se aplica somente para empregados e não para os empregados domésticos.

Art. 60 da Lei n. 8.213/91: "O auxílio-doença será devido ao segurado empregado a contar do décimo sexto dia do afastamento da atividade, e, no caso dos demais segurados, a contar da data do início da incapacidade e enquanto ele permanecer incapaz".

Empregados -> recebe a contar do 16º dia do afastamento;

Demais segurados -> recebe a contar da data do início da incapacidade.

Fundamentação para as outras assertivas:

B) *Correta.* Art. 25 e art. 26, II, da Lei n. 8.213/91.
C) *Correta.* Art. 42, § 2º, da Lei n. 8.213/91.
D) *Correta.* Art. 45 da Lei n. 8.213/91.
E) *Correta.* Art. 86, § 2º, da Lei n. 8.213/91.

↗ Gabarito: "A".

3. **(FCC – TRF 4ª Região – Técnico Judiciário – Área Administrativa – 2019)** Sobre o Sistema de Seguridade Social no Brasil, é correto afirmar:

A) É um sistema de gestão bipartite entre governo e sociedade nas políticas de Previdência, Assistência e Saúde.

B) São princípios para os benefícios da Seguridade Social: a universalidade da cobertura de atendimento, a uniformidade e equivalência dos benefícios e serviços às populações urbanas e rurais; a seletividade e distributividade na prestação dos benefícios e serviços e a irredutibilidade do valor dos benefícios.

C) A Saúde é um sistema não contributivo, mas a Previdência e a Assistência Social são contributivas por ocasião dos benefícios previdenciários e do amparo assistencial ao idoso e ao deficiente.

D) Há diversidade na base de financiamento da Previdência Social e seu custeio é realizado pelas contribuições do empregador, da empresa e da entidade a ela equiparada na forma da lei, do trabalhador e dos demais segurados da previdência social, não incidindo contribuição sobre aposentadoria e pensão concedidas pelo Regime Geral da Previdência Social (RGPS), bem como do importador de bens ou serviços do exterior, ou de quem a lei a ele equiparar.

E) O benefício ou serviço da seguridade social pode ser criado, majorado ou estendido sem a correspondente fonte de custeio.

↘ **Resolução:**

A) *Incorreta.* A gestão quadripartite (trabalhadores/empregadores/aposentados/Governo) é um dos princípios constitucionais da Seguridade social.

B) *Correta*. Não custava nada a banca usar o nome do princípio como consta na lei: universalidade da cobertura E do atendimento em vez de universalidade da cobertura DE atendimento.
C) *Incorreta*. Somente a Previdência que é sistema contributivo. A saúde (para todos) e assistência (para os que dela necessitam) não exigem contribuição alguma.
D) *Incorreta*. A redação desse item está meio embaraçada... eu entendi que há uma afirmação no sentido de que não incide contribuição sobre o importador de bens ou serviços do exterior, ou de quem a lei a ele equiparar (o que deixa a assertiva incorreta, pois incide, sim, contribuição). Mas há a possibilidade de se interpretar o item de forma oposta, o que o deixaria correto.
E) *Incorreta*. Art. 125 da Lei n. 8.213/91: "Nenhum benefício ou serviço da Previdência Social poderá ser criado, majorado ou estendido, sem a correspondente fonte de custeio total".

↗ **Gabarito: "B"**.

4. SEGURIDADE SOCIAL: ORGANIZAÇÃO

A seguridade social é a ordem jurídica vigente, sendo um conjunto integrado de ações de iniciativa dos poderes públicos e da sociedade nas áreas da saúde, previdência e assistência social.

É a estrutura administrativa que tem por atribuição executar as políticas no âmbito da segurança social, inserida na estrutura do Poder Executivo.

Os Ministérios da área social são os responsáveis pelo cumprimento das atribuições que competem à União em matéria de Seguridade Social.

Há os Conselhos setoriais – de Previdência (CNP), da Saúde (CNS) e da Assistência Social (CNAS) –, que atendem ao objetivo da gestão quadripartite da Seguridade Social.

Na estrutura do Ministério da Economia, vinculados a este, ainda há o INSS, como autarquia federal, a Superintendência Nacional de Previdência Complementar – PREVIC, autarquia de natureza especial, e a DATAPREV, como empresa pública, responsável pela gestão dos bancos de dados informatizados.

4.1 Conceito

A conceituação de seguridade social vem expressa em nossa Constituição no Título VIII – "Da Ordem Social".

Tem como premissa básica o bem-estar e a justiça sociais.

O art. 194 da CF define a seguridade social da seguinte forma:

> A seguridade social compreende um conjunto integrado de ações de iniciativa dos Poderes Públicos e da sociedade, destinadas a assegurar os direitos relativos à saúde, à previdência e à assistência social.

Com a evolução histórica, o Estado abandonou a postura de defensor apenas dos direitos individuais e mero espectador da atividade econômica e social, restabelecendo um equilíbrio mínimo nas relações sociais, por meio da instituição de políticas de inclusão social, as quais geraram obrigações jurídicas para o Estado no atendimento aos mais necessitados.

O chamado "welfare state" (Estado do Bem-estar Social) propiciou uma integração mais efetiva entre o Estado e a sociedade, permitindo a criação da seguridade social como elemento de relevância nuclear para o desenvolvimento e a manutenção da dignidade da pessoa humana, sendo-lhe atribuída a tarefa de garantir a todos um mínimo de bem-estar nas situações geradoras de necessidade social.

No Brasil, a evolução da proteção social passou primeiro pela simples caridade, após pelo mutualismo de caráter privado e facultativo e, finalmente, pelo seguro social.

A atuação da seguridade social está restrita às ações de saúde, previdência social e assistência social, e consiste em uma técnica de proteção social aos indivíduos contra contingências sociais que os impeçam de prover as suas necessidades pessoais básicas e de suas famílias, assegurando de forma universal o bem-estar e a justiça social.

4.2 Espécies

A seguridade social é o gênero do qual são espécies:

- Saúde;
- Assistência social;
- Previdência social.

A seguridade social está inserida no rol dos direitos sociais fundamentais da Constituição, denominados de 2ª geração.

A iniciativa das ações da seguridade social é do Poder Público e da sociedade de forma integrada, portanto, a iniciativa não é exclusiva dos poderes públicos. Porém, de acordo com o parágrafo único do art. 194 da CF, compete ao Poder Público, nos termos da lei, organizar os termos e a estrutura da seguridade social.

4.3 Organização

A organização é de competência privativa do poder público e suas ações perfazem uma sociedade de forma integrada.

A seguridade social não se vincula a um conjunto de ações independentes e estanques nas áreas de saúde, previdência e assistência social, pelo contrário, as suas diversas áreas devem atuar de forma articulada e integrada, embora possuam autonomia e certas peculiaridades.

4.4 Saúde

Segundo o art. 196 da CF, a saúde é um:

direito de todos e dever do Estado, garantido mediante políticas sociais e econômicas que visem à redução do risco de doença e de outros agravos e ao acesso universal e igualitário às ações e serviços para sua promoção, proteção e recuperação.

A saúde pública não exige contribuição prévia, suas prestações estendem-se a toda a população e não estão condicionadas ao cumprimento de obrigações precedentes.

4.5 Assistência social

A assistência social é uma política social que se traduz pelo atendimento às necessidades básicas em relação à família, à maternidade, à infância, à adolescência, à velhice e à pessoa portadora de deficiência, independentemente de contribuição à seguridade social por parte daqueles que comprovem a efetiva necessidade econômica e social, na forma da lei.

Nos termos da Constituição Federal, será prestada a quem dela necessitar, não sendo necessário que o beneficiário esteja filiado ao regime geral de previdência social, sendo qualquer pessoa necessitada por ela amparada, desde que cumpra os requisitos legais.

4.6 Previdência Social

A Previdência Social, de caráter contributivo, deve atender aos nela inscritos, concedendo diversos benefícios e não apenas aposentadoria, pois tem por objetivo também proporcionar meios indispensáveis de subsistência ao segurado e à sua família, quando ocorrerem certas contingências previstas em lei.

4.7 Beneficiários

A conceituação é que qualquer pessoa pode ter acesso às prestações da saúde pública, inclusive um rico empresário, mesmo que tenha condições financeiras de pagar atendimento privado de saúde.

4.8 Conselho Nacional de Previdência (CNP)

É o órgão superior de deliberação colegiada, que tem como principal objetivo estabelecer o caráter democrático e descentralizado da administração, em cumprimento ao disposto no art. 194 da Constituição, com a redação dada pela EC n. 20/98, que preconiza uma gestão quadripartite, com a participação do Governo, dos trabalhadores em atividade, dos empregadores e dos aposentados.

4.9 Conselho Nacional de Assistência Social (CNAS)

Instituído pela Lei Orgânica da Assistência Social (LOAS) – Lei n. 8.742/93, é um órgão superior de deliberação colegiada, vinculado à estrutura do órgão da Administração Pública Federal responsável pela coordenação da Política Nacional de Assistência Social, atualmente o Ministério da Cidadania. Seus membros são nomeados pelo Presidente da República, com mandato de dois anos, permitida uma única recondução por igual período.

4.10 Conselho de Recursos do Seguro Social (CRPS)

O Conselho de Recursos do Seguro Social (CRPS) é órgão colegiado instituído para exercer o controle jurisdicional das decisões do Instituto Nacional do Seguro Social (INSS) nos processos de interesse dos beneficiários do Regime Geral de Previdência Social e das empresas e nos processos relacionados aos benefícios assistenciais de prestação continuada previstos no art. 20 da Lei n. 8.742/93.

Esse órgão representa uma via importante para a solução de conflitos, considerando-se: a inexistência de custas processuais; o rito administrativo mais célere, norteado especialmente pelos princípios da legalidade e da verdade material; sua capilaridade em todo o território nacional; e a aplicação do sistema eletrônico como instrumento de transparência, maior controle, gestão e qualidade da prestação jurisdicional.

4.11 Instituto Nacional do Seguro Social (INSS)

O Instituto Nacional do Seguro Social (INSS) foi instituído com base na Lei n. 8.029/90 e criado em 27 de junho de 1990, por meio do Decreto n. 99.350. Trata-se de autarquia vinculada atualmente ao Ministério da Economia para a manutenção do Regime Geral da Previdência Social (art. 201 da CF).

4.12 Tipos de contribuintes

- Empregado: em termos gerais, quem trabalha para empresa, subordinado a ela, mediante remuneração;
- Empregado doméstico: quem trabalha em uma residência, para pessoa física ou família, sem fins lucrativos (exemplo: jardineiro);
- Trabalhador avulso: pessoa que presta serviço de natureza urbana ou rural, eventualmente, para uma ou mais empresas, sem vínculo empregatício, mediante remuneração, intermediada por sindicato da categoria ou, quando se tratar de atividade portuária, do Órgão Gestor de Mão de Obra;
- Contribuinte individual: pessoa que trabalha para uma ou mais empresas, mediante remuneração, por conta própria;
- Segurado especial: pequenos agricultores e pescadores;
- Segurado facultativo: aquele que tem mais de 16 anos, não tem renda própria, mas decide contribuir.

4.13 Segurados obrigatórios

Segurados obrigatórios são todos aqueles trabalhadores citados no art. 11 da Lei n. 8.213/91, quais sejam:

- Trabalhadores empregados;
- Trabalhador empregado doméstico;
- Trabalhador contribuinte individual;
- Trabalhador avulso;
- Trabalhador segurado especial;
- Aquele que estiver recebendo seguro-desemprego.

4.14 Segurados facultativos

São aqueles disciplinados no art. 11 do Decreto n. 3.048/99. O segurado facultativo deve ser maior de 16 anos de idade e se filiar ao Regime Geral de Previdência Social, mediante contribuição, desde que não esteja exercendo atividade remunerada que o enquadre como segurado obrigatório da Previdência Social. O facultativo passa a ser segurado quando paga a primeira contribuição, se filiado.

De acordo com o § 1º do art. 11 do referido Decreto, podem filiar-se facultativamente, entre outros:

- dona de casa;
- síndico de condomínio, quando não remunerado;
- estudante;
- brasileiro que acompanha cônjuge que presta serviço no exterior;
- aquele que deixou de ser segurado obrigatório da previdência social;
- membro de conselho tutelar, quando não esteja vinculado a qualquer regime de previdência social;
- bolsista e o estagiário que prestam serviços a empresa de acordo com a Lei n. 6.494, de 1977;
- bolsista que se dedique em tempo integral a pesquisa, curso de especialização, pós-graduação, mestrado ou doutorado, no Brasil ou no exterior, desde que não esteja vinculado a qualquer regime de previdência social;

- presidiário que não exerce atividade remunerada nem esteja vinculado a qualquer regime de previdência social;
- brasileiro residente ou domiciliado no exterior, salvo se filiado a regime previdenciário de país com o qual o Brasil mantenha acordo internacional; e
- segurado recolhido à prisão sob regime fechado ou semiaberto, que, nessa condição, preste serviço, dentro ou fora da unidade penal, a uma ou mais empresas, com ou sem intermediação da organização carcerária ou entidade afim, ou que exerce atividade artesanal por conta própria.

4.15 Questões

1. **(CREMESP – Analista de Gestão de Pessoas – Área Departamento Pessoal – 2016)** Considere que determinado trabalhador, segurado obrigatório do Regime Geral de Previdência Social, na forma disciplinada pela Lei n. 8.213, de 24 de julho de 1991, tenha sofrido acidente de trabalho que o deixou temporariamente incapacitado para o exercício de sua atividade habitual. De acordo com as disposições do referido diploma legal, que regem os institutos da habilitação e da reabilitação profissional, referido trabalhador:

A) terá direito, às expensas do órgão da Previdência Social, a órteses, próteses e equipamentos de auxílio a locomoção que possam atenuar a perda ou redução de sua capacidade profissional.

B) poderá, caso concluído o processo de reabilitação com a correspondente emissão do certificado individual, exercer exclusivamente as atividades elencadas no referido documento.

C) terá direito a auxílio para tratamento ou exames fora de seu domicílio, bem como auxílio previdenciário a acompanhante credenciado junto ao órgão da Previdência Social.

D) está obrigado a se submeter a tratamento em hospitais credenciados ao Sistema Único de Saúde – SUS, enquanto durar o procedimento de reabilitação, sob pena de suspensão do auxílio-acidente.

E) deverá se submeter, sucessivamente, aos processos de reabilitação e habilitação profissional, a serem concluídos no prazo máximo de 2 anos.

↘ **Resolução:**
A) *Correta*. Art. 89, parágrafo único, da Lei n. 8.213/91.
B) *Incorreta*. A Previdência Social emitirá certificado individual, indicando as atividades que poderão ser exercidas pelo beneficiário, nada impedindo que este exerça outra atividade para a qual se capacitar.
Art. 92 da Lei n. 8.213/91.
C) *Incorreta*. Será concedido, no caso de habilitação e reabilitação profissional, auxílio para tratamento ou exame fora do domicílio do beneficiário, conforme dispuser o Regulamento.
Art. 91, parágrafo único, da Lei n. 8.213/91.
D) *Incorreta*. O segurado em gozo de auxílio-doença, aposentadoria por invalidez e o pensionista inválido estão obrigados, sob pena de suspensão do benefício, a submeter-se a exame médico a cargo da Previdência Social, processo de reabilitação profissional por ela prescrito e custeado, e tratamento dispensado gratuitamente, exceto o cirúrgico e a transfusão de sangue, que são facultativos.
Art. 101, parágrafo único, da Lei n. 8.213/91.
E) *Incorreta*. O enunciado se refere à Lei n. 8.213/91, a qual não menciona processos sucessivos de habilitação e reabilitação profissional.
Observação: A habilitação profissional tem por finalidade preparar o beneficiário incapacitado parcial ou total e os portadores de deficiência que nunca trabalharam, tornando-os aptos para o ingresso no mercado de trabalho. Já a reabilitação profissional ocorre quando o beneficiário que antes encontrava-se apto para o mercado de trabalho torna-se inapto em decorrência de acidente ou doença. Assim, com a reabilitação profissional, o beneficiário poderá reingressar no mercado de trabalho.

↗ **Gabarito: "A".**

2. **(CEV-URCA – Prefeitura de Mauriti-CE – Assistente Social – 2019)** A Seguridade Social compreende um conjunto integrado de ações de iniciativa dos poderes públicos e da sociedade, destinado a assegurar o direito relativo à saúde, à previdência e à assistência social. Com base na Lei n. 8.212/91, constituem princípios e diretrizes da Seguridade Social, EXCETO:
A) Universalização da cobertura e do atendimento.
B) Irredutibilidade do valor dos benefícios.
C) Equidade na forma de participação no custeio.
D) Seletividade e distributividade na prestação dos benefícios e serviços.
E) Organização dos serviços públicos de modo a evitar duplicidade de meios para fins idênticos.

↘ **Resolução:**
Quais são os objetivos da seguridade social conforme o art. 194 da CF?
Os princípios e diretrizes da seguridade social estão previstos no art. 1º da Lei n. 8.212/91: "Art. 1º A Seguridade Social compreende um conjunto integrado de ações de iniciativa dos poderes públicos e da sociedade, destinado a assegurar o direito relativo à saúde, à previdência e à assistência social. Parágrafo único. A Seguridade Social obedecerá aos seguintes princípios e diretrizes: a) universalidade da cobertura e do atendimento; b) uniformidade e equivalência dos benefícios e serviços às populações urbanas e rurais; c) seletividade e distributividade na prestação dos benefícios e serviços; d) irredutibilidade do valor dos benefícios; e) equidade na forma de participação no custeio; f) diversidade da base de financiamento; g) caráter democrático e descentralizado da gestão administrativa com a participação da comunidade, em especial de trabalhadores, empresários e aposentados".

Observação: A alínea *g* está em desacordo com o art. 194, VII, da CF, que prevê: caráter democrático e descentralizado da administração, mediante gestão quadripartite, com participação dos trabalhadores, dos empregadores, dos aposentados e do Governo nos órgãos colegiados.

↗ **Gabarito: "E".**

3. **(COMPERVE – Prefeitura de Parnamirim-RN – Advogado – 2019)** A Previdência Social tem por fim assegurar aos seus beneficiários meios indispensáveis de manutenção. Assim, no cumprimento de seus objetivos, a Previdência Social rege-se pelo princípio:
A) do rendimento do trabalho do segurado não inferior ao salário de contribuição.

B) do cálculo do benefício considerando-se os salários de contribuição corrigidos pela inflação.

C) da universalidade de participação nos planos previdenciários.

D) da centralização administrativa.

↳ **Resolução:**

A questão tenta nos confundir com o seguinte princípio previdenciário: cálculo dos benefícios considerando-se os salários de contribuição, corrigidos monetariamente (e não pela inflação, como afirma a questão).

Não confunda os princípios da previdência social com os da seguridade social (alguns são idênticos, mas outros, não).

Art. 2º da Lei n. 8.213/91: "A Previdência Social rege-se pelos seguintes princípios e objetivos: I – universalidade de participação nos planos previdenciários; II – uniformidade e equivalência dos benefícios e serviços às populações urbanas e rurais; III – seletividade e distributividade na prestação dos benefícios; IV – cálculo dos benefícios considerando-se os salários de contribuição corrigidos monetariamente; V – irredutibilidade do valor dos benefícios de forma a preservar-lhes o poder aquisitivo; VI – valor da renda mensal dos benefícios substitutos do salário de contribuição ou do rendimento do trabalho do segurado não inferior ao do salário mínimo; VII – previdência complementar facultativa, custeada por contribuição adicional; VIII – caráter democrático e descentralizado da gestão administrativa, com a participação do governo e da comunidade, em especial de trabalhadores em atividade, empregadores e aposentados".

Art. 194, parágrafo único, da CF: "Compete ao Poder Público, nos termos da lei, organizar a seguridade social, com base nos seguintes objetivos: I – universalidade da cobertura e do atendimento; II – uniformidade e equivalência dos benefícios e serviços às populações urbanas e rurais; III – seletividade e distributividade na prestação dos benefícios e serviços; IV – irredutibilidade do valor dos benefícios; V – equidade na forma de participação no custeio; VI – diversidade da base de financiamento; VII – caráter democrático e descentralizado da administração, mediante gestão quadripartite, com participação dos trabalhadores, dos empregadores, dos aposentados e do Governo nos órgãos colegiados".

↗ **Gabarito: "C".**

5. REGIMES PREVIDENCIÁRIOS E SUA APLICAÇÃO

O regime previdenciário é composto de normas disciplinadoras da relação jurídica previdenciária, ou seja, das relações de coletividade de indivíduos que têm vinculação entre si, diante da relação de trabalho ou categoria profissional a que se submetem.

O tomador dos serviços do trabalhador garante a esse a remuneração integral durante o afastamento por motivo de saúde, não há necessidade de cobertura para esse tipo de ocorrência.

Também é assegurada a contagem recíproca do tempo de contribuição tanto no RPPS quanto no RGPS.

A contagem recíproca ocorre quando o indivíduo transfere seu tempo de contribuição de um regime previdenciário para outro. Nesse caso, os respectivos regimes terão de se complementar financeiramente e a pessoa se aposentará no regime a que estiver filiada.

Além desses regimes que filiam compulsoriamente os trabalhadores, temos o Regime Complementar de Previdência Social (RCP).

5.1 Regime Geral de Previdência Social (RGPS)

Esse regime, o RGPS, abrange obrigatoriamente todos os trabalhadores da iniciativa privada, que são os que possuem relação de emprego regida pela Consolidação das Leis do Trabalho (empregados urbanos, mesmo os que estejam prestando serviço a entidades paraestatais, os aprendizes e os temporários), pela LC n. 150/2015 (empregados domésticos); pela Lei n. 5.889/73 (empregados rurais); e os trabalhadores autônomos, eventuais ou não.

A todo cidadão é dada a faculdade de se filiar a uma entidade aberta de previdência complementar privada, diferentemente do segmento fechado, que é de ingresso restrito às pessoas que compõem determinado grupo (como empregados de determinada empresa).

As entidades fechadas de previdência complementar privada são popularmente conhecidas como fundos de pensão.

Dessa maneira, uma pessoa que já é filiada ao RGPS pode, facultativamente, contribuir para o fundo de pensão de sua empresa e tornar sua aposentadoria superior ao teto do INSS.

5.2 Agentes públicos – Cargos efetivos e vitalícios

O estudo da aposentadoria dos servidores públicos e demais regras de previdenciário foi introduzido pelas Emendas Constitucionais, incluindo a atual EC n. 103/2019.

Antigamente, a aposentadoria do servidor público era vista como um "prêmio" concedido pelos serviços prestados à sociedade, mera continuação de seu vínculo com a Administração Pública que o admitira.

Nos dias de hoje, existem distorções conceituais graves em matéria de aposentadoria no serviço público.

A Constituição Federal de 1988 concedeu o mesmo tratamento diferenciado aos agentes públicos ocupantes de cargos efetivos da União, dos Estados, do Distrito Federal e dos Municípios, bem como os das autarquias e fundações públicas.

A Constituição Federal estabelece que para os agentes públicos ocupantes de cargos efetivos da União, dos Estados, do Distrito Federal e dos Municípios, bem como os das autarquias e fundações públicas, deve haver Regimes Previdenciários próprios, os quais também se aplicam aos agentes públicos ocupantes de cargos vitalícios (magistrados, membros do Ministério Público e de Tribunais de Contas).

5.3 Regime previdenciário complementar

A Previdência Social no Brasil é composta por diferentes regimes públicos, quais sejam, o Regime Geral de Previdência Social e os Regimes Próprios de Agentes Públicos, todos em sistema de repartição, compulsórios, geridos pelo Poder Público, que cobrem a perda da capacidade de gerar meios para a subsistência até um valor-teto; e um outro, o Regime Complementar de Previdência Social (RCP).

A exploração da previdência pela iniciativa privada é tolerada pela ordem jurídica, porém apenas em caráter supletivo.

A Constituição Federal de 1988 previa, desde sua redação original, a existência de um regime complementar de previdência, estabelecido pela própria Previdência Social, sem, no entanto, trazer maiores disciplinamentos à matéria, que foi remetida para lei específica, jamais editada (§ 7º do art. 201 da CF).

As entidades de previdência privada são as "que têm por objetivo principal instituir e executar planos de benefícios de caráter previdenciário" (art. 2º da LC n. 109/2001).

Para a constituição e o início de funcionamento de uma entidade previdenciária privada, a Lei prevê a necessidade de autorização governamental prévia (art. 33, I, e art. 38, I, da LC n. 109/2001).

5.4 Entidade fechada de previdência privada

É aquela constituída sob a forma de fundação ou sociedade civil, sem fins lucrativos, e que é acessível exclusivamente aos empregados de uma empresa ou grupo de empresas, aos servidores dos entes públicos da Administração, quando o tomador dos serviços será denominado patrocinador da entidade fechada, e aos associados ou membros de pessoas jurídicas de caráter profissional, classista ou setorial, denominadas instituidoras.

Havendo a previsão constitucional de previdência complementar facultativa para os agentes públicos ocupantes de cargos efetivos e vitalícios, os fundos de previdência complementar terão de ser instituídos por lei de iniciativa do Poder Executivo e terão de ser geridos por entidade com personalidade jurídica de direito público (autarquia ou fundação).

5.5 Regime dos militares das Forças Armadas

Os militares não são mais considerados, pelo texto constitucional, servidores públicos, em face das alterações propostas pelo Poder Executivo e promulgadas pela EC n. 18/98, criando tratamento diferenciado para os membros das Forças Armadas em vários aspectos, fundamentalmente acabando com o tratamento isonômico exigido pelo texto original da Constituição entre servidores civis e militares.

5.6 Princípios específicos do RGPS

A Previdência Social, tal como a seguridade social, possui seus princípios específicos. Como a previdência se insere na seguridade social, é óbvio que ela deve se submeter aos seus princípios, mas seus próprios princípios só devem ser observados por si, não abrangendo a saúde ou a assistência social.

Nesse caso há semelhança entre os princípios da Previdência Social e os da seguridade social, já que aquela se insere nesta.

Princípios e objetivos que regem a previdência social:

a) universalidade de participação nos planos previdenciários;

b) uniformidade e equivalência dos benefícios e serviços às populações urbanas e rurais;

c) seletividade e distributividade na prestação dos benefícios;

d) cálculo dos benefícios considerando-se os salários de contribuição corrigidos monetariamente;

e) irredutibilidade do valor dos benefícios de forma a preservar-lhes o poder aquisitivo;

f) valor da renda mensal dos benefícios substitutos do salário de contribuição ou do rendimento do trabalho do segurado não inferior ao do salário mínimo;

g) previdência complementar facultativa, custeada por contribuição adicional;

h) caráter democrático e descentralizado da gestão administrativa, com a participação do governo e da comunidade, em especial de trabalhadores em atividade, empregadores e aposentados.

5.7 Inscrições e filiação

É possível para qualquer pessoa física maior de 16 anos (salvo o menor aprendiz, que pode ser aos 14 anos) se filiar ao RGPS, exceto se já filiado a RPPS. Se o segurado já filiado a RPPS vier a exercer atividade que o vincule ao RGPS, ele também será filiado ao RGPS, mas servidor filiado a RPPS não pode se filiar ao RGPS como segurado facultativo.

A filiação é o vínculo que se estabelece entre as pessoas que contribuem para a Previdência Social e esta, do qual decorrem direitos, como o de requerer benefícios, e obrigações, como a de pagar as contribuições. Já a inscrição é o ato formal, em que a pessoa leva à Previdência suas informações pessoais.

A filiação será sempre automática e compulsória para aqueles que exercem atividade remunerada. Assim, é permitida a inscrição retroativa para os segurados obrigatórios, uma vez que eles estão filiados desde que começam a trabalhar (para isso é preciso comprovar que se estava trabalhando em data anterior ao pedido e pagar o débito não prescrito). Já para o segurado facultativo, a filiação apenas acontecerá após a formalização da inscrição e o pagamento da primeira contribuição.

Em relação ao segurado obrigatório, primeiro há a filiação e depois a inscrição, diferentemente do segurado facultativo, que primeiro se inscreve e depois se filia.

A inscrição do empregado é feita pela empresa; a do empregado doméstico pode ser feita tanto pelo empregador doméstico quanto pelo próprio empregado doméstico; a do trabalhador avulso pelo sindicato ou órgão gestor de mão de obra; a do segurado especial por ele próprio; e a do contribuinte individual, em regra, também por ele próprio, mas, caso ele ainda não esteja inscrito e uma empresa o contrate, será a empresa que deverá proceder com a inscrição. Caso uma empresa deixe de inscrever um segurado que lhe presta serviço, estará sujeita a multa por segurado não inscrito. Logo estudaremos cada um desses tipos de segurados em detalhes.

5.8 Prestações do RGPS

As prestações referentes ao Regime Geral da Previdência Sociais são serviços e benefícios abarcados pela Previdência Social:

- Serviços quando não há contraprestação pecuniária;
- Benefícios quando há contraprestação pecuniária.

Os benefícios devidos aos segurados do RGPS os protegem em casos de doenças (auxílio-doença), redução da capacidade laborativa (auxílio-acidente), invalidez (aposentadoria por invalidez), idade avançada (aposentadoria por idade), tempo de serviço (aposentadoria especial e por tempo de contribuição), encargos familiares (salário-família) e protege a maternidade (salário-maternidade).

Já os benefícios devidos aos dependentes os protegem em casos de prisão (auxílio-reclusão) ou morte (pensão por morte) daqueles de quem dependiam economicamente.

Quanto aos segurados e dependentes, ambos fazem jus à habilitação e reabilitação profissional.

5.9 Questões

1. **(CONTEMAX – Prefeitura de Lucena--PB – Procurador – 2019)** Ao assistido que receber valores pagos indevidamente pela entidade de previdência complementar privada cabe devolução, salvo:

A) em razão de má aplicação de norma do regulamento, os valores forem recebidos de boa-fé, não havendo margem à interpretação equivocada.

B) em razão de interpretação equivocada ou de má aplicação de norma do regulamento, os valores forem recebidos, não havendo necessidade de comprovação de boa-fé tendo em vista a finalidade dos atos públicos.

C) em razão de interpretação equivocada ou de má aplicação de norma do regulamento, os valores forem recebidos de boa-fé.

D) em razão de interpretação equivocada ou de má aplicação de norma do regulamento, os valores forem recebidos, havendo a necessidade de comprovação de boa-fé exclusivamente por via documental em processo administrativo.

E) em razão de interpretação equivocada, os valores forem recebidos de boa-fé, não cabendo má aplicação de norma do regulamento por força do princípio da legalidade estrita aplicado aos processos administrativos.

↘ **Resolução:**

Não devolução de valores recebidos por interpretação equivocada ou má aplicação do regulamento.

Jurisprudência do STJ: "Os valores recebidos de boa-fé pelo assistido, quando pagos indevidamente pela entidade de previdência complementar privada em razão de interpretação equivocada ou de má aplicação de norma do regulamento, não estão sujeitos à devolução" (STJ, 3ª Turma, REsp 1626020-SP, Rel. Min. Ricardo Villas Bôas Cueva, julgado em 8-11-2016 (Informativo 593).

↗ **Gabarito: "A".**

2. **(IBADE – Câmara de Porto Velho-RO – Analista Jurídico – 2018)** Com relação ao Regime Geral de Previdência Social, a Lei n. 8.213/91 considera beneficiários desse regime, na condição de dependentes do segurado:

A) o(a) filho(a) menor de 25 (vinte e cinco) anos que cursa faculdade e respectivos irmãos menores de 16 (dezesseis) anos.

B) os avós, desde que não recebam pensão ou sejam aposentados.

C) o cônjuge, o(a) companheiro(a) e o(a) filho(a) não emancipado(a), de qualquer condição, menor de 21 (vinte e um) anos ou inválido(a) ou que tenha deficiência intelectual ou mental ou deficiência grave.

D) o(a) irmão(ã) emancipado(a), de qualquer condição, menor de 18 (dezoito) anos ou inválido(a) ou que tenha deficiência intelectual ou mental ou deficiência grave.

E) os tios, se estes não tiverem filhos.

↳ **Resolução:**

A) *Incorreta*. Art. 17, § 7º, da Lei n 8.213/91: "Não será admitida a inscrição *post mortem* de segurado contribuinte individual e de segurado facultativo".

B) *Incorreta*. Art. 16, § 5º, da Lei n. 8.213/91: "As provas de união estável e de dependência econômica exigem início de prova material contemporânea dos fatos, produzido em período não superior a 24 meses anterior à data do óbito ou do recolhimento à prisão do segurado, não admitida a prova exclusivamente testemunhal, exceto na ocorrência de motivo de força maior ou caso fortuito, conforme disposto no regulamento".

C) *Incorreta*. Art. 28 da Lei n. 8.213/91: "O valor do benefício de prestação continuada, inclusive o regido por norma especial e o decorrente de acidente do trabalho, exceto o salário-família e o salário-maternidade, será calculado com base no salário de benefício".

D) *Correta*. Art. 16, § 2º, da Lei n. 8.213/91: "O enteado e o menor tutelado [menor sob guarda não!] equiparam-se a filho mediante declaração do segurado e desde que comprovada a dependência econômica na forma estabelecida no Regulamento".

E) *Incorreta*. Art. 45 da Lei n. 8.213/91: "O valor da aposentadoria por invalidez [por idade não!] do segurado que necessitar da assistência permanente de outra pessoa será acrescido de 25%".

↗ **Gabarito: "D".**

3. **(VUNESP – Prefeitura de Pontal-SP – Procurador – 2018)** A respeito dos benefícios previdenciários previstos na Lei n. 8.213/91, assinale a alternativa correta.

A) A aposentadoria por tempo de serviço será devida, cumprida a carência exigida nesta Lei, ao segurado que completar 20 (vinte) anos de serviço, se do sexo feminino, ou 25 (vinte e cinco) anos, se do sexo masculino.

B) O auxílio-doença será devido ao segurado que, havendo cumprido, quando for o caso, o período de carência exigido nesta Lei, ficar incapacitado para o seu trabalho ou para a sua atividade habitual por mais de 20 (vinte) dias consecutivos ou intercalados.

C) A aposentadoria por idade será devida ao segurado que, cumprida a carência exigida nesta Lei, completar 60 (sessenta) anos de idade, se homem, e 55 (cinquenta e cinco), se mulher.

D) A aposentadoria especial será devida, uma vez cumprida a carência exigida nesta Lei, ao segurado que tiver trabalhado sujeito a condições especiais que prejudiquem a saúde ou a integridade física, durante 15 (quinze), 20 (vinte) ou 25 (vinte e cinco) anos, conforme dispuser a lei.

E) A aposentadoria por invalidez será devida ao segurado que, estando ou não em gozo de auxílio-doença, for considerado incapaz e insusceptível de reabilitação para o exercício de atividade para a qual possui habilitação legal para o exercício.

↳ **Resolução:**

A) *Incorreta*. Art. 52 da Lei n. 8.213/91: "A aposentadoria por tempo de serviço será devida, cumprida a carência exigida nesta Lei, ao segurado que completar 25 (vinte e cinco) anos de serviço, se do sexo feminino, ou 30 (trinta) anos, se do sexo masculino".

B) *Incorreta*. Art. 59 da Lei n. 8.213/91: "O auxílio-doença será devido ao segurado que, havendo cumprido, quando for o caso, o período de carência exigido nesta Lei, ficar incapacitado para o seu trabalho ou para a sua atividade habitual por mais de 15 (quinze) dias consecutivos".

C) *Incorreta.* Art. 48 da Lei n. 8.213/91: "A aposentadoria por idade será devida ao segurado que, cumprida a carência exigida nesta Lei, completar 65 (sessenta e cinco) anos de idade, se homem, e 60 (sessenta), se mulher".

D) *Correta.* Art. 57 da Lei n. 8.213/91: "A aposentadoria especial será devida, uma vez cumprida a carência exigida nesta Lei, ao segurado que tiver trabalhado sujeito a condições especiais que prejudiquem a saúde ou a integridade física, durante 15 (quinze), 20 (vinte) ou 25 (vinte e cinco) anos, conforme dispuser a lei".

O art. 64 do Decreto n. 3.048/99 vai além e estabelece quais segurados têm direito à aposentadoria especial: "A aposentadoria especial, uma vez cumprida a carência exigida, será devida ao segurado empregado, trabalhador avulso e contribuinte individual, este somente quando cooperado filiado a cooperativa de trabalho ou de produção, que tenha trabalhado durante quinze, vinte ou vinte e cinco anos, conforme o caso, sujeito a condições especiais que prejudiquem a saúde ou a integridade física".

E) *Incorreta.* Art. 42 da Lei n. 8.213/91: "A aposentadoria por invalidez, uma vez cumprida, quando for o caso, a carência exigida, será devida ao segurado que, estando ou não em gozo de auxílio-doença, for considerado incapaz e insusceptível de reabilitação para o exercício de atividade que lhe garanta a subsistência, e ser-lhe-á paga enquanto permanecer nesta condição".

↗ Gabarito: "D".

6. CUSTEIO E CONTRIBUINTES DA SEGURIDADE SOCIAL

Há duas espécies diferentes de relações que decorrem da aplicação da legislação previdenciária: a relação de custeio e a relação de prestação.

6.1 Relação de custeio

Nesse tipo de relação, o Estado impõe, de maneira coercitiva, a obrigação de que as pessoas consideradas como contribuintes do sistema de seguridade pela norma jurídica – logo, contribuintes também da Previdência Social – vertam seus aportes, conforme as regras estabelecidas.

6.2 Relação de prestação

Nessa espécie de relação, o Estado é forçado pela lei a cumprir uma obrigação de dar, isto é, pagar benefício, ou de fazer, qual seja, prestar serviço tantos aos segurados quanto aos dependentes que o requeiram, desde que preenchidos requisitos legais para a obtenção do direito.

No sistema contributivo, a receita da Previdência Social decorre de contribuições realizadas com destinação específica para o financiamento das ações no campo da proteção social.

6.3 Obrigação previdenciária

Obrigação previdenciária de custeio é espécie do gênero obrigação tributária. Decorre da relação jurídica representada pelo vínculo entre o ente público encarregado pela arrecadação das contribuições, acréscimos de mora e penalidades pecuniárias devidos e o responsável pelo cumprimento das obrigações previstas em lei, relativas ao recolhimento de contribuições previdenciárias, acréscimos de mora ou pagamento das penalidades pecuniárias decorrentes do descumprimento de obrigações.

A obrigatoriedade de participação de algumas pessoas no sistema se impõe para que possam fruir dos benefícios e serviços previstos em lei, sendo essencial a comprovação das contribuições ou ao menos do enquadramento como segurado obrigatório para essa finalidade.

Outras pessoas, no entanto, possuem a obrigação de contribuir pura e simplesmente porque a lei impõe tal ônus a elas. Nesses casos, o elo da obrigação tem justificativa no ideal de solidariedade que fundamenta a Previdência Social, baseado na teoria do risco social, de acordo com a qual toda a sociedade precisa suportar o encargo de prover a subsistência dos incapacitados para o trabalho. Entre elas estão as empresas, ao contribuírem sobre a folha de pagamento de seus trabalhadores, sobre o faturamento e sobre o lucro, e o empregador doméstico e o produtor rural, que precisam contribuir para o regime.

6.4 Relação obrigacional tributária e previdenciária

A relação obrigacional de custeio se identifica com as obrigações tributárias. Nas duas, o sujeito ativo é um ente pertencente ao Estado (a União, no caso das contribuições à Seguridade Social), que se vale de sua supremacia para exigir o cumprimento da obrigação, coercitivamente.

Ao sujeito passivo não é dada a possibilidade de mudar a incidência da norma, uma vez consumado o fato imponível, nem de transferir, por negócio entre particulares, o dever de prestar a devida contribuição.

6.5 Diferença entre contribuinte e segurado

Esses dois termos possuem diferenças importantes no âmbito do Direito Previdenciário.

Contribuinte é o sujeito passivo da obrigação tributária, assim considerada qualquer pessoa, física ou jurídica, que está sujeita ao pagamento de tributo por determinação legal.

Na seara tributária, usa-se a seguinte definição:

- sujeito passivo da obrigação principal é a pessoa obrigada ao pagamento de tributo ou penalidade pecuniária (art. 121, *caput*, do CTN);
- sujeito passivo da obrigação acessória é a pessoa obrigada às prestações que constituam o seu objeto (art. 122 do CTN).

O sujeito passivo da obrigação principal pode assumir a condição de contribuinte ou responsável.

O contribuinte é a pessoa que tem relação pessoal e direta com a situação que constitua o respectivo fato gerador. Responsável é quem, sem revestir a condição de contribuinte, possua obrigação decorrente expressamente de lei (art. 121, parágrafo único, II, do CTN).

6.6 Segurados da Previdência Social

Os segurados da Previdência são os principais contribuintes do sistema de Seguridade Social previsto na ordem jurídica brasileira.

São contribuintes em função do elo jurídico que têm com o regime de previdência, uma vez que, para fazerem jus aos benefícios, devem teoricamente contribuir ao fundo comum.

Os segurados são classificados em obrigatórios e facultativos.

Obrigatórios são os segurados de quem a lei obriga a participação no custeio e lhes dá, como contraprestação, quando presentes os requisitos, benefícios e serviços. Facultativos são aqueles que, não tendo regime previdenciário próprio (art. 201, § 5º, da CF, com a redação da EC n. 20/98), nem se enquadrando na condição de segurados obrigatórios do regime geral, resolvem contribuir para terem direito a benefícios e serviços.

A participação no sistema previdenciário, sendo obrigatória, acarreta também, compulsoriamente, o pagamento do tributo respectivo – a contribuição incidente sobre os ganhos do trabalho, seja ele assalariado, pago de forma avulsa, decorrente de prestação autônoma de serviços ou, ainda, como produtor rural enquadrado como segurado especial.

Segurados facultativos são as pessoas naturais maiores de 16 anos que se filiarem de forma não obrigatória ao RGPS, mediante contribuição feita na forma do art. 21 da Lei n. 8.212/91, com redação dada pela Lei n. 9.876/99.

6.7 Empresa e entidades equiparadas

Equipara-se à empresa, para fins previdenciários, de acordo com o art. 15, parágrafo único, da Lei n. 8.212/91, com a redação conferida pela Lei n. 13.202/2015:

> o contribuinte individual e a pessoa física na condição de proprietário ou dono de obra de construção civil, em relação a segurado que lhe presta serviço, bem como a cooperativa, a associação ou a entidade de qualquer natureza ou finalidade, a missão diplomática e a repartição consular de carreira estrangeiras.

A matrícula de obras de construção civil será efetuada após prévia comunicação do responsável pela sua execução (construção, reforma, acréscimo ou demolição) e, ainda, de ofício, quando ocorrer omissão por parte da empresa ou do responsável pela obra.

Deverá ser emitida matrícula para cada consórcio simplificado de produtores rurais e para cada propriedade rural pertencente a um mesmo produtor rural, ainda que situadas no âmbito do mesmo Município, bem como para cada contrato com produtor rural, parceiro, meeiro, arrendatário ou comodatário. Na ocorrência de pessoas físicas explorarem, conjuntamente, com o auxílio de empregados, uma única propriedade rural, onde se dividem os riscos do empreendimento e os produtos colhidos, será atribuída apenas uma matrícula, em nome do produtor indicado na inscrição estadual.

A matrícula efetuada fora do prazo sujeita o infrator à multa aplicada na forma do Decreto n. 3.048/99, ressalvada a hipótese de sua regularização espontânea.

A Lei n. 11.941/2009 alterou alguns dispositivos da Lei n. 9.430/96 e também tratou da matéria relacionada à inscrição no CNPJ, prevendo a "baixa" desta em diversas hipóteses, nos termos e condições definidas pela Secretaria da Receita Federal do Brasil.

6.8 Empregador doméstico

O empregador doméstico é a pessoa física que admite a seu serviço, sem finalidade lucrativa, mediante remuneração, empregado doméstico (art. 15, II, da Lei n. 8.212/91), assim considerado aquele que presta serviços de maneira não eventual, no âmbito residencial, sem exploração de atividade econômica, por mais de dois dias por semana (art. 1º da LC n. 150/2015).

O tratamento dado ao empregador doméstico pela legislação previdenciária é diferente do dado para empresas, ressalvada a responsabilidade de arrecadar a contribuição do empregado doméstico a seu serviço e recolhê-la juntamente com a parcela a seu cargo.

6.9 Segurado contribuinte individual

O contribuinte individual pode ser considerado como aquele que não se enquadra em nenhuma outra categoria de segurado. Aquele que exerce atividade por conta própria é, em geral, considerado contribuinte individual.

Essa categoria inclui trabalhadores dos mais variados tipos, tais como: padres e ministros de confissão religiosa; vendedores autônomos; médicos autônomos; advogados autônomos; árbitros de futebol; garimpeiros; cooperados; e as mais variadas espécies de profissionais liberais que se possa imaginar.

De acordo com o Regulamento (Decreto n. 3.048/99):

> Art. 9º São segurados obrigatórios da Previdência Social as seguintes pessoas físicas:
>
> (...)
>
> V – como contribuinte individual:
>
> a) a pessoa física, proprietária ou não, que explora atividade agropecuária, a qualquer título, em caráter permanente ou temporário, em área, contínua ou descontínua, superior a quatro módulos fiscais; ou, quando em área igual ou in-

ferior a quatro módulos fiscais ou atividade pesqueira ou extrativista, com auxílio de empregados ou por intermédio de prepostos; ou ainda nas hipóteses dos §§ 8º e 23 deste Artigo;

b) a pessoa física, proprietária ou não, que explora atividade de extração mineral – garimpo –, em caráter permanente ou temporário, diretamente ou por intermédio de prepostos, com ou sem o auxílio de empregados, utilizados a qualquer título, ainda que de forma não contínua;

c) o ministro de confissão religiosa e o membro de instituto de vida consagrada, de congregação ou de ordem religiosa;

d) o brasileiro civil que trabalha no exterior para organismo oficial internacional do qual o Brasil é membro efetivo, ainda que lá domiciliado e contratado, salvo quando coberto por regime próprio de previdência social;

e) o titular de firma individual urbana ou rural;

f) o diretor não empregado e o membro de conselho de administração na sociedade anônima;

g) todos os sócios, nas sociedades em nome coletivo e de capital e indústria;

h) o sócio gerente e o sócio cotista que recebam remuneração decorrente de seu trabalho e o administrador não empregado na sociedade por cotas de responsabilidade limitada, urbana ou rural;

i) o associado eleito para cargo de direção em cooperativa, associação ou entidade de qualquer natureza ou finalidade, bem como o síndico ou administrador eleito para exercer atividade de direção condominial, desde que recebam remuneração;

j) quem presta serviço de natureza urbana ou rural, em caráter eventual, a uma ou mais empresas, sem relação de emprego;

l) a pessoa física que exerce, por conta própria, atividade econômica de natureza urbana, com fins lucrativos ou não;

m) o aposentado de qualquer regime previdenciário nomeado magistrado classista temporário da Justiça do Trabalho, na forma dos incisos II do § 1º do art. 111 ou III do art. 115 ou do parágrafo único do art. 116 da Constituição Federal, ou nomeado magistrado da Justiça Eleitoral, na forma dos incisos II do art. 119 ou III do § 1º do art. 120 da Constituição Federal;

n) o cooperado de cooperativa de produção que, nesta condição, presta serviço à sociedade cooperativa mediante remuneração ajustada ao trabalho executado;

o) (Revogado pelo Decreto n. 7.054, de 2009.)

p) o Microempreendedor Individual – MEI de que tratam os arts. 18-A e 18-C da Lei Complementar n. 123, de 14 de dezembro de 2006, que opte pelo recolhimento dos impostos e contribuições abrangidos pelo Simples Nacional em valores fixos mensais.

A pessoa física que explora atividade agropecuária, em área de até quatro módulos fiscais, poderá se enquadrar como segurado especial caso cumpra uma série de requisitos. Se em área superior a quatro módulos fiscais, já é certo que será contribuinte individual.

O síndico também só será considerado contribuinte individual se realizar atividade remunerada. Assim, caso não seja remunerado pelo seu trabalho, deve se filiar como facultativo. Mas deverá se inscrever como contribuinte individual caso seja isento da taxa condominial, pois essa isenção é tida como uma remuneração.

O cooperado que presta serviço à sociedade cooperativa é contribuinte individual. A cooperativa pode até ter empregados, como telefonistas ou recepcionistas, mas seus cooperados serão contribuintes individuais.

6.10 Questões

1. (VUNESP – Prefeitura de Pontal-SP – Procurador – 2018) De acordo com a Lei n. 8.212/91, não descaracterizam a condição de segurado especial:

A) a exploração da atividade turística da propriedade rural, inclusive com hospedagem, por não mais de 180 (cento e vinte) dias ao ano.

B) ser beneficiário ou fazer parte de grupo familiar que tem algum componente que seja beneficiário de programa assistencial oficial de governo.

C) a participação em plano de previdência complementar instituído por instituição financeira.

D) a outorga, por meio de contrato escrito de parceria, meação ou comodato, de até 75% (setenta e cinco por cento) de imóvel rural cuja área total não seja superior a 5 (cinco) módulos fiscais.

E) a associação em cooperativa de fomento à produção familiar ou à concessão de crédito subsidiado.

↳ **Resolução:**

Nos termos do art. 12, § 9º, da Lei n. 8.212/91, são hipóteses que não descaracterizam a condição de segurado especial: "I – a outorga, por meio de contrato escrito de parceria, meação ou comodato, de até 50% (cinquenta por cento) de imóvel rural cuja área total não seja superior a 4 (quatro) módulos fiscais, desde que outorgante e outorgado continuem a exercer a respectiva atividade, individualmente ou em regime de economia familiar; II – a exploração da atividade turística da propriedade rural, inclusive com hospedagem, por não mais de 120 (cento e vinte) dias ao ano; III – a participação em plano de previdência complementar instituído por entidade classista a que seja associado, em razão da condição de trabalhador rural ou de produtor rural em regime de economia familiar; IV – ser beneficiário ou fazer parte de grupo familiar que tem algum componente que seja beneficiário de programa assistencial oficial de governo; V – a utilização pelo próprio grupo familiar, na exploração da atividade, de processo de beneficiamento ou industrialização artesanal, na forma do § 11 do art. 25 desta Lei; VI – a associação em cooperativa agropecuária ou de crédito rural; e VII – a incidência do Imposto Sobre Produtos Industrializados – IPI sobre o produto das atividades desenvolvidas nos termos do § 14 deste artigo".

↗ **Gabarito: "B".**

2. (NC-UFPR – Prefeitura de Curitiba-PR – Procurador – 2019) O texto constitucional de 1988, no que diz respeito às aposentadorias e pensões dos servidores públicos, vem sendo continuamente alterado, abandonando-se paulatinamente o sistema de benefícios dotados de integralidade e paridade, e passando-se a adotar a sistemática de benefícios calculados com base na média das contribuições previdenciárias, ao lado do modelo de previdência complementar. Levando em consideração essa informação, assinale a alternativa correta.

A) Os servidores públicos municipais de Curitiba que ingressaram no serviço público após a promulgação da Emenda Constitucional n. 41/2003 estão inseridos no sistema previdenciário complementar de que trata o art. 40, §§ 14 a 16, da Constituição Federal.

B) O regime previdenciário previsto pela Lei Municipal de Curitiba n. 15.072/2017 não alcança os ocupantes de cargos declarados em lei de livre nomeação e exoneração.

C) Aos servidores públicos municipais de Curitiba que ingressaram no serviço público a partir de 26-9-2017, será aplicável, no cálculo de seus benefícios previdenciários, o valor correspondente ao limite máximo pago pelo regime previdenciário previsto no art. 201 da Constituição Federal.

D) A criação de regime previdenciário complementar destinado aos servidores da Câmara Municipal de Curitiba, nos termos do art. 40, §§ 14 a 16, da Constituição Federal, exige o estabelecimento de um órgão gestor próprio.

E) Os servidores públicos municipais que ingressaram no serviço público anteriormente à vigência da Lei Municipal de Curitiba n. 15.072/2017 não poderão optar pelo regime previdenciário instituído por essa norma.

↳ **Resolução:**

Como responder essa questão sem saber a legislação local:

A) Incorreta. O regime complementar deve ser primeiro instituído por lei do ente, cuja iniciativa é do Poder Executivo. Dessa forma, a referida emenda não veiculou norma de eficácia plena.

B) Incorreta. O servidor que ocupe cargo de livre nomeação e exoneração, mas que TAMBÉM seja servidor efetivo poderá ser alcançado pelo regime próprio de previdência.

Art. 40, § 13, da CF: "Ao servidor ocupante, exclusivamente, de cargo em comissão declarado em lei de livre nomeação e exoneração bem como de outro cargo temporário ou de emprego público, aplica-se o regime geral de previdência social".

C) *Correta*. Art. 40, § 14, da CF: "A União, os Estados, o Distrito Federal e os Municípios, desde que instituam regime de previdência complementar para os seus respectivos servidores titulares de cargo efetivo, poderão fixar, para o valor das aposentadorias e pensões a serem concedidas pelo regime de que trata este artigo, o limite máximo estabelecido para os benefícios do regime geral de previdência social de que trata o art. 201".

D) *Incorreta*. Art. 40, § 20, da CF: "Fica vedada a existência de mais de um regime próprio de previdência social para os servidores titulares de cargos efetivos, e de mais de uma unidade gestora do respectivo regime em cada ente estatal, ressalvado o disposto no art. 142, § 3º, X".

E) *Incorreta*. A norma do § 16 pressupõe a possível escolha do servidor que tenha ingressado antes do regime.

Art. 40, § 16, da CF: "Somente mediante sua prévia e expressa opção, o disposto nos § § 14 e 15 poderá ser aplicado ao servidor que tiver ingressado no serviço público até a data da publicação do ato de instituição do correspondente regime de previdência complementar".

↗ **Gabarito: "C".**

3. (NC-UFPR – Prefeitura de Curitiba-PR – Procurador – 2019) Em tempo de forte discussão sobre a reforma previdenciária, é interessante destacar como a Constituição da República de 1988 foi analítica em relação ao tema da seguridade social, propondo um sistema fortemente solidário e que atualmente parece não mais atender aos anseios das instituições políticas. Sobre o tema, assinale a alternativa correta.

A) Uma das interpretações do princípio da solidariedade social implica justamente o estabelecimento de vantagens legais para determinadas categorias profissionais que possuem maior reconhecimento social e merecimento intelectual.

B) Segundo redação constitucional expressa, a ordem social tem como base o primado do trabalho e do capital como fatores da produção indissociáveis.

C) A Constituição estabelece que a seguridade social deverá ser financiada pelos próprios beneficiários, fomentando a formação de poupança individual segundo o princípio da capacidade contributiva.

D) O regime de previdência privada tem caráter complementar, devendo ser organizado de forma autônoma em relação ao regime geral, sendo possível, todavia, que a União, Estados, Distrito Federal e Municípios, além das suas entidades descentralizadas, atuem contribuindo como patrocinadores, desde que sua contribuição não exceda à do segurado.

E) O auxílio-moradia é um benefício previdenciário do regime geral passível de ser usufruído por qualquer trabalhador, desde que não tenha casa própria ou condições de arcar com os custos de moradia, sendo destinado, pela sua importância social, a uma parcela vulnerável da sociedade brasileira.

↘ **Resolução:**

Art. 202 da CF: "O regime de previdência privada, de caráter complementar e organizado de forma autônoma em relação ao regime geral de previdência social, será facultativo, baseado na constituição de reservas que garantam o benefício contratado, e regulado por lei complementar".

§ 3º do art. 202 da CF: "É vedado o aporte de recursos a entidade de previdência privada pela União, Estados, Distrito Federal e Municípios, suas autarquias, fundações, empresas públicas, sociedades de economia mista e outras entidades públicas, salvo na qualidade de patrocinador, situação na qual, em hipótese alguma, sua contribuição normal poderá exceder a do segurado".

↗ **Gabarito: "D".**

7. REGIME GERAL DE PREVIDÊNCIA SOCIAL E OS SEGURADOS

7.1 Segurados – Conceito

Dividem-se os segurados em duas espécies: obrigatórios e os facultativos.

Segurado obrigatório, segundo o conceito trazido no art. 9º do Decreto n.

3.48/99, é a pessoa física que exerce atividade remunerada, de natureza urbana ou rural, efetiva ou eventual, a título precário ou não, com ou sem vínculo de emprego, assim como aquele que a lei define como tal, consideradas, quando for o caso, as exceções mencionadas na lei, ou exerceu, no período imediatamente anterior ao chamado "período de graça", alguma das atividades acima citadas.

Entende-se por **segurado facultativo** aquele que se filia facultativa e espontaneamente à Previdência Social sem exercer atividade remunerada, contribuindo para o custeio das prestações sem estar vinculado obrigatoriamente ao Regime Geral de Previdência Social – RGPS ou a outro regime previdenciário qualquer.

7.2 Segurados obrigatórios

São aqueles que precisam contribuir compulsoriamente para a Seguridade Social, com direito aos benefícios pecuniários previstos para a sua categoria (aposentadorias, pensões, auxílios, salário-família e salário-maternidade) e aos serviços sob responsabilidade da Previdência Social (reabilitação profissional e serviço social).

É pressuposto básico para alguém ter a condição de segurado do RGPS o de ser pessoa física (art. 12 da Lei n. 8.212/91), dado que é inconcebível a existência de segurado pessoa jurídica. É necessário também exercer uma atividade laboral, remunerada e lícita, já que o exercício de atividade com objeto ilícito não tem amparo na ordem jurídica.

O segurado obrigatório exerce ao menos uma atividade remunerada, seja com vínculo empregatício, urbano, doméstico ou rural, seja sob regime jurídico público estatutário (desde que não possua regime próprio de previdência social), seja como trabalhador avulso, empresário, segurado especial ou trabalhador autônomo ou trabalho a esse equiparado.

7.3 Segurados facultativos

É segurado facultativo aquele que não faz parte da atividade econômica, mas pretende ter proteção previdenciária.

É de sua livre escolha o ingresso no sistema, que se faz por inscrição.

O enquadramento como segurado facultativo só é permitido a partir dos 16 anos e desde que não exerça atividade remunerada que o inclua entre os segurados obrigatórios do RGPS ou de Regime Próprio de Previdência Social.

Seu salário de contribuição será o valor por ele declarado, desde que entre o piso e o teto do INSS.

O salário de contribuição NÃO é o valor que será pago ao INSS. Para saber o valor de contribuição, é preciso aplicar uma porcentagem (alíquota) sobre o valor declarado, que varia entre 20%, 11% ou 5%, a depender do caso.

As alíquotas de 11 e 5% são válidas apenas para os segurados que contribuam sobre o salário mínimo. Caso o salário de contribuição seja superior ao salário mínimo, o percentual será de 20%.

Ou seja, o segurado facultativo deverá pagar ao INSS algo entre: 20%, 11%, e 5% do salário de contribuição.

Esse preceito previdenciário vem disposto no Decreto n. 3.048/99:

> Art. 11. É segurado facultativo o maior de dezesseis anos de idade que se filiar ao Regime Geral de Previdência Social, mediante contribuição, na forma do art. 199, desde que não esteja exercendo atividade remunerada que o enquadre como segurado obrigatório da previdência social.
>
> § 1º Podem filiar-se facultativamente, entre outros:
>
> I – a dona de casa;
>
> II – o síndico de condomínio, quando não remunerado;

III – o estudante;

IV – o brasileiro que acompanha cônjuge que presta serviço no exterior;

V – aquele que deixou de ser segurado obrigatório da previdência social;

VI – o membro de conselho tutelar de que trata o art. 132 da Lei n. 8.069, de 13 de julho de 1990, quando não esteja vinculado a qualquer regime de previdência social;

VII – o bolsista e o estagiário que prestam serviços a empresa de acordo com a Lei n. 6.494, de 1977;

VIII – o bolsista que se dedique em tempo integral a pesquisa, curso de especialização, pós-graduação, mestrado ou doutorado, no Brasil ou no exterior, desde que não esteja vinculado a qualquer regime de previdência social;

IX – o presidiário que não exerce atividade remunerada nem esteja vinculado a qualquer regime de previdência social;

X – o brasileiro residente ou domiciliado no exterior, salvo se filiado a regime previdenciário de país com o qual o Brasil mantenha acordo internacional; e

XI – o segurado recolhido à prisão sob regime fechado ou semiaberto, que, nesta condição, preste serviço, dentro ou fora da unidade penal, a uma ou mais empresas, com ou sem intermediação da organização carcerária ou entidade afim, ou que exerce atividade artesanal por conta própria.

7.4 Empregado rural e urbano

O conceito de empregado adotado pela legislação do RGPS abrange tanto o trabalhador urbano quanto o rural, submetidos a contrato de trabalho, cujas características são:

- Ser pessoa física;
- Realizar o trabalho de modo personalíssimo;
- Prestar serviço de natureza não eventual;
- Receber salário pelo serviço prestado;
- Trabalhar sob dependência do empregador (subordinação).

É considerado para o reconhecimento do vínculo de emprego o trabalho produtivo, ou seja, a fonte de recursos econômicos para o trabalhador; há, inicialmente, exclusão do trabalho por caridade ou solidariedade e das atividades de lazer. O trabalhador deve ter o objetivo de receber uma contraprestação pelo serviço prestado.

A subordinação, entretanto, é a característica fundamental que distingue a relação de emprego das demais, significando a submissão do trabalhador às ordens do empregador, bem como ao seu poder hierárquico/disciplinar; por ser o empregador o dono dos meios de produção, determina ao empregado a execução da prestação de serviços.

A legislação trabalhista utiliza os termos empregador e empresa como sinônimos. A Lei n. 8.212/91 utiliza a expressão empresa, abrangendo a pessoa física ou jurídica (inclusive entes de direito público), que contrata, dirige e remunera o trabalho.

São considerados empregados para fins previdenciários e, logo, segurados obrigatórios do RGPS, as pessoas físicas elencadas no inciso I do art. 9º do Decreto n. 3.048/99, quais sejam, entre outras:

- Aquelas que prestam serviço de natureza urbana ou rural à empresa, em caráter não eventual, sob sua subordinação e mediante remuneração, inclusive como diretor empregado;
- Aquelas que, contratadas por empresa de trabalho temporário, por prazo não superior a três meses, prorrogável, prestam serviço para atender a necessidade transitória de substituição de pessoal regular e permanente ou a acréscimo extraordinário de serviço de outras empresas, na forma da legislação própria;

- O brasileiro ou o estrangeiro domiciliado e contratado no Brasil para trabalhar como empregado no exterior, em sucursal ou agência de empresa constituída sob as leis brasileiras e que tenha sede e administração no País.

Equipara-se ao segurado empregado quem ocupa cargo em comissão de Ministro de Estado, de Secretário Estadual, Distrital ou Municipal, sem vínculo efetivo com a União, Estados, Distrito Federal e Municípios, suas autarquias, ainda que em regime especial, e fundações (art. 12, § 6º, da Lei n. 8.212/91, com redação dada pela Lei n. 9.876/99).

O trabalho prestado por brasileiro ou estrangeiro no exterior, quando o contrato tenha sido firmado no Brasil, com pessoa aqui domiciliada, caracteriza filiação ao RGPS na condição de segurado empregado, matéria disciplinada a partir da edição da Lei n. 7.064, de 6-12-1982, em seu art. 3º, parágrafo único.

De acordo com a Receita Federal do Brasil, o estrangeiro não domiciliado no Brasil, contratado para prestar serviços eventuais, mediante remuneração, não é considerado contribuinte obrigatório do RGPS, exceto se existir acordo internacional com o seu país de origem (art. 14 da Instrução Normativa RFB n. 971/2009).

O trabalhador que presta serviços a missões diplomáticas, repartições consulares ou órgãos dessas, ou, ainda, a seus membros, bem como a organismos internacionais, a partir da edição da Lei n. 9.876/99 – quando sediados no território nacional –, também é considerado segurado empregado para fins de filiação ao RGPS, salvo o estrangeiro não domiciliado no País (cuja legislação de regência deve ser a de seu país de origem) e o trabalhador que já possua proteção previdenciária concedida pelo país representado.

A previsão legal dos trabalhadores de missões diplomáticas e repartições consulares se encontra em nosso ordenamento jurídico desde 1966, sendo que, a partir da edição da Lei n. 6.887/80, a Previdência Social passou a considerá-los como segurados empregados, e não mais como equiparados a autônomos.

Excetua-se dessa regra, também, o empregado doméstico de diplomatas ou servidores de tais órgãos, cujo enquadramento, naturalmente, será o de segurado empregado doméstico, já que ausente a prestação de serviços nos termos da Consolidação das Leis do Trabalho.

7.5 Contribuinte individual

A Lei n. 9.876/99 criou a categoria de contribuinte individual, abrangendo os segurados empresário, autônomo e equiparado a autônomo.

7.6 Trabalhador avulso

Trabalhador avulso é a pessoa que, sindicalizada ou não, presta serviço de natureza urbana ou rural a diversas empresas, sem vínculo empregatício com qualquer delas, com intermediação obrigatória do órgão gestor de mão de obra, nos termos da Lei n. 12.815/2013, ou do sindicato da categoria.

7.7 Principais características

a) liberdade laboral – não existe vínculo empregatício entre eles e o sindicato ou com o armador (proprietário do veículo transportador);

b) prestação de serviços para mais de uma empresa (bastante comum no caso de portuário, e dada a natureza do meio de transporte);

c) execução de serviços não eventuais às empresas tomadoras de mão de obra, sem subordinação a elas;

d) trabalho para terceiros com mediação de entidades representativas ou não; e

e) exclusividade na execução de atividades portuárias.

7.8 Filiação do segurado menor de idade

Para os efeitos da legislação trabalhista e previdenciária, considera-se menor o trabalhador de 14 a 18 anos de idade.

É proibido o trabalho noturno, perigoso ou insalubre a menores de 18 anos e qualquer trabalho a menores de 16 anos de idade, salvo na condição de aprendiz, quando a idade mínima é de 14 anos (art. 7º, XXXIII, da CF – redação dada pela EC n. 20/98).

O contrato de aprendizagem é disciplinado pelos arts. 428 a 433 da CLT, fixando-se a idade entre 14 e 24 anos e a duração máxima de dois anos para o referido contrato.

Apesar da alteração da idade mínima estabelecida pela EC n. 20/98, as Leis de Custeio e Benefícios e o Decreto n. 3.048/99 não tiveram suas redações totalmente adequadas aos novos limites, já que em nível legal ainda está fixada a idade mínima de 14 anos para a filiação como segurado facultativo (art. 14 da Lei n. 8.212/91 e art. 15 da Lei n. 8.213/91), e o Regulamento dispõe que a filiação ao RGPS exige a idade mínima de 16 anos (art. 18, § 2º), em qualquer caso. As Instruções Normativas do INSS admitem a filiação do aprendiz a partir dos 14 anos.

7.9 Retorno de aposentado à atividade

O aposentado pelo RGPS que estiver exercendo ou que voltar a exercer atividade abrangida por esse Regime é segurado obrigatório em relação a essa atividade, ficando sujeito às contribuições de que trata a Lei n. 8.212/91.

Será enquadrado de acordo com a atividade que ele passar a exercer depois de aposentado. Se voltar a trabalhar como empregado, como tal será filiado; se como empresário, autônomo, ou equiparado, será enquadrado como contribuinte individual; se voltar na atividade de trabalhador avulso, empregado doméstico, ou segurado especial, será enquadrado na categoria específica.

7.10 Qualidade de segurado

A manutenção da qualidade de segurado diz respeito ao período em que a pessoa continua filiada ao Regime Geral de Previdência Social – RGPS, por estar no período de graça.

Durante esse tempo, o segurado continua amparado pelo Regime, assim como os seus dependentes, mesmo não exercendo a atividade que o enquadre como segurado obrigatório, nem contribuindo mensalmente, como facultativo. Esse caso é exceção diante do sistema do RGPS, de caráter eminentemente contributivo (art. 201, *caput*, da CF).

O fato de o segurado estar utilizando o benefício previdenciário impede que ele, por motivo alheio à sua vontade, permaneça contribuindo para o RGPS. Por isso, a legislação determina que, durante o tempo de fruição de benefícios (por exemplo, durante o gozo de auxílio-doença), se mantenha a qualidade de segurado, para todos os fins.

É consagrada pela jurisprudência a hipótese de quando o indivíduo já preencheu todos os requisitos para a obtenção de benefício, ainda que não tenha feito o requerimento, por se tratar de direito adquirido, que não se perde pela inércia deste.

O recebimento do seguro-desemprego não autoriza a prorrogação do período de graça prevista no art. 15, I, da Lei n. 8.213/91 (como se fosse benefício previdenciário), mas serve de prova do desemprego para fins da prorrogação de 12 meses prevista no art. 15, § 2º, da Lei de Benefícios.

O período de graça do segurado que deixa de exercer atividade laborativa pode ser de:

a) 12 meses, para o segurado com menos de 120 contribuições mensais sem perda da qualidade de segurado;

b) 24 meses, para o segurado com mais de 120 contribuições mensais, sem perda da condição de segurado; ou para o segurado com menos de 120 contribuições, comprovando que depois dos primeiros 12 meses de período de graça permanece na situação de desemprego, pelas anotações referentes ao seguro-desemprego ou ao registro no Sistema Nacional de Emprego – SINE; ou

c) 36 meses, quando o segurado com mais de 120 contribuições mensais sem perda da qualidade de segurado comprove, após os primeiros vinte e quatro meses, que permanece desempregado, conforme registro do SINE.

Durante o período de graça, o segurado não está efetuando contribuições. Se o segurado tiver sua atividade laborativa assegurada ao final do período (por exemplo, segurado empregado após retornar do auxílio-doença), a contribuição se presume realizada tão logo esse retorne ao posto de trabalho (art. 33, § 5º, da Lei n. 8.212/91), não cabendo falar, nessas circunstâncias, em perda da qualidade de segurado.

No caso de segurado sem ocupação, para manter-se na condição de segurado, caso expirado o período de graça e ele não consiga outra colocação, deverá filiar-se como facultativo.

Dessa forma, o prazo de recolhimento da contribuição como segurado facultativo é o dia 15 do mês subsequente ao da competência. Por exemplo, se o período de graça expirar em maio, a primeira contribuição como facultativo deverá ser feita sobre o mês de junho. Esta, por seu turno, deverá ser recolhida pelo contribuinte até o dia 15 do mês seguinte, ou seja, 15 de julho. Se a pessoa não fizer a contribuição até essa data, então, perderá a qualidade de segurado.

Quanto à pensão por morte, apenas é devida se o ex-segurado que venha a falecer após a perda da qualidade já tivesse direito adquirido à aposentadoria por ter preenchido todos os requisitos à época em que estava filiado ao RGPS (§ 2º do art. 180 do Regulamento).

Da mesma forma, todo e qualquer direito adquirido ao tempo em que o indivíduo se encontrava na qualidade de segurado é passível de exigência pelo beneficiário (art. 165 do Decreto n. 3.048/99).

Ainda, a perda da qualidade de segurado não ocorre quando a pessoa deixa de contribuir em razão de desemprego decorrente de incapacidade física.

A Lei n. 10.666/2003 busca reparar uma injustiça praticada contra o segurado da Previdência Social, principalmente o de baixa renda, que, ao perder seu emprego, na maior parte das vezes, não tem condições de contribuir como facultativo e acaba perdendo a qualidade de segurado.

7.11 Período de graça

A manutenção da qualidade de segurado é dada durante o tempo em que o segurado se mantém coberto pela previdência social, podendo, em determinadas situações, ela se dar mesmo sem o segurado contribuir.

É o chamado período de graça, pois é o período no qual o segurado, independentemente de estar contribuindo, isto é, "de graça", continua sendo segurado, conservando todos seus direitos perante a previdência social.

O período de graça não conta como tempo de contribuição ou carência, é apenas um período em que o segurado continua coberto pela previdência social.

Os prazos elencados no regulamento são os seguintes:

Art. 13. Mantém a qualidade de segurado, independentemente de contribuições:

I – sem limite de prazo, quem está em gozo de benefício;

II – até doze meses após a cessação de benefício por incapacidade ou após a cessação das contribuições, o segurado que deixar de exercer atividade remunerada abrangida pela previdência social ou estiver suspenso ou licenciado sem remuneração;

III – até doze meses após cessar a segregação, o segurado acometido de doença de segregação compulsória;

IV – até doze meses após o livramento, o segurado detido ou recluso;

V – até três meses após o licenciamento, o segurado incorporado às Forças Armadas para prestar serviço militar; e

VI – até seis meses após a cessação das contribuições, o segurado facultativo.

A primeira previsão é um tanto quanto óbvia. Quem está em gozo de benefício não contribui (exceto salário-maternidade), mas perde a condição de segurado. Se uma pessoa está em gozo de auxílio-doença há dois anos, portanto, sem contribuir, ela continuará sendo segurada da previdência social durante esse período.

De acordo com a Lei n. 13.846/2019 (Lei de Combate às Fraudes Previdenciárias), o segurado em gozo de auxílio-acidente não mais mantém sua qualidade de segurado.

Após a cessação do benefício por incapacidade, se o segurado não estiver contribuindo, ele continuará a ser segurado por até 12 meses após a data de cessação do benefício. Por exemplo, o segurado já curado e que esteja sem contribuir que, até 12 meses após o término do auxílio-doença, venha a sofrer um acidente, terá direito a novo benefício, pois ainda matinha a qualidade de segurado.

O segurado que deixar de exercer atividade remunerada e que esteja sem contribuir também terá 12 meses de período de graça. Se o segurado já possuir mais de 120 contribuições sem interrupções que acarrete a perda da qualidade de segurado, esse prazo será ampliado em mais 12 meses.

Ainda, se o segurado comprovar por registro no órgão próprio do Ministério do Trabalho e Emprego sua condição de desempregado, ele terá esse prazo ampliado em mais 12 meses, podendo todos esses acréscimos se acumular chegando a 36 meses de período de graça.

Por exemplo, se um segurado que trabalhou por 10 anos consecutivos em uma empresa for demitido, vindo a receber seguro-desemprego, por deixar de exercer atividade remunerada, ter mais de 120 contribuições ininterruptas e comprovar por registro no órgão próprio do MTE sua condição de desempregado, ele terá 12 meses de período de graça.

No caso de algumas doenças contagiosas, a pessoa deve ser segregada pelo Poder Público. Se ela for segurada e já tiver cumprido a carência, ela entrará em gozo de auxílio-doença e cairá na segunda regra. Porém, se não cumprir a carência e não fizer jus ao benefício, após cessar a segregação, o segurado acometido de doença de segregação compulsória terá 12 meses de período de graça.

O segurado detido ou recluso, após o livramento, terá 12 meses de período de graça. Esse é o tempo que a lei considera plausível para que o preso possa voltar ao mercado de trabalho, já que são pessoas muitas vezes tachadas pela sociedade.

O segurado incorporado às Forças Armadas para prestar serviço militar terá 3 meses de período de graça após o licenciamento. Como o licenciado é uma pessoa jovem e com vigor, a lei lhe dá um prazo inferior para que ele se insira no mercado de trabalho sem perder a qualidade de segurado.

Em se tratando de segurado facultativo, o prazo é de 6 meses após a cessação das contribuições para restabelecê-las sem perder a qualidade de segurado. Por óbvio que o segurado facultativo, após encerrar o benefício por incapacidade, manterá a qualidade de segurado pelo prazo de 12 meses.

O segurado que, dentro do prazo de manutenção de sua qualidade de segurado (12, 24 ou 36 meses), se filiar ao RGPS como facultativo, ao deixar de contribuir nesta última, terá o direito de usufruir o período de graça de sua condição anterior.

Fique atento, pois todos esses prazos sofrem um acréscimo! Isso ocorre porque a perda da qualidade de segurado ocorrerá no dia seguinte ao do término do prazo fixado para recolhimento da contribuição referente ao mês imediatamente posterior ao do final dos prazos. O facultativo, por exemplo, perde a qualidade de segurado no 16º dia do 8º mês sem recolhimentos.

7.12 Segurado – Perda da qualidade

A perda da qualidade de segurado importa em caducidade dos direitos inerentes a essa condição. Aquele que perde a qualidade de segurado deixa de fazer jus às prestações previdenciárias. Se um segurado perde a qualidade de segurado e fica doente, ele não fará jus a prestação alguma. O detalhe está nos benefícios que não são afetados pela perda da qualidade de segurado.

A aposentadoria por idade não será afetada pela perda da qualidade de segurado, desde que seja cumprida a carência e o segurado tenha a idade necessária. Os requisitos não precisam ser cumpridos simultaneamente. Um segurado pode, por exemplo, trabalhar por 15 anos para cumprir a carência, perder a qualidade de segurado, nunca mais trabalhar até completar 65 anos e se aposentar por idade. Ele primeiro cumpriu a carência e depois a idade.

A pensão por morte não é concedida aos dependentes de quem já havia perdido a qualidade de segurado na data do falecimento. Porém, caso o falecido já tiver cumprido todas as condições necessárias para a obtenção de aposentadoria ao perder a qualidade de segurado, seus dependentes farão jus ao benefício. Imagine, por exemplo, um segurado que preencha todos os requisitos para obtenção de aposentadoria, deixe de contribuir durante muito tempo e venha a falecer sem ter qualidade de segurado.

7.13 Questões

1. **(CESPE – TJ-DFT – Titular de Serviços de Notas e de Registros – Provimento – 2019)** Oficial de cartório tomou posse no cargo em 2010. Não é remunerado pelo poder público, mas por taxas e emolumentos, e mantém em sua estrutura administrativa de cartório funcionários escreventes que lhe prestam serviços.

Nessa situação hipotética, o oficial de cartório deve contribuir para o INSS como:

A) segurado facultativo, sendo equiparado a empresa em relação aos escreventes que lhe prestam serviços.

B) segurado obrigatório na qualidade de contribuinte individual, sendo equiparado a empresa em relação aos escreventes que lhe prestam serviços.

C) segurado obrigatório na qualidade de empregado, sendo equiparado a empresa em relação aos escreventes que lhe prestam serviços.

D) segurado obrigatório na qualidade de trabalhador avulso, e não possui responsabilidade de contribuir em favor dos escreventes que lhe prestam serviços.

E) segurado obrigatório na qualidade de contribuinte individual, e não possui responsabilidade de contribuir em benefício dos escreventes que lhe prestam serviços.

↘ **Resolução:**

Art. 9º do Decreto n. 3.048/99: "I – como empregado (...) *o)* O escrevente e o auxiliar contratados por titular de serviços notariais e de registro a partir de 21 de novembro de 1994".

Art. 9º do Decreto n. 3.048/99: "V – como contribuinte individual: (...) *l)* a pessoa física que exerce, por conta própria, atividade econômica de natureza urbana, com fins lucrativos ou não".

Art. 9º do Decreto n. 3.048/99: "§ 15. Enquadram-se nas situações previstas nas alíneas *j* e *l* do inciso V do *caput*, entre outros: (...) VII – o notário ou tabelião e o oficial de registros ou registrador, titular de cartório, que detêm a delegação do exercício da atividade notarial e de registro, não remunerados pelos cofres públicos, admitidos a partir de 21 de novembro de 1994".

Resumo:
Escrevente e o auxiliar = empregado.
Notário ou tabelião e o oficial de registros ou registrador = contribuinte individual.

↗ Gabarito: "B".

2. **(TJSC – TJSC – Titular de Serviços de Notas e de Registros – Provimento – 2012)** De acordo com a Lei n. 8.212/91:

I. A Seguridade Social compreende um conjunto integrado de ações de iniciativa dos poderes públicos e da sociedade destinado a assegurar o direito relativo à saúde, à previdência e à assistência social.

II. A Saúde é direito de todos e dever do Estado, garantido mediante políticas sociais e econômicas que visem à redução do risco de doença e de outros agravos e ao acesso dos menos favorecidos economicamente às ações e serviços para sua promoção, proteção e recuperação.

III. A Previdência Social tem por fim assegurar a todos, universal e igualitariamente, meios indispensáveis de manutenção, por motivo de incapacidade, idade avançada, tempo de serviço, desemprego involuntário, encargos de família e reclusão ou morte daqueles de quem dependiam economicamente.

IV. A Assistência Social é a política social que provê o atendimento das necessidades básicas, traduzidas em proteção à família, à maternidade, à infância, à adolescência, à velhice e à pessoa portadora de deficiência, mediante contribuição à Seguridade Social.

A) Somente a proposição I está correta.
B) Somente as proposições I e II estão corretas.
C) Somente a proposição III está correta.
D) Somente as proposições I e IV estão corretas.
E) Somente as proposições II e IV estão corretas.

↘ **Resolução:**

I. *Correta*. A Seguridade Social compreende um conjunto integrado de ações de iniciativa dos poderes públicos e da sociedade destinado a assegurar o direito relativo à saúde, à previdência e à assistência social.

Art. 1º da Lei n. 8.212/91: "A Seguridade Social compreende um conjunto integrado de ações de iniciativa dos poderes públicos e da sociedade, desti- nado a assegurar o direito relativo à saúde, à previdência e à assistência social".

II. *Correta*. A Saúde é direito de todos e dever do Estado, garantido mediante políticas sociais e econômicas que visem à redução do risco de doença e de outros agravos e ao acesso dos menos favorecidos economicamente às ações e serviços para sua promoção, proteção e recuperação.

Art. 2º da Lei n. 8.212/91: "A Saúde é direito de todos e dever do Estado, garantido mediante políticas sociais e econômicas que visem à redução do risco de doença e de outros agravos e ao acesso universal e igualitário às ações e serviços para sua promoção, proteção e recuperação".

III. *Errada*. A Previdência Social tem por fim assegurar a todos, universal e igualitariamente, meios indispensáveis de manutenção, por motivo de incapacidade, idade avançada, tempo de serviço, desemprego involuntário, encargos de família e reclusão ou morte daqueles de quem dependiam economicamente.

Art. 3º da Lei n. 8.212/91: "A Previdência Social tem por fim assegurar aos seus beneficiários meios indispensáveis de manutenção, por motivo de incapacidade, idade avançada, tempo de serviço, desemprego involuntário, encargos de família e reclusão ou morte daqueles de quem dependiam economicamente".

IV. *Errada*. Art. 4º da Lei n. 8.212/91: "A Assistência Social é a política social que provê o atendimento das necessidades básicas, traduzidas em proteção à família, à maternidade, à infância, à adolescência, à velhice e à pessoa portadora de deficiência, mediante contribuição à Seguridade Social".

↗ Gabarito: "A".

3. **(COSEAC – UFF – Técnico em Contabilidade – 2019)** O art. 40 da Constituição Federal de 1988 (CF/88) estabelece que aos servidores titulares de cargos efetivos dos entes da Federação é assegurado regime de previdência de caráter contributivo e solidário, mediante contribuição do respectivo ente público, dos servidores ativos e inativos e dos pensionistas. Esse artigo foi regulamentado pela Lei n. 9.717/98, que dispõe sobre regras gerais para a organização e o funcionamento dos Regimes Próprios de Previdência Social (RPPS) dos servidores públicos, instituídos e organizados pelos respectivos entes federa-

tivos. A contribuição previdenciária devida pelo ente ao RPPS em decorrência da sua condição de empregador denomina-se:

A) compulsória.
B) social.
C) patronal.
D) regimental.
E) trabalhista.

↘ **Resolução:**

O art. 40 da CF foi regulamentado pela Lei n. 9.717/98, que dispõe sobre regras gerais para a organização e o funcionamento dos Regimes Próprios de Previdência Social (RPPS) dos servidores públicos, instituídos e organizados pelos respectivos entes federativos.

A contribuição previdenciária devida pelo ente ao (RPPS) em decorrência da sua condição de empregador denomina-se patronal.

↗ **Gabarito: "C".**

8. DEPENDENTES E SEGURADOS

8.1 Dependentes – Conceito

Dependentes são as pessoas que, mesmo não contribuindo para a seguridade social, a Lei de Benefícios elenca como possíveis beneficiários do Regime Geral de Previdência Social – RGPS, por possuírem vínculo familiar com segurados do aludido regime.

Os dependentes têm direito às seguintes prestações:

- pensão por morte;
- auxílio-reclusão;
- serviço social;
- reabilitação profissional.

Com a Constituição de 1988, não mais existe distinção entre marido e mulher para fins de dependência, aspecto diferente do regime anterior da CLPS – Consolidação das Leis da Previdência Social (apenas o marido inválido era dependente).

Em que pese a redação do inciso V do art. 201 da Constituição Federal (redação atual dada pela Emenda Constitucional n. 20/98) ter se referido a "cônjuge ou companheiro e dependentes", tem-se que, perante a legislação de benefícios, também se consideram dependentes aqueles que contraíram matrimônio ou vivem em união estável com segurado ou segurada, de sexos opostos, e, segundo interpretação jurisprudencial, acolhida por norma interna do INSS, até com pessoa do mesmo sexo (uniões homoafetivas).

Dependentes na união estável

A união estável foi regulamentada pela Lei n. 9.278/96. A MP n. 664/2014 previa, em contrariedade à CF e à Lei n. 9.278/96, que a dependência de cônjuges e companheiros somente seria reconhecida para fins previdenciários após o prazo de 2 anos de matrimônio ou convivência.

Na conversão em lei (Lei n. 13.135/2015), essa regra foi amenizada em parte, passando a constar do art. 77, § 2º, V, *b*, da Lei n. 8.213/91 que a duração da pensão será de apenas 4 meses, se o óbito ocorrer sem que o segurado tenha vertido 18 contribuições mensais ou se o casamento ou a união estável tiverem sido iniciados em menos de 2 anos antes do óbito do segurado.

Não se aplica essa exigência se o óbito do segurado decorrer de acidente de qualquer natureza ou de doença profissional e nos casos de cônjuge e companheiro inválido ou com deficiência.

A nosso ver, a exigência dos 2 anos de relacionamento para continuidade do recebimento da pensão por morte tem constitucionalidade questionável, pois cria uma presunção de fraude contra os cônjuges e companheiros e, portanto, não pode ser acolhida como norma válida.

Deve prevalecer tão somente a regra que prevê a perda do direito à pensão caso comprovada, a qualquer tempo, simulação ou fraude no casamento ou na união estável, ou sua formalização com o fim exclusivo de constituir benefício previdenciário, apuradas em processo judicial no qual será assegurado o direito ao contraditório e à ampla defesa (§ 2º do art. 74 da Lei n. 8.213/91).

Considera-se por companheira(o) a pessoa que mantém união estável com o segurado(a), sendo esta configurada na convivência pública, contínua e duradoura estabelecida com intenção de constituição de família, observando que não constituirá união estável a relação entre:

a) os ascendentes com os descendentes, seja o parentesco natural ou civil;
b) os afins em linha reta;
c) o adotante com quem foi cônjuge do adotado e o adotado com quem o foi do adotante;
d) os irmãos, unilaterais ou bilaterais, e demais colaterais, até o terceiro grau inclusive;
e) o adotado com o filho do adotante;
f) as pessoas casadas; e
g) o cônjuge sobrevivente com o condenado por homicídio ou tentativa de homicídio contra o seu consorte.

8.2 Inscrição de dependentes

A inscrição é o ato pelo qual o segurado e o dependente são cadastrados no Regime Geral de Previdência Social, mediante comprovação dos dados pessoais e de outros elementos necessários e úteis a sua caracterização (art. 18 do Decreto n. 3.048/99).

Entende-se ser um ato nitidamente administrativo e formal, documentado, de iniciativa da pessoa interessada e homologado pelo órgão gestor da Previdência Social. É também instrumento pessoal de qualificação que autoriza a utilização dos serviços ou a percepção de benefícios em dinheiro postos a sua disposição. A inscrição é o terceiro momento na sequência temporal da relação jurídica de seguro social, seguindo-se ao trabalho e à consequente filiação, ou, pelo menos, sendo contemporâneo a esses, mas nunca anterior.

São exigidos os seguintes documentos:

- cônjuge e filhos: certidões de casamento e de nascimento;
- companheira ou companheiro: documento de identidade e certidão de casamento com averbação da separação judicial ou divórcio, quando um dos companheiros ou ambos já tiverem sido casados, ou de óbito, se for o caso;
- equiparado a filho: certidão judicial de tutela e, em se tratando de enteado, certidão de casamento do segurado e de nascimento do dependente;
- pais: certidão de nascimento do segurado e documentos de identidade deles;
- irmãos: certidão de nascimento.

8.3 Filiação de dependentes

A filiação acontece no universo físico, enquanto a inscrição opera-se como sua exteriorização jurídica.

Filiação é uma condição do trabalhador oriunda do exercício de certas atividades e de disposições legais e a inscrição é um ato material ou real, consoante o art. 17 da Lei n. 8.213/91.

8.4 Inscrição dos segurados

Para fins da Previdência Social, inscrição é o ato pelo qual a pessoa física é cadastrada no Cadastro Nacional de Informações Sociais – CNIS, por meio de informações fornecidas sobre seus dados pessoais e de outros elementos essenciais e úteis à sua caracterização.

Para o empregado e o trabalhador avulso, a inscrição do filiado será de responsabilidade do empregador, por meio do preenchimento dos documentos que os habilitem ao exercício da atividade, formalizado, no caso de empregado, pelo contrato de trabalho e, no caso de trabalhador avulso, pelo cadastramento e registro no sindicato ou órgão gestor de mão de obra, com inclusão automática no CNIS proveniente da declaração prestada em GFIP.

O procedimento para recolhimento espontâneo de contribuições à Seguridade Social derivadas de ação ajuizada perante a Justiça do Trabalho, não existindo a inscrição do empregado doméstico, deverá ser feito de ofício pelo órgão de arrecadação.

Para fins de notificação fiscal de lançamento de débito ou de parcelamento de débito, de responsabilidade de empregador doméstico, inclusive o decorrente de ação ajuizada na Justiça do Trabalho, deverá ser-lhe atribuída, de ofício, uma matrícula CEI vinculada ao NIT já existente do empregado doméstico ou ao NIT a ele atribuído de ofício.

A inscrição do segurado especial será feita de forma a vinculá-lo ao seu respectivo grupo familiar e conterá, além dos dados pessoais, a identificação da propriedade em que desenvolve a atividade e a que título, se nela reside ou o Município onde reside e, quando for o caso, a identificação e inscrição da pessoa responsável pelo grupo familiar (art. 17, § 4º, da LB, com redação dada pela Lei n. 12.873/2013).

O segurado especial integrante de grupo familiar que não seja proprietário ou dono do imóvel rural em que desenvolve sua atividade deverá informar, no ato da inscrição, conforme o caso, o nome do parceiro ou meeiro outorgante, arrendador, comodante ou assemelhado.

8.5 Inscrição de segurado *post mortem*

O Decreto n. 3.048/99, originalmente, proibiu expressamente a inscrição *post mortem* do empregado e trabalhador avulso (art. 18, § 1º). O Decreto n. 3.265/99 alterou a redação do texto para eliminar essa vedação e acrescentou o § 5º no referido artigo para permitir expressamente a inscrição *post mortem* do segurado especial.

Há casos, por exemplo, em que o contribuinte individual, em seu primeiro mês de trabalho (em toda a sua vida), pode vir a ser acometido por doença fatal ou ser vítima de acidente. Nesse caso, como o vencimento da contribuição se dá somente no dia 15 do mês seguinte ao da prestação do serviço, o recolhimento sempre será feito em data posterior à morte, o que, no entanto, não pode ser visto como fraude ou tentativa de obtenção de benefício indevido. Essa situação é causada porque o vencimento da obrigação tributária é posterior o óbito, mas os dependentes do segurado não podem ser penalizados diante dessa triste coincidência.

Atente-se que a obrigação tributária, em relação ao período em que houve prestação de serviço, continua mesmo após o falecimento do segurado, ante a ocorrência de recebimento de valores que integram o salário de contribuição.

Não defendendo que tal situação configure tentativa de fraude ao sistema, está-se diante da conjugação de vários princípios e regras do Direito Previdenciário: a compulsoriedade da filiação previdenciária obriga que esse segurado seja assim considerado desde o primeiro dia de trabalho, independentemente de ter havido contribuição (art. 20 do Decreto n. 3.048/99); a contribuição do segurado obrigatório é tributo (Súmula Vinculante 8 do STF), e assim continua devida, como obrigação personalíssima do segurado, sujeita a juros e multa de mora, exigível por procedimento fiscal e ação de execução fiscal, na forma da Lei n. 8.212/91.

8.6 Questões

1. **(NC-UFPR – FPMA-PR – Advogado – 2019)** A aposentadoria dos servidores públicos esteve sujeita a inúmeras alterações no correr das últimas décadas, observando-se diversas alterações operadas por Emendas Constitucionais que aproximaram os regimes próprios ao Regime Geral de Previdência, inclusive no que concerne aos valores pagos como proventos de aposentadoria. A partir dessas considerações, e considerando as

regras constitucionais permanentes, assinale a alternativa correta.

A) No cálculo dos proventos de aposentadoria dos servidores públicos ocupantes de cargos efetivos, será considerada a média aritmética simples das maiores remunerações, utilizadas como base para as contribuições do servidor aos regimes de previdência a que esteve vinculado, correspondentes a 70% (setenta por cento) de todo o período contributivo desde a competência de julho de 1994 ou desde a do início da contribuição, se posterior àquela competência.

B) Os proventos de aposentadoria serão calculados com base na média das contribuições previdenciárias, nos termos da Lei n. 10.887/2004, sendo que os municípios não podem estabelecer regras em sentido diverso, ainda que apresentem o argumento da necessidade de atendimento às suas particularidades.

C) As remunerações consideradas no cálculo do valor inicial dos proventos de aposentadoria dos servidores públicos terão seus valores atualizados mês a mês, através de índice de atualização diverso daquele utilizado para a atualização dos salários de contribuição no âmbito do Regime Geral de Previdência Social.

D) Nos meses em que o servidor esteve vinculado ao Regime Geral de Previdência Social, o salário de contribuição a ser utilizado na média aritmética de que resultará seu provento inicial de aposentadoria será considerado, por presunção legal, de modo correspondente ao salário que percebia no cargo em que se deu a aposentadoria.

E) A Emenda Constitucional n. 41/2003 extinguiu a aposentadoria integral, inclusive para os servidores que ingressaram na Administração Pública anteriormente à sua promulgação.

↳ **Resolução:**

§ 3º do art. 40 da CF: "As regras para cálculo de proventos de aposentadoria serão disciplinadas em lei do respectivo ente federativo".

Nos termos da Lei n. 10.887/2004, os municípios não podem estabelecer regras em sentido diverso, ainda que apresentem o argumento da necessidade de atendimento às suas particularidades.

↗ **Gabarito: "B".**

2. **(NC-UFPR – FPMA-PR – Advogado – 2019)** Os regimes próprios de previdência previstos no art. 40 da Constituição Federal demandam a fixação de normas gerais, a fim de que possuam simetria e parametricidade. Atualmente esse regramento consta da Lei n. 9.717/98, aplicável aos regimes municipais, estaduais, distrital e federal. A partir dessa afirmação, assinale a alternativa correta.

A) Os regimes próprios municipais devem atender a critérios de contabilidade e de atuária, mas, diante de sua proporção menor em relação aos regimes estaduais e federal, estão dispensados de observar o equilíbrio financeiro e atuarial.

B) Os municípios possuem autonomia político-normativa para criação dos regimes próprios de previdência, não se lhes exigindo a atenção a um número mínimo de servidores participantes.

C) Os recursos decorrentes de contribuições destinadas ao regime previdenciário municipal poderão ser vinculados também à Assistência Social e à Saúde, que consistem nos outros dois pilares da Seguridade Social, ao lado da Previdência Social.

D) A instituição de fundo de previdência para os servidores públicos municipais, sob a forma jurídica de autarquia municipal, é obrigatória aos gestores e agentes políticos.

E) Os regimes próprios deverão ser financiados por recursos provenientes das contribuições das respectivas unidades da Federação, bem como dos servidores públicos civis e dos militares, ativos, inativos e pensionistas.

↳ **Resolução:**

A) *Incorreta*. Art. 1º da Lei n. 9.717/88: "Os regimes próprios de previdência social dos servidores públicos da União, dos Estados, do Distrito Federal e dos Municípios, dos militares dos Estados e do Distrito Federal deverão ser organizados, baseados em normas gerais de contabilidade e atuária, de modo a garantir o seu equilíbrio financeiro e atuarial, observados os seguintes critérios".

B) Art. 1º, IV, da Lei n. 9.717/88: "cobertura de um número mínimo de segurados, de modo que os regimes possam garantir diretamente a totalidade dos riscos cobertos no plano de benefícios, preservando o equilíbrio atuarial sem necessidade de resseguro, conforme parâmetros gerais".

C) *Incorreta*. Art. 1º, II, da Lei n. 9.717/88: "as contribuições e os recursos vinculados ao Fundo Previdenciário da União, dos Estados, do Distrito Federal e dos Municípios e as contribuições do pessoal civil e militar, ativo, inativo, e dos pensionistas, somente poderão ser utilizadas para pagamento de benefícios previdenciários dos respectivos regimes, ressalvadas as despesas administrativas estabelecidas no art. 6º, inciso VIII, desta Lei, observados os limites de gastos estabelecidos em parâmetros gerais".

D) *Incorreta*. Art. 1º, V, da Lei n. 9.717/88: "cobertura exclusiva a servidores públicos titulares de cargos efetivos e a militares, e a seus respectivos dependentes, de cada ente estatal, vedado o pagamento de benefícios, mediante convênios ou consórcios entre Estados, entre Estados e Municípios e entre Municípios".

E) *Correta*. Art. 1º, II, da Lei n. 9.717/88: "financiamento mediante recursos provenientes da União, dos Estados, do Distrito Federal e dos Municípios e das contribuições do pessoal civil e militar, ativo, inativo e dos pensionistas, para os seus respectivos regimes".

↗ Gabarito: "E".

3. **(NC-UFPR – FPMA-PR – Advogado – 2019)** A Previdência Social vem sofrendo alterações em todo o mundo. Diante de argumentos como a necessidade de equilíbrio financeiro e atuarial vêm sendo adotadas alterações que aproximam o regime previdenciário do modelo de previdência complementar, seja na iniciativa privada, seja na administração pública. Nesse sentido, assinale a alternativa correta.

A) A Emenda Constitucional n. 20/98 extinguiu a aposentadoria integral dos servidores públicos e obrigou-os a aderir a planos de previdência complementar.

B) Os Estados e Municípios poderão fixar, para o valor das aposentadorias e pensões a serem concedidas nos respectivos regimes próprios de previdência, limite máximo consistente no dobro do teto estabelecido para o Regime Geral de Previdência Social, desde que instituam regime de previdência complementar para seus respectivos servidores públicos titulares de cargos efetivos.

C) Os regimes de previdência complementar aos regimes próprios de previdência podem ser estruturados por meio de entidades fechadas de previdência complementar, de natureza pública.

D) O regime de previdência complementar pode ser aplicado de modo retroativo aos servidores que ingressaram no serviço público antes da data da instituição do respectivo regime complementar, independentemente de manifestação de vontade, tendo em vista tratar-se de regime de Direito Público.

E) Os regimes de previdência complementar aos regimes próprios de previdência podem estabelecer benefícios nas modalidades de contribuição definida e de benefício definido.

↙ **Resolução:**

A) *Incorreta*. Foi a EC n. 41/2003 que extinguiu a aposentadoria integral.

A EC n. 20/98 apenas fixou limites mínimos de idade e tempo de efetivo serviço no cargo e no serviço público para a concessão de aposentadoria.

Só para complementar, NÃO CONFUNDIR:

– APOSENTADORIA COM PROVENTOS INTEGRAIS: 100% DA MÉDIA CONTRIBUTIVA.

– APOSENTADORIA POR INTEGRALIDADE: ÚLTIMA REMUNERAÇÃO.

B) *Incorreta*. Art. 40, § 14, da CF: "A União, os Estados, o Distrito Federal e os Municípios, desde que instituam regime de previdência complementar para os seus respectivos servidores titulares de cargo efetivo, poderão fixar, para o valor das aposentadorias e pensões a serem concedidas pelo regime de que trata este artigo, o limite máximo estabelecido para os benefícios do regime geral de previdência social de que trata o art. 201".

C) *Correta*. Art. 40, § 15, da CF: "O regime de previdência complementar de que trata o § 14 será instituído por lei de iniciativa do respectivo Poder Executivo, observado o disposto no art. 202 e seus parágrafos, no que couber, por intermédio de entidades fechadas de previdência complementar, de natureza pública, que oferecerão aos respectivos participantes planos de benefícios somente na modalidade de contribuição definida".

D) *Incorreta*. Art. 40, § 16, da CF: "Somente mediante sua prévia e expressa opção, o disposto nos §§ 14 e 15 poderá ser aplicado ao servidor que tiver ingressado no serviço público até a data da publicação do ato de instituição do correspondente regime de previdência complementar".

E) *Incorreta*. Art. 40, § 15, da CF: "O regime de previdência complementar de que trata o § 14 será instituído por lei de iniciativa do respectivo Poder Executivo, observado o disposto no art. 202 e seus parágrafos, no que couber, por intermédio de entidades fechadas de previdência complementar, de natureza pública, que oferecerão aos respectivos participantes planos de benefícios somente na modalidade de contribuição definida".

Contribuição definida (cd): servidor não sabe qual será o valor do seu benefício.

Benefício definido (bd): servidor já sabe qual será o valor do seu benefício.

↗ **Gabarito: "C"**.

9. FINANCIAMENTO DA SEGURIDADE SOCIAL

O financiamento da seguridade social está previsto no art. 195 da CF como um dever imposto a toda a sociedade, de forma direta e indireta, mediante recursos provenientes dos orçamentos da União, dos Estados, do Distrito Federal, dos Municípios e de contribuições sociais.

O fato de um sistema de Previdência Social, como o da sociedade brasileira, depender, por via de regra, da contribuição de trabalhadores e empresários, resulta de uma contingência, ou seja, da impossibilidade prática de instalação, no País, de um regime mais amplo, de autêntica seguridade social, em que a responsabilidade pecuniária seja atribuída ao Estado.

O modelo de financiamento da seguridade social previsto na Constituição se baseia no sistema contributivo, em que pese ter o Poder Público participação no orçamento da seguridade, por meio da entrega de recursos provenientes do orçamento da União e dos demais entes da Federação, para a cobertura de eventuais insuficiências do modelo, bem como para fazer frente a despesas com seus próprios encargos previdenciários, recursos humanos e materiais empregados.

Com relação ao orçamento da seguridade social, ele tem receita própria, que não se confunde com a receita tributária federal, aquela destinada exclusivamente para as prestações da Seguridade nas áreas da Saúde Pública, Previdência Social e Assistência Social, obedecida a Lei de Diretrizes Orçamentárias – LDO.

Deve ser objeto de deliberação conjunta entre os órgãos competentes – Conselho Nacional de Previdência Social, Conselho Nacional de Assistência Social e Conselho Nacional de Saúde –, e a gestão dos recursos é descentralizada por área de atuação.

Além das fontes de custeio previstas na Carta Magna, esta permite a criação de outras fontes, mediante lei complementar – conforme o art. 154, I –, seja para manter os benefícios já existentes, seja para financiar novos benefícios e serviços, sendo proibido ao legislador criar ou estender benefício ou serviço, ou aumentar seu valor, sem que institua fonte de custeio capaz de atender às despesas daí decorrentes.

De acordo com o inciso III do § 5º do art. 165 da Constituição, o orçamento da seguridade social é autônomo. Dessa maneira, as contribuições arrecadadas com base no art. 195 da Constituição ingressam diretamente nesse orçamento, não constituindo receita do Tesouro Nacional. Nesse sentido, discorreu Hugo de Brito Machado:

> As contribuições, com as quais os empregadores, os trabalhadores e os administradores de concurso de prognósticos financiam diretamente a seguridade social, não podem constituir receita do Tesouro Nacional precisamente porque devem ingressar diretamente no orçamento da seguridade social. Por isto mesmo, lei que institua contribuição social, com fundamento no art. 195, I, da Constituição Federal, indicando como

sujeito ativo pessoa diversa da que administra a seguridade social, viola a Constituição[1].

Por isso, a Desvinculação de Receita da União – DRU (art. 76 do ADCT), que representa a destinação de 30% de toda e qualquer receita arrecadada pela União a despesas que fiquem a exclusivo critério do Poder Executivo, não poderia incidir sobre tais contribuições.

Entendemos, em verdade, que a incidência da DRU sobre as outras contribuições à Seguridade Social (como a COFINS e a CSLL e as contribuições por adesão ao SIMPLES nacional) também registra grandes indicativos de inconstitucionalidade, já que atinge, a nosso ver, o comando constitucional originário de separação do orçamento da Seguridade Social, cujo sentido só poderia ser o de vincular tais receitas unicamente a gastos com Saúde, Assistência e Previdência, antes mesmo da promulgação da Emenda n. 20/1998.

9.1 Sistema contributivo

Na relação de custeio da seguridade social, vigora o princípio de que todos que compõem a sociedade devem contribuir para a cobertura dos riscos advindos da perda ou redução da capacidade de trabalho ou dos meios de subsistência.

Essa relação jurídica é estatutária, obrigatória àqueles que a lei impõe, não sendo permitido à pessoa optar por não cumprir a obrigação de prestar a sua contribuição social.

No sistema não contributivo, os valores gastos com o custeio vêm diretamente do orçamento do Estado, que obtém recursos sem que haja cobrança de contribuições sociais, mas, entre outras formas, por meio da arrecadação de tributos.

Existem dois tipos de sistema contributivo, quais sejam:

1) **Sistema de capitalização**, em que as contribuições individuais serão colocadas numa reserva ou conta individualizada e servirão apenas para o pagamento de benefícios aos próprios segurados (é o sistema adotado pelos planos de previdência complementar, privada);

2) **Sistema de repartição**, hoje vigente no Brasil, no qual as contribuições são todas reunidas num fundo único, que serve para o pagamento das prestações no mesmo período, a quem delas necessite.

9.2 Participação da União

A Constituição Federal de 1988 prevê, no art. 195, *caput*, que a seguridade social será financiada por toda a sociedade, de forma direta e indireta, nos termos da lei, mediante recursos provenientes dos orçamentos da União, dos Estados, do Distrito Federal e dos Municípios, e das contribuições sociais que elenca.

O art. 165, § 5º, III, da Constituição determina que a lei orçamentária anual compreenderá "o orçamento da seguridade social, abrangendo todas as entidades e órgãos a ela vinculados, da administração direta ou indireta, bem como os fundos e fundações instituídos e mantidos pelo Poder Público".

A União não tem uma contribuição social, mas participa com dotações do seu orçamento à seguridade social, fixados por Lei Orçamentária anual, além de ser responsável pela cobertura de eventuais insuficiências financeiras da seguridade, em razão do pagamento de benefícios de prestação continuada pela Previdência Social (art. 16 da Lei n. 8.212/91).

A União, para pagar os encargos previdenciários, é autorizada a utilizar-se dos recursos provenientes das contribuições

---

[1] MACHADO, Hugo de Brito. *Curso de direito tributário*. 10. ed. São Paulo: Malheiros, 1995, p. 316.

incidentes sobre o faturamento e o lucro (art. 17 da Lei n. 8.212/91). Também podem ser usados os recursos da Seguridade Social para custear despesas com pessoal e administração geral do INSS, salvo os provenientes da arrecadação da contribuição sobre concursos de prognósticos, cuja destinação é somente para custeio dos benefícios e serviços prestados pela seguridade social (art. 18 da Lei n. 8.212/91).

9.3 Contribuições sociais

A Constituição Federal de 1988 abordou as contribuições sociais no capítulo destinado ao Sistema Tributário Nacional, tratando, no art. 149, das normas gerais sobre a instituição, e, no art. 195, das normas especiais em relação às contribuições para a Seguridade Social.

A competência para instituição de contribuições previdenciárias, ressalte-se, não é privativa da União, mas amplia-se aos Estados, ao Distrito Federal e aos Municípios, para que instituam sistemas de previdência e assistência social próprios para seus servidores. Esses entes não podem, no entanto, criar regimes previdenciários para trabalhadores da iniciativa privada, cuja competência é exclusiva da União.

Dessa maneira, ensina Roque Antonio Carrazza:

> Os Estados, os Municípios e o Distrito Federal, enquanto organizam o sistema de previdência e assistência social de seus servidores, estão autorizados a instituir e a cobrar-lhes contribuições previdenciárias. Sob a Constituição de 1967/69, tal cobrança já se perfazia, mas enxameavam as divergências acerca de sua constitucionalidade. Agora inexistem dúvidas de que não só a União como as demais pessoas políticas, para o custeio da previdência e assistência social de seus servidores, têm competência para criar suas próprias contribuições previdenciárias,

obedecendo, *mutatis mutandis*, às diretrizes acima apontadas[2].

A contribuição para a Seguridade Social é uma espécie de contribuição social, cuja receita tem por objetivo o financiamento das ações nas áreas da saúde, previdência e assistência social.

Além das contribuições previstas no parágrafo único do art. 195 do Decreto n. 3.048/99, acrescenta-se a do importador de bens ou serviços do exterior, ou de quem a lei a ele equiparar, acrescentada pela Emenda Constitucional n. 42/2003 e regulada pela Lei n. 10.865/2004 e respectivas alterações.

A identificação da natureza jurídica das contribuições para a Seguridade Social possui uma importância relevante, já que auxilia a compreender as regras que lhes são aplicáveis.

Segundo nos ensina Wladimir Novaes Martinez:

> a natureza jurídica da exação previdenciária é área na qual o Direito Previdenciário mais se relaciona com o Direito Tributário. Sede de formidáveis divergências entre publicistas e uns poucos previdenciaristas, tem estimulado enormemente os estudiosos e propiciando respeitável contribuição doutrinária[3].

De acordo com a teoria fiscal, a contribuição para a Seguridade Social tem natureza tributária, por ser uma prestação pecuniária compulsória instituída por lei e cobrada pelo ente público arrecadador com o objetivo de custear as ações nas áreas da saúde, previdência e assistência social.

---

[2] CARRAZZA, Roque Antonio. *Curso de direito constitucional tributário*. 9. ed. São Paulo: Malheiros, 1997, p. 351.

[3] MARTINEZ, Wladimir Novaes. *Curso de direito previdenciário*: Tomo I – Noções de direito previdenciário. São Paulo: LTr, 1997, p. 241.

O fato de não se enquadrar como imposto, taxa ou contribuição de melhoria, espécies de tributos relacionados no art. 145 da Constituição Federal e no art. 5º do Código Tributário Nacional, não exclui sua natureza tributária, pois a instituição das contribuições sociais está disposta no art. 149 da Constituição, que faz parte do capítulo "Do Sistema Tributário Nacional".

Segundo a teoria parafiscal, a contribuição para a Seguridade Social teria a natureza da parafiscalidade, pois visa suprir os encargos do Estado, que não lhe sejam próprios, no caso, o pagamento de benefícios previdenciários.

As receitas vão para um orçamento próprio, diferente do orçamento da União, e o destino dos recursos é o atendimento das necessidades sociais e econômicas de determinados grupos ou categorias econômicas e profissionais. Apesar de a imposição da contribuição ser compulsória, o regime especial de contabilização financeira afasta a natureza fiscal.

Pela teoria da exação *sui generis*, a contribuição à Seguridade Social não tem relação com o Direito Tributário, não possuindo natureza fiscal nem parafiscal. Trata-se de uma imposição estatal atípica de natureza jurídica especial, prevista na Constituição e na legislação ordinária.

Predomina na doutrina e na jurisprudência a orientação de que as contribuições destinadas ao financiamento da Seguridade Social possuem natureza jurídica tributária, já que se submetem ao regime constitucional peculiar dos tributos, ressalvada apenas a previsão do § 6º do art. 195 da CF.

O art. 149 dispõe sobre as características gerais das contribuições sociais, que estabelece para a instituição o respeito às normas gerais do Direito Tributário e aos princípios da legalidade e da anterioridade, ressalvando, quanto a esse último, a regra especial relativa às contribuições para a Seguridade Social, cujo prazo de exigibilidade é de 90 dias após a publicação da lei que institui, modifica ou majora contribuição, conforme o art. 195, § 6º, da CF.

As contribuições sociais estão sujeitas às normas gerais sobre legislação tributária, que estão previstas no Código Tributário Nacional – Lei n. 5.172/66, que foi recepcionada pela Constituição de 1988 com o *status* de lei complementar.

A regulamentação das contribuições para a Seguridade Social prevista no art. 195 da Constituição Federal por meio de lei ordinária (Lei n. 8.212/91) tem sido admitida, desde que não haja desrespeito às regras gerais definidas na Constituição e no Código Tributário Nacional. As contribuições destinadas ao financiamento da Seguridade Social previstas nos incisos I, II, III e IV do art. 195 da Constituição podem ser instituídas por lei ordinária.

O princípio da anterioridade previsto no art. 150, III, *b*, da Constituição proíbe a cobrança de tributos no mesmo exercício financeiro em que haja sido publicada a lei que os instituiu ou aumentou. O exercício financeiro vai do dia 1º de janeiro até o dia 31 de dezembro de cada ano.

Para as contribuições à Seguridade Social, a Constituição determinou a observância de uma norma de anterioridade especial (art. 195, § 6º) prevendo que só poderão ser exigidas após decorridos 90 dias da data da publicação da lei que as houver instituído ou modificado, não se lhes aplicando o disposto no art. 150, III, *b*, podendo ser exigidas no mesmo exercício financeiro, desde que respeitada a anterioridade dos 90 dias.

A respeito da contagem do prazo nonagesimal (art. 195, § 6º, da CF), o STF (RE 453.490-AgRg) decidiu que ele é contado a partir da publicação da medida provisória que houver instituído ou modificado a contribuição.

9.4 Questões

1. **(NC-UFPR – FPMA-PR – Advogado – 2019)** Compreende-se, no sistema previdenciário brasileiro, que certas regras a respeito do critério e cálculo do valor dos benefícios que serão pagos aos aposentados devam estar, em primeiro lugar, insculpidas na Constituição Federal, como forma de estabelecer de modo mais rígido os contornos a respeito dessa matéria. Com relação ao assunto, e considerando as regras permanentes aplicáveis a essa temática, identifique como verdadeiras (V) ou falsas (F) as seguintes afirmativas:

( ) A economia brasileira é desindexada desde 1994, com a adoção do Plano Real. Assim, as remunerações que serão consideradas na média que ensejará o valor do benefício previdenciário devem ser corrigidas monetariamente.

( ) Os proventos de aposentadoria e as pensões, no momento da concessão, poderão exceder a remuneração do respectivo servidor, no cargo efetivo em que se deu a aposentadoria ou que serviu de referência para a concessão da pensão, desde que esse valor seja o resultado da média aritmética das contribuições recolhidas para o regime previdenciário.

( ) Os salários de contribuição averbados mediante o mecanismo da contagem recíproca de tempo de contribuição serão aproveitados para a contagem de tempo de contribuição, mas não serão utilizados para o cálculo da média aritmética de que resultará o valor do benefício de aposentadoria dos servidores.

( ) A Constituição Federal de 1988 e a legislação de regência estabelecem que o valor do benefício previdenciário, para os servidores que ingressaram na Administração Pública a partir da promulgação da Emenda Constitucional n. 41/2003, será calculado através de uma média aritmética simples.

Assinale a alternativa que apresenta a sequência correta, de cima para baixo.

A) F – V – V – F.
B) V – V – F – F.
C) F – F – V – V.
D) V – F – F – V.
E) V – F – V – F.

↘ **Resolução:**
Art. 1º da Lei n. 10.887, de 18 de junho de 2004: "No cálculo dos proventos de aposentadoria dos servidores titulares de cargo efetivo de qualquer dos Poderes da União, dos Estados, do Distrito Federal e dos Municípios, incluídas suas autarquias e fundações, previsto no § 3º do art. 40 da Constituição Federal e no art. 2º da Emenda Constitucional n. 41, de 19 de dezembro de 2003, será considerada a média aritmética simples das maiores remunerações, utilizadas como base para as contribuições do servidor aos regimes de previdência a que esteve vinculado, correspondentes a 80% (oitenta por cento) de todo o período contributivo desde a competência julho de 1994 ou desde a do início da contribuição, se posterior àquela competência. (...) § 5º Os proventos, calculados de acordo com o *caput* deste artigo, por ocasião de sua concessão, não poderão ser inferiores ao valor do salário-mínimo nem exceder a remuneração do respectivo servidor no cargo efetivo em que se deu a aposentadoria".

↗ **Gabarito: "D".**

2. **(NC-UFPR – FPMA-PR – Advogado – 2019)** O benefício de pensão por morte, nos sistemas previdenciários, visa garantir a proteção econômica aos dependentes do segurado, no caso de ocorrer a hipótese de seu falecimento, a partir do pagamento de uma renda mensal calculada nos termos da legislação de regência. A norma também irá definir quem são os dependentes e a modalidade de cálculo do valor da pensão. Sobre esse benefício previdenciário no âmbito dos regimes próprios de previdência, assinale a alternativa correta.

A) Os municípios, dentro da esfera de autonomia político-normativa conferida pela Constituição Federal de 1988, podem criar rol de dependentes previdenciários de seus servidores públicos igual ou diverso daqueles que são estabelecidos para o Regime Geral de Previdência Social.

B) Os proventos de pensão por morte, à exceção daqueles aos quais é assegurada a garantia de paridade de revisão de acordo com reajustes aplicados ao pessoal da ativa, serão reajustados anualmente em conformidade com os mesmos índices e datas aplicáveis ao Regime Geral de Previdência Social.

C) A jurisprudência dos Tribunais Superiores foi fixada no sentido de que o filho de servidor público falecido que esteja cursando o ensino superior tem direito ao benefício de pensão por morte até completar a idade de 24 anos.

D) O benefício de pensão por morte, dada sua natureza peculiar, é isento da incidência de contribuições previdenciárias para o custeio do regime próprio de previdência.

E) A pensão por morte é benefício previdenciário de grande repercussão social, que assegura aos dependentes do servidor público falecido o percebimento de valor mensal igual ao que este recebia em vida como remuneração ou como proventos de aposentadoria.

↳ **Resolução:**

A) *Incorreta*. Tendo em vista que o rol de dependentes elencado pela Lei n. 8.213/91 é taxativo; sendo, apenas, aberto a interpretações, o fundamento do erro dessa assertiva é o art. 5º da Lei n. 9.717/98: "Os regimes próprios de previdência social dos servidores públicos da União, dos Estados, do Distrito Federal e dos Municípios, dos militares dos Estados e do Distrito Federal não poderão conceder benefícios distintos dos previstos no Regime Geral de Previdência Social, de que trata a Lei n. 8.213, de 24 de julho de 1991, salvo disposição em contrário da Constituição Federal".

B) *Correta*. Extraído da redação do art. 15 da Lei n. 10.887/2004: "Os proventos de aposentadoria e as pensões de que tratam os arts. 1º e 2º desta Lei serão reajustados, a partir de janeiro de 2008, na mesma data e índice em que se der o reajuste dos benefícios do regime geral de previdência social, ressalvados os beneficiados pela garantia de paridade de revisão de proventos de aposentadoria e pensões de acordo com a legislação vigente".

C) *Errada*. Vejamos o acórdão do REsp n. 1.369.832/SP, o qual foi aferido sob a sistemática dos repetitivos: "PREVIDENCIÁRIO. PROCESSUAL CIVIL. RECURSO ESPECIAL REPRESENTATIVO DE CONTROVÉRSIA. OMISSÃO DO TRIBUNAL *A QUO*. NÃO OCORRÊNCIA. PENSÃO POR MORTE. LEI EM VIGOR POR OCASIÃO DO FATO GERADOR. OBSERVÂNCIA. SÚMULA 340/STJ. MANUTENÇÃO A FILHO MAIOR DE 21 ANOS E NÃO INVÁLIDO. VEDAÇÃO LEGAL. RECURSO PROVIDO. [...]. 4. Não há falar em restabelecimento da pensão por morte ao beneficiário, maior de 21 anos e não inválido, diante da taxatividade da lei previdenciária, porquanto não é dado ao Poder Judiciário legislar positivamente, usurpando função do Poder Legislativo. Precedentes. 5. Recurso especial provido. Acórdão sujeito ao regime do art. 543-C do Código de Processo Civil".

D) *Errada*. Conforme se extrai da Constituição Federal: "Art. 40. [...]. § 18. Incidirá contribuição sobre os proventos de aposentadorias e pensões concedidas pelo regime de que trata este artigo que superem o limite máximo estabelecido para os benefícios do regime geral de previdência social de que trata o art. 201, com percentual igual ao estabelecido para os servidores titulares de cargos efetivos".

E) *Errada*. Conforme se extrai da Constituição Federal: "Art. 40. [...]. § 7º Lei disporá sobre a concessão do benefício de pensão por morte, que será igual: I – ao valor da totalidade dos proventos do servidor falecido, até o limite máximo estabelecido para os benefícios do regime geral de previdência social de que trata o art. 201, acrescido de setenta por cento da parcela excedente a este limite, caso aposentado à data do óbito; ou II – ao valor da totalidade da remuneração do servidor no cargo efetivo em que se deu o falecimento, até o limite máximo estabelecido para os benefícios do regime geral de previdência social de que trata o art. 201, acrescido de setenta por cento da parcela excedente a este limite, caso em atividade na data do óbito".

↗ **Gabarito: "B".**

10. PERÍODO DE CARÊNCIA

10.1 Conceito

De acordo com o art. 24 da Lei n. 8.213/91:

período de carência é o número mínimo de contribuições mensais indispensáveis para que o beneficiário faça jus ao benefício, consideradas a partir do transcurso do primeiro dia dos meses de suas competências.

Como o segurado especial não faz contribuições mensais, o período de carência para ele é o tempo mínimo de exercício efetivo de atividade rural, ainda que de maneira descontínua, igual ao número de meses necessário à concessão do benefício requerido. Assim, exige-se tempo de exercício da atividade, não contribuições mensais.

Para os segurados empregado, empregado doméstico e trabalhador avulso, o período de carência é contado da data de filiação ao RGPS. Já para os segurados contribuinte individual e facultativo, ele é contado da data do efetivo recolhimento da primeira contribuição sem atraso, não sendo consideradas para esse fim as contribuições recolhidas com atraso referentes a competências anteriores.

Por exemplo, se um advogado que exerceu 10 anos de advocacia sem contribuir resolver quitar sua dívida, esses 10 anos não serão computados para efeitos de carência, já que para o contribuinte individual só se contará a carência a partir do recolhimento efetivo da primeira contribuição sem atraso.

As contribuições recolhidas em atraso devem ser consideradas para efeito de carência, desde que posteriores à primeira paga sem atraso (art. 27, II, da Lei n. 8.213/91).

Segundo o STJ, é possível a concessão de aposentadoria por tempo de serviço/contribuição mediante o cômputo de atividade rural com registro em carteira profissional em período anterior ao advento da Lei n. 8.213/91 para efeito da carência exigida pela Lei de Benefícios.

O período de carência de qualquer aposentadoria, salvo a por invalidez, é de 180 contribuições mensais, para os segurados que ingressaram no Regime após 24-7-1991. Para os segurados inscritos até 24-7-1991, bem como para o trabalhador e para o empregador rural cobertos pela Previdência Social Rural anteriormente à unificação dos regimes, a carência das aposentadorias por tempo de contribuição, por idade e especial ainda obedece à tabela do art. 142 da Lei n. 8.213/91, de acordo com o ano de implementação das condições para a obtenção do benefício.

Conforme orientação firmada pela jurisprudência, o segurado inscrito no RGPS até 24-7-1991, mesmo que nessa data não mais apresente condição de segurado, caso restabeleça relação jurídica com o INSS e volte a ter a condição de segurado após a Lei n. 8.213/91, faz jus à aplicação da regra de transição do art. 142 do mencionado diploma, devendo o requisito da carência, para a concessão de aposentadoria urbana, ser definido de acordo com o ano em que o segurado implementou apenas o requisito etário, e não o ano em que ele tenha preenchido, simultaneamente, tanto o requisito da carência quanto o requisito etário.

A primeira regra de transição, direcionada àqueles para quem falta pouco tempo para se aposentar, exige um período adicional de recolhimento de metade do tempo que faltaria para atingir a contribuição mínima (35 anos, se homem; e 30 anos, se mulher).

No mínimo, o homem precisará ter 60 anos e a mulher 57 anos de idade. Além disso, terão de contar com 35 anos de contribuição (homem) ou 30 anos (mulher).

A terceira regra de transição para o INSS favorece quem tem menos tempo de serviço e mais idade. Serão exigidos, entretanto, 60 anos de idade para a mulher e 65 anos para o homem, além de 15 anos de contribuição para ambos os sexos.

A partir de 1º de janeiro de 2020, a exigência de idade para a mulher aumenta seis meses a cada ano até que, em janeiro de 2023, trava em 62 anos, com 15 de contribuição. Assim, uma mulher que já tenha contribuído por 15 anos poderá apenas esperar a idade para cumprir esse requisito se não conseguir mais emprego.

O tempo que passar de 40 anos conta no cálculo da média, mas o valor final não poderá passar de 100% da média obtida.

Exclusivamente para a mulher, por meio de emenda do DEM aprovada em primeiro turno por 344 votos a 132, o acréscimo de 2% por cada ano trabalhado valerá a partir dos 15 anos de contribuição.

10.2 Questões

1. (NC-UFPR – FPMA-PR – Advogado – 2019) A Constituição Federal de 1988 estabelece o Regime Geral de Previdência Social (art. 201), os diversos regimes próprios (art. 40) e, também, a Previdência Complementar (art. 202). Com relação ao assunto, identifique como verdadeiras (V) ou falsas (F) as seguintes afirmativas:
   ( ) O emprego público, acessível mediante concurso público de provas e títulos, insere o empregado público no regime próprio de previdência.
   ( ) Os servidores públicos civis são vinculados compulsoriamente aos regimes próprios de previdência, sendo-lhes vedado aderir espontaneamente ao Regime Geral de Previdência Social.
   ( ) Após as alterações produzidas pela Emenda Constitucional 20/98, os ocupantes de cargos de livre nomeação e exoneração estão inseridos nos regimes previdenciários tratados no art. 40 da Constituição Federal.
   ( ) Os requisitos e critérios do Regime Geral de Previdência Social não se aplicam aos regimes próprios de previdência, visto que estes são regimes previdenciários distintos e de caráter exclusivo, destinados apenas aos servidores públicos civis.

Assinale a alternativa que apresenta a sequência correta, de cima para baixo.
A) V – F – F – V.
B) F – F – V – V.
C) V – V – F – F.
D) V – F – V – V.
E) F – V – F – F.

↳ **Resolução:**
I. *Falso.* O REGIME PRÓPRIO é destinado apenas aos SERVIDORES PÚBLICOS EFETIVOS. Os empregados públicos são abrangidos pelo REGIME GERAL.

II. *Verdadeiro.* Art. 201, § 5º, da CF: "É vedada a filiação ao regime geral de previdência social, na qualidade de segurado facultativo, de pessoa participante de regime próprio de previdência".

III. *Falso.* Art. 40, § 13, da CF: "Ao servidor ocupante, exclusivamente, de cargo em comissão declarado em lei de livre nomeação e exoneração bem como de outro cargo temporário ou de emprego público, aplica-se o regime geral de previdência social".

IV. *Falso.* Art. 40, § 12, da CF: "Além do disposto neste artigo, o regime de previdência dos servidores públicos titulares de cargo efetivo observará, no que couber, os requisitos e critérios fixados para o regime geral de previdência social".

↗ **Gabarito: "E".**

2. (NC-UFPR – FPMA-PR – Advogado – 2019) O Direito, na atualidade, não se limita à estruturação de regras de conduta social, observando, conforme expõe a Teoria Geral do Direito, também a existência de diversos princípios, gerais e específicos. Diante dessa afirmação, assinale a alternativa que apresenta corretamente os princípios norteadores da Seguridade Social:

A) Universalidade da cobertura e do atendimento, irredutibilidade do valor dos benefícios e capitalização privada.

B) Contributividade, irredutibilidade do valor dos benefícios e equidade na forma de participação no custeio.

C) Diversidade da base de financiamento, uniformidade e equivalência dos benefícios e serviços às populações urbanas e rurais.

D) Caráter democrático e descentralizado da administração da Seguridade Social, seletividade e multiplicação na prestação dos benefícios e serviços.

E) Equilíbrio financeiro e atuarial, solidariedade social e universalidade da cobertura e atendimento.

↘ **Resolução:**

Art. 194 da CF: "A seguridade social compreende um conjunto integrado de ações de iniciativa dos Poderes Públicos e da sociedade, destinadas a assegurar os direitos relativos à saúde, à previdência e à assistência social. Parágrafo único. Compete ao Poder Público, nos termos da lei, organizar a seguridade social, com base nos seguintes objetivos: I – universalidade da cobertura e do atendimento; II – uniformidade e equivalência dos benefícios e serviços às populações urbanas e rurais; III – seletividade e distributividade na prestação dos benefícios e serviços; IV – irredutibilidade do valor dos benefícios; V – equidade na forma de participação no custeio; VI – diversidade da base de financiamento; VII – caráter democrático e descentralizado da administração, mediante gestão quadripartite, com participação dos trabalhadores, dos empregadores, dos aposentados e do Governo nos órgãos colegiados".

↗ **Gabarito: "C".**

3. **(UPENET/IAUPE – UPE – Advogado – 2019)** Relativamente aos benefícios do Regime Geral de Previdência Social, é CORRETO afirmar que:

A) quando o óbito do segurado, casado há mais de 2 (dois) anos, ocorre depois de vertidas mais de 18 (dezoito) contribuições mensais, a pensão em favor da viúva, que conta 35 anos de idade, será devida por prazo indeterminado.

B) o auxílio-doença deve ser equivalente a uma renda mensal igual a 100% do salário de benefício do segurado.

C) o salário-maternidade será devido nos mesmos valores da remuneração habitual do segurado, não sofrendo qualquer limitação de teto quanto ao seu pagamento.

D) o auxílio-reclusão é garantido aos dependentes de baixa renda, não sendo acumulável com nenhum outro benefício do RGPS.

E) a pensão por morte será garantida, cumpridos os requisitos, ao enteado do *de cujus*.

↘ **Resolução:**

A) *Incorreta*. Será devido por 15 anos. Art. 77, § 2º, V, *c*: "transcorridos os seguintes períodos, estabelecidos de acordo com a idade do beneficiário na data de óbito do segurado, se o óbito ocorrer depois de vertidas 18 (dezoito) contribuições mensais e pelo menos 2 (dois) anos após o início do casamento ou da união estável: 4) 15 (quinze) anos, entre 30 (trinta) e 40 (quarenta) anos de idade".

B) *Incorreta*. O correto é 91% do SB.

C) *Incorreta*. Para os segurados empregado e avulso, o salário-maternidade pode ser superior ao teto do RPGS (R$ 6.101,06).

Exemplo: Se Maria recebe 7 mil mensal de remuneração de uma empresa, o valor do seu salário maternidade será de 7 mil e assim sucessivamente. Mas e se Maria receber remuneração de 50 mil mensal? Então devemos observar a regra de que o valor a ser pago pelo benefício de salário maternidade tem como limite o subsídio mensal dos Ministros do STF, que atualmente é 39,2 mil. Então Maria ficará no prejuízo? Não, a empresa que Maria trabalha ficará responsável por completar a sua remuneração normal.

D) *Incorreta*. O auxílio-reclusão é devido aos dependentes do SEGURADO de baixa renda (quem deve ser de baixa renda é o segurado) preso em regime fechado, entre outros requisitos. E, por ser benefício devido a dependente, é permitida sua acumulação com qualquer outro benefício, excetuando a acumulação com outro auxílio reclusão ou pensão por morte.

E) *Correta*. A pensão por morte será garantida, cumpridos os requisitos, ao enteado do *de cujus*.

↗ **Gabarito: "E".**

11. SISTEMA E AS FORMAS DE CONTRIBUIÇÕES

Nosso sistema de seguridade social é contributivo e depende das contribuições sociais.

11.1 Salário de contribuição

Salário de contribuição é o valor que serve de base de cálculo para a incidência das alíquotas das contribuições previdenciárias dos segurados, exceto do segurado especial, sendo um elemento de cálculo para a contribuição, ou seja, medida do valor com o qual, aplicando-se a alíquota de contribuição, chega-se à soma da contribuição dos empregados, incluindo os domésticos, trabalhadores avulsos, contribuintes individuais e, por extensão, os segurados facultativos.

Ainda, vale ressaltar que, com a MP n. 905/2019, considera-se salário de contribuição a parcela mensal do seguro desemprego, de que trata a Lei n. 7.998/90 e a Lei n. 10.779/2003.

O tema é de extrema importância, seja para o sistema de Seguridade Social, diante da sua condição de principal base de cálculo de contribuições arrecadadas, seja para o segurado e seus dependentes, já que para esses a correção da fixação do salário de contribuição implica na correção do cálculo da maior parte dos benefícios previdenciários, apurados na forma clássica do salário de benefício como média aritmética dos salários de contribuição atualizados monetariamente.

No regime adotado pelo Brasil, não se observa apenas a finalidade meramente arrecadatória das contribuições, para fazer frente às despesas públicas, pois posteriormente servirá como base no cálculo do benefício.

O limite mínimo do salário de contribuição equivale, para os segurados individuais e facultativos, ao salário mínimo, e para os segurados empregados, inclusive o doméstico, e o trabalhador avulso, ao piso salarial legal ou normativo da categoria ou, se não existir, ao salário mínimo, tomado seu valor mensal, diário ou horário, conforme o ajustado e o tempo de trabalho efetivo durante o mês (§ 3º do art. 28 da Lei n. 8.212/91).

O Decreto-lei n. 66/66 estabeleceu como limite máximo o valor de dez salários mínimos.

A natureza da verba não se altera pelo fato de que não houve a prestação laborativa, uma vez que esta somente não aconteceu em razão de conduta lesiva do empregador, de modo que a prevalência do entendimento pela não incidência penaliza o trabalhador e beneficia o infrator da norma.

11.2 Salário-base

O salário-base era espécie do gênero salário de contribuição, estabelecido segundo escala de valores prefixados por disposição regulamentar, cujo reajustamento seguia os mesmos índices utilizados para a correção dos valores de contribuições e benefícios do RPGS.

Após a extinção da escala de salário-base, salário de contribuição, para os segurados contribuinte individual e facultativo, é o disposto no art. 28, III e IV, da Lei n. 8.212/199.

O contribuinte individual contará com a remuneração obtida em uma ou mais empresas ou pelo exercício de sua atividade por conta própria, durante o mês, respeitados os limites mínimo e máximo do salário de contribuição.

O segurado facultativo contará com qualquer valor que ele declarar, desde que respeitados os limites mínimo e máximo do salário de contribuição.

Para o empregado doméstico, a remuneração registrada na Carteira de Trabalho e Previdência Social, observadas as normas a serem estabelecidas em regulamento para comprovação do vínculo empregatício e do valor da remuneração (art. 28, II, da Lei n. 8.212/91).

Para o trabalhador avulso, será considerado o valor devido pelo empregador ou tomador de serviços relativamente aos dias efetivamente trabalhados no curso do mês, quando do mês da admissão contratual ou início da atividade até o rompimento contratual ou do afastamento do trabalho.

Se em apenas uma das empresas o salário não atingir o teto da contribuição, deverá haver recolhimento sobre as remunerações auferidas em todas as empresas.

Em caso de segurado empregado, doméstico ou trabalhador avulso, a alíquota para o cálculo da contribuição será estabelecida em função do *quantum* percebido em todas as empresas, e não em cada uma delas, separadamente.

11.3 Contribuição do segurado contribuinte individual e facultativo

O empresário, o trabalhador autônomo e o equiparado a autônomo são classificados como contribuintes individuais pelo art. 28, III, da Lei n. 8.212/91.

Para o contribuinte individual, o salário de contribuição observa o limite máximo a que se refere o § 5º do art. 28 da Lei n. 8.212/91, já a contribuição dos segurados contribuintes individuais e facultativos é obtida sob a alíquota de 20% sobre o respectivo salário de contribuição, de acordo com a redação do art. 21 da Lei n. 8.212/91, dada pela Lei n. 9.876/99.

Tratando-se de síndico ou o administrador eleito para exercer atividade de administração condominial, se estiver isento de pagamento da taxa condominial, o valor da referida taxa integra a sua remuneração.

A Lei Complementar n. 123/2006 alterou o § 2º do art. 21, inserindo no referido artigo da Lei n. 8.212/91 o § 3º (atualmente a redação foi dada pela Lei 12.470/2011), modificando de forma significativa a forma de contribuição dessas duas categorias, conforme desejem ou não se beneficiar futuramente da aposentadoria por tempo de contribuição.

A partir de então, os segurados enquadrados nas categorias de contribuinte individual (quando o serviço não for prestado à empresa ou pessoa equiparada à empresa) e de facultativo, podem escolher entre a alíquota de 11% sobre o valor mínimo mensal do salário de contribuição (isto é, 11% sobre o salário mínimo); o que lhes garante a proteção previdenciária, exceto para a aposentadoria voluntária por tempo de contribuição, pois caso queiram se beneficiar da aposentadoria por tempo de contribuição, deverão contribuir com mais 9% sobre o mesmo salário de contribuição, incluindo acréscimo de juros de mora fixados na própria Lei n. 8.212/91, caso haja recolhimento em atraso.

A nova redação da Lei não alterou a forma de contribuição dos contribuintes individuais que prestam serviços a pessoas jurídicas, permanecendo assim a retenção de 11% por parte do tomador dos serviços, nesse caso.

11.4 Contribuições das empresas

O art. 195, I, da CF (redação dada pela EC n. 20/98) prevê a incidência de contribuições sociais a cargo do empregador, da empresa e da entidade a ela equiparada na forma da lei (art. 15 da Lei n. 8.212/91).

Também é prevista a instituição de contribuições com fato gerador diferentes dos previstos no art. 195, I, da Constituição, sendo fontes destinadas a garantir a manutenção ou expansão da Seguridade Social, e exigem a adoção de lei complementar para serem cobradas, conforme o art. 195, § 4º, da CF.

11.5 Contribuição sobre a folha de pagamento

É a contribuição prevista na alínea *a* do inciso I do art. 195 da Constituição. Sua incidência acontece sobre a folha de salários e demais rendimentos do trabalho pagos ou creditados, pela empresa, a qualquer título, à pessoa física que preste serviço, mesmo sem vínculo empregatício.

A cobrança é feita com base do art. 22, I, da Lei n. 8.212/91, cuja alíquota é de 20% sobre:

> o total das remunerações pagas, devidas ou creditadas a qualquer título, durante

o mês, aos segurados empregados e trabalhadores avulsos que lhe prestem serviços, destinadas a retribuir o trabalho, qualquer que seja a sua forma, inclusive as gorjetas, os ganhos habituais sob a forma de utilidades e os adiantamentos decorrentes de reajuste salarial, quer pelos serviços efetivamente prestados, quer pelo tempo à disposição do empregador ou tomador de serviços, nos termos da lei ou do contrato ou, ainda, de convenção ou acordo coletivo de trabalho ou sentença normativa.

A desoneração da folha de pagamento foi instituída pela Lei n. 12.546/2011, e consiste na substituição da incidência da contribuição previdenciária patronal sobre folha de salários pela incidência sobre o faturamento.

Tal implementação foi feita por meio da criação de um novo tributo, a Contribuição Previdenciária sobre a Receita Bruta (CPRB), que consiste na aplicação de uma alíquota *ad valorem*, 1% ou 2%, a depender da atividade, do setor econômico (CNAE) e do produto fabricado (NCM), sobre a receita bruta mensal.

Há necessidade de acompanhamento mensal através de relatórios produzidos com a descrição da metodologia empregada, as fontes de informação utilizadas e os resultados, que além de apresentar a renúncia, evidencia dados sobre o número de contribuintes beneficiados e sua respectiva quantidade de empregados, com a discriminação dos setores econômicos.

A contribuição incidente sobre a receita e o faturamento está prevista na letra *b* do inciso I do art. 195 da Constituição, a qual incluiu o termo "receita" como base de cálculo da contribuição previdenciária a cargo da empresa. As contribuições instituídas com base de cálculo incidente sobre a receita e o faturamento são a COFINS e o PIS/PASEP.

11.6 PIS/PASEP

O PIS (Programa de Integração Social) foi instituído pela LC n. 7/70 e o PASEP (Programa de Formação do Patrimônio), do servidor público, foi criado pela LC n. 8/70.

Respeitando o art. 195, § 6º, da CF, as novas alíquotas passaram a ser devidas a partir do primeiro dia do quarto mês subsequente ao da publicação da Medida Provisória.

A periodicidade de apuração é mensal e possui o mesmo prazo de recolhimento do PIS, cabendo à Secretaria da Receita Federal a arrecadação e fiscalização dessas contribuições.

11.7 Contribuição Social sobre o Lucro Líquido – CSLL

A CSLL tem fundamento no art. 195, I, *c*, da CF, sendo que a cobrança foi instituída pela Lei n. 7.689/88.

Estão sujeitas ao pagamento da CSLL as pessoas jurídicas e as pessoas físicas a elas equiparadas, domiciliadas no País. A alíquota da CSLL é de 9% para as pessoas jurídicas em geral, e de 15% no caso das pessoas jurídicas consideradas instituições financeiras.

A apuração da CSLL deve acompanhar a forma de tributação do lucro adotada para o IRPJ (art. 3º da Lei n. 7.689/88, com redação dada pela Lei n. 11.727/2008).

No que couber, aplicam-se à CSLL as disposições da legislação do imposto sobre a renda referentes à administração, ao lançamento, à consulta, à cobrança, às penalidades, às garantias e ao processo administrativo, mantidas a base de cálculo e as alíquotas previstas na legislação da referida contribuição.

A apuração é mensal, e cabe à Secretaria da Receita Federal a arrecadação e a fiscalização.

O fato gerador da Contribuição para o PIS/PASEP – Importação e da COFINS – Importação é:

a) a entrada de bens estrangeiros no território nacional; ou

b) o pagamento, o crédito, a entrega, o emprego ou a remessa de valores a residentes ou domiciliados no exterior como contraprestação por serviço prestado.

A norma prevê isenção das contribuições, desde que satisfeitos os requisitos e condições exigidos para o reconhecimento de isenção do Imposto sobre Produtos Industrializados, em casos tais como:

a) importações realizadas pela União, Estados, Distrito Federal e Municípios, suas autarquias e fundações instituídas e mantidas pelo poder público;

b) pelas Missões Diplomáticas e Repartições Consulares de caráter permanente e pelos respectivos integrantes;

c) bagagem de viajantes procedentes do exterior;

d) bens adquiridos em loja franca no País;

e) objetos de arte recebidos em doação por museus instituídos e mantidos pelo poder público ou por outras entidades culturais reconhecidas como de utilidade pública.

11.8 Contribuições e aferição indireta

A aferição indireta é o método ou procedimento de que dispõe a Receita Federal para apuração das bases de cálculo das contribuições previdenciárias.

Ocorrendo recusa ou sonegação de documentos ou informações, ou mesmo na sua apresentação deficiente, por parte do contribuinte, bem como na apuração do salário de contribuição decorrente de obra de construção civil de responsabilidade de pessoa física, não incorporada na forma da Lei n. 4.591/64.

O art. 33, § 4º, da Lei n. 8.212/91 permite à fiscalização inscrever de ofício, mediante aferição indireta, o valor das contribuições devidas, na falta de prova regular e formalizada dos valores pagos na execução da obra.

A apuração do salário de contribuição dos segurados que trabalham em obra de construção civil de responsabilidade de pessoa física ou jurídica, com base na área construída (aferição indireta) é procedida nos termos das Instruções Normativas sobre a matéria, que estabelecem critérios e rotinas para a regularização da obra de construção civil.

11.9 Simples doméstico

A Lei Complementar n. 150/2015 determinou a implantação do Simples Doméstico, que define um regime unificado para pagamento de todos os tributos e demais encargos, inclusive FGTS.

De acordo com o art. 34 da LC n. 150/2015:

> O Simples Doméstico assegurará o recolhimento mensal, mediante documento único de arrecadação, dos seguintes valores:
>
> I – 8% (oito por cento) a 11% (onze por cento) de contribuição previdenciária, a cargo do segurado empregado doméstico, nos termos do art. 20 da Lei n. 8.212, de 24 de julho de 1991;
>
> II – 8% (oito por cento) de contribuição patronal previdenciária para a seguridade social, a cargo do empregador doméstico, nos termos do art. 24 da Lei n. 8.212, de 24 de julho de 1991;
>
> III – 0,8% (oito décimos por cento) de contribuição social para financiamento do seguro contra acidentes do trabalho;
>
> IV – 8% (oito por cento) de recolhimento para o FGTS;

V – 3,2% (três inteiros e dois décimos por cento), na forma do art. 22 desta Lei; e

VI – imposto sobre a renda retido na fonte de que trata o inciso I do art. 7º da Lei n. 7.713, de 22 de dezembro de 1988, se incidente.

11.10 Questões

1. **(VUNESP – Prefeitura de Francisco Morato-SP – Procurador – 2019)** A respeito da contribuição previdenciária no âmbito do Regime Geral de Previdência Social – RGPS, pode-se afirmar que:

A) há previsão constitucional autorizando a incidência de contribuição previdenciária sobre aposentadorias e pensões concedidas.

B) há incidência de contribuição previdenciária sobre o salário-maternidade concedido.

C) há previsão constitucional autorizando a incidência de contribuição previdenciária sobre aposentadorias, mas não sobre as pensões concedidas.

D) é facultado o recolhimento de contribuição previdenciária sobre os valores recebidos pelo empregado doméstico.

E) é do trabalhador avulso a responsabilidade pela arrecadação e o recolhimento das contribuições devidas à seguridade social.

↘ **Resolução:**

A) *Incorreta*. Art. 195, II, da CF: "não há incidência de contribuição previdenciária sobre aposentadoria e pensão concedidas pelo RGPS".

B) *Incorreta*. A contribuição previdenciária incide sobre o salário de contribuição, e por força do disposto no art. 28, § 2º, da Lei n. 8.212/91 o salário-maternidade é considerado salário de contribuição.

▶ **IMPORTANTE**

A constitucionalidade da incidência da contribuição previdenciária sobre o salário-maternidade está sendo discutida pelo STF no Recurso Extraordinário (RE) 576.967, com repercussão geral reconhecida. O recurso foi interposto pelo Hospital Vita Batel de Curitiba/PR, que sustenta que tal benefício não poderia ser considerado como remuneração para fins de incidência da contribuição pois nesse período a empregada que o recebe está afastada do trabalho. O julgamento foi interrompido por pedido de vista, mas até o momento sete ministros votaram e o placar está em 4x3 pela inconstitucionalidade.

C) *Incorreta*. Art. 195, II, da CF: "não há incidência de contribuição previdenciária sobre aposentadoria e pensão concedidas pelo RGPS".

D) *Incorreta*. O recolhimento pelos empregados domésticos também é obrigatório, não facultativo.

E) *Incorreta*. O pagamento da contribuição devida pelo trabalhar avulso se dá por meio da folha de pagamento do sindicato da categoria ou do órgão gestor de mão de obra (OGMO). Estes, portanto, são responsáveis pela arrecadação e recolhimento.

↗ **Gabarito "B".**

2. **(CESPE – MPC-PA – Procurador de Contas – 2019)** Ana é empregada celetista em determinada empresa de produtos químicos, há cinco anos, e trabalha em atividade considerada prejudicial à saúde.

Considerando essa situação hipotética, assinale a opção correta:

A) Ana é segurada facultativa da previdência social.

B) Ana é considerada contribuinte individual.

C) A contribuição de Ana é calculada mediante aplicação de alíquota sobre o seu salário de contribuição, de forma não cumulativa.

D) A contribuição a cargo da empresa é limitada ao teto previdenciário e deve corresponder a 20% sobre o salário de contribuição de Ana.

E) Ana é segurada especial.

↘ **Resolução:**

A) *Errada*. Ana é segurada obrigatória como empregada (art. 16, I, *a*).

B) *Errada*. Ana é segurada obrigatória como empregada (art. 16, I, *a*).

C) *Correta*. A contribuição de Ana é calculada mediante aplicação de alíquota sobre o seu salário de contribuição, de forma não cumulativa (art. 20 da Lei n. 8.212/91).

D) *Errada*. A contribuição a cargo da empresa é de 20%, mas não somente sobre o salário de Ana, e sim sobre o total das remunerações pagas a qualquer título durante o mês, e NÃO se limita ao teto previdenciário. O que se limita ao teto é a contribuição do empregado, que será de 8%, 9% ou 11% a depender do salário.

"Art. 22. A contribuição a cargo da empresa, destinada à Seguridade Social, além do disposto no art. 23, é de: I – vinte por cento sobre o total das remunerações pagas, devidas ou creditadas a qualquer título, durante o mês, aos segurados empregados e trabalhadores avulsos que lhe prestem serviços, destinadas a retribuir o trabalho, qualquer que seja a sua forma, inclusive as gorjetas, os ganhos habituais sob a forma de utilidades e os adiantamentos decorrentes de reajuste salarial, quer pelos serviços efetivamente prestados, quer pelo tempo à disposição do empregador ou tomador de serviços, nos termos da lei ou do contrato ou, ainda, de convenção ou acordo coletivo de trabalho ou sentença normativa".

E) Errada. Ana é segurada obrigatório como empregada.

> **ATENÇÃO**
>
> Não confunda aposentadoria especial que é o benefício concedido ao empregado que exerce atividade em condições prejudiciais à saúde ou integridade física, com o segurado especial que é a pessoa física residente no imóvel rural, individualmente ou em regime de economia familiar.

↗ **Gabarito "C".**

3. **(Instituto Americano de Desenvolvimento (IADES) – Assembleia Legislativa-GO (2ª edição) – Procurador de 2ª Classe – 2019)** No que tange à previdência complementar do servidor público federal, assinale a alternativa correta.

A) As entidades de previdência complementar submetem-se às regras de direito público, com observância dos princípios da administração pública, da licitação e dos contratos administrativos, além da realização de concursos públicos para a contratação do respectivo pessoal sob o regime estatutário.

B) O regulamento de plano de benefício da Fundação de Previdência Complementar do Servidor Público Federal do Poder Executivo poderá definir benefícios não programados, desde que assegure pelo menos os benefícios decorrentes dos eventos invalidez e morte e, se for o caso, a cobertura de outros riscos atuariais.

C) O regime complementar de previdência do servidor público, por ter caráter facultativo, determina a não aplicação das novas regras aos servidores que já ocupavam cargos até um dia antes do início da vigência do regime; aos que passaram a ocupar cargos públicos em data posterior, a escolha para a adesão ao regime complementar é facultativa.

D) O órgão responsável pela fiscalização sistemática das atividades da Fundação de Previdência Complementar do Servidor Público Federal do Poder Executivo é o Tribunal de Contas da União, dada a natureza de fundação pública inerente ao órgão, a despeito da respectiva autonomia administrativa, financeira e gerencial.

E) A Lei n. 12.618/2012 determina que a União, os Estados, o Distrito Federal e os Municípios podem criar entidades fechadas de previdência complementar, com escopo de administrar e executar planos de benefícios de caráter previdenciário, estruturadas na forma de fundação de natureza pública com personalidade jurídica de direito privado.

↘ **Resolução:**

Todas as respostas estão na Lei n. 12.618/2012.

A) *Incorreta*. Art. 7º: "O regime jurídico de pessoal das entidades fechadas de previdência complementar referidas no art. 4o desta Lei será o previsto na legislação trabalhista".

Ou seja, o regime é celetista e não estatutário.

B) *Incorreta*. Art. 12, § 3º: "Os benefícios não programados serão definidos nos regulamentos dos planos, observado o seguinte: I – devem ser assegurados, pelo menos, os benefícios decorrentes dos eventos invalidez e morte e, se for o caso, a cobertura de outros riscos atuariais".

C) *Incorreta*. Art. 1º, § 1º: "Os servidores e os membros referidos no *caput* deste artigo que tenham ingressado no serviço público até a data anterior ao início da vigência do regime de previdência

complementar poderão, mediante prévia e expressa opção, aderir ao regime de que trata este artigo, observado o disposto no art. 3º desta Lei".
D) *Correta.* Art. 20: "A supervisão e a fiscalização da Funpresp-Exe, da Funpresp-Leg e da Funpresp-Jud e dos seus planos de benefícios competem ao órgão fiscalizador das entidades fechadas de previdência complementar".
E) *Incorreta.* Art. 4º: "É a União autorizada a criar, observado o disposto no art. 26 e no art. 31, as seguintes entidades fechadas de previdência complementar, com a finalidade de administrar e executar planos de benefícios de caráter previdenciário nos termos das Leis Complementares n. 108 e 109, de 29 de maio de 2001".

↗ **Gabarito: "D".**

12. PRESCRIÇÃO E DECADÊNCIA DA SEGURIDADE SOCIAL

12.1 Prescrição

Prescrição é a perda do direito de promover a execução judicial do seu crédito já constituído, em virtude de não o ter exercido dentro do prazo legal.

12.2 Decadência

Por decadência entendemos a extinção do direito do ente arrecadador de apurar e constituir, por lançamento, o seu crédito previdenciário, em decorrência de não o ter exercido no lapso de tempo que a lei lhe assegurou.

12.3 Diferenças entre decadência e prescrição

- Decadência não se interrompe ou se suspende, sendo seu prazo contínuo e fatal.
- Prescrição tem seu prazo sujeito a interrupções (art. 174 do CTN).

12.4 Causas de interrupção da prescrição

- Despacho do juiz que ordenar a citação pessoal feita ao devedor em execução fiscal;
- Protesto judicial;
- Qualquer ato judicial que constitua em mora o devedor ou qualquer ato inequívoco, ainda que extrajudicial, que importe o reconhecimento do débito pelo devedor.

12.5 Decadência e as contribuições

Créditos tributários, assim como os previdenciários, se sujeitam, após nascida a obrigação tributária, ao prazo decadencial. Pode-se falar em prazo prescricional somente após regularmente constituídos os créditos.

A decadência corresponde ao prazo em que o órgão fiscal deve agir para constituir o crédito tributário por meio de um lançamento de ofício, diante da ausência do pagamento voluntário pelo sujeito passivo da obrigação.

O cômputo do prazo decadencial para a exigibilidade das contribuições à Seguridade Social, como em relação aos tributos em geral, se dá a partir do primeiro dia do exercício seguinte ao daquele em que o lançamento deveria ter sido efetuado.

Uma vez constituído definitivamente o crédito da Seguridade Social por alguma das formas previstas em lei, começa a contagem do prazo para a cobrança judicial do crédito.

A prescrição atinge, portanto, a possibilidade de ingresso em juízo de execução ou a continuidade da ação executiva, pelo transcurso do prazo.

Quanto à prescrição, não há que se cogitar de aplicação das regras da Lei n. 8.212/91, sendo pacífico o entendimento do STJ sobre isso.

O direito de o contribuinte requerer restituição ou realizar compensação de contribuições ou de outras importâncias prescreve em cinco anos, contados a partir (art. 88 da Lei n. 8.212/91 c/c o art. 168 do CTN e o art. 253 do Decreto n. 3.048/99):

a) do pagamento ou recolhimento indevido;

b) em que se torna definitiva a decisão administrativa ou passar em julgado a sentença judicial que tenha reformado, anulado ou revogado a decisão condenatória.

O art. 45 da Lei n. 8.212/91 previa que:

> o direito de pleitear judicialmente a desconstituição de exigência fiscal fixada pelo Instituto Nacional do Seguro Social (INSS), no julgamento de litígio em processo administrativo fiscal, extingue-se com o decurso do prazo de 180 dias, contado da intimação da referida decisão.

Em 2008, esse artigo foi revogado pela LC n. 128.

Esse prazo decadencial também padecia do vício de inconstitucionalidade formal, já que instituído pela Medida Provisória n. 1.608-2, de 5-3-1998, posteriormente convertida na Lei n. 9.639, de 25-5-1998.

A regra geral de prescrição dos direitos patrimoniais existe diante da necessidade de se preservar a estabilidade das situações jurídicas, entretanto, o direito ao benefício previdenciário em si não prescreve, tão somente as prestações não reclamadas dentro de certo tempo, que vão prescrevendo, uma a uma, em virtude da inércia do beneficiário.

Na seara previdenciária, desde o Decreto n. 20.910/32, tem sido aplicada a prescrição quinquenal.

No mesmo sentido é a Súmula 85 do STJ:

> Nas relações jurídicas de trato sucessivo, em que a Fazenda Pública figure como devedora, quando não tiver sido negado o próprio direito reclamado, a prescrição atinge apenas as prestações vencidas antes do quinquênio anterior à propositura da ação.

12.6 Questões

1. **(IADES – AL-GO – Procurador – 2019)** Em relação ao Regime Próprio da Previdência dos Servidores Públicos, assinale a alternativa correta.

A) A contagem de tempo de contribuição do serviço público e atividade privada é permitida, principalmente quando concomitantes.

B) De acordo com o Supremo Tribunal Federal (STF), é possível a adoção de progressividade de alíquotas das contribuições previdenciárias do servidor público.

C) No Regime Próprio da Previdência dos Servidores Públicos, não é permitido, de modo algum, a adoção de requisitos e critérios diferenciados para a concessão de aposentadoria aos servidores.

D) As entidades da Federação brasileira podem alterar livremente o limite de idade máximo da aposentadoria compulsória.

E) O Regime de Previdência Complementar de cada Unidade da Federação poderá ser instituído por lei de iniciativa do Poder Executivo e deverá oferecer aos servidores públicos titulares de cargo efetivo planos de benefícios somente na modalidade de contribuição definida.

↳ **Resolução:**

A) *Incorreta*. Art. 96 da CF: "O tempo de contribuição ou de serviço de que trata esta Seção será contado de acordo com a legislação pertinente, observadas as normas seguintes: (...) II – é vedada a contagem de tempo de serviço público com o de atividade privada, quando concomitantes".

B) *Incorreta*. A instituição de alíquotas progressivas para a contribuição previdenciária de servidores públicos é inconstitucional, porquanto, além de ofender o princípio da vedação da utilização de qualquer tributo com efeito confiscatório (art. 150, VI, da CF), a adoção de alíquotas progressivas depende de autorização expressa da Constituição Federal (STF, ADI n. 2.010-MC).

C) *Incorreta*. Art. 40, § 4º, da CF: "É vedada a adoção de requisitos e critérios diferenciados para a concessão de aposentadoria aos abrangidos pelo regime de que trata este artigo, ressalvados, nos termos definidos em leis complementares, os casos de servidores: I – portadores de deficiência; II – que exerçam atividades de risco; III – cujas atividades sejam exercidas sob condições especiais que prejudiquem a saúde ou a integridade física".

D) *Incorreta*. É firme a jurisprudência desta Corte no sentido de que as normas constitucionais federais que dispõem a respeito da aposentadoria dos servidores públicos são de absorção obrigatória pelas Constituições dos Estados (STF, MC ADI 4.696-DF).

E) *Correta*. Art. 40, § 15, da CF: "O regime de previdência complementar de que trata o § 14 será instituído por lei de iniciativa do respectivo Poder Executivo, observado o disposto no art. 202 e seus parágrafos, no que couber, por intermédio de entidades fechadas de previdência complementar, de natureza pública, que oferecerão aos respectivos participantes planos de benefícios somente na modalidade de contribuição definida".

↗ Gabarito: "E".

2. **(CESPE – TCE-RO – Procurador do Ministério Público de Contas – 2019)** Ricardo, servidor público desde 1º-7-2010, é beneficiário de aposentadoria por tempo de contribuição do RGPS. Antes de tomar posse no cargo público, no entanto, ele trabalhava em duas empresas privadas de forma concomitante, tendo deixado de trabalhar na iniciativa privada assim que se tornou servidor. Sob o fundamento de que o tempo de contribuição utilizado para sua aposentadoria pelo RGPS teria sido correspondente a apenas um dos vínculos privados que tinha à época, Ricardo requereu ao Instituto Nacional do Seguro Social (INSS) a certidão de tempo de contribuição referente ao segundo vínculo privado para averbá-lo no serviço público.

Nessa situação hipotética, a contagem recíproca:

A) é admitida, pois houve contribuição em duplicidade.

B) é admitida, pois os regimes previdenciários aos quais Ricardo se filiou se compensam financeiramente.

C) não é admitida, pois o tempo de contribuição foi utilizado para concessão de aposentadoria e não há fracionamento de tempo por exercício de dois vínculos concomitantes.

D) não é admitida, pois o regime previdenciário relativo aos vínculos privados é diferente daquele ao qual Ricardo está atualmente filiado.

E) somente será admitida se Ricardo proceder à desaverbação do vínculo privado concomitante, sem que tal fato interfira no valor de sua aposentadoria no RGPS.

↘ **Resolução:**

Ricardo, servidor público desde 1º-7-2010, é beneficiário de aposentadoria por tempo de contribuição do RGPS. Antes de tomar posse no cargo público, no entanto, ele trabalhava em duas empresas privadas de forma concomitante, tendo deixado de trabalhar na iniciativa privada assim que se tornou servidor. Sob o fundamento de que o tempo de contribuição utilizado para sua aposentadoria pelo RGPS teria sido correspondente a apenas um dos vínculos privados que tinha à época, Ricardo requereu ao Instituto Nacional do Seguro Social (INSS) a certidão de tempo de contribuição referente ao segundo vínculo privado para averbá-lo no serviço público.

Nessa situação hipotética, a contagem é recíproca.

Jurisprudência do STJ: "PREVIDENCIÁRIO. ATIVIDADES CONCOMITANTES. CÔMPUTO DE TEMPO DE SERVIÇO JÁ UTILIZADO NA CONCESSÃO DE APOSENTADORIA PERANTE REGIME PRÓPRIO DE PREVIDÊNCIA. INVIABILIDADE. ART. 96, III, DA LEI N. 8.213/91. O exercício de atividades laborais concomitantes no mesmo regime previdenciário é considerado um único tempo de serviço, pelo que não é possível computá-lo em duplicidade para obtenção de dois benefícios de aposentadoria em regimes distintos de previdência. Inteligência do art. 96, III, da Lei n. 8.213/91" (REsp 1.485.779/PR (2014/0261130-7), Rel. Min. Sérgio Kukina).

↗ Gabarito: "C".

3. **(CESPE – TCE-RO – Procurador do Ministério Público de Contas – 2019)** A respeito do RGPS, assinale a opção correta.

A) O RGPS não prevê proteção ao trabalhador em situação de desemprego involuntário.

B) O referido regime é de filiação facultativa.

C) O valor do benefício não tem vinculação com o salário mínimo.

D) O RGPS tem caráter contributivo.

E) Exige-se o cumprimento de carência para concessão de qualquer um dos benefícios.

↘ **Resolução:**
Art. 201 da CF: "A previdência social será organizada sob a forma de regime geral, de caráter contributivo e de filiação obrigatória, observados critérios que preservem o equilíbrio financeiro e atuarial, e atenderá, nos termos da lei".

↗ **Gabarito: "D".**

13. BENEFÍCIOS DA NOVA PREVIDÊNCIA

Com a promulgação da Emenda Constitucional n. 103, de 12 de novembro de 2019, chamada "Reforma da Previdência", ocorreram diversas mudanças nos benefícios previdenciários.

Homens		Mulheres
	INSS	
65 anos 20 anos	Idade mínima para pedir aposentadoria Tempo mínimo de contribuição	62 anos 15 anos
	Servidores	
65 anos 25 anos	Idade mínima para pedir aposentadoria Tempo mínimo de contribuição	62 anos 25 anos
	Congressista	
65 anos 20 anos	Idade mínima para pedir aposentadoria Tempo mínimo de contribuição	62 anos 15 anos
	Trabalhador rural	
60 anos 15 anos	Idade mínima para pedir aposentadoria Tempo mínimo de contribuição	55 anos 15 anos
	Professor	
60 anos 25 anos	Idade mínima para pedir aposentadoria Tempo mínimo de contribuição	57 anos 25 anos
	Polícia Federal	
55 anos 30 anos	Idade mínima para pedir aposentadoria Tempo mínimo de contribuição	55 anos 30 anos

1) Aposentadoria por invalidez

A aposentadoria por invalidez é um benefício pago pelo INSS aos segurados incapacitados para o trabalho. Ela ficou bem menor a partir das novas regras da Reforma da Previdência. Esse benefício mudou de nome e passou a se chamar "aposentadoria por incapacidade permanente". E o cálculo dos salários que era de 100% também mudou, começando com 60%. Em geral, esse benefício é concedido após um período de auxílio-doença.

2) Aposentadoria por tempo de contribuição

Depois da Reforma, ela se tornou "aposentadoria por tempo de contribuição e idade", conhecida também como "aposentadoria por pontos". São 3 regras de transição:

a) A primeira regra de transição é destinada aqueles que já contribuíram para o INSS antes da Reforma, mas ainda faltavam mais de 2 anos para se aposentar. Para os homens são necessários 35 anos de contribuição e 61 anos de idade em 2019 (serão acrescidos seis meses por ano referente ao requisito etário até atingir 65 anos, em 2027).

No caso das mulheres, são necessários 30 anos de contribuição e 56 anos de idade em 2019 (serão acrescidos 6 meses por ano referente ao requisito etário até atingir 62 anos, em 2031).

b) A segunda regra é destinada aos contribuintes que faltavam menos de 2 anos para se aposentar quando entrou em vigor a Reforma. Para ter direito a essa regra de transição, são necessários 33 anos de contribuição, no caso dos homens, ou 28 anos, para mulheres.

c) A terceira regra é um pedágio de 100% do tempo de contribuição do trabalhador. Para ter direito a ela, são necessários 35 anos de tempo de contribuição e 60 anos de idade, para homens, ou 30 anos de contribuição e 57 anos de idade, para mulheres, e também cumprir o período adicional correspondente ao tempo que na data de entrada em vigor da Reforma faltaria para atingir o tempo mínimo de contribuição.

Ou seja, se faltavam 3 anos para eu me aposentar até o advento da Reforma, será preciso contribuir mais 3 anos para conseguir se aposentar, caso opte por essa regra de transição.

3) Aposentadoria por pontos na Reforma da Previdência

Com a Reforma, o aumento no número de pontos para ambos os sexos continuará sendo gradual até atingir 105 pontos para os homens e 100 pontos para as mulheres.

4) Aposentadoria proporcional

Aposentadoria extinta em 1998, mas algumas pessoas ainda têm direito.

Tempo de contribuição: 25 anos, se mulher, e 30 anos, se homem + tempo de pedágio (regra de transição):

- Com fator previdenciário;
- Com alíquota proporcional, que diminui a aposentadoria;
- Idade mínima: 48 anos, se mulher, e 53 anos, se homem;
- Carência de 180 meses.

5) Valor mínimo e máximo da aposentadoria

O valor mínimo e máximo da aposentadoria muda todo ano, conforme reajuste do INSS.

- O valor mínimo é R$ 1.045,00, um salário mínimo.
- O valor máximo é R$ 6.101,06, não podendo ser maior do que o teto definido anualmente pelo INSS – R$ 6.101,06, em 2020.

Então nenhuma aposentadoria do INSS pode ser menor que o mínimo e nem maior que o máximo. Apesar de ser extremamente raro uma aposentadoria que atinja o teto do INSS.

6) Direito adquirido da aposentadoria

Todas as regras válidas antes da Reforma da Previdência aplicam-se aos trabalhadores que já têm direito adquirido desse tipo de aposentadoria.

14. BENEFÍCIOS

14.1 Aposentadoria por idade

É a aposentadoria devida ao segurado que comprove a idade mínima requerida e o tempo de contribuição.

É necessário deixar claro que a Reforma da Previdência trouxe algumas mudanças na aposentadoria por idade e irá extinguir a aposentadoria por contribuição, fazendo com que haja regra de transições com os pontos que existiam.

Ao segurado filiado ao Regime Geral de Previdência Social, até a data de entrada em vigor da EC n. 103/2019, fica assegurado o direito à aposentadoria quando forem preenchidos, cumulativamente, os seguintes requisitos:

- 30 anos de contribuição, se mulher, e 35 anos de contribuição, se homem; e
- somatório da idade e do tempo de contribuição, incluídas as frações, equivalente a 86 pontos, se mulher, e 96 pontos, se homem.

A partir de 1º de janeiro de 2020, essa pontuação é acrescida a cada ano de 1 ponto, até o limite de 100 pontos, se mulher, e de 105 (cento e cinco) pontos, se homem.

Após a entrada em vigor da Emenda Constitucional n. 103/2019, o segurado deverá ter 62 anos de idade e 15 anos de contribuição, se mulher, e 65 anos de idade e 20 anos de contribuição, se homem.

Entram nessa regra as aposentadorias por tempo de contribuição rural e urbana, já que a EC n. 103/2019 é bem clara quanto às regras que serão aplicadas ao art. 201, § 7º, I, até que lei disponha sobre o tempo de contribuição a que se refere nesse inciso.

As idades e o tempo de contribuição se alteram se os segurados comprovarem o exercício de atividades com efetiva exposição a agentes químicos, físicos e biológicos prejudiciais à saúde, ou associação desses agentes, vedados a caracterização por categoria profissional ou ocupação e o enquadramento por periculosidade, é a chamada durante 15, 20 ou 25 anos, nos termos do disposto nos arts. 57 e 58 da Lei n. 8.213/91, quando cumpridos:

a) 55 anos de idade, quando se tratar de atividade especial de 15 anos de contribuição;

b) 58 anos de idade, quando se tratar de atividade especial de 20 anos de contribuição; ou

c) 60 anos de idade, quando se tratar de atividade especial de 25 anos de contribuição.

Para esses casos especiais serão aplicados esses requisitos até que lei complementar disponha sobre a redução de idade mínima ou tempo de contribuição.

14.2 Aposentadoria por idade – Professores

Aos professores que comprovem 25 anos de contribuição exclusivamente em efetivo exercício das funções de magistério na educação infantil e no ensino fundamental e médio e tenham 57 anos de idade, se mulher, e 60 anos de idade, se homem.

Nesse caso, também serão aplicados estes requisitos até que lei complementar disponha sobre a redução de idade mínima ou tempo de contribuição.

14.3 Aposentadoria por invalidez

A aposentadoria por invalidez é um benefício propício ao trabalhador permanentemente incapaz de exercer qualquer atividade laborativa e que também não possa ser reabilitado em outra profissão.

O segurado deve possuir no mínimo de 12 meses de contribuições, mas essa carência não se aplica a casos de acidentes de qualquer natureza, doenças profissionais ou aquelas elencadas no art. 151 da Lei n. 8.213/91, tais como hanseníase, tuberculose ativa, cegueira, e doença de Parkinson.

Devemos deixar claro que é necessário que o usuário esteja contribuindo no período em que ocorrer o agravamento, o acidente ou a situação que cause a invalidez, para garantir sua qualidade de segurado.

O problema deve ser permanente, lembrando que permanente não traduz-se como definitivo, é algo que se prolonga no tempo, entretanto, não precisa durar até o fim de sua vida. O benefício vai durar enquanto a incapacidade pendurar, que é quando o usuário consegue recuperar sua capacidade de trabalhar, acabando assim o benefício.

14.4 Benefício de Prestação Continuada (BPC)

É um benefício instituído pela Lei n. 8.742/93, também conhecida como LOAS (Lei Orgânica da Assistência Social), sendo um benefício de prestação continuada, que objetiva a garantia de um salário mínimo aos maiores de 65 anos e ao deficiente, que não tenham como sustentar a si e sua família.

São os requisitos para pleitear esse benefício os descritos nos parágrafos do art. 20 da referida lei:

a) Possuir renda mensal *per capita* inferior a 1/4 do salário mínimo;

b) O benefício de que trata este artigo não pode ser acumulado pelo beneficiário com qualquer outro no âmbito da seguridade social ou de outro regime, salvo os da assistência médica e da pensão especial de natureza indenizatória;

c) Para o idoso, ter mais de 65 anos e para o deficiente o grau de incapacidade que o impeça de cumprir com atividades profissionais e sustentar-se.

Cumpre salientar que, se forem superados os requisitos acima, conforme o art. 21 da Lei n. 8.742/93, cessará o benefício, além disso o beneficiário deve ser revisto a cada 2 anos para avaliação da continuidade das condições que lhe deram origem.

Esse benefício pode ser aplicado também à pessoa com deficiência que contenha microcefalia, no entanto, existe apenas o requisito da renda mensal e terá direito ao benefício o brasileiro e as pessoas de nacionalidade portuguesa, desde que comprovem residência fixa no Brasil e renda por pessoa do grupo familiar inferior a 1/4 de salário mínimo atual.

14.5 Pensão por morte

A pensão por morte é devida aos dependentes do segurado (qualquer segurado) que vier a entrar em óbito ou que judicialmente tiver sua morte declarada presumida.

Os dependentes são entendidos como: cônjuge, companheiro, filhos e enteados menores de 21 anos ou inválidos, desde que não tenham se emancipado; pais; irmãos não emancipados, menores de 21 anos ou inválidos.

É necessário lembrar que não há carência no caso da pensão por morte, não se exige tempo de contribuição do dependente.

São os requisitos a morte do segurado, ser dependente deste comprovadamente e o segurado ter a qualidade de beneficiário vigente ao tempo do óbito.

A Reforma da Previdência trouxe novas formas de contribuição para essa forma de benefício; antes eram percebidos pelos dependentes 100% do valor, agora a pensão por morte concedida a dependente de segurado do Regime Geral de Previdência Social ou de servidor público federal será equivalente a uma cota familiar de 50% do valor da aposentadoria recebida pelo segurado ou servidor ou daquela a que teria direito se fosse aposentado por incapacidade permanente na data do óbito, acrescida de cotas de 10 pontos percentuais por dependente, até o máximo de 100%.

Ainda informa que tais cotas por dependente cessarão com a perda dessa qualidade e não serão reversíveis aos demais dependentes, preservado o valor de 100% da pensão por morte quando o número de dependentes remanescente for igual ou superior a 5.

Na hipótese de existir dependente inválido ou com deficiência intelectual, mental ou grave (sua condição pode ser reconhecida previamente ao óbito do segurado, por meio de avaliação biopsicossocial realizada por equipe multiprofissional e interdisciplinar, observada revisão periódica na forma da legislação), o valor da pensão por morte será equivalente a:

a) 100% da aposentadoria recebida pelo segurado ou servidor ou daquela a que teria direito se fosse aposentado por incapacidade permanente na data do óbito, até o limite máximo de benefícios do Regime Geral de Previdência Social; e

b) uma cota familiar de 50% acrescida de cotas de 10 pontos percentuais por dependente, até o máximo de 100% por cento, para o valor que supere o limite máximo de benefícios do Regime Geral de Previdência Social.

Caso não haja mais dependente inválido ou com deficiência intelectual mental ou grave, o valor será calculado na cota familiar padrão com as cotas de 10 pontos percentuais por dependente.

O tempo de duração da pensão por morte e das cotas individuais por dependente até a perda dessa qualidade, o rol de dependentes e sua qualificação e as condições necessárias para enquadramento serão aqueles estabelecidos na Lei n. 8.213/91.

Também, equiparam-se a filho, para fins de recebimento da pensão por morte, exclusivamente o enteado e o menor tutelado, desde que comprovada a dependência econômica.

Essas regras podem ser alteradas na forma da lei para o Regime da Previdência Social e para o Regime Próprio de Previdência Social da União. Aplicam-se às pensões concedidas aos dependentes de servidores dos Estados, Distrito Federal e dos Municípios as normas constitucionais e infraconstitucionais anteriores à data de entrada em vigor da EC n. 103/2019, enquanto não promovidas alterações na legislação interna relacionada ao respectivo Regime Próprio de Previdência Social.

Quando se tratar dos agentes penitenciários, agentes socioeducativos ou policiais da polícia federal, ferroviária e rodoviária federal e civil, o benefício de pensão por morte será concedido nos termos de lei do respectivo ente federativo, a qual tratará de forma diferenciada a hipótese de morte dos servidores que decorrem de agressão sofrida no exercício ou em razão da função.

Salienta-se que não há mais possibilidade da cumulatividade de mais de uma pensão por morte, ressalvadas pensões do mesmo instituidor decorrentes do exercício de cargos acumuláveis na forma do art. 37 da CF.

Ainda serão admitidas:

a) a acumulação de pensão por morte deixada por cônjuge ou companheiro de um Regime de Previdência Social com pensão por morte concedida por outro Regime de Previdência Social ou com pensões decorrentes das atividades militares de que tratam os arts. 42 e 142 da CF;

b) a pensão por morte deixada por cônjuge ou companheiro de um regime de previdência social com aposentadoria concedida no âmbito do Regime Geral de Previdência Social ou de regime próprio de previdência social ou com proventos de inatividade decorrentes das atividades militares de que tratam os arts. 42 e 142 da CF;

c) as pensões decorrentes das atividades militares de que tratam os arts. 42 e 142 da CF com aposentadoria concedida no âmbito do Regime Geral de Previdência Social ou de Regime Próprio de Previdência Social.

Nas hipóteses das acumulações previstas no § 1º, é assegurada a percepção do valor integral do benefício mais vantajoso e de uma parte de cada um dos demais benefícios, apurada cumulativamente de acordo com as seguintes faixas:

a) 60% do valor que exceder 1 salário mínimo, até o limite de 2 salários mínimos;

b) 40% do valor que exceder 2 salários mínimos, até o limite de 3 salários mínimos;

c) 20% do valor que exceder 3 salários mínimos, até o limite de 4 salários mínimos; e

d) 10% do valor que exceder 4 salários mínimos.

A aplicação dessas faixas poderá ser revista a qualquer tempo, a pedido do interessado, em razão de alteração de algum dos benefícios.

14.6 Salário-maternidade

É um período remunerado, destinado ao descanso da mulher trabalhadora, em virtude de nascimento de seu filho, bem como ao segurado ou segurada da Previdência Social que adotar ou obtiver guarda judicial para fins de adoção. Esse período, regra geral, é de 120 dias, podendo ser prorrogado em casos excepcionais (os períodos de repouso anterior e posterior ao parto podem ser aumentados em mais duas semanas, mediante atestado médico específico).

Os requisitos são: ter a qualidade de segurado e o nascimento do filho, adoção ou guarda judicial para fins de adoção.

Não há carência para a segurada empregada, avulsa e a empregada doméstica e há carência para a segurada especial, que deverá comprovar o exercício de atividade rural nos últimos 10 meses, imediatamente anteriores ao requerimento do benefício, mesmo que seja de forma descontínua e à contribuinte individual e facultativa com o mesmo número de contribuições.

14.7 Auxílio-acidente

O auxílio-acidente será concedido, como indenização, ao segurado quando, após consolidação das lesões decorrentes de acidente de qualquer natureza, resultarem sequelas que impliquem redução da capacidade para o trabalho que habitualmente exerce, conforme situações discriminadas no regulamento.

O recebimento de salário ou concessão de outro benefício, exceto de aposentadoria, não prejudicará a continuidade do recebimento do auxílio-acidente. Assim, é vedada a sua acumulação com qualquer aposentadoria; entretanto, poderá ser recebido em conjunto com auxílio-doença decorrente de outro evento, ressalvada a hipótese de decorrerem da mesma causa.

É necessária a redução da capacidade para o trabalho que habitualmente exerce e enquadramento nas situações discriminadas no Anexo III do Regulamento da Previdência Social, a redução da capacidade para o trabalho que habitualmente exerce e exigência de maior esforço para o desempenho da mesma atividade que exerce, à época do acidente ou a impossibilidade de desempenho da atividade que exerce, à época do acidente, permitindo, porém, o desempenho de outra, após processo de reabilitação profissional, nos casos indicados pela perícia médica do Instituto Nacional do Seguro Social.

O trabalhador que tenha sofrido o acidente no trabalho tem estabilidade pelo prazo mínimo de 12 meses após a cessação do auxílio-doença, independente da percepção de auxílio acidente.

O valor do salário é calculado sobre a média simples dos maiores salários de contribuição, correspondente a 80%.

O auxílio-acidente mensal corresponderá a 50% do benefício de aposentadoria por invalidez a que o segurado teria direito e será devido somente enquanto persistirem as condições.

Mantidas as condições que ensejaram o reconhecimento do auxílio acidente, este será devido até a véspera do início de qualquer aposentadoria ou até a data do óbito do segurado.

A carência é o número mínimo de contribuições mensais que o segurado precisa pagar para fazer jus ao benefício. No caso do auxílio-acidente, não há carência.

14.8 Auxílio-doença

O auxílio-doença será devido ao segurado que ficar incapacitado para suas atividades habituais por mais de 15 dias.

Não deve ser confundido com a reabilitação profissional, que também pressupõe incapacidade, mas trata-se de um serviço, e não benefício previdenciário.

Também não deve ser confundido com o auxílio-acidente, que é benefício de natureza indenizatória devido ao segurado que está parcial e permanentemente incapaz para suas funções, ou seja, que ficou com sequelas permanentes.

Tem direito ao auxílio-doença todo segurado do INSS que cumprir os requisitos legais desse benefício.

São 3 requisitos que uma pessoa deve cumprir para obtê-lo:

a) A carência de 12 contribuições mensais, exceto em alguns casos, quando será 0 (art. 26, II, da Lei n. 8.213/91).

O auxílio-doença não exige carência nos casos de acidente de qualquer natureza ou causa e de doença profissional ou do trabalho, bem como nos casos de segurado que após filiar-se ao RGPS, for acometido de algumas doenças e afecções especificadas em lista elaborada pelo Ministério da Saúde, do Trabalho e da Previdência.

b) Qualidade de segurado.

c) O auxílio-doença será devido ao segurado que ficar incapacitado para o seu trabalho ou para a sua atividade habitual por mais de 15 dias consecutivos. Ou seja, trata-se de uma incapacidade laboral que dure mais de 15 dias.

Ademais, trata-se de uma incapacidade temporária pois, se for permanente, o benefício devido será a aposentadoria por invalidez. Essa incapacidade pode ser resultado de doença ou acidente e deve ser comprovada por meio de perícia médica a cargo do INSS.

14.9 Auxílio-reclusão

É o benefício oferecido ao dependente do segurado de baixa renda, que esteja recolhido a prisão.

Os requisitos são ter baixa renda, ou seja, aqueles que tenham a renda bruta mensal igual ou inferior a R$ 1.425,56, que serão corrigidos pelos mesmos índices aplicados aos benefícios do Regime Geral de Previdência Social e o segurado estar recluso.

O auxílio-reclusão é devido apenas quando o segurado estiver sob o regime de penas privativas de liberdade, sendo elas no fechado ou semiaberto. O preso que estiver no regime aberto ou em livramento condicional não terá o direito do auxílio reclusão aos seus dependentes.

A Reforma da Previdência disciplina que, até que lei discipline o valor do auxílio-reclusão, de que trata o inciso IV do art. 201 da CF, seu cálculo será realizado na forma daquele aplicável à pensão por morte, não podendo exceder o valor de 1 salário mínimo.

Cessando a condição do segurado recluso, cessa-se o auxílio aos seus dependentes.

14.10 Salário-família

É o benefício aos trabalhadores ou aposentados de baixa renda, para que haja a manutenção dos seus dependentes na proporção do respectivo número de dependentes.

São requisitos ter a renda baixa, na mesma forma do auxílio-reclusão, ou seja, renda bruta mensal igual ou inferior a R$ 1.425,56, que serão corrigidos pelos mesmos índices aplicados aos benefícios do Regime Geral de Previdência Social e o segurado estar recluso, além de filho(s) de qualquer condição com menos de 14 anos de idade, ou filho(s) inválido(s) de qualquer idade, ainda o beneficiário deverá demonstrar qualidade de segurado e os documentos dos filhos.

Com a Reforma da Previdência, até que lei discipline o valor do salário-família, de que trata o inciso IV do art. 201 da Constituição Federal, o cálculo será realizado sobre o valor de R$ 48,62.

A responsabilidade pelo pagamento mensal do salário-família será:

- ao empregado, pela empresa, com o respectivo salário, e ao trabalhador avulso, pelo sindicato ou órgão gestor de mão de obra (OGMO), mediante convênio;
- ao empregado e trabalhador avulso aposentados por invalidez ou em gozo de auxílio-doença, pelo Instituto Nacional do Seguro Social, juntamente com o benefício;
- ao trabalhador rural aposentado por idade aos 60 anos, se do sexo masculino, ou 55 anos, se do sexo feminino, pelo Instituto Nacional do Seguro Social, juntamente com a aposentadoria;

- aos demais empregados e trabalhadores avulsos aposentados aos 65 anos de idade, se do sexo masculino, ou 60 anos, se do sexo feminino, pelo Instituto Nacional do Seguro Social, juntamente com a aposentadoria; e
- ao empregado doméstico pelo empregador doméstico.

O salário-família correspondente ao mês de afastamento do trabalho será pago integralmente pela empresa, pelo sindicato ou órgão gestor de mão de obra, conforme o caso, e o do mês da cessação de benefício pelo Instituto Nacional do Seguro Social.

O direito ao salário-família cessa automaticamente na ocorrência das seguintes situações:

- por morte do filho ou equiparado, a contar do mês seguinte ao do óbito;
- quando o filho ou equiparado completar 14 anos de idade, salvo se inválido, a contar do mês seguinte ao da data do aniversário;
- pela recuperação da capacidade do filho ou equiparado inválido, a contar do mês seguinte ao da cessação da incapacidade; ou pelo desemprego do segurado.

REFERÊNCIAS

BARROS JÚNIOR, Edmilson de Almeida. *Direito previdenciário médico*: benefícios por incapacidade laborativa e aposentadoria especial. São Paulo: Atlas, 2010.

BONAVIDES, Paulo. *Teoria do estado*. 5. ed. rev. e ampl. São Paulo: Malheiros, 2004.

BRIGUET, Magadar Costa; VICTORINO, Maria Lopes; HORVATH JÚNIOR, Miguel. *Previdência social*: aspectos práticos e doutrinários dos regimes jurídicos próprios. São Paulo: Atlas, 2007.

CARVALHO. Guido Ivan; SANTOS, Lenir. *SUS – Sistema Único de Saúde*. 4. ed. Campinas: Unicamp, 2006.

FIGUEIREDO, Mariana Filchtiner. *Direito fundamental à saúde*: parâmetros para sua eficácia e efetividade. Porto Alegre: Livraria do Advogado, 2007.

FOLLMAN, Melissa. *Curso de especialização em direito previdenciário*: benefício da seguridade social. Curitiba: Juruá, 2006. v. 2.

LEITAO, André Studart. *Manual de direito previdenciário*. 4. ed. São Paulo: Saraiva, 2016.

MACEDO, Alan da Costa. *Benefícios previdenciários por incapacidade e perícias médicas*: teoria e prática. Curitiba: Juruá, 2017.

MARTINEZ, Wladimir Novaes. Controvérsias sobre a reabilitação profissional. *Revista LTr*, n. 76-02, p. 135-141, fev. 2012.

_____. *Princípio de direito previdenciário*. 3. ed. São Paulo: Atlas, 1995.

MARTINS, Sergio Pinto. *Direito da seguridade social*. 36. ed. São Paulo: Atlas, 2008.

MORAIS, Alexandre de. *Direito constitucional*. 16. ed. São Paulo: Atlas, 2004.

MOTTA FILHO, Sylvio Clemente da. *Controle de constitucionalidade*: teoria, jurisprudência e questões. 3. ed. Niterói: Impetus, 2009.

NUNES, Luiz Antônio Rizzatto. *O princípio constitucional da dignidade da pessoa humana*: doutrina e jurisprudência. São Paulo: Saraiva, 2002.

OLIVEIRA, Aristeu de. *Consolidação da legislação previdenciária*: regulamento e legislação complementar. 14. ed. São Paulo: Atlas, 2011.

REZENDE, Fernando. *Finanças públicas*. 2. ed. São Paulo: Atlas, 2001.

8
DIREITO ELEITORAL

Sumário

1. CONCEITO E FONTES 560
   - 1.1 Voto 561
   - 1.2 Plebiscito e referendo 563
   - 1.3 Iniciativa popular 563
   - 1.4 Anualidade eleitoral 565
   - 1.5 Questões 565
2. ELEGIBILIDADE (CONDIÇÕES DE ELEGIBILIDADE, INELEGIBILIDADE E PEDIDO DE REGISTRO DE CANDIDATURA) 566
   - 2.1 Condições de elegibilidade 566
   - 2.2 Inelegibilidades 569
   - 2.3 Hipóteses constitucionais 569
   - 2.4 Suspensão e perda dos direitos políticos 571
   - 2.5 Hipóteses infraconstitucionais ou legais 572
   - 2.6 Inelegibilidades absolutas 573
   - 2.7 Inelegibilidades relativas 576
   - 2.8 Processo de registro de candidatura 578
   - 2.9 Limites de gastos de campanha 578
   - 2.10 Questões 579
3. PARTIDOS POLÍTICOS 580
   - 3.1 Coligações partidárias 581
   - 3.2 Titularidade de mandato e sistema eleitoral 581
   - 3.3 Fidelidade partidária 582
   - 3.4 Criação dos partidos políticos 583
   - 3.5 Fundo partidário e fundo de financiamento de campanha ... 584
   - 3.6 Questões 584
4. JUSTIÇA ELEITORAL E MINISTÉRIO PÚBLICO ELEITORAL 585
   - 4.1 Tribunal Superior Eleitoral – TSE 586

4.2	Tribunal Regional Eleitoral – TRE.	588
4.3	Juízes Eleitorais	591
4.4	Juntas Eleitorais.	591
4.5	Ministério Público Eleitoral.	593
4.6	Princípios institucionais do MPE	593
4.7	Garantias constitucionais	593
4.8	Organização do Ministério Público Eleitoral	594
4.9	Procurador Geral Eleitoral	594
4.10	Procurador Regional Eleitoral	595
4.11	Promotor Eleitoral.	595
4.12	Questões	596
5.	ELEIÇÕES.	597
5.1	Propaganda política	598
5.2	Propaganda eleitoral	599
5.3	Impulsionamento de conteúdos	603
5.4	Sistema eletrônico de votação	605
5.5	Condutas vedadas aos agentes públicos.	606
5.6	Descumprimento do disposto no art. 73 da Lei n. 9.504/97.	608
5.7	Questões	608
6.	CRIMES ELEITORAIS E PROCESSO PENAL ELEITORAL	609
6.1	Crimes eleitorais: disposições gerais (arts. 283 ao 288 do CE).	609
6.2	Crimes eleitorais em espécie	610
6.3	Processo penal eleitoral	611
6.4	Questões	613
7.	AÇÕES E RECURSOS ELEITORAIS	614
7.1	Ação de Impugnação de Mandato Eletivo (AIME)	614
7.2	Ação de Impugnação de Registro de Candidatura (AIRC)	615
7.3	Representação para instauração de Ação de Investigação Judicial Eleitoral (AIJE)	615
7.4	Recurso Contra Expedição de Diploma – RCED	616
7.5	Questões	616
8.	SÚMULAS DO TSE.	618
REFERÊNCIAS		623

1. CONCEITO E FONTES

O **Direito Eleitoral** é o ramo do Direito Público que visa a tutelar e a regular o direito ao sufrágio e o exercício da soberania popular. Além disso, organiza e disciplina o processo eleitoral de forma a concretizar os direitos políticos, possuindo relação íntima com a manutenção da democracia (que, por sua vez, é verdadeiro antecedente lógico à existência do direito eleitoral).

Direitos políticos podem ser compreendidos como um direito fundamental (relacionado no título II da Constituição Federal). Também, em uma classificação mais ampla, como um **direito público subjetivo** do **cidadão (vínculo político)** de poder participar ativa e passivamente das decisões a serem tomadas pelo estado com o qual mantenha **vínculo de nacionalidade (vínculo jurídico)**.

> **ATENÇÃO**
>
> **Nacionalidade:** vínculo jurídico mantido pelo indivíduo com relação ao estado. Os critérios que, se cumpridos, garantirão este vínculo são estabelecidos pelo estado (soberania nacional).
>
> **Cidadania:** vínculo político. É estabelecido a partir do alistamento eleitoral junto à justiça eleitoral. Poderá se alistar nacional (nato, naturalizado e o quase nacional). Também é chamado de "nacional qualificado". Ou seja, nacional qualificado pelo vínculo político.

O **vínculo jurídico** será trabalhado com o destaque que demanda no capítulo de Direito Constitucional (Nacionalidade), desta obra. Aqui, cuidaremos de abordar o aspecto do vínculo político, especialmente quanto aos conceitos, instrumentos e formas de exercício.

O parágrafo único do art. 1º da CF estabelece que **todo o poder emana do povo**, que o exercerá por meio de representantes eleitos ou diretamente nos termos da constituição. Em complemento, o art. 14 da CF traz explicação e conceituações importantes de serem analisadas, especialmente quando o texto indica que a soberania popular será exercida pelo sufrágio universal e pelo voto direto e secreto, com igual valor para todos e, nos termos da lei, mediante plebiscito, referendo e iniciativa popular.

Em primeiro lugar, a **soberania popular** está associada a quem cabe a titularidade do poder (parágrafo único do art. 1º da CF: "todo poder emana do povo"), e assim, podemos compreender que aqui já temos sinais de um regime democrático, do povo, pelo povo e para o povo.

Essa soberania, compreendida como o poder que cabe originalmente ao próprio povo, será exercida de algumas formas, que serão classificadas em diretas ou indiretas a depender de suas características. Veremos em sequência.

Antes de avançar quanto às **formas de exercício deste poder soberano** que envolve tanto a ideia de um regime democrático como também de direitos políticos, importante destacar a expressão apontada pelo *caput* do art. 14 da CF: **sufrágio universal.**

Trata-se de um **direito público subjetivo** onde encontramos tanto os direitos políticos ativos (votar, responder às consultas, subscrever projeto de leis etc.) como também os direitos políticos passivos (ser votado).

A doutrina distingue duas formas de sufrágio, o restrito e o universal, cada qual com suas peculiaridades e traduzindo um nível de complexidade maior (restrito) ou menor (universal) no tocante à satisfação de requisitos para que seja possível exercer os indicados direitos políticos.

Sufrágio restrito: neste conceito há uma maior dificuldade para que se consiga alcançar com satisfação necessária os requisitos impostos pela lei a fim de exercer direitos políticos. Há ainda uma subdivisão onde encontramos o **Sufrágio censitário** (os requisitos envolvem a capacidade financeira/econômica do indivíduo para fins de que se possibilite o exercício de direitos políticos. Uma dica mnemônica é pensar em "Censitário", fazendo associação à questão financeira) e o **Sufrágio capacitário** (em que a análise recai sobre a capacidade técnica, instrução técnica, escolaridade do indivíduo para que, satisfazendo a um critério preestabelecido – imaginemos a situação que para o exercício de direitos políticos em uma nação seja necessário possuir instrução de nível superior – possa então exercer seus direitos de cidadania, políticos).

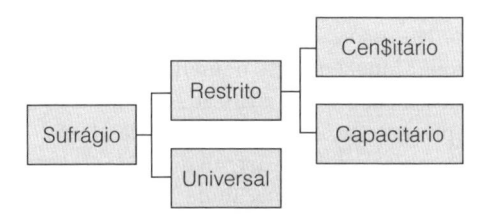

Sufrágio universal: menores ou mais simples de satisfação são as condições impostas neste conceito. O Brasil adota o sufrágio universal (art. 14 da CF), como bem podemos observar ao analisar os conceitos de alistabilidade (art. 14, §§ 1º e 2º, da CF) e as condições de elegibilidade (art. 14, § 3º, da CF).

Nesse contexto de conceitos apresentados, é de se verificar que o Brasil adota a chamada **democracia semidireta**, isto porque, como dito anteriormente, apresenta mecanismos de **atuação direta** e mecanismos de **atuação indireta** na democracia a partir do exercício do sufrágio universal.

Mecanismos de atuação direta:

O cidadão (aquele alistado junto à Justiça Eleitoral) atuará diretamente, sem intermediários ou representantes. É exemplo da ocasião em que o cidadão é convocado às urnas para votar (voto) e também para responder às consultas populares (plebiscito e referendo), vez que as respectivas respostas àquelas consultas são exteriorizadas através de um sistema semelhante ao de votação (através de urnas eletrônicas preparadas).

A CF assegura ainda a iniciativa popular, ou seja, a possibilidade de que um projeto de lei de iniciativa popular seja submetido à votação no Congresso Nacional.

Mecanismos de atuação indireta:

O cidadão irá escolher, através de um pleito eleitoral, quem será seu representante. Este atuará em situações onde o cidadão, muito embora titular soberano de todo poder que emane nesta nação, não possua capacidade legal para tanto (falar na tribuna, votar projetos de lei etc.).

Dois pontos são muito relevantes: o primeiro é conhecer quais são os sistemas eleitorais para estas escolhas (sistema majoritário e proporcional) e quais são os requisitos para que se possa concorrer a um cargo público eletivo (alistabilidade, condições de elegibilidade e não incorrer em hipótese de inelegibilidade).

1.1 Voto

O **VOTO** pode ser conceituado como um direito subjetivo compreendido como instrumento do sufrágio. É a concreta manifestação de escolha por parte dos cidadãos quando chamados a manifestar opção de representação durante um processo eleitoral, razão pela qual se conceitua como forma DIRETA de exercício democrático. Algumas características acerca do voto são encontradas no próprio texto constitucional. Vejamos:

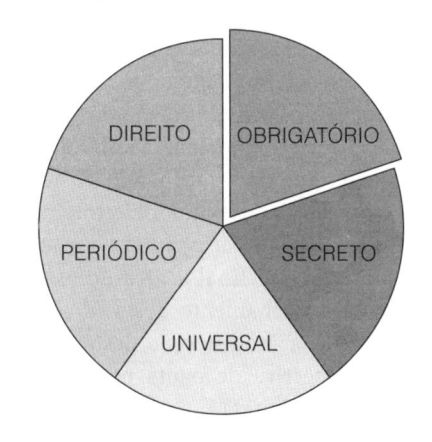

Direto: o eleitor vai pessoalmente à sua seção eleitoral, não há intermediários nem é possível que se outorgue a terceiro a atribuição de manifestar sua vontade (o que, inclusive, comprometeria a característica seguinte). Portanto um ato personalíssimo.

Secreto: historicamente o Brasil enfrentou os famosos "votos de cabresto". Atualmente, ainda que casos criminosos sejam identificados, nosso ordenamento prevê o voto secreto, de maneira a preservar a convicção íntima de cada cidadão. Cabe destacar que por ocasião da Lei n. 13.165/15, o Congresso Nacional aprovou a inserção do art. 59-A na Lei das Eleições (Lei n. 9.504/97).

O dispositivo criou a obrigação de que no processo de votação eletrônica houvesse uma impressora para que realizasse o registro físico (impressão) de cada voto, que seria depositado automaticamente após o eleitor conferir que a impressão corresponderia à sua escolha (não seria possível qualquer físico com o material impresso) em uma urna lacrada, o que possibilitaria futura auditoria dos resultados. Posteriormente, quando enviado à sanção presidencial, sob a natureza de controle de constitucionalidade (controle jurídico) a presidenta da república vetou tal dispositivo sob a alegação de que tal procedimento permitiria a ocorrência de violação ao sigilo do voto.

Ocorre que o Congresso Nacional, após votação neste sentido, derrubou o veto presidencial trazendo vigor à disposição, que deveria ser implantada para a eleição presidencial de 2018. Em razão dos apontamentos quanto à temerária possibilidade de afronta ao sigilo da votação, a PGR, através da ADI 5.889, conseguiu deferimento de medida liminar que suspendeu a eficácia da norma até decisão final acerca do assunto. Até a data de fechamento desta edição não houve qualquer modificação desta decisão, sequer perspectiva de pauta para o julgamento da Ação Direta.

Universal: todos são titulares do sufrágio (direito subjetivo), homens, mulheres, negros, brancos etc., sendo necessário apenas o preenchimento de requisitos básicos previstos em nosso ordenamento (art. 14, CF). Esta possibilidade ampla de participação dá origem ao próprio conceito "universal".

Periódico: as eleições ocorrerão a cada 4 anos, com mandatos eletivos de 8 anos para senador e 4 anos para todos os demais cargos. Nosso ordenamento autoriza única reeleição para os cargos do Poder Executivo e não impõe limites aos do Poder Legislativo. No caso dos Senadores, relevante mencionar que embora o mandato seja de 8 anos, a cada 4 será realizada a renovação da representação de estados e DF de 1/3 e 2/3, conforme o § 2º do art. 46 da CF (cada estado possui representação de 3 senadores, no total. Portanto, a alternância será sempre de 1 ou 2 a cada eleição presidencial).

Obrigatoriedade: atualmente o voto no Brasil é obrigatório (*caput* do art. 14 da CF) muito embora seja certo que sua obrigatoriedade recai quanto ao comparecimento às urnas e não ao voto em si considerado. Isso porque é possível que o eleitor "anule" o seu voto como expressão de vontade, de repúdio ou manifestação.

Importante também a consignação que o art. 60, § 4º, da CF, estabelece às chamadas **cláusulas pétreas**. Ou seja, disposições protetivas contidas em nosso texto constitucional que mesmo diante do Poder Constituinte Derivado Reformador não poderá ser alterado de forma tendente a abolir o que ali o Constituinte relacionou.

Art. 60 (...)

§ 4º Não será objeto de deliberação a proposta de emenda tendente a abolir:

I – a forma federativa de Estado;

II – o voto direto, secreto, universal e periódico;

III – a separação dos Poderes;

IV – os direitos e garantias individuais.

Dentre as características relacionadas pelo protetivo rígido constitucional, especificamente quanto ao voto, temos que a característica da **OBRIGATORIEDADE** não é cláusula pétrea, podendo ser alterada por meio de EC (alteração formal da constituição).

1.2 Plebiscito e referendo

A Constituição ainda indica outras formas de exercício direto da democracia, indicando as consultas populares e a lei de iniciativa popular.

Quanto às consultas, temos o Plebiscito e o Referendo como formas de possibilitar a participação dos cidadãos nas tomadas de decisão pelo Estado de forma direta, sem intermediário.

O *caput* do art. 2º da Lei n. 9.709/98 define **plebiscito** e **referendo** como "consultas formuladas ao povo para que delibere sobre matéria de acentuada relevância, de natureza constitucional, legislativa ou administrativa".

Plebiscito: é convocado com anterioridade ao ato legislativo ou administrativo, cabendo ao povo aprovar ou denegar o que tenha sido submetido à consulta (art. 2º, § 1º, da Lei n. 9.709/98). Será de observância obrigatória quando na incorporação, subdivisão, anexação, criação de novos estados e municípios (art. 18, §§ 3º e 4º, da CF). Também poderá ser convocado em razão de relevância nacional (art. 3º da Lei n. 9.709/98).

Referendo: referendo é a convocação feita posteriormente ao ato legislativo ou administrativo, cabendo ao povo ratificar ou rejeitar o ato através da consulta (art. 2º, § 2º, da Lei n. 9.709/1998). Em regra, será uma consulta facultativa a ser convocada em caso de relevância nacional (art. 3º da Lei n. 9.709/98), a menos que prevista expressamente no texto legislativo.

Resultado das consultas

O resultado das duas formas de consulta vincula o poder público? A resposta, entendemos, deve ser afirmativa. Isto porque estamos diante de situação onde o titular do poder se manifesta (o povo), sendo que contrariar o que foi decidido, só se for por via idêntica (ou seja, por meio de outra consulta, na modalidade escolhida anteriormente).

1.3 Iniciativa popular

A iniciativa popular é perfeitamente conceituada pelo art. 13 da já referida Lei n. 9.709/98, como a apresentação de projeto de lei à Câmara dos Deputados, subscrito por, no mínimo, 1% do eleitorado nacional, distribuído pelo menos por 5 Estados, com não menos de 0,3% dos eleitores de cada um deles.

Mnemônico:
Hora da iniciativa popular: 15:05
1% dos votos válidos (eleitorado nacional)
5 estados ao menos
0,5% em cada um dos estados (votos válidos)

O projeto de lei originário de iniciativa popular deverá "circunscrever-se a um só assunto" (art. 13, § 1º, da Lei n. 9.709/98), não podendo ser rejeitado pela Casa por vício de forma, cabendo ao órgão competente da Câmara providenciar as correções de eventuais impropriedades técnicas (legislativas ou de redação).

É possível que as Assembleias Legislativas e Câmaras Municipais tragam previsão, em seus textos legais (Constituição Estadual e Lei Orgânica, respectivamente), da iniciativa popular referentes às suas competências.

No Brasil, não é possível PEC (Proposta de Emenda Constitucional) de origem por iniciativa popular. Não que sejamos contra (muito pelo contrário, seria uma forma de garantir que mudanças substanciais pudessem ser originadas diretamente), mas atualmente não há tal possibilidade em vigor, ainda que amplamente criticada pela doutrina e jurisprudência.

> **ATENÇÃO**
>
> Não é possível PEC de iniciativa popular. Muito embora nos pareça adequado e de grande relevância democrática, o art. 60 da CF (que apresenta rol taxativo de legitimados a propor PEC) não relaciona a iniciativa popular.

Atuação indireta (por representantes)

Para falar das formas de representação (mecanismo de atuação indireta na democracia por parte do cidadão), é relevante apontarmos quais são os requisitos que a própria CF estabeleceu para que um cidadão viesse a se candidatar a um cargo público eletivo e, a partir disso, tratar de cada um destes requisitos.

Requisitos para exercício dos direitos políticos passivos (candidatar-se a cargo público eletivo)
Alistabilidade (art. 14, § 1º, da CF)
Condições de elegibilidade (art. 14, § 3º, da CF)
Não incorrer em hipóteses de inelegibilidade: • Inelegibilidades constitucionais (art. 14, §§ 4º ao 8º, da CF) • Inelegibilidades legais/infraconstitucionais (LC n. 64/90 + LC n. 135/10)

A premissa para que haja qualquer tipo de atuação na democracia (exercício de direitos políticos), como já visto em reiteração, é a existência de um vínculo jurídico entre o indivíduo e o estado. Aqui falamos, então, da alistabilidade.

Por **alistabilidade** devemos compreender a possibilidade (direito prerrogativa ou direito obrigação) do indivíduo se alistar junto à Justiça Eleitoral (vínculo político). O § 1º do art. 14 da CF divide as situações da seguinte forma:

Alistamento obrigatório	Alistamento facultativo	Alistamento vedado
Direito-Dever	Direito prerrogativa	Proibição
Maiores de 18 e menores de 70 anos	a) Maiores de 16 e menores de 18 anos b) Maiores de 70 anos c) Analfabetos	a) Militares conscritos, durante o período de conscrição b) Estrangeiros*

Quem é o "quase nacional" ou "nacional equiparado"?

Muito embora a regra estabelecida pelo Texto Constitucional seja de que os estrangeiros sejam Inalistáveis e, portanto, inelegíveis, importante mencionar o que estabelece o **Tratado da Amizade**, celebrado entre Brasil e Portugal (Decreto n. 3.927/2001) por ocasião das comemorações entre os dois países quanto aos 500 anos de descobrimento do Brasil.

Pelo referido tratado, aos portugueses residentes no Brasil há 3 anos ininterruptos, havendo reciprocidade de tratamento, será garantido o exercício de direitos políticos no Brasil. Nesta ocasião, ficarão suspensos os direitos políticos em Portugal enquanto estiver ativo no Brasil.

A esta figura chamamos de quase nacional ou nacional equiparado (ou ainda brasileiro equiparado). É uma exceção à regra dos estrangeiros serem Inalistáveis e inelegíveis, como consequência.

Tratado da Amizade
a) português residente no Brasil há 3 anos ininterruptos
b) reciprocidade de tratamento
c) pleno gozo dos direitos políticos em Portugal

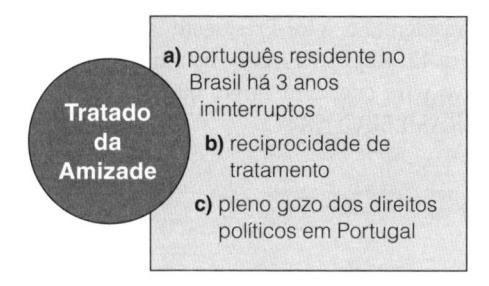

E os índios?

Para todos eles o alistamento e voto são compreendidos como facultativos, porém, caso queiram exercer este direito, as exigências são separadas entre os índios integrados e não integrados. Dos primeiros é exigida a quitação militar, conforme Resolução do **TSE n. 20.806/2001**, o que não ocorre em relação aos não integrados.

1.4 Anualidade eleitoral

O art. 16 da CF dispõe expressamente sobre o princípio da anualidade eleitoral ou princípio da anterioridade da lei eleitoral, que dispõe: toda lei que altere o processo eleitoral entrará em vigor na data de sua publicação, mas somente se aplicará às eleições que ocorram após um ano de sua vigência.

Dessa forma, para que a alteração legislativa, atinente ao processo eleitoral, possa de fato ser aplicada a um pleito eleitoral, deve respeitar este lapso mínimo de 1 ano (um ano) entre a publicação (vigência) e o referido pleito.

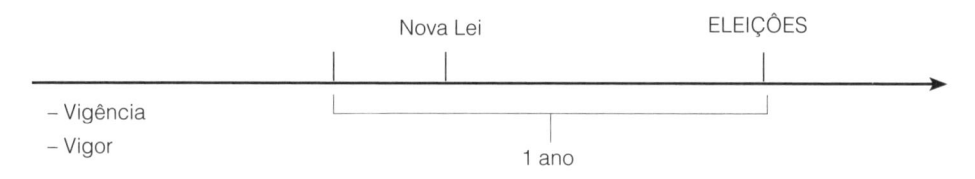

```
                    Nova Lei                ELEIÇÕES
────────────────────┼────────────────────────┼──────────►
– Vigência          └────────────────────────┘
– Vigor                      1 ano
```

1.5 Questões

1. **(FCC – TRE/SP)** Com relação à obrigatoriedade do voto no Brasil:
   A) os maiores de 18 anos são obrigados a votar, podendo ser impedidos de obter empréstimos em estabelecimentos de crédito mantidos pelo governo caso não apresentem a prova de votação na última eleição.
   B) a ausência de comprovação do cumprimento da obrigação de votar implica a suspensão imediata de aluno de instituição de ensino oficial.
   C) o eleitor que deixar de votar deverá justificar sua ausência perante o Juiz Eleitoral no prazo de 60 dias e ainda efetuar o pagamento de multa, em qualquer hipótese.
   D) a ausência de votação, por pelo menos 3 eleições consecutivas ou a falta de alistamento eleitoral dos maiores de 18 anos, implicarão o cancelamento do alistamento ou a proibição de sua realização.
   E) os maiores de 16 anos e menores de 18 anos, que não comprovarem a votação na última eleição, não poderão obter passaporte ou carteira de identidade.

   ↳ **Resolução:**
   A) *Correta*. Uma vez que o art. 7º, § 1º, IV, do Código Eleitoral dispõe que sem a prova de que votou na última eleição, pagou a respectiva multa ou de que se justificou devidamente, não poderá o eleitor obter empréstimos em estabelecimentos de crédito mantidos pelo governo.
   B) *Incorreta*. Já que a ausência de comprovação do cumprimento da obrigação de votar impede a renovação de matrícula conforme prevê o art. 7º, § 1º, VI, do CE. A suspensão não é imediata.
   C) *Incorreta*. Pois se o eleitor deixar de votar, deverá justificar sua ausência perante o Juiz Eleitoral no prazo de 60 dias. A multa somente será aplicada se não justificar.
   D) *Incorreta*. Pois a ausência de votação em 3 eleições consecutivas por aquele que é obrigado a votar não o impedirá da regularização e futuro alistamento.

E) *Incorreta*. Pois os maiores de 16 anos e menores de 18 anos são votantes facultativos, logo, não sofrem as consequências do art. 7º.

↗ **Gabarito: "A".**

2. ELEGIBILIDADE (CONDIÇÕES DE ELEGIBILIDADE, INELEGIBILIDADE E PEDIDO DE REGISTRO DE CANDIDATURA)

2.1 Condições de elegibilidade

Apresentamos anteriormente o conceito do sufrágio universal, apontando que tal sentido envolve um menor esforço ou uma maior possibilidade de cumprimento de requisitos mínimos para que se possibilite o exercício de direitos políticos por parte do cidadão. Além da alistabilidade, portanto, é imperioso o cumprimento total das condições de elegibilidade estabelecidos no art. 14, § 3º, da CF. Vejamos cada uma delas:

a) Nacionalidade brasileira

Com inteligência do art. 12 da CF, são considerados brasileiros natos os nascidos no Brasil, ainda que de pais estrangeiros, desde que não estejam a serviço de seu país de origem, bem como os nascidos no estrangeiro, de pai ou mãe brasileiros, desde que qualquer deles esteja a serviço do Brasil.

São considerados brasileiros naturalizados aqueles que, na forma da lei, venham a adquirir a nacionalidade brasileira, sendo exigido residência por um ano ininterrupto e idoneidade moral aos originários de países de língua portuguesa e residência há mais de 15 anos ininterruptos e sem condenação penal aos estrangeiros de qualquer outra nacionalidade, desde que assim requeiram.

Importante mencionar que a regra constitucional (art. 12 da CF) é da impossibilidade de tratamento com distinção entre brasileiros natos e naturalizados, exceto se tal situação venha estabelecida na própria constituição. É exatamente o que acontece quanto ao cargo de Presidente e Vice-Presidente da República (art. 12, § 3º, da CF), onde há um critério objetivo para ocupar o cargo, qual seja o de ser BRASILEIRO NATO.

> **ATENÇÃO**
>
> Não podemos confundir **CONDIÇÕES DE ELEGIBILIDADE** com **CONDIÇÕES PARA O EXERCÍCIO DO CARGO**.
>
> As condições de elegibilidade deverão ser cumpridas por aqueles que intentam concorrer em um pleito eleitoral.
>
> Ou seja, somente poderão ser exigidas quando para este claro propósito, o que é aferido nos autos de um pedido de registro de candidatura (RCan).
>
> Por outro lado, as condições de cargo devem ser observadas em qualquer situação de sua ocupação, seja via eleição ou mesmo através da linha de substituição, que no caso de presidente da república está indicada no art. 80 da CF.

Como forma de exemplificar o quadro acima, tomemos o seguinte caso hipotético:

Fato 1) Gabriel é candidato a presidente da república. Para que se oficialize esta condição, dentre outras situações a serem observadas, deverá comprovar cumprir as condições de elegibilidade do art. 14, § 3º, da CF. Dentre elas, e com o propósito pedagógico deste exemplo, ser brasileiro nato (condição para o cargo) e ter a idade mínima de 35 anos (condição de elegibilidade).

Fato 2) José, brasileiro nato, foi eleito Deputado Federal pelo estado de São Paulo. Como condição imposta para concorrer a este cargo, comprovou possuir na data da posse a idade mínima de 21 anos (condição de elegibilidade).

Fato 3) José, caso seja eleito presidente da Câmara dos deputados (segundo o art. 80, após o vice-presidente da república, é quem substituirá o presidente da república em caso de impedimento ou vacância), poderá assumir o cargo de presidente da república caso seja necessário ante situação de impedimento ou vacância do titular e vice?

Resposta: Sim! Isto porque o critério etário é apenas condição de elegibilidade e não para o exercício de cargo.

Fato 4) Admitindo que José seja brasileiro naturalizado, a resposta permaneceria positiva?

Resposta: Não. Isto porque ser brasileiro nato não é condição de elegibilidade, mas sim pressuposto objetivo para poder exercer o cargo de presidente da república.

b) Pleno exercício dos direitos políticos

O cidadão não poderá estar com seus direitos políticos suspensos ou tê-los perdido. Importante lembrar que o art. 15 da CF estabelece que é vedada a cassação de direitos políticos, cuja perda ou suspensão se dará nos casos:

> I – cancelamento da naturalização por sentença transitada em julgado;
>
> II – incapacidade civil absoluta;
>
> III – condenação criminal transitada em julgado, enquanto durarem seus efeitos;
>
> IV – recusa de cumprir obrigação a todos imposta ou prestação alternativa, nos termos do art. 5º, VIII;
>
> V – improbidade administrativa, nos termos do art. 37, § 4º.

▶ **ATENÇÃO**

Se, hipoteticamente, um cidadão vier a ser condenado por crime de lavagem de dinheiro, tendo sido confirmada tal decisão em âmbito do tribunal (segunda instância), mas ainda sem o trânsito em julgado, temos o seguinte cenário:

a) Não há suspensão dos direitos políticos, situação que só acontecerá quando houver o trânsito em julgado. Por este único ponto, não haveria limitação em se candidatar a algum cargo público eletivo.

b) Há latente hipótese de inelegibilidade, que tem relação com necessária situação negativa a ser cumprida pelo cidadão. A LC n. 64/90, em seu art. 1º, I, *e*, item 6, estabelece que a decisão transitada em julgado ou proferida por órgão colegiado, quanto ao crime de lavagem de dinheiro, imporá inelegibilidade de 8 anos após o cumprimento da respectiva pena.

c) Alistamento eleitoral

Além dos detalhes envolvendo a obrigatoriedade, facultatividade e vedação (todos visto acima), a Resolução TSE n. 21.538/2003, em seu art. 15, dispõe que:

> o brasileiro nato que não se alistar até os 19 anos ou naturalizado que não se alistar até um ano depois de adquirida a nacionalidade brasileira incorrerá em multa imposta pelo juiz eleitoral e cobrada no ato da inscrição.

Ou seja, o alistamento é imprescindível para que o cidadão possa vir a se candidatar a qualquer cargo político eletivo.

d) Domicílio eleitoral na circunscrição

Para fins de estabelecer o domicílio eleitoral, antes de tratar das espécies de vínculo, importante afirmar a distinção existente com relação ao domicílio civil (arts. 70 e s. do Código Civil) e o domicílio eleitoral (art. 42 do Código Eleitoral) já que neste último há uma maior "flexibilidade e elasticidade", sendo identificado como a residência e o lugar onde o interessando mantenha vínculos, sejam eles políticos, sociais, patrimoniais, afetivos ou de trabalho.

e) Domicílio eleitoral na jurisprudência do TSE

O Tribunal Superior Eleitoral, em reiterados julgados, consolidou 3 espécies de vínculos que um cidadão pode manter a fim de caracterizar domicílio eleitoral:

i) Familiar;
ii) Patrimonial;
iii) Afetivo, social ou comunitário.

Quanto ao vínculo **Familiar**, podemos compreender como sendo aquela localidade onde seja o domicílio do genitor do cidadão em questão (TSE, AgRg em Ag 4.788/MG).

O vínculo **Patrimonial**, como o próprio nome sugere, a localidade onde o cidadão seja proprietário de imóvel, ainda que não resida nele (TSE, Resp. 10.972/SE).

Por fim, o **Vínculo Afetivo, Social ou Comunitário** refere-se à localidade onde o candidato (cidadão que exerce seus direitos políticos passivos), nas eleições imediatamente anteriores, obteve maior parte da sua votação (TSE, REsp16.397/AL).

Outros julgados interessantes que tratam sobre o tema: Ac.-TSE, de 8-4-2014, no Respe 8.551; de 5-2-2013, no Agrai 7.286; e, de 16-11-2000, no AgRgREspe 18.124).

Assim, para que possa concorrer ao cargo de prefeito, deve comprovar o domicílio eleitoral na circunscrição do município (qualquer localidade dentro do município). Se busca concorrer ao cargo de governador, deve comprovar domicílio eleitoral em qualquer município pertencente ao estado correspondente. Por fim, se a pretensão envolver a presidência da república, qualquer município dentro do país.

Para os cargos legislativos, o mesmo raciocínio deve ser aplicado, considerando a circunscrição de atuação. Podemos compilar:

Cargo	Circunscrição onde deve comprovar domicílio eleitoral (6 meses antes das eleições)
Prefeito (e vice) e Vereador	Dentro do município respectivo
Governador (e vice), Deputado Estadual, Federal e Distrital, Senador	Qualquer município pertencente ao estado correspondente
Presidente da República e vice	Qualquer município brasileiro

f) Filiação partidária

A Lei n. 9.096/95 (Lei Orgânica dos Partidos Políticos), alterada pela minirreforma eleitoral de 2015, dispõe que os brasileiros natos e naturalizados que gozam de seus direitos políticos deverão requerer filiação aos partidos políticos e terem tal solicitação deferida até 6 meses antes das eleições pretendidas (considera-se a data da eleição o primeiro domingo de outubro do ano eleitoral).

Os partidos políticos enviarão à Justiça Eleitoral, na segunda semana dos meses de abril e outubro (de cada ano), uma lista com as novas filiações do partido. Caso isso não ocorra, a validade das filiações fica assegurada pela última lista enviada, podendo ainda o interessado comprovar por outros meios sua filiação, conforme Súmula 20 do TSE.

A Reforma de 2017 (Lei n. 13.488/2017), em igual sentido, indica o prazo de 6 meses anteriores às eleições como o lapso mínimo a ser cumprido para que o cidadão tenha, até este momento, filiação partidária deferida e domicílio eleitoral na circunscrição onde se pretenda concorrer a cargo público eletivo.

▶ **ATENÇÃO**

No Brasil não é possível a chamada "candidatura avulsa", onde o cidadão busca concorrer a cargo público eletivo sem que esteja filiado a algum partido político. Isto porque a Constituição Federal é clara ao estabelecer quais são as condições de elegibilidade a serem satisfeitas, e, dentre elas, está a filiação a partido político (art. 14, V, da CF).

> O constituinte não deixou espaço à norma infraconstitucional criar as condições, mas optou por estabelecê-las claramente.
>
> Importante destacar que pende de julgamento no STF do Recurso Extraordinário com Agravo (ARE) 1.054.490, com repercussão reconhecida, de relatoria do Min. Luís Roberto Barroso, no qual se discute a constitucionalidade da candidatura avulsa (sem filiação partidária).

g) Idade mínima

A Constituição traz algumas idades mínimas a serem obedecidas a pretendentes a diferentes cargos eletivos.

São elas:

Idade mínima	Cargo
18 anos	Vereador
21 anos	Deputado Federal, Deputado Estadual ou Distrital, Prefeito, Vice-Prefeito e juiz de paz
30 anos	Governador de Estado e Distrito Federal e respectivo Vice
35 anos	Presidente da República e Vice e Senador

Vale salientar que a condição de elegibilidade **etária** é verificada tendo por referência a **data da posse no cargo eletivo** (art. 11, § 2º, da Lei n. 9.504/97), com exceção inaugurada pela minirreforma eleitoral de 2015, que estabelece que quando a idade mínima for fixada em **18 anos (como para o cargo de vereador) a aferição será feita na data limite para o pedido de registro de candidatura** (neste ponto, considera-se a data limite até vinte dias antes da data das eleições – inteligência do art. 16 da Lei das Eleições).

Reafirmamos que, quanto aos demais cargos, onde a idade a ser observada será superior à de 18 anos, a regra permanece a mesma (aferição será feita na data da posse).

2.2 Inelegibilidades

Podemos compreender **inelegibilidade** como a impossibilidade de o cidadão exercer seus direitos políticos passivos (exercer cargo público eletivo) em razão de circunstâncias impeditivas elencadas na Constituição Federal e também pela Lei Complementar n. 64/90, com as alterações acertadas da Lei Complementar n. 135/2010 (Lei da Ficha Limpa).

Desse modo, podemos dizer que as hipóteses de inelegibilidades são divididas entre **hipóteses constitucionais** (art. 14, §§ 4º ao 8º, da CF) e **hipóteses infraconstitucionais** (LC n. 64/90 e as alterações da LC n. 135/2010 – Lei da Ficha Limpa). Considerando a abordagem em prova, apenas trataremos das questões constitucionais.

2.3 Hipóteses constitucionais

As hipóteses constitucionais estão previstas no art. 14, §§ 4º ao 7º, da CF, que dispõem serem inelegíveis cidadãos que se encontrem nas seguintes situações:

a) **Inalistáveis**: o art. 14, § 2º, da Constituição Federal dispõe que são inalistáveis os estrangeiros e, durante o período do serviço militar obrigatório, os conscritos. Pode-se, ainda, considerar inalistáveis os que tiveram seus direitos políticos perdidos ou suspensos. O inalistável não preenche todas as condições de elegibilidade (art. 14, § 3º, III, da CF) e, consequentemente, é naturalmente inelegível.

b) **Analfabetos** (art. 14, § 4º, da CF): Não há um critério unânime para se determinar o que é um "analfabeto". Mas são considerados "analfabetos" aqueles que não dominam a escrita e a compreensão de textos, ainda que singelos, em seu próprio idioma. De outro lado, o domínio em algum grau justifica o *status* de alfabetizado ou semialfabetizado. Para fins eleitorais, pouca instrução não pode ser considerada como analfabetismo. Alguns juízes fazem ditados para aferir se o candidato é alfabetizado ou não, porém não há respaldo jurídico para este método, sendo, inclusive, combatido por violar o princípio da dignidade da pessoa humana (TSE, REsp 21.707/PB, Rel. Humberto Gomes de Barros).

De maneira sintética o art. 14, § 1º, II, *a*, da Constituição Federal dispõe que o alistamento e voto são **facultativos aos analfabetos** (faculta-se o exercício dos direitos políticos ativos), ou seja, trata-se de um direito prerrogativa (lembrando que para os alistáveis, trata-se de um direito-dever). De outro lado, **os analfabetos não podem exercer seus direitos políticos passivos** (não podem ser votados), conforme hipótese de inelegibilidade constitucional do art. 14, § 4º, da Constituição Federal.

Observação importante: a condição de analfabeto pode ser, logicamente, provisória, uma vez que o indivíduo pode vir a ser alfabetizado, afastando esta hipótese de inelegibilidade.

c) **Inelegibilidade reflexa, relativa ou por vínculo de parentesco:** o § 7º do art. 14 da CF também dispõe que:

> são inelegíveis, no território de jurisdição do titular, o cônjuge e os parentes consanguíneos ou afins, até o segundo grau ou por adoção, do Presidente da República, de Governador de Estado ou Território, do Distrito Federal, de Prefeito ou de quem os haja substituído dentro dos seis meses anteriores ao pleito, salvo se já titular de mandato eletivo e candidato à reeleição.

Nesse cenário, é imperioso destacar e relembrar alguns conceitos pontuais:

Cônjuge e companheiros (união estável): Compreende-se por cônjuge também o companheiro/convivente na constância da União Estável (registrada ou reconhecida judicialmente), incluindo também os casais de mesmo sexo, não havendo qualquer distinção.

> ▶ **ATENÇÃO**
>
> **Súmula Vinculante 18:** A dissolução da sociedade ou do vínculo conjugal, no curso do mandato, não afasta a inelegibilidade prevista no § 7º do art. 14 da Constituição Federal.

Parentes consanguíneos e afins ou por adoção até o 2º Grau: parentes consanguíneos até o 2º grau de um cidadão compreendem os seus avós, pais, irmãos, filhos (não havendo distinção entre adotivos e não adotivos) e netos. Parentes por afinidade até o 2º grau de um cidadão compreendem o sogro, sogra, sogro-avô, sogra-avó, genro, nora, genro-neto, nora-neta, cunhado e cunhada.

d) **Militares:** quanto ao § 8º do art. 14 da CF, ao dispor sobre a inelegibilidade dos militares, ressaltamos objetivamente o intento do Constituinte:

Militares com menos de 10 anos de serviço: Deverá afastar-se da carreira, deixando de integrar os quadros efetivos das Forças Armadas.

Militares com mais de 10 anos de serviço: Será agregado pela autoridade superior. Se eleito, passará, no ato da diplomação, à inatividade (reserva). Se não eleito, retornará às atividades originais.

> ▶ **IMPORTANTE**
>
> O militar na ativa poderá filiar-se ao partido político?
>
> Tanto o TSE quanto o STF entendem que o militar não se sujeita à imposição de prazo

dos 6 meses anteriores as eleições (a condição de elegibilidade relativa à filiação partidária deverá ser comprovada considerando seu deferimento pelo partido político respectivo até 6 meses antes do pleito eleitoral), sendo que poderá participar da convenção partidária e, somente após ter sido escolhido pelo partido, irá requerer sua filiação (TSE, Res. 21.787, de 1-6-2004, rel. Min. Humberto Gomes de Barros).

e) **Limite à recondução ao cargo de chefia do Executivo:** por fim, destacamos especial atenção aos §§ 5º e 6º do art. 14 da CF que, nitidamente, tratam de estabelecer a possibilidade de uma única recondução ao cargo de chefe do Executivo, não limitando aos ocupantes de cargos legislativos, e trazendo a ideia do que conceituamos como desincompatibilização.

Vejamos:

i) Os chefes do Executivo, para concorrerem a outros cargos, devem renunciar aos seus mandatos até 6 meses antes do pleito.

ii) Os chefes do Executivo, concorrendo à reeleição (mesmo cargo), não precisam renunciar aos seus mandatos por falta de previsão legal, muito embora seja incoerente à lógica de se tutelar a lisura das eleições, uma vez que a previsão de desincompatibilização até 6 meses anteriores ao pleito intenta evitar o abuso do poder em razão de função frente a chefia do Executivo.

IMPORTANTE

- Titular e Vice são cargos diferentes, no entanto, quem ocupar o cargo de TITULAR por dois mandatos consecutivos ficará impedido de candidatar-se a VICE, consecutivamente, pois haveria a possibilidade de se tornar TITULAR nas hipóteses de Substituição (caráter temporário, exemplo: titular em viagem, enfermo etc.) e Sucessão (caráter definitivo, exemplo: morte do titular).

"Aquele que ocupar o cargo de Vice por 2 mandatos consecutivos poderá candidatar-se a Titular em uma terceira eleição consecutiva, desde que não tenha substituído o Titular nos 6 meses anteriores ao pleito" (TSE, REsp 19.939/SP).

- As inelegibilidades constitucionais não precluem, podendo ser arguidas tanto na impugnação de candidatura (AIRC – Ação de Impugnação ao Registro de Candidatura) quanto no recurso contra expedição de diploma (RCED – Recurso Contra a Expedição do Diploma).

2.4 Suspensão e perda dos direitos políticos

O art. 15 da Constituição Federal veda a cassação de direitos políticos. Porém, determina casos em que se dará a perda ou suspensão destes direitos: cancelamento da naturalização por sentença transitada em julgado; incapacidade civil absoluta; condenação criminal transitada em julgado, enquanto durarem seus efeitos; recusa de cumprir obrigação a todos imposta ou prestação alternativa (art. 5º, VIII, da CF) e improbidade administrativa (art. 37, § 4º, da CF).

De maneira geral, encontramos duas hipóteses de perda dos direitos políticos: perda da nacionalidade brasileira por adquirir outra voluntariamente e cancelamento da naturalização por sentença transitada em julgado. As demais podem ser classificadas como casos de suspensão, dado o caráter temporário que irão assumir.

Cancelamento da naturalização – O dispositivo encontrado no art. 15, I, da CF apresenta hipótese de perda dos direitos políticos na situação de cancelamento da naturalização por sentença transitada em julgado em razão de exercício de atividade nociva ao interesse nacional (Lei n. 818/49).

A mesma regra de perda dos direitos políticos é válida aos brasileiros que tiverem declarada a perda da sua nacionalidade em razão da aquisição voluntária de outra. Excetuam-se a este último caso o reconhecimento de nacionalidade originária pela lei estrangeira e a situação de imposição de naturalização pela lei estrangeira ao brasileiro residente no exterior, como condição para permanência e exercício de direitos civis.

Para o caso de perda da nacionalidade em razão de cancelamento da naturalização, a reaquisição será exceção, a depender do regular trâmite de ação rescisória em face da sentença transitada em julgado que decidiu pelo cancelamento da naturalização.

Incapacidade civil absoluta – A disposição do art. 15, II, da CF apresenta-se como hipótese de suspensão dos direitos políticos, sendo que apenas ocorrerá quando reconhecida por sentença transitada em julgado, salvo nos casos de menores de 16 anos, uma vez que a incapacidade absoluta é legalmente prevista. O art. 3º do Código Civil dispõe que são absolutamente incapazes de exercer pessoalmente os atos da vida civil os menores de 16 anos e os que, por enfermidade ou deficiência mental, não possuírem o necessário discernimento para a prática de atos da vida civil, ou mesmo aqueles que por causa transitória não puderem exprimir sua vontade.

No entanto, com a entrada em vigor do Estatuto da Pessoa com Deficiência, que alterou significativamente os dispositivos atinentes à capacidade civil das pessoas, extinguiu-se a figura da incapacidade civil superveniente. Ou seja, os únicos a serem compreendidos como INCAPAZES são os menores de 16 anos de idade.

Condenação criminal – O dispositivo constitucional do art. 15, III, faz menção à condenação criminal transitada em julgado, enquanto durarem seus efeitos. Ou seja, no caso de sentença irrecorrível que venha a condenar o indivíduo, seus direitos políticos serão suspensos, não sendo necessário que tal disposição venha expressa na sentença, vez que já é pacífico no STF que o art. 15, III (que dispõe sobre a condenação criminal como causa de suspensão dos direitos políticos), enquadra-se no perfil de preceito autoaplicável.

Diz-se suspensão dos direitos, pois a restrição irá cessar com o cumprimento da pena ou extinção, conforme inteligência da Súmula 9 do TSE.

Recusa de cumprir obrigação – O art. 15, IV, da CF dispõe outra causa de suspensão dos direitos políticos, qual seja a recusa de cumprir obrigação a todos imposta ou prestação alternativa (art. 5º, VIII, da CF).

Improbidade Administrativa – Prevista no art. 15, V, da CF. Nos termos do art. 37, § 4º, também da CF, o tempo de suspensão dos direitos políticos, neste caso, está previsto em legislação especial, qual seja, a Lei n. 8.429/92 (Lei de Improbidade Administrativa). Como na hipótese da condenação criminal, e para afastar abuso e ilegalidade, a situação demanda o trânsito em julgado da sentença.

2.5 Hipóteses infraconstitucionais ou legais

Estão previstas na LC n. 64/90 (com as alterações trazidas pela LC n. 135/2010 – a chamada Lei da Ficha Limpa), possuindo como objetivo proteger a probidade administrativa, a moralidade no exercício do mandato, considerando a vida pregressa do candidato, e a normalidade das eleições contra a influência do poder econômico ou o abuso do exercício de função ou emprego na administração direta ou indireta (§ 9º do art. 14 da CF)[1].

---

[1] Art. 14, § 9º, da CF: "Lei complementar estabelecerá outros casos de inelegibilidade e os prazos de sua cessação, a fim de proteger a probidade administrativa, a moralidade para exercício de mandato considerada vida pregressa do candidato, e a normalidade e legitimidade das eleições contra a influência do poder econômico ou o abuso do exercício de função, cargo ou emprego na administração direta ou indireta".

Considerando o grande volume de hipóteses tratadas pela LC n. 64/90, podemos classificar as hipóteses em **absolutas** (impedimento para o exercício de qualquer cargo político eletivo) e **relativas** (impedimento é pontual para alguns cargos públicos eletivos). Abaixo, agrupamos as principais hipóteses. A leitura das demais hipóteses da LC n. 64/90 é recomenda.

2.6 Inelegibilidades absolutas

Poderão ser arguidas por qualquer candidato, partido político, coligação, e pelo Ministério Público Eleitoral. São elas:

a) Perda de mandato legislativo (art. 1º, I, *b*, da LC n. 64/90)

b) os membros do Congresso Nacional, das Assembleias Legislativas, da Câmara Legislativa e das Câmaras Municipais, que hajam perdido os respectivos mandatos por infringência do disposto nos incisos I e II do art. 55 da Constituição Federal, dos dispositivos equivalentes sobre perda de mandato das Constituições Estaduais e Leis Orgânicas dos Municípios e do Distrito Federal, para as eleições que se realizarem durante o período remanescente do mandato para o qual foram eleitos e nos oito anos subsequentes ao término da legislatura;

b) Perda de mandato executivo (art. 1º, I, *c*, da LC n. 64/90)

c) o Governador e o Vice-Governador de Estado e do Distrito Federal e o Prefeito e o Vice-Prefeito que perderem seus cargos eletivos por infringência a dispositivo da Constituição Estadual, da Lei Orgânica do Distrito Federal ou da Lei Orgânica do Município, para as eleições que se realizarem durante o período remanescente e nos 8 (oito) anos subsequentes ao término do mandato para o qual tenham sido eleitos;

c) Renúncia a mandato eletivo (art. 1º, I, *k*, da LC n. 64/90)

Nessas situações, o ocupante do respectivo cargo que vier a perder seu cargo por infringência a dispositivo da Constituição Federal (art. 55, I e II, aos membros do Congresso Nacional), Constituições Estaduais, Lei Orgânica, será inelegível até o remanescente do fim de sua legislatura e nos 8 anos seguintes ao término do período para que tenha sido eleito.

Também terá a mesma sanção aquele que simplesmente renunciar a mandato após o oferecimento de representação ou petição que tenha aptidão para instaurar processo (evitar que o indivíduo "fuja da inelegibilidade". Inserido pela LC n. 135/2010 – Lei da Ficha Limpa).

k) o Presidente da República, o Governador de Estado e do Distrito Federal, o Prefeito, os membros do Congresso Nacional, das Assembleias Legislativas, da Câmara Legislativa, das Câmaras Municipais, que renunciarem a seus mandatos desde o oferecimento de representação ou petição capaz de autorizar a abertura de processo por infringência a dispositivo da Constituição Federal, da Constituição Estadual, da Lei Orgânica do Distrito Federal ou da Lei Orgânica do Município, para as eleições que se realizarem durante o período remanescente do mandato para o qual foram eleitos e nos 8 (oito) anos subsequentes ao término da legislatura;

d) Abuso de poder econômico e político (art. 1º, I, *d*, da LC n. 64/90)

d) os que tenham contra sua pessoa representação julgada procedente pela Justiça Eleitoral, em decisão transitada em julgado ou proferida por órgão colegiado, em processo de apuração de abuso do poder econômico ou político, para a eleição na qual concorrem ou tenham sido diplomados, bem como para as que se realizarem nos 8 (oito) anos seguintes;

e) Abuso de poder político (art. 1º, I, *h*, da LC n. 64/90)

Nesses casos, são considerados inelegíveis aqueles cidadãos comuns e os detentores de cargos na administração pública (direta, indireta ou fundação) que tenham representação julgada procedente (transitada em julgado) por abuso de poder econômico ou político.

No caso do detentor de cargo na administração, o benefício poderá ser próprio ou em favor de terceiro. A inelegibilidade sanção prevista será de 8 anos.

h) os detentores de cargo na administração pública direta, indireta ou fundacional, que beneficiarem a si ou a terceiros, pelo abuso do poder econômico ou político, que forem condenados em decisão transitada em julgado ou proferida por órgão judicial colegiado, para a eleição na qual concorrem ou tenham sido diplomados, bem como para as que se realizarem nos 8 (oito) anos seguintes;

f) Abuso de poder: corrupção eleitoral, captação ilícita de sufrágio, captação ou gasto ilícito de recursos em campanha, conduta vedada a agente público (art. 1º, I, *j*, da LC n. 64/90)

No mesmo sentido, aqueles condenados por:

i) corrupção eleitoral;

ii) captação ilícita de sufrágio;

iii) doação/captação/gastos ilícitos de recursos de campanha; ou

iv) por conduta vedada a agente público em campanhas eleitorais, desde que impliquem em cassação de Registro ou Diploma.

j) os que forem condenados, em decisão transitada em julgado ou proferida por órgão colegiado da Justiça Eleitoral, por corrupção eleitoral, por captação ilícita de sufrágio, por doação, captação ou gastos ilícitos de recursos de campanha ou por conduta vedada aos agentes públicos em campanhas eleitorais que impliquem cassação do registro ou do diploma, pelo prazo de 8 (oito) anos a contar da eleição;

g) Condenação criminal (art. 1º, I, *e*, da LC n. 64/90)

Com a condenação criminal, transitada em julgado, o indivíduo tem seus direitos políticos suspensos até que cessem os efeitos da condenação. Esta hipótese prevê ainda a inelegibilidade por 8 anos, a contar da cessação dos efeitos da condenação.

O dispositivo elenca especificamente os delitos que, se o indivíduo for condenado em sentença transitada em julgado, será considerado inelegível.

e) os que forem condenados, em decisão transitada em julgado ou proferida por órgão judicial colegiado, desde a condenação até o transcurso do prazo de 8 (oito) anos após o cumprimento da pena, pelos crimes:

1. contra a economia popular, a fé pública, a administração pública e o patrimônio público;

2. contra o patrimônio privado, o sistema financeiro, o mercado de capitais e os previstos na lei que regula a falência;

3. contra o meio ambiente e a saúde pública;

4. eleitorais, para os quais a lei comine pena privativa de liberdade;

5. de abuso de autoridade, nos casos em que houver condenação à perda do cargo ou à inabilitação para o exercício de função pública;

6. de lavagem ou ocultação de bens, direitos e valores;

7. de tráfico de entorpecentes e drogas afins, racismo, tortura, terrorismo e hediondos;

8. de redução à condição análoga à de escravo;

9. contra a vida e a dignidade sexual; e

10. praticados por organização criminosa, quadrilha ou bando;

h) Rejeição de Contas (art. 1º, I, *g*, da LC n. 64/90)

Essa hipótese considera inelegível quem tiver suas contas relativas ao exercício de cargos ou funções públicas rejeitadas por irregularidade insanável por ato doloso de improbidade administrativa, por decisão irrecorrível do órgão competente (Poder Legislativo e Tribunal de Contas), salvo se a decisão for suspensa por determinação judicial. A inelegibilidade sanção prevista será de 8 anos.

> *g)* os que tiverem suas contas relativas ao exercício de cargos ou funções públicas rejeitadas por irregularidade insanável que configure ato doloso de improbidade administrativa, e por decisão irrecorrível do órgão competente, salvo se esta houver sido suspensa ou anulada pelo Poder Judiciário, para as eleições que se realizarem nos 8 (oito) anos seguintes, contados a partir da data da decisão, aplicando-se o disposto no inciso II do art. 71 da Constituição Federal, a todos os ordenadores de despesa, sem exclusão de mandatários que houverem agido nessa condição;

i) Cargo ou função em instituição financeira em liquidação judicial/extrajudicial (art. 1º, I, *i*, da LC n. 64/90)

São considerados inelegíveis aqueles que tenham exercido cargo ou função de direção, administração ou representação em instituições que estejam em liquidação judicial ou extrajudicial, nos 12 meses anteriores à decretação de liquidação. A inelegibilidade cessará com a exoneração de responsabilidade.

> *i)* os que, em estabelecimentos de crédito, financiamento ou seguro, que tenham sido ou estejam sendo objeto de processo de liquidação judicial ou extrajudicial, hajam exercido, nos 12 (doze) meses anteriores à respectiva decretação, cargo ou função de direção, administração ou representação, enquanto não forem exonerados de qualquer responsabilidade;

j) Improbidade Administrativa (art. 1º, I, *l*, da LC n. 64/90)

Serão inelegíveis aqueles condenados à suspensão dos direitos políticos, em decisão transitada em julgada **ou** por órgão colegiado, por improbidade administrativa. Prazo de inelegibilidade de 8 anos, a iniciar após o cumprimento da pena de suspensão dos direitos políticos.

> *l)* os que forem condenados à suspensão dos direitos políticos, em decisão transitada em julgado ou proferida por órgão judicial colegiado, por ato doloso de improbidade administrativa que importe lesão ao patrimônio público e enriquecimento ilícito, desde a condenação ou o trânsito em julgado até o transcurso do prazo de 8 (oito) anos após o cumprimento da pena;

k) Exclusão do exercício profissional (art. 1º, I, *m*, da LC n. 64/90)

É inelegível aquele que for excluído do exercício de sua profissão por decisão do órgão profissional competente, salvo se o ato houver sido anulado ou suspenso pelo Poder Judiciário.

A inelegibilidade sanção prevista será de 8 anos.

m) os que forem excluídos do exercício da profissão, por decisão sancionatória do órgão profissional competente, em decorrência de infração ético-profissional, pelo prazo de 8 (oito) anos, salvo se o ato houver sido anulado ou suspenso pelo Poder Judiciário;

l) Simulação conjugal (art. 1º, I, *n*, da LC n. 64/90)

É inelegível aquele que for condenado, após trânsito em julgado, por simular desfazer vínculo conjugal (casamento ou união estável) a fim de afastar a caracterização de inelegibilidade.

A inelegibilidade sanção prevista será de 8 anos.

n) os que forem condenados, em decisão transitada em julgado ou proferida por órgão judicial colegiado, em razão de terem desfeito ou simulado desfazer vínculo conjugal ou de união estável para evitar caracterização de inelegibilidade, pelo prazo de 8 (oito) anos após a decisão que reconhecer a fraude;

m) Demissão do serviço público (art. 1º, I, *o*, da LC n. 64/90)

É inelegível aquele demitido do serviço público em decorrência de processo administrativo ou judicial, salvo se o ato houver sido suspenso ou anulado pelo Poder Judiciário.

A inelegibilidade sanção prevista será de 8 anos.

o) os que forem demitidos do serviço público em decorrência de processo administrativo ou judicial, pelo prazo de 8 (oito) anos, contado da decisão, salvo se o ato houver sido suspenso ou anulado pelo Poder Judiciário;

n) Doação ilegal (art. 1º, I, *p*, da LC n. 64/90)

É inelegível pessoa física ou dirigente de pessoa jurídica que tenha feito doação eleitoral ilegal, após decisão transitada em julgado.

A inelegibilidade sanção prevista será de 8 anos.

p) a pessoa física e os dirigentes de pessoas jurídicas responsáveis por doações eleitorais tidas por ilegais por decisão transitada em julgado ou proferida por órgão colegiado da Justiça Eleitoral, pelo prazo de 8 (oito) anos após a decisão, observando-se o procedimento previsto no art. 22;

o) Aposentadoria compulsória e perda de cargo: Magistrados e Membros do MP (art. 1º, I, *q*, da LC n. 64/90)

Será inelegível o magistrado ou membro do MP que tenha perdido seu cargo por sentença, aposentado compulsoriamente ou se exonerado/aposentado na pendência de processo disciplinar.

A inelegibilidade sanção prevista será de 8 anos.

q) os magistrados e os membros do Ministério Público que forem aposentados compulsoriamente por decisão sancionatória, que tenham perdido o cargo por sentença ou que tenham pedido exoneração ou aposentadoria voluntária na pendência de processo administrativo disciplinar, pelo prazo de 8 (oito) anos;

2.7 Inelegibilidades relativas

a) Para Presidente e Vice-Presidente da República

É necessário a desincompatibilização de agentes públicos e membros de certas categorias que intentem candidatar-se aos cargos de Presidente e Vice-Presidente da República (v. art. 1º, II, da LC n. 64/90).

b) Demais cargos: Governador e Vice; Prefeito e Vice; Senador; Deputado Federal e Estadual; Vereador

Aplica-se, no que couber, as regras para o cargo de Presidente e Vice-Presidente da República, por identidade de situações (art. 1º, III ao VII, da LC n. 64/90).

c) Casos específicos

A LC n. 64/90 enumera ainda casos específicos nos quais é necessário a descompatibilização a depender do cargo a que se pretende, abaixo os 3 principais:

Magistrados: Afastamento definitivo (exoneração ou aposentadoria) 6 meses antes do pleito;

Membro do MP: ler a respeito da vedação de atividade partidária no capítulo sobre o Ministério Público Eleitoral.

> **IMPORTANTE**
>
> Acerca da arguição de inelegibilidade, a competência será absoluta da Justiça Eleitoral em suas 3 instâncias, a ser definida pelo tipo de eleição (federal, estadual ou municipal), e dar-se-ão nas seguintes formas:
>
> **Inelegibilidade Infraconstitucional**: Ação de Impugnação de Registro de Candidatura – AIRC (prazo preclusivo), podendo resultar em negação ou cassação do Registro do Candidato. As inelegibilidades infraconstitucionais devem ser arguidas na ocasião do registro de candidatura, sob pena de preclusão (TSE, AgRg em AgIn 3.328/MG; REspe 19.985/SP).
>
> **Inelegibilidade Constitucional:** Recurso contra Expedição do Diploma – RCED, podendo resultar na cassação do diploma ou perda de mandato eletivo. Não precluem, podendo ser arguidas tanto na impugnação de candidatura quanto no recurso contra expedição de diploma.

Para que o cidadão possa concorrer a cargo público eletivo, além de cumprir com as condições de elegibilidade e hipóteses de inelegibilidade, é necessário que seja escolhido em **CONVENÇÃO PARTIDÁRIA**. Para essa escolha, veremos mais adiante sobre a **PROPAGANDA INTRAPARTIDÁRIA**, que serve justamente para garantir a possibilidade de que afiliados às agremiações possam realizar a divulgação de sua pretensão a serem escolhidos.

O art. 8º da Lei das Eleições estabelece que a escolha dos candidatos pelos partidos e a deliberação acerca das coligações a serem ou não formadas deverão ocorrer entre os dias **20 de julho a 5 de agosto** do ano em que se derem as eleições.

A convenção (o resultado dela) deverá ser lavrada em ata, em livro aberto, rubricado pela Justiça Eleitoral e publicada em 24h em qualquer meio de comunicação.

> **IMPORTANTE**
>
> No Brasil não se admite as chamadas **candidaturas avulsas** (candidatura de cidadão não filiado a partidos políticos), sendo imposta a filiação partidária (art. 14, § 3º, V, da CF).
>
> No Brasil, também, não se admite a figura dos **candidatos naturais** (situação onde o cidadão, por já ocupar determinado cargo público eletivo, teria o direito subjetivo a concorrer novamente ao mesmo cargo independentemente da escolha pela agremiação). É necessário que o candidato seja escolhido em convenção partidária.

O partido, no momento de escolha dos candidatos, deve atentar-se para a regra prevista no art. 10, Lei das Eleições, e dentre elas, a da obrigatoriedade de que cada partido preencherá o mínimo de 30% (trinta por cento) e o máximo de 70% (setenta por cento) para candidaturas de cada sexo.

2.8 Processo de registro de candidatura

Cada partido ou coligação poderá registrar candidatos para a Câmara dos Deputados, a Câmara Legislativa, as Assembleias Legislativas e as Câmaras Municipais no total de **até 150%** do número de lugares a preencher.

Exceções:

a) nas unidades da Federação em que o número de lugares a preencher para a Câmara dos Deputados **não exceder a 12**, nas quais cada partido ou coligação poderá registrar candidatos a Deputado Federal e a Deputado Estadual ou Distrital no total de até 200% (duzentos por cento) das respectivas vagas;

b) nos Municípios de **até 100 mil eleitores**, nos quais cada coligação poderá registrar candidatos no total de **até 200% (duzentos por cento) do número de lugares** a preencher.

Por ocasião das convenções partidárias, caso a indicação dos candidatos não alcance o número máximo de candidatos possíveis, os órgãos de direção dos partidos respectivos poderão preencher as vagas remanescentes no prazo de até 30 dias anteriores ao pleito eleitoral.

O art. 16 da Lei das Eleições dispõe que até 20 dias antes das eleições os TREs deverão enviar ao TSE a relação de candidaturas, como forma de centralizar e divulgar os dados. O dispositivo também dispõe que neste mesmo prazo (até 20 dias anteriores às eleições) todos os pedidos de registro de candidatura deverão estar julgados pelas instâncias ordinárias, inclusive com suas decisões já publicadas (atenção: não se trata de um prazo para instâncias recursais).

2.9 Limites de gastos de campanha

Os limites de gastos de campanha, em cada eleição, serão definidos pelo Tribunal Superior Eleitoral com base nos parâmetros definidos nos arts. 5º e 6º da Lei n. 13.165/2015. São eles:

1) campanhas eleitorais dos candidatos às eleições para Presidente da República, Governador e Prefeito:

Será definido com base nos gastos declarados, na respectiva circunscrição, na eleição para os mesmos cargos imediatamente anterior à promulgação da Lei n. 13.165/2015, observado:

a) para o primeiro turno das eleições, o limite será de:

i) 70% (setenta por cento) do maior gasto declarado para o cargo, na circunscrição eleitoral em que houve apenas um turno;

ii) 50% (cinquenta por cento) do maior gasto declarado para o cargo, na circunscrição eleitoral em que houve dois turnos;

b) para o segundo turno das eleições, onde houver, o limite de gastos será de 30% do valor previsto no item a).

Nos Municípios de até 10 mil eleitores, o limite adotado pelo legislador é diferente. Nesses casos, o limite de gastos será de R$ 100.000,00 para Prefeito e de R$ 10.000,00 para Vereador, ou o estabelecido no caput se for maior.

2) nas campanhas eleitorais dos candidatos às eleições para Senador, Deputado Federal, Deputado Estadual, Deputado Distrital e Vereador:

Será de 70% (setenta por cento) do maior gasto contratado na circunscrição para o respectivo cargo na eleição imediatamente anterior à publicação da Lei n. 13.165/2015.

Tais valores limites serão divulgados pela Justiça Eleitoral até o dia 20 de julho do ano da eleição e serão atualizados pelo Índice

Nacional de Preços ao Consumidor (INPC – IBGE), ou por outro índice que venha a substituí-lo, a contar da publicação da lei. Ou seja, a cada eleição o valor apurado com base na regra estabelecida acima, será atualizado para o pleito eleitoral respectivo.

2.10 Questões

1. **(CESPE – TRE/PE)** Quanto a registros de candidatos, assinale a opção correta.

A) As causas de inelegibilidade são aferidas no momento do pedido de registro da candidatura, sendo vedada a alteração da decisão por alterações fáticas ou jurídicas supervenientes.

B) É vedado ao partido substituir candidato que for considerado inelegível após o termo final do prazo do registro.

C) Para solicitar à justiça eleitoral o registro de seus candidatos, os partidos políticos terão até as dezenove horas do dia trinta de agosto do ano em que se realizarem as eleições.

D) Entre outros documentos, o pedido de registro de candidato à justiça eleitoral deve ser instruído com declaração de bens assinada pelo candidato.

E) Apenas partidos políticos podem solicitar registro de candidatos.

↘ **Resolução:**

A) *Incorreta*. Art. 11, § 10, da Lei das Eleições.

B) *Incorreta*. Art. 13 da Lei das Eleições.

C) *Incorreta*. Art. 11 da Lei das Eleições dispõe que os partidos e coligações solicitarão à Justiça Eleitoral o registro de seus candidatos até as dezenove horas do dia 15 de agosto do ano em que se realizarem as eleições.

D) *Correta*. Art. 11, § 1º, da Lei das Eleições: "O pedido de registro deve ser instruído com os seguintes documentos: IV – declaração de bens, assinada pelo candidato".

E) *Incorreta*. O art. 11, § 4º, da Lei das Eleições dispõe que na hipótese de o partido ou coligação não requerer o registro de seus candidatos, estes poderão fazê-lo perante a Justiça Eleitoral, observado o prazo máximo de quarenta e oito horas seguintes à publicação da lista dos candidatos pela Justiça Eleitoral.

↗ **Gabarito: "D".**

2. **(FCC – TRE/SP)** Albino, brasileiro nato, residente e domiciliado atualmente em Portugal, foi outorgado o gozo dos direitos políticos no país em que vive no momento, outorga esta devidamente comunicada ao Tribunal Superior Eleitoral. Referido gozo dos direitos políticos em Portugal, em conformidade com a Resolução n. 21.538/2003:

A) importará a suspensão desses mesmos direitos de Albino no Brasil.

B) importará a perda desses mesmos direitos de Albino no Brasil.

C) não implicará a perda ou suspensão desses mesmos direitos de Albino no Brasil.

D) implicará, no Brasil, a inelegibilidade de Albino, mantendo-se obrigatório, porém, o exercício do voto.

E) implicará, no Brasil, o impedimento do exercício de voto de Albino, permitindo-se, porém, que seja eleito.

↘ **Resolução:**

Em regra, estrangeiros não exercem direitos políticos no Brasil. No entanto, se tratando de portugueses residentes no Brasil há mais de 3 anos ininterruptos, em razão do TRATADO DA AMIZADE, será possível o exercício de direitos políticos no Brasil, por portugueses, desde que haja reciprocidade de tratamento. Quanto a esta reciprocidade, a mesma circunstância a ser obedecida em Portugal, em favor de brasileiros. Neste caso, os direitos políticos do brasileiro, no Brasil, ficarão suspensos, não se permitindo o exercício dos direitos políticos em ambos países simultaneamente (ou em um, ou em outro). Destaca-se, por oportuno, que o Tratado da Amizade não se sobrepõe às situações constitucionalmente indicadas como "cargos privativos de brasileiro nato", cabendo aos portugueses (nas condições ditas acima) exercer direitos políticos sob a limitação de um "brasileiro naturalizado). Vide Decreto n. 3.927/2001 (Tratado da Amizade).

↗ **Gabarito: "A".**

3. **(TRE/SP – FCC)** Considere as situações hipotéticas abaixo:

I. Tício é Governador e deseja se candidatar ao cargo de Presidente da República.

II. Graça, eleita Vice-Prefeita, sucedeu o Prefeito falecido três meses antes do pleito e deseja se candidatar ao cargo de Governadora.

Nesses casos, e considerando apenas os dados fornecidos, Tício:

A) deverá renunciar ao mandato seis meses antes do pleito para se candidatar ao cargo pretendido e Graça deverá renunciar ao mandato quatro meses antes do pleito para se candidatar ao cargo pretendido.

B) e Graça deverão renunciar aos respectivos mandatos até seis meses antes do pleito, para se candidatarem a esses cargos.

C) e Graça são inelegíveis, não podendo candidatar-se a qualquer cargo até o final do mandato, sob pena de suspensão dos direitos políticos, salvo os casos de reeleição.

D) e Graça deverão renunciar aos respectivos mandatos até três meses antes do pleito, para se candidatarem a esses cargos.

E) deverá renunciar ao mandato quatro meses antes do pleito para se candidatar ao cargo pretendido e Graça não precisará se desincompatibilizar para se candidatar ao cargo pretendido.

↳ **Resolução:**

A única alternativa correta vem representada pela assertiva "B". Isto porque conforme o § 1º do art. 1º da LC n. 64/90, para concorrência a outros cargos, o Presidente da República, os Governadores de Estado e do DF e os Prefeitos devem renunciar aos respectivos mandatos até 6 meses antes do pleito. No caso em questão, Graça sucedeu ao Prefeito. Neste passo, a situação de ter sido titular do cargo impõe a desincompatibilização 6 meses antes do pleito.

↗ **Gabarito: "B".**

3. PARTIDOS POLÍTICOS

Ainda que revestidos de função pública indispensável ao exercício dos direitos políticos passivos, os partidos políticos são pessoas jurídicas de direito privado e **destinam-se** a assegurar o interesse do regime democrático, a autenticidade do sistema representativo e a defender os direitos fundamentais definidos no texto constitucional (art. 1º da Lei n. 9.096/95).

A CF indica que os partidos adquirirão personalidade jurídica na forma da lei civil e, após, com o registro de seu estatuto junto ao Tribunal Superior Eleitoral (art. 17 da CF), condição que deve ser satisfeita para que possa participar do processo eleitoral.

Tanto a Constituição Federal quanto a Lei n. 9.096/95 (Lei dos Partidos Políticos, Lei Orgânica dos Partidos Políticos, LPP, LOPP) estabelecem que os partidos adquiriram personalidade jurídica na forma da Lei (leia-se, com o registro de seu estatuto junto ao Cartório de Registro de Pessoas Jurídicas da Capital Federal do Distrito Federal) e, posteriormente, registro junto ao TSE.

O texto constitucional traz duas importantes garantias aos partidos: **LIBERDADE** e **AUTONOMIA**.

Os partidos políticos poderão, considerando sua liberdade constitucional, serem criados, fundidos, incorporados e extintos livremente, por si só, desde que obedientes às seguintes características:

a) caráter nacional;

b) proibição de recebimento de recursos financeiros de entidade ou governo estrangeiros ou subordinação a estes;

c) prestação de contas à justiça eleitoral;

d) funcionamento parlamentar de acordo com a lei.

Do mesmo modo, mas considerando sua autonomia, os partidos poderão definir sua estrutura interna e estabelecer regras sobre sua organização e funcionamento, além de adotar os critérios de escolha e o regime de suas coligações (art. 17, § 1º, da CF).

Quanto ao chamado **DIREITO DE ANTENA (rádio e televisão)** e o acesso ao **FUNDO PARTIDÁRIO** (arts. 240 e s. do Código Eleitoral, bem como o art. 7º, § 2º, da Lei n. 9.096/95), a EC n. 97/2017 trouxe impacto direto.

Quanto ao **FUNDO PARTIDÁRIO**, foi instituída a chamada **CLÁUSULA DE BARREIRA** ou **CLÁUSULA DE DESEMPENHO AOS PARTIDOS POLÍTICOS**. Ainda permanece a necessidade de que o partido político adquira a personalidade jurídica nos termos da lei civil (registro do estatuto primeiramente junto ao cartório de registro de pessoas jurídicas da capital federal) e posteriormente proceda com o registro junto ao TSE. No entanto, agora com uma nova condição (referida cláusula de barreira constitucional para os partidos políticos) que é cumprir cumulativamente com o seguinte critério de desempenho (condição a ser imposta a contar de 2030 – vide comentários sobre a fidelidade partidária):

a) Obter 3% dos votos válidos para a Câmara dos deputados, divididos em pelo menos 1/3 dos estados. Cada um dos estados deve apresentar votação equivalente a 2% dos votos válidos correspondentes (ou seja, um critério praticamente impossível de ser cumprido pelos chamados "partidos nanicos", que anteriormente se beneficiavam pela inexistência do critério de desempenho);

b) Alternativamente, ao invés de cumular com os critérios acima, a Constituição também possibilita que o partido possa comprovar a eleição de 15 deputados federais, distribuídos em pelo menos 1/3 dos estados, sem necessidade de um subcritério interiormente aos estados (como verificamos no primeiro item).

Um dos intentos, certamente, foi a proliferação de partidos dentro do sistema eleitoral como um todo. O Fundo Partidário, tratado pela legislação como Fundo Especial de Assistência Financeira aos Partidos Políticos (art. 38 da Lei dos Partidos Políticos), é constituído por multas e penalidades pecuniárias aplicadas pelo Código Eleitoral e outras legislações esparsas de âmbito do direito eleitoral, recursos financeiros destinados por lei (caráter permanente ou eventual), lembrando que o inciso III do art. 38, que também incluía as doações de pessoas físicas e jurídicas diretamente na conta do Fundo Partidário, foi considerado inconstitucional por ocasião do julgamento da ADI 4.650 pelo STF.

Ou seja, o **financiamento por pessoa jurídica é inconstitucional** quando em benefício do candidato, do partido ou mesmo do fundo partidário (que financia todos os partidos registrados junto ao TSE, vide § 2º do art. 7º da Lei n. 9.096/95).

3.1 Coligações partidárias

As coligações partidárias são expressão de acordos (anteriormente chamados de alianças) realizados entre partidos políticos como forma de melhor se organizarem e se apresentarem diante dos pleitos eleitorais. Possuem um objetivo claro de eleger maior número de candidatos que compuserem a "chapa", formada por essa fusão momentânea dos partidos. Politicamente são uma estratégia prática, tendo em vista a formação de base governamental.

Importante alteração trazida pela EC n. 97/2017 foi a alteração do texto do art. 17 da CF. Uma delas, aqui pertinente a ser destacado relaciona-se à **extinção das coligações partidárias para eleições onde o sistema eleitoral a ser aplicado seja o proporcional**. Ou seja, após a EC n. 97/2017 apenas será possível formar coligações para cargos do sistema majoritário (chefes de executivo e senador federal).

3.2 Titularidade de mandato e sistema eleitoral

Nosso ordenamento cria uma distinção entre dois sistemas de apuração de votos, sendo o majoritário (cargos do poder executivo + senador) e proporcional (cargos do poder legislativo – senador).

A ideia trazida pelo sistema majoritário é bastante simples, considerando-se vencedor aquele que venha a obter maioria dos votos (obedecidas as regras de maioria simples ou absoluta, a depender se caso ou não de segundo turno).

No sistema proporcional a ideia é alcançar minorias. E, para tanto, é imperiosa a observância de regras específicas, como o cálculo do quociente eleitoral e partidário para só então apurar quem são os vencedores (maiores detalhes no tópico específico).

Nessa sistemática, é de se verificar que **os candidatos eleitos pelo sistema proporcional beneficiam-se das votações obtidas por siglas** (por exemplo, o eleitor que não sabe em quem votar para um cargo do legislativo, com exceção do senador, e opta por votar na sigla de partido que mais lhe afeiçoe) e também pelos quocientes obtidos pelo partido.

Por essa razão, e outras de digressão mais aprofundada, entende-se que o cargo proporcional (cargos onde se aplica o sistema proporcional de apuração de votos) **pertence ao partido**, e não ao candidato.

3.3 Fidelidade partidária

O art. 22-A da Lei dos Partidos Políticos estabelece quais são as hipóteses consideradas "justas causas" para que o filiado possa vir a trocar de partido sem que isso configure a chamada infidelidade partidária:

> Art. 22-A. Perderá o mandato o detentor de cargo eletivo que se desfiliar, sem justa causa, do partido pelo qual foi eleito.
>
> Parágrafo único. **Consideram-se justa causa para a desfiliação partidária** somente as seguintes hipóteses.
>
> I – mudança substancial ou desvio reiterado do programa partidário;
>
> II – grave discriminação política pessoal;
>
> III – mudança de partido efetuada durante o período de trinta dias que antecede o prazo de filiação exigido em lei para concorrer à eleição, majoritária ou proporcional, ao término do mandato vigente.

Importa destacar que a EC n. 97/2017, ao trazer significativas alterações ao art. 17 da CF, inseriu o § 5º, que, por sua vez, inaugurou nova hipótese a ser considerada justa causa. Vejamos:

> § 5º Ao eleito por partido que não preencher os requisitos previstos no § 3º deste artigo é assegurado o mandato e facultada a filiação, sem perda do mandato, a outro partido que os tenha atingido, não sendo essa filiação considerada para fins de distribuição dos recursos do fundo partidário e de acesso gratuito ao tempo de rádio e de televisão.

A disposição indicando o § 3º tem relação com a cláusula de desempenho que impõe aos partidos cumprir com um número mínimo de deputados eleitos para que tenha acesso ao fundo partidário e ao direito de antena (antes da emenda, basta que houvesse o registro do estatuto em cartório e no TSE).

Importante notar que a redação do § 3º, texto este visível na simples consulta ao art. 17 CF, indica o seguinte "desempenho" mínimo a ser cumprido:

> § 3º Somente terão direito a recursos do fundo partidário e acesso gratuito ao rádio e à televisão, na forma da lei, os partidos políticos que alternativamente:
>
> I – obtiverem, nas eleições para a Câmara dos Deputados, no mínimo, 3% (três por cento) dos votos válidos, distribuídos em pelo menos um terço das unidades da Federação, com um mínimo de 2% (dois por cento) dos votos válidos em cada uma delas; ou
>
> II – tiverem elegido pelo menos quinze Deputados Federais distribuídos em pelo menos um terço das unidades da Federação.

Ocorre que este critério indicado não será adotado de imediato. Explico: o texto da EC n. 97/2017 prevê um escalonamento para o cumprimento deste "desempenho", sendo que o contido na transcrição acima apenas será exigido a contar de 2030. Abaixo o escalonamento proposto pela EC n. 97:

> Art. 3º **O disposto no § 3º do art. 17 da Constituição Federal** quanto ao acesso dos partidos políticos aos recursos do fundo partidário e à propaganda gratuita no rádio e na televisão **aplicar-se-á a partir das eleições de 2030.**
>
> Parágrafo único. Terão acesso aos recursos do fundo partidário e à propaganda gratuita no rádio e na televisão os partidos políticos que:
>
> I – na legislatura seguinte às eleições de 2018:
>
> a) obtiverem, nas eleições para a Câmara dos Deputados, no mínimo, 1,5% (um e meio por cento) dos votos válidos, distribuídos em pelo menos um terço das unidades da Federação, com um mínimo de 1% (um por cento) dos votos válidos em cada uma delas; ou
>
> b) tiverem elegido pelo menos nove Deputados Federais distribuídos em pelo menos um terço das unidades da Federação;
>
> II – na legislatura seguinte às eleições de 2022:
>
> a) obtiverem, nas eleições para a Câmara dos Deputados, no mínimo, 2% (dois por cento) dos votos válidos, distribuídos em pelo menos um terço das unidades da Federação, com um mínimo de 1% (um por cento) dos votos válidos em cada uma delas; ou
>
> b) tiverem elegido pelo menos onze Deputados Federais distribuídos em pelo menos um terço das unidades da Federação;
>
> III – na legislatura seguinte às eleições de 2026:
>
> a) obtiverem, nas eleições para a Câmara dos Deputados, no mínimo, 2,5% (dois e meio por cento) dos votos válidos, distribuídos em pelo menos um terço das unidades da Federação, com um mínimo de 1,5% (um e meio por cento) dos votos válidos em cada uma delas; ou
>
> b) tiverem elegido pelo menos treze Deputados Federais distribuídos em pelo menos um terço das unidades da Federação.

A relevância destas ponderações se dá pelo fato de que a nova hipótese a ser considerada como justa causa (§ 5º do art. 17 da CF) só poderá ser considerada a contar do momento em que aquele parâmetro de desempenho (estabelecido no § 3º do art. 17 da CF) estiver em vigor, ou seja, somente a contar de 2030.

3.4 Criação dos partidos políticos

A CF dispõe que para a criação dos partidos políticos é necessário que haja inicialmente o registro de seu estatuto junto ao cartório de pessoas jurídicas da capital federal, sendo que tal requerimento de registro deve ser acompanhado de pelo menos 101 subscritores (pessoas que assinam), na condição de fundadores, sendo que possuam inscrição eleitoral distribuída em ao menos um terço dos estados. Para este requerimento de registro, obrigatória a apresentação dos seguintes documentos:

a) cópia autenticada da reunião de fundação do partido;

b) exemplares do diário oficial em que foram publicados o inteiro teor, o programa e o estatuto partidário;

c) relação de todos os fundadores (nome completo, naturalidade, número de título eleitoral, zona, seção eleitoral, município e estado, profissão e endereço de residência civil);

d) nome e função dos dirigentes provisórios;

e) endereço da sede do partido na capital federal.

Caráter nacional

Após adquirir personalidade jurídica (como visto acima), é necessário que o partido político busque agora seu registro junto ao TSE. Neste âmbito, deverá se atentar ao fato de que tanto a Constituição como a Lei dos Partidos Políticos lhe impõem a adoção de CARÁTER NACIONAL (art. 17 da CF).

De acordo com o art. 7º, § 1º, da Lei dos Partidos Políticos, para que seja possível demonstrar CARÁTER NACIONAL, será necessário comprovar:

a) Apoiamento de eleitores não filiados a partido político (a outros partidos);

b) Correspondente a, pelo menos, 0,5% dos votos válidos dados na última eleição geral para a câmara dos deputados;

c) Distribuição desses apoiadores em pelo menos um terço, ou mais, dos estados;

d) Mínimo de 0,1% do eleitorado que haja votado em cada um desses estados.

3.5 Fundo partidário e fundo de financiamento de campanha

O Fundo Especial de Assistência Financeira aos Partidos Políticos (Fundo Partidário) é destinado à manutenção das sedes e serviços do partido, na propaganda doutrinária (ideológica) e política, no alistamento e campanhas eleitorais, na criação e manutenção de instituto ou fundação de pesquisa, despesas envolvendo a pesquisa (política, doutrinária) e despesas gerais envolvendo alimentação.

O fundo é composto por multas e penalidades pecuniárias, recursos financeiros destinados por lei, doações e dotação orçamentária da União, que não poderá ser inferior a cada ano ao número correspondente de eleitores até 31-12 do ano anterior multiplicado por R$ 0,35 (parâmetro fixado em agosto de 1995 e atualizado anualmente pelo IGPDI).

O valor total arrecadado obedece a uma distribuição equivalente à distribuição de 5% dividido em partes iguais e 95% distribuídos aos partidos na proporção dos votos obtidos na última eleição geral para a Câmara dos Deputados (não consideradas as mudanças de filiação partidária em qualquer das hipóteses admitidas).

Após a distribuição do Fundo, cabe ao partido organizar a forma como será distribuído internamente, devendo apenas observar os limites de até 50% ao órgão nacional e até 60% para cada órgão estadual e municipal.

3.6 Questões

1. **(FCC – TER-AM)** A respeito da criação e do registro dos Partidos Políticos, considere:

I. O partido político que já tenha adquirido personalidade jurídica através do registro no cartório competente do Registro Civil e das Pessoas Jurídicas da Capital Federal poderá participar do processo eleitoral, ter acesso gratuito ao rádio e à televisão, mas não receberá recursos do Fundo Partidário.

II. Só é admitido o registro do estatuto de partido político que tenha caráter nacional.

III. O registro do estatuto no Tribunal Superior Eleitoral assegura a exclusividade da sua denominação, sigla e símbolos.

IV. O requerimento de registro de partido político, dirigido ao cartório competente do Registro Civil e das Pessoas Jurídicas, da Capital Federal, deve ser subscrito pelos seus fundadores, em número nunca inferior a cento e um, com domicílio eleitoral em, no mínimo, um terço dos Estados.

Está correto o que se afirma APENAS em:

A) II, III e IV.
B) I, II e IV.
C) I, II e III.
D) I e IV.
E) II e III.

↳ **Resolução:**

I. *Incorreto.* Só o partido que tenha registrado seu estatuto no Tribunal Superior Eleitoral pode participar do processo eleitoral, receber recursos do Fundo Partidário e ter acesso gratuito ao rádio e à televisão – art. 7º, § 2º, da Lei n. 9.096/95.

II. *Correto.* Art. 7º, § 1º, da Lei n. 9.096/95.
III. *Correto.* Art. 7º, § 3º, da Lei n. 9.096/95.
IV. *Correto.* Art. 8º da Lei n. 9.096/95.

↗ **Gabarito: "A".**

2. (CESPE – TER-GO) Acerca dos partidos políticos, é correto afirmar que:

A) têm autonomia para escolher livremente seus candidatos, mas não para estabelecer as regras relativas à estrutura, organização e disciplina que regem as agremiações partidárias.

B) podem requerer a exclusão de qualquer eleitor inscrito ilegalmente e assumir a defesa do eleitor cuja exclusão esteja sendo promovida.

C) após adquirirem personalidade jurídica, na forma da lei civil, registrarão seus estatutos no Tribunal Regional Eleitoral do estado em que estão sediados.

D) têm direito a recursos do fundo partidário, bem como a propaganda gratuita no rádio, televisão, jornais e revistas impressas.

↘ **Resolução:**

A) *Incorreta.* Art. 3º da Lei n. 9.096/95.
B) *Correta.* Art. 66, II, do CE c/c o art. 27, II, da Res. 21.538/2003 do TSE.
C) *Incorreta.* O registro deve ser feito junto ao TSE – art. 7º da Lei n. 9.096/95.
D) *Incorreta.* Só tem direito o partido registrado junto ao TSE – art. 7º, § 2º, da Lei n. 9.096/95.

↗ **Gabarito: "B".**

3. (FCC – TER-SP) Clodoaldo é detentor do mandato de Vereador, tendo sido eleito pelo partido político A, ao qual era filiado. Ocorre que, em razão de ter sofrido grave discriminação política pessoal, desfiliou-se do referido partido. Clodoaldo:

A) perderá o mandato apenas se a desfiliação partidária ocorrer durante os dois primeiros anos de seu mandato.

B) perderá o mandato, pois o motivo referido não caracteriza justa causa para a desfiliação partidária.

C) não perderá o mandato, pois a desfiliação partidária independe de justa causa para ocorrer.

D) perderá o mandato, ainda que caracterizada a justa causa para a desfiliação partidária.

E) não perderá o mandato, pois o motivo referido caracteriza justa causa para a desfiliação partidária.

↘ **Resolução:**

De fato, a única alternativa correta é apresentada pelo art. 22-A, Lei dos Partidos Políticos. Isto porque dispõe que perderá o mandato o detentor de cargo eletivo que se desfiliar, sem justa causa, do partido pelo qual foi eleito. No entanto, a Lei n. 13.165/2015 alterou o dispositivo, especialmente quanto às chamadas justas causas à desfiliação partidária (sem que isso resulte em infidelidade partidária). O parágrafo único do mesmo dispositivo considera como justa causa, atualmente, apenas: I – mudança substancial ou desvio reiterado do programa partidário; II – grave discriminação política pessoal; e III – mudança de partido efetuada durante o período de trinta dias que antecede o prazo de filiação (6 meses) exigido em lei para concorrer à eleição, majoritária ou proporcional, ao término do mandato vigente.

↗ **Gabarito: "E".**

4. JUSTIÇA ELEITORAL E MINISTÉRIO PÚBLICO ELEITORAL

Integrante do Poder Judiciário, a justiça eleitoral desenvolve sua função jurisdicional (função típica) sobre todo o processo eleitoral (do alistamento até a diplomação dos eleitos – excepcionalmente, também após a diplomação – art. 14, §§ 10 e 11, da CF – Ação de Impugnação do Mandato Eletivo).

Mnemônico:

AIME – AÇÃO DE IMPUGNAÇÃO DO MANDATO ELETIVO

O mandato eletivo poderá ser impugnado ante a Justiça Eleitoral no prazo de quinze dias contados da diplomação, instruída a ação com provas de abuso do poder econômico, corrupção ou fraude.

Tramitação se dará em segredo de justiça.

Autor responderá, na forma da lei, se temerária ou de manifesta má fé (a ação proposta).

Funções da Justiça Eleitoral

a) Funções típicas

- Jurisdicional (ações, recursos, impugnações etc.).

b) Funções atípicas

- Regulamentar/Normativa (Resoluções);
- Executiva/ Administrativa (expedição de títulos, organização das eleições etc.);
- Consultiva (natureza não vinculativa; doutrinária, elaborada e respondida em hipótese, nunca no caso concreto).

Dispõe a Súmula 35 do TSE: "Não é cabível reclamação para arguir o descumprimento de resposta a consulta ou de ato normativo do Tribunal Superior Eleitoral".

Órgãos da justiça a eleitoral:

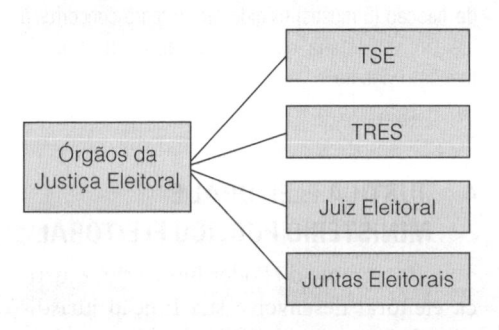

```
                    ┌── TSE
Órgãos da          ├── TRES
Justiça Eleitoral ─┤
                   ├── Juiz Eleitoral
                   └── Juntas Eleitorais
```

4.1 Tribunal Superior Eleitoral – TSE

O TSE possui composição definida pelo art. 119 da CF, sendo ao menos 7 membros, escolhidos mediante eleição (voto secreto) e nomeação do presidente da república (aos oriundos da advocacia).

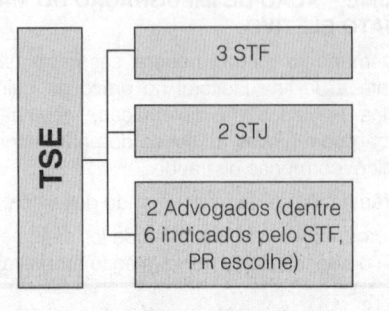

```
        ┌── 3 STF
TSE ────┼── 2 STJ
        └── 2 Advogados (dentre
            6 indicados pelo STF,
            PR escolhe)
```

Acerca da composição, podemos ainda esclarecer que o TSE elegerá seu Presidente e Vice-presidente dentre os ministros do STF. Por sua vez, o Corregedor Eleitoral será escolhido dentre os ministros do STJ.

As decisões proferidas pelos TSE serão irrecorríveis, salvo se contrariarem a própria CF e as decisões que envolvam a denegatória de *habeas corpus* ou mandado de segurança.

Competências do TSE

As competências do Tribunal Superior Eleitoral estão estabelecidas nos arts. 22 e 23 do Código Eleitoral, respectivamente, competências de natureza jurisdicional e não jurisdicional (administrativa, normativa e consultiva). São elas:

Art. 22. Compete ao Tribunal Superior:
Competências de natureza jurisdicional
I – Processar e julgar originariamente:
a) o registro e a cassação de registro de partidos políticos, dos seus diretórios nacionais e de candidatos à Presidência e vice-presidência da República;
b) os conflitos de jurisdição entre Tribunais Regionais e juízes eleitorais de Estados diferentes;
c) a suspeição ou impedimento aos seus membros, ao Procurador Geral e aos funcionários da sua Secretaria;
d) os crimes eleitorais e os comuns que lhes forem conexos cometidos pelos seus próprios juízes e pelos juízes dos Tribunais Regionais;
e) o *habeas corpus* ou mandado de segurança, em matéria eleitoral, relativos a atos do Presidente da República, dos Ministros de Estado e dos Tribunais Regionais; ou, ainda, o *habeas corpus*, quando houver perigo de se consumar a violência antes que o juiz competente possa prover sobre a impetração; (Vide suspensão de execução pela RSF n. 132, de 1984.)
f) as reclamações relativas a obrigações impostas por lei aos partidos políticos, quanto à sua contabilidade e à apuração da origem dos seus recursos;

Art. 22. Compete ao Tribunal Superior:
Competências de natureza jurisdicional
g) as impugnações à apuração do resultado geral, proclamação dos eleitos e expedição de diploma na eleição de Presidente e Vice-Presidente da República;
II – **julgar os recursos interpostos das decisões dos Tribunais Regionais nos termos do art. 276 inclusive os que versarem matéria administrativa. Parágrafo único. As decisões do Tribunal Superior são irrecorríveis, salvo nos casos do art. 281*.**
* Art. 281. São irrecorríveis as decisões do Tribunal Superior, **salvo as que declararem a invalidade de lei ou ato contrário à Constituição Federal e as denegatórias de *habeas corpus* ou mandado de segurança**, das quais caberá recurso ordinário para o Supremo Tribunal Federal, interposto no prazo de 3 (três) dias. § 1º Juntada a petição nas 48 (quarenta e oito) horas seguintes, os autos serão conclusos ao presidente do Tribunal, que, no mesmo prazo, proferirá despacho fundamentado, admitindo ou não o recurso. § 2º Admitido o recurso será aberta vista dos autos ao recorrido para que, dentro de 3 (três) dias, apresente as suas razões. § 3º Findo esse prazo os autos serão remetidos ao Supremo Tribunal Federal.

Art. 23. Compete, ainda, privativamente, ao Tribunal Superior:	
Competências de Natureza não jurisdicional	Natureza
I – elaborar o seu regimento interno;	Administrativa
II – organizar a sua Secretaria e a Corregedoria Geral, propondo ao Congresso Nacional a criação ou extinção dos cargos administrativos e a fixação dos respectivos vencimentos, provendo-os na forma da lei;	Administrativa
III – conceder aos seus membros licença e férias assim como afastamento do exercício dos cargos efetivos;	Administrativa
IV – aprovar o afastamento do exercício dos cargos efetivos dos juízes dos Tribunais Regionais Eleitorais;	Administrativa
V – propor a criação de Tribunal Regional na sede de qualquer dos Territórios;	Administrativa
VI – propor ao Poder Legislativo o aumento do número dos juízes de qualquer Tribunal Eleitoral, indicando a forma desse aumento;	Administrativa
VII – fixar as datas para as eleições de Presidente e Vice-Presidente da República, senadores e deputados federais, quando não o tiverem sido por lei:	Administrativa
VIII – aprovar a divisão dos Estados em zonas eleitorais ou a criação de novas zonas;	Administrativa
IX – expedir as instruções que julgar convenientes à execução deste Código;	**Normativa**
X – fixar a diária do Corregedor Geral, dos Corregedores Regionais e auxiliares em diligência fora da sede;	Administrativa
XI – enviar ao Presidente da República a lista tríplice organizada pelos Tribunais de Justiça nos termos do art. 25;	Administrativa

Art. 23. Compete, ainda, privativamente, ao Tribunal Superior:	
Competências de Natureza não jurisdicional	Natureza
XII – responder, sobre matéria eleitoral, às consultas que lhe forem feitas em tese por autoridade com jurisdição, federal ou órgão nacional de partido político;	Consultiva
XIII – autorizar a contagem dos votos pelas mesas receptoras nos Estados em que essa providência for solicitada pelo Tribunal Regional respectivo;	Administrativa
XIV – requisitar a força federal necessária ao cumprimento da lei, de suas próprias decisões ou das decisões dos Tribunais Regionais que o solicitarem, e para garantir a votação e a apuração;	Administrativa
XV – organizar e divulgar a Súmula de sua jurisprudência;	Administrativa
XVI – requisitar funcionários da União e do Distrito Federal quando o exigir o acúmulo ocasional do serviço de sua Secretaria;	Administrativa
XVII – publicar um boletim eleitoral;	Administrativa
XVIII – tomar quaisquer outras providências que julgar convenientes à execução da legislação eleitoral.	Administrativa

4.2 Tribunal Regional Eleitoral – TRE

Em cada estado da federação, mais o Distrito Federal, haverá um Tribunal Regional Eleitoral (diferentemente dos TRFs, que abarcam de fato uma região, os TREs estarão localizados um por estado).

Somente caberá recurso, das decisões proferidas pelos TREs, quando:

a) decisão proferida de forma contrária à expressa disposição da CF ou da lei.
b) existir divergência na interpretação da lei entre dois ou mais TREs.
c) versarem sobre inelegibilidade ou expedição de diplomas nas eleições federais ou estaduais;
d) anularem diplomas ou decretarem a perda de mandatos eletivos federais ou estaduais;
e) denegarem *habeas corpus*, mandado de segurança, *habeas data* ou mandado de injunção.

Os Tribunais Regionais Eleitorais serão compostos da seguinte forma (art. 120, § 1º, CF):

I – mediante eleição, pelo voto secreto:

a) de dois juízes dentre os desembargadores do Tribunal de Justiça;

b) de dois juízes, dentre juízes de direito, escolhidos pelo Tribunal de Justiça;

II – de um juiz do Tribunal Regional Federal com sede na Capital do Estado ou no Distrito Federal, ou, não havendo, de juiz federal, escolhido, em qualquer caso, pelo Tribunal Regional Federal respectivo;

III – por nomeação, pelo Presidente da República, de dois juízes dentre seis advogados de notável saber jurídico e idoneidade moral, indicados pelo Tribunal de Justiça.

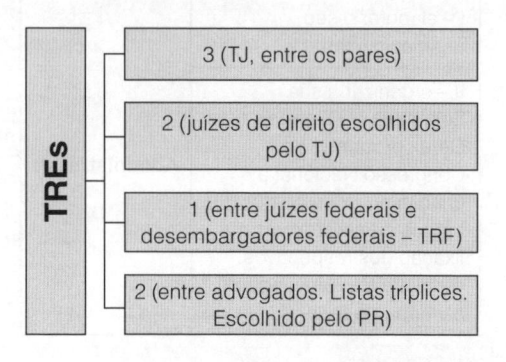

TREs:
- 3 (TJ, entre os pares)
- 2 (juízes de direito escolhidos pelo TJ)
- 1 (entre juízes federais e desembargadores federais – TRF)
- 2 (entre advogados. Listas tríplices. Escolhido pelo PR)

Competência dos TREs

Da mesma forma, os Tribunais Regionais Eleitorais também possuem sua competência definida pelo Código Eleitoral nos arts. 29 e 30. São elas:

Art. 29. Compete aos Tribunais Regionais:
Competências de natureza jurisdicional
I – processar e julgar originariamente: a) o registro e o cancelamento do registro dos diretórios estaduais e municipais de partidos políticos, bem como de candidatos a Governador, Vice-Governadores, e membro do Congresso Nacional e das Assembleias Legislativas; b) os conflitos de jurisdição entre juízes eleitorais do respectivo Estado; c) a suspeição ou impedimentos aos seus membros ao Procurador Regional e aos funcionários da sua Secretaria assim como aos juízes e escrivães eleitorais; d) os crimes eleitorais cometidos pelos juízes eleitorais; e) o *habeas corpus* ou mandado de segurança, em matéria eleitoral, contra ato de autoridades que respondam perante os Tribunais de Justiça por crime de responsabilidade e, em grau de recurso, os denegados ou concedidos pelos juízes eleitorais; ou, ainda, o *habeas corpus* quando houver perigo de se consumar a violência antes que o juiz competente possa prover sobre a impetração; f) as reclamações relativas a obrigações impostas por lei aos partidos políticos, quanto a sua contabilidade e à apuração da origem dos seus recursos; g) os pedidos de desaforamento dos feitos não decididos pelos juízes eleitorais em trinta dias da sua conclusão para julgamento, formulados por partido candidato Ministério Público ou parte legitimamente interessada sem prejuízo das sanções decorrentes do excesso de prazo.
II – julgar os recursos interpostos: a) dos atos e das decisões proferidas pelos juízes e juntas eleitorais. b) das decisões dos juízes eleitorais que concederem ou denegarem *habeas corpus* ou mandado de segurança. **Parágrafo único.** As decisões dos Tribunais Regionais são irrecorríveis, salvo nos casos do art. 276.

Art. 30. Compete, ainda, privativamente, aos Tribunais Regionais:	
Competência de natureza não jurisdicional	Natureza
I – elaborar o seu regimento interno;	Administrativa
II – organizar a sua Secretaria e a Corregedoria Regional provendo-lhes os cargos na forma da lei, e propor ao Congresso Nacional, por intermédio do Tribunal Superior a criação ou supressão de cargos e a fixação dos respectivos vencimentos;	
III – conceder aos seus membros e aos juízes eleitorais licença e férias, assim como afastamento do exercício dos cargos efetivos submetendo, quanto aqueles, a decisão à aprovação do Tribunal Superior Eleitoral;	
IV – fixar a data das eleições de Governador e Vice-Governador, deputados estaduais, prefeitos, vice-prefeitos, vereadores e juízes de paz, quando não determinada por disposição constitucional ou legal;	
V – constituir as juntas eleitorais e designar a respectiva sede e jurisdição;	
VI – indicar ao tribunal Superior as zonas eleitorais ou seções em que a contagem dos votos deva ser feita pela mesa receptora;	
VII – apurar com os resultados parciais enviados pelas juntas eleitorais, os resultados finais das eleições de Governador e Vice-Governador de membros do Congresso Nacional e expedir os respectivos diplomas, remetendo dentro do prazo de 10 (dez) dias após a diplomação, ao Tribunal Superior, cópia das atas de seus trabalhos;	

Art. 30. Compete, ainda, privativamente, aos Tribunais Regionais:	
Competência de natureza não jurisdicional	Natureza
VIII – responder, sobre matéria eleitoral, às consultas que lhe forem feitas, em tese, por autoridade pública ou partido político;	Consultiva
IX – dividir a respectiva circunscrição em zonas eleitorais, submetendo essa divisão, assim como a criação de novas zonas, à aprovação do Tribunal Superior;	Administrativa
X – aprovar a designação do Ofício de Justiça que deva responder pela escrivania eleitoral durante o biênio;	Administrativa
XII – requisitar a força necessária ao cumprimento de suas decisões solicitar ao Tribunal Superior a requisição de força federal;	Administrativa
XIII – autorizar, no Distrito Federal e nas capitais dos Estados, ao seu presidente e, no interior, aos juízes eleitorais, a requisição de funcionários federais, estaduais ou municipais para auxiliarem os escrivães eleitorais, quando o exigir o acúmulo ocasional do serviço;	Administrativa
XIV – requisitar funcionários da União e, ainda, no Distrito Federal e em cada Estado ou Território, funcionários dos respectivos quadros administrativos, no caso de acúmulo ocasional de serviço de suas Secretarias;	Administrativa
XV – aplicar as penas disciplinares de advertência e de suspensão até 30 (trinta) dias aos juízes eleitorais;	Administrativa
XVI – cumprir e fazer cumprir as decisões e instruções do Tribunal Superior;	Administrativa

Art. 30. Compete, ainda, privativamente, aos Tribunais Regionais:	
Competência de natureza não jurisdicional	Natureza
XVII – determinar, em caso de urgência, providências para a execução da lei na respectiva circunscrição;	Administrativa
XVIII – organizar o fichário dos eleitores do Estado;	Administrativa
XIX – suprimir os mapas parciais de apuração mandando utilizar apenas os boletins e os mapas totalizadores, desde que o menor número de candidatos às eleições proporcionais justifique a supressão, observadas as seguintes normas: a) qualquer candidato ou partido poderá requerer ao Tribunal Regional que suprima a exigência dos mapas parciais de apuração; b) da decisão do Tribunal Regional qualquer candidato ou partido poderá, no prazo de três dias, recorrer para o Tribunal Superior, que decidirá em cinco dias; c) a supressão dos mapas parciais de apuração só será admitida até seis meses antes da data da eleição; d) os boletins e mapas de apuração serão impressos pelos Tribunais Regionais, depois de aprovados pelo Tribunal Superior; e) o Tribunal Regional ouvira os partidos na elaboração dos modelos dos boletins e mapas de apuração a fim de que estes atendam às peculiaridades locais, encaminhando os modelos que aprovar, acompanhados das sugestões ou impugnações formuladas pelos partidos, à decisão do Tribunal Superior.	Administrativa

4.3 Juízes Eleitorais

São juízes de carreira (juiz estadual), escolhidos pelo Tribunal Regional Eleitoral correspondente. Da mesma forma como os juízes dos tribunais eleitorais, também funcionarão por um biênio, permitindo-se única recondução (salvo na hipótese de vara única, onde será possível a atuação por período maior).

A atuação precípua se dá em âmbito das eleições municipais, sendo que suas competências estão estabelecidas no **art. 35 do Código Eleitoral**:

> I – cumprir e fazer cumprir as decisões e determinações do Tribunal Superior e do Regional;
>
> II – processar e julgar os crimes eleitorais e os comuns que lhe forem conexos, ressalvada a competência originária do Tribunal Superior e dos Tribunais Regionais;
>
> III – decidir *habeas corpus* e mandado de segurança, em matéria eleitoral, desde que essa competência não esteja atribuída privativamente a instância superior;
>
> IV – fazer as diligências que julgar necessárias a ordem e presteza do serviço eleitoral;
>
> V – tomar conhecimento das reclamações que lhe forem feitas verbalmente ou por escrito, reduzindo-as a termo, e determinando as providências que cada caso exigir;
>
> VI – indicar, para aprovação do Tribunal Regional, a serventia de justiça que deve ter o anexo da escrivania eleitoral;
>
> VIII – dirigir os processos eleitorais e determinar a inscrição e a exclusão de eleitores;
>
> IX – expedir títulos eleitorais e conceder transferência de eleitor;
>
> X – dividir a zona em seções eleitorais;
>
> XI – mandar organizar, em ordem alfabética, relação dos eleitores de cada seção, para remessa a mesa receptora, juntamente com a pasta das folhas individuais de votação;
>
> XII – ordenar o registro e cassação do registro dos candidatos aos cargos eletivos municipais e comunicá-los ao Tribunal Regional;
>
> XIII – designar, até 60 (sessenta) dias antes das eleições os locais das seções;
>
> XIV – nomear, 60 (sessenta) dias antes da eleição, em audiência pública anunciada com pelo menos 5 (cinco) dias de antecedência, os membros das mesas receptoras;
>
> XV – instruir os membros das mesas receptoras sobre as suas funções;
>
> XVI – providenciar para a solução das ocorrências que se verificarem nas mesas receptoras;
>
> XVII – tomar todas as providências ao seu alcance para evitar os atos viciosos das eleições;
>
> XVIII – fornecer aos que não votaram por motivo justificado e aos não alistados, por dispensados do alistamento, um certificado que os isente das sanções legais;
>
> XIX – comunicar, até às 12 horas do dia seguinte a realização da eleição, ao Tribunal Regional e aos delegados de partidos credenciados, o número de eleitores que votarem em cada uma das seções da zona sob sua jurisdição, bem como o total de votantes da zona.

4.4 Juntas Eleitorais

As juntas eleitorais serão compostas, sempre, por pelo menos um juiz de direito (que não necessariamente será o juiz eleitoral), na condição de presidente, e de 2 ou 4 cidadãos de notória idoneidade, escolhidos pelo juiz eleitoral.

Deverão ser nomeados até 60 dias antes das eleições, após aprovação do TRE correspondente (através de seu presidente), que designará a sede em que deverá ser instalada.

A nomeação dos nomes que comporão a junta deverão ser publicados (10 dias antes da nomeação) pelo órgão oficial do Estado para que, no prazo de 3 dias, possam os partidos impugnar, de forma fundamentada, as indicações.

Para fins de se evitar indevidas influências, não poderão ser nomeados como membros das Juntas Eleitorais, escrutinadores ou auxiliares (art. 36, § 3º, do CE):

I – os candidatos e seus parentes, ainda que por afinidade, até o segundo grau, inclusive, e bem assim o cônjuge;

II – os membros de diretorias de partidos políticos devidamente registrados e cujos nomes tenham sido oficialmente publicados;

III – as autoridades e agentes policiais, bem como os funcionários no desempenho de cargos de confiança do Executivo;

IV – os que pertencerem ao serviço eleitoral.

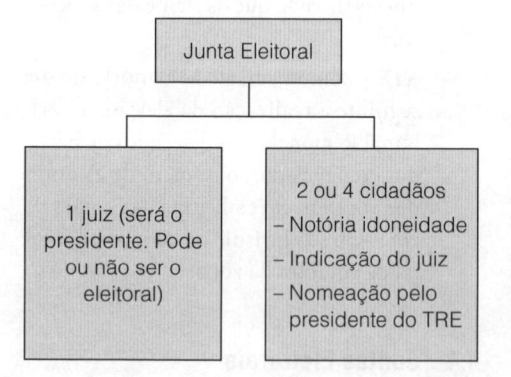

```
                    Junta Eleitoral
                   /              \
   1 juiz (será o              2 ou 4 cidadãos
   presidente. Pode            – Notória idoneidade
   ou não ser o                – Indicação do juiz
   eleitoral)                  – Nomeação pelo
                                 presidente do TRE
```

Competências da Junta Eleitoral

Compete à Junta Eleitoral a atuação nas seguintes situações (art. 40 do CE):

I – apurar, no prazo de 10 (dez) dias, as eleições realizadas nas zonas eleitorais sob a sua jurisdição;

II – resolver as impugnações e demais incidentes verificados durante os trabalhos da contagem e da apuração;

III – expedir os boletins de apuração;

IV – expedir diploma aos eleitos para cargos municipais.

Garantias aos juízes

Os juízes dos tribunais eleitorais atuarão, salvo motivo justificado, por biênios (dois anos), sendo permitida uma única recondução consecutiva. Aos juízes, bem como aos membros dos tribunais, os integrantes das juntas eleitorais, no exercício de suas funções, e no que lhes for aplicável, gozarão de plenas garantias (art. 95 da CF) e serão inamovíveis.

Ressalte-se que, quanto aos juízes dos tribunais oriundos da advocacia, não serão observadas as garantias da vitaliciedade, já que considerada a perenidade que desempenhará suas funções de natureza jurisdicional.

> **IMPORTANTE**
>
> O juiz de tribunal eleitoral, oriundo da advocacia, não terá sua inscrição cancelada por incompatibilidade, já que lhe é permitido advogar. No entanto, deve ser respeitada a restrição de que não poderá atuar perante o tribunal que funcione como juiz.

Vitaliciedade	Inamovibilidade	Irredutibilidade de Subsídios
• Art. 95, I, CF • Após 2 anos • Após só perderá o cargo por Sentença Transitada em julgado	• Art. 95, II, CF • Salvo interesse público, na forma do art. 93, VIII, CF (deliberação por maioria absoluta do Tribunal ou CNJ)	• Art. 95, III, CF • Forma de garantir segurança ao julgador. Inviabilizar "pressão".

4.5 Ministério Público Eleitoral

O Ministério Público, órgão permanente, exerce função essencial à justiça, defendendo a ordem jurídica, o regime democrático e os interesses sociais e individuais indisponíveis (art. 127 da CF). Neste mesmo sentido, o MP é órgão permanente.

> **ATENÇÃO**
>
> **Fundamento do Ministério Público Eleitoral:**
> - LC n. 75/93 (Lei Orgânica do MPU) + Código Eleitoral.
> - Art. 18 do CE.

Algumas outras atribuições do Ministério Público Eleitoral que podem ser sintetizadas:

a) fiscalizar o exercício da propaganda política;

b) ajuizar ação de investigação judicial eleitoral; ação de impugnação ao mandato elevo; e recurso contra diplomação;

c) impugnar atuação de mesário, fiscal ou delegado de partido político;

d) fiscalizar a entrega das urnas de votação;

e) fiscalizar a instalação de junta eleitoral;

f) acompanhar apuração dos votos;

g) fiscalizar a expedição dos diplomas eleitorais;

h) promover ação penal eleitoral;

4.6 Princípios institucionais do MPE

São princípios institucionais do Ministério Público Eleitoral (art. 127, § 1º, da CF):

a) Unidade;

b) Indivisibilidade;

c) Independência funcional.

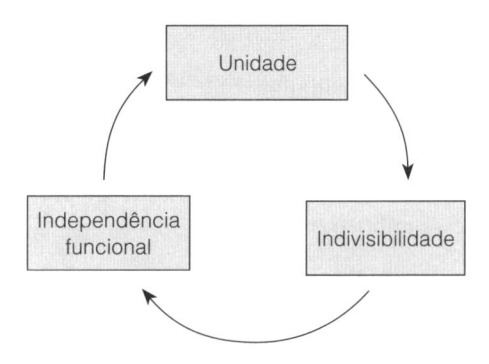

Embora a função do **MP Eleitoral** seja prevista no ordenamento jurídico brasileiro, não há um corpo próprio de membros destinados com exclusividade à atuação eleitoral, mas sim, cabe ao MPU (Ministério Público da União) e ao MPE (Ministério Público dos Estados) cumprir e exercer tal função (o MPE, por meio do princípio da federalização e da delegação).

Princípio da federalização	Compreende o exercício da função eleitoral a ser desempenhada pelo MPF (arts. 37, I, e 72 da LC n. 75/93).
Princípio da delegação	Compreende a possibilidade de delegação das funções eleitorais aos promotores de justiça (MPE) na atuação perante os juízes eleitorais de 1º grau (art. 79 da LC n. 75/93), dado o grande número de zonas eleitorais em todo o país.

4.7 Garantias constitucionais

De modo a garantir a atuação do membro do MP eleitoral (com fundamento na federalização ou delegação), a Constituição Federal estabeleceu direitos/garantias semelhantes àquelas inerentes à magistratura. São elas:

a) Inamovibilidade

Salvo por promoção aceita, remoção a pedido, ou em virtude de decisão do tribunal competente, diante do interesse público.

b) Irredutibilidade de subsídios

A irredutibilidade de subsídio, também uma garantia constitucional, veda que os subsídios dos membros do ministério público, nominalmente, sejam reduzidos.

c) Vitaliciedade (após 2 anos de exercício da função)

Adquirida após 2 anos de efetivo exercício no cargo. Assegura que o membro do ministério público somente pode vir a perder seu cargo em razão de sentença judicial com trânsito em julgado (antes do vitaliciamento, é possível que se dê pelo colegiado do órgão competente da instituição).

4.8 Organização do Ministério Público Eleitoral

O MPE será organizado conforme quadro abaixo:

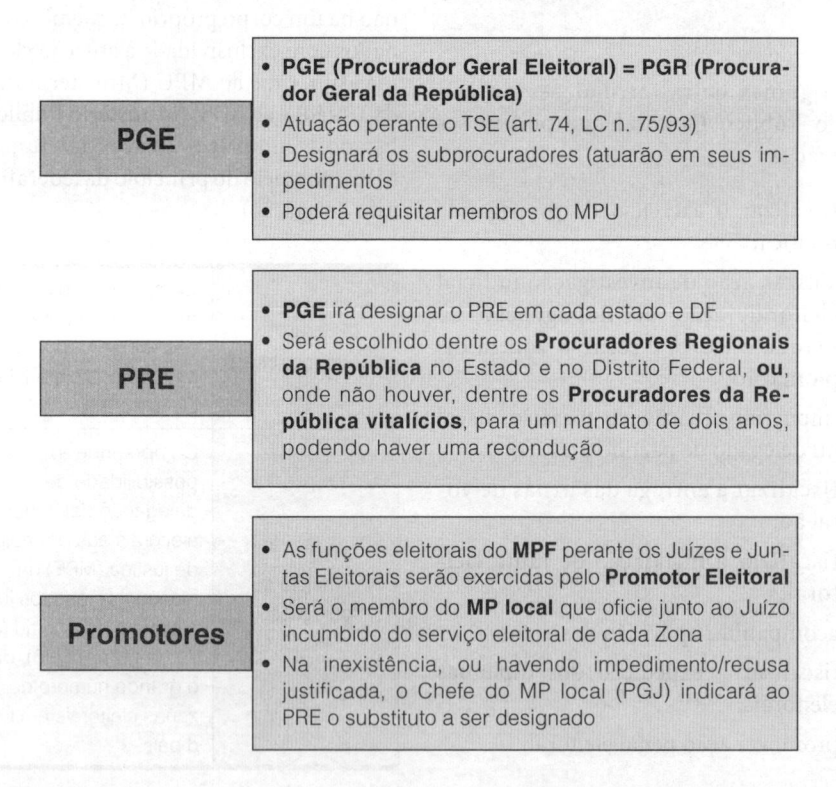

PGE
- **PGE (Procurador Geral Eleitoral) = PGR (Procurador Geral da República)**
- Atuação perante o TSE (art. 74, LC n. 75/93)
- Designará os subprocuradores (atuarão em seus impedimentos)
- Poderá requisitar membros do MPU

PRE
- **PGE** irá designar o PRE em cada estado e DF
- Será escolhido dentre os **Procuradores Regionais da República** no Estado e no Distrito Federal, **ou**, onde não houver, dentre os **Procuradores da República vitalícios**, para um mandato de dois anos, podendo haver uma recondução

Promotores
- As funções eleitorais do **MPF** perante os Juízes e Juntas Eleitorais serão exercidas pelo **Promotor Eleitoral**
- Será o membro do **MP local** que oficie junto ao Juízo incumbido do serviço eleitoral de cada Zona
- Na inexistência, ou havendo impedimento/recusa justificada, o Chefe do MP local (PGJ) indicará ao PRE o substituto a ser designado

4.9 Procurador Geral Eleitoral

Exercerá as funções de **Procurador Geral Eleitoral**, junto ao Tribunal Superior Eleitoral, o Procurador Geral da República, funcionando, em suas faltas e impedimentos, seu substituto legal.

O PGE poderá designar outros membros do Ministério Público da União, com exercício no Distrito Federal, e sem prejuízo das respectivas funções, para auxiliá-lo junto ao Tribunal Superior Eleitoral, onde não poderão ter assento.

Incumbe ao PGE dirimir conflitos de atribuição entre os membros do MP Eleitoral, sendo também de sua incumbência designar o **PRE** em cada estado e DF. Além das atribuições acima indicadas, o art. 24 do Código Eleitoral também estabelece que compete ao PGE, como chefe do Ministério Público Eleitoral:

I – assistir às sessões do Tribunal Superior e tomar parte nas discussões;

II – exercer a ação pública e promovê-la até final, em todos os feitos de competência originária do Tribunal;

III – oficiar em todos os recursos encaminhados ao Tribunal;

IV – manifestar-se, por escrito ou oralmente, em todos os assuntos submetidos à deliberação do Tribunal, quando solicitada sua audiência por qualquer dos juízes, ou por iniciava sua, se entender necessário;

V – defender a jurisdição do Tribunal;

VI – representar ao Tribunal sobre a fiel observância das leis eleitorais, especialmente quanto à sua aplicação uniforme em todo o País;

VII – requisitar diligências, certidões e esclarecimentos necessários ao desempenho de suas atribuições;

VIII – expedir instruções aos órgãos do Ministério Público junto aos Tribunais Regionais;

IX – acompanhar, quando solicitado, o Corregedor Geral, pessoalmente ou por intermédio de Procurador que designe, nas diligências a serem realizadas.

4.10 Procurador Regional Eleitoral

Perante os Tribunais Regionais Eleitorais a função de MPE será exercida pelos Procuradores Regionais Eleitorais (PREs) ou, onde não houver, pelos Procuradores da República vitalícios.

Os PREs serão escolhidos pelo Procurador Geral Eleitoral (conforme tratado anteriormente), para mandato de 2 anos (admitida uma recondução). Este mandato do PRE poderá ser interrompido caso haja manifestação por maioria absoluta, neste sentido pelo Conselho Superior do Ministério Público Federal.

4.11 Promotor Eleitoral

A função do MPF perante os juízes e juntas eleitorais serão exercidas pelo Promotor Eleitoral, que será o membro do MP local que oficie junto ao Juízo incumbido do serviço eleitoral de cada zona eleitoral. Na inexistência, ou havendo impedimento/recusa justificada, o chefe do MP estadual local (PGJ – Procurador Geral de Justiça) indicará ao PRE (Procurador Regional Eleitoral) o substituto a ser designado a atuar.

Funções eleitorais do MPF (art. 72 da LC n. 75/93):

- Exercer, no que couber, as funções de MP;
- Atuação em todas as fases e instâncias do processo eleitoral;
- Legitimação para propor:
a) Ações para declarar ou decretar a nulidade de negócio ou ato jurídico da Administração Pública;
b) Remediar a influência do poder econômico e político;
c) Proteger a normalidade das eleições;
d) Impugnar o Pedido de Registro de Candidatura (AIRCan) indicando a ocorrência de inelegibilidade.

> **IMPORTANTE**
> O MPE tem legitimidade para recorrer nos processos que versem sobre a Lei de Eleições, mesmo nos casos em que não tenha sido autor da representação.

Membro do MP pode ser filiado?

a) Antes de 1988 (EC n. 45/2004)

- Sim, apenas impede o desempenho de funções eleitorais por até 2 anos após o cancelamento (desfiliação).
- Não poderá impugnar o registro de candidato o representante do Ministério Público que, nos 4 (quatro) anos anteriores, tenha disputado cargo eletivo, integrado diretório de partido ou exercido atividade político-partidária (art. 3º, § 2º, da LC n. 64/90).

b) Depois de 1988 (EC n. 45/2004)

A EC n. 45/2004, dentre outras importantes alterações trazidas ao texto constitucional, trouxe a vedação expressa (art. 128, § 5º, II, *e*, da CF) da atividade político-partidária. No entanto, o art. 29, § 3º, da ADCT, dispõe necessária observância quanto ao regime a ser adotado acerca das garantias, vantagens dos membros ingressantes antes da EC n. 45/2004.

Com a edição da Resolução CNPM n. 5/2006, especificamente em seu art. 1º, restou expressamente proibido o exercício de atividade político-partidária para todos os membros que ingressaram na carreira após a entrada em vigor da referida Emenda. Resumidamente, restou estabelecida a seguinte regra:

ANTES DA EC n. 45/2004	APÓS A EC n. 45/2004
Podem exercer atividade político-partidária.	Não podem exercer atividade político-partidária.
Se optantes pelo regime anterior, os membros ficarão impedidos de exercerem as funções eleitorais do Ministério Público desde a filiação ao partido político até dois anos do seu cancelamento (art. 80 da LC n. 75/93).	

> **IMPORTANTE**
>
> **Inquérito Civil Público em Matéria Eleitoral, é possível?**
>
> **Resposta:** O art. 105-A da Lei das Eleições (Lei n. 9504/97) dispõe expressamente que não são aplicáveis, em matéria eleitoral, os procedimentos previstos na Lei n. 7.347/85.
>
> **E qual é a posição do TSE a respeito do Inquérito Civil Público em Matéria Eleitoral?**
>
> **Posição INICIAL TSE:**
>
> - ICPEleitoral não é possível. Anulação de todas as representações baseadas em ICPEleitoral.
>
> **Posição ATUAL TSE:**
>
> A interpretação do art. 105-A da Lei das Eleições, de que as provas produzidas em ICP pelo MPE seriam ilícitas, não devem prosperar.
>
> **Razões:**
>
> - IC não pode estar adstrito à ACP (Lei n. 7.347/85).
> - Esse entendimento ocasionaria na impossibilidade de plena atuação do MPE em sua função institucional constitucionalmente estabelecida pelo art. 129, III, da CF.
>
> **Note o que dispõe a CF:**
>
> "Art. 129. São funções institucionais do Ministério Público:
>
> (...)
>
> III – promover o inquérito civil e a ação civil pública, para a proteção do patrimônio público e social, do meio ambiente e de outros interesses difusos e coletivos;".

4.12 Questões

1. **(CESPE – TRE/GO)** Quanto aos órgãos da justiça eleitoral, assinale a opção correta.

A) O TSE compõe-se, em seu todo, de juízes da magistratura de carreira nomeados pelo presidente da República dentre os ministros do Supremo Tribunal Federal e do Superior Tribunal de Justiça.

B) O TSE elegerá seu presidente, vice-presidente e corregedor entre os ministros do Supremo Tribunal Federal.

C) Os membros dos tribunais regionais eleitorais de cada estado da Federação serão nomeados pelos governadores, após indicação do respectivo tribunal de justiça.

D) Os juízes dos tribunais eleitorais, salvo motivo justificado, servirão por dois anos, no mínimo, e nunca por mais de dois biênios consecutivos.

↳ **Resolução:**
A) *Incorreta.* Art. 119 da CF.
B) *Incorreta.* Art. 120, § 2º, da CF.
C) *Incorreta.* Art. 120 da CF.
D) *Correta.* Art. 121, § 2º, da CF.

↗ **Gabarito: "D".**

2. **(FCC – TER-TO)** Compete aos Tribunais Regionais Eleitorais, dentre outras atribuições, processar e julgar originariamente:
A) a suspeição e o impedimento do Procurador-Geral Eleitoral.
B) os conflitos de jurisdição entre Juízes Eleitorais do respectivo Estado e de outro Estado da Federação.
C) a suspeição ou impedimento aos membros do próprio Tribunal Regional Eleitoral.
D) o registro de candidatos à Presidente e Vice-Presidente da República.
E) os crimes eleitorais e os comuns que lhes forem conexos cometidos pelos juízes do próprio Tribunal Regional Eleitoral.

↳ **Resolução:**
A) *Incorreta.* Trata-se de competência do TSE – art. 22, I, *c*, do CE.
B) *Incorreta.* Trata-se de competência do TSE – art. 22, I, *b*, do CE.
C) *Correta.* Art. 29, I, *c*, do CE.
D) *Incorreta.* Trata-se de competência do TSE – art. 22, I, *a*, do CE.
E) *Incorreta.* Trata-se de competência do TSE – art. 22, I, *d*, do CE.

↗ **Gabarito: "C".**

3. **(FCC – TRE/MG)** Compete privativamente aos Tribunais Regionais Eleitorais:
A) constituir as Juntas Eleitorais e designar a respectiva sede e jurisdição.
B) expedir títulos eleitorais e conceder transferência de eleitor.
C) dividir a Zona em Seções Eleitorais.
D) expedir diploma aos eleitos para cargos municipais.
E) fixar as diárias do respectivo Corregedor Regional em diligência fora da sede.

↳ **Resolução:**
A) *Correta.* Art. 30, V, do CE.
B) *Incorreta.* A competência é dos juízes eleitorais – art. 35, IX do CE.
C) *Incorreta.* A competência é dos juízes eleitorais – art. 35, X, do CE.
D) *Incorreta.* A competência é das Juntas Eleitorais – art. 40, IV, do CE.
E) *Incorreta.* A competência é do Tribunal Superior Eleitoral – art. 23, X, do CE.

↗ **Gabarito: "A".**

5. ELEIÇÕES

A votação se iniciará às 8 horas, sendo que às 7 horas, o presidente da mesa receptora, os mesários e os secretários verificarão se no lugar designado estão em ordem o material remetido pelo juiz e a urna destinada a recolher os votos, bem como se estão presentes os fiscais de partido. Os membros da mesa e os fiscais de partido deverão votar no correr da votação, depois que tiverem votado os eleitores que já se encontravam presentes no momento da abertura dos trabalhos, ou no encerramento da votação.

No dia das eleições, o eleitor irá dirigir-se para a seção eleitoral respectiva. No entanto, em algumas situações (considerando cargos e funções) poderão votar fora de sua própria seção (parágrafo único do art. 145 do CE):

I – o juiz eleitoral, em qualquer seção da zona sob sua jurisdição, salvo em eleições municipais, nas quais poderá votar em qualquer seção do município em que for eleitor;

II – o presidente da República, o qual poderá votar em qualquer seção eleitoral do país, nas eleições presidenciais; em qualquer seção do estado em que for eleitor nas eleições para governador, vice-governador, senador, deputado federal e estadual; em qualquer seção do município em que estiver inscrito, nas eleições para prefeito, vice-prefeito e vereador;

III – os candidatos à Presidência da República, em qualquer seção eleitoral do país, nas eleições presidenciais, e, em qualquer seção do estado em que forem eleitores, nas eleições de âmbito estadual;

IV – os governadores, vice-governadores, senadores, deputados federais e estaduais, em qualquer seção do estado, nas eleições de âmbito nacional e estadual; em qualquer seção do município de que sejam eleitores, nas eleições municipais;

V – os candidatos a governador, vice-governador, senador, deputado federal e estadual, em qualquer seção do estado de que sejam eleitores, nas eleições de âmbito nacional e estadual;

VI – os prefeitos, vice-prefeitos e vereadores, em qualquer seção de município que representarem, desde que eleitores do estado, sendo que, no caso de eleições municipais, nelas somente poderão votar se inscritos no município;

VII – os candidatos a prefeito, vice-prefeito e vereador, em qualquer seção de município, desde que dele sejam eleitores;

VIII – os militares, removidos ou transferidos dentro do período de 6 (seis) meses antes do pleito, poderão votar nas eleições para presidente e vice-presidente da República na localidade em que estiverem servindo;

IX – os policiais militares em serviço.

Manifestação no dia das eleições

No dia das eleições somente será permitida a manifestação individual (atenção, esta manifestação não pode ser coletiva) e silenciosa, que apenas poderá ser feita através do uso de bandeiras, broches, dísticos e adesivos.

Nesse dia, também é vedada a aglomeração de pessoas utilizando vestuário padronizado, instrumentos de propaganda nos locais de votação de modo a caracterizar manifestação coletiva (com ou sem utilização de veículos), até o término do horário de votação.

Nas seções eleitorais, não é permitido aos mesários e servidores o uso de vestuário ou objeto contendo qualquer propaganda de político, coligação ou candidato. No entanto, importante lembrar que aos fiscais é permitido que em seus crachás constem o nome e a sigla do partido político ou coligação a que sirvam, vedada a padronização do vestuário.

5.1 Propaganda política

A propaganda política tem o propósito de interferir na decisão de ideário político. Divide-se em:

a) **Propaganda eleitoral:** realizada em momento pré-eleitoral (durante o processo eleitoral), a partir do dia 15 de agosto do ano eleitoral, com vistas a angariar maior número de votos. Regulamentada pela Lei n. 9.504/97 (Lei das Eleições) e Resoluções do TSE acerca de cada eleição;

b) **Propaganda partidária:** realizada fora de período pré-eleitoral, visa difundir e divulgar os ideais da agremiação política com o intuito de atrair mais militantes e simpatizantes. A Lei n. 13.487/2017, em seu art. 5º, extinguiu a propaganda partidária no rádio e na televisão a partir de 1º de janeiro de 2018, ao revogar os arts. 45, 46, 47, 48, 49 e o parágrafo único do art. 52 da Lei dos Partidos Políticos, que regulamentavam tal assunto. A Reforma de 2019 (Lei n. 13.877/2019) tentou "ressuscitar" a propaganda política, no entanto, em sede de controle prévio de constitucionalidade, foi vetado pelo Presidente da República.

c) **Propaganda intrapartidária:** É aquela realizada antes da convenção partidária (situação onde escolhe-se os candidatos que irão concorrer às eleições). O art. 36, § 1º, da Lei n. 9.504/97 dispõe que a Propaganda Intrapartidária é permitida nos 15 dias que antecedem a convenção, vedado o uso de rádio, televisão e outdoor;

d) **Propaganda institucional:** Aquela realizada pela Administração, divulgando de maneira honesta, verídica e objetiva seus atos e feitos, sendo o objetivo INFORMAR A POPULAÇÃO. Deve ser custeada com recursos públicos. Destaca-se que é proibida a propaganda institucional nos 3 meses que antecedem o pleito, salvo em caso de grave e urgente necessidade pública, assim reconhecida pela Justiça Eleitoral.

5.2 Propaganda eleitoral

Poderá ser realizada a partir do dia 15 de agosto do ano eleitoral. Sua regulamentação está disposta nos arts. 36 e seguintes da Lei n. 9.504/97 (leitura recomendável). Abaixo importantes pontos destacados considerando as recentes alterações legislativas.

a) indicação do vice

A indicação dos vices, nos cargos majoritários (e do suplente, no caso do Senador, lembrando que neste caso também estamos diante de sistema majoritário de apuração de votos) deverá obedecer a uma indicação clara e legível, em tamanho nunca inferior a 30% do nome do titular.

b) propaganda antecipada

Não será considerada propaganda antecipada, desde que não envolvam pedido explícito de voto (é permitido o pedido de "apoio político" e a divulgação da pré-candidatura, das ações políticas desenvolvidas e das que se pretende desenvolver), a menção à pretensa candidatura, a exaltação das qualidades pessoais dos pré-candidatos e os seguintes atos, que poderão ter cobertura dos meios de comunicação social, inclusive via internet (art. 3º da Resolução n. 23.551/2017 do TSE):

I – a participação de filiados a partidos políticos ou de pré-candidatos em entrevistas, programas, encontros ou debates no rádio, na televisão e na internet, inclusive com a exposição de plataformas e projetos políticos, observado pelas emissoras de rádio e de televisão o dever de conferir tratamento isonômico;

II – a realização de encontros, seminários ou congressos, em ambiente fechado e a expensas dos partidos políticos, para tratar da organização dos processos eleitorais, discussão de políticas públicas, planos de governo ou alianças partidárias visando às eleições, podendo tais atividades ser divulgadas pelos instrumentos de comunicação intrapartidária;

III – a realização de prévias partidárias e a respectiva distribuição de material informativo, a divulgação dos nomes dos filiados que participarão da disputa e a realização de debates entre os pré-candidatos;

IV – a divulgação de atos de parlamentares e debates legislativos, desde que não se faça pedido de votos;

V – a divulgação de posicionamento pessoal sobre questões políticas, inclusive nas redes sociais;

VI – a realização, a expensas de partido político, de reuniões de iniciativa da sociedade civil, de veículo ou meio de comunicação ou do próprio partido, em qualquer localidade, para divulgar ideias, objetivos e propostas partidárias.

> **IMPORTANTE**
>
> **Vedada**: a transmissão ao vivo por emissoras de rádio e de televisão das prévias partidárias, sem prejuízo da cobertura dos meios de comunicação social, onde podemos incluir todas as formas de divulgação pela internet (claro que, sempre vedada a propaganda paga na internet). Como exemplos, temos a divulgação instantânea por aplicativos como o periscope, twitcam, facebook live, youtube live etc.

c) uso de bonecos em bens públicos, de uso público, condicionados a autorização ou licença de uso

O art. 37 sofreu sensível alteração, incluindo o uso de bonecos no rol das proibições quando no uso de bens que dependa de cessão ou permissão do poder público ou que a ele pertença, e ainda, nos bens de uso comum.

d) propaganda eleitoral em bens particulares

O § 2º do art. 37 da Lei das Eleições, após grandes alterações nos anos de 2009, 2015 e 2017, por fim restou vedada a veiculação de material de propaganda eleitoral em bens públicos ou particulares, exceto de:

i) **bandeiras** ao longo de vias públicas, desde que **móveis** e que não dificultem o bom andamento do trânsito de pessoas e veículos;

ii) **adesivo plástico** em automóveis, caminhões, bicicletas, motocicletas e janelas residenciais, desde que **não exceda a 0,5 m²** (meio metro quadrado).

> **IMPORTANTE**
>
> A veiculação de propaganda eleitoral em bens particulares deve ser gratuita e espontânea.

e) dependências do Poder Legislativo

Ficará à critério da Mesa Diretora.

> **ATENÇÃO**
>
> - A veiculação de propaganda eleitoral pela distribuição de folhetos, adesivos, volantes e outros impressos não dependem de LICENÇA municipal ou AUTORIZAÇÃO da justiça eleitoral.
> - Todo material impresso deve conter a indicação do CNPJ ou CPF do responsável pela confecção, de quem contratou e a indicação de tiragem.
> - A realização de qualquer ato de propaganda partidária ou eleitoral, em recinto aberto ou fechado, não depende de licença da polícia.

f) carros de som

É permitida a utilização de carros de som, observadas limitações e algumas proibições (utilização de trio elétrico, exceto para sonorização de comícios).

A utilização de carros de som deve obedecer ao limite de **80 decibéis** de nível de pressão sonora, medido a **7 metros** de distância do veículo, devendo manter distância de pelo menos **200 m** dos seguintes locais:

- das sedes dos Poderes Executivo e Legislativo da União, dos Estados, do Distrito Federal e dos Municípios;
- das sedes dos Tribunais Judiciais, e dos quartéis e outros estabelecimentos militares;
- dos hospitais e casas de saúde;
- das escolas, bibliotecas públicas, igrejas e teatros, quando em funcionamento;
- no período compreendido entre as 8h às 22h (no caso de comício, este prazo quanto ao horário poderá alcançar até as 24h).

> **ATENÇÃO**
>
> Conceitos envolvendo o veículo de tração mecânica ou tração animal (§ 12 do art. 39 da Lei das Eleições)

Carro de som: veículo automotor que usa equipamento de som com potência nominal de amplificação de, no máximo, 10.000 (dez mil) watts;

Minitrio: veículo automotor que usa equipamento de som com potência nominal de amplificação maior que 10.000 (dez mil) watts e até 20.000 (vinte mil) watts;

Trio elétrico: veículo automotor que usa equipamento de som com potência nominal de amplificação maior que 20.000 (vinte mil) watts.

g) candidato apresentador de programa de TV ou rádio

O art. 45 dispõe que após o prazo das convenções partidárias em ano eleitoral (ou seja, de 20 de julho a 5 de agosto) será vedado às emissoras de rádio e televisão, em sua programação normal e em seu noticiário:

> I – transmitir, ainda que sob a forma de entrevista jornalística, imagens de realização de pesquisa ou qualquer outro tipo de consulta popular de natureza eleitoral em que seja possível identificar o entrevistado ou em que haja manipulação de dados;
>
> (...)
>
> IV – dar tratamento privilegiado a candidato, partido ou coligação;
>
> V – veicular ou divulgar filmes, novelas, minisséries ou qualquer outro programa com alusão ou crítica a candidato ou partido político, mesmo que dissimuladamente, exceto programas jornalísticos ou debates políticos;
>
> VI – divulgar nome de programa que se refira a candidato escolhido em convenção, ainda quando preexistente, inclusive se coincidente com o nome do candidato ou com a variação nominal por ele adotada. Sendo o nome do programa o mesmo que o do candidato, fica proibida a sua divulgação, sob pena de cancelamento do respectivo registro.

IMPORTANTE

Por ocasião da **ADI 4451**, julgada em 20-6-2018, foi declarada a inconstitucionalidade dos incisos II e III do art. 45 da Lei n. 9.504/97, bem como dos §§ 4º e 5º, por arrastamento.

II – usar trucagem, montagem ou outro recurso de áudio ou vídeo que, de qualquer forma, degradem ou ridicularizem candidato, partido ou coligação, ou produzir ou veicular programa com esse efeito;

III – veicular propaganda política ou difundir opinião favorável ou contrária a candidato, partido, coligação, a seus órgãos ou representantes;

(...)

§ 4º Entende-se por trucagem todo e qualquer efeito realizado em áudio ou vídeo que degradar ou ridicularizar candidato, partido político ou coligação, ou que desvirtuar a realidade e beneficiar ou prejudicar qualquer candidato, partido político ou coligação.

§ 5º Entende-se por montagem toda e qualquer junção de registros de áudio ou vídeo que degradar ou ridicularizar candidato, partido político ou coligação, ou que desvirtuar a realidade e beneficiar ou prejudicar qualquer candidato, partido político ou coligação.

A partir do dia 30 de junho do ano eleitoral, às emissoras será vedada a transmissão destes programas. A redação anterior impunha o prazo de 1º de agosto. Vejamos como ficou a redação atual:

> Art. 45.
>
> (...)
>
> § 1º A partir de 30 de junho do ano da eleição, é vedado, ainda, às emissoras transmitir programa apresentado ou comentado por pré-candidato, sob pena, no caso de sua escolha na convenção partidária, de imposição da multa prevista no § 2º e de cancelamento do registro da candidatura do beneficiário.

h) debates sobre as eleições majoritárias ou proporcionais

A atual redação do art. 46 traz dicção muito semelhante, não fosse a parte final, onde assegura a participação de candidatos dos partidos com representação superior a 9 (nove) deputados na Câmara dos Deputados.

A realização dos debates é facultada às emissoras de rádio ou televisão, não sendo compreendida como propaganda eleitoral gratuita e obrigatória. Sendo realizada, deverá obedecer a algumas regras tratadas no art. 46 da Lei das Eleições.

O dispositivo indica que é assegurada a participação de candidatos dos partidos que possuam representação superior a 9 deputados, facultando-se aos demais a participação.

I – nas eleições majoritárias, a apresentação dos debates poderá ser feita:

a) em conjunto, estando presentes todos os candidatos a um mesmo cargo eletivo;

b) em grupos, estando presentes, no mínimo, três candidatos;

II – nas eleições proporcionais, os debates deverão ser organizados de modo que assegurem a presença de número equivalente de candidatos de todos os partidos e coligações a um mesmo cargo eletivo, podendo desdobrar-se em mais de um dia;

III – os debates deverão ser parte de programação previamente estabelecida e divulgada pela emissora, fazendo-se mediante sorteio a escolha do dia e da ordem de fala de cada candidato, salvo se celebrado acordo em outro sentido entre os partidos e coligações interessados.

O dispositivo sinaliza que será admitida a realização de debate sem a presença de candidato de algum partido, desde que o veículo de comunicação responsável comprove havê-lo convidado com a antecedência mínima de setenta e duas horas da realização do debate.

> **IMPORTANTE**
>
> - É vedada a presença de um mesmo candidato a eleição proporcional em mais de um debate da mesma emissora.
> - O debate será realizado segundo as regras estabelecidas em acordo celebrado entre os partidos políticos e a pessoa jurídica interessada na realização do evento, dando-se ciência à Justiça Eleitoral.
> - As regras serão consideradas aprovadas, inclusive as que definam o número de participantes, que obtiverem a concordância de pelo menos **2/3 (dois terços) dos candidatos aptos**, seja no caso de eleição majoritária ou de eleição proporcional.

i) propaganda na internet

Esse item sofreu grandes alterações (significativas) com a inclusão de dispositivos promovida pela Lei n. 13.488/2017 (Reforma Eleitoral de 2017). Em âmbito virtual, a propaganda eleitoral também só poderá ser iniciada após o dia 15-8 do ano eleitoral, observadas as regras do art. 57-A ao art. 57-J da Lei das Eleições. Vejamos objetivamente os principais pontos:

Onde poderá ser realizada a propaganda na internet?

a) No *site* do candidato, partido ou coligação, devendo o endereço eletrônico ser comunicado à Justiça Eleitoral e obrigatoriamente hospedado direta ou indiretamente em provedor de serviços de internet estabelecido no Brasil.

b) Também poderá ser feita através de mensagem eletrônica para endereços cadastrados **gratuitamente** pelo candidato, partido ou coligação;

c) Por meio da utilização de *blogs*, redes sociais, sítios de mensagens instantâneas e aplicações de internet assemelhadas cujo conteúdo seja gerado ou editado por candidatos, partidos, coligações, qualquer pessoa natural (neste caso, desde que não contrate impulsionamento de conteúdo – essa modalidade possui um tratamento específico que será tratado adiante).

> **IMPORTANTE**
>
> É obrigatório que exista mecanismo de "descadastramento" de recebimento de qualquer tipo de mensagem eletrônica.

5.3 Impulsionamento de conteúdos

É vedada a veiculação de qualquer tipo de propaganda eleitoral paga na internet. No entanto, a reforma de 2017 passou a autorizar o impulsionamento de conteúdo, devendo ser observadas regras específicas. Vejamos:

- O conteúdo impulsionado deverá ser identificado como tal.
- Somente partidos, coligações, candidatos e seus representantes poderão impulsionar. Ou seja, não estão incluídos no rol os apoiadores.

> **IMPORTANTE**
>
> **Vedações expressas:**
> - Ainda que gratuitamente, a propaganda veiculada em *site* de pessoas jurídicas (com ou sem fins lucrativos).
> - Em *sites* oficiais ou hospedados por órgão ou entidades da administração pública direta ou indireta da União, dos Estados, do Distrito Federal e dos Municípios.
> - É proibida a venda de cadastro de endereços eletrônicos.

Os provedores de internet (hospedagem de conteúdo) respondem em que situação?

Resposta: Responderão se, após notificados pela Justiça Eleitoral, não tomarem qualquer providência para a cessação de eventual divulgação. O prazo será aquele determinado pela Justiça Eleitoral e constante da notificação. Necessário, também, que comprovadamente tenham prévio conhecimento do conteúdo.

> **ATENÇÃO**
>
> Art. 57-H
>
> (...)
>
> § 1º **Constitui crime** a contratação direta ou indireta de **grupo de pessoas** com a **finalidade** específica de emitir mensagens ou comentários na internet **para ofender a honra ou denegrir a imagem** de candidato, partido ou coligação, punível com detenção de 2 (dois) a 4 (quatro) anos e multa de R$ 15.000,00 (quinze mil reais) a R$ 50.000,00 (cinquenta mil reais).

> **IMPORTANTE**
>
> Relevante destacar o STF julgou as ADIs 5.423, 5.487, 5.488, 5.491 e 5.577, ajuizadas por partidos políticos e pela Associação Brasileira das Emissoras de Rádio e TV (Abert), cujo objetivo era questionar pontos da reforma eleitoral de 2015, referentes à propaganda eleitoral gratuita e aos debates eleitorais no rádio e na TV.
>
> Na ADI 5.491, que discutiu as modificações referentes à propaganda eleitoral gratuita, a maioria acompanhou o voto do relator, Ministro Dias Toffoli, pela improcedência. Nesse caso, entendeu-se que as regras estabelecidas pela Lei Eleitoral (art. 47 da Lei n. 9.504/1997) quanto à distribuição do tempo de propaganda eleitoral de maneira proporcional ao número de representantes na Câmara dos Deputados, respeita os princípios constitucionais da proporcionalidade e da razoabilidade.
>
> Quanto às ADIs 5.423, 5.487, 5.557 e 5.488, relativas às regras que trazem restrições à participação de candidatos de agremiações com menos de 10 parlamentares na Câmara dos Deputados nos debates, o entendimento foi no seguinte sentido:
>
> a) Conforme redação do art. 46, aqueles partidos que possuam representação na Câmara dos Deputados em número superior a 9 (ou seja, igual a 10 ou mais) terão direito de ter seus candidatos participando dos debates (ou seja, é uma prerrogativa, obviamente o candidato pode não participar, mas tão somente por sua intenção).

b) Independentemente da representação na Câmara dos Deputados, as emissoras poderão convidar qualquer dos candidatos a participarem do debate, não havendo necessidade de que haja concordância da maioria dos demais participantes, as emissoras poderão convidar qualquer candidato.

Toda a questão tomou grande repercussão em razão de debates organizados nas capitais respectivas de São Paulo e Rio de Janeiro, onde candidatos, que muito embora mantinham-se bem colocados nas pesquisas (Luiza Erundina PSOL, em São Paulo/SP e Marcelo Freixo, também do PSOL, no Rio de Janeiro/RJ) não foram convidados a participar dos debates em razão do não atingimento de 10 deputados federais, satisfazendo o requisito da reforma de 2015.

Portanto, a partir dessa decisão, as regras específicas quanto ao debate sofrem tal flexibilização, com considerações acerca da intenção de preservar a liberdade de escolha dos eleitores (que a partir do debate poderão optar com mais clareza em razão das propostas e posicionamentos de seus candidatos, bem como pela igualdade de oportunidade dos que se dispõem a concorrer aos cargos públicos eletivos, vez que, do mesmo modo, poderão apresentar e manifestar seus posicionamentos aos eleitores).

Propaganda eleitoral gratuita no rádio e televisão

Os intervalos de inserções serão obedecidos na seguinte sistemática:

I – na eleição para Presidente da República, às terças e quintas-feiras e aos sábados:
a) das 7h às 7h 12min 30s e das 12h às 12h 12min 30s, no rádio;
b) das 13h às 13h 12min 30s e das 20h 30min às 20h 42min 30s, na televisão;

II – nas eleições para Deputado Federal, às terças e quintas-feiras e aos sábados:
a) das 7h e 12min e 30s às 7h e 25min e das 12h 12min e 30s às 12h 25min, no rádio;
b) das 13h às 13h 12min 30s e das 20h 30min às 20h 42min 30s, na televisão;

III – nas eleições para Senador, às segundas, quartas e sextas-feiras:
a) das 7h às 7h5min e das 12h às 12h5min, no rádio, nos anos em que a renovação do Senado Federal se der por 1/3;
b) das 13h às 13h 5min e das 20h30min às 20h35min, na televisão, nos anos em que a renovação do Senado Federal se der por 1/3;
c) das 7h às 7h7min e das 12h às 12h7min, no rádio, nos anos em que a renovação do Senado Federal se der por 2/3;
d) das 13h às 13h5min e das 20h30min às 20h35min, na televisão, nos anos em que a renovação do Senado Federal se der por 2/3;

IV – nas eleições para Deputado Estadual e Deputado Distrital, às segundas, quartas e sextas-feiras:
a) das 7h5min às 7h15min e das 12h5min às 12h15min, no rádio, nos anos em que a renovação do Senado Federal se der por 1/3;
b) das 13h5min às 13h15min e das 20h35min às 20h45min, na televisão, nos anos em que a renovação do Senado Federal se der por 1/3;
c) das 7h7min às 7h16min e das 12h7min às 12h16min, no rádio, nos anos em que a renovação do Senado Federal se der por 2/3;
d) das 13h7min às 13h16min e das 20h37min às 20h46min, na televisão, nos anos em que a renovação do Senado Federal se der por 2/3;

V – na eleição para Governador de Estado e do Distrito Federal, às segundas, quartas e sextas-feiras:
a) das 7h15min às 7h25min e das 12h15min às 12h25min, no rádio, nos anos em que a renovação do Senado Federal se der por 1/3;
b) das 13h15min às 13h25min e das 20h45min às 20h55min, na televisão, nos anos em que a renovação do Senado Federal se der por 1/3;
c) das 7h16min às 7h25min e das 12h16min às 12h25min, no rádio, nos anos em que a renovação do Senado Federal se der por 2/3;
d) das 13h16min às 13h25min e das 20h46min às 20h55min, na televisão, nos anos em que a renovação do Senado Federal se der por 2/3;

VI – nas eleições para Prefeito, de segunda a sábado:
a) das 7h às 7h10min e das 12h às 12h10min, no rádio; b) das 13h às 13h10min e das 20h30min às 20h40min, na televisão;

Ainda quanto às **eleições municipais**, é assegurado o mecanismo de inserções de 30s a 60s, no rádio e na televisão, totalizando 70min diários, de segunda-feira a domingo, distribuídas ao longo da programação veiculada entre as 5h às 24h, na proporção de 60% (sessenta por cento) para Prefeito e 40% (quarenta por cento) para Vereador.

Tais inserções apenas serão exibidas nas localidades onde haja estação geradora de serviços de radiodifusão de sons e imagens.

Nos horários destinados às campanhas municipais, teremos apenas os 10min reservados aos candidatos a prefeito. Ao longo do dia, as inserções com vereadores (na proporção de 40%).

De maneira sintetizada, temos que:

Prefeito	Vereador
• 2ª a Sábado 10 min	• Não há, apenas INSERÇÕES: das 5h às 24h 30 a 60s Total de 70 min/dia (dividido entre os partidos) 60% prefeito + 40% vereador
10 min	70 min

Nos demais casos, o tempo também foi significativamente reduzido, com proporções definidas numa nova regra pelos §§ 2º e seguintes do mesmo art. 47. Vejamos:

90%	Distribuído proporcionalmente ao número de representantes na Câmara dos Deputados (no caso de coligação para eleições majoritárias, a soma dos 6 maiores partidos que integrem; no caso de eleições proporcionais, a soma de todos os representantes que a integrem)
10%	Distribuído igualitariamente

Propaganda na internet

O regramento quanto a propaganda da internet também será permitida em igual prazo, ou seja, a partir do dia 15 de agosto (não é no dia 15, mas a partir. Ou seja, **a contar do dia 16** de agosto do ano eleitoral).

Quanto a esta modalidade, importa mencionar a inclusão do inciso IV do § 1º do art. 58 da Lei, ao dispor sobre o prazo de 72 horas, a contar da retirada de veiculação ofensiva na internet, quanto ao pedido de direito de resposta à Justiça Eleitoral.

5.4 Sistema eletrônico de votação

O art. 59-A, incluído pela Lei n. 13.165/2015, merece um destaque especial. Na redação original da lei, havia disposição no seguinte sentido:

> No processo de votação eletrônica a urna imprimirá o registro de cada voto, que será depositado, de forma automática e sem contato manual do eleitor, em local previamente lacrado.
>
> Parágrafo único. O processo de votação não será concluído até que o eleitor confirme a correspondência entre o teor de seu voto e o registro impresso e exibido pela urna eletrônica.

Por conseguinte, o art. 12 da Lei n. 13.165/2015 dispunha também que a implantação se daria até a primeira eleição geral após a promulgação da lei. Ou seja, as eleições de 2018.

Tais dispositivos foram vetados pela Presidente da República, Dilma Roussef, sob a justificativa de violação ao art. 60, § 4º, II, da CF (o dispositivo tenderia a abolir uma das características do voto protegidas por cláusula pétrea – sigilo do voto) e de que a nova situação geraria elevado custo em razão da necessidade de adaptação de todas as urnas eletrônicas no país, o que seria em torno de 2 bilhões de reais.

Em 18 de novembro de 2015, em sessão conjunta no Congresso Nacional, por ampla maioria dos presentes, o veto presidencial foi derrubado, de forma que os dispositivos atualmente vigoram em nosso ordenamento.

O dispositivo contido no parágrafo único do art. 59-A assevera que o processo de votação só será concluído quando o eleitor confirmar a correspondência entre o teor de seu voto e o registro impresso e exibido pela urna eletrônica (aparentemente isto possibilitará muita margem para eleitores de má-fé que possam afirmar que votaram em X mas a impressão foi para Y. Não haveria como existir um controle eficaz, considerando o sigilo do voto e má-fé de uma minoria que possa se manifestar).

Aparentemente uma forma de se possibilitar a conferência do voto, em caso de fundadas fraudes. Por outro lado, um grande custo e um sistema não tão eficaz de evitar/combater fraudes, por inúmeras razões que não caberiam neste anexo.

Ocorre que em razão de ADI proposta pela Procuradoria Geral da República, o STF concedeu medida cautelar (6-6-2018) suspendendo a eficácia do dispositivo que determinava a impressão do voto. O caso ainda aguarda julgamento de mérito.

5.5 Condutas vedadas aos agentes públicos

O art. 73 da Lei n. 9.504/97, visando evitar a igualdade de oportunidades entre candidatos durante os pleitos eleitorais, relacionou as chamadas **condutas vedadas** aos agentes públicos, sendo eles servidores ou não.

Quem é agente público?

Para fins de aplicação da tutela, o § 1º do referido dispositivo indica que agente público será aquele que exerce, ainda que transitoriamente ou sem remuneração, por eleição, nomeação, designação, contratação ou qualquer outra forma de investidura ou vínculo, mandato, cargo, emprego ou função nos órgãos ou entidades da administração pública direta, indireta, ou fundacional.

> Art. 73. São proibidas aos agentes públicos, servidores ou não, as seguintes condutas tendentes a afetar a igualdade de oportunidades entre candidatos nos pleitos eleitorais:
>
> I – ceder ou usar, em benefício de candidato, partido político ou coligação, bens móveis ou imóveis pertencentes à administração direta ou indireta da União, dos Estados, do Distrito Federal, dos Territórios e dos Municípios, ressalvada a realização de convenção partidária;

> **IMPORTANTE**
>
> A vedação do inciso I do *caput* não se aplica ao uso, em campanha, de transporte oficial pelo Presidente da República, obedecido o disposto no art. 76, nem ao uso, em campanha, pelos candidatos a reeleição de Presidente e Vice-Presidente da República, Governador e Vice-Governador de Estado e do Distrito Federal, Prefeito e Vice-Prefeito, de suas residências oficiais para realização de contatos, encontros e reuniões pertinentes à própria campanha, desde que não tenham caráter de ato público.

> II – usar materiais ou serviços, custeados pelos Governos ou Casas Legislativas, que excedam as prerrogativas consignadas nos regimentos e normas dos órgãos que integram;

III – ceder servidor público ou empregado da administração direta ou indireta federal, estadual ou municipal do Poder Executivo, ou usar de seus serviços, para comitês de campanha eleitoral de candidato, partido político ou coligação, durante o horário de expediente normal, salvo se o servidor ou empregado estiver licenciado;

IV – fazer ou permitir uso promocional em favor de candidato, partido político ou coligação, de distribuição gratuita de bens e serviços de caráter social custeados ou subvencionados pelo Poder Público;

V – nomear, contratar ou de qualquer forma admitir, demitir sem justa causa, suprimir ou readaptar vantagens ou por outros meios dificultar ou impedir o exercício funcional e, ainda, *ex officio*, remover, transferir ou exonerar servidor público, na circunscrição do pleito, nos três meses que o antecedem e até a posse dos eleitos, sob pena de nulidade de pleno direito, ressalvados:

a) a nomeação ou exoneração de cargos em comissão e designação ou dispensa de funções de confiança;

b) a nomeação para cargos do Poder Judiciário, do Ministério Público, dos Tribunais ou Conselhos de Contas e dos órgãos da Presidência da República;

c) a nomeação dos aprovados em concursos públicos homologados até o início daquele prazo;

d) a nomeação ou contratação necessária à instalação ou ao funcionamento inadiável de serviços públicos essenciais, com prévia e expressa autorização do Chefe do Poder Executivo;

e) a transferência ou remoção *ex officio* de militares, policiais civis e de agentes penitenciários;

VI – nos três meses que antecedem o pleito:

a) realizar transferência voluntária de recursos da União aos Estados e Municípios, e dos Estados aos Municípios, sob pena de nulidade de pleno direito, ressalvados os recursos destinados a cumprir obrigação formal preexistente para execução de obra ou serviço em andamento e com cronograma prefixado, e os destinados a atender situações de emergência e de calamidade pública;

b) com exceção da propaganda de produtos e serviços que tenham concorrência no mercado, autorizar publicidade institucional dos atos, programas, obras, serviços e campanhas dos órgãos públicos federais, estaduais ou municipais, ou das respectivas entidades da administração indireta, salvo em caso de grave e urgente necessidade pública, assim reconhecida pela Justiça Eleitoral;

c) fazer pronunciamento em cadeia de rádio e televisão, fora do horário eleitoral gratuito, salvo quando, a critério da Justiça Eleitoral, tratar-se de matéria urgente, relevante e característica das funções de governo;

> **IMPORTANTE**
>
> As vedações do inciso VI do *caput*, b e c, aplicam-se apenas aos agentes públicos das esferas administrativas cujos cargos estejam em disputa na eleição.

VII – realizar, no primeiro semestre do ano de eleição, despesas com publicidade dos órgãos públicos federais, estaduais ou municipais, ou das respectivas entidades da administração indireta, que excedam a média dos gastos no primeiro semestre dos três últimos anos que antecedem o pleito;

VIII – fazer, na circunscrição do pleito, revisão geral da remuneração dos servidores públicos que exceda a recomposição da perda de seu poder aquisitivo ao longo do ano da eleição, a partir do início do prazo estabelecido no art. 7º desta Lei e até a posse dos eleitos.

5.6 Descumprimento do disposto no art. 73 da Lei n. 9.504/97

O § 4º do dispositivo indica que o "descumprimento do disposto neste artigo acarretará a suspensão imediata da conduta vedada, quando for o caso, e sujeitará os responsáveis a multa no valor de cinco a cem mil UFIR" (esta multa será duplicada a cada reincidência, conforme inteligência do § 6º do art. 73 da Lei n. 9.504/97). Tal sanção será aplicada tanto aos agentes públicos responsáveis pelas condutas vedadas como aos partidos, coligações e candidatos que delas se beneficiarem.

No caso dos partidos, os que forem beneficiados pelos atos que originaram as multas referidas no § 4º deverão ser excluídos da distribuição dos recursos do Fundo Partidário (§ 9º).

Além disso (§ 5º), o candidato beneficiado (seja ele agente público ou não) ficará sujeito à cassação do registro de candidatura (se antes das eleições) ou mesmo da cassação do diploma (se após a diplomação).

Atos de improbidade?

O § 7º do art. 73 da Lei n. 9.504/97 dispõe que as condutas enumeradas em seu *caput* caracterizam, ainda, atos de improbidade administrativa (conforme referido pelo art. 11, I, da Lei n. 8.429/92, sujeitando-se às disposições desta lei (LIA – Lei de Improbidade Administrativa) em especial às cominações do art. 12, III, da LIA.

> **IMPORTANTE**
>
> **§ 10 do art. 73 da Lei n. 9.504/97:**
> No ano em que se realizar eleição, fica proibida a distribuição gratuita de bens, valores ou benefícios por parte da Administração Pública, exceto nos casos de calamidade pública, de estado de emergência ou de programas sociais autorizados em lei e já em execução orçamentária no exercício anterior, casos em que o Ministério Público poderá promover o acompanhamento de sua execução financeira e administrativa.

> Neste caso, os referidos programas sociais não poderão ser executados por entidade que seja nominalmente vinculada a candidato ou seja por este mantida.

> **ATENÇÃO**
>
> Assim como em outras situações, a representação contra a não observância das vedações previstas no art. 73 da Lei n. 9.504/97 deverá observar o rito previsto no art. 22 da LC n. 64/90.

Outras vedações:

- Nos três meses que antecederem as eleições, na realização de inaugurações é vedada a contratação de shows artísticos pagos com recursos públicos. Em caso de descumprimento, além da suspensão imediata da conduta, o candidato beneficiado, agente público ou não, ficará sujeito à cassação do registro ou do diploma.

- É proibido a qualquer candidato comparecer, nos 3 (três) meses que precedem o pleito, a inaugurações de obras públicas, sujeitando o infrator à cassação do registro ou do diploma.

5.7 Questões

1. (FCC – TER-TO) É permitida a veiculação de propaganda eleitoral através de:
   A) faixas e estandartes em cinemas, clubes e lojas.
   B) faixas em postes de iluminação pública e sinalização de tráfego.
   C) inscrição a tinta em paradas e ônibus, passarelas e pontes.
   D) faixas em árvores e jardins localizados em áreas públicas, desde que não lhes cause danos.
   E) distribuição de folhetos editados sob a responsabilidade de partido, coligação ou candidato.

↳ **Resolução:**
A) *Incorreta*. Para fins eleitorais, são considerados bens de uso comum aqueles a que a população

em geral tem acesso, tais como cinemas, clubes e lojas, sendo vedada a veiculação de propaganda de qualquer natureza, inclusive pichação, inscrição a tinta, fixação de placas, estandartes, faixas e assemelhados – art. 37, *caput*, e § 4º, da Lei n. 9.504/97.

B) *Incorreta*. Art. 37 da Lei n. 9.504/97.

C) *Incorreta*. Art. 37 da Lei 9.504/97.

D) *Incorreta*. Nas árvores e nos jardins em áreas públicas, bem como muros, cercas e tapumes divisórios, não é permitida a colocação de propaganda eleitoral de qualquer natureza, mesmo que não lhes cause danos – art. 37, § 5º, da Lei n. 9.504/97.

E) *Correta*. Art. 38 da Lei n. 9.504/97.

↗ Gabarito: "E".

2. **(FCC – TER-RS)** A veiculação de propaganda eleitoral em bens particulares:

A) deve ser espontânea, mas não gratuita, podendo ser paga pelos partidos políticos, desde que incluída nas suas prestações de contas.

B) é expressamente vedada por lei, por prejudicar a igualdade entre os candidatos.

C) deve ser espontânea e gratuita, sendo vedado qualquer tipo de pagamento em troca de espaço para essa finalidade.

D) deve ser espontânea, mas não gratuita, podendo ser paga pelos candidatos, desde que incluída nas suas prestações de contas.

E) é permitida livremente, com ou sem pagamento, de forma espontânea ou provocada, em virtude do direito de propriedade.

↙ **Resolução:**
Art. 37, § 8º, da Lei n. 9.504/97.

Cabe ainda, em caráter de atualização a estes comentários, indicar que, por ocasião da Lei n. 13.488/2017, o § 2º do art. 37 da Lei das Eleições passou a dispor que: "§ 2º Não é permitida a veiculação de material de propaganda eleitoral em bens públicos ou particulares, exceto de; I – bandeiras ao longo de vias públicas, desde que móveis e que não dificultem o bom andamento do trânsito de pessoas e veículos; II – adesivo plástico em automóveis, caminhões, bicicletas, motocicletas e janelas residenciais, desde que não exceda a 0,5 m² (meio metro quadrado)".

↗ Gabarito: "C".

3. **(FCC – TER-SP)** Para a transmissão de debates de candidatos a Governador do Estado por emissora de televisão, no primeiro turno das eleições, não foi obtido consenso quanto às regras a serem observadas. Nesse caso:

A) as regras serão estabelecidas pelo Ministério Público Eleitoral.

B) os debates não poderão ser realizados, nem transmitidos pela emissora de televisão.

C) as regras serão estabelecidas pela direção da emissora de televisão, com prévia comunicação ao Tribunal Superior Eleitoral.

D) as regras serão estabelecidas pelo Tribunal Regional Eleitoral.

E) serão consideradas aprovadas as regras que obtiverem a concordância de pelo menos dois terços dos candidatos aptos ao referido pleito eleitoral.

↙ **Resolução:**
Art. 46, § 5º, da Lei n. 9.504/97.

↗ Gabarito: "E".

6. CRIMES ELEITORAIS E PROCESSO PENAL ELEITORAL

6.1 Crimes eleitorais: disposições gerais (arts. 283 ao 288 do CE)

Os crimes eleitorais estão previstos:

a) no Código Eleitoral, arts. 289 ao 354;

b) LC n. 64/90, art. 25;

c) Lei n. 6.091/74, art. 11;

d) Lei n. 9504/97.

Quem pode ser considerado membro e funcionário da Justiça Eleitoral?

São considerados **membros** e **funcionários** da Justiça Eleitoral:

a) **Magistrados** (funções eleitorais, presidindo junta eleitoral, ou outras funções por designação do Tribunal).

b) **Cidadãos** que integrem órgãos da justiça eleitoral temporariamente (membros de juntas eleitorais).

c) Cidadãos que tenham sido nomeados para mesas receptoras ou juntas apuradoras.
d) Funcionários **requisitados** pela Justiça Eleitoral.
e) Os que, embora **transitoriamente**, com ou sem remuneração, exerçam cargo, emprego ou função pública.
f) **Equipara-se** a funcionário público quem exerce função em entidade paraestatal ou em sociedade de economia mista.

Ausência de indicação de pena mínima

Sempre que não houver indicação de PENA MÍNIMA (grau mínimo), entende-se que será de:

a) **Pena de detenção:** 15 dias;
b) **Pena de reclusão:** 1 ano.

> **IMPORTANTE**
>
> Aplicação das regras gerais do Código Penal às disposições penais do Código Eleitoral (art. 287 do CE).

6.2 Crimes eleitorais em espécie

Os crimes eleitorais podem ser agrupados em classificações que a doutrina adota. Abaixo, como forma de roteirizar e agrupar, adotaremos a classificação do Prof. Joel Cândido (mais utilizada pela doutrina):

Código Eleitoral	
Contra a administração da Justiça Eleitoral	Arts. 294, 305, 306, 310, 311, 318, 340, todos do Código Eleitoral
Contra os serviços da Justiça Eleitoral	Arts. 289 ao 293, 296, 303, 304 e 341 ao 347, todos do Código Eleitoral
Contra a fé pública eleitoral	Arts. 313 ao 316, 348 ao 354, todos do Código Eleitoral
Contra a propaganda eleitoral	Arts. 323 ao 337, todos do Código Eleitoral
Contra o sigilo e exercício do voto	Arts. 295, 297 ao 302, 307 ao 309, 312, 313 e 339, todos do Código Eleitoral
Contra os Partidos Políticos	Arts. 319 ao 321 e 338, todos do Código Eleitoral
Quanto à propaganda eleitoral	Arts. 323 ao 326, 331, 332, 334, 335, 337, todos do Código Eleitoral

Lei Especial	
Lei n. 6.091/74	Dispõe sobre o fornecimento gratuito de transporte e alimentação no dia das eleições, aos eleitores residentes nas zonas rurais.
LC n. 64/90	Lei de inelegibilidades, especificamente no art. 25.
Lei n. 9.504/97	Lei que regulamenta as eleições.
Lei n. 6.996/82	Lei que dispõe sobre processamento eletrônico de dados obtidos no processo eleitoral (votação).
Lei n. 7.021/82	Estabelece o modelo da cédula oficial única a ser usada nas eleições de 15 de novembro de 1982, e dá outras providências.

> **ATENÇÃO**
>
> Os crimes contra a honra previstos no Código Eleitoral (arts. 324 ao 326) diferenciam-se dos crimes de mesma natureza previstos no Código Penal (arts. 138 ao 140) pelo fato de que naqueles previstos na legislação eleitoral o intento será sempre "visando fins de propaganda" ou "na propaganda".
>
> Pelo fato de que a tutela recairá sobre interesse público, qual seja garantir a normalidade

das eleições e mantendo afastada qualquer interferência que resulte no abalo de sua lisura esperada, o legislador optou por considerar tais crimes, de natureza eleitoral, de natureza pública e não privada.

Art. 355 do CE: "As infrações penais definidas neste Código são de ação pública".

> **IMPORTANTE**
>
> Dispõe o art. 5º, LIX, da CF: "será admitida **ação privada** nos crimes de ação pública, se esta não for intentada no prazo legal".
>
> Trata-se da ação privada subsidiária da pública, diante da inércia do Ministério Público.

CALÚNIA	INJÚRIA	DIFAMAÇÃO
Art. 324. **CALUNIAR** alguém, **NA PROPAGANDA** eleitoral, ou **VISANDO FINS DE PROPAGANDA**, imputando-lhe falsamente fato definido como crime:	Art. 325. **DIFAMAR** alguém, **NA PROPAGANDA ELEITORAL, OU VISANDO A FINS DE PROPAGANDA**, imputando-lhe fato ofensivo à sua reputação:	Art. 326. **INJURIAR** alguém, **NA PROPAGANDA ELEITORAL, OU VISANDO A FINS DE PROPAGANDA**, ofendendo-lhe a dignidade ou o decoro:

Aplicação aos crimes previstos nos arts. 324, 325 e 326 do CE:

Art. 327. Aumenta-se de 1/3, quando contra PR, chefe de governo estrangeiro, funcionário público em razão de suas funções, na presença de várias pessoas ou por meio que facilite a divulgação.

6.3 Processo penal eleitoral

Qualquer cidadão que venha a tomar conhecimento de infrações penais, daquelas previstas no Código Eleitoral, deverá comunicar ao juiz eleitoral da zona correspondente, podendo ser feita a notícia do eventual crime por escrito ou oralmente. Na última possibilidade, a autoridade judicial reduzirá a termo, colhendo assinaturas do cidadão e de duas testemunhas, e remeterá o documento ao Ministério Público.

O Ministério Público, caso julgue necessário, requisitará maiores esclarecimentos às autoridades ou funcionários que possam fornecê-los. Contrariamente, caso seja verificada a ocorrência da infração penal, o Ministério Público oferecerá denúncia dentro do prazo legal de 10 dias.

A denúncia conterá a exposição do fato criminoso com todas as suas circunstâncias, a qualificação do acusado ou esclarecimentos pelos quais se possa identificá-lo, a classificação do crime e, quando necessário, o rol das testemunhas.

> **ATENÇÃO**
>
> **Responsabilidade penal do órgão do Ministério Público**
>
> **Art. 358, §§ 3º e 5º, CE:**
>
> Se o órgão do Ministério Público não oferecer a denúncia no prazo legal **OU** não promover a execução da sentença, representará contra ele a autoridade judiciária, sem prejuízo da apuração da responsabilidade penal.
>
> Qualquer eleitor poderá provocar a representação contra o órgão do Ministério Público se o juiz, no prazo de 10 (dez) dias, não agir de ofício.

> **IMPORTANTE**
>
> **Rejeição da denúncia**
>
> A denúncia será rejeitada quando (art. 358 do CE):
>
> a) o fato narrado evidentemente não constituir crime;
>
> b) já estiver extinta a punibilidade, pela prescrição ou outra causa;

c) for manifesta a ilegitimidade da parte ou faltar condição exigida pela lei para o exercício da ação penal (o que não obstará ao exercício da ação penal, desde que promovida por parte legítima ou satisfeita a condição).

Poderá também o órgão ministerial requerer o arquivamento da comunicação de fato criminoso, caso em que poderá o juiz competente, considerando improcedentes as razões que motivaram o requerimento do arquivamento, remeter a comunicação feita (documentalmente ou reduzida a termo, nas condições legais impostas) ao **Procurador Regional Eleitoral** para que então possa:

a) oferecer denúncia, caso se convença da existência da infração penal;
b) designe outro representante ministerial para que então ofereça a denúncia;
c) ou até mesmo que insista no pedido de arquivamento, situação em que o juiz acatará.

A **denúncia será rejeitada** caso o fato comunicado não venha a constituir conduta criminosa, estiver extinta a punibilidade ou ocorrer ilegitimidade da parte ou faltar condição da ação para o prosseguimento do feito.

Recebida a **DENÚNCIA**, o infrator será citado e terá o prazo de **10 dias** para que proceda a sua defesa e arrole testemunhas, sendo que serão designados pelo juiz dia e hora para seu depoimento pessoal, sendo que será determinada a notificação do Ministério Público.

Ouvidas as testemunhas (acusação e defesa) e realizadas as eventuais diligências requeridas pelo Ministério Público (deferidas ou ordenadas pelo juiz), haverá prazo de 5 dias para que as partes apresentem alegações finais.

Após as alegações finais, os autos serão remetidos à conclusão em até 48 horas, para que, no prazo de **10 dias**, seja proferida sentença, cabendo recurso ao Tribunal Regional no prazo de 10 dias.

Na situação de interposição de recurso e posterior confirmação de sentença condenatória, os autos serão baixados imediatamente à instância original para que seja iniciada a execução, que terá início no prazo de 5 dias a contar da data de vista dos autos pelo representante ministerial.

Em todo o processo e julgamento dos crimes relacionados será aplicado, subsidiariamente, o Código de Processo Penal.

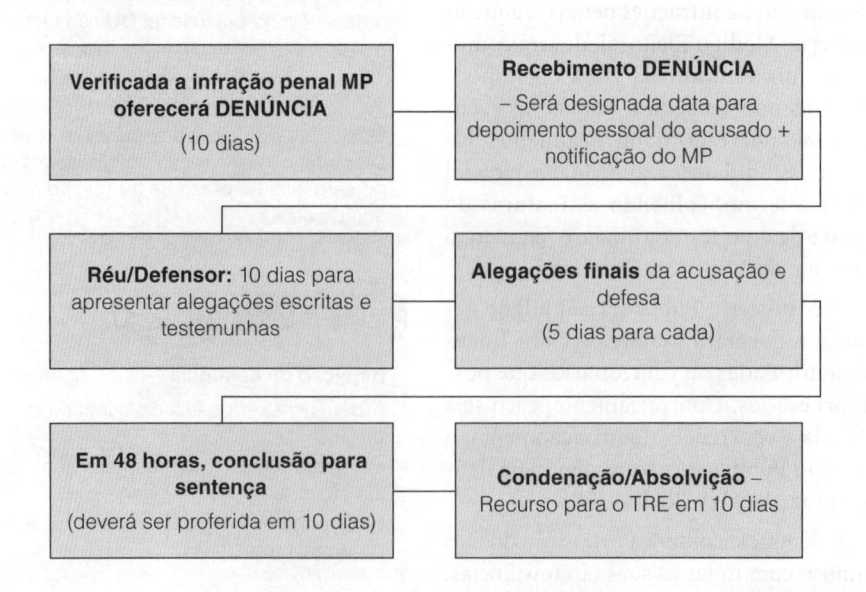

Verificada a infração penal MP oferecerá DENÚNCIA (10 dias)	**Recebimento DENÚNCIA** – Será designada data para depoimento pessoal do acusado + notificação do MP
Réu/Defensor: 10 dias para apresentar alegações escritas e testemunhas	**Alegações finais** da acusação e defesa (5 dias para cada)
Em 48 horas, conclusão para sentença (deverá ser proferida em 10 dias)	**Condenação/Absolvição** – Recurso para o TRE em 10 dias

6.4 Questões

1. (FCC – TER-SP) O candidato a governador A alega que candidato a governador B, em sua propaganda eleitoral, acusou-o de ter praticado o crime de estelionato, o que afirma não ser verdadeiro. Ambos os candidatos não são exercentes de função pública no momento da disputa eleitoral. Diante dessa situação:

A) a ação penal deverá ser proposta perante o Tribunal Regional Eleitoral, necessariamente, não importando o cargo que exerça o candidato.

B) o Ministério Público Eleitoral deverá ajuizar a respectiva ação penal pela prática do crime de injúria, apenas.

C) caso o Ministério Público Eleitoral não proponha a ação penal, o candidato A poderá fazê-lo, cumpridos os requisitos legais.

D) o candidato A deverá propor ação penal privada contra o candidato B, uma vez que não se trata de ação penal pública.

E) caso o Ministério Público Eleitoral entender pelo não oferecimento da denúncia, deverá requerer o arquivamento ao juiz, que, se considerar improcedentes os motivos para tanto, fará a remessa da comunicação ao Procurador-Geral de Justiça, na Justiça Comum Estadual.

↳ **Resolução:**

A) *Incorreta*. Uma vez que existindo o foro de prerrogativa de funções, deve ser observado. No entanto, no caso em questão, ambos candidatos não são ocupantes de cargos públicos eletivos, sendo que a ação deverá ser proposta perante o juiz eleitoral e não o TRE.

B) *Incorreta*. Com fundamento no art. 324 do CE, já que o crime em tela refere-se ao tipo indicado como "calúnia eleitoral". Considerando que em âmbito dos crimes tratados no CE a natureza será sempre de Ação Penal Pública Incondicionada (inclusive para os crimes contra a honra, e isso em razão da tutela objetivada e o fim indicado pelo próprio tipo como "na propaganda eleitoral, ou visando fins de propaganda"). Assim, cabe ao MPE denunciar o sujeito.

C) *Correta*. Por força do art. 5º, LIX, da CF. Nas situações onde se observar a omissão do MPE (no caso, quanto ao oferecimento da denúncia) é admitida a ação penal privada subsidiária da pública.

D) *Incorreta*. Conforme o art. 355 do CE. Ou seja, os crimes eleitorais tratados pelo Código Eleitoral são de Ação Penal Pública Incondicionada (mesmo os contra a honra, conforme já tratado nas assertivas anteriores).

E) *Incorreta*. Conforme o art. 357, § 1º, do CE. Quando o promotor eleitoral requerer o arquivamento do IP, não havendo concordância do juiz eleitoral, este encaminhará os autos ao PRE (Procurador Regional Eleitoral) e não ao PGJ (Procurador Geral de Justiça).

↗ **Gabarito: "C".**

2. (FCC – TER-MG) O candidato Alvius, na propaganda eleitoral, chamou o candidato Betus de "ladrão", sem descrever ou mencionar o fato em que se baseou para formular tal ofensa. Assim procedendo, Alvius:

A) cometeu o crime eleitoral de injúria.

B) cometeu o crime eleitoral de calúnia.

C) cometeu o crime eleitoral de difamação.

D) não cometeu nenhum delito, em razão da liberdade de expressão.

E) só terá cometido crime eleitoral se o ofendido for funcionário público.

↳ **Resolução:**

A) *Correta*. Não houve, no caso narrado, a falsa imputação de fato definido como crime, mas mera ofensa à dignidade ou decoro do ofendido, razão pela qual temos configurado o crime eleitoral de injúria – art. 326 do CE.

B) *Incorreta*. Como já dito, não há, no caso, fato definido como crime – art. 324 do CE.

C) *Incorreta*. Falta o fato ofensivo à reputação – art. 325 do CE.

D) *Incorreta*. Pois o delito tem previsão típica no art. 326 do CE.

E) *Incorreta*. O art. 326 do CE fala em "injuriar alguém", de modo que não é necessário que o sujeito passivo da infração penal seja funcionário público.

↗ **Gabarito: "A".**

3. (FCC – TER-MG) A respeito do processo das infrações penais relativas à prática de crimes eleitorais, é correto afirmar que:

A) verificada a infração penal, o Ministério Público oferecerá a denúncia no prazo de 15 dias.

B) das decisões finais de condenação ou absolvição, cabe recurso para o Tribunal Regional, a ser interposto no prazo de 10 dias.

C) oferecida a denúncia, o acusado será citado para oferecer defesa preliminar no prazo de 5 dias.

D) recebida a denúncia, o réu ou seu defensor terá o prazo de 5 dias para apresentação de defesa prévia, podendo arrolar testemunhas.

E) se o juiz não fixar prazo diverso, a defesa deverá apresentar suas alegações finais em 3 dias.

↳ **Resolução:**

A) *Incorreta.* A denúncia deve ser oferecida no prazo de 10 dias – art. 357 do CE.

B) *Correta.* Art. 362 do CE.

C) *Incorreta.* Art. 359, parágrafo único, do CE.

D) *Incorreta.* Art. 359 do CE.

E) *Incorreta.* Prazo de 5 dias – art. 360 do CE.

↗ **Gabarito: "B".**

7. AÇÕES E RECURSOS ELEITORAIS

Os recursos eleitorais não terão **efeito suspensivo** (em regra, apenas devolutivo) sendo que a execução de qualquer acórdão será feita imediatamente, através de comunicação por ofício, telegrama, ou, em casos especiais, a critério do presidente do Tribunal, através de cópia do acórdão.

O Tribunal dará preferência ao recurso sobre quaisquer outros processos, com exceção apenas do *habeas corpus* e mandado de segurança.

Os prazos para a interposição de recurso são preclusivos, exceto quando discutir matéria constitucional.

A distribuição do primeiro recurso que chegar ao Tribunal Regional ou Tribunal Superior prevenirá a competência do relator para todos os demais casos do mesmo município ou Estado.

7.1 Ação de Impugnação de Mandato Eletivo (AIME)

O art. 14, § 10, da CF dispõe que o mandato eletivo poderá ser impugnado junto à Justiça Eleitoral no prazo de até 15 dias (a contar da diplomação) por petição instruída com as provas de abuso de poder econômico, corrupção ou fraude.

A ação de impugnação de mandato tramitará em segredo de Justiça, sem prejuízo de que o autor responda, na forma da lei, se a acusação for temerária ou de manifesta má-fé.

A competência obedecerá às seguintes regras:

a) impugnação de mandato de Prefeito, Vice-Prefeito ou Vereador: a ação será processada e julgada perante o juízo eleitoral de primeiro grau;

b) impugnação de mandato de Governador, Vice-Governador, Senador, Deputado Federal, Deputado Estadual e Deputado Distrital: a ação será processada e julgada perante o Tribunal Regional Eleitoral da circunscrição;

c) impugnação de mandato do Presidente da República e Vice-Presidente da República: a ação será processada e julgada perante o Tribunal Superior Eleitoral.

Prazo: 15 dias da diplomação.

Finalidade: Desconstituir a diplomação, que tem a função de declarar a validade de todo o procedimento havido no período eleitoral com relação ao cargo específico, em garantia da normalidade e legitimidade do exercício do poder de sufrágio popular contra a prática de abuso do poder econômico, corrupção ou fraude durante o processo eleitoral.

Competência:

a) Eleição para Presidente da República: TSE;

b) Eleições para Governador e Vice-Governador, inclusive do Distrito Federal, Deputados Federais e Estaduais e Senadores: TRE;

c) Eleições Municipais: Juízes Eleitorais.

Legitimidade ativa:

a) Ministério Público;
b) Partido político ou Coligação;
c) Candidato.

Observe-se que o eleitor não possui legitimidade para propor AIME.

Legitimidade passiva:

O diplomado.

7.2 Ação de Impugnação de Registro de Candidatura (AIRC)

Legislação: arts. 3º a 17 da LC n. 64/90.

Finalidade: o indeferimento do pedido de registro dos candidatos que não possuam condições de elegibilidade ou possuam algum impedimento em razão de ocorrência de hipóteses de inelegibilidade.

Rito: arts. 3º e seguintes da LC n. 64/90.

Competência: dependerá do cargo pretendido:

a) **Juízes Eleitorais** – Eleições Municipais;
b) **TRE** – Eleições Estaduais (Governador, Deputados Estaduais/Federais/Distritais, Senadores);
c) **TSE** – Eleições Presidenciais.

Prazo: 5 dias – prazo decadencial, conta-se da publicação do registro do candidato. Ocorre preclusão da matéria não impugnada, salvo se se tratar de matéria constitucional.

Legitimidade ativa:

a) Pré-candidato escolhido em convenção partidária;
b) Coligação Partidária;
c) Ministério Público Eleitoral;
d) Partido Político;
e) eleitor;
f) qualquer cidadão poderá, no prazo de 5 (cinco) dias contados da publicação do edital sobre o pedido de registro, ingressar com notícia de inelegibilidade ao juiz ou Tribunal competente.

Legitimidade passiva: pré-candidato escolhido em convenção partidária e que requereu o registro de candidatura.

Consequências:

a) Negação ao registro de candidatura;
b) Cancelamento do registro de candidatura, se acaso já obtido e não diplomado;
c) Anulação do diploma do eleito ou suplente se já diplomado;
d) Afastamento imediato do cargo eletivo, acaso já iniciado o exercício.

Recurso: 3 dias, ao Tribunal (arts. 8º, 11 a 13 da LC n. 64/90).

7.3 Representação para instauração de Ação de Investigação Judicial Eleitoral (AIJE)

Legislação: arts. 1º, I, *d* e *h*, e 19, e arts. 22 e seguintes da LC n. 64/90.

Finalidade: visa apurar condutas realizadas com abuso de poder – econômico ou político, este último, no exercício ou função de cargo ou emprego na administração direta ou indireta – que tragam influência a normalidade e a legitimidade das eleições.

Rito: AIJE: art. 22 da LC n. 64/90.

Competência: LC n. 64/90:

a) Corregedor-Geral Eleitoral: na eleição para Presidente e Vice-Presidente da República;
b) Corregedor-Regional Eleitoral: quando se tratar de eleições para Governador e Vice-Governador; Senadores; Deputados Estaduais/Federais/Distritais.

Prazo: até a diplomação.

Legitimidade ativa:

a) Ministério Público;
b) Candidato;
c) Partido Político;
d) Coligação.

Legitimidade passiva:

a) Candidato: que praticou ou foi beneficiado pelo abuso de poder;
b) Terceiros: que praticaram o abuso de poder para benefício de candidato, partido político ou coligação.

Consequências: art. 22, XIV, da LC n. 64/90:

a) declaração de inelegibilidade;
b) cassação de registro ou diploma.

Recurso: 3 dias (arts. 264 e 265 do CE).

7.4 Recurso Contra Expedição de Diploma – RCED

Legislação: art. 262 do Código Eleitoral. Cabimento nos casos de inelegibilidade superveniente ou de natureza constitucional e de falta de condição de elegibilidade.

Finalidade: visa desconstituir o pronunciamento judicial que deferiu a homologação do resultado das eleições em razão de inelegibilidade ou incompatibilidade de candidato, e erro na contagem de votos e de quociente eleitoral.

Rito: arts. 265 e seguintes do Código Eleitoral.

Consequências: cassação do diploma do candidato eleito ou suplente, podendo ainda ser aplicada multa nos termos do art. 41-A da Lei n. 9.504/97, se a decisão reconhecer tal prática.

Competência: RCED será sempre interposto perante o órgão que diplomou o candidato, onde será processado, mas julgado pela instância superior a ele.

Prazo: 3 dias, a contar da sessão da diplomação.

Legitimidade ativa:

a) Ministério Público;
b) Candidato;
c) Partido político;
d) Coligação.

Legitimidade passiva: candidatos eleitos e os suplentes, desde que diplomados.

Consequência: cassação do diploma (art. 262 do Código Eleitoral).

Recursos:

a) Eleições federais e estaduais: Recurso Ordinário (art. 276, II, *a*, do E);
b) Eleições municipais: Recurso Inominado.

> **IMPORTANTE**
>
> Art. 216 do Código Eleitoral: "Enquanto o Tribunal Superior não decidir o recurso interposto contra a expedição do diploma, poderá o diplomado exercer o mandato em toda a sua plenitude".

7.5 Questões

1. **(FCC – TER-RS)** A respeito dos recursos eleitorais, é correto afirmar que:

A) terão sempre efeito devolutivo e suspensivo, motivo porque a execução de qualquer acórdão só poderá ser feita após o respectivo trânsito em julgado.

B) sempre que a lei não fixar prazo especial, deverão ser interpostos em 5 dias da publicação do ato, resolução ou despacho.

C) a distribuição do primeiro recurso que chegar ao Tribunal Regional Eleitoral ou Tribunal Superior Eleitoral prevenirá a competência do relator para todos os demais casos do mesmo Município ou Estado.

D) em nenhuma hipótese caberá recurso contra expedição de diploma pelos Tribunais Regionais Eleitorais.

E) não caberá recurso para os Tribunais Regionais Eleitorais e para o Tribunal Superior Eleitoral dos atos, resoluções ou despachos dos respectivos presidentes.

↳ **Resolução:**
A) *Incorreta*. Os recursos eleitorais não terão efeito suspensivo – art. 257 do CE.
B) *Incorreta*. Sempre que a lei não fixar prazo especial, o recurso deverá ser interposto em três dias da publicação do ato, resolução ou despacho – art. 258 do CE.
C) *Correta*. Art. 260 do CE.
D) *Incorreta*. Caberá recurso contra expedição de diploma nos seguintes casos: inelegibilidade ou incompatibilidade de candidato; errônea interpretação da lei quanto à aplicação do sistema de representação proporcional; erro de direito ou de fato na apuração final, quanto à determinação do quociente eleitoral ou partidário, contagem de votos e classificação de candidato, ou a sua contemplação sob determinada legenda; concessão ou denegação do diploma em manifesta contradição com a prova dos autos, nas hipóteses do art. 222 do CE e do art. 41-A da Lei n. 9.504/97.
E) *Incorreta*. Para os Tribunais Regionais e para o Tribunal Superior caberá, dentro de 3 dias, recurso dos atos, resoluções ou despachos dos respectivos presidentes – art. 264 do CE.

↗ **Gabarito: "C".**

2. **(FCC – TRE/RS)** A investigação judicial para apurar uso indevido, desvio ou abuso do poder econômico ou do poder de autoridade, ou utilização indevida de veículos ou meios de comunicação social, em benefício de candidato ou partido político:

A) será processada pelo Tribunal Regional Eleitoral que, após a oitiva do Corregedor-Geral, enviará os autos ao Ministério Público para que este aplique as sanções previstas em lei.
B) será feita pela Polícia Judiciária, mediante inquérito policial, que, afinal, será encaminhado ao Ministério Público para oferecimento de eventual denúncia.
C) será objeto de investigação pelo Ministério Público eleitoral que, afinal, declarará a inelegibilidade do investigado, aplicando-lhe as sanções previstas em lei.
D) será processada internamente por qualquer partido político, coligação ou candidato que, afinal, encaminhará as suas conclusões ao Tribunal competente que, após a oitiva do Corregedor-Geral, aplicará as sanções previstas em lei.
E) terá início por representação de qualquer partido político, coligação, candidato ou Ministério Público feita diretamente ao Corregedor-Geral.

↳ **Resolução:**
Art. 237, § 2º, do CE.

↗ **Gabarito: "E".**

3. **(FCC – TER-SE)** Dentre outras atribuições, compete aos Tribunais Regionais Eleitorais:

A) processar e julgar originariamente os crimes eleitorais e os comuns que lhe forem conexos cometidos pelos Juízes do próprio Tribunal Regional Eleitoral.
B) julgar os recursos interpostos das decisões dos Juízes Eleitorais que concederem ou denegarem *habeas corpus* ou mandado de segurança.
C) fornecer aos que não votaram por motivo justificado um certificado que os isente das sanções legais.
D) processar e julgar originariamente os conflitos de jurisdição entre Tribunais Regionais e Juízes Eleitorais de Estados diferentes.
E) providenciar para a solução das ocorrências que se verificarem nas Mesas Receptoras.

↳ **Resolução:**
A) *Incorreta*. Competência do TSE – art. 22, I, *d*, do CE.
B) *Correta*. Art. 29, II, *b*, do CE.
C) *Incorreta*. Competência dos juízes eleitorais – art. 35, XVIII, do CE.
D) *Incorreta*. Competência do TSE – art. 22, I, *b*, do CE.
E) *Incorreta*. Competência dos juízes eleitorais – art. 35, XVI, do CE.

↗ **Gabarito: "B".**

8. SÚMULAS DO TSE

Súmula 2
Assinada e recebida a ficha de filiação partidária até o termo final do prazo fixado em lei, considera-se satisfeita a correspondente condição de elegibilidade, ainda que não tenha fluído, até a mesma data, o tríduo legal de impugnação.
Súmula 3
No processo de registro de candidatos, não tendo o juiz aberto prazo para o suprimento de defeito da instrução do pedido, pode o documento, cuja falta houver motivado o indeferimento, ser juntado com o recurso ordinário.
Súmula 4
Não havendo preferência entre candidatos que pretendam o registro da mesma variação nominal, defere-se o do que primeiro o tenha requerido.
Súmula 5
Serventuário de cartório, celetista, não se inclui na exigência do art. 1º, II, l, da LC n. 64/90.
Súmula 6
São inelegíveis para o cargo de Chefe do Executivo o cônjuge e os parentes, indicados no § 7º do art. 14 da Constituição Federal, do titular do mandato, salvo se este, reelegível, tenha falecido, renunciado ou se afastado definitivamente do cargo até seis meses antes do pleito.
Súmula 9
A suspensão de direitos políticos decorrente de condenação criminal transitada em julgado cessa com o cumprimento ou a extinção da pena, independendo de reabilitação ou de prova de reparação dos danos.
Súmula 10
No processo de registro de candidatos, quando a sentença for entregue em cartório antes de três dias contados da conclusão ao juiz, o prazo para o recurso ordinário, salvo intimação pessoal anterior, só se conta do termo final daquele tríduo.
Súmula 11
No processo de registro de candidatos, o partido que não o impugnou não tem legitimidade para recorrer da sentença que o deferiu, salvo se se cuidar de matéria constitucional.
Súmula 12
São inelegíveis, no município desmembrado, e ainda não instalado, o cônjuge e os parentes consanguíneos ou afins, até o segundo grau ou por adoção, do prefeito do município-mãe, ou de quem o tenha substituído, dentro dos seis meses anteriores ao pleito, salvo se já titular de mandato eletivo.
Súmula 13
Não é autoaplicável o § 9º do art. 14 da Constituição, com a redação da Emenda Constitucional de Revisão n. 4/94.
Súmula 15
O exercício de mandato eletivo não é circunstância capaz, por si só, de comprovar a condição de alfabetizado do candidato.

Súmula 18
Conquanto investido de poder de polícia, não tem legitimidade o juiz eleitoral para, de ofício, instaurar procedimento com a finalidade de impor multa pela veiculação de propaganda eleitoral em desacordo com a Lei n. 9.504/97.
Súmula 19
O prazo de inelegibilidade decorrente da condenação por abuso do poder econômico ou político tem início no dia da eleição em que este se verificou e finda no dia de igual número no oitavo ano seguinte (art. 22, XIV, da LC n. 64/90).
Súmula 20
A prova de filiação partidária daquele cujo nome não constou da lista de filiados de que trata o art. 19 da Lei n. 9.096/95, pode ser realizada por outros elementos de convicção, salvo quando se tratar de documentos produzidos unilateralmente, destituídos de fé pública.
Súmula 22
Não cabe mandado de segurança contra decisão judicial recorrível, salvo situações de teratologia ou manifestamente ilegais.
Súmula 23
Não cabe mandado de segurança contra decisão judicial transitada em julgado.
Súmula 24
Não cabe recurso especial eleitoral para simples reexame do conjunto fático-probatório.
Súmula 25
É indispensável o esgotamento das instâncias ordinárias para a interposição de recurso especial eleitoral.
Súmula 26
É inadmissível o recurso que deixa de impugnar especificamente fundamento da decisão recorrida que é, por si só, suficiente para a manutenção desta.
Súmula 27
É inadmissível recurso cuja deficiência de fundamentação impossibilite a compreensão da controvérsia.
Súmula 28
A divergência jurisprudencial que fundamenta o recurso especial interposto com base na alínea *b* do inciso I do art. 276 do Código Eleitoral somente estará demonstrada mediante a realização de cotejo analítico e a existência de similitude fática entre os acórdãos paradigma e o aresto recorrido.
Súmula 29
A divergência entre julgados do mesmo Tribunal não se presta a configurar dissídio jurisprudencial apto a fundamentar recurso especial eleitoral.
Súmula 30
Não se conhece de recurso especial eleitoral por dissídio jurisprudencial, quando a decisão recorrida estiver em conformidade com a jurisprudência do Tribunal Superior Eleitoral.

Súmula 31
Não cabe recurso especial eleitoral contra acórdão que decide sobre pedido de medida liminar.

Súmula 32
É inadmissível recurso especial eleitoral por violação à legislação municipal ou estadual, ao Regimento Interno dos Tribunais Eleitorais ou às normas partidárias.

Súmula 33
Somente é cabível ação rescisória de decisões do Tribunal Superior Eleitoral que versem sobre a incidência de causa de inelegibilidade.

Súmula 34
Não compete ao Tribunal Superior Eleitoral processar e julgar mandado de segurança contra ato de membro de Tribunal Regional Eleitoral.

Súmula 35
Não é cabível reclamação para arguir o descumprimento de resposta a consulta ou de ato normativo do Tribunal Superior Eleitoral.

Súmula 36
Cabe recurso ordinário de acórdão de Tribunal Regional Eleitoral que decida sobre inelegibilidade, expedição ou anulação de diploma ou perda de mandato eletivo nas eleições federais ou estaduais (art. 121, § 4º, incisos III e IV, da Constituição Federal)

Súmula 37
Compete originariamente ao Tribunal Superior Eleitoral processar e julgar recurso contra expedição de diploma envolvendo eleições federais ou estaduais.

Súmula 38
Nas ações que visem à cassação de registro, diploma ou mandato, há litisconsórcio passivo necessário entre o titular e o respectivo vice da chapa majoritária.

Súmula 39
Não há formação de litisconsórcio necessário em processos de registro de candidatura.

Súmula 40
O partido político não é litisconsorte passivo necessário em ações que visem à cassação de diploma.

Súmula 41
Não cabe à Justiça Eleitoral decidir sobre o acerto ou desacerto das decisões proferidas por outros Órgãos do Judiciário ou dos Tribunais de Contas que configurem causa de inelegibilidade.

Súmula 42
A decisão que julga não prestadas as contas de campanha impede o candidato de obter a certidão de quitação eleitoral durante o curso do mandato ao qual concorreu, persistindo esses efeitos, após esse período, até a efetiva apresentação das contas.

Súmula 43
As alterações fáticas ou jurídicas supervenientes ao registro que beneficiem o candidato, nos termos da parte final do art. 11, § 10, da Lei n. 9.504/97, também devem ser admitidas para as condições de elegibilidade.

Súmula 44
O disposto no art. 26-C da LC n. 64/90 não afasta o poder geral de cautela conferido ao magistrado pelo Código de Processo Civil.
Súmula 45
Nos processos de registro de candidatura, o Juiz Eleitoral pode conhecer de ofício da existência de causas de inelegibilidade ou da ausência de condição de elegibilidade, desde que resguardados o contraditório e a ampla defesa.
Súmula 46
É ilícita a prova colhida por meio da quebra do sigilo fiscal sem prévia e fundamentada autorização judicial, podendo o Ministério Público Eleitoral acessar diretamente apenas a relação dos doadores que excederam os limites legais, para os fins da representação cabível, em que poderá requerer, judicialmente e de forma individualizada, o acesso aos dados relativos aos rendimentos do doador.
Súmula 47
A inelegibilidade superveniente que autoriza a interposição de recurso contra expedição de diploma, fundado no art. 262 do Código Eleitoral, é aquela de índole constitucional ou, se infraconstitucional, superveniente ao registro de candidatura, e que surge até a data do pleito.
Súmula 48
A retirada da propaganda irregular, quando realizada em bem particular, não é capaz de elidir a multa prevista no art. 37, § 1º, da Lei n. 9.504/97.
Súmula 49
O prazo de cinco dias, previsto no art. 3º da LC n. 64/90, para o Ministério Público impugnar o registro inicia-se com a publicação do edital, caso em que é excepcionada a regra que determina a sua intimação pessoal.
Súmula 50
O pagamento da multa eleitoral pelo candidato ou a comprovação do cumprimento regular de seu parcelamento após o pedido de registro, mas antes do julgamento respectivo, afasta a ausência de quitação eleitoral.
Súmula 51
O processo de registro de candidatura não é o meio adequado para se afastarem os eventuais vícios apurados no processo de prestação de contas de campanha ou partidárias.
Súmula 52
Em registro de candidatura, não cabe examinar o acerto ou desacerto da decisão que examinou, em processo específico, a filiação partidária do eleitor.
Súmula 53
O filiado a partido político, ainda que não seja candidato, possui legitimidade e interesse para impugnar pedido de registro de coligação partidária da qual é integrante, em razão de eventuais irregularidades havidas em convenção.
Súmula 54
A desincompatibilização de servidor público que possui cargo em comissão é de três meses antes do pleito e pressupõe a exoneração do cargo comissionado, e não apenas seu afastamento de fato.

Súmula 55
A Carteira Nacional de Habilitação gera a presunção da escolaridade necessária ao deferimento do registro de candidatura.
Súmula 56
A multa eleitoral constitui dívida ativa de natureza não tributária, submetendo-se ao prazo prescricional de 10 (dez) anos, nos moldes do art. 205 do Código Civil.
Súmula 57
A apresentação das contas de campanha é suficiente para a obtenção da quitação eleitoral, nos termos da nova redação conferida ao art. 11, § 7º, da Lei n. 9.504/97, pela Lei n. 12.034/2009.
Súmula 58
Não compete à Justiça Eleitoral, em processo de registro de candidatura, verificar a prescrição da pretensão punitiva ou executória do candidato e declarar a extinção da pena imposta pela Justiça Comum.
Súmula 59
O reconhecimento da prescrição da pretensão executória pela Justiça Comum não afasta a inelegibilidade prevista no art. 1º, I, *e*, da LC n. 64/90, porquanto não extingue os efeitos secundários da condenação.
Súmula 60
O prazo da causa de inelegibilidade prevista no art. 1º, I, *e*, da LC n. 64/90 deve ser contado a partir da data em que ocorrida a prescrição da pretensão executória e não do momento da sua declaração judicial.
Súmula 61
O prazo concernente à hipótese de inelegibilidade prevista no art. 1º, I, *e*, da LC n. 64/90 projeta-se por oito anos após o cumprimento da pena, seja ela privativa de liberdade, restritiva de direito ou multa.
Súmula 62
Os limites do pedido são demarcados pelos fatos imputados na inicial, dos quais a parte se defende, e não pela capitulação legal atribuída pelo autor.
Súmula 63
A execução fiscal de multa eleitoral só pode atingir os sócios se preenchidos os requisitos para a desconsideração da personalidade jurídica previstos no art. 50 do Código Civil, tendo em vista a natureza não tributária da dívida, observados, ainda, o contraditório e a ampla defesa.
Súmula 64
Contra acórdão que discute, simultaneamente, condições de elegibilidade e de inelegibilidade, é cabível o recurso ordinário.
Súmula 65
Considera-se tempestivo o recurso interposto antes da publicação da decisão recorrida.

Súmula 66
A incidência do § 2º do art. 26-C da LC n. 64/90 não acarreta o imediato indeferimento do registro ou o cancelamento do diploma, sendo necessário o exame da presença de todos os requisitos essenciais à configuração da inelegibilidade, observados os princípios do contraditório e da ampla defesa.
Súmula 67
A perda do mandato em razão da desfiliação partidária não se aplica aos candidatos eleitos pelo sistema majoritário.
Súmula 68
A União é parte legítima para requerer a execução de astreintes, fixada por descumprimento de ordem judicial no âmbito da Justiça Eleitoral.
Súmula 69
Os prazos de inelegibilidade previstos nas alíneas *j* e *h* do inciso I do art. 1º da LC n. 64/90 têm termo inicial no dia do primeiro turno da eleição e termo final no dia de igual número no oitavo ano seguinte.
Súmula 70
O encerramento do prazo de inelegibilidade antes do dia da eleição constitui fato superveniente que afasta a inelegibilidade, nos termos do art. 11, § 10, da Lei n. 9.504/97.
Súmula 71
Na hipótese de negativa de seguimento ao recurso especial e da consequente interposição de agravo, a parte deverá apresentar contrarrazões tanto ao agravo quanto ao recurso especial, dentro do mesmo tríduo legal.
Súmula 72
É inadmissível o recurso especial eleitoral quando a questão suscitada não foi debatida na decisão recorrida e não foi objeto de embargos de declaração.

REFERÊNCIAS

AGRA, Walber de Moura. *Manual prático de direito eleitoral*. 2. ed. Belo Horizonte: Fórum, 2018.

CHALITA, Savio. *Manual completo de direito eleitoral*. Indaiatuba: Foco, 2014.

GOMES. José Jairo. *Direito eleitoral*. 15. ed. Atlas/GEN: São Paulo, 2019.

VELLOSO, Carlos Mário da Silva; AGRA, Walber de Moura. *Elementos de direito eleitoral*. 5. ed. São Paulo: Saraiva, 2016.

ANA CAROLINA VICTALINO e DARLAN BARROSO

9

DIREITO PROCESSUAL CIVIL

Sumário

1. NORMAS FUNDAMENTAIS DO PROCESSO E APLICAÇÃO DAS NORMAS PROCESSUAIS... 625
   1.1 Questões... 628
2. AÇÃO, JURISDIÇÃO, PROCESSO E COMPETÊNCIA... 629
   2.1 Questões... 635
3. GRATUIDADE DA JUSTIÇA E HONORÁRIOS ADVOCATÍCIOS... 636
   3.1 Questões... 638
4. PARTES, PROCURADORES E LITISCONSÓRCIO... 639
   4.1 Questões... 642
5. INTERVENÇÃO DE TERCEIROS... 644
   5.1 Questões... 646
6. ATOS PROCESSUAIS... 648
   6.1 Questões... 651
7. TUTELAS PROVISÓRIAS... 652
   7.1 Questões... 656
8. PROCESSO DE CONHECIMENTO: DA PETIÇÃO INICIAL A SENTENÇA... 657
   8.1 Questões... 670
9. PROCEDIMENTOS ESPECIAIS... 672
   9.1 Questões... 676
10. LIQUIDAÇÃO E CUMPRIMENTO DE SENTENÇA... 677
    10.1 Questões... 681
11. PROCESSO DE EXECUÇÃO... 682
    11.1 Questões... 686
12. PROCESSOS NOS TRIBUNAIS... 688
    12.1 Questões... 689
13. RECURSOS... 690
    13.1 Questões... 700
REFERÊNCIAS... 701

1. NORMAS FUNDAMENTAIS DO PROCESSO E APLICAÇÃO DAS NORMAS PROCESSUAIS

1) Normas fundamentais do processo

O Código de Processo Civil traz em seus artigos iniciais os princípios que devem nortear toda a atividade jurisdicional e os atos de seus sujeitos – partes, procuradores, magistrados, membros do Ministério Público e serventuários –, na busca de oferecer um resultado eficaz e com respeito máximo aos princípios constitucionais do processo.

Vejamos:

a) Processo constitucional – art. 1º do CPC

O art. 1º do CPC afirma que o processo será regido e interpretado segundo as normas previstas na Constituição da República.

Evidentemente, não poderia ser diferente. O CPC, como norma infraconstitucional, não teria o poder de dispor de modo diverso. No entanto, o referido art. 1º tem uma finalidade lúdica: a de alertar ao intérprete das regras processuais que o processo segue os princípios constitucionais.

De fato, muitos dos princípios a seguir correspondem a uma reprodução ou decorrência de comandos constitucionais já existentes desde 1988.

b) Princípio dispositivo/inércia da jurisdição e impulso oficial – art. 2º do CPC

O processo começa por iniciativa da parte (por meio do direito de ação que rompe a inércia própria da jurisdição), mas o seu desenvolvimento é impulsionado por atuação do magistrado (o juiz tem a função institucional de impulsionar o processo para a sua conclusão – impulso oficial).

> **ATENÇÃO**
>
> Cuidado com as exceções.
>
> Em algumas situações específicas, a própria legislação autoriza o magistrado a iniciar a ação, como uma verdadeira exceção ao princípio do dispositivo.
> - arrecadação de bens de herança jacente (art. 738 do CPC);
> - arrecadação de bens de ausente (art. 744 do CPC).

c) Direito de ação – art. 3º do CPC

É direito fundamental, previsto no art. 5º, XXXV, da CF (reproduzido no art. 3º do CPC), o amplo acesso ao Poder Judiciário.

Por este princípio não se excluirá da apreciação do Poder Judiciário lesão ou ameaça a direito.

Ponto interessante é que embora o Código de Processo Civil traga de forma expressa o direito de ação, o próprio art. 3º do CPC também dispõe sobre os meios alternativos de solução de conflitos, contemplando expressamente a arbitragem, a conciliação e a mediação.

d) Solução consensual de conflitos

O CPC conduz à regra de que as partes devem ser estimuladas à solução consensual do conflito.

> **IMPORTANTE**
>
> A conciliação poderá ser obtida a qualquer tempo do processo, por iniciativa das partes ou conduzida por um mediador. Realizada a conciliação, ela será homologada pelo juiz por meio de sentença, com resolução de mérito, nos termos do art. 487, III, do CPC.
>
> A composição também poderá ocorrer antes mesmo do processo. Havendo o litígio ou a vontade de preveni-lo, as partes poderão realizar a transação e submeter o pacto à homologação judicial – isso com a finalidade

de obtenção de um título executivo judicial – por meio de um procedimento de jurisdição voluntária de "homologação de autocomposição extrajudicial", previsto no art. 725, VIII, do CPC.

e) Princípio da duração razoável – art. 4º do CPC

O art. 4º reproduz o comando constitucional previsto no art. 5º, LXXVIII, que determina que o processo deverá se desenvolver em tempo razoável.

▶ ATENÇÃO

O tempo razoável deverá se atentar às especificidades da causa.

Tem relação com esse princípio a previsão contida no art. 1.048 do CPC, que garante prioridade na tramitação do processo para:
- idosos (maiores de 60 anos de idade);
- portadores de doenças graves;
- aqueles protegidos pelo ECA.

f) Princípio da primazia do mérito e efetividade do processo – art. 4º do CPC

É direito das partes a obtenção da solução integral do mérito. A finalidade do processo é a solução da lide – atividade satisfativa –, e, portanto, sempre que possível, o magistrado deverá concluir o feito com a solução do conflito (evitando sentenças sem mérito).

Desse princípio, decorrem situações interessantes previstas ao longo do CPC:

i) sanabilidade dos atos processuais – sempre que possível, havendo vício que comporte correção, o magistrado deverá dar a oportunidade de correção, evitando decisões sem mérito ou não conhecimento de recursos;

ii) no caso de sentença **sem** mérito, sendo possível, deverá o magistrado dar preferência pela solução do conflito – art.

488 do CPC: "Desde que possível, o juiz resolverá o mérito sempre que a decisão for favorável à parte a quem aproveitaria eventual pronunciamento nos termos do art. 485".

g) Princípio da lealdade e boa-fé processual – art. 5º do CPC

Todos aqueles que participam do processo deverão agir com lealdade e boa-fé.

h) Princípio da cooperação – art. 6º do CPC

Como decorrência da boa-fé processual (presunção de que todos estão e agem na relação processual na busca da solução do conflito), o CPC dispõe de forma expressa que os sujeitos (parte, juiz, procuradores etc.) do processo devem cooperar entre si para que ele chegue ao seu objetivo (solução integral do mérito).

Um típico exemplo de cooperação ocorre na audiência prevista no art. 357, § 3º, do CPC:

> § 3º Se a causa apresentar complexidade em matéria de fato ou de direito, deverá o juiz designar audiência para que o saneamento seja feito em cooperação com as partes, oportunidade em que o juiz, se for o caso, convidará as partes a integrar ou esclarecer suas alegações.

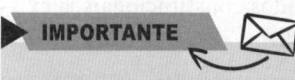

▶ IMPORTANTE

Quando falamos em cooperação e aplicação de princípios, estamos falando de todos os sujeitos do processo.

O magistrado, os serventuários, os procuradores e o membro do MP são sujeitos do processo.

i) Princípio da paridade ou isonomia – art. 7º do CPC

As partes têm direito de paridade de tratamento em relação ao exercício de seus direitos e faculdades processuais, meios de defesa, ônus, deveres e submissão às sanções processuais.

j) Fim social do processo – art. 8º do CPC

Ao aplicar as normas e princípios na condução do processo, o juiz deverá atender aos fins sociais e às exigências do bem comum, com respeito à dignidade da pessoa humana, observância da proporcionalidade, da razoabilidade, legalidade, publicidade e eficiência da atividade jurisdicional.

k) Princípio da vedação de decisão surpresa (arts. 9º e 10 do CPC)

Antes de decidir contra qualquer uma das partes, o magistrado, em qualquer grau de jurisdição, deverá dar à parte a oportunidade de manifestação.

O princípio da vedação de decisão-surpresa decorre da máxima do contraditório e da ampla defesa.

> **ATENÇÃO**
>
> A regra se aplica inclusive às questões de ordem pública, que o magistrado pode conhecer de ofício.

Excepcionalmente, não se aplica o princípio:

i) tutelas provisórias de urgência;
ii) tutela de evidência nos casos dos incisos II e III do art. 311 do CPC (situações em que o juiz poderá conceder medida liminar);
iii) para a expedição do mandado inicial na ação monitória (art. 700 do CPC).

l) Motivação dos pronunciamentos e publicidade do processo – art. 11 do CPC

O princípio também decorre da regra contida no art. 93, IX, da Constituição Federal.

Os pronunciamentos judiciais – interlocutórias, sentenças e acórdão – deverão ser fundamentados, sob pena de nulidade (*vide* também art. 489, § 1º, do CPC).

Além disso, a regra é que o processo e seus atos são públicos.

Para a garantia de outros direitos fundamentais – como a privacidade, respeito à intimidade, da dignidade, da segurança etc. –, a própria Constituição e o CPP asseguram como exceção à publicidade a possibilidade de o processo correr sob "segredo de justiça" (art. 11, parágrafo único, do CPC), autorizada a presença somente das partes, de seus advogados, de defensores ou do Ministério Público.

> **IMPORTANTE**
>
> Tramitam em segredo de justiça os processos:
>
> a) em que o exija o interesse público ou social (art. 189 do CPC);
>
> b) que versem sobre casamento, separação de corpos, divórcio, separação, união estável, filiação, alimentos e guarda de crianças e adolescentes;
>
> Atenção: Não há previsão de segredo para inventários, partilhas e abertura de testamentos.
>
> c) em que constem dados protegidos pelo direito constitucional à intimidade;
>
> d) que versem sobre arbitragem, inclusive sobre cumprimento de carta arbitral, desde que a confidencialidade estipulada na arbitragem seja comprovada perante o juízo.

2) Aplicação das normas processuais

Em relação ao tempo, editada uma nova norma de natureza processual, ela terá aplicação imediata, inclusive aos processos em curso (art. 14 do CPC).

No entanto, uma nova norma processual não poderá retroagir, atingir atos jurídicos perfeitos ou consumados, bem como a coisa julgada.

> **ATENÇÃO**
>
> Quando o atual CPC entrou em vigor, ele passou a ser aplicado, inclusive, aos processos em curso, mas sem a possibilidade de retroatividade ou aplicação em relação a atos processuais já iniciados ou consumados.

Outro ponto relevante: o CPC prevê, em seu art. 15, que o Código será aplicado de forma supletiva e subsidiária aos processos eleitorais, trabalhistas ou administrativos, quando da ausência de normas específicas.

1.1 Questões

1. **(VUNESP – TJRS – Titular de Serviços de Notas e de Registros – Provimento – 2019)** Nos termos do art. 4º do Código de Processo Civil, as partes têm o direito de obter em prazo razoável a solução integral do mérito, incluída a atividade satisfativa. Considerando que o processo civil deve ser interpretado conforme os valores e as normas fundamentais estabelecidos na Constituição da República Federativa do Brasil, é correto afirmar que referido dispositivo consagra os seguintes princípios:

A) cooperação processual, proporcionalidade razoabilidade e eficiência.

B) boa-fé objetiva processual, isonomia material e impulso oficial.

C) contraditório comparticipativo, impulso oficial e legalidade.

D) razoável duração do processo, primazia das decisões de mérito e efetividade.

E) inafastabilidade da jurisdição e estímulo a resolução consensual de conflitos.

↘ **Resolução:**
A) *Incorreta*. Vide comentários à alternativa "D".
B) *Incorreta*. Vide comentários à alternativa "D".
C) *Incorreta*. Vide comentários à alternativa "D".
D) *Correta*. O art. 4º do CPC dispõe sobre os três princípios norteadores do processo civil: "Art. 4º As partes têm o direito de obter em prazo razoável a solução integral do mérito, incluída a atividade satisfativa".
E) *Incorreta*. Vide comentários à alternativa "D".

↗ **Gabarito: "D".**

2. **(FGV – DPE-RJ – Técnico Médio de Defensoria Pública – 2019)** Segundo o vigente Código de Processo Civil, o juiz proferirá as sentenças no prazo de 30 (trinta) dias, bem como poderá, nas causas que dispensem a fase instrutória, e independentemente de citação do réu, julgar liminarmente improcedente o pedido, se verificar, desde logo, a ocorrência de prescrição ou decadência.

Trata-se de regras processuais que encerram a aplicação do princípio constitucional do(a):

A) livre acesso à justiça;

B) juiz natural;

C) isonomia;

D) ampla defesa;

E) duração razoável do processo.

↘ **Resolução:**
A) *Incorreta*. O livre acesso à justiça está ligado ao princípio da inafastabilidade do Judiciário.
B) *Incorreta*. O juiz natural vela pela inexistência de tribunais de exceções.
C) *Incorreta*. O princípio da isonomia dispõe sobre a paridade de tratamento entre as partes.
D) *Incorreta*. O princípio da ampla defesa garante aos litigantes e acusados em geral o contraditório e ampla defesa.
E) *Correta*. O princípio da duração razoável do processo tem por característica velar pelo curso do processo com celeridade processual, evitando assim a morosidade para obtenção de decisões satisfativas. O art. 139, II, do CPC, dispõe que incumbe ao juiz velar pela duração razoável do processo.

↗ **Gabarito: "E".**

3. **(VUNESP – Câmara de Serrana-SP – Procurador Jurídico – 2019)** Tratando especificamente de direito intertemporal processual, assinale a alternativa que está em consonância com a atual norma processual civil.

A) É regido pelos princípios da imediatidade e da retroatividade.

B) Não é adotado de forma explícita na lei.

C) Em regra, a norma processual retroagirá e será aplicável imediatamente aos processos em curso.

D) A lei nova pode incidir imediatamente sobre relações jurídicas preexistentes, ignorando os efeitos que estas já tenham produzido.

E) A norma processual não retroagirá e será aplicável imediatamente aos processos em curso, respeitadas as situações jurídicas já consolidadas.

↳ **Resolução:**

A) *Incorreta.* Afirmativa contrária ao que dispõe o art. 14 do CPC.

B) *Incorreta.* O art. 14 do CPC dispõe expressamente sobre o direito intertemporal processual.

C) *Incorreta.* Vide comentários à alternativa "E".

D) *Incorreta.* Vide comentários à alternativa "E".

E) De acordo com o art. 14 do CPC: "A norma processual não retroagirá e será aplicável imediatamente aos processos em curso, respeitados os atos processuais praticados e as situações jurídicas consolidadas sob a vigência da norma revogada".

↗ **Gabarito: "E".**

2. AÇÃO, JURISDIÇÃO, PROCESSO E COMPETÊNCIA

O Direito Processual Civil tem como base três pilares, a saber: **ação, jurisdição e processo**, de modo que, surgindo a lide (conflito de interesses qualificado por uma pretensão resistida), o interessado promove a ação, que provoca a jurisdição, antes inerte, e, por meio de um processo, confere um provimento jurisdicional.

1) Ação

Ação é o direito público, subjetivo e abstrato de provocar a jurisdição. Público porque exercido contra o Estado, subjetivo porque é inerente à pessoa que o exerce se quiser, e abstrato porque independe da existência de um direito material.

a) Condições da ação

É necessária, para que o direito de ação seja exercido. As condições da ação no CPC são: (arts. 17 e 485, VI, do CPC):

i) **Legitimidade de parte:** ninguém pode ser parte do processo se não estiver vinculado ao direito material nele discutido.

- Ordinária: a parte demanda **em nome próprio defendendo direito próprio**. É a regra do art. 18 do CPC.

- Extraordinária ou substituição processual: a parte demanda **em nome próprio direito alheio**. Deve estar prevista em lei. É o caso do Ministério Público ao defender direitos dos idosos (art. 74 da Lei n. 10.741/2003). Caso o substituído deseje ingressar no processo, assim o fará como assistente litisconsorcial (art. 18, parágrafo único, do CPC).

ii) **Interesse de agir:** para que o autor possa obter uma tutela jurisdicional, deverá ter necessidade de buscar o Judiciário e **adequação** do meio escolhido. Assim, por exemplo, se a parte não possuir um título executivo, não terá interesse em ingressar com uma execução, pois escolheu a ação inadequada (o correto seria a ação de conhecimento).

► **ATENÇÃO**

O interesse do autor pode limitar-se à declaração:
- da existência, da inexistência ou do modo de ser de uma relação jurídica;
- da autenticidade ou da falsidade de documento.

As condições devem estar presentes do início ao fim da ação. Caso o juiz verifique a ausência de qualquer das condições da ação, haverá a chamada carência da ação. Verificada a ausência de uma condição antes da citação do réu, haverá o indeferimento da inicial (art. 330, I e II, do CPC). Depois da citação, verificada a ausência, o processo será extinto, sem resolução do mérito (art. 485, VI, do CPC).

> **IMPORTANTE**
>
> É admissível a ação meramente declaratória, ainda que tenha ocorrido a violação do direito.

b) Elementos da ação

É importante que uma ação seja identificada, isto é, que existam elementos que caracterizem a demanda, permitindo, inclusive, diferenciá-la de outras. São elementos da ação:

i) **Partes**: quem pede (polo ativo) e contra quem se pede (polo passivo);

ii) **Causa de pedir**: são os fatos (remota) e fundamentos jurídicos (próxima);

iii) **Pedido**: é a tutela jurisdicional pretendida pelo autor, dividindo-se em imediato (espécie de tutela) e mediato (efeitos práticos da tutela).

> **ATENÇÃO**
>
> Os elementos da ação servem como identidade da ação. Assim, permitem verificar se há litispendência (se repete ação idêntica já em curso), coisa julgada (se repete ação já julgada) e conexão (identidade entre duas ações pelo pedido ou causa de pedir).

> **IMPORTANTE**
>
> - Não há mais a possibilidade jurídica do pedido como condição da ação.
> - Uma ação será considerada idêntica a outra quando houver identidade dos três elementos da ação.

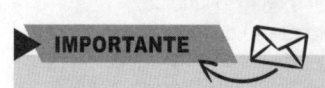

c) Classificação das ações

No processo civil temos, somente, duas ações:

i) **Conhecimento**: tem por objetivo obter do juiz uma sentença de mérito (título executivo judicial);

ii) **Execução**: tem por objetivo satisfazer um título executivo (como regra, extrajudicial).

> **ATENÇÃO**
>
> O CPC não mais prevê uma ação cautelar propriamente dita, tratando-a como uma espécie de tutela provisória a ser estudada mais adiante.

2) Jurisdição

É o poder do Estado (Judiciário) de aplicar o direito ao caso concreto. Diz-se que ela é "una" em todo o território nacional (não obstante termos diversos órgãos judiciários, o Poder Judiciário é uno) e tem como principais características:

- **Inércia (art. 2º do CPC):** somente se inicia se provocada;
- **Atividade Substitutiva:** substitui a vontade das partes pela vontade da lei;
- **Definitividade:** o provimento jurisdicional faz coisa julgada.

Espécies de jurisdição

Quanto à existência ou não de lide, divide-se em **contenciosa** e **voluntária**. Vejam-se as diferenças:

CONTENCIOSA	VOLUNTÁRIA
Existência de lide	Ausência de lide
Há partes (são parciais – autor e réu)	Há interessados

CONTENCIOSA	VOLUNTÁRIA
Atividade substitutiva do juiz	Atividade integrativa do juiz (função meramente administrativa do Estado)
Sentença Condenatória/ Constitutiva/ Declaratória/ Homologatória	Sentença homologatória
Coisa julgada material (art. 502 do CPC)	Coisa julgada formal
Cabe ação rescisória (art. 966 do CPC)	Cabe ação anulatória (art. 966, § 4º, do CPC)

3) Processo

O processo é o instrumento da jurisdição, sendo um resultado de uma relação jurídica entre autor – juiz – réu, e um procedimento (conjunto de atos ordenados e ligados entre si para a obtenção de um resultado).

Dentro da ação de conhecimento existem, basicamente, dois procedimentos:

a) **Especiais:** previstos nos arts. 539 e s. do CPC, tais como consignação em pagamento, possessória, exigir contas etc.

b) **Comum:** previsto nos arts. 318 e s. do CPC.

▶ **IMPORTANTE**

Não há mais no CPC previsão do procedimento sumário, muito embora o art. 1.046, § 1º, determine que ainda seja aplicável àquelas demandas propostas e ainda não sentenciadas até o início da vigência do novo CPC.

4) Competência

A competência será determinada pela Constituição Federal, leis federais e normas de organização judiciária e Constituições Estaduais (art. 44 do CPC).

Competência representa medida de jurisdição de cada órgão do Poder Judiciário. A atividade jurisdicional foi fracionada entre os diversos órgãos da magistratura, e, consequentemente, as regras que estabelecem as funções e território de cada órgão são de competência.

É dividida, inicialmente, em interna e internacional.

Determina-se a competência no momento do registro ou da distribuição da petição inicial, sendo irrelevantes as modificações do estado de fato ou de direito ocorridas posteriormente, salvo quando for suprimido órgão judiciário ou a competência em razão da matéria ou funcional forem alteradas (art. 43 do CPC).

a) Classificação da competência interna

A distribuição da competência entre os órgãos do Poder Judiciário é pautada em critérios:

i) **material:** envolve o assunto do litígio (por exemplo: cível, família, criminal etc.).

ii) **hierarquia:** critério relativo à posição do órgão jurisdicional dentro do organograma do Poder Judiciário brasileiro. A depender de sua posição, o órgão é dotado de competências originárias (recebimento de ações) e/ou competências recursais. Por exemplo, o art. 102, I, da CF prevê competências originárias para o STF, em situações nas quais a ação terá início diretamente no Supremo. Por sua vez, os incisos II e III do mesmo artigo estipulam competências recursais para o Supremo.

iii) **pessoal:** muitas vezes, a competência tem por base a pessoa da parte (algumas pessoas possuem juízos privilegiados). É o caso, por exemplo, da

União e das demais pessoas federais de direito público (o art. 109, I, da CF afirma que essas pessoas serão julgadas pela Justiça Federal). Neste ponto, de extrema importância a redação do art. 45 do CPC que dispõe que, caso o processo tramite em outro juízo que não o federal, a simples intervenção da União, suas empresas públicas, entidades autárquicas e fundações, ou conselho de fiscalização de atividade profissional, na qualidade de parte ou de terceiro interveniente faz com que os autos sejam remetidos ao juízo federal competente.

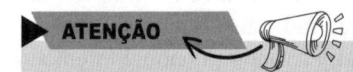

> **ATENÇÃO**
>
> - Sendo excluído o ente que ensejou a remessa dos autos a justiça federal, o juízo federal restituirá os autos ao juízo estadual sem suscitar conflito.
> - Não haverá remessa nas seguintes ações: de recuperação judicial, falência, insolvência civil e acidente de trabalho e sujeitas à justiça eleitoral e à justiça do trabalho.

iv) **valor da causa:** a atribuição de competência também poderá levar em consideração o valor dado à causa (com base nos arts. 291 e 292 do CPC). Os juizados possuem a competência fixada, preponderantemente, com base no valor da causa.

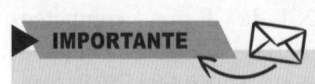

> **IMPORTANTE**
>
> Juizado Especial Cível – Lei n. 9.099/95 – competência até 40 salários mínimos (20 salários mínimos com dispensa de advogado na 1ª instância).
>
> Juizado Especial Federal – Lei n. 10.259/2001 – competência até 60 salários mínimos.
>
> Juizado Especial da Fazenda Pública – Lei n. 12.153/2009 – competência até 60 salários mínimos.

A competência dos Juizados não se fundamenta apenas no valor da causa, uma vez que, em situações especiais, existem matérias e pessoas que são excluídas dessa competência. Por exemplo, no JEC não são admitidas pessoas de direito público (*vide* quadro ao final com todos os detalhes).

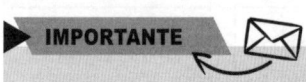

> **IMPORTANTE**
>
> A competência dos Juizados Federais e dos Juizados da Fazenda Pública é de natureza ABSOLUTA, e, portanto, nos locais onde houver juizado federal ou da fazenda instalado, a parte não terá a opção de escolha: sendo a ação de até 60 salários mínimos, deverá ser processada perante o juizado.
>
> A competência dos JECs (Lei n. 9.099/95), por sua vez, tem natureza relativa.

v) **territorial:** nesse ponto o item de fixação da competência tem como fator de base o "local de propositura da ação". Onde a ação será proposta? No domicílio do autor ou do réu?

A regra de foro (local) está prevista no CPC, nos arts. 46 a 53, com regras objetivas de determinação do local da ação.

> **ATENÇÃO**
>
> As ações reais imobiliárias e as possessórias sobre bens imóveis serão processadas no local de situação da coisa, sendo essa competência de natureza absoluta – art. 47 do CPC.

JUIZADOS ESPECIAIS		
	Competência	Causas excluídas
Juizados Especiais comuns (Lei n. 9.099/95)	• Causas cujo valor não exceder a **40 salários mínimos** (art. 9º). • Causas previstas no 275, II, do CPC (rito sumário) – ver art. 1.063 do CPC, que admite a continuidade da competência até o advento de norma específica. • Ação de despejo para uso próprio. • Possessórias de imóveis até 40 salários mínimos. • Execução dos julgados do próprio JECE ou de títulos até 40 salários mínimos.	**Matérias** (art. 3º, § 3º): alimentos, falência, fiscal, de interesse das Fazendas Públicas, acidente do trabalho, resíduos (valores remanescentes) ou de estado e capacidade das pessoas. **Partes** (sujeitos que não podem ser partes – art. 9º): incapaz, preso, pessoa jurídica de direito público, empresa pública da União; massa falida ou o insolvente civil, pessoas jurídicas privadas não podem ser autoras, salvo a microempresa. **Procedimentos especiais:** A jurisprudência dos juizados especiais firmou entendimento no sentido de que não é possível no JEC a propositura de ação que tenha rito especial no CPC.
Juizados Especiais Federais (Lei n. 10.259/2008)	• Causas até o valor de **60 salários mínimos**. • Execução das sentenças proferidas pelo Juizado Especial Federal.	**Matérias (art. 3º, § 1º):** a) causas entre Estado estrangeiro ou organismo internacional e município ou pessoa domiciliada no Brasil (art. 109, II, da CF); b) as causas fundadas em tratado ou contrato da União com o Estado estrangeiro ou organismo internacional (art. 109, III, da CF); c) as causas relativas à disputa de direitos de indígenas (art. 109, XI, da CF); d) causas sobre bens imóveis da União, autarquias ou empresas públicas federais; e) para a anulação ou cancelamento de ato administrativo federal, salvo o de natureza previdenciária e o de lançamento fiscal; f) que tenham como objeto a impugnação da pena de demissão imposta a servidores públicos civis ou de sanções disciplinares aplicadas a militares.
Juizados Especiais das Fazendas Públicas (Lei n. 12.153/2009)	Causas cujo valor não exceder a 60 salários mínimos – art. 2º. Observe-se que, se a pretensão versar sobre obrigações vincendas, para fins de competência do Juizado Especial, será considerada valor da causa a soma de 12 (doze) parcelas vincendas e de eventuais parcelas vencidas (§ 2º do art. 2º).	Art. 2º (...), § 1º (...) I – as ações de mandado de segurança, de desapropriação, de divisão e demarcação, populares, por improbidade administrativa, execuções fiscais e as demandas sobre direitos ou interesses difusos e coletivos; II – as causas sobre bens imóveis dos Estados, Distrito Federal, Territórios e Municípios, autarquias e fundações públicas a eles vinculadas; III – as causas que tenham como objeto a impugnação da pena de demissão imposta a servidores públicos civis ou sanções disciplinares aplicadas a militares.

B) Classificação da competência

Em razão do critério preponderante de fixação da competência, poderemos classificá-la em **absoluta** ou **relativa**:

ABSOLUTA Interesse público	RELATIVA Interesse das partes
Pode ser alegada a qualquer tempo pelas partes (art. 64 do CPC), e reconhecida de ofício pelo juiz (art. 64, § 1º, do CPC), mas se a parte não fizer na primeira oportunidade arcará com as custas de retardamento – art. 485, § 2º, do CPC.	Arguida em preliminar da contestação, sob pena de prorrogação da competência (art. 65 do CPC), não podendo ser conhecida de ofício (Súmula 33 do STJ).
Pode ser desconstituída por rescisória, dada a gravidade do seu defeito (art. 966, II, do CPC).	Não cabe rescisória, pois se a parte não alegou no momento oportuno, operou a preclusão.
Poderá ser alegada em preliminar de contestação (art. 337, II, do CPC). No entanto, por se tratar de questão de ordem pública, poderá ser alegada a qualquer tempo e petição.	Somente poderá ser arguida em preliminar de contestação (arts. 64, *caput*, e 337, II, do CPC), sob pena de preclusão e a consequente prorrogação da competência (o órgão que era incompetente, passa a ser).
Reconhecida a incompetência, os autos são remetidos para o juízo competente e conservarão as decisões proferidas até que outra seja proferida, se for o caso, pelo juízo competente (art. 64, § 4º, do CPC).	Reconhecida a incompetência, remetem-se os autos para o juízo competente sem a anulação dos atos decisórios já praticados.
Não admite modificação de competência (por exemplo, por meio de foro de eleição).	Admite modificação de competência (admite-se foro de eleição).
Nos critérios de competência **material, hierarquia e pessoal (ou funcional)**. Excepcionalmente, em: • valor da causa (Juizado especial federal ou Juizado da Fazenda Pública); • território (por exemplo, no caso do art. 47 do CPC – ações reais imobiliárias); • valor da causa: JEFP (Lei n. 12.153/2009).	Nos casos de competência **territorial e de valor da causa**. Atenção: excepcionalmente, território e valor da causa também podem gerar competência absoluta.

> **IMPORTANTE**
>
> Havendo a alegação de incompetência relativa ou absoluta, a contestação poderá ser protocolada no foro de domicílio do réu, o que será imediatamente comunicado ao juiz da causa, preferencialmente por meio eletrônico.
>
> Portanto, o réu não precisa aguardar a audiência de conciliação para apresentar sua defesa.

C) Modificação da competência

Só será possível a modificação e competência quando ela for relativa. Isso acontece quando a regra aponta competência de X, mas as circunstâncias apontarem competência de Y. São causas:

i) **Prorrogação:** quando o réu não alegar a incompetência relativa em preliminar de contestação (art. 65 do CPC).

ii) **Derrogação:** foro de eleição, isto é, as próprias partes convencionam a competência (art. 63 do CPC).

iii) **Conexão:** mecanismo processual que permite a reunião de duas ou mais ações em andamento para que tenham julgamento conjunto, salvo se um já tiver sido sentenciado. Evitam-se, com isso, decisões conflitantes. São conexas quando forem iguais o pedido ou a causa de pedir (art. 55 do CPC). É possível a reunião de processos para execução de título extrajudicial e ação de conhecimento relativa ao mesmo ato jurídico e para execuções fundadas no mesmo título executivo.

▶ **ATENÇÃO**

Serão reunidos processos mesmo que não houver conexão, caso existam riscos de decisões conflitantes.

iv) **Continência:** mecanismo para reunião de ações com partes e causa de pedir iguais, mas o pedido de uma abrange o da outra (art. 56 do CPC).

Tanto no caso da conexão quanto no da continência, as ações serão reunidas perante um só juiz para que este profira uma sentença. O juiz que receberá as ações é chamado de prevento.

▶ **IMPORTANTE**

Quando houver continência e a ação continente tiver sido proposta anteriormente, no processo relativo à ação contida será proferida **sentença sem resolução de mérito**, caso contrário, as ações serão necessariamente reunidas.

O juízo prevento será aquele onde primeiro ocorreu o registro ou a distribuição da petição inicial (art. 59 do CPC).

Observe-se que, caso haja um imóvel situado em mais de um Estado, a competência do juízo prevento se estende sobre a totalidade do imóvel (art. 60 do CPC).

2.1 Questões

1. **(FGV – MPE-RJ – Técnico do Ministério Público – Notificações e Atos Intimatórios – 2016)** São condições para o regular exercício da ação:

A) legitimidade *ad causam* e demanda regularmente formulada;

B) interesse de agir e competência do juízo;

C) legitimidade *ad processum* e possibilidade jurídica do pedido;

D) possibilidade jurídica do pedido e competência do juízo;

E) legitimidade *ad causam* e interesse de agir.

↘ **Resolução:**
A) *Incorreta.* Alternativa em desacordo com o art. 17 do CPC.
B) *Incorreta. Vide* comentários à alternativa "A".
C) *Incorreta. Vide* comentários à alternativa "A".
D) *Incorreta. Vide* comentários à alternativa "A".
E) *Correta.* O art. 17 do CPC ao tratar das condições da ação dispõe que: "Para postular em juízo é necessário ter interesse e legitimidade".

↗ **Gabarito: "E".**

2. **(FCC – TRF 4ª REGIÃO – Técnico Judiciário – Área Administrativa – 2019)** João, domiciliado em São Paulo, pretende ajuizar contra Antônio, domiciliado em Salvador, ação para postular a declaração da propriedade de automóvel que foi licenciado no município de Aracaju e se acha na posse de Ricardo, que tem domicílio em Manaus. Nesse caso, segundo as regras de competência previstas no Código de Processo Civil, a ação deverá ser proposta no foro de:

A) São Paulo.

B) Salvador.

C) Aracaju.

D) Manaus.

E) São Paulo, Salvador, Aracaju ou Manaus, segundo exclusivo critério do autor.

↘ **Resolução:**

A) *Incorreta*. Vide comentários à alternativa "B".

B) *Correta*. O art. 46 do CPC dispõe que: "A ação fundada em direito pessoal ou em direito real sobre bens móveis será proposta, em regra, no foro de domicílio do réu". Assim, considerando que o objeto da ação é a declaração de propriedade de automóvel (direito real sobre bem móvel), a regra é o domicílio do réu, no caso Salvador (domicílio de Antonio).

C) *Incorreta*. Vide comentários à alternativa "B".

D) *Incorreta*. Vide comentários à alternativa "B".

E) *Incorreta*. Vide comentários à alternativa "B".

↗ **Gabarito: "B".**

3. (FCC – SABESP – Advogado – 2018) O juízo estadual, verificando que certa ação de ressarcimento de danos é proposta em face de Mévio e da Caixa Econômica Federal, dá-se por incompetente e remete os autos ao juízo federal que, por sua vez, após ouvir as partes, exclui do processo a referida empresa pública e devolve os autos ao juízo estadual. Nessa situação, segundo dispõe o Código de Processo Civil de 2015, o juízo:

A) estadual, se discordar da decisão do juízo federal, deverá a este reenviar os autos, expondo as razões do seu convencimento.

B) federal, após excluir a Caixa Econômica Federal do feito, deveria ter suscitado conflito negativo de competência.

C) estadual, se discordar da decisão do juízo federal, deverá suscitar conflito negativo de competência, no prazo preclusivo de 5 dias.

D) federal agiu acertadamente ao devolver os autos ao juízo estadual após excluir a Caixa Econômica Federal do feito, não se cogitando, no caso, de conflito de competência.

E) estadual, ao verificar que a relação processual envolvia a Caixa Econômica Federal, deveria desde logo, ter suscitado o conflito de competência perante o Tribunal competente, sobretudo se, de acordo com o seu pensamento, a Caixa Econômica Federal fosse, sim, parte legítima no feito.

↘ **Resolução:**

A) *Incorreta*. Vide comentários à alternativa "D".

B) *Incorreta*. Vide comentários à alternativa "D".

C) *Incorreta*. Vide comentários à alternativa "D".

D) *Correta*. O art. 45, § 3º, do CPC, dispõe que após a exclusão do ente vinculado a União que ensejou a remessa para Justiça Federal, no caso da questão, a exclusão da Caixa Econômica Federal: "O juízo federal restituirá os autos ao juízo estadual sem suscitar conflito se o ente federal cuja presença ensejou a remessa for excluído do processo".

E) *Incorreta*. Vide comentários à alternativa "D".

↗ **Gabarito: "D".**

3. GRATUIDADE DA JUSTIÇA E HONORÁRIOS ADVOCATÍCIOS

O Código de Processo Civil disciplinou a concessão da gratuidade judiciária nos arts. 98 a 102. Podem ser beneficiárias da gratuidade pessoas naturais ou jurídicas, brasileiras ou estrangeiras, desde que não tenham recursos suficientes para pagar custas, despesas processuais e honorários advocatícios.

▶ **ATENÇÃO**

A pobreza da pessoa natural é presumida com a mera declaração de hipossuficiência. No entanto, em se tratando de pessoa jurídica, essa insuficiência de recursos deverá ser comprovada.

Mesmo o beneficiário da gratuidade não deixa de ser responsável pelas custas e honorários, mas somente se suspende, a princípio, seu recolhimento enquanto mantiver a mesma condição nos cinco anos subsequentes ao trânsito em julgado da decisão, sendo então extinta sua responsabilidade.

▶ **IMPORTANTE**

A gratuidade não se estende para as multas processuais (como litigância de má-fé, por exemplo), mas elas serão pagas ao final.

Importante esclarecer que o Código de Processo Civil prevê que a gratuidade não precisa ser concedida sobre todas as despesas. Pode ser restringida a somente alguns atos, ou haver redução percentual de todas as despesas, ou seu parcelamento.

O requerimento de gratuidade pode ser feito a qualquer momento, não se suspendendo o processo, até mesmo em fase recursal.

E, requerida a gratuidade, a parte contrária poderá impugnar a concessão do benefício e uma vez revogado, a parte deverá recolher todas as custas em 5 dias.

> **ATENÇÃO**
>
> A assistência por advogado particular não impede a concessão da gratuidade.
>
> Caso a parte contrária não concorde, poderá impugnar a concessão em contestação, réplica, contrarrazões ou até mesmo por petição simples, no prazo de 15 dias. Se a decisão acolher o pedido de revogação, caberá agravo de instrumento, salvo se for resolvida em sentença, quando caberá apelação.

No que diz respeito aos honorários advocatícios, o Código de Processo Civil em seu art. 85 dispõe que:

a) A sentença condenará o vencido ao pagamento de honorários "ao advogado" do vencedor. Portanto, o direito é do advogado, e o juiz, mesmo se não houve pedido na inicial, deverá fixar tal verba na sentença (§ 1º).

b) Cabem na reconvenção, no cumprimento de sentença, provisório ou definitivo, na execução, resistida ou não, e nos recursos interpostos, cumulativamente (§ 1º).

c) Não serão devidos honorários no cumprimento de sentença contra a Fazenda Pública que enseje expedição de precatório, desde que não tenha sido impugnada (§ 7º).

d) Nas causas em que for inestimável ou irrisório o proveito econômico ou, ainda, quando o valor da causa for muito baixo, o juiz fixará o valor dos honorários por apreciação equitativa, observando o disposto nos incisos do § 2º (§ 8º).

e) Nos casos de perda do objeto (como a desistência da ação), **os honorários serão devidos por quem deu causa ao processo** (§ 10).

f) **Majoração nos recursos** – o tribunal deverá majorar os honorários fixados anteriormente, levando em conta o trabalho adicional realizado em grau recursal (até o limite de 20%) – § 11.

g) Os honorários referidos no § 11 são **cumuláveis com multas** e outras sanções processuais, inclusive as previstas no art. 77 (§ 12).

h) As verbas de sucumbência arbitradas em embargos à execução rejeitados ou julgados improcedentes e em fase de cumprimento de sentença serão acrescidas ao valor do débito principal, para todos os efeitos legais (§ 13).

i) Constituem **direito do advogado** e têm **natureza alimentar**, com os mesmos **privilégios dos créditos** trabalhistas, sendo **vedada a compensação** em caso de sucumbência parcial (§ 14).

j) O advogado pode requerer que o pagamento dos honorários que lhe caibam seja efetuado em favor da sociedade de advogados que integra na qualidade de sócio, aplicando-se à hipótese o disposto no § 14 (§ 15).

k) Os juros moratórios incidirão a partir da data do trânsito em julgado da decisão (§ 16).

l) Serão devidos quando o advogado atuar em causa própria (§ 17).

m) Caso a decisão transitada em julgado seja omissa quanto ao direito aos honorários ou ao seu valor, é cabível ação autônoma para sua definição e cobrança (§ 18).

Nos Juizados Especiais, pela regra do art. 55 da Lei n. 9.099/95, não há a fixação de honorários advocatícios e reembolso das custas na 1ª instância, salvo no caso de litigância de má-fé, nos termos do art. 55 da Lei n. 9.099/95.

Por outro lado, havendo recurso, em 2ª instância, o recorrente, quando vencido, pagará ao recorrido as custas e honorários advocatícios (fixados entre 10 e 20%).

3.1 Questões

1. **(FCC – TRF 4ª Região – Analista Judiciário – Oficial de Justiça Avaliador Federal – 2019)** De acordo com o Código de Processo Civil, a gratuidade da justiça:

A) não pode ser deferida a empresas, em nenhuma hipótese.

B) não compreende o custo com a elaboração de memória de cálculo, mesmo quando exigida para instauração da execução, por tratar-se de incumbência dos advogados das partes.

C) isenta seu beneficiário de pagar quaisquer multas processuais que lhe sejam impostas.

D) poderá ser concedida em relação a apenas algum ou a todos os atos processuais, ou consistir na redução percentual de despesas processuais.

E) não é cabível em mandado de segurança.

↘ **Resolução:**

A) *Incorreta.* Estabelece o art. 98 do CPC que tanto a pessoa natural quanto a jurídica tem direito à gratuidade da justiça, quando não possuem recursos suficientes.

B) *Incorreta.* Dispõe o art. 98, § 1º, VII que "a gratuidade da justiça compreende o custo com elaboração de memória de cálculo, quando exigida para instauração da execução".

C) *Incorreta.* O § 4º do art. 98 expressa que "a concessão de gratuidade não afasta o dever de o beneficiário pagar, ao final, as multas processuais que lhe sejam impostas".

D) *Correta.* O texto da alternativa está de acordo com o § 5º do art. 98 do CPC: "a gratuidade poderá ser concedida em relação a algum ou a todos os atos processuais, ou consistir na redução percentual de despesas processuais que o beneficiário tiver de adiantar no curso do procedimento".

E) *Incorreta.* Não há qualquer restrição quanto à classe processual para que sejam concedidos os benefícios da gratuidade da justiça.

↗ **Gabarito: "D".**

2. **(FGV – TJ-AL – Analista Judiciário – Área Judiciária – 2018)** João propõe ação em face de José e requer o benefício da gratuidade de justiça. Manifesta desinteresse na realização da audiência de conciliação ou mediação. O réu é citado e intimado para o comparecimento à audiência de mediação que não obstante fora designada. O réu peticiona no sentido também do desinteresse da realização dessa audiência e acosta aos autos sua contestação. O réu, irresignado com a concessão de gratuidade de justiça ao autor, que ao seu sentir, teria condições de arcar com esta verba, deverá:

A) interpor agravo de instrumento diretamente ao Tribunal de Justiça e requerer que o relator atribua efeito suspensivo ao processo;

B) interpor reclamação, uma vez que o julgador praticou ato de ofício usurpando a competência do tribunal, que é quem deve conceder ou não a gratuidade;

C) interpor apelação imediatamente, uma vez que essa decisão interlocutória não é passível de recorribilidade imediata pelo agravo de instrumento;

D) aguardar a prolação da sentença e, simultaneamente à interposição da apelação, deve interpor o agravo de instrumento contra a referida decisão;

E) arguir na preliminar da contestação apresentada a indevida concessão do benefício da gratuidade de justiça concedida.

↘ **Resolução:**

A) *Incorreta. Vide* comentários à alternativa "E".

B) *Incorreta. Vide* comentários à alternativa "E".

C) *Incorreta. Vide* comentários à alternativa "E".

D) *Incorreta. Vide* comentários à alternativa "E".
E) *Correta*. Estabelece o art. 337 que "incumbe ao réu, antes de discutir o mérito, alegar indevida concessão do benefício de gratuidade de justiça".

↗ **Gabarito: "E".**

3. **(CONSULPLAN – TRF 2ª Região – Analista Judiciário – Área Judiciária)** Dentre as diversas alterações promovidas pelo Novo Código de Processo Civil de 2015 (Lei Federal n. 13.105), merece destaque a regulamentação do benefício da gratuidade de justiça. Sobre o tema proposto, analise as afirmativas a seguir.

   I. A gratuidade de justiça poderá ser concedida à pessoa natural ou jurídica, nacional ou estrangeira, que comprove insuficiência de recursos para pagar as custas, as despesas processuais e os honorários advocatícios, na forma da lei.

   II. A depender do caso concreto, o juiz poderá conceder ao requerente o parcelamento das despesas processuais que o beneficiário tiver que antecipar no curso do procedimento.

   III. A concessão da gratuidade de justiça afasta a responsabilidade do beneficiário pelas despesas processuais e pelos honorários advocatícios decorrentes de sua sucumbência.

   Estão corretas as afirmativas:

   A) I, II e III.
   B) I e II, apenas.
   C) I e III, apenas.
   D) II e III, apenas.

↘ **Resolução:**
   I. A afirmativa está correta, pois seu texto está de acordo com o que estabelece o art. 98 do CPC.

   II. A afirmativa está correta, pois o § 6º do art. 98 estabelece que "conforme o caso, o juiz poderá conceder o parcelamento de despesas processuais que o beneficiário tiver de adiantar no curso do procedimento".

   III. A afirmativa é incorreta, pois é oposta ao que diz o § 2º do art. 98 que tem a seguinte redação: "a concessão de gratuidade não afasta a responsabilidade do beneficiário pelas despesas processuais e pelos honorários advocatícios decorrentes de sua sucumbência".

↗ **Gabarito: "B".**

4. PARTES, PROCURADORES E LITISCONSÓRCIO

1) Partes

As partes no processo são caracterizadas pelas figuras do autor (quem pleiteia) e do réu (contra quem pleiteia alguma coisa).

a) Capacidade de ser parte

Tem capacidade de ser parte qualquer pessoa, física ou jurídica. Porém, existem alguns entes despersonalizados que, mesmo sem personalidade, podem especificamente atuar no processo. Exemplo: condomínio, massa falida, nascituro, espólio, herança jacente, herança vacante e sociedade sem personalidade.

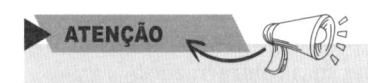

> **ATENÇÃO**
>
> Em ações que versar sobre direito real imobiliário, havendo como parte pessoa casada ou em união estável:
>
> a) Na condição de autor: necessitará do consentimento do outro, salvo quando casados sob o regime de separação absoluta de bens. Se o consentimento for negado sem justo motivo ou for impossível concedê-lo, poderá ser suprido judicialmente. A falta de consentimento, quando necessário e não suprido pelo juiz, invalida o processo.
>
> b) Na condição de réu: serão necessariamente citados para a ação ambos os cônjuges:
>
> - que verse sobre direito real imobiliário, salvo quando casados sob o regime de separação absoluta de bens;
> - resultante de fato que diga respeito a ambos os cônjuges ou de ato praticado por eles;
> - fundada em dívida contraída por um dos cônjuges a bem da família;
> - que tenha por objeto o reconhecimento, a constituição ou a extinção de ônus sobre imóvel de um ou de ambos os cônjuges.

Nas ações possessórias, a participação do cônjuge do autor ou do réu somente é indispensável nas hipóteses de composse ou de ato por ambos praticado.

b) Capacidade processual

É a aptidão para atuar no processo pessoalmente, cabendo somente às pessoas capazes (art. 70 do CPC). Os incapazes serão representados (se absolutamente) ou assistidos (se relativamente) – art. 71 do CPC.

Caso o juiz verifique irregularidade na capacidade processual ou na representação, fixará prazo razoável para correção. Descumprida a determinação em instância originária: pelo autor, o processo será extinto; pelo réu, será considerado revel; por terceiro, será revel ou excluído do processo, dependendo do polo em que se encontrar.

Descumprida a determinação, em grau de recurso: pelo recorrente, não se conhecerá o recurso; pelo recorrido, serão desentranhadas suas contrarrazões.

> **IMPORTANTE**
>
> Será nomeado um curador especial em alguns casos específicos:
> - ao incapaz, se não tiver representante legal ou seus interesses conflitarem com este enquanto durar a incapacidade;
> - ao réu preso revel; ou
> - ao réu revel citado por hora certa ou por edital, enquanto não constituído advogado.

Esse curador será um defensor do réu, defendendo-o no que for necessário, isto é, apresentando contestação, embargos à execução etc.

c) Deveres da parte

O art. 77 do CPC prevê os deveres das partes e procuradores, tais como proceder com lealdade e boa-fé. Se esses deveres forem descumpridos, haverá responsabilização por dano processual, qual seja:

i) **Litigância de má-fé (art. 81 do CPC):** o juiz pode impor multa superior a um por cento e inferior a dez por cento do valor corrigido da causa mais perdas e danos a serem fixados pelo juiz, mais custas e honorários. Tais valores se reverterão à parte contrária. Grande exemplo é a propositura de várias ações idênticas com as mesmas partes, causa de pedir e pedido, distribuídas a juízos diferentes, com nomes de ação diversos, objetivando concessão de medida liminar e revisão de cláusulas de um mesmo contrato.

Havendo dois ou mais litigantes de má-fé, serão condenados na proporção do interesse na causa ou solidariamente, se se coligaram para lesar a parte contrária.

ii) **Ato atentatório ao exercício da jurisdição (art. 77 do CPC):** ocorrerá caso a parte não cumpra com exatidão os mandamentos do juiz, crie embaraços à efetivação dos provimentos jurisdicionais, ou pratique inovação ilegal no estado de fato de um bem ou direito litigioso. Nesses casos a penalidade será de multa de até 20% do valor da causa, sem prejuízo das sanções criminais, civis e processuais de acordo com a gravidade da conduta. Tais valores se reverterão à Fazenda Pública.

> **ATENÇÃO**
>
> Os advogados, defensores ou membros do Ministério Público não respondem por ato atentatório ao exercício da jurisdição.

D) Capacidade postulatória

A parte deve estar representada por um advogado em juízo. Tal regra comporta exceções, tais como no JEC (causas cujo valor não exceda 20 salários mínimos), *habeas corpus* etc. Deverá o advogado apresentar procuração, salvo em casos urgentes, para evitar preclusão, decadência ou prescrição, tendo 15 dias para juntá-la, prorrogável por mais 15 dias (art. 104, § 1º, do CPC).

Na falta de procuração, o ato será considerado ineficaz, respondendo o advogado pelas despesas e perdas e danos!

e) Sucessão das partes ou procuradores (arts. 108 a 112 do CPC)

É possível a sucessão de uma parte ou procurador, seja em caso de morte (*causa mortis*) ou *inter vivos*:

i) **Alienação da coisa litigiosa (art. 109 do CPC):** ocorrendo a citação, o objeto da demanda torna-se litigioso. Isto não obsta a possibilidade de a parte o alienar/transmitir. A transferência desse objeto litigioso não altera a legitimidade das partes. Mas, se a parte contrária anuir, poderá haver sucessão do alienante pelo adquirente no processo. Caso a parte contrária não concorde com tal sucessão, o alienante continua como parte, mas o adquirente poderá ingressar como assistente litisconsorcial do alienante.

ii) **Sucessão em caso de morte (art. 110 do CPC):** caso a parte venha a falecer, será sucedida pelo espólio ou pelos sucessores.

iii) **Sucessão dos procuradores (arts. 111 e 112 do CPC):** a parte pode revogar a procuração de seu advogado a qualquer tempo, devendo constituir um novo no mesmo ato. Caso não o faça em 15 dias, será revel (se réu), ou extinguir-se-á o processo (se autor). O advogado também poderá renunciar ao mandato recebido, porém deverá provar que cientificou o mandante, respondendo pelos 10 dias seguintes desde que necessário para lhe evitar prejuízo.

> **IMPORTANTE**
> A cientificação poderá ser dispensada se a procuração havia sido outorgada a vários advogados.

2) Litisconsórcio

É a pluralidade de pessoas em um ou nos dois polos da ação.

Para haver litisconsórcio, será necessário que entre os litisconsortes:

- haja comunhão de direitos ou obrigações relativas à lide;
- entre as causas haja conexão pelo pedido ou causa de pedir; ou
- ocorra afinidade de questões por um ponto comum, de fato ou de direito.

Não há um número máximo de litisconsortes. Porém, o juiz poderá limitá-lo. É o que se chama de litisconsórcio multitudinário (**art. 113, § 1º, do CPC**).

O requerimento de limitação de litisconsortes interrompe o prazo para manifestação ou resposta, que recomeçará da intimação da decisão que o solucionar.

a) Classificação

i) **Quanto ao polo:**

- **ativo:** vários autores;
- **passivo:** vários réus;
- **misto:** vários autores e réus.

ii) **Quanto à formação:**

- **facultativo:** a formação do litisconsórcio é opcional;
- **necessário** (art. 114 do CPC): a formação é obrigatória, seja em razão da lei, seja em razão da mesma relação jurídica controvertida, caso em que a sentença depende da citação de todos.

iii) **Quanto ao momento:**

- **inicial:** formado desde a petição inicial;
- **ulterior:** formado durante o processo, por exemplo, na intervenção de terceiros.

iv) **Quanto aos efeitos da sentença:**

- **simples:** a decisão pode ser diferente para cada litisconsorte;
- **unitário (art. 116 do CPC):** a decisão deve ser uniforme para todos os litisconsortes. Exemplo: litisconsórcio formado entre dois réus de uma ação anulatória de um mesmo negócio jurídico.

A classificação do litisconsórcio pode variar de diferentes formas, isto é, nem sempre o litisconsórcio unitário será necessário. Essa não é uma regra.

> **ATENÇÃO**
>
> A sentença de mérito proferida sem a integração de todos os litisconsortes unitários será nula. Nos outros casos, se não integrarem o processo todos os litisconsortes, a sentença será ineficaz em relação àqueles não citados.

b) Atitudes dos litisconsortes

Segundo o art. 117 do CPC, os litisconsortes serão considerados independentes com relação à parte contrária, salvo no litisconsórcio unitário. Caso a matéria de defesa seja comum:

Se somente um litisconsorte contesta, os outros se aproveitam?	Sim, art. 345, I, do CPC.
Se somente um litisconsorte recorre, os outros se aproveitam?	Sim, art. 1.005 do CPC.
Se somente um litisconsorte confessa, os outros serão prejudicados?	Não, art. 391 do CPC.

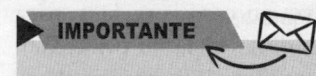

> **IMPORTANTE**
>
> Litisconsortes com advogados diferentes, de escritórios diferentes, têm prazo em dobro para se manifestar no processo (art. 229 do CPC), salvo se forem autos eletrônicos.

4.1 Questões

1. **(IADES – APEX Brasil – Analista – Jurídico – 2018)** No que tange à representação ativa e passiva em juízo, assinale a alternativa correta.

A) A pessoa jurídica estrangeira será representada pelo seu presidente, que deverá ser citado mediante procedimento de carta rogatória.

B) A massa falida será representada pelo credor mais graduado na ordem de preferência creditória.

C) As entidades com natureza de serviço social autônomo serão representadas pelo seu gerente de contencioso judicial.

D) A pessoa jurídica será representada por quem os respectivos atos constitutivos designarem ou, não havendo essa designação, por seus diretores.

E) O gerente de filial ou agência deve estar expressamente autorizado pela pessoa jurídica estrangeira a receber citação e intimação para qualquer processo, sob pena de nulidade do ato.

↳ **Resolução:**

A) *Incorreta*. Conforme estabelece o inciso X do art. 75 do CPC: "serão representados em juízo, ativa e passivamente a pessoa jurídica estrangeira, pelo gerente, representante ou administrador de sua filial, agência ou sucursal aberta ou instalada no Brasil".

B) *Incorreta*. O art. 75, V, do CPC estabelece que a massa falida será representada pelo administrador judicial.

C) *Incorreta*. Vide comentários à alternativa "D".

D) *Correta*. A redação da assertiva está de pleno acordo com o que estabelece o incido VIII do art. 75 do CPC, que tem o seguinte texto: "a pessoa jurídica, por quem os respectivos atos constitutivos designarem ou, não havendo essa designação, por seus diretores".

E) *Incorreta.* O § 3º do art. 75 estabelece a presunção de que o gerente de filial ou agência está autorizado a receber citação.

↗ **Gabarito: "D".**

2. **(FCC – TRF 4ª Região – Analista Judiciário – Oficial de Justiça Avaliador Federal – 2019)** Acerca do litisconsórcio, considere:

I. O juiz poderá limitar o litisconsórcio facultativo quanto ao número de litigantes na fase de conhecimento, mas não na liquidação de sentença.

II. Se a eficácia da sentença depender da citação de todos que devam ser litisconsortes, haverá litisconsórcio unitário.

III. No litisconsórcio unitário, os atos e as omissões de um litisconsorte não prejudicarão os demais, mas poderão beneficiá-los.

IV. Quando o litígio versar sobre obrigação solidária, a intimação de um dos litisconsortes acerca dos atos do processo dispensa a intimação dos demais.

V. O requerimento de limitação do número de litisconsortes facultativos interrompe o prazo para manifestação ou resposta, que recomeçará da intimação da decisão que o solucionar.

É correto o que se afirma APENAS nos itens:

A) I e II.
B) I e III.
C) II e IV.
D) III e V.
E) IV e V.

↘ **Resolução:**

I. Incorreto, tendo em vista que o § 1º do art. 113 estabelece que: "o juiz poderá limitar o litisconsórcio facultativo quanto ao número de litigantes na fase de conhecimento, na liquidação de sentença ou na execução, quando este comprometer a rápida solução do litígio ou dificultar a defesa ou o cumprimento da sentença".

II. Incorreto, pois o art. 116 estabelece que: "o litisconsórcio será unitário quando, pela natureza da relação jurídica, o juiz tiver de decidir o mérito de modo uniforme para todos os litisconsortes".

III. Correto, já que o art. 117 estabelece que: "os litisconsortes serão considerados, em suas relações com a parte adversa, como litigantes distintos, exceto no litisconsórcio unitário, caso em que os atos e as omissões de um não prejudicarão os outros, mas poderão beneficiar".

IV. Incorreto, pois o art. 118 diz que: "cada litisconsorte tem o direito de promover o andamento do processo, e todos devem ser intimados dos respectivos atos".

V. Correto, pois o art. 113, §§ 1º e 2º, do CPC dispõe que: "O juiz poderá limitar o litisconsórcio facultativo quanto ao número de litigantes na fase de conhecimento, na liquidação de sentença ou na execução, quando este comprometer a rápida solução do litígio ou dificultar a defesa ou o cumprimento da sentença" e que "o requerimento de limitação interrompe o prazo para manifestação ou resposta, que recomeçará da intimação da decisão que o solucionar".

↗ **Gabarito: "D".**

3. **(INSTITUTO AOCP – TRT 1ª Região – Analista Judiciário – Oficial de Justiça Avaliador Federal – 2018)** Os formandos de um determinado curso de ensino superior tiveram problemas em relação à contratação com a empresa de formatura que realizaria suas solenidades festivas. Ocorre que a empresa não realizou o evento na data contratada. A má prestação dos serviços da empresa de formatura acarretou ajuizamento de ação judicial por vinte dos formandos contra a empresa. Diante do exposto e considerando a legislação processual civil vigente, assinale a alternativa correta.

A) Caso o magistrado julgador do caso disposto no enunciado entenda que a quantidade de pessoas no polo ativo da ação pode prejudicar a rápida solução do litígio, poderá limitar o litisconsórcio.

B) Diante da inexistência de comunhão de direitos ou obrigações, no caso em tela o litisconsórcio não é permitido, devendo cada um dos litigantes manejar ação própria.

C) Tendo-se em vista que no caso exposto pelo enunciado ocorre apenas afinidade de questões por ponto comum de fato ou de direito, o litisconsórcio é necessário.

D) Intimado um dos litisconsortes, todos serão dados como intimados, independentemente de como regem-se suas representações em juízo, o que se justifica em razão da conexão de direitos que os une.

E) Ao realizar o juízo de admissibilidade da petição inicial, o juiz elegerá um litisconsorte como principal para gerir o andamento do processo, sendo que apenas este assim poderá fazê-lo.

↳ **Resolução:**

A) *Correta*. Nos termos do art. 113, § 1º, do CPC: "o juiz poderá limitar o litisconsórcio facultativo quanto ao número de litigantes na fase de conhecimento, na liquidação de sentença ou na execução, quando este comprometer a rápida solução do litígio ou dificultar a defesa ou o cumprimento da sentença".

B) *Incorreta*. A assertiva é incorreta, pois há comunhão de interesses e obrigações, por isso atende o disposto no art. 113, I, do CPC.

C) *Incorreta*. É incorreto o expresso na assertiva tendo em vista que o litisconsórcio no caso é facultativo.

D) *Incorreta*. O art. 118 diz que: "cada litisconsorte tem o direito de promover o andamento do processo, e todos devem ser intimados dos respectivos atos".

E) *Incorreta*. Não há um litisconsórcio principal, sendo que todos podem promover o andamento processual, conforme está disposto no art. 118 do CPC.

↗ **Gabarito: "A".**

4. **(FCC – TRE-PR – Analista Judiciário – Área Judiciária – 2017)** Em matéria de litisconsórcio, é correto afirmar:

A) O litisconsórcio é simples quando, pela natureza da relação jurídica, o juiz tiver de decidir o mérito de modo uniforme para todos os litisconsortes.

B) No litisconsórcio unitário os atos e omissões de um dos litisconsortes, benéficos ou prejudiciais, estendem-se aos demais litisconsortes.

C) O litisconsórcio necessário por força de lei é sempre unitário.

D) Nos casos de litisconsórcio passivo necessário, o juiz, se o caso, determinará ao autor que requeira a citação de todos que devam ser litisconsortes, dentro do prazo que assinar, sob pena de extinção do processo.

E) Os litisconsortes que tiverem diferentes procuradores, de escritórios de advocacia distintos, terão prazos contados em quádruplo para todas as suas manifestações, em qualquer juízo ou tribunal, independentemente de requerimento.

↳ **Resolução:**

A) *Incorreta*. O litisconsórcio simples, ao contrário da redação da assertiva, permite que o juiz sentencie de modo não uniforme.

B) *Incorreta*. Quando for prejudicial, os atos e omissões de um dos litisconsortes não se estendem aos demais litisconsortes, nos termos do art. 117 do CPC.

C) *Incorreta*. O art. 116 estabelece que "o litisconsórcio será unitário quando, pela natureza da relação jurídica, o juiz tiver de decidir o mérito de modo uniforme para todos os litisconsortes".

D) *Correta*. Conforme estabelece o parágrafo único do art. 115 do CPC "nos casos de litisconsórcio passivo necessário, o juiz determinará ao autor que requeira a citação de todos que devam ser litisconsortes, dentro do prazo que assinar, sob pena de extinção do processo".

E) *Incorreta*. O prazo será em dobro, não em quádruplo, nos termos do art. 229 do CPC.

↗ **Gabarito: "D".**

5. INTERVENÇÃO DE TERCEIROS

O processo nasce, originariamente, com autor e réu (podendo até ter mais de um autor ou réu = litisconsórcio), assim, qualquer outra pessoa que ingressar no processo, não sendo autor e réu, é nominado de terceiro.

> **ATENÇÃO**
>
> No JEC, não cabe intervenção de terceiros, salvo o incidente de desconsideração da personalidade jurídica (art. 10 da Lei n. 9.099/95 e art. 1.062 do CPC).

No CPC vigente a oposição deixa de ser intervenção de terceiros para figurar como procedimento especial. Também no CPC vigente não há mais nomeação à autoria, instituto que existia no CPC de 1973. No atual CPC, quando o réu alegar sua ilegitimidade, incumbe indicar o sujeito passivo da relação jurídica discutida sempre que tiver conhecimento, sob pena de arcar com as despesas processuais e de indenizar o autor pelos prejuízos decorrentes da falta de indicação (art. 339 do CPC).

1) Modalidades

a) Assistência (arts. 119 a 124 do CPC)

É a intervenção daquele que tem interesse jurídico em auxiliar uma das partes. Pode ser:

i) **Simples:** o terceiro só tem relação com uma das partes, sendo atingido indiretamente pela sentença. Quando ingressa no processo, não vira parte. O assistido poderá reconhecer a procedência do pedido, desistir da ação e renunciar ao direito e realizar transação.

Se o assistido for revel ou omisso, o assistente será substituto processual.

ii) **Litisconsorcial:** ocorrerá quando a sentença influir na relação jurídica entre ele e o adversário do assistido. Nesse caso terceiro tem relação com ambas as partes, sendo atingido diretamente pela sentença. Quando ingressa no processo, é parte.

b) Denunciação da lide (arts. 125 a 129 do CPC)

É a intervenção que tem por objetivo trazer o garantidor, que responderia em ação de regresso, para fazer parte do processo. Também tem natureza de ação, podendo ser apresentada tanto pelo autor como pelo réu. Terá cabimento na evicção, e em caso de contrato ou previsão da lei que obriga a indenizar em ação regressiva o prejuízo daquele vencido no processo (é o caso da seguradora que garante eventuais prejuízos ao segurado).

Poderá ser requerida na inicial (pelo autor), ou em contestação (pelo réu). Caso indeferida, a denunciação será exercida por ação autônoma para se apurar eventual direito de regresso.

Procedente o pedido principal, o autor poderá requerer o cumprimento de sentença contra o denunciado.

Caso o denunciante seja o vencedor da demanda, a denunciação não terá o pedido examinado, cabendo ao denunciante o pagamento de honorários ao denunciado.

> **IMPORTANTE**
>
> É possível somente uma denunciação sucessiva. Feita a denunciação pelo autor, o denunciado assume a posição de litisconsorte do denunciante, inclusive podendo aditar a petição inicial, procedendo-se em seguida à citação do réu. Feita pelo réu, o denunciado pode assumir a posição de litisconsorte e contestar, deixar de contestar, quando será revel, ou até mesmo confessar os fatos alegados pelo autor.

c) Chamamento ao processo (arts. 130 a 132 do CPC)

Tem por finalidade trazer aos autos a figura do codevedor, ou seja, sendo o devedor demandado isoladamente (como um fiador), poderá trazer aos autos os seus codevedores para, na mesma ação, responder por sua parte na dívida.

O chamamento tem cabimento na ação de conhecimento (cobrança), no momento da resposta do réu (que é o devedor), não havendo que se falar nessa medida na ação de execução.

A sentença de procedência valerá como título executivo em favor do réu (devedor) para posteriormente exigir dos demais codevedores chamados a sua cota-parte na obrigação.

d) Desconsideração da personalidade jurídica (arts. 133 a 137 do CPC)

Tem por objetivo trazer aos autos o sócio ou a sociedade (desconsideração inversa), com a finalidade de gerar a responsabilidade patrimonial. Com o ingresso do sócio ou da sociedade na ação, no futuro o credor poderá requerer a expropriação de bens desses sujeitos, com típica responsabilidade patrimonial em execução ou cumprimento de sentença (exemplo: art. 50 do CC ou 28 do CDC).

▶ **IMPORTANTE**

- Os requisitos para a desconsideração serão aqueles específicos na lei para cada tipo de sociedade; a desconsideração terá cabimento em qualquer fase do processo de conhecimento, no cumprimento de sentença ou na execução (art. 134 do CPC).
- A desconsideração da personalidade jurídica será realizada a pedido da parte ou do Ministério Público, quando lhe couber intervir no processo, sendo, portanto, vedada a instauração do incidente de ofício pelo juiz (art. 134, *caput*, do CPC).
- Caso a desconsideração seja requerida na petição inicial, não haverá a necessidade de formação do incidente. Em outro momento, será recebida como um incidente e suspenderá o curso da ação principal (§ 3º do art. 134 do CPC).
- Terceiro será citado para manifestação em 15 dias.
- Contra a decisão que aprecia o pedido de desconsideração caberá agravo de instrumento (art. 1.015 do CPC).

Sendo acolhido o pedido de desconsideração, a alienação ou a oneração de bens, havida em fraude de execução, será ineficaz em relação ao requerente (art. 137 do CPC).

Neste caso, forma-se um litisconsórcio eventual entre a sociedade e o sócio para permitir a excussão dos bens do sócio quando o patrimônio da pessoa jurídica não for suficiente para a satisfação da obrigação.

▶ **ATENÇÃO**

A desconsideração da personalidade jurídica tem cabimento nos Juizados Especiais.

Isso excepciona a regra do art. 10 da Lei n. 9.009/95, que afirma não terem cabimento intervenções de terceiros nos Juizados.

e) Amicus curiae (art. 138 do CPC)

A depender da natureza do conflito, o juiz ou tribunal poderá admitir o ingresso ou solicitará a entrada de pessoa que possa se manifestar acerca do tema da ação.

Tem cabimento o *amicus curiae*:

- tema relevante, específico ou que gere repercussão geral;
- pessoa natural ou física, organização ou entidade especializada no tema e com representatividade.

▶ **IMPORTANTE**

- A decisão que decide sobre a admissão ou não do terceiro é irrecorrível.
- Poderá ser voluntária (terceiro pede para ingressar) ou provocada (juiz ou tribunal pedem a manifestação do amigo da corte).
- Caso o *amicus curiae* seja pessoa que tenha juízo especial (como ente federal), não haverá mudança da competência em razão de sua manifestação.
- O *amicus curiae* não estará autorizado a recorrer no processo, salvo a oposição de embargos de declaração e recurso contra a decisão que julgar o incidente de resolução de demanda repetitiva.

5.1 Questões

1. **(PUC-PR – TJMS – Analista Judiciário – Área Fim – 2015)** Sobre os institutos relativos à intervenção de terceiros no âmbito do Código de Processo Civil brasileiro, assinale a alternativa CORRETA.

A) A denunciação da lide é ato exclusivo do réu, sendo-lhe facultativa na hipótese de o alienante, na ação em que terceiro reivindica a coisa, buscar exercer o direito que da evicção lhe resulta.

B) No chamamento ao processo, a sentença que julgar procedente a ação condenando os devedores valerá como título executivo, em favor do que satisfizer a dívida, para exigi-la, por inteiro, do devedor principal, ou de cada um dos codevedores a sua quota, na proporção que lhes tocar.

C) É inadmissível o chamamento ao processo do devedor na ação em que o fiador for réu, cabendo, nesta hipótese, a nomeação à autoria.

D) A oposição, quando oferecida depois da audiência de instrução de julgamento, será apensada aos autos principais e correrá simultaneamente com a ação vinculada, devendo, no entanto, ser julgada posteriormente à causa principal.

E) Aquele que detiver a coisa em nome alheio, sendo-lhe demandada em nome próprio, deverá denunciar à lide o proprietário ou o possuidor.

↘ **Resolução:**

A) *Incorreta*. O art. 125 do CPC estabelece que a denunciação da lide pode ser promovida por qualquer das partes, não só o réu.

B) *Correta*. A assertiva está de acordo com o que estabelece o art. 132 do CPC, pois, diz que: "a sentença que julgar procedente a ação condenando os devedores valerá como título executivo, em favor do que satisfizer a dívida, para exigi-la, por inteiro, do devedor principal, ou de cada um dos codevedores a sua quota, na proporção que lhes tocar".

C) *Incorreta*. A assertiva está em desacordo com o art. 130, I do CPC, tendo em vista que o referido dispositivo estabelece que "é admissível o chamamento ao processo, requerido pelo réu do afiançado, na ação em que o fiador for réu".

D) *Incorreta*. Estabelece o art. 686 do CPC que cabe ao juiz decidir simultaneamente a ação originária e a oposição.

E) *Incorreta*. Alternativa com disposição de texto do CPC de 1973 que caracterizava a nomeação à autoria. No CPC de 2015 não há mais nomeação à autoria e, nos termos do art. 339 do CPC, toda vez que o réu alegar ilegitimidade passiva deverá, sempre que tiver conhecimento, indicar quem deveria estar no polo passivo.

↗ **Gabarito: "B".**

2. **(FGV – TJSC – Analista Jurídico – 2018)** Um credor celebrou contrato de mútuo com dois devedores solidários, que não cumpriram o dever de pagar o valor devido na data estipulada. Nesse cenário, o credor intentou ação de cobrança do valor total da dívida, em face de apenas um devedor.

O outro devedor, que não integrou a lide originária, pode:

A) oferecer o incidente de desconsideração da personalidade jurídica inversa do réu, para que os bens de eventual sociedade sejam trazidos ao processo;

B) peticionar nos autos, requerendo seu ingresso como assistente simples, uma vez que é juridicamente interessado;

C) peticionar nos autos, requerendo seu ingresso como réu, formando um litisconsórcio passivo superveniente;

D) ser denunciado à lide pelo autor ou pelo réu originário, formando um litisconsórcio ativo ou passivo, respectivamente;

E) ser chamado ao processo pelo réu originário, formando um litisconsórcio passivo ulterior.

↘ **Resolução:**

A) *Incorreta*. Vide comentários à alternativa "E".
B) *Incorreta*. Vide comentários à alternativa "E".
C) *Incorreta*. Vide comentários à alternativa "E".
D) *Incorreta*. Vide comentários à alternativa "E".
E) *Correta*. Nos moldes do art. 130 do CPC, é admissível o chamamento ao processo, requerido pelo réu dos demais devedores solidários.

↗ **Gabarito: "E".**

3. **(PUC-PR – TJMS – Analista Judiciário – Área Fim – 2017)** Sobre as hipóteses de intervenção de terceiro no Código de Processo Civil, é CORRETO afirmar:

A) As formas de intervenção de terceiros, previstas no Código de Processo Civil, são as seguintes: assistência (simples e litisconsorcial), denunciação da lide, chamamento ao processo, incidente de desconsideração da personalidade jurídica, oposição e nomeação à autoria.

B) É obrigatória a denunciação da lide ao alienante imediato, no processo relativo à coisa cujo domínio foi transferido ao denunciante, a fim de que possa exercer os direitos que da evicção lhe resultam.

C) A assistência simples obsta a que a parte principal reconheça a procedência do pedido, desista da ação, renuncie ao direito sobre o que se funda a ação ou transija sobre direitos controvertidos.

D) O incidente de desconsideração da personalidade jurídica aplica-se ao processo de competência dos juizados especiais.

E) A nomeação à autoria é cabível como forma de correção do polo passivo da ação.

↳ **Resolução:**

A) *Incorreta.* As hipóteses de intervenção de terceiros são: assistência (simples e litisconsorcial), denunciação da lide, chamamento ao processo, incidente de desconsideração da personalidade jurídica, *amicus curiae.*

B) *Incorreta.* A intervenção do alienante não é obrigatória, é facultativa (art. 109, § 2º, do CPC).

C) *Incorreta.* Nos termos do art. 122 do CPC, a assistência simples não obsta a que a parte principal reconheça a procedência do pedido, desista da ação, renuncie ao direito sobre o que se funda a ação ou transija sobre direitos controvertidos.

D) *Correta.* O texto da assertiva é exatamente o mesmo do art. 1.062 do CPC.

E) *Incorreta.* A nomeação à autoria não está prevista no CPC de 2015. Nos termos do art. 339 do CPC, toda vez que o réu alegar ilegitimidade passiva deverá, sempre que tiver conhecimento, indicar quem deveria estar no polo passivo.

↗ **Gabarito: "D".**

6. ATOS PROCESSUAIS

Todos os sujeitos do processo praticam atos processuais.

1) Forma dos atos processuais

Em regra, os atos processuais não têm forma específica, mas a lei pode exigi-la. Mesmo não obedecendo a alguma forma, se preencher a sua finalidade, o ato será considerado válido.

O CPC permite, a partir do art. 193, em consonância com a realidade atual, a prática de atos processuais na forma eletrônica.

Os atos processuais são públicos, porém, excepcionalmente, poderá ocorrer o chamado segredo de justiça, nas hipóteses do art. 189 do CPC (em que o exija o interesse público ou social; que versem sobre casamento, separação de corpos, divórcio, separação, união estável, filiação, alimentos e guarda de crianças e adolescentes; em que constem dados protegidos pelo direito constitucional à intimidade; que versem sobre arbitragem, inclusive sobre cumprimento de carta arbitral, desde que a confidencialidade estipulada na arbitragem seja comprovada perante o juízo).

> ▶ **ATENÇÃO**
>
> Permite-se, também, que as partes, plenamente capazes, em processos cujos direitos admitam composição, estipulem mudanças no procedimento, ajustando às especificidades da causa e convencionando sobre os ônus, poderes, faculdades e deveres processuais, antes ou depois do processo (são os chamados negócios jurídicos processuais). O juiz controlará a validade dessas convenções, inclusive em casos de contrato de adesão ou em que a parte esteja em situação de vulnerabilidade.

Também será possível às partes fixarem calendário processual para a prática dos aos processuais (art. 191 do CPC).

2) Atos das partes

O CPC divide os atos das partes em atos bilaterais (provenientes das duas partes, como uma petição de acordo) ou unilaterais, mais comuns, provenientes de uma parte só.

3) Pronunciamentos do juiz

Os pronunciamentos do juiz (art. 203 do CPC) se subdividem em sentença (pronunciamento, com fundamento nos arts. 485 e 487, pelo qual o juiz põe fim à fase cognitiva do procedimento comum, bem como extingue a execução); decisão interlocutória (pronunciamentos que não consistem em sentenças); despachos (todos os outros pronunciamentos); e acórdão (julgamento colegiado).

4) Tempo dos atos

Os atos processuais serão realizados em dias úteis, das 6 às 20 horas (art. 212 do CPC). As citações, intimações e penhoras podem ser realizadas fora dos dias úteis e feriados, sem necessidade de autorização judicial.

Consideram-se feriados (dias não úteis), além dos sábados, domingos e dias em que não houver expediente forense.

A prática eletrônica de um ato processual pode ocorrer até as 24 horas do último dia do prazo, sendo considerado o horário do juízo perante o qual o ato deverá ser praticado.

> **IMPORTANTE**
>
> **As citações, intimações e penhoras, além das tutelas de urgência**, poderão ser praticadas **durante as férias forenses** (nos dias compreendidos entre 20 de dezembro e 20 de janeiro, inclusive), além dos **procedimentos de jurisdição voluntária (quando necessários para conservação de direitos), ações de alimentos e outros processos que a lei determinar**.

5) Lugar do ato

O ato deverá ser praticado na sede do juízo, salvo se o interesse da justiça, natureza do ato ou obstáculo arguido pelo interessado exigirem local diverso.

6) Prazos

Em regra, os atos devem ser praticados no prazo da lei (art. 218, *caput*). Caso a lei não preveja prazo, o juiz deverá fixá-lo (art. 218, § 1º). Se nem a lei nem o juiz determinarem o prazo, ele será de 48 horas para comparecimento em juízo (art. 218, § 2º) ou de cinco dias para outros atos (art. 218, § 3º).

Será tempestivo o ato praticado antes do termo inicial do prazo.

> **IMPORTANTE**
>
> Na contagem de prazos processuais em dias, serão contados os prazos somente em dias úteis.
>
> Terão prazos diferenciados os litisconsortes (será em dobro para manifestação nos autos se tiverem advogados diferentes, de escritórios diferentes e de autos não eletrônicos); o Ministério Público e a Fazenda Pública (em dobro para manifestação nos autos); e a Defensoria e núcleos de prática conveniados (em dobro para manifestação nos autos).
>
> Suspende-se o curso do prazo processual nos dias compreendidos entre 20 de dezembro e 20 de janeiro, inclusive.
>
> A parte poderá renunciar a prazo, desde que seja exclusivamente em seu favor.
>
> O juiz também pode dilatar os prazos processuais, desde que o faça antes do seu encerramento.

7) Comunicação dos atos

Como elemento essencial do contraditório, a comunicação dos atos processuais às partes é dividida em citação (ato pelo qual são convocados réu, executado ou interessado a integrar a relação processual) e intimação (ato pelo qual se dá ciência a alguém dos atos e termos do processo).

Há também a comunicação entre os órgãos jurisdicionais por meio de cartas: de ordem, pelo tribunal, para juízo a ele vinculado; rogatória, para que órgão jurisdicional estrangeiro pratique ato relativo a processo em curso perante órgão jurisdicional brasileiro; precatória, para que órgão jurisdicional de competência territorial diversa pratique um ato; e arbitral, para que órgão do Poder Judiciário pratique ato formulado por juízo arbitral.

Citação

É o ato pelo qual são convocados o réu, o executado ou o interessado para integrar a relação processual (art. 238 do CPC).

Não há validade do processo sem citação. Mas, se o réu comparece espontaneamente, supre a sua falta.

> **ATENÇÃO**
>
> Para a validade do processo é indispensável a citação do réu ou do executado, **ressalvadas as hipóteses de indeferimento da petição inicial ou de improcedência liminar do pedido**.

A citação válida, ainda que ordenada por juiz incompetente, induz a litispendência, torna a coisa litigiosa, constitui o réu em mora e interrompe a prescrição (neste último caso, operada pelo despacho que ordena a citação, ainda que proferido por juízo incompetente, retroagindo à data de propositura da ação).

MODALIDADE	CABIMENTO
Correio	Realizada por carta com aviso de recebimento. É a regra do CPC (art. 247, *caput*, do CPC). Pode ser enviada a qualquer lugar do país. Se for condomínio, pode ser recebida pelo porteiro (que pode se recusar), e, se pessoa jurídica, pelo funcionário responsável.
Oficial de justiça	Realizada por mandado, nos casos excepcionais do art. 247 do CPC (réu incapaz, por exemplo) ou quando frustrada a citação pelo correio. O oficial entrega o mandado, que deve ser assinado pelo réu. Somente pode ser realizada para o réu que

MODALIDADE	CABIMENTO
Oficial de justiça	seja domiciliado na mesma comarca do juiz, ou em comarca contígua. Caso contrário, se o réu estiver em outra comarca a citação ocorrerá por carta precatória, e, se em outro país, por carta rogatória.
Edital	Realizada pela publicação de edital, nos casos de réu desconhecido ou incerto; réu em local incerto ou inacessível; outros casos legais, como na usucapião.
Hora certa	Realizada pelo oficial, quando suspeita de ocultação do réu. Comparecerá por **duas vezes**, e, se não encontrar, intimando um vizinho ou familiar que voltará em dia e hora marcados. Retornando, o réu será considerado citado, independentemente de estar ou não no local.
Meio eletrônico	Admite modificação de competência (admite-se foro de eleição).
Pelo escrivão ou chefe de secretaria	É aquela realizada quando o citando comparece em cartório.

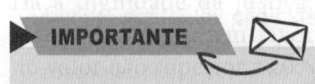

> **IMPORTANTE**
>
> Das modalidades de citação, são consideradas reais as por correio, oficial de justiça, meio eletrônico e pelo escrivão, e fictas as por edital e hora certa. Havendo citação ficta, o juiz nomeará ao réu o chamado curador especial (art. 72, II, do CPC).

Por determinação do CPC, a citação será pessoal, podendo, no entanto, ser feita na pessoa do representante legal ou do procurador do réu, do executado ou do interessado.

Não se fará a citação, salvo para evitar o perecimeto do direito:
• de quem estiver participando de ato de culto religioso;

- de cônjuge, de companheiro ou de qualquer parente do morto, consanguíneo ou afim, em linha reta ou na linha colateral em segundo grau, no dia do falecimento e nos 7 dias seguintes;
- de noivos, nos 3 primeiros dias seguintes ao casamento;
- de doente, enquanto grave o seu estado.

No que diz respeito a citação do mentalmente incapaz ou impossibilitado de recebê-la, importante mencionar que esta será realizada por o oficial de justiça, o qual descreverá e certificará minuciosamente a ocorrência. Certificada a ocorrência pelo oficial de justiça, o juiz nomeará médico, que apresentará laudo no prazo de 5 dias. Reconhecida a impossibilidade, o juiz nomeará curador ao citando e realizará a citação na pessoa do curador, a quem incumbirá a defesa dos interesses do citando.

> **ATENÇÃO**
> Dispensa a nomeação de médico para atestar a incapacidade do citando mentalmente incapaz se pessoa da família apresentar declaração do médico do citando que ateste a incapacidade deste.

6.1 Questões

1. **(FCC – TRT 15ª Região – Analista Judiciário – Área Judiciária – 2018)** No tocante à citação:

A) verificando que o citando é mentalmente incapaz, o oficial de justiça procederá ao ato de citação, descrevendo e certificando minuciosamente a ocorrência, para que o juiz determine laudo médico que comprove a incapacidade.

B) com exceção das microempresas, das cooperativas e das sociedades de responsabilidade limitada, as empresas públicas e privadas são obrigadas a manter cadastro nos sistemas de processo em autos eletrônicos, para efeito de recebimento de citações e intimações, as quais serão efetuadas preferencialmente por esse meio.

C) será pessoal, podendo, no entanto, ser feita na pessoa do representante legal ou do procurador do réu, do executado ou do interessado.

D) não se procederá ao ato citatório de doente, em nenhuma hipótese, enquanto for grave o seu estado.

E) será feita por edital quando o oficial de justiça suspeitar por fortes evidências de ocultação por parte do citando.

↳ **Resolução:**

A) *Incorreta.* Nos termos do art. 245 do CPC, não se fará citação quando se verificar que o citando é mentalmente incapaz ou está impossibilitado de recebê-la. O oficial de justiça deverá certificar a ocorrência da situação do citando, pois a citação ocorrerá na pessoa do curador.

B) *Incorreta.* O § 1º do art. 246 não menciona as cooperativas, assim, portanto a assertiva está incorreta.

C) *Correta.* O texto da assertiva está em completa consonância com o art. 242 do CPC, pois estabelece que a citação será pessoal, podendo, no entanto, ser feita na pessoa do representante legal ou procurador do réu, do executado ou do interessado.

D) *Incorreta.* Conforme estabelece o art. 245, § 4º: "reconhecida a impossibilidade, o juiz nomeará curador ao citando, observando, quanto à sua escolha, a preferência estabelecida em lei e restringindo a nomeação à causa".

E) *Incorreta.* Dispõe o art. 252 que: "o oficial de justiça houver procurado o citando em seu domicílio ou residência sem o encontrar, deverá, havendo suspeita de ocultação, intimar qualquer pessoa da família ou, em sua falta, qualquer vizinho de que, no dia útil imediato, voltará a fim de efetuar a citação, na hora que designar", desta forma, observa-se citação por hora certa.

↗ **Gabarito: "C".**

2. **(FGV – TJAL – Analista Judiciário – Oficial de Justiça Avaliador – 2018)** Fernando, servidor público estadual, por intermédio de seu procurador, propôs ação de cobrança em face do Estado de Alagoas, pleiteando valores pecuniários decorrentes de gratificações não pagas e que são estabelecidas no estatuto do servidor.

Não havendo necessidade de fase instrutória, e com base em enunciado de súmula do próprio Tribunal de Justiça alagoano, no sentido contrário ao afirmado pelo autor, o julgador:

A) poderá julgar liminarmente improcedente o pedido, independentemente da citação do réu;
B) poderá julgar extinto o feito, por ausência de interesse processual, sem citação do réu;
C) deverá julgar liminarmente procedente o pedido, independentemente da citação do réu;
D) deverá determinar a citação do réu para, após, enfrentar o mérito da causa;
E) deverá determinar a citação do réu e designar audiência de conciliação ou mediação.

↳ **Resolução:**
A) *Correta*. Estabelece o art. 332 do CPC que: "nas causas que dispensarem a fase instrutória, o juiz, independentemente da citação do réu, julgará liminarmente improcedente o pedido que contrariar enunciado de súmula de tribunal de justiça sobre direito local".
B) *Incorreta*. Vide comentários à alternativa "A".
C) *Incorreta*. Vide comentários à alternativa "A".
D) *Incorreta*. Vide comentários à alternativa "A".
E) *Incorreta*. Vide comentários à alternativa "A".

↗ **Gabarito: "A".**

3. **(FCC – TRT 6ª Região – Analista Judiciário – Oficial de Justiça Avaliador Federal – 2018)** Em relação à citação, é correto afirmar:

A) Para a validade do processo é indispensável a citação do réu ou do executado, em qualquer hipótese.
B) A juntada aos autos de procuração com poderes para receber citação equivale ao comparecimento espontâneo do réu, desde que tenha o advogado a potencial possibilidade de ter acesso aos autos do processo.
C) É anulável a citação feita sem obediência às formalidades legais.
D) O juiz não pode, de ofício, reconhecer a falta ou nulidade da citação, dependendo de provocação da parte nesse sentido, em obediência ao princípio da inércia jurisdicional.
E) A citação será sempre pessoal, por se tratar de ato formal e solene, não podendo em nenhuma hipótese ser realizada na pessoa de terceiros, ainda que representantes legais, neste último caso excepcionada a citação na figura dos pais, curadores ou tutores de incapazes.

↳ **Resolução:**
A) *Incorreta*. Nos termos do art. 239, é dispensável a citação do réu na hipótese de indeferimento da petição inicial ou de improcedência liminar do pedido.
B) *Incorreta*. A assertiva está em consonância com o entendimento do STJ de que a juntada aos autos de procuração com poderes para receber citação equivale ao comparecimento espontâneo do réu, desde que tenha o advogado a potencial possibilidade de ter acesso aos autos do processo.
C) *Incorreta*. A citação feita sem obediência às formalidades legais é nula, nos termos do art. 280 do CPC, o que é diferente de anulável.
D) *Incorreta*. O art. 282 do CPC estabelece que o juiz pronuncia a nulidade, assim, entende-se que pode reconhecer nulidade de ofício. Ademais, citação é matéria de ordem pública, razão pela qual o juiz poderá conhecer de ofício.
E) *Incorreta*. O art. 242 do CPC estabelece que "a citação será pessoal, podendo, no entanto, ser feita na pessoa do representante legal ou do procurador do réu, do executado ou do interessado".

↗ **Gabarito: "B".**

7. TUTELAS PROVISÓRIAS

As tutelas provisórias representam o meio pelo qual o juiz antecipa o provimento jurisdicional de mérito ou acautelatório a uma das partes antes da decisão final (tutela definitiva), em razão da urgência ou da evidência. O termo "tutela provisória" é gênero do qual temos as espécies urgência e evidência (art. 294 do CPC).

A diferença entre as espécies urgência e evidência é marcada pelo fato de que na tutela de urgência há necessidade de elementos que evidenciem a **probabilidade do direito** e o **perigo de dano ou o risco ao resultado** útil **do processo**. Já a tutela de evidência dispensa a demonstração do perigo de dano ou risco ao resultado útil do processo, sendo necessária apenas a probabilidade do direito, tendo suas hipóteses previstas no art. 311 do CPC.

A tutela provisória de urgência se subdivide em cautelar e antecipatória, devendo ser entendida a cautelar como forma de assegurar o resultado útil do processo, e a antecipatória o adiantamento do provimento de mérito, podendo ambas ser requeridas de forma antecedente ou incidental. Esta última independe do pagamento de custas judiciais. A tutela provisória será requerida ao juízo da causa e, quando antecedente, ao juízo competente para conhecer do pedido principal.

► **ATENÇÃO**

Na tutela de evidência não há necessidade de demonstração do perigo da demora, e também não existe a subespécie cautelar, pois a tutela cautelar é sempre de urgência, por ser conservativa (assegurar o resultado útil do processo).

Por determinação do art. 298 do CPC, a decisão que conceder, negar, modificar ou revogar a tutela provisória deve demonstrar de modo claro e preciso a motivação do convencimento do juiz. Contra a decisão que trata das tutelas provisórias caberá agravo de instrumento (art. 1.015, I, do CPC), salvo se for resolvida em sentença, quando o recurso a ser interposto é a apelação (art. 1.009, § 3º, do CPC).

Concedida a tutela provisória, esta conservará a sua eficácia ao longo do processo, inclusive durante os períodos de suspensão do processo, podendo o juiz determinar as medidas que considerar adequadas para sua efetivação, bem como revogá-la ou modificá-la a qualquer momento.

1) Tutela de urgência

A tutela de urgência se subdivide em tutela cautelar e antecipada. A tutela cautelar é conservativa por praticarem-se atos tendentes a garantir o resultado útil do processo, e, por sua vez, a tutela antecipada é satisfativa, pois antecipa os efeitos do resultado do processo, vedada a sua concessão para os casos em que houver perigo de irreversibilidade dos efeitos da decisão (art. 300, § 3º, do CPC).

► **IMPORTANTE**

Embora exista distinção entre as espécies de tutela (antecipada e cautelar), o art. 305, parágrafo único, do CPC estabeleceu a fungibilidade entre as medidas.

2) Tutela cautelar

Consiste em mecanismo que possibilita à parte a obtenção de um provimento judicial acautelatório como forma de preservar o direito material almejado, não recaindo sobre o mérito em si. É o caso, por exemplo, de requerimento de arresto de bens do réu em uma ação de cobrança, justamente porque a parte ré está se desfazendo de seu patrimônio, podendo tornar-se insolvente. A tutela cautelar poderá ser conferida em caráter antecedente ou incidental.

Na modalidade antecedente, o autor deverá indicar na petição inicial a lide e seu fundamento e a exposição sumária do direito que se objetiva assegurar, bem como o perigo de dano ou risco ao resultado útil do processo (art. 305 do CPC). O réu é citado para apresentar contestação e indicar provas no prazo de cinco dias (art. 306 do CPC). Efetivada a tutela cautelar, o pedido principal deverá ser formulado pelo autor no prazo de 30 dias, nos mesmos autos, não sendo necessário o pagamento de novas custas processuais. Na sequência, não havendo conciliação, o réu terá oportunidade de apresentar contestação do pedido principal (art. 308, §§ 3º e 4º, do CPC).

> **ATENÇÃO**
>
> Cessa a eficácia da tutela concedida em caráter antecedente se: o autor não deduzir o pedido principal no prazo legal; não for efetivada dentro de 30 dias; o juiz julgar improcedente o pedido principal formulado pelo autor ou extinguir o processo sem resolução de mérito. Se por qualquer motivo cessar a eficácia da tutela cautelar, é proibido à parte renovar o pedido, salvo sob novo fundamento. O eventual indeferimento de uma tutela cautelar em regra não obsta a que a parte formule o pedido principal, nem influi no julgamento deste, salvo se o motivo do indeferimento for o reconhecimento de decadência ou de prescrição.

3) Tutela antecipada

A tutela antecipada também poderá ser requerida de forma antecedente ou incidental. O art. 303 do CPC trata da modalidade antecedente e dispõe que, no caso em que a urgência estiver ocorrendo quando do ajuizamento da ação, o autor poderá elaborar a petição inicial de forma simplificada, limitando-se ao requerimento da tutela antecipada e à indicação do pedido de tutela final. Concedida a tutela, caso a parte tenha optado pela petição simplificada com o requerimento da tutela antecipada, deverá aditá-la com a complementação dos fatos e fundamentos e a juntada de novos documentos, além de ratificar o pedido principal dentro do prazo mínimo de 15 dias (art. 303, § 1º, I, CPC), sob pena de extinção sem resolução do mérito. Realizado o aditamento, não havendo conciliação, iniciará o prazo para o réu apresentar contestação (art. 303, § 1º, II e III, do CPC).

Caso a tutela seja indeferida, o autor será intimado para emendar a inicial em até cinco dias, sob pena de ser indeferida e de o processo ser extinto sem resolução de mérito.

Por fim, é importante destacar que os efeitos da tutela concedida de forma antecedente poderão tornar-se estáveis caso não seja interposto o respectivo recurso pelo réu, extinguindo-se o processo sem a formação da coisa julgada material (art. 304, §§ 1º e 6º, do CPC).

> **IMPORTANTE**
>
> A estabilidade da decisão poderá ser revista dentro de dois anos, mediante o ajuizamento de ação própria em que seja proferida decisão de mérito reformando ou anulando a tutela concedida anteriormente (art. 304, §§ 2º a 6º, do CPC).

> **ATENÇÃO**
>
> A estabilização da tutela antecipada apenas se aplica quando ela for requerida em caráter antecedente (não para a incidental).

4) Tutela de evidência

A tutela de evidência pode ser requerida independentemente da comprovação de dano ou de risco ao resultado útil do processo, sendo necessária para o seu requerimento tão somente a probabilidade do direito. São quatro as situações de concessão:

a) se ficar caracterizado o abuso do direito de defesa ou o manifesto propósito protelatório da parte;

b) se as alegações de fato puderem ser comprovadas apenas documentalmente e houver tese firmada em julgamento de casos repetitivos ou em súmula vinculante;

c) se se tratar de pedido reipersecutório fundado em prova documental adequada do contrato de depósito, caso em que será decretada a ordem de entrega do objeto custodiado, sob cominação de multa;

d) se a petição inicial for instruída com prova documental suficiente dos fatos constitutivos do direito do autor, a que o réu não oponha prova capaz de gerar dúvida razoável.

Tutelas provisórias ou liminares					
Espécies	Tutelas provisórias no CPC			Liminar específica	Efeito suspensivo
	Urgência		Evidência		
	Antecipada	Cautelar			
Incidência	Procedimento comum (regra¹)	Qualquer procedimento e na execução	Comum	**Procedimentos especiais:** Embargos de terceiro (art. 678)	**Recursos e embargos:** Agravo de instrumento – art.
Requisitos	Probabilidade do direito²		Independe de perigo de dano – mas contém alto grau de probabilidade nos casos do art. 311	Possessórias (art. 562). Ações de família (TP – art. 695). Despejo – Lei n. 8.245/91. Alimentos – art. 4º da Lei n. 5.478/68. Mandado de segurança – art. 7º, III, da Lei n. 12.016/2009	1.019, IRE e REsp – § 5º do art. 1.029, embargos à execução (art. 919).
	Perigo de dano e reversibilidade (§ 3º)	Risco ao resultado do processo (arresto, sequestro, arrolamento de bens, registro de protesto ou qualquer medida)			
Momento	Antecedente³ ou incidental (esta, sem custas)		Incidental	Incidental	Incidental
	Liminar ou após justificação. O juiz poderá exigir caução		Liminar apenas nos casos dos incisos II e III	Cada rito especial terá a previsão legal quanto aos requisitos	Cada previsão conterá os requisitos para a concessão
Importante	Tutela provisória antecipada antecedente – art. 303. Concedida a medida, o autor terá 15 dias para o aditamento (sem recursos, haverá a estabilização – art. 304⁴)	Tutela provisória cautelar antecedente – art. 305. Medidas para cumprimento da cautelar – rol	Havendo cabimento, o autor poderá cumular as tutelas de urgência e de evidência		

1   Nos procedimentos especiais, quando não houver previsão legal de "liminar" ou, no caso proposto, não estiverem presentes os requisitos, o autor poderá se valer das tutelas provisórias genéricas previstas no art. 294 do CPC.
2   Muitas vezes, as bancas podem utilizar essa expressão como sinônimo de *fumus boni iuris*.
3   Quando antecedente, a competência para o pedido de urgência será perante o juízo competente para a causa – art. 299 do NCPC.
4   Estabilizada a tutela antecipada antecedente, nos termos do art. 304, qualquer das partes, no prazo de 2 anos, poderá propor ação, pelo procedimento comum, para obter a reforma, anulação ou invalidação da medida (não é ação rescisória) – *vide* § 2º do art. 304.

7.1 Questões

1. **(FGV – TJAL – Analista Judiciário – Área Judiciária – 2018)** No que se refere às tutelas provisórias, é correto afirmar que:
A) as deferidas contra o Poder Público somente podem ter a eficácia suspensa com o manejo do recurso cabível;
B) têm natureza cautelar, na hipótese de concessão de alimentos provisórios;
C) a tutela de urgência, caso tenha natureza antecipatória, pode ser deferida em caráter incidental, mas não antecedente;
D) caso deferida, a tutela de urgência acautelatória não pode ser modificada ou revogada;
E) são impugnáveis, caso concedidas pelo juízo de primeira instância, pelo recurso de agravo de instrumento.

↘ **Resolução:**
A) *Incorreta*. O art. 296 do CPC estabelece que a tutela provisória pode ser, a qualquer tempo, revogada ou modificada.
B) *Incorreta*. A natureza da tutela provisória de urgência que concede alimentos provisórios tem natureza antecipada pois o art. 301 do CPC estabelece que a tutela cautelar é aquela efetivada mediante arresto, sequestro, arrolamento de bens, registro de protesto contra alienação de bem e qualquer outra medida idônea para asseguração do direito.
C) *Incorreta*. Conforme estabelece o art. 294 do CPC: "a tutela provisória de urgência, cautelar ou antecipada, pode ser concedida em caráter antecedente ou incidental".
D) *Incorreta*. Vide comentários à alternativa "A".
E) *Correta*. Está disposto no inciso I do art. 1.015 do CPC que: "cabe agravo de instrumento contra as decisões interlocutórias que versem sobre tutelas provisórias".

↗ **Gabarito: "E".**

2. **(FGV – MPE-AL – Analista do Ministério Público – Área Jurídica – 2018)** Sobre a tutela provisória, analise as afirmativas a seguir.
I. Para a concessão da tutela de urgência, o juiz pode, conforme o caso, exigir caução.
II. Uma vez estabilizada a tutela antecipada antecedente, pode o interessado propor ação rescisória no prazo de dois anos.
III. O indeferimento da tutela cautelar não obsta a que a parte formule o pedido principal, nem influi no julgamento desse, salvo se o motivo do indeferimento for o reconhecimento de decadência ou de prescrição.

Está correto o que se afirma em:
A) II, apenas.
B) I e II, apenas.
C) I e III, apenas.
D) II e III, apenas.
E) I, II e III.

↘ **Resolução:**
I. Correta, pois conforme estabelece o art. 300, § 1º, do CPC: "para a concessão da tutela de urgência, o juiz pode, conforme o caso, exigir caução real ou fidejussória idônea para ressarcir os danos que a outra parte possa vir sofrer, podendo a caução ser dispensada se a parte economicamente hipossuficiente não puder oferecê-la".

II. Incorreta, pois a revisão da tutela antecipada antecedente estabilizada não será por meio de rescisória, mas sim ação autônoma, revisional, no mesmo juízo que concedeu a tutela, nos termos do art. 304, § 5º, do CPC.

III. Correta, pois conforme estabelece o art. 310 do CPC: "o indeferimento da tutela cautelar não obsta a que a parte reformule o pedido principal, nem influi no julgamento desse, salvo se o motivo do indeferimento for o reconhecimento de decadência ou de prescrição".

↗ **Gabarito: "C".**

3. **(PUC-PR – TJMS – Analista Judiciário – Área Fim – 2017)** Segundo o Código de Processo Civil, a estabilização da tutela provisória – que ocorre se da decisão que a conceder não for interposto o respectivo recurso – somente é possível na seguinte hipótese:
A) Tutela antecipada requerida em caráter antecedente.
B) Tutela antecipada requerida em caráter incidental.
C) Tutela cautelar requerida em caráter antecedente.
D) Tutela cautelar requerida em caráter incidental.
E) Tutela da evidência.

↘ **Resolução:**

A) *Correta.* Conforme dispõe o art. 304 do CPC: "a tutela antecipada, concedida nos termos do art. 303, torna-se estável se da decisão que a conceder não for interposto o respectivo recurso". A tutela que trata o art. 303 é justamente a tutela antecipada requerida em caráter antecedente.
B) *Incorreta.* Vide comentários à alternativa "A".
C) *Incorreta.* Vide comentários à alternativa "A".
D) *Incorreta.* Vide comentários à alternativa "A".
E) *Incorreta.* Vide comentários à alternativa "A".

↗ **Gabarito: "A".**

8. PROCESSO DE CONHECIMENTO: DA PETIÇÃO INICIAL A SENTENÇA

1) Petição Inicial

A petição inicial é o instrumento pelo qual o autor concretiza o seu direito de ação.

a) Requisitos (arts. 319 e 320 do CPC)

i) **Juízo a que é dirigida:** é a aplicação da competência para endereçar a petição;
ii) **Nomes das partes e suas qualificações:** é necessário indicar quem é o autor, o réu, se estão devidamente representados ou assistidos e todas as suas qualificações, inclusive endereço eletrônico;
iii) **Fatos e fundamentos jurídicos:** são exatamente os fatos que motivaram a propositura da demanda, com suas consequências jurídicas;
iv) **Pedidos:** a pretensão que o autor formula contra o réu;
v) **Provas que pretende produzir:** são os meios a fim de demonstrar os fatos alegados;
vi) **Valor da causa:** toda causa terá seu valor, que corresponde ao valor do benefício econômico pretendido pelo autor. As regras para valor da causa estão no art. 292 do CPC:

- ação de cobrança de dívida: valor principal + pena + juros de mora vencidos;
- discussão sobre existência, validade, cumprimento, modificação, resolução, resilição ou rescisão de ato jurídico: valor do ato ou da parte controvertida dele;
- ação de alimentos: 12 prestações mensais pedidas pelo autor;
- ação de divisão, demarcação e de reivindicação: o valor de avaliação da área ou do bem objeto do pedido;
- ação indenizatória, inclusive fundada em dano moral: o valor pretendido;
- cumulação de pedidos: soma dos valores de todos;
- pedidos alternativos: o de maior valor;
- pedido subsidiário: o valor do pedido principal;
- se forem prestações vencidas e vincendas, ambas são consideradas, e o valor das vincendas será de uma prestação anual caso a obrigação seja por tempo indeterminado ou superior a um ano. Se as vincendas forem por tempo menor que um ano, basta somá-las às vencidas.

> **ATENÇÃO**
> O juiz poderá corrigir de ofício caso verifique que o valor da causa não está correto.

vii) A opção para realização ou não da audiência de conciliação e mediação, para os casos em que não se admitir a autocomposição, caberá no requerimento de citação;
viii) Juntar documentos indispensáveis, como o mandato do advogado.

b) Pedido

Em regra, o pedido deve ser certo e determinado e, segundo dispõe o CPC, compreendem-se no pedido principal os juros legais, a correção monetária e as verbas de sucumbência, inclusive os honorários advocatícios.

Excepcionalmente o pedido pode ser:

- **Genérico (art. 324 do CPC):** nas ações universais (se não for possível saber quais ou quantos são os bens envolvidos); nas ações decorrentes de ato ou fato ilícito; e se depender de ato a ser praticado pelo réu (como na ação de prestação de contas).
- **Implícito:** é o caso dos juros e correção monetária, custas e honorários advocatícios e de parcelas vincendas (que vencem durante o curso do processo – art. 323 do CPC).

i) Pedido cumulado, alternativo e subsidiário

- **Cumulação simples:** o autor formula mais de um pedido, sem que eles tenham dependência entre si;
- **Cumulação sucessiva:** o autor formula mais de um pedido, mas existe dependência entre eles (por exemplo: investigação de paternidade + alimentos);
- **Pedido alternativo (art. 326, parágrafo único, do CPC):** o autor cumula pedidos, mas deseja um só, sem preferência;
- **Cumulação subsidiária (art. 326, *caput*, do CPC):** o autor cumula pedidos e deseja um deles, com preferência.

Pedido	Exemplo
Cumulação simples	A + B (um não depende do outro)
Cumulação sucessiva	A + B (apenas poderá apreciar o B se o A for acolhido)
Alternativo	A ou B (sem preferência)
Subsidiário	A ou B (com preferência) Prefere o A, mas, não sendo possível acolher, então aceita, de forma subsidiária, o pedido B

> **ATENÇÃO**
>
> Após a distribuição da petição inicial, o autor poderá alterar o seu pedido?
>
> A alteração do pedido observará a seguinte regra:
>
> a) entre a propositura da ação e a citação: o autor poderá aditar o pedido e a causa de pedir, sem anuência do réu;
>
> b) citado o réu, até o saneamento, poderá ocorrer o aditamento com sua concordância;
>
> c) com o saneamento ocorre a estabilização objetiva da lide, e, portanto, não cabe mais aditamento, mesmo com a concordância do réu.

2) Juízo de admissibilidade da inicial

A depender da presença dos requisitos da inicial, o juiz tomará uma posição:

a) Inicial com seus requisitos presentes

i) **Juízo positivo:** o juiz determina a citação do réu para o comparecimento à audiência e, se não admitir autocomposição, a citação para apresentação de defesa;

ii) **Juízo negativo:** o juiz julga improcedente liminarmente (art. 332 do CPC) se dispensar a fase instrutória e o pedido:

- contrariar enunciado de súmula do STF ou do STJ;
- contrariar acórdão proferido pelo STF ou pelo STJ em julgamento de recursos repetitivos;
- contrariar entendimento firmado em incidente de resolução de demandas repetitivas ou de assunção de competência;
- contrariar enunciado de súmula de tribunal de justiça sobre direito local;
- reconhecer a ocorrência de decadência ou de prescrição.

Da decisão que julgar liminarmente improcedente o pedido do autor, caberá recurso de apelação, podendo o juiz se retratar no prazo de 5 dias (art. 332, § 3º, do CPC).

b) Inicial faltando requisitos sanáveis

O juiz determina a emenda da inicial em 15 dias, indicando precisamente o que deverá ser complementado (art. 321 do CPC).

c) Inicial faltando requisitos insanáveis: indeferimento da inicial nos casos do art. 330 do CPC:

- inépcia da inicial: na falta de pedido ou causa de pedir; se o pedido for indeterminado; se da narração dos fatos não decorrer logicamente a conclusão; e pedidos incompatíveis entre si;
- ilegitimidade de parte;
- falta de interesse processual; e
- falta dos requisitos da inicial e se não for complementada por ordem do juiz, bem como se inexistir endereço do advogado.

> **IMPORTANTE**
>
> Caso haja indeferimento da inicial ou improcedência liminar do pedido, o réu será citado para apresentar contrarrazões ao recurso de apelação caso o autor tenha interposto recurso de apelação da sentença e o juiz não tenha se retratado. Se o autor não apelou, o réu será intimado do trânsito em julgado da decisão.

3) Audiência inicial e conciliação e mediação

Ao receber a inicial, estando ela apta e não sendo caso de improcedência liminar, a regra é que o magistrado designe audiência de conciliação e mediação (art. 334 do CPC).

Para os concursos públicos, fundamental saber que:

a) a audiência poderá ser conduzida por um conciliador ou mediador

i) **Conciliador:** que atuará preferencialmente nos casos em que **não houver vínculo anterior entre as partes, poderá sugerir soluções para o litígio**, sendo vedada a utilização de qualquer tipo de constrangimento ou intimidação para que as partes conciliem.

ii) **Mediador:** atuará preferencialmente nos **casos em que houver vínculo anterior entre as partes**, auxiliará aos interessados a compreender as questões e os interesses em conflito, de modo que eles possam, pelo restabelecimento da comunicação, **identificar, por si próprios, soluções consensuais que gerem benefícios mútuos.**

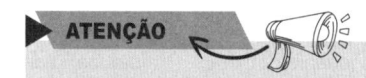

> **ATENÇÃO**
>
> O conciliador e o mediador, assim como os membros de suas equipes, não poderão divulgar ou depor acerca de fatos ou elementos oriundos da conciliação ou da mediação.

b) poderá ocorrer mais de uma sessão, dentro do prazo de 2 meses (§ 2º);

c) a intimação do autor será feita na pessoa de seu advogado (§ 3º);

d) a audiência NÃO será realizada se (§ 4º):

i) ambas as partes manifestarem o desinteresse no ato (autor na inicial e réu em até 10 dias antes da audiência – havendo litisconsórcio, todos deverão manifestar o desinteresse);

ii) o direito litigioso não permitir a autocomposição.

e) poderá ser realizada por meio eletrônico;

f) o não comparecimento injustificado caracteriza ato atentatório à dignidade da jurisdição, e o juiz aplicará multa de até 2% sobre o valor da causa (revertida em favor da União ou do Estado);

g) as partes deverão estar acompanhadas de seus advogados. Além disso, também existe a possibilidade de a parte outorgar procuração específica para ser representada por um preposto em audiência;

h) obtida a autocomposição (acordo), o juiz proferirá sentença de homologação, sendo constituído o título executivo judicial (arts. 487, III, e 515 do CPC).

Em relação à audiência de conciliação e mediação, três prazos são relevantes:

- 30 dias – antecedência mínima para a designação;
- 20 dias – para a citação do réu (antes da audiência);
- 10 dias – antes da audiência o réu poderá manifestar o desinteresse no ato (isso se o autor também tiver feito tal manifestação em sua inicial).

4) Resposta do réu

Não havendo a audiência de conciliação ou mediação, ou restando ela infrutífera, o réu terá o prazo de 15 dias a contar da última audiência de conciliação ou mediação ou da data do protocolo do pedido de cancelamento da audiência para oferecer contestação e/ou reconvenção.

Caso não haja audiência de conciliação e mediação, começa a correr o prazo de defesa:

a) quando a citação for pelo correio, da data de juntada aos autos do aviso de recebimento;

b) quando a citação for por oficial de justiça, da data de juntada aos autos do mandado cumprido;

c) quando houver vários réus, da data de juntada aos autos do último aviso de recebimento ou mandado citatório cumprido;

d) quando o ato se realizar em cumprimento de carta de ordem, precatória ou rogatória, da data da sua juntada aos autos devidamente cumprida;

e) quando a citação for por edital, finda a dilação assinada pelo juiz;

f) quando a citação for pelo escrivão, *no dia da ocorrência da citação.*

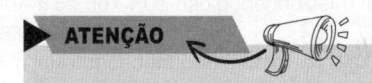

> **ATENÇÃO**
>
> Ministério Público e Advocacia Pública têm prazo em dobro (arts. 180 e 183 do CPC). Não haverá prazo diferenciado para a prática de qualquer ato processual pelas pessoas jurídicas de direito público nos Juizados Especiais Federais e nos Juizados Especiais da Fazenda Pública. Litisconsortes com procuradores diferentes de escritórios diferentes terão prazo em dobro, desde que não sejam autos eletrônicos, cessando o prazo diferenciado se somente um litisconsorte contestar (art. 229, §§ 1º e 2º, do CPC). A Defensoria também terá prazo dobrado (art. 186 do CPC).

5) Contestação

É, em regra, a defesa do réu dentro do processo. Essa defesa deve obedecer a dois princípios:

a) **Eventualidade (art. 336 do CPC):** em regra o réu deve apresentar toda a matéria de defesa na contestação, sob pena de preclusão. Porém, há matérias que poderão ser arguidas posteriormente, como: questões de ordem pública, direito ou fato supervenientes (art. 342 do CPC).

b) **Ônus da impugnação específica (art. 341 do CPC):** em regra o réu deve rebater, especificamente, todos os argumentos do autor, sob pena de ser revel. Mas há quem possa apresentar a defesa genérica: curador especial (art. 72 do CPC), Ministério Público e advogado dativo.

A contestação comporta dois tipos de defesas: a **processual**, chamada de preliminares do art. 337 do CPC (alegações de inexistência ou nulidade de citação; incompetência absoluta e relativa; incorreção do valor da causa; inépcia da inicial; perempção; litispendência; coisa julgada; conexão; incapacidade da parte, defeito de representação processual ou falta de autorização; convenção de arbitragem; falta de interesse ou legitimidade; falta de caução ou outra prestação que a lei exigir como condição de propositura da ação; e indevida concessão de gratuidade de justiça), e a de **mérito**, que é a defesa das pretensões do autor.

> **IMPORTANTE**
>
> Caso o réu alegue ser parte ilegítima ou não ser o responsável pelo prejuízo, o juiz facultará ao autor a substituição do réu em 15 dias. Além disso, incumbirá ao réu indicar o verdadeiro sujeito passivo da demanda. Nesse caso, o autor poderá aceitar a indicação e em 15 dias substituir o réu ou inseri-lo no polo passivo, formando assim litisconsórcio passivo com o réu originário.

6) Revelia

Caso o réu não apresente contestação, haverá revelia. São efeitos da revelia a presunção de veracidade dos fatos (art. 344) alegados pelo autor, e os prazos da publicação correrão do ato decisório, salvo se tiver patrono nos autos. O art. 345 do CPC prevê casos em que não haverá os efeitos do art. 344: quando houver vários réus, um deles contesta; se o litígio versar sobre direitos indisponíveis; se a petição inicial não contiver documento exigido em lei; e se as alegações forem inverossímeis ou contrárias às provas dos autos.

> **ATENÇÃO**
>
> O revel poderá ingressar no processo a qualquer momento, mas o receberá no estado em que se encontrar.

7) Reconvenção

É uma verdadeira ação do réu contra o autor no mesmo processo da ação daquele contra este. Para haver reconvenção, esta deverá ser conexa com a ação principal ou com a defesa. Deve ser apresentada na própria contestação, sendo a parte contrária intimada para apresentar resposta.

Ação principal (autor contra réu) e reconvenção (réu contra autor) tramitam no mesmo processo e serão julgadas conjuntamente na mesma sentença. **Todavia**, são ações independentes, isto é, se houver desistência da ação principal antes do fim do processo, a reconvenção correrá normalmente.

A reconvenção poderá ser proposta pelo réu em litisconsórcio com terceiro, e em face do autor e de terceiro.

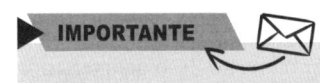

> **IMPORTANTE**
>
> É possível ao réu apresentar a reconvenção independentemente de oferecer contestação.
>
> Não é cabível reconvenção, mas pedido contraposto, no Juizado Especial Cível, nas ações possessórias, entre outras.

8) Providências preliminares

Apresentada ou não a resposta do réu, passa-se às providências preliminares.

a) Réplica (arts. 350 e 351 do CPC)

Se o réu, em sua defesa, apresentou fatos novos, como preliminares e fatos impeditivos, modificativos ou extintivos, o autor terá oportunidade de se manifestar em réplica em 15 dias.

b) Especificação de provas (art. 348 do CPC)

Após a apresentação da réplica, ou se ela não for apresentada e não ocorrerem os efeitos da revelia, o juiz intimará as partes a especificar as provas que queiram produzir em audiência.

9) Julgamento conforme o estado do processo

Passadas as providências preliminares, é possível o julgamento conforme o estado do processo, dividido em três atos:

a) Extinção do processo (art. 354 do CPC)

Se ocorrer uma das hipóteses dos arts. 485 ou 487, II e III, do CPC, o juiz profere sentença. Não ocorrendo nenhuma dessas hipóteses, tenta-se o julgamento antecipado da lide. Caso essa decisão se refira apenas a parcela do processo, da decisão caberá agravo de instrumento.

b) Julgamento antecipado do mérito (art. 355 do CPC)

Nesse caso, o juiz verifica se é mesmo necessário prosseguir com o processo ou se ele já pode julgar o mérito. Isso ocorrerá nos casos em que:

i) não houver necessidade de produção de outras provas; ou

ii) o réu for revel, nos casos em que existe presunção de veracidade dos fatos alegados pelo autor e não há requerimento de provas.

Ocorrendo o julgamento antecipado do mérito (análise total de todos os pedidos) o recurso cabível é o de apelação.

c) Julgamento antecipado parcial do mérito (art. 356 do CPC)

É possível ao juiz decidir parcialmente o mérito quando um ou mais pedidos ou parte deles se mostrar incontroverso, ou se tratar de julgamento antecipado do art. 355 do CPC. Dessa decisão caberá agravo de instrumento.

Nesses casos a parte poderá liquidar e executar a obrigação reconhecida, independentemente de caução, que poderão ser processados em autos suplementares.

10) Saneamento do processo (art. 357 do CPC)

Não sendo caso nem de extinção nem de julgamento antecipado, o juiz profere decisão saneadora do processo (resolve questões processuais pendentes) e organiza a instrução de provas (delimita as questões sobre as quais recairão as provas, especificando os meios), define o ônus da prova e delimita as questões de direito para a decisão, designando audiência de instrução e julgamento.

Determinando prova testemunhal, o rol de testemunhas deverá ser apresentado em até 15 dias, fixados pelo juiz. Se for pericial, o juiz estabelece, se possível, um calendário para a sua realização.

Após o saneamento, as partes podem pedir esclarecimentos e solicitar ajustes em cinco dias, sob pena de estabilizar a decisão.

Também é possível que as partes apresentem ao juiz, para homologação, a delimitação consensual das questões de fato (pontos controvertidos) de direito relevantes e sobre as quais recaem as provas, e, se homologada, vincula as partes e o juiz.

Poderá o juiz, caso se trate de matéria complexa, designar audiência para realizar o saneamento com cooperação das partes.

Após a decisão saneadora (ou despacho saneador), inicia-se a produção das provas, culminando na audiência de instrução e julgamento.

11) Audiência de instrução e julgamento

É a última etapa do processo de conhecimento (arts. 358 a 368 do CPC), e sempre será designada se houver necessidade de ouvir o perito, depoimento pessoal ou testemunhas.

Perceba que no procedimento comum é possível haver três audiências: a de conciliação e mediação inicial, a de saneamento, se necessário, e a de instrução e julgamento.

Nesta última audiência, o juiz ouve o perito e assistentes técnicos, toma os depoimentos pessoais e testemunhas arroladas (primeiro do autor e depois do réu).

Importante destacar que a audiência pode ser adiada por convenção das partes, se não puder comparecer qualquer pessoa que deveria participar dela, ou se atrasar o seu início em tempo superior a 30 minutos do horário marcado.

Terminada a instrução, o juiz dará às partes e ao representante do Ministério Público o tempo de 20 minutos para alegações finais, prorrogáveis por mais 10 minutos. Havendo litisconsortes ou terceiros, o prazo para alegações finais acrescido da prorrogação será dividido entre eles, passando-se à sentença.

> **ATENÇÃO**
>
> Se a causa for complexa, o debate oral será substituído por razões finais escritas ao autor, réu e Ministério Público, no prazo sucessivo de quinze dias, assegurada a vista dos autos.

> **IMPORTANTE**
>
> A audiência de instrução e julgamento é una e contínua, podendo ser cindida na ausência de perito ou testemunha, com concordância das partes. Sendo impossível ser realizada num só dia, será marcada para a data mais próxima possível.

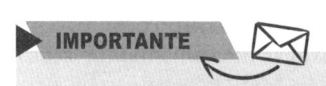

12) Produção de provas

Na petição inicial do autor e na resposta do réu os argumentos das partes são baseados em fatos e/ou no direito. Sendo somente de direito, em regra não será necessária a produção de prova; havendo alguma alegação de fato, este deverá ser provado.

Por prova entende-se como o meio utilizado para convencer o juiz da existência de um fato controvertido relevante ao processo.

a) Classificação das provas

i) Quanto ao objeto

- **Diretas:** são as ligadas diretamente ao fato. Exemplo: contrato.
- **Indiretas:** não demonstram diretamente os fatos, mas outro fato ligado a ele. Exemplo: testemunha que diz que o autor estava viajando, não podendo ter colidido com o veículo.

ii) Quanto ao sujeito

- **Pessoal:** é aquela realizada por uma pessoa, como a prova testemunhal e o depoimento pessoal.
- **Real:** é a realizada por meio de determinada coisa, como a perícia em determinado automóvel.

iii) Quanto à forma

- **Oral:** é a verbal.
- **Escrita:** é a redigida, como um documento.

B) Objeto da prova

No que diz respeito ao objeto da prova, verifica-se de que deverá ser provado os fatos controvertidos e relevantes para o julgamento do processo. Teoricamente, o juiz somente conhece do direito; os fatos devem ser provados.

> **ATENÇÃO**
>
> Existe direito que deve ser provado (art. 376 do CPC): direito estadual, municipal, estrangeiro e costumeiro, se o juiz determinar.
>
> Existem fatos que não precisam ser provados (art. 374 do CPC):
>
> 1) notórios, que são se conhecimento geral de todos;
>
> 2) afirmados por uma das partes e confessados pela outra, incontroversos; e
>
> 3) com presunção legal de existência ou de veracidade: é o que ocorre com a revelia.

Por sua vez, o CPC traz regramento sobre os fatos que cada parte precisa provar, assim, de acordo com o art. 373 do CPC, o ônus da prova do autor consiste em provar os fatos constitutivos de seu direito, e o réu, **os fatos impeditivos, modificativos ou extintivos do direito do autor.**

> **IMPORTANTE**
>
> - Diante das peculiaridades da causa quanto à dificuldade de cumprir o encargo, ou à maior facilidade de obtenção da prova, pode o juiz modificar o ônus da prova em decisão fundamentada, dando à parte a oportunidade de se desincumbir do ônus que lhe foi atribuído.
> - Da decisão que redistribuir o ônus da prova, cabe recurso de agravo de instrumento (art. 1.015, XI, do CPC).
> - Ademais, é possível às partes que convencionem de forma diversa a distribuição do ônus da prova, salvo se recair sobre direito indisponível ou tornar excessivamente difícil a produção da prova.

> **ATENÇÃO**
>
> O art. 369 do CPC proíbe as provas ilícitas e as moralmente ilegítimas, como com emprego de violência, interceptação telefônica sem autorização judicial etc.

c) Meios de prova

De acordo com o Código de Processo Civil, os fatos podem ser provados por:

i) Ata notarial (art. 384 do CPC)

É o atestado da existência de um fato, lavrada por um tabelião, sendo possível inclusive originados de imagens e som gravados.

ii) Depoimento pessoal (arts. 385 a 388 do CPC)

É a oitiva das partes para obtenção de confissão em audiência de instrução e julgamento.

Sempre será requerida pela parte contrária.

Será intimada pessoalmente pelo juiz para comparecer; se não o fizer, serão presumidos verdadeiros os fatos alegados pela outra parte.

Só não será obrigada a depor sobre fatos criminosos ou torpes que lhe forem imputados, pela profissão deva guardar segredo, não puder responder por desonra a cônjuge, companheiro ou parente em grau sucessível, ou que coloquem em risco a vida do depoente e de seus parentes sucessíveis, inclusive do cônjuge. Tais recusas são inaplicáveis às ações de estado e de família.

iii) Confissão (arts. 389 a 395 do CPC)

É a declaração da parte que reconhece verdadeiro fato alegado pelo adversário, podendo ser judicial ou extrajudicial.

É diferente de renúncia, que é a aceitação do direito do autor; a confissão só é relacionada a fatos.

> **IMPORTANTE**
>
> Não se admite confissão de fatos relacionados a direitos indisponíveis.

Quando houver litisconsórcio, a confissão não prejudica os outros, mas tão somente o confitente. Se forem bens imóveis, a confissão de um cônjuge não vale sem a do outro (art. 391, parágrafo único, do CPC).

Importante destacar que não é possível revogar a confissão, mas pode ser anulada se decorreu de erro de fato ou de coação. Em regra, é indivisível, todavia pode ser cindida quando o confitente aduz fatos novos capazes de constituir fundamento de defesa do direito material ou de reconvenção.

A confissão extrajudicial realizada oralmente só tem eficácia nos casos em que a lei não exija prova literal.

iv) Prova documental (arts. 405 a 429 do CPC)

Não é só a prova escrita, mas a física, podendo ser foto, filme e até *e-mail*. As fotografias digitais poderão ser extraídas da Internet, de jornal ou revista.

Existem documentos públicos (elaborados por funcionário público) e privados (elaborados por particulares).

Há documentos solenes (exigem forma especial, como escritura pública) e não solenes (não exigem forma especial).

Os documentos podem não estar com a parte que quer juntá-los, e para isso caberá a exibição de documento (arts. 396 a 404 do CPC).

Conforme o art. 435 do CPC, é lícito às partes, em qualquer tempo, juntar aos autos documentos novos, **quando destinados a fazer prova de fatos ocorridos depois dos articulados**, ou para **contrapô-los aos que foram produzidos nos autos**.

Admite-se a juntada posterior de documentos, desde que a parte justifique o motivo que a impediu de juntá-los anteriormente.

É possível que qualquer das partes suscite arguição de falsidade, prevista nos arts. 430 a 433 do CPC. Poderá ser suscitada em contestação, na réplica ou no prazo de 15 dias por qualquer das partes, contados da intimação da juntada do documento aos autos.

Não se fará exame pericial se a parte que produziu o documento concordar em retirá-lo e a parte contrária não se opuser.

A declaração sobre a falsidade, quando suscitada como questão principal, estará no dispositivo da sentença, recaindo sobre ela a coisa julgada.

> **ATENÇÃO**
>
> É possível utilizar documentos eletrônicos (arts. 439 a 441 do CPC), que deverão ser convertidos em forma impressa e verificada a sua autenticidade, apreciando o juiz o valor probante se não houver a conversão.

v) Prova testemunhal (arts. 442 a 463 do CPC)

É a inquirição pelo juiz de pessoas que não são as partes, sobre fatos relevantes ao julgamento.

No caso de a lei exigir prova escrita, será admitida a prova testemunhal quando houver início de prova escrita, ou quando o credor não podia obter a prova escrita, como parentesco.

Caberá prova testemunhal de contratos simulados, com divergência entre vontade real e a declarada, e nos contratos em geral para vícios de consentimento.

- **Quem pode ser:** qualquer pessoa pode ser testemunha, salvo as incapazes, impedidas ou suspeitas (art. 447 do CPC). Caso o sejam, será admitida a contradita pela parte contrária, desde que antes da advertência e antes de seu depoimento.

Se a testemunha afirmar falsamente, calar-se ou ocultar a verdade, incorrerá em sanção penal (o que não ocorre com o depoimento pessoal).

Número de testemunhas: até 10 por parte, mas somente 3 para cada fato.

- **Escusa de testemunha:** a testemunha não será obrigada a depor se lhe acarretar grave dano a si ou ao cônjuge ou companheiro e parentes até o 3º grau, ou tiver que guardar sigilo profissional.

Será possível a acareação se as testemunhas divergirem em suas declarações.

- **Oitiva da testemunha:** ocorrerá em regra na sede do juízo, ou no local onde se encontrar, se estiver impossibilitada de comparecer. As perguntas serão realizadas diretamente às testemunhas.

vi) Prova pericial (arts. 464 a 480 do CPC)

É aquela que serve para comprovar fato que depende de conhecimento técnico, e, para isso, necessitam de profissionais especialistas, como médicos, engenheiros, contadores etc. Pode o juiz indeferi-la se os fatos não dependerem de conhecimento especial, for desnecessária perante o conjunto probatório ou a verificação for impraticável.

Determinada a prova pericial, o juiz nomeará perito e concederá prazo de quinze dias para quesitos e assistentes técnicos, que poderão solicitar esclarecimentos após a perícia.

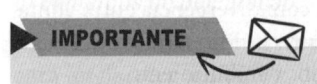

> **IMPORTANTE**
>
> As partes poderão, de comum acordo, escolher o perito, desde que sejam capazes e a causa puder ser resolvida por autocomposição.

Mesmo que a perícia seja em certo sentido, o juiz não está adstrito ao laudo, podendo formar seu convencimento por outros meios de prova. Inclusive, pode determinar nova perícia (arts. 479 e 480 do CPC).

Para escolha do perito, há os critérios de impedimento e suspeição.

Quem arca com as despesas da perícia é a parte que a solicitou, mas ao final será ressarcida se restar vencedora.

vii) Inspeção judicial (arts. 481 a 484 do CPC)

É o exame feito diretamente pelo juiz em pessoas ou coisas para esclarecer os fatos necessários, e tem natureza complementar.

13) Produção antecipada da prova (arts. 381 a 383 do CPC)

Importante frisar que o art. 381 do CPC permite a propositura de uma ação probatória autônoma com a finalidade exclusiva de antecipar a colheita da prova, que, no futuro, poderá ser utilizada em outra ação.

A ação probatória autônoma poderá ser proposta quando:

a) exista temor de que venha a tornar-se impossível ou muito difícil a verificação de certos fatos na pendência da ação – nesse caso a colheita antecipada da prova se justifica na urgência (inciso I);

b) a prova colhida seja capaz de viabilizar a autocomposição ou outro meio adequado de solução de conflito – não há a necessidade de urgência, mas o interesse em colher a prova para, eventualmente, incentivar a parte contrária a fazer o acordo (inciso II);

c) o prévio conhecimento dos fatos possa justificar ou evitar o ajuizamento de ação – a parte deseja documentar os fatos antes da ação para analisar a sua viabilidade ou não (produzida a prova, a parte poderá, inclusive, verificar que a ação não se justifica) – inciso III.

Na petição inicial, o autor justificará a necessidade de antecipação da prova, mencionando os fatos sobre os quais a prova recairá. O juiz determinará a citação de interessados na produção da prova. Os autos permanecerão em cartório por um mês, e, ao fim, serão entregues ao requerente da medida.

Na ação o juiz não se manifestará sobre a ocorrência ou não do fato, mas apenas fará a sua homologação para utilização em processo futuro (onde ocorrerá a valoração da prova).

Na ação não haverá, como regra, defesa ou recurso (§ 4º do art. 382 do CPC).

14) Exibição de documento ou coisa (arts. 396 a 404 do CPC)

É o incidente determinado para que a parte exiba documento ou coisa que esteja em seu poder, desde que o requerimento contenha a individuação, a finalidade da prova e as circunstâncias em que se funda o requerente para afirmar estar a prova com a outra parte.

O requerido dará sua resposta em 5 dias, podendo se recusar, salvo se tiver obrigação legal de exibir, se aludiu no processo à existência do documento ou coisa para constituir prova ou o documento for comum às partes pelo seu conteúdo.

Pode o juiz determinar medidas coercitivas, indutivas, mandamentais ou sub-rogatórias para que o documento ou coisa sejam apresentados.

Não justificada a recusa, ou se esta foi ilegítima, o juiz admitirá como verdadeiros os fatos.

O documento ou coisa poderão estar em poder de terceiros, ordenando o juiz a sua apresentação em 15 dias. Se negar, o juiz designará audiência especial e decidirá. Recusando o terceiro, o juiz ordenará o depósito em 5 dias, sendo cabível inclusive mandado de busca e apreensão, com força policial.

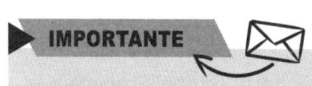

> **IMPORTANTE**
>
> Tanto a parte quanto o terceiro poderão se recusar a exibir o documento ou coisa caso se trate de negócios da vida da família; se puder violar dever de honra; se causar desonra à parte, terceiro ou seus parentes consanguíneos ou afins até terceiro grau ou lhes representar perigo de ação penal; se se tratar de fatos sigilosos quanto ao estado ou profissão; se houver motivos graves; ou se houver disposição de lei que justifique a recusa.

15) Sentença

É o pronunciamento judicial que tem como conteúdo os arts. 485 ou 487 do CPC, colocando fim à fase cognitiva do procedimento comum, bem como extinguindo a execução.

a) Tipos de sentença

i) Hipótese do art. 485 do CPC + extinção da fase cognitiva ou da execução = **sentença terminativa**.

A sentença terminativa não impede a parte de propor de novo a ação. Nos casos de extinção por litispendência, falta de pressupostos de constituição e de desenvolvimento válido e regular do processo, ausência de legitimidade ou de interesse processual e existência de convenção de arbitragem, somente será possível a repropositura da ação se o vício for corrigido (art. 486, § 1º, do CPC).

Mesmo sendo permitida a repropositura da ação, a inicial somente será despachada se recolhidas as custas processuais e honorários advocatícios da demanda anterior.

ii) Hipótese do art. 487 do CPC + extinção da fase cognitiva ou da execução = **sentença definitiva**.

b) Classificação das sentenças quanto ao conteúdo

i) **declaratória:** aquela que declara a existência ou inexistência de uma relação jurídica, tendo efeito *ex tunc* (retroage), por exemplo, aquela que reconhece a paternidade; **constitutiva**, aquela que cria, modifica ou extingue um direito, tendo efeito *ex nunc* (não retroage), como a de divórcio;

ii) **condenatória:** aquela que impõe uma obrigação de fazer, não fazer, entregar ou pagar quantia, tendo efeito *ex tunc* (retroage à propositura da ação), como a de indenização; **mandamental**, aquela que contém uma ordem do juiz, não precisando de fase executiva, tendo efeito *ex tunc*, como a do mandado de segurança; e

iii) **executiva *lato sensu*:** aquela que dispensa a fase executiva porque o Estado já se encarrega de cumpri-la, tendo efeito *ex tunc*, como a de reintegração de posse.

c) Requisitos da sentença (art. 489 do CPC)

i) **Relatório:** é o resumo do ocorrido no processo, devendo conter o nome das partes, a identificação do caso, com resumo do pedido e da contestação. A sentença no JEC o dispensa (art. 38 da Lei n. 9.099/95);

ii) **Fundamentação:** são as razões que levam o juiz ao convencimento, julgando os fatos e fundamentos jurídicos anteriores ao pedido, como as questões preliminares e prejudiciais;

> **ATENÇÃO**
>
> O CPC não considera fundamentado o pronunciamento judicial que se limita à indicação, reprodução ou paráfrase de ato normativo, sem explicar qual é a sua relação com a questão decidida; que emprega conceitos jurídicos indeterminados, sem explicar a relação da incidência no caso; que invoca motivos que se prestam a qualquer decisão; que não enfrenta todos os argumentos deduzidos no processo que são capazes de mudar a conclusão do julgador; que se limita a invocar precedente ou súmula, sem demonstrar como se ajusta ao julgamento; e que deixa de seguir súmula, jurisprudência ou precedente sem demonstrar a distinção do caso concreto. Nesses casos caberá o recurso de embargos de declaração.

iii) **Dispositivo:** é a conclusão, em que, aplicando a lei, o juiz resolve as questões principais a ele submetidas e julga efetivamente o pedido.

d) Sentenças extra petita, ultra petita e infra petita

O juiz, ao analisar o pedido, não pode conceder nem mais, nem menos, nem fora dele. Se isso ocorrer, poderemos ter uma sentença *extra petita*, onde o juiz concede algo diferente do pedido; sentença *ultra petita*, onde ele ultrapassa o que foi pedido; ou *citra* ou *infra petita*, onde ele deixa de analisar todos os pedidos, concedendo menos. Neste último caso, cabem embargos de declaração para que o juiz supra a omissão, manifestando-se sobre tudo o que foi pedido.

e) Sentenças relativas a obrigação de fazer, não fazer ou entregar coisa

Tratando-se de condenação a obrigação de fazer, não fazer ou entregar coisa, será possível a determinação de providências para obtenção do resultado prático equivalente. Somente será convertida em indenização se o autor requerer ou se o cumprimento da obrigação se tornar impossível.

Tratando-se de obrigação de entregar coisa, o juiz fixará prazo para cumprimento. Caso se tratar de obrigação de emissão de declaração de vontade, a sentença de procedência produz os efeitos da declaração não emitida.

f) Remessa necessária

Trata-se de uma condição de eficácia de determinadas sentenças (não é um recurso). A remessa obrigatória representa a necessidade de sujeição das sentenças proferidas contra pessoas de direito público ao duplo grau de jurisdição (art. 496 do CPC).

São casos de reexame necessário:

i) Sentença proferida contra a União, Estados, Distrito Federal e municípios, bem como suas autarquias e fundações de direito público;

ii) Sentença de procedência, no todo ou em parte, de embargos à execução fiscal.

No entanto, em determinadas situações, a própria legislação dispensa o reexame, quando:

i) a condenação for de valor certo e líquido inferior a:

- **1.000** salários mínimos para União e suas autarquias;
- **500** salários mínimos para Estados, DF, suas autarquias e fundações, bem como os municípios que forem capitais de Estados;
- **100** salários mínimos para municípios, suas autarquias e fundações;

ii) a sentença estiver fundamentada em precedentes (art. 596, § 4º, I a IV, do CPC).

16) Coisa julgada

É a imutabilidade da sentença, seja produzindo seus efeitos dentro ou fora do processo.

a) Espécies de coisa julgada

i) **Material** – sentenças com resolução de mérito – art. 487 do CPC. Nesse caso ocorre a autoridade de imutabilidade do conteúdo decidido com trânsito em julgado – art. 502 do CPC.

ii) **Formal** – sentenças sem resolução de mérito – art. 485 do CPC.

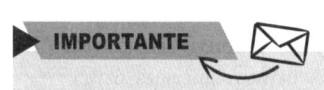

> **IMPORTANTE**
>
> Nas sentenças proferidas na ação civil pública e na ação popular, se houver improcedência por falta de provas, haverá possibilidade de reproposição da ação (art. 16 da Lei n. 7.347/85 e art. 18 da Lei n. 4.717/65).

b) Coisa julgada nas partes da sentença

Não são todos os capítulos da sentença que fazem coisa julgada, mas o dispositivo dela **e a fundamentação**, quando houver uma questão prejudicial decidida e se dessa decisão depender o julgamento do mérito, se a seu respeito houve contraditório prévio e efetivo (não caberá em revelia), e se o juízo for competente para resolver a questão como se fosse principal. É o que se denomina de **limites objetivos da coisa julgada**.

> **ATENÇÃO**
>
> Não fazem coisa julgada os motivos, ainda que determinantes para o alcance do dispositivo da sentença e a verdade dos fatos julgados.

c) Coisa julgada para as pessoas

A coisa julgada atinge somente as partes, sendo esses os **limites subjetivos** da *res judicata* (art. 506 do CPC). Porém, nas ações que versem sobre estado da pessoa, atingirá também terceiros que não participaram do processo. O art. 123 do CPC indica que o assistente simples é atingido pela justiça da decisão, isto é, pela fundamentação da sentença.

d) Ação rescisória

O mecanismo para afastar a coisa julgada é a ação rescisória, cabível nos estritos casos do art. 966 do CPC, tendo como requisitos:

i) prazo de 2 anos do trânsito em julgado da última decisão para a propositura;

ii) obrigatoriedade de juntar custas de 5% do valor da causa.

Pode ser proposta pelo MP (se não foi ouvido quando deveria, se houver simulação ou colusão das partes para fraudar a lei ou outros casos expressos em lei), por quem foi parte no processo e por terceiro juridicamente interessado.

Tem natureza de ação constitutiva negativa e deve ser proposta perante o juízo de segundo grau, salvo os julgados do STJ e STF, em que serão propostas nestes.

A ação rescisória será proposta por meio de petição inicial, podendo-se cumular ao pedido de rescisão o de novo julgamento do processo. Nesse caso é necessário depositar a importância de 5% sobre o valor da causa, que se converterá em multa caso a ação seja, por unanimidade de votos, declarada inadmissível ou improcedente.

Citado o réu, terá prazo nunca inferior a 15 dias nem superior a 30 dias para contestar, seguindo pelo procedimento comum.

Se a rescisória estiver fundada em prova nova cuja existência a parte ignorava ou de que não pôde fazer uso, capaz, por si só, de lhe assegurar pronunciamento favorável (inciso VII do art. 966 do CPC), o termo inicial do prazo será a data de descoberta da prova nova, observado o prazo máximo de 5 anos, contado do trânsito em julgado da última decisão proferida no processo.

8.1 Questões

1. (FCC – DPE-MA – Defensor Público – 2018) A improcedência liminar do pedido:
A) é a medida a ser imposta quando for constatada, de plano, a prescrição ou a decadência.
B) deve ser precedida, via de regra, da regular citação do demandado.
C) é permitida diante da existência de precedente firmado pelo Superior Tribunal de Justiça ou pelo Supremo Tribunal Federal, mas não de Tribunal de Justiça.
D) pode ser decretada com fundamento na inépcia da petição inicial.
E) caso não seja impugnada por recurso no prazo legal, produz coisa julgada meramente formal.

↳ **Resolução:**
A) Correta. A alternativa está de acordo com o que dispõe o art. 332, § 1º, do CPC.
B) *Incorreta.* Nos termos do *caput* do art. 332 do CPC o juiz está autorizado a julgar liminarmente improcedente o pedido do autor independentemente de citação do réu.
C) *Incorreta.* Súmula de tribunal de justiça autoriza o julgamento de improcedência liminar do pedido (art. 332, IV, do CPC).
D) *Incorreta.* Inépcia não é caso de improcedência liminar do pedido. A inépcia gera o indeferimento da petição inicial e extinção do processo sem resolução do mérito (art. 331, I, do CPC).
E) *Incorreta.* A improcedência liminar do pedido produz sentença com resolução do mérito, logo forma coisa julgada material, pois o mérito é analisado.

↗ **Gabarito: "A".**

2. (FCC – DPE-BA – Defensor Público – 2016) Sobre a petição inicial e seu indeferimento e a improcedência liminar do pedido é correto:
A) Nas causas que dispensem a fase instrutória, o juiz, independentemente da citação do réu, julgará liminarmente improcedente o pedido que contrariar enunciado de súmula do Supremo Tribunal Federal ou do Superior Tribunal de Justiça.
B) Depois da citação, o autor não poderá aditar ou alterar o pedido, ainda que haja consentimento do réu.
C) Se o juiz verificar que a petição inicial não preenche os requisitos legais, deverá determinar a intimação do autor para que, no prazo de dez dias, a emende ou a complete, não cabendo ao Magistrado apontar qual o erro.
D) O pedido deve ser certo, nele estando compreendidos os juros legais, a correção monetária e as verbas de sucumbência, mas a fixação de honorários advocatícios depende de pedido expresso.
E) Indeferida a petição inicial, o autor poderá interpor agravo de instrumento, facultado ao juiz, no prazo de cinco dias, retratar-se.

↳ **Resolução:**
A) Correta. Alternativa de acordo com o art. 332, I, do CPC.
B) *Incorreta.* O autor pode aditar e alterar o pedido até o saneamento com a consentimento do réu (art. 329, II, do CPC).
C) *Incorreta.* Nos termos do art. 321 do CPC, o prazo de emenda é de 15 dias.
D) *Incorreta.* Nos termos do art. 322, § 1º, do CPC, compreende-se no principal os honorários de advogado.
E) *Incorreta.* De acordo com o art. 331 do CPC, indeferida a petição inicial o recurso cabível é o de apelação, podendo o juiz se retratar em 5 dias.

↗ **Gabarito: "A".**

3. (IBFC – TJPE – Analista Judiciário – Função Judiciária – 2017) A Contestação instrumentaliza a defesa do réu ante pretensão civil contrária. Nesse sentido, avaliando as características dessa peça defensiva, assinale a alternativa incorreta:
A) O prazo para apresentação de contestação é de 15 (quinze) dias.
B) Não se alega em contestação a incompetência do juízo, devendo tal matéria ser discutida por meio próprio.

C) Depois da contestação é lícito ao réu alegar matéria atinente a fato superveniente.
D) Na contestação, antes de avaliar o mérito, deverá o réu, dentre outras expor sobre eventual perempção.
E) O réu deverá alegar toda a matéria de defesa na contestação, expondo suas razões de fato e direito, bem como especificando as provas que deseja produzir.

↳ **Resolução:**
A) Correta. Conforme exposto no art. 335 do CPC, "o réu poderá oferecer contestação, por petição, no prazo de 15 (quinze) dias".
B) *Incorreta*. A alternativa está incorreta pois está em desacordo com o que estabelece o art. 337, II, do CPC, ou seja, que incube ao Réu, antes de discutir o mérito, alegar incompetência absoluta e relativa.
C) *Correta*. O texto da assertiva está totalmente de acordo com o que estabelece o art. 342, I, do CPC.
D) *Correta*. O art. 337, V, do CPC estabelece que: "incumbe ao réu, antes de discutir o mérito, alegar perempção".
E) *Correta*. O art. 336 do CPC dispõe que: "incumbe ao réu alegar, na contestação, toda a matéria de defesa, expondo as razões de fato e de direito com que impugna o pedido do autor e especificando as provas que pretende produzir".

↗ **Gabarito: "B".**

4. **(FCC – TRT 2ª Região – Analista Judiciário – Área Judiciária – 2018)** Manoela ajuizou ação de cobrança contra Suzana, objetivando o recebimento da quantia de R$ 18.000,00 decorrente de um serviço de assessoria prestado durante o ano de 2017. Recebida a inicial e determinada a citação da ré, a contestação é apresentada no prazo legal, com arguição preliminar de ilegitimidade de parte passiva e impugnação integral ao pleito inicial no mérito. Neste caso, nos termos estabelecidos pelo Código de Processo Civil:

A) o juiz facultará ao autor, em 15 dias, a alteração da petição inicial para substituição do réu e, realizada a substituição, o autor reembolsará as despesas e pagará os honorários ao procurador do réu excluído, que serão fixados, em regra, entre três e cinco por cento do valor da causa.
B) não é admitida a substituição do réu após a consumação da citação, cabendo ao juiz extinguir o processo sem resolver o mérito no caso de acolhimento da preliminar arguida.
C) o juiz facultará ao autor, em 15 dias, a alteração da petição inicial para substituição do réu e, realizada a substituição, o autor não reembolsará as despesas processuais e também não pagará honorários ao procurador do réu excluído.
D) o juiz facultará ao autor, em 5 dias, a alteração da petição inicial para substituição do réu e, realizada a substituição, o autor reembolsará as despesas e pagará os honorários ao procurador do réu excluído, que serão fixados, em regra, entre três e cinco por cento do valor da causa.
E) o juiz facultará ao autor, em 5 dias, a alteração da petição inicial para substituição do réu e, realizada a substituição, o autor não reembolsará as despesas e também não pagará os honorários ao procurador do réu excluído.

↳ **Resolução:**
A) Correta. Conforme estabelece o art. 338 do CPC: "alegando o réu, na contestação, ser parte ilegítima ou não ser o responsável pelo prejuízo invocado, o juiz facultará ao autor, em 15 (quinze) dias, a alteração da petição inicial para substituição do réu".
B) *Incorreta*. Vide comentários à alternativa "A".
C) *Incorreta*. A assertiva está em desacordo com o que estabelece o parágrafo único do art. 338, pois: "realizada a substituição, o autor reembolsará as despesas e pagará honorários ao procurador do réu excluído".
D) *Incorreta*. Vide comentários à alternativa "A".
E) *Incorreta*. Vide comentários à alternativa "A".

↗ **Gabarito: "A".**

5. **(FCC – Prefeitura de Campinas-SP – Procurador – 2016)** Em relação à audiência de conciliação ou de mediação, é correto afirmar:

A) A audiência não será realizada se qualquer das partes, ainda que isoladamente, de maneira expressa ou tácita, manifestar seu desinteresse na composição consensual.
B) As partes devem estar acompanhadas por seus advogados ou defensores públicos, podendo constituir representantes, por meio de procuração específica, com poderes para negociar e transigir.

C) A intimação do autor para essa audiência será realizada pessoalmente, por via postal, ou, se incabível, por mandado a ser cumprido pelo Oficial de Justiça.

D) Se houver desinteresse na autocomposição, o autor deverá apontá-la na petição inicial, cabendo ao réu fazê-lo por ocasião de sua contestação, necessariamente.

E) O não comparecimento injustificado do autor ou do réu à audiência de conciliação é considerado ato de litigância de má-fé, sendo apenado com multa de até cinco por cento da vantagem econômica pretendida ou do valor da causa, revertida em favor da União ou do Estado.

↳ **Resolução:**

A) Incorreta. O art. 334, § 4º, I, do CPC dispõe de forma expressa que a audiência não será realizada se houver manifestação de ambas as partes.

B) *Correta*. A afirmativa está de acordo com o art. 334, § 10, do CPC.

C) *Incorreta*. O autor será intimado da audiência na pessoa do seu advogado (art. 334, § 3º, do CPC).

D) *Incorreta*. O réu manifesta o desinteresse na audiência em petição simples no prazo de 10 dias de antecedência da audiência (art. 334, § 5º, do CPC).

E) *Incorreta*. O não comparecimento injustificado na audiência é considerado ato atentatório a dignidade da justiça penalizado com multa de até 2% do valor da causa (art. 334, § 8º, do CPC).

↗ **Gabarito: "B".**

9. PROCEDIMENTOS ESPECIAIS

O processo de conhecimento no Código de Processo Civil poderá ser orientado pelo procedimento comum ou especial.

Serão especiais os casos em que o legislador prevê ações específicas (ações nominadas) para o tipo de conflitos predeterminados, por exemplo, briga pela posse na ação possessória; não saber a quem cumprir a obrigação de pagar, a ação de consignação em pagamento etc.

São ações do procedimento especial:

1) Consignação em pagamento (arts. 539 e s. do CPC)

É o procedimento para o devedor ver sua obrigação extinta tendo em vista que o credor se recusa a receber ou porque o devedor não o encontra. Na recusa do credor em receber, o devedor oferece o valor ou bem certo logo na inicial ou em 5 dias, para que o credor o levante ou ofereça contestação.

Citado, o réu pode alegar que não houve recusa, que ela foi justa ou que o depósito não é integral (nesse caso deve indicar o valor correto, havendo prazo para complementação do autor em 10 dias e podendo o valor incontroverso ser levantado). Após a instrução, se procedente, será declarada extinta a obrigação, condenando-se o réu nas custas e em honorários. Se improcedente, o depósito será levantado pelo autor.

Em caso de não se saber quem é o credor, a inicial indicará todos os envolvidos e depositará a coisa; aparecendo um réu, o juiz sentenciará de plano; se vários, o procedimento continuará para apurar quem é o credor, sendo eximido da obrigação o devedor; se não comparecer ninguém, o depósito se converterá em arrecadação de coisas vagas.

▶ **ATENÇÃO**

Pode haver consignação extrajudicial somente em dinheiro. Neste caso, o devedor deposita em conta específica com correção monetária, dando ciência ao credor por carta. Se o credor recusar em 10 dias, o depósito só perde seu efeito caso o devedor não proponha a ação de consignação em um mês. Se aceitar, a obrigação estará extinta.

2) Exigir contas (arts. 550 e s. do CPC)

É o procedimento adotado para aquele que afirma ter o direito de exigir as contas.

Na inicial o autor especificará as razões pelas quais exige as contas, com documentos. Prestadas as contas, o autor terá 15 dias para manifestar-se, decidindo o juiz.

Se julgada procedente, o réu deverá prestar contas em 15 dias, prosseguindo o processo.

A sentença apurará o saldo e constituirá o título executivo.

3) Possessórias (arts. 554 e s. do CPC)

São ações, também chamadas de interditos possessórios, para proteção exclusivamente da posse daquele que deseja se manter, se proteger ou ser restituído na posse.

Em caso de possessória com grande número de réus, haverá citação pessoal dos ocupantes do local e por edital dos demais, intimando-se o Ministério Público e a Defensoria se envolver hipossuficientes econômicos.

Dependendo da agressão à posse, haverá uma ação específica:

a) **Ameaça à posse:** é o caso de manifestação da intenção de agredir a posse. Nesta situação a posse ainda não foi molestada, cabendo a *ação de interdito proibitório*, visando à proteção contra qualquer avanço dos agressores.

b) **Turbação da posse:** é uma situação mais avançada, de atentado à posse, com atos concretos de agressão, ultrapassando somente a ameaça. É o caso da ação de manutenção da posse, cuja finalidade é a de preservação da posse.

c) **Esbulho da posse:** é o caso da efetiva perda da posse, nem que seja parcialmente, e por isso enseja a *ação de reintegração da posse*, visando à sua devolução.

O art. 554 prevê a fungibilidade entre todas as ações possessórias, isto é, se for proposta uma ação em vez de outra, o juiz poderá conceder de forma diferente da pedida.

Apenas o possuidor é parte legítima para a propositura das ações possessórias, tanto na hipótese de posse direta quanto na hipótese de posse indireta.

É possível a cumulação de pedidos para condenar o réu nas perdas e danos, e indenização dos frutos (art. 555 do CPC), cabendo até mesmo liminar em caso de agressão em menos de ano e dia (ação de força nova). Caso a agressão seja em mais de ano e dia, não haverá procedimento específico (ação de força velha).

> **IMPORTANTE**
>
> - Para concessão de liminar, o juiz poderá designar audiência de justificação prévia, sendo citado o autor para comparecimento, caso a inicial não esteja devidamente instruída. Quando ordenada a justificação prévia, o prazo de contestação será contado a partir da decisão sobre a liminar.
> - Caso haja litígio coletivo pela posse, ocorrendo esbulho ou turbação por mais de ano e dia, o juiz, antes de apreciar a liminar, deverá designar audiência de mediação, sendo intimados, se for o caso, o Ministério Público, a Defensoria Pública e órgãos responsáveis pela política agrária ou urbana para comparecimento.
> - O art. 557 do CPC proíbe a propositura de ação de reconhecimento de propriedade do bem enquanto pendente a ação possessória, exceto se for em face de terceira pessoa.
> - A possessória tem natureza dúplice, ou seja, o réu poderá, em contestação, demandar a proteção possessória e a indenização pela agressão à posse.

4) Divisão e demarcação de terras (arts. 569 e s. do CPC)

É o procedimento em favor do proprietário em face do vizinho para fixar limites entre os terrenos, ou em favor do condômino para obrigar os outros condôminos a partilhar a coisa comum entre eles. Tem natureza dúplice, pois o processo pode resultar em favor do autor ou do réu.

Dentro desta ação será possível cumular pedido de demarcação e divisão, sendo a demarcação julgada primeiro, com a citação dos confinantes e condôminos.

5) Dissolução parcial da sociedade (arts. 599 e s. do CPC)

Tem por finalidade a resolução da sociedade ou apuração de haveres para o sócio falecido, excluído ou que exerceu seu direito de retirada ou recesso, ou somente para apuração de haveres.

Os sócios e a sociedade serão citados para em 15 dias apresentarem contestação ou concordar com o pedido.

O juiz poderá determinar perícia, ao final, apurando os haveres e resolvendo a situação do sócio.

6) Inventário e partilha (arts. 610 e s. do CPC)

É o procedimento para apuração e divisão dos bens deixados pelo *de cujus*. Atualmente é cabível, inclusive, inventário extrajudicial (Lei n. 11.441/2007).

Os bens somente serão efetivamente entregues de forma individualizada após a partilha; antes disso o rito servirá para apuração e enumeração dos bens deixados.

7) Embargos de terceiro (arts. 674 e s. do CPC)

Têm por finalidade desfazer uma constrição judicial sobre bem de quem não é parte na ação, isto é, há um verdadeiro esbulho judicial.

Pode propor quem for proprietário ou possuidor do bem, cônjuge ou companheiro, quando defender sua meação; adquirente do bem, em razão de declaração de ineficácia do negócio por fraude à execução, quem sofreu apreensão por ocasião de desconsideração da personalidade jurídica e o credor com garantia real, cabendo inclusive liminar.

A contestação será apresentada em 15 dias pelo réu, aquele a quem a constrição aproveita.

Se julgados procedentes, a constrição será liberada.

> **ATENÇÃO**
>
> Não se confunde com a possessória, porque o esbulho aqui é judicial, ao passo que na possessória a agressão da posse vem de particular ou ente estatal. Também não se confunde com oposição, porque na oposição o terceiro não deseja somente desobstruir seu bem, mas discute o direito que as partes estão disputando no processo, e nos embargos o autor somente quer ver seu bem desembaraçado, pouco importando o direito discutido no processo.

8) Oposição (arts. 682 e s. do CPC)

É a ação que permite ingressar na demanda existente para reivindicar o direito discutido no processo. Será distribuída por dependência e, citados autor e réu do processo existente, terão 15 dias para contestar. Se um reconhecer a procedência do pedido, prossegue em face do outro. Pode ser:

a) Interventiva: é a apresentada antes do início da audiência de instrução, sendo apensada e julgada juntamente com a ação principal, na mesma sentença (o juiz julga primeiro a oposição);

b) Autônoma: é a apresentada após o início da audiência de instrução; o juiz suspende o curso do processo para produção de provas, salvo se entender que a unidade de instrução atende à razoável duração do processo.

9) Habilitação (arts. 687 e s. do CPC)

Ocorre para permitir ao interessado suceder uma das partes, que faleceu durante o processo, suspendendo-o. Citado o requerido, terá 5 dias para manifestar-se, decidindo ao final, salvo se houve necessidade de prova diferente da documental.

10) Ações de família (arts. 693 e s. do CPC)

O CPC regula com diferenças específicas as ações envolvendo divórcio, separação, reconhecimento ou extinção de união estável, guarda, visitação e filiação. A ação de alimentos, cujo procedimento também é especial, continua regulada pela Lei n. 5.478/68.

Em síntese, as ações de família mencionadas terão como diferenciais:

- Recebida a inicial, apreciado eventual pedido de **tutela provisória** (cautelar, antecipada ou de evidência), o juiz ordenará a citação do réu para **comparecimento à audiência de conciliação e mediação** (art. 695 do CPC).
- **A citação poderá ser realizada sem a entrega da contrafé ao réu.** O mandado conterá os dados principais da ação. Isso não impede que ele tenha acesso aos autos caso deseje.
- A audiência de conciliação poderá ser dividida em quantas sessões o magistrado entender necessárias. Além disso, as **partes poderão requerer ao juiz a suspensão do processo (sem previsão de prazo na lei) para que possam se submeter à mediação extrajudicial ou atendimento multidisciplinar (art. 694, parágrafo único, do CPC).**
- Ao tomar o depoimento de incapaz, o magistrado deverá solicitar o acompanhamento de especialista.
- **O Ministério Público apenas intervirá caso contenha na ação interesse de incapaz, e deverá ser ouvido antes da homologação do acordo.**

> **IMPORTANTE**
>
> - O divórcio consensual, a separação consensual e a extinção consensual de união estável, não havendo nascituro ou filhos incapazes e observados os requisitos legais, poderão ser realizados por escritura pública (via extrajudicial).
> - O MP não precisará ser intimado para a audiência, mas deverá, por expressa previsão do art. 698, ser ouvido previamente à homologação de acordo, quando houver interesse de incapaz.

11) Monitória (arts. 700 e s. do CPC)

É a ação de conhecimento que busca satisfazer obrigação constante em prova escrita sem força executiva. Tem como requisitos para propositura:

- documento escrito sem força de título executivo (cheque prescrito, por exemplo);
- obrigação de pagar quantia certa; entregar coisa fungível ou infungível, bem móvel ou imóvel; ou fazer ou não fazer.

Com a propositura da monitória, instruída a inicial com os cálculos, sendo evidente o direito do autor, o juiz expedirá citação com mandado de pagamento, entrega ou cumprimento da obrigação de fazer ou não fazer a ser cumprido em 15 dias, arbitrando honorários de 5% do valor da causa. Dependendo da atitude do réu, haverá um destino do processo:

i) **O réu cumpre a obrigação:** neste caso, extingue-se o processo e o réu será isento das custas;

ii) **O réu silencia:** o mandado é convertido em título executivo de ofício, passando ao cumprimento de sentença;

iii) **O réu embarga:** neste caso não será necessária a garantia, cabendo reconvenção (não caberá reconvenção da reconvenção). O autor será intimado a responder em 15 dias. Rejeitados os embargos, haverá constituição do título judicial. Caberá apelação contra sentença que rejeita ou acolhe embargos monitórios.

> **ATENÇÃO**
>
> - É cabível o parcelamento da dívida nos termos do art. 916 do CPC.
> - A ação monitória é admissível contra a Fazenda Pública. Caberá condenação ao autor que propuser de má-fé a monitória, com multa de até 10% sobre o valor da causa em favor do réu. A penalidade da multa de 10% para a hipótese de propositura da ação de má-fé também se aplica ao réu, caso sejam opostos embargos monitórios de má-fé.

12) Homologação do penhor legal (arts. 703 e s. do CPC)

Penhor legal é a apresentação de um bem a fim de garantir o pagamento de uma dívida. O procedimento de homologação tem por finalidade reconhecer judicialmente a garantia anteriormente prestada, consolidando-se judicialmente a posse do autor sobre o objeto.

13) Regulação de avaria grossa (arts. 707 e s. do CPC)

É um tema afeto ao Direito Marítimo, previsto basicamente para constatar eventuais avarias ocasionadas em embarcações atracadas em portos brasileiros.

14) Restauração de autos (arts. 712 e s. do CPC)

Visa à restauração de autos que por algum motivo desapareceram. As partes em colaboração formarão novos autos. Quem tiver dado causa ao desaparecimento responderá civil e criminalmente por isso, além das custas e honorários.

9.1 Questões

1. **(CESPE – TJDFT – Titular de Serviços de Notas e de Registros – Remoção – 2019)** De acordo com a legislação processual civilista, há dois tipos de procedimentos especiais: os de jurisdição contenciosa, que dizem respeito à solução de litígios, e os de jurisdição voluntária, que se referem à administração judicial de interesses privados não litigiosos. A propósito desse assunto, assinale a opção correta.

A) Na via extrajudicial, é admitida a consignação em pagamento em pecúnia ou em objeto diferente de dinheiro.

B) Os embargos de terceiro poderão ser opostos a qualquer tempo no processo de conhecimento enquanto não transitada em julgado a sentença, mas não são oponíveis no cumprimento de sentença nem na execução.

C) Nas ações de usucapião, o Ministério Público deverá ser intimado para se manifestar, sob pena de nulidade dos atos processuais subsequentes.

D) De acordo com o STJ, assim como ocorre para cheque prescrito, admite-se a ação monitória para duplicata sem aceite, sem protesto ou sem comprovante de entrega de mercadoria.

E) São processadas e julgadas pelo procedimento especial previsto no Código de Processo Civil as ações de família, sejam elas contenciosas ou voluntárias.

↳ **Resolução:**

A) *Incorreta.* Nos termos do art. 539, §§ 1º a 4º, do CPC, somente cabe consignação extrajudicial de dinheiro.

B) *Incorreta.* Os embargos de terceiro poderão ser opostos, nos termos do art. 675 do CPC: "a qualquer tempo no processo de conhecimento enquanto não transitada em julgado a sentença e, no cumprimento de sentença ou no processo de execução, até 5 (cinco) dias depois da adjudicação, da alienação por iniciativa particular ou da arrematação, mas sempre antes da assinatura da respectiva carta".

C) *Incorreta*. O CPC não traz a usucapião como procedimento especial, por não constar no capítulo de procedimento especial, trata-se de ação regida pelo procedimento comum.

D) *Correta*. Trata-se de prova escrita sem força executiva, sendo passível de fundamentar ação monitória.

E) *Incorreta*. O *caput* do art. 693 do CPC dispõe que será observado o procedimento especial para as ações contenciosas de família (que há lide), assim as consensuais seguirão as regras de jurisdição voluntária.

↗ Gabarito: "D".

2. **(VUNESP – MPE-SP – Analista Jurídico do Ministério Público – 2018)** Acerca da ação monitória, assinale a alternativa correta.

A) A ação monitória não admite citação por edital.

B) O juiz condenará o réu que de má-fé opuser embargos à ação monitória ao pagamento de multa de até dez por cento sobre o valor atribuído à causa, em favor do autor.

C) Não se admite como prova escrita, para fins de adoção do procedimento monitório, a prova oral documentada, produzida por meio de produção antecipada de prova.

D) Sendo ré a Fazenda Pública, não apresentados embargos à ação monitória, a constituição do mandado monitório não enseja reexame necessário.

E) Não se admite a reconvenção nos embargos monitórios.

↘ Resolução:

A) *Incorreta*. Nos termos do art. 700, § 7º, do CPC na ação monitória admite-se citação por qualquer dos meios permitidos para o procedimento comum.

B) *Correta*. De acordo com o art. 702, § 11, do CPC: "O juiz condenará o autor de ação monitória proposta indevidamente e de má-fé ao pagamento, em favor do réu, de multa de até dez por cento sobre o valor da causa".

C) *Incorreta*. Alternativa em desacordo com o art. 700, § 1º, do CPC.

D) *Incorreta*. Alternativa em desacordo com o art. 701, § 4º, do CPC.

E) *Incorreta*. Alternativa em desacordo com o art. 702, § 6º, do CPC.

↗ Gabarito: "B".

3. **(FCC – TRT 15ª Região – Analista Judiciário – Área Judiciária – Oficial de Justiça Avaliador Federal – 2018)** Fábio Henrique ajuíza demanda possessória contra Gabriel, seu vizinho. Pede reintegração na posse de seu imóvel, sem que, no entanto, tenha se consumado esbulho, havendo apenas receio de ser molestado na posse de seu imóvel. Em razão disso:

A) o juiz deverá determinar emenda à inicial, em dez dias, para que Fábio Henrique regularize o pedido, sob pena de indeferimento e extinção do feito sem resolução de mérito.

B) haverá extinção imediata da ação, pois o pedido reintegratório possui procedimento incompatível com a ação adequada, que seria a de interdito proibitório.

C) haverá aproveitamento do pedido, pois a propositura de uma ação possessória em vez de outra não obstará a que o juiz conheça do pedido e outorgue a proteção legal correspondente àquela cujos pressupostos estejam provados.

D) o pedido não poderá ser aproveitado, por ser mais gravoso ao réu, o que só ocorreria na situação inversa, em que se pedisse o interdito proibitório e já houvesse acontecido o esbulho.

↘ Resolução:

A) *Incorreta*. Na ação possessória aplica-se o princípio da fungibilidade, isto é, proposta uma ação possessória ao invés de outra, o juiz conhecerá daquela proposta equivocadamente.

B) *Incorreta*. O procedimento especial das ações possessórias abarca a manutenção e reintegração de posse, bem como o interdito proibitório.

C) *Correta*. Nos termos do art. 554 do CPC: "A propositura de uma ação possessória em vez de outra não obstará a que o juiz conheça do pedido e outorgue a proteção legal correspondente àquela cujos pressupostos estejam provados".

D) *Incorreta*. A fungibilidade aplica-se para qualquer ação possessória.

↗ Gabarito: "C".

10. LIQUIDAÇÃO E CUMPRIMENTO DE SENTENÇA

1) Liquidação

Sempre que a sentença for ilíquida, antes do seu cumprimento será necessário passar pela fase de liquidação (arts. 509 a 512 do CPC). É possível a liquidação provisória, desde que pendente de recurso a sentença, mas será processada em autos apartados no juízo de origem. Sua decisão tem natureza de interlocutória, cabendo agravo de instrumento.

> **ATENÇÃO**
>
> A liquidação, em regra, é uma fase. Porém, se for usada para os títulos judiciais produzidos fora do juízo cível, como a sentença penal condenatória transitada em julgado, a sentença arbitral e a estrangeira homologada pelo STJ, será preciso iniciar um novo processo.

a) Formas de liquidação de sentença

i) **Arbitramento:** modalidade utilizada quando o *quantum debeatur* depender de atividade pericial, fixação pelo juiz ou por convenção das partes. As partes serão intimadas para apresentarem pareceres ou documentos, e, caso não haja possibilidade de decidir de plano, o juiz nomeará perito, observando o procedimento da prova pericial.

ii) **Procedimento comum:** tem por objetivo a alegação e comprovação de fato novo, fato este relacionado ao *quantum debeatur e que não foi objeto de análise na ação de conhecimento*, sendo mais complexa e seguindo rito comum. Nesse caso o requerido será intimado, na pessoa de seu advogado (ou sociedade de advogados), para contestar em 15 dias, seguindo o procedimento comum. Ao final, o juiz proferirá decisão interlocutória.

Em ambos os casos, o recurso cabível contra a decisão que julga a liquidação será o de agravo de instrumento (art. 1.015, parágrafo único, do CPC).

2) Cumprimento de sentença

É a execução de decisão judicial (nem sempre uma sentença). Em regra, será uma fase dentro do processo.

Há quatro exceções a esta regra, em que a sentença será executada por um processo autônomo, porém observará os dispositivos de cumprimento de sentença:	
Regra	Fase do processo de conhecimento
Exceções	Processo autônomo.
	a) Sentença penal condenatória transitada em julgado;
	b) Sentença arbitral;
	c) Sentença estrangeira homologada pelo STJ;
	d) Decisão interlocutória estrangeira, após a concessão do *exequatur* à carta rogatória pelo STJ.

O cumprimento de sentença não poderá ser requerido em face do fiador, coobrigado ou corresponsável se eles não tiverem participado do processo.

A competência para o processamento do cumprimento de sentença será do Tribunal se a decisão for de sua competência originaria, do juiz para as decisões por ele proferida e do juízo cível competente nos casos de decisões proferidas fora deles (exemplo: sentença arbitral).

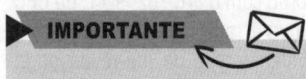

> **IMPORTANTE**
>
> A decisão judicial poderá ser protestada após decorrido o prazo para seu cumprimento voluntário, que é de 15 dias a contar da intimação do devedor para pagamento.

O cumprimento de sentença, por abrigar sempre uma obrigação a ser executada, terá procedimentos específicos dependendo dessas obrigações:

a) Cumprimento de obrigação de pagar quantia certa (arts. 523 e s. do CPC)

Sendo proferida a sentença, e se necessário, realizada a liquidação, o exequente deverá requerer o cumprimento da sentença, instruindo sua petição com demonstrativo do crédito, podendo indicar bens à penhora do executado.

Se os cálculos dependerem de dados de terceiros ou do executado, pode o juiz exigi-los sob pena de desobediência (para verificação desses cálculos o juiz poderá utilizar um contador). O executado será intimado a pagar em 15 dias, sob pena de multa de 10% mais honorários de 10% (art. 523, § 1º, do CPC).

Se houver pagamento, extingue-se a execução; em caso de descumprimento da obrigação judicial, haverá expedição de mandado de penhora e avaliação e também expropriação dos bens. Após o prazo de pagamento, inicia-se o prazo de 15 dias para o executado apresentar sua impugnação, nos próprios autos, sem a necessidade de penhora ou nova intimação.

> **ATENÇÃO**
>
> O réu pode, antes mesmo de ser intimado para cumprimento de sentença, comparecer e oferecer o valor que entende correto para pagamento, apresentando cálculos. O autor será ouvido em 5 dias e pode impugnar o valor ofertado, mas tem o direito de levantar a parcela incontroversa. Caso o juiz entenda insuficiente o valor ofertado, sobre a diferença incidirão a multa de 10% e honorários de 10%, seguindo a execução com a penhora. Caso o autor não se oponha ao valor ofertado, extinguir-se-á o processo.

> **IMPORTANTE**
>
> Caso, no prazo legal, o devedor pague apenas parte da dívida, a multa e honorários advocatícios recairão apenas sobre o valor restante – art. 523, § 2º, do CPC.

b) Cumprimento de obrigação de fazer e não fazer (arts. 536 e s. do CPC)

O juiz poderá, de ofício ou a requerimento, determinar medidas necessárias para efetivação dessas obrigações específicas ou resultado equivalente, inclusive impondo multa, busca e apreensão, remoção de pessoas, desfazimento de obras, impedimento de atividades nocivas (art. 536, § 1º, do CPC), cujo objetivo é pressionar o devedor a cumprir. Se o executado descumprir a ordem injustificadamente, haverá litigância de má-fé.

A multa, independentemente de requerimento da parte, pode ser aplicada em fase de conhecimento, tutela provisória, em sentença ou em execução, desde que haja tempo razoável para cumprimento do preceito (art. 537 do CPC).

Se se tornar impossível o cumprimento da obrigação ou se a parte requerer, será esta convertida em perdas e danos (art. 499 do CPC).

c) Cumprimento de obrigação de entregar coisa (art. 538 do CPC)

Se a entrega não for cumprida de forma voluntária no prazo estabelecido em sentença, o juiz expedirá mandado de busca e apreensão, se bem móvel, ou de imissão na posse, se bem imóvel.

Havendo benfeitorias, deverá alegar em fase de conhecimento (na contestação), inclusive quanto ao direito de retenção.

Serão aplicáveis as regras da obrigação de fazer e não fazer, cabendo inclusive a multa.

d) Cumprimento de obrigação de alimentos (arts. 528 e s. do CPC)

Proferida sentença ou decisão interlocutória fixando alimentos, passa-se, na verdade, a um cumprimento de pagar quantia certa; o que muda é a natureza específica do débito.

Lembre-se que a prestação alimentícia poderá ser fixada com base em salário mínimo.

Há dois procedimentos diferentes para este cumprimento, sendo uma opção ao exequente.

e) Cumprimento especial de alimentos (art. 528 do CPC)

Essa forma de cumprimento traz a possibilidade da prisão do devedor, sendo mais um meio coercitivo de forçar o devedor a pagar.

Nesse caso, o devedor será intimado para, em três dias, pagar, provar que pagou ou justificar o pagamento, sob pena de prisão de 1 a 3 meses em regime fechado.

Caberá a prisão para dívida de até três prestações anteriores ao ajuizamento da execução e as que vencerem durante o processo. Além da prisão, o juiz mandará protestar o pronunciamento judicial.

Caso ainda assim o juiz verifique a conduta procrastinatória do executado, dará ciência ao Ministério Público para apuração de crime de abandono material.

f) Cumprimento tradicional de alimentos (art. 528, § 8º, do CPC)

Como é uma obrigação de pagar, poderá o exequente optar por seguir pelo cumprimento de obrigação de pagar quantia certa.

> **ATENÇÃO**
>
> Se o executado for funcionário público, diretor, gerente ou empregado, o exequente poderá requerer o desconto direto na folha de pagamento da importância dos alimentos (art. 529 do CPC).

g) Cumprimento de sentença contra a Fazenda Pública (arts. 534 e s. do CPC)

É aquela em que figura no polo passivo a Fazenda Pública.

Nesse caso, como os bens públicos são impenhoráveis, o exequente apresentará demonstrativo do crédito, e a Fazenda Pública será intimada, na pessoa do seu representante, para impugnar em 30 dias

Não apresentada impugnação, ou se for rejeitada, será expedido precatório em favor do exequente.

Caso se trate de obrigação de pequeno valor, o pagamento deverá ser realizado em até 2 meses da entrega da requisição, com depósito em agência mais próxima da residência do exequente.

> **IMPORTANTE**
>
> A multa de 10% caso não cumprida a obrigação não é aplicável a essa execução.

A defesa do executado no cumprimento de sentença é a impugnação, cujas características são as seguintes:

	Impugnação
Natureza	Incidente – petição simples
Fundamentação	Arts. 525 e s. do CPC
Garantia	Não
Matérias	Art. 525, § 1º, do CPC
Efeito suspensivo	Regra: não. Exceção: sim, desde que o executado preste a garantia e prove o dano de difícil reparação (art. 525, § 6º, do CPC).
Decisão	Acolhida, extinguindo a execução: natureza de sentença (art. 203, § 1º). Desacolhida: decisão interlocutória (art. 203, § 2º, do CPC).
Recurso	Apelação (art. 1.009 do CPC). Agravo de instrumento (art. 1.015, parágrafo único, do CPC).

10.1 Questões

1. **(PUC-PR – TJMS – Analista Judiciário – Área Fim – 2015)** Sobre o cumprimento da sentença que reconheça a existência de obrigação de pagar quantia certa, é CORRETO afirmar, segundo o Processo Civil brasileiro, que:

A) a decisão que resolver a impugnação é recorrível mediante apelação, salvo quando importar em extinção da execução, caso em que caberá agravo de instrumento.

B) na execução provisória, o levantamento de depósito em dinheiro e a prática de atos que importem alienação de propriedade sempre exigem prévia caução suficiente e idônea, arbitrada de plano pelo juiz e prestada nos próprios autos.

C) a impugnação, como regra, é recebida com efeito suspensivo.

D) a sentença arbitral é título executivo judicial.

E) caso o devedor, condenado ao pagamento de quantia certa ou já fixada em liquidação, não o efetue no prazo de quinze dias, o montante da condenação será acrescido de multa diária no percentual de dez por cento.

↳ **Resolução:**

A) *Incorreta*. Ao contrário do que está expresso na assertiva, a decisão que resolver a impugnação é recorrível por agravo de instrumento, conforme está disposto no parágrafo único do art. 1.015 do CPC, sendo recorrível mediante apelação a decisão que importar a extinção da execução, por esta decisão ser terminativa da fase na primeira instância.

B) *Incorreta*. O art. 521 do CPC estabelece algumas situações que a caução será dispensada, assim, não é sempre que é exigida a caução para alienação de propriedades e levantamento de depósitos em dinheiro.

C) *Incorreta*. Conforme estabelece o § 6º do art. 525: "a apresentação de impugnação não impede a prática de atos executivos, podendo o juiz, a requerimento do executado e desde que garantido o juízo com penhora, caução ou depósitos suficientes, atribuir-lhe efeito suspensivo, se seus fundamentos forem relevantes e se o prosseguimento da execução for manifestamente suscetível de causar ao executado grave dano de difícil ou incerta reparação", assim, tem-se que o efeito suspensivo é exceção e deverá ser requerido pela parte.

D) *Correta*. Está expresso no art. 515, VII, do CPC que: "são títulos executivos judiciais, cujo cumprimento dar-se-á de acordo com os artigos previstos neste título a sentença arbitral".

E) *Incorreta*. A multa de 10% constante no § 1º do art. 523 do CPC não é de incidência diária.

↗ **Gabarito: "D".**

2. **(FCC – MPE-PE – Analista Ministerial – Área Jurídica – 2018)** Paulo ajuizou ação de cobrança contra Fernanda, que foi citada por edital e não contestou o pedido, tornando-se revel e vindo a ser condenada ao pagamento da quantia de 100 mil reais. Iniciada a fase de cumprimento de sentença:

A) Fernanda deverá ser intimada para pagar o valor da condenação pelo Diário da Justiça.

B) Fernanda deverá ser intimada para pagar o valor da condenação por carta com aviso de recebimento, salvo se residir em edifício de apartamentos.

C) Fernanda deverá ser intimada para pagar o valor da condenação por Oficial de Justiça, acrescido de multa de 15% sobre o valor da condenação.

D) Fernanda deverá ser intimada, por edital, para pagar o valor da condenação.

E) dispensa-se a intimação de Fernanda para o pagamento do valor da condenação, porquanto revel na fase de conhecimento, salvo se relativa ou absolutamente incapaz.

↳ **Resolução:**

A) *Incorreta*. Vide comentários à alternativa "D".
B) *Incorreta*. Vide comentários à alternativa "D".
C) *Incorreta*. Vide comentários à alternativa "D".
D) *Correta*. Nos termos do art. 513, § 2º, IV, do CPC: "o devedor será intimado para cumprir a sentença por edital, quando, citado na forma do art. 256, tiver sido revel na fase de conhecimento", assim, Fernanda, sendo revel na fase de conhecimento, será citada por edital na fase de cumprimento.
E) *Incorreta*. Vide comentários à alternativa "D".

↗ **Gabarito: "D".**

3. **(FGV – AL-RO – Analista Legislativo – Processo Legislativo – 2018)** Acerca do cumprimento de sentença que reconhece obrigação de pagar quantia em face da Fazenda Pública, assinale a afirmativa correta.

A) A Fazenda Pública será citada na pessoa de seu representante judicial, para o cumprimento de sentença.

B) A Fazenda Pública poderá ofertar impugnação ao cumprimento de sentença, no prazo de 15 dias.

C) Caso não seja cumprida a obrigação no prazo de 15 dias da ciência do cumprimento da sentença, incidirá multa de 10% sobre o total do débito.

D) Não incidirão honorários de execução nos cumprimentos de sentença, em face da Fazenda Pública.

E) Tratando-se de impugnação parcial ao cumprimento de sentença, a parte não questionada pela executada será, desde logo, objeto de cumprimento.

↘ **Resolução:**

A) Incorreta. Conforme estabelece o art. 535 do CPC: "a Fazenda Pública será intimada na pessoa de seu representante judicial, por carga, remessa ou meio eletrônico, para, querendo, no prazo de 30 (trinta) dias e nos próprios, impugnar a execução, podendo arguir", ou seja, a terminologia correta é intimada, não citada.

B) Incorreta. O prazo para a Fazenda Pública impugnar o cumprimento de sentença é de 30 dias, conforme o art. 535 do CPC.

C) Incorreta. A assertiva está incorreta, pois não incide a multa prevista no § 1º do art. 523 do CPC quando o cumprimento é exercido em face da Fazenda Pública, conforme exposto no art. 534, § 2º, do CPC.

D) Incorreta. O art. 534, § 2º, tratou de excluir a incidência de multa, mas não se prestou a excluir a incidência de honorários, desta feita, incidirão honorários nos cumprimentos em face da Fazenda Pública.

E) Correta. Está disposto no § 4º do art. 535 que: "tratando-se de impugnação parcial, a parte não questionada pela executada será, desde logo, objeto de cumprimento".

↗ **Gabarito: "E".**

11. PROCESSO DE EXECUÇÃO

1) Parte geral da execução

A execução de título extrajudicial tem natureza de ação, sendo iniciada por uma petição inicial instruída com o título extrajudicial, demonstrativo do débito, prova da ocorrência da condição ou termo e de que o exequente adimpliu sua contraprestação, indicando a espécie de execução.

Caso a petição inicial esteja incompleta, o juiz intimará para correção em 15 dias, sob pena de indeferimento.

Após isso, ordena-se a citação, interrompendo-se a prescrição, ainda que ordenada por juiz incompetente.

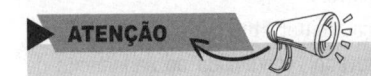

> ▶ **ATENÇÃO**
> É possível a citação pelo correio no processo de execução (art. 247 do CPC).

Qualquer conduta do executado que frauda ou se opõe à execução, dificulta ou embaraça a penhora, resiste às ordens judiciais ou não indica bens à penhora quando intimado é considerada atentatória à dignidade da justiça. Nesse caso o juiz fixará multa em favor do exequente no valor não superior a 20% do valor atualizado da execução.

Por outro lado, o exequente responderá pelos danos causados ao executado quando a sentença declarar inexistente a obrigação que ensejou a execução.

Note-se que pode o exequente desistir da execução sem a concordância do executado, desde que os embargos versem apenas sobre questões processuais (pagando o exequente as custas e honorários). Nos outros casos, isto é, caso os embargos tratem de outras questões além das processuais, necessitará da concordância do executado.

> **IMPORTANTE**
> Ainda que exista um título extrajudicial, nada impede que a parte opte pelo processo de conhecimento para obter um título judicial (art. 785 do CPC).

Dependendo da obrigação a ser exigida, regras específicas deverão ser observadas.

a) Execução de entrega de coisa certa (arts. 806 e s. do CPC)

O juiz, ao despachar a inicial, poderá fixar multa diária (*astreintes*) para atraso no cumprimento, constando no mandado ordem de imissão (bem imóvel) ou busca e apreensão (bem móvel). O executado será citado para em 15 dias satisfazer a obrigação. Se não houver embargos, ou estes forem improcedentes, a apreensão da coisa ou a imissão na posse serão definitivas.

> **ATENÇÃO**
> Caso a coisa litigiosa tenha sido alienada para terceiro, o juiz expedirá mandado para que este terceiro adquirente a deposite, e somente depois disso será ouvido.

b) Execução de entregar coisa incerta (arts. 811 e s. do CPC)

Segue o mesmo procedimento da coisa certa, mas o credor, ao apresentar a inicial, já individualiza a coisa, ou o devedor, se a ele cabia determinar, entregará a coisa individualizada. Qualquer das partes poderá impugnar a escolha da outra em 15 dias, decidindo o juiz de plano ou ouvindo perito.

c) Execução de fazer ou não fazer (arts. 814 e s. do CPC)

O juiz fixará multa por atraso logo no despacho inicial.

Sendo obrigação de fazer, o juiz citará o devedor para cumprir no prazo por ele estipulado ou previsto no título. Não cumprida, se for obrigação fungível, o exequente pode cumprir ou permitir que terceiro cumpra à custa do executado. Se se tornar impossível, será convertida em perdas e danos, seguindo por quantia certa.

Sendo obrigação de não fazer e se o executado praticou o ato, o exequente requererá ao juiz que determine prazo para desfazer. Se a obrigação se tornar impossível, será convertida em perdas e danos, seguindo por quantia certa.

d) Execução de pagar quantia certa (arts. 824 e s. do CPC)

Apresentada a petição inicial, instruída com o título executivo e memória de cálculos, o credor pode, desde logo, indicar bens a serem penhorados. *Nesta petição inicial, o credor deverá comprovar a ocorrência de eventual condição ou termo.*

O juiz, ao despachar a inicial, arbitrará os honorários advocatícios de 10% e determinará a citação.

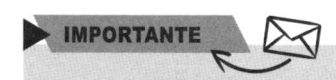

> **IMPORTANTE**
> Esses honorários podem ser elevados a até 20% caso rejeitados os embargos à execução, ou, não opostos embargos, no final do processo, considerados os trabalhos realizados pelo advogado do exequente.

Se o *oficial de justiça não encontrar o devedor*, mas seus bens, fará o arresto, sendo que nos dez dias seguintes fará duas tentativas de encontrar o devedor. Se não encontrar e suspeitar de ocultação, realizará citação com hora certa. É cabível ao exequente requerer citação por edital. Realizada a citação, se mesmo assim o devedor não pagar, o arresto será transformado em penhora.

Se o *oficial encontrar e citar o devedor*, dois prazos correrão da citação:

- 3 dias para o devedor pagar. Nesse caso só arcará com a metade dos honorários, extinguindo-se a execução; e
- 15 dias para embargar ou parcelar a dívida (arts. 915 e 916 do CPC).

Com a citação, já poderá ocorrer a penhora, caso o devedor não pague em três dias. A penhora obedecerá à ordem de preferência do art. 835 do CPC (dinheiro, títulos da dívida pública, títulos e valores mobiliários, veículo de via terrestre, bens imóveis, bens móveis, semoventes, navios e aeronaves, ações e quotas de sociedades simples e empresárias, percentual de faturamento de empresa, pedras e metais preciosos, direitos aquisitivos de promessa de compra e venda ou alienação fiduciária em garantia e outros direitos).

Após a penhora, haverá os atos de expropriação, sendo a adjudicação (arts. 876 e s. do CPC), alienação por iniciativa particular ou por leilão judicial eletrônico ou presencial (arts. 879 e s. do CPC) ou apropriação de frutos e rendimentos da empresa. Pago o credor, será extinta a execução por sentença (art. 925 do CPC).

▶ **ATENÇÃO**

Proposta a execução, o exequente pode obter certidão para averbação nos registros de imóveis, veículos, entre outros. Nesse caso, após efetuada a averbação, presume-se fraude à execução a alienação ou oneração de bens.

e) Execução contra a Fazenda Pública (art. 910 do CPC)

A Fazenda será citada para opor embargos em 30 dias. Não opostos os embargos ou rejeitados, será expedido precatório nos termos do art. 100 da Constituição Federal.

f) Execução de alimentos (arts. 911 e s. do CPC)

O juiz determinará a citação para o executado pagar em 3 dias, provar que o fez ou justificar a impossibilidade de fazê-lo. Caberá o disposto no cumprimento de sentença quanto à prisão do devedor. Será possível, também, o desconto em folha caso o executado seja funcionário público ou empregado.

2) Defesa

A defesa do executado no processo de execução são os embargos à execução, cujas características são as seguintes:

	Embargos à execução
Natureza	Ação – petição inicial (art. 319 do CPC) distribuída por dependência ao processo de execução
Fundamentação	Arts. 914 e s. do CPC
Garantia	Não
Matérias	Art. 917 do CPC + todas
Efeito suspensivo	Regra: não (art. 919 do CPC) Exceção: sim, desde que o executado preste a garantia e se verifiquem o *fumus boni iuris* e o *periculum in mora* (art. 919, § 1º, do CPC)
Decisão	Sentença (art. 920, III, do CPC)
Recurso	Apelação (art. 1.009 do CPC)

3) Penhora

É o ato que tem por objetivo individualizar o bem. Se o credor não indicar o bem, o oficial o fará. Por meio da penhora os bens serão apreendidos, e deixados com um depositário.

O juiz autorizará a alienação antecipada dos bens penhorados quando houver manifesta vantagem ou sejam sujeitos à deterioração ou depreciação.

a) Ordem de preferência (art. 835 do CPC)

A penhora observará uma ordem de preferência, a saber:

I – dinheiro, em espécie ou em depósito ou aplicação em instituição financeira;

II – títulos da dívida pública da União, dos Estados e do Distrito Federal com cotação em mercado;

III – títulos e valores mobiliários com cotação em mercado;

IV – veículos de via terrestre;

V – bens imóveis;

VI – bens móveis em geral;

VII – semoventes;

VIII – navios e aeronaves;

IX – ações e quotas de sociedades simples e empresárias;

X – percentual do faturamento de empresa devedora;

XI – pedras e metais preciosos;

XII – direitos aquisitivos derivados de promessa de compra e venda e de alienação fiduciária em garantia;

XIII – outros direitos.

b) Bens impenhoráveis

Existem bens que, por lei, não podem ser penhorados, a saber:

- os bens inalienáveis e os declarados, por ato voluntário, não sujeitos à execução;
- os móveis, os pertences e as utilidades domésticas que guarnecem a residência do executado, salvo os de elevado valor ou os que ultrapassem as necessidades comuns correspondentes a um médio padrão de vida;
- os vestuários, bem como os pertences de uso pessoal do executado, salvo se de elevado valor;
- os vencimentos, os subsídios, os soldos, os salários, as remunerações, os proventos de aposentadoria, as pensões, os pecúlios e os montepios, bem como as quantias recebidas por liberalidade de terceiro e destinadas ao sustento do devedor e de sua família, os ganhos de trabalhador autônomo e os honorários de profissional liberal;
- os livros, as máquinas, as ferramentas, os utensílios, os instrumentos ou outros bens móveis necessários ou úteis ao exercício da profissão do executado;
- o seguro de vida; os materiais necessários para obras em andamento, salvo se estas forem penhoradas;
- a pequena propriedade rural, assim definida em lei, desde que trabalhada pela família; os recursos públicos recebidos por instituições privadas para aplicação compulsória em educação, saúde ou assistência social;
- a quantia depositada em caderneta de poupança, até o limite de 40 salários mínimos;
- os recursos públicos do fundo partidário recebidos por partido político, nos termos da lei;
- os créditos oriundos de alienação de unidades imobiliárias, sob regime de incorporação imobiliária, vinculados à execução da obra e os bens de família (Lei n. 8.009/90).

Não haverá impenhorabilidade para dívidas oriundas do próprio bem, inclusive aquelas contraídas para sua aquisição.

4) Expropriação

Após a penhora, será necessário satisfazer os direitos do devedor por quantia certa, o que ocorrerá somente após o pagamento dele, por meio da expropriação.

A expropriação pode ser feita de quatro formas, cuja ordem segue a preferência do Código:

a) Adjudicação (arts. 876 e s. do CPC)

É a transferência do bem ao credor ou outros legitimados, só podendo ser realizada pelo valor de avaliação. Legitimados: exequente (ou qualquer dos legitimados do art. 889, II a VIII, do CPC), cônjuge, companheiro, descendente ou ascendente do devedor nessa ordem. Caso se apresente mais de um interessado em adjudicar, será realizada licitação, e, em igualdade de ofertas, terão preferência cônjuge, companheiro, descendente e ascendente, nessa ordem.

b) Alienação por iniciativa particular

É a alienação do bem pelo credor ou por corretor credenciado perante a autoridade judiciária.

c) Alienação por leilão judicial

É aquela realizada por lances, caso não efetivada a alienação por iniciativa particular. Será preferencialmente por meio eletrônico, e, se não for possível, presencialmente, com a publicação de um edital contendo todas as informações necessárias aos eventuais interessados.

d) Apropriação de frutos e rendimentos da empresa ou de estabelecimento

É a concessão ao credor do direito de se pagar com as rendas da pessoa jurídica.

5) Suspensão e extinção da execução

A execução será suspensa caso os embargos à execução sejam recebidos no efeito suspensivo, nos casos de suspensão do processo (arts. 313 e 315 do CPC), quando o devedor não possuir bens penhoráveis, quando a alienação dos bens penhorados não for realizada por falta de licitantes e não houver adjudicação, ou quando for concedido parcelamento da dívida.

Durante a suspensão da execução é proibida a prática de qualquer ato processual, salvo se arguida a suspeição ou o impedimento, ou para ordenar as providências urgentes.

É importante ressaltar que, se o processo for suspenso por falta de bens penhoráveis do executado, a execução ficará suspensa por um ano, assim como a prescrição. Decorrido esse prazo sem a manifestação do exequente, iniciará o prazo de prescrição intercorrente. Após a prescrição intercorrente, o juiz, ouvindo as partes em 15 dias, poderá reconhecê-la e extinguir o processo.

Por outro lado, a execução será extinta quando o devedor satisfizer a obrigação ou por qualquer outro meio a obrigação for extinta (transação, por exemplo), se a petição inicial for inepta, se o devedor renunciar ao crédito ou ocorrer a prescrição intercorrente (art. 924 do CPC). Somente produz efeitos a extinção declarada por sentença.

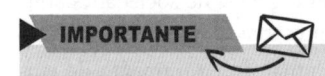

> **IMPORTANTE**
> Só será extinta a execução quando for declarada por sentença.

11.1 Questões

1. **(FCC – TRT 15ª Região – Analista Judiciário – Área Judiciária)** Em relação à execução por quantia certa:

A) o exequente poderá obter certidão de que a execução foi admitida pelo juiz, com identificação das partes e do valor da causa, para fins de averbação no registro de imóveis, de veículos ou de outros bens sujeitos a penhora, arresto ou indisponibilidade.

B) ao despachar a inicial, o juiz fixará, de plano, os honorários advocatícios de 15%, a serem pagos pelo executado, reduzindo-se esse valor a 5% em caso de pagamento integral no prazo de três dias.

C) o executado será intimado para pagar a dívida em três dias, ou nomear bens suficientes à satisfação do crédito.

D) se o oficial de justiça não encontrar o executado, devolverá o mandado em cartório, que intimará o exequente para indicar bens à penhora.

E) no prazo para oferecimento de embargos à execução, impreterivelmente, poderá o executado remir a execução pagando o débito com os encargos e acréscimos legais.

↳ **Resolução:**
A) *Correta.* Alternativa de acordo com o art. 828 do CPC.
B) *Incorreta.* Nos termos do art. 827, *caput*, do CPC, o juiz fixará honorários de 10%.
C) *Incorreta.* O executado será intimado tão somente para pagar em 3 dias (art. 829 do CPC).
D) *Incorreta.* Se o oficial não encontrar o executado realizará o arresto dos bens (art. 830 do CPC).
E) *Incorreta.* Nos termos do art. 826 do CPC, a remissão deverá ocorrer antes de adjudicados e alienados os bens e não no prazo de embargos.

↗ **Gabarito: "A".**

2. **(FGV – TJAL – Técnico Judiciário – Área Judiciária – 2018)** No curso de um processo autônomo de execução, o devedor é intimado e não informa ao juiz onde se encontra seu automóvel de luxo, cuja penhora fora requerida pelo credor.

Por entender ser esta uma conduta atentatória à dignidade da justiça, o executado está sujeito à multa em montante não superior a:

A) dez por cento do valor atualizado do débito em execução, a qual será revertida em proveito do exequente, exigível nos próprios autos do processo, sem prejuízo de outras sanções de natureza processual ou material;

B) vinte por cento do valor atualizado do débito em execução, a qual será inscrita como dívida ativa da União ou do Estado, exigível nos próprios autos do processo, sem prejuízo de outras sanções de natureza processual ou material;

C) dez por cento do valor atualizado do débito em execução, a qual será inscrita como dívida ativa da União ou do Estado, exigível nos próprios autos do processo, sem prejuízo de outras sanções de natureza processual ou material;

D) vinte por cento do valor atualizado do débito em execução, a qual será revertida em proveito do exequente, exigível nos próprios autos do processo, sem prejuízo de outras sanções de natureza processual ou material;

E) vinte por cento do valor atualizado do débito em execução, a qual será inscrita como dívida ativa da União ou do Estado, exigível em autos apartados, sem prejuízo de outras sanções de natureza processual ou material.

↳ **Resolução:**
A) *Incorreta.* O valor da multa pela não indicação de bens sujeitos à penhora é de 20% revertida a favor do exequente nos termos do art. 774, V, e parágrafo único, do CPC.
B) *Incorreta.* Vide comentários à alternativa "A".
C) *Incorreta.* Vide comentários à alternativa "A".
D) *Correta.* Vide comentários à alternativa "A".
E) *Incorreta.* Vide comentários à alternativa "A".

↗ **Gabarito: "D".**

3. **(FCC – TRT 20ª Região – Analista Judiciário – Área Judiciária Especialidade Oficial de Justiça Avaliador Federal – 2016)** Na execução por quantia certa:

A) a expropriação consistirá em adjudicação e alienação, bem como apropriação de frutos e rendimentos de empresa ou de estabelecimentos e de outros bens.

B) antes de adjudicados ou alienados os bens, o executado pode remir a execução, pagando ou consignando a importância histórica da dívida, sem acréscimo de juros ou honorários advocatícios.

C) o executado será citado para pagar a dívida no prazo de quinze dias, contado da citação ou da juntada do último mandado aos autos, em caso de mais de um executado, sob pena de multa de 10% sobre o valor da execução.

D) ao despachar a inicial, o juiz fixará, de plano, independentemente da oposição de embargos, honorários advocatícios de vinte por cento sobre o valor da causa, a serem pagos pelo executado, os quais são reduzidos à metade em caso de pagamento espontâneo da dívida.

E) se o oficial não encontrar o executado, arrestar-lhe-á tantos bens quantos bastem para garantir a execução, os quais serão convertidos em penhora, dispensando-se a citação do devedor.

↳ **Resolução:**
A) *Correta.* Alternativa de acordo com o texto do art. 825 do CPC.

B) *Incorreta.* Nos termos do art. 826 do CPC deverá o executado pagar o valor atualizado da dívida e não histórico.

C) *Incorreta.* Nos termos do art. 829 do CPC o executado será citado para pagar em 3 dias.

D) *Incorreta.* De acordo com o art. 827 do CPC serão fixados honorários de plano de 10%.

E) *Incorreta.* A conversão em penhora dos bens arrestados ocorre após a citação do executado e ausência de pagamento (art. 830, § 3º, do CPC).

↗ Gabarito: "A".

12. PROCESSOS NOS TRIBUNAIS

Além dos recursos que são analisados pelos Tribunais, há alguns institutos que são apresentados diretamente no Tribunal. Dentre os incidentes e ações de competência originária existentes, oportuno o destaque dos seguintes: ação rescisória, incidente de resolução de demandas repetitivas e reclamação.

1) Ação rescisória

É a ação cabível para rescindir decisão transitada em julgado (art. 966 do CPC).

São oito as hipóteses de rescisão da decisão de mérito com trânsito em julgado:

a) se se verificar que foi proferida por força de prevaricação, concussão ou corrupção do juiz;

b) se for proferida por juiz impedido ou por juízo absolutamente incompetente;

c) se resultar de dolo ou coação da parte vencedora em detrimento da parte vencida ou, ainda, de simulação ou colusão entre as partes, a fim de fraudar a lei;

d) se ofender a coisa julgada;

e) se violar manifestamente norma jurídica;

f) se for fundada em prova cuja falsidade tenha sido apurada em processo criminal ou venha a ser demonstrada na própria ação rescisória;

g) se obtiver o autor, posteriormente ao trânsito em julgado, prova nova cuja existência ignorava ou de que não pôde fazer uso, capaz, por si só, de lhe assegurar pronunciamento favorável;

h) se for fundada em erro de fato verificável do exame dos autos.

Também será rescindível a decisão transitada em julgado que, embora não seja de mérito, impeça: nova propositura da demanda; ou admissibilidade do recurso correspondente.

Têm legitimidade para propor a ação rescisória quem foi parte no processo ou seu sucessor, o terceiro juridicamente interessado, aquele que não foi ouvido no processo quando lhe era obrigatória a intervenção e o Ministério Público.

A petição inicial da ação rescisória deve ser elaborada com observância ao art. 319 do CPC, devendo o autor cumular ao pedido de rescisão, se for o caso, o de novo julgamento do processo, bem como depositar a importância de 5% sobre o valor da causa, que não será superior a 1.000 salários mínimos. Esse valor se converterá em multa caso seja, por unanimidade de votos, declarada inadmissível ou improcedente a ação.

O direito à rescisão se extingue em 2 anos contados do trânsito em julgado da última decisão proferida no processo. Contudo, se a ação for fundada em prova nova (inciso VII do art. 966 do CPC), o termo inicial do prazo de 2 anos iniciará a partir da data do descobrimento da prova nova, observado o prazo máximo de 5 anos (art. 975, § 2º, do CPC); nas hipóteses de simulação ou de colusão das partes, o prazo começa a contar, para o terceiro prejudicado e para o Ministério Público, que não interveio no processo, a partir do momento em que têm ciência da simulação ou da colusão (art. 975, § 3º, do CPC).

2) Incidente de resolução de demandas repetitivas

Nos arts. 976 a 987 do CPC encontra-se disciplinado o incidente de resolução de demandas repetitivas, que consiste em um instituto nominado de incidente (não é recurso, nem ação) que serve diretamente para a busca da segurança jurídica do ordenamento.

O incidente é cabível diretamente no Tribunal quando houver simultaneamente efetiva repetição de processos que contenham controvérsia sobre a mesma questão unicamente de direito e risco de ofensa à isonomia e à segurança jurídica (art. 976, I e II, do CPC). Têm legitimidade para o pedido de instauração o juiz ou o relator, de ofício; as partes, por petição; e o Ministério Público ou a Defensoria Pública, por petição.

Admitido o incidente, o relator suspenderá os processos existentes, individuais ou coletivos, que tramitam no Estado ou na região que estejam afetos à questão discutida no incidente. Julgado o incidente, a tese jurídica será aplicada a todos os processos individuais ou coletivos que versem sobre idêntica questão de direito e que tramitem na área de jurisdição do respectivo tribunal, bem como aos casos futuros, salvo revisão. Contra a decisão que julgou o mérito do incidente, caberá recurso extraordinário ou especial, conforme o caso (art. 987 do CPC).

> **ATENÇÃO**
>
> O recurso extraordinário ou especial interposto contra a decisão de mérito do incidente tem efeito suspensivo e, no caso do recurso extraordinário a repercussão geral será presumida. Apreciado o mérito do recurso, a tese jurídica adotada pelo STF ou STJ será aplicada no território nacional nos processos que versem sobre idêntica questão de direito (art. 987, §§ 1º e 2º, do CPC).

3) Reclamação

A reclamação tem natureza de ação e é cabível diretamente no Tribunal para preservar sua competência, garantir a autoridade de suas decisões, garantir a observância do acórdão proferido em julgamento de incidente de resolução de demandas repetitivas ou de incidente de assunção de competência e, em relação ao STF, cabível também para garantir a observância de suas decisões em controle concentrado de constitucionalidade e de súmulas vinculantes.

12.1 Questões

1. **(MPE-SP – MPE-SP – Promotor de Justiça Substituto – 2019)** Em relação ao incidente de resolução de demandas repetitivas, assinale a alternativa INCORRETA.

   A) Não será examinado o mérito do incidente se houver desistência ou abandono do processo.
   B) A sua admissão provoca a suspensão dos processos pendentes, individuais ou coletivos, que tramitam no Estado ou na Região, conforme o caso.
   C) Autoriza o juiz, nas causas que dispensem a fase instrutória, a julgar liminarmente improcedente o pedido que contrarie o entendimento nele firmado.
   D) Admite-se recurso do *amicus curiae* contra a decisão que o julga.
   E) Deverá intervir obrigatoriamente o Ministério Público.

   ↳ **Resolução:**
   A) Incorreta. Em caso de desistência ou abandono do processo o mérito será analisado (art. 976, § 1º, do CPC)
   B) *Correta*. A admissão do incidente gera a suspensão dos processos pendentes (art. 982, I, do CPC).
   C) *Correta*. Alternativa de acordo com o que dispõe o art. 332, III, do CPC.
   D) *Correta*. Alternativa de acordo com o art. 138, § 3º, do CPC.
   E) *Correta*. Alternativa de acordo com o art. 976, § 2º, do CPC.

   ↗ **Gabarito: "A".**

2. **(VUNESP – MPE-SP – Analista Jurídico do Ministério Público – 2018)** Acerca do incidente de resolução de demandas repetitivas, assinale a alternativa correta.

A) A tese jurídica adotada pelo Supremo Tribunal Federal ou pelo Superior Tribunal de Justiça no julgamento, respectivamente, do recurso extraordinário ou especial interposto contra a decisão de mérito do incidente será aplicada apenas na área de competência do Tribunal de Justiça ou Tribunal Regional Federal no qual foi suscitado o incidente.
B) A tese fixada no incidente será aplicada a todos os processos individuais ou coletivos que versem sobre idêntica questão de direito e que tramitam na área de jurisdição do respectivo tribunal, salvo aqueles que tramitam nos Juizados Especiais.
C) Durante a suspensão dos processos pendentes, individuais ou coletivos, que tramitam no Estado ou região, conforme o caso, o pedido de tutela de urgência deverá ser dirigido ao tribunal responsável pelo julgamento do incidente.
D) Caberá recurso ordinário no caso de inobservância da tese adotada no incidente.
E) Do julgamento do mérito do incidente caberá recurso extraordinário ou especial, conforme o caso, com efeito suspensivo, presumindo-se a repercussão geral de questão constitucional eventualmente discutida.

↳ **Resolução:**
A) *Incorreta.* O art. 987, § 2º, do CPC dispõe sobre a aplicação da tese adotada pelo STF ou STJ em todo o território nacional.
B) *Incorreta.* Haverá suspensão dos processos que tramitam nos Juizados Especiais (art. 985, I, do CPC).
C) *Incorreta.* O requerimento de tutela deve ser dirigida ao juiz do processo (art. 982, § 2º, do CPC).
D) *Incorreta.* Da inobservância da tese cabe reclamação (art. 985, § 1º, do CPC).
E) *Correta.* Alternativa em consonância com o art. 987, § 1º, do CPC.

↗ **Gabarito: "E".**

3. **(FCC – TRT 2ª Região – Analista Judiciário – Oficial de Justiça Avaliador Federal)** Sobre a ação rescisória, nos termos do Código de Processo Civil, é correto afirmar:

A) O sucessor a título singular daquele que foi parte no processo não tem legitimidade para propor ação rescisória.
B) O direito à rescisão se extingue em 3 anos contados da data do trânsito em julgado da última decisão proferida no processo.
C) A ação rescisória não pode ter por objeto apenas um capítulo da decisão.
D) Recebida a inicial o relator ordenará a citação do réu, designando-lhe prazo de até 15 dias para, querendo, apresentar resposta, ao fim do qual, com ou sem contestação, observar-se-á, no que couber, o procedimento comum.
E) A decisão transitada em julgado que, embora não seja de mérito, impeça nova propositura da demanda, poderá ser objeto de ação rescisória.

↳ **Resolução:**
A) *Incorreta.* Alternativa em descordo com o art. 967, I, do CPC que legitima o sucessor a propor ação rescisória.
B) *Incorreta.* Alternativa em desacordo com o art. 975 do CPC que prevê o prazo de 2 anos.
C) *Incorreta.* Alternativa contrária ao disposto no art. 966, § 3º, do CPC.
D) *Incorreta.* O prazo de contestação, nos termos do art. 970 do CPC, não será inferior a 15 dias e nem superior a 30 dias.
E) *Correta.* Alternativa de acordo com o art. 966, § 2º, I, do CPC.

↗ **Gabarito: "E".**

13. RECURSOS

1) Conceito

Recurso é meio incidental, voluntário, para obtenção da reforma, anulação ou invalidação de ato judicial.

ATO JUDICIAL	DEFINIÇÃO	RECURSOS CABÍVEIS
Despacho (art. 203, § 3º, do CPC)	São despachos todos os pronunciamentos do juiz praticados no processo, de ofício ou a requerimento da parte. Quando o juiz profere um despacho, não faz juízo de valor. Os despachos não causam prejuízos às partes.	Não cabe recurso (art. 1.001 do CPC).
Decisão interlocutória (art. 203, § 2º, do CPC)	Ato pelo qual o juiz, no curso do processo, resolve questão incidental. Tem natureza decisória.	Agravo de instrumento e embargos declaratórios.
Sentença (art. 203, § 1º, do CPC)	Ato do juiz que implica alguma das hipóteses previstas nos arts. 485 ou 487 do CPC. Põe fim à fase de conhecimento do procedimento comum, bem como extingue a execução.	Apelação ou embargos declaratórios.
Acórdão (art. 204 do CPC)	Julgamentos "colegiados" proferidos pelos Tribunais ou pelos Colégios Recursais (JEC).	Embargos declaratórios; recurso ordinário; recurso especial; recurso extraordinário; agravo em recurso especial ou extraordinário; embargos de divergência.

2) Pressupostos recursais

Para que se possa recorrer, será necessário obedecer aos pressupostos recursais, e a falta de um fará com que o recurso não seja conhecido, ou seja, não passará pelo *juízo de admissibilidade*. São eles:

Recorribilidade	O ato deve ser recorrível. São atos irrecorríveis o despacho (art. 1.001 do CPC) a decisão que julgar os efeitos do agravo (art. 1.019, I, do CPC).
Adequação	A parte deverá interpor o recurso adequado segundo a lei processual = cabimento. Em algumas situações é aceitável a adequação do recurso em razão do princípio da fungibilidade.
Tempestividade	Os recursos têm prazo unificado de 15 dias, exceptuados os embargos de declaração, cujo prazo é 5 dias (art. 1.003, § 5º, do CPC). Contagem do prazo (art. 1.003 do CPC): conta-se da data em que os advogados, a sociedade de advogados, a Advocacia Pública, a Defensoria Pública ou o Ministério Público são intimados da decisão. Se, durante o prazo para a interposição do recurso, sobrevier o falecimento da parte ou de seu advogado ou ocorrer motivo de força maior que suspenda o curso do processo, será tal prazo restituído em proveito da parte, do herdeiro ou do sucessor, contra quem começará a correr novamente depois da intimação. Lembre-se: Ministério Público e Fazenda Pública têm prazo em dobro para recorrer (arts. 180 e 183 do CPC). Porém, isso não ocorrerá no Juizado Especial Federal e no Juizado Especial da Fazenda Pública.

Preparo	No ato da interposição do recurso, a parte recorrente deverá demonstrar o recolhimento das custas, inclusive porte de remessa e retorno (art. 1.007 do CPC). Importante: a) ausência de preparo = o recorrente será intimado, na pessoa de seu advogado, para realizar o recolhimento em dobro, sob pena de deserção (art. 1.007, § 4º, do CPC), e, se houver nesta situação de recolhimento em dobro a insuficiência parcial do preparo, inclusive porte de remessa e de retorno, o recurso será deserto (art. 1.007, § 5º, do CPC), não podendo ser o recorrente intimado novamente para complementação; b) insuficiência do preparo = o juiz concederá prazo de cinco dias para que o recorrente complemente o preparo, sob pena de deserção (art. 1.007, § 2º, do CPC); c) justo impedimento: quando provado, o relator relevará a pena de deserção, por decisão irrecorrível, fixando-lhe prazo de 5 dias para efetuar o preparo (art. 1.007, § 6º, do CPC); d) equívoco no preenchimento da guia de custas: não implicará a aplicação da pena de deserção, cabendo ao relator, na hipótese de dúvida quanto ao recolhimento, intimar o recorrente para sanar o vício no prazo de 5 dias (art. 1.007, § 7º, do CPC). Caso o recurso tenha sido interposto após o encerramento do expediente bancário, o preparo poderá ser recolhido no primeiro dia útil seguinte (Súmula 484 do STJ). **Atenção!** O preparo no JEC poderá ser efetuado até as 48 horas seguintes da interposição.
Motivação	No momento da interposição do recurso, a parte deverá apresentar as razões recursais, ou seja, a demonstração dos fundamentos para a reforma ou a anulação do julgado.
Forma	Cada recurso poderá exigir uma solenidade própria.

A doutrina também tem dividido os pressupostos recursais em intrínsecos (adequação, legitimidade e interesse) e extrínsecos (tempestividade, preparo, forma e motivação). Na verdade, são os mesmos pressupostos, mas classificados em conformidade com o processo, por estarem dentro ou fora dele.

3) Renúncia

A qualquer momento a parte pode renunciar ao direito de recorrer (antes de interpor) ou desistir dele (depois de interpor), sem precisar da concordância da parte contrária (arts. 998 e 999 do CPC).

4) Recurso adesivo

Não é um tipo de recurso, mas uma forma de interposição para a parte que não recorreu no prazo (no momento de seu recurso independente).

O recurso na forma adesiva terá cabimento quando:

a) houve sucumbência recíproca;
b) apenas uma das partes interpõe recurso independente;
c) interposição no prazo das contrarrazões ao recurso principal;
d) apenas terá cabimento nos recursos de apelação, especial e extraordinário (art. 997, § 2º, II, do CPC).

> **ATENÇÃO**
>
> O recurso interposto de forma adesiva é acessório do principal; assim, se o principal de alguma forma não for julgado (pela desistência, por exemplo), o adesivo também não será.

Resumindo[5]

RESUMO – TEORIA GERAL DOS RECURSOS		
	DESTAQUES	**ARTIGOS**
Recursos – taxatividade x adequação	Taxatividade – recursos previstos no art. 994 (antigo art. 496).	Art. 994
Legitimidade recursal	Podem interpor recurso: a) a parte vencida; b) terceiro prejudicado; c) Ministério Público (fiscal da lei ou parte).	Art. 996
Efeitos	Suspensivo – regra que os recursos não impedem a eficácia da decisão, salvo lei ou decisão judicial em sentido diverso. O relator poderá conceder efeito suspensivo quando houver perigo de dano grave e ficar demonstrada a probabilidade do provimento.	Art. 955
Forma de interposição – independente e adesivo	**Independente** – cada parte poderá interpor seu recurso no prazo e forma legais. **Adesiva** – ao recurso interposto por uma parte poderá a outra aderir ("pegar carona"): a) quando houver sucumbência recíproca; b) apresentado no prazo das contrarrazões (de resposta do recurso independente); c) admissível na apelação, nos recursos extraordinário e especial. O recurso interposto na forma adesiva fica subordinado ao recurso independente da outra parte, e não será conhecido se não for admissível o principal ou houver desistência dele.	Art. 997
Renúncia e desistência	Desistência: • A qualquer tempo, e independe de anuência de litisconsorte – art. 998. • A desistência do recurso não impede a análise de questão cuja repercussão geral já tenha sido reconhecida ou objeto de recursos extraordinário ou especiais repetitivos – art. 999. Renúncia: • Independe de aceitação da parte contrária – art. 999. • Tácita ou expressa – art. 1.000.	Arts. 998 a 1.000
ORDEM DOS PROCESSOS NOS TRIBUNAIS		
Uniformização da jurisprudência	Dever dos tribunais: edição de enunciado de súmulas da jurisprudência dominante.	Art. 926

---

[5] As Súmulas 226 e 99 do STJ possuem interpretação em conformidade com o NCPC quando tratam da legitimidade recursal do MP.

RESUMO – TEORIA GERAL DOS RECURSOS		
	DESTAQUES	ARTIGOS
ORDEM DOS PROCESSOS NOS TRIBUNAIS		
Precedentes	Respeito aos precedentes pelos juízes e tribunais. a) decisões do STF em controle concentrado; b) súmula vinculante; c) acórdão em incidente de assunção de competência, de resolução de demandas repetitivas ou em julgamento de RE ou REsp repetitivos; d) enunciados das súmulas do STF em matéria constitucional e do STJ em matéria infraconstitucional; e) orientação do plenário ou do órgão especial aos quais estiverem vinculados.	Art. 927
Distribuição e prevenção	O primeiro recurso distribuído no tribunal torna prevento o relator para novos recursos do mesmo processo ou conexos.	Art. 931
Poderes do relator	Poderes do relator: **a) dirigir e ordenar o processo** no tribunal, inclusive quanto à **produção da prova, e homologar acordo**; **b) apreciar tutela provisória** nos processos a ele distribuídos; c) realizar juízo de admissibilidade para não conhecer do recurso quando inadmissível, prejudicado ou sem impugnação específica contra fundamentos da decisão recorrida; d) negar provimento ao recurso que for contrário a precedente; e) decidir incidente de desconsideração da personalidade jurídica, quando instaurado originariamente no tribunal; f) determinar a intimação do MP, quando for o caso; g) exercer outras atribuições previstas no regimento interno do Tribunal.	Art. 932
Juízo de admissibilidade	Antes de considerar inadmissível o recurso, o relator concederá prazo de 5 dias ao recorrente para sanar o vício.	Art. 932, parágrafo único
Fato superveniente e questão de ordem pública	O relator deverá intimar as partes para que se manifestem, especialmente para que tais questões possam ser objeto do julgamento pelo colegiado.	Art. 933
Sustentação oral	Sustentação oral: depois da exposição da causa pelo relator, o presidente dará palavra ao recorrente, ao recorrido e, quando for o caso, ao membro do MP para sustentação oral de 15 minutos para cada um. Tem cabimento: na apelação; no ROC; no REsp; no RE; nos embargos de divergência; na ação rescisória, no mandado de segurança e na reclamação; no agravo de instrumento interposto contra decisão de tutelas provisórias. Videoconferência – permitida para sustentação (requerida um dia antes da sessão).	Art. 937

RESUMO – TEORIA GERAL DOS RECURSOS		
	DESTAQUES	ARTIGOS
ORDEM DOS PROCESSOS NOS TRIBUNAIS		
Substituição dos embargos infringentes pela "técnica de prosseguimento do julgamento"	Resultado não unânime (antigos embargos infringentes): • Cabível na apelação, ação rescisória procedente ou agravo de instrumento quando houver reforma da decisão que julgar parcialmente o mérito (art. 356). • O julgamento terá prosseguimento em nova sessão, a ser designada com a presença de novos julgadores (se for possível, poderá ser na mesma sessão). • Nova sessão com número de magistrados suficiente para garantir a eventual inversão do resultado inicial. • Os julgadores que já tiverem votado poderão rever seus votos no momento do prosseguimento. Não se aplica: no incidente de assunção de competência ou de resolução de demandas repetitivas; na remessa necessária; julgamento não unânime proferido nos tribunais em plenário ou corte especial.	Art. 942

4) Recursos em espécie

a) Apelação

É o recurso cabível contra sentença, salvo nos casos do JEC (que comporta recurso inominado) e de sentença que declara falência (agravo de instrumento).

A interposição é dirigida ao juiz da causa, juntamente com as razões.

A apelação, em regra, tem duplo efeito, devolutivo e suspensivo, porém os incisos do § 1º do art. 1.012 do CPC preveem situações em que somente terá efeito devolutivo (sentença que homologar divisão ou demarcação de terras, condenar a pagar alimentos, extinguir sem resolução do mérito ou julgar improcedentes os embargos do executado, julgar procedente o pedido de instituição de arbitragem, confirmar, conceder ou revogar tutela provisória e decretar a interdição).

▶ **ATENÇÃO**

Preliminar de apelação: as questões resolvidas na fase de conhecimento, se a decisão a seu respeito não comportar agravo de instrumento, não são cobertas pela preclusão e devem ser suscitadas em preliminar de apelação, eventualmente interposta contra a decisão final, ou nas contrarrazões.

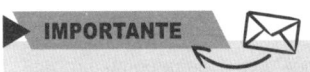

▶ **IMPORTANTE**

A admissibilidade da apelação será realizada pelo tribunal. O juiz de primeiro grau apenas intimará o recorrido para apresentar contrarrazões.

Recebido o recurso de apelação no tribunal e distribuído ao relator, pode ele, de forma monocrática, não conhecer do recurso inadmissível, prejudicado ou que não tenha impugnado especificamente os fundamentos da decisão recorrida, bem como negar ou dar provimento, depois de facultada a apresentação de contrarrazões, se a decisão recorrida for contrária a súmula do STF, STJ ou do próprio tribunal, acórdão proferido pelo STF ou pelo STJ em julgamento de recursos repetitivos, entendimento firmado em incidente de resolução de demandas repetitivas ou de assunção de competência.

> **ATENÇÃO**

É possível que o tribunal, ao analisar a apelação, decida desde logo o mérito se a questão for meramente de direito, e estiver em condições de julgamento. As hipóteses de análise do mérito pelo tribunal sem determinar o retorno do processo ao juízo de primeiro grau são as seguintes:

- reforma de sentença terminativa (art. 485 do CPC);
- decretação de nulidade de sentença por não ser ela congruente com os limites do pedido ou da causa de pedir;
- constatação de omissão no exame de um dos pedidos;
- decretação de nulidade de sentença por falta de fundamentação; e
- reforma de sentença que reconheça a decadência ou a prescrição.

> **IMPORTANTE**

Interposta apelação, poderá o magistrado de primeira instância se retratar?

Como regra, a resposta é negativa.

Excepcionalmente, o ordenamento processual admite a RETRATAÇÃO NA APELAÇÃO quando interpostas de:

a) Sentença de indeferimento da petição inicial – art. 331 do CPC.

b) Sentença de extinção do processo, sem resolução de mérito – art. 485, § 7º.

c) Sentença de improcedência liminar – art. 332, § 3º, do CPC.

d) Sentença proferida com base no ECA – art. 178, VII, do ECA.

b) Agravos

São recursos cabíveis contra decisões interlocutórias:

i) de 1ª instância:
- Agravo de instrumento;
- Agravo regimental.

ii) de Tribunais:
- Agravo interno;
- Agravo de decisão denegatória de recurso especial ou extraordinário.

c) Agravo de instrumento

É cabível somente nos casos previstos no rol do art. 1.015 do CPC, isto é, quando as decisões interlocutórias versarem sobre:

i) tutelas provisórias;
ii) mérito do processo;
iii) rejeição da alegação de convenção de arbitragem;
iv) incidente de desconsideração da personalidade jurídica;
v) rejeição do pedido de gratuidade da justiça ou acolhimento do pedido de sua revogação;
vi) exibição ou posse de documento ou coisa;
vii) exclusão de litisconsorte;
viii) rejeição do pedido de limitação do litisconsórcio;
ix) admissão ou inadmissão de intervenção de terceiros;
x) concessão, modificação ou revogação do efeito suspensivo aos embargos à execução;
xi) redistribuição do ônus da prova nos termos do art. 373, § 1º, do CPC;
xii) outros casos expressamente referidos em lei.

Também caberá agravo de instrumento contra decisões interlocutórias proferidas na fase de liquidação de sentença ou de cumprimento de sentença, no processo de execução e no processo de inventário.

> **ATENÇÃO**

Se proferida decisão interlocutória em processo de conhecimento de matéria não constante nos incisos do art. 1.015 do CPC, poderá a parte, se tiver urgência, interpor agravo de instrumento com fundamento na taxatividade mitigada adotado pelo STJ (tema 988 do STJ).

O recurso de agravo de instrumento será interposto diretamente no tribunal, portanto deve ser instruído com cópias de peças obrigatórias (cópias da petição inicial, da contestação, da petição que ensejou a decisão agravada, da própria decisão agravada, da certidão da respectiva intimação ou outro documento oficial que comprove a tempestividade e das procurações outorgadas aos advogados do agravante e do agravado, bem como cópias de peças facultativas que o agravante reputar úteis – art. 1.017, I e III, do CPC).

Caso o processo ainda não tenha alguma das peças obrigatórias constantes no art. 1.017, I, do CPC, deverá o advogado do agravante elaborar declaração de inexistência de qualquer dos documentos (art. 1.017, II, do CPC).

> **IMPORTANTE**
> Sendo eletrônicos os autos do processo, dispensam-se as peças obrigatórias e a declaração de inexistência de qualquer documento, facultando-se ao agravante anexar outros documentos que entender úteis para a compreensão da controvérsia (art. 1.017, § 5º, do CPC).

Além da observância de juntada das peças obrigatórias, quando se tratar de autos físicos o agravante deverá informar ao juiz de 1ª instância sobre a interposição do agravo de instrumento no prazo de 3 dias (art. 1.018, § 2º, do CPC), e, se não houver a informação, só não será conhecido se a parte agravada arguir e provar.

> **ATENÇÃO**
> A informação de interposição do recurso de agravo de instrumento nos processos eletrônicos não causa nenhum prejuízo ao agravante, diferentemente dos autos físicos: se não houver a informação, o recurso poderá não ser conhecido se a parte agravada arguir e provar. Tal informação em 3 dias é facultativa em caso de autos eletrônicos.

O tribunal receberá o agravo na pessoa de seu relator, que poderá:

i) não conhecer do recurso se inadmissível, prejudicado ou se não tiver impugnado especificamente os fundamentos da decisão recorrida;

ii) dar provimento ao recurso se a decisão recorrida for contrária a:

- a) súmula do STF, do STJ ou do próprio tribunal; b) acórdão proferido pelo STF ou pelo STJ em julgamento de recursos repetitivos; c) entendimento firmado em incidente de resolução de demandas repetitivas ou de assunção de competência;
- atribuir efeito suspensivo, ou antecipar os efeitos da tutela recursal (art. 1.019, I, do CPC), comunicando ao juiz de primeiro grau sua decisão;
- determinar a intimação do agravado para que apresente sua contraminuta em 15 dias; e
- ouvir o MP, se for o caso, no prazo de 15 dias.

d) Agravo regimental

É aquele previsto nos Regimentos Internos dos Tribunais, para fins de impugnar suas decisões interlocutórias.

e) Agravo interno

É o recurso cabível no prazo de 15 dias contra decisões monocráticas proferidas nos tribunais pelo relator.

Pode tratar-se de decisão monocrática, quando não conheceu do recurso ou analisou o seu mérito.

O agravo será dirigido ao relator, que intimará o agravado para manifestar-se sobre o recurso no prazo de 15 dias, ao final do qual, não havendo retratação, o relator levá-lo-á a julgamento pelo órgão colegiado, com inclusão em pauta (art. 1.021, § 2º, do CPC).

f) Agravo em recurso especial ou extraordinário

É o recurso previsto para a decisão do Presidente ou Vice-Presidente do Tribunal que nega seguimento aos recursos especial ou extraordinário, em juízo de admissibilidade (art. 1.042 do CPC). Não há necessidade do recolhimento de custas para interposição desse tipo de agravo, cujo prazo é de 15 dias.

g) Embargos de declaração

É o recurso cabível no prazo de 5 dias para esclarecer qualquer decisão omissa, obscura, contraditória ou com erro material (art. 1.022 do CPC).

Em regra, não possui efeitos infringentes (modificar a decisão), mas, caso seu eventual acolhimento implique a modificação da decisão embargada, o juiz intimará o embargado para, querendo, manifestar-se, no prazo de 5 dias, sobre os embargos opostos (art. 1.023 § 2º, do CPC).

Hipóteses de cabimento dos embargos:

i) **Omissão:** é o caso em que o juiz deveria se pronunciar de ofício ou a requerimento sobre algum ponto (art. 1.022, II, do CPC) ou em que deixa de se manifestar sobre tese firmada em julgamento de casos repetitivos ou em incidente de assunção de competência aplicável ao caso sob julgamento (art. 1.022, parágrafo único, I, do CPC);

ii) **Obscuridade:** é o caso de decisão incompreensível;

iii) **Contradição:** é a decisão conflitante em si mesma;

iv) **Erro material:** é o caso de decisão equivocada, por exemplo, com cálculo errado, ausência de palavras, erros de digitação, troca de nomes etc.

Caso haja embargos protelatórios, será aplicada multa de até 2% do valor da causa, e, se reiterado, até 10%, condicionando o pagamento da multa à interposição de qualquer outro recurso (art. 1.026, § 3º, do CPC).

Não serão admitidos novos embargos de declaração se os 2 anteriores houverem sido considerados protelatórios.

> **IMPORTANTE**
>
> - A oposição de embargos de declaração interrompe o prazo para os demais recursos (como interrompe, quando voltar a correr, o prazo será restituído integralmente) – art. 1.026 do CPC.
> - Com o novo CPC, o efeito interruptivo também é aplicado nos embargos opostos nos Juizados Especiais – art. 50 da Lei n. 9.099/95.
> - Se os embargos de declaração forem opostos para fins de prequestionamento da matéria, não serão considerados protelatórios (Súmula 98 do STJ), e consideram-se incluídos no acórdão os elementos que o embargante suscitou, para fins de prequestionamento, ainda que os embargos de declaração sejam inadmitidos ou rejeitados, caso o tribunal superior considere existentes erro, omissão, contradição ou obscuridade.
> - Em regra, os embargos de declaração não possuem efeito suspensivo, mas a eficácia da decisão poderá ser suspensa se demonstrada a probabilidade de provimento do recurso ou, sendo relevante a fundamentação, se houver risco de dano grave ou de difícil reparação.

h) Recurso ordinário constitucional

É o recurso cabível para o reexame de decisão originária de tribunais. Será interposto ao órgão que proferiu o ato, com efeito devolutivo, sendo julgado pelo:

a) STF (art. 102, II, da CF): em casos de decisão denegatória de ação mandamental dos Tribunais superiores.

b) STJ (art. 105, II, da CF): em casos de decisão denegatória em única instância de mandado de segurança de tribunais de 2º grau; ou de causas onde haja de um lado Estado estrangeiro ou organismo internacional e, de outro, Município brasileiro ou pessoa domiciliada no Brasil.

Observação importante é que as regras de apelação serão aplicáveis ao recurso ordinário constitucional.

i) Recursos especial e extraordinário

São recursos cabíveis de acórdãos de tribunais que afrontam diretamente Lei federal ou a Constituição Federal (arts. 102, III, e 105, III, da CF).

Não servem para rediscussão de matéria de fato, mas somente de direito (Súmulas 7 do STJ e 279 do STF), e têm efeito devolutivo.

> **ATENÇÃO**
>
> - O recurso extraordinário é cabível de qualquer acórdão de única e última instância que contrariar dispositivo desta Constituição; declarar a inconstitucionalidade de tratado ou lei federal; julgar válida lei ou ato de governo local contestado em face da Constituição; ou julgar válida lei local contestada em face de lei federal.
> - O recurso especial somente caberá de acórdão de Tribunal de única e última instância (não do JEC – Súmula 203 do STJ) que contrariar tratado ou lei federal, ou negar-lhes vigência; julgar válido ato de governo local contestado em face de lei federal; ou der a lei federal interpretação divergente da que lhe haja atribuído outro tribunal.

São pressupostos o esgotamento de todos os recursos ordinários e, principalmente, o prequestionamento (Súmulas 282 do STF e 211 do STJ).

Para o recurso extraordinário, ainda é necessária a repercussão geral (art. 1.035 do CPC), a ser demonstrada preliminarmente no recurso.

Ocorrerá repercussão geral todas as vezes que houver questões relevantes do ponto de vista econômico, social, político ou jurídico; quando o recurso impugnar decisão contrária a súmula ou jurisprudência dominante no Tribunal; e quando o recurso impugnar acórdão que tenha reconhecido a inconstitucionalidade de tratado ou de lei federal.

Reconhecida a repercussão geral, o relator, no STF, determinará a suspensão do processamento de todos os processos pendentes, individuais ou coletivos, que versem sobre a questão e tramitem no território nacional.

Serão interpostos perante o Presidente ou Vice-Presidente do Tribunal recorrido, e, caso este negue seguimento, caberá o chamado agravo do art. 1.042 do CPC. Se admitidos, serão julgados pelo STJ ou STF, respectivamente.

Importante destacar que os recursos especial e extraordinário podem ser interpostos simultaneamente, caso se violem ao mesmo tempo lei federal e a Constituição Federal.

> **IMPORTANTE**
>
> - Caso o relator, no STJ, entender que o recurso especial versa sobre questão constitucional, deverá conceder prazo de 15 dias para que o recorrente demonstre a existência de repercussão geral e se manifeste sobre a questão constitucional, remetendo o recurso ao Supremo Tribunal Federal, que, em juízo de admissibilidade, poderá devolvê-lo ao Superior Tribunal de Justiça.
> - Caso o STF considere reflexa a ofensa à Constituição afirmada no recurso extraordinário, por pressupor a revisão da interpretação de lei federal ou de tratado, remetê-lo-á ao Superior Tribunal de Justiça para julgamento como recurso especial.

j) Embargos de divergência

É o recurso cabível contra acórdão proferido:

a) Em recurso especial, quando o acórdão proferido divergir do julgamento de outra turma, seção ou do órgão especial do próprio STJ;

b) Em recurso extraordinário, quando o acórdão proferido divergir do julgamento de outra turma ou do plenário do STF.

Terão seu procedimento regulado nos regimentos internos dos STF e STJ.

13.1 Questões

1. **(FGV – TJAL – Analista Judiciário – Área Judiciária – 2018)** O recurso cabível para se impugnar decisão interlocutória proferida em processo de execução é:

A) o agravo de instrumento;
B) o agravo retido;
C) a apelação;
D) a rescisória;
E) nenhum, pois se trata de provimento irrecorrível.

↳ **Resolução:**

A) *Correta.* Nos termos do art. 1.015, parágrafo único, do CPC: "Também caberá agravo de instrumento contra decisões interlocutórias proferidas na fase de liquidação de sentença ou de cumprimento de sentença, no processo de execução e no processo de inventário".
B) *Incorreta.* Vide comentários à alternativa "A".
C) *Incorreta.* Vide comentários à alternativa "A".
D) *Incorreta.* Vide comentários à alternativa "A".
E) *Incorreta.* Vide comentários à alternativa "A".

↗ **Gabarito: "A".**

2. **(FCC – SEAD-AP – Analista Jurídico – 2018)** De acordo com o disposto no Código de Processo Civil:

A) não serão admitidos novos embargos de declaração apenas se os três anteriores houverem sido considerados protelatórios.

B) as questões de fato não propostas no juízo inferior não poderão ser suscitadas na apelação, em virtude da preclusão, ainda que a parte prove que deixou de fazê-lo por motivo de força maior.

C) contra decisão proferida pelo relator do recurso de apelação caberá agravo de instrumento para o respectivo órgão colegiado, observadas, quanto ao processamento, as regras do regimento interno do tribunal.

D) o capítulo da sentença que confirma, concede ou revoga a tutela provisória é impugnável na apelação.

E) decisões que versem sobre o mérito do processo, ainda que em análise perfunctória, só podem ser impugnadas por meio de apelação.

↳ **Resolução:**

A) *Incorreta.* Nos termos do art. 1.026, § 4º, do CPC: "Não serão admitidos novos embargos de declaração se os 2 (dois) anteriores houverem sido considerados protelatórios".
B) *Incorreta.* Conforme dispõe o art. 1.014 do CPC: "As questões de fato não propostas no juízo inferior poderão ser suscitadas na apelação, se a parte provar que deixou de fazê-lo por motivo de força maior".
C) *Incorreta.* O recurso adequado a ser manejado contra a decisão do relator é o agravo de interno, nos termos do art. 1.021 do CPC.
D) *Correta.* Estabelece o § 5º do art. 1.013 do CPC que o capítulo da sentença que revoga ou concede a tutela provisória é impugnável na apelação.
E) *Incorreta.* A decisão interlocutória de mérito é impugnável por agravo de instrumento (art. 1.015, II, do CPC).

↗ **Gabarito: "D".**

3. **(FGV – TJSC – Oficial de Justiça e Avaliador – 2018)** Acolhendo o pedido de ressarcimento de danos materiais e reparatório de danos morais, em razão de lesões incapacitantes sofridas pelo autor em acidente de trânsito provocado por culpa do demandado, o juiz, em tópico autônomo da sentença, deferiu a tutela antecipada requerida na petição inicial, para determinar ao réu que, imediatamente, arcasse com o pensionamento mensal em favor do demandante.

Esse capítulo do ato decisório é:

A) impugnável em apelação;
B) impugnável em agravo de instrumento;
C) impugnável em recurso extraordinário;
D) impugnável em agravo interno;
E) irrecorrível.

↘ **Resolução:**

A) *Correta.* Alternativa de acordo com o art. 1.013, § 5º, do CPC: "O capítulo da sentença que confirma, concede ou revoga a tutela provisória é impugnável na apelação".
B) *Incorreta.* Vide comentários à alternativa "A".
C) *Incorreta.* Vide comentários à alternativa "A".
D) *Incorreta.* Vide comentários à alternativa "A".
E) *Incorreta.* Vide comentários à alternativa "A".

↗ **Gabarito: "A".**

REFERÊNCIAS

ALVIM, Teresa Arruda; DANTAS, Bruno. *Recurso especial, recurso extraordinário e nova função dos tribunais superiores.* 5. ed. São Paulo: Revista dos Tribunais, 2018.

_____. *Embargos de declaração.* 3. ed. São Paulo: Revista dos Tribunais, 2017.

ASSIS, Araken de. *Manual dos recursos.* 9. ed. São Paulo: Revista dos Tribunais, 2018.

BARROSO, Darlan; LETTIERE, Juliana. *Prática processual no processo civil.* São Paulo: Revista dos Tribunais, 2018.

JORGE, Flávio Cheim. *Teoria geral dos recursos cíveis.* 8. ed. São Paulo: Revista dos Tribunais, 2018.

MARINONI, Luiz Guilherme. *Precedentes obrigatórios.* 5. ed. São Paulo: Revista dos Tribunais, 2016.

MEDIDA, José Miguel Garcia. *Prequestionamento, repercussão geral da questão constitucional, relevância da questão federal.* 7. ed. São Paulo: Revista dos Tribunais.

_____. *Curso de direito processual civil moderno.* 4. ed. São Paulo: Revista dos Tribunais, 2018.

MITIDIERO, Daniel. *Cortes Superiores e Cortes Supremas.* 3. ed. São Paulo: Revista dos Tribunais, 2017.

NERY JR., Nelson; ALVIM, Teresa Arruda et al. (coord.). *Aspectos polêmicos dos recursos cíveis.* São Paulo: Revista dos Tribunais.

10

DIREITO PROCESSUAL PENAL

MARCELLE TASOKO e RAFAEL PAIVA

Sumário

1. APLICAÇÃO DA LEI PROCESSUAL PENAL NO TEMPO 704
   1.1 Questões 704
2. APLICAÇÃO DA LEI PROCESSUAL PENAL NO ESPAÇO 705
   2.1 Questões 706
3. JUIZ DAS GARANTIAS (EFICÁCIA SUSPENSA POR TEMPO INDETERMINADO) 707
4. INQUÉRITO POLICIAL 708
   4.1 Questões 710
5. ACORDO DE NÃO PERSECUÇÃO PENAL 711
6. AÇÃO PENAL 712
   6.1 Denúncia e queixa 714
   6.2 Ação civil *ex delicto* **715**
   6.3 Questões 716
7. COMPETÊNCIA 717
   7.1 Questões 720
8. QUESTÕES PREJUDICIAIS E PROCESSOS INCIDENTES 722
   8.1. Questões prejudiciais 722
   8.2 Exceções e processos incidentes 723
   8.3 Questões 725
9. PROVAS 725
   9.1 Questões 728
10. MEDIDAS CAUTELARES PESSOAIS 729
    10.1 Questões 732
11. ATOS DE COMUNICAÇÃO PROCESSUAL 732
    11.1 Citação 732
    11.2 Intimação e notificação 734
    11.3 Questões 735

12. ATOS JUDICIAIS 736
    12.1 Sentença 736
    12.2 *Emendatio libelli*... 738
    12.3 *Mutatio libelli* 738
    12.4 Questões 739
13. PROCESSO E PROCEDIMENTO 740
    13.1 Noções introdutórias 740
    13.2 Espécies de procedimentos 740
    13.3 Procedimento comum ordinário 743
    13.4 Procedimento sumário 747
    13.5 Procedimento sumaríssimo 748
    13.6 Questões 753
14. PROCEDIMENTOS ESPECIAIS 755
    14.1 Procedimento do Tribunal do Júri 755
    14.2 Questões 760
15. RECURSOS 761
    15.1 Recurso em sentido estrito 761
    15.2 Apelação 764
    15.3 Embargos de declaração 767
    15.4 Embargos infringentes e de nulidade 768
    15.5 Recurso ordinário constitucional 770
    15.6 Agravo em execução 771
    15.7 Ações de impugnação 771
    15.8 Questões 776
REFERÊNCIAS 778

1. APLICAÇÃO DA LEI PROCESSUAL PENAL NO TEMPO

Com relação à aplicação da lei penal no tempo, aplica-se, em regra, o chamado princípio do efeito imediato, que estabelece que a lei processual penal só gera efeitos no período de sua **atividade**, que é o de sua **vigência** no ordenamento jurídico.

Assim sendo, nos termos do **art. 2º do Código de Processo Penal (CPP)**, as normas processuais penais, a partir de sua vigência, têm **aplicabilidade imediata**, o que significa que em regra ela possui apenas efeitos *ex nunc* (não retroativos).

De qualquer forma, os **atos processuais que já tiverem sido praticados** no período de vigência da lei anterior continuam válidos e **não são afetados pela lei processual posterior, ainda que esta seja benéfica ao Réu**.

Por outro lado, as normas processuais novas são aplicadas ainda que o fato tenha se dado quando da vigência da lei processual antiga e **ainda que esta lei nova seja prejudicial ao réu**.

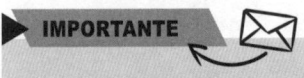

> **IMPORTANTE**
> Se a norma tiver **caráter misto** (penal e processual penal), prevalecerá o caráter penal da norma quanto à sua aplicação no tempo.

Para seu melhor entendimento, podemos esquematizar da seguinte maneira:

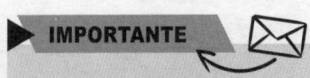

- Lei Processual Penal no Tempo
  - Se mais **benéfica** → Não retroage para afetar atos processuais já praticados
  - Se mais **prejudicial** → É aplicada imediatamente, ainda que o fato objeto do processo seja anterior à sua vigência

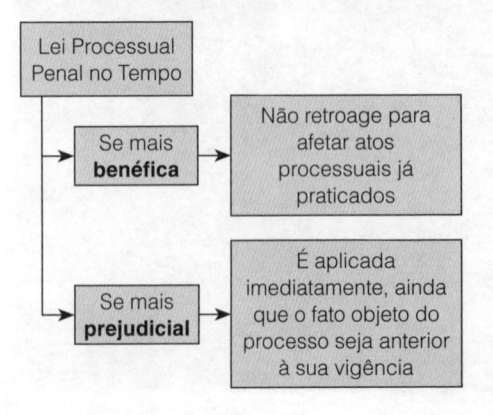

> **IMPORTANTE**
> Se a lei processual penal estiver no período de *vacatio legis* não gerará nenhum efeito. Nos termos do **art. 1º da LINDB (Lei de Introdução às Normas do Direito Brasileiro)**, o período de *vacatio legis* é em regra de **45 dias**, salvo se a lei conter disposição expressa em sentido contrário.

1.1 Questões

1. **(FGV – TJSC – Técnico Judiciário)** No curso de ação penal em que Roberto figurava como denunciado, entrou em vigor lei que versava sobre processamento de ação penal em procedimento comum ordinário, com conteúdo exclusivamente processual penal, prejudicial ao réu. O técnico judiciário, no momento de auxiliar no processamento do feito, deverá aplicar a:

A) lei processual penal em vigor na época dos fatos, em virtude do princípio da irretroatividade da lei mais gravosa, não admitindo o Código de Processo Penal interpretação extensiva ou analógica da lei processual;

B) lei processual penal em vigor na época dos fatos, em virtude do princípio da irretroatividade da lei mais gravosa, admitindo o Código de Processo Penal interpretação extensiva, mas não aplicação analógica da lei processual;

C) lei processual penal em vigor na época dos fatos, em virtude do princípio da irretroatividade da lei mais gravosa, admitindo o Código de Processo Penal interpretação extensiva e aplicação analógica da lei processual;

D) nova lei processual penal, ainda que desfavorável ao réu, respeitando-se os atos já praticados, admitindo o Código de Processo Penal interpretação extensiva, mas não aplicação analógica da lei processual;

E) nova lei processual penal, ainda que desfavorável ao réu, respeitando-se os atos já praticados, admitindo o Código de Processo Penal interpretação extensiva e aplicação analógica da lei processual.

↘ **Resolução:**

A) *Incorreta.* Nos termos do art. 2º do CPP, a lei processual penal nova deve ser aplicada imediata-

mente, inclusive aos processos já em andamento, ainda que prejudiciais ao réu. Ademais, nos termos do art. 3º do CPP, admite-se a interpretação extensiva e o uso da analogia.
B) *Incorreta.* Ver comentário à alternativa "A".
C) *Incorreta.* Ver comentário à alternativa "A".
D) *Incorreta.* De fato, o art. 2º do CPP estabelece que a lei processual penal nova deve ser aplicada imediatamente, inclusive aos processos já em andamento, ainda que prejudiciais ao réu. O erro da alternativa está em afirmar que não há aplicação analógica no processo penal, conforme autoriza o art. 3º do CPP, admite-se a interpretação extensiva e o uso da analogia.
E) *Correta.* É exatamente o que estabelecem os arts. 2º e 3º do CPP.

↗ **Gabarito: "E".**

2. **(CESPE – TRE/RS – Analista Judiciário – Área Judiciária)** A respeito dos princípios gerais do direito processual penal e do inquérito policial, assinale a opção correta.
A) Lei processual que, de qualquer modo, altere rito procedimental, de forma a favorecer o acusado, aplica-se aos atos processuais praticados antes de sua vigência.
B) A incomunicabilidade do indiciado somente será permitida quando o interesse da sociedade ou a conveniência da investigação o exigir.
C) O arquivamento do inquérito policial embasado no princípio da insignificância faz coisa julgada material, o que impede seu desarquivamento diante do surgimento de novas provas.
D) Expressamente previsto na Constituição Federal, o princípio do promotor natural garante a todo e qualquer indivíduo o direito de ser acusado por órgão imparcial do Estado, previamente designado por lei, vedada a indicação de acusador para atuar em casos específicos.
E) Diplomata de Estado estrangeiro que cometer crime de homicídio dentro do território nacional será processado conforme o que determina a lei processual brasileira.

↘ **Resolução:**
A) *Incorreta.* O art. 2º do CPP estabelece de forma clara que a lei processual penal se aplica imediatamente, porém mantêm-se válidos os atos processuais realizados anteriormente à sua vigência.

B) *Incorreta.* A Constituição Federal de 1988 não recepcionou o art. 21 do CPP, razão pela qual não há que se falar em incomunicabilidade do preso.
C) *Correta.* Como o reconhecimento da aplicação da insignificância ocasiona a atipicidade da conduta, o arquivamento do Inquérito Policial de fato deverá fazer coisa julgada material, impedindo-se o seu desarquivamento mesmo quando surjam provas novas.
D) *Incorreta.* Não há qualquer previsão neste sentido no texto constitucional, havendo divergência entre os Tribunais a respeito da possibilidade de designação de determinado membro do Ministério Público para atuar em caso específico.
E) *Incorreta.* As eventuais sanções ficarão a cargo do Estado de origem do diplomata, e não da lei processual penal brasileira.

↗ **Gabarito: "C".**

3. **(CESPE – TJDFT – Técnico Judiciário – Área Administrativa)** Acerca da aplicabilidade da lei processual penal no tempo e no espaço e dos princípios que regem o inquérito policial, julgue o item a seguir.

Nova lei processual que modifique determinado prazo do recurso em processo penal terá aplicação imediata, a contar da data de sua vigência, aplicando-se inclusive a processo que esteja com prazo recursal em curso quando de sua edição.
( ) Certo.
( ) Errado.

↘ **Resolução:**
Apesar do que estabelece o art. 2º do CPP a respeito da aplicabilidade imediata da lei processual penal, é fato que uma vez já iniciado o prazo para interposição do recurso, será este regulado pela lei anterior.

↗ **Gabarito: "Errado".**

2. APLICAÇÃO DA LEI PROCESSUAL PENAL NO ESPAÇO

Nos termos do **art. 5º do CPP**, aplica-se a lei processual penal a todas as infrações penais cometidas no **território brasileiro.**

Entretanto, a própria *parte final* do **art. 5º do CPP** excepciona esta regra ao afirmar que, apesar da aplicação do **princípio da territorialidade, devem ser respeitados os tratados, convenções e regras gerais de direito internacional.**

Considerando, então, que o Código de Processo Penal adotou o critério da **territorialidade**, o que seria considerado território?

Para respondermos a essa questão devemos nos socorrer do disposto no **art. 5º, §§ 1º e 2º, do CP**. É, então, considerado território brasileiro:

TERRRITÓRIO BRASILEIRO Art. 5º, §§ 1º e 2º, do Código Penal (CP)
1) Limites delineados pelas fronteiras nacionais
2) Mar Territorial Brasileiro
3) O espaço aéreo brasileiro (limites do território nacional e faixa de mar territorial)
4) Aeronaves e embarcações brasileiras públicas, onde quer que se encontrem
5) Aeronaves e embarcações brasileiras privadas, **salvo** se estiverem em mar territorial estrangeiro ou sobrevoando espaço aéreo estrangeiro
6) Aeronaves e embarcações estrangeiras privadas que se encontrem em mar territorial brasileiro ou em espaço aéreo brasileiro

Concluímos, assim, que o processo penal brasileiro **não possui extraterritorialidade**, ou seja, ele é aplicado apenas aos processos criminais que tramitam perante a Justiça Brasileira.

2.1 Questões

1. **(CESPE – TJDFT – Analista Judiciário – Área Administrativa)** Acerca da aplicabilidade da lei processual penal no tempo e no espaço e dos princípios que regem o inquérito policial, julgue o item a seguir.

Em relação à aplicação da lei processual penal no espaço, vigora o princípio da territorialidade.

( ) Certo.
( ) Errado.

↳ **Resolução:**
É exatamente o que estabelece o art. 1º do CPP.

↗ **Gabarito: "Certo".**

2. **(FCC – TJRR – Juiz Substituto)** A lei processual penal brasileira:
A) admite interpretação extensiva e aplicação analógica, bem como o suplemento dos princípios gerais de direito.
B) aplica-se desde logo, em prejuízo da validade dos atos realizados sob a vigência da lei anterior.
C) retroage no tempo para obrigar a refeitura dos atos processuais, caso seja mais benéfica ao réu.
D) não admite definição de prazo de *vacatio legis*.
E) será aplicada nos atos processuais praticados em outro território que não o brasileiro, em casos de extraterritorialidade da lei penal.

↳ **Resolução:**
A) *Correta*. É exatamente o que estabelece o art. 3º do CPP.
B) *Incorreta*. O art. 2º do CPP estabelece que a lei processual penal se aplica desde logo, porém sem prejuízo da validade dos atos praticados anteriormente segundo a lei então vigente.
C) *Incorreta*. Como dissemos nos comentários da alternativa "B", a lei processual penal aplica-se desde logo, porém não invalida os atos praticados anteriormente.
D) *Incorreta*. Há, sim, a possibilidade de a lei processual penal possuir período de *vacatio legis*, haja vista a aplicação do art. 3º do CPP e do art. 1º da LINDB.
E) *Incorreta*. No processo penal vigora apenas o princípio da territorialidade, ou seja, a lei processual penal brasileira se aplica apenas dentro do território brasileiro.

↗ **Gabarito: "A".**

3. **(UFMT – TJMT – Oficial de Justiça)** Em relação à aplicação da lei processual penal, analise as seguintes assertivas:
I – Os tratados e convenções internacionais não podem excepcionar a aplicação da lei brasileira em decorrência da soberania nacional.

II – O direito processual penal brasileiro adota, como regra, o princípio da territorialidade, segundo o qual a lei processual pátria aplica-se aos crimes praticados em território nacional.

III – Havendo conflito entre lei nacional e tratado internacional em vigor no Brasil, deve ser aplicada a mais recente.

Está correto o que se afirma em:

A) I e III, apenas.
B) I e II, apenas.
C) II, apenas.
D) II e III, apenas.

↳ **Resolução:**

A) *Incorreta*. O art. 3º do CPP permite a aplicação dos tratados internacionais celebrados pelo Brasil nos processos penais.

B) *Incorreta*. De fato, o art. 2º do CPP adota o princípio da territorialidade, segundo o qual aplica-se a lei processual penal brasileira ao crime praticado no território brasileiro. Entretanto, não há que se falar em não aplicação dos tratados e convenções internacionais, haja vista a previsão do art. 3º do CPP.

C) *Incorreta*. A assertiva II não é apenas a única assertiva correta na questão.

D) *Incorreta*. De fato, o art. 2º do CPP adota o princípio da territorialidade, segundo o qual aplica-se a lei processual penal brasileira ao crime praticado no território brasileiro e de fato deve ser aplicada a lei ou tratado internacional mais recente, nos termos do art. 2º, § 1º, da LINDB.

↗ Gabarito: "D".

3. JUIZ DAS GARANTIAS (EFICÁCIA SUSPENSA POR TEMPO INDETERMINADO)

O juiz das garantias foi introduzido pela Lei n. 13.694/2019, efetivando o sistema acusatório no ordenamento processual penal, ao criar a figura de um juiz que ficará responsável apenas pela fase de inquérito policial, pois após o recebimento da denúncia os autos serão encaminhados para o juiz da instrução.

Embora o juiz das garantias seja o responsável pelo inquérito policial, está **proibido de atuar de ofício**, bem como substituir a acusação na produção da prova.

Competência do juiz das garantias: todas as infrações penais, com a exceção das infrações de menor potencial ofensivo.

FUNÇÕES DO JUIZ DAS GARANTIAS
• controlar a legalidade da investigação criminal;
• assegurar os direitos individuais do investigado e do preso;
• receber a comunicação imediata da prisão;
• receber o auto de prisão em flagrante para verificação de sua legalidade;
• ser informado sobre a instauração de qualquer investigação;
• decidir sobre requerimento de prisões provisórias ou outra medida cautelar;
• prorrogar prisão provisória ou outra medida cautelar, garantindo o direito ao contraditório e ampla defesa em audiência pública;
• controlar a legalidade da investigação criminal;
• assegurar os direitos individuais do investigado e do preso;
• receber a comunicação imediata da prisão;
• receber o auto de prisão em flagrante para verificação de sua legalidade;
• ser informado sobre a instauração de qualquer investigação;
• decidir sobre requerimento de prisões provisórias ou outra medida cautelar;
• prorrogar prisão provisória ou medida cautelar, garantindo o direito ao contraditório e ampla defesa em audiência;
• substituir ou revogar a prisão provisória ou medida cautelar;
• determinar o arquivamento do inquérito policial;
• receber ou rejeitar a denúncia ou queixa.

> **ATENÇÃO**
>
> Caso o investigado esteja preso e seja requerido pela autoridade policial, o juiz das garantias poderá prorrogar em 15 dias, por uma única vez, o prazo para finalizar o inquérito policial. Não sendo concluída a investigação, a prisão do investigado deverá ser imediatamente relaxada.

Término da atuação do juiz das garantias: ocorrerá com o recebimento da denúncia ou queixa, prevista no art. 399 do CPP.

Juiz da instrução e julgamento: ficará a cargo de decidir as questões pendentes, bem como reexaminar a necessidade da manutenção das medidas cautelares em curso, no prazo máximo de 10 dias.

Os autos que compõem matéria do juiz das garantias ficarão na secretaria do juízo, à disposição das partes, mas não serão apensados aos autos enviados ao juiz da instrução e julgamento, excetuando os documentos relativos às provas irrepetíveis, medidas de obtenção de provas ou de antecipação de provas, que deverão ser remetidos para apensamento em apartado.

> **IMPORTANTE**
>
> O juiz que praticar qualquer ato na fase de investigação, incluindo a requisição de instauração de inquérito, ficará impedido de atuar na fase de instrução penal, consolidando o sistema acusatório. Caso a comarca possua apenas 1 juiz, haverá um sistema de rodízio de magistrados.

4. INQUÉRITO POLICIAL

Podemos conceituar o Inquérito Policial como sendo um **procedimento administrativo**, **inquisitivo** e **preparatório** conduzido pela **Autoridade Policial** e que consiste no conjunto de diligências que objetivam a **apuração da infração penal** (autoria e materialidade) com vistas a fornecer ao titular da ação penal os subsídios que o autorizem a ingressar em juízo.

> **ATENÇÃO**
>
> Se a infração penal for de **menor potencial ofensivo** (crimes com pena máxima de até 2 anos e todas as contravenções penais), a regra é a da não instauração de Inquérito Policial, mas sim de **termo circunstanciado**, nos termos do que dispõe o **art. 69 da Lei n. 9.099/95**.

São as principais **características** do Inquérito Policial:

CARACTERÍSTICAS DO INQUÉRITO POLICIAL	
Escrito	Significa que todas as diligências de investigação devem ser reduzidas a termo **(art. 9º do CPP)**
Dispensável	Apesar de, na prática, ser largamente utilizado o Inquérito Policial, é fato que teoricamente o titular da ação penal (seja ele o Ministério Público ou o querelante), se dispor de todas os elementos de provas necessários, **poderá propor a ação penal mesmo sem Inquérito Policial anterior** ou mesmo antes do seu término
Sigiloso	A Autoridade Policial deverá assegurar o sigilo das investigações a fim de viabilizar a efetividade das apurações **(art. 20 do CPP).** Entretanto, o sigilo do Inquérito Policial é relativo, haja vista que este sigilo não se aplica ao juiz e ao Ministério Público. Aliás, de **suma importância** é o teor da **Súmula Vinculante 14 do STF**, que estabelece que o advogado deve ter livre acesso aos elementos de prova **já juntados no Inquérito Policial ATENÇÃO:** Em caso de descumprimento, cabe Reclamação ao STF

CARACTERÍSTICAS DO INQUÉRITO POLICIAL	
Inquisitivo	Inexiste contraditório e ampla defesa no âmbito do Inquérito Policial
Informativo	É fato que o Inquérito Policial objetiva a colheita de elementos de informação relativos à autoria e materialidade de um delito, não vinculando o titular da Ação Penal
Indisponível	Uma vez instaurado o Inquérito Policial, não pode ele ser arquivado pela Autoridade Policial ou pelo Ministério Público **(art. 17 do CPP)**. Isso porque apenas o juiz de direito pode arquivar Inquérito Policial. Aliás, como esmiuçaremos melhor mais à frente, se o juiz discordar do pedido de arquivamento de IP feito pelo Ministério Público, deverá ser aplicado o **art. 28 do CPP**, com encaminhamento dos Autos ao Procurador-Geral de Justiça, no âmbito estadual, ou ao Procurador-Geral da República, no âmbito federal

E como é iniciado este Inquérito Policial? Depende do tipo de ação penal que ele pretende investigar, como veremos a seguir:

O Inquérito Policial, nas **Ações Penais Públicas**, pode ser **instaurado:**

Formas de Instauração de Inquérito Policial Art. 5º do CPP	
De Ofício pelo Delegado de Polícia	A Autoridade Policial pode tomar conhecimento da prática de infração penal: • De **forma espontânea** (sem a provocação de terceiros) • Em **decorrência da apresentação de indivíduo preso em flagrante delito** (*notitia criminis coercitiva*) • Por meio de **informação prestada por terceiros** (*delatio criminis*)

Formas de Instauração de Inquérito Policial Art. 5º do CPP	
Requisição do MP ou do Juiz	Nesse caso, a Autoridade Policial só pode se recusar em caso de ordem manifestamente ilegal ou da ausência de preenchimento de algum requisito legal
Requerimento do ofendido	Se não atendido pela Autoridade Policial, cabe **recurso inominado** ao Chefe de Polícia **(art. 5º, § 2º, do CPP)**

Nos crimes de **Ação Penal Pública Condicionada**, a instauração do Inquérito Policial dependerá de representação do ofendido (a vítima), no prazo de 6 meses contados da data de conhecimento da autoria, ou requisição do Ministro da Justiça (por exemplo, em caso de crime contra a honra do Presidente da República).

Já nos crimes de **Ação Penal Privada**, a instauração de Inquérito Policial dependerá de requerimento da vítima. Caso a Autoridade Policial se negue a instaurar o Inquérito Policial, caberá recurso inominado ao Chefe de Polícia.

Uma vez instaurado, o Inquérito Policial deverá ter **prazo para ser finalizado**, o qual variará de acordo com duas circunstâncias: **o tipo do crime e de estar o indiciado (suspeito) preso ou solto.**

IP Comum	Preso	10 dias	Improrrogável
	Solto	30 dias	Prorrogável
IP Lei de Drogas	Preso	30 dias	Pode ser duplicado
	Solto	90 dias	
IP Justiça Federal	Preso	15 dias	Pode ser duplicado
	Solto	30 dias	Prorrogável

Finalizadas as diligências, deverá a Autoridade Policial elaborar um **relatório**

minucioso daquilo que foi apurado, encaminhando-o, nas Ações Penais Públicas, ao Ministério Público, a fim de que:

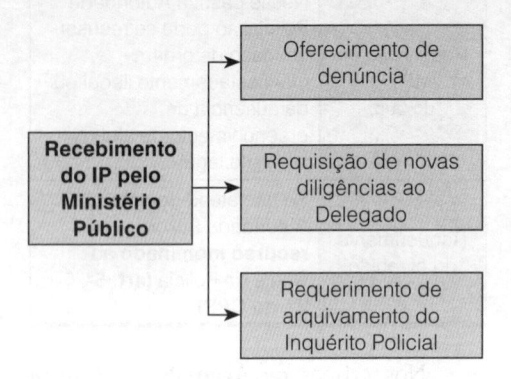

- Recebimento do IP pelo Ministério Público
  - Oferecimento de denúncia
  - Requisição de novas diligências ao Delegado
  - Requerimento de arquivamento do Inquérito Policial

Se o Ministério Público requerer o **arquivamento** do Inquérito e o **juiz** deste pedido **discordar**, deverá haver a aplicação do **art. 28 do CPP** (importantíssimo para os Concursos Públicos), com a remessa dos Autos do Inquérito Policial ao **Procurador-Geral de Justiça**, para que esse:

- Insista no arquivamento do Inquérito Policial: neste caso o juiz deverá de fato arquivá-lo;
- Designe outro membro do Ministério Público para o ofecimento da Denúncia;
- Ofereça a denúncia.

Importante esclarecer que, sendo o Inquérito Policial referente a crime de **Ação Penal Privada**, deverão os Autos ser encaminhados ao juízo, onde aguardarão o oferecimento de queixa-crime pelo ofendido até o escoamento do prazo decadencial de 6 meses.

> **IMPORTANTE**
>
> Um aspecto muito importante sobre o arquivamento do Inquérito Policial: uma vez arquivado, poderão ser reabertas as investigações? Em regra, sim, pois o **arquivamento do Inquérito Policial** apenas faz **coisa julgada formal**, nos termos do **art. 18 do CPP**. Entretanto, para o **STJ**, se o arquivamento se fundar na atipicidade da conduta, na extinção da punibilidade ou na extinção da culpabilidade, o **arquivamento também fará coisa julgada material**. Já para o **STF** há uma hipótese adicional: o arquivamento por causa excludente da ilicitude.

4.1 Questões

1. **(FCC – TRF 4ª Região – Analista Judiciário – Oficial de Justiça Avaliador)** Marcelo e Márcio praticaram um roubo contra uma pizzaria situada na cidade de Florianópolis no início da madrugada, subtraindo todo o dinheiro arrecadado pelo estabelecimento naquele dia. A polícia é acionada e o inquérito policial para apuração dos fatos é instaurado pela autoridade policial. Pelas imagens das câmeras de segurança do estabelecimento foi possível a plena identificação dos roubadores. Após representação da autoridade policial o Magistrado competente decretou a prisão preventiva de Marcelo e Márcio. Os mandados de prisão foram cumpridos três dias depois do crime. Neste caso, o inquérito policial deverá terminar no prazo de:

A) 30 dias, contados da data do crime.
B) 5 dias, contados a partir do dia da execução da ordem de prisão preventiva.
C) 10 dias, contados da data do crime.
D) 10 dias, contados a partir do dia da execução da ordem de prisão preventiva.
E) 30 dias, contados a partir do dia da execução da ordem de prisão preventiva.

↘ **Resolução:**
A) *Incorreta*. O prazo para finalização do Inquérito Policial será de 10 dias, contados da data de realização da prisão preventiva, nos termos do que estabelece o art. 10 do CPP.
B) *Incorreta*. Ver comentário à alternativa "A".
C) *Incorreta*. Ver comentário à alternativa "A".
D) *Correta*. Ver comentário à alternativa "A".
E) *Incorreta*. Ver comentário à alternativa "A".

↗ Gabarito: "D".

2. **(CONSULPLAN – TRF 2ª Região – Analista Judiciário – Oficial de Justiça**

Avaliador) Sobre o tema Inquérito Policial, assinale a alternativa INCORRETA.

A) Nos crimes de ação penal pública o inquérito policial pode ser iniciado a requerimento do ofendido.

B) A autoridade policial apenas poderá mandar arquivar autos de inquérito policial quando o fato for atípico ou estiver extinta a punibilidade.

C) Nos crimes de ação privada, a autoridade policial somente poderá proceder a inquérito a requerimento de quem tenha qualidade para intentá-la.

D) O Ministério Público não poderá requerer a devolução do inquérito à autoridade policial, senão para novas diligências, imprescindíveis ao oferecimento da denúncia.

↳ **Resolução:**

A) *Incorreta.* O art. 5º, II, do CPP permite a instauração de Inquérito Policial por meio de requerimento do ofendido, mesmo nos crimes de ação penal pública.

B) *Correta.* Segundo o art. 17 do CPP, a Autoridade Policial não determinará o arquivamento do Inquérito Policial em nenhuma hipótese.

C) *Incorreta.* É exatamente o que dispõe o art. 5º, § 5º, do CPP.

D) *Incorreta.* É exatamente o que prevê o art. 16 do CPP.

↗ **Gabarito: "B".**

3. **(CONSULPLAN – TRF 2ª Região – Analista Judiciário – Área Judiciária)** "'Fulano de Tal' foi preso em flagrante delito por crime afeto à justiça comum estadual. Comunicado da prisão, o juiz de direito converteu a prisão em flagrante em prisão preventiva. Nesta hipótese, o inquérito policial deverá ser concluído em _____ dias, a partir da _____".

Assinale a alternativa que completa correta e sequencialmente a afirmativa anterior.

A) 10 / prisão.
B) 15 / prisão.
C) 10 / instauração.
D) 15 / instauração.

↳ **Resolução:**

A) *Correta.* É o que expressamente prevê o art.10 do CPP.

B) *Incorreta.* Na verdade, o prazo é de 10 dias, contados da data de realização da prisão, nos termos do art. 10 do CPP.

C) *Incorreta.* Ver comentário à alternativa "B".

D) *Incorreta.* Ver comentário à alternativa "B".

↗ **Gabarito: "A".**

5. ACORDO DE NÃO PERSECUÇÃO PENAL

Trata-se de um acordo realizado entre o Ministério Público e o acusado, para que não seja iniciada a persecução penal.

1) Requisitos

- Não ser caso de arquivamento;
- Confissão formal e circunstancial;
- Crime sem violência ou grave ameaça;
- Pena MÍNIMA inferior a 4 anos (considerando as causas de aumento e diminuição).

2) Condições

- Reparação do dano ou restituição a coisa à vítima, salvo na impossibilidade de fazê-lo;
- Renúncia voluntária a bens e direitos indicados pelo Ministério Público;
- Prestação de serviço à comunidade ou a entidades públicas por período correspondente à pena mínima do crime, diminuída de 1/3 a 2/3, de acordo com o art. 46 do CP;
- Prestação pecuniária, conforme o art. 45 do CP;
- Cumprir, por prazo determinado, outra condição indicada pelo Ministério Público.

3) NÃO SERÁ CABÍVEL o acordo de não persecução penal

- quando for cabível transação penal;
- agente reincidente, ou de conduta criminal habitual;

- ter sido o agente beneficiado com o acordo de não persecução penal, transação penal ou suspensão condicional do processo, nos 5 anos anteriores ao cometimento do crime;
- crime envolvendo violência doméstica ou familiar, ou praticados contra a mulher por razões da condição do sexo feminino.

4) Procedimiento

- O acordo será formalizado por escrito e firmado pelo membro do Ministério Público, investigado e defensor;
- Será realizada audiência para a verificação da legalidade e voluntariedade por meio da oitiva do investigado, na presença do defensor;
- Caso o juiz considere inadequadas, insuficientes ou abusivas as condições, devolverá os autos para que o Ministério Público reformule a proposta de acordo;
- Após a homologação, o juiz devolverá os autos ao Ministério Público para que inicie a execução perante o juízo de execução penal;
- A vítima será intimada da homologação.

5) Recusa da homologação

O juiz devolverá os autos ao Ministério Público para a análise da necessidade de complementação das investigações ou o oferecimento da denúncia.

6) Descumprimento do acordo

O Ministério Público comunicará ao juízo, para a rescisão do acordo e posterior oferecimento de denúncia.

Tal descumprimento poderá embasar o não oferecimento da suspensão condicional do processo pelo Ministério Público.

Efeitos: não gera maus antecedentes ou reincidência.

Cumprimento do acordo: extinguirá a punibilidade.

Recusa do MP para oferecimento do acordo de não persecução penal: o investigado poderá requerer a remessa dos autos à revisão da instância competente do órgão ministerial.

6. AÇÃO PENAL

As ações penais poderão ser **públicas** ou **privadas**, de acordo com quem tem a titularidade para exercê-la. São, então, espécies de ações penais:

Espécies de Ação Penal	
Ações Penais Públicas Incondicionadas	São aquelas de titularidade do Ministério Público. Em regra, as ações penais são públicas incondicionadas, segundo **art. 100 do CP**
Ações Penais Públicas Condicionadas	São aquelas que também são de titularidade do Ministério Público, consistindo naquelas em que o tipo penal prevê a necessidade de **representação do ofendido** ou de **requisição do Ministro da Justiça**. É, por exemplo, o caso do crime de ameaça. Como já informado, a titularidade permanece sendo do Ministério Público, mas ele somente poderá exercê-la em caso de representação (uma espécie de autorização) da vítima
Ações Penais Privadas	São aquelas de titularidade do ofendido, que a exerce por meio do oferecimento de **queixa-crime**

Nos crimes de ação penal pública, o Ministério Público terá prazo para oferecimento de Denúncia, que variará, essencialmente, se o acusado estiver preso ou se estiver solto (**art. 46 do CPP**):

Prazo para Denúncia	Preso	5 dias
	Solto	15 dias

Importante esclarecer que este prazo é **impróprio**, ou seja, não gerará preclusão o não oferecimento da denúncia dentro do prazo. A única consequência, na verdade, é o surgimento, para o ofendido, do direito de oferecer **queixa-crime subsidiária** (Ação Penal privada subsidiária da pública), nos termos do **art. 29 do CPP**.

> ▶ **ATENÇÃO**
>
> Os crimes previstos **na Lei n. 11.343/2006 (Lei de Drogas)** possuem um prazo diferenciado: 10 (dez) dias, pouco importando se o acusado está preso ou solto **(art. 54 da Lei n. 11.343/2006)**.

> ▶ **IMPORTANTE**
>
> Os crimes praticados contra o patrimônio ou interesse da União, Estados, DF e Municípios serão sempre de **ação penal pública incondicionada**, haja vista a regra prevista no **art. 24, § 2º, do CPP**.

As ações penais públicas são informadas por diversos princípios, sendo deles os mais importantes: princípio da **obrigatoriedade** e da **indisponibilidade**.

Principais princípios da Ação Penal Pública	
Princípio da Obrigatoriedade	Havendo comprovação de autoria e materialidade, o Ministério Público é obrigado a oferecer denúncia, **salvo** nos casos de **transação penal (art. 76 da Lei n. 9.099/95)** e **colaboração premiada (art. 4º da Lei n. 12.850/2013)**, que correspondem a duas principais exceções ao princípio da obrigatoriedade, e que são muito cobradas nas provas
Princípio da Indisponibilidade	Uma vez iniciada a ação penal, o Ministério Público não poderá dela desistir **(art. 42 do CPP)**, assim como não poderá desistir do recurso que tenha interposto **(art. 576 do CPP)**, **salvo** nos casos de *sursis processual*, que nada mais é do que a suspensão condicional do processo **(art. 89 da Lei n. 9.099/95)**

Como já mencionado, o exercício da **Ação Penal Pública condicionada** depende de um importante requisito: a representação da vítima ou a requisição do Ministro da Justiça.

Sobre a **representação do ofendido**, é importante saber que ela tem **eficácia objetiva**, ou seja, não é preciso representar individualmente contra cada um dos autores do crime. Uma vez feita a representação, ela alcançará todos os envolvidos.

Se o ofendido for **pessoa jurídica**, a representação poderá ser feita por quem o **estatuto designar**, ou, no seu silêncio, pelos **gerentes ou sócios-diretores**.

E se o ofendido for **menor de 18 anos ou deficiente mental**? Neste caso, a representação poderá ser feita pelo seu representante legal, ou, se necessário, por curador especial nomeado pelo juiz (casos em que os interesses do ofendido são conflitantes com os do seu representante legal).

Agora, se o **ofendido vier a falecer ou ser declarado ausente**, o direito de representação passará, nessa ordem, para o **cônjuge, ascendente, descendente e irmão**, salvo se tratar-se de ação penal privada personalíssima, como é o caso do crime do **art. 236 do CP**, cuja representação apenas pode ser feita pelo ofendido.

> **ATENÇÃO**
>
> Para memorizar a ordem de sucessão no direito de representação, basta lembrar da sigla **CADI: C**ônjuge, **A**scendente, **D**escendente e **I**rmão.

O **prazo para oferecimento da representação** será de 6 meses, contados da data de conhecimento da autoria (e não necessariamente da data do crime, como muitos confundem). Este é um prazo penal, razão pela qual o dia de início é contabilizado e não se suspende e nem se prorroga (**art. 10 do CP**).

Uma vez passado esse prazo sem o oferecimento da representação, haverá **decadência**, com a consequente **extinção da punibilidade**. A retratação da representação apenas é admitida, em regra, apenas se feita antes do oferecimento da denúncia pelo Ministério Público.

Uma vez que já tecemos importantes comentários acerca da **representação do ofendido**, passemos ao estudo da **requisição do Ministro da Justiça**.

Trata-se de um **ato discricionário**, por meio do qual o Ministro da Justiça, quando a lei exigir, autoriza o Ministério Público a oferecer denúncia. Veja que, apesar de chamar-se "requisição", **não há qualquer vinculação** ao *parquet*, que pode deixar de oferecer a denúncia caso constate não haver ocorrido a prática de crime.

Esse direito de requisição **não tem prazo específico para ser exercido**, podendo ocorrer a qualquer momento, enquanto não prescrito o crime.

> **IMPORTANTE**
>
> Exemplo clássico de crime que apenas se procede mediante requisição do Ministro da Justiça é o crime contra a honra do Presidente da República.

Por fim, vamos tratar da **Ação Penal Privada**. Ela é, como já antecipamos, de titularidade do ofendido, que a exerce por meio do oferecimento de **queixa-crime**.

O **art. 44 do CPP** exige que a queixa-crime venha acompanhada de **procuração com poderes especiais**, sendo que o seu prazo também é de **6 meses, contados da data de conhecimento da autoria, como acontece com a representação**.

O Ministério Público atua de alguma forma na ação penal privada? Sim, ele atuará como **fiscal da lei**, nos termos do **art. 45 do CPP**, podendo inclusive aditar a queixa no prazo de 3 dias, nos termos do **art. 46, § 2º, do CPP**.

Agora que já tratamos dos principais aspectos a respeito do estudo da chamada Ação Penal, vamos nos debruçar sobre os principais requisitos das duas peças processuais que são consideradas as nossas "petições iniciais": a denúncia e a queixa.

6.1 Denúncia e queixa

Como já antecipamos, tanto a denúncia como a queixa são uma espécie de "petição inicial" das Ações Penais Públicas e Privadas.

Para serem admitidas, a Denúncia ou a Queixa-Crime devem preencher os requisitos do **art. 41 do CPP**:

Requisitos da Denúncia e da Queixa-Crime Art. 41 do CPP
• Exposição do fato criminoso, com todas as suas circunstâncias;
• A qualificação do acusado ou esclarecimentos pelos quais se possa identificá-lo;
• A classificação do crime;
• Rol de testemunhas, quando necessário.

Com relação à **queixa-crime** há um requisito adicional: deve ela vir acompanhada de **procuração com poderes especiais**, nos termos do **art. 44 do CPP**.

Em caso de não preenchimento destes requisitos, deverá a peça acusatória ser **rejeitada pelo juiz**, por ser manifestamente **inepta**, nos termos do que dispõe o **art. 395, I, do CPP**.

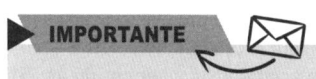

> ▶ **IMPORTANTE**
>
> Tanto a Denúncia como a Queixa-Crime não podem conter apenas a descrição genérica do fato. É preciso que ambas apresentem a narrativa pormenorizada da dinâmica dos fatos, eis que no Processo Penal o Réu não se defende da capitulação jurídica dada à conduta, mas sim dos fatos que lhe são imputados.

Agora que falamos, de forma objetiva, a respeito dos principais aspectos das peças acusatórias, vamos trabalhar alguns conceitos sobre a chamada ação civil *ex delicto*.

6.2 Ação civil *ex delicto*

A Ação Civil *ex delicto* é prevista nos **arts. 63 a 68 do CPP**, sendo certo que ela pode ser proposta pelo ofendido em face do condenado após o trânsito em julgado da sentença penal condenatória, para efeito de reparação do dano causado à vítima, seu representante legal e seus herdeiros.

Deverá ela ser proposta perante o juízo civil, na modalidade de uma **execução** (pois neste caso a sentença condenatória criminal serve como **título executivo judicial** na esfera cível), sendo certo que o próprio juiz criminal pode, na sentença penal, estabelecer o **valor mínimo para condenação indenizatória (art. 387, IV, do CPP)**, sem prejuízo de eventual liquidação e complementação do valor a ser feita na esfera cível.

É fato que, sendo omissa neste aspecto a sentença criminal, poderá o ofendido propor ação civil perante o juízo cível buscando o ressarcimento dos danos que lhe foram causados, nos termos do **art. 64 do CPP**.

Nesse caso, não tendo transitada em julgado a sentença criminal, poderá o juiz cível suspender sua ação de natureza civil até o julgamento definitivo em âmbito penal. Nesse sentido, impõe o **art. 313, § 4º, do CPC** que esse período de suspensão é de no máximo 1 ano.

> ▶ **ATENÇÃO**
>
> Nos termos do **art. 65 do CPP**, a decisão criminal que reconhecer que o autor do fato agiu em legítima defesa, estado de necessidade, estrito cumprimento de um dever legal ou no exercício regular de um direito, fará coisa julgada no âmbito cível, não podendo, portanto, ser rediscutida.

É possível propor ação civil *ex delicto* em caso de absolvição na esfera criminal? Em alguns casos, SIM!

Somente **não poderá ser proposta a ação civil *ex delicto*** nos casos em que houver sido categoricamente reconhecida a **inexistência material do fato** (que é diferente do fato ter ocorrido, mas não constituir crime), nos termos do **art. 386, I, do CPP**, bem como quando tiver sido **comprovado que o acusado não participou dos fatos (art. 386, IV, do CPP)**.

Assim, nos casos em que a absolvição, por exemplo, for motivada **pela falta de provas**, sobre a **dúvida da autoria ou da materialidade**, poderá ser proposta ação civil reparadora pelo ofendido.

Ademais, são circunstâncias que também não impedem o oferecimento de ação civil:

Circunstâncias que não impedem o oferecimento de Ação Civil Art. 67 do CPP
• O despacho de arquivamento do Inquérito Policial ou das peças de informação;
• A decisão que julgar extinta a punibilidade (por exemplo, em razão da prescrição);
• Sentença absolutória que decidir que o fato imputado não constitui crime.

Por fim, nas hipóteses em que o ofendido, seu representante ou seus herdeiros forem reconhecidamente pobres, a execução da sentença condenatória (nas hipóteses em que o juiz criminal fixa o valor mínimo indenizatório) ou a propositura da Ação Civil *ex delicto* será promovida pelo Ministério Público, desde que haja requerimento específico neste sentido.

Importante registrarmos que este disposto no **art. 68 do CPP**, segundo parte da melhor doutrina e inclusive **indicação do Supremo Tribunal Federal**, sofre de uma verdadeira **inconstitucionalidade progressiva**, haja vista que tal atribuição caberá à Defensoria Pública (ainda não efetivamente instalada em todas as Unidades da Federação), e não ao Ministério Público.

6.3 Questões

1. **(FCC – TRF 4ª Região – Analista Judiciário – Oficial de Justiça Avaliador)** Ronaldo, mediante seu advogado José, apresenta queixa-crime contra Silvana, Fábio e Rodrigo, imputando-lhes os crimes de calúnia e difamação. Sobre o caso hipotético apresentado e a queixa-crime, nos crimes de ação penal privada, nos moldes estabelecidos pelo Código de Processo Penal, é INCORRETO afirmar:

   A) O perdão concedido por Ronaldo à querelada Silvana a todos aproveitará, ainda que recusado por Fábio e Rodrigo.
   B) O Ministério Público poderá aditar a queixa-crime, no prazo de 3 dias, contados do recebimento dos autos, e deverá intervir em todos os termos subsequentes do processo.
   C) Se a uma quarta pessoa for imputado o mesmo crime de Silvana, Fábio e Rodrigo, o Ministério Público deverá zelar pela indivisibilidade da ação penal, obrigando o querelante Ronaldo ao processamento de todos.
   D) Estará perempta a ação penal privada iniciada por queixa-crime apresentada por Ronaldo se este deixar de promover o andamento do processo durante 30 dias seguidos.
   E) José, advogado de Ronaldo, para ajuizar a ação penal privada, deverá estar munido de procuração com poderes especiais, constando, em regra, o nome do querelante e a menção do fato criminoso.

   ↘ **Resolução:**
   A) *Incorreta*. Na verdade, temos que o perdão é ato bilateral, somente produzindo efeitos para aqueles que o aceitaram, nos termos do art. 51 do CPP.
   B) *Incorreta*. É exatamente o que prevê os arts. 45 e 46, § 2º, do CPP.
   C) *Incorreta*. É o que estabelece o art. 48 do CPP.
   D) *Correta*. É este o teor do art. 60, I, do CPP.
   E) *Incorreta*. É o que dispõe o art. 44 do CPP.

   ↗ **Gabarito: "D".**

2. **(FGV – TJSC – Analista Judiciário)** O Código de Processo Penal prevê uma série de institutos aplicáveis às ações penais de natureza privada.
   Sobre tais institutos, é correto afirmar que:
   A) a renúncia ao exercício do direito de queixa ocorre antes do oferecimento da inicial acusatória, mas deverá ser expressa, seja através de declaração do ofendido seja por procurador com poderes especiais;
   B) o perdão do ofendido oferecido a um dos querelados poderá a todos aproveitar, podendo, porém, ser recusado pelo beneficiário, ocasião em que não produzirá efeitos em relação a quem recusou;
   C) a renúncia ao exercício do direito de queixa ocorre após o oferecimento da inicial acusatória, gerando extinção da punibilidade em relação a todos os querelados;
   D) a decadência ocorrerá se o ofendido não oferecer queixa no prazo de 6 meses a contar da data dos fatos, sendo irrelevante a data da descoberta da autoria;
   E) a perempção ocorre quando o querelante deixa de comparecer a atos processuais para os quais foi intimado, ainda que de maneira justificada.

   ↘ **Resolução:**
   A) *Incorreta*. A renúncia poderá ser expressa ou tácita, nos termos do art. 57 do CPP e do art. 104 do CP.

B) *Correta.* É exatamente o que estabelece o art. 51 do CPP.
C) *Incorreta.* A renúncia ao direito de queixa de fato é uma causa de extinção da punibilidade, nos termos do art. 107 do CP, mas somente pode ser realizada antes do exercício do direito de ação.
D) *Incorreta.* Na verdade, o prazo é contado da data de conhecimento da autoria, nos termos do art. 38 do CPP.
E) *Incorreta.* Ocorrerá a perempção apenas em caso de não comparecimento injustificado, nos termos do art. 60, III, do CPP.

↗ **Gabarito: "B".**

3. **(CONSULPLAN – TRF 2ª Região – Analista Judiciário – Área Judiciária)** Cinco meses após ser vítima de crime de calúnia majorada, Juliana, 65 anos, apresentou queixa em desfavor de Tereza, suposta autora do fato, perante Vara Criminal, que era o juízo competente. Recebida a queixa, no curso da ação, Juliana, solteira, veio a falecer, deixando como único familiar sua filha Maria, de 30 anos de idade, já que não tinha irmãos e seus pais eram previamente falecidos. Após a juntada da certidão de óbito, o serventuário certificou tal fato na ação penal.

Diante da certidão e da natureza da ação, é correto afirmar que:

A) deverá a ação penal, diante da apresentação de queixa pela vítima antes de falecer, ter regular prosseguimento, intimando-se Maria dos atos, em razão do princípio da indisponibilidade das ações privadas;
B) deverá o juiz, diante da natureza da ação penal de natureza privada, extinguir o processo sem julgamento do mérito, não podendo terceiro prosseguir na posição de querelante;
C) deverá ser reconhecida a decadência caso Maria não compareça em juízo no prazo legal para dar prosseguimento à ação penal;
D) deverá ser reconhecida a perempção caso Maria não compareça em juízo no prazo legal para dar prosseguimento à ação penal;
E) poderá Maria, diante do falecimento de Juliana, prosseguir na ação penal, que passará a ser classificada como privada subsidiária da pública.

↳ **Resolução:**
A) *Incorreta.* Nas ações penais privadas vigora o princípio da disponibilidade, sendo permitido aos herdeiros a continuidade da ação penal, que não terá, portanto, seguimento obrigatório.
B) *Incorreta.* O art. 24, § 1º, do CPP estabelece que, em caso de morte do ofendido, não se tratando de ação penal privada personalíssima, poderão retomá-la o CADI (cônjuge, ascendente, descendente ou irmão).
C) *Incorreta.* Não é caso de decadência, mas sim de perempção, nos termos do art. 60, II, do CPP.
D) *Correta.* É exatamente o que estabelece o art. 60, II, do CPP.
E) *Incorreta.* Não se trata de hipótese de ação penal privada subsidiária da pública, nos termos do art. 29 do CPP, eis que esta apenas é possível nos casos de ação penal pública, quando há inércia por parte do Ministério Público.

↗ **Gabarito: "D".**

7. COMPETÊNCIA

Competência nada mais é do que o **conjunto de regras** que asseguram o **princípio do juiz natural** e que **delimitam o exercício da jurisdição** pelos órgãos do Poder Judiciário. Assim, podemos resumir que a competência é a medida da jurisdição.

A competência pode se dar em razão da **matéria** (absoluta), da **pessoa** (absoluta) ou do **lugar** (relativa).

As primeiras regras de fixação de competência não são encontradas no Código de Processo Penal, mas sim na Constituição Federal. Isso porque, para definirmos a competência, a primeira pergunta a ser respondida é: **Qual é a Justiça competente?**

Para responder a essa pergunta, saiba que são dois os tipos de Justiça: a **Justiça Comum** e a **Justiça Especializada**. A Justiça Especializada é composta pela Justiça Militar Federal (**art. 124 da CF**), Justiça Militar Estadual (**art. 124, § 4º, da CF**) e Justiça Eleitoral. Já a Justiça Comum é composta pela Justiça Federal (**art. 109 da CF**) e pela Justiça Estadual (**competência residual**).

A regra básica de definição de competência determina que a Justiça Especializada sempre terá preferência sobre a Justiça Comum. Assim, para definir qual a Justiça é competente para julgamento de determinada ação penal, comece indagando se é a Justiça Militar Federal, depois a Justiça Militar Estadual, sendo seguida pela Justiça Eleitoral.

Não sendo caso de competência da Justiça Especializada, continue indagando se a competência é a Justiça Comum Federal. Se não for competência de nenhuma destas Justiças, a competência será da Justiça Comum Estadual, que tem **natureza residual**.

▶ **ATENÇÃO**

A **Justiça Militar Estadual** somente julgará militares, que praticarem crimes militares, em atividade típica militar. Assim, distintamente do que acontece com a Justiça Militar da União, a Justiça Militar Estadual nunca será competente para o julgamento de civis, ainda que tenham cometido crimes militares.

Para o estudo dirigido a concursos públicos devemos dar preferência ao estudo das hipóteses de competência da **Justiça Federal**, que estão previstas no **art. 109 da CF**, cuja leitura é obrigatória.

Para dinamizar os seus estudos, selecionamos as principais competências da Justiça Federal, que seguem na tabela abaixo:

Principais casos de competência da Justiça Federal Art. 109 da CF	
Julgamento dos **crimes políticos**	São aqueles previstos na Lei n. 7.170/84 (Lei de Segurança Nacional)

Principais casos de competência da Justiça Federal Art. 109 da CF	
Crimes contra **bens, serviços ou interesses da União, das empresas públicas federais** (Empresa de Correios e Telégrafos, por exemplo) **ou das autarquias federais** (INSS, por exemplo)	Nos termos da **Súmula 38 do STJ**, será de competência da Justiça Comum Estadual o julgamento de crime praticado contra Sociedade de Economia Mista Federal (como é o caso do Banco do Brasil)
Crimes **transnacionais**	É o caso dos crimes de Tráfico de Drogas, Tráfico de Pessoas etc. Veja que, nos termos da **Súmula 522 do STJ**, o crime de tráfico de drogas será de competência da Justiça Federal apenas se for transnacional
Crimes contra o Sistema Financeiro Nacional	É o caso, por exemplo, da prática de fazer câmbio ilegal para fins de evasão de divisas
Crimes praticados a bordo de navios ou aeronaves	Exceto se tratar-se de competência da Justiça Militar
Disputas sobre direitos indígenas	Nos termos da **Súmula 140 do STJ**, será competente a Justiça Federal apenas se tratar-se de crime que atinja a coletividade dos direitos indígenas

▶ **ATENÇÃO**

Observe que a competência da União se resume ao julgamento de **crimes** praticados contra bens, serviços ou interesses da União, empresas públicas federais ou autarquias federais, **não atingindo as contravenções penais praticadas contra estas vítimas.**

> **IMPORTANTE**
>
> É muito importante a leitura do **art. 109, § 5º, da CF**, que versa sobre o **Incidente de Deslocamento de Competência para a Justiça Federal** nos casos em que houver grave violação a Direitos Humanos. Observe que neste caso o único legitimado para suscitar o incidente é o **Procurador-Geral da República**, que o faz diretamente junto ao **Superior Tribunal de Justiça**, desde que comprove: a) Grave violação de Direitos Humanos; b) Risco de responsabilização internacional do país; c) Insuficiência declarada das Autoridades Locais. Se admitido o incidente e for ele julgado procedente, haverá o deslocamento da competência da Justiça Estadual para a Justiça Federal.

Superadas as hipóteses de competência da Justiça Federal, vamos analisar a competência do **Tribunal do Júri (art. 74, § 1º, do CPP e art. 5º, XXXVIII, da CF)**, que é competente para o julgamento dos **crimes dolosos contra a vida**.

> **IMPORTANTE**
>
> Se houver **conexão** entre um **crime doloso contra a vida** e algum outro crime, a competência para julgamento de ambos será do Tribunal do Júri.

> **ATENÇÃO**
>
> A **Súmula Vinculante 45 do STF** estabelece que o **foro por prerrogativa de função (foro privilegiado)** só prevalecerá sobre a competência do Tribunal do Júri se estiver previsto expressamente na Constituição Federal. Isso significa que, se estiver o foro privilegiado previsto apenas em Constituição Estadual, prevalecerá a competência do Tribunal do Júri para o julgamento dos crimes dolosos contra a vida.

Muito bem! Agora que definimos qual é a Justiça Competente para o julgamento, passemos à **análise de qual foro competente**. Para definirmos qual é o foro competente dentro de determinada Justiça, devemos nos valer das regras dos **arts. 70 e 71 do CPP**, que obedecerá aos seguintes critérios.

Regras Gerais de fixação do foro competente Arts. 70 e seguintes do CPP
Crime Consumado → Local de consumação da infração
Crime Tentado → Local em que foi praticado o último ato de execução
Se incerto o local de consumação → Local de domicílio ou residência do Réu
Se desconhecido o endereço do Réu → O juiz que primeiro tomar conhecimento dos fatos (juiz prevento)
Se não houver juiz prevento → Sorteio de distribuição

> **IMPORTANTE**
>
> Se tratar-se de **crime de ação penal privada**, poderá o querelante optar pelo juízo do local de consumação do crime, ou o juízo do domicílio do Réu.

Para finalizarmos as principais regras a respeito da fixação de competência no Processo Penal, passemos a analisar as regras mais importantes de **conexão e continência**:

Regras Gerais de Conexão e Continência Art. 76 e seguintes do CPP
Se houver conexão entre crime de competência da Justiça Especializada e outro de competência da Justiça Comum: Prevalecerá a competência da Justiça Especializada para o julgamento de ambos os crimes
Se houver conexão entre crime comum e crime de competência do Tribunal do Júri: Prevalecerá a competência do Tribunal do Júri para o julgamento de ambos os crimes

Regras Gerais de Conexão e Continência Art. 76 e seguintes do CPP
Se houver conexão entre crime de categorias diversas: Prevalecerá a competência do crime de maior categoria
Se houver conexão entre crimes de mesma categoria: Prevalecerá a competência do local do crime com pena mais grave
Se houver conexão entre crimes de mesma categoria e de mesma gravidade: Prevalecerá a competência do local com maior quantidade de condutas
Se houver conexão entre crimes de mesma categoria, de mesma gravidade e de mesmo número de categorias: Serão utilizadas as regras de prevenção para definição da competência

Passemos, por fim, à análise das principais regras de fixação de competência pelo **foro privilegiado (competência em razão da pessoa):**

Competência em razão da pessoa. Principais regras de fixação de competência em razão do foro por prerrogativa de função	
STF (art. 102, I, *b* e *c*, da CF)	Presidente da República
	Deputados Federais
	Senadores da República
	Ministros de Estado
STJ (art. 105, I, *a*, da CF)	Governadores
	Desembargadores dos Tribunais de Justiça
	Juízes dos Tribunais Regionais Federais
	Membros do Ministério Público que atuam no 2º Grau
Tribunal de Justiça (art. 29, X, e art. 96, III, da CF)	Prefeitos
	Juízes Estaduais
	Promotores de Justiça

Competência em razão da pessoa. Principais regras de fixação de competência em razão do foro por prerrogativa de função	
Tribunal Regional Federal (art. 108, I, da CF)	Juízes Federais
	Procuradores da República

> **ATENÇÃO**
>
> Fique atento ao teor da **Súmula 702 do STF**, que estabelece que a competência do Tribunal de Justiça para julgamento dos prefeitos se restringe aos crimes de competência da justiça comum estadual. Nos demais casos (crimes de competência da Justiça Federal ou Crimes Eleitorais), a competência será do Tribunal Regional Federal ou do Tribunal Regional Eleitoral.

7.1 Questões

1. **(FCC – TRF 4ª Região – Analista Judiciário – Área Judiciária)** Considere os seguintes fatos criminosos:

I. Paulo é acusado de crime de furto tentado, na forma simples, de equipamentos de informática pertencentes à Petrobrás, com pena prevista de 1 a 4 anos de reclusão e multa, com a redução de 1/3 a 2/3 pelo crime tentado.

II. Rodrigo, funcionário público federal, abandona o cargo que ocupa na cidade de Porto Alegre-RS, fora dos casos permitidos em lei, causando em decorrência deste fato prejuízo público, infringindo o tipo penal do art. 323, § 1º, do Código Penal, com pena prevista de detenção, de 3 meses a 1 ano, e multa.

III. Ronaldo é acusado de crime de desacato contra policial federal no Aeroporto de Guarulhos (art. 331 do Código Penal), com pena prevista de 6 meses a 2 anos de detenção, ou multa.

IV. Xisto, durante um procedimento licitatório promovido por empresa pública federal, devassa o sigilo de proposta apresentada, infringindo o tipo penal previsto no art. 94 da Lei

n. 8.666/1993, com pena prevista de 2 a 3 anos de detenção e multa.

É competente o Juizado Especial Federal Criminal para processamento e julgamento dos delitos indicados em:

A) I, II e III, apenas.
B) II e III, apenas.
C) I, II e IV, apenas.
D) I, III e IV, apenas.
E) I, II, III e IV.

↘ **Resolução:**

A) *Incorreta*. Os crimes praticados contra sociedades de economia mista federais, como é o caso da Petrobrás, são de competência da Justiça Estadual, nos termos da Súmula 556 do STF.
B) *Correta*. Isso porque os crimes praticados contra sociedades de economia mista federais, como é o caso da Petrobrás, são de competência da Justiça Estadual, nos termos da Súmula 556 do STF.
C) *Incorreta*. Os crimes praticados contra sociedades de economia mista federais, como é o caso da Petrobrás, são de competência da Justiça Estadual, nos termos da Súmula 556 do STF.
D) *Incorreta*. Os crimes praticados contra sociedades de economia mista federais, como é o caso da Petrobrás, são de competência da Justiça Estadual, nos termos da Súmula 556 do STF.
E) *Incorreta*. Os crimes praticados contra sociedades de economia mista federais, como é o caso da Petrobrás, são de competência da Justiça Estadual, nos termos da Súmula 556 do STF.

↗ **Gabarito: "B".**

2. **(FGV – TRF 4ª Região – Analista Judiciário – Oficial de Justiça Avaliador)** O Código de Processo Penal prevê uma série de institutos aplicáveis às ações penais de natureza privada. Paulo, empresário, foi sequestrado por cinco indivíduos brasileiros na cidade de Itapema-SC. De lá, Paulo foi levado para Florianópolis e embarcou com destino à cidade de Caxias do Sul-RS, em um avião clandestino. Quando chegaram em Caxias do Sul, a vítima foi levada ao cativeiro e os sequestradores iniciaram contato com a família para o resgate, mas acabaram presos 48 horas depois pela polícia do estado do Rio Grande do Sul na cidade de Porto Alegre, onde receberiam o pagamento do resgate. A vítima, que acompanhava os sequestradores, foi libertada em Porto Alegre. Neste caso específico, caracterizado o crime permanente, a competência para processar e julgar os cinco sequestradores:

A) é da comarca de Itapema, onde Paulo foi arrebatado.
B) é da comarca de Caxias do Sul, onde Paulo ficou em cativeiro e de onde partiram os contatos com a família para o resgate.
C) firmar-se-á pela prevenção e pode ser das comarcas de Itapema, Florianópolis, Caxias do Sul ou Porto Alegre.
D) é da comarca de Florianópolis, onde a vítima embarcou em um avião clandestino.
E) é da comarca de Porto Alegre, local de pagamento do resgate e libertação da vítima, e onde os sequestradores foram presos.

↘ **Resolução:**

A) *Incorreta*. Trata-se de hipótese de crime continuado, cujo juízo competente é definido segundo as regras de prevenção, nos termos do art. 71 do CPP.
B) *Incorreta*. Ver comentário à alternativa "A".
C) *Correta*. Ver comentário à alternativa "A".
D) *Incorreta*. Ver comentário à alternativa "A".
E) *Incorreta*. Ver comentário à alternativa "A".

↗ **Gabarito: "C".**

3. **(CESPE – TRE PR – Analista Judiciário – Área Judiciária)** Em ano sem eleições, João, durante crise de ciúmes, destruiu o título de eleitor de sua esposa, Maria, para causar-lhe transtornos e dificultar que ela obtivesse passaporte. Após queixa de Maria, foi instaurado inquérito policial para a apuração de crime.

Nessa situação hipotética, de acordo com a atual jurisprudência dos tribunais superiores, eventual ação penal deverá ser proposta na:

A) justiça estadual, por se tratar de crime de destruição de documento público.
B) justiça federal ou justiça eleitoral, por aplicação da regra da prevenção.
C) justiça federal, por se tratar de crime de destruição de documento público federal.

D) justiça estadual, por não estar o crime vinculado a pleito eleitoral.

E) justiça eleitoral, por se tratar de crime de destruição de documento relativo à eleição.

↘ Resolução:

A) *Incorreta*. A competência é da Justiça Federal, nos termos do art. 109, IV, da CF.

B) *Incorreta*. A competência é da Justiça Federal, nos termos do art. 109, IV, da CF. Sobre a competência da Justiça Eleitoral, a 3ª Turma do STJ já estabeleceu (Informativo 555) que a competência apenas seria da Justiça Eleitoral caso a prática do crime tivesse vinculação com pleitos eleitorais, o que não é o caso da questão.

C) *Correta*. Ver comentário à alternativa "A".

D) *Incorreta*. Ver comentário à alternativa "A".

E) *Incorreta*. Ver comentário à alternativa "B".

↗ Gabarito: "C".

8. QUESTÕES PREJUDICIAIS E PROCESSOS INCIDENTES

8.1. Questões prejudiciais

As questões prejudiciais estão previstas nos **arts. 92 a 94 do CPP**, subdividindo-se em:

- Questões prejudiciais obrigatórias;
- Questões prejudiciais facultativas.

Para explicar de uma forma simplificada, poderíamos afirmar que as **questões prejudiciais são incidentes que podem influenciar na tomada de decisão pelo juiz criminal**, pois que dependem de fatos a serem depurados na justiça cível.

As **questões prejudiciais obrigatórias (art. 92 do CPP)** são aquelas em que o juiz criminal é **obrigado** a suspender o andamento da ação penal (suspendendo-se também a prescrição), até o trânsito em julgado de decisão cível em que se discute questão relacionada a **estado civil da pessoa**.

É o que acontece, por exemplo, quando o julgamento do crime de **bigamia** depender de decisão no juízo cível que se defina se um dos casamentos foi ou não anulado. Veja que nesse caso o resultado da ação cível influenciará de maneira decisiva a decisão na justiça penal.

Isso porque, sendo um dos casamentos anulados, não teremos a configuração do tipo penal e bigamia.

Nesses casos, tratando-se de ação penal por pública, e ainda não proposta a ação cível obrigatória, deverá ela ser proposta pelo Ministério Público **(art. 92, parágrafo único, do CPP)**.

Já nas **questões prejudiciais facultativas (art. 93 do CPP)** a dúvida envolve questão sobre circunstância ou elementar do crime, **não relacionada ao estado civil dos envolvidos**, razão pela qual nestas hipóteses compete ao juiz criminal a faculdade de suspender ou não o andamento da ação penal.

Nesse caso, é **obrigatória a já existência da respectiva ação cível**, bem como que a suspensão não precisa ser necessariamente até o trânsito em julgado da ação cível, como ocorre nas hipóteses de prejudicialidade obrigatória.

É o caso, por exemplo, de uma ação penal de furto, em que se suspende o seu andamento para aguardar o julgamento cível de processo em que se questiona a propriedade da *res furtiva*.

Em **qualquer dos casos**, antes de promover a suspensão da ação, poderá o juiz determinar a **inquirição das testemunhas, bem como outras providências de natureza urgente**, sendo que da decisão que denegar o pedido de suspensão não cabe nenhum recurso, nos termos do **art. 93, § 2º, do CPP**.

> **ATENÇÃO**
>
> A questão prejudicial será obrigatória quando envolver dúvida sobre o **estado civil das pessoas**. Nos demais casos, a prejudicialidade será apenas facultativa.

8.2 Exceções e processos incidentes

As exceções e processos incidentes estão previstos nos **arts. 95 a 154 do CPP**.

São os principais processos incidentes.

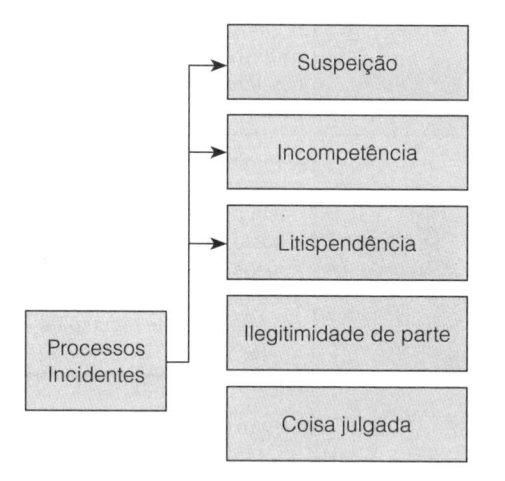

Processos Incidentes:
- Suspeição
- Incompetência
- Litispendência
- Ilegitimidade de parte
- Coisa julgada

Eles devem ser **autuados em apartado** (art. 396-A, § 1º, do CPP, e se dividem em exceções dilatórias ou peremptórias:

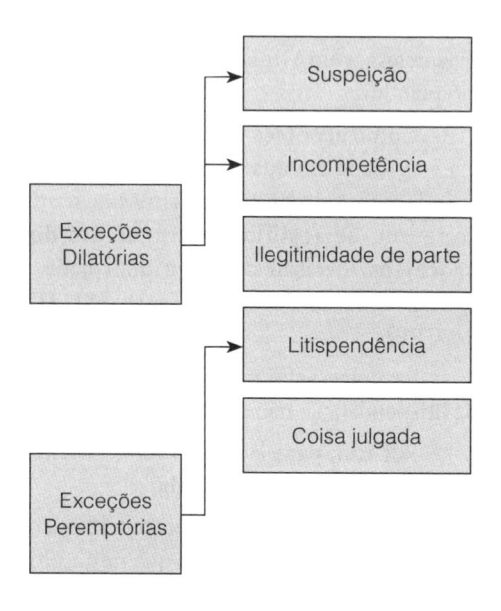

Exceções Dilatórias:
- Suspeição
- Incompetência
- Ilegitimidade de parte

Exceções Peremptórias:
- Litispendência
- Coisa julgada

As **exceções dilatórias** são aquelas que, uma vez reconhecidas, conduzem à extinção do processo, ao passo que as peremptórias não possuem esta capacidade.

Vamos começar, então, pela exceção de **suspeição**, prevista a partir do **art. 96 do CPP**. Ela é a mais importante das exceções, pois é a que justamente precederá todas as demais, exceto motivo superveniente.

É cabível a exceção de suspeição:

Cabimento da exceção de Suspeição
Contra os magistrados
Contra os peritos
Contra os membros do Ministério Público
Contra os intérpretes
Contra os demais servidores da Justiça

Ela pode ser reconhecida de ofício pelo juízo ou suscitada por alguma das partes (defesa, MP ou assistentes), sendo que para os advogados são exigidos poderes especiais.

E o que acontece se o juiz não reconhecer a exceção de suspeição suscitada em face dele? E se a reconhecer?

Exceção de suspeição em face do juiz	
Se admitir a exceção de suspeição	Deve se declarar suspeito e remeter os Autos para o seu substituto
Se não admitir a exceção de suspeição	Deverá autuá-la em apartado, devendo decidir no prazo de 3 dias. Pode arrolar testemunhas, e os Autos da exceção devem ser encaminhados para julgamento no Tribunal

Uma vez que os Autos da exceção foram encaminhados para o Tribunal, o processo criminal não se suspenderá, salvo decisão específica do Tribunal em sentido contrário. Uma vez que o Tribunal tenha acolhido a exceção de suspeição, deverão os atos praticados pelo suspeito serem declarados nulos, nos termos do **art. 101 do CPP**.

E se a arguição de suspeição for feita em face do membro do Ministério Público?

Exceção de suspeição em face do membro do MP	
Se suscitada pelas partes	Caberá ao juiz decidir
Se declarada pelo juiz, de ofício	Autos devem ser encaminhados para o Tribunal, para julgamento da exceção de suspeição

No caso de a arguição de suspeição recair sobre peritos, intérpretes ou demais serventuários da justiça, caberá ao juiz decidir sobre ela.

▶ **IMPORTANTE**

A Autoridade Policial não está sujeita a oposição de suspeição, mas deve se declarar suspeita de ofício, se for o caso, nos termos do **art. 107 do CPP**.

Feitos estes apontamentos sobre a exceção de suspeição, passemos agora à exceção de **incompetência do juízo (art. 108 do CPP).**

Essa exceção de incompetência também deverá ser autuada em Autos apartados, podendo ser declarada de ofício pelo juiz (*declinatoria fori*), ou ser suscitada pela Defesa. O Ministério Público apenas poderá suscitar incompetência do juízo nas Ações Penais Privadas, quando atua como fiscal da lei, mas deve ser ouvido em todos os demais casos.

Os assistentes de acusação estão impedidos de suscitarem incompetência do juízo.

E como se dá o julgamento desta exceção?

Exceção de Incompetência do Juízo	
Se julgada procedente	Juiz que receber os Autos analisa se ratifica ou não os atos já praticados **(art. 108, § 1º, do CPP)**. Ele também poderá suscitar **conflito negativo de competência**, nos termos do **art. 113 do CPP**
Se julgada improcedente	O processo criminal continua normalmente, sendo que desta decisão não cabe recurso, podendo ser apenas questionada em sede de *habeas corpus* ou em preliminar de recurso de apelação

Muito bem! Vamos, então, estudar a **exceção de litispendência.**

Litispendência nada mais é do que a existência de **acusações repetidas**, versando sobre os mesmos fatos, e que **ainda estão pendentes de julgamento**. Ela pode ser suscitada a qualquer tempo (não tem prazo) pela defesa, pelo Ministério Público e de ofício pelo juiz.

Como acontece nas demais exceções, ela é autuada em apartado e não suspende o andamento do processo criminal, sendo certo que, **se acolhida, extingue um dos processos**, decisão contra a qual cabe o Recurso em Sentido Estrito **(art. 581, III, do CPP).**

Se, entretanto, não acolhida a exceção de litispendência, não cabe nenhum recurso.

Por fim, para encerrarmos este tema, vamos tratar da **Coisa Julgada.**

A principal diferença entre a litispendência e a coisa julgada é de que nesta última **o réu já foi definitivamente julgado, ou seja, já transitou em julgado a sentença penal.**

Para identificação de hipótese de coisa julgada, é importante observar que é o fato natural objeto do processo que está se repetindo em novo processo, e não a qualificação jurídica, que inclusive pode ser diferente.

E quais os efeitos da Coisa Julgada? Depende!

Se transitou em julgado sentença **absolutória**, ela não mais poderá ser rediscutida, nem no caso de surgirem provas novas. Já na hipótese de trânsito em julgado de sentença penal **condenatória**, poderá ela ser discutida mesmo após a morte do condenado, por meio da chamada **Revisão Criminal (art. 621 do CPP).**

8.3 Questões

1. **(FCC – TRF 4ª Região – Analista Judiciário – Área Judiciária)** Exceção de suspeição de magistrado deve ser julgada procedente quando o juiz:

A) permitiu, antes do recebimento da denúncia, dilação de prazo para conclusão do inquérito policial.

B) prolatou sentença em feito desmembrado.

C) já proferiu, em outros processos, decisões desfavoráveis ao excipiente.

D) não acolheu pretensão do excipiente em relação à suposta parcialidade da Procuradora da República.

E) for acionista de sociedade interessada no processo.

↘ Resolução:

A) *Incorreta*. Não é caso de suspeição previsto no art. 254 do CPP.

B) *Incorreta*. Ver comentário à alternativa "A".

C) *Incorreta*. Ver comentário à alternativa "A".

D) *Incorreta*. Ver comentário à alternativa "A".

E) *Correta*. É caso de suspeição prevista no art. 254, VI, do CPP.

↗ Gabarito: "E".

2. **(CESPE – TJDFT – Analista Judiciário – Área Judiciária)** A respeito do inquérito policial e da ação penal, julgue os itens seguintes.

A participação de membro do MP na fase investigatória criminal não acarreta seu impedimento ou suspeição para o oferecimento da denúncia.

( ) Certa.
( ) Errada.

↘ Resolução:

A simples participação do membro do Ministério Público na fase de investigação não lhe torna automaticamente suspeito para atuar na futura ação penal, conforme, inclusive, já decidiu o STJ por meio da Súmula 234.

↗ Gabarito: "Certa".

3. **(CESPE – STJ – Analista Judiciário – Área Judiciária)** Com base no direito processual penal, julgue os itens subsecutivos. Nesse sentido, considere que a sigla CPP, sempre que utilizada, refere-se ao Código de Processo Penal.

Caso um advogado experiente, que patrocina a defesa de acusado da prática de crime hediondo, intencionalmente profira, durante a instrução criminal, injúrias contra o magistrado, e isso provoque animosidade circunstancial entre ambos, mesmo assim, nos termos do CPP, a suspeição não poderá ser declarada.

( ) Certa.
( ) Errada.

↘ Resolução:

É esse o teor do art. 256 do CPP, que estabelece que a suspeição não poderá ser declarada nem reconhecida quando a parte injuriar o juiz ou de propósito der motivo para criá-la.

↗ Gabarito: "Certa".

9. PROVAS

A displicina das provas no processo penal é uma das mais extensas do nosso Código, iniciando-se no **art. 155 do CPP.**

Sobre esta temática, você precisa compreender que as provas no processo penal possuem um objetivo específico: **formar o convencimento do juiz.**

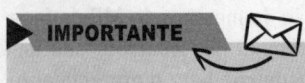

> **IMPORTANTE**
>
> Vigora no Brasil o **sistema da livre convicção motivada** (que se opõe ao sistema da prova tarifada) em que o juiz é livre para analisar o conjunto probatório, desde que de forma amplamente justificada.

E as **provas colhidas durante a investigação policial?** Devem elas ser consideradas? Em regra, não, SALVO com relação às provas cautelares, não repetíveis e antecipadas. De qualquer forma, **não poderá o juiz fundamentar uma sentença condenatória com lastro apenas em elementos probatórios colhidos na fase policial.**

No processo penal, o ônus da prova incumbe a quem fizer a alegação. Assim, competente à acusação (Ministério Público ou Querelante) a comprovação de que o crime aconteceu e que o acusado é dele o autor, mas se a tese defensiva, por exemplo, for de legítima defesa, caberá à defesa prová-la durante o processo.

Antes de adentrarmos na análise dos principais aspectos sobre as provas em espécie, vamos tecer alguns breves comentários a respeito da **prova ilegal.**

As provas ilegais são **inadmissíveis** no processo e, uma vez que já tenham sido juntadas, devem ser **desentranhadas**, nos termos do **art. 157 do CPP** e do **art. 5º, LVI, da CF.**

As provas ilegais se dividem em provas ilícitas e provas ilegítimas:

Provas ilícitas	Provas ilegítimas
São aquelas produzidas com violação a **direito material**	São aquelas produzidas com violação a **direito processual**
Exemplo: Interceptação telefônica realizada sem autorização judicial	Exemplo: Perícia realizada por apenas um perito não oficial

Ainda, sobre as provas ilegais, vale muito a leitura do **art. 157, § 1º, do Código de Processo Penal**, que trata da **prova ilícita por derivação**, em franca aplicação da conhecida **teoria dos frutos da árvore envenenada**.

Segundo esta teoria, **as provas que derivem das ilícitas também devem ser consideradas ilícitas**, exceto em duas hipóteses:

- Não houver **nexo de causalidade** entre elas;
- Quando as provas derivadas pudessem ser obtidas por meio de fontes independentes.

Muito bem! Agora que tratamos a teoria geral da prova, vamos analisar os principais aspectos das mais importantes provas em espécie, resumidas no quadro abaixo:

	Provas em Espécie
1) Prova Pericial	Prevista nos **arts. 158 a 184 do CPP**
	Realizada por um único perito oficial (não se aplica mais a Súmula 361 do STF)
	Se não houver perito oficial, o juiz deverá nomear duas pessoas habilitadas e idôneas para a realização do exame
	O juiz não se vincula ao teor do Laudo Pericial **(art. 182 do CPP)**
2) Exame de corpo de delito	É **obrigatório** nos crimes que deixam vestígios **(art. 158 do CPP)**, sob pena de nulidade processual **(art. 564, III, b, do CPP)**
	Se os vestígios desaparecerem, a falta do exame pode ser suprida pela prova testemunhal, mas não apenas pela confissão **(art. 167 do CPP)**

	Provas em Espécie
3) Interrogatório Judicial	Previsto nos **arts. 185 a 200 do CPP**
	Em regra, será o último ato da instrução (existem exceções, por exemplo, na Lei de Drogas – **art. 57 da Lei n. 11.343/2006)**
	O Réu pode ficar em silêncio, e isso não pode ser interpretado em seu desfavor **(art. 186, parágrafo único, do CPP)**
	Advogado deve estar presente, e tem o direito de se entrevistar previamente de forma reservada com o Réu
	Nos termos da **Súmula 545 do STJ**, haverá atenuante de pena para o Réu que confessar voluntariamente
4) Oitiva do ofendido	Previsão no **art. 201 do CPP**
	Se o ofendido não comparecer voluntariamente, poderá ser conduzido coercitivamente **(art. 201, § 1º, do CPP)**
	Deve ser comunicado dos atos processuais, entrada e saída do Condenado da Prisão, realização de audiências e sentenças
5) Prova testemunhal	Arts. 202 a 225 do CPP
	Testemunha deve prestar o compromisso de dizer a verdade, respondendo pelo crime de falso testemunho em caso de mentir em seu depoimento
	Os ascendentes, descendentes, os afins em linha reta, o cônjuge (ainda que desquitado), o irmão e o pai, a mãe ou o filho adotivo do acusado **podem se eximir da obrigação de depor (art. 206 do CPP)**
	Deficientes mentais e menores de 14 (quatorze) anos **não prestam o compromisso (art. 208 do CPP)**
	Podem prestar depoimento por escrito: Presidente da República, Vice-Presidente da República, Presidente da Câmara dos Deputados e Presidente do Senado Federal **(art. 221, § 1º, do CPP)**
6) Acareação	Arts. 229 e 230 do CPP
	Cabível quando houver divergência sobre fatos ou circunstâncias relevantes
	Pode acontecer: entre acusados, entre acusado e vítima, entre testemunha e vítima, entre testemunhas ou entre vítimas
7) Busca e Apreensão Domiciliar	**Arts. 240 a 250 do CPP** e **art. 5º, XI, da CF**
	O domicílio é considerado asilo inviolável do indivíduo, somente sendo admitida a violação em caso de: flagrante delito, para prestar socorro, em caso de desastre ou em cumprimento de mandado judicial
	Se a violação do domicílio ocorrer em cumprimento de ordem judicial, apenas poderá acontecer durante o dia
	A Busca pessoal não depende de mandado judicial, bastando para tanto a mera suspeita

Provas em Espécie	
8) Interceptação Telefônica	Prevista na **Lei n. 9.296/96**
	Somente permitida se decretada por juiz criminal
	Apenas para instruir Ação Penal ou para a investigação de crime
	Crime deve ser punido com reclusão
	Não deve haver outro meio de prova possível
	Deve haver suficientes indícios de autoria e materialidade
	Prazo de 15 dias, prorrogáveis por mais 15 dias

9.1 Questões

1. **(FCC – TRF 4ª Região – Analista Judiciário – Área Judiciária)** No que se refere ao regime das provas em processo penal, assinale a opção correta.

A) A testemunha pode se eximir do dever de prestar depoimento se for ascendente, descendente, cônjuge, companheiro, irmão, pai ou mãe do acusado ou da vítima, salvo se não for possível, por outro modo, obter a prova do fato e de suas circunstâncias.

B) O interrogatório do surdo-mudo será, necessariamente, acompanhado de pessoa habilitada a entendê-lo, ainda que o interrogando saiba ler e escrever.

C) Embora não sejam admitidas em juízo, as correspondências particulares obtidas por meios criminosos podem ser exibidas pelo respectivo destinatário se servirem à defesa de direito seu, ainda que não haja consentimento de seu interlocutor.

D) A busca domiciliar deve ser precedida da expedição de mandado apenas no caso de a própria autoridade policial ou judiciária não a realizar pessoalmente.

E) Os exames de corpo de delito devem ser realizados por dois peritos oficiais, portadores de diploma de curso superior e, na falta de perito oficial, por duas pessoas idôneas, com ensino superior completo.

↳ **Resolução:**

A) *Incorreta*. O art. 206 do CPP estabelece, na verdade, que a testemunha não poderá eximir-se da obrigação de depor. As exceções ficam por conta do ascendente ou descendente, o afim em linha reta, o cônjuge, ainda que desquitado, o irmão e o pai, a mãe, ou o filho adotivo do acusado, salvo quando não for possível, por outro modo, obter-se ou integrar-se a prova do fato e de suas circunstâncias, não havendo, portanto, qualquer exceção desta espécie com relação à vítima.

B) *Incorreta*. O art. 192, III, do CPP estabelece a possibilidade do interrogatório do surdo-mudo ser feito por escrito.

C) *Correta*. É exatamente o que estabelece o art. 233, parágrafo único, do CPP.

D) *Incorreta*. Estabelece o art. 245 do CPP que as buscas domiciliares serão executadas de dia, salvo se o morador consentir que se realizem à noite, e, antes de penetrarem na casa, os executores mostrarão e lerão o mandado ao morador, ou a quem o represente, intimando-o, em seguida, a abrir a porta. Se a própria autoridade der a busca, declarará previamente sua qualidade e o objeto da diligência.

E) *Incorreta*. Estabelece o art. 159 do CPP que basta um perito oficial para realizar o exame pericial.

↗ **Gabarito: "C".**

2. **(CESPE – TJDFT – Analista Judiciário – Área Judiciária)** Julgue o item subsequente, em relação à prova, ao instituto da interceptação telefônica e à citação por hora certa. Conforme a teoria dos frutos da árvore envenenada, adotada pelo Código de Processo Penal, a prova ilícita produzida no processo criminal tem o condão de contaminar todas as provas dela decorrentes, devendo, entretanto, ficar evidenciado o nexo de causalidade entre

elas, considerando-se válidas, ademais, as provas derivadas que possam ser obtidas por fonte independente da prova ilícita.

( ) Certa.
( ) Errada.

↳ **Resolução:**
É exatamente isso o que dispõe o art. 157, §§ 1º e 2º, do CPP, a respeito da prova ilícita por derivação, também conhecida por teoria dos frutos da árvore envenenada.

↗ **Gabarito: "Certa".**

3. **(CESPE – TRE-GO – Analista Judiciário – Área Judiciária)** Considerando que, em audiência de instrução e julgamento à qual compareceu a mãe do acusado como testemunha de acusação arrolada pelo Ministério Público, a defesa tenha, imediatamente, suscitado questão de ordem requerendo ao juiz que não tomasse seu depoimento por notório impedimento, julgue o próximo item conforme as normas previstas no Código de Processo Penal sobre provas.

Nessa situação, o juiz deve indeferir a questão de ordem suscitada pela defesa, mas deve informar à mãe do réu que ela pode abster-se de depor e que, mesmo que tenha interesse em prestar seu depoimento, não estará compromissada a dizer a verdade.

( ) Certa.
( ) Errada.

↳ **Resolução:**
É o que dispõem os arts. 206 e 208 do CPP.

↗ **Gabarito: "Errada".**

10. MEDIDAS CAUTELARES PESSOAIS

As medidas cautelares pessoais são aquelas decretadas pelo juiz no curso de uma ação penal ou de uma investigação criminal e podem ou não estar relacionadas com o cerceamento da liberdade individual.

As que não estão relacionadas com decretos de prisão são elencadas no **art. 319 do CPP**, devendo sempre ter preferência sobre as que envolvem o enclausuramento dos indivíduos ainda não condenados definitivamente.

São medidas cautelares do **art. 319 do CPP:**

Medidas cautelares pessoais que não envolvem restrição à liberdade de locomoção Art. 319 do CPP
1) Comparecimento periódico em juízo
2) Proibição de frequentar determinados locais (para evitar o risco de novas infrações)
3) Proibição de manter contato com determinada pessoa
4) Proibição de se ausentar da comarca
5) Recolhimento domiciliar noturno e/ou nos dias de folga
6) Suspensão do exercício de função pública ou atividade econômica
7) Internação provisória em caso de crime violento ou com grave ameaça praticado por acusado inimputável ou semi-imputável
8) Fiança
9) Monitoramento eletrônico

Não sendo suficientes para a garantia do processo nenhuma das medidas cautelares acima elencadas, ou, tendo elas sido decretadas pela Autoridade Judicial, foram desrespeitadas pelo acusado, será o caso de decretação de prisão preventiva, conforme estudaremos adiante.

É importante que você saiba que as prisões cautelares podem ser realizadas em **qualquer dia da semana, tanto de dia como de noite, salvo se para tanto houver a necessidade de violação domiciliar, oportunidade em que poderá ocorrer apenas durante o dia**.

Para efetivação da prisão só é admitido o **uso de força** quando for indispensável para o sucesso da diligência, bem como nos casos de resistência ou tentativa de fuga.

É admitido o **uso de algemas?** Para responder a esta questão, é de primordial importância a análise da **Súmula Vinculante 11 do STF**, que estabelece ser lícito o uso de algemas nos casos de resistência, fundado receio de fuga ou perigo à integridade física do preso ou de terceiros, desde que justificada a medida por escrito, sob pena de responsabilização civil, penal e disciplinas dos agentes, além da nulidade da prisão.

> **ATENÇÃO**
>
> Qualquer dos casos, os presos provisórios devem ficar separados dos presos definitivos.

Agora que já falamos sobre as medidas cautelares do **art. 319 do CPP**, vamos tratar das três espécies de prisões cautelares: **prisão em flagrante, prisão preventiva e prisão temporária.**

Para facilitar seus estudos, elaboramos as tabelas abaixo, que contêm os principais aspectos que diferenciam cada uma destas prisões cautelares:

	Prisões Cautelares
1) Prisão em Flagrante	Arts. 301 a 310 do CPP
	Não depende de mandado judicial
	Flagrante próprio (real): é aquele em que o agente é flagrado durante a infração, ou logo quando acabou de cometê-la
	Flagrante impróprio (quase-flagrante): é aquele em que o agente é **perseguido** de forma contínua, logo após a infração
	Flagrante presumido (ficto): é aquele em que o agente é flagrado logo depois do crime, em poder de objetos que façam presumir ser ele o autor do crime
	Flagrante preparado: é aquele forjado, em que há intervenção de um terceiro na vontade do agente, que almeja a realização da prisão. É **inválido**, por ser considerado crime impossível **(Súmula 145 do STF)**
	Flagrante esperado: nesse caso, não há interferência na vontade do agente, mas sim mera vigilância. É válido, nos termos da **Súmula 567 do STJ**
	Flagrante retardado: é aquele previsto na Lei de Drogas **(art. 53, II, da Lei n. 11.343/2006)** e na Lei das Organizações Criminosas **(art. 3º, III, da Lei n. 12.850/2013)**
	A prisão em flagrante deve ser **comunicada** ao **juiz**, ao **Ministério Público** e à **pessoa indicada** pelo preso. Se não tiver advogado constituído, é indispensável a comunicação à **Defensoria Pública**
	O juiz, ao receber os Autos da Prisão em Flagrante, poderá **(art. 310 do CPP):** a) **Relaxar a prisão**, se entender que ela é ilegal b) Conceder a **Liberdade Provisória**, se ausentes os requisitos dos arts. 312 e 313 do CPP c) Converter a prisão em flagrante em **prisão preventiva,** se presentes os requisitos dos arts. 312 e 313 do CPP
2) Prisão Preventiva	Arts. 311 a 316 do CPP
	Pode ser decretada apenas **decisão judicial**, devidamente fundamentada
	Juiz pode decretar: a) Na **Fase de Inquérito Policial:** apenas atendendo a requerimento das partes ou representação da Autoridade Policial (não pode decretar de ofício) b) Na **fase de Ação Penal:** pode decretar **também de ofício**

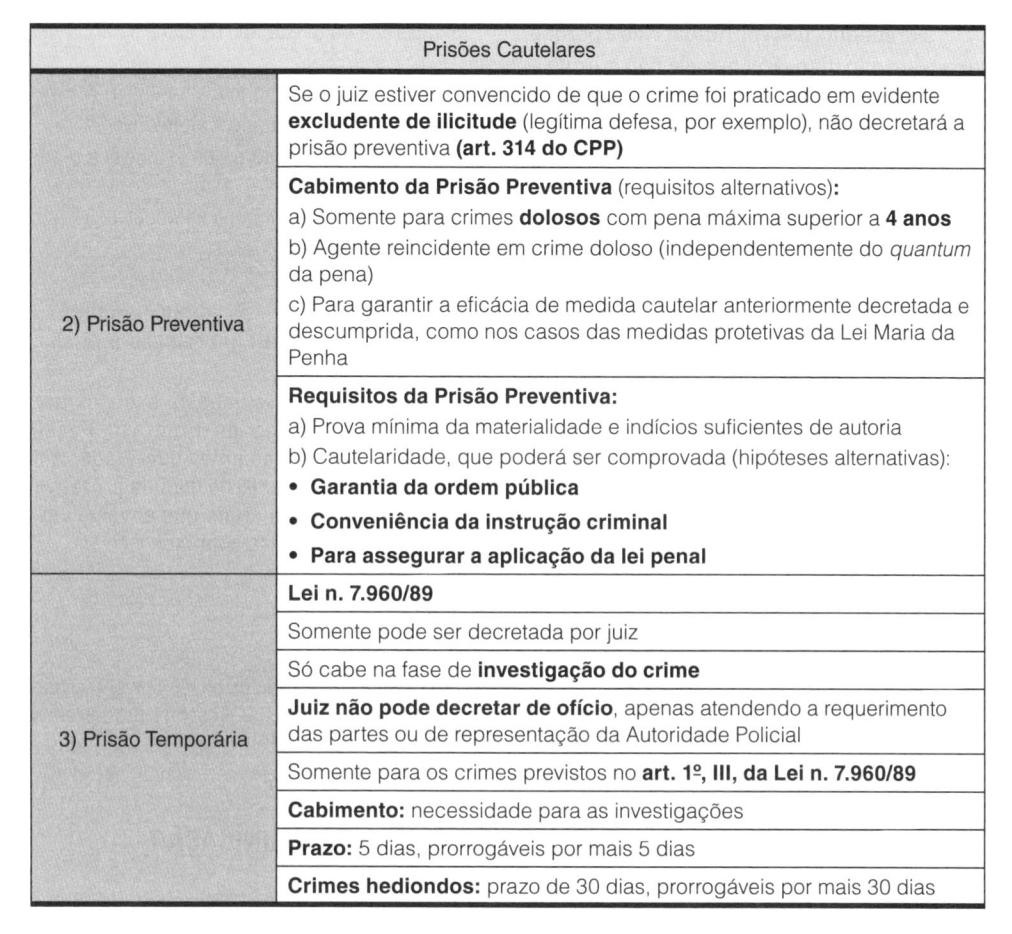

Prisões Cautelares	
2) Prisão Preventiva	Se o juiz estiver convencido de que o crime foi praticado em evidente **excludente de ilicitude** (legítima defesa, por exemplo), não decretará a prisão preventiva **(art. 314 do CPP)**
	Cabimento da Prisão Preventiva (requisitos alternativos)**:** a) Somente para crimes **dolosos** com pena máxima superior a **4 anos** b) Agente reincidente em crime doloso (independentemente do *quantum* da pena) c) Para garantir a eficácia de medida cautelar anteriormente decretada e descumprida, como nos casos das medidas protetivas da Lei Maria da Penha
	Requisitos da Prisão Preventiva: a) Prova mínima da materialidade e indícios suficientes de autoria b) Cautelaridade, que poderá ser comprovada (hipóteses alternativas): • **Garantia da ordem pública** • **Conveniência da instrução criminal** • **Para assegurar a aplicação da lei penal**
3) Prisão Temporária	Lei n. 7.960/89
	Somente pode ser decretada por juiz
	Só cabe na fase de **investigação do crime**
	Juiz não pode decretar de ofício, apenas atendendo a requerimento das partes ou de representação da Autoridade Policial
	Somente para os crimes previstos no **art. 1º, III, da Lei n. 7.960/89**
	Cabimento: necessidade para as investigações
	Prazo: 5 dias, prorrogáveis por mais 5 dias
	Crimes hediondos: prazo de 30 dias, prorrogáveis por mais 30 dias

Para finalizarmos o estudo das Medidas Cautelares Pessoais, vamos tratar do instituto da **liberdade provisória, que pode vir acompanhada ou não do pagamento de fiança.**

É fato que, estando ausentes os requisitos de decretação da prisão preventiva, deverá o juiz conceder a liberdade provisória, mediante a imposição de medida cautelar diversa, conforme aquelas elencadas no **art. 319 do CPP** (verifique que a fiança é uma delas).

> **ATENÇÃO**
>
> O Delegado de Polícia poderá arbitrar fiança nos crimes com pena máxima de **até 4 anos.** Nos demais casos, o arbitramento da fiança dependerá de decisão judicial.

Nem todos os crimes admitem o pagamento de fiança para que o acusado responda ao processo em liberdade. A Constituiçao Federal elenca como crimes inafiançáveis:

Crimes Inafiançáveis Art. 323 do CPP
Tráfico de entorpecentes e drogas afins
Terrorismo
Tortura
Crimes hediondos (**Lei n. 8.072/90**)
Racismo
Ação de grupos armados, civis ou militares, contra a ordem constitucional e o Estado Democrático de Direito

No entanto, não confunda! Não é porque um crime é inafiançável que ele não admite a liberdade provisória. Na verdade, os crimes inafiançáveis admitem a concessão de liberdade provisória, desde que venha acompanhada de outra ou outras medidas cautelares do **art. 319 do CPP** (com exceção da fiança).

10.1 Questões

1. (CONSULPLAN – TRF 2ª Região – Analista Judiciário – Área Judiciária) Poderá o juiz substituir a prisão preventiva pela domiciliar quando o agente for:

A) Maior de 70 anos.
B) Imprescindível aos cuidados de pessoa menor de 7 anos de idade.
C) Gestante, apenas a partir do 7º mês de gravidez ou sendo esta de alto risco.
D) Homem, caso seja o único responsável pelos cuidados do filho de até doze anos de idade incompletos.

↘ **Resolução:**

A) *Incorreta*. Na verdade, apenas seria o caso de prisão domiciliar para agente maior de 80 anos, nos termos do art. 318, I, do CPP.
B) *Incorreta*. Seria o caso de prisão domiciliar no caso de agente imprescindível aos cuidados especiais de pessoa menor de 6 anos de idade ou com deficiência, nos termos do art. 318, III, do CPP.
C) *Incorreta*. A prisão domiciliar poderá ser concedida a qualquer gestante, independentemente do período em que se encontra a gestação, nos termos do art. 318, IV, do CPP.
D) *Correta*. É exatamente o que estabelece o art. 318, VI, do CPP.

↗ **Gabarito: "D".**

2. (FGV – TJPI – Analista Judiciário – Área Judiciária) O crime que admite a decretação de prisão temporária, quando observados os demais requisitos legais, é:

A) homicídio privilegiado;
B) epidemia culposa;
C) adulteração de substância medicinal;
D) envenenamento de substância alimentícia;
E) tortura.

↘ **Resolução:**

A) *Incorreta*. Não há qualquer previsão para prisão temporária para este tipo de crime no art. 1º da Lei n. 7.960/89.
B) *Incorreta*. Ver comentário à alternativa "A".
C) *Incorreta*. Ver comentário à alternativa "A".
D) *Correta*. É exatamente o que estabelece o art. 1º, III, *j*, do CPP.
E) *Incorreta*. Ver comentário à alternativa "A".

↗ **Gabarito: "D".**

3. (CESPE – TJDFT – Analista Judiciário – Área Judiciária) Com relação à prisão, julgue o próximo item.

A prisão preventiva, medida excepcional, nos termos do Código de Processo Penal, pode ser automaticamente decretada em caso de descumprimento de medida protetiva de urgência relativa a crime que envolva violência doméstica contra a mulher.

( ) Certa.
( ) Errada.

↘ **Resolução:**

No caso, a decretação da prisão preventiva não é automática, devendo estar presentes os requisitos dos arts. 312 e 313 do CPP.

↗ **Gabarito: "Errada".**

11. ATOS DE COMUNICAÇÃO PROCESSUAL

Para que as partes tenham conhecimento dos atos processuais, a comunicação dentro do processo ocorrerá de acordo com sua finalidade, podendo ser realizada por meio da citação, intimação ou notificação, efetivando as garantias constitucionais do devido processo legal e da ampla defesa.

11.1 Citação

O art. 5º, LV, da CF preconiza que a citação é uma garantia constitucional, a fim de assegurar ao acusado o direito à ampla defesa e ao contraditório. A citação é composta de dois elementos básicos: a **cientificação** do inteiro teor da acusação e o **chamamento do acusado** para apresentar sua defesa. Logo, a ausência de citação acarretará nulidade absoluta do processo, de acordo com o art. 564, III, *e*, do CPP, por tratar-se de ato processual imprescindível à formação da relação processual.

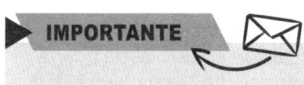

> **IMPORTANTE**
>
> Somente o acusado, por ser o único sujeito passivo da pretensão punitiva, pode ser citado.

1) Espécies de Citação

A citação pode ser classificada em real, ou seja, pessoal ou ficta, também chamada de presumida. Dentre as **citações reais** temos:

Citação por mandado (art. 351 do CPP)	Destina-se à citação do réu em local certo e sabido, dentro do território do juízo processante, realizada pelo oficial de justiça
Citação do preso (art. 360 do CPP)	Todos os réus presos, não importando a sua condição, deverão ser pessoalmente citados por mandado
Citação do militar (art. 358 do CPP)	Será feita mediante a expedição, pelo juízo processante, de ofício requisitório, devendo ser remetido ao chefe do serviço onde está o militar, cabendo a este, e não ao oficial de justiça, a citação do acusado
Citação do funcionário público (art. 358 do CPP)	Somente se o acusado for funcionário público ativo, devendo, então, ser citado por mandado. Há expressa exigência da lei quanto a notificação do chefe da repartição, onde o citando exerce suas funções, sobre o dia, o horário e o lugar que aquele funcionário deverá comparecer
Citação por precatória (art. 353 do CPP)	Ocorrerá quando o réu estiver fora do território da jurisdição do juiz processante. Se exige a intimação da expedição da carta, sob pena de nulidade relativa, de acordo com o art. 222 do CPP, mas não se exige a intimação da data marcada pelo juízo deprecado para a realização do ato. Nesse sentido, temos a Súmula 273 do STJ que dispõe: "Intimada a defesa da expedição da carta precatória, torna-se desnecessária a intimação da data da audiência no juízo deprecado"
Citação por carta rogatória (art. 368 do CPP)	Ocorrerá quando o réu estiver no estrangeiro, mas em lugar sabido. **ATENÇÃO:** Se o país rogado, ou seja, o país estrangeiro, se negar a dar cumprimento à carta regularmente expedida, a citação será feita por edital, por considerar que o réu está em lugar inacessível

Já as **citações fictas** são as seguintes:

Citação por hora certa (art. 362 do CPP)	Deve ser realizada na forma dos arts. 252 a 254 do CPC, para aquele réu que se oculta para não ser citado. O oficial de justiça deverá procurar o acusado, por 2 vezes, em sua residência ou domicílio. Não o encontrando e suspeitando de sua ocultação, o oficial de justiça deverá intimar qualquer pessoa da família ou, em sua falta, a qualquer vizinho, de que, no dia útil imediato, voltará para efetuar a citação, na hora designada. No dia e hora marcados, não estando presente o acusado, o oficial de justiça procurará informar-se das razões da ausência, dando por feita a citação, ainda que o citando se tenha ocultado em outra comarca, seção ou subseção judiciárias

Citação por edital (art. 361 do CPP)	Assegura ao acusado, cujo paradeiro é ignorado ou se encontra em local inacessível (locais de epidemia, de guerra ou por motivo de força maior, conforme previsto no art. 231, II, do CPP), as garantias constitucionais do contraditório e da ampla defesa, dando-lhe o conhecimento, ainda que presumido, da ação movida pelo Estado

> **ATENÇÃO**
>
> Citado por **edital**, se o acusado não comparecer e não constituir advogado, ficarão **suspensos o processo** e o curso **do prazo prescricional**, independentemente da infração penal cometida, podendo o juiz determinar a produção antecipada das provas consideradas urgentes e, se for o caso, decretar prisão preventiva **(art. 366 do CPP)**.
>
> **Súmula 415 do STJ:** "O período de suspensão do prazo prescricional é regulado pelo máximo da pena cominada, analisando a regra do art. 109 do CP".
>
> **Súmula 455 do STJ:** "A decisão que determina a produção antecipada de provas com base no art. 366 do CPP deve ser concretamente fundamentada, não a justificando unicamente o mero decurso do tempo".

> **IMPORTANTE**
>
> **Exceção: art. 2º, § 2º, da Lei de Lavagem de Dinheiro** (Lei n. 9.613/98): aos crimes desta lei, após a citação por edital, será nomeado defensor dativo, não se aplicando a suspensão do processo do prazo prescricional.

2) Formalidades do mandado de citação por edital

O edital de citação se equivale ao mandado judicial, e tem os seguintes requisitos (art. 365 do CPP):

a) nome do juiz que determinou o edital de citação;

b) nome do réu, ou, se não for conhecido, seus sinais característicos;

c) residência e profissão do acusado (somente se constarem do processo);

d) finalidade para que é feita a citação;

e) juízo, o dia, a hora e o lugar em que o réu deverá comparecer;

f) prazo do edital.

A citação por edital constitui uma ficção da citação, pois trata-se de uma forma excepcional de cientificar alguém de uma acusação que se imputa, por essa razão, naturalmente, os dados contidos no edital devem ser corretos, sendo que se o nome ou a filiação do réu estiverem incorretos, acarretará nulidade da citação.

Já na descrição da finalidade da citação, não se exige que o edital contenha a descrição dos fatos, bastando a indicação do dispositivo legal da imputação, conforme estabelece a Súmula 366 do STF, que dispõe: "não é nula a citação por edital que indica o dispositivo da lei penal, embora não transcreva a denúncia ou a queixa, ou não resuma os fatos em que se baseia".

11.2 Intimação e notificação

O Código de Processo Penal não distingue as intimações das notificações, fazendo com que muitas vezes sejam confundidas pela própria lei, que por diversas oportunidades se utiliza da expressão intimação de forma ampla, também se referindo a notificação.

No entanto, a doutrina traz as diferenças, ou seja, a **INTIMAÇÃO** trata-se da ciência dada à parte, no processo, da prática de ato, despacho ou sentença, referindo-se a ato passado, ou seja, ato já praticado.

Já a **NOTIFICAÇÃO** é a comunicação realizada à parte ou a outra pessoa, do lugar, dia e hora de um ato processual a que comparecer, referindo-se a ato futuro, ou seja, ato que ainda será realizado.

Para a realização da intimação e notificação, o art. 370 do CPP prevê a aplicação das mesmas regras da citação, ou seja, o réu preso deve ser intimado e notificado pessoalmente, o militar por meio de seu superior hierárquico etc.

11.3 Questões

1. **(FGV – TJ-AL)** Fabio, Oficial de Justiça, deve realizar a citação de Lucas, que está preso preventivamente. Ao verificar a denúncia em face de Lucas, constata que existem outros dois denunciados: Beto, que está em local incerto e não sabido, e Patrick, que reside em endereço certo localizado em outro país.

   Com base nas informações narradas, de acordo com as previsões do Código de Processo Penal e com a jurisprudência do Superior Tribunal de Justiça, é correto afirmar que:

   A) Beto deverá ser citado por edital e, caso não compareça e nem constitua advogado, haverá suspensão do processo e o período de suspensão do prazo prescricional será regulado pelo máximo da pena cominada;

   B) Lucas deverá ser citado pessoalmente, devendo Fábio, por ocasião da citação, certificar a leitura do mandado, não sendo necessário buscar a entrega da contrafé;

   C) Beto deverá ser citado com hora certa, de modo que seu não comparecimento não gera suspensão do processo, mas sim reconhecimento de sua revelia;

   D) Lucas deverá ser citado pessoalmente por Fábio, podendo o Oficial de Justiça realizar a citação de Patrick mediante carta por correio com aviso de recebimento;

   E) Patrick deverá ser citado por carta precatória, que indicará o juízo deprecado e o juízo deprecante, além do fim para que é feita citação.

   ↘ **Resolução:**

   A) *Correta.* De acordo com o art. 366 do CPP: "Se o acusado, citado por edital, não comparecer, nem constituir advogado, ficarão suspensos o processo e o curso do prazo prescricional, podendo o juiz determinar a produção antecipada das provas consideradas urgentes e, se for o caso, decretar prisão preventiva, nos termos do disposto no art. 312 no CPP". E Súmula 415 do STJ: "O período de suspensão do prazo prescricional é regulado pelo máximo da pena cominada".

   B) *Incorreta.* Conforme o art. 357, I, do CPP, um dos requisitos da citação é a entrega da contrafé.

   C) *Incorreta.* Segundo o art. 361 do CPP, quando o acusado estiver em local incerto e não sabido, a citação deve ser por edital.

   D) *Incorreta.* Embora a primeira parte da alternativa esteja correta, a citação de Patrick deverá ser realizada mediante carta rogatória, conforme o art. 368 do CPP.

   E) *Incorreta.* Patrick reside em endereço certo localizado em outro país, logo deverá ser citado por meio de carta rogatória, de acordo com o art. 368 do CPP.

   Ademais, a carta precatória somente deverá ser utilizada quando o réu estiver fora do território da jurisdição do juiz processante, mas dentro do país, segundo o art. 353 do CPP.

   ↗ **Gabarito: "A".**

2. **(FCC – TRF 5ª Região)** Em relação às citações e intimações disciplinadas no Código de Processo Penal, e, ainda, considerando o que dispõem as Súmulas do Supremo Tribunal Federal e Superior Tribunal de Justiça acerca do tema, é correto afirmar:

   A) Intimada a defesa da expedição da carta precatória, torna-se desnecessária intimação da data da audiência no juízo deprecado.

   B) Se o réu estiver preso, desnecessária sua citação, bastando a requisição ao diretor do estabelecimento prisional para sua apresentação em juízo, em dia e hora previamente marcados.

   C) Se o réu não for encontrado, será citado por edital, com prazo de 10 dias.

   D) Se o acusado, citado por edital, não comparecer, nem constituir advogado, ficarão suspensos o processo e o curso do prazo prescricional, sendo vedado ao juiz determinar a produção antecipada de provas, ainda que urgentes, em razão do princípio do contraditório.

   E) É absoluta a nulidade do processo criminal por falta de intimação da expedição de precatória para inquirição de testemunha.

↳ **Resolução:**

A) *Correta.* Nos termos da Súmula 273 do STJ: "Intimada a defesa da expedição da carta precatória, torna-se desnecessária intimação da data da audiência no juízo deprecado.

B) *Incorreta.* Se o réu estiver preso, deverá ser citado pessoalmente, conforme o art. 360 do CPP.

C) *Incorreta.* O prazo para a citação por edital é de 15 dias, de acordo com o art. 361 do CPP.

D) *Incorreta.* O art. 366 do CP estabelece que na citação por edital, se o acusado não comparecer, nem constituir advogado, ficarão suspensos o processo e o curso do prazo prescricional, podendo o juiz determinar a produção antecipada das provas consideradas urgentes e, se for o caso, decretar prisão preventiva, nos termos do disposto no art. 312.

E) *Incorreta.* A Súmula 155 do STF estabelece que será relativa a nulidade do processo criminal por falta de intimação da expedição de precatória para inquirição de testemunha.

↗ **Gabarito: "A".**

3. (CESPE – TJCE) Assinale a opção correta com relação a prazos processuais, citações e intimações.

A) O comparecimento espontâneo do réu e a respectiva constituição de patrono para exercer sua defesa não serão suficientes para sanar eventual irregularidade na citação, devendo esta ser novamente realizada, assim como todos os demais atos processuais subsequentes.

B) Os prazos processuais contam-se da juntada aos autos do mandado ou de carta precatória ou de ordem.

C) Somente quando houver comprovação de prejuízo é que será declarada a nulidade do processo criminal por falta de intimação da expedição de precatória para inquirição de testemunha.

D) A expedição de carta rogatória para citação de réu no exterior não suspende o curso da prescrição até o seu cumprimento.

E) No caso de réu preso na mesma unidade da Federação em que o juiz exerça a sua jurisdição, a citação poderá ser feita por edital caso haja rebelião no presídio.

↳ **Resolução:**

A) *Correta.* Diante do art. 570 do CPP, o comparecimento do réu será suficiente para sanar qualquer irregularidade.

B) *Incorreta.* Nos termos da Súmula 710 do STF "no processo penal, contam-se os prazos da data da intimação, e não da juntada aos autos do mandado ou da carta precatória ou de ordem".

C) *Incorreta.* Conforme o art. 563 do CPP: "Nenhum ato será declarado nulo, se da nulidade não resultar prejuízo para a acusação ou para a defesa".

D) *Incorreta.* De acordo com o art. 368 do CPP, se o acusado estiver no estrangeiro será citado mediante carta rogatória, suspendendo-se o curso do prazo de prescrição até o seu cumprimento.

E) *Incorreta.* Segundo o art. 360 do CPP, o réu preso será citado pessoalmente e a Súmula 351 do STF estabelece que será nula a citação por edital de réu preso na mesmo unidade de federação em que o juiz exerce jurisdição.

↗ **Gabarito: "A".**

12. ATOS JUDICIAIS

12.1 Sentença

A sentença é o ato terminativo do processo com ou sem julgamento do mérito, incluindo-se, neste conceito, as sentenças definitivas, interlocutórias simples e interlocutórias mistas. Embora o art. 381 do CPP leve a entender que sentença é apenas a decisão que condena ou absolve, essa conceituação trata apenas da sentença em sentido estrito, uma vez que existem sentenças que não encerram o processo, como ocorre com a sentença de pronúncia.

Assim, podemos dividir os atos judiciais em:

Decisão definitiva	Resolve o mérito da ação e põe fim ao processo, condenando ou absolvendo o réu.
Decisão interlocutória simples	Não se analisa o mérito da ação penal, bem como não se encerra o processo ou etapa processual. Exemplo: o recebimento da denúncia, a decretação de prisão preventiva etc.
Decisão interlocutória mista ou com força de definitiva	Sem analisar o mérito da ação penal, encerra uma etapa processual ou o próprio processo. Exemplo: decisão de pronúncia.

1) Classificação das sentenças

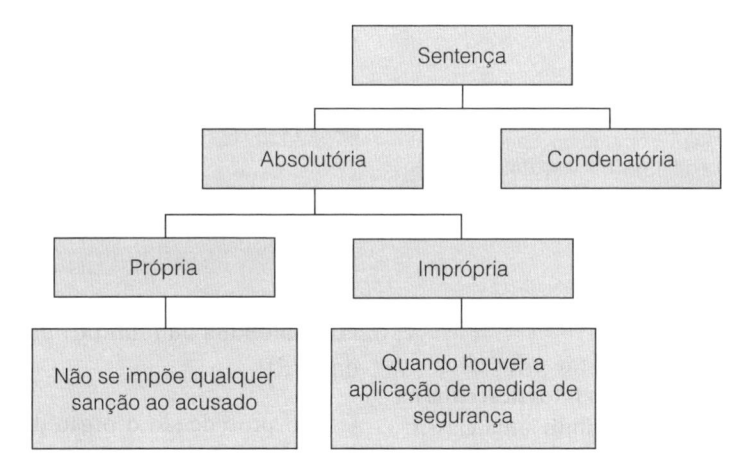

```
                    Sentença
                   /        \
            Absolutória    Condenatória
            /        \
       Própria     Imprópria
          |            |
   Não se impõe    Quando houver a
   qualquer        aplicação de medida de
   sanção ao       segurança
   acusado
```

O juiz ao proferir sentença que **AB-SOLVA** propriamente o réu, deverá obrigatoriamente reconhecer **(art. 386 do CPP)**:

a) estar provada a inexistência do fato (crime não ocorreu);

b) não haver prova da existência do fato;

c) não constituir o fato infração penal (atípico);

d) estar provado que o réu não concorreu para a infração penal;

e) não existir prova de ter o réu concorrido para a infração penal;

f) existir circunstâncias que excluam o crime ou que isentam o réu de pena (arts. 20, 21, 22, 23, 26 e § 1º do art. 28, todos do CP), ou mesmo se houver fundada dúvida sobre sua existência;

g) não existir provas suficientes para a condenação.

A sentença **ABSOLUTÓRIA IMPRÓPRIA** é aquela que o magistrado reconhece a existência da autoria e da materialidade, contudo em decorrência da inimputabilidade do acusado, não poderá condená-lo, devendo absolvê-lo e aplicar a medida de segurança.

Nas sentenças **CONDENATÓRIAS (art. 387 do CPP)** o Juiz deverá:

a) mencionar as circunstâncias agravantes ou atenuantes definidas no Código Penal, cuja existência reconhecer;

b) mencionar as outras circunstâncias apuradas e tudo o mais que deva ser levado em conta na aplicação da pena, de acordo com o disposto nos arts. 59 e 60 do Código Penal;

c) aplicar as penas, de acordo com essas conclusões;

d) fixar valor mínimo para reparação dos danos causados pela infração, considerando os prejuízos sofridos pela vítima;

e) decidir sobre a manutenção ou sobre a imposição de prisão preventiva ou de outra medida cautelar.

> **IMPORTANTE**
>
> O tempo de prisão provisória, de prisão administrativa ou de internação, no Brasil ou no estrangeiro, será computado para fins de determinação do regime inicial de pena privativa de liberdade.

12.2 Emendatio libelli

Prevista no art. 383 do CPP.

Trata-se da faculdade concedida ao juiz de, **sem modificar os fatos descritos na denúncia ou queixa**, atribuir uma classificação jurídica do tipo penal que melhor entender.

Assim, haverá uma emenda na acusação, consistente em somente **alterar a classificação legal do fato**.

Exemplo: Promotor de Justiça que descreve na denúncia um crime de estelionato, mas o capitula como sendo furto qualificado pela fraude.

12.3 Mutatio libelli

Prevista no art. 384 do CPP.

Nesse caso, ocorrerá uma **mudança na descrição fática**. Isto porque novas circunstâncias ou elementares do fato são descobertas após o recebimento da denúncia, durante a instrução probatória, exigindo uma mudança na definição jurídica do fato criminoso.

Exemplo: Na denúncia, o fato criminoso foi descrito como furto. Porém, durante a instrução criminal, constata-se que o réu utilizou-se de violência, caracterizando assim o roubo.

O Ministério Público deverá aditar a denúncia ou queixa, no **prazo de 5 dias**, ouvido o defensor do acusado no **prazo de 5 dias** e admitido o aditamento, o juiz, a requerimento de qualquer das partes, designará dia e hora para continuação da audiência. Se houver aditamento, cada parte poderá arrolar até **3 testemunhas**, ficando o juiz, na sentença, adstrito aos termos do aditamento.

> **ATENÇÃO**
>
> Súmula 453 do STF dispõe que a *mutatio libelli* não poderá ser invocada na fase recursal, pois haverá supressão de instância.

Formalidades da *mutatio libelli* (art. 384 do CPP)

- Não procedendo o órgão do Ministério Público ao aditamento, deverá ser aplicado o art. 28 do CPP, ou seja, os autos serão remetidos ao Procurador-Geral de Justiça (§ 1º);

- Será ouvido o defensor do acusado no prazo de 5 (cinco) dias e sendo admitido o aditamento, o juiz, a requerimento de qualquer das partes, designará dia e hora para continuação da audiência, com inquirição de testemunhas, novo interrogatório do acusado, realização de debates e julgamento (§ 2º);

- Caso a nova definição jurídica do fato possibilitar proposta de suspensão condicional do processo, o juiz dará vista dos autos ao Ministério Público para que este a ofereça e, caso haja negativa, o magistrado procederá nos termos do art. 28 do CPP – remessa dos autos ao Procurador-Geral de Justiça (§ 3º);

- Se a definição nova do fato importar em modificação de competência, os autos serão encaminhados ao juízo respectivo (§ 3º);
- Ocorrendo o aditamento, cada parte poderá arrolar até 3 testemunhas, no prazo de 5 dias, ficando o juiz, na sentença, adstrito aos termos do aditamento.

12.4 Questões

1. (FGV – TJAL) Após a instrução probatória e a apresentação de alegações finais pelas partes, caberá ao magistrado proferir sentença, observando as disposições previstas no Código de Processo Penal. De acordo com as disposições legais sobre o tema, é correto afirmar que:

A) o juiz, entendendo que deve ser mantida a prisão do réu, não precisará justificar tal manutenção por ocasião da sentença; mas, caso conceda a liberdade, deverá justificar;

B) o juiz não poderá fixar o valor da indenização por ocasião da sentença, ainda que haja requerimento do ofendido, dependendo de ação civil *ex delicto*;

C) o tempo de prisão provisória será computado para fins de determinação do regime inicial de pena privativa de liberdade;

D) a intimação do assistente de acusação será necessariamente pessoal, não podendo ocorrer por meio de seu advogado;

E) o réu somente poderá ser intimado da sentença condenatória pessoalmente se estiver preso.

↳ **Resolução:**

A) *Incorreta*. O art. 387, § 1º, do CPP estabelece a obrigatoriedade da fundamentação sobre a manutenção de prisão preventiva ou outra medida cautelar.

B) *Incorreta*. O art. 387, IV, do CPP estabelece que o juiz fixará valor mínimo para indenização referente aos danos causados pela infração.

C) *Correta*. O art. 387, § 2º, do CPP estabelece que o tempo de prisão provisória, de prisão administrativa ou de internação, no Brasil ou no estrangeiro, será computado para fins de determinação do regime inicial de pena privativa de liberdade.

D) *Incorreta*. O art. 391 do CPP dispõe que o assistente de acusação será intimado da sentença, pessoalmente ou na pessoa de seu advogado.

E) *Incorreta*. O art. 392 do CPP prevê que: "a intimação da sentença será feita: I – ao réu, pessoalmente, se estiver preso; II – ao réu, pessoalmente, ou ao defensor por ele constituído, quando se livrar solto, ou, sendo afiançável a infração, tiver prestado fiança".

↗ **Gabarito: "C".**

2. (CESPE – TRF 1ª Região) Com relação a nulidades no processo penal, a recursos em geral e a execução penal, julgue o item a seguir.

Em nome do princípio da congruência, é possível atribuir-se, mesmo em grau recursal, definição jurídica diversa da descrição do fato contida na denúncia ou na queixa, não podendo, porém, ser agravada a pena quando somente o réu tiver apelado da sentença.

( ) Certo.
( ) Errado.

↳ **Resolução:**

Conforme o art. 383 do CPP, que dispõe sobre a *emendatio libelli*: "O juiz, sem modificar a descrição do fato contida na denúncia ou queixa, poderá atribuir-lhe definição jurídica diversa, ainda que, em consequência, tenha de aplicar pena mais grave".

O princípio da congruência indica que o acusado defende-se dos fatos descritos na denúncia e não da capitulação jurídica constante dela.

No que se refere a proibição de agravar a pena caso somente a defesa tenha recorrido, trata-se do princípio da proibição da *reformatio in pejus*, previsto no art. 617 do CPP.

↗ **Gabarito: "Certo".**

3. (FGV – TJRJ) O juiz, ao proferir sentença condenatória, fará nela constar, EXCETO:

A) as circunstâncias agravantes ou atenuantes definidas no Código Penal por ele reconhecidas;

B) os nomes das partes ou, quando não for possível, as indicações necessárias para identificá-las;

C) o valor mínimo para reparação dos danos causados pela infração, considerando os prejuízos sofridos pelo ofendido e pedido prévio;

D) a indicação dos motivos de fato e de direito em que se fundar a decisão;

E) o direito ou não de o acusado apelar em liberdade, condicionando, se for o caso, o conhecimento da apelação à prisão.

↳ **Resolução:**

A) *Incorreta*. O art. 387, I, do CPP, prevê que o juiz deverá mencionar as circunstâncias agravantes e atenuantes definidas no Código Penal, caso as reconheça.

B) *Incorreta*. O art. 381, I, do CPP, dispõe que a sentença conterá os nomes das partes ou, quando não possível, as indicações necessárias para identificá-las.

C) *Incorreta*. O art. 387, IV, do CPP estabelece que o juiz, ao proferir sentença condenatória, fixará valor mínimo para reparação dos danos causados pela infração, considerando os prejuízos sofridos pelo ofendido.

D) *Incorreta*. O art. 381, III, do CPP prevê que a sentença conterá a indicação dos motivos de fato e de direito em que se fundar a decisão.

E) *Correta*. Conforme o art. 387, § 1º, do CPP: "O juiz decidirá, fundamentadamente, sobre a manutenção ou, se for o caso, a imposição de prisão preventiva ou de outra medida cautelar, sem prejuízo do conhecimento de apelação que vier a ser interposta".

↗ **Gabarito: "E".**

13. PROCESSO E PROCEDIMENTO

13.1 Noções introdutórias

O processo e o procedimento devem ser entendidos como aqueles que, utilizando-se das garantias constitucionais, viabilizarão a aplicação e efetividade do direito em um Estado Democrático de Direito.

Processo e procedimento possuem conceitos e natureza jurídica distintas, apesar de existir certa confusão entre ambos institutos. Para facilitar a compreensão, após as conceituações traremos fluxogramas do passo a passo de cada ato procedimental.

Sempre lembrando que processo é uma sequência de atos concatenados com a finalidade de se efetivar uma prestação jurisdicional, seja absolvendo ou condenando o acusado a uma pena.

O procedimento, por sua vez, é a forma que essa sequência de atos processuais se desenvolve seja para alcançar a absolvição ou condenação. E, em decorrência do princípio basilar do devido processo legal, o procedimento deve ser realizado sempre priorizando o contraditório, em um prazo razoável, sempre cercado das garantias necessárias para ambas as partes, a fim de que possam produzir suas provas viabilizando assim a formação do convencimento do magistrado.

Nesse sentido, entende-se que o procedimento pode ser dividido nas seguintes fases:

a) postulatória: abrange a peça acusatória e possíveis defesas do acusado desde que seja cabível antes do recebimento da denúncia pelo magistrado.

b) instrutória: engloba a fase de produção da prova em juízo.

c) decisória: trata-se da fase após a produção da prova, momento em que as partes farão suas alegações finais e o juiz proferirá a sentença.

d) recursal: essa fase efetiva a garantia do duplo grau de jurisdição, oferecendo às partes o direito de recorrer.

13.2 Espécies de procedimentos

Os procedimentos são divididos em duas grandes categorias, ou seja, comum e especial.

O procedimento **comum** é subdividido em:

a) ordinário;
b) sumário;
c) sumaríssimo.

Já os procedimentos **especiais** são todos os ritos que tenham regramento específico, podendo ter previsão legal tanto no Código de Processo Penal quanto na legislação extravagante, e são subdivididos em:

a) júri;
b) dos "crimes de responsabilidade" dos funcionários públicos;
c) dos crimes contra a honra não submetidos à competência dos Juizados Especiais;
d) procedimento da Lei de Drogas (Lei n. 11.343/2006);
e) procedimento das ações penais originárias (Lei n. 8.038/90), dentre outros.

Vale frisar que todos os atos processuais do procedimento comum ordinário poderão ser aplicados de forma subsidiária a qualquer outro procedimento, quando a utilização do ato processual for mais benéfica ao acusado (art. 394, § 5º, do CPP).

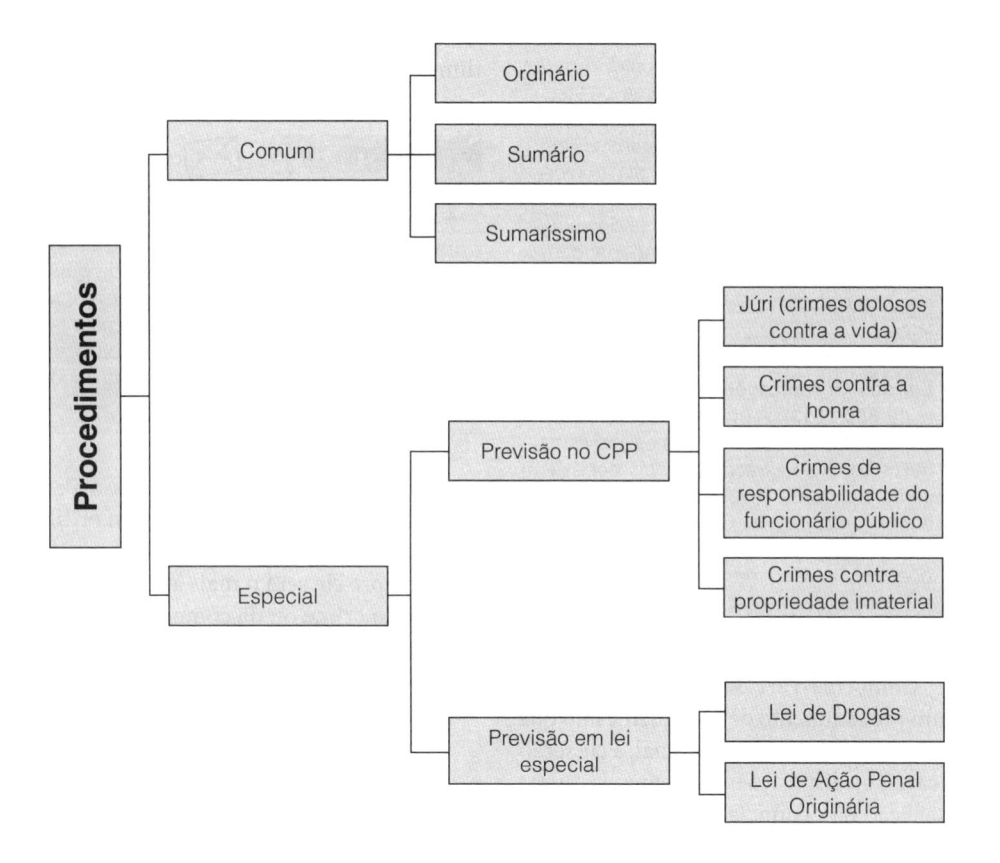

```
Procedimentos
├── Comum
│   ├── Ordinário
│   ├── Sumário
│   └── Sumaríssimo
└── Especial
    ├── Previsão no CPP
    │   ├── Júri (crimes dolosos contra a vida)
    │   ├── Crimes contra a honra
    │   ├── Crimes de responsabilidade do funcionário público
    │   └── Crimes contra propriedade imaterial
    └── Previsão em lei especial
        ├── Lei de Drogas
        └── Lei de Ação Penal Originária
```

Após a análise das espécies de procedimentos, passamos a verificar a forma como os procedimentos são fixados no processo penal. O art. 394, § 1º, do CPP estabelece que os procedimentos comuns serão fixados de acordo com a pena máxima em abstrato do crime previsto no tipo penal. Assim, o procedimento comum será aplicado da seguinte forma:

- **Ordinário** → para crimes com pena máxima ≥ 4 anos;
- **Sumário** → para crimes com pena máxima > 2 anos e < 4 anos;
- **Sumaríssimo** → para crimes com pena máxima ≤ 2 anos ou contravenções penais.

> **ATENÇÃO**
>
> **EXCEÇÕES**
> Situações em que NÃO será aplicada a regra do art. 394, § 1º, do CPP:
>
> - **Lei de crimes falimentares (Lei n. 11.101/2005):** de acordo com o art. 185 desta lei, na ocorrência de crime falimentar, o procedimento será o comum sumário, mesmo que a pena prevista ao delito seja inferior, igual ou superior a 4 anos;
> - **Lei Maria da Penha (Lei n. 11.340/2006):** nas infrações penais praticadas com violência doméstica e familiar contra a mulher mesmo que a pena máxima prevista na lei seja ≤ a 2 (dois) anos, NÃO se aplicará o procedimento comum sumaríssimo dos Juizados Especiais Criminais, conforme o art. 41 da Lei n. 11.340/2006: "aos crimes praticados com violência doméstica e familiar contra a mulher, independentemente da pena prevista, não se aplica a Lei n. 9.099/95". Dessa forma, qualquer infração dessa natureza será processada no procedimento sumário ou ordinário;
> - **Lei das Organizações Criminosas (Lei n. 12.850/2013):** A própria lei traz em seu art. 22, *caput*, que: "os crimes previstos nesta Lei e as infrações penais conexas serão apurados mediante procedimento ordinário previsto no Código de Processo Penal". Logo, independentemente do *quantum* da pena máxima, o procedimento adotado deverá ser o comum ordinário.

Conforme o art. 394, § 4º, do CPP, sendo um procedimento de 1º grau, mesmo que se trate de procedimento especial, a ele serão aplicáveis as disposições referentes as causas de rejeição da denúncia ou queixa (art. 395 do CPP), o recebimento da peça acusatória e citação do acusado (art. 396 do CPP), a resposta à acusação (art. 396-A do CPP) e a absolvição sumária (art. 397 do CPP).

Influência das qualificadoras, causas de aumento e diminuição e do concurso de crimes na fixação do procedimento

A análise da pena máxima também engloba a verificação de concurso de crimes, qualificadoras, causas de aumento e de diminuição, pois interferem no *quantum* da pena, devendo sempre a pena ser exasperada com a fração máxima (seja para aumentar ou diminuir).

Exemplo: se o crime cometido tiver sido o crime de dano simples previsto no art. 163, *caput,* do CP, teremos a pena máxima de 6 meses e o procedimento será o sumaríssimo, mas caso tenha ocorrido o crime de dano qualificado do art. 163, parágrafo único, do CP, a pena máxima será de 3 anos e o procedimento será o sumário.

> **IMPORTANTE**
>
> A Súmula 231 do STJ traz o seguinte regramento: "A incidência da circunstância atenuante não pode conduzir à redução da pena abaixo do mínimo legal". Ou seja, as circunstâncias atenuantes e agravantes jamais ultrapassarão o mínimo ou o máximo da pena em abstrato, logo não irão interferir na escolha do procedimento.

Embora o Código de Processo Penal estabeleça o procedimento comum ordinário como base para outros procedimentos, nem sempre ele será o mais adequado a depender do crime ou da competência, pois a Constituição Federal deve sempre ser o vetor principal. E, em virtude disso, encontramos alguns procedimentos especiais.

Procedimentos especiais estão definidos pela Constituição Federal, ou pelo Código de Processo Penal, ou pela legislação especial. Assim, temos o procedimento do júri, que veremos mais adiante, e processará os crimes dolosos contra a vida, sejam tentados ou consumados, conforme estabelecido no art. 5º, XXXVIII, da CF. Temos também, os procedimentos dos crimes cometidos por funcionário público, dos crimes contra a honra, e dos crimes contra a propriedade imaterial, esses previstos no Código de Processo Penal, e, por fim, os procedimentos previstos na legislação extravagante.

Assim, para se estabelecer o procedimento a ser seguido, podemos utilizar os seguintes passos:

1º) Verificar se o procedimento é do Tribunal do Júri, ou seja, se ocorreu um crime doloso contra a vida.

2º) Verificar se ocorreu uma infração com pena máxima ≤ 2 anos, ou uma contravenção penal, ou uma infração apenada apenas com multa ou pena restritiva de direitos.

> **ATENÇÃO**
> Mesmo que haja previsão legal de procedimento especial, prevalecerá o sumaríssimo, por ser mais benéfico (art. 98 da CF), salvo quando houver proibição expressa.

3º) Verificar se é caso de procedimento especial.

4º) Aplicar a regra do *quantum* da pena do procedimento comum.

```
Júri?
  ↓
Sumaríssimo?
  ↓
Especial?
  ↓
Comum ✓
```

13.3 Procedimento comum ordinário

Os arts. 396-A ao 405 do CPP dispõem sobre o rito ordinário, prevendo sua aplicação sempre que a pena máxima abstrata do crime seja ≥ 4 anos, já levando em consideração o concurso de crimes, as qualificadoras e as causas de aumento ou diminuição.

Dessa forma, após a ocorrência do fato criminoso será instaurado inquérito policial para a colheita de elementos informativos. Finalizado o inquérito, os autos serão encaminhados para o titular da ação penal. Tratando-se de ação penal pública, os autos serão encaminhados ao Ministério Público que poderá:

a) requerer o arquivamento (caso não haja indícios de autoria ou prova da materialidade); ou

b) requerer novas diligências (caso em que os autos retornarão à autoridade policial); ou

c) oferecer a denúncia (se houver indícios de autoria e prova de materialidade).

Caso a acusação entenda por oferecer a denúncia ou a queixa-crime deverá preencher os requisitos do art. 41 do CPP, ou seja, a peça acusatória deverá conter a qualificação do acusado (ou meios para identificá-lo), a exposição pormenorizada do fato criminoso, a classificação do crime e, se for necessário, o rol das testemunhas, devendo ser oferecida no prazo legal (arts. 38 ou 46 do CPP).

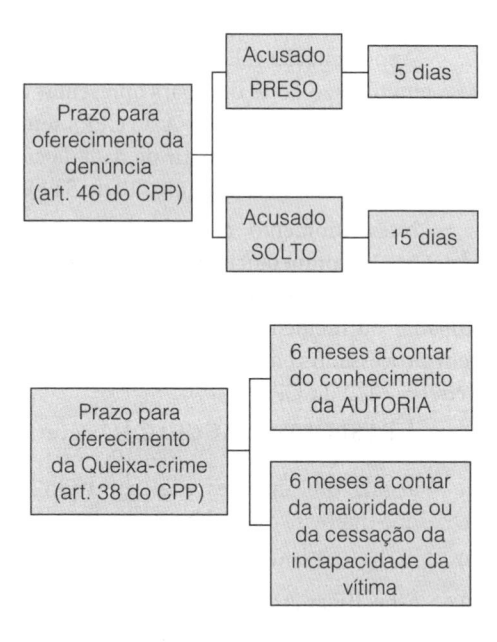

```
Prazo para oferecimento da denúncia (art. 46 do CPP)
  ├── Acusado PRESO → 5 dias
  └── Acusado SOLTO → 15 dias

Prazo para oferecimento da Queixa-crime (art. 38 do CPP)
  ├── 6 meses a contar do conhecimento da AUTORIA
  └── 6 meses a contar da maioridade ou da cessação da incapacidade da vítima
```

Após o oferecimento da denúncia ou da queixa-crime, os autos serão encaminhados ao juiz que analisará se é caso de rejeição (art. 395 do CPP) ou recebimento da peça acusatória (art. 396 do CPP).

Caso o juiz entenda que a denúncia ou a queixa são manifestamente ineptas, ou que falta pressuposto processual ou alguma outra condição para o exercício da ação penal, ou ainda entenda pela ausência de justa causa para a ação penal, deverá rejeitá-la, uma vez que no processo penal não existe a possibilidade de se emendar a inicial como ocorre no processo civil.

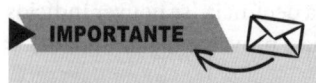

> **IMPORTANTE**
>
> Contra decisão que rejeita a denúncia ou a queixa, no procedimento ordinário ou sumário, caberá o recurso em sentido estrito (art. 581, I, do CPP).

Caso o magistrado não entenda pela rejeição, deverá receber a denúncia ou queixa (sendo essa uma das causas interruptivas da prescrição) e determinar a citação do acusado (art. 396 do CPP).

Após a citação válida do acusado, a defesa terá o prazo de 10 dias para apresentar a resposta à acusação (art. 396-A do CPP), sendo esse prazo contado a partir da data da citação em dias corridos (Súmula 710 do STF).

Nesse momento, o réu poderá arguir exceções (incompetência, suspeição, ilegitimidade de partes, litispendência ou coisa julgada) ou incidentes, devendo ambos serem processados em apartado conforme os arts. 95 a 112 do CPP.

A **RESPOSTA À ACUSAÇÃO** deverá:

a) arguir preliminares e alegar tudo o que interesse à sua defesa;
b) oferecer documentos e justificações;
c) especificar as provas pretendidas;
d) arrolar as testemunhas (até 8 testemunhas), qualificando-as e requerendo sua intimação, quando necessário.

> **ATENÇÃO**
>
> **Obrigatoriedade da resposta escrita →** não apresentada a resposta no prazo legal, ou se o acusado citado não constituir defensor, o juiz nomeará defensor dativo para oferecê-la no prazo de 10 dias (art. 396-A, § 2º, do CPP).
>
> A não nomeação de defensor pelo juiz para oferecimento da resposta escrita gerará **nulidade absoluta**.

Apresentada a resposta à acusação, os autos serão encaminhados ao juiz que analisará a possibilidade de **ABSOLVIÇÃO SUMÁRIA** (art. 397 do CPP).

De acordo com o art. 397 do CPP, o juiz somente poderá **ABSOLVER SUMARIAMENTE** caso exista uma das seguintes circunstâncias:

a) Inequívoca excludente de ilicitude (legítima defesa, estado de necessidade, estrito cumprimento do dever legal ou exercício regular do direito);
b) Inequívoca excludente de culpabilidade, desde que não seja inimputabilidade (coação moral irresistível, obediência hierárquica, erro de proibição etc.);
c) Atipicidade (podendo ser tanto a formal quanto a material);
d) Extinção da punibilidade (art. 107 do CP).

> **ATENÇÃO**
>
> Sendo o acusado absolvido sumariamente, contra essa decisão caberá APELAÇÃO caso a fundamentação seja excludente de ilicitude ou culpabilidade ou atipicidade. Mas se a absolvição sumária for pautada na extinção de punibilidade, caberá RESE (recurso em sentido estrito), de acordo com o art. 581, VIII, do CPP.

Como podemos perceber, para que haja a absolvição sumária existe a necessidade de um juízo de certeza.

Não sendo hipótese de absolvição sumária, o juiz receberá novamente a denúncia (art. 399 do CPP), designará a realização de audiência, que deverá ocorrer dentro de 60 dias, ordenará a intimação do acusado, de seu defensor, do Ministério Público e, se for o caso, do querelante e do assistente. Se o acusado estiver preso, deverá ser requisitado para comparecer ao interrogatório, devendo o poder público providenciar sua apresentação (§ 1º).

Na AUDIÊNCIA (art. 400 do CPP), inicialmente será ouvido o ofendido. Mas caso o ofendido não esteja presente, tendo sido regularmente notificado e estando solto, poderá ser conduzido coercitivamente. Em se tratando de ação penal de iniciativa privada, a ausência injustificada da vítima acarretará a perempção (art. 60, III, do CPP).

Após, serão realizadas as oitivas das testemunhas, primeiro as de acusação e depois as de defesa. Lembrando que poderão ser arroladas até 8 testemunhas para cada parte e para cada fato imputado (não se compreendendo nesse número as que não prestem compromisso e as referidas).

As partes poderão desistir da oitiva das suas testemunhas arroladas, embora o magistrado possa decidir pela oitiva da testemunha dispensada (art. 209 do CPP), e também de testemunha referida.

> **IMPORTANTE**
>
> Como regra a ordem da oitiva das testemunhas, em regra, **NÃO** poderá ser invertida, ou seja, ouvindo-se primeiro as testemunhas de defesa e depois as de acusação, por clara violação ao devido processo legal e à ampla defesa.
>
> Essa ordem somente poderá ser alterada caso a oitiva da testemunha de acusação seja realizada por carta precatória, não havendo qualquer prejuízo a defesa, pois a carta precatória não suspende a continuidade dos atos processuais (art. 222, § 1º, do CPP).
>
> **Súmula 273 STJ:** "Intimada a defesa da expedição da carta precatória, não será necessária a intimação da data da audiência no juízo deprecado".

Após, serão ouvidos os peritos (art. 400, § 2º, do CPP), realizadas as acareações e o reconhecimento de pessoas e coisas (arts. 226 e seguintes do CPP).

Por último, será ouvido o acusado no momento do interrogatório, efetivando assim o seu direito de autodefesa, ao ser ouvido após a produção de todas as provas em audiência.

> **ATENÇÃO**
>
> De acordo com a Lei n. 9.807/99 (proteção especial a vítimas e testemunhas), caso o acusado, vítima ou réu, sejam colaboradores ou testemunhas protegidas será garantida a prioridade na instrução, devendo o juiz tomar antecipadamente o depoimento delas, salvo impossibilidade justificada de fazê-lo (art. 19-A), sendo esse dispositivo aplicável a qualquer procedimento criminal.

Com a realização de todas as oitivas, as partes poderão requerer a realização de novas diligências, desde que sua necessidade tenha surgido durante a instrução probatória (art. 402 do CPP).

Não havendo a necessidade da realização de novas diligências, será dada a palavra ao órgão acusador para que apresente suas Alegações Finais orais por 20 minutos podendo ser prorrogado por 10 minutos (art. 403 do CPP), sendo esse tempo individual para cada acusado, caso haja assistente de acusação, serão concedidos 10 minutos logo em seguida ao pronunciamento do Ministério Público, podendo ser prorrogado por igual período o tempo de manifestação da defesa (art. 403, § 2º, do CPP).

No entanto, sendo a causa complexa ou, diante de vários acusados, haja a necessidade da realização de nova diligência, as alegações finais orais serão convertidas em **MEMORIAIS** escritos (art. 403, § 3º, do CPP).

Apresentados os Memoriais, o juiz terá o prazo (impróprio) de 10 dias para proferir **SENTENÇA**.

> **IMPORTANTE**
>
> O art. 399, § 2º, do CPP insculpe o princípio da identidade física do juiz, ao preconizar que o juiz que presidir a instrução deverá proferir a sentença.

A Audiência deverá obrigatoriamente ser registrada, lavrando-se ata ou termo, sendo que o art. 405 do CPP flexibilizado diante das novas tecnologias, uma vez que atualmente o registro dos depoimentos do investigado, indiciado, ofendido e testemunhas tem sido realizado por meio audiovisual, já que a legislação permite a utilização de recursos de gravação magnética, estenotipia, digital ou técnica similar, destinada a obter maior fidelidade das informações (§ 1º).

Para melhor compreensão, segue o fluxograma do procedimento ordinário.

PROCEDIMENTO ORDINÁRIO

```
Fato Criminoso  →  Inquérito Policial  →  Ministério Público  →  Juiz
Pena máxima
≥ 4 anos
                                         → Denúncia (Rol       → Rejeitar denúncia
                                           de até 8              ou
                                           testemunhas)
                                         → Diligências         → Receber
                                         → Arquivamento         denúncia + citar
                                                                o acusado
```

```
Resposta à acusação  →  Juiz  →  60 dias  →  Audiência
→ com rol de até        → Receber novamente a      • Vítima
  8 testemunhas           denúncia;                • Testemunhas acusação
✓ Prazo: 10 dias                                   • Testemunhas defesa
                        → Absolver Sumariamente    • Peritos
Obs.: Se o acusado        (art. 397, CPP)          • Acareações
for devidamente           I) Excludente de ilicitude; • Reconhecimento (pessoas
citado e não a            II) Excludente culpabilidade,  e coisas)
apresentar será           salvo inimputabilidade;  • Interrogatório
nomeado defensor          III) Atipicidade;
dativo                    IV) Extinção da punibilidade.
                                                   • Debates Orais
                                                     → Acusação
                                                     → Defesa
                                                   • Sentença
```

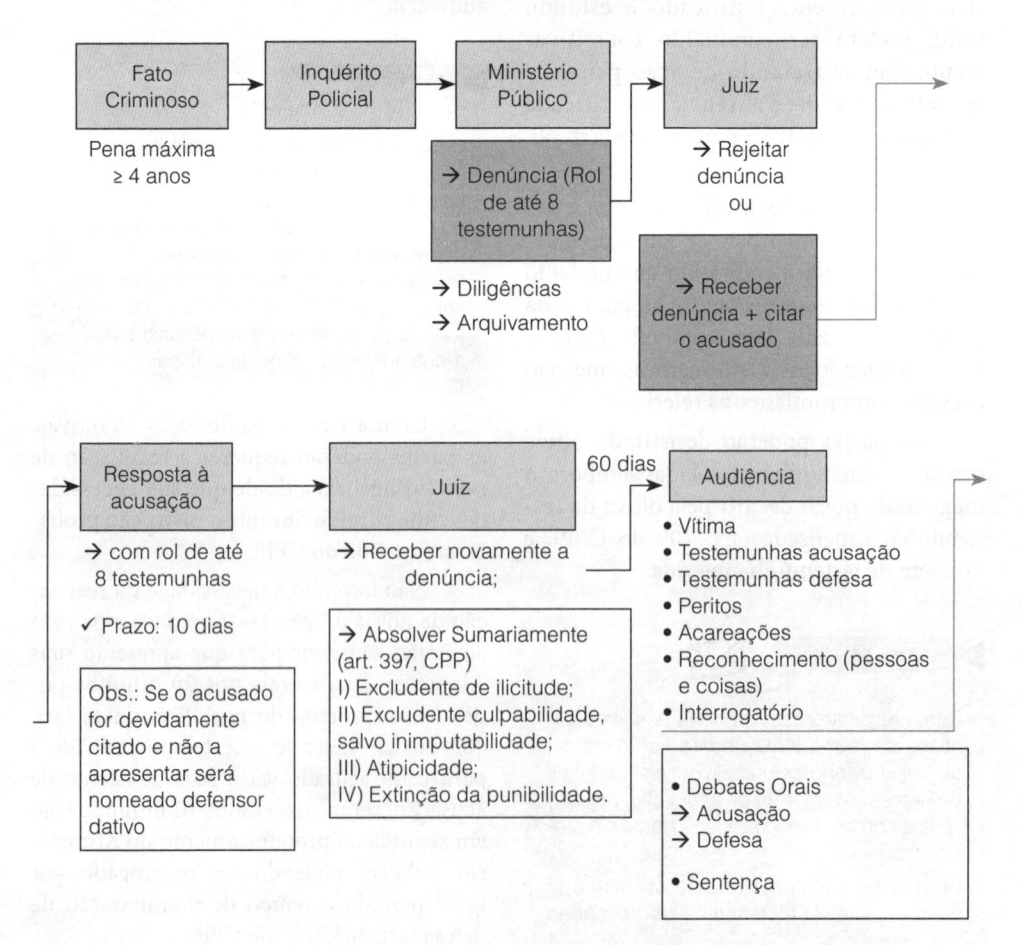

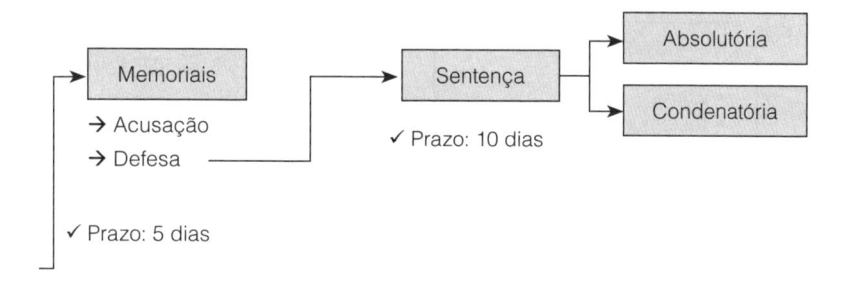

```
                                                                    ┌─► Absolutória
         ┌─► Memoriais                      ┌─► Sentença  ─┤
         │   → Acusação                     │              └─► Condenatória
         │   → Defesa ─────────────────────┘   ✓ Prazo: 10 dias
         │
         │ ✓ Prazo: 5 dias
```

13.4 Procedimento sumário

O procedimento sumário está previsto nos arts. 531 a 538 do CPP e será o rito adotado quando a pena máxima abstrata do crime for maior que 2 anos e menor que 4 anos.

Em síntese, podemos traçar apenas 4 diferenças entre o procedimento ordinário e sumário, são elas:

	ORDINÁRIO	SUMÁRIO
Pena	≥ 4 anos	> 2 anos e < 4 anos
Testemunhas	8 testemunhas	5 testemunhas
Prazo para audiência	60 dias	30 dias
Alegações Finais	Orais ou escritas	Em regra, serão orais

Para ficar mais fácil de visualizar, segue o fluxograma do procedimento sumário.

PROCEDIMENTO SUMÁRIO

```
┌──────────┐   ┌──────────┐   ┌──────────┐   ┌──────┐
│   Fato   │──►│ Inquérito│──►│Ministério│──►│ Juiz │────►
│ Criminoso│   │ Policial │   │  Público │   │      │
└──────────┘   └──────────┘   └──────────┘   └──────┘

Pena máxima                    → Denúncia (Rol      → Rejeita
> 2 anos e                       de até 5             denúncia
< 4 anos                         testemunhas)         ou

                               → Diligências        → Receber
                               → Arquivamento         denúncia + citar
                                                      o acusado


┌──────────┐                   ┌──────┐
│Resposta à│──────────────────►│ Juiz │────►
│ acusação │                   │      │
└──────────┘                   └──────┘

→ com rol de até 5 testemunhas    → Receber novamente a
✓ Prazo: 10 dias                    denúncia;

Obs.: Se o acusado for            → Absolver Sumariamente (art. 397, CPP)
devidamente citado e não a        I) Excludente de ilicitude;
apresentar será nomeado           II) Excludente culpabilidade, salvo inimputabilidade;
defensor dativo                   III) Atipicidade;
                                  IV) Extinção da punibilidade.
```

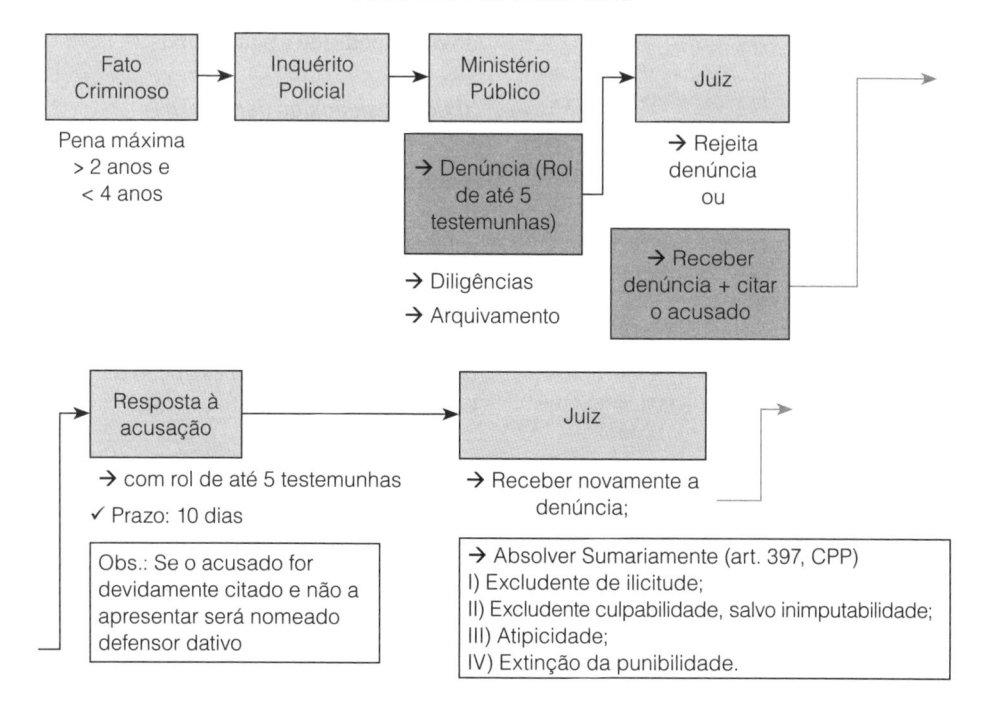

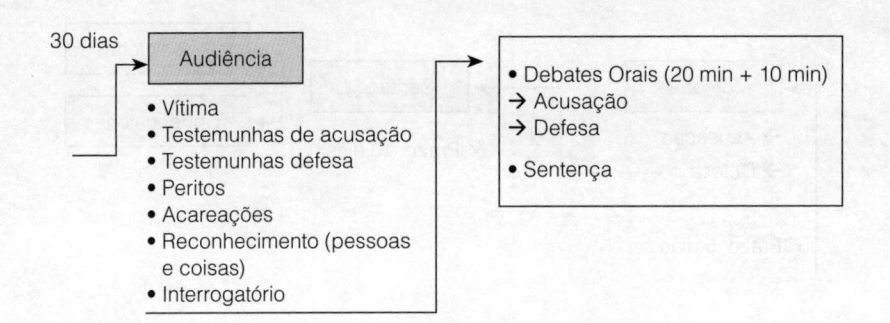

```
30 dias ──→ ┌─ Audiência ─┐ ──→ ┌────────────────────────────┐
            │             │     │ • Debates Orais (20 min + 10 min)
            │ • Vítima    │     │   → Acusação
            │ • Testemunhas de acusação │   → Defesa
            │ • Testemunhas defesa      │ • Sentença
            │ • Peritos                 │
            │ • Acareações              │
            │ • Reconhecimento (pessoas │
            │   e coisas)               │
            │ • Interrogatório          │
            └───────────────────────────┘
```

13.5 Procedimento sumaríssimo

A Lei n. 9.099/95, a partir do mandamento constitucional preconizado no art. 98, I, da CF, instituiu o procedimento sumaríssimo, com o objetivo de ampliar o acesso à Justiça.

Assim, a partir do art. 60 até o art. 92 da Lei n. 9.099/95, encontramos o regramento aplicado às infrações de menor potencial ofensivo (IMPO), ou seja, aos crimes com pena máxima menor ou igual a 2 anos, ou as contravenções penais.

> **ATENÇÃO**
>
> Para alguns crimes, mesmo que haja previsão expressa de procedimento especial, caso seja hipótese de infração de menor potencial ofensivo (infrações com pena máxima ≤ 2 anos, ou com pena de multa, ou restritivas de direitos), será aplicado o rito sumaríssimo da Lei n. 9.099/95.
>
> Mas, caso exista concurso de crimes, o procedimento será definido pela soma das penas máximas cominadas aos delitos (tanto pelo critério do cúmulo de infrações quanto pelo critério da exasperação). Assim, caso a soma ultrapasse o limite de 2 anos, a ação deverá ser julgada pelo procedimento ordinário ou sumário.

1) Princípios dos Juizados Especiais Criminais (art. 62 da Lei n. 9.099/95)

a) Celeridade;
b) Economia Processual;
c) Informalidade;
d) Oralidade;
e) Simplicidade.

O Juizado Especial Criminal (JECrim) foi criado com o objetivo de dar maior celeridade e informalidade, por meio da oralidade e da simplicidade, acarretando uma maior economia processual, ao processar infrações que são tidas como menos graves.

2) Medidas despenalizadoras da Lei n. 9.099/95

Para se efetivar a ideia da celeridade procedimental às infrações de menor potencial ofensivo, a Lei n. 9.099/95 trouxe as seguintes medidas despenalizadoras, evitando ou impedindo a ação penal:

a) Composição dos danos civis

Trata-se de um acordo entre a vítima e o autor do fato criminoso para restituir os danos materiais e morais ocasionados pela infração. Caso seja realizado, acarretará a renúncia ao direito de queixa (nas ações penais privadas) ou de representação (nas ações penais públicas condicionadas à representação), gerando a extinção da punibilidade (art. 74, parágrafo único);

b) Transação penal

Trata-se de um acordo celebrado entre o membro do Ministério Público e o autor do fato criminoso, permitindo o imediato cumprimento de pena restritiva de direitos ou multa, evitando o oferecimento da denúncia (art. 76);

c) Suspensão condicional do processo

Trata-se da suspensão do processo impondo determinadas condições ao acusado, após o oferecimento da denúncia.

i) Requisitos para a suspensão condicional do processo (art. 89)

O Ministério Público, ao oferecer a denúncia, poderá propor a suspensão do processo, pelo **prazo de 2 a 4 anos**, em crimes cuja **pena mínima cominada seja ≤ 1 ano**, desde que o acusado:

- não esteja sendo processado ou não tenha sido condenado por outro crime; e
- estejam presentes os demais requisitos que autorizariam a suspensão condicional do processo (art. 77 do CP).

> **IMPORTANTE**
>
> Embora a suspensão condicional do processo esteja prevista na Lei n. 9.099/95, poderá ser aplicada para qualquer crime do ordenamento jurídico, desde que preenchidos os requisitos supracitados. Somente não poderá ser aplicada aos crimes que tramitam na Justiça Militar.

ii) Condições impostas para a Suspensão do Processo (art. 89, § 2º)

- Reparação do Dano, se possível;
- Proibição de ausentar-se da Comarca sem autorização;
- Comparecimento pessoal e obrigatório mensalmente;
- Proibição de frequentar determinados lugares.

Não havendo revogação da suspensão condicional do processo, finalizado o período de prova, o juiz deverá declarar a **EXTINÇÃO DA PUNIBILIDADE** não gerando reincidência ou maus antecedentes.

Com relação à suspensão condicional do processo destacamos as seguintes Súmulas:

Súmula 723 do STF: "não se admite a suspensão condicional do processo por crime continuado, se a soma da pena mínima da infração mais grave com o aumento mínimo de 1/6 [um sexto] for superior a 1 [um] ano"; e

Súmula 243 do STJ: "o benefício da suspensão do processo não é aplicável em relação às infrações penais cometidas em concurso material, concurso formal ou continuidade delitiva, quando a pena mínima cominada, seja pelo somatório, seja pela incidência da majorante, ultrapassar o limite de 1 (um) ano".

Caso o membro do Ministério Público se recuse a propor a suspensão condicional do processo o magistrado poderá:

- aplicar o art. 28 do CPP, remetendo os autos para o Procurador-Geral, que analisará o cabimento do benefício (Súmula 696 do STF); ou
- propor o benefício, se houver provocação da parte interessada e estiverem presentes os requisitos legais.

> **ATENÇÃO**
>
> Não são aplicáveis os institutos despenalizadores quando a infração envolver violência doméstica e/ou familiar, conforme os arts. 17 e 40 da Lei n. 11.340/2006, bem como a Súmula 536 do STJ ao preconizar que: "a suspensão condicional do processo e a transação penal não se aplicam na hipótese de delitos sujeitos ao rito da Lei Maria da Penha".

3) Hipóteses de afastamento do Juizado Especial Criminal

O JECrim terá sua competência afastada em 2 situações, devendo ser adotado o procedimento sumário.

a) Caso seja necessária a **CITAÇÃO POR EDITAL** ou por **HORA CERTA**, ou seja, na hipótese de o acusado não ser localizado para citação pessoal (art. 66, parágrafo único).

b) Em virtude da **COMPLEXIDADE DA CAUSA** ou alguma circunstância diversa que não permita o imediato oferecimento da denúncia (art. 77, § 2º), o juiz deverá encaminhar os autos ao juiz comum.

4) Fases do procedimento sumaríssimo

a) Fase preliminar

i) **Termo Circunstanciado (TC): NÃO** há a necessidade de Inquérito Policial (art. 69), ou seja, elabora-se um relatório sumário, contendo a identificação das partes envolvidas, menção à infração praticada, bem como todos os dados básicos e fundamentais que possibilitem a perfeita individualização dos fatos, a indicação das provas, e o rol de testemunhas, quando houver.

ii) Após a lavratura, o Termo Circunstanciado será **encaminhado para o Juizado Especial Criminal** e, sempre que possível, com o autor do fato e a vítima.

> **IMPORTANTE**
> Não haverá formalização da **PRISÃO EM FLAGRANTE**, nem será imposta fiança, desde que o autor do fato seja encaminhado, após a lavratura do termo circunstanciado ao Juizado Especial Criminal ou ao menos assuma o compromisso de ali comparecer no dia e hora designados (art. 69, parágrafo único).

iii) **Comparecimento à sede do Juizado:** lavrado o termo, vítima e autor do fato serão informados da data em que deverão comparecer à sede do Juizado Especial.

iv) **Audiência Preliminar:** comparecendo o autor do fato e a vítima, e não sendo possível a realização imediata da audiência preliminar, será designada data próxima, da qual ambos sairão cientes.

Presentes o representante do Ministério Público, o autor do fato e a vítima, acompanhados por seus advogados, na audiência preliminar, o juiz esclarecerá sobre a possibilidade da **composição dos danos civis** (art. 72).

- **Composição dos danos civis:** o Ministério Público não entra nessa fase, a não ser que o ofendido seja incapaz. A composição dos danos civis somente será possível nas infrações que acarretem **prejuízos morais ou materiais** à vítima. Obtida a conciliação, será homologada pelo juiz togado, em sentença irrecorrível, e terá eficácia de título executivo a ser executado em juízo cível (art. 74, *caput*).

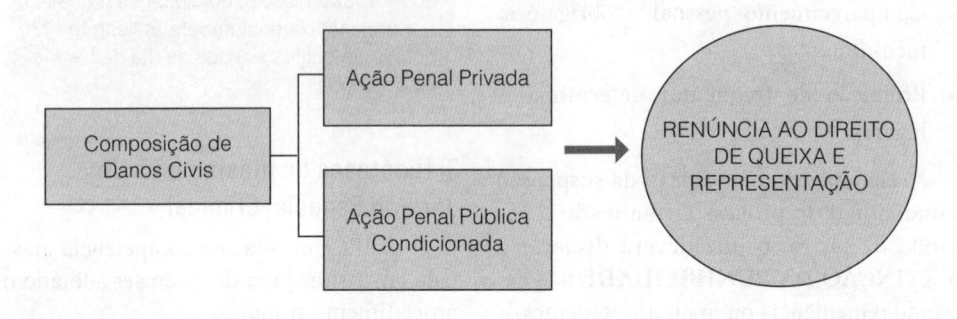

Composição de Danos Civis → Ação Penal Privada / Ação Penal Pública Condicionada → **RENÚNCIA AO DIREITO DE QUEIXA E REPRESENTAÇÃO**

v) **Transação penal:** superada a fase da composição civil do dano, segue-se a da transação penal, que é um acordo celebrado entre o representante do Ministério Público e o autor do fato (art. 76, *caput*).

> **ATENÇÃO**
>
> Para que o Ministério Público possa oferecer a transação penal deverá verificar os seguintes requisitos:
> - crime de **ação penal pública** incondicionada ou condicionada.
> - NÃO ter sido o agente beneficiado **anteriormente no prazo de 5 anos** pela transação.
> - NÃO ter sido o autor da infração condenado por **sentença definitiva a pena privativa de liberdade.**

Efeitos da sentença homologatória da transação:

O autor do fato não está obrigado a aceitar a proposta, podendo inclusive realizar uma contraproposta, mas caso aceite será informado que não gerará implicação de culpa, ou seja:

- não gerará reincidência;
- não gerará efeitos civis, isto é, não servirá de título executivo no juízo cível;
- não gerará maus antecedentes nem constará da certidão criminal;
- esgotará o poder jurisdicional do magistrado, não podendo mais este decidir sobre o mérito;
- os efeitos retroagirão a data do fato;
- na hipótese de concurso de agentes, a transação efetuada com um dos coautores ou partícipes **NÃO** se estende nem se comunica aos demais.

Após o cumprimento da pena restritiva de direitos, a punibilidade será extinta.

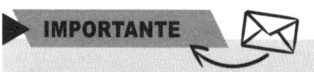

> **IMPORTANTE**
>
> **Descumprimento da proposta:** em caso de descumprimento do acordo em virtude de transação penal, não cabe falar em conversão em pena privativa de liberdade, já que, se assim ocorresse, haveria ofensa ao princípio do devido processo legal **(art. 5º, LIV, da CF).** No lugar da conversão o juiz abre vista ao MP para oferecimento da denúncia e instauração do processo-crime **(Súmula Vinculante 35 do STF).**

b) Fase processual

i) **Ministério Público:** não ocorrendo a transação penal, ou caso haja o seu descumprimento, o representante do Ministério Público poderá:

- requerer arquivamento; ou
- requerer devolução dos autos para realização de diligências complementares, imprescindíveis a elucidação dos fatos; ou
- requerer encaminhamento do Termo Circunstanciado ao juízo comum se a complexidade do caso não permitir a formulação da denúncia; ou
- oferecer **Denúncia Oral** (ou a queixa, nos casos de ação penal privada).

ii) **Citação:** oferecida a denúncia ou queixa, será reduzida a termo, entregando-se cópia ao acusado, que com ela ficará citado imediatamente cientificado da designação de dia e hora para a audiência de instrução e julgamento (art. 78).

iii) **Rol de Testemunhas:** a defesa deve apresentar o rol na secretaria dentro do prazo de 5 dias antes da realização da audiência **(art. 78, § 1º).**

Embora a Lei n. 9.099/95 não estabeleça a quantidade de testemunhas, parte da doutrina entende que devem ser arroladas no máximo 3, sendo que a outra parcela aduz que devem ser arroladas no máximo 5 testemunhas.

iv) **Audiência (art. 81):** será sempre rápida e direta.

Aberta a audiência de instrução e julgamento, será dada a palavra ao defensor para responder à acusação.

Rejeição ou recebimento da denúncia ou da queixa (caso o juiz rejeite a denúncia ou a queixa, **contra esta decisão caberá o recurso de APELAÇÃO, no prazo de 10 dias, de acordo com o art. 82 da Lei n. 9.099/95**).

Caso seja recebida a denúncia, inicia-se, de imediato, a instrução com:

- Oitiva da vítima;
- Oitiva das testemunhas de acusação;
- Oitiva das testemunhas de defesa;
- Interrogatório do acusado;
- Debates orais por 20 minutos cada parte;
- Sentença.

Para auxiliar na compreensão, segue o fluxograma do procedimento sumaríssimo.

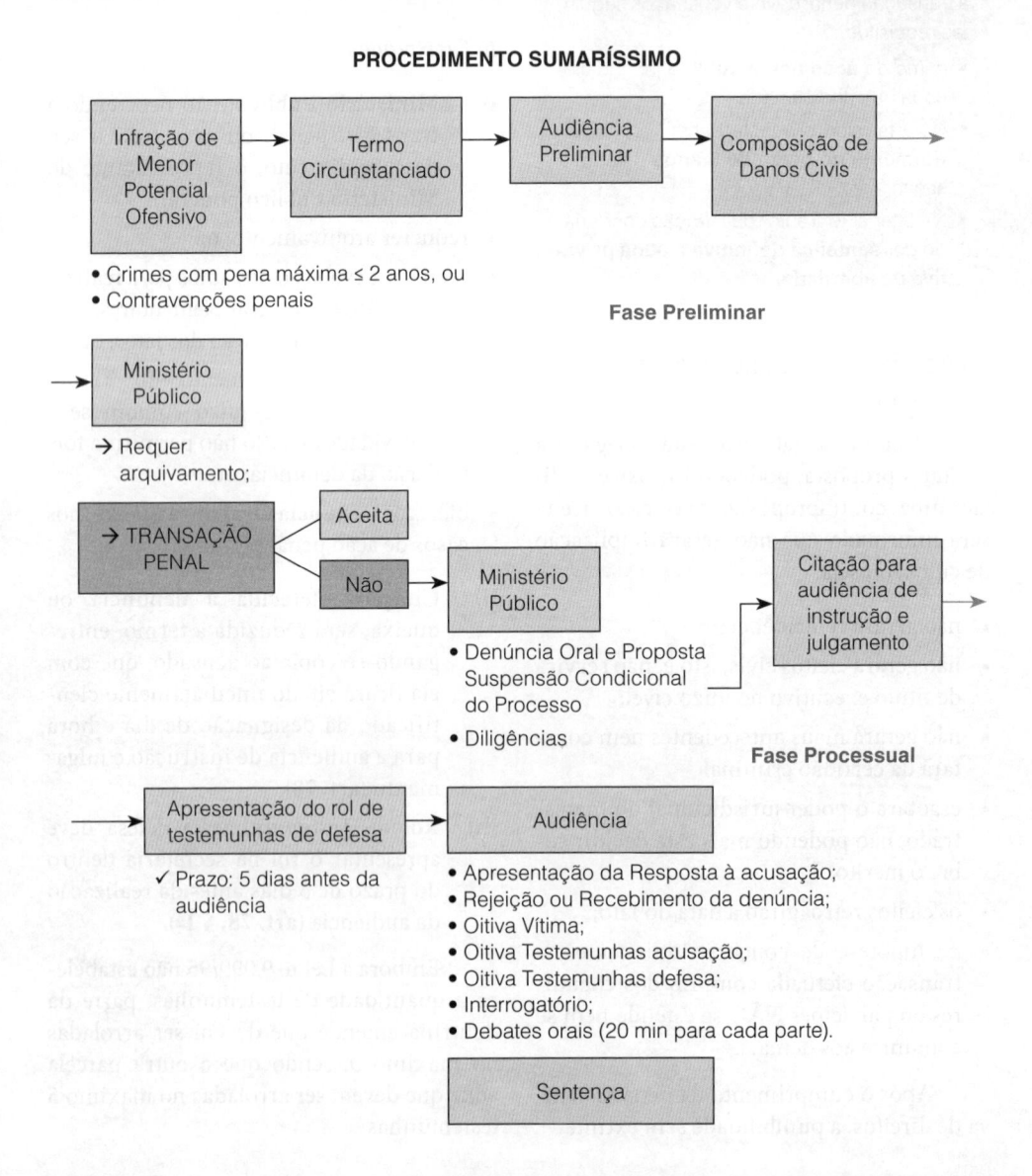

PROCEDIMENTO SUMARÍSSIMO

Infração de Menor Potencial Ofensivo → Termo Circunstanciado → Audiência Preliminar → Composição de Danos Civis →

- Crimes com pena máxima ≤ 2 anos, ou
- Contravenções penais

Fase Preliminar

→ Ministério Público

→ Requer arquivamento;

→ TRANSAÇÃO PENAL — Aceita
— Não → Ministério Público

- Denúncia Oral e Proposta Suspensão Condicional do Processo
- Diligências

→ Citação para audiência de instrução e julgamento →

Fase Processual

→ Apresentação do rol de testemunhas de defesa → Audiência

✓ Prazo: 5 dias antes da audiência

- Apresentação da Resposta à acusação;
- Rejeição ou Recebimento da denúncia;
- Oitiva Vítima;
- Oitiva Testemunhas acusação;
- Oitiva Testemunhas defesa;
- Interrogatório;
- Debates orais (20 min para cada parte).

Sentença

13.6 Questões

1. (FGV – TJRJ) O Código de Processo Penal prevê que o procedimento poderá ser comum ou especial. Sobre o procedimento comum ordinário, é correto afirmar que:

A) o magistrado que recebeu a denúncia, ainda que não tenha realizado a audiência, deverá proferir a sentença, tendo em vista o princípio da identidade física do juiz;

B) poderão ser arroladas pelas partes 8 (oito) testemunhas, incluindo nesse número as referidas e as que não prestam compromisso;

C) a não apresentação de resposta à acusação pelo advogado do réu gera a decretação da revelia e preclusão para apresentação do rol de testemunhas;

D) o acusado preso será requisitado para realização de seu interrogatório, o mesmo não ocorrendo quando da oitiva das testemunhas;

E) no caso de registro de audiência por meio audiovisual, será encaminhada às partes cópia do registro original, sem necessidade de transcrição.

↳ **Resolução:**

A) *Incorreta*. De acordo com o art. 399, § 2º, do CPP, o princípio da identidade física do Juiz estabelece que cabe ao Juiz que presidiu a audiência a prolação da sentença.

B) *Incorreta*. O art. 401, § 1º, do CPP prevê que deverão ser arroladas até 8 testemunhas, não estando incluídas as testemunhas referidas e as que não prestem compromisso.

C) *Incorreta*. O art. 396-A, § 2º, do CPP dispõe que a não apresentação da resposta à acusação ensejará a nomeação de defensor.

D) *Incorreta*. De acordo com o art. 399, § 1º, do CPP o acusado preso será requisitado tanto para o interrogatório como para oitiva das testemunhas.

E) *Correta*. O art. 405, § 2º, do CPP estabelece que: "No caso de registro por meio audiovisual, será encaminhada às partes cópia do registro original, sem necessidade de transcrição".

↗ **Gabarito: "Correta".**

2. (FCC – TRF 4ª Região) Jorge foi denunciado pela prática de crime contra a ordem tributária. De acordo com o disposto no Código de Processo Penal, é INCORRETO afirmar que:

A) Jorge deverá ser absolvido sumariamente se o fato narrado na denúncia evidentemente não constitui crime.

B) a denúncia será rejeitada quando for manifestamente inepta.

C) a denúncia será rejeitada quando faltar pressuposto processual ou condição para o exercício da ação penal.

D) a existência manifesta de causa excludente da ilicitude do fato somente poderá ser assim apurada depois da audiência de instrução e julgamento.

E) a denúncia será rejeitada quando faltar justa causa para o exercício da ação penal.

↳ **Resolução:**

A) *Correta*. De acordo com o art. 397, III, do CPP, o juiz absolverá sumariamente o acusado quando verificar que o fato narrado evidentemente não constitui crime.

B) *Correta*. O art. 395, I, do CPP prevê que a denúncia ou queixa será rejeitada quando for manifestamente inepta.

C) *Correta*. O art. 395, II, do CPP estabelece que a denúncia ou queixa será rejeitada quando faltar pressuposto processual ou condição para o exercício da ação penal.

D) *Incorreta*. O art. 397, I, do CPP aduz que, após a apresentação da resposta à acusação, o juiz deverá absolver sumariamente o acusado quando verificar a existência manifesta de causa excludente da ilicitude do fato.

E) *Correta*. O art. 395, III, do CPP dispõe que a denúncia ou queixa será rejeitada quando faltar justa causa para o exercício da ação penal.

↗ **Gabarito: "D".**

3. (FCC – TRF 4ª Região) Considere as seguintes situações hipotéticas que envolvem indivíduos que cometeram crimes, todos absolutamente primários, sem qualquer antecedente criminal e que jamais foram beneficiados pela transação penal nos últimos cinco anos.

I. Rodolfo está sendo acusado de cometer crime de desacato contra Policial Rodoviário Federal, com pena prevista de 6 meses a 2 anos de detenção, ou multa.

II. Murilo está sendo acusado de crime de abandono de função, após abandonar, fora dos casos permitidos por lei, cargo público em lugar compreendido na faixa de fronteira, que tem pena prevista de 1 a 3 anos de detenção, e multa.

III. Mirto, agente penitenciário, está sendo acusado de cometer o crime previsto no art. 319-A, do Código Penal, ao permitir o acesso de aparelho telefônico em estabelecimento penitenciário federal para um determinado detento, crime este com pena prevista de 3 meses a 1 ano de detenção.

IV. Josué está sendo acusado de cometer crime de descaminho após trazer uma televisão do Paraguai para o Brasil sem pagar os tributos devidos, com pena prevista de 1 a 4 anos de reclusão, e multa.

O Ministério Público Federal, não sendo caso de arquivamento, poderá oferecer proposta de transação penal, com aplicação imediata de pena restritiva de direitos ou multas para:

A) Mirto, apenas.
B) Rodolfo, Murilo, Mirto e Josué.
C) Rodolfo, Murilo e Mirto, apenas.
D) Rodolfo e Mirto, apenas.
E) Murilo e Mirto, apenas.

↳ **Resolução:**

A) *Incorreta*. Além de Mirto, Rodolfo também poderá ser beneficiado com a transação penal, pois Rodolfo está sendo acusado de cometer crime de desacato que tem pena máxima igual a 2 anos. Mirto está sendo acusado de cometer o crime previsto no art. 319-A do CP que tem pena máxima de 1 ano, ou seja, os crimes cometidos por ambos se enquadram no procedimento sumaríssimo, conforme o art. 61 da Lei n. 9.099/95.

B) *Incorreta*. Somente Rodolfo e Mirto poderão ser beneficiados com a transação penal, pois Rodolfo está sendo acusado de cometer crime de desacato que tem pena máxima igual a 2 anos. Mirto está sendo acusado de cometer o crime previsto no art. 319-A do CP que tem pena máxima de 1 ano, ou seja, os crimes cometidos por ambos se enquadram no procedimento sumaríssimo, conforme o art. 61 da Lei n. 9.099/95. Já Murilo não poderá ser beneficiado com a transação penal, uma vez que está sendo acusado de crime de abandono de função, devendo ser julgado pelo rito sumário.

C) *Incorreta*. Somente Rodolfo e Mirto poderão ser beneficiados com a transação penal, pois Rodolfo está sendo acusado de cometer crime de desacato que tem pena máxima igual a 2 anos. Mirto está sendo acusado de cometer o crime previsto no art. 319-A do CP que tem pena máxima de 1 ano, ou seja, os crimes cometidos por ambos se enquadram no procedimento sumaríssimo, conforme o art. 61 da Lei n. 9.099/95. Murilo e Josué não poderão ser beneficiados com a transação penal, pois cometeram crimes que possuem pena máxima superior a 2 anos. Assim, não serão processados pelo rito sumaríssimo.

D) *Correta*. Somente Rodolfo e Mirto poderão ser beneficiados com a transação penal, pois Rodolfo está sendo acusado de cometer crime de desacato que tem pena máxima igual a 2 anos. Mirto está sendo acusado de cometer o crime previsto no art. 319-A do CP que tem pena máxima de 1 ano, ou seja, os crimes cometidos por ambos se enquadram no procedimento sumaríssimo, conforme o art. 61 da Lei n. 9.099/95.

E) *Incorreta*. Mirto poderá ser beneficiado com a transação penal, pois está sendo acusado de cometer o crime previsto no art. 319-A do CP que tem pena máxima de 1 ano, se enquadrando no art. 61 da Lei n. 9.099/95. Já Murilo não poderá ser beneficiado com a transação penal, uma vez que está sendo acusado de crime de abandono de função, devendo ser julgado pelo rito sumário.

↗ **Gabarito: "D".**

4. (FGV – TJRJ) A Lei n. 9.099/95 traz um procedimento simplificado a ser aplicado no âmbito dos Juizados Especiais Criminais. Diante disso, algumas peculiaridades são previstas neste diploma legal. Sobre o procedimento sumaríssimo do JECRIM, é correto afirmar que:

A) a competência será determinada pelo local em que a infração for praticada e não pelo lugar da consumação;
B) da decisão de rejeição da denúncia caberá recurso em sentido estrito;
C) da decisão que homologa a composição de danos entre autor do fato e vítima caberá recurso de apelação;

D) a sentença poderá dispensar o relatório e o dispositivo, mas não a fundamentação;
E) cabe citação por edital no âmbito dos Juizados Especiais Criminais.

↳ **Resolução:**
A) *Correta*. De acordo com o art. 63 da Lei n. 9.099/95, a competência para as infrações de menor potencial ofensivo será fixada pelo local em que for praticada a infração penal.
B) *Incorreta*. Conforme o art. 82 da Lei n. 9.099/95, o recurso cabível contra decisão que rejeita a denúncia ou queixa é a apelação.
C) *Incorreta*. O art. 74 da Lei n. 9.099/95 confere eficácia de título executivo judicial a sentença que homologa a composição de danos civis, devendo a parte executá-lo na esfera cível, não cabendo recurso.
D) *Incorreta*. O art. 81, § 3º, da Lei n. 9.099/95 prevê que o juiz ao sentenciar deverá mencionar os elementos de sua convicção, sendo somente dispensado o relatório.
E) *Incorreta*. Não cabe citação por edital no procedimento sumaríssimo, em virtude da incompatibilidade com os princípios previstos no art. 62 da Lei n. 9.099/95. Caso o autor da infração não seja localizado para a citação pessoal, o procedimento será enviado à justiça criminal comum, para a adoção do rito sumário, conforme o art. 66, parágrafo único, da referida lei.

↗ **Gabarito: "A".**

14. PROCEDIMENTOS ESPECIAIS

14.1 Procedimento do Tribunal do Júri

O art. 5º, XXXVIII, da CF disciplina os princípios norteadores do tribunal do júri dentro do capítulo Dos Direitos e Garantias Fundamentais, pois tem o objetivo de ampliar o direito de defesa dos réus, funcionando como uma garantia individual àqueles que estão sendo processados pela prática de crimes dolosos contra a vida.

1) Princípios do tribunal do júri

a) **Plenitude de defesa (art. 5º, XXXVIII, *a*, da CF):** implica no exercício da defesa em um grau ainda maior do que a ampla defesa, compreendendo a utilização de argumentos técnicos e extrajurídicos, invocando razões de ordem social, emocional, de política criminal etc.

b) **Sigilo das Votações (art. 5º, XXXVIII, *b*, da CF):** após serem sorteados, os jurados não poderão se comunicar entre si, nem com outras pessoas (isso engloba, inclusive, a comunicação virtual, internet, celular etc.), e também não poderão manifestar sua opinião sobre o caso, sob pena de exclusão do Conselho de Sentença e multa.

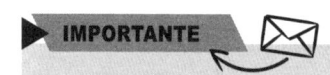

> ▶ **IMPORTANTE**
>
> A quebra da incomunicabilidade será causa de nulidade absoluta do julgamento.

c) **Soberania dos veredictos (art. 5º, XXXVIII, *c*, da CF):** a soberania dos veredictos significa que a decisão dos jurados não poderá ser modificada nem pelo juiz togado nem pelos tribunais superiores, com relação ao mérito da causa.

> ▶ **ATENÇÃO**
>
> Isso não quer dizer que as decisões do Júri são irrecorríveis, pois o próprio CPP no seu art. 593, III, traz as hipóteses de cabimento da Apelação contra sentença proferida na 2ª fase do procedimento do júri.

d) **Competência para julgamento dos crimes dolosos contra a vida (art. 5º, XXXVIII, *d*, da CF):** o júri tem competência privativa para julgar os crimes dolosos contra a vida. Além destes crimes, o Tribunal do Júri terá competência para o processo e julgamento dos crimes conexos aos dolosos contra a vida (art. 78 do CPP).

> **IMPORTANTE**
>
> Os crimes dolosos contra a vida são:
> Homicídio doloso (H), infanticídio (I), instigação e auxílio ou participação ao suicídio (S), e aborto (A) → (HISA), sejam tentados ou consumados.

2) Procedimento do júri

O Tribunal do Júri é um **procedimento bifásico** formado pelo Juízo da Acusação (1ª fase) e Juízo da Causa (2ª fase). O juízo da Acusação tem início com o recebimento da denúncia formulada pelo Ministério Público perante o juiz da Vara do Júri.

a) 1ª Fase (juízo de acusação)

Finalizado o Inquérito Policial os autos serão encaminhados ao Ministério Público que poderá:

- oferecer a **denúncia**; ou
- requerer **diligências**; ou
- requerer o **arquivamento**.

Com o oferecimento da denúncia, que deverá preencher os requisitos do art. 41 do CPP, bem como ser oferecida no prazo legal (art. 46 do CPP), os autos serão direcionados ao juiz da vara do júri para que analise se é caso de rejeição (art. 395 do CPP) ou de recebimento da denúncia (art. 396 do CPP). Havendo o recebimento da denúncia o magistrado deverá **conceder** o **prazo de 10 dias** para apresentação de resposta à acusação, sob pena de nulidade (art. 406 do CPP). Podendo a defesa nesse mesmo prazo apresentar exceções e incidentes, que serão autuados em apartados, conforme os arts. 95 a 112 do CPP.

> **ATENÇÃO**
>
> Da mesma forma como no procedimento ordinário, caso o Juiz tenha determinado a **citação por edital**, não comparecendo o réu para apresentar a resposta escrita, o juiz **suspenderá** o **processo** e o curso do **prazo prescricional** (art. 366 do CPP).

> **IMPORTANTE**
>
> O procedimento da 1ª fase do júri não prevê expressamente a existência da Absolvição Sumária do art. 397 do CPP. Mas o art. 394, § 5º, do CPP dispõe que serão aplicadas subsidiariamente aos procedimentos especial, sumário e sumaríssimo as disposições do procedimento ordinário. Logo, mesmo não existindo previsão expressa no procedimento do júri pode-se "emprestar" o instituto do procedimento ordinário.

Após a apresentação da resposta à acusação, o juiz encaminhará os autos ao Ministério Público para manifestação no **prazo de 5 dias** (art. 409 do CPP).

Apresentada a manifestação pelo órgão acusador será designada **audiência de instrução e julgamento**.

Na **Audiência serão realizadas as seguintes oitivas (art. 411 do CPP):**

- oitiva do ofendido (se possível);
- testemunhas de acusação;
- testemunhas de defesa;
- esclarecimentos dos peritos e assistentes técnicos;
- acareações;
- reconhecimento de pessoas e coisas;
- interrogatório do acusado.

Encerradas as oitivas, as partes terão o prazo de 20 minutos, prorrogáveis por mais 10 minutos para realizarem suas alegações finais, em forma de debates orais (art. 411, § 4º, do CPP). Ao final dos debates orais o juiz prolatará a decisão oralmente, ou por escrito, no prazo de 10 dias (art. 411, § 9º, do CPP)

Existem 4 possíveis decisões ao final da 1ª fase do procedimento do júri:

Pronúncia (art. 413 do CPP)	Haverá se existirem indícios de autoria e prova de materialidade, devendo o acusado ser encaminhado a julgamento pelos jurados

Impronúncia (art. 414 do CPP)	Haverá se o juiz observar a ausência de prova sobre a existência do crime, ou de indícios suficientes de autoria, sendo o processo arquivado, até que surjam novas provas ou ocorra prescrição
Desclassificação (art. 419 do CPP)	Ocorrerá quando o juiz observar a ocorrência de infração penal não dolosa contra a vida, encaminhando os autos ao juiz comum
Absolvição Sumária (art. 415 do CPP)	Ocorrerá se for provada a inexistência do fato, ou ausência de autoria, ou o fato seja atípico, ou seja demonstrada causa de isenção de pena ou de exclusão do crime

> **ATENÇÃO**
>
> Os efeitos da decisão de **pronúncia** são:
> - Submeter o acusado a Júri popular;
> - Limitar as teses da acusação a serem apresentadas ao Júri;
> - Interromper a prescrição (nos termos do art. 117, II, do CP).

Ocorrendo a **ABSOLVIÇÃO SUMÁRIA**, o art. 415, parágrafo único, do CPP prevê que sendo hipótese de imputabilidade, o juízo deve pronunciar o réu, salvo se essa for a única tese da defesa. Hipótese em que haverá sentença de absolvição sumária imprópria, ou seja, absolvição do crime com a imposição de medida de segurança por prazo indeterminado.

> **IMPORTANTE**
>
> Contra decisão de **Pronúncia** e **Desclassificação** caberá o **Recurso em sentido estrito** (art. 581, II e IV, do CPP).
>
> Contra decisão de **Impronúncia** e **Absolvição sumária** caberá o recurso de **Apelação** (art. 416 do CPP).

Tornando-se definitiva a decisão de pronúncia, poderá ocorrer o **desaforamento**, desde que haja interesse da ordem pública, dúvida sobre a imparcialidade do Júri ou para garantir a segurança pessoal do acusado, (art. 427 do CPP), ou mesmo em casos de excesso de serviço (art. 428 do CPP).

A Súmula 712 do STF estabelece que será considerada "nula a decisão que determinar o desaforamento de processo da competência do júri sem audiência da defesa".

PROCEDIMENTO 1ª FASE DO JÚRI

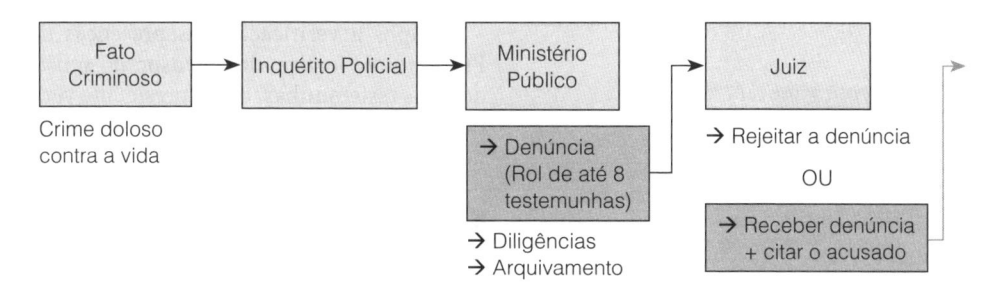

Fato Criminoso (Crime doloso contra a vida) → Inquérito Policial → Ministério Público → Juiz

- Ministério Público:
  → Denúncia (Rol de até 8 testemunhas)
  → Diligências
  → Arquivamento

- Juiz:
  → Rejeitar a denúncia
  OU
  → Receber denúncia + citar o acusado

Fluxograma

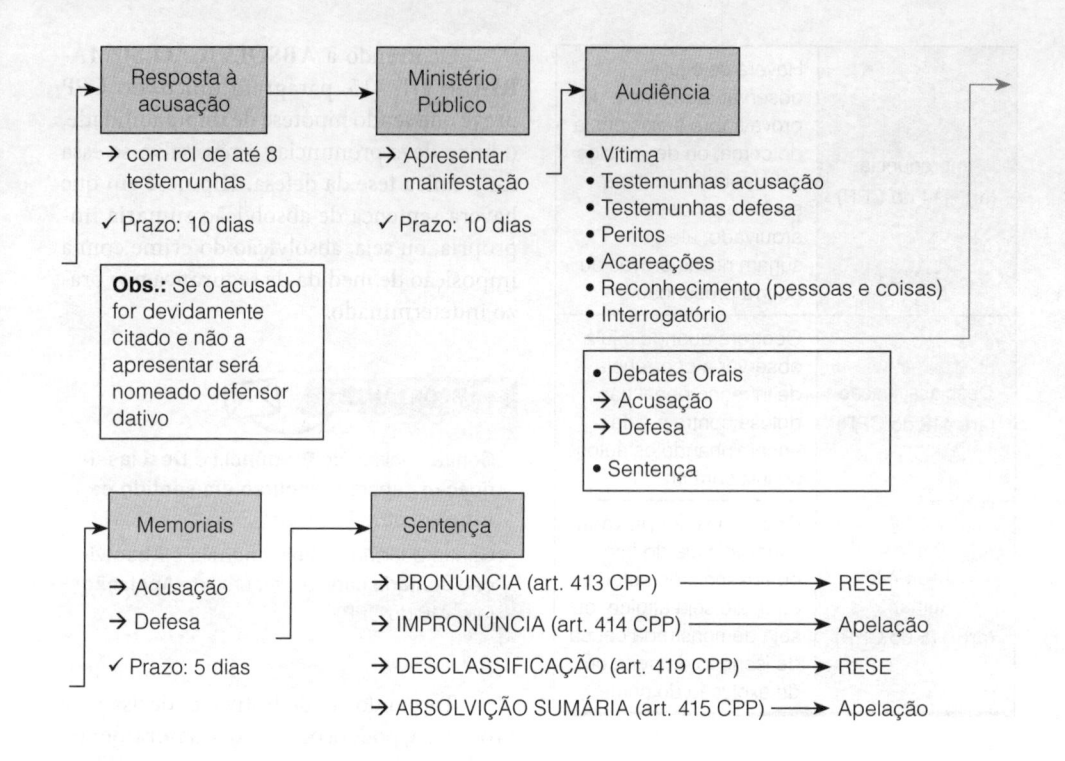

Resposta à acusação
→ com rol de até 8 testemunhas
✓ Prazo: 10 dias

Obs.: Se o acusado for devidamente citado e não a apresentar será nomeado defensor dativo

Ministério Público
→ Apresentar manifestação
✓ Prazo: 10 dias

Audiência
- Vítima
- Testemunhas acusação
- Testemunhas defesa
- Peritos
- Acareações
- Reconhecimento (pessoas e coisas)
- Interrogatório

- Debates Orais
  → Acusação
  → Defesa
- Sentença

Memoriais
→ Acusação
→ Defesa
✓ Prazo: 5 dias

Sentença
→ PRONÚNCIA (art. 413 CPP) ⟶ RESE
→ IMPRONÚNCIA (art. 414 CPP) ⟶ Apelação
→ DESCLASSIFICAÇÃO (art. 419 CPP) ⟶ RESE
→ ABSOLVIÇÃO SUMÁRIA (art. 415 CPP) ⟶ Apelação

Juízo de preparação para o plenário

Com a decisão de pronúncia, os autos serão encaminhados ao Juiz Presidente do tribunal do júri para que ocorra a preparação para o plenário, ou seja, deverá intimar o Ministério Público e a defesa para que apresente o rol de até 5 testemunhas, podendo juntar documentos e requerer diligências. Caso seja necessário, o juiz ordenará a realização de diligências, e posteriormente designará dia e hora para a realização do julgamento que será realizado pelos jurados.

> **IMPORTANTE**
>
> A ordem de julgamento dos réus presos será realizada da seguinte forma, ressalvado motivo relevante que autorize a alteração da ordem, nos termos do art. 429 do CPP:
> I – presos;
> II – presos que estiverem a mais tempo na prisão;
> III – em igualdade de condições, os precedentemente pronunciados.

b) 2ª Fase (juízo da causa)

Ao ser designado o dia do julgamento, serão convocados 25 jurados, instalando-se a sessão com, no mínimo, 15 jurados.

> **ATENÇÃO**
>
> Caso o julgamento seja realizado com um número, inicialmente, menor do que 15 jurados, haverá a nulidade prevista no art. 564, III, *i*, do CPP.

Após a verificação das presenças do Promotor de Justiça, do defensor, do acusado e das testemunhas, o juiz presidente verificará a urna do sorteio contendo as cédulas dos 25 jurados.

> **IMPORTANTE**
>
> Não comparecimento do réu acarretará:
> - **Réu solto** e devidamente **intimado**, será permitido o julgamento **sem a sua presença;**

- **Réu preso**, haverá **adiamento** do julgamento.
  Presente o réu, não se permitirá o uso de algemas, exceto se absolutamente necessário **(art. 474, § 3º, do CPP)**.

Será então realizado o sorteio dos jurados para a formação do conselho de sentença. Durante o sorteio, a defesa e depois a acusação poderão recusar até 3 jurados sem declinar os motivos, são as chamadas recusas peremptórias.

Formado o Conselho de Sentença com 7 jurados, eles assumirão o compromisso de votar de acordo com a consciência e os ditames da justiça (art. 472 do CPP). Os jurados receberão cópia da pronúncia e demais decisões de admissibilidade, bem como o relatório do processo elaborado pelo Juiz Presidente.

Será então iniciada a instrução com as seguintes oitivas:

- ofendido (se possível);
- testemunhas de acusação;
- testemunhas de defesa;
- peritos, assistentes técnicos;
- interrogatório.

Finalizadas as oitivas, será dada a palavra ao membro do Ministério Público e logo em seguida à defesa, que terão 1 hora e 30 minutos cada para a realização dos Debates Orais, em seguida cada parte terá direito a mais 1 hora para a réplica e tréplica.

A defesa somente poderá treplicar se o Ministério Público fizer uso da réplica.

> **ATENÇÃO**
>
> As partes **NÃO** poderão fazer referência à decisão de pronúncia, às decisões posteriores que julgaram admissível a acusação ou à determinação do uso de algemas, ou ainda **(art. 478 do CPP)**, ao silêncio do acusado.

> **Produção, exibição e leitura de documento:** durante o julgamento, **não será permitida** a leitura de documentos ou a exibição de objeto, cujo conteúdo versar sobre a matéria de fato, que não tiver sido juntado aos autos com **antecedência mínima de 3 dias**, dando ciência à outra parte para garantir o contraditório.

Os jurados serão indagados se estão aptos a julgar o acusado e se necessitam de outros esclarecimentos. O Réu será submetido a julgamento por meio de perguntas **(quesitos)**, que serão respondidas na sala secreta **(art. 483 do CPP)**.

Os quesitos devem seguir a seguinte ordem:

1º) Se houve crime (*materialidade do fato*);

2º) Se o réu é o autor ou partícipe;

3º) Se o acusado deve ser absolvido;

4º) Se existe causa de diminuição de pena;

5º) Se existe circunstância qualificadora ou causa de aumento de pena.

> **IMPORTANTE**
>
> Não haverá quesitação sobre circunstância agravante ou atenuante.

Caso dentre as teses de defesa seja sustentada a **desclassificação** da infração penal para outra de competência do juiz comum, serão formulados quesitos para serem respondidos (art. 483, § 4º, do CPP).

Assim, se os jurados entenderem pela **desclassificação**, caberá ao juiz presidente julgar o feito, pois trata-se da hipótese de *perpetuatio jurisdictionis*, ou seja, o juiz presidente continua competente para julgar.

> **ATENÇÃO**
>
> Havendo desclassificação de crime doloso contra a vida para **infração penal que permita os benefícios da Lei n. 9.099/95**, o Juiz-Presidente aplicará os benefícios cabíveis.
>
> Se houver **crimes conexos**, ocorrendo desclassificação do crime doloso contra a vida, os demais (não dolosos contra a vida) também passarão para a competência do Juiz-presidente (não mais do Júri).

Execução provisória da pena: após a votação pelos jurados, o juiz presidente proferirá sentença:

Em caso de condenação realizará a dosimetria da pena e:

- mandará o acusado recolher-se à prisão, se presentes os requisitos da prisão preventiva;
- caso a condenação seja a pena superior a 15 anos, determinará a execução provisória das penas, se for o caso, sem prejuízo do conhecimento de recursos que vierem a ser interpostos, sendo que, como regra, a apelação NÃO terá efeito suspensivo.

Exceção à execução provisória da pena: poderá deixar de ser aplicada, se houver questão substancial que o tribunal ao qual competir o julgamento do recurso possa levar à revisão da condenação.

O tribunal poderá, excepcionalmente, atribuir efeito suspensivo à apelação, quando verificado que o recurso:

- não tem propósito meramente protelatório; e
- suscita questão substancial que pode resultar em **absolvição, anulação da sentença, novo julgamento** ou **redução da pena para patamar inferior a 15 anos**.

Pedido de efeito suspensivo: poderá ser concedido incidentemente na apelação ou por meio de petição em separado dirigida diretamente ao relator, instruída com cópias da sentença condenatória, das razões da apelação e de prova da tempestividade, das contrarrazões e das demais peças necessárias à compreensão da controvérsia.

14.2 Questões

1. **(FGV – TJAL)** O juiz de determinado Tribunal do Júri precisa marcar sessões de julgamento, após pronúncia, de quatro processos distintos em que figuram como denunciados Júlio, César, Arthur e Junior. No momento de definir sua pauta do mês de maio, chama o Oficial de Justiça para que esclareça algumas informações sobre data de cumprimento de mandados de prisão, citação e pronúncia. O oficial informa que Júlio foi preso em 15-1-2017, sendo citado em 25-1-2017 e pronunciado em 9-3-2018; César foi preso em 20-1-2017, citado em 23-1-2017 e pronunciado em 8-3-2018; Arthur foi preso em 20-1-2017, citado em 24-1-2017 e pronunciado em 6-3-2018; Junior responde ao processo solto, tendo sido citado em 27-11-2016 e pronunciado em 27-2-2018.

Considerando apenas o narrado e as informações do Oficial de Justiça, de acordo com o Código de Processo Penal, as sessões plenárias de julgamento do Tribunal do Júri deverão ser realizadas na seguinte ordem de preferência:

A) Júlio, César, Arthur e Junior;
B) Arthur, César, Júlio e Junior;
C) Júlio, Arthur, César e Junior;
D) César, Arthur, Júlio e Junior;
E) Junior, Arthur, César e Júlio.

↳ **Resolução:**

De acordo com o art. 429 do CPP, a ordem de julgamento no procedimento do júri será da seguinte forma, ressalvado motivo relevante que autorize a alteração da ordem: I – acusados presos; II – acusados presos que estiverem a mais tempo na prisão; III – em igualdade de condições, os precedentemente pronunciados. Assim, os acusados deverão ser julgados na seguinte ordem:

1º) Julio, pois está preso desde 5-1-2017 e foi pronunciado em 6-3-2018;

2º) Arthur, pois está preso desde 20-1-2017 e foi pronunciado em 6-3-2018;

3º) César, pois está preso desde 20-1-2017 e foi pronunciado em 8-3-2018;

4º) Júnior, uma vez que está respondendo o processo em liberdade.

↗ Gabarito: "C".

2. **(FGV – TJ-RJ)** Durante Plenário do Tribunal do Júri, nos debates orais, o Promotor de Justiça requereu ao juiz a leitura de reportagem jornalística publicada no dia do julgamento tratando dos fatos que estavam sendo julgados. A defesa manifestou-se contrariamente. Sobre essa situação hipotética, é correto afirmar que o juiz-presidente deve:

A) deferir o pedido, pois o promotor só teve acesso ao documento no dia do julgamento;
B) indeferir o pedido, pois os documentos devem ser juntados aos autos com antecedência de 3 (três) dias úteis ao julgamento;
C) deferir o pedido, pois o princípio da busca da verdade real permite que a acusação produza todas as provas a que tiver acesso, desde que lícitas;
D) indeferir o pedido, pois a reportagem jornalística, em hipótese alguma, poderá ser considerada meio de prova;
E) indeferir o pedido, pois todos os documentos devem ser juntados aos autos até o dia anterior ao julgamento em Plenário.

↘ Resolução:
A) *Incorreta.* Deverá indeferir o pedido, conforme o art. 479 do CPP.
B) *Correta.* Nos termos do art. 479 do CPP somente será permitida a leitura de documento ou exibição de objeto, em plenário, se tiver sido juntado aos autos com até 3 dias úteis de antecedência, para que a parte contrária tenha ciência.
C) *Incorreta.* Deverá indeferir o pedido, conforme o art. 479 do CPP.
D) *Incorreta.* Deverá indeferir o pedido, em virtude de não ter sido juntado no prazo previsto no art. 479 do CPP.
E) *Incorreta.* Deverá indeferir o pedido, pois todos os documentos deverão ser juntados com antecedência de 3 dias úteis.

↗ Gabarito: "B".

15. RECURSOS

15.1 Recurso em sentido estrito

Previsto no arts. 581 a 592 do CPP.

A regra no processo penal é a irrecorribilidade das decisões interlocutórias, entretanto, existem as **exceções previstas no art. 581 do CPP** e outras expressamente previstas em leis especiais. Assim, algumas decisões interlocutórias podem ter seu conteúdo reexaminado por ocasião do recurso em sentido estrito, desde que estas hipóteses estejam taxativamente previstas em Lei. Logo, basta verificar se a decisão está no rol dos incisos do art. 581 do CPP ou se consta no parágrafo único do art. 294 do Código de Trânsito Brasileiro.

1) Cabimento

O RESE somente será cabível das decisões do juiz de 1ª instância, durante o processo de conhecimento.

Com a interposição do RESE será permitido ao juiz aplicar o juízo de retratação, uma vez que a decisão lhe é devolvida para reexame, podendo reapreciar da matéria de fato e de direito. Se, mesmo depois deste reexame o juiz mantiver sua decisão, o recurso subirá para o juízo *ad quem* (Tribunal). Trata-se, portanto, de um recurso de instância mista.

De igual forma, por força do disposto no art. 197 da LEP, toda decisão sobre matéria de execução criminal deverá ser contestada por meio do Agravo em Execução e não mais por RESE, mesmo que esteja previsto nos incisos do art. 581 do CPP.

> I – que não receber a denúncia ou a queixa [desde que seja procedimento ordinário, sumário ou tribunal do júri];

Caso o juiz verifique a falta de uma das condições da ação ou de algum pressuposto processual deverá rejeitar a petição inicial (denúncia ou queixa), e contra essa decisão caberá o RESE, interposto pelo órgão acusador.

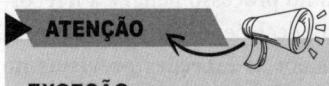

> **ATENÇÃO**
>
> **EXCEÇÃO**
> No procedimento sumaríssimo, de acordo com o art. 82 da Lei n. 9.099/95, contra decisão que rejeita a denúncia ou a queixa caberá recurso de Apelação no prazo de 10 dias.

No caso de recurso contra sentença que rejeitou a denúncia ou queixa, o acusado ou querelado deverá ser intimado para apresentar as contrarrazões, sob pena de nulidade, com base na Súmula 707 do STF: "Constitui nulidade a falta de intimação do denunciado para oferecer contrarrazões ao recurso interposto da rejeição da denúncia, não a suprindo a nomeação de defensor dativo".

> **II – que concluir pela incompetência do juízo;**

Somente caberá RESE contra a decisão do juiz que se declarar incompetente de ofício. Caso o juiz julgue uma exceção de incompetência caberá RESE com fundamento no inciso III do art. 581.

> **III – que julgar procedentes as exceções, salvo a de suspeição;**

O art. 95 do CPP dispõe sobre as exceções na esfera penal, e traz cinco possibilidades de se arguir exceções.

> **IV – que pronunciar;**

A pronúncia está prevista no art. 413 do CPP e trata-se de uma das possíveis decisões a serem proferidas pelo juiz ao final da 1ª fase do Tribunal do Júri, quando existirem indícios suficientes de autoria e prova de materialidade.

Os incisos **V e VII** tratam do cabimento do RESE contra as decisões referentes à **prisão, fiança e Liberdade Provisória.**

Os **incisos VIII e IX** trazem o cabimento do RESE contra decisão que decreta ou não reconhece a **extinção da punibilidade.**

> **X – que conceder ou negar a ordem de *habeas corpus*;**

Caberá RESE da sentença do juiz de 1º grau que concede ou nega a ordem de *habeas corpus*.

> **XIII – que anular o processo da instrução criminal, no todo ou em parte;**

Contra a decisão que anula o processo no todo ou em parte cabe RESE, contudo, da decisão do juiz que indefere o pedido de reconhecimento de nulidade processual NÃO cabe recurso, devendo a parte prejudicada arguir em preliminar nos Memoriais ou na Apelação.

> **XIV – que incluir jurado na lista geral ou desta o excluir;**

Existe divergência na doutrina a respeito da existência ou não do cabimento do RESE contra esta decisão, contudo, para aqueles que entendem pelo cabimento, o prazo, como exceção, será de 20 dias, a contar da publicação da lista geral de jurados, devendo ser a interposição endereçada ao Presidente do Tribunal de Justiça.

> **XV – que denegar a apelação ou a julgar deserta;**

Interposta a apelação, caso o juiz de 1º grau negue seguimento pela ausência de um dos pressupostos de admissibilidade, contra esta decisão caberá RESE. Apenas, para aprofundarmos mais no assunto, interposto o RESE, se o mesmo juiz de 1º grau negar seguimento também ao RESE, caberá Carta Testemunhável (art. 639, I, do CPP).

> **XVI – que ordenar a suspensão do processo, em virtude de questão prejudicial;**

As questões prejudiciais estão previstas no art. 92 do CPP.

> **XVIII – que decidir o incidente de falsidade;**

Havendo dúvida acerca da autenticidade de um documento constante dos autos, pode ser requerida a instauração de incidente de falsidade. Por meio deste incidente, pode-se arguir tanto a falsidade material quanto a falsidade ideológica do documento.

> **XXV – que recusar homologação à proposta de acordo de não persecução penal, previsto no art. 28-A desta Lei.**

Inciso acrescido pela Lei n. 13.964/2019 estabelecendo que caso o juiz se recuse a homologar a proposta de acordo de não persecução aceita pelo agente, poderá ser interposto recurso em sentido estrito.

▶ **IMPORTANTE**

Assim, nas hipóteses do art. 581, XI, XII, XVII, XIX, XX, XXI, XXII, XXIII e XXIV, do CPP, NÃO é mais cabível o RECURSO EM SENTIDO ESTRITO, mas sim o **AGRAVO EM EXECUÇÃO.**

Com relação aos incisos XIX, XX, XXI e XXIV, estes não mais se aplicam, uma vez que tais decisões foram revogadas tacitamente pela Parte Geral do CP de 1984.

Vale lembrar que existem outras hipóteses de cabimento do RESE, conforme o art. 294, parágrafo único, da Lei n. 9.503/97.

2) Prazo

Em **regra**, o prazo para apresentar a **interposição será de 5 dias** (art. 586, *caput*, do CPP), posteriormente, a parte será intimada para apresentar as **razões no prazo de 2 dias** (art. 588, *caput*, do CPP).

▶ **ATENÇÃO**

EXCEÇÃO
20 dias para o recurso da decisão que incluir ou excluir jurado da lista geral (art. 586, parágrafo único, do CPP).

3) Legitimidade

- Ministério Público (art. 577 do CPP);
- Querelante (art. 577 do CPP);
- Acusado e seu defensor (art. 577 do CPP);
- Ofendido somente nos casos de extinção de punibilidade (art. 271, *caput*, c/c o art. 584, § 1º, do CPP).

4) Efeitos do RESE

a) **Devolutivo:** permite que o Tribunal para o qual é dirigido o recurso reveja integralmente a matéria sujeita à controvérsia;

b) **Suspensivo:** suspende os efeitos da decisão recorrida;

c) **Extensivo:** no caso de concurso de agentes, a decisão favorável ao réu recorrente pode aproveitar o corréu, desde que fundados em motivos que não sejam de caráter exclusivamente pessoal, somente se comunicando as circunstâncias de caráter objetivo (art. 580 do CPP);

d) **Regressivo ou iterativo:** autoriza que o próprio órgão prolator da decisão reexamine a questão, voltando atrás, modificando-a (juízo de retratação).

5) Processamento do RESE

- Apresentação da **Interposição** no prazo de **5 dias**;
- Verificação dos requisitos de admissibilidade pelo juiz;
- Intimação para a parte apresentar as **Razões** em **2 dias**;
- Apresentação das razões;
- Intimação para o recorrido apresentar as **Contrarrazões** no prazo de **2 dias**;
- Análise da retratação pelo juiz que proferiu a decisão;
- Se o juiz reformar o despacho recorrido, a parte contrária, por simples petição, poderá recorrer da nova decisão, se couber recurso, não sendo mais lícito ao juiz modificá-la. Nesse caso, independentemente de novos arrazoados, subirá o recurso nos próprios autos ou em traslado; ou
- Não havendo retratação, os autos serão encaminhados ao Tribunal;
- Em segundo grau, haverá a distribuição;
- Sorteio do Relator;
- Parecer da Procuradoria, no prazo de 5 dias;
- Vista dos autos ao Relatos, no prazo de 5 dias;
- Designação de data do julgamento;
- Na sessão de julgamento caberá sustentação oral por 10 minutos.

15.2 Apelação

Recurso previsto nos arts. 416, 593 a 603 do CPP.

A apelação é um recurso amplo, pois devolve à instância superior (Tribunal de Justiça ou Tribunal Regional Federal) o conhecimento irrestrito da ação ou do quanto se deseja combater da sentença proferida em primeiro grau. Possui a finalidade de correção tanto da reforma quanto da anulação da sentença.

> **IMPORTANTE**
>
> Não se pode formular na apelação pedido inexistente até então, eis que trata de recurso que **visa analisar o que fora anteriormente objeto de apreciação pelo juízo monocrático**. Somente poderá se alegar algo novo quando surgirem, após a sentença, novas provas.

1) Hipóteses de cabimento

Segundo o art. 593 do CPP, a apelação é recurso cabível contra as seguintes decisões:

> **I)** absolutórias ou condenatórias de caráter definitivo, proferidas por juiz singular;

> **ATENÇÃO**
>
> Caberá apelação da **ABSOLVIÇÃO SUMÁRIA**, do procedimento ordinário e sumário, prevista no art. 397 do CPP.
>
> Contudo, somente nos incisos I (excludente de ilicitude), II (excludente de culpabilidade) e III (atipicidade). Pois, contra a decisão de Absolvição Sumária com fundamento na extinção da punibilidade caberá o Recurso em Sentido Estrito (art. 581, IV, do CPP).

> **II)** absolutórias ou condenatórias com força de definitivas, desde que não previsto o recurso em sentido estrito;

Decisões com força de definitivas são aquelas que finalizam, mas não analisam o mérito, ou seja, não condenam nem absolvem o acusado. Entretanto, somente caberá apelação nas decisões com força de definitivas quando não couber o recurso em sentido estrito.

> **III)** do Tribunal do Júri, desde que satisfeitos os requisitos do inciso III, alíneas *a*, *b*, *c*, *d*.

Os casos de apelação contra decisão dos jurados possuem natureza restrita para garantir o princípio constitucional da soberania dos veredictos, não devolvendo à superior instância o conhecimento integral das teses alegadas durante instrução.

▶ **IMPORTANTE**

Súmula 713 do STF: "O efeito devolutivo da apelação contra decisões do júri é adstrito aos fundamentos da sua interposição".

Assim, somente caberá Apelação contra decisão dos jurados quando:

a) **ocorrer nulidade posterior à pronúncia;**

Caso o Tribunal de Justiça reconheça a nulidade arguida, o julgamento realizado pelos jurados será anulado, devendo ser realizado novo julgamento.

b) **quando for a sentença do juiz presidente contrária à lei ou à decisão do Conselho de Sentença;**

O Tribunal *ad quem* fará a devida retificação, julgando o mérito conforme a lei ou a decisão dos jurados (art. 593, § 1º, do CPP).

c) **houver erro ou injustiça na aplicação da pena ou medida de segurança;**

Após a votação dos jurados realizada na sala secreta, de acordo com o veredicto, o Juiz Presidente fará a dosimetria da pena e prolatará a sentença.

Assim, cabe apelação e o Tribunal *ad quem* fará a devida alteração da pena ou da medida de segurança (art. 593, § 2º, do CPP).

d) **quando a decisão dos jurados for manifestamente contrária à prova dos autos;**

Se a decisão dos jurados não tiver base alguma nas provas trazidas nos autos, considerar-se-á uma decisão **manifestamente** contrária à prova dos autos.

Mas, se existirem provas nos autos tanto para absolvição quanto para a condenação, e os jurados optarem por uma das duas posições, não haverá cabimento da apelação com este fundamento.

Se o tribunal *ad quem* se convencer de que a decisão dos jurados é manifestamente contrária à prova dos autos, ordenará que seja realizado novo julgamento.

▶ **ATENÇÃO**

A Lei n. 13.964/2019 introduziu o pedido de efeito suspensivo na apelação, que poderá ser concedido de forma incidental ou por meio de petição em separado dirigida diretamente ao relator, instruída com cópias da sentença condenatória, das razões da apelação e de prova da tempestividade, das contrarrazões e das demais peças necessárias à compreensão da controvérsia.

2) Prazo

O prazo para apresentar a **interposição é de 5 dias** (art. 593, *caput*, do CPP). Após a apresentação da interposição, a parte será intimada para apresentar as **razões no prazo de 8 dias** (art. 600, *caput*, do CPP).

O prazo para apresentação das **contrarrazões de apelação é de 8 dias** também.

▶ **IMPORTANTE**

O ofendido poderá apelar caso o Ministério Público não apele. Se o ofendido estiver habilitado, o prazo para apresentar a interposição será de 5 dias, a contar do término do prazo do MP.

Mas se o ofendido não estiver habilitado nos autos como assistente de acusação terá o prazo para interposição de 15 dias (art. 598, parágrafo **único**, do CPP), a contar do término do prazo do Ministério Público, de acordo com a Súmula 448 do STF.

3) Legitimidade

- Ministério Público (art. 577 do CPP);
- Querelante (art. 577 do CPP);
- Assistente de acusação, mesmo sem estar habilitado, tem legitimidade supletiva, ou seja, poderá interpor apelação na ausência de recurso pelo MP (art. 598 do CPP);
- Acusado e seu defensor (art. 577 do CPP).

4) Efeitos da apelação

a) **Devolutivo:** permite que o Tribunal para o qual é dirigido o recurso reveja integralmente a matéria sujeita à controvérsia;

b) **Suspensivo:** suspende os efeitos da decisão apelada. Mas, nas sentenças de absolvição, a apelação não terá efeito suspensivo, ou seja, a interposição de apelação não impedirá que o acusado seja posto ou permaneça em liberdade.

c) **Extensivo:** no caso de concurso de agentes, a decisão favorável ao réu recorrente pode aproveitar o corréu, desde que fundados em motivos que não sejam de caráter exclusivamente pessoal, somente se comunicando as circunstâncias de caráter objetivo (art. 580 do CPP).

5) Denegação da apelação

Denegado (negado seguimento por falta de um dos pressupostos de admissibilidade) o recurso de Apelação, caberá RESE (art. 581, XV, do CPP), e não sendo recebido o RESE (também por falta de um dos pressupostos de admissibilidade), será oponível a Carta Testemunhável (art. 639, I, do CPP).

6) Proibição *reformatio in pejus* direta

O art. 617 do CPP determina que a pena não poderá ser agravada, quando somente o réu houver apelado da sentença, ou seja, é proibido ao tribunal piorar a situação do réu quando houver interposição de recurso unicamente pela defesa.

> **ATENÇÃO**
>
> Exemplo: O juiz condenou o acusado a uma pena de 7 anos de reclusão em regime inicial fechado pelo crime de roubo (art. 157, *caput*, do CP). O Ministério Público até poderia recorrer buscando a pena máxima de 10 anos, mas decide não apelar. A defesa, por sua vez, apela, requerendo a absolvição, a diminuição da pena e a mudança de regime para o semiaberto.
>
> Como somente a defesa interpôs recurso de apelação, por mais que o MP tenha que contrarrazoar a apelação, o Tribunal não poderá piorar a situação do réu, ou seja, ou o Tribunal mantém a decisão do juiz de 1º grau ou absolve ou diminui a pena ou modifica o regime inicial.
>
> Entretanto, se o Ministério Público interpõe apelação requerendo o aumento da pena e a defesa interpõe apelação requerendo a absolvição ou diminuição de pena, nesses casos o Tribunal pode piorar ou melhorar a situação do recorrente.

7) Processamento da apelação

- Apresentação da **Interposição** no prazo de **5 dias**;
- Verificação dos requisitos de admissibilidade pelo juiz;
- Intimação para a parte apresentar as **Razões** em **8 dias**;
- Apresentação das razões;
- Intimação para o recorrido apresentar as **Contrarrazões** no prazo de **8 dias**;
- Apresentação das contrarrazões;
- Encaminhamento dos autos ao Tribunal;
- Em segundo grau, haverá a distribuição;
- Sorteio do Relator;
- Parecer da Procuradoria;
- Vista dos autos ao Relator;
- Designação de data do julgamento;
- Na sessão de julgamento caberá sustentação oral.

8) Apelação no procedimento sumaríssimo (art. 82 da Lei n. 9.099/95)

No procedimento sumaríssimo, ou seja, quando o crime tiver pena máxima menor ou igual a 2 anos ou for contravenção penal, caberá apelação, de acordo com o art. 82 da Lei n. 9.099/95, nas seguintes hipóteses:

- **decisão de rejeição da denúncia ou da queixa;**

> **ATENÇÃO**
> No procedimento ordinário sumário ou júri, da decisão que rejeita a denúncia ou a queixa cabe **RESE (art. 581, I, do CPP)**.

- **sentença de homologação de transação penal;**

> **IMPORTANTE**
> Nos casos de sentença que não homologa a transação penal, não caberá recurso de apelação.

- **sentenças condenatórias ou absolutórias.**

a) Prazo

No procedimento sumaríssimo, o prazo para apresentar a apelação, ou seja, **interposição e razões, é de 10 dias.**

b) Processamento da apelação (Lei n. 9.099/95)

- Interposição apenas por petição constando também as razões.
- Julgamento por turma composta de três juízes de 1º grau de jurisdição, reunidos como turma recursal na sede do juizado.

15.3 Embargos de declaração

Recurso previsto nos arts. 382 e 619 do CPP.

Toda decisão judicial deve ser clara e precisa. Por esse motivo os embargos de declaração têm a sua importância, uma vez que buscam sanar qualquer tipo de dúvida e a incerteza criada pela obscuridade e imprecisão da decisão judicial.

Trata-se de recurso interposto contra decisão de acórdão ou sentença (embarguinhos) que contenha obscuridade, contrariedade, omissão ou ambiguidade.

1) Legitimidade

- Acusação;
- Assistente de acusação; e
- Defesa.

2) Prazo

De acordo com os arts. 382 e 619 do CPP, os embargos de declaração devem ser opostos na 1ª e na 2ª instância no prazo de 2 dias.

> **ATENÇÃO**
> Nos Juizados Especiais Criminais, o prazo será de 5 dias (art. 83, § 1º, da Lei n. 9.099/95), mesmo prazo a que estão submetidos os embargos de declaração no STF (art. 337, § 1º, do Regimento Interno do STF).

3) Efeitos

Os embargos de declaração INTERROMPEM o prazo para o próximo recurso cabível, que só começará a fluir, integralmente, após a decisão dos embargos.

Os embargos, além de interromperem o prazo para o outro recurso, possuem efeito:

- **Devolutivo:** devolução da matéria já debatida.
- **Suspensivo:** suspende os efeitos da decisão embargada.

4) Processamento dos embargos declaratórios

O CPP prevê o processamento somente no que se refere aos embargos de declaração contra acórdão (art. 619), contudo deve ser aplicado analogicamente aos casos contra decisão interlocutória ou sentença.

Os embargos de declaração serão opostos no prazo de 2 dias por meio de petição endereçada ao juízo prolator da decisão embargada. Não há previsão de manifestação do embargado, até porque os embargos não têm como agravar a situação do acusado, pois servem apenas para esclarecer pontos obscuros, ambíguos, contraditórios ou omissos.

Não haverá distribuição nem parecer da Procuradoria de Justiça, caso o Relator não rejeite liminarmente, deverá submetê-lo na primeira sessão de julgamento, sendo que não há sustentação oral.

Pode ocorrer, em casos excepcionais, o efeito modificativo ou infringente nos embargos de declaração. A regra é a de que os embargos de declaração são via inadequada para a reforma ou para o reexame do mérito, mas pode ocorrer que uma correção ocasione em uma alteração substancial do julgado.

Nesse caso, a correção da contradição pode implicar efeito modificativo da sentença, que passará de condenatória para absolutória, se o erro tiver recaído sobre a sua parte conclusiva.

> **IMPORTANTE**
>
> Sempre que houver a possibilidade de acréscimos ou alterações no acórdão, o julgador abrirá vista a parte contrária para que se manifeste, preservando assim o contraditório.

15.4 Embargos infringentes e de nulidade

Recursos previstos no art. 609, parágrafo único, do CPP.

Os embargos infringentes e de nulidade tratam de um único recurso **exclusivo da defesa** e têm como cabimento um acórdão não unânime proveniente de um recurso (apelação, RESE, agravo em execução...), ou seja, basta que o acórdão tenha um voto vencido.

> **IMPORTANTE**
>
> Os embargos infringentes ou de nulidade NÃO são cabíveis das decisões das turmas recursais da Lei n. 9.099/95, pois o *caput* do art. 609 dispõe que os "embargos serão julgados pelo Tribunal de Justiça", sendo que as turmas recursais são formadas por juízes de primeira instância.

Serão:

Infringentes: quando o voto vencido tratar de questão referente ao direito material (Direito Penal), por exemplo, a condenação, excludentes de ilicitude ou culpabilidade, causas de diminuição de pena etc.

Nulidade: quando o voto vencido se referir a uma questão de direito processual, por exemplo, a não observância do devido processo legal, incompetência, nulidades, provas ilícitas etc.

> **ATENÇÃO**
>
> É perfeitamente possível que exista ao mesmo tempo um acórdão tratando de questões de direito material e processual, nesse caso, teremos os embargos discutindo as duas matérias e serão chamados de embargos infringentes e de nulidade.

Para que se entenda melhor o cabimento dos embargos infringentes, é preciso antes entender que os recursos de apelação ou o recurso em sentido estrito ou o agravo em execução serão julgados por um órgão colegiado de 3 desembargadores, assim, ao proferirem um acórdão, e para que sejam cabíveis os embargos infringentes ou os de nulidade, é preciso que haja um voto vencido a favor do réu, ou seja, a decisão deve ter sido não unânime, por exemplo, dois votos pela condenação e um pela absolvição.

1) Prazo

Prazo único de 10 dias, a contar da publicação do acórdão.

2) Efeitos

a) **Devolutivo:** permite que o Tribunal para o qual é dirigido o recurso reveja integralmente a matéria sujeita à controvérsia;

b) **Suspensivo:** suspende os efeitos da decisão recorrida;

c) **Extensivo:** no caso de concurso de agentes, a decisão favorável ao réu recorrente pode aproveitar o corréu, desde que fundados em motivos que não sejam de caráter exclusivamente pessoal, somente se comunicando as circunstâncias de caráter objetivo (art. 580 do CPP);

d) **Regressivo ou iterativo:** autoriza que o próprio órgão prolator da decisão reexamine a questão, voltando atrás, modificando-a (juízo de retratação).

3) Processamento

Para entender melhor o processamento dos embargos infringentes, é importante compreender como é a composição do Tribunal. O Tribunal é composto por Câmaras e cada Câmara é composta por 5 desembargadores. O julgamento de um recurso no Tribunal é realizado por 3 desembargadores, um relator, um revisor e o terceiro julgador. Assim, 2 dos 5 desembargadores não participarão do julgamento desse recurso específico.

Vamos supor que no julgamento de uma Apelação um dos 3 desembargadores vote favoravelmente ao acusado, pela absolvição, sendo este, o voto vencido. Isso possibilitará o cabimento dos embargos infringentes pela defesa, assim, que fará com que haja novo julgamento, só que desta vez, com os 5 desembargadores, e aquele que foi o voto vencido poderá se tornar voto vencedor, pois os outros dois julgadores podem acompanhar o entendimento da absolvição, ficando assim 3 votos pela absolvição contra os dois pela condenação.

O Código de Processo Penal não prevê expressamente o procedimento para os embargos infringentes ou de nulidade, mas o próprio art. 609, parágrafo único, nos remete ao art. 613 do CPP (apelação ordinária), que acaba por remeter ao art. 610 do mesmo diploma legal (recurso em sentido estrito), devendo ser esse o procedimento a ser seguido.

Assim, os embargos infringentes e de nulidade deverão ser interpostos por escrito, no prazo de 10 dias, mediante petição endereçada ao relator do acórdão embargado, não sendo possível a interposição oral.

As razões recursais devem ser apresentadas juntamente com a petição de interposição, mas como os embargos ficam limitados ao voto vencido, as teses das razões se limitarão a invocar o voto vencido, sendo recomendável que a defesa traga argumentos que sejam no mesmo sentido e reforcem o voto divergente.

Após a interposição, abrirá vista para o parecer do Ministério Público no prazo de 10 dias.

Haverá a distribuição, sendo dado vista ao relator pelo prazo de 10 dias; e então será designada data de julgamento, podendo ocorrer a sustentação oral pelo prazo de 15 minutos.

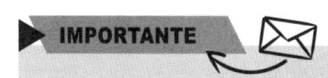

> **IMPORTANTE**
>
> Não há no Código de Processo Penal previsão para apresentação das contrarrazões do Ministério Público, o que não viola o contraditório ou o direito à acusação, uma vez que o Ministério Público se manifestará por meio do parecer do procurador de justiça.

> Contudo, caso haja assistente de acusação habilitado ou sendo ação penal privada, existe entendimento doutrinário que se deve abrir vista dos autos para o embargado apresentar as contrarrazões no prazo de 10 dias.

15.5 Recurso ordinário constitucional

Recurso previsto nos arts. 102, II, e 105, II, da CF.

O Recurso Ordinário Constitucional está previsto, como o próprio nome diz, na Constituição Federal, e trata-se de um recurso dirigido diretamente às Cortes Superiores (STJ e STF).

O Recurso Ordinário Constitucional, no âmbito criminal, somente será cabível contra decisões denegatórias em ações de *habeas corpus* ou mandado de segurança.

1) Hipótese de cabimento do Recurso Ordinário Constitucional

O Recurso Ordinário Constitucional pode ser endereçado para o STF ou para o STJ, tudo dependerá qual o órgão que denegou o *Habeas Corpus* ou Mandado de Segurança.

2) Recurso Ordinário Constitucional para o STF

De acordo com o art. 102, II, da CF, compete ao STF julgar o Recurso Ordinário no:

a) *habeas corpus* e o mandado de segurança, decididos em **única instância** pelos Tribunais Superiores (Superior Tribunal de Justiça, Tribunal Superior Eleitoral e Superior Tribunal Militar), se denegatória a decisão;

> **ATENÇÃO**
>
> Caso a lei preveja que deve ser decidido em única instância, está se dizendo que o *habeas corpus* ou mandado de segurança deve ter sido interposto **diretamente** em um desses tribunais.

b) crime político;

Crimes políticos são aqueles previstos na Lei de Segurança Nacional (Lei n. 7.170/83) que são de competência da Justiça Federal conforme o art. 109, IV, da CF.

3) Recurso Ordinário Constitucional no STJ

De acordo com o art. 105, II, da CF, compete ao STJ julgar o Recurso Ordinário nos:

a) *Habeas corpus* decididos em **única** ou **última instância** pelos Tribunais Regionais Federais ou pelos tribunais dos Estados, do Distrito Federal e Territórios, quando a decisão for denegatória;

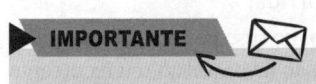

> **IMPORTANTE**
>
> Em **única instância,** são os *habeas corpus* impetrados diretamente nos tribunais estaduais e regionais federais. Em **última instância,** são aquelas decisões que denegaram ou mantiveram o processamento do **Recurso em Sentido Estrito** (art. 581 do CPP), por exemplo, o delegado realiza a prisão do agente, a defesa impetra *habeas corpus* para o juiz de 1º grau que nega a ordem de *habeas corpus* mantendo o agente preso, assim, a defesa interpõe Recurso em Sentido Estrito (art. 581, X, do CPP) e o Tribunal de Justiça nega provimento ao recurso mantendo a prisão do agente, com essa negativa de RESE caberá o Recurso Ordinário Constitucional, pois o RESE está revestido de HC, logo o que foi denegado no TJ foi um HC em última instância revestido de RESE.

b) Mandados de segurança decididos em **única instância** pelos Tribunais Regionais Federais ou pelos tribunais dos Estados, do Distrito Federal e Territórios, quando denegatória a decisão.

4) Prazo

- Interposição e Razões: **5 dias** no caso de denegação do ***Habeas Corpus*** (art. 30 da Lei n. 8.038/90);

- Interposição e Razões: **15 dias** no caso do **Mandado de Segurança** (art. 33 da Lei n. 8.038/90).

5) Efeitos

a) **Devolutivo:** permite que o Tribunal para o qual é dirigido o recurso reveja integralmente a matéria sujeita à controvérsia;

b) **Extensivo:** no caso de concurso de agentes, a decisão favorável ao réu recorrente pode aproveitar o corréu, desde que fundados em motivos que não sejam de caráter exclusivamente pessoal, somente se comunicando as circunstâncias de caráter objetivo (art. 580 do CPP).

15.6 Agravo em execução

Recurso previsto no art. 197 da Lei n. 7.210/84 – Lei de Execuções Penais.

É o recurso previsto na Lei das Execuções Penais (Lei n. 7.210/84) em seu art. 197 e é cabível para impugnar as decisões proferidas pelo Juiz das Execuções criminais.

1) Prazo

O prazo para apresentar a **interposição é de 5 dias**, após a apresentação da interposição, a parte será intimada para apresentar as **razões no prazo de 2 dias** (Súmula 700 do STF).

2) Legitimidade

- Ministério Público;
- Condenado;
- Os representantes e parentes do condenado.

3) Efeitos

a) **Devolutivo:** permite que o Tribunal para o qual é dirigido o recurso reveja integralmente a matéria sujeita à controvérsia;

b) **Regressivo ou iterativo:** autoriza que o próprio órgão prolator da decisão reexamine a questão, voltando atrás, modificando-a (juízo de retratação);

c) **Extensivo:** no caso de concurso de agentes, a decisão favorável ao réu recorrente pode aproveitar o corréu, desde que fundados em motivos que não sejam de caráter exclusivamente pessoal, somente se comunicando as circunstâncias de caráter objetivo (art. 580 do CPP).

15.7 Ações de impugnação

Mesmo constando no Título dos Recursos no **Código de** Processo Penal, o *habeas corpus* e a revisão criminal possuem natureza jurídica de ação de impugnação, e não de recurso.

1) *Habeas corpus*

Previsto no art. 5º, LXVIII, da CF e arts. 647, 648 e seguintes do CPP.

O *Habeas Corpus* é o remédio constitucional cabível sempre que **alguém estiver sofrendo ou na iminência de sofrer coação à liberdade de locomoção** decorrente de ilegalidade ou abuso de poder.

a) Hipóteses de cabimento

- Art. 648, I, do CPP: quando não houver justa causa para a coação;
- Art. 648, II, do CPP: quando alguém estiver preso por mais tempo que determina a lei;
- Art. 648, III, do CPP: quando quem ordenar a coação não tiver competência para fazê-lo;
- Art. 648, IV, do CPP: quando houver cessado o motivo que autorizou a coação ilegal;
- Art. 648, V, do CPP: quando não se admitir a fiança, nos casos em que a lei a autoriza;
- Art. 648, VI, do CPP: quando o processo for manifestamente nulo;
- Art. 648, VII, do CPP: quando extinta a punibilidade.

b) Legitimidade

- **Impetrante** é a pessoa que pede a ordem. Não precisa ter capacidade postulatória, podendo ser pessoa física ou jurídica;
- **Paciente** é o beneficiário da ordem. A pessoa que está sofrendo ou está na iminência de sofrer a coação ilegal à sua liberdade de locomoção;
- **Autoridade Coatora** é a pessoa responsável por determinar a coação ilegal.

c) Competência

O *Habeas corpus* deve ser impetrado perante **a autoridade imediatamente superior à coatora**. Deverá, portanto, ser endereçado a juiz de direito, ao Tribunal de segunda instância ou Tribunal superior, conforme o caso.

d) Prazo

Não há qualquer limitação de prazo para a impetração de *habeas corpus*, podendo a medida ser utilizada enquanto se mantiver a ameaça ou o efetivo constrangimento à liberdade de locomoção.

> **IMPORTANTE**
>
> Da decisão que concede ou nega *habeas corpus* em 1º grau de jurisdição, caberá **Recurso em Sentido Estrito** (art. 581, X, do CPP).
>
> Das decisões proferidas pelos Tribunais caberá o **Recurso Ordinário Constitucional**, se denegatória a decisão (art. 102, II, e art. 105, II, da CF).

2) Revisão criminal

Previsto nos arts. 621 a 631 do CPP.

A revisão criminal tem natureza jurídica de ação penal rescisória, cujo objetivo é pedir o reexame de sentença já transitada em julgado, nos casos expressamente previstos em lei.

A revisão criminal somente será cabível quando houver uma **sentença penal condenatória com trânsito em julgado**, pois a petição deverá, obrigatoriamente, vir com a certidão de trânsito em julgado da sentença condenatória, conforme o art. 625, § 1º, do CPP.

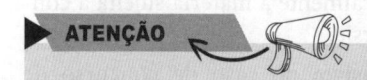

> **ATENÇÃO**
>
> Caberá, também, a revisão criminal da **sentença absolutória imprópria**, que é aquela que reconhece a autoria e materialidade, mas impõe medida de segurança ao acusado inimputável.

a) Legitimidade

O art. 623 do CPP prevê que tem legitimidade para ajuizar a revisão criminal:

- o próprio acusado; ou
- o procurador legalmente habilitado; ou
- no caso de morte do acusado, pelo cônjuge, ascendente, descendente ou irmão, a fim de reabilitar a memória do falecido.

Apesar de não constar expressamente do rol do art. 623 do CPP, prevalece, na doutrina, o entendimento de que o **Ministério Público também tem legitimidade** para ingressar com pedido de revisão criminal, **desde que o faça, em favor do acusado**.

b) Hipóteses de cabimento

Será cabível contra sentença condenatória ou absolutória imprópria com trânsito em julgado desde que haja:

i) violação ao texto expresso da lei penal;

ii) contrariedade à evidência dos autos;

iii) sentença fundada em depoimentos, exames ou documentos comprovadamente falsos;

iv) descoberta de novas provas de inocência do condenado ou de circunstância que determine ou autorize diminuição da pena;

v) configuração de nulidade do processo.

> **IMPORTANTE**
>
> As quatro primeiras hipóteses estão previstas expressamente no art. 621 do CPP. Contudo, a hipótese de configuração de nulidade do processo é baseada no art. 626 do CPP, de acordo com entendimento da doutrina e da jurisprudência.

c) Competência

- Compete ao próprio tribunal julgar as revisões criminais de seus julgados, assim como aquelas pertinentes a decisões oriundas de juízes a ele subordinados;
- A competência para tomar conhecimento de revisão criminal ajuizada contra *decisum* dos Juizados Especiais não é do Tribunal de Justiça, mas sim da própria Turma Recursal.

d) Consequências da procedência da revisão criminal

Conhecida e julgada procedente a Revisão Criminal, nos termos do art. 627 do CPP: "a absolvição implicará o restabelecimento de todos os direitos perdidos em virtude da condenação, devendo o tribunal, se for caso, impor a medida de segurança cabível".

Assim, a absolvição devolverá o acusado ao seu *status quo ante*, de forma que restabelece todos os direitos perdidos em virtude da condenação.

Caso seja anulado o processo pelo reconhecimento de uma nulidade e o condenado seja submetido a um novo julgamento, é preciso que se atente para a vedação da *reformatio in pejus* indireta, não podendo decorrer desse novo julgamento uma decisão mais gravosa que a rescindida.

Mesmo na hipótese de anulação com consequente nova definição jurídica do fato, mesmo que se atribua crime mais grave ao condenado, não será possível prejudicá-lo agravando sua situação, vez que seria ilógico que uma garantia constitucional do réu, como é a revisão criminal, pudesse prejudicá-lo.

O art. 580 do Código de Processo Penal tem aplicação na revisão criminal para estender os seus efeitos aos corréus quando o fundamento da absolvição não se pautar em condições estritamente pessoais.

e) Non reformatio in pejus direta e indireta

O art. 626, parágrafo único, do CPP consagra o princípio da proibição da *reformatio in pejus*. Por conta desse princípio, no caso de recurso exclusivo da defesa, *habeas corpus* ou revisão criminal, não se admite a reforma do julgado impugnado para piorar a situação do acusado, quer do ponto de vista quantitativo, quer sob o ângulo qualitativo, nem mesmo para corrigir eventual erro material.

Assim, em tais hipóteses, a situação do acusado jamais poderá ser agravada, sendo vedado ao Tribunal inclusive o conhecimento de matéria de ofício que possa prejudicar a Defesa.

f) Coisa julgada

O acórdão proferido na revisão criminal, após o trânsito em julgado, também faz coisa julgada e impede a repetição de duas revisões criminais idênticas.

Contudo, isso não significa que não se possa ingressar com duas revisões criminais **diferentes**, pois somente serão idênticas as revisões criminais que tiverem exatamente as mesmas partes, o mesmo pedido e a mesma causa de pedir.

g) Indenização por erro judiciário

A Constituição Federal, em seu art. 5º, LXXV, prevê, entre os direitos e garantias fundamentais, o direito de ser indenizado pelo erro judiciário.

Entretanto, o Código de Processo Penal prevê expressamente duas exceções em que não é possível a indenização pelo erro judiciário. Ambas estão no § 2º do art. 630 do CPP:

- Se o erro ou a injustiça da condenação proceder de ato ou falta imputável ao próprio impetrante, como a confissão ou a ocultação de prova em seu poder: trata-se de hipótese de exclusão da responsabilidade objetiva do Estado em virtude do erro decorrer, exclusivamente, de culpa do próprio condenado.
- Se a acusação houver sido meramente privada: como trata-se de hipótese de ação penal privada, e responsável pela condenação e, consequentemente, pelo erro, é o Estado e não o particular, essa alínea não foi recepcionada pela Constituição Federal, já que não fez qualquer restrição à indenização por ação penal privada no art. 5º, LXXV.

h) Processamento da revisão criminal

De acordo com o art. 625, *caput,* do CPP, a revisão criminal deve ser distribuída a um relator e a um revisor, devendo funcionar como relator um desembargador que não tenha pronunciado decisão em qualquer fase do processo.

A petição inicial deve ser instruída com a certidão de haver passado em julgado a sentença condenatória e com as peças necessárias à comprovação dos fatos arguidos, sendo plenamente possível que o relator determine o apensamento dos autos originais, se daí não resultar qualquer prejuízo à execução da sentença.

Na hipótese de revisão criminal ajuizada diretamente pelo próprio condenado, sobretudo nas hipóteses em que estiver preso, a ausência de juntada da certidão de trânsito em julgado da sentença condenatória não deve figurar como impedimento ao conhecimento do pedido revisional. Logo, objetivando a instrução do pedido revisional, e em fiel observância ao princípio constitucional da ampla defesa, deve o Tribunal providenciar a assistência jurídica por meio de Advogado Dativo ou Defensor Público.

Caso a inicial seja apresentada por advogado, deve ser juntado o instrumento de procuração com poderes especiais. Entretanto, não se exige do defensor público procuração para que interponha pedido de revisão criminal, ainda que não tenha este participado da defesa do acusado no anterior processo em que acabou sendo condenado.

Na hipótese de o relator julgar insuficientemente instruído o pedido e inconveniente ao interesse da justiça que se apensem os autos originais, pode indeferir a revisão criminal liminarmente, *dando recurso* para as câmaras reunidas ou para o tribunal, conforme o caso (art. 625, § 3º, do CPP).

Esse indeferimento liminar da revisão criminal pelo relator pode ser compreendido como uma sentença de carência da ação, extinguindo o processo sem apreciação do mérito. Logo, se a inicial não visar à impugnação de sentença condenatória ou absolutória imprópria com trânsito em julgado, e não tiver como causa de pedir qualquer dos fundamentos do art. 621 do CPP, será cabível o indeferimento liminar da inicial pelo próprio relator.

Contra esse indeferimento liminar previsto no art. 625, § 3º, do CPP, a lei prevê o cabimento de um **recurso inominado.** Prevalece o entendimento de que este recurso nada mais é do que um agravo regimental e como tal deve ser processado.

Caso a petição inicial for devidamente recebida pelo relator, será ouvido o Ministério Público, que dará parecer no prazo de 10 dias. Na sequência, os autos serão examinados pelo relator e pelo revisor, sucessivamente e no prazo de 10 dias para cada qual, sendo, então, designada data para o julgamento (art. 625, § 5º, do CPP).

Por fim, se, no curso da revisão, falecer a pessoa cuja condenação tiver de ser revista, o presidente do tribunal nomeará curador para a defesa (art. 631 do CPP).

Para facilitar ainda mais a compreensão sobre o tema Recursos e Ações de Impugnação, vamos compilar todos em uma tabela:

Recurso	Cabimento	Previsão Legal	Prazo
APELAÇÃO (Procedimentos Ordinário e Sumário)	Contra Sentenças CONDENATÓRIAS ou ABSOLUTÓRIAS definitivas ou decisões com força de definitivas	Art. 593, I e II, do CPP	Interposição: 5 dias Razões: 8 dias Contrarrazões: 8 dias
APELAÇÃO (Procedimento do Júri – 1ª FASE)	Contra decisão de IMPRONÚNCIA (art. 414 do CPP) ou ABSOLVIÇÃO SUMÁRIA (art. 415 do CPP)	Art. 416 do CPP	Interposição: 5 dias Razões: 8 dias Contrarrazões: 8 dias
APELAÇÃO (Procedimento do Júri – 2ª FASE	a) ocorrer nulidade posterior à pronúncia; b) quando a sentença do juiz presidente for contrária à lei ou à decisão do Conselho de Sentença; c) houver erro ou injustiça na aplicação da pena ou medida de segurança; d) quando a decisão dos jurados for manifestamente contrária à prova dos autos.	Art. 593, III, do CPP	Interposição: 5 dias Razões: 8 dias Contrarrazões: 8 dias
APELAÇÃO (Procedimento Sumaríssimo – JECrim)	1) Contra decisão de rejeição da denúncia ou da queixa; 2) Contra sentença de homologação de transação penal; 3) Contra sentenças condenatórias ou absolutórias.	Art. 82 da Lei n. 9.099/95	10 dias (prazo único)
RECURSO EM SENTIDO ESTRITO (RESE)	Contra decisões previstas no art. 581 do CPP (ex.: rejeição da denúncia e queixa; pronúncia; concessão ou negação de HC pela 1ª Instância, denegatória de apelação), exceto as decisões da fase de execução penal	Art. 581 CPP (I, II, III, IV, V, VII, VIII, IX, X, XIII, XIV, XV, XVI, XVIII); – Art. 294 CTB	Interposição: 5 dias Razões: 2 dias Contrarrazões: 2 dias
EMBARGOS DE DECLARAÇÃO	Obscuridade, Contrariedade, Ambiguidade ou Omissão na sentença ou acórdão	– Art. 382 CPP (sentença); – Art. 619 CPP (acórdão)	2 dias
EMBARGOS INFRINGENTES E DE NULIDADE	Contra decisão de 2º grau (acórdão) NÃO UNÂNIME	Art. 609, parágrafo único do CPP	10 dias (prazo único)

Recurso	Cabimento	Previsão Legal	Prazo
CARTA TESTEMUNHÁVEL	Contra decisão que nega seguimento ao RESE ou obstar seguimento ao juízo *ad quem*	Art. 639 do CPP	48 horas
RECURSO ORDINÁRIO CONSTITUCIONAL (ROC)	Contra denegação de *Habeas Corpus* e Mandado de Segurança em 2ª Instância	– Art. 102, II CRFB	STF: → HC: 5 dias → MS: 5 dias
		– Art. 105, II CRFB	STJ: → HC: 5 dias → MS: 5 dias
AGRAVO EM EXECUÇÃO	Contra decisão que negar benefício na fase de execução penal	Art. 197 Lei n. 7.210/84 (LEP)	Interposição: 5 dias Razões: 2 dias Contrarrazões: 2 dias (Súmula 700 STF)
Ação de Impugnação	Cabimento	Previsão Legal	Prazo
HABEAS CORPUS	Sempre que alguém estiver sofrendo ou estiver na iminência de sofrer violência ou coação ilegal na sua liberdade de ir e vir, salvo nos casos de punição disciplinar	Art. 5º, LXVIII da CF e Arts. 647 e 648 do CPP	NÃO HÁ PRAZO
MANDADO DE SEGURANÇA	Proteção de direito líquido e certo que, ilegalmente ou com abuso de poder, qualquer pessoa (física ou jurídica) sofra violação ou haja justo receio de sofrer por parte de qualquer autoridade	Art. 5º LXIX da CF Art. 1º da Lei n. 12.016/2009	120 dias da ciência do ato (prazo decadencial)
REVISÃO CRIMINAL	Busca de reexame de sentença já transitada em julgado, nos casos previstos no art. 621 do CPP	Art. 621 do CPP	NÃO HÁ PRAZO

15.8 Questões

1. **(FCC – TRF 4ª Região)** Breno está sendo processado por crime de furto cometido contra uma empresa pública federal situada na cidade de Porto Alegre, cujo processo tramita regularmente em uma das varas da Justiça Federal de Porto Alegre. No curso do processo o Magistrado competente julgou extinta a punibilidade de Breno após reconhecer a prescrição da pretensão punitiva estatal. Inconformado, o Ministério Público Federal poderá apresentar ao E. Tribunal Regional Federal da 4ª Região recurso:

A) em sentido estrito, no prazo de cinco dias.
B) de apelação, no prazo de dez dias.
C) em sentido estrito, no prazo de dez dias.
D) de apelação, no prazo de cinco dias.
E) de apelação, no prazo de quinze dias.

↳ **Resolução:**

A) *Correta*. De acordo com o art. 581, VIII, do CPP caberá recurso em sentido estrito contra decisão que decretar a prescrição ou julgar, por

outro modo, extinta a punibilidade, no prazo de 5 dias (art. 586 do CPP).
B) *Incorreta*. A apelação será cabível contra decisões definitivas ou com força de definitivas, no prazo de 5 dias, conforme o art. 593 do CPP.
C) *Incorreta*. O prazo para interposição do recurso em sentido estrito será de 5 dias, de acordo com o art. 586 do CPP.
D) *Incorreta*. A apelação será cabível contra decisões definitivas ou com força de definitivas, no prazo de 5 dias, conforme o art. 593 do CPP.
E) *Incorreta*. A apelação será cabível contra decisões definitivas ou com força de definitivas, no prazo de 5 dias, conforme o art. 593 do CPP.

↗ **Gabarito: "A".**

2. **(FGV – TJSC)** Mário, condenado definitivamente pela prática de crime de furto qualificado, após o cumprimento da pena, apresenta revisão criminal, sem assistência de advogado, sob o argumento de que a decisão se baseou em documento comprovadamente falso.

O analista judiciário, ao receber e analisar o pedido de revisão, deverá concluir que a medida:

A) é cabível, e eventual absolvição imporá o reestabelecimento de todos os direitos perdidos em razão da condenação;
B) não é cabível, uma vez que não mais persiste o interesse diante do cumprimento integral da pena imposta;
C) não é cabível, tendo em vista que a falsidade de prova testemunhal não é fundamento idôneo a justificá-la;
D) não é cabível, tendo em vista que Mário não estava representado por advogado legalmente habilitado;
E) é cabível, admitindo, durante o processamento da revisão, a produção de todos os meios de prova.

↘ **Resolução:**
A) *Correta*. De acordo com o art. 623 do CPP, terá legitimidade para apresentar a revisão criminal o próprio réu ou o representante legal habilitado. E em caso de absolvição será restabelecido todos os direitos perdidos em razão da condenação, de acordo com o art. 627 do CPP.
B) *Incorreta*. É cabível, pois, segundo o art. 622 do CPP, a revisão poderá ser requerida em qualquer tempo, antes da extinção da pena ou após.
C) *Incorreta*. O art. 621, II, do CPP prevê o cabimento da revisão criminal quando a sentença condenatória se fundar em depoimentos, exames ou documentos comprovadamente falsos.
D) *Incorreta*. É cabível, uma vez que o art. 623 do CPP dispõe que terá legitimidade para apresentar a revisão criminal o próprio réu ou o representante legal habilitado.
E) *Incorreta*. De acordo com o art. 622, parágrafo único, do CPP, não será admissível a reiteração do pedido, salvo se fundado em novas provas.

↗ **Gabarito: "A".**

3. **(FGV – TJAL)** Juca foi condenado em primeira instância pela prática de crime de corrupção, sendo aplicada em sentença pena de cinco anos de reclusão a ser cumprida em regime inicial fechado. Em recurso de apelação, exclusivo da defesa, o advogado de Juca requereu a anulação da sentença por falta de fundamentação, a absolvição do réu e, subsidiariamente, a redução da pena e aplicação de regime inicial semiaberto. Em julgamento, a sentença foi parcialmente mantida, alterando-se apenas o regime de cumprimento da sanção imposta. Por unanimidade, foi afastada a alegação de nulidade e mantida a condenação. Por maioria de votos, foi mantida a pena aplicada, tendo um Desembargador votado pela sua redução, e afastado o regime inicial fechado, fixando-se o semiaberto.

Intimada da decisão, a defesa de Juca poderá interpor recurso de embargos infringentes em busca do(a):

A) reconhecimento de nulidade, absolvição e redução da pena aplicada, enquanto o Ministério Público não poderá apresentar recurso de embargos infringentes em busca da aplicação do regime inicial fechado;
B) reconhecimento de nulidade, absolvição e redução da pena aplicada, enquanto o Ministério Público somente poderá buscar a aplicação de

regime inicial fechado em recurso de embargos infringentes;

C) reconhecimento de nulidade e redução da pena aplicada, somente, enquanto o Ministério Público não poderá apresentar recurso de embargos infringentes em busca da aplicação do regime inicial fechado;

D) redução da pena aplicada, somente, enquanto o Ministério Público não poderá apresentar recurso de embargos infringentes em busca da aplicação do regime inicial fechado;

E) redução da pena aplicada, apenas, enquanto o Ministério Público somente poderá buscar a aplicação de regime inicial fechado em recurso de embargos infringentes.

↳ **Resolução:**

A) *Incorreta.* Os embargos infringentes somente serão cabíveis contra as teses não unânimes do acórdão, com legitimidade exclusiva da defesa, de acordo com o art. 609, parágrafo único, do CPP, logo não serão cabíveis contra as teses decididas por unanimidade como o reconhecimento de nulidade, e absolvição.

B) *Incorreta.* Os embargos infringentes somente serão cabíveis contra as teses não unânimes do acórdão, bem como o Ministério Público não tem legitimidade para opor embargos infringentes ou de nulidade, nos termos do art. 609, parágrafo único, do CPP.

C) *Incorreta.* Os embargos infringentes somente serão cabíveis contra as teses não unânimes do acórdão, com legitimidade exclusiva da defesa, de acordo com o art. 609, parágrafo único, do CPP, logo não serão cabíveis contra as teses decididas por unanimidade como o reconhecimento de nulidade, e absolvição.

D) *Correta.* Os embargos infringentes somente serão cabíveis contra as teses não unânimes do acórdão, com legitimidade exclusiva da defesa, de acordo com o art. 609, parágrafo único, do CPP, logo não serão cabíveis contra as teses decididas por unanimidade como o reconhecimento de nulidade, e absolvição.

E) *Incorreta.* O Ministério Público não tem legitimidade para opor embargos infringentes ou de nulidade, nos termos do art. 609, parágrafo único, do CPP.

↗ **Gabarito: "D".**

REFERÊNCIAS

ARANHA, Adalberto Q. T. de Camargo. *Dos recursos no processo penal.* 3. ed. São Paulo: Saraiva, 2010.

BADARÓ, Gustavo Henrique. *Processo penal.* 5. ed. São Paulo: Revista dos Tribunais, 2017.

_____. *Recursos no processo penal.* 3. ed. São Paulo: Thomson Reuters Brasil, 2018.

BITTENCOURT, Cezar Roberto. *Tratado de direito penal.* São Paulo: Saraiva, 2006. v. 1.

CHOUKR, Fauzi Hassan. *Código de Processo Penal*: comentários consolidados e crítica jurisprudencial. 8. ed. Belo Horizonte: D'Plácido, 2018.

FERNANDES, Antonio Scarance. *Processo penal constitucional.* 7. ed. São Paulo: Revista dos Tribunais, 2012.

GRECO FILHO, Vicente. *Manual de processo penal.* 9. ed. São Paulo: Saraiva, 2011.

GRINOVER, Ada Pellegrini; GOMES FILHO, Antonio Magalhães; FERNANDES, Antonio Scarance. *Recursos no processo penal brasileiro.* 7. ed. São Paulo: Revista dos Tribunais, 2011.

LOPES JR., Aury. *Direito processual penal.* 13. ed. São Paulo: Saraiva, 2016.

MARQUES, José Frederico. *Elementos de direito processual penal.* Campinas: Millennium: Método, 2012.

NICOLITT, André Luiz. *Manual de processo penal.* 6. ed. São Paulo: Revista dos Tribunais, 2016.

NUCCI, Guilherme de Souza. *Prática forense penal.* 6. ed. São Paulo: Revista dos Tribunais, 2012.

NUNES JÚNIOR, Flavio Martins Alves. *Curso de direito constitucional.* 2. ed. São Paulo: Thomson Reuters Brasil, 2018.

OLIVEIRA, Eugenio Pacelli de. *Curso de processo penal*. 22. ed. São Paulo: Atlas, 2018.

SILVA, José Afonso da. *Curso de direito constitucional positivo*. 39. ed. São Paulo: Malheiros, 2016.

TOLEDO, Francisco de Assis. *Princípios básicos de direito penal*. 5. ed. São Paulo: Saraiva, 1994.

TOURINHO FILHO, Fernando da Costa. *Manual de processo penal*. 16. ed. São Paulo: Saraiva, 2013.

11

DIREITO PROCESSUAL DO TRABALHO

RENATO SABINO

Sumário

1. PRINCÍPIOS DO DIREITO PROCESSUAL DO TRABALHO. COMPETÊNCIA DA JUSTIÇA DO TRABALHO 782
   - 1.1 Princípios 782
   - 1.2 Competência material da Justiça do Trabalho 782
   - 1.3 Competência territorial 786
   - 1.4 Questões 786
2. ORGANIZAÇÃO DA JUSTIÇA DO TRABALHO 788
   - 2.1 Órgãos da Justiça do Trabalho 788
   - 2.2 Ingresso na carreira 789
   - 2.3 Juízes do Trabalho 789
   - 2.4 Tribunais Regionais do Trabalho 789
   - 2.5 Tribunal Superior do Trabalho 790
   - 2.6 Corregedoria-Geral e Regional do Trabalho 791
   - 2.7 Questões 791
3. ATOS, TERMOS, PRAZOS, DESPESAS E NULIDADES PROCESSUAIS 792
   - 3.1 Atos e termos processuais 792
   - 3.2 Notificação (citação) 793
   - 3.3 Prazos processuais 793
   - 3.4 Despesas processuais 794
   - 3.5 Nulidades processuais 795
   - 3.6 Questões 796
4. PARTE E PROCURADORES 798
   - 4.1 Noções introdutórias 798
   - 4.2 Justiça gratuita 798
   - 4.3 *Ius postulandi* 798
   - 4.4 Mandato expresso, mandato tácito e procuração *apud acta* 799
   - 4.5 Honorários advocatícios 800
   - 4.6 Questões 800

5. PROCESSO DE CONHECIMENTO 801
   5.1 Petição inicial 801
   5.2 Audiência trabalhista 802
   5.3 Primeira tentativa de conciliação 804
   5.4 Resposta do réu 804
   5.5 Provas 806
   5.6 Meios de prova 808
   5.7 Razões finais e última tentativa de acordo 810
   5.8 Sentença 810
   5.9 Sentença homologatória de acordo 812
   5.10 Questões 813
6. TEORIA GERAL DOS RECURSOS E RECURSOS EM ESPÉCIE 816
   6.1 Princípios recursais 816
   6.2 Pressupostos de admissibilidade dos recursos 818
   6.3 Juntada de documentos 821
   6.4 Recurso adesivo 822
   6.5 Reexame necessário 822
   6.6 Embargos de declaração 823
   6.7 Recurso ordinário 823
   6.8 Recurso de revista 824
   6.9 Agravo de petição 828
   6.10 Agravo de instrumento 828
   6.11 Embargos no TST 829
   6.12 Questões 829
7. LIQUIDAÇÃO E EXECUÇÃO TRABALHISTA 831
   7.1 Liquidação 831
   7.2 Execução provisória e definitiva 832
   7.3 Aplicação subsidiária da Lei de Execuções Fiscais 832
   7.4 Títulos executivos 832
   7.5 Execução por quantia certa contra devedor solvente 833
   7.6 Embargos à execução 833
   7.7 Impugnação à sentença de liquidação 835
   7.8 Exceção de pré-executividade 835
   7.9 Embargos de terceiro 835
   7.10 Expropriação de bens do devedor 836
   7.11 Questões 836
8. AÇÕES ESPECIAIS TRABALHISTAS 837
   8.1 Inquérito judicial para apuração de falta grave 837
   8.2 Dissídio coletivo 838
   8.3 Ação de cumprimento 840
   8.4 Processo de jurisdição voluntária para homologação de acordo extrajudicial 841
   8.5 Questões 841
9. AÇÕES CÍVEIS ADMITIDAS NO PROCESSO DO TRABALHO 843
   9.1 Mandado de segurança 843
   9.2 Ação rescisória 844
   9.3 Ação anulatória de cláusulas convencionais 846
   9.4 Ação monitória 846
   9.5 Ação de consignação em pagamento 847
   9.6 Questões 848
REFERÊNCIAS 849

1. PRINCÍPIOS DO DIREITO PROCESSUAL DO TRABALHO. COMPETÊNCIA DA JUSTIÇA DO TRABALHO

1.1 Princípios

O processo do trabalho possui princípios próprios, que o diferenciam dos princípios do direito processual comum. São eles:

1) Princípio da proteção

Também chamado de princípio protetivo, ele é a razão de ser do direito do trabalho, mas também tem o seu viés processual. Basta analisar a CLT para se verificar que, em alguns aspectos processuais, a lei é mais favorável à parte hipossuficiente. Como exemplo, de acordo com o art. 844 da CLT, a ausência do trabalhador à audiência acarreta o arquivamento da ação com pagamento de custas, ao passo que a ausência do réu gera revelia e confissão, presumindo-se verdadeiros os fatos alegados na petição inicial.

2) Princípio da busca da verdade real

Segundo ele, o juiz do trabalho deve buscar os fatos que realmente ocorreram ao longo da relação empregatícia. Para tanto, o art. 765 da CLT garante amplos poderes instrutórios ao juiz. Em verdade, este é o aspecto processual do princípio da primazia da realidade.

3) Princípio da conciliação

O processo trabalhista é pautado pela busca da conciliação, que pode ocorrer a qualquer tempo, a teor do art. 764, § 1º, da CLT. Há, contudo, duas oportunidades, em que o juiz, obrigatoriamente, tentará a conciliação das partes. A primeira delas é tão logo aberta a audiência, antes da apresentação da defesa (art. 846 da CLT). Já a segunda é ao final da audiência, após a apresentação de razões finais e antes da prolação da sentença (art. 850 da CLT). Nada impede, ainda, que a conciliação seja feita na fase da execução (art. 832, § 6º, da CLT), ou, até mesmo, antes do ajuizamento da ação. Com efeito, o art. 855-A da CLT permite o ajuizamento da ação apenas para homologar acordo extrajudicial entre as partes.

4) Princípio da irrecorribilidade imediata das decisões interlocutórias

As decisões interlocutórias proferidas pelo juiz do trabalho não estão sujeitas a recurso de imediato. Segundo o art. 893, § 1º, da CLT, a análise da decisão interlocutória será feita apenas quando da prolação da sentença. Há, contudo, exceções na Súmula 214 do TST.

1.2 Competência material da Justiça do Trabalho

A análise da competência material demanda o estudo do art. 114 da Constituição Federal. Trata-se dos casos em que a ação deve ser ajuizada na Justiça do Trabalho. Se a competência não for da Justiça Especializada Trabalhista, então a competência é da Justiça Comum, que pode ser federal (art. 109 da CF) ou estadual (residual).

A seguir, serão analisados cada um dos incisos do art. 114 da CF.

1) Art. 114, I, da CF

Compete à Justiça do Trabalho julgar as ações oriundas da relação de trabalho, abrangidos os entes de direito público externo e da Administração Pública direta e indireta da União, dos Estados, do Distrito Federal e dos Municípios.

Ao mencionar as relações de trabalho, e não apenas as relações de emprego, o dispositivo traz competência ampla à Justiça Especializada, abrangendo não apenas as ações dos empregados, mas também dos autônomos, estagiários, avulsos, eventuais, voluntários ou outros que mantêm relação apenas trabalhista.

Os entes de direito público externo também têm suas ações trabalhistas julgadas pela Justiça do Trabalho, pois, ao contratar empregados, agem como qualquer outro empregador, não atuando com atos de império.

A Administração Pública também tem suas ações trabalhistas julgadas pela Justiça Laboral, quando existir vínculo regido pela CLT entre o empregado e o Estado. Trata-se dos empregados públicos, ou seja, aqueles que prestam concurso público e possuem o vínculo regido pela CLT. Os empregados públicos podem integrar a Administração Pública direta ou indireta. Contudo, em razão do art. 173 da Constituição, as empresas públicas e as sociedades de economia mista só podem contratar empregados públicos, ou seja, os concursos por ela promovidos sempre objetivam preencher vaga de emprego público, regido pela CLT.

A Súmula 300 do TST aponta que a Justiça do Trabalho tem competência para processar e julgar as ações ajuizadas pelos empregados em face dos empregadores, com relação ao cadastramento no PIS. Tal súmula está abrangida, assim, pelo inciso I.

Da mesma forma, a Súmula 389 do TST dispõe ser da Justiça do Trabalho a competência para julgar as ações em que o empregado pretende sacar o FGTS ou receber o seguro-desemprego, na hipótese de o empregador não entregar a documentação pertinente.

Por fim, a Súmula 736 do STF estabelece ser da Justiça do Trabalho a competência para processar e julgar as ações que digam respeito ao meio ambiente do trabalho.

Há, contudo, alguns importantes posicionamentos jurisprudenciais, pelos quais algumas situações específicas não estão abrangidas pelo art. 114, I, da CF. Em suma, NÃO são da competência da Justiça do Trabalho:

a) as ações de cobrança de honorários de profissionais liberais, que são da competência da Justiça Comum Estadual (Súmula 363 do STJ). Dessa forma, se advogados, médicos, dentistas, engenheiros e outros profissionais liberais trabalharem, mas não receberem seus honorários, a cobrança não é feita na Justiça do Trabalho;

b) as ações dos servidores públicos estatutários ou que tenham vínculo de caráter jurídico administrativo com a Administração Pública. O STF decidiu, na ADI 3.395-6, que tais casos permanecem sendo julgados pela Justiça Comum. Se os servidores forem municipais ou estaduais, a competência é da Justiça Comum Estadual. Se forem federais, a competência é da Justiça Comum Federal. Aqui se incluem os servidores que mantiveram vínculo sem concurso público, como os que possuem cargo em comissão ou aqueles contratados para fazer frente à necessidade temporária de excepcional interesse público;

c) as ações previdenciárias. Se o trabalhador tiver qualquer pretensão previdenciária em face do INSS, deve exercê-la na Justiça Comum estadual (Súmula 15 do STJ) ou federal (art. 109, I, da CF). É possível que um mesmo fato (exemplo: acidente de trabalho) dê ensejo a uma ação trabalhista (exemplo: de indenização ou reintegração por estabilidade provisória) e a uma ação previdenciária (exemplo: para a obtenção de auxílio-doença previdenciário);

d) as ações criminais. Segundo o STF (ADI 3.684), a Justiça do Trabalho não tem competência para julgar as ações criminais, ainda que elas tenham ocorrido na relação de trabalho. No RE 398.041, o STF entendeu que os crimes contra a organização do trabalho devem ser julgados pela Justiça Federal;

e) as ações sobre complementação de aposentadoria privada, conforme decisão do STF no RE 586.453. Isso porque a relação entre o empregado e a empresa de previdência privada não decorre da relação de emprego. O STF modulou os efeitos da decisão, para manter na Justiça do Trabalho os processos com sentença de mérito até 20-2-2013;

f) as execuções contra empresas falidas ou em recuperação judicial, de acordo com o RE 583.955 (STF). Em tais casos, a execução deve ser processada perante o juízo universal da recuperação judicial ou da falência. Observe-se que a fase de conhecimento deve ser processada na Justiça do Trabalho, até a formação do título executivo judicial. Apenas após é que é feita a habilitação do crédito no juízo universal.

2) Art. 114, II, da CF

Compete à Justiça do Trabalho julgar as ações que envolvam o exercício do direito de greve. O STF pacificou o entendimento de que referido inciso também abrange as ações possessórias decorrentes do exercício do direito de greve (Súmula Vinculante 23 do STF). Muitas vezes, os grevistas impedem ou ameaçam impedir o livre acesso de pessoas à empresa, o que dá ensejo a uma ação possessória.

Por outro lado, o STF restringiu tal competência à greve na iniciativa privada, pois as questões referentes à greve no serviço público devem ser processadas na Justiça Comum (MI 670, 708 e 712).

3) Art. 114, III, da CF

A Justiça do Trabalho deve julgar as lides sindicais, ou seja, aquelas ações que envolvem a atuação dos sindicatos. Abrange, assim:

a) as ações de representação sindical, quando dois ou mais sindicatos disputam judicialmente a representação de uma determinada categoria de trabalhadores em determinada base territorial;

b) as ações entre sindicatos;

c) as ações entre sindicatos e empregados ou entre sindicatos e empregadores, tal qual ocorre com as ações de cobrança de contribuições ao sindicato.

Apesar de a Constituição mencionar expressamente os sindicatos, é pacífico que a competência abrange também os demais entes sindicais (federações e confederações).

Por fim, segundo o STJ, com respaldo na decisão do STF na ADI 3.395-6, a competência não abrange as lides envolvendo os sindicatos dos servidores públicos estatutários (STJ, CC 86.916).

4) Art. 114, IV, da CF

A Justiça do Trabalho tem competência para julgar as ações de mandado de segurança, *habeas corpus* e *habeas data*, quando envolverem matéria trabalhista. Em verdade, a competência também abrange as hipóteses em que a autoridade coatora integra a Justiça do Trabalho.

Como exemplo, a OJ 98 da SDI-1 do TST aponta ser cabível o mandado de segurança quando o juiz determinar a antecipação de honorários periciais por uma das partes. Já o *habeas corpus* é cabível se o juiz do trabalho, como medida de coerção, determinar o bloqueio do passaporte do devedor de dívida trabalhista. Por fim, o *habeas data* pode ser impetrado em discussões que digam respeito à lista das empresas envolvidas com trabalho escravo.

5) Art. 114, V, da CF

A Justiça do Trabalho deve julgar os conflitos envolvendo apenas os órgãos com jurisdição trabalhista, ressalvada a competência prevista no art. 102, I, *o*, da CF. De acordo com o art. 111 da CF, os órgãos com jurisdição trabalhista são o Tribunal Superior do Trabalho, os Tribunais Regionais do Trabalho e os juízes do trabalho.

Isso significa que, se o conflito de competência ocorrer entre a Justiça do Trabalho (juiz ou desembargador de TRT) e a Justiça Comum (juiz ou desembargador de TJ ou de TRF), a competência não será da Justiça do Trabalho, pois não envolve apenas órgãos com jurisdição trabalhista.

É importante, contudo, saber quem julga os conflitos, a depender das autoridades envolvidas:

ÓRGÃOS CONFLITANTES	COMPETÊNCIA
Juiz do Trabalho × Juiz do Trabalho do *mesmo* TRT	TRT
Juiz do Trabalho de um TRT × Juiz do Trabalho de *outro* TRT	TST
Desembargador de um TRT × Desembargador de outro TRT	TST
Juiz / Desembargador do Trabalho × Juiz / Desembargador Estadual ou Comum Federal	STJ (art. 105, I, *d*, da CF)
TST × STJ	STF (art. 102, I, *o*, da CF)

6) Art. 114, VI, da CF

O inciso VI especifica que a Justiça do Trabalho tem competência para julgar as ações indenizatórias decorrentes da relação de trabalho.

Tecnicamente, ele já estaria abrangido no inciso I. Aqui também se incluem os pedidos indenizatórios decorrentes de acidente de trabalho, ainda que feitos pelos herdeiros (Súmula Vinculante 22 do STF e Súmula 392 do TST).

7) Art. 114, VII, da CF

Compete à Justiça do Trabalho o julgamento das ações relativas às penalidades administrativas impostas aos empregadores pelos órgãos de fiscalização das relações de trabalho. Aqui estão incluídas as ações anulatórias de auto de infração, bem como as execuções fiscais decorrentes do não pagamento de multas administrativas impostas pela fiscalização do trabalho.

8) Art. 114, VIII, da CF

O inciso VIII dispõe ser da competência da Justiça do Trabalho a execução, de ofício, das contribuições sociais previstas no art. 195, I, *a*, e II, e seus acréscimos legais, decorrentes das sentenças que proferir.

Trata-se das contribuições incidentes sobre as verbas salariais pagas a um empregado. Se um trabalhador receber verba salarial, deve incidir contribuições previdenciárias sobre ela. Por outro lado, não há tributação se o trabalhador receber verba indenizatória.

Segundo a Súmula Vinculante 53 do STF e Súmula 368, I, do TST, a competência abrange apenas as sentenças condenatórias e homologatórias de acordo, que contenham pagamento de verba salarial. Assim, a Justiça do Trabalho só poderá executar as contribuições se as verbas salariais forem pagas na ação trabalhista, seja por acordo ou sentença.

A competência da Justiça do Trabalho não abrange as sentenças declaratórias, como as que reconhecem vínculo empregatício ou pagamento de salário por fora. Imagine-se que um empregado pede o reconhecimento de vínculo de emprego por 4 anos, com pagamento de horas extras habituais e reflexos.

O pagamento das horas extras habituais (verba com natureza salarial) ocorrerá na ação trabalhista e, assim, a Justiça do Trabalho também vai executar as contribuições previdenciárias incidentes. Por outro lado, as contribuições que deveriam ter sido recolhidas ao INSS durante os 4 anos de vínculo não serão executadas na Justiça do Trabalho, mas sim na Justiça Comum Federal.

Também compete à Justiça do Trabalho executar as contribuições ao Seguro de Acidente de Trabalho, o SAT (Súmula 454 do TST).

9) Art. 114, IX, da CF

A Justiça do Trabalho é competente para julgar outras controvérsias decorrentes da relação de trabalho, na forma da lei. O dispositivo é genérico e depende de atuação do legislador. O objetivo foi permitir que, por processo legislativo de edição de lei ordinária, se possa ampliar a competência da Justiça do Trabalho, sem a necessidade de uma Emenda Constitucional para alterar ou inserir incisos no art. 114 da CF.

10) Art. 114, §§ 2º e 3º, da CF

Referidos dispositivos referem-se à competência da Justiça do Trabalho para os dissídios coletivos. No § 2º, há referência ao dissídio coletivo de natureza econômica. Já o § 3º diz respeito ao dissídio coletivo de greve, dando legitimidade ao Ministério Público do Trabalho para ajuizar dissídio coletivo de greve em atividade essencial, com possibilidade de lesão ao interesse público.

1.3 Competência territorial

A competência territorial define o local em que a ação trabalhista será ajuizada. Uma vez concluído que a competência material é da Justiça do Trabalho (art. 114 da CF), deve ser analisada em qual localidade ajuizar a ação. As regras de competência territorial estão previstas no art. 651 da CLT. São elas:

1) Regra geral (*caput*)

A ação deve ser ajuizada no local da prestação de serviços, independentemente de qual seja o local da contratação. *Exemplo*: se o empregado é contratado em Maceió para prestar em São Paulo, é nesta última cidade que a ação deve ser ajuizada, nos termos do art. 651 da CLT.

2) Agente ou viajante comercial (§ 1º)

Se o trabalhador for agente ou viajante comercial, deve ajuizar a ação na localidade da agência ou filial da empresa a que está vinculado. Na falta, a ação pode ser ajuizada na Vara do Trabalho do local do domicílio do reclamante.

3) Empresa com atividades em mais de um local (§ 3º)

Quando a empresa promove as suas atividades em mais de um local, a competência para o ajuizamento da ação será do local da contratação ou de qualquer um dos lugares em que o serviço foi prestado. *Exemplo*: trabalho prestado em circos, em que, a cada período que a empresa se transfere, o empregado a acompanha. É diferente, portanto, da situação de um empregado contratado em um lugar para trabalhar em outro, pois, nesse caso, a empresa é fixa (é o empregado que vai para outro lugar, e não a empresa).

A Justiça do Trabalho também tem competência para processar e julgar as ações referentes ao trabalho prestado no exterior, segundo o art. 651, § 2º, da CLT, se:

a) a empresa tiver agência ou filial no exterior;

b) o empregado for brasileiro;

c) não houver convenção internacional em sentido contrário.

O trabalho no exterior é regido pela Lei n. 7.064/82.

1.4 Questões

1. **(FCC – TRT 9ª Região)** Mario ajuizou reclamação trabalhista em face da empresa W. A reclamação foi julgada totalmente procedente e a empresa W ainda foi condenada nas penalidades inerentes à litigância de má-fé. Neste caso, com relação à condenação por litigância de má-fé, está presente especificamente o princípio da:

A) Concentração.
B) Lealdade processual.
C) Proteção.
D) Estabilidade da lide.
E) Demanda ou Dispositivo.

↳ **Resolução:**
As partes têm a obrigação de manter a lealdade e a boa-fé processual, sob pena de incorrer nas tipificações de dano processual. O princípio da concentração liga-se com a necessidade de se tentar concentrar a prática de atos em uma única audiência. Já o princípio da proteção diz respeito apenas ao empregado, enquanto a boa-fé deve ser mantida por ambas as partes. O princípio da estabilidade da lide impede que haja modificações ao pedido e à causa de pedir. Por fim, o princípio dispositivo impõe que o juiz não pode iniciar uma ação de ofício.

↗ **Gabarito: "B".**

2. **(FCC – TRT 14ª Região)** De acordo com a Consolidação das Leis do Trabalho, o Direito Processual Comum é fonte do Direito Processual do Trabalho. Neste caso, está sendo aplicado especificamente o princípio:

A) da subsidiariedade.
B) do protecionismo ao trabalhador.
C) da informalidade.
D) da celeridade.
E) da simplicidade.

↳ **Resolução:**
O princípio da subsidiariedade está previsto no art. 769 da CLT e permite a aplicação da lei processual comum quando houver omissão na CLT e compatibilidade. Daí por que se diz que a aplicação da lei é subsidiária.

↗ **Gabarito: "A".**

3. **(FCC – TRT 2ª Região)** As competências em razão da pessoa, da função e da matéria são de natureza:

A) absoluta, absoluta e relativa, respectivamente.
B) relativa.
C) relativa, absoluta e absoluta, respectivamente.
D) absoluta, relativa e absoluta, respectivamente.
E) absoluta.

↳ **Resolução:**
O exercício traz as hipóteses de classificação de competência absoluta, que é inderrogável, insanável e insuscetível de modificação. Já a competência territorial tem as características opostas e tem, como exemplo, a competência territorial.

↗ **Gabarito: "E".**

4. **(Instituto AOCP – TRT da 1ª Região)** No que tange à exceção de incompetência territorial, no âmbito do processo trabalhista, assinale a alternativa correta.

A) A Exceção de Incompetência territorial deverá ser apresentada como preliminar de contestação. Ao exceto será concedido prazo de 24 horas para manifestação respectiva, devendo a decisão ser proferida na primeira audiência ou sessão que se seguir.

B) A exceção de incompetência territorial deverá ser apresentada em peça apartada que sinalize explicitamente a existência da exceção, antes da audiência no prazo de 5 dias, contados do recebimento da notificação pela reclamada. Protocolada a petição de exceção, ao exceto será concedido prazo de 24 horas para manifestação respectiva, devendo a decisão ser proferida na primeira audiência ou sessão que se seguir.

C) A Exceção de Incompetência territorial deverá ser apresentada como preliminar de contestação. Ao exceto será concedido prazo de 24 horas para manifestação respectiva, devendo a decisão ser proferida no prazo de 5 dias.

D) A exceção de incompetência territorial deverá ser apresentada em peça apartada que sinalize explicitamente a existência da exceção, antes da audiência, no prazo de 5 dias, contados do recebimento da notificação pela reclamada. Protocolada a petição de exceção, o processo será suspenso. O juiz intimará o exceto para manifestação no prazo de 5 dias. Da decisão que decidir a exceção de incompetência, caberá recurso ordinário no prazo de 8 dias.

E) A exceção de incompetência territorial deverá ser apresentada em peça apartada que sinalize explicitamente a existência da exceção, antes da audiência, no prazo de 5 dias, contados do recebimento da notificação pela reclamada. Protocolada a petição de exceção, o processo será suspenso até que se decida o incidente.

↘ **Resolução:**

A resposta correta reflete a redação do art. 800, *caput* e § 1º, da CLT. O prazo para manifestação do reclamante e dos litisconsortes será comum de 5 dias. Além disso, a decisão da exceção desafia recurso ordinário apenas na hipótese da Súmula 214, *c*, do TST.

↗ **Gabarito: "E".**

5. **(Instituto AOCP – TRT da 1ª Região)** Lucas, residente na cidade de Nova Iguaçu (RJ), foi contratado na cidade de Petrópolis (RJ) pela empresa Brasa Quente para trabalhar como Gerente na cidade de Teresópolis (RJ). Observa-se que Duque de Caxias (RJ) é o domicílio eleitoral de Lucas, onde reside toda a sua família, sendo que, aos finais de semana, aproveita para visitá-los. Sabe-se, ainda, que a sede da empresa é na cidade de Barretos (SP), local onde Lucas recebeu todos os treinamentos para o exercício de sua função. Considerando a possibilidade de ingressar com uma ação trabalhista e valendo-se da regra geral prevista na Consolidação das Leis do Trabalho, assinale a alternativa correta.

A) Lucas deverá propor a ação na cidade de Petrópolis (RJ), pois a competência territorial é fixada pelo local onde foi realizada a contratação.

B) Lucas deverá propor a ação na cidade de São Paulo, pois a competência territorial é fixada pela capital do Estado no qual a matriz da empresa estiver localizada.

C) Lucas deverá propor a ação na cidade de Teresópolis (RJ), pois a competência territorial é fixada pelo local onde o empregado prestar serviços ao empregador.

D) Lucas deverá propor a ação na cidade de Duque de Caxias (RJ), pois a competência territorial é fixada pelo domicílio eleitoral do empregado.

E) Lucas deverá propor a ação na cidade de Nova Iguaçu (RJ), pois a competência territorial é fixada pelo domicílio civil do empregador.

↘ **Resolução:**

O art. 651 da CLT determina que a competência territorial é fixada pelo local da prestação de serviços, independentemente do local da contratação. Não há falar, assim, em competência pela sede da empresa ou domicílio do reclamante, como regra geral.

↗ **Gabarito: "C".**

6. **(FCC – TRT da 6ª Região)** Em relação à competência material da Justiça do Trabalho, esta:

A) é competente para processar e julgar ações de indenização por dano moral e material, decorrentes da relação de trabalho, inclusive as oriundas de acidente de trabalho e doenças a ele equiparadas, mas não para as propostas pelos dependentes ou sucessores do trabalhador falecido.

B) não é competente para a execução, de ofício, da contribuição referente ao Seguro de Acidente de Trabalho (SAT), que tem natureza de contribuição para a seguridade social, ainda que se destine ao financiamento de benefícios relativos à incapacidade do empregado decorrente de infortúnio no trabalho.

C) é competente para processar e julgar ação possessória ajuizada em decorrência do exercício do direito de greve pelos trabalhadores da iniciativa privada.

D) não é competente para processar e julgar ações ajuizadas por empregados em face de empregadores relativas ao cadastramento no Programa de Integração Social (PIS).

E) não é competente para determinar o recolhimento das contribuições fiscais.

↘ **Resolução:**

A resposta correta tem previsão na Súmula Vinculante 23 do STF. A Súmula 392 do TST também estende a competência da Justiça do Trabalho para as ações indenizatórias propostas pelos herdeiros de trabalhador falecido. A Súmula 454 do TST confere competência para a execução, de ofício, do SAT. A Súmula 300 do TST estabelece ser competente a Justiça do Trabalho para as ações referentes ao cadastramento no PIS. Por fim, a Súmula 368, I, do TST garante a competência para a execução das contribuições fiscais.

↗ **Gabarito: "C".**

2. ORGANIZAÇÃO DA JUSTIÇA DO TRABALHO

2.1 Órgãos da Justiça do Trabalho

Segundo o art. 111 da CF, são órgãos da Justiça do Trabalho: o Tribunal Superior do Trabalho, os Tribunais Regionais do Trabalho e os Juízes do Trabalho.

Já o art. 112 da CF e o art. 644 da CLT permitem que, quando não houver Vara do Trabalho com jurisdição na localidade, a atribuição da jurisdição trabalhista seja feita aos juízes estaduais, com recurso ao TRT. Contudo, é de se observar que o juiz estadual não é órgão da Justiça do Trabalho.

2.2 Ingresso na carreira

O ingresso na carreira enquanto Juiz do Trabalho ocorrerá mediante aprovação em concurso público de provas e títulos, com a participação da OAB. O bacharel em Direito deverá comprovar, no momento da inscrição definitiva, o exercício de prática jurídica por, pelo menos, 3 anos (art. 93, I, da CF).

No caso de Desembargador, o acesso se dá pelo quinto constitucional (art. 115, I, da CF) ou por promoções alternadas por antiguidade e merecimento (art. 115, II, da CF). São nomeados pelo Presidente da República e devem ter mais de 30 e menos de 65 anos.

Já para o cargo de Ministro do TST, é necessário que a pessoa seja brasileira, com idade entre 35 e 65 anos e tenha notável saber jurídico e reputação ilibada. São nomeados pelo Presidente da República, após aprovação pela maioria absoluta do Senado Federal (art. 111-A da CF).

O acesso ao TST pode se dar pelo quinto constitucional, nos termos dos arts. 111-A, I, e 94 da CF. Em tal caso, são os membros escolhidos dentre advogados e membros do MPT com mais de 10 anos de efetiva atividade profissional e exercício, respectivamente. A escolha ocorre por lista sêxtupla elaborada pela respectiva entidade e os advogados devem ter notório saber jurídico e reputação ilibada (art. 94 da CF, com remissão feita pelo art. 111-A).

O TST forma a lista tríplice a partir da lista sêxtupla, por maioria absoluta e em voto secreto (art. 6º do RITST). Se houver mais de uma vaga reservada ao quinto constitucional, será feita uma lista tríplice para cada lista sêxtupla recebida. Se o TST receber lista única, formará uma só lista com o número igual ao das vagas, mais 2 (art. 6º, §§ 1º e 2º, do RITST).

Já para os demais Ministros, os membros devem ser juízes *de carreira* dos TRTs, indicados em lista tríplice pelo TST, em votação secreta (art. 111-A, II, da CF).

2.3 Juízes do Trabalho

A Vara do Trabalho é composta por um juiz titular, podendo haver auxílio de juiz substituto. Não há hierarquia entre eles no campo jurisdicional, mas o juiz titular é o responsável pela administração da Vara.

A competência é residual, ou seja, engloba a matéria não abrangida pela competência dos tribunais.

A Lei n. 10.770/2003 permite que a jurisdição de uma Vara do Trabalho possa ser alterada ou estabelecida por ato do tribunal (o art. 650 da CLT exigia lei federal).

2.4 Tribunais Regionais do Trabalho

São 24 Tribunais Regionais do Trabalho, compostos por Juízes de Tribunal, na literal redação do art. 111 da CF. Os TRTs alteraram os seus regimentos internos para constar que o nome do cargo é Desembargador Federal do Trabalho.

São divididos em Turmas, SDI, SDC e Tribunal Pleno.

O art. 115, § 2º, da CF contém autorização para que a Justiça do Trabalho funcione de forma itinerante, indo até as localidades que não possuem sede de Vara do Trabalho, servindo-se de equipamentos públicos e utilitários.

Já o art. 115, § 3º, da CF permite a divisão em Câmaras regionais, para levar as sessões do Tribunal a outras cidades da jurisdição, que não a sede.

O art. 682 da CLT traz as atribuições do Presidente do TRT, salientando que, em alguns tribunais maiores, os cargos administrativos de Presidente e de Corregedor são exercidos por juízes diferentes.

2.5 Tribunal Superior do Trabalho

Tem previsão no art. 111-A da CF.

1) Órgãos do TST (art. 65 do RITST)

Com a EC n. 92/2016, o TST passa a ser formalmente considerado como órgão do Poder Judiciário, de acordo com o art. 92, II-A, da CF. Ele é composto por 27 Ministros.

Nos termos do art. 65 do RITST, o Tribunal é composto pelos seguintes órgãos: Tribunal Pleno (TP); Órgão Especial (OE); Subseção de Dissídios Coletivos (SDC); Subseção 1 Especializada em Dissídios Individuais (SDI-1); Subseção 2 Especializada em Dissídios Individuais (SDI-2) e 8 Turmas.

De acordo com o parágrafo único do dispositivo, são órgãos que funcionam junto ao TST: Escola Nacional de Aperfeiçoamento de Magistrados do Trabalho (ENAMAT); Conselho Superior da Justiça do Trabalho (CSJT); Centro de Formação e Aperfeiçoamento de Assessores e Servidores do TST (CEFAST); Ouvidoria.

2) Direção do TST

A Direção do TST é composta pelos Presidente, Vice-Presidente e Corregedor-Geral. A eleição é feita entre os mais antigos. O mandato é de 2 anos e a eleição se dá pelo voto da maioria absoluta. É proibida a reeleição (arts. 30 e 33 do RITST).

Se houver a vacância do cargo de Presidente, o Vice assume provisoriamente e convoca sessão extraordinária para que seja feita nova eleição para *todos* os cargos.

São inelegíveis os Ministros que exercerem cargo de direção por 4 anos ou quando exercerem a Presidência. Há exceção, contudo, no caso de não haver nenhum outro Ministro interessado no cargo na ordem de antiguidade (art. 31 do RITST).

3) Pleno do TST (art. 68 do RITST)

O *quorum* para o funcionamento do Tribunal Pleno é de 14 Ministros (art. 68, § 1º, do RITST). É necessária a maioria absoluta para:

a) a escolha dos nomes que integrarão a lista tríplice para preenchimento de vaga de Ministro do Tribunal;

b) aprovação de Emenda Regimental;

c) eleição para os cargos de direção do Tribunal;

d) edição, revisão ou cancelamento de Súmula, OJ ou de Precedente Normativo;

e) declaração de inconstitucionalidade de lei ou de ato normativo do poder público.

Por outro lado, segundo o art. 68, § 2º, do RITST, é necessário o *quorum* de 2/3 para a deliberação preliminar referente à existência de relevante interesse público que fundamenta a proposta de edição, revisão ou cancelamento de súmula, OJ ou PN, observado o § 3º do art. 702 da CLT.

4) Órgão Especial do TST (art. 69 do RITST)

O Órgão Especial do TST é composto por 14 membros, sendo 7 escolhidos por antiguidade e 7 eleitos, além de 3 suplentes. A Direção obrigatoriamente integra o órgão, conforme o § 1º do art. 69 do RITST. Se os Ministros que compõem a direção não estiverem dentre os mais antigos, são considerados como eleitos, conforme § 2º.

O *quorum* de funcionamento é de 8 Ministros (§ 3º).

É necessária a maioria absoluta para deliberar sobre aposentadoria ou disponibilidade de Magistrado (§ 3º).

5) A Subseção de Dissídios Coletivos (art. 70 do RITST)

A SDC é composta pelo Presidente, pelo Vice-Presidente do TST, pelo Corregedor-Geral da Justiça do Trabalho e por mais 6 Ministros.

O *quorum* para o seu funcionamento é de 5 Ministros (art. 70, parágrafo único, do RITST).

6) Subseção de Dissídios Individuais (SDI) (art. 71 do RITST e art. 3º da Lei n. 7.701/82)

A SDI é composta por 21 Ministros, sendo os 3 Ministros que compõem a Direção do Tribunal e mais 18. Divide-se em SDI Plena, SDI-1 e SDI-2. É regulada pelo art. 71 do RITST.

A SDI Plena é composta pelos 21 Ministros e tem *quorum* para funcionamento de 11 Ministros. As deliberações são feitas pela maioria absoluta *dos integrantes da Seção* (§ 1º).

A SDI-1 é formada pela Direção do TST, mais 11 Ministros, sendo *preferencialmente* os Presidentes de Turmas. O *quorum* para o seu funcionamento é 8 Ministros. O § 3º estabelece que haverá entre 1 e 2 Ministros de cada Turma na SDI-1.

A SDI-2 é integrada pela Direção e mais 7 Ministros. O *quorum* para o seu funcionamento é de 6 Ministros. As deliberações pela maioria absoluta *dos integrantes da Seção* (art. 71, § 4º, do RITST).

7) Turmas do TST (art. 73 do RITST)

O TST é composto por 8 Turmas de 3 Ministros, cuja presidência cabe ao Ministro mais antigo. O seu *quorum* para funcionamento é de 3 Ministros.

2.6 Corregedoria-Geral e Regional do Trabalho

Ao Corregedor-Geral não são distribuídos processos, mas ele participa das sessões da Corte, com direito a voto, quando não estiver em correição (art. 44 do RITST).

As suas decisões estão sujeitas a agravo interno para o Órgão Especial, cabendo a ele a inclusão do processo em pauta (art. 46 do RITST).

O art. 6º do RICGJT elenca as atribuições do Corregedor-Geral.

No âmbito regional, a função de Corregedor é normalmente cumulada com a de Presidente (art. 682, XI, da CLT), exceto quando houver disposição específica no regimento interno do tribunal. O Corregedor Regional tem por atribuição principal a realização da correição ordinária e extraordinária nas Varas do Trabalho vinculadas à Corte.

2.7 Questões

1. **(FCC – TRT 2ª Região)** Paulo é advogado, tem 29 anos de idade e 5 anos de efetiva atividade profissional; Pedro é bacharel em Direito, mas não exerce a profissão, tem 40 anos de idade e é professor há 7 anos; João é membro do Ministério Público do Trabalho, tem 31 anos de idade e 11 anos de efetivo exercício; José é advogado, tem 30 anos de idade e 10 anos de atividade profissional; Luiz é advogado, tem 66 anos de idade e 40 anos de efetiva atividade profissional.

   Preenchidos os demais requisitos legais, podem ser nomeados juízes do Tribunal Regional do Trabalho:

   A) Luiz e Pedro.
   B) Paulo e José.
   C) Pedro e Luiz.
   D) João, Luiz e José.
   E) João e José.

   ↘ **Resolução:**
   Só pode ser nomeado Desembargador quem tiver mais de 30 e menos de 65 anos. A nomeação para o quinto constitucional exige 10 anos de atividade profissional pelo advogado e de exercício do cargo pelo membro do MPT. No caso, os demais ou não cumprem o requisito da experiência ou da idade.

   ↗ **Gabarito: "E".**

2. **(FCC – TRT 20ª Região)** A Constituição Federal expressamente prevê regras que organizam a estrutura da Justiça do Trabalho, e tratam da sua competência. Conforme tal regramento:

A) os juízes dos Tribunais Regionais do Trabalho, oriundos da magistratura da carreira, que comporão o Tribunal Superior do Trabalho serão indicados pelos próprios Regionais, alternativamente, e escolhidos pelo Congresso Nacional.

B) os Tribunais Regionais do Trabalho instalarão a justiça itinerante, com a realização de audiência e demais funções de atividade jurisdicional, nos limites territoriais da respectiva jurisdição, servindo-se de equipamentos públicos e comunitários.

C) haverá pelo menos um Tribunal Regional do Trabalho em cada Estado e no Distrito Federal, e a lei instituirá as Varas do Trabalho, podendo, nas comarcas onde não forem instituídas, atribuir sua jurisdição a Vara do Trabalho mais próxima.

D) os mandados de segurança, *habeas corpus* e *habeas data*, quando o ato questionado envolver matéria sujeita à jurisdição da Justiça do Trabalho serão julgados e processados na Justiça Federal, por se tratar de remédios jurídicos de natureza constitucional.

E) os Tribunais Regionais do Trabalho compõem-se de, no mínimo, nove juízes, que serão recrutados na respectiva região, e nomeados pelo Presidente do Tribunal Superior do Trabalho dentre brasileiros com mais de trinta e menos de sessenta e cinco anos.

↳ **Resolução:**

A resposta correta tem previsão do art. 115, § 1º, da CF. A lista tríplice dos candidatos a Ministro é formada pelo próprio TST, sendo a escolha por parte do Presidente. Considerando a existência de apenas 24 TRTs, não existe um para cada Estado da Federação. A alternativa D contraria o art. 114, IV, da CF. Por fim, a composição mínima de um TRT será de 7 membros.

↗ **Gabarito: "B".**

3. **(FCC – TRT 23ª Região)** Em consonância com os ditames constitucionais quanto à organização e competência da Justiça do Trabalho:

A) o Tribunal Superior do Trabalho será composto por juízes dos Tribunais Regionais, oriundos da magistratura, indicados pelo colégio de Presidentes e Corregedores dos Tribunais Regionais, além de 1/5 oriundos da advocacia e Ministério Público do Trabalho e 1/5 indicados pelas confederações sindicais.

B) a lei criará varas da Justiça do Trabalho, podendo, nas comarcas não abrangidas por sua jurisdição, atribuí-la aos Juízes Federais, com recurso para o respectivo Tribunal Regional Federal.

C) são órgãos da Justiça do Trabalho as Comissões de Conciliação Prévia, as Varas do Trabalho, os Tribunais Regionais do Trabalho e o Tribunal Superior do Trabalho.

D) o Tribunal Superior do Trabalho compor-se-á de 27 Ministros, escolhidos dentre brasileiros com mais de 35 e menos de 65 anos, nomeados pelo Presidente da República após aprovação pela maioria absoluta do Senado Federal.

E) a Escola Nacional de Formação e Aperfeiçoamento de Magistrados do Trabalho e o Conselho Superior da Justiça do Trabalho funcionarão junto ao Conselho Nacional de Justiça, vinculado ao Supremo Tribunal Federal.

↳ **Resolução:**

A alternativa correta é a redação do art. 111-A da CF. A indicação dos nomes para integrar a lista tríplice é feita pelo próprio TST. A competência nas localidades em que não há jurisdição de Vara do Trabalho é delegada à Justiça Estadual. A CCP não é órgão da Justiça do Trabalho. Quanto à alternativa D, eles funcionam junto ao TST.

↗ **Gabarito: "D".**

3. ATOS, TERMOS, PRAZOS, DESPESAS E NULIDADES PROCESSUAIS

3.1 Atos e termos processuais

Os atos processuais podem ser conceituados como os acontecimentos voluntários que ocorrem no processo, em razão de atitude de um dos sujeitos processuais, podendo ser unilaterais ou bilaterais.

Já o termo é a redução escrita em língua portuguesa de ato processual. Como exemplo, o art. 731 da CLT aponta que a petição inicial verbal deve ser reduzida a termo.

Nos termos do art. 770 da CLT, a realização dos atos deve ocorrer entre 06h00 e 20h00, nos dias úteis, exceto quanto à penhora, que pode ocorrer em domingos e feriados, se houver autorização judicial.

3.2 Notificação (citação)

O art. 841 da CLT determina que, após a distribuição da petição inicial, a sua cópia será enviada ao reclamado, notificando-o para comparecer à audiência. Em razão disso, o ato processual que informa o réu sobre o ajuizamento da ação e o chama para a apresentação da defesa é chamado de notificação. Em verdade, trata-se da própria citação na fase de conhecimento.

A regra é de que a notificação seja postal. Se esta não for possível, é feita a citação por edital, conforme art. 841, § 1º, da CLT. Apesar de a lei ser silente, na prática, é feita também a notificação por oficial de justiça.

A jurisprudência pacificou-se no sentido de que a citação não precisa ser pessoal, ou seja, ela pode ser recebida por qualquer pessoa que esteja no endereço do reclamado, ainda que não tenha poderes especiais para receber citação. Assim, para ser válida, basta que a notificação seja enviada para o endereço correto. As exceções para tal regra são as hipóteses em que a lei exige a citação pessoal, como o MPT e a Fazenda Pública.

Por fim, o art. 841 da CLT aponta que a audiência deverá ser a primeira desimpedida, depois de 5 dias. Isso significa dizer que deve existir um intervalo mínimo de 5 dias entre o recebimento da citação e a realização da audiência. Para a Administração Pública, o prazo é de 20 dias (art. 1º, I, do Decreto n. 779/69). Esse prazo é necessário para que o reclamado possa elaborar a sua defesa.

Caso a notificação seja recebida antes dos 5 dias, o reclamado deve ir até a audiência e requerer o seu adiamento, respeitando-se o prazo mínimo previsto em lei. Caso o reclamado receba a notificação para uma audiência que ocorrerá dali a menos de 5 dias, deverá comparecer à audiência e pedir a redesignação, por não ter havido o lapso mínimo previsto no art. 841 da CLT.

A Súmula 16 do TST presume que a notificação será recebida 48 horas após a postagem. É do destinatário o ônus de prova em sentido contrário.

3.3 Prazos processuais

Os prazos processuais trabalhistas são regulados pelos arts. 774 a 775-A da CLT.

O termo inicial do prazo, também chamado de início do prazo, é a data da intimação (art. 774 da CLT). A contagem do prazo segue a mesma regra do processo civil, ou seja, exclui-se o dia do início (termo inicial) e inclui-se o dia do fim (termo final).

Não se pode confundir o início do prazo (termo inicial) com o início da contagem do prazo. Se a parte é intimada na segunda-feira, o início do prazo é a própria segunda-feira. O início da contagem, por sua vez, será na terça-feira.

Além disso, a contagem dos prazos somente ocorrerá em dias úteis forenses. Com isso, termo inicial, início da contagem e termo final só podem ocorrer em dias úteis forenses. Se a parte for intimada em dia não útil (sábado, por exemplo), considera-se a intimação como sido feita no primeiro dia útil subsequente.

Dessa forma, se a intimação é feita na sexta-feira, o prazo começa a correr da segunda-feira seguinte ou no 1º dia útil subsequente, caso a segunda seja dia de feriado (Súmula 1 do TST). Se a intimação ocorrer no sábado, considera-se que ela foi feita apenas na segunda-feira e, assim, o prazo começa a contar na terça-feira (Súmula 262, I, do TST).

Quando a parte interpuser um recurso e alegar feriado local para a contagem do prazo, deve comprovar a existência de feriado local ou de dia útil que não teve expediente forense, para poder justificar a prorrogação do prazo recursal. Se isso não for feito, o relator deve conceder o prazo de 5 dias para saneamento do vício. Caso a parte não faça a comprovação, mesmo após instada pelo relator, o recurso será considerado intempestivo, de acordo com a Súmula 385, I, do TST.

Se houver feriado forense, a própria autoridade que admitir o recurso deve certificar o fato nos autos (Súmula 385, II, do TST).

Se esse prazo para comprovar a ausência de expediente forense não for concedido pelo relator, então o recorrente pode apresentar prova documental posterior, em agravo de instrumento ou agravo interno, por exemplo (Súmula 385, III, do TST).

Por fim, há suspensão dos prazos processuais nas seguintes hipóteses:

a) de 20/12 a 20/1 (art. 775-A da CLT);
b) no recesso forense e nas férias coletivas dos Ministros do TST (Súmula 262, II, do TST).

3.4 Despesas processuais

1) Custas

a) Valores

As custas têm natureza tributária e são reguladas pelo arts. 789 da CLT, na fase de conhecimento, e 789-A da CLT, na fase de execução.

Na fase de conhecimento, as custas são sempre no percentual de 2%, calculadas sobre as seguintes bases de cálculo:

i) valor do acordo, quando as partes fizerem acordo nos autos;
ii) valor da condenação, quando houver condenação em pecúnia. É muito comum que, na sentença, o juiz arbitre um valor provisório para a condenação, apenas para efeito de cálculo de custas;
iii) valor da causa, quando houver condenação em ação declaratória ou constitutiva;
iv) valor da causa, quando os pedidos foram extintos sem resolução do mérito ou julgados improcedentes;
v) valor que o juiz fixar, se o valor for indeterminado.

O valor mínimo de custas será de R$ 10,64. Já o valor máximo será de 4 vezes o teto dos benefícios da Previdência Social.

Já na fase de execução, basta seguir a tabela constante no art. 789-A da CLT, que conta com valores fixos.

b) Responsabilidade

Uma vez definido o valor, é necessário analisar quem deve pagar as custas.

Segundo o art. 789, § 1º, da CLT, são elas pagas pelo vencido. Isso significa que a reclamada terá que pagar as custas se houver procedência total ou parcial. O reclamante pagará as custas apenas se todos os pedidos forem julgados improcedentes ou se todos forem extintos sem resolução do mérito.

Se houver acordo, as custas são, em regra, divididas pela metade entre reclamante e reclamado, salvo se as partes dispuserem de forma contrária (art. 789, § 3º, da CLT). É muito comum, por exemplo, que as partes acordem que a responsabilidade integral pelo pagamento das custas será do reclamante, que também requer o benefício da justiça gratuita.

Nos casos de dissídio coletivo, as custas são de responsabilidade solidária das partes (art. 789, § 4º, da CLT).

Por fim, na execução, as custas ficam sempre a cargo do executado (art. 789-A da CLT).

c) Momento do recolhimento

As custas são recolhidas ao final da ação, e nunca no início.

Contudo, se houver recurso por parte da parte responsável pelo recolhimento, as custas devem ser recolhidas e ter o seu recolhimento comprovado dentro do prazo recursal (art. 789, § 1º, da CLT). Em razão disso, as custas integram o preparo recursal trabalhista.

d) Isenções

São isentos de pagamento de custas:

i) a União, os Estados, o Distrito Federal, os Municípios e as suas respectivas autarquias e fundações públicas federais, estaduais ou municipais que não explorem atividade econômica (art. 790-A da CLT);

ii) o MPT (art. 790-A da CLT);

iii) a CEF, nos processos referentes ao FGTS, por ser o seu órgão gestor (art. 24-A da Lei n. 9.082/95).

2) Honorários periciais

A responsabilidade pelo pagamento dos honorários periciais é da parte sucumbente na pretensão objeto da perícia, ainda que beneficiária da justiça gratuita (art. 790-B da CLT).

Observe-se que o importante aqui não é o resultado do laudo, mas sim a forma como o pedido é julgado. Se o pedido que justificou a perícia for julgado procedente, é o reclamado que pagará os honorários periciais. Já se o pedido for julgado improcedente, é o reclamante que fará o pagamento.

O benefício da justiça gratuita não afasta tal responsabilidade. Nesse caso, o valor dos honorários periciais será deduzido de crédito da parte em ação judicial, ainda que em outros autos. Isso significa que, se o reclamante for sucumbente no pedido e tiver que arcar com os honorários periciais, o valor que ele ganharia em eventual procedência de outros pedidos (ainda que em outra ação) será usado para arcar com a condenação. Apenas na hipótese de não existir nenhum crédito judicial da parte é que a União arcará com o pagamento dos honorários do perito. Nesse sentido é o art. 790-B, § 4º, da CLT.

A Reforma Trabalhista trouxe, ainda, as seguintes regras:

a) o valor dos honorários deve respeitar o limite máximo fixado pelo CSJT;

b) admite-se o parcelamento dos honorários;

c) não é cabível a exigência de antecipação dos honorários pelas partes (se o juiz, mesmo assim, determinar a antecipação, cabe mandado de segurança, a teor da OJ 98 da SDI-2 do TST).

Se a parte optar por indicar assistente técnico, deve arcar com os custos dos seus honorários, independentemente do resultado do pedido. Isso porque a indicação do assistente técnico é facultativa (Súmula 341 do TST).

3) Honorários de intérprete

Na hipótese de intérprete, a regra muda. Segundo o art. 819, § 2º, da CLT, a responsabilidade pelo pagamento é da parte sucumbente na ação trabalhista, exceto se for beneficiária da justiça gratuita (caso em que a União arcará com o benefício).

3.5 Nulidades processuais

A CLT conta com alguns dispositivos sobre as nulidades processuais. São eles:

1) Art. 794 da CLT

Princípio da transcendência ou do prejuízo: a nulidade só será pronunciada se houver comprovação de manifesto prejuízo às partes. Não basta a parte alegar o prejuízo; deve ele ser comprovado.

2) Art. 795 da CLT

Princípio da preclusão ou da convalidação: as partes devem arguir a nulidade na primeira oportunidade que tiverem para falar nos autos, sendo obrigatória referida provocação. A praxe processual é de que a parte apresente os seus protestos contra a decisão do juiz para poder pedir a nulidade posteriormente. Tal nulidade é requerida como preliminar de cerceamento de defesa em recurso ordinário.

3) Art. 796, *a*, da CLT

A nulidade não será pronunciada se a falta puder ser suprida ou o ato, repetido.

4) Art. 796, *b*, da CLT

Também o art. 276 do CPC.

Pelo princípio do interesse, não pode arguir a nulidade a parte que a causou.

5) Art. 797 da CLT

O juiz deverá indicar os atos atingidos pela pronúncia de nulidade;

6) Art. 798 da CLT

Princípio da utilidade: a nulidade de um ato apenas prejudicará os atos posteriores que dele dependam ou sejam consequência.

3.6 Questões

1. **(CESPE – TRT 1ª Região)** Sempre que uma ação for proposta na Justiça do Trabalho:

A) ela só será admitida se firmada por advogado.

B) os serventuários que, injustificadamente, não realizarem os atos nos prazos fixados serão descontados em seus vencimentos.

C) competirá aos chefes de secretaria tomar por termo as reclamações verbais, nos casos de dissídios coletivos.

D) fugirá à competência da secretaria das Varas do Trabalho a contagem das custas devidas pelas partes, nos respectivos processos.

E) ao oficial de justiça e oficiais avaliadores competirá o fornecimento de informações sobre os feitos individuais.

↳ **Resolução:**

A previsão de desconto nos vencimentos dos serventuários está expressa no art. 712, parágrafo único, da CLT. A Justiça do Trabalho admite o *ius postulandi* das partes, pelo que não necessariamente a petição é assinada por advogado (art. 791 da CLT). A petição inicial do dissídio coletivo é necessariamente escrita (art. 586 da CLT). Por fim, aos oficiais de justiça compete executar os atos judiciais, a teor do art. 721 da CLT.

↗ **Gabarito: "B".**

2. **(CESPE – TRT 1ª Região)** A empresa Alfa foi acionada na Justiça do Trabalho, e o rito a ser observado será o sumaríssimo, podendo a empresa apresentar defesa. Nessa situação, o prazo mínimo fixado, a partir da notificação, caso a empresa deseje apresentar defesa, é de:

A) 15 dias.

B) 10 dias.

C) 8 dias.

D) 5 dias.

E) 48 horas.

↳ **Resolução:**

O art. 841 da CLT estabelece que a audiência será a primeira desimpedida depois de 5 dias, o que significa que este é o prazo mínimo previsto em lei para a elaboração da defesa.

↗ **Gabarito: "D".**

3. **(FCC – TRT 4ª Região)** Determinada reclamação trabalhista foi julgada parcialmente procedente e a empresa Leão condenada ao pagamento de R$ 400.000,00 ao reclamante. Neste caso, com relação às custas processuais, em regra, de acordo com a Consolidação das Leis do Trabalho, a empresa reclamada:

A) deverá efetuar o recolhimento de R$ 4.000,00 dentro do prazo recursal a título de custas.

B) não está obrigada a recolher qualquer valor a título de custas, tendo em vista que estas são pagas pelo vencido após o trânsito em julgado da condenação.

C) não está obrigada a recolher qualquer valor a título de custas, tendo em vista que estas são pagas pelo reclamante no momento da propositura da ação.

D) não está obrigada a recolher qualquer valor a título de custas, tendo em vista que a reclamação trabalhista foi julgada parcialmente procedente.

E) deverá efetuar o recolhimento de R$ 8.000,00 dentro do prazo recursal a título de custas.

↘ **Resolução:**

As custas serão de 2% sobre o valor da condenação, sempre pela parte que foi vencida. As custas em processos trabalhistas não são pagas no início, mas sim ao final do processo. Contudo, em caso de recurso, elas devem ser recolhidas dentro do prazo recursal, como forma de preparo.

↗ Gabarito: "E".

4. **(FCC – TRT 7ª Região)** Nos dissídios individuais e nos dissídios coletivos do trabalho, nas ações e procedimentos de competência da Justiça do Trabalho, as custas serão pagas pelo:

A) vencido, no dia em que o juiz proferir a sentença, antes do trânsito em julgado da mesma, sendo que, se houver recurso, as custas serão pagas dentro do prazo recursal.

B) Reclamante, no momento da propositura da ação, salvo se for beneficiário da justiça gratuita.

C) vencido, após o trânsito em julgado da decisão, sendo que, se houver recurso, as custas serão pagas dentro do prazo recursal.

D) Reclamado, devido à hipossuficiência do Reclamante.

E) vencedor, após o trânsito em julgado da decisão, sendo que, se houver recurso, as custas serão pagas dentro do prazo recursal.

↘ **Resolução:**

As custas em processos trabalhistas não são pagas no início, mas sim ao final do processo, pelo vencido. Contudo, em caso de recurso, elas devem ser recolhidas dentro do prazo recursal, como forma de preparo.

↗ Gabarito: "C".

5. **(FCC – TRT 9ª Região)** Marta, empregada da empresa X, ajuizou reclamação trabalhista tendo em vista a sua demissão sem justa causa. A mencionada demanda foi julgada totalmente improcedente em primeiro grau. Marta pretende ingressar com recurso ordinário. Considerando que Marta ocupava cargo de direção, bem como que o valor da causa fornecido na reclamação trabalhista foi de R$ 100.000,00, para interpor tal recurso ela:

A) terá que efetuar o recolhimento das custas judiciais no importe de R$ 1.000,00.

B) terá que efetuar o recolhimento das custas judiciais no importe de R$ 2.000,00.

C) terá que efetuar o recolhimento das custas judiciais no importe de R$ 500,00.

D) está desobrigada a efetuar o pagamento das custas judiciais, tendo em vista que a reclamação trabalhista foi julgada totalmente improcedente.

E) está desobrigada a efetuar o pagamento das custas judiciais, tendo em vista que exercia na empresa cargo de direção.

↘ **Resolução:**

As custas são de 2% sobre o valor da condenação, pelo que o recolhimento seria de R$ 2.000,00. Como os pedidos foram julgados improcedentes, a trabalhadora foi vencida. Saliente-se que a questão não informa que a trabalhadora recebeu o benefício da justiça gratuita.

↗ Gabarito: "B".

6. **(FCC – TRT 14ª Região)** Fernanda ajuizou reclamação trabalhista em face da empresa "Amiga" que foi julgada parcialmente procedente. Neste caso, em regra, as custas processuais caberão à:

A) empresa Amiga, no importe de 1% sobre o valor da condenação.

B) Fernanda, no importe de 1% sobre o valor da condenação.

C) empresa Amiga e a Fernanda, em 0,5% para cada uma.

D) empresa Amiga e a Fernanda, em 1% para cada uma.

E) empresa Amiga, no importe de 2% sobre o valor da condenação.

↘ **Resolução:**

O art. 789, § 1º, da CLT impõe que as custas são pagas pelo vencido. O reclamante é vencido se a ação é resolvida sem a análise de mérito ou se todos os pedidos não julgados improcedentes. A empresa é vencida quando pelo menos 1 pedido é julgado procedente (ou seja, se houver procedência parcial ou total).

↗ **Gabarito: "B".**

7. **(FCC TRT 15ª Região)** Com relação às nulidades, a Consolidação das Leis do Trabalho, ao dispor que *nos processos sujeitos à apreciação da Justiça do Trabalho só haverá nulidade quando resultar dos atos inquinados manifesto prejuízo às partes litigantes*, está aplicando, especificamente, o princípio:

A) do interesse.
B) da preclusão.
C) da utilidade.
D) da transcendência.
E) da finalidade.

↘ **Resolução:**

O art. 794 da CLT traz referida redação e, segundo a doutrina, consagra o princípio da transcendência. O princípio da preclusão é previsto no art. 795 da CLT.

↗ **Gabarito: "D".**

4. PARTE E PROCURADORES

4.1 Noções introdutórias

Pode-se conceituar parte como sendo aquele que pede, bem como aquele em face de quem se pede, participando da relação jurídica, com interesse na causa.

A legitimação para ser parte pode ser:

a) ordinária, quando a parte pede direito próprio em nome próprio;

b) extraordinária: quando a parte pede direito alheio em nome próprio. Há diferença com relação à representação processual, pois esta é apenas uma forma de integração da capacidade, em que o representante atua em nome alheio, pleiteando direito alheio;

c) substituição processual: ocorre quando, na legitimação extraordinária, aquele que defende direito alheio efetivamente substitui o detentor do direito (que não integra o polo da ação). Trata-se do clássico exemplo da atuação dos sindicatos. O art. 8º, III, da Constituição permite que os sindicatos defendam, em juízo, direitos e interesses da categoria. Com isso, pode o sindicato integrar sozinho um dos polos da ação, representando os empregados.

Quanto ao menor, o art. 793 da CLT estabelece que a representação ficará a cargo dos seus representantes legais. Na ausência destes, será de responsabilidade do MPT, do sindicato, do MP Estadual ou de curador nomeado pelo juízo. Há uma hierarquia nessa representação. Assim, o MPT só atuará na ausência dos representantes legais. A intervenção do MPT só é obrigatória, portanto, na função de curador e na ausência dos representantes legais.

4.2 Justiça gratuita

De acordo com o art. 790, §§ 3º e 4º, da CLT, o benefício da justiça gratuita será concedido para quem: a) receber salário igual ou inferior a 40% do teto dos benefícios da Previdência Social; ou b) comprovar situação de miserabilidade jurídica.

Há, assim, a presunção de miserabilidade quando o salário for no patamar indicado em lei.

O juiz pode conceder o benefício a requerimento ou de ofício.

A Súmula 463, I, do TST permite a concessão da justiça gratuita para as pessoas jurídicas, desde que comprovem a impossibilidade de pagamento de custas e despesas processuais.

4.3 *Ius postulandi*

No processo do trabalho, as partes (reclamante ou reclamado) podem acompanhar a reclamação pessoalmente, sem a necessidade de contratação de advogado. Com isso, as partes possuem *ius postulandi*, que é a capacidade para postular em juízo em causa própria ou na defesa de terceiros.

O *ius postulandi* existe independentemente do valor da causa.

A Súmula 425 do TST determina que o *ius postulandi* é válido nas Varas do Trabalho e nos Tribunais Regionais do Trabalho. Contudo, ele não se aplica nas ações rescisórias, mandados de segurança, cautelares e nos recursos de competência do Tribunal Superior do Trabalho. Em tais hipóteses, a participação do advogado é obrigatória.

4.4 Mandato expresso, mandato tácito e procuração *apud acta*

A contratação de um advogado ocorre por meio de um contrato de mandato. A outorga de poderes, em tal caso, pode ocorrer da seguinte forma:

a) instrumento de procuração: trata-se de documento expresso, juntado aos autos, com os poderes da cláusula *ad judicia*, ou, ainda, com os poderes especiais previstos no art. 105 do CPC (receber citação inicial, confessar, reconhecer a procedência do pedido, transigir, desistir, renunciar ao direito sobre o qual se funda a ação, receber e dar quitação, bem como firmar compromisso);

b) procuração *apud acta* (na ata): concedida expressamente pela parte em audiência. Para tanto, é necessário que haja o requerimento do advogado e a concordância do cliente (art. 791, § 3º, da CLT). Nesse caso, são concedidos apenas os poderes gerais para o foro, e não os poderes especiais.

c) mandato expresso: ocorre quando o advogado comparece juntamente com o seu cliente em audiência e pratica atos em sua defesa. Nesse caso, não há nenhum requerimento expresso de que a procuração seja transcrita na ata. Nesta, consta apenas que a parte estava presente, acompanhada de seu advogado. O mandato é tácito porque, se a parte aceitou essa representação perante o juiz, implicitamente aponta que aquele será seu advogado. O mandato expresso é fruto de interpretação judicial, conforme OJ 286 da SDI-1 do TST. Por admitir apenas interpretação restritiva, ele não admite substabelecimento (OJ 200 da SDI-1 do TST).

Por serem advogados públicos, os procuradores da União, dos Estados e dos Municípios estão dispensados da juntada de procuração (Súmula 436 do TST). Basta, assim, que se declarem exercentes do cargo, não sendo suficiente apenas a indicação do número de inscrição na OAB.

Quando há outorga de poderes pelo representante da empresa, não há nulidade pela falta de juntada dos atos constitutivos. Eles devem ser juntados apenas quando houver impugnação da parte contrária (OJ 255 da SDI-1 do TST).

O TST editou algumas súmulas a respeito dos mandatos:

a) se o recurso for assinado por advogado sem procuração nos autos, excepcionalmente, admite-se que a procuração seja juntada em 5 dias, independentemente de intimação. O prazo pode ser prorrogado por mais 5 dias, por despacho do juiz. Apenas se a parte permanecer inerte, o recurso não será conhecido (Súmula 383, I, do TST);

b) o relator deve conceder prazo de 5 dias para que a parte sane vício de irregularidade de representação. Se a determinação não for cumprida pelo recorrente, o relator não conhecerá do recurso. Por outro lado, se a inércia for da parte recorrida, ele determinará o desentranhamento das contrarrazões (Súmula 383, II, do TST);

c) o outorgante pode limitar o prazo de validade do mandato. No caso de mandato com prazo determinado, o mandante pode inserir cláusula estabelecendo a prevalência dos poderes para atuar até o final da demanda (Súmula 395, I, do TST);

d) se o outorgante fixar um termo para a juntada do mandato nos autos, ele só terá validade se for respeitado referido intervalo (Súmula 395, II, do TST);

e) os atos praticados pelo substabelecido são válidos, ainda que não existam poderes expressos para substabelecer (Súmula 395, III, do TST);

f) o substabelecimento é inválido se for anterior à outorga de mandato passada ao advogado substabelecente (Súmula 395, IV, do TST);

g) o mandato outorgado em nome de pessoa jurídica deve conter o nome do outorgante e do signatário, sob pena de invalidade da procuração (Súmula 456, I, do TST);

h) caso o juiz verifique a irregularidade de representação, deve conceder o prazo de 5 dias para saneamento do vício. Se a determinação for descumprida pelo autor, o processo será julgado sem resolução do mérito; por outro lado, se a inércia for do réu, este será considerado revel (Súmula 456, II, do TST).

4.5 Honorários advocatícios

Segundo o art. 791-A da CLT, há honorários advocatícios de sucumbência, inclusive recíproca, no processo do trabalho. Trata-se de verba destinada ao advogado, ou seja, o reclamante sucumbente paga honorários ao advogado do reclamado e o reclamado sucumbente paga honorários ao advogado do reclamante. Em razão de serem credores e devedores distintos, não existe a compensação entre os honorários (art. 791-A, § 3º, da CLT).

Os honorários são cabíveis nos casos de atuação em causa própria, de reconvenções, de ações em face da Fazenda Pública e em que a parte esteja assistida/substituída pelo sindicato.

O valor dos honorários será de 5% a 15%. Para a fixação do percentual, o juiz deverá considerar o grau de zelo do profissional, o lugar da prestação de serviços, a natureza e a importância da causa, bem como o trabalho realizado pelo advogado e o tempo despendido pelo serviço (§ 2º).

A base de cálculo será o valor da liquidação, o valor do proveito econômico ou, quando este não for suscetível de mensuração, sobre o valor da causa.

Existe um importante detalhe que diferencia o processo civil do processo do trabalho: se o sucumbente for beneficiário da justiça gratuita, eventual crédito em ação judicial será utilizado para o pagamento dos honorários. Se o valor dos créditos for insuficiente ou inexistente, haverá suspensão de exigibilidade da dívida por 2 anos, período em que o advogado interessado deve buscar bens do devedor para o cumprimento da obrigação. Após esse período, haverá a extinção do crédito.

4.6 Questões

1. **(FCC – TRT 2ª Região)** Quanto às partes e aos procuradores, é correto afirmar:

A) O empregador que não puder comparecer à audiência de instrução e julgamento poderá fazer-se representar por seu advogado, desde que este esteja munido de procuração com poderes para tanto.

B) O empregado que não puder comparecer à audiência de instrução e julgamento por motivo de doença poderá fazer-se representar por sua esposa ou pessoa da família.

C) Em se tratando de reclamação plúrima, os empregados poderão fazer-se representar na audiência de instrução e julgamento pelo sindicato de sua categoria.

D) A reclamação trabalhista do menor de 16 anos, na falta de seus representantes legais, poderá ser feita por outro empregado maior que pertença à mesma profissão.

E) Sendo o reclamante empregado doméstico, a representação do empregador só pode ser feita pelo proprietário do imóvel onde exerça suas funções.

↳ **Resolução:**

A resposta correta é a exata previsão do art. 843 da CLT. O advogado não pode atuar como tal e como preposto ao mesmo tempo. Além disso, pelo art. 843, § 2º, da CLT, a representação do empregado é feita por colega de profissão ou pelo sindicato. As regras de representação do menor de 18 anos são previstas no art. 793 da CLT. Por fim, a jurisprudência se firmou no sentido de que o representante de empregador doméstico deveria ser pessoa membro da família.

↗ **Gabarito: "C".**

2. **(FCC – TRT 4ª Região)** Maria, 17 anos de idade, laborava registrada para a empresa Z, quando foi dispensada sem justa causa. Maria pretende ajuizar reclamação trabalhista. Neste caso, em regra, Maria:

A) poderá ajuizar a reclamação, mas deverá ser assistida pelos seus representantes legais.

B) poderá ajuizar a reclamação, mas deverá ser assistida obrigatoriamente pela Procuradoria da Justiça do Trabalho.

C) poderá ajuizar a reclamação independentemente de assistência ou representação, necessitando apenas de um advogado constituído em razão de sua idade.

D) poderá ajuizar a reclamação independentemente de assistência ou representação, não sendo obrigatória a constituição de advogado em razão do princípio do *jus postulandi*.

E) não poderá ajuizar a reclamação, tendo em vista que ela não poderia ter celebrado contrato de trabalho por ter 17 anos de idade.

↳ **Resolução:**

Nos termos do art. 793 da CLT, a reclamação do menor de 18 anos deve ser feita por seus representantes legais. Na falta destes, pelo MPT, sindicato, MP Estadual ou curador nomeado pelo juízo.

↗ **Gabarito: "A".**

5. PROCESSO DE CONHECIMENTO

5.1 Petição inicial

1) Requisitos

A petição inicial trabalhista conta com requisitos próprios, previstos no art. 840, § 1º, da CLT. Por se tratar de regra específica, não são aplicadas as disposições do art. 319 do CPC. Os requisitos são os seguintes:

a) a indicação do juiz a que ela é dirigida: trata-se do endereçamento da petição, que pode ser para o Juiz do Trabalho ou para o Juiz de Direito investido na jurisdição trabalhista;

b) a qualificação das partes: é a identificação completa do reclamante e do reclamado. Por haver omissão na CLT, podem-se usar as informações exigidas no art. 319, II, do CPC. É indicado colocar também o número da CTPS, do PIS e do CPF. Na petição inicial de processos que tramitam pelo rito sumaríssimo, o endereço deve ser corretamente indicado, sob pena de arquivamento (art. 852-B, II e § 1º, da CLT), pois tal rito não admite a citação por edital;

c) breve exposição dos fatos de que resulte o dissídio. A maioria da doutrina entende que o fundamento jurídico também é necessário, pois ele é elemento da ação que identifica a demanda. Contudo, a lei não traz essa exigência, até mesmo porque o ordenamento processual trabalhista permite o ajuizamento de ação sem advogado; não se poderia, assim, exigir conhecimento jurídico específico da parte que ajuíza ação com o *ius postulandi*;

d) o pedido, que deve ser certo, determinado ou determinável e deve conter o valor dos pedidos;

e) data e assinatura do reclamante ou do seu representante.

Com a exigência da indicação do valor dos pedidos, a Instrução Normativa 41 do TST estabeleceu que o valor da causa poderá ser indicado por estimativa. Com isso, pode-se concluir que o valor da causa passaria a ser requisito da petição inicial trabalhista. Contudo, se o enunciado de uma prova referir-se ao texto expresso da CLT, o valor da causa não constará no rol dos requisitos.

2) Formalidades

A petição inicial trabalhista pode ser oral ou escrita (art. 840 da CLT). A sua distribuição será feita na Vara do Trabalho e, caso haja no local cartório distribuidor, será feita pela ordem rigorosa de sua apresentação.

Caso ela seja verbal, deve ser distribuída primeiro, para depois ser feita a sua redução a termo. Para isso, o reclamante deverá comparecer na Secretaria da Vara, no prazo de 5 dias, sob pena de perda do direito de ajuizar novamente a ação por 6 meses (arts. 731 e 786 da CLT).

A petição inicial será obrigatoriamente escrita na ação de dissídio coletivo (art. 856 da CLT) e no inquérito judicial para apuração de falta grave (art. 853 da CLT).

Se ela for escrita, deverá ser acompanhada dos documentos que fundamentam os pedidos.

3) Emenda

A emenda à inicial é a oportunidade em que a parte autora pode corrigir vícios sanáveis em sua peça. Pode ocorrer a requerimento ou por determinação judicial. O prazo é de 15 dias. Se houver determinação judicial, o juiz deve indicar precisamente o que deve ser corrigido ou completado.

Se a parte descumprir o prazo concedido pelo juiz, será a petição inicial indeferida (Súmula 263 do TST);

Não há, todavia, emenda à inicial em mandado de segurança para a juntada de documentos, pois aquele exige prova documental pré-constituída (Súmula 415 do TST).

5.2 Audiência trabalhista

1) Regras gerais

As audiências trabalhistas devem ocorrer entre 08h00 e 18h00, em dias úteis previamente designados (art. 813 da CLT). Elas terão, no máximo, 5 horas seguidas, salvo nas hipóteses de haver matéria urgente. O art. 701 da CLT estabelece que as sessões dos tribunais ocorrerão das 14h00 às 17h00, podendo ser prorrogadas pelo Presidente em caso de necessidade.

As audiências são realizadas na sede do Juízo ou do Tribunal, ou em qualquer outro lugar, desde que divulgado com antecedência de 24 horas.

São públicas, exceto quando o processo tramitar em segredo de justiça. O segredo de justiça pode ser decretado quando:

a) houver exigência de interesse público;
b) a ação disser respeito a questões de direito de família (art. 189 do CPC).

O poder de polícia é exercido pelo juiz, que tem o dever de manter a ordem (art. 816 CLT). Pode o magistrado, inclusive, determinar que aqueles que a perturbarem sejam retirados do recinto.

2) Pregão

Quando o pregão é feito, as partes devem estar presentes, sob as penas do art. 844 da CLT. Não há tolerância para o atraso das partes em audiência (OJ 245 da SDI-1 do TST).

O art. 815 da CLT prevê tolerância de atraso de 15 minutos, apenas para o juiz. Após tal prazo, as partes podem se retirar do recinto, conforme autorizado no parágrafo único. Tal permissivo refere-se apenas ao início da pauta de audiências, ou seja, existe uma tolerância de atraso de 15 minutos para que a primeira audiência da pauta seja iniciada. Não é permitido à parte se ausentar do local se o atraso decorrer do andamento das demais audiências do dia.

3) Presença das partes

A presença das partes à audiência é obrigatória. A CLT autoriza, ainda, algumas formas de representação.

O reclamado pode ser representado por preposto com conhecimento dos fatos. Com a Lei n. 13.467/2017, o preposto não precisa ser empregado da empresa. Assim, a Súmula 377 do TST aplica-se apenas para as audiências realizadas até a entrada em vigor da Reforma Trabalhista.

Em caso de doença ou por motivo poderoso (ou seja, relevante), o reclamante pode ser representado por colega de profissão ou pelo sindicato (art. 843, § 2º, da CLT).

Nas reclamatórias plúrimas, a CLT autoriza que os empregados se façam representar pelo sindicato da categoria ou comissão de trabalhadores.

4) Ausência das partes

A ausência das partes pode ser analisada sob três aspectos.

a) Ausência do reclamante na audiência una/inicial

A ausência do reclamante na audiência una ou inicial acarreta o arquivamento do processo (art. 844 da CLT). Além disso, terá que pagar as custas do processo, ainda que beneficiário da justiça gratuita. Trata-se de uma espécie de punição para o trabalhador que ajuíza a ação trabalhista e não comparece à audiência. O recolhimento das custas é, inclusive, requisito para o ajuizamento de nova ação.

A exceção ocorrerá se o reclamante comprovar motivo legalmente justificado, em 15 dias.

Se o reclamante der causa a dois arquivamentos pela ausência à audiência, ficará impossibilitado de ajuizar a ação pelo prazo de 6 meses (art. 732 da CLT). Observe-se que isso só ocorrerá se as duas ações forem extintas pela ausência em audiência. Se uma ação for extinta por tal motivo e a outra, por inépcia da petição inicial, por exemplo, não haverá referida punição.

b) Ausência do reclamado na audiência una/inicial

Nesse caso, o reclamado será revel e confesso. O TST entende que mesmo a Administração Pública está sujeita à revelia (OJ 152 da SDI-1 do TST).

Contudo, não haverá revelia se o reclamado apresentar atestado médico, em que conste expressamente a impossibilidade de sua locomoção, ou de seu preposto, até a audiência (Súmula 122 do TST).

Segundo o art. 844, § 4º, da CLT, a revelia não produz o efeito de confissão quando:

i) havendo pluralidade de reclamados, algum deles contestar a ação;

ii) o litígio versar sobre direitos indisponíveis;

iii) a petição inicial não estiver acompanhada de instrumento que a lei considere indispensável à prova do ato;

iv) as alegações de fato feitas pela parte autora não forem dignas de crédito ou estiverem em contradição com a prova dos autos.

Se o empregador/preposto estiver ausente, mas o advogado estiver presente em audiência, o juiz deve aceitar a defesa e os documentos eventualmente apresentados (art. 844, § 5º, da CLT).

c) Ausência de qualquer das partes em audiência de instrução

Independentemente de ser reclamante ou reclamado, se a parte estiver ausente na audiência de instrução, em que prestaria seu depoimento, haverá confissão. Para tanto, deve ser pessoalmente intimada com tal cominação (Súmula 74, I, do TST).

Se for o reclamante, não haverá, assim, arquivamento (Súmula 9 do TST). Se for o reclamado, não haverá revelia (pois a apresentação da defesa em audiência anterior já terá ocorrido), mas apenas confissão.

5.3 Primeira tentativa de conciliação

Todos os esforços para conciliar as partes devem ser imprimidos pelo juiz (art. 764, § 1º, da CLT). Aliás, o acordo pode ser entabulado a qualquer momento no processo. Há restrição apenas quando já houver liquidação ou trânsito em julgado, hipótese em que o acordo não pode prejudicar os créditos de terceiros (União e perito, por exemplo).

Há, contudo, dois momentos em que o juiz obrigatoriamente deve propor a conciliação:

a) assim que aberta a audiência, antes da apresentação da defesa (art. 846 da CLT);

b) após o encerramento da instrução e da apresentação de razões finais (art. 850 da CLT).

Se não houver acordo, o reclamante procederá à leitura da petição inicial, o que normalmente é dispensado pelas partes, seguida da apresentação de resposta (art. 847 da CLT).

5.4 Resposta do réu

Após a 1ª tentativa de acordo, o réu terá 20 minutos para apresentar a sua defesa de forma oral ou pelo sistema do processo judicial eletrônico (PJE). A resposta poderá ser apresentada como: exceção de impedimento/suspeição, exceção de incompetência relativa; contestação e reconvenção.

As exceções são espécies de defesa que impedem o recebimento da própria contestação, razão pela qual devem ser opostas em primeiro lugar. A oposição da exceção acarreta a suspensão do processo até o seu julgamento final (art. 799 da CLT).

A CLT trata expressamente da exceção de suspeição e de incompetência territorial. Resta pacificado que também pode ser arguido o impedimento do juiz.

1) Exceção de impedimento e de suspeição

A exceção de impedimento é fundada em causas objetivas, enquanto a de suspeição, em questões subjetivas.

O art. 801 da CLT dispõe ser cabível a exceção de suspeição se for comprovado, entre um dos litigantes e o juiz:

a) inimizade pessoal;

b) amizade íntima;

c) parentesco por consanguinidade ou afinidade até 3º grau civil;

d) interesse particular na resolução da ação.

A doutrina entende que os arts. 144 e 145 do CPC também devem ser aplicados ao processo do trabalho, pois estariam inseridos na hipótese de suspeição por interesse particular.

Nesse sentido, deve a parte opor exceção de impedimento quando o juiz (art. 144 do CPC):

a) for parte no processo;

b) tiver intervindo no processo como mandatário da parte, oficiado como perito, funcionado como órgão do MP ou prestado depoimento como testemunha;

c) for cônjuge ou parente, consanguíneo ou afim, em linha reta ou na colateral até 2º grau (irmão ou cunhado) do advogado de uma das partes. Essa hipótese não subsiste se o advogado passou a atuar na causa apenas para gerar o impedimento do juiz;

d) for cônjuge ou parente, consanguíneo ou afim, em linha reta ou na colateral até 3º grau (tio-sobrinho) de uma das partes. Tal hipótese é prevista na CLT como hipótese de exceção de suspeição, mas, a partir do CPC de 1973, o reclamado pode opor exceção de impedimento;

e) for órgão de direção ou de administração de pessoa jurídica parte na causa.

Ainda, deve a parte opor a exceção de suspeição quando o juiz (art. 155 do CPC):

a) ou seu cônjuge ou parentes de ambos em linha reta ou colateral até o 3º grau for credor ou devedor de uma das partes;

b) for herdeiro presuntivo, donatário ou empregador de uma das partes;

c) receber dádivas antes ou depois de iniciado o processo;

d) aconselhar alguma das partes acerca do objeto da causa;

e) subministrar meios para atender às despesas do litígio;

f) se declarar suspeito por motivo de foro íntimo.

Nos termos do art. 802 da CLT, uma vez oposta a exceção, se o juiz não se reconhecer suspeito ou impedido, deverá designar audiência de instrução e julgamento no prazo de 48 horas.

2) Exceção de incompetência territorial

É usada para alegar a incompetência territorial, uma vez que a incompetência material deve ser arguida como preliminar de contestação.

A Reforma Trabalhista inovou ao permitir que a exceção de incompetência seja apresentada por petição nos autos, a ser protocolada nos 5 dias seguintes ao recebimento da notificação (art. 800 da CLT). A oposição suspende a realização da audiência na ação trabalhista, que deverá retomar o seu curso apenas após o julgamento da exceção.

O juiz intimará o reclamante e os eventuais litisconsortes para manifestação no prazo comum de 5 dias. É permitida a produção de prova oral, inclusive por carta precatória.

3) Contestação

A contestação é a forma de resposta mais usual, na qual o reclamado deve apresentar toda a matéria de defesa, sejam as razões de fato, sejam as de direito, pela qual o pedido do autor deve ser rejeitado.

A contestação é regida por dois princípios:

a) Princípio do ônus da impugnação específica ou da defesa especificada (art. 341 do CPC), que exige que o reclamado impugne especificamente cada um dos fatos alegados na petição inicial, sob pena de ele ser reconhecido como incontroverso.

b) Princípio da eventualidade (art. 336 do CPC), segundo o qual o reclamado deve alegar, na contestação, toda a matéria de defesa, sob pena de preclusão.

O reclamado poderá apresentar:

a) Defesa processual: há um ataque ao processo (ausência de pressupostos processuais) ou à ação (ausência de condições da ação). Deve ser alegada como preliminar de contestação (art. 337 do CPC).

b) Defesa direta de mérito: o reclamado nega o fato constitutivo do direito do autor, seja negando a sua existência, seja negando os seus efeitos jurídicos.

c) Defesa indireta de mérito: o reclamado reconhece o fato constitutivo do direito do autor, mas opõe fato impeditivo, modificativo ou extintivo do pedido.

Como matéria de defesa, o reclamado também pode alegar a compensação, a dedução ou a retenção.

A compensação deve necessariamente ser arguida como matéria de defesa, sob pena de preclusão (Súmula 48 do TST). Trata-se de meio indireto de pagamento pelo qual uma dívida é extinta quando duas pessoas forem credora e devedora uma da outra (ou seja, a empresa deve dinheiro para o empregado, mas este também tem dívida com o empregador). No direito do trabalho, ela deve ser restrita às dívidas de natureza trabalhista (Súmula 18 do TST). Como exemplo, não poderia o empregador fazer a compensação dos créditos trabalhistas com dívidas de natureza comercial.

A dedução, por sua vez, refere-se ao abatimento de verbas que foram pagas ao longo do vínculo sob a mesma rubrica. *Exemplo*: ao constatar que o reclamado pagava ao reclamante parte das horas extras trabalhadas, o juiz pode determinar a dedução (abatimento) dos valores já pagos em caso de acolhimento do pedido.

Por fim, a retenção é o direito do réu de reter algum bem do autor até que a dívida deste esteja quitada.

4) Reconvenção

Pela reconvenção, o reclamado faz pedidos em face do reclamante. Apesar de ser uma modalidade de defesa, ela tem natureza jurídica de ação. De acordo com o CPC, a reconvenção é apresentada juntamente com a contestação.

A reconvenção tem existência distinta da ação principal, motivo pelo qual a extinção de uma não impede o prosseguimento da outra.

A reconvenção está sujeita aos seguintes requisitos (art. 343 do CPC):

a) deve ser conexa com a ação principal ou com o fundamento de defesa;

b) o juiz deve ser competente para apreciar tanto a ação principal quanto a reconvenção (exemplo: se, em reconvenção, o empregador pede o pagamento de um empréstimo feito ao autor, mas sem qualquer ligação com o contrato de trabalho, o pleito não é cabível, por falta de competência da Justiça Especializada);

c) deve haver compatibilidade entre os ritos da ação e da reconvenção.

5.5 Provas

1) Noções gerais

A produção da prova no processo é iniciada com a petição inicial e a defesa, pois, em tais peças, a prova documental já é juntada. As demais provas, em regra, são produzidas em audiência. Aliás, é exatamente por serem as provas requeridas em audiência, que o art. 840, § 1º, da CLT não tem o requerimento de provas como requisito da petição inicial trabalhista.

A prova deve ser produzida perante o juiz, principalmente porque é ele quem vai julgar os pedidos.

Também se admite a prova emprestada, considerada esta como a que foi realizada em outros autos, mas que também é aproveitada em um segundo processo, em prestígio à celeridade processual e à economia processual. Como exemplo, temos o aproveitamento de laudo pericial de insalubridade ou de periculosidade, em diversas ações trabalhistas em que os empregados trabalhavam em igualdade de condições.

Não fica o juiz vinculado à conclusão que foi obtida pelo julgador do processo anterior, podendo chegar a conclusão diferente ao firmar o seu convencimento. Além disso, o uso da prova emprestada independe do trânsito em julgado ou de as partes terem feito posterior acordo no processo em que ela foi produzida.

O processo trabalhista também adota a proibição da prova ilícita. Quanto ao ponto, o STF autoriza a utilização da prova ilícita apenas em casos excepcionais, quando a circunstância fática do caso a exigir, de acordo com o princípio da proporcionalidade.

Da mesma forma, é aplicada a teoria dos frutos envenenados, pela qual, se uma prova ilícita é adotada em um processo, o vício também contamina todas as demais provas que foram dela decorrentes.

2) Ônus da prova

O art. 818 da CLT trata das regras de ônus da prova, da mesma forma que dispõe a lei processual civil. Assim:

- compete ao reclamante o ônus de comprovar o fato constitutivo de direito; e
- compete ao reclamado o ônus de comprovar o fato impeditivo, modificativo ou extintivo de direito.

Há, contudo, situações excepcionais, em que o juiz pode atribuir o ônus da prova de forma diferente do disposto acima. Trata-se da aplicação do princípio da aptidão para a prova e da teoria da carga dinâmica das provas, conforme §§ 1º a 3º do dispositivo.

Assim, se o juiz constatar que o reclamado está mais apto a produzir a prova, pode atribuir a ele o ônus, independentemente de se tratar de fato constitutivo de direito. Isso pode ocorrer nos casos previstos em lei ou quando o juiz verificar a impossibilidade ou excessiva dificuldade para a parte cumprir o encargo probatório.

Ao aplicar o dispositivo, o juiz deve prolatar decisão fundamentada, antes do início da instrução. O objetivo é possibilitar a produção de prova pela parte a quem foi incumbido o ônus. Há, inclusive, obrigatoriedade de o juiz adiar a audiência se houver requerimento nesse sentido.

O TST tem algumas súmulas a respeito do ônus de prova. São elas:

a) Súmula 6, VIII, do TST: se houver pedido de equiparação salarial, é do empregador o ônus da prova do fato impeditivo, modificativo ou extintivo do direito do autor. Trata-se da simples aplicação do art. 818, II, do CPC.

b) Súmula 16 do TST: o destinatário é quem deve comprovar que não recebeu a notificação/intimação ou que ela foi recebida em período maior do que as 48 horas após a postagem. O recebimento após 48 horas da postagem reflete uma presunção relativa, portanto.

c) Súmula 212 do TST: a súmula traz uma presunção de que todo término de vínculo ocorre por dispensa sem justa causa, com iniciativa do empregador. Assim, é do empregador o ônus de comprovar qualquer outra modalidade de término de vínculo alegado ou quando simplesmente ele negar o despedimento.

d) Súmula 254 do TST: prevê que o pagamento do salário família deve coincidir com a prova da filiação.

Assim, se o empregado entregar a certidão apenas em juízo, juntamente com a petição inicial, o benefício só será deferido a partir do ajuizamento da ação. Por outro lado, se ficar comprovado que o empregador havia se recusado a receber o documento anteriormente, o benefício será deferido a partir do momento em que se comprovar a recusa do empregador.

e) Súmula 338 do TST: diz respeito ao ônus da prova em pedidos de horas extras. O entendimento sumulado parte do pressuposto da obrigatoriedade de manter controle de ponto formal para os estabelecimentos com mais de 20 empregados. A súmula trata de 10 empregados, pois este era o limite exigido pelo art. 74, § 2º, da CLT, quando da sua edição. Assim:

- Se o estabelecimento tiver até 20 empregados e a jornada for negada pela empresa, é do empregado o ônus de prova (art. 818, I, da CLT);

- Se o estabelecimento tiver mais de 20 empregados e o empregador juntar cartões de ponto, é do empregado o ônus de comprovar que os cartões não refletem a verdade (art. 818, I, da CLT);
- Se o estabelecimento tiver mais de 20 empregados e o empregador juntar cartões de ponto sem variação de jornada, inverte-se o ônus da prova, que passa a ser do empregador. Se o empregador não o cumprir, presume-se verdadeira a jornada da petição inicial (Súmula 338, III, do TST). A justificativa ocorre porque os cartões de ponto que não contam com variação de horário (uniformes) são inválidos, pois não é crível que um empregado chegue e saia exatamente no mesmo horário todos os dias;
- Se o estabelecimento tiver mais de 20 empregados e o empregador não juntar cartões de ponto nem apresentar justificativa para tanto, presume-se verdadeira a jornada da petição inicial (Súmula 338, I, do TST). Cabe, contudo, prova em sentido contrário.

f) Súmula 460 do TST: é ônus do empregador comprovar que o empregado não satisfaz os requisitos para receber o vale-transporte ou que não quis fazer uso do benefício. O entendimento decorre da aplicação do princípio da aptidão para a prova, pois a opção de recebimento do vale-transporte, com a indicação de qual meio será necessário, é normalmente documentada pelo empregador.

g) Súmula 461 do TST: é do empregador o ônus de comprovar que efetuou os depósitos de FGTS regularmente, pois o pagamento de verba é fato extintivo de direito, aplicando-se, assim, o art. 818, II, da CLT.

5.6 Meios de prova

1) Depoimento pessoal e interrogatório

O depoimento pessoal e o interrogatório possuem o objetivo de se obter a confissão da parte contrária. Diferenciam-se, contudo, porque o depoimento pessoal é meio de prova de iniciativa das partes, devendo ser requerido no início da instrução, ao passo que o interrogatório pode ser feito, inclusive, de ofício pelo juiz, a qualquer momento no processo, quando precisar aclarar algum fato (arts. 848 da CLT e 385 do CPC).

Na prática, o juiz ouve o autor para ver se as suas declarações são as mesmas constantes da petição inicial. Se não o forem, haverá confissão. O mesmo ocorre quanto à comparação das declarações de empregador/preposto e o constante da defesa.

Existe confissão real quando expressamente a parte entra em contradição com a sua tese exposta no processo. Já a confissão ficta ocorre quando a parte demonstra desconhecimento sobre os fatos alegados no processo. Em ambos os casos, há uma presunção de que a alegação da parte contrária é verdadeira.

Segundo a Súmula 74, I, do TST, a confissão ficta só pode ser afastada por prova pré-constituída constante dos autos. Assim, não há cerceamento de defesa se o juiz indeferir a produção de prova testemunhal posterior se já houve confissão ficta da parte. Contudo, esse entendimento não impede que, mesmo havendo confissão, o juiz opte por produzir a prova, na busca da verdade real.

2) Prova testemunhal

A prova testemunhal é uma das mais utilizadas pelas partes no processo do trabalho. Para ser testemunha, a pessoa deve ser capaz e ter conhecimento dos fatos.

a) Regras gerais

A quantidade de testemunhas por parte (e não por fato) depende da natureza da ação. Assim, temos:

i) rito sumaríssimo: até 2 testemunhas por parte (art. 852-H, § 2º, da CLT);

ii) rito ordinário: até 3 testemunhas por parte (art. 821 da CLT);
iii) inquérito judicial para apuração da falta grave: até 6 testemunhas por parte (art. 821 da CLT).

A testemunha tem o dever de depor sobre os fatos a respeito dos quais tem conhecimento. Ela não se obriga, contudo, quando:

i) o depoimento puder lhe acarretar grave dano, ou a seu cônjuge ou parentes consanguíneos ou afins, em linha reta ou colateral até o 2º grau;
ii) sobre o fato tiver que guardar sigilo, em razão do seu estado ou da sua profissão.

Por fim, conforme art. 822 da CLT, não pode a testemunha sofrer desconto de salário pelo período em que ficou à disposição da Justiça.

b) Parcialidade da testemunha

A testemunha deve ser imparcial e ter capacidade para depor. Por isso, não podem depor testemunhas incapazes, impedidas ou suspeitas.

O art. 829 da CLT trata das hipóteses em que a testemunha não prestará o compromisso de dizer a verdade. São elas: amizade íntima, inimizade pessoal, parentesco até o 3º grau civil com relação às partes. É claro que tais hipóteses não são suficientes para abranger todos os casos de parcialidade. Assim, aplica-se subsidiariamente o art. 447 do CPC, pois o TST entende que o rol do art. 829 da CLT é meramente exemplificativo.

A Súmula 357 do TST estabelece que o simples fato de ajuizar ou ter ajuizado ação em face da empresa não torna a testemunha suspeita. Assim, o empregado que ajuíza ação em face da empresa pode normalmente depor em outros processos.

c) Comparecimento

No processo do trabalho, as testemunhas devem comparecer à audiência independentemente de intimação (art. 825 da CLT). Isso significa que elas devem ser levadas pela própria parte, mediante convite. Não há, assim, previsão em lei de apresentação de rol de testemunhas para intimação pelo Poder Judiciário.

Contudo, caso, no dia da audiência, a testemunha convidada pela parte não compareça, o juiz poderá intimá-la para comparecer à próxima audiência. Ao contrário do convite da parte, a testemunha é obrigada a cumprir a intimação do juiz, sob pena de multa de um salário mínimo e condução coercitiva pelo oficial de justiça.

Há, ainda, uma particularidade no rito sumaríssimo. Segundo o art. 852-H, § 3º, da CLT, o juiz só deferirá a intimação da testemunha se, comprovadamente convidada, deixar de comparecer. A lei não determina como deve ser essa prova, o que implica reconhecer que ela pode ocorrer de qualquer forma.

A testemunha que for servidor público civil ou militar e tiver que prestar o depoimento no horário de expediente deve ser requisitada por meio de ofício ao chefe de repartição em que ele esteja lotado (art. 823 da CLT).

d) Procedimento

O procedimento da oitiva das testemunhas começa com a qualificação, na qual a testemunha informa seu nome completo, nacionalidade, profissão, idade, residência e, quando empregada, o tempo de serviço prestado ao empregador (art. 828 da CLT).

Logo após a qualificação, a parte contrária pode contraditar a testemunha, arguindo sua incapacidade, suspeição ou impedimento.

Se não houver contradita ou se esta for indeferida, a testemunha prestará o compromisso legal de dizer a verdade.

Em seguida, é feita a inquirição pelo sistema presidencial, ou seja, o juiz é quem deve fazer as perguntas à testemunha. Em primeiro lugar, o juiz faz as perguntas, seguidas das perguntas das partes que a arrolou e depois da parte contrária.

Se houver divergência entre as declarações das testemunhas, o juiz poderá acareá-las (art. 461, II, do CPC).

3) Prova documental

A prova documental não possui regulamentação específica na CLT, motivo pelo qual são aplicadas subsidiariamente as disposições pertinentes do processo civil.

O art. 830 da CLT traz previsão semelhante ao processo civil, de que a parte não precisa juntar documentos originais ou autenticados. Pode juntar cópia simples, com declaração de autenticidade pelo advogado. Contudo, com o processo judicial eletrônico, todos os documentos devem ser digitalizados. Caso haja impugnação da parte contrária, daí sim deve ser juntado o documento original ou cópia autenticada.

Os documentos podem ser públicos ou privados. São públicos os produzidos por um agente público, no exercício de sua função, bem como as equiparações do art. 425 do CPC. Já os privados são os produzidos por particulares, caso em que se considera o seu conteúdo verdadeiro em relação ao signatário (art. 408 do CPC), exceto quando a declaração for apenas de ciência de um determinado fato (parágrafo único).

Em algumas situações, a CLT exige que seja apresentada a prova documental nos autos. Assim, são obrigatoriamente comprovados por documento escrito:

a) o acordo de compensação de jornada (art. 59 da CLT);

b) a concessão e o pagamento das férias (arts. 135 e 145, parágrafo único, da CLT);

c) a concessão de descanso à empregada gestante (art. 392 da CLT);

d) o pagamento de salário (art. 464 da CLT).

4) Prova pericial

A perícia pode ser por exame, vistoria ou avaliação (art. 464 da CLT) e ocorrerá quando a análise de um pedido depender de conhecimento técnico ou científico. É comum que, na Justiça do Trabalho, sejam feitas perícias de insalubridade, periculosidade e médicas.

As perícias de insalubridade e periculosidade devem ser feitas no local de trabalho do empregado. Todavia, se o local estiver desativado, o juiz pode se valer de outros meios de prova para julgar o pedido de adicional, conforme OJ 278 da SDI-1 do TST. De fato, a desativação do local de trabalho não pode ser impedimento a que o empregado possa buscar judicialmente os seus direitos. Nada impede, assim, que seja utilizada uma prova emprestada.

O juiz não fica vinculado à conclusão do laudo pericial, podendo firmar seu convencimento de outra forma, desde que de forma fundamentada (art. 479 do CPC).

5.7 Razões finais e última tentativa de acordo

Após a produção de provas, a instrução processual é encerrada.

Após, as partes apresentam suas razões finais, que são facultativas e feitas de forma oral, em 10 minutos.

Em seguida, é feita a última tentativa de acordo. Não entabulado o acordo, prolata-se a sentença.

5.8 Sentença

Sentença é o pronunciamento judicial com conteúdo decisório, que implica algumas das situações dos arts. 485 ou 487 do CPC, colocando fim a uma etapa do procedimento em 1ª instância.

1) Classificação

Quanto ao resultado, as sentenças podem ser:

a) **terminativas:** quando resolvem o processo com fundamento em uma das hipóteses do art. 485 do CPC, sem apreciar o mérito;

b) **definitivas:** quando julgam o mérito do processo, acarretando a aplicação de uma das hipóteses do art. 487 do CPC. Aqui também estão inseridos os casos de julgamento por prescrição, decadência, transação ou reconhecimento jurídico de pedido.

Já no que tange à natureza, as sentenças podem ser:

a) **condenatórias:** quando estabelecem uma prestação de pagar, dar, fazer ou não fazer. Não têm elas, contudo, eficácia executiva suficiente, estando sujeitas às regras de cumprimento;

b) **declaratórias:** quando certificam a existência ou inexistência de uma relação jurídica;

c) **constitutivas:** criam, alteram ou extinguem situações jurídicas, como a sentença de procedência de ação de rescisão indireta, na qual o vínculo é rompido judicialmente. Em regra, elas têm efeitos *ex nunc*. Não há necessidade de atividade executiva, uma vez que o direito se efetiva no plano jurídico, e não no fático;

d) **mandamentais:** configuram uma espécie de sentença condenatória, na qual o Estado não pode substituir a vontade do credor quando da execução, podendo apenas usar meios de coerção indireta para compelir o devedor, como a aplicação de multas;

e) **executivas *lato sensu*:** espécie de sentenças condenatórias, nas quais o Estado pode substituir a vontade do credor diretamente quando da execução, a exemplo das ações de despejo ou reintegração de posse (coerção direta).

2) Elementos

Os elementos da sentença são os mesmos do processo civil, estando previstos no art. 832 da CLT. São eles:

a) **Relatório:** é o histórico do processo, ou seja, o resumo dos fatos mais relevantes. O art. 832 da CLT faz remissão à necessidade de constar o nome das partes, bem como o resumo dos pedidos iniciais e da defesa. O relatório é dispensado no procedimento sumaríssimo (art. 852-I da CLT).

b) **Fundamentação:** é a demonstração das razões de convencimento do juiz, sendo exigida pelo art. 93, IX, da CF. Por força do próprio texto constitucional, a ausência de motivação acarreta a nulidade da sentença.

c) **Dispositivo:** é a parte que contém o comando sentencial, em que o juiz aponta o conteúdo decisório. Para a maioria da doutrina, a ausência do dispositivo implica a inexistência da sentença.

No dispositivo da sentença trabalhista, o juiz deve determinar o prazo e as condições para o cumprimento e também deve fixar o valor das custas (§§ 1º e 2º do art. 832 da CLT).

A sentença também deve discriminar a natureza jurídica das parcelas que forem objeto de condenação (§ 3º). Isso ocorre porque deverá incidir as contribuições previdenciárias pertinentes sobre as parcelas que têm natureza salarial.

3) Requisitos extrínsecos

Os requisitos extrínsecos da sentença ligam-se ao princípio da congruência, pelo qual a sentença deve decidir todos e apenas os pedidos da inicial (arts. 141 e 492 do CPC). Caso haja desrespeito ao princípio, teremos um dos seguintes vícios:

a) **Sentença *ultra petita*:** quando a sentença concede mais que o autor pediu (exemplo: se o autor limita o pedido em 800 horas extras e a sentença condena a empresa ao pagamento de 1.200).

b) **Sentença *extra petita*:** é a que concede pedido diverso do que foi feito na inicial. A sentença *extra petita* é inválida, mas há algumas exceções, em que algumas sentenças *extra petita* são admitidas no processo do trabalho, tais como:

i) nos casos em que o juiz pode agir de ofício (exemplo: art. 497 do CPC);

ii) art. 137, § 2º, da CLT: independentemente de pedido, o juiz pode aplicar multa diária pelo não cumprimento da obrigação de conceder férias;

iii) art. 467 da CLT: o juiz pode conceder a multa de ofício, em caso de não pagamento de verbas rescisórias incontroversas na audiência inicial;

iv) art. 496 da CLT e Súmula 396, II, do TST: a conversão do pedido de reintegração em pagamento de indenização substitutiva pode ser feita de ofício pelo juiz.

c) **Sentença *citra petita*:** caso em que a sentença deixa de analisar algum pedido formulado. A OJ 41 da SDI-2 do TST estabelece que ela pode ser desconstituída, mesmo que não sejam opostos embargos declaratórios, por vulnerar os arts. 141 e 492 do CPC.

4) Publicação e intimação

As decisões no processo do trabalho serão publicadas na própria audiência em que foram proferidas (art. 834 da CLT). Na mesma ocasião, também é feita a notificação das partes. A publicação é o momento em que a sentença se torna pública, seja em audiência, seja pela juntada aos autos, quando proferida em gabinete.

Já a intimação é o ato pelo qual a parte é informada sobre o conteúdo da sentença.

O art. 852 da CLT determina que o reclamado revel também seja intimado da prolação da sentença.

A partir do momento da publicação da sentença, ela deve ser juntada aos autos em 48 horas, para poder possibilitar que a parte sucumbente prepare as razões de seu recurso (art. 851, § 2º, da CLT). Segundo a Súmula 30 do TST, se o referido prazo for desrespeitado, a parte deve ser novamente intimada da sentença. *Exemplo*: Se a audiência de julgamento ocorrer no dia 22-10-2019, às 16h00, com a presença das partes, a ata deve estar disponibilizada até o dia 24-10-2019, às 17h00. Se não o for, as partes devem ser novamente intimadas da decisão, para que inicie a correr o prazo para interposição de recurso.

Se as partes estiverem intimadas da audiência de julgamento, é da sua realização que começa a correr o prazo recursal, independentemente de se fazerem presentes (Súmula 197 do TST). De fato, a parte não pode se beneficiar de sua inércia, se estava ciente da data da audiência.

Exemplo: Se, ao final da audiência de instrução, o juiz designa a audiência de julgamento para o dia 25-10-2019, às 17h00, o prazo recursal começa a correr em tal data, ainda que as partes não se façam presentes à audiência.

5.9 Sentença homologatória de acordo

O termo de conciliação vale como decisão irrecorrível, salvo para a Previdência Social, com relação às contribuições previdenciárias incidentes sobre as verbas salariais (art. 831 da CLT). Quando as partes fazem acordo, o processo é encerrado por meio de uma sentença homologatória da transação (art. 487, III, *b*, do CPC).

A decisão homologatória também deve discriminar a natureza jurídica das parcelas que forem objeto de condenação (art. 832, § 3º), para que se verifique a incidência das contribuições previdenciárias. Ainda, ao entabular o acordo, as partes deverão estabelecer o prazo e as demais condições para o seu cumprimento.

Conforme §§ 3º-A e 3º-B, se o pedido da ação abranger verbas salariais, a parcela referente às verbas de natureza remuneratória não poderá ter como base de cálculo valor inferior:

a) ao salário mínimo ou ao piso da categoria, para as competências que estão inseridas no período de vínculo empregatício reconhecido na decisão cognitiva ou homologatória;

b) à diferença entre o valor da remuneração reconhecido na decisão cognitiva ou homologatória e aquele que foi realmente pago pelo empregador, sendo que o valor total em cada competência não poderá ser inferior ao salário mínimo ou ao piso da categoria.

O art. 832, § 4º, da CLT estabelece a possibilidade de a União recorrer das decisões homologatórias de acordo. Em razão disso, a União deverá ser intimada quando o acordo envolver parcelas de natureza indenizatória, podendo interpor recurso em caso de fraude com relação ao pagamento das contribuições fiscais (art. 832, §§ 4º e 5º, da CLT). A manifestação da União poderá ser dispensada por ato fundamentado do Ministro da Fazenda, quando o valor das parcelas indenizatórias ocasionar perda da escala decorrente da atuação do órgão jurídico (art. 832, § 7º, da CLT).

Exemplo: quando os pedidos são de natureza salarial e as partes fazem acordo de natureza indenizatória, apenas para que não incidam as contribuições devidas.

O acordo entabulado não pode prejudicar os créditos de terceiros. Assim, se as partes fizerem o acordo depois de transitada em julgado a sentença, ou da sua liquidação, a avença não poderá prejudicar os créditos da União, que não participou da transação (art. 832, § 6º, da CLT).

A homologação de acordo é faculdade do juiz, não sendo cabível sequer o mandado de segurança com tal objetivo (Súmula 418 do TST).

5.10 Questões

1. **(FCC – TRT 15ª Região)** Jonas laborava na empresa TE na função de auxiliar administrativo quando foi dispensado sem justa causa. Não tendo recebido corretamente os seus direitos, Jonas ajuizou uma reclamação trabalhista contra sua ex-empregadora. Na data designada para a audiência, Jonas estava com intoxicação alimentar ocasionada pelo rotavírus e sendo assim, enviou em seu lugar seu colega de trabalho, Joaquim. Considerando que Joaquim também é auxiliar administrativo da empresa TE e que o mesmo compareceu no horário previamente designado com atestado médico e sem advogado, o MM. Juiz deverá:

A) designar nova data para a audiência, sendo que Joaquim sairá regularmente intimado da nova data, devendo assinar o respectivo termo de audiência.

B) arquivar o processo, porque o reclamante não estava regularmente representado e tendo em vista que Joaquim não é membro de sua família.

C) arquivar o processo, uma vez que o reclamante não estava regularmente representado, tendo em vista que sua representação não foi feita por advogado com procuração devidamente outorgada.

D) designar nova data para a audiência, devendo Jonas ser intimado pelo correio dessa designação.

E) arquivar o processo, porque na situação descrita o reclamante só poderia estar representado pelo sindicato de sua categoria.

↳ **Resolução:**
O art. 843, § 2º, da CLT autoriza que, em caso de doença, o empregado reclamante seja representado por colega de profissão ou por membro do sindicato. Assim, o juiz não poderia aplicar a penalidade do arquivamento.

↗ **Gabarito: "D".**

2. **(FCC – TRT 4ª Região)** Considere as seguintes assertivas a respeito do arquivamento do processo na Justiça do Trabalho:

I. A ausência do reclamante, quando adiada a instrução após contestada a ação em audiência, não importa arquivamento do processo.

II. Se por doença, devidamente comprovada, não for possível ao empregado comparecer pessoalmente à audiência UNA, não poderá fazer-se representar por outro empregado que pertença à mesma profissão.

III. Aquele que por duas vezes seguidas der causa ao arquivamento de reclamação trabalhista pelo não comparecimento na audiência UNA ficará impossibilitado de ajuizar reclamação trabalhista pelo período de três meses contados do último arquivamento.

Está correto o que se afirma SOMENTE em:

A) I.
B) III.
C) I e II.
D) II e III.
E) I e III.

↳ **Resolução:**

Trata-se da redação da Súmula 9 do TST. O arquivamento pela ausência do reclamante só ocorre na hipótese de audiência una. Caso se trate de audiência de instrução, para prestar depoimento, tanto o reclamante quanto o reclamado recebem a pena de confissão, caso estejam ausentes e tenham sido intimados com referida cominação de pena (Súmula 74, I, do TST). A possibilidade de representação do empregado em caso de doença está expressa no art. 843, § 2º, da CLT. Por fim, quando o empregado dá causa a dois arquivamentos pela ausência na audiência, ficará 6 meses sem ajuizar ação (art. 732 da CLT).

↗ **Gabarito: "A".**

3. **(FCC – TRT 2ª Região)** Numa reclamação trabalhista, o crédito do reclamado é superior ao do reclamante. Nesse caso:

A) o reclamado só poderá apresentar reconvenção se a diferença for superior a um mês de salário do empregado e se tiver ocorrido rescisão do contrato de trabalho.

B) o juiz pode determinar ao reclamante que devolva a diferença ao reclamado, independentemente de reconvenção.

C) o reclamado só poderá pleitear seu crédito em ação própria, pois, no processo trabalhista, não há reconvenção.

D) o reclamado pode apresentar reconvenção, se o crédito for oriundo da relação de emprego e houver conexão.

E) o reclamado pode, em contestação, pedir a compensação dos créditos e a devolução do que entende devido, sendo que o reclamante pode apresentar reconvenção.

↳ **Resolução:**

A reconvenção é admitida no processo do trabalho, não sendo necessária ação própria. Ela é apresentada pelo reclamado, e não pelo reclamante. Assim, o recebimento do crédito por parte da empresa depende de expresso pedido seu. A necessidade de conexão com a relação discutida na ação principal é expressamente prevista no art. 343 do CPC.

↗ **Gabarito: "D".**

4. **(CESPE – TRT 1ª Região)** Se, em uma reclamação trabalhista, antes de encerrada a instrução, a reclamada solicitar, por meio de seu procurador ou preposto, a reinquirição do reclamante, o juiz:

A) deverá atender o requerimento, sob pena de ofensa ao direito à ampla defesa.

B) poderá deferir essa pretensão, caso a entenda pertinente.

C) não poderá deferir o requerimento.

D) só poderá deferir o requerimento após ouvir novamente as testemunhas.

E) só poderá atender o requerimento mediante julgamento de recurso, a ser aviado.

↳ **Resolução:**

O art. 820 da CLT prevê expressamente a possibilidade de reinquirição das partes e testemunhas, por intermédio do juiz. Isso significa que, no processo do trabalho, as partes não fazem perguntas diretas. Devem, assim, fazer a pergunta ao juiz, que a fará à parte ou à testemunha.

↗ **Gabarito: "B".**

5. **(FCC – TRT 7ª Região)** Observe as assertivas abaixo a respeito da prova testemunhal.

I. As testemunhas comparecerão à audiência independentemente de notificação ou intimação, e as que não comparecerem serão intimadas *ex officio* ou a requerimento da parte, ficando sujeitas à condução coercitiva se não atenderem a intimação sem justo motivo.

II. As testemunhas não poderão sofrer qualquer desconto pelas faltas ao serviço ocasionadas pelo seu comparecimento para depor, quando devidamente arroladas ou convocadas.

III. A testemunha que for parente até o terceiro grau civil, amigo íntimo ou inimigo de qualquer das partes não prestará compromisso, e seu depoimento valerá como simples informação.

IV. Cada uma das partes não poderá indicar mais de duas testemunhas, salvo quando se tratar de inquérito, fase em que esse número poderá ser elevado a três.

De acordo com a Consolidação das Leis do Trabalho, é correto o que se afirma APENAS em:

A) II e III.
B) I e IV.
C) II e IV.
D) II, III e IV.
E) I, II e III.

↳ **Resolução:**

I. *Correta*. É a expressa redação do art. 825, *caput* e parágrafo único, da CLT.

II. *Correta*. Refere-se ao art. 822 da CLT.

III. *Correta*. É a letra do art. 829 da CLT.

IV. *Incorreta*. Essa assertiva está equivocada, pois, de acordo com o art. 821 da CLT, no rito ordinário, cada parte pode indicar até 3 testemunhas e, no inquérito judicial para apuração de falta grave, até 6. No rito sumaríssimo, o limite é de 2 testemunhas por parte (art. 852-H, § 2º, *d*, da CLT)

↗ **Gabarito: "E".**

6. **(FCC – TRT 9ª Região)** Considere as seguintes assertivas a respeito das provas:

I. A indicação do perito assistente é faculdade da parte, a qual deve responder pelos respectivos honorários, ainda que vencedora do objeto da perícia.

II. Se a testemunha for funcionário civil ou militar e tiver que depor em hora de serviço, será requisitado o seu comparecimento ao Governador do Estado ou ao Prefeito Municipal, conforme o caso concreto.

III. A testemunha que for parente até o terceiro grau civil não prestará compromisso e seu depoimento valerá como simples informação.

IV. O documento em cópia oferecido para prova deverá conter declaração de autenticidade do cartório responsável, vedada a declaração de autenticidade feita por advogado.

Está correto o que consta APENAS em:

A) I e III.
B) I e II.
C) I, II e III.
D) III e IV.
E) II, III e IV.

↳ **Resolução:**

I. *Correta*. Tem previsão na Súmula 341 do TST.

II. *Incorreta*. Essa assertiva está equivocada, pois a requisição do servidor público é feita para comparecer à audiência (art. 823 da CLT).

III. *Correta*. Tem previsão no art. 829 da CLT.

IV. *Incorreta*. Essa assertiva está equivocada, porque o art. 830 da CLT permite a juntada de documento em cópia simples, com declaração de autenticidade pelo advogado.

↗ **Gabarito: "A".**

7. **(CESPE – TRT 1ª Região)** Terminada a instrução do feito, a última tentativa conciliatória do julgador deve ocorrer:

A) ao término do interrogatório das partes.
B) antes das razões finais.
C) depois das razões finais.
D) logo após a oitiva da última testemunha apresentada.
E) durante o tempo assegurado às partes para as razões finais.

↳ **Resolução:**

Trata-se da expressa previsão do art. 850 da CLT. O objetivo é que a última tentativa de acordo seja feita apenas quando efetivamente todos os atos em defesa de seus argumentos tenham sido praticados pelas partes.

↗ Gabarito: "C".

8. **(CESPE – TRT 1ª Região)** Em causa sob o procedimento sumaríssimo, o juiz do trabalho deve arquivar o processo quando:

A) o autor requerer citação editalícia do reclamado.

B) o autor tiver submetido sua causa à comissão de conciliação prévia.

C) o autor declinar na inicial valor da causa abaixo de quarenta salários mínimos.

D) a reclamada não tiver comparecido à audiência inicial designada, apesar de regularmente notificada.

E) o autor tiver apresentado liquidação do pedido.

↳ **Resolução:**

O art. 852-B, II, da CLT veda a citação por edital, prevendo o arquivamento em tal hipótese (§ 1º). A obrigatoriedade da prévia passagem pela CCP foi declarada inconstitucional pelo STF. Além disso, o rito sumaríssimo é cabível exatamente quando o valor da causa é abaixo de 40 salários mínimos. Se a reclamada estiver ausente na audiência inicial, será revel e confessa. Por fim, o rito sumaríssimo sempre exigiu a indicação do valor dos pedidos.

↗ Gabarito: "A".

9. **(CESPE – TRT 1ª Região)** No caso de demanda submetida ao judiciário trabalhista e que tramite pelo rito sumaríssimo:

A) as partes, caso haja perícia, terão vista do laudo no prazo sucessivo de cinco dias.

B) será aberta a vista dos autos caso seja apresentada exceção de incompetência.

C) as custas devidas serão fixadas no importe de 1% sobre o valor da causa.

D) será admitida a oitiva de, no máximo, três testemunhas para cada uma das partes.

E) o reclamado terá vinte minutos para aduzir sua defesa, caso não ocorra acordo.

↳ **Resolução:**

A resposta correta tem previsão no art. 847 da CLT e não se altera no rito sumaríssimo. Por outro lado, o prazo para manifestação quanto ao laudo é no prazo comum de 5 dias (art. 852-H, § 6º, da CLT).

↗ Gabarito: "E".

6. TEORIA GERAL DOS RECURSOS E RECURSOS EM ESPÉCIE

6.1 Princípios recursais

Recurso é o instrumento processual cujo objetivo é integrar, anular ou revisar uma decisão. É diferente do reexame necessário porque este não é voluntário, sendo uma condição de eficácia da sentença.

Os principais princípios recursais são:

1) Princípio do duplo grau de jurisdição

Trata-se da possibilidade de reanálise dos autos por grau de jurisdição de hierarquia superior.

Prevalece na doutrina o entendimento de que ele tem natureza de princípio constitucional ligado ao Estado Democrático de Direito, e não de garantia. O princípio tem previsão implícita no texto constitucional, a partir do momento em que há previsão da organização hierárquica dos tribunais, bem como do princípio do devido processo legal em sentido substancial. Por não ser garantia, pode sofrer limitações, como a irrecorribilidade das sentenças proferidas em processos submetidos ao rito de alçada e em processos de competência originária do STF.

2) Princípio da voluntariedade

O recurso deve ser interposto pela vontade do recorrente, não sendo a reanálise da decisão determinada de ofício pelo juiz. Em verdade, é a aplicação do princípio dispositivo na esfera recursal.

3) Princípio da irrecorribilidade imediata das decisões interlocutórias

No processo trabalhista, as decisões interlocutórias não estão sujeitas a recurso de imediato (art. 893, § 1º, da CLT), mas apenas quando da prolação da decisão final. Assim, quando o juiz profere uma decisão interlocutória no processo, a impugnação será feita em preliminar do recurso ordinário, quando da prolação da sentença final. Não há, portanto, a figura do agravo retido ou agravo de instrumento contra decisão interlocutória.

Para que a parte possa recorrer posteriormente de uma decisão interlocutória, é imprescindível que ela apresente seus protestos, tão logo a decisão seja proferida (art. 795 da CLT). Sem protestar, a jurisprudência entende que houve concordância com o teor da decisão, o que implica a impossibilidade de posterior insurgência.

Como exemplo, se o autor pedir a produção de prova testemunhal e o juiz indeferir o requerimento, deve ele protestar naquele momento para demonstrar a sua discordância. Naquele momento, nenhum recurso é cabível. Apenas quando o juiz prolatar a sentença, se a decisão for desfavorável ao reclamante, este poderá apresentar recurso ordinário (art. 895, I, da CLT). No recurso, deve o autor fazer uma preliminar de nulidade processual por cerceamento de defesa, alegando que aquela decisão é nula e lhe trouxe prejuízo (art. 794 da CLT). Se o TRT acolher a preliminar de nulidade, vai anular a sentença e fazer o processo retornar à Vara do Trabalho para a realização da oitiva da testemunha.

A Súmula 214 do TST, no entanto, apresenta três exceções à regra. Nas seguintes hipóteses, o permissivo de recurso de imediato se justifica porque a tramitação do processo fica mais célere:

a) Decisão de TRT contrária à súmula ou a orientação jurisprudencial do TST: nesse caso, já caberia o recurso de imediato, para que o TST determine a aplicação do entendimento pacificado na Corte. *Exemplo*: o preposto chega 5 minutos atrasado em audiência e o juiz sentencia reconhecendo a revelia. Ao julgar o recurso ordinário, a Turma do TRT deixa de aplicar a OJ 245 da SDI-1 do TST, por entender que não houve atraso razoável do reclamado, determinando o retorno dos autos para a Vara. No caso, a decisão interlocutória contrariou OJ do TST e está sujeita a recurso de revista de imediato, o que se mostra mais célere do que aguardo da tramitação do processo para, ao final, o TST reconhecer a revelia.

b) Decisão suscetível de impugnação mediante recurso para o mesmo Tribunal: entende-se como impugnação ao mesmo órgão do tribunal. *Exemplo*: a interposição de agravo regimental contra decisão liminar monocrática do relator.

c) Decisão que acolhe exceção de incompetência territorial, com a remessa dos autos para TRT distinto daquele a que se vincula o juízo excepcionado (art. 799, § 2º, da CLT): a exceção se justifica para que a decisão seja revista pelo Tribunal antes de o processo ser remetido a outro órgão. Cabe o recurso ordinário, pois a decisão é terminativa no âmbito do TRT. *Exemplo*: oposta a exceção de incompetência, um Juiz do Trabalho de São Paulo a acolhe e determina a remessa dos autos para Vara do Trabalho sujeita à jurisdição de outro tribunal. Nesse caso, é possível a interposição de recurso ordinário para o TRT da 2ª Região, para que o Tribunal reanalise a decisão antes de ser remetido a outro TRT.

4) Princípio da fungibilidade

Permite que uma peça processual seja conhecida como se outra fosse. O princípio da fungibilidade tem sido aceito pelo TST, conforme se constata na Súmula 421, II, bem como na OJ 69 da SDI-2. Devem estar presentes os seguintes requisitos:

a) existência de dúvida razoável quanto ao recurso que deve ser interposto;

b) não haja erro grosseiro na interposição do recurso (OJ 152 da SDI-2 do TST);

c) seja respeitado o prazo recursal do recurso correto.

5) Princípio da unirrecorribilidade ou da singularidade

Contra cada capítulo da sentença, apenas um recurso é cabível. Caso a parte interponha mais de um recurso de uma mesma decisão, em violação ao princípio, a solução se dá pela preclusão consumativa. Assim, interposto o primeiro recurso, consuma-se a faculdade de recorrer e os demais não devem ser conhecidos. Em resumo, é válido o primeiro recurso.

6) Princípio da uniformidade dos prazos recursais

Em regra, o prazo para a interposição dos recursos trabalhistas é de 8 dias (recurso ordinário, agravo de petição, agravo de instrumento, recurso de revista, recurso de embargos). Há, entretanto, as seguintes exceções:

a) recurso de revisão para alteração do valor da causa – 48 horas (art. 2º da Lei n. 5.584/70);

b) embargos de declaração – 5 dias (art. 897-A da CLT);

c) recurso extraordinário – 15 dias (art. 1.003, § 5º, do CPC).

6.2 Pressupostos de admissibilidade dos recursos

Os recursos estão sujeitos ao juízo de admissibilidade e ao juízo de mérito. No primeiro caso, é analisada a presença dos requisitos de admissibilidade dos recursos. Apenas se eles estiverem presentes é que será feito o juízo de mérito, em que serão analisados os pontos de insurgência da parte.

Passa-se, assim, ao exame dos requisitos de admissibilidade dos recursos:

1) Recorribilidade

Relaciona-se com a sujeição das decisões à interposição dos recursos. No processo trabalhista, devem ser observadas as seguintes regras:

a) os despachos não se sujeitam aos recursos;

b) as sentenças dos processos submetidos ao rito sumário (rito de alçada) não estão sujeitas a recurso, exceto se houver alegação de violação à Constituição (art. 2º, § 4º, da Lei n. 5.584/70);

c) as decisões interlocutórias não estão sujeitas a recurso de imediato, mas apenas quando da decisão final (art. 893, § 1º, da CLT).

2) Adequação

O recurso interposto deve ser adequado para a decisão prolatada. O cabimento do recurso é verificado pela recorribilidade e pela adequação. *Exemplo*: o recurso ordinário não é o recurso adequado para impugnar decisão na execução, mas sim o agravo de petição.

3) Sucumbência

É a situação desfavorável que a parte se põe diante do julgamento. É sinônimo de interesse ou lesividade, pois a parte busca reverter no recurso parte da decisão que lhe foi desvantajosa. A parte pode ter sucumbência, mesmo quando obteve sucesso no deferimento ou indeferimento do pedido. *Exemplo*: em uma ação civil pública, julgada improcedente por falta de provas, o réu tem interesse em recorrer para que ela seja julgada improcedente, porém com suficiência de provas, o que impede o ajuizamento de nova ação civil pública.

4) Legitimidade

Conforme art. 996 do CPC, o recurso pode ser interposto pela parte vencida, pelo terceiro interessado ou pelo MP. Considera-se parte todo aquele que participou do processo, ainda que não na condição de autor ou réu. Dessa forma, o terceiro que interveio no processo é considerado parte nesse ponto.

Assim, o terceiro a que se refere o dispositivo é aquele que, de fato, não teve nenhuma participação no processo.

5) Capacidade

O recorrente deve ter capacidade para ser parte, para ter capacidade de recorrer.

6) Inexistência de fato extintivo ou impeditivo do direito de recorrer

A aceitação, a desistência e a renúncia são tidas como pressupostos recursais negativos, pois não podem estar presentes para que o recurso seja admitido. Eles são irrevogáveis e não exigem concordância da parte contrária ou a homologação do juiz para operar seus efeitos (art. 200 do CPC).

a) Aceitação expressa ou tácita: é fato impeditivo do direito de recorrer previsto no art. 1.000 do CPC, sendo posterior à decisão e anterior ao recurso. A aceitação tácita ocorre com a prática de ato incompatível com a vontade de recorrer, como a apresentação da conta de liquidação.

b) Desistência: é fato extintivo do direito de recorrer quando o recurso já foi interposto. O STF entende que a desistência do recurso pode ocorrer até o início da prolação do voto.

c) Renúncia: é fato impeditivo do direito de recorrer, posterior à decisão e anterior ao recurso.

7) Tempestividade

O recurso deve ser interposto dentro do prazo recursal. O prazo recursal é peremptório, não sendo admitida a prorrogação.

8) Regularidade de representação

O recorrente deve estar regularmente representado nos autos, por meio da juntada do instrumento de procuração ou da existência de mandato tácito.

9) Preparo

É o pagamento prévio das despesas de processamento do recurso. No processo do trabalho, o preparo consiste em custas e depósito recursal (arts. 789 e 899 da CLT).

Quanto às custas, fazemos remissão ao item 3.4.

O depósito recursal tem natureza jurídica de garantia de execução, e não de despesa processual (item I da Instrução Normativa n. 3/93 do TST). Deve ser feito não apenas nas individuais trabalhistas, mas também nas ações rescisórias.

Por ter sua existência justificada pelo princípio protetivo, ele deve ser feito apenas pelo reclamado, ou seja, o reclamante nunca fará depósito recursal.

O depósito recursal pode ser feito em dinheiro em conta vinculada ao juízo (art. 899, § 4º, da CLT) ou substituído por fiança bancária ou seguro garantia judicial (art. 899, § 11, da CLT).

A atualização se dá pelos mesmos índices da caderneta de poupança (§ 4º).

a) Valor do depósito recursal

O valor do depósito recursal é revisto anualmente pelo TST. De acordo com o Ato SEGJUP/GP n. 247/2019, o valor do depósito recursal é de R$ 9.828,51 para o recurso ordinário e de R$ 19.657,02 para o recurso de revista, embargos, recurso extraordinário e recurso em ação rescisória.

Tais valores representam o máximo que o reclamado vai recolher em cada um dos recursos mencionados. A cada novo recurso deve ser feito um novo depósito (Súmula 128, I, do TST). Atingido o valor da condenação, nenhum depósito é mais exigível, pois toda a execução estará garantida (Súmula 128, II, do TST). A multa por litigância de má-fé não pode ser exigida para fins de depósito recursal (OJ 409 da SDI-1 do TST).

Exemplo 1: se a condenação em sentença for de R$ 6.000,00, o depósito recursal será de apenas R$ 6.000,00, pois ele é suficiente para garantir a execução. O limite acima mencionado será aplicado apenas quando o valor da condenação for maior.

Exemplo 2: se a condenação em sentença for de R$ 10.000,00, o depósito recursal será de R$ 9.828,51, que é o limite para tal modalidade de recurso. Se o recorrente interpuser depois recurso de revista, terá que fazer depósito de mais R$ 171,49, pois, assim, será atingido o valor da condenação, não sendo mais exigido qualquer depósito.

Exemplo 3: se a condenação em sentença for de R$ 80.000,00, o depósito recursal para a interposição de recurso ordinário será de R$ 9.828,51. No caso de recurso de revista, haverá novo depósito de R$ 19.657,02. Depois, para interpor embargos infringentes, a parte terá que fazer novo depósito de R$ 19.657,02. Por fim, para interpor recurso extraordinário ao STF, terá que fazer mais um depósito de R$ 19.657,02. Nos recursos internos dentro do STF, o depósito recursal não é mais exigido. O valor dos depósitos somou R$ 68.799,57, inferior ao valor da condenação.

No agravo de instrumento, o limite do valor do depósito recursal corresponde a 50% do valor do depósito recursal do recurso que se pretende destrancar (art. 899, § 7º, da CLT). Assim, se a parte quer interpor agravo de instrumento em recurso de revista, terá que fazer um depósito recursal referente a, no máximo, 50% do valor do depósito da revista.

> **ATENÇÃO**
>
> O depósito no agravo de instrumento é dispensado se ele tiver a finalidade de destrancar o recurso de revista de decisão que contraria súmula ou OJ do TST (art. 899, § 8º).

Quando houver condenação solidária, o depósito de uma empresa aproveita às demais, salvo se ela pretender a sua exclusão da lide (Súmula 128, III, do TST). A súmula se justifica porque, no caso de uma das empresas condenadas conseguir a sua exclusão do processo, o depósito por ela feito será liberado e sempre tem que existir um depósito para o processamento do recurso.

b) Redução e dispensa do depósito recursal

O depósito recursal deve ser reduzido pela metade para as entidades sem fins lucrativos, empregadores domésticos, microempreendedores individuais, microempresas e empresas de pequeno porte (art. 899, § 9º, da CLT).

Por outro lado, estão dispensados de fazer o depósito recursal: os beneficiários da justiça gratuita, as entidades filantrópicas, as empresas em recuperação judicial (art. 899, § 10, da CLT), a massa falida (Súmula 86 do TST), a União, os Estados, o Distrito Federal, os Municípios, as autarquias e as fundações públicas que não explorem atividade econômica (cuja execução se processa por precatórios ou requisição de sentença de pequeno valor – art. 100 da CF).

c) Momento de recolhimento do preparo

O preparo (custas e depósito recursal) deve ser recolhido e ter o seu recolhimento comprovado nos autos dentro do prazo recursal, ainda que o recurso tenha sido interposto anteriormente (art. 789, § 1º, da CLT, item 8 da Instrução Normativa n. 3/93 do TST e Súmula 245 do TST). *Exemplo*: se o reclamado foi intimado da sentença no dia 21-11-2018 (quarta-feira), o prazo de 8 dias para interpor recurso ordinário se encerra no dia 3-12-2018 (segunda-feira). Ainda que o recurso seja interposto no 4º dia do prazo (dia 27-11-2018), o prazo para a comprovação do preparo encerrará no dia 26.

> **IMPORTANTE**
>
> No caso do agravo de instrumento, o art. 899, § 7º, da CLT exige expressamente que o depósito seja feito no ato de interposição do recurso.

Caso o recorrente faça o recolhimento em valor menor que o devido, deve ser concedido o prazo de 5 dias para a complementação do preparo (art. 1.007, § 2º, do CPC). Apenas se o recorrente não cumprir a determinação é que o recurso será deserto (OJ 140 da SDI-1 do TST).

A Súmula 25 do TST trata das custas processuais quando há reforma da sentença pelo TRT, com inversão do ônus da sucumbência (ou seja, o pedido que foi julgado procedente pelo juiz é julgado improcedente pelo TRT ou vice-versa). Traz ela as seguintes diretrizes:

i) a parte que venceu o pedido da 1ª instância, se perder o pedido quando do julgamento pelo Tribunal, deve pagar as custas independentemente de intimação. Por outro lado, a parte anteriormente vencida (e vitoriosa no Tribunal) ficará isenta do recolhimento;

ii) contudo, se a parte que ficar vencida no TRT (agora responsável pelas custas) quiser recorrer, não precisará fazer novo recolhimento se elas já tiverem sido recolhidas pela outra parte e se não houve aumento da condenação com fixação de novo valor. *Exemplo*: a empresa foi condenada ao pagamento de R$ 10.000,00 e recolheu custas de R$ 200,00. No TRT, há inversão da sucumbência e a empresa reverte a decisão, com o julgamento da improcedência do pedido. Para o trabalhador (não beneficiário da justiça gratuita) recorrer, não precisará recolher novamente os R$ 200,00 de custas. Ao final, deverá apenas reembolsar a quantia. Se o TRT fixar um valor maior do que R$ 200,00, daí sim a diferença deverá ser recolhida;

iii) ao reformar uma sentença, se houver acréscimo da condenação, o Tribunal deve indicar o novo valor da condenação e das custas a serem recolhidas, com intimação da parte para o seu recolhimento. Se assim não o fizer, não se pode reconhecer a deserção do recurso;

iv) o reembolso das custas à parte vencedora faz-se necessário mesmo na hipótese em que a parte vencida for pessoa isenta do seu pagamento, nos termos do art. 790-A, parágrafo único, da CLT.

10) Regularidade formal (dialeticidade)

Pelo princípio da dialeticidade, o recurso deve ser discursivo, o que significa que o recorrente deve impugnar a sentença pelos seus fundamentos, e não apenas copiar a petição inicial ou a contestação. Por ele, devem ser demonstradas as razões pelas quais o raciocínio do juiz está equivocado.

No recurso de revista, é necessário que o recorrente impugne os fundamentos da decisão recorrida, sob pena de não conhecimento do recurso (Súmula 422, I, do TST). Não se aplica, contudo, quanto à motivação que é secundária e impertinente no recurso, ou seja, que está consubstanciada em despacho de admissibilidade de recurso ou de decisão monocrática (Súmula 422, II, do TST).

Já no recurso ordinário para o TRT, que pode ser feito por simples petição (art. 899 da CLT), não se exige a impugnação específica dos fundamentos da decisão. Entretanto, se a motivação do recurso for completamente dissociada dos fundamentos da sentença, a fundamentação é necessária (Súmula 422, III, do TST).

6.3 Juntada de documentos

De acordo com a Súmula 8 do TST, não é admitida a juntada de novos documentos em fase recursal, até mesmo por já ter se encerrado a fase instrutória. Excetuam-se apenas as situações em que:

a) se comprova o justo impedimento para a sua apresentação (ou seja, o documento já existia à época da prolação da sentença);

b) o documento se refere a fato posterior à sentença.

6.4 Recurso adesivo

O recurso adesivo não é uma modalidade específica de recurso, mas sim uma forma de interposição de alguns dos recursos previstos na CLT. É acessório ao recurso principal, sendo dele dependente. Assim, o recurso adesivo não será conhecido se houver a desistência do recurso principal, ou se ele for reconhecido como inadmissível ou deserto (art. 997, § 1º, do CPC).

É cabível nos recursos ordinário, de agravo de petição, de revista e de embargos, não sendo necessário que a matéria veiculada no recurso adesivo seja relacionada com o recurso interposto pela parte contrária (Súmula 283 do TST).

Submete-se aos mesmos requisitos de admissibilidade dos demais recursos, mas, além disso, também exige:

a) que haja recurso principal da parte contrária, seja do autor ou do réu;

b) a sucumbência recíproca, pois ambas as partes devem ter interesse em recorrer;

c) o recolhimento de preparo, quando interposto pelo reclamado.

O recurso adesivo deve ser interposto no prazo para a apresentação das contrarrazões. Tendo em vista que os recursos em que ele é cabível têm prazo de 8 dias para a apresentação de razões ou contrarrazões, este é o mesmo prazo para a interposição do recurso adesivo

A legitimidade para a interposição de recurso adesivo é apenas do autor ou do réu vencido na decisão principal (art. 997 do CPC). Não podem, assim, um terceiro ou o MPT (enquanto fiscal da lei) interpor recurso de forma adesiva.

6.5 Reexame necessário

O reexame necessário tem previsão no art. 1º, V, do Decreto-Lei n. 779/69 e art. 496 do CPC. O A doutrina também usa a denominação remessa necessária, recurso obrigatório ou recurso *ex officio*. O reexame necessário não é recurso, mas sim condição de eficácia da sentença. No reexame necessário, o tribunal fará apenas o exame da legalidade da decisão, verificando, assim, se a sentença obedeceu à legislação pertinente.

Ele cabe nas decisões contrárias à União, aos Estados, ao Distrito Federal e aos Municípios, bem como às autarquias ou às fundações de direito público federais, estaduais e municipais.

As decisões englobam tanto as sentenças em fase de conhecimento como as que julgam procedentes os embargos opostos em execução de dívida ativa da Fazenda Pública. Ficam abrangidas, também, as sentenças proferidas contra a Fazenda Pública em ação rescisória.

O reexame necessário é dispensado nas hipóteses de sentenças:

a) nas quais a condenação, ou o direito controvertido, tiver valor não excedente a 60 (sessenta) salários mínimos (Súmula 303 do TST);

b) fundadas em jurisprudência plenária ou súmula do STF, ou em súmula de outro tribunal superior (Súmula 303 do TST);

c) sobre cuja controvérsia o Advogado-Geral da União ou outro órgão administrativo competente tenha editado súmula ou instrução normativa determinando que não seja interposto recurso voluntário (art. 12 da MP n. 2.180-35/2001).

6.6 Embargos de declaração

Têm previsão no art. 897-A da CLT. Os embargos são cabíveis nas hipóteses de:

a) contradição interna na decisão (contradição na fundamentação ou entre a fundamentação e o dispositivo);
b) obscuridade (falta de clareza na decisão);
c) omissão;
d) erro material e erro de fato (cf. jurisprudência do STJ);
e) manifesto equívoco na análise dos pressupostos extrínsecos do recurso.

Os erros materiais podem ser corrigidos de ofício ou a requerimento da parte (§ 1º).

O caso de manifesto equívoco na análise dos pressupostos extrínsecos do recurso refere-se a uma decisão que nega seguimento ao recurso no tribunal *ad quem*. Os embargos são cabíveis apenas quando o erro é manifesto e se referir à adequação, regularidade de representação, tempestividade e preparo (pressupostos extrínsecos, segundo Barbosa Moreira). A decisão do juízo *a quo* que nega seguimento ao recurso está sujeita a agravo de instrumento.

Exemplo: se a Turma do TRT nega seguimento ao recurso porque ele foi interposto no dia 16-11, quando o prazo recursal se encerrou no dia 15-11, cabe a oposição dos embargos declaratórios. Isso porque, apesar de não haver contradição, omissão ou obscuridade, houve manifesto equívoco na análise do pressuposto da tempestividade porque o dia 15-11 é feriado. Se, na mesma situação acima, o juiz de 1º grau negar o seguimento ao recurso, a decisão está sujeita a agravo de instrumento.

Não cabem embargos quando houver contradição entre a fundamentação e a prova dos autos, pois essa hipótese não é de contradição interna, cabendo, no caso, o recurso ordinário.

O prazo para oposição é de 5 dias. Os embargos sempre interrompem o prazo recursal para as partes, exceto na hipótese de intempestividade, irregularidade de representação ou ausência de assinatura (§ 3º).

O art. 897-A, § 2º, da CLT admite o efeito modificativo ou infringente dos embargos declaratórios para corrigir vício da decisão, mas, nesse caso, o juiz deve conceder prazo para manifestação de 5 dias da parte contrária, sob pena de nulidade da decisão (OJ 142 da SDI-1 do TST).

Se os embargos forem protelatórios, o art. 1.026, § 2º, do CPC estabelece a possibilidade de aplicação de multa de até 2% sobre o valor da causa. Tal penalidade pode ser elevada a até 10% em caso de reiteração dos embargos, ficando a interposição de qualquer outro recurso condicionada ao depósito do seu valor (§ 3º).

O condicionamento da interposição de recursos ao pagamento da multa só ocorre quando houver a reiteração dos embargos, e não nos primeiros embargos protelatórios opostos.

Os embargos declaratórios de prequestionamento não são protelatórios (Súmula 98 do STJ e Súmula 184 do TST), uma vez que o tribunal deve se manifestar expressamente sobre as teses arguidas, sob pena de não conhecimento do recurso de revista ou do recurso extraordinário.

Se, com base no art. 932, III, do CPC, o relator decidir monocraticamente o recurso, a decisão pode estar sujeita a agravo regimental, bem como a embargos declaratórios para esclarecimentos e omissões. Se a parte opõe embargos com efeito modificativo, é possível que o relator os converta em agravo regimental (Súmula 421, II, TST).

6.7 Recurso ordinário

É previsto no art. 895 da CLT e equivale à apelação na fase de conhecimento do processo civil. É o meio pelo qual é possível revisar as provas e fatos de uma decisão em 1ª instância.

Cabe nas decisões definitivas ou terminativas:

a) proferidas pelo juiz do trabalho em processos de competência do 1º grau, caso em que o recurso é julgado pelo TRT (inciso I);

b) em ações de competência originária dos TRTs, nos dissídios individuais e coletivos (ação rescisória, dissídio coletivo, mandado de segurança etc.), caso em que o recurso é julgado pelo TST (inciso II).

O prazo para interposição é de 8 dias.

O art. 899 da CLT estabelece que os recursos trabalhistas têm apenas efeito devolutivo. Para obter efeito suspensivo, deve o recorrente fazer requerimento dirigido ao relator, ao presidente ou ao vice-presidente do Tribunal, tudo conforme o art. 1.029, § 5º, do CPC (Súmula 414, I, do TST).

Além disso, o recurso ordinário é interposto por simples petição (art. 899 da CLT), o que significa que o recorrente não precisa fundamentar os pontos de discordância com relação à sentença. A obrigatoriedade de motivação ocorre apenas quando a fundamentação do recurso for completamente dissociada dos fundamentos da sentença (Súmula 422, III, do TST).

Remetidos os autos ao Tribunal, eles são encaminhados ao MPT para que seja elaborado parecer, quando for o caso de atuação do *Parquet*. Após, é sorteado um relator e, na ordem decrescente de antiguidade, o revisor. No TST, não há mais a designação de revisor. Em seguida, é feito o julgamento do recurso pelo órgão colegiado ou pelo relator, monocraticamente (art. 932 do CPC e Súmula 435 do TST).

No procedimento sumaríssimo, o recurso ordinário fica submetido às seguintes regras:

a) não tem revisor;

b) é imediata a distribuição do recurso ao relator;

c) o relator deve liberar o recurso no prazo máximo de 10 dias e a Secretaria do Tribunal ou da turma deverá fazer a inclusão em pauta de imediato;

d) há parecer oral do MPT, na sessão de julgamento, com registro na certidão de julgamento;

e) a certidão de julgamento vale como acórdão, com a indicação suficiente do processo e da parte dispositiva, bem como das razões de decidir do voto prevalente;

f) se a sentença for mantida pelos seus próprios fundamentos, basta que a certidão de julgamento registre tal circunstância.

Os TRTs, divididos em Turmas, poderão designar uma Turma especificamente para o julgamento dos recursos ordinários interpostos em processos submetidos ao rito sumaríssimo (art. 895, § 2º).

6.8 Recurso de revista

Previsto no art. 896 da CLT, o recurso de revista tem natureza extraordinária, o que significa dizer que tem o objetivo de unificar a jurisprudência e proteger o ordenamento jurídico. Dessa forma, não é cabível o reexame de fatos e provas não constantes nos acórdãos (conforme Súmula 126 do TST).

1) Pressupostos recursais específicos

O recurso de revista se submete a dois pressupostos recursais específicos de admissibilidade:

a) Prequestionamento

É a manifestação expressa acerca de determinada tese ventilada no processo. Assim, para que um tribunal superior analise um recurso de natureza extraordinária, a tese já deve ter sido debatida e decidida no tribunal de origem.

O prequestionamento é necessário, ainda que trate de incompetência absoluta, que é matéria de ordem pública (OJ 62 da SDI-1 do TST). Por outro lado, ele não é exigível se o vício nasceu na própria decisão recorrida (OJ 119 da SDI-1 do TST).

Para fins de prequestionamento, não se exige que o TRT tenha feito expressa menção ao dispositivo invocado, bastando que tenha feito referência à tese em discussão (Súmula 297, I, e OJ 118 da SDI-1 do TST). Isso significa que o artigo em debate não precisa ser expressamente mencionado no acórdão; o que importa é que seja feita a discussão da tese.

Se o recorrente invocar a matéria no seu recurso ordinário, mas o TRT não se manifestar sobre a tese, deve opor embargos declaratórios de prequestionamento, sob pena de preclusão (Súmula 297, II, do TST). Depois, se o TRT continuar omisso, considera-se prequestionada a matéria invocada, podendo a parte interpor o recurso de revista (Súmula 297, III, do TST). Tal entendimento se justifica porque a parte não pode ser prejudicada e ter o seu recurso obstado se a omissão foi do TRT.

b) Transcendência

A transcendência é semelhante à repercussão geral. O art. 896-A da CLT estabelece que o recurso de revista será analisado apenas se oferecer transcendência com relação aos reflexos gerais de uma das seguintes naturezas:

- econômica: quando o valor da causa for elevado;
- política: desrespeito à jurisprudência sumulada do TST ou STF;
- social: postulação, por reclamante-postulante, de direito social assegurado na CF;
- jurídica: a existência de questão nova em torno da interpretação sobre a legislação trabalhista.

A Lei n. 13.467/2017 regulamentou o procedimento de análise da transcendência, nos seguintes termos:

- a análise da transcendência é feita apenas pelos Ministros do TST, e não pelo 1º juízo de admissibilidade do recurso de revista nos TRTs;
- se entender que não há transcendência, o relator pode negar seguimento ao recurso monocraticamente. Dessa decisão, cabe agravo. Não cabe recurso, contudo, se a decisão monocrática ocorrer em agravo de instrumento em recurso de revista;
- quando do julgamento do recurso que o relator considerou não ter transcendência, o recorrente poderá fazer sustentação oral sobre a existência de transcendência pelo prazo de 5 minutos;
- se o órgão colegiado mantiver o acórdão pela inexistência de transcendência, o acórdão será lavrado de forma sucinta e a decisão é irrecorrível.

2) Cabimento

As hipóteses de cabimento do recurso de revista estão previstas nas seguintes hipóteses do art. 896 da CLT:

a) Acórdãos de TRTs que contrariam súmula vinculante do STF, bem como súmula ou OJ do TST.

b) Acórdãos de TRTs que dão interpretação diversa a mesmo dispositivo de lei federal, lei estadual, convenção coletiva de trabalho, acordo coletivo de trabalho, sentença normativa ou regulamento empresarial de observância obrigatória em área territorial que exceda a jurisdição do TRT prolator da decisão recorrida.

Se a norma é única, ela deve ter a mesma interpretação por todos os TRTs. Se persistir alguma divergência, é o TST que deve definir qual é a interpretação correta, por meio do recurso de revista.

Não cabe recurso de revista quando houver divergência entre turmas de um mesmo TRT.

A divergência na interpretação a ensejar a interposição do recurso de revista deve ser atual. A divergência atual é aquela que ainda não foi ultrapassada por súmula do TST/STF ou superada por iterativa e notória jurisprudência do TST (art. 896, § 7º). A divergência também deve abranger todos os fundamentos adotados no acórdão impugnado (Súmula 23 do TST), pois, caso contrário, a decisão poderia subsistir em razão dos outros argumentos não impugnados.

Sob pena de não conhecimento, o recurso de revista deve indicar (§ 1º-A):

i) o trecho da decisão recorrida que demonstra o prequestionamento;

ii) em que ponto a decisão do TRT contrariou lei, súmula ou OJ do TST, tudo de forma explícita e fundamentada;

iii) as razões do pedido de reforma, impugnando todos os fundamentos jurídicos da decisão recorrida, inclusive mediante demonstração analítica de cada dispositivo de lei, da CF, de súmula ou OJ que a parte alegar que foi contrariada.

Para comprovar a divergência jurisprudencial entre os TRTs, o recorrente deve juntar certidão, cópia ou citação do repositório de jurisprudência, oficial ou credenciado, inclusive em mídia eletrônica, em que houver sido publicada a decisão divergente, ou ainda pela reprodução de julgado disponível na internet, com indicação da respectiva fonte, mencionando, em qualquer caso, as circunstâncias que identifiquem ou assemelhem os casos (art. 896, § 8º).

c) Decisões dos TRTs com violação literal de disposição de lei federal ou afronta direta e literal à CF.

O recorrente deve indicar expressamente o dispositivo de lei ou da CF (Súmula 221 do TST) e a violação deve estar ligada à literalidade do preceito.

d) Nos casos de execução de sentença, inclusive no processo incidente de embargos de terceiro, o recurso de revista só é cabível quando houver afronta direta e literal à CF (art. 896, § 2º, da CLT e Súmula 266 do TST).

e) Nas execuções fiscais ou de discussão sobre o Banco Nacional de Devedores Trabalhistas, o recurso de revista também é cabível por violação à lei, à CF ou por divergência jurisprudencial (art. 896, § 10). Trata-se de dispositivo que claramente objetiva beneficiar a Fazenda Pública.

f) No procedimento sumaríssimo, o recurso de revista só é cabível por violação à súmula do TST, súmula vinculante do STF ou por violação direta à CF (art. 896, § 9º, da CLT).

> **ATENÇÃO**
>
> A Súmula 442 do TST estabelece não ser cabível o recurso de revista em rito sumaríssimo por contrariedade à orientação jurisprudencial do TST, uma vez que o § 9º faz remissão apenas às súmulas do Tribunal.

HIPÓTESE	PROCESSOS EM GERAL	EXECUÇÃO EM GERAL	EXECUÇÃO FISCAL E BNDT	PROCEDIMENTO SUMARÍSSIMO
Violação às súmulas	X			X
Violação às OJs	X			
Divergência de interpretação	X		X	
Violação à lei	X		X	
Afronta à CF	X	X	X	X

3) Procedimento

A interposição é feita perante o Presidente do TRT, que fará o 1º juízo de admissibilidade fundamentadamente (art. 896, § 1º).

Ao fazer o 2º juízo de admissibilidade, se o TST verificar que o recurso é tempestivo e que tem defeito formal que não seja grave, pode desconsiderá-lo ou mandar sanar o vício. Em consequência, o recurso será conhecido (§ 11). Como exemplo, temos um recurso com preparo insuficiente, hipótese em que o Ministro pode mandar recolher o valor remanescente. Caso o Ministro denegue o recurso, cabe agravo em 8 dias (§ 12).

4) Recurso repetitivo

O recurso de revista segue a mesma sistemática do recurso repetitivo aplicada ao recurso especial para o STJ, com regulamentação pelo art. 896-C da CLT e aplicação subsidiária das normas que disciplinam o RE e o REsp (art. 896-B da CLT).

Cabe quando houver múltiplos recursos de revista sobre idêntica questão de direito.

O julgamento é feito pela SDI ou pelo Pleno, desde que haja requerimento por um Ministro da SDI e aprovação pela maioria do órgão. Devem ser levadas em conta a relevância da matéria e a existência de entendimentos divergentes entre os Ministros da SDI ou das Turmas.

a) Fase de afetação dos recursos repetitivos

O Presidente da SDI ou da Turma afetará um ou mais recursos representantes da controvérsia. Os recursos escolhidos é que serão julgados pelos órgãos (art. 896-C, § 1º).

Poderá ser expedido um comunicado para os demais presidentes das turmas ou da SDI, que também poderão indicar outros recursos para serem representantes da controvérsia. O objetivo aqui é que a SDI ou o Pleno tenham uma visão global da questão (§ 2º).

Em seguida, são expedidos ofícios para os Presidentes dos TRTs para que haja a suspensão dos recursos interpostos em casos idênticos aos afetados até o pronunciamento final pelo TST (§ 3º). Neste caso, o Presidente do TRT pode admitir um ou mais recursos representativos da controvérsia para enviá-los ao TST, deixando os demais sobrestados (§ 4º). A suspensão também poderá ser determinada para os demais recursos de revistas e embargos no TST que tenham idêntica questão (§ 5º). Assim, evita-se a perda de tempo com julgamentos nos TRTs que venham a contrariar a decisão do TST. O objetivo é que, ao final, os recursos sejam julgados nos TRTs conforme a tese firmada pelo TST.

b) Fase de julgamento

O recurso repetitivo é distribuído a um Ministro relator e a um revisor, ambos da SDI ou do Pleno (§ 6º).

O relator pode solicitar informações aos TRTs sobre a controvérsia em 15 dias, bem como pode admitir manifestação de pessoa, órgão ou entidade com interesse na controvérsia, até mesmo como assistente simples (§§ 7º e 8º). A autorização para o *amicus curiae* tem o objetivo de permitir que os Ministros tenham total percepção não apenas da questão jurídica, mas também do impacto social da decisão.

Após, o MPT terá vista por 15 dias (§ 9º).

Apresentada cópia do relatório aos demais Ministros, é designada a pauta, com julgamento preferencial (§ 10).

c) Fase pós-julgamento

Os recursos sobrestados serão denegados se contrariarem a tese firmada pelo TST ou serão novamente apreciados pelo TRT se o acórdão divergir da tese firmada pelo TST, ou seja, se a tese recursal estiver de acordo com a tese do TST (§ 11). Se, ainda assim, o TRT mantiver a decisão, é feito o exame de admissibilidade do recurso de revista (§ 12).

Se a matéria também for constitucional, a decisão do TST não impede a interposição de recursos extraordinários (§ 13). É aplicado o art. 543-B do CPC, devendo o Presidente do TST escolher um ou mais recursos extraordinários representativos da controvérsia para envio ao STF, com sobrestamento dos demais (§ 14).

O Presidente do TST poderá oficiar os TRTs para que suspendam o julgamento dos recursos que versem sobre a matéria, até o pronunciamento definitivo pelo STF (§ 15).

Não se aplica a decisão do recurso repetitivo se for demonstrado que, em um caso concreto, a situação de fato e de direito é distinta daquela do recurso repetitivo julgado (§ 16). A revisão da decisão do TST no recurso repetitivo será feita quando houver alteração da situação econômica, social ou jurídica, podendo haver a modulação dos efeitos pelo TST (§ 17).

6.9 Agravo de petição

É cabível nas decisões em processo de execução (art. 897, *a*, da CLT), como se fosse a apelação da fase de execução no processo civil. Predomina o entendimento de que pode ser interposto sempre que houver uma decisão terminativa da execução (exemplo: sentença de embargos ou de exceção de pré-executividade).

O prazo para a interposição do recurso é de 8 dias.

O art. 897, § 1º, da CLT exige a delimitação de valores no agravo de petição. O objetivo é que a parte incontroversa possa ser objeto de execução definitiva (Súmula 416 do TST). *Exemplo*: Em uma execução de R$ 20.000,00, o executado opõe embargos, com alegação de excesso de execução, alegando que a dívida seria de apenas R$ 15.000,00. Rejeitados os embargos, deve interpor agravo de petição, delimitando que o valor discutido é de R$ 5.000,00. Dessa forma, o valor incontroverso de R$ 15.000,00 fica sujeito à execução definitiva, enquanto o restante, à execução provisória.

6.10 Agravo de instrumento

É cabível contra as decisões que denegam a interposição de recursos (art. 897, *b*, da CLT).

O prazo para a interposição do recurso é de 8 dias.

A formação do instrumento se dá por peças obrigatórias e facultativas, para permitir que o recurso trancado seja julgado em caso de provimento do agravo.

São peças obrigatórias: cópias da decisão agravada, da certidão da respectiva intimação, das procurações outorgadas aos advogados do agravante e do agravado, da petição inicial, da contestação, da decisão originária, da comprovação do depósito recursal e do recolhimento das custas (art. 897, § 5º, I, da CLT);

São peças facultativas: todas as outras peças que o agravante reputar úteis ao julgamento do mérito da controvérsia (art. 897, § 5º, II, da CLT).

O agravo de instrumento é interposto perante o juiz *a quo*, mas será julgado pelo juízo competente para apreciar o recurso denegado (art. 897, § 4º, da CLT). Há juízo de retratação, podendo o juiz voltar atrás em sua decisão e dar seguimento ao recurso. O agravado deve oferecer contraminuta ao agravo de instrumento, mas também responder as razões do recurso que teve seu seguimento denegado, juntando também as peças necessárias ao julgamento de ambos os recursos (art. 897, § 6º, da CLT).

Mantida a decisão, o juiz *a quo* manda o agravo ao tribunal. Caso lá seja dado provimento ao agravo (fica reconhecido que o recurso deveria ter sido processado pelo juiz *a quo*), o Tribunal pode passar de imediato ao julgamento do recurso anteriormente denegado (art. 897, § 7º, da CLT).

O agravo de instrumento interposto contra o despacho que não receber agravo de petição não suspende a execução da sentença (art. 897, § 2º, da CLT).

6.11 Embargos no TST

A nomenclatura se refere aos embargos infringentes e aos embargos de divergência.

O prazo para a interposição dos embargos é de 8 dias.

1) Embargos infringentes

São cabíveis nos dissídios coletivos, para impugnar decisão não unânime do TST em suas sentenças normativas (art. 894, I, do TST). Cabem quando o TST concilia, julga ou homologa conciliação em dissídio coletivo de sua competência originária, bem como quando ele estende ou revisa sua sentença normativa. Caso a decisão do dissídio coletivo seja unânime, não cabe nenhum recurso. São julgados pela SDC do TST.

Quando o conflito coletivo exceder a jurisdição de um único TRT, a competência originária para analisar o dissídio coletivo é do TST, na SDC (Subseção de Dissídios Coletivos). Se a decisão da SDC for unânime, não cabe recurso. Contudo, se a decisão for não unânime, cabem os embargos infringentes. É como se pudesse, por esse recurso, convencer os Ministros que formaram a maioria a seguir os votos da minoria.

2) Embargos de divergência

Objetivam unificar a jurisprudência das Turmas do TST. Cabem nas seguintes hipóteses do art. 894, II, da CLT:

a) Turma do TST que contraria outra Turma do TST;

b) Turma do TST que contraria a SDI;

c) Turma do TST que contraria súmula vinculante do STF, súmula ou OJ do TST.

d) Na execução, cabe apenas por divergência na interpretação de dispositivo constitucional (Súmula 433 do TST).

São julgados pela SDI do TST.

Os embargos não são cabíveis quando a decisão recorrida estiver de acordo com orientação jurisprudencial ou súmula do TST ou do STF.

A divergência entre as Turmas deve ser atual, ou seja, não ultrapassada por súmula do TST/STF ou por iterativa e notória jurisprudência do TST.

O Ministro relator pode negar seguimento aos embargos se:

a) a decisão da Turma estiver de acordo com súmula do TST/STF ou jurisprudência iterativa, notória e atual do TST;

b) houver intempestividade, deserção, irregularidade de representação ou outro pressuposto extrínseco de admissibilidade. Da decisão monocrática denegatória do relator cabe agravo em 8 dias (§§ 3º e 4º).

6.12 Questões

1. (FCC – TRT 2ª Região) A respeito dos recursos em matéria trabalhista, é INCORRETO afirmar:

A) Cabe agravo de instrumento contra decisão que negar seguimento a recurso ordinário.

B) Cabe agravo de petição contra a sentença que homologa o cálculo em execução de sentença, desacolhendo parcialmente impugnação do reclamado.

C) Cabe agravo regimental para o Tribunal Pleno do TST das decisões proferidas pelo Corregedor do TST.

D) Pode o reclamante interpor recurso ordinário contra a decisão que homologa acordo entre as partes.

E) Os embargos de declaração são cabíveis para impugnar sentença ou acórdão quando ocorrer omissão, obscuridade ou contradição.

↳ **Resolução:**

A decisão homologatória de acordo tem força de decisão irrecorrível para as partes, conforme art. 831, parágrafo único, da CLT. A Previdência Social pode recorrer, com relação às contribuições previdenciárias incidentes. Segundo a Súmula 259 do TST, às partes é possível apenas o ajuizamento de ação rescisória para desconstituir o acordo homologado.

↗ **Gabarito: "D".**

2. (FCC – TRT 7ª Região) Observe as assertivas abaixo a respeito dos Embargos de Declaração.

I. Os Embargos de Declaração serão opostos quando existir contradição ou omissão na sentença ou acórdão.

II. O prazo para interposição dos Embargos de Declaração da sentença é de dez dias.

III. A interposição dos Embargos de Declaração interrompe o prazo para qualquer recurso.

IV. Os Embargos de Declaração são processados e julgados pelo próprio juízo prolator da decisão embargada e, quando opostos em face de acórdão de TRT, devem ser dirigidos ao juiz relator.

V. O prazo para a interposição para Embargos de Declaração de acórdão é de três dias.

É correto o que se afirma APENAS em:

A) I, III e IV.
B) II e V.
C) I, II e III.
D) I, II, III e V.
E) III e IV.

↳ **Resolução:**

Os embargos declaratórios são cabíveis para suprir vício de omissão, contradição e manifesto equívoco na análise de pressupostos recursais extrínsecos do recurso. Pela aplicação do CPC, também são cabíveis para corrigir obscuridade. O prazo para interposição é de 5 dias. O efeito é de interrupção do prazo recursal para as partes, exceto se os embargos forem intempestivos, se estiverem sem assinatura ou se houver irregularidade de representação.

↗ **Gabarito: "A".**

3. (FCC – TRT 7ª Região) Das decisões definitivas dos Tribunais Regionais de Trabalho em processos de sua competência originária, é cabível:

A) Agravo Regimental, no prazo de dez dias.
B) Agravo Regimental, no prazo de oito dias.
C) Agravo de Instrumento, no prazo de oito dias.
D) Recurso Ordinário, no prazo de oito dias.
E) Recurso Ordinário, no prazo de dez dias.

↳ **Resolução:**

Trata-se da expressa redação do art. 895, II, da CLT.

↗ **Gabarito: "D".**

4. (FCC – TRT 7ª Região) Considere as assertivas abaixo a respeito do Agravo de Instrumento.

I. Caberá Agravo de Instrumento, dentre outras hipóteses, contra decisão que denegar seguimento a Recurso Ordinário.

II. O Agravo de Instrumento será julgado pelo Tribunal que seria competente para conhecer o recurso cuja interposição foi denegada.

III. O Agravo de Instrumento interposto contra o despacho que não receber Agravo de Petição, suspende a execução da sentença.

IV. O prazo para interposição de Agravo de Instrumento é de oito dias.

É correto o que se afirma em:

A) III e IV, apenas.
B) I, II e IV, apenas.
C) I, II e III, apenas.
D) I, II, III e IV.
E) I e III, apenas.

↳ **Resolução:**

O agravo de instrumento é cabível quando o juiz nega seguimento a recurso perante ele interposto, no prazo de 8 dias (art. 897, *b*, da CLT). O julgamento ocorre pelo mesmo tribunal que julgaria o recurso trancado (art. 897, § 4º, da CLT). Por outro lado, não há suspensão da execução da sentença, na hipótese de agravo de instrumento em agravo de petição, conforme art. 897, § 2º, da CLT.

↗ **Gabarito: "B".**

5. **(FCC – TRT 7ª Região)** Da decisão proferida na fase de execução caberá, ao Tribunal Regional do Trabalho, desde que o recorrente delimite, justificadamente, as matérias e os valores impugnados, Agravo:

A) de Petição, no prazo de dez dias.

B) de Petição, no prazo de oito dias.

C) Regimental, no prazo de oito dias.

D) de Instrumento, no prazo de oito dias.

E) de Instrumento, no prazo de dez dias.

↘ **Resolução:**

O agravo de petição é o recurso cabível contra as decisões do juiz em fase de execução (art. 897, *a*, da CLT). Ele é interposto no prazo de 8 dias. A exigência de delimitação da matéria e dos valores controversos está prevista no art. 897, § 1º, da CLT.

↗ **Gabarito: "B".**

6. **(FCC – TRT 9ª Região)** Joana e Gabriela, empregadas da empresa Z, ajuizaram reclamações trabalhistas distintas tendo em vista a demissão sem justa causa de ambas as empregadas. A petição inicial da reclamação trabalhista de Joana foi indeferida em razão da sua inépcia e a reclamação trabalhista de Gabriela foi arquivada em razão do seu não comparecimento à audiência. Ambas pretendem recorrer destas decisões. Nestes casos:

A) não caberá recurso em ambas as reclamações.

B) caberá agravo de petição em ambas as reclamações.

C) caberá agravo de instrumento em ambas as reclamações.

D) caberá recurso ordinário em ambas as reclamações.

E) caberá recurso ordinário somente na reclamação trabalhista de Joana.

↘ **Resolução:**

O recurso ordinário é cabível contra as sentenças terminativas ou definitivas proferidas pelas Varas do Trabalho (art. 895, I, da CLT). As decisões de julgamento sem resolução do mérito, inclusive as de arquivamento, aqui se incluem.

↗ **Gabarito: "D".**

7. **(FCC – TRT 9ª Região)** Em uma execução de reclamação trabalhista, foi proferida decisão em agravo de petição por Turma de Tribunal Regional do Trabalho, que ofendeu direta e literalmente norma da Constituição Federal. Neste caso:

A) caberá Embargos de divergência para o Tribunal Superior do Trabalho.

B) não caberá recurso por expressa disposição legal.

C) caberá agravo de instrumento.

D) caberá recurso de revista.

E) caberá Embargos de divergência para o próprio Tribunal que proferiu a decisão.

↘ **Resolução:**

O recurso de revista é cabível contra os acórdãos proferidos pelos TRTs em grau de recurso, seja em fase de conhecimento, seja em fase de execução. Especificamente na hipótese de decisão em execução, inclusive nos embargos de terceiro, o recurso de revista é cabível apenas se houver violação direta e literal à Constituição, nos termos do art. 896, § 2º, da CLT.

↗ **Gabarito: "D".**

7. LIQUIDAÇÃO E EXECUÇÃO TRABALHISTA

7.1 Liquidação

A liquidação é a fase processual em que são feitos os atos de acertamento, com a delimitação exata do valor devido. O art. 879, § 1º, da CLT esclarece que, na liquidação, não se pode inovar ou alterar a sentença nem podem ser discutidos os pontos referentes à causa principal. O processo do trabalho conta com três modalidades de liquidação:

1) Liquidação por cálculos

É prevista no art. 879, *caput*, da CLT. Nela, as partes são intimadas para apresentar os cálculos de liquidação, incluindo as contribuições previdenciárias (§ 1º-B).

A Lei n. 13.467/2017 estabeleceu que a atualização monetária dos créditos trabalhistas deverá ser feita pela TR (Taxa Referencial).

Apresentada a conta, o juiz deverá abrir prazo comum de 8 dias para manifestação das partes, sob pena de preclusão. Nesse prazo, as partes devem apontar os itens e os valores dos quais discordam (§ 2º).

O juiz também abrirá vista para manifestação da União em 10 dias, sob pena de preclusão (§ 3º). Essa manifestação é dispensada por ato do Ministro do Estado da Fazenda, quando o valor das contribuições previdenciárias devidas não for muito alto e ocasionar perda da escala decorrente da atuação da União (§ 5º). Em resumo, o valor da contribuição previdenciária é baixo a ponto de não cobrir os custos da análise dos cálculos e atuação do órgão jurídico.

Se os cálculos forem complexos, o juiz poderá nomear perito para elaborar a conta, devendo fixar honorários ao final (§ 6º).

2) Liquidação por arbitramento

Tem previsão no art. 879, *caput*, da CLT, sendo regulada pelo art. 509, I, do CPC.

Tem cabimento quando:

a) assim for determinado na sentença;
b) houver convenção das partes em tal sentido. Entretanto, a convenção não tem valor se a liquidação puder ser feita por cálculos;
c) assim o exigir a natureza do objeto da liquidação.

3) Liquidação por artigos

É prevista na CLT, porém regulada pelo art. 509, II, do CPC.

É cabível quando houver a necessidade de se alegar e comprovar fato novo em relação à quantificação (exemplo: quando a empresa é condenada a custear o tratamento necessário em caso de acidente de trabalho);

Deve seguir o rito ordinário, tendo o exequente a obrigação de apresentar petição com os artigos de liquidação.

7.2 Execução provisória e definitiva

Execução definitiva é aquela em que há completa certeza do título, ou seja, quando há título executivo extrajudicial ou judicial já transitado em julgado. Já a execução provisória é aquela em que ainda paira incerteza sobre o título, o que se dá com os títulos executivos judiciais pendentes de recurso sem efeito suspensivo.

O art. 899 da CLT permite a execução provisória até a penhora.

A Súmula 417 do TST permite que seja feita a penhora em dinheiro, sem excetuar a execução provisória, pois obedece à preferência de penhora do art. 835 do CPC.

A execução pode ser iniciada de ofício pelo juiz quando a parte não estiver assistida por advogado. Nos demais casos, depende de requerimento da parte (art. 878 da CLT).

7.3 Aplicação subsidiária da Lei de Execuções Fiscais

No processo de conhecimento, o CPC é aplicado subsidiariamente à CLT, no caso de omissão no texto celetista e compatibilidade (art. 769 da CLT).

Entretanto, na execução, a Lei n. 6.830/80 (Lei de Execuções Fiscais) é aplicada subsidiariamente. Apenas quando ela também for omissa é que se aplica o CPC subsidiariamente (art. 889 da CLT). Em ambos os casos, também deve haver omissão e compatibilidade.

7.4 Títulos executivos

Os títulos executivos devem ser líquidos, certos e exigíveis.

São títulos executivos judiciais:

a) as sentenças transitadas em julgado ou das quais tenha havido recurso sem efeito suspensivo;

b) os acordos não cumpridos.

Segundo o art. 876 da CLT, são títulos executivos extrajudiciais:

a) os termos de ajuste de conduta firmados perante o MPT;

b) os termos de conciliação firmados perante a Comissão de Conciliação Prévia ou no Núcleo Intersindical de Conciliação Trabalhista (art. 652-H da CLT).

Com a EC n. 45/2004, as multas administrativas aplicadas pela fiscalização do trabalho também passaram a ser títulos executivos extrajudiciais no processo trabalhista.

7.5 Execução por quantia certa contra devedor solvente

A execução trabalhista se inicia pela expedição de mandado de citação, penhora e avaliação (MCPA). Na execução, ao contrário do processo de conhecimento, a citação do executado deve ser pessoal, por meio de oficial de justiça.

Caso o executado não seja encontrado em duas oportunidades pelo período de 48 horas, a citação deverá ser feita por edital (art. 880, § 3º, da CLT).

No mandado, será dado o prazo de 48 horas para o executado:

a) pagar a dívida;

b) garantir o juízo; ou

c) nomear bens à penhora, observada a ordem do art. 835 do CPC.

O pagamento da dívida acarreta a extinção da execução sem nenhuma discussão por parte do executado (art. 881 da CLT).

Por outro lado, se ele quiser discutir a execução, com a oposição de embargos, deve garantir integralmente o juízo. Isso significa que o valor dos bens penhorados deve ser igual ou maior do que o valor da execução.

A garantia do juízo pode ser feita por depósito em dinheiro, por seguro-garantia judicial ou pela nomeação de bens à penhora (art. 882 da CLT), observada a ordem do art. 835 da CLT.

Se a dívida não for paga, é feita a penhora forçada de bens, seguindo a ordem do art. 835 do CPC. A penhora é ato de constrição de bem do devedor para satisfazer uma dívida exigível após a sua expropriação (art. 883 da CLT). As formas de realização da penhora são as mesmas previstas no CPC.

Ao processo trabalhista é aplicado o rol de bens impenhoráveis dos arts. 833 e 834 do CPC, bem como da Lei n. 8.009/90 (bem de família). O TST não admite a penhora de parte dos ganhos do executado (OJ 153 da SDI-2 do TST).

O art. 721 da CLT estabelece que a avaliação do bem penhorado será feita pelo Oficial de Justiça Avaliador da Justiça do Trabalho. O prazo para a avaliação é de 10 dias (art. 888 da CLT).

Se o executado não garantir o juízo em execução definitiva, apenas 45 dias após a citação é que o seu nome pode ser levado a protesto ou inserido no Banco Nacional dos Devedores Trabalhistas e nos cadastros de proteção ao crédito (art. 883-A da CLT).

7.6 Embargos à execução

São o meio de defesa do executado, para apontar vícios na execução, inclusive na penhora dos bens.

Contam com três requisitos:

a) Legitimidade do executado, ou seja, daquele que já foi citado para a execução. Se a pessoa ainda não foi citada e teve bem penhorado, deve opor embargos de terceiro. O exequente também poderá apresentar os embargos se quiser discutir a penhora realizada pelo juiz (exemplo: alegar que ela não obedece à ordem do art. 835 da CLT).

b) Garantia integral do juízo, o que significa que o valor dos bens penhorados deve ser igual ou maior do que o valor da execução.

O art. 884, § 6º, da CLT, inserido pela Lei n. 13.467/2017, dispensa as entidades filantrópicas e as pessoas que compõem ou compuseram a sua direção da realização da garantia do juízo ou da penhora para a oposição dos embargos.

c) Prazo de 5 dias contados da intimação da penhora (art. 884 da CLT). A Fazenda Pública tem prazo de 30 dias para a oposição de embargos (art. 1º-B da Lei n. 9.494/97, com redação dada pela MP n. 2.180-35/2001).

Uma vez apresentados os embargos, o embargado também terá o prazo de 5 dias para apresentar a sua impugnação.

A competência para o processamento dos embargos é do juiz da execução. No caso de cartas precatórias, deve ser aplicado o art. 20 da LEF:

a) a interposição pode ser feita tanto no juízo deprecante quanto no deprecado;

b) o julgamento é feito, em regra, pelo juízo deprecante, mas será pelo juízo deprecado apenas se o objeto disser respeito a vício que lá se originou (exemplo: vícios de penhora).

O art. 884 da CLT traz as seguintes alegações de embargos:

- cumprimento da decisão ou do acordo executado (§ 1º);
- quitação (§ 1º);
- prescrição da dívida (§ 1º);

> **ATENÇÃO**
>
> O art. 11-A da CLT prevê a prescrição intercorrente, no prazo de 2 anos, se o exequente deixar de cumprir determinação judicial na execução. A inovação foi inserida pela Lei n. 11.467/2017. Antes disso, o entendimento do TST era de que não cabia a prescrição intercorrente no direito trabalhista (Súmula 114 do TST).

- cálculos (§ 3º);
- inexigibilidade do título executivo inconstitucional (§ 5º).

O TST, contudo, entende que o rol é exemplificativo e admite a aplicação do art. 525, § 1º, do CPC. Assim, a matéria de defesa do cumprimento de sentença também pode ser alegada nos embargos à execução.

Dessa forma, a parte também pode arguir:

a) falta ou nulidade de citação, se o processo correu à revelia;

b) inexigibilidade do título;

c) penhora incorreta ou avaliação errônea;

d) ilegitimidade das partes;

e) excesso de execução;

f) qualquer causa impeditiva, modificativa ou extintiva da obrigação, como pagamento, novação, compensação, transação ou prescrição, desde que superveniente à sentença;

g) incompetência do juízo da execução, bem como suspeição ou impedimento do juiz.

O art. 855-A da CLT prevê expressamente a obrigatoriedade do incidente de desconsideração da personalidade jurídica (IDPJ), previsto nos arts. 133 a 137 do CPC. O IDPJ pode ocorrer na fase de conhecimento, na fase de execução ou no Tribunal. A decisão do IDPJ na fase de conhecimento não está sujeita a recurso de imediato (art. 855-A, § 1º, I, da CLT). Já a decisão na fase de execução está sujeita ao agravo de petição (art. 855-A, § 1º, II, da CLT). Por fim, se o IDPPJ for decidido pelo relator no Tribunal, contra a decisão cabe agravo (art. 855-A, § 1º, III, da CLT). Em todos os casos, dá-se a suspensão do processo, porém o juiz pode conceder tutela provisória cautelar de constrição de bens, prevista no art. 301 do CPC.

O processo do trabalho adota a teoria menor da desconsideração da personalidade jurídica (art. 28, § 5º, do CDC), segundo a qual basta que a existência da personalidade jurídica seja um empecilho para o pagamento da dívida para se poder desconsiderá-la. Com isso, é suficiente que a empresa não tenha patrimônio livre para que o juiz desconsidere a personalidade jurídica e dirija a execução contra os bens dos sócios.

O art. 10-A da CLT dispõe sobre a responsabilidade do sócio que se retira do quadro social. Trata-se de responsabilidade subsidiária e que se refere ao período em que figurou como sócio. Se houver fraude na alteração societária, a responsabilidade é solidária. O sócio retirante se responsabiliza apenas nas ações ajuizadas até 2 anos após a averbação da alteração do contrato social. Na execução, existe a seguinte ordem de preferência:

a) bens da empresa;
b) bens dos sócios atuais;
c) bens dos sócios retirantes.

Caso o juiz entenda necessário, ele poderá ouvir as testemunhas arroladas nos embargos. Não se trata de uma obrigatoriedade, mas sim de uma faculdade do juiz na condução do processo (art. 884, § 2º, da CLT).

7.7 Impugnação à sentença de liquidação

No mesmo prazo para os embargos, o exequente poderá apresentar a sua impugnação aos cálculos de liquidação, oportunidade em que demonstrará fundamentadamente a sua insurgência quanto à decisão homologatória do juiz. O exequente usará a impugnação apenas quando o objeto forem os cálculos homologados. Se a insurgência se referir à penhora, deve opor embargos à execução.

7.8 Exceção de pré-executividade

É meio de defesa na execução, pelo qual o devedor pode se defender na execução sem precisar fazer a garantia do juízo. Não conta com previsão legal, tendo sido criado na própria jurisprudência. É cabível para alegar:

a) questões de ordem pública e nulidades do título executivo, a ensejarem a extinção da execução;
b) matérias que podem ser analisadas de plano pelo juiz, apenas com base em prova pré-constituída (ou seja, prova documental já existente).

São exemplos de matérias passíveis de arguição por exceção: ausência de pressupostos processuais e condições da ação quanto à execução; cumulação indevida de execuções; vício de citação; vícios no título executivo; invalidade e excesso de penhora; excesso de execução; causas extintivas da obrigação (pagamento, novação, remissão, confusão, compensação etc.) e prescrição.

Um dos principais pontos de diferença entre a exceção e os embargos é que, na exceção, não se admite a produção de provas. A produção de provas (inclusive a testemunhal) só é possível nos embargos à execução. Nada impede, assim, que a exceção de pré-executividade seja rejeitada pelo juiz e, após a garantia do juízo e a oposição de embargos à execução, o executado venha a obter sucesso em comprovar as suas alegações.

A exceção é admitida no âmbito do processo do trabalho (Súmula 397 do TST). Não se submete a prazo para a sua oposição, por se tratar de alegações de ordem pública. Também não há necessidade de garantia do juízo.

7.9 Embargos de terceiro

São o meio pelo qual um terceiro que não é executado tem seus bens penhorados indevidamente pelo juízo. Trata-se de ação de conhecimento com procedimento especial, que não se vincula à ação principal. Em decorrência da omissão celetista, devem ser aplicados subsidiariamente os arts. 674 e seguintes do CPC.

Observe a seguinte regra quanto à legitimidade para os embargos:

- pessoa já citada para a execução (executado) opõe embargos à execução;
- pessoa não citada para a execução opõe embargos de terceiro.

7.10 Expropriação de bens do devedor

A alienação em hasta pública tem previsão no art. 888, § 1º, da CLT. A hasta pública deve ser precedida de edital, com antecedência de 20 dias (art. 888 da CLT). É possível a realização da hasta por meio de meios eletrônicos (art. 882 do CPC).

O arrematante deve garantir o lance com 20% do valor da venda (art. 888, § 2º, da CLT), devendo depositar o restante em 24 horas. Caso assim não faça, haverá a perda do valor depositado para a execução (§ 4º). Isso significa que o sinal de 20% não será devolvido e servirá para quitar parcialmente a execução.

O art. 888, § 1º, da CLT determina que a venda seja feita pelo maior lance, não fazendo qualquer alusão ao preço mínimo. Mesmo assim, o TST admite a limitação da venda pelo preço vil, que é aquele irrisório, ínfimo e muito abaixo do valor da avaliação.

7.11 Questões

1. **(CESPE – TRT 1ª Região)** Submetida uma demanda trabalhista à comissão de conciliação prévia, celebrou-se acordo. Entretanto, a reclamada não o cumpriu. Nessa situação:

A) o acordo celebrado é um título executivo, como o são os termos de ajuste de conduta firmados perante o Ministério Público do Trabalho.

B) em face do não cumprimento de acordo, o trabalhador está de posse de um título executivo judicial.

C) como foi celebrado em comissão de conciliação prévia, o acordo não é considerado título executivo.

D) deverá ser fornecida ao trabalhador declaração de conciliação frustrada.

E) somente o acordo realizado perante a justiça do trabalho é considerado um título executivo.

↳ **Resolução:**
O art. 876 da CLT estabelece que o acordo firmado perante a CCP é título executivo extrajudicial. Assim, está sujeito a execução direta. O art. 876 da CLT traz o rol dos títulos executivos judiciais e extrajudiciais.

↗ **Gabarito: "A".**

2. **(FCC – TRT 7ª Região)** Considere as assertivas abaixo a respeito do termo lavrado na audiência de conciliação.

I. É decisão irrecorrível, salvo para a Previdência Social.

II. Deverá sempre indicar a natureza jurídica das parcelas, inclusive o limite de responsabilidade de cada parte pelo recolhimento da contribuição previdenciária, se for o caso.

III. Passa a ser título executivo judicial.

É correto o que se afirma em:

A) I, II e III.
B) I, apenas.
C) II, apenas.
D) III, apenas.
E) I e II, apenas.

↳ **Resolução:**
O acordo entabulado pelas partes tem força de decisão irrecorrível para estas, podendo ser objeto de recurso por parte da Previdência Social, em razão das contribuições previdenciárias sobre incidentes (art. 831, parágrafo único, da CLT). Na hipótese de acordo entabulado, as partes devem indicar a natureza jurídica das parcelas para permitir a verificação quanto à tributação (art. 832, § 3º, da CLT). E, uma vez entabulado, o acordo homologado em juízo, quando não cumprido, é título executivo judicial (art. 876 da CLT).

↗ **Gabarito: "A".**

3. **(FCC – TRT 7ª Região)** Em regra, de acordo com a Consolidação das Leis de Trabalho, são títulos exequíveis na Justiça do Trabalho as decisões:

A) transitadas em julgado, decisões das quais não tenha havido recurso com efeito suspensivo, os acordos quando não cumpridos e os termos de conciliação firmados perante as Comissões de Conciliação Prévia.

B) não transitadas em julgado, decisões das quais não tenha havido recurso com efeito suspensivo, os acordos cumpridos e os termos de conciliação firmados perante as Comissões de Conciliação Prévia.

C) transitadas em julgado, decisões das quais tenha havido recurso com efeito suspensivo, os acordos quando não cumpridos e os termos de conciliação firmados perante as Comissões de Conciliação Prévia.

D) transitadas em julgado, decisões das quais não tenha havido recurso com efeito suspensivo, os acordos cumpridos e os termos de conciliação firmados perante as Comissões de Conciliação Prévia.

E) não transitadas em julgado, decisões das quais tenha havido recurso com efeito suspensivo, os acordos cumpridos e os termos de conciliação firmados perante as Comissões de Conciliação Prévia.

↳ **Resolução:**
Trata-se da previsão expressa do art. 876 da CLT.

↗ Gabarito: "A".

4. **(FCC – TRT 2ª Região)** Os embargos à execução NÃO poderão versar, dentre outras hipóteses, sobre:

A) inexigibilidade do título.

B) quitação anterior à sentença do processo de conhecimento.

C) incompetência do juízo da execução.

D) excesso de execução até a penhora.

E) prescrição posterior à sentença do processo de conhecimento.

↳ **Resolução:**
Os embargos à execução são a forma de o executado apresentar a sua matéria de defesa. Em princípio, as matérias arguíveis estão previstas no art. 884, §§ 1º, 3º e 5º, da CLT. Contudo, pacificou-se o entendimento pela aplicação subsidiária do art. 525, § 1º, do CPC. Contudo, todas as causas modificativas ou extintivas da obrigação (a exemplo da quitação, pagamento, prescrição, novação ou transação) deve ser sobre questões posteriores à sentença.

↗ Gabarito: "B".

8. AÇÕES ESPECIAIS TRABALHISTAS

8.1 Inquérito judicial para apuração de falta grave

1) Cabimento

É a ação cabível para que o empregador possa dispensar alguns empregados estáveis quando eles cometerem falta grave. Tem previsão nos arts. 853 a 855 da CLT. Nesses casos, não pode o empregador aplicar a justa causa no empregado, devendo a falta grave ser reconhecida judicialmente. Resta pacificado que o inquérito é cabível para:

a) estáveis decenais (art. 492 da CLT). A estabilidade decenal foi substituída pelo regime do FGTS. Em razão disso, é difícil encontrar estáveis decenais em uma empresa atualmente;

b) dirigentes sindicais (art. 543, § 3º, da CLT, Súmula 379 do TST e Súmula 197 do STF).

São situações em que a lei expressamente aponta que a perda da estabilidade ocorrerá pela prática de falta grave, devidamente apurada nos termos da Consolidação. E, no caso, a forma de se apurar a falta grave é o inquérito judicial.

A doutrina majoritária também aponta outras hipóteses de estáveis que exigem o inquérito judicial para a aplicação da justa causa. São eles:

c) representantes dos empregados nas Comissões de Conciliação Prévia (art. 625-B, § 1º, da CLT);

d) diretores de cooperativa (art. 55 da Lei n. 5.764/71), que têm os mesmos direitos dos dirigentes sindicais;

e) representantes dos trabalhadores no Conselho Curador do FGTS (art. 3º, § 9º, da Lei n. 8.036/90);

f) representantes dos trabalhadores no Conselho Nacional da Previdência Social (art. 3º, § 7º, da Lei n. 8.213/91).

Resta pacificado que o cipeiro (art. 10, II, *a*, do ADCT), a gestante (art. 10, II, *b*, do ADCT) e acidentado (art. 118 da Lei n. 8.213/91) não precisam do inquérito judicial para serem demitidos, até mesmo porque a previsão de estabilidade de tais empregados não faz qualquer menção a tal obrigatoriedade.

2) Suspensão

O empregador pode suspender o empregado até o ajuizamento da ação (sem o pagamento de salário), tão logo constate a prática de falta grave. Caso opte pela suspensão, o empregador tem o prazo decadencial de 30 dias para ajuizar a ação (art. 853 da CLT e Súmula 403 do STF). Se permanecer inerte, perde o direito de ajuizá-la posteriormente.

3) Procedimento

O procedimento é igual ao de uma ação do rito ordinário. Entretanto, há aqui duas particularidades:

a) a petição inicial é necessariamente escrita (art. 853 da CLT);

b) podem ser ouvidas até 6 testemunhas de cada parte (art. 821 da CLT).

O art. 495 da CLT prevê que, caso a ação seja improcedente, haverá a readmissão com pagamento de salários. Na verdade, o dispositivo se refere à reintegração do empregado quando julgado improcedente o pedido e tiver havido a suspensão do empregado. Nesse caso, os efeitos retroagem à data da suspensão, pois é a partir dali que os salários deixaram de ser pagos.

Se tiver havido prévio reconhecimento da estabilidade do empregado, o julgamento do inquérito não prejudicará a execução para pagamento dos salários devidos ao empregado, até a data da sua instauração (art. 855 da CLT).

8.2 Dissídio coletivo

Os conflitos coletivos de uma categoria podem ser solucionados por meio de negociação coletiva (acordo coletivo de trabalho ou convenção coletiva de trabalho), arbitragem facultativa ou dissídio coletivo. O ajuizamento de dissídio coletivo é opção das partes quando não conseguem entabular um ACT ou uma CCT.

É, assim, uma ação ajuizada por determinados entes legitimados (normalmente os entes sindicais) para defender interesses abstratos e gerais da categoria, pela qual a Justiça do Trabalho elabora uma regulamentação que se destina a constituir novas condições de trabalho, interpretar as regras já existentes ou estendê-las às demais categorias.

Os dissídios coletivos se classificam em:

- **Dissídio coletivo de natureza econômica:** serve para a constituição de normas e condições de trabalho. As reivindicações têm natureza econômica ou social e devem ser aplicadas às relações de trabalho.
- **Dissídio coletivo de natureza jurídica:** objetiva a interpretação de normas coletivas previstas em sentenças normativas, ACTs, CCTs, disposições legais particulares de uma categoria profissional ou econômica, bem como atos normativos.
- **Dissídio coletivo de revisão:** revisa as condições jurídicas já estabelecidas para a categoria, quando tenham se tornado injustas ou ineficazes, em razão da modificação das circunstâncias que as criaram.
- **Dissídio coletivo de extensão:** para os casos de apenas uma fração dos empregados figurarem em um dos polos, quando o tribunal julgar conveniente estender as condições de trabalho fixadas para os demais empregados da empresa da mesma profissão (art. 868 da CLT).
- **Dissídio coletivo de greve:** tem a finalidade de declarar a abusividade de uma greve e, segundo parte da doutrina, de apreciar as reivindicações dos grevistas.

1) Competência

A competência para o processamento e julgamento do dissídio coletivo é determinada pelo local onde ele ocorrer (art. 677 da CLT). Assim:

a) se o conflito for de âmbito regional: a competência é do TRT (art. 678, I, *a*, da CLT e art. 6º da Lei n. 7.701/88);

b) se o conflito exceder a área de jurisdição de um TRT: a competência é da SDC do TST (art. 2º, I, *a*, da Lei n. 7.701/88).

A exceção à regra acima ocorre quando o conflito abranger a jurisdição do TRT da 2ª Região (Capital do Estado de São Paulo e região metropolitana) e do TRT da 15ª Região (interior do Estado de São Paulo, com sede em Campinas). Nessa hipótese, a competência será do TRT da 2ª Região, e não do TST (art. 12 da Lei n. 7.520/86, com redação dada pela Lei n. 9.254/96).

2) Pressupostos processuais

O dissídio coletivo se sujeita aos seguintes pressupostos processuais específicos:

a) Necessidade de esgotamento das tentativas prévias de negociação coletiva (art. 616, § 4º, da CLT e art. 114, §§ 1º e 2º, da CF). O ajuizamento da ação deve ser a última instância, devendo haver exaustivas tentativas de composição. O pressuposto apenas não subsiste quando a ação for ajuizada pelo MPT, pois, nesse caso, há interesse público no conflito.

b) Deve haver autorização em Assembleia feita pelo sindicato, obedecendo ao seu estatuto. Devem ser convocados todos os membros integrantes da base territorial do sindicato. O entendimento atual é de que o quórum mínimo para se instaurar o dissídio coletivo, previsto no art. 859 da CLT, não foi recepcionado pelo art. 8º, II, da CF. Assim, ante a autonomia sindical, cabe ao estatuto do sindicato definir o quórum para aprovação.

c) Deve haver o cumprimento do estatuto do sindicato, o que diz respeito a questões formais, como a publicação do edital de convocação da Assembleia, a forma de votação etc.

d) Não pode existir norma coletiva em vigor, exceto para o dissídio de revisão (art. 873 da CLT) e o dissídio coletivo de greve, quando a reivindicação for exatamente o cumprimento da norma coletiva em vigor (art. 14 da Lei n. 7.783/89).

e) Deve ser observada a época do ajuizamento para se observar a eficácia no tempo da sentença normativa. O dissídio deve ser instaurado nos 60 dias que antecedem o término da vigência da norma coletiva em vigor (art. 616, § 3º, da CLT). Obedecido o prazo, a sentença normativa terá vigência no dia seguinte ao término da vigência da norma coletiva. Se o prazo for desrespeitado, a vigência da sentença normativa coincide com a sua publicação.

f) Deve ser feita a fundamentação das cláusulas vindicadas, para que se justifique a reivindicação.

g) Comum acordo dos entes sindicais para o ajuizamento do dissídio coletivo (art. 114, § 2º, da CF). Trata-se de pressuposto processual que objetiva incentivar a autocomposição das partes.

3) Procedimento

A petição inicial deve ser escrita e vir com documentos imprescindíveis ao ajuizamento. Deve ser apresentada em tantas vias quantos forem os reclamados e conter a qualificação das partes, as bases da conciliação (propostas das cláusulas que o sindicato quer ver instituídas) e os fundamentos (motivos pelos quais o sindicato quer a alteração da norma coletiva), tudo conforme os arts. 856 e 858 da CLT.

O Presidente do Tribunal designa, então, audiência de conciliação, no prazo de 10 dias da notificação dos suscitados (art. 860 da CLT). Nela, as partes devem estar presentes, podendo o empregador nomear preposto (art. 861 da CLT), e se manifestar sobre as bases de conciliação. Se não houver acordo, o Presidente deve submeter aos interessados a solução que lhe pareça capaz de resolver o dissídio (art. 862 da CLT).

Havendo acordo, ele será encaminhado para o órgão competente do tribunal, para homologação (art. 863 da CLT).

Caso o conflito ocorra fora da sede do tribunal, o Presidente poderá delegar a realização da audiência ao juiz local de 1ª instância (art. 866 da CLT). O objetivo é evitar que os representantes da categoria se desloquem até a sede do tribunal para a realização da audiência, além de que o juiz do local do conflito é mais apto para saber a realidade local.

Não havendo acordo, o processo é distribuído ao relator que, após realizar as diligências necessárias e remeter os autos ao MPT para parecer escrito, submeterá o processo a julgamento.

4) Julgamento

O julgamento do dissídio coletivo se dá por meio de sentença normativa. Ela é tida como um ato processual com corpo de sentença e alma de lei, tendo em vista que ela dispõe sobre direitos e condições de trabalho da categoria (formalmente é uma sentença, mas materialmente é uma lei). Tem vigência limitada a 4 anos.

O TST entende que a sentença normativa faz apenas coisa julgada formal (Súmula 397 do TST), uma vez que ela é passível de revisão, não comporta execução e tem vigência limitada.

A vigência da sentença normativa depende da época do ajuizamento. Se respeitado o prazo de 60 dias que antecedem o término da vigência da norma coletiva em vigor (art. 616, § 3º), ela terá vigência no dia imediato ao termo final da vigência da norma. Se o prazo for desrespeitado, a vigência será a partir da sua publicação.

5) Recursos

A sentença normativa proferida por TRT está sujeita a recurso ordinário em dissídio coletivo (RODC), julgado pela SDC do TST. A sentença normativa proferida pelo TST está sujeita a embargos infringentes, se a decisão não for unânime.

O recurso ordinário em dissídio coletivo é a única hipótese em que um recurso trabalhista pode ter efeito suspensivo (art. 14 da Lei 10.192/2001). Ele é requerido ao Presidente do TST e pode ser deferido pelo prazo de até 120 dias. Nesse período, as partes não precisam cumprir o disposto na sentença normativa.

6) Dissídio coletivo de revisão

O dissídio coletivo de revisão ocorre quando as condições tenham se tornado injustas ou inaplicáveis, em razão de circunstâncias alheias à vontade das partes (art. 873 da CLT). A competência é do mesmo tribunal que prolatou a decisão a ser revisada, também com a apresentação de parecer pelo MPT (art. 875 da CLT). A revisão só pode ocorrer quando a sentença normativa estiver vigente há, pelo menos, um ano.

8.3 Ação de cumprimento

É o modo pelo qual se pode exigir o cumprimento da sentença normativa, pois ela não é sujeita à execução (art. 872, parágrafo único, da CLT). A ação também se presta a buscar o cumprimento de norma coletiva (Súmula 286 do TST).

Pode ser proposta independentemente do trânsito em julgado da sentença normativa (Súmula 246 do TST) e o procedimento é semelhante ao dos dissídios individuais.

Na ação de cumprimento, não pode haver discussão daquilo que já foi decidido, ainda que não tenha havido o trânsito em julgado.

A legitimidade é concorrente dos entes sindicais e dos empregados. A competência para o ajuizamento da ação é da Vara do Trabalho.

A ação de cumprimento está sujeita ao prazo prescricional de 2 anos, com termo inicial na data do trânsito em julgado da decisão normativa (Súmula 350 do TST).

A coisa julgada na ação de cumprimento é apenas formal. Assim, a mudança superveniente da sentença normativa em RODC implica a perda da sua eficácia executória, ainda que a sentença da ação de cumprimento já tenha transitado em julgado (Súmula 397 do TST).

Exemplo: a sentença normativa determina o pagamento de uma cesta básica e o sindicato ajuizou ação de cumprimento, que teve o pedido deferido para determinar o cumprimento pelo empregador, já com trânsito em julgado. Se, posteriormente, ao julgar o recurso ordinário da sentença normativa (RODC), o TST entender que a cesta básica não seria devida, a ação de cumprimento perde a sua eficácia executória. Assim, ainda que ela tenha transitado em julgado, não precisará mais ser cumprida. Basta, para tanto, que o empregador entre com exceção de pré-executividade.

8.4 Processo de jurisdição voluntária para homologação de acordo extrajudicial

O art. 855-B da CLT, inserido pela Lei n. 13.467/2017, prevê a possibilidade de manejo de processo de jurisdição voluntária apenas para homologar acordo extrajudicial. Com isso, as partes podem ajuizar uma ação, mesmo que não exista lide. Assim, caso as partes entabulem acordo extrajudicialmente, elas podem buscar a homologação judicial da avença. O caso seria, assim, diferente da arbitragem ou da mera transação extrajudicial. O processo de homologação de acordo extrajudicial pode ser feito, independentemente da função ou do salário do empregado.

Contudo, algumas regras devem ser observadas:

a) As partes devem apresentar petição conjunta.

b) As partes devem estar representadas por advogado, não podendo atuar no *ius postulandi*. O trabalhador pode ser assistido pelo advogado do sindicato.

As partes não podem estar representadas por advogado comum. Assim, os advogados devem ser distintos, até porque se pressupõe que cada uma das partes estava assistida juridicamente para realizar o acordo.

c) Em até 15 dias, o juiz deverá analisar o acordo e proferir sentença. Contudo, se entender necessário, poderá designar audiência. Assim, a realização da audiência não é obrigatória.

d) A petição de homologação do acordo suspende o prazo prescricional da relação trabalhista em discussão. O prazo volta a correr a partir do primeiro dia após o trânsito em julgado da decisão que negou a homologação do acordo. Recorde-se que a homologação do acordo é uma faculdade do juiz (Súmula 418 do TST).

e) Independentemente da realização do acordo extrajudicial, o empregador continua obrigado a pagar as verbas rescisórias no prazo do art. 477, § 6º, da CLT (10 dias contados do término do vínculo), sob pena de pagamento de multa de um salário (art. 477, § 8º, da CLT).

8.5 Questões

1. **(Instituto AOCP – TRT 1ª Região)** Fernando, funcionário da montadora de veículos WMW S/A, é dirigente sindical e

incorreu em falta grave. A empregadora, prontamente, suspendeu o empregado, deixando de pagar-lhe salários a partir daí. Pretende a empregadora demitir Fernando. Em relação ao regramento aplicável à espécie para dispensa do empregado, assinale a alternativa correta.

A) A empresa WMW S/A deverá proceder à instauração de inquérito para apuração da falta para dispensa do empregado perante a Justiça do Trabalho, apresentando reclamação escrita perante a Vara do Trabalho ou Juízo de Direito no prazo prescricional de 2 anos.

B) A empresa WMW S/A deverá proceder à instauração de inquérito para apuração da falta para dispensa do empregado perante a Justiça do Trabalho, apresentando reclamação escrita perante a Vara do Trabalho ou Juízo de Direito dentro de 30 dias contados da data da suspensão do empregado, podendo ouvir, para provar os fatos alegados, até 6 testemunhas.

C) Ainda que reconhecida a estabilidade do empregado, se provado o cometimento da falta grave e julgado procedente o inquérito, este não terá direito ao pagamento dos salários não pagos até a data de instalação do inquérito.

D) A empresa WMW S/A deverá proceder à instauração de inquérito para apuração da falta para dispensa do empregado perante a Justiça do Trabalho, apresentando reclamação escrita perante a Vara do Trabalho ou Juízo de Direito dentro de 15 dias contados da data da suspensão do empregado, podendo ouvir, para provar os fatos alegados, até 6 testemunhas.

E) A empresa deverá apresentar reclamação escrita perante a Vara do Trabalho ou Juízo de Direito dentro de 30 dias contados da data da suspensão do empregado, podendo ouvir, para provar os fatos alegados, até 3 testemunhas.

↳ **Resolução:**

Tratando-se de dirigente sindical, a sua dispensa é válida apenas mediante o ajuizamento do inquérito judicial para apuração de falta grave. Por ter havido a suspensão do empregado, o prazo para ajuizamento é decadencial, de 30 dias (art. 853 da CLT). Por fim, nessa ação, cada parte poderá ouvir até 6 testemunhas (art. 821 da CLT).

↗ **Gabarito: "B".**

2. (FCC – TRT 6ª Região) A forma jurisdicional de solução dos conflitos coletivos de trabalho se dá por meio do ajuizamento de ação própria perante a Justiça do Trabalho, denominada de dissídio coletivo, sendo que:

A) havendo convenção coletiva, acordo coletivo ou sentença normativa em vigor, deverá ser instaurado dentro dos 90 dias anteriores ao respectivo termo final, para que o novo instrumento possa ter vigência no dia imediato a esse termo.

B) estando o conflito limitado à base territorial correspondente à jurisdição de um único TRT, a competência para julgar o dissídio coletivo será deste TRT.

C) a decisão nele proferida faz coisa julgada formal e material.

D) a revisão da decisão que fixar condições de trabalho não pode ser promovida por iniciativa do Tribunal prolator da mesma e nem pela Procuradoria da Justiça do Trabalho, sendo faculdade exclusiva das partes o seu requerimento.

E) é necessário o trânsito em julgado da sentença normativa para a propositura da ação de cumprimento.

↳ **Resolução:**

A competência para o ajuizamento do dissídio coletivo é do TRT, quando o conflito coletivo abranger apenas a sua área de jurisdição (art. 678, I, *a*, da CLT e art. 6º da Lei n. 7.701/88). O dissídio coletivo deve ser ajuizado até 60 dias anteriores ao termo final da norma coletiva ou sentença normativa anterior (art. 616, § 3º, da CLT). A coisa julgada no dissídio coletivo é apenas formal (Súmula 397 do TST). A sentença normativa pode ser revisada por iniciativa das partes, do MPT e do Tribunal (art. 874 da CLT). Não é necessário o trânsito em julgado da sentença normativa para a ação de cumprimento (Súmula 246 do TST).

↗ **Gabarito: "B".**

3. (FCC – TRT 19ª Região) A respeito do inquérito judicial para apuração de falta grave, considere:

I. As custas processuais deverão ser pagas no momento da propositura da ação, tratando-se de exceção prevista expressamente na Consolidação das Leis do Trabalho.

II. O prazo de sessenta dias previsto na Consolidação das Leis do Trabalho é contado da suspensão do empregado, tratando-se de prazo decadencial.

III. Poderão ser ouvidas até seis testemunhas para cada parte.

IV. A data da extinção do contrato de trabalho, se procedente o pedido objeto do inquérito, será considerada como a do ajuizamento do inquérito.

Está correto o que consta APENAS em:

A) II e IV.
B) I, II e III.
C) III e IV.
D) I e III.
E) I, II e IV.

↳ **Resolução:**

O inquérito judicial admite a oitiva de até 6 testemunhas por parte (art. 821 da CLT). Apesar de haver divergência na doutrina e na jurisprudência, uma das posições majoritárias é a de que o término do contrato seria o ajuizamento da ação. O prazo decadencial para ajuizamento da ação é de 30 dias (art. 853 da CLT). Além disso, não há previsão de pagamento antecipado de custas na ação de inquérito judicial.

↗ **Gabarito: "C".**

4. (FCC – TRT 2ª Região) No que diz respeito à Ação de Cumprimento, considere:

I. É dispensável o trânsito em julgado da sentença normativa para a proposição da ação de cumprimento.

II. Procede ação rescisória calcada em ofensa à coisa julgada perpetrada por decisão proferida em ação de cumprimento, em face da sentença normativa, na qual se louvava ter sido modificada em grau de recurso.

III. Há legitimidade concorrente para a propositura da ação de cumprimento, uma vez que tanto o sindicato quanto os empregados poderão propô-la.

IV. A competência para processar e julgar ação de cumprimento é, em regra, do Tribunal Regional do Trabalho de competência do local da prestação do serviço.

Está correto o que consta APENAS em:

A) I, II e III.
B) I e III.
C) II, III e IV.
D) I e IV.
E) II e III.

↳ **Resolução:**

A Súmula 246 do TST não exige o trânsito em julgado da sentença normativa para o ajuizamento da ação de cumprimento. A Súmula 397 do TST aponta exatamente que não procede a ação rescisória na hipótese de ofensa de coisa julgada em ação de cumprimento. O art. 872 da CLT permite que empregados e sindicatos ajuízem ação de cumprimento. A competência para ajuizamento da ação de cumprimento será da Vara do Trabalho (art. 872 da CLT).

↗ **Gabarito: "B".**

9. AÇÕES CÍVEIS ADMITIDAS NO PROCESSO DO TRABALHO

9.1 Mandado de segurança

No processo trabalhista, as regras do mandado de segurança são as mesmas dos demais ramos processuais. Sendo assim, optamos por apenas fazer remissão a algumas particularidades e entendimentos sumulados do TST quanto ao ponto.

A competência funcional, por sua vez, é determinada de acordo com a autoridade coatora. Assim, a competência será:

a) do STF, quando a autoridade coatora for o Presidente da República;

b) do TST, quando o ato coator for praticado por Ministro ou por servidor sob a jurisdição do Tribunal;

c) do TRT, quando o ato coator for praticado por Juiz de 1º grau, Desembargador ou por servidor sob a jurisdição do Tribunal;

d) do juiz de 1º grau, por exclusão, nos demais casos, como os mandados de segurança contra atos da fiscalização do trabalho.

São requisitos da ação de mandado de segurança:

a) ato de autoridade;

b) direito líquido e certo;

c) prazo decadencial de 120 dias, no caso de mandado de segurança repressivo.

O termo inicial do prazo decadencial é a prática do ato coator. Caso o ato coator seja ratificado, o efetivo ato coator é o primeiro em que se firmou a tese hostilizada e não aquele que a ratificou (OJ 127 da SDI-2 do TST). Assim, o pedido de reconsideração feito na via administrativa não interrompe o prazo decadencial (Súmula 430 do STF).

A impetração do mandado de segurança deve ser medida útil e necessária, além de adequada. Nesse sentido, em razão da necessidade de interesse em agir, não se admite mandado de segurança contra lei em tese (Súmula 266 do STF) e ato passível de impugnação por recurso administrativo e sem exigência de caução (art. 5º, I, da Lei n. 12.016/2009).

Ainda, o TST entende que não cabe mandado de segurança contra sentença homologatória de adjudicação, conforme OJ 66 da SDI-2 do TST. Também não admite mandado de segurança contra decisão judicial passível de reforma mediante recurso próprio, ainda que com efeito diferido (OJ 92 da SDI-2 do TST).

Se o juiz conceder tutela provisória na sentença, não cabe mandado de segurança, em razão de ser cabível o recurso ordinário. Se a tutela for concedida antes da sentença, o mandado de segurança é cabível se aquela violar direito líquido e certo. Entretanto, se sobrevier a sentença nos autos originários, o mandado de segurança impetrado perde o objeto, pois passa a ser cabível o recurso ordinário (Súmula 414 do TST).

A petição inicial do mandado de segurança deve estar instruída com documentos indispensáveis e autenticados para comprovar o direito líquido e certo violado, sob pena de indeferimento (Súmula 415 do TST).

O parecer do MPT é obrigatório. Entretanto, o prazo no processo do trabalho é de 8 dias, por força do art. 5º da Lei n. 5.584/70.

9.2 Ação rescisória

Da mesma forma que o mandado de segurança, a ação rescisória trabalhista segue as regras do CPC, havendo apenas algumas particularidades, a seguir abordadas.

A ação rescisória tem dois pressupostos:

a) Sentença de mérito transitada em julgado: não cabe, portanto, contra as sentenças terminativas.

Apesar de cabível apenas nas sentenças definitivas, a ação rescisória pode ter por objeto uma questão processual, desde que ela seja pressuposto de uma questão de mérito (Súmula 412 do TST).

O TST não admite a ação rescisória preventiva, que é aquela ajuizada antes do trânsito em julgado da sentença (Súmula 299, III).

b) Invocação de um dos motivos do art. 966 do CPC, que são hipóteses taxativas, em que não cabe a analogia.

O TST admite a ação rescisória de ação rescisória (Súmula 400). Nesse caso, o vício apontado na segunda ação deve ter surgido na primeira, não sendo possível nova discussão na matéria já decidida na rescisória anterior.

Quanto à legitimidade ativa, a Súmula 407 do TST reconhece que as hipóteses previstas no CPC para a legitimidade do MP são meramente exemplificativas. Ainda, o TST entende que, no polo ativo, o litisconsórcio é facultativo, pois ele decorre de conveniência, além de que não se pode obrigar uma pessoa a demandar em face de outra (Súmula 406, II, do TST). Assim, se duas pessoas foram reclamadas em uma ação trabalhista e foram condenadas em sentença transitada em julgado, não é necessário que ambas estejam no polo ativo da ação rescisória.

No que tange à legitimidade passiva, esta é do titular atual do direito referente ao capítulo da sentença que se busca rescindir. Se houver mais de um titular do direito, o caso é de litisconsórcio necessário, pois a ação será resolvida da mesma forma para todos, com indivisibilidade do objeto (Súmula 406, I, do TST).

Para o ajuizamento de uma ação rescisória, é necessário que o autor aponte uma das hipóteses do art. 966 do CPC. O equívoco na indicação do inciso não vincula o julgador, que fica sim adstrito aos fatos descritos na inicial (Súmula 408 do TST).

São causas para o ajuizamento de ação rescisória:

a) prevaricação, concussão ou corrupção do juiz (inciso I);

b) impedimento ou incompetência absoluta (inciso II);

c) dolo da parte vencedora em detrimento da parte vencida (inciso III): o vencedor deve ter adotado um procedimento concreto para obstar a produção de prova útil ao vencido. Assim, se a parte apenas silenciou a respeito de fatos contrários a ela, não resta configurado o dolo previsto em lei (Súmula 403 do TST);

d) colusão para fraudar a lei (inciso III): nesse caso, o prazo decadencial de 2 anos começa a correr para o MP, que não interveio no processo principal, a partir do momento em que teve ciência da fraude (Súmula 100, VI, do TST);

e) ofensa à coisa julgada (inciso IV);

f) violação manifesta de norma jurídica (inciso V): a parte deve indicar corretamente o dispositivo infringido (Súmula 408 do TST), não sendo ela cabível quando se trata de decisão que adota interpretação controvertida nos tribunais (Súmula 343 do STF). Deve haver também o prequestionamento (Súmula 298 do TST), que só é dispensado quando o vício nasceu no próprio julgamento que se pretende rescindir (Súmula 298, V, do TST);

g) falsidade da prova (inciso VI);

h) documento novo (inciso VII): é o documento velho que já existia ao tempo da sentença, mas cuja existência era ignorada pelo autor ou cujo uso foi impossibilitado (Súmula 402 do TST);

i) erro de fato (inciso VIII).

O depósito prévio para o ajuizamento da ação rescisória trabalhista é de 20% sobre o valor da causa (art. 836 da CLT). Tem ele o objetivo de desestimular o uso da ação e é revertido ao réu se a rescisória não for admitida ou for julgada improcedente, por unanimidade.

Estão dispensados de recolhimento apenas a União, o Estado, o Município, o MP e os beneficiários da justiça gratuita (art. 836 da CLT).

A ação deve ser ajuizada dentro do prazo decadencial de 2 anos, contado do trânsito em julgado da sentença. O prazo é contado do primeiro dia subsequente ao trânsito em julgado da última decisão do processo, seja ela de mérito ou não (art. 975 do CPC e Súmula 100, I, do TST). No caso de prova nova, o art. 975, § 2º, do CPC estabelece o prazo de 2 anos, contados da descoberta da prova nova, até o máximo de 5 anos.

Sobre o prazo decadencial, observem-se alguns entendimentos do TST sobre o tema:

a) O TST entende que o trânsito em julgado pode se dar em momentos e tribunais distintos no processo, a depender de se um determinado ponto foi objeto de recurso. Nessa hipótese, o prazo decadencial para o ajuizamento da ação rescisória começa a contar do trânsito em julgado de cada capítulo da decisão. A exceção diz respeito às preliminares ou prejudiciais que tornem insubsistente toda a decisão recorrida (Súmula 100, II, do TST).

b) Se o recurso interposto não for conhecido por intempestividade ou por ser incabível, ele não tem o condão de protrair o prazo decadencial (Súmula 100, III, do TST).

c) A certidão de trânsito em julgado no processo não vincula o tribunal quando do ajuizamento da ação rescisória.

Pode ele considerar outros fatores para verificar o transcurso do prazo (Súmula 100, IV, do TST);

d) O prazo é prorrogado se finalizar aos sábados, domingos, feriados, férias forenses ou em dias em que não houver expediente forense (Súmula 100, IX, do TST).

A competência para o processamento da ação rescisória é do TRT, quando a decisão rescindenda for prolatada pelo juiz de 1º grau ou pelo próprio TRT, ou do TST, quando a decisão rescindenda for prolatada pelo próprio TST.

Como fica a competência quando a decisão rescindenda for de não conhecimento do recurso de revista ou dos embargos? Como regra, a competência é do TRT, pois não houve decisão de mérito no TST (Súmula 192, I, do TST). Entretanto, a competência será do TST se o motivo, o não conhecimento, for decorrente de análise de arguição de violação de dispositivo de lei material ou por decisão em consonância com súmula de direito material ou com iterativa, notória e atual jurisprudência de direito material da SDI (Súmula 192, II, do TST). É que, em ambos os casos, o TST analisa o mérito da causa para daí concluir que não houve a violação.

9.3 Ação anulatória de cláusulas convencionais

A ação anulatória de cláusulas tem previsão no art. 83, IV, da LC n. 75/93. É ação de natureza constitutiva negativa, que tira do mundo jurídico a cláusula de um acordo coletivo ou de uma convenção coletiva de trabalho, mediante declaração de sua nulidade.

Ela tem cabimento nos casos de violação de cláusulas que firam:

a) liberdades individuais ou coletivas (exemplo: intimidade, liberdade de filiação sindical, por desconto de contribuição confederativa);

b) direitos individuais indisponíveis dos trabalhadores;

c) regras formais, quando desrespeitados os requisitos legais para a sua validade.

A legitimidade ativa para a propositura da ação é do MPT ou das partes convenentes. O trabalhador que se sentir lesado também pode pedir a nulidade de cláusula de norma coletiva, porém o pleito deve ser feito em reclamação trabalhista, sendo a nulidade reconhecida incidentalmente.

O art. 611-A, § 5º, da CLT estabelece que os sindicatos subscritores de convenção coletiva ou acordo coletivo de trabalho devem ser litisconsortes necessários, em ação individual ou coletiva, cujo objeto seja anulação de cláusulas da norma coletiva.

Se o autor da ação for o MPT ou as partes convenentes, a competência é do TRT, em razão da natureza coletiva da ação, ou do TST, se a base territorial da norma ultrapassar o âmbito jurisdicional de um único tribunal. Da decisão, cabe recurso ao TST (arts. 224 e 225, I, do RITST).

Se a ação for ajuizada pelo trabalhador, a competência para o processamento da reclamação trabalhista é da Vara do Trabalho.

9.4 Ação monitória

A ação monitória tem o objetivo de abreviar o caminho para a execução forçada, permitindo que o credor substitua a ação de conhecimento pertinente.

O autor deve ter prova escrita (ou prova oral documentada) sem eficácia de título executivo para pedir:

a) o pagamento de soma em dinheiro;

b) a entrega de coisa fungível ou infungível, de bem móvel ou imóvel;

c) o adimplemento de obrigação de fazer ou de não fazer (art. 700 do CPC).

Como exemplo, temos a possibilidade de uso de ação monitória para receber valor contido em termo de rescisão de contrato de trabalho (TRCT) assinado, porém não pago.

A petição inicial deve conter:

a) a importância devida, instruindo-a com memória de cálculo;
b) o valor atual da coisa reclamada;
c) o conteúdo patrimonial em discussão ou o proveito econômico perseguido (art. 700, § 2º, do CPC).

Caso o juiz verifique que o direito do autor é evidente, mandará expedir o mandado monitório para pagamento, entrega da coisa ou obrigação de fazer ou não fazer, para ser cumprido em 15 dias. Ao final desse prazo:

a) Se o réu ficar inerte, ficará constituído de pleno direito o título executivo judicial (art. 701, § 2º, do CPC). Isso significa que a transformação em título executivo independe de novo despacho pelo juiz.
b) O réu poderá opor embargos monitórios, independentemente de garantia do juízo (art. 702 do CPC). O autor será intimado para manifestação em 15 dias (art. 702, § 5º, do CPC). Se eles forem rejeitados, ficará constituído de pleno direito o título executivo judicial (art. 702, § 8º, do CPC). Contudo, se forem acolhidos, não haverá a constituição do título executivo.

9.5 Ação de consignação em pagamento

A ação de consignação em pagamento é cabível nos casos do art. 335 do CC:

a) se o credor não puder, ou, sem justa causa, recusar receber o pagamento, ou dar quitação na devida forma;
b) se o credor não for, nem mandar receber a coisa no lugar, tempo e condição devidos;
c) se o credor for incapaz de receber, for desconhecido, declarado ausente, ou residir em lugar incerto ou de acesso perigoso ou difícil;
d) se ocorrer dúvida sobre quem deva legitimamente receber o objeto do pagamento;
e) se pender litígio sobre o objeto do pagamento.

Como exemplo, temos o caso de empregador que pretende pagar as verbas do TRCT de empregado falecido, porém não sabe especificamente a quem pagar.

O procedimento especial está previsto nos arts. 539 a 549 do CPC.

Na petição inicial, o autor deverá requerer o depósito da quantia ou coisa devida em 5 dias, bem como a citação do réu para levantar o depósito ou oferecer contestação.

No processo do trabalho, deve ser designada audiência, aplicando-se o art. 844 da CLT para o caso de ausência das partes. Assim, se a empresa-consignante não comparecer, o processo será arquivado. Por outro lado, se o empregado-consignado estiver ausente, haverá revelia e confissão.

Em contestação, o réu poderá alegar que:

a) não houve recusa ou mora em receber a quantia ou a coisa devida;
b) foi justa a recusa;
c) o depósito não se efetuou no prazo ou no lugar do pagamento;
d) o depósito não é integral, devendo, neste caso, indicar o valor que entende devido.

Se o pedido for julgado procedente, o juiz declarará extinta a obrigação (art. 546 do CPC). A extinção da obrigação também ocorrerá se o credor receber o valor e der quitação (art. 546, parágrafo único, do CPC).

Se o juiz reconhecer a insuficiência do depósito, a sentença determinará o montante devido e valerá como título executivo em face do consignante.

9.6 Questões

1. **(FCC – TRT 15ª Região)** O TST adota diversos entendimentos pacificados sobre a ação rescisória no processo do trabalho, entre os quais:

A) é cabível pedido formulado em ação rescisória por violação literal de lei, ainda que a decisão rescindenda esteja baseada em texto legal infraconstitucional de interpretação controvertida nos Tribunais.

B) havendo recurso parcial no processo principal, o trânsito em julgado dá-se em momentos e em tribunais diferentes, contando-se o prazo decadencial para a ação rescisória do trânsito em julgado de cada decisão, salvo se o recurso tratar de preliminar ou prejudicial que possa tornar insubsistente a decisão recorrida, hipótese em que flui a decadência a partir do trânsito em julgado da decisão que julgar o recurso parcial.

C) o prazo de decadência, na ação rescisória, tem início e é contado do dia em que se verifica trânsito em julgado da última decisão proferida na causa, seja de mérito ou não.

D) para efeito de ação rescisória, não se considera pronunciada explicitamente a matéria tratada na sentença quando, examinando remessa de ofício, o Tribunal simplesmente a confirma.

E) a não apresentação de contestação na ação rescisória produz revelia, com o consequente efeito de confissão.

↳ *Resolução:*
A) *Incorreta.* A Súmula 83, I, do TST diz não ser cabível a ação rescisória.
B) *Correta.* É a redação da Súmula 100, II, do TST.
C) *Incorreta.* É a redação da Súmula 100, I, do TST, mas estabelece que se conta do dia imediatamente seguinte ao trânsito em julgado.
D) *Incorreta.* A Súmula 298, III, do TST estabelece que a matéria está explicitamente pronunciada.
E) *Incorreta.* A Súmula 398 do TST dispõe não haver efeitos da revelia na ação rescisória.

↗ Gabarito: "B".

2. **(FCC – TST)** Considerando a jurisprudência sumulada do Tribunal Superior do Trabalho a respeito da ação rescisória no Processo do Trabalho:

A) caracteriza dolo processual, para efeitos de ação rescisória, o silêncio da parte vencedora a respeito de fatos contrários a ela, constituindo ardil que resulta em cerceamento de defesa e, em consequência, desvia o juiz de uma sentença não condizente com a verdade.

B) o sindicato, substituto processual e autor da reclamação trabalhista, em cujos autos fora proferida a decisão rescindenda, possui legitimidade para figurar como réu na ação rescisória, sendo descabida a exigência de citação de todos os empregados substituídos, porquanto inexistente litisconsórcio passivo necessário.

C) não padece de inépcia a petição inicial de ação rescisória que omite ou capitula erroneamente a causa da rescindibilidade da decisão rescindenda, mesmo diante da ausência de indicação expressa da norma jurídica manifestamente violada, aplicando-se, no caso, o princípio *iura novit curia*, ou seja, o juiz deve conhecer o Direito.

D) procede ação rescisória calcada em violação do art. 7º, XXIX, da CF/88 quando a questão envolve discussão sobre a espécie de prazo prescricional aplicável aos créditos trabalhistas, se total ou parcial.

E) para efeito de ação rescisória, pode se considerar prova nova a sentença normativa preexistente à sentença rescindenda, mas não exibida no processo principal, mesmo em virtude de negligência da parte, por força do princípio da verdade real.

↳ *Resolução:*
A) *Incorreta.* A Súmula 403, I, do TST estabelece que não existe o dolo processual na hipótese.
B) *Correta.* É a expressa redação da Súmula 406, II, do TST.
C) *Incorreta.* A Súmula 408 do TST aponta a obrigatoriedade de indicação correta da norma tida como violada.
D) *Incorreta.* A Súmula 409 do TST dispõe que não procede a ação rescisória nesse caso.
E) *Incorreta.* A Súmula 402, II, do TST dispõe que não é prova nova no caso apontado nessa alternativa.

↗ Gabarito: "B".

3. **(FCC – TRT 24ª Região)** Considere as seguintes assertivas a respeito do Mandado de Segurança:

I. Não há direito líquido e certo à execução definitiva na pendência de Recurso Extraordinário, ou de Agravo de Instrumento visando a destrancá-lo.

II. Ajuizados Embargos de Terceiro para pleitear a desconstituição da penhora, é incabível a interposição de mandado de segurança com a mesma finalidade.

III. Constitui direito líquido e certo passível de ser tutelado através de Mandado de Segurança a negativa do juiz em homologar acordo entre as partes litigantes.

IV. É incabível a impetração de mandado de segurança contra ato judicial que, de ofício, arbitrou novo valor à causa, acarretando a majoração das custas processuais.

Está correto o que consta APENAS em:

A) III e IV.
B) I e II.
C) I, II e IV.
D) I, II e III.
E) II, III e IV.

↳ **Resolução:**

I. *Correta*. É o teor da OJ 56 da SDI-2 do TST.
II. *Correta*. É a redação da OJ 54 da SDI-2 do TST.
III. *Incorreta*. Não há direito líquido e certo à homologação de acordo, conforme Súmula 418 do TST.
IV. *Correta*. É a previsão da OJ 88 da SDI-2 do TST.

↗ **Gabarito: "C".**

REFERÊNCIAS

ALMEIDA, Ísis de. *Manual de direito individual do trabalho*. São Paulo: LTr, 1998.

AMORIM FILHO, Agnelo. Critério científico para distinguir a prescrição da decadência e para identificar as ações imprescritíveis. *Revista dos Tribunais*, a. 300, p. 7-37. São Paulo: out. 1960.

ANTUNES, Oswaldo Moreira. *A prescrição intercorrente no direito processual do trabalho*. São Paulo: LTr, 1993.

BARROS, Alice Monteiro de. *Curso de direito do trabalho*. 2. ed. São Paulo: LTr, 2006.

BELTRAN, Ari Possidonio. *Dilemas do trabalho e do emprego na atualidade*. São Paulo: LTr, 2001.

BULGARELLI, Waldirio. *Direitos dos grupos e a concentração de empresas*. São Paulo: Universitária de Direito, 1975.

CARRION, Valentin. *Comentários à Consolidação das Leis do Trabalho*. 31. ed. São Paulo: Saraiva, 2006.

CINTRA, Antonio Carlos de Araújo; GRINOVER, Ada Pellegrini; DINAMARCO, Cândido Rangel. *Teoria geral do processo*. 17. ed. São Paulo: Malheiros, 2001.

CORRADO, Renato. *Trattato di diritto del lavoro*. Torino: UTET, 1969.

DELGADO, Mauricio Godinho. *Jornadas de trabalho e descansos trabalhistas*. 2. ed. São Paulo: LTr, 1998.

GOTTSCHALK, Egon Felix. *Norma pública e privada no direito do trabalho*. São Paulo: Saraiva, 1944.

LEAL, Antonio Luis Câmara. *Da prescrição e da decadência*. Rio de Janeiro: Forense, 1939.

MAGANO, Octavio Bueno. *Direito individual do trabalho*. 3. ed. São Paulo: LTr, 1992.

_____. *Manual de direito do trabalho*. 4. ed. São Paulo: LTr, 1991.

MALLET, Estêvão. *Temas de direito do trabalho*. São Paulo: LTr, 1998.

MANUS, Pedro Paulo Teixeira. *Direito do trabalho*. São Paulo: Atlas, 1993.

MARTINS, Sergio Pinto. *Comentários à CLT*. 10. ed. São Paulo: Atlas, 2006.

NASCIMENTO, Amauri Mascaro. *Curso de direito do trabalho*. 10. ed. São Paulo: Saraiva, 1992.

PÔRTO, Marcos da Silva. Trabalho rural e jornada de trabalho. In: GIORDANI, Francisco Alberto da Motta Peixoto; MARTINS, Melchíades Rodrigues; VIDOTTII, Tarcísio José (Coords.). *Direito do trabalho rural*: homenagem a Irany Ferrari. 2. ed. São Paulo: LTr, 2005.

12

DIREITO TRIBUTÁRIO

ROBERTA BOLDRIN

Sumário

1. FONTES DO DIREITO TRIBUTÁRIO 852
   1.1 Questões 855
2. COMPETÊNCIA TRIBUTÁRIA 858
   2.1 Competência e capacidade tributária ativa 858
   2.2 Capacidade tributária ativa 859
   2.3 Atributos da competência tributária 859
   2.4 Classificação da competência tributária 860
   2.5 Questões 862
3. REPARTIÇÃO DE RECEITAS TRIBUTÁRIAS 865
   3.1 Questões 867
4. LIMITAÇÕES CONSTITUCIONAIS AO PODER DE TRIBUTAR 869
   4.1 Limitações em espécie 869
   4.2 Questões 880
5. IMUNIDADES TRIBUTÁRIAS 882
   5.1 Aspectos gerais 882
   5.2 Imunidades genéricas 883
   5.3 Imunidades específicas 890
   5.4 Questões 891
6. ESPÉCIES TRIBUTÁRIAS 892
   6.1 Classificação das espécies tributárias 892
   6.2 As espécies tributárias na Constituição Federal 892
   6.3 Questões 909
7. NORMAS GERAIS EM MATÉRIA TRIBUTÁRIA 911
   7.1 Legislação tributária – vigência, aplicação e interpretação 911
   7.2 Fato gerador e obrigação tributária 915
   7.3 Evasão, Elisão e Elusão Tributária 919
   7.4 Sujeitos da relação tributária 920

7.5	Responsabilidade tributária	924
7.6	Questões	932
8.	**CRÉDITO TRIBUTÁRIO E LANÇAMENTO TRIBUTÁRIO**	**933**
8.1	Crédito tributário	933
8.2	Lançamento tributário	934
8.3	Revisão do lançamento	935
8.4	Modalidades de lançamento tributário	935
8.5	Suspensão, extinção e exclusão do crédito tributário	939
8.6	Questões	951
9.	**GARANTIAS E PRIVILÉGIOS DO CRÉDITO TRIBUTÁRIO**	**953**
9.1	Garantias do crédito tributário	953
9.2	Demais garantias	955
9.3	Preferências do crédito tributário	956
9.4	Questões	957
10.	**ADMINISTRAÇÃO TRIBUTÁRIA**	**958**
10.1	Fiscalização tributária	958
10.2	Dívida ativa	961
10.3	Certidões fiscais	962
10.4	Questões	963
REFERÊNCIAS		**965**

1. FONTES DO DIREITO TRIBUTÁRIO

As Fontes do Direito Tributário são classificadas em **primárias** e **secundárias**. Enquanto as fontes primárias ou principais **criam as regras jurídicas**, às secundárias ou acessórias é reservado o papel de **detalhar as regras** – sem inovar na ordem jurídica – que foram objeto de introdução pela fonte primária.

As fontes primárias inovam a ordem jurídica constantes no art. 59 da Constituição Federal de 1988 (CF):

a) as emendas à Constituição;
b) lei complementares;
c) leis ordinárias;
d) medidas provisórias;
e) decretos legislativos;
f) resoluções.

As fontes secundárias são os atos de caráter infralegal e assumem o papel de dar fiel cumprimento à execução das fontes primárias. Portanto, são totalmente dependentes das fontes primárias, uma vez que não criam novas regras. Podem ser representadas por:

a) regulamentos;
b) parecer normativo;
c) circulares;
d) atos administrativos tributários em geral;
e) portarias ministeriais;
f) costumes;
g) jurisprudência;
h) instruções normativas e todas as normas estabelecidas pelo art. 100 do CTN:
i) atos normativos expedidos pelas autoridades administrativas;
ii) decisões de órgãos singulares ou coletivos de jurisdição administrativa, a que a lei atribua eficácia normativa;
iii) práticas reiteradamente observadas pelas autoridades administrativas;
iv) convênios que entre si celebrem a União, Estados o Distrito Federal e os Municípios.

Para facilitar a compreensão, criamos dois quadros com as principais fontes primárias (I) e fontes secundárias (II), sua aplicabilidade no Direito Tributário e formas de exigência em bancas de Concursos Públicos (Prática):

I – FONTES PRIMÁRIAS			
Fundamento	Fonte Normativa	Aplicabilidade	Exigência
Arts. 145 a 195 da CF	Constituição Federal de 1988	Estabelece, entre outras providências, a competência dos entes federados na criação de tributos e estabelece a regra matriz de incidência tributária das espécies definidas.	a) art. 146 estabelece as matérias sob a reserva de Lei Complementar; b) art. 150 define os princípios constitucionais tributários; c) art. 150, VI, estabelece o rol de Imunidades Genéricas; d) arts. 153, 155 e 156 da CF estabelecem a competência privativa da União, dos Estados, do DF e dos Municípios; e) arts. 157 a 159 da CF tratam da Repartição de Receitas Tributárias.
Art. 60, § 4º, IV, da CF	Emenda à Constituição Federal de 1988	Insere novos comandos e suprime os já existentes, mas sem violar as cláusulas pétreas.	a) EC n. 42/2003: modificou o regime da anterioridade da lei tributária do art. 150, III, *c*;

I – FONTES PRIMÁRIAS			
Fundamento	Fonte Normativa	Aplicabilidade	Exigência
			b) EC n. 55/2007: alterou os percentuais de distribuição de receitas de IPI do art. 150, I, *d*; c) EC n. 75/2013: inseriu ao rol do inciso VI do art. 150 a alínea *e*, criando a imunidade musical.
Art. 146 da CF	Lei Complementar	Em função de maior dificuldade na aprovação de novas leis, como resultado do art. 69 da CF que exige quórum de maioria absoluta (50% dos membros do Congresso Nacional), garante maior estabilidade para os temas reservados à Lei Complementar, os quais não podem ser objeto de Medida Provisória, de acordo com o art. 62, § 1º, III, da CF.	a) dispor sobre conflitos de competência; b) regular as limitações ao poder de tributar; c) atribuir adequado tratamento ao ato cooperativo d) estabelecer normas gerais em matéria tributária; e) criação do regime único de arrecadação dos impostos dos entes federados e contribuição da União e tratamento diferenciado às microempresas e empresas de pequeno porte; f) instituir empréstimos compulsórios, impostos sobre as grandes fortunas, impostos residuais, criação de novas fontes de custeio da seguridade sociais, definição e fato gerador de ISS, disciplina do ICMS.
Art. 146 da CF	Lei Ordinária	Mais usual que a Lei Complementar, a Lei Ordinária cria tributos e pode ser considerada a regra na seara do Direito Tributário. Disciplina tudo o que não for objeto de Lei Complementar. O quórum para a sua aprovação é de maioria simples, que representa 50% + 1 dos votantes presentes na sessão.	a) instituição, majoração e extinção de tributos como as taxas, contribuições especiais (não residuais), assim como a maioria dos impostos. Concede a exclusão do crédito tributário por meio da Anistia e Isenção; b) fixação do fato gerador e do sujeito passivo da obrigação tributária, definição de base de cálculo e alíquota, descrição das infrações bem como das penalidades aplicáveis; c) normatização das atividades da fiscalização e arrecadação tributárias.
Art. 62 da CF	Medida Provisória	Utilizada apenas em casos de urgência e relevância, já que compete ao chefe do Poder Executivo.	Instituição e majoração de tributos. Seus efeitos são imediatos, com exceção ao II, IE, IPI, IOF e IEG, a medida produzirá efeito se sua conversão em lei ocorrer até o último dia do exercício financeiro daquele em foi editada.

I – FONTES PRIMÁRIAS			
Fundamento	Fonte Normativa	Aplicabilidade	Exigência
Art. 59, VI, da CF	Decreto Legislativo	Instrumento utilizado para as disciplinas de competência exclusiva do Congresso Nacional, não poderá ser utilizado para instituir ou majorar tributo. É promulgado pelo Presidente da República.	a) os Tratados e Convenções são internalizados no ordenamento jurídico brasileiro; b) aprovação dos convênios de ICMS para sua integração nas legislações estaduais de cada um dos entes da federação.
Arts. 51 e 52 e 59, VII, da CF	Resolução do Senado Federal	É utilizada para tratar das matérias de competência privativa do Senado e Câmara dos Deputados.	a) estabelece as alíquotas de ICMS nas hipóteses de operações e prestações interestaduais e de exportação e define as alíquotas mínimas e máximas nas operações internas de ICMS, além de resolver os conflitos que envolvam o interesse de Estados; b) define as alíquotas máximas de ITCMD; c) fixa a alíquota mínima de IPVA.

II – FONTES SECUNDÁRIAS			
Fundamento	Fonte Normativa	Aplicabilidade	Exemplos
Art. 96 do CTN	Tratados e Convenções Internacionais	São instrumentos que podem modificar ou revogar a legislação tributária interna e ingressam na ordem tributária com status de lei ordinária.	Concessão de isenção de tributos municipais e estaduais, relativizando o princípio da vedação à concessão de isenções heterônomas realizada pela União.
Art. 100, IV, da CF	Convênios Interestaduais	São utilizados para deliberação conjunta entre os Entes da federação e, em matéria tributária, cuidam dos temas relacionados com a exigência e cobrança de ICMS, entrando em vigor na data prevista por eles.	Regulam a forma como, mediante deliberação conjunta dos Estados e do DF, serão concedidas as isenções, revogações e os incentivos fiscais de ICMS. O Confaz, Conselho Nacional de Política Fazendária celebra os Convênios de ICMS e atualmente é composto por representantes dos Estados, DF e União. Os Convênios carecem da ratificação do Poder Legislativo de cada ente federado.

II – FONTES SECUNDÁRIAS			
Fundamento	Fonte Normativa	Aplicabilidade	Exemplos
Art. 100 do CTN	Portarias Ministeriais	Utilizadas na execução das leis, não criam tributos ou estabelecem qualquer forma de encargo ao contribuinte. Disciplinam o funcionamento interno das repartições da Fazenda.	Realização de Protocolos, Impugnações, divisão das repartições.
Art. 100 do CTN	Parecer Normativo	Opinião oficial da Fazenda a respeito de conteúdo e alcance de uma norma jurídica tributária.	
Art. 100 do CTN	Circulares	Utilizadas para organizar os serviços internos da Fazenda Pública.	Horários de atendimento dos órgãos.
Art. 100 do CTN	Decisões de órgãos e Atos administrativos tributários em geral	Expedidos pelas autoridades administrativas.	Ordem de serviço expedida pelos Delegados da Receita Federal e Inspetores Alfandegários.
Art. 99 do CTN	Decretos e Regulamentos	De caráter infralegal, limitam os atos discricionários do fisco.	Modificam as alíquotas dos tributos que podem ser alterados por ato do Poder Executivo: II, IE, IPI, IOF e Cide-Combustíveis.

> **ATENÇÃO**
>
> As práticas administrativas reiteradamente observadas pela autoridade administrativa e os costumes são fonte secundária do Direito Tributário.

1.1 Questões

1. **(CONSULPLAN – TJMG – Titular de Serviços de Notas e de Registros – Remoção)** Assinale a alternativa INCORRETA.

A) A Constituição Federal, além de conter regras voltadas à discriminação das competências tributárias, igualmente contempla normas instituidoras de tributos.

B) A expressão "Fazenda Pública", nos termos do Código Tributário Nacional, abrange a Fazenda Pública da União, dos Estados, do Distrito Federal e dos Municípios.

C) São normas complementares das leis, dos tratados e das convenções internacionais e dos decretos, as decisões dos órgãos singulares ou coletivos de jurisdição administrativa, a que a lei atribua eficácia normativa.

D) De acordo com o Código Tributário Nacional, a pessoa natural ou jurídica de direito privado que adquirir de outra, por qualquer título, fundo de comércio ou estabelecimento comercial, industrial ou profissional, e continuar a respectiva exploração, sob a mesma ou outra razão social ou sob firma ou nome individual, responde pelos tributos, relativos ao fundo ou estabelecimento adquirido, devidos até a data do ato, integralmente, se o alienante cessar a exploração do comércio, indústria ou atividade.

↘ **Resolução:**

A CF cuida do sistema tributário nacional entre os arts. 145, no qual discrimina a instituição de imposto, taxas e contribuições de melhorias nos incisos I, II e III da CF, 149, autorizando a instituição das contribuições especiais (de intervenção no domínio econômico, devidas pelas categorias profissionais ou econômica) e 195, discriminando das contribuições especiais, de competência privativa da União.

Em especial, limita as competências para a instituição de tributos nos arts. 153 (impostos ordinários de competência da União), 154, I e II (impostos residuais e impostos extraordinários de guerra), 155 (impostos de competência dos Estados e DF) e 156 (impostos de competência dos Municípios e DF).

Por fim, o art. 146, I a III, da CF restringe o tratamento de determinadas matérias tributárias à Lei Complementar.

↗ Gabarito: "A".

2. **(VUNESP – Prefeitura de Cerquilho-SP – Procurador Jurídico)** Lei do Município "B" estabelece isenção de IPTU aos brasileiros ex-combatentes da Segunda Guerra Mundial que possuam apenas um imóvel no território do Município. O cidadão americano John, imigrante residente no Município e veterano da Guerra da Coreia, sentindo-se injustiçado com a isenção prevista apenas para ex-combatentes da Segunda Guerra Mundial, solicita, com base no princípio da isonomia e na ideia de equidade, a referida isenção. Na dúvida quanto à forma de interpretar a legislação tributária, o auditor responsável solicita parecer ao órgão jurídico do Município. Segundo o Código Tributário Nacional e a jurisprudência do STF, é correto ao procurador responsável pelo parecer afirmar com relação à situação hipotética que:

A) o emprego da equidade poderá resultar na dispensa do pagamento de tributo devido, motivo pelo qual, considerando a similaridade das situações, deve ser concedida a isenção solicitada.

B) o emprego da analogia não poderá resultar na exigência de tributo não previsto em lei, motivo pelo qual a isenção deverá ser deferida.

C) se interpreta literalmente a legislação tributária que disponha sobre outorga de isenção, devendo ser indeferido o pedido por não se adequar perfeitamente à legislação municipal.

D) se interpreta mais favoravelmente ao sujeito passivo a legislação que disponha sobre outorga de isenção, motivo pelo qual, diante do princípio da isonomia, deve-se deferir a solicitação.

E) a lei é flagrantemente inconstitucional, uma vez que trata situações idênticas de forma distinta, devendo o auditor considerar nula a lei, indeferindo o pedido de isenção.

↘ **Resolução:**

Art. 176, *caput*, do CTN estabelece a interpretação literal da norma que conceda a isenção.

↗ Gabarito: "C".

3. **(FCC – SANASA Campinas – Procurador Jurídico)** Conforme o Código Tributário Nacional, no que se refere à vigência, à aplicação, à interpretação e à integração da legislação tributária:

A) a lei aplica-se a ato ou fato pretérito, em qualquer caso, quando seja expressamente interpretativa, excluída a aplicação de penalidade à infração dos dispositivos interpretados.

B) a legislação tributária aplica-se imediatamente aos fatos geradores futuros, presentes, pretéritos e pendentes, assim entendidos aqueles cuja ocorrência tenha tido início, mas não esteja completa na data da publicação da norma.

C) a legislação tributária dos Municípios vigora, no Brasil e no exterior, fora dos respectivos territórios municipais, nos limites em que lhe reconheçam extraterritorialidade os sujeitos, ativos ou passivos, contribuintes ou responsáveis, independente de onde os atos, fatos ou negócios jurídicos tenham sido realizados.

D) a autoridade tributária deverá aplicar a legislação tributária utilizando-se dos princípios gerais do direito, da equidade e da analogia, de maneira mais favorável ao sujeito ativo, em caso de dúvida quanto à incidência de tributo ou à aplicação de penalidade.

E) a definição, o conteúdo e o alcance de institutos, conceitos e formas de direito privado, utilizados, expressa ou implicitamente, pela Constituição Federal ou pelas leis complementares devem ser estabelecidos, ampliados ou limitados, mediante lei ordinária ou regulamento, promulgados pelo ente competente para fiscalizar o tributo.

↘ **Resolução:**

O art. 106, I, do CTN autoriza a aplicação de lei futura a fato gerador pretérito.

↗ Gabarito: "A".

4. **(FUNDATEC – Prefeitura de Gramado-
-RS – Auditor Tributário)** Quanto à vigência da legislação tributária, o Código Tributário Nacional estabelece que entram em vigor, no primeiro dia do exercício seguinte àquele em que ocorra a sua publicação, os dispositivos referentes a impostos sobre o patrimônio ou a renda, que:

I. Instituem ou majoram tais impostos.

II. Definem novas hipóteses de incidência.

III. Correspondam a atos normativos expedidos pelas autoridades administrativas.

Quais estão corretas?

A) Apenas I.
B) Apenas II.
C) Apenas III.
D) Apenas I e II.
E) Apenas I e III.

↳ **Resolução:**
Arts. 150, III, *b* e *c*, da CF, já que observam o princípio da anterioridade a instituição e majoração de tributo, além da definição de novas hipóteses e incidência tributária, preservando a segurança jurídica e a não surpresa.

↗ **Gabarito: "D".**

5. **(VUNESP – Prefeitura de Guarulhos-SP – Inspetor Fiscal de Rendas – Conhecimentos Específicos)** A analogia, no direito tributário, é:

A) método de integração da legislação tributária que disponha sobre suspensão ou exclusão do crédito tributário.
B) método de interpretação da legislação tributária, não podendo acarretar exigência de tributo não previsto em lei.
C) método de preenchimento de lacunas normativas relativas a definição, conteúdo e alcance dos efeitos tributários.
D) garantia fundamental do contribuinte, devendo ser empregada pela fiscalização da maneira mais favorável ao sujeito passivo tributário.
E) princípio constitucional interpretativo que, em conjunto com a equidade, pode resultar na dispensa do pagamento de tributo devido.

↳ **Resolução:**
O art. 108 do CTN autoriza o uso da Analogia como forma de interpretar a legislação tributária.

↗ **Gabarito: "B".**

6. **(FGV – Prefeitura de Salvador-BA – Fiscal de Serviços Municipais)** Os fatos geradores dos impostos têm suas normas gerais reguladas por:

A) Lei Ordinária.
B) Emenda Constitucional.
C) Lei Complementar.
D) Decreto Legislativo.
E) Dispositivo Constitucional.

↳ **Resolução:**
O Art. 146, III, da CF determina que as normas gerais em matéria tributária sejam reservadas à Lei Complementar.

↗ **Gabarito: "C".**

7. **(CESPE PGM – Campo Grande-MS – Procurador Municipal)** Com referência às normas constitucionais relativas a tributos e contribuições, julgue o item que se segue.

Medida provisória não é instrumento válido para inclusão de fato gerador relacionado ao imposto sobre serviços de qualquer natureza (ISS), de competência municipal, ainda que essa matéria seja urgente e relevante para o equilíbrio de contas públicas municipais.

( ) Certo
( ) Errado

↳ **Resolução:**
Segundo o art. 62, § 1º, I, da CF, é vedada a utilização de Medida Provisória para a inclusão de fato gerador relacionado aos impostos, já que a matéria é reservada a Lei Complementar, conforme o art. 146, III, *a*, da CF.

↗ **Gabarito: "Certo".**

8. **(CONTEMAX – Prefeitura de Lucena-PB – Procurador)** Qual o valor normativo, no ordenamento jurídico pátrio, dos tratados e as convenções internacionais que revogam ou modificam a legislação tributária interna?

A) Lei Ordinária.
B) Lei Complementar.

C) Norma Supralegal.
D) Emenda Constitucional.
E) Direito Fundamental.

↳ **Resolução:**
Os tratados já vigentes no Brasil possuem valor supralegal: tese do Ministro Gilmar Mendes (RE 466.343-SP), que foi reiterada no HC 90.172-SP, 2ª Turma, votação unânime, julgado em 5 de junho de 2007 e ratificado no histórico julgamento do dia 3 de dezembro de 2008.

↗ Gabarito: "C".

2. COMPETÊNCIA TRIBUTÁRIA

É definida como sendo a outorga constitucional que os entes políticos competentes, União, Estados, Municípios e Distrito Federal, através de lei (ordinária ou complementar), possuem para tratar as matérias sobre Direito Tributário ou sobre matérias tributárias.

O art. 24, I, da CF define a competência para legislar sobre direito tributário como sendo concorrente, já que, no âmbito da competência concorrente, **cabe à União estabelecer as normas gerais, e aos Estados e DF suplementá-las (art. 24, §§ 1º e 2º, da CF). Cuida-se de técnica de repartição de competência vertical.**

> **ATENÇÃO**
>
> Na hipótese em que norma geral não for produzida pela União, os Estados assumem competência legislativa plena, com o fim de atender a suas peculiaridades (art. 24, § 3º, da CF).

Exemplo: a situação ocorre com o IPVA, em relação ao qual **inexiste norma geral dispondo sobre os contribuintes, o fato gerador e a base de cálculo do imposto. Nesse caso, entende o STF, aplicando o dispositivo constitucional acima referido, pela** "competência legislativa plena da unidade da Federação, à falta de normas gerais editadas pela União. Art. 24, § 3º, da Constituição Federal" (RE 191703 AgR). Ou seja, inexistindo a norma geral, compete aos Estados definir os contribuintes, o fato gerador e a base de cálculo do imposto.

Sobrevindo norma geral, a norma estadual tem sua eficácia suspensa no quer for contrária à norma geral.

Embora os municípios não estejam expressamente indicados no art. 24, *caput*, da CF, tem-se entendido que eles participam da competência legislativa concorrente em matéria tributária, tendo em vista o disposto no art. 30, I, da CF, segundo o qual lhes compete suplementar a legislação federal e estadual no que couber. Além disso, detendo o município competência tributária (atividade de instituir tributos) conferida pela CF, seria incoerente que o Constituinte originário lhe privasse da competência legislativa.

2.1 Competência e capacidade tributária ativa

A Competência Tributária é sinônimo de **PODER FISCAL**, outorga política da CF de 1988 (natureza política); já a Capacidade Tributária Ativa assume uma **FUNÇÃO FISCAL** (meramente administrativa).

Tendo como referência a quem (entes federativos) a CF atribui a competência para legislar em matéria tributária, importante estabelecer a distinção entre competência tributária e capacidade tributária ativa.

A competência tributária é o poder atribuído pela CF exclusivamente aos entes políticos para a edição de leis que instituam tributos. Abrange, entretanto, também a competência para majorar, diminuir ou isentar. É o que se pode concluir a partir da leitura do art. 6º do CTN, segundo o qual:

> Art. 6º. A atribuição constitucional de competência tributária compreende a competência legislativa plena, ressalvadas as limitações contidas na Constituição Federal, nas Constituições dos Esta-

dos e nas Leis Orgânicas do Distrito Federal e dos Municípios.

Assim, a pessoa política que detém a competência tributária para instituir o imposto também é competente para aumentá-lo, diminuí-lo ou mesmo conceder isenções, observados os limites constitucionais e legais.

> **IMPORTANTE**
>
> A repartição de receitas tributárias entre entes políticos, tratada entre os arts. 157, 158 e 159 da CF, não importa em qualquer modificação das regras de repartição de competência tributária, já que a Repartição representa determinação constitucional de repartir a arrecadação dos tributos (e não faculdade do ente federado), mas não representa a distribuição de competência tributária.

2.2 Capacidade tributária ativa

Consiste nas atividades de arrecadar, fiscalizar, executar leis, serviços, atos ou decisões administrativas em matéria tributária. Ao contrário da competência tributária (indelegável), tais atividades são delegáveis pelos entes políticos a pessoas jurídicas de direito público ou privado, em razão de expressa autorização legal contida no art. 7º do CTN.

A atribuição compreende as garantias e os privilégios processuais que competem à pessoa jurídica de direito público que a conferir, podendo ser revogada, a qualquer tempo, por ato unilateral da pessoa jurídica de direito público que a tenha conferido.

> **ATENÇÃO**
>
> Não constitui delegação de competência o cometimento, a pessoas de direito público ou privado, do encargo ou da função de arrecadar tributos. É o que se dá, por exemplo, na atividade meramente arrecadatória realizada pelas agências bancárias.

Exemplo: delegação de capacidade tributária ativa tem-se com relação ao ITR. Embora cuide-se de imposto de competência federal, instituído pela União, a própria CF autoriza (art. 153, § 4º, III, da CF) que se delegue aos municípios a atividade de arrecadação e fiscalização tributárias, típica delegação de CAPACIDADE TRIBUTÁRIA ATIVA.

2.3 Atributos da competência tributária

Visto em que consiste a competência tributária (poder de instituir tributos), importante destacar as suas características. A competência é Facultativa, Indelegável, Irrenunciável, Incaducável, Indeferível e Precária.

1) Facultatividade

Seu exercício não é obrigatório. Deve-se atentar, entretanto, para o disposto no art. 11, *caput*, da Lei de Responsabilidade Fiscal – LRF, segundo o qual constituem requisitos essenciais da responsabilidade na gestão fiscal a instituição, previsão e efetiva arrecadação de todos os tributos da competência constitucional do ente da Federação.

Além disso, o parágrafo único do art. 11 veda a realização de transferências voluntárias para o ente que não observe a regra no que se refere aos impostos. A definição de transferência voluntária está prevista no art. 25 da LRF:

> Art. 25. [...] entende-se por transferência voluntária a entrega de recursos correntes ou de capital a outro ente da Federação, a título de cooperação, auxílio ou assistência financeira, que não decorra de determinação constitucional, legal ou os destinados ao Sistema Único de Saúde.

2) Indelegabilidade

Não pode ser objeto de delegação de um ente a outro, diferente, portanto, da capacidade tributária ativa, que o pode ser. Assim, a entidade política a quem a CF atribui o poder de tributar (instituição do tributo) não poderá delegá-lo a outra pessoa jurídica. Trata-se de vedação contida no art. 7º do CTN.

Além da hipótese do ITR, acima, tem-se a arrecadação das anuidades pelos Conselhos Profissionais.

Importante delegação de capacidade tributária ativa, já revogada, tinha-se na arrecadação e na fiscalização das contribuições para o custeio da seguridade social, as quais, até 2007, ficavam a cargo do INSS. Com o advento da Lei n. 11.457/2007, passou a competir à Secretaria da Receita Federal do Brasil planejar, executar, acompanhar e avaliar as atividades relativas a tributação, fiscalização, arrecadação, cobrança e recolhimento das contribuições sociais previstas nas alíneas *a*, *b* e *c* do parágrafo único do art. 11 da Lei n. 8.212/91, e das contribuições instituídas a título de substituição.

3) Irrenunciabilidade

Não pode ser objeto de renúncia por parte do ente político.

4) Incaducidade ou incaducabilidade

Não se perde pelo seu não exercício. Não há prazo definido na CF para o exercício da competência tributária.

Exemplo: o IGF, art. 153, VII, embora ainda não instituído, mediante Lei Complementar que deverá dispor sobre seu Fato Gerador, base de cálculo e contribuintes, pode, respeitadas as regras do Sistema Tributário Nacional, ser exigido, visto que é incaducável a competência outorgada pela CF.

5) Indeferibilidade

O seu exercício equivocado por ente político incompetente não modifica a competência. A propósito, observe-se o disposto no art. 8º do CTN: "o não exercício da competência tributária não a defere a pessoa jurídica de direito público diversa daquela a que a Constituição a tenha atribuído".

6) Precariedade

Nos termos do art. 7º, § 2º, do CTN, a atribuição das atividades relativas à capacidade tributária ativa pode ser revogada, a qualquer tempo, por ato unilateral da pessoa jurídica de direito público que a tenha conferido.

2.4 Classificação da competência tributária

1) Competência privativa

É atribuída a um ente específico para a instituição dos impostos nominados (arts. 153, 155 e 156 da CF) em respeito ao Pacto Federativo.

a) **União – art. 153 da CF:** II, IE, IPI, IOF, COFINS, CIDE, CSLL, ITR, IRPF, IGF;

b) **Estados e DF – art. 155 da CF:** IPVA, ICMS, ITCMD e as Contribuições Previdenciárias dos seus servidores;

c) **Municípios e DF – art. 156 da CF:** ISS, IPTU, ITBI, COSIP e as Contribuições Previdenciárias dos seus servidores.

2) Competência comum

É atribuída a mais de um ente político, respeitadas as suas atribuições constitucionais e administrativas sem que signifique competência concorrente.

Refere-se às taxas e contribuições de melhoria (art. 145, II e III, da CF), vejamos:

a) **Taxas:** são tributos que remuneram os serviços do Estado e possuem dois fatos geradores:

i) o Exercício Regular do poder de polícia administrativa e;

ii) a Prestação Efetiva ou Potencial de serviços públicos específicos e divisíveis – serviços *uti singuli ou personalíssimos* – postos à disposição dos contribuintes.

Exemplo: a **União,** no uso de suas atribuições, exige o recolhimento de taxa para a emissão do passaporte; o **Município** pode exigir taxa de lixo (Súmula Vinculante 19); e o **Estado** pode exigir o recolhimento de taxas para a realização fiscalização ambiental que objetive o controle da emissão de poluentes.

b) **Contribuições de melhorias:** têm como fato gerador obra pública que resulte em valorização imobiliária no imóvel do particular, seja ele pessoa física ou jurídica. A valorização é diferença do valor venal do imóvel (que é experimentado) antes e após a realização da obra pública.

O ente político que realizar obra pública é o competente para exigir o recolhimento do tributo.

3) Competência cumulativa

Refere-se às hipóteses em que a União pode instituir, cumulativamente, aos impostos já previstos pela CF, impostos municipais no âmbito dos Territórios Federais não divididos em municípios e a competência tributária do DF, que compreende também as competências municipais (art. 147 da CF).

> ▶ **ATENÇÃO**
>
> Desde o ano de 1988, os Territórios Federais foram extintos, a exemplo de Fernando de Noronha que se tornou Distrito de Pernambuco.

4) Competência residual

Refere-se à competência da União para a instituição de impostos diferentes dos expressamente discriminados na CF (art. 154, I) e novas fontes de custeio da seguridade social (art. 195, § 4º, da CF).

A **União,** mediante **Lei Complementar,** pode **instituir outros impostos,** além dos já previstos, desde que tenham fato gerador e base de cálculo diferentes dos já existentes e desde que não sejam cumulativos – **art. 154, I, da CF.**

A **União** pode, além dos impostos, **instituir outras** Contribuições de seguridade social, as denominadas **Contribuições Sociais Residuais**.

De acordo com o art. 195, § 4º, da CF, além das contribuições sociais expressamente previstas nos incisos I a V, seguindo a regra aplicada aos impostos residuais com relação à exigência de **Lei Complementar** (vedada a utilização de Medida Provisória ou Lei Ordinária), a União pode exigir, desde de que não cumulativamente (vedação do *bis in idem* e bitributação), e desde que a base de cálculo e os fatos geradores não sejam idênticos aos dos impostos (bem como das contribuições) já previstos nos arts. 153 (impostos de competência privativa da União), art. 155 (impostos de competência dos Estado) e art. 156 (impostos de competência dos Estados) da CF outras fontes de custeio da seguridade social.

5) Competência extraordinária

Refere-se à competência que a União possui para instituir os **Empréstimos Compulsórios** diante da **calamidade pública** e **guerra externa** (iminente ou declarada) e de necessidade de **investimento público de caráter urgente e relevante interesse nacional** (art. 148, I e II, da CF) e da criação **Impostos Extraordinários de Guerra** (art. 154, II, da CF).

> ▶ **ATENÇÃO**
>
> A União pode, diante da guerra externa iminente ou declarada, exigir impostos extraordinários de guerra, podendo exigir o tributo compreendido em sua competência (*bis in idem*) ou se valendo de competência diversa ou de outro ente político (bitributação).

Bis in idem – Dupla exigência ou Dupla Tributação. O mesmo ente político institui mais de um tributo sobre fato gerador idêntico.

Exemplo: exigência de PIS e Cofins.

Bitributação – Entes políticos diferentes que instituem tributo sobre o mesmo fato gerador. É em regra vedada e resulta na possibilidade de dois carnês serem enviados por dois entes políticos diferentes a um contribuinte, por exemplo, para recolhimento do IPTU.

Exceção: bitributação internacional e IEG.

6) Competência exclusiva

Competência detida pela União para a instituição das contribuições especiais (seguridade social, intervenção no domínio econômico e corporativas – art. 149 da CF).

> **ATENÇÃO**
>
> Também se fala em competência exclusiva com relação à Cosip (Contribuições para o Custeio do Serviço de Iluminação Pública) detida pelos Municípios e pelo DF (art. 149-A da CF).

2.5 Questões

1. **(FCC – TJAL – Juiz Substituto)** A Constituição do Estado de Alagoas estabelece que os Municípios têm competência para instituir o imposto sobre vendas a varejo de combustíveis líquidos e gasosos, exceto sobre o óleo diesel, determina que esse imposto compete ao Município em que se completa sua venda a varejo e ainda estabelece que o referido imposto não exclui a incidência concomitante do ICMS sobre as mesmas operações. Por sua vez, a Lei Orgânica do Município de Maceió estabelece que compete ao Município instituir o imposto sobre vendas a varejo de combustíveis líquidos ou gasosos, exceto sobre o óleo diesel, quando o negócio se completar no território do Município de Maceió, que sua incidência não exclui a incidência do ICMS sobre a mesma operação e que suas alíquotas não poderão ultrapassar os limites superiores estabelecidos em lei complementar federal. De acordo com a Constituição Federal, os:

    A) Municípios têm competência para instituir esse imposto em seus territórios, embora sua incidência esteja suspensa até que seja editada a lei complementar estabelecendo os limites máximos para as alíquotas aplicáveis.

    B) Estados têm competência suplementar para instituir esse imposto em seus territórios, caso os Municípios não o façam, podendo o valor efetivamente pago ser escriturado como crédito do ICMS, no mesmo período de apuração, quando a aquisição for feita por contribuinte desse imposto.

    C) Municípios têm competência para instituir esse imposto em seus territórios, o qual incidirá apenas uma vez sobre combustíveis derivados de petróleo adquiridos em operação interestadual.

    D) Municípios não têm competência para instituir esse imposto em seus territórios.

    E) Municípios têm competência para instituir esse imposto em seus territórios, que incidirá, inclusive, sobre vendas de óleo diesel.

    ↳ **Resolução:**
    A competência para instituição do tributo é privativa dos Estados e DF e o fato gerador do enunciado é uma das bases econômicas do ICMS, conforme o art. 155, II, da CF.

    ↗ Gabarito: "D".

2. **(VUNESP – Prefeitura de Valinhos-SP – Auditor Fiscal – SF)** Segundo a Constituição Federal, compete aos Municípios instituir impostos sobre:

    A) operações relativas à circulação de mercadorias e sobre prestações de serviços de transporte interestadual e intermunicipal e de comunicação, ainda que as operações e as prestações se iniciem no exterior e sobre a propriedade de veículos automotores.

    B) produtos industrializados e sobre as operações relativas à circulação de mercadorias e sobre prestações de serviços de transporte interestadual e intermunicipal e de comunicação, ainda que as operações e as prestações se iniciem no exterior.

C) a transmissão "inter vivos", a qualquer título, por ato oneroso, de bens imóveis, por natureza ou acessão física, e de direitos reais sobre imóveis, exceto os de garantia, bem como cessão de direitos a sua aquisição e sobre a propriedade predial e territorial urbana.

D) as operações de crédito, câmbio e seguro, ou relativas a títulos ou valores mobiliários e sobre a exportação, para o exterior, de produtos nacionais ou nacionalizados, sendo defeso ao Poder Executivo, atendidas as condições e os limites estabelecidos em lei, alterar suas alíquotas.

E) as operações de crédito, câmbio e seguro, ou relativas a títulos ou valores mobiliários e sobre a propriedade territorial rural.

↳ **Resolução:**
O art. 156, I, da CF estabelece a competência privativa dos Municípios para estabelecerem, através de lei ordinária, o ITBI.

↗ **Gabarito: "C".**

3. **(FCC – TRF 4ª Região – Técnico Judiciário – Área Administrativa)** A Constituição Federal de 1988 estabelece que o Brasil é uma república federativa formada pela união indissolúvel dos estados e municípios e do distrito federal, e na parte que trata DA TRIBUTAÇÃO E DO ORÇAMENTO, determina as competências tributárias da União, Estados, Distrito Federal e Municípios. Conforme a referida Constituição, são tributos que podem ser instituídos pela União:

A) imposto sobre operações de crédito, contribuição de melhoria, contribuição para o custeio da iluminação pública e imposto sobre serviços.

B) imposto sobre a renda, imposto sobre importação de produtos estrangeiros e imposto sobre grandes fortunas.

C) contribuição de intervenção no domínio econômico, contribuição de melhoria, imposto sobre propriedades territoriais urbanas e taxa de fiscalização de portos e ferrovias.

D) taxa de serviço de polícia de fronteira, contribuição previdenciária, imposto sobre a renda, e imposto sobre a propriedade de veículos automotores terrestres e aquáticos.

E) taxa de expedição de certidões, taxa de vigilância sanitária, imposto sobre produtos industrializados destinados ao exterior e imposto sobre propriedade territorial urbana.

↳ **Resolução:**
O art. 153 da CF estabelece a competência privativa da União para a instituição de seus tributos, dentre eles, estão o IR, II, IE e IEG.

↗ **Gabarito: "B".**

4. **(FAFIPA – Câmara de Campina Grande do Sul-PR – Advogado)** No que tange à competência tributária, de acordo com o art. 6º e seguintes do Código Tributário Nacional, assinale a alternativa INCORRETA:

A) A atribuição constitucional de competência tributária compreende a competência legislativa plena, ressalvadas as limitações contidas na Constituição Federal, nas Constituições dos Estados e nas Leis Orgânicas do Distrito Federal e dos Municípios, e observado o disposto nesta Lei.

B) A competência tributária é delegável, salvo atribuição das funções de arrecadar ou fiscalizar tributos, ou de executar leis, serviços, atos ou decisões administrativas em matéria tributária, conferida por uma pessoa jurídica de direito público a outra, nos termos do § 3º do art. 18 da Constituição.

C) Não constitui delegação de competência o cometimento, a pessoas de direito privado, do encargo ou da função de arrecadar tributos.

D) O não exercício da competência tributária não a defere a pessoa jurídica de direito público diversa daquela a que a Constituição a tenha atribuído.

↳ **Resolução:**
O art. 7º do CTN classifica a competência como indelegável, autorizando a realização da delegação dos atos de arrecadação e fiscalização a outra pessoa.

↗ **Gabarito: "B".**

5. **(VUNESP – Prefeitura de Guarulhos-SP – Inspetor Fiscal de Rendas – Conhecimentos Específicos)** A competência para instituir impostos não cumulativos e que não tenham fato gerador ou base de cálculo próprios dos discriminados na Constituição Federal, mediante lei complementar, é chamada de competência tributária:

A) extraordinária concorrente de todos os entes da Federação.

B) plena dos Estados, Distrito Federal e Municípios.

C) excepcional da União, exercida em caso de guerra externa ou sua iminência.
D) ordinária de todos os entes da Federação.
E) residual da União.

↳ Resolução:
O art. 154, I, da CF prevê a competência residual da União para a instituição de novos impostos além dos já previstos pelo art. 153 da CF.

↗ Gabarito: "E".

6. (FCC – SEMEF Manaus-AM – Técnico Fazendário) De acordo com a Constituição Federal, o Município pode:

A) instituir, lançar e cobrar o IPTU relativamente a bem imóvel no qual se realizam os cultos e cerimônias religiosos e cujo proprietário é a instituição religiosa "HÁ VIDA NO ALÉM", no qual se realizam os cultos e cerimônias religiosos e cujo proprietário é a instituição religiosa "HÁ VIDA NO ALÉM".
B) instituir, lançar e cobrar o ITCMD em relação aos serviços gratuitos de orientação pedagógica e educacional prestados pela instituição de educação "Escola para Todos Ltda.", instituição sem fins lucrativos.
C) cobrar o ITBI no exercício subsequente àquele em que tiver sido publicada a lei que aumentou sua base de cálculo, dispensada a observância do princípio da anterioridade nonagesimal.
D) instituir, lançar e cobrar o ISSQN sobre a prestação de serviços de fonografia, atinente à produção, no território do Município, de fonogramas contendo poesias não musicadas, de autoria do poeta chileno Pablo Neruda, e recitadas por artista de nacionalidade chilena.
E) instituir, lançar e cobrar o IPTU sobre a propriedade de imóvel em que funciona a Secretaria de Fazenda do Estado, imóvel este que é de propriedade do governo estadual.

↳ Resolução:
A Imunidade que alcança os fonogramas e videofonogramas musicais ou literomusicais é destinada apenas aos autores brasileiros, portanto, os artistas chilenos que produzam, ainda que em território nacionais, CDs e DVDs não serão beneficiados com a imunidade tributária sobre a produção.

↗ Gabarito: "D".

7. (FCC – SEFAZ-BA – Auditor Fiscal – Administração, Finanças e Controle Interno) Consta na Constituição Federal que a União tem competência para, somente através de lei complementar, tratar de várias matérias de natureza tributária, citando, dentre outras:

A) instituir as contribuições sociais, as contribuições de intervenção no domínio econômico e as contribuições de interesse das categorias profissionais ou econômicas, como instrumento de sua atuação nas respectivas áreas.
B) instituir impostos não previstos na Constituição Federal, desde que sejam não cumulativos e não tenham fato gerador ou base de cálculo próprios dos discriminados na Constituição.
C) instituir e alterar as alíquotas dos impostos sobre produtos industrializados e sobre operações de crédito, câmbio e seguro, ou relativas a títulos ou valores mobiliários.
D) criar taxas, em razão do exercício do poder de polícia ou pela utilização, efetiva ou potencial, de serviços públicos específicos e divisíveis, prestados ao contribuinte ou postos a sua disposição.
E) instituir imposto sobre livros, jornais, periódicos e o papel destinado a sua impressão.

↳ Resolução:
O art. 154, I, da CF trata da competência residual da União.

↗ Gabarito: "B".

8. (FCC – SEMEF Manaus – AM – Auditor Fiscal de Tributos Municipais) Não são raros os conflitos de competência entre o ISSQN e o ICMS, no que diz respeito à inclusão de serviços no campo de incidência do ICMS e à inclusão de mercadorias no campo de incidência do ISSQN. Do mesmo modo, com alguma frequência, verificam-se conflitos entre o ITCMD e o ITBI, no tocante à incidência destes impostos em relação a determinadas transmissões. De acordo com a Constituição Federal, dispor sobre conflitos de competência, em matéria tributária, entre a União, os Estados, o Distrito Federal e os Municípios é matéria que cabe:

A) às emendas à Constituição Federal.
B) à lei ordinária.
C) às Resoluções do Senado Federal.
D) à lei complementar.

E) às emendas às Constituição Estaduais e às leis orgânicas municipais, conforme o caso.

↪ **Resolução:**
O art. 146, I, da CF determina que os conflitos de competência sejam objeto de Lei Complementar.

↗ **Gabarito: "D".**

3. REPARTIÇÃO DE RECEITAS TRIBUTÁRIAS

Competência e repartição de receitas tributárias – arts. 157, 158 e 159 da CF

A Repartição de Receitas Tributárias cuida do dever que um ente competente tem de repartir, entregar todo ou em parte a sua arrecadação para outro ente federado, independentemente de sua vontade, mas por determinação constitucional.

Não se confunde, no entanto, com a competência outorgada pela Carta Política de 1988 ao ente federativo. O parágrafo único do art. 6º do CTN esclarece que a repartição das receitas não altera a competência tributária. Isso porque enquanto a repartição cuida da distribuição de montante arrecadado por um ente competente para instituir o tributo, a competência, por sua vez, é outorga constitucional taxativamente estabelecida entre os seguintes artigos:

a) arts. 145 a 149 -A: estão previstas as cincos espécies tributárias;

b) art. 153: prevê os impostos de competência privativa da União;

c) art. 154, I e II: prevê os impostos residuais de competência da União e os impostos extraordinários de guerra;

d) art. 155: prevê os impostos de competência privativa dos Estados e Distrito Federal);

e) art. 156: prevê os impostos de competência privativa dos Estados e Distrito Federal;

f) arts. 177, § 4º, e 195, *caput* e § 4º, da CF: estão previstas as Contribuições de Intervenção no Domínio Econômico, as Contribuições Sociais e as Contribuições Sociais Residuais, todas de competência privativa da União.

O tema da Repartição de Receitas pode ser mais bem compreendido quando apontamos a fundamentação constitucional, o ente competente que deverá repartir a receita, assim como o percentual do tributo a ser repartido e o ente constitucionalmente beneficiado, vejamos:

1) Pertencerão aos Estados e ao DF (art. 157, I e II, da CF):

Fundamento Constitucional	Ente Competente	Percentual %	Tributo e Hipótese de Incidência	Ente Beneficiado
Art. 157, I	União	100	IRPF: rendimento e renda retidos na fonte, de servidores estaduais e distritais. A hipótese prevê que quando as pessoas jurídicas de direito público (assim como suas autarquias e fundações que instituírem e mantiverem) remunerarem seus servidores públicos, o IRPF retido na fonte permanecerá com a entidade pagadora, ou seja, com o Estado ou DF.	Estados e DF
Art. 157, II	União	20	Impostos Residuais ou os novos impostos que podem ser exigidos pela União como resultado de autorização constitucional expressa (art. 154, I, da CF)	Estados e DF

2) Pertencerão aos Municípios (art. 158, I a IV, da CF):

Fundamento Constitucional	Ente Competente	Percentual %	Tributo e Hipótese de Incidência	Ente Beneficiado
Art. 158, I	União	100	IRPF: a hipótese prevê que quando as pessoas jurídicas de direito público (assim como suas autarquias e fundações que instituírem e mantiverem) remunerarem seus servidores públicos, o IRPF retido na fonte permanecerá com a entidade pagadora, qual seja, o Município.	Municípios
Art. 158, II	União	50	ITR: dos imóveis localizados em seu território.	Municípios
Art. 158, II	União	100	ITR quando o Município, através de Convênio celebrado com a União, optar por arrecadar e fiscalizar o imposto da União.	Municípios
Art. 158, III	Estado	50	IPVA sobre os veículos licenciados em seus territórios.	Municípios
158, IV	Estado	25	ICMS sobre a circulação de mercadorias e prestação de serviços de transporte interestadual e intermunicipal e de comunicação.	Municípios

3) A União entregará (art. 159, I a III, da CF):

Fundamento Constitucional	Ente Competente	Percentual %	Tributo e Hipótese de Incidência	Ente Beneficiado
Art. 159, I	União	25,05	IPI	Ao Fundo de Participação dos Estados e DF.
Art. 159, I	União	22,05	IPI	Ao Fundo de Participação dos Municípios.
Art. 159, I	União	3	IPI	Para aplicação em programas de financiamento ao setor produtivo da Regiões Norte, Nordeste e Centro-Oeste, por meio de suas instituições financeiras de caráter regional, de acordo com os planos regionais de desenvolvimento, ficando assegurada ao seminário do Nordeste a metade dos recursos destinados à Região, na forma que a lei estabelecer.
Art. 159, I	União	1	IPI	Ao Fundo de Participação dos Municípios, que será entregue no primeiro decênio do mês de dezembro de cada ano.

Fundamento Constitucional	Ente Competente	Percentual %	Tributo e Hipótese de Incidência	Ente Beneficiado
Art. 159, II	União	10	IPI: proporcionalmente ao valor das exportações.	Estados e DF
Art.159, III	União	29	CIDE: sobre a importação ou comercialização de petróleo.	Estados e DF
Art. 159, § 5º	União	30	IOF: sobre o montante em ouro, quando definido em lei como ativo financeiro.	Estados e DF ou o Território
Art. 159, § 5º	União	70	IOF: sobre o montante em ouro, quando definido em lei como ativo financeiro.	Município de origem

3.1 Questões

1. **(CONSULPLAN – TJMG – Titular de Serviços de Notas e de Registros – Provimento)** Sobre a repartição de receitas tributárias, assinale a alternativa correta.

A) Dos impostos arrecadados pelos Estados, pertencem aos Municípios 50% do produto da arrecadação do imposto do Estado sobre a propriedade de veículos automotores licenciados em seus respectivos territórios.

B) A União entregará, do produto da arrecadação do imposto sobre produtos industrializados, 10% aos Estados, ao Distrito Federal e aos Municípios, proporcionalmente ao valor das respectivas exportações de produtos industrializados.

C) Dos impostos arrecadados pelos Estados, pertencem aos Municípios 50% do produto da arrecadação do imposto sobre operações relativas à circulação de mercadorias e sobre prestações de serviços de transporte interestadual e intermunicipal e de comunicação – ICMS.

D) Pertencem aos Estados, ao Distrito Federal e aos Municípios, o produto da arrecadação do imposto da União sobre renda e proventos de qualquer natureza, incidente na fonte, sobre rendimentos pagos, a qualquer título, por eles, suas autarquias, empresas públicas e pelas fundações que instituírem e mantiverem.

↳ **Resolução:**

O art. 158, III, da CF prevê a repartição conforma a alternativa apontada como correta.

↗ **Gabarito: "A".**

2. **(VUNESP – Prefeitura de Ribeirão Preto-SP – Procurador do Município)** As parcelas de receita do imposto do Estado sobre operações relativas à circulação de mercadorias e sobre prestações de serviços de transporte interestadual e intermunicipal e de comunicação pertencentes aos Municípios, serão creditadas segundo critérios fixados:

A) em lei complementar nacional.
B) bem lei complementar municipal.
C) no Código Tributário Nacional.
D) na Constituição Federal.
E) em decreto legislativo do Senado Federal.

↳ **Resolução:**

Os art. 158, 159 e 160 da CF estabelecem a repartição das Receitas Tributárias, não sendo possível que nenhuma outra fonte do direito tributário discipline a matéria.

↗ **Gabarito: "D".**

3. **(FCC – SANASA Campinas – Procurador Jurídico)** Conforme a Constituição Federal de 1988, no que se refere à repartição das receitas tributárias, pertence, entre outros valores:

A) aos Estados, três quintos do valor arrecadado com imposto sobre a propriedade de veículos automotores, cujos proprietários residam em Municípios do respetivo Estado.

B) aos Estados e Municípios, todo o valor arrecadado com o imposto sobre operações relativas à circulação de mercadorias e sobre prestações de serviços de transporte interestadual e intermunicipal e de comunicação, arrecadado em seus territórios, na proporção, entre Estados e Municípios, de um para um.

C) aos Estados e Municípios, 100% do produto da arrecadação do imposto propriedade de veículos automotores, sendo que a parte dos municípios, de cinco décimos, será distribuída na proporção do VAF – Valor Adicional Fiscal, ocorrido em seus territórios.

D) à União, seis décimos do valor arrecadado com o imposto sobre renda, e aos Estados e Municípios, dois décimos cada, na proporção do número de habitantes de cada um deles.

E) aos municípios todo o valor arrecadado com imposto sobre renda e proventos de qualquer natureza, incidente na fonte, sobre rendimentos pagos, a qualquer título, por eles, suas autarquias e pelas fundações que instituírem e mantiverem.

↳ **Resolução:**
Art. 158, I, da CF.

↗ **Gabarito: "E".**

4. **(VUNESP – Prefeitura de Valinhos-SP – Procurador)** Na repartição das receitas tributárias, do produto da arrecadação do imposto do Estado sobre operações relativas à circulação de mercadorias e sobre prestações de serviços de transporte interestadual e intermunicipal e de comunicação, pertence aos Municípios o percentual de:

A) 27,5%.
B) 25%.
C) 22,5%.
D) 21,5%.
E) 20%.

↳ **Resolução:**
Art. 158, IV, da CF.

↗ **Gabarito: "B".**

5. **(VUNESP – Prefeitura de Poá-SP – Procurador Jurídico)** Em relação à repartição das receitas tributárias, dispõe a Constituição Federal:

A) a União entregará do produto da arrecadação do imposto sobre produtos industrializados, dez por cento aos Estados e ao Distrito Federal, proporcionalmente ao valor das respectivas exportações de produtos industrializados e a nenhuma unidade federada poderá ser destinada parcela superior a dez por cento do referido montante, devendo o eventual excedente ser distribuído entre os demais participantes, integrantes da mesma região geoeconômica.

B) é vedada a retenção ou qualquer restrição à entrega e ao emprego dos recursos atribuídos aos Estados, ao Distrito Federal e aos Municípios, neles compreendidos adicionais e acréscimos relativos a impostos, não impedindo a União e os Estados de condicionarem a entrega de recursos ao pagamento de seus créditos, inclusive de suas autarquias.

C) os Estados, o Distrito Federal e os Municípios comunicarão à União, até o primeiro dia do mês subsequente ao da arrecadação, os montantes de cada um dos tributos arrecadados, os recursos recebidos, os valores de origem tributária entregues e a entregar e a expressão numérica dos critérios de rateio.

D) pertencem aos Municípios, Estados e Distrito Federal 25% (vinte e cinco por cento) do produto da arrecadação do imposto da União sobre renda e proventos de qualquer natureza, incidente na fonte, sobre rendimentos pagos, a qualquer título, por eles, suas autarquias e pelas fundações que instituírem e mantiverem.

E) a União entregará, do produto da arrecadação do imposto sobre produtos industrializados, 1% (um por cento) aos Estados, Municípios e ao Distrito Federal, proporcionalmente ao valor das respectivas importações de produtos industrializados.

↳ **Resolução:**
Art. 160 da CF.

↗ **Gabarito: "B".**

4. LIMITAÇÕES CONSTITUCIONAIS AO PODER DE TRIBUTAR

Se por um lado a CF cuidou de repartir as competências tributárias entre as diversas entidades políticas, atribuindo a cada uma delas o poder de instituir determinados tributos, por outro lado, partindo da ideia de que o poder de tributar não é ilimitado, estabeleceu balizamentos ao exercício dessas competências.

Segundo **entendimento adotado pelo STF**, as normas veiculadoras das limitações constitucionais ao poder de tributar, quando visam a proteger o contribuinte, são consideradas **garantias individuais** e, por consequência, **cláusulas pétreas**, não podendo, portanto, ser objeto de emenda constitucional tendente a aboli-las (art. 60, § 4º, IV, da CF).

As limitações constitucionais ao poder de tributar também possuem tal qualidade quando visarem a proteger qualquer bem jurídico ligado a uma das cláusulas pétreas constantes do rol do art. 60, § 4º, da CF:

I – a forma federativa de Estado;
II – o voto direto, secreto, universal e periódico;
III – a separação dos Poderes;
IV – os direitos e garantias individuais.

Cuida-se de orientação adotada no julgamento da ADI 939, que apreciou a constitucionalidade da EC n. 3/93 quanto à tentativa de afastar da IPMF a aplicação do princípio da anterioridade tributária, considerado pelo STF garantia individual do contribuinte, e a imunidade tributária recíproca (protetora do pacto federativo) e demais imunidades do art. 150, VI, da CF.

> **IMPORTANTE**
>
> A Emenda Constitucional **não pode abolir o rol de garantias individuais, mas pode ampliá-lo**, como ocorreu com a EC n. 42, que inseriu no Texto Constitucional a chamada "anterioridade nonagesimal" ou "noventena".

4.1 Limitações em espécie

1) Princípio da legalidade – art. 150, I, da CF

É vedado aos entes políticos exigir ou aumentar tributo sem lei que o estabeleça. Cuida-se de princípio que impõe, como regra, um ato do Poder Legislativo (lei em sentido material e formal) como fonte para a instituição e majoração de tributos.

Embora a CF não tenha expressamente exigido que a **redução e a extinção de tributos** se deem por meio de lei, **o art. 97 do CTN**, em consagração ao princípio da indisponibilidade do interesse público, **exige a lei como veículo normativo para a extinção e a redução de tributos, definição do fato gerador da obrigação tributária principal, a fixação de alíquota do tributo e da sua base de cálculo, a cominação de penalidades para as ações ou omissões contrárias a seus dispositivos, ou para outras infrações nela definidas; as hipóteses de exclusão, suspensão e extinção de créditos tributários, ou de dispensa ou redução de penalidades**.

A propósito do aumento de tributos, cabe lembrar que, nos termos do art. 97 do CTN, equipara-se à majoração do tributo a modificação da sua base de cálculo, que importe em torná-lo mais oneroso, o que, portanto, exige lei.

> **IMPORTANTE**
>
> Não constitui, entretanto, majoração de tributo a mera correção monetária da sua base de cálculo, nos termos do § 2º do art. 97.

Ainda no que diz respeito às matérias reservadas ao tratamento pela lei, segundo o STF, não se submete à legalidade estrita a fixação do prazo de recolhimento de tributo. Em 25 de junho, editou a **Súmula Vinculante 50** (texto da Súmula 669 do STF):

"Norma legal que altera o prazo de recolhimento de obrigação tributária não se sujeita ao princípio da anterioridade".

> **ATENÇÃO**
>
> A alíquota e base de cálculo são elementos fundamentais da regra-matriz de incidência tributária, devendo, portanto, ser dispostas na lei institutiva, não podendo sua fixação ficar a cargo de disposição infralegal. Assim, segundo o STF, desrespeita o princípio da legalidade a lei que institui tributo e não fixa a base de cálculo e nem a alíquota (RE 188.107).

Entre inúmeras outras importantes decisões do STF que reconheceram a inconstitucionalidade de cobranças de tributos por ofensa ao princípio da legalidade, cabe lembrar que é inconstitucional lei que versa sobre ITCMD vincular a alíquota do tributo à alíquota máxima fixada pelo Senado Federal: "não se coaduna com o sistema constitucional norma reveladora de automaticidade quanto à alíquota do imposto de transmissão *causa mortis*, a evidenciar a correspondência com o limite máximo fixado em resolução do Senado Federal" (RE 213.266).

Exceções ao princípio da legalidade no que concerne ao aumento de tributo (nunca a sua instituição):

a) Decreto do Poder Executivo

i) majoração de alíquotas dos impostos extrafiscais: II, IE, IOF e IPI podem ter suas alíquotas alteradas mediante ato do Poder Executivo (art. 153, § 1º, da CF).

Segundo o STF, é compatível com a CF a norma infraconstitucional que atribui a órgão integrante do Poder Executivo da União a faculdade de estabelecer as alíquotas do Imposto de Exportação. Isso porque a competência, no caso, não é privativa do Presidente da República (RE 57.068);

ii) redução e restabelecimento das alíquotas da CIDE-combustíveis. (art. 177, § 4º, I, *b*, da CF).

b) Confaz – Convênio Nacional de Política Fazendária

Estados e o DF podem, mediante convênio, definir (REDUZIR OU AUMENTAR) as alíquotas do ICMS-monofásico incidente sobre combustíveis definidos em LC (art. 155, § 4º, IV, da CF).

c) Decreto do prefeito

Atualização monetária da Base de Cálculo do IPTU.

> **ATENÇÃO**
>
> Dois pontos de atenção para a atualização monetária da BC do IPTU:
>
> a) Não confundir atualização monetária da Base de Cálculo do IPTU, que é realizada, obrigatoriamente, por meio do estudo da Planta Genérica de Valores (PGV), com alteração da BC ou aumento de alíquota do IPTU;
>
> b) Súmula 160 do STJ: "É defeso, ao município, atualizar o IPTU, mediante decreto, em percentual superior ao índice oficial de correção monetária".

Alteração de Alíquotas de II, IE, IPI e IOF	Decreto do Poder Executivo ou Resolução da Câmara de Comércio Exterior (Camex) apenas para o II e IE
Redução e restabelecimento de alíquotas da CIDE-Combustíveis	Decreto do Poder Executivo
Fixação, Redução e Restabelecimento de alíquotas de ICMS-monofásico-combustíveis	Convênio Nacional de Política Fazendária (Confaz)
Atualização do valor monetário da Base de Cálculo do IPTU	Decreto do prefeito

d) Medida provisória

Questão recorrente em provas diz respeito à possibilidade de instituição e majoração de tributos por meio de medidas provisórias. Tem-se como regra geral a possibilidade, desde que atendidas as condições contidas no art. 62, § 2º, da CF, na hipótese de ter como objeto impostos:

> § 2º Medida provisória que implique instituição ou majoração de impostos, exceto os previstos nos arts. 153, I, II, IV, V, e 154, II, [II, IE, IOF, IPI E IEG] só produzirá efeitos no exercício financeiro seguinte se houver sido convertida em lei até o último dia daquele em que foi editada.

> **ATENÇÃO**
>
> Questão elaborada pela FCC em 2016 exigia dos candidatos do concurso para Procurador da Prefeitura de Campinas-SP conhecimento sobre os efeitos da majoração da alíquota de IRPF por Medida Provisória:
>
> *O chefe do poder executivo, por meio de medida provisória aprovada no Congresso Nacional, majorou a alíquota do imposto sobre a renda das pessoas físicas. A nova lei, decorrente da medida provisória aprovada, produzirá efeitos:*
>
> E entendeu como correta a sentença: *no exercício financeiro seguinte àquele em que a nova lei, decorrente da medida provisória aprovada, foi publicada.*

Portanto, observados os requisitos constitucionais desse instrumento – a relevância e a urgência –, a MP pode ser utilizada em matéria tributária.

Impostos	Produzirá efeitos no exercício financeiro subsequente (a partir de 1º de janeiro) **somente se convertida em Lei** até o último dia do exercício financeiro em que foi editada – art. 62, § 2º, da CF
Demais espécies tributárias e majoração de II, IE, IPI, IOF, IEG (impostos extrafiscais)	Produzirá **efeitos a partir da data da publicação da MP**, e não de sua conversão em Lei

> **IMPORTANTE**
>
> É vedação expressa, entretanto, valer-se de medida provisória no que concerne às matérias que devam ser disciplinadas em lei complementar, por força do disposto no art. 62, § 1º, III, da CF.

2) Princípio da isonomia – art. 150, II, da CF

É vedado instituir tratamento desigual entre contribuintes que se encontrem em situação equivalente, proibida qualquer distinção em razão de ocupação profissional ou função por eles exercida, independentemente da denominação jurídica dos rendimentos, títulos ou direitos.

Lembre-se que a isonomia tem duas perspectivas de aplicação: vertical e horizontal. Na perspectiva horizontal, tem-se que contribuintes que se encontram em situação idêntica devem ser tratados igualmente do ponto de vista tributário. É o que se dá, por exemplo, com contribuintes que aufiram a mesma renda e que sofram a incidência do imposto sob mesma alíquota.

> **ATENÇÃO**
>
> Sobre a concessão de isenção de IPTU, a Banca FCC, em 2016, que organizou a prova para o cargo de Auditor Fiscal da Receita Municipal da Prefeitura de Teresina, entendeu como desrespeito ao Princípio da Isonomia Tributária a assertiva contida na seguinte frase:
>
> *(II) concedeu isenção desse mesmo imposto a um grupo limitado de munícipes, exclusivamente em razão de sua condição de servidores públicos municipais.*

Já na perspectiva vertical, tem-se que contribuintes em situações diversas merecem tratamento tributário distinto. Aplicação dessa perspectiva seria o tratamento diferenciado no âmbito do SIMPLES NACIONAL.

> **IMPORTANTE**
>
> A FCC, em 2016, seguindo entendimento jurisprudencial, entendeu como correta a assertiva que tratava do Regime do Simples Nacional da LCN. 123/2006, que estabelece normas gerais relativas ao tratamento diferenciado e favorecido a ser dispensado às microempresas e empresas de pequeno porte:
>
> b) consideram-se microempresas, a sociedade empresária, a sociedade simples, a empresa individual de responsabilidade limitada e o empresário devidamente registrados no Registro de Empresas Mercantis ou no Registro Civil de Pessoas Jurídicas, que aufira, em cada ano-calendário, receita bruta igual ou inferior a R$ 360.000,00.
>
> Outra questão sobre o Simples Nacional elaborada em 2016 pela FCC para o SEGEP-MA, para o cargo de Técnico da Receita Estadual, exigiu já no enunciado o conhecimento a respeito dos tributos alcançados por este regime:
>
> O Regime Especial Unificado de Arrecadação de Tributos e Contribuições devidos pelas Microempresas e Empresas de Pequeno Porte, também chamado de Simples Nacional, implica o recolhimento mensal, mediante documento único de arrecadação, de vários impostos e contribuições.
>
> De acordo com a Lei Complementar n. 123/2006, e salvo as exceções nela previstas, encontram-se entre os impostos e contribuições abrangidos pelo recolhimento mensal, mediante documento único de arrecadação.
>
> A Alternativa correta era a "C", enquanto as demais assertivas incluíam impostos (ITBI, IRPF, ITBI, IPVA, ITCMD) não previstos pelo Regime: **a CSLL, o ICMS e o ISS**.

Sobre o princípio da isonomia, o **STF** possui importantes entendimentos:

- "A exclusão do arrendamento mercantil do campo de aplicação do regime de admissão temporária atende aos valores e objetivos já antevistos no projeto de lei do arrendamento mercantil, para evitar que o *leasing* se torne opção por excelência devido às virtudes tributárias, e não em razão da função social e do escopo empresarial que a avença tem" (RE 429.306).

- "A sobrecarga imposta aos bancos comerciais e às entidades financeiras, no tocante à contribuição previdenciária sobre a folha de salários, não fere, à primeira vista, o princípio da isonomia tributária, ante a expressa previsão constitucional (Emenda de Revisão 1/1994 e EC 20/1998, que inseriu o § 9º no art. 195 do Texto permanente)" (AC 1.109-MC).

- "A lei complementar estadual que isenta os membros do Ministério Público do pagamento de custas judiciais, notariais, cartorárias e quaisquer taxas ou emolumentos fere o disposto no art. 150, II, da CB" (ADI 3.260).

- "Não há ofensa ao princípio da isonomia tributária se a lei, por motivos extrafiscais, imprime tratamento desigual a microempresas e empresas de pequeno porte de capacidade contributiva distinta, afastando do regime do Simples aquelas cujos sócios têm condição de disputar o mercado de trabalho sem assistência do Estado" (ADI 1.643).

- Isenção de IPTU, em razão da qualidade de servidor estadual desrespeita o princípio da igualdade (AI 157.871-AgR).

> **ATENÇÃO**
>
> A FCC, em 2016, que organizou a prova para o cargo de Analista em Gestão Pública para a Prefeitura de Teresina-PI, entendeu como correta a assertiva da letra "E" a respeito do princípio da isonomia:
>
> "o imposto progressivo não fere o princípio da igualdade".

- "é inaceitável a orientação de que a vedação da importação de automóveis usados afronte o princípio constitucional da isonomia, sob a alegação de atuar contra as pessoas de menor capacidade econômica, porquanto, além de não haver a propalada discriminação, a diferença de tratamento é consentânea com os interesses fazendários nacionais que o artigo 237 da Constituição Federal teve em mira proteger, ao investir as autoridades do Ministério da Fazenda no poder de fiscalizar e controlar o comércio exterior" (RE 312511).

3) Princípio da irretroatividade – art. 150, III, *a*, da CF e art.144 do CTN

É vedado cobrar tributos com relação a fatos geradores ocorridos antes do início de vigência da lei que os houver instituído ou aumentado.

O princípio impõe, portanto, que a aplicação da lei tributária alcance apenas fatos geradores futuros e pendentes, assim entendidos aqueles cuja ocorrência tenha tido início, mas não esteja completa (art. 105 do CTN).

Segundo o art. 144 do CTN: "o lançamento reporta-se à data da ocorrência do fato gerador e rege-se pela lei então vigente, ainda que posteriormente modificada ou revogada".

> **ATENÇÃO**
>
> A partir da interpretação desta regra, a Banca da FCC, em 2015, para o cargo de Analista de Controle Externo do TCE-GO, entendeu como correta a alternativa:
>
> c) trata-se de regra que confere ultra-atividade à lei instituidora do tributo, que será a lei aplicável aos fatos geradores ocorridos em sua vigência.

> **IMPORTANTE**
>
> Segundo o STF, o princípio da irretroatividade é compatível com a aplicação retroativa das leis meramente interpretativas ou daquelas que impliquem redução de penalidades, consagradas pelo art. 106 do CTN, chamada de **Retroatividade Benéfica ou Benigna**.
>
> *Art. 106. A lei aplica-se a ato ou fato pretérito:*
>
> *I – em qualquer caso, quando seja expressamente interpretativa, excluída a aplicação de penalidade à infração dos dispositivos interpretados;*
>
> *II – tratando-se de ato não definitivamente julgado:*
>
> *a) quando deixe de defini-lo como infração;*
>
> *b) quando deixe de tratá-lo como contrário a qualquer exigência de ação ou omissão, desde que não tenha sido fraudulento e não tenha implicado em falta de pagamento de tributo;*
>
> *c) quando lhe comine penalidade menos severa que a prevista na lei vigente ao tempo da sua prática.*

> **ATENÇÃO**
>
> Aplicando o entendimento da alínea *c* do art. 106, II, do CTN, a CESP, em 2015, entendeu como correta a alternativa "C", que interpretava corretamente a aplicação de penalidade ou MULTA menos severa:
>
> Determinado contribuinte é devedor de ITBI cujo fato gerador ocorreu em 15-3-2014. Nessa época, a alíquota do tributo era de 2% sobre o valor da operação, e a multa pelo inadimplemento, de 50%. Em 2015, o contribuinte resolveu pagar o tributo e ficou sabendo que a alíquota havia sido reduzida para 1%, e a multa, para 25%.
>
> Nessa situação hipotética, o contribuinte deverá recolher o ITBI com:
>
> c) 2% e pagar multa de 25%, dada a incidência da lei vigente na data do fato gerador da obrigação tributária; no entanto, a norma punitiva retroagirá em benefício do contribuinte, desde que não seja definitivamente julgada a pretensão na esfera administrativa.

A respeito do princípio da irretroatividade, cabe destacar importante discussão a respeito de sua aplicação ao Imposto de Renda. Nos termos do que dispõe a

Súmula 584 do STF: "ao imposto de renda calculado sobre os rendimentos do ano-base, aplica-se a lei vigente no exercício financeiro em que deve ser apresentada a declaração".

Segundo a doutrina, o entendimento sumulado consagraria a chamada **retroatividade imprópria**, por força da qual a lei se aplica a períodos de apuração não concluídos ainda, isto é, a períodos de apuração em curso no início da vigência do diploma normativo. Em razão disso, ou seja, por alcançar rendimentos auferidos antes do início de vigência da lei, desrespeitaria o princípio da irretroatividade.

Embora a Súmula não tenha sido revogada, o STF, no RE 587.008, ao apreciar a Emenda Constitucional n. 10, de 4 de março de 1996, que havia majorado a alíquota da CSL a cargo das instituições financeiras, de 18% para 30%, e determinado a sua aplicação retroativa, para alcançar o lucro auferido desde 1º de janeiro de 1996, declarou a inconstitucionalidade dessa majoração, não apenas por ser retroativa, mas também por ter desconsiderado a anterioridade nonagesimal, à qual se submetem as contribuições de seguridade social (art. 195, § 6º, da CF). Afirmou somente ser viável a sua aplicação ao lucro auferido após 6 de junho de 1996, sob pena de violação aos princípios da irretroatividade tributária e da anterioridade nonagesimal, cláusulas pétreas tuteladas pelo art. 60, § 4º, IV, da CF.

4) Princípio da anterioridade – art. 150, III, *b* e *c*, da CF

É vedado cobrar tributos no mesmo exercício financeiro em que haja sido publicada a lei que os instituiu ou aumentou. Cuida-se de princípio que protege o contribuinte nas hipóteses de aumento da carga tributária, permitindo-lhe que se organize financeiramente para fazer frente ao aumento das despesas com pagamento de tributos. As provas podem chamá-lo de **Princípio da Segurança Jurídica.**

> **ATENÇÃO**
>
> A aplicação do princípio leva em conta como critério apenas e tão somente a data de publicação da lei instituidora ou majoradora, não sendo relevante a data de início de vigência definida pelo legislador. Sua aplicação está restrita às hipóteses de aumento da tributação, **não** se aplica na **extinção ou diminuição de tributos**.

a) Anterioridade e Medida Provisória

Instituição de Tributos por meio de Medida Provisória em observância aos arts. 62, § 2º (exigência de conversão em lei até o último dia do exercício em que foi publicada a medida provisória) e 150, § 1º, da CF (exceção à anterioridade nonagesimal).

Tributos sujeitos à regra do art. 62, § 2º, e à Noventena	Tributos NÃO sujeitos à regra do art. 62, § 2º, NEM à Noventena	Tributos sujeitos à regra do art. 62, § 2º, mas NÃO sujeitos à Noventena	Tributos sujeitos à Noventena e não sujeitos à regra do art. 62, § 2º
1. ITR, ITD, ICMS, ITBI e ISS e; 2. IPTU e IPVA na fixação das suas bases de cálculo não há Noventena	II, IE, IOF e IEG	1. IR e; 2. IPTU e IPVA na fixação das suas bases de cálculo não há Noventena	**1. IPI;** **2. Contribuições;** **3. Contribuições de Melhoria e;** **4. Taxas.**

b) Exceções à anterioridade

II; IE; IPI; IOF; IEG; Empréstimos Compulsórios em caso de calamidade pública ou guerra; contribuições para o financiamento da seguridade social; restabelecimento da alíquota da CIDE-combustíveis;

restabelecimento da alíquota de ICMS-monofásico incidente sobre combustíveis (arts. 150, § 1º; 195, § 6º; art. 155, § 4º, IV, *c*; art. 177, § 4º, I, *b*, todos da CF).

> **IMPORTANTE**
>
> A respeito da Anterioridade, a IDIB, banca que organizou, em 2016 a prova para Fiscal de Tributos da Prefeitura de Novo Gama-GO, identificou como correta a alternativa "A":
>
> *O Princípio da Anterioridade diz que nenhum tributo será cobrado em cada exercício financeiro, sem que a lei que o instituiu ou aumentou tenha sido publicada; a Constituição Federal veda expressamente a cobrança do tributo no mesmo exercício financeiro em que haja sido publicada a lei que os instituiu ou aumentou (art. 150, III, b).*

Sobre o princípio, importantes entendimentos já foram consagrados pelo STF:

- Não se aplica a anterioridade às modificações nos índices de correção monetária (RE 200.844 AgR).
- Não se aplica a anterioridade às extinções de desconto em razão de pagamento do tributo sob certas condições (exemplo: pagamento antecipado) (ADI 4.016 MC).

No que se refere à aplicação da anterioridade à revogação de isenções, a doutrina controverte quanto à incidência do art. 104 do CTN, segundo o qual:

> Art. 104. Entram em vigor no primeiro dia do exercício seguinte àquele em que ocorra a sua publicação os dispositivos de lei, referentes a impostos sobre o patrimônio ou a renda: (...)
>
> III – que extinguem ou reduzem isenções, salvo se a lei dispuser de maneira mais favorável ao contribuinte, e observado o disposto no artigo 178.

Há quem entenda que o dispositivo legal tem aplicação restrita aos impostos sobre o patrimônio e a renda, de forma que apenas quando se estiver diante de revogação de extinção ou reduções de isenções de tributos desta natureza se falaria em observância ao princípio da anterioridade.

Outros doutrinadores orientam-se no sentido de que a extinção ou redução de isenções de forma geral devem ensejar a aplicação do princípio.

Segundo antigo precedente do STF: "Revogada a isenção, o tributo torna-se imediatamente exigível. Em caso assim, não há que se observar o princípio da anterioridade, dado que o tributo já é existente" (RE 204.062).

c) Princípio da anterioridade nonagesimal (maioria da doutrina considera sinônimo de noventena) (art. 150, II, c, da CF).

É vedado aos entes políticos cobrar tributos antes de decorridos noventa dias da data em que haja sido publicada a lei que os instituiu ou aumentou.

Aludido princípio foi incluído pela EC n. 42/2003, antes aplicado apenas com relação às contribuições para o financiamento da seguridade social (art. 195, § 6º, da CF).

É importante lembrar que, embora com relação às contribuições para a seguridade social, a CF faça referência à instituição ou modificação, já decidiu o STF que a norma constitucional protege o contribuinte de aumento da carga tributária, de maneira que apenas quando há aumento há de se falar na sua aplicação.

Para alguns apenas a nova regra seria chamada de noventena, ao passo que a relativa às contribuições seria a anterioridade nonagesimal.

Observe-se também que, assim como na anterioridade anual, o critério de aplicação da anterioridade nonagesimal é a da data da publicação da lei, pouco importando a data de início de vigência.

d) Exceções à anterioridade de exercício financeiro

Art. 150, § 1º, CF	Impostos extrafiscais	II, IE, IPI, IOF
Art. 155, § 4º, IV, c, da CF	Contribuições de Intervenção no Domínio Econômico – CIDE	CIDE-Combustíveis
Art. 195, § 6º, da CF	Contribuição Social	Contribuição Para Financiamento da Seguridade Social
Art. 155, § 4º, IV, c, da CF	Imposto Fiscal	ICMS Monofásico Sobre Combustíveis
Art. 154, II, e 150, § 1º, da CF	Impostos Extraordinários de Guerra (IEG)	IEG: guerra externa declarada ou iminente
Art. 148, I, da CF	Empréstimos Compulsórios (EC)	EC: calamidade pública e guerra externa (iminente ou declarada)

e) Exceções à noventena ou anterioridade nonagesimal:

II; IE; IOF; IEG; empréstimo compulsório, no caso de guerra ou calamidade; IR; aumento da base de cálculo do IPTU e do IPVA (art. 15, § 1º, da CF).

A respeito do princípio da anterioridade nonagesimal, importantes decisões do STF já foram proferidas:

- A majoração da alíquota do IPI, passível de ocorrer mediante ato do Poder Executivo – art. 153, § 1º –, submete-se ao princípio da anterioridade nonagesimal previsto no art. 150, III, c, da Constituição Federal (ADI 4.661 MC).
- O prazo nonagesimal previsto no art. 150, III, c, da CF não se aplica à hipótese de simples prorrogação de alíquota já aplicada anteriormente (RE 584.100).

> **ATENÇÃO**
>
> A respeito da Anterioridade de Exercício e Nonagesimal, a FCC que organizou em 2016 para o cargo de Consultor Jurídico de Assembleia Legislativa–MS entendeu como correto:
>
> *Observam os princípios da anterioridade anual e da anterioridade nonagesimal (noventena), os impostos sobre a renda e sobre produtos industrializados, respectivamente.*

f) Exceções à anterioridade de exercício financeiro

Art. 150, § 1º, da CF	Impostos Extrafiscais	II, IE, IPI, IOF
Art. 155, § 4º, IV, c, da CF	Contribuições de Intervenção no Domínio Econômico – CIDE	CIDE-Combustíveis
Art. 195, § 6º, da CF	Contribuição Social	Contribuição para Financiamento da Seguridade Social
Art. 155, § 4º, IV, c, da CF	Imposto Fiscal	ICMS Monofásico sobre Combustíveis
Arts. 154, II, e 150, § 1º, da CF	Impostos Extraordinários de Guerra (IEG)	IEG: guerra externa declarada ou iminente
Art. 148, I, da CF	Empréstimos Compulsórios (EC)	EC: calamidade pública e guerra externa (iminente ou declarada)

5) Princípio do não confisco – art. 150, IV, da CF

Por força de tal princípio, a atividade tributária não pode ter como efeito retirar do contribuinte condições mínimas vitais de subsistência ou interditar-lhe a prática de atividade profissional lícita. O princípio, em verdade, embora positivado entre as disposições do Sistema Tributário Nacional, decorre do próprio direito de propriedade, previsto no art. 5º da CF (cláusula pétrea).

Afirma a doutrina que a vedação ao confisco decorreria da definição de tributo (art. 3º do CTN), que o reconhece como prestação pecuniária compulsória que não constitua sanção de ato ilícito.

O conceito de efeito confiscatório é indeterminado, não havendo critérios objetivos definidos na Constituição ou nas normas infraconstitucionais aptos a definir a partir de que nível de tributação o confisco estaria configurado.

A respeito do princípio, destaca-se importante decisão do STF que adota entendimento no sentido de que a confiscatoriedade não deve ser identificada tomando em conta os tributos de forma isolada, mas a totalidade das incidências tributárias relativas a uma mesma entidade política num certo período:

- Resulta configurado o caráter confiscatório de determinado tributo, sempre que o efeito cumulativo – resultante das múltiplas incidências tributárias estabelecidas pela mesma entidade estatal – afetar, substancialmente, de maneira irrazoável, o patrimônio e/ou os rendimentos do contribuinte.
- O Poder Público, especialmente em sede de tributação (as contribuições de seguridade social revestem-se de caráter tributário), não pode agir imoderadamente, pois a atividade estatal acha-se essencialmente condicionada pelo princípio da razoabilidade (ADI 2.010 MC).
- O isolado aumento da alíquota do tributo é insuficiente para comprovar a absorção total ou demasiada do produto econômico da atividade privada, de modo a torná-la inviável ou excessivamente onerosa (RE 448.43 AgR).

No que se refere às taxas, a confiscatoriedade deve ser investigada em vista do custo da atividade ensejadora da cobrança do tributo. Sendo tributo sempre vinculado a uma atividade estatal (serviço público específico e divisível ou exercício do poder de polícia), apresenta-se confiscatório se a cobrança se der em nível superior ao custo da atividade, a partir do qual o Estado estaria se locupletando indevidamente à custa do contribuinte:

- "A taxa, enquanto contraprestação a uma atividade do Poder Público, não pode superar a relação de razoável equivalência que deve existir entre o custo real da atuação estatal referida ao contribuinte e o valor que o Estado pode exigir de cada contribuinte, considerados, para esse efeito, os elementos pertinentes às alíquotas e à base de cálculo fixadas em lei" (ADI 2.551-MC-QO).

No que se refere às multas tributárias, entende o STF, de forma pacífica, no sentido da aplicação do princípio da vedação ao confisco, apesar de a Constituição ter se referido literalmente apenas a tributo ao consagrar o princípio.

O STF possui precedentes no sentido de considerar que "multas de 20% a 30% do valor do débito como adequadas à luz do princípio da vedação do confisco" (RE 523.471-AgR).

> **ATENÇÃO**
>
> A jurisprudência tem entendido como inadequadas as multas acima de 100%. Nesse sentido, em 2016, a VUNESP organizou a prova para Procurador Jurídico para a Prefeitura de Mogi das Cruzes e, a respeito do Princípio do Não Confisco, entendeu como correta a assertiva da letra *d* a respeito da Vedação ao Confisco:

> A jurisprudência tem se posicionado pela inconstitucionalidade das multas moratórias quando superiores a certos percentuais relativos ao valor do tributo, 100%, por exemplo. O fundamento de tal posicionamento assenta-se no princípio constitucional da **vedação ao confisco**.

> **IMPORTANTE**
>
> O mesmo entendimento foi adotado pela CESP, em 2014, na prova para o cargo de Analista Legislativo da Câmara dos Deputados, que assinalou como CERTA a seguinte assertiva:
>
> *A jurisprudência do STF firmou-se no sentido de que é aplicável a proibição constitucional do confisco em matéria tributária, ainda que se trate de multa fiscal resultante do inadimplemento, pelo contribuinte, de suas obrigações tributárias.*

6) Princípio da liberdade de tráfego – art. 150, V, da CF

Esse princípio estabelece que é **vedado aos entes políticos estabelecer limitações ao tráfego de pessoas ou bens, por meio de tributos interestaduais ou intermunicipais**, ressalvada a cobrança de pedágio pela utilização de vias conservadas pelo Poder Público.

Em outras palavras, é vedado aos entes políticos utilizar a tributação como instrumento de interdição ou limitação do direito de ir e vir, onerando o tráfego de bens e pessoas.

> **ATENÇÃO**
>
> A própria CF cuidou de ressalvar da regra a cobrança dos pedágios pela utilização das vias conservadas pelo Poder Público.

Relevante a discussão acerca de qual seria a natureza jurídica do pedágio, levando em conta tal disposição constitucional. Se sua cobrança se dá por particular, em razão de este realizar a conservação da via pública em regime de concessão de serviço público, tem-se como indiscutível que se trata de tarifa (preço público), não possuindo, portanto, natureza tributária. Chega-se a tal conclusão com facilidade por força do que dispõe o art. 7º do CTN, o qual só autoriza a delegação da capacidade tributária ativa (arrecadatória e fiscalizatória) a pessoas jurídicas de direito público.

Por outro lado, quando a cobrança se dá pelo próprio Poder Público, que não transfere ao particular a execução da conservação, mas ele mesmo o faz, sempre houve considerável dissenso na doutrina acerca da natureza jurídica do pedágio.

Segundo o STF:

> O pedágio cobrado pela efetiva utilização de rodovias conservadas pelo Poder Público, cuja cobrança está autorizada pelo inciso V, parte final, do art. 150 da Constituição de 1988, não tem natureza jurídica de taxa, mas sim de preço público, não estando a sua instituição, consequentemente, sujeita ao princípio da legalidade estrita (ADI 800, julgado em 11-6-2014).

7) Princípio da uniformidade geográfica da tributação – art. 151, I, da CF

É vedado à União instituir tributo que não seja uniforme em todo o território nacional ou que implique distinção ou preferência em relação a Estado, ao Distrito Federal ou a Município, em detrimento de outro, admitida a concessão de incentivos fiscais destinados a promover o equilíbrio do desenvolvimento socioeconômico entre as diferentes regiões do país.

> **IMPORTANTE**
>
> A banca FUNDEB, que elaborou a prova para o concurso de Advogado da Prefeitura de São Lourenço-MG, em 2016, indicou como correta a sentença:

> *Uma importante exceção ao princípio da uniformidade geográfica é a concessão de incentivos fiscais destinados a promover o equilíbrio do desenvolvimento socioeconômico entre as diferentes regiões do país.*

A tributação federal deve ser idêntica, **COMO REGRA**, em todo o território federal, ressalvadas as hipóteses de incentivos fiscais destinados a promover o equilíbrio socioeconômico entre as diferentes regiões do país. Isto implica reconhecer, por exemplo, como inconstitucionais eventuais diferenças de alíquota de impostos federais entre regiões do Brasil, como se daria na hipótese de alíquotas distintas de imposto de renda a depender da situação da fonte pagadora. Discriminação dessa natureza seria flagrantemente inconstitucional.

Percebe-se que o dispositivo constitucional consagra a um só tempo a isonomia em suas perspectivas horizontal e vertical, na medida em que veda a diferença de tratamento tributário dentro do território nacional, mas elege como critério de discriminação eventuais discrepâncias em nível de desenvolvimento socioeconômico entre regiões brasileiras.

8) Proibição de concessão de isenções heterônomas – art. 151, III, da CF

É vedado à União instituir isenções de tributos da competência dos Estados, do Distrito Federal ou dos Municípios. O princípio visa a proteger fundamentalmente o pacto federativo.

Importante destacar, entretanto, que a proibição às chamadas isenções heterônomas também se aplica aos Estados, ao Distrito Federal e aos Municípios. Isto porque o poder de isentar é natural decorrência do poder de tributar, de forma que a regra é que as isenções sejam autônomas, ou seja, concedidas pelo próprio ente que instituiu o tributo.

A própria CF, entretanto, traz importante exceção à impossibilidade de isenções heterônomas em matéria de ISS. Em relação a este, nos termos do art. 156, § 3º, II, da CF, cabe à lei complementar excluir da sua incidência exportações de serviços para o exterior. Atualmente, a Lei Complementar n. 116/2003, em seu art. 2º, dispõe que o imposto não incide sobre as exportações de serviços para o exterior do país.

Ainda a propósito do tema, entende o STF que a vedação se aplica apenas no plano interno, sendo, portanto, possível, em sede de tratados internacionais, a concessão de isenções de tributos estaduais e municipais pela República Federativa do Brasil.

> A cláusula de vedação inscrita no art. 151, III, da Constituição – que proíbe a concessão de isenções tributárias heterônomas – é inoponível ao Estado Federal brasileiro (vale dizer, à República Federativa do Brasil), incidindo, unicamente, no plano das relações institucionais domésticas que se estabelecem entre as pessoas políticas de direito público interno (...). (RE 543.943 AgR).

ATENÇÃO

Para as provas de concurso, temos de adotar o entendimento que respeita a CF de 1988, bem como a doutrina majoritária que defende a possibilidade de que o Estado Federal brasileiro celebre tratados internacionais que veiculem cláusulas de exoneração tributária em matéria de tributos locais (como o ISS, p. ex.), pois a República Federativa do Brasil, ao exercer o seu *treaty-making power*, estará praticando ato legítimo que se inclui na esfera de suas prerrogativas como pessoa jurídica de direito internacional público, que detém – em face das unidades meramente federadas – o monopólio da soberania e da personalidade internacional (RE 543.943 AgR).

Ainda a respeito das isenções (e demais formas de incentivo fiscal), é importante lembrar que, nos termos do art. 150, § 6º, da CF, qualquer subsídio ou isenção, redução de base de cálculo, concessão de crédito presumido, anistia ou remissão, relativos a impostos, taxas ou contribuições, só poderá ser concedido mediante lei específica, federal, estadual ou municipal, que regule exclusivamente as matérias acima enumeradas ou o correspondente tributo ou contribuição, sem prejuízo do disposto no art. 155, § 2º, XII, g, da CF.

4.2 Questões

1. **(VUNESP – Prefeitura de Guarulhos-SP – Inspetor Fiscal de Rendas – Conhecimentos Específicos)** Vedações destinadas à União – art. 151 da CF:
A) conceder incentivos fiscais destinados a promover o desenvolvimento socioeconômico entre as diferentes regiões do País, em respeito ao princípio da isonomia.
B) tributar a remuneração e os proventos dos agentes públicos estaduais, distritais e municipais em níveis inferiores aos que fixar para seus agentes, em respeito ao princípio da isonomia.
C) diferença tributária entre bens e serviços, de qualquer natureza, em razão de sua procedência ou destino.
D) instituir tributo uniforme em todo o território nacional em razão do seu dever de eliminar desigualdades regionais.
E) instituir isenções de tributos de competência dos Estados, Distrito Federal ou dos Municípios.

↳ **Resolução:**
O art. 151, I, da CF direciona, em especial, à União a vedação de concessão de isenção (em regra) de tributo que não seja de sua própria competência, sob o risco de desrespeito ao Princípio da concessão de Isenção Heterônoma.

↗ **Gabarito: "E".**

2. **(VUNESP – Prefeitura de Guarulhos-SP – Inspetor Fiscal de Rendas – Conhecimentos Específicos)** O princípio da capacidade contributiva:
A) veda a concessão de incentivos fiscais destinados a promover o equilíbrio do desenvolvimento socioeconômico regional.
B) determina que todos tributos atendam às condições sociais e econômicas do contribuinte.
C) não se aplica ao Imposto de Importação de Produtos Estrangeiros, ao Imposto sobre a Renda e Proventos de Qualquer Natureza e ao Imposto sobre Transmissão Causa Mortis e Doação.
D) não se aplica às contribuições de melhoria.
E) deve considerar a totalidade da carga tributária suportada pelo contribuinte, no mesmo exercício fiscal, inclusive contribuições parafiscais.

↳ **Resolução:**
O princípio da capacidade contributiva, em regra, se aplica aos impostos, de acordo com o § 1º do art. 145 da CF.

↗ **Gabarito: "D".**

3. **(VUNESP – Prefeitura de Guarulhos-SP – Inspetor Fiscal de Rendas – Conhecimentos Específicos)** Os princípios constitucionais tributários e as imunidades tributárias impõem limitações relevantes ao poder de tributar, sendo elementos fundamentais do Sistema Tributário Nacional, erigido no Capítulo I do Título VI da Constituição Federal. Quanto aos princípios constitucionais tributários e as imunidades tributárias, assinale a alternativa correta:
A) Segundo entendimento sumulado do Supremo Tribunal Federal, o imóvel pertencente a partidos políticos, inclusive suas fundações, bem como entidades sindicais dos trabalhadores, instituições de educação e instituições de assistência social, sem fins lucrativos, está albergado pela imunidade ao IPTU, mesmo quando alugado a terceiros, desde que o valor dos aluguéis seja aplicado em atividades definidas pelo Município.
B) O princípio da legalidade tributária veda que a União, os Estados, o Distrito Federal e os Municípios exijam ou aumentem tributos em lei que os estabeleça, devendo ser utilizada, em regra, lei complementar para instituir tributos.

C) A imunidade recíproca dos entes federados aplica-se ao patrimônio, à renda e aos serviços, relacionados com exploração de atividades econômicas regidas pelas normas aplicáveis a empreendimentos privados, ou em que haja contraprestação ou pagamento de preços ou tarifas pelo usuário, nem exonera o promitente comprador da obrigação de pagar imposto relativamente ao bem imóvel.

D) O princípio da anterioridade, cuja aplicação alcança o imposto de renda, proíbe a cobrança de tributos no mesmo exercício financeiro em que haja sido publicada a lei que os instituiu ou aumentou.

↳ **Resolução:**
O art. 150, III, *b*, da CF estabelece o princípio da Anterioridade do Exercício Financeiro.

↗ **Gabarito: "D".**

4. **(IBADE – Câmara de Porto Velho-RO – Analista Jurídico)** Tendo em vista as limitações constitucionais ao poder de tributar, é correto afirmar que, sem prejuízo de outras garantias asseguradas ao contribuinte, via de regra é vedado à União, aos Estados, ao Distrito Federal e aos Municípios, cobrar tributos:

A) em relação a fatos geradores ocorridos depois do início da vigência da lei que os criou.
B) que tenham como fato gerador a aquisição da propriedade de aeronaves e embarcações particulares.
C) no mesmo exercício financeiro em que haja sido publicada a lei que os instituiu ou aumentou.
D) a partir da criação de novos impostos.
E) sobre grandes fortunas.

↳ **Resolução:**
Art. 150, III, *b*, da CF prevê o Princípio da Anterioridade (não surpresa) do Exercício Financeiro, segundo o qual, os tributos não serão exigidos no mesmo exercício financeiro da publicação da lei instituidora ou majoradora.

↗ **Gabarito: "C".**

5. **(Quadrix CREF – 8ª Região (AM/AC/RO/RR) – Assistente Financeiro)** À luz da Constituição Federal de 1988 (CF), julgue o item seguinte.

É vedado à União, aos estados, ao Distrito Federal e aos municípios instituir tratamento desigual entre contribuintes que se encontrem em situação equivalente e proibida qualquer distinção em razão de ocupação profissional ou função por eles exercida.
( ) Certo
( ) Errado

↳ **Resolução:**
O art. 150, II, da CF prevê o princípio da Isonomia Tributária conforme a sentença elaborada pela Banca examinadora.

↗ **Gabarito: "Certo".**

6. **(VUNESP – Prefeitura de Arujá-SP – Advogado)** Determinado município brasileiro pretende, em respeito à Constituição, instituir regime próprio de previdência para os seus servidores, de caráter solidário e contributivo. A esse respeito, e considerando as regras e princípios vigentes no Brasil em matéria de direito tributário, é correto afirmar que:

A) a criação ou a majoração de eventual alíquota de contribuição a ser cobrada dos servidores municipais deverá respeitar à chamada anterioridade nonagesimal.
B) por se tratar de regime próprio de previdência, a majoração das alíquotas de contribuição do servidor e patronal poderá ser realizada por mero decreto.
C) a alíquota a ser cobrada dos servidores públicos municipais não será inferior à da contribuição dos titulares de cargos efetivos do estado em que o território do município esteja inserido.
D) não terá caráter de tributo a cobrança de contribuição por parte dos servidores municipais para custeio do regime próprio, por se referir a contribuição ao custeio de suas próprias aposentadorias futuras.
E) carece o município de competência constitucional para legislar a respeito da previdência social dos seus servidores, inclusive quanto ao estabelecimento de alíquotas de contribuição do servidor e patronal.

↳ **Resolução:**
As contribuições exigidas dos servidores (municipais, estaduais ou distritais) para a manutenção

de regime próprio de previdência são previstas pelo art. 149, § 1º, da CF e deverão observar a anterioridade nonagesimal, já que são exceção à anterioridade do exercício financeiro, de acordo com o § 6º do art. 195 da CF.

↗ Gabarito: "B".

7. **(Planexcon – Câmara de Bofete-SP – Procurador Jurídico)** No que concerne à limitação constitucional ao poder de tributar, assinale a alternativa *correta*:

A) Os empréstimos compulsórios para atendimento de despesas extraordinárias, decorrentes de calamidade pública, de guerra externa ou sua iminência, se sujeitam ao princípio da anterioridade tributária.

B) À União, aos Estados, ao Distrito Federal e aos Municípios é defeso a instituição de imposto sobre patrimônio, renda ou serviços uns dos outros, regra esta extensiva às autarquias e às fundações instituídas e mantidas pelo Poder Público.

C) O imposto de importação se sujeita ao princípio da anterioridade anual e nonagesimal.

D) É vedado aos Municípios estabelecer diferença tributária entre bens e serviços, de qualquer natureza, exceto em razão de sua procedência ou destino.

E) Pelo princípio da anterioridade fica vedada a cobrança de tributos em relação a fatos geradores ocorridos antes do início da vigência da lei que os houver instituído ou aumentado.

↘ **Resolução:**
A imunidade prevista no art. 150, VI, *a*, da CF prevê a vedação de exigência de impostos sobre o patrimônio, renda ou serviços entre os entes políticos, e o § 2º do mesmo artigo estabelece a extensão do benefício às autarquias e fundações instituídas e mantidas pelo Poder Público.

↗ Gabarito: "B".

8. **(CESPE – TJSC – Juiz Substituto)** Determinada lei tributária prevê o valor do teto para a cobrança de uma taxa de fiscalização, permitindo que ato do Poder Executivo fixe o valor específico do tributo e autorizando o ministro da Economia a corrigir monetariamente, a partir de critérios próprios, esse valor.

A respeito dessa lei hipotética, considerando-se a jurisprudência do STF acerca do princípio da legalidade tributária, é correto afirmar que:

A) a delegação do ato infralegal para a fixação do valor da taxa ou determinação dos critérios para a sua correção é inconstitucional.

B) os índices de correção monetária da taxa podem ser atualizados por ato do Poder Executivo, ainda que em percentual superior aos índices de correção monetária legalmente previstos.

C) a fixação do valor da taxa por ato normativo infralegal, se em proporção razoável com os custos da atuação estatal, é permitida, devendo sua correção monetária ser atualizada em percentual não superior aos índices legalmente previstos.

D) o Poder Executivo tem permissão legal para fixar discricionariamente o valor da correção monetária da referida taxa, independentemente de previsão legal de índice de correção.

E) a fixação, em atos infralegais, de critérios para a correção monetária de taxas é inconstitucional, independentemente de observar expressa previsão legal.

↘ **Resolução:**
O RE 838.284 entendeu que não viola a legalidade tributária a lei que, por ato normativo infralegal, fixar o valor de taxa em proporção razoável com os custos da atuação estatal, valor esse que não pode ser atualizado por ato do Poder Executivo em percentual superior aos índices de correção monetária legalmente previstos.

↗ Gabarito: "C".

5. IMUNIDADES TRIBUTÁRIAS

5.1 Aspectos gerais

Ao lado dos princípios constitucionais tributários, constituindo as chamadas limitações constitucionais ao poder de tributar, figuram as imunidades tributárias. **Consistem em vedações constitucionais ao poder de tributar** (para alguns, normas constitucionais de competência negativa), que elegem bens e/ou pessoas determinadas, **protegendo-lhes do exercício da competência tributária pelas entidades políticas.**

O termo "imunidade tributária" foi cunhado pela doutrina, não havendo no texto constitucional referência expressa a ele. Entretanto, deve-se entender como imunidade tributária toda e qualquer norma constitucional que vede o exercício da competência tributária. Assim, sempre que norma constitucional impeça o poder de tributar tem-se configurada a imunidade.

Percebe-se, desde logo, que a fonte normativa direta das imunidades tributárias é a Constituição Federal. Não há imunidade tributária fora do texto constitucional. A imunidade tributária opera no plano do exercício da competência tributária.

É importante estabelecer **diferenças entre a imunidade e outras categorias jurídicas que igualmente implicam a inexistência de cobrança e situá-la dentro do campo da não incidência**:

A **não incidência** pode ser dar quando o ente detém competência, mas não a exerce (a União pode instituir o IGF mas ainda não o fez); quando o ente não tem competência (IPVA sobre aeronaves, segundo o STF); ou quando uma norma constitucional diretamente impede o exercício da competência. Eis, neste último caso, a imunidade. Em razão disso, a imunidade é reconhecida como uma não incidência constitucionalmente qualificada, já que o próprio Texto Constitucional interdita o exercício da competência tributária.

A **isenção**, por sua vez, embora do ponto de vista prático importe também em inexistência de cobrança, consiste na dispensa de pagamento de tributo devido tratada por lei específica. Parte da doutrina entende que, nos casos de isenção, o fato gerador ocorre, a obrigação tributária tem seu nascimento, porém o crédito tributário não pode ser constituído.

Já na **alíquota zero**, a impossibilidade de cobrança decorre do aspecto quantitativo da obrigação tributária ser nulo.

5.2 Imunidades genéricas

As imunidades tratadas no rol do inciso VI do art. 150 da CF cuidam da vedação expressa de cobrança de impostos e não alcançam qualquer outra espécie tributária. Portanto, não são imunes as contribuições especiais, taxas ou qualquer outra espécie de tributo. Dentre as alíneas *a* até *e* do inciso VI, a doutrina majoritária trata as imunidades como princípios garantidores do Pacto Federativo, por isso imutáveis. Verdadeiras cláusulas pétreas, por isso não podendo ser objeto de restrição nem por Emenda Constitucional.

1) Imunidade recíproca – art. 150, VI, *a*, da CF

Vedação expressa que impede que os entes políticos instituam impostos sobre patrimônio, renda ou serviços uns dos outros.

Além dos entes políticos (U, E, M e DF), alcança também as autarquias e fundações públicas instituídas e mantidas pelo Poder Público e desde que o patrimônio, a renda e os serviços estejam vinculados às suas finalidades essenciais ou às delas decorrentes – art. 150, § 2º, da CF) e, segundo o STF, as empresas públicas e sociedades de economia mista prestadoras de serviços públicos de prestação obrigatória e exclusiva do Estado.

Em relação às empresas públicas e sociedades de economia mista, há julgados do STF reconhecendo a imunidade recíproca à Infraero, Casa da Moeda, ECT – Empresa Brasileira de Correios e Telégrafos, Codesp.

Especificamente com relação à ECT:

> (...) a jurisprudência do Supremo Tribunal Federal orienta-se no sentido de que a imunidade recíproca deve ser reconhecida em favor da Empresa Brasileira de Correios e Telégrafos, ainda que o patrimônio, renda ou serviço desempenhado pela Entidade não esteja necessariamente relacionado ao privilégio postal (ACO 879, julgado em 26-11-2014).

Para o STF, portanto, o exercício simultâneo de atividades em regime de exclusividade e em concorrência com a iniciativa privada é irrelevante para fins de incidência da imunidade.

> **ATENÇÃO**
>
> No caso de imóvel alcançado pela imunidade recíproca, a própria CF cuidou de estabelecer que esta não exonera o promitente comprador da obrigação de pagar imposto relativamente ao bem imóvel (art. 150, § 3º, parte final, da CF).
>
> **SÚMULA 583 do STF:** Promitente-Comprador de imóvel residencial transcrito em nome de autarquia é contribuinte do imposto predial territorial urbano.

Sobre a imunidade recíproca merecem destaque alguns entendimentos adotados pelo STF em inúmeros julgamentos:

- Os valores investidos pelos entes federados, bem como a renda auferida estão imunes ao IOF e ao IR (RE 249.980 AgR).
- Bens que integram o patrimônio de um ente federado são imunes, mesmo que estejam ocupados por empresa delegatária de serviço público.
- A imunidade tributária recíproca não se aplica aos notários e aos registradores (RE 599527 AgR).
- A imunidade tributária gozada pela Ordem dos Advogados do Brasil é da espécie recíproca (art. 150, VI, *a*, da CF), na medida em que a OAB desempenha atividade própria de Estado (defesa da Constituição, da ordem jurídica do Estado democrático de direito, dos direitos humanos, da justiça social, bem como a seleção e controle disciplinar dos advogados) (RE 259.976 AgR).
- Entende o STF que, nos tributos indiretos, a análise da imunidade deve se dar com relação ao contribuinte de direito. Apenas se este gozar de imunidade deverá se falar em imunidade da operação. "O repasse do ônus financeiro, típico dos tributos indiretos, não faz com que a condição jurídica ostentada pelo ente federativo na condição de sujeito passivo da relação jurídica tributária seja deslocada para a figura do consumidor da mercadoria ou serviço" (ARE 758.886 AgR).

2) Imunidade religiosa ou imunidade dos templos de quaisquer cultos – Subjetiva – art. 150, *b*, da CF

É vedado instituir impostos sobre templos de qualquer culto. Trata-se de mais uma imunidade que alcança apenas os impostos.

> **ATENÇÃO**
>
> Em 2016, a Banca da FGV que cuidou da organização do concurso para o cargo de Auditor Fiscal de Rendas Tributário da Receita para o Município de Cuiabá, no Estado do Mato Grosso (Prefeitura de Cuiabá-MT), entendeu como corretas todas assertivas:
>
> *As imunidades tributárias são consideradas regras negativas de competência, estabelecidas pela Constituição Federal, afastando a tributação de determinadas pessoas ou bases econômicas. Sobre as imunidades tributárias, analise as afirmativas a seguir.*
>
> *I. São imunes de contribuição para a seguridade social as entidades beneficentes de assistência social que atendam às exigências estabelecidas em lei.*
>
> *II. A imunidade dos templos de qualquer culto não alcança a COFINS (Contribuição para Financiamento da Seguridade Social) e a Contribuição ao PIS (Programas de Integração Social).*
>
> *III. É imune de taxas o exercício do direito de obtenção de certidões em repartições públicas, para defesa de direitos e esclarecimento de situações de interesse pessoal.*
>
> A assertiva I cuida da vedação ao exercício de competência do art. 195, § 7º, da CF e a assertiva III do art. 5º, XXXIV, da CF. Ambas são Imunidades Específicas.

É pacífico o entendimento no sentido de que:

> (...) a imunidade prevista no art. 150, VI, *b*, da Constituição do Brasil, deve abranger não somente os prédios destinados ao culto, mas, também, o patrimônio, a renda e os serviços relacionados com as finalidades essenciais das entidades nelas mencionadas (AI 651.138 AgR).

O entendimento adotado de forma pacífica pelo STF decorre da interpretação do art. 150, VI, *b*, conjuntamente com a previsão contida no § 4º do mesmo artigo, por força do qual a vedação à cobrança de impostos compreende somente o patrimônio, a renda e os serviços, relacionados com as finalidades essenciais da entidade religiosa.

O STF entende que a imunidade se aplica aos cemitérios públicos (apenas) que consubstanciem extensão de entidades religiosas, sendo, portanto, impossível a incidência de IPTU em relação a eles.

▶ **IMPORTANTE**

O Tribunal também consolidou o entendimento de que "não cabe à entidade religiosa demonstrar que utiliza o bem de acordo com suas finalidades institucionais. Ao contrário, compete à Administração tributária demonstrar a eventual tredestinação do bem gravado pela imunidade. Nos termos da jurisprudência da Corte, a imunidade tributária em questão alcança não somente imóveis alugados, mas também imóveis vagos (ARE 800395 AgR).

▶ **ATENÇÃO**

Desde junho de 2015, o conteúdo da Súmula 724 do STF passa a ser tratada pela Súmula Vinculante 52. Ambas com o mesmo texto e com aplicabilidade material sem qualquer modificação. Não há que se falar em revogação da Súmula 724, mas apenas e técnica processual, já que a Súmula Vinculante deve ser aplicada pelo juízo de primeiro grau.

▶ **ATENÇÃO**

Apesar de o texto sumulado contemplar apenas as pessoas referidas na alínea *c* do art. 150, VI, a jurisprudência tem entendido que a inteligência da Súmula Vinculante 52 (antiga 724, STF) aplica-se à Imunidade Religiosa, desde que o valor dos aluguéis seja empregado nas atividades essenciais da entidade.

Súmula vinculante 52: "Ainda quando alugado a terceiros, permanece imune ao IPTU o imóvel pertencente a qualquer das entidades referidas pelo artigo 150, inciso VI, alínea *c*, da Constituição Federal, desde que o valor dos aluguéis seja aplicado nas atividades para as quais tais entidades foram constituídas".

Embora o entendimento sumulado faça referência às entidades apontadas no art. 150, VI, *c*, da CF, é pacífico que também os imóveis pertencentes às entidades religiosas, se alugados a terceiros, permanecem imunes, desde que o valor dos aluguéis seja aplicado nas atividades essenciais da entidade.

Ainda sobre a imunidade religiosa, merece destaque o entendimento no sentido de que "a imunidade tributária conferida pelo art. 150, VI, *b*, é restrita aos templos de qualquer culto religioso, não se aplicando à maçonaria, em cujas lojas não se professa qualquer religião" (RE 562.351).

3) Imunidades subjetiva ou condicionada – art. 150, VI, *c*, da CF

É vedado cobrar impostos sobre patrimônio, renda ou serviços dos partidos políticos, inclusive suas fundações, das entidades sindicais dos trabalhadores, das instituições de educação e de assistência social, sem fins lucrativos, atendidos os requisitos da lei.

▶ **ATENÇÃO**

As pessoas referidas na alínea *c* apenas serão imunes se atenderem aos três requisitos taxativos e cumulativos do art. 14 do CTN. Por isso, se um dos requisitos não for cumprido, o benefício será suspenso até regularização (art. 14, § 1º):

É vedada a distribuição de qualquer parcela de seu patrimônio ou de suas rendas, a qualquer título.

+

Obrigatória a aplicação, integralmente, no País, dos seus recursos na manutenção dos seus objetivos institucionais,

+

Obrigatória a manutenção da escrituração de suas receitas e despesas em livros revestidos de formalidades capazes de assegurar sua exatidão.

> **IMPORTANTE**
>
> Em 2014, a CETRO, que organizou a prova para Auditor Fiscal de Rendas Municipais, entendeu como correta as duas assertivas que tratavam dos requisitos obrigatórios do art. 14 do CTN para a concessão da imunidade:
>
> II. o patrimônio, a renda ou serviços dos partidos políticos, que estão subordinados a certos requisitos contidos no CTN.
>
> III. o patrimônio, a renda ou serviços das instituições de educação ou de assistência social, sem fins lucrativos, que estão subordinados a certos requisitos contidos no CTN.

> **ATENÇÃO**
>
> **APENAS** entidades sindicais dos trabalhadores são contempladas pela CF, não se estendendo a imunidade às entidades sindicais patronais.

> **IMPORTANTE**
>
> Segundo entendimento do STF, cabe estabelecer a seguinte divisão:
>
> - normas relativas à constituição e ao funcionamento da entidade educacional ou assistencial imune: podem ser veiculadas por meio de lei ordinária.
> - normas definidoras dos requisitos para o gozo da imunidade tributária: lei complementar, obrigatoriamente, sob pena de desrespeito ao art. 146, II, da CF, que exige lei dessa natureza para regular limitações constitucionais ao poder de tributar.

O Plenário do STF reconheceu que:

(...) a imunidade das entidades de assistência social, sem fins lucrativos (art. 150, VI, *c*, da CF), alcança os rendimentos e ganhos de capital auferidos em aplicações financeiras, ao deferir, em parte, a medida cautelar postulada na ADI 1.802, em ordem a suspender, com eficácia *erga omnes* (art. 11, § 1º, da Lei 9.868/1999), a vigência do art. 12, § 1º, da Lei 9.532/1997 (AI 805722 AgR).

> **IMPORTANTE**
>
> Súmula 730 do STF: "A imunidade tributária conferida a instituições de assistência social sem fins lucrativos pelo art. 150, VI, *c*, da Constituição, somente alcança as entidades fechadas de previdência social privada se não houver contribuição dos beneficiários".

O entendimento do Supremo Tribunal Federal, no que toca à imunidade de que gozam as entidades beneficentes de assistência social, é no sentido de que: "O ensino de línguas estrangeiras caracteriza-se como atividade educacional para aplicação da imunidade tributária (art. 150, VI, *c*, da Constituição)" (RMS 24283 AgR-segundo). Esse entendimento se estende às escolas de artes, danças, ensino das ciências, esportes e de qualquer ofício, já que qualquer curso está vinculado ao ensino.

Em 23 de junho de 2015, foi publicada a **Súmula Vinculante 52** com o seguinte texto:

Ainda quando alugado a terceiros, permanece imune ao IPTU o imóvel pertencente a qualquer das entidades referidas pelo artigo 150, inciso VI, alínea *c*, da Constituição Federal, desde que o valor dos aluguéis seja aplicado nas atividades para as quais tais entidades foram constituídas.

Por fim, a Súmula 612 do STJ, de 2018, determinou que o certificado de entidade beneficente de assistência social (CEBAS), no prazo de sua validade, possui natureza declaratória para fins tributários, retroagindo seus efeitos à data em que demonstrado o cumprimento dos requisitos estabelecidos por lei complementar para a fruição da imunidade.

4) Imunidade cultural ou objetiva – art. 150, VI, *d*, da CF

É vedado instituir impostos sobre livros, jornais, periódicos e o papel destinado à sua impressão.

Cuida-se de imunidade tipicamente objetiva, em razão do que não alcança as sociedades empresárias que comercializam os objetos descritos na norma constitucional. Assim, "não se estende às editoras, autores, empresas jornalísticas ou de publicidade – que permanecem sujeitas à tributação pelas receitas e pelos lucros auferidos" (STF, RE 206.774).

A imunidade tributária sobre livros, jornais, periódicos e o papel destinado à sua impressão tem por escopo facilitar o exercício da liberdade de expressão intelectual, artística, científica e de comunicação, bem como o acesso à cultura, à informação e à educação.

Já com relação ao conteúdo da publicação, não cabe ao Fisco perquirir acerca do valor artístico ou didático, da relevância das informações divulgadas ou da qualidade cultural. Isto porque a CF não abriu espaço para análises dessa natureza por parte do ente tributante.

> **ATENÇÃO**
>
> Nesse sentido, a FUNCAB, em 2014, foi a banca responsável pela prova de Auditor Fiscal da Secretaria da Fazenda, SEFAZ-BA, julgando como **INCORRETO** o item que continha a seguinte redação:
>
> *Somente os livros e revistas didáticos gozam de imunidade tributária constitucional objetiva.*

O STF, ao apreciar a aplicação da imunidade aos álbuns de figurinha, entendeu que:

> (...) não cabe ao aplicador da norma constitucional em tela afastar este benefício fiscal instituído para proteger direito tão importante ao exercício da democracia, por força de um juízo subjetivo acerca da qualidade cultural ou do valor pedagógico de uma publicação destinada ao público infanto-juvenil (RE 221.239).

> **IMPORTANTE**
>
> **Obras estrangeiras (traduzidas ou não) ou de conteúdo pornográfico são imunes aos impostos.**
>
> Nesse mesmo sentido: "os álbuns de figurinhas e os respectivos cromos adesivos estão alcançados pela imunidade tributária prevista no artigo 150, VI, *d*, da Constituição Federal" (RE 179.893).
>
> Também entende o STF que: "o preceito da alínea *d* do inciso VI do artigo 150 da Carta da República alcança as chamadas apostilas, veículo de transmissão de cultura simplificado" (RE 183.403).

Em relação aos insumos necessários à confecção de livros, jornais e periódicos, o STF confere interpretação estrita ao termo papel, estendendo a imunidade apenas ao que com ele se assemelhar, como o papel fotográfico, os filmes fotográficos e o papel para telefoto, não se aplicando à tinta, cola e linha:

> Apenas os materiais relacionados com o papel – assim, papel fotográfico, inclusive para fotocomposição por laser, filmes fotográficos, sensibilizados, não impressionados, para imagens monocromáticas e papel para telefoto – estão abrangidos pela imunidade tributária prevista no artigo 150, VI, "d", da Constituição (RE 273.308).

> **ATENÇÃO**
>
> A prova aplicada no ano de 2015 pela FUNDEP para o cargo de Auditor – Conselheiro Substituto do Tribunal de Contas do Estado de Minas Gerais – TCE-MG considerou correta a assertiva a respeito do alcance da imunidade que inclui o papel fotográfico, inclusive para fotocomposição por laser, filmes fotográficos e sobre os álbuns de figurinhas destinados ao público infantojuvenil:
>
> *A imunidade prevista no art. 150, VI, d, da Constituição Federal, abrange os filmes e papéis fotográficos necessários à publicação de jornais e periódicos.*
>
> A mesma prova, a respeito da Imunidade que se aplica ao álbum de figurinhas, corroborando a jurisprudência do STF.
>
> *e) A imunidade prevista no artigo 150, VI, d, da Constituição Federal, abarca álbuns de figurinhas destinados ao público infantojuvenil.*
>
> **A Banca exigia do candidato a localização da assertiva incorreta:** *A imunidade tributária recíproca prevista no art. 150, VI, a, da Constituição Federal, afasta a responsabilidade tributária por sucessão, na hipótese em que o sujeito passivo era contribuinte regular do tributo devido.*

Em decisão tomada no Recurso Extraordinário (RE) 202.149, a Primeira Turma do STF havia proferido entendimento de que a imunidade tributária seria ampla, de modo a abranger produtos, maquinários e insumos.

O STF acabou adotando entendimento restritivo quanto à imunidade tributária assegurada a livros, jornais e periódicos, no sentido de excluir do âmbito da imunidade tributária itens ou insumos outros que não os expressamente referidos pelo art. 150, VI, *d*, da CF.

> **IMPORTANTE**
>
> Para as provas de concurso é importante fixar que os insumos, ou seja, **produtos como as chapas de impressão e peças sobressalentes** não são imunes porque foram objeto de decisão em 17 de abril de 2015, que reformou entendimento anterior que garantia a imunidade das chapas de impressão.
>
> A **Súmula 657 do STF**, no entanto, garante que: *A imunidade prevista no art. 150, VI, d, da Constituição Federal abrange os filmes e papéis fotográficos necessários à publicação de jornais e periódicos.*

Quadro-resumo dos itens alcançados pela imunidade de acordo com a jurisprudência do STF:

Alcançados pela Imunidade Cultural	NÃO alcançados pela Imunidade Cultural
Álbum de figurinhas, incluindo as figurinhas;[1]	Calendários comerciais, e agendas de anotações;
Lista telefônica ainda que veiculem anúncios publicitários;[2]	Maquinários e equipamentos utilizados na produção de livros, jornais e periódicos;
Apostilas didáticas e manuais técnicos destinado a cursos e treinamentos;[3]	Tiras de plástico para amarrar jornais;
Papéis fotográficos, inclusive os de fotocomposição por laser, e os filmes fotográficos sensibilizados, não impressionados, para imagens monocromáticas e papel telefoto, destinados à composição de livros, jornais e periódicos;[4]	Tinta de solução alcalina concentrada e quaisquer máquinas ou equipamentos, utilizados na impressão ou fabricação dos bens imunes;

[1] RE 179.893/SP.
[2] RE 134.071/SP.
[3] RE 183.403/SP.
[4] RE 203.706/SP.

Alcançados pela Imunidade Cultural	NÃO alcançados pela Imunidade Cultural
E-book e demais livros eletrônicos, incluindo os suportes utilizados para fixá-los;[5]	Folhetos ou encartes de propaganda comercial, mercantil ou industrial distribuídos com jornais ou periódicos.
Propagandas e anúncios veiculados em jornais e revistas, desde que impressos em seu corpo;[6]	
Películas de polímero de propileno.	

5) Imunidade de fonogramas e videofonogramas musicais (art. 150, VI, e, da CF) – EC n. 75/2013

É a imunidade mais recente do rol do inciso VI do art. 150 da CF. A vedação constitucional foi recentemente inserida por Emenda Constitucional no ano 2013 como resultado da "PEC da Música".

O objetivo do benefício fiscal da imunidade foi o de baixar o custo efetivo da produção dos CD e DVD nacionais para baratear e facilitar o acesso às obras musicais ao consumidor final, além do combate à pirataria.

Resultou na imunidade dos impostos sobre a produção dos CD's e DVD's nomeada, pela primeira parte da alínea e do inciso VI do art. 150 da CF como "Imunidade de Fonogramas e Videofonogramas musicais":

> É vedado instituir impostos sobre fonogramas e videofonogramas musicais produzidos no Brasil contendo obras musicais ou literomusicais de autores brasileiros e/ou obras em geral interpretadas por artistas brasileiros bem como os suportes materiais ou arquivos digitais que os contenham, salvo na etapa de replicação industrial de mídias ópticas de leitura a laser.

[5] RE 330.817/RJ.
[6] RE 229.703/SP.

▶ **IMPORTANTE**

Somente no ano de 2015 o tema começou a ser exigido nas provas de concursos de todo o país. As bancas têm adotado as seguintes nomenclaturas para tratar da alínea e: **Imunidade de Fonogramas e Videofonogramas Musicais** ou **Imunidade Musical**, seguindo a doutrina brasileira majoritária.

▶ **ATENÇÃO**

A Banca CESP, em 2015, a respeito da Imunidade Musical, considerou **ERRADA** a assertiva para o cargo de Assessor Técnico Jurídico do Tribunal de Contas do Estado do Rio Grande do Norte:

Com relação às imunidades tributárias, julgue o item seguinte.

Os fonogramas musicais produzidos no Brasil, contendo obras musicais ou literomusicais de autores brasileiros, salvo na etapa de replicação industrial de mídias óticas de leitura a laser, são imunes às contribuições de intervenção econômica e aos impostos em geral, mas não às contribuições para a seguridade social, como as contribuições previdenciárias.

O item foi considerado **ERRADO** porque incluiu as Contribuições de Intervenção no Domínio Econômico (CIDE, art. 149 da CF) na Imunidade Musical quando o rol do inciso VI contemplou apenas os impostos na vedação constitucional em todas as suas alíneas.

A Imunidade Musical será estudada sob a óptica da divisão da alínea e em duas partes. Na primeira, expressamente tratou de imunizar a produção brasileira do CD e DVD realizada por brasileiro, que é o processo de prensagem ou processo industrial de multiplicação da matriz do CD ou DVD. Este processo inicia-se com o envio de um conteúdo original produzido pelos músicos em CD ou DVD ou fita DLT para masterização das mídias ópticas. Na segunda parte excluiu, porém, da vedação constitucional da cobrança dos impostos a etapa de replicação ou etapa que comporta a replicação ou reprodução do CD e DVD.

Fixemos a questão da Imunidade Musical da seguinte forma:

1ª parte da alínea *e* do art. 150, VI, da CF (conjugação dos itens)

a) **Produção de CD e DVD:** processo de prensagem em mídias que incluem *blue-ray* ou vinil consideradas suportes materiais, incluindo os suportes mediante transferência eletrônica comercializados;

b) **Produção exclusivamente em território nacional**: necessariamente a produção do CD e DVD deverá ocorrer em território nacional para ser imune aos impostos;

c) **Obras musicais ou literomusicais de autores brasileiros que produzem suas próprias obras ou interpretam obras de outros artistas**: trata de um requisito subjetivo da imunidade que determina que a produção (composição) seja realizada por artista brasileiro produzindo músicas de sua própria autoria ou na interpretação de músicas de outros artistas brasileiros ou estrangeiros. Assim, tanto a composição quanto a interpretação realizadas por artistas brasileiros estão imunes aos impostos que recaiam sobre a produção nacional do CD e DVD.

Exemplo: Marisa Monte produz, no Brasil, um DVD interpretando as canções de Stevie Wonder. A imunidade musical, neste caso, é perfeitamente aplicada.

2ª parte da alínea *e* do art. 150, VI, da CF: trata da Exceção ao alcance da Imunidade

O benefício fiscal não alcança a etapa de replicação que nada mais é que a etapa de reprodução ou cópia das mídias que ocorre na Zona Franca de Manaus.

> **IMPORTANTE**
>
> A etapa de distribuição não é imune aos impostos. A vedação exclui **expressamente** a etapa de reprodução das mídias e também não incluiu a etapa de distribuição que legalmente ocorre na Zona Franca de Manaus no texto constitucional.

Entendemos que, **afastando** a Imunidade Musical, **incidirão**:

- **IRPF** das pessoas envolvidas em qualquer fase do processo de produção;
- **IPI, ICMS e II** quando da importação dos bens; e
- **ISS** sobre os serviços de cópias na etapa de replicação.

Entendemos que, pela **aplicação** da Imunidade Musical, **não incidirão**:

- **ISS** sobre os serviços prestados diretamente para a produção de CD e DVD;
- **IPI** para a produção de CD e DVD; e
- **ICMS** incidente sobre a circulação das mercadorias.

5.3 Imunidades específicas

As imunidades específicas cuidam da vedação constitucional expressa da cobrança de tributos, o que as distingue das imunidades genéricas, já que estas consistem em vedação expressa da exigência de impostos, apenas.

Tributo	OBJETO/OPERAÇÃO	Fundamento Constitucional
Taxas em geral	Obtenção de certidão e exercício do direito de petição.	Art. 5º, XXXIV
Custas judiciais possuem natureza de taxa segundo o STF	*Habeas corpus*, *habeas data* e ação popular (exceto comprovação de má-fé).	Art. 5º, LXXVII e LXXIII
Contribuições Sociais e de Intervenção no Domínio Econômico	Receitas decorrentes de exportação.	Art. 149, § 2º, I
IPI	Exportação de produtos industrializados.	Art. 153, § 3º, III
ITR	Pequenas glebas rurais (definida em lei) exploradas por proprietários que não possuam outro imóvel.	Art. 153, § 4º, II
Tributos em geral (incide IOF)	Ouro como ativo financeiro ou instrumento cambial.	Art. 153, § 5º
Impostos em geral (incidem II, IE, ICMS)	Operações de energia elétrica, serviços de telecomunicações, derivados de petróleo, combustíveis minerais.	Art. 155, § 3º
ICMS	• Prestações de serviços de comunicações nas modalidades de radiodifusão sonora e de sons e imagem de recepção livre e gratuita; • Exportação de mercadorias e serviços; • Operações que destinem a outros estados petróleo, inclusive lubrificantes, combustíveis líquidos e gasosos dele derivados e energia elétrica.	Art. 155, § 2º, X
ITBI	• Transmissão de bens ou direitos incorporados ao patrimônio de pessoa jurídica em realização de capital e; • Transmissão de bens ou direitos decorrentes de fusão, incorporação, cisão ou extinção de pessoa jurídica, salvo se, nesses casos, a atividade preponderante do adquirente for a compra e venda desses bens ou direitos, locação de bens imóveis ou arrendamento mercantil.	Art. 156, § 2º, I
Contribuições para o Financiamento da Seguridade Social	Entidades beneficentes que atendem aos requisitos legais.	Art. 195, § 7º
Impostos em geral	Transferências de imóveis desapropriados para fins de reforma agrária.	Art. 184, § 5º

5.4 Questões

1. **(CONSULPLAN – TJMG – Titular de Serviços de Notas e de Registros – Remoção)** Sobre a jurisprudência do STF em matéria tributária, assinale a alternativa INCORRETA.

A) As Caixas de Assistência de Advogados encontram-se tuteladas pela imunidade recíproca prevista no art. 150, VI, *a*, da Constituição Federal (CF).

B) As operadoras de planos de saúde realizam prestação de serviço sujeita ao Imposto sobre Serviços de Qualquer Natureza (ISSQN), previsto no art. 156, III, da Constituição Federal/1988.
C) A imunidade tributária constante do art. 150, VI, d, da Constituição Federal (CF), aplica-se somente ao livro eletrônico ("e-book"), não se estendendo aos suportes exclusivamente utilizados para fixá-lo.
D) A imunidade tributária subjetiva aplica-se a seus beneficiários na posição de contribuinte de direito, mas não na de simples contribuinte de fato, sendo irrelevante, para a verificação da existência do beneplácito constitucional, a repercussão econômica do tributo envolvido.

↳ **Resolução:**
O RE 59.5676 entendeu como sendo constitucional a imunidade aos livros digitais, mas não aos suportes digitais.

↗ **Gabarito: "C".**

6. ESPÉCIES TRIBUTÁRIAS

6.1 Classificação das espécies tributárias

A Constituição Federal, em sua redação original, adotou a classificação pentapartida dos tributos. Embora no art. 145 tenha apontado apenas os impostos, taxas e contribuições de melhoria, faz referência às demais espécies tributárias em outros artigos do Sistema Tributário Nacional: empréstimos compulsórios (art. 148) e contribuições especiais (art. 149).

Cabe destacar, neste momento, que, segundo o STF, a Cosip – Contribuição para Serviços de Iluminação Pública –, art. 149-A da CF, incluído na CF pela EC n. 39/2002, é:

> (...) tributo de caráter *sui generis*, que não se confunde com um imposto, porque sua receita se destina a finalidade específica, nem com uma taxa, por não exigir a contraprestação individualizada de um serviço ao contribuinte (RE 573.675)

O CTN, por sua vez, adotou classificação tripartida, em seu art. 5º, ao definir que são tributos os impostos, taxas e contribuições de melhoria.

Alguns doutrinadores adotam uma classificação bipartida dos tributos: impostos e taxas. Outros orientam-se no sentido de adotar uma classificação tripartida: impostos, taxas e contribuições.

> **ATENÇÃO**
>
> Para as provas de concursos, a adoção da classificação segue a escola Pentapartida dos tributos.

> **IMPORTANTE**
>
> A respeito de exclusão do Laudêmio como espécie tributária, em 2016, a FAPEC, organizadora da prova para a Prefeitura para o cargo de Agente Administrativo de Ouro Branco-AL, entendeu com correta a assertiva:
>
> *É uma taxa de 5% sobre o valor venal ou da transação do imóvel a ser paga à União quando ocorre uma transação onerosa com escritura definitiva dos direitos de ocupação ou aforamento de terrenos da União, como terrenos de marinha. Não é imposto nem tributo.*

6.2 As espécies tributárias na Constituição Federal

Antes de adentrar no estudo de cada uma das espécies tributárias, importante lembrar que estas são classificadas em vinculadas ou não vinculadas, levando em conta ora a hipótese de incidência, ora a destinação do produto da arrecadação.

Quando se utiliza como critério a hipótese de incidência e nesta estiver prevista uma situação atinente a uma atividade estatal relativa ao contribuinte, por exemplo, um serviço público, tem-se tributo vinculado; do contrário, tem-se um tributo não vinculado.

Já tomando como critério o destino da arrecadação, encontra-se um tributo vinculado quando o produto da sua arrecadação estiver destinado a um fundo, despesa ou órgão; do contrário, tem-se um tributo não vinculado.

> **ATENÇÃO**
>
> Para o cargo de Fiscal Tributário para a Prefeitura de Osasco-SP, em 2014, organizado pela FGV, foi considerada como **Incorreta** a assertiva:
>
> *no caso de tributos não vinculados, a cobrança depende de uma atuação estatal em relação ao contribuinte e b) são indiretos os tributos em que o contribuinte não tem possibilidade de transferir o ônus econômico da carga fiscal.*

1) Impostos: definição dos arts. 145, I, da CF e art. 16 do CTN

São classificados como tributos não vinculados quanto à hipótese de incidência e de arrecadação não vinculada.

A primeira classificação decorre do contido no art. 16 do CTN, nos termos do qual: "Imposto é o tributo cuja obrigação tem por fato gerador uma situação independente de qualquer atividade estatal específica, relativa ao contribuinte."

Assim, a hipótese de incidência do imposto não aponta para uma ação do Estado, mas para uma manifestação de riqueza do contribuinte, em razão do que é classificado como um tributo não vinculado quanto à hipótese de incidência.

a) Classificações dos impostos

i) Impostos nominados

- **Impostos de competência da União**, portanto, federais: II, IE, IOF, IPI, IR, ITR, IGF;
- **Impostos de competência dos Estados e do Distrito Federal,** portanto, estaduais e distritais: IPVA, ICMS e ITCMD e;
- **Impostos de competência dos Municípios e do Distrito Federal**, portanto, municipais: IPTU, ISS e ITBI.

> **ATENÇÃO**
>
> Lembre-se que o DF cumula a cobrança dos impostos de competência dos municípios. Já em Territórios Federais, competem à União os impostos estaduais e, se o Território não for dividido em Municípios, cumulativamente, os impostos municipais. (art. 147 da CF).

ii) Impostos Extraordinários de Guerra – IEG: instituídos pela União, em caso de guerra externa ou sua iminência (art. 154, II, da CF). No caso do IEG, é possível à União tributar fatos que já sejam tributados por meio dos impostos nominados, inclusive de outros entes competentes. Permite-se, expressamente, o fenômeno da bitributação e do *bis in idem*.

iii) Impostos Residuais: instituídos pela União, mediante lei complementar, desde que sejam não cumulativos e não tenham fato gerador ou base de cálculo próprios dos discriminados na Constituição (art. 154, I, da CF).

b) O fato gerador, os contribuintes e a base de cálculo dos impostos

Nos termos do art. 146 da CF, deve a Lei Complementar – e somente ela – definir o fato gerador, os contribuintes e a base de cálculo dos impostos. Nesse sentido, a Leis Ordinárias, ainda que publicadas pelos entes competentes para instituir o tributo, não poderão cuidar do fato gerador, base de cálculo e dos contribuintes (ou responsáveis) dos impostos e tampouco essa matéria pode ser objeto de Medida Provisória.

No entanto, segundo o STF, **quando a União não edita lei complementar dispondo sobre a base de cálculo, contribuintes e**

fato gerador dos IMPOSTOS, o ente político assume competência tributária plena, nos termos do art. 24, § 3º, da CF. É o que ocorre com o IPVA: "Os Estados-membros estão legitimados a editar normas gerais referentes ao IPVA, no exercício da competência concorrente prevista no artigo 24, § 3º, da Constituição do Brasil" (RE 414.259).

c) A aplicação do princípio da capacidade contributiva aos impostos

A jurisprudência do STF sempre se orientou no sentido de que o princípio da capacidade contributiva, previsto no art. 145, § 1º, da CF e expresso por meio de alíquotas progressivas em função da base de cálculo, teria aplicação aos impostos reais apenas quando houvesse expressa autorização constitucional. O exemplo mais clássico de aplicação dessa regra se deu com relação ao IPTU progressivo em função do valor venal do imóvel, o qual, segundo a Súmula 668 do STF, só passou a ser constitucional após a edição da EC n. 20: "É inconstitucional a lei municipal que tenha estabelecido, antes da Emenda Constitucional 29/2000, alíquotas progressivas para o IPTU, salvo se destinada a assegurar o cumprimento da função social da propriedade urbana".

No entanto, **julgados recentes** têm afastado esse entendimento, **adotando o raciocínio de que todos os impostos se submetem ao princípio da capacidade contributiva**. Foi o que ocorreu em julgado do STF no que concerne à progressividade de alíquotas de ITCMD: "No entendimento majoritário do Supremo, surge compatível com a Carta da República a progressividade das alíquotas do Imposto sobre Transmissão Causa Mortis e Doação" (RE 542485 AgR).

Há também julgados do Tribunal no sentido de que o princípio da capacidade contributiva se aplica, na verdade, em maior ou menor grau, a todos os tributos, e não somente aos impostos:

Todos os tributos submetem-se ao princípio da capacidade contributiva (precedentes), ao menos em relação a um de seus três aspectos (objetivo, subjetivo e proporcional), independentemente de classificação extraída de critérios puramente econômicos (RE 406955 AgR).

d) Impostos em espécie

Para facilitar o entendimento acerca dos impostos, dividiremos tendo como referência as suas incidências, já que a competência foi abordada. Vejamos:

i) Impostos incidentes sobre o patrimônio – IPVA, IPTU e ITR

- **Imposto sobre a Propriedade de Veículos Automotores – IPVA**

O IPVA é tributo de competência dos Estados e DF e tem como fato gerador a propriedade de veículos automotores, nos termos do art. 156, III, da CF.

Não são alcançados, para efeitos de cobrança do tributo, portanto, as embarcações e aeronaves, uma vez que, para o STF o conceito de veículos compreende as coisas movidas a propulsão, circulando com seus próprios meios e destinados ao transporte viário.

Classificado como imposto real, não admite a aplicação de alíquotas progressivas ou o Princípio da Capacidade Contributiva. Há a possibilidade da exigência de alíquotas diferenciadas, nos termos do art. 155, § 6º, II, da CF, em função do tipo e utilização do veículo: veículos de passeio e utilitários, poderão ter alíquotas diferenciadas, mas nunca como forma de elucidar os sinais de riqueza do contribuinte.

> **ATENÇÃO**
>
> As alíquotas de IPVA **não serão progressivas ou diferenciadas** tendo como referência **veículos estrangeiros**, sob o risco de

> incorrer em inconstitucionalidade da cobrança de alíquotas por **desrespeitar o Princípio da não diferenciação tributária em razão da procedência ou destino do bem, previsto** pelo art. 152 da CF.

Não há Lei Complementar que disponha a respeito de fato gerador e base de cálculo do IPVA, tendo em vista que apenas em 1985 o imposto foi inserido em nosso ordenamento jurídico. Nesse sentido, na ausência de Lei Complementar, o art. 24, § 3º, da CF entende que aos Estados é outorgada a competência legislativa plena para tratar do imposto.

> **▶ ATENÇÃO**
>
> A Exceção à Anterioridade de Exercício: a fixação da base de cálculo do IPVA se submete apenas à anterioridade nonagesimal; portanto, as tabelas utilizadas para a definição do valor do veículo podem ser objeto de alteração até o último dia do exercício financeiro de um ano para ser aplicadas já no ano subsequente, a partir de 1º de janeiro, de acordo com o § 1º do art. 150 da CF.

Por meio de Lei Ordinária, o Estado pode conceder isenção às pessoas com deficiência e abatimento do pagamento como forma de premiar os bons condutores. Ambos os benefícios não desrespeitam o Princípio da Isonomia.

O tributo é lançado de ofício, ou seja, o Fisco enviará o carnê do IPVA para pagamento anual, constituindo, assim, o crédito tributário.

- **Imposto sobre a Propriedade Predial e Territorial Urbana – IPTU**

O IPTU é imposto de competência dos Municípios, que instituem o tributo sobre a propriedade, a posse, o domínio útil de imóvel localizado em zona urbana.

O fato gerador alcança, além da propriedade, a posse e o domínio útil. Portanto, o contribuinte do imposto é o titular do seu domínio útil, assim como o seu possuidor a qualquer título, como o possuidor de imóvel em terreno de marinha.

Para que o Município possa exigir o imposto, dois critérios devem ser observados, caso contrário, será a competência da União na exigência de ITR (Imposto Territorial Rural). São eles:

1º) a zona urbana é a definida em lei municipal, desde que presentes os melhoramentos – construídos ou mantidos pelo Poder Público – indicados em pelo menos **dois dos incisos** do § 1º do art. 32 do CTN:

I – meio-fio ou calçamento, com canalização de águas pluviais;
II – abastecimento de água;
III – sistema de esgotos sanitários;
IV – rede de iluminação pública, com ou sem posteamento para distribuição domiciliar;
V – escola primária ou posto de saúde a uma distância máxima de 3 (três) quilômetros do imóvel considerado.

2º) a lei municipal, pode considerar urbanas as áreas urbanizáveis, ou de expansão urbana, constantes de loteamentos aprovados pelos órgãos competentes, destinados à habitação, à indústria ou ao comércio, mesmo que localizados fora das zonas definidas nos termos do § 1º.

> **▶ ATENÇÃO**
>
> A **Súmula 626 do STJ**, publicada em dezembro de 2018, corrobora o § 2º do art. 32 quando determina que *a incidência do IPTU sobre imóvel situado em área considerada pela lei local como urbanizável ou de expansão urbana não está condicionada à existência dos melhoramentos elencados no art. 32, § 1º, do CTN*.

Portanto, o IPTU incidirá quando **presentes dois** dos **critérios** acima estabelecidos; residualmente, não estando presentes esses requisitos, a cobrança será de ITR.

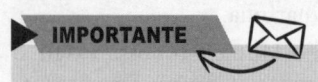

> **IMPORTANTE**
>
> O ITR será exigido de imóveis localizados em zona urbana quando utilizado para a exploração extrativa vegetal, agrícola, pecuária ou agroindustrial, afastando a incidência do IPTU, nos termos do art. 14 do Decreto-Lei n. 57/66. Esse é o entendimento do STF e STJ acerca da não ocorrência do fato gerador de IPTU, mas sim de ITR.

As alíquotas de IPTU **não poderão, em regra, ser progressivas** porque se trata de imposto real e não reflete a capacidade contributiva (§ 1º do art. 145 da CF) ou ainda não tem o condão dimensionar a riqueza do contribuinte proprietário ou possuidor do imóvel. Porém, a CF prevê duas exceções com relação à aplicação das alíquotas. Uma delas permite a progressividade em duas hipóteses, e outra, a seletividade.

A **Progressividade** da alíquota de IPTU, prevista pelo art. 156, § 1º, I, da CF, divide-se em:

– **Progressividade Fiscal:** em razão do valor venal do imóvel e;
– **Progressividade Extrafiscal:** como forma de forçar o cumprimento da função social da propriedade, aplica-se como penalidade ao proprietário que não promova o adequado aproveitamento do solo, de acordo com o art. 182, § 4º, II, da CF, sob o risco de desapropriação indenizada.

Já a **Seletividade** da alíquota de IPTU: em razão da localização e uso do imóvel (se destinado ao comércio ou à moradia) – art. 156, § 1º, II, da CF.

A **Súmula 614 do STJ** determina que o locatário não possui legitimidade ativa para discutir a relação jurídico-tributária de IPTU e de taxas referentes ao imóvel alugado, nem para repetir indébito desses tributos.

O STJ decidiu que somente o possuidor que tenha *animus dominis* pode ser chamado a pagar o IPTU, afastando a incidência do imposto de comodatários e arrendatários.

As relações civis, portanto, são imponíveis ao Fisco e independentes da relação entre o locador e o locatário. Cabe somente ao proprietário a possibilidade de contestar o pagamento dos tributos que recaiam sobre os bens imóveis, assim como reaver os valores recolhidos indevidamente ou a maior.

> **ATENÇÃO**
>
> Exceção à legalidade aplicada à atualização monetária da base de cálculo do IPTU que pode ser realizada pelo Prefeito do Município (Decreto Municipal), observada a **Súmula 160 do STJ:** *É defeso, ao município, atualizar o IPTU, mediante decreto, em percentual superior ao índice oficial de correção monetária.*

• **Imposto sobre a Propriedade Territorial Rural – ITR**

Tributo de competência privativa da União, está previsto no inciso VI do art. 153 da CF e art. 29 do CTN. Tem como fato gerador a propriedade, o domínio útil ou a posse de imóvel por natureza, extrapolando incidência apenas sobre a propriedade de que trata o art. 153, IV, da CF.

Diferentemente do IPTU, o ITR incidirá sobre a propriedade dos imóveis localizados na zona rural (no campo), sendo certo que o critério da localização define o fato gerador do imposto, exceto quando:

– o Município não garanta os melhoramentos mínimos estabelecidos no § 2º do art. 32 do CTN, afastando-se a incidência do IPTU, sendo exercida a competência da União ao exigir o ITR; e

– o imóvel, mesmo estando situado na cidade, seja destinado à atividade rural, de acordo com o art. 15 do Decreto-Lei n. 57/66. Neste caso, incidirá o ITR e não o IPTU, sendo observado o critério da destinação do imóvel, segundo entendimento sedimentado pelo STJ e STF.

Características do ITR:

Possibilidade de aplicação de alíquotas progressivas do ITR: apesar de ser imposto real, a CF autorizou a aplicação de alíquotas progressivas como forma de desestimular as propriedades improdutivas; portanto, quanto maior a base de cálculo (valor da terra nua tributável – VTNt), mais onerado será o proprietário do imóvel rural com alíquota maior. Justifica-se a extrafiscalidade da alíquota do imposto, nos termos do inciso I do § 4º do art. 153 da CF.

Imunidade (específica) das pequenas glebas rurais: em razão da unititularidade, o § 4º do art. 153 da CF, confere a imunidade às pequenas glebas rurais (definidas em lei) quando o proprietário não possua outro imóvel.

O contribuinte é o proprietário, assim como o titular do domínio útil ou seu possuidor a qualquer título.

A base de cálculo é o valor fundiário, ou seja, o valor de extensão da terra nua, não sendo consideradas as construções, instalações, benfeitorias, culturas, pastagens e florestas plantadas, de acordo com o art. 30 do CTN

É tributo sujeito ao lançamento por homologação, sendo a apuração e o pagamento de responsabilidade do contribuinte, considerando-se ocorrido o fato gerador em 1º de janeiro de cada ano.

ii) Impostos que incidentes sobre a transferência de bens – ITBI e ITCMD

O ITBI e o ITCMD incidem sobre a transmissão de bens e, apesar de o fato gerador ocorrer com a **transferência** seja de bem imóvel, móvel ou em decorrência da morte ou abertura da sucessão, traçamos abaixo as diferenças entre os impostos como forma de elucidar, de forma mais objetiva, cada um deles:

IMPOSTO – PREVISÃO NORMATIVA	ENTE COMPETENTE	FATO GERADOR	NÃO INCIDÊNCIA	ALÍQUOTA (AL) E BASE DE CÁLCULO (BC)	LANÇAMENTO
ITCM – art. 155, I, da CF e art. 35 do CTN	Estado onde se processar o inventário ou arrolamento de bens e DF.	Incide sobre bens móveis e imóveis em decorrência da morte, ocorrendo com o óbito, bem como no inventário por morte presumida (Súmula 331 do STF).	Na hipótese em que o herdeiro abdica ou renúncia da sua herança em favor do monte-mor.	AL. Fixas como regra em observância ao art. 145, § 1º, da CF, porém o STF, quando do julgamento do RE 562.045/RS passou a admitir a aplicação de alíquotas progressivas. Terá alíquotas máximas definidas pelo Senado Federal: 8% (Resol. n. 9/92).	Por declaração

IMPOSTO – PREVISÃO NORMATIVA	ENTE COMPETENTE	FATO GERADOR	NÃO INCIDÊNCIA	ALÍQUOTA (AL) E BASE DE CÁLCULO (BC)	LANÇA-MENTO
ITD – art. 155, § 1º e III, da CF e art. 35, parágrafo único, do CTN	Estado da situação do bem imóvel quando da doação e o Estado onde tiver domicílio o doador quando se tratar de bem móvel.	Incide sobre a doação do bem móvel com a tradição e do bem imóvel com o registro.	____	AL. Fixas como regra em observância ao art. 145, § 1º, da CF, porém o STF, quando do julgamento do RE 562.045/RS passou a admitir a aplicação de alíquotas progressivas. Terá alíquotas máximas definidas pelo Senado Federal: 8% (Resol. n. 9/92).	Por declaração
ITBI – art. 156, II, da CF e arts. 35 a 42 do CTN	Municípios da situação do bem e DF, de acordo com o do art. 156, § 2º, II, da CF.	É a transmissão do bem imóvel *inter vivos*, a qualquer título, por ato oneroso, de bens imóveis, por natureza ou acessão física, e de direitos reais sobre imóveis, exceto os de garantia, bem como cessão de direitos a sua aquisição.	a) Hipoteca; b) Compromisso de venda e compra; c) Usucapião; d) Sobre a transmissão de bens e direitos incorporados ao patrimônio da pessoa jurídica em realização de capital – hipótese de imunidade tratada pelo art. 159, § 2º, I, da CF; e) sobre a transmissão de bens e direitos decorrentes de fusão, aquisição, cisão, incorporação de pessoas jurídica, exceto se nesses casos, a atividade preponderante for a compra e venda desses bens e direitos, locação de bens imóveis ou arrendamento mercantil – hipótese de	AL é fixada pela legislação municipal, sendo veda, em regra, a progressividade. BC é o valor venal dos bens e direitos transmitidos não sendo considerado o preço negociado em contrato.	Por declaração

IMPOSTO – PREVISÃO NORMATIVA	ENTE COMPETENTE	FATO GERADOR	NÃO INCIDÊNCIA	ALÍQUOTA (AL) E BASE DE CÁLCULO (BC)	LANÇA-MENTO
			imunidade tratada pelo art. 159, § 2º, I da CF; f) compromisso de compra e venda, incidindo o imposto nos casos em que haja compromisso de compra e venda irretratável.		

iii) Impostos que incidentes sobre a atividade econômica –IPI, ICMS, ISS e IOF

- **Imposto sobre Produtos Industrializados – IPI**

O IPI é imposto de competência da União e está previsto no art. 153, IV, da CF. Seu faro gerador é determinado pelo comando constitucional. O art. 46 do CTN determina seu fato gerador como sendo:

I – o desembaraço aduaneiro, quando o produto for de procedência estrangeira;

II – a saída do estabelecimento de importação, industrial, comerciante ou arrematante; e

III – a arrematação de produto apreendido, abandonado e levado a leilão.

Características do IPI:

- **Seletividade obrigatória**: o art. 153, §3º, I, da CF, que determina a seletividade obrigatória aplicada às alíquotas do IPI em função da essencialidade do produto, portanto, quanto mais essencial ou relevante o produto menor será alíquota que podem variar de 0% a 300% previstas pela Tabela de Incidência Sobre Produtos Industrializados (TIPI);
- **Não cumulatividade**: com o objetivo de evitar a cobrança do tributo em cascata, o IPI será não cumulativo, ou seja, o valor pago na operação anterior não integrará a base de cálculo da operação subsequente, de acordo com o 153, § 3º, II, da CF;
- **Não compreende a base de cálculo de ICMS:** o art. 13, § 2º, da Lei Complementar n. 87/96, determina que o IPI não componha a base de cálculo do ICMS quando a operação configurar o fato gerador dos dois impostos;
- **Extrafiscalidade:** sua função é predominantemente fiscal, mas como forma de estimular ou retrair o consumo as alíquotas seletivas serão aplicadas pelo Chefe do Poder Executivo para estimular ou desestimular o comportamento dos cidadãos;
- **Exceção à Legalidade e Anterioridade do Exercício Financeiro:** suas alíquotas podem ser majoradas por ato do Poder Executivo e serão exigidas observada apenas a noventena ou anterioridade nonagesimal;
- **Imunidade nas Exportações**: a imunidade não incidirá sobre os produtos industrializados destinados à exportação, com a finalidade de torná-los mais competitivos no mercado internacional.

O lançamento se dá por homologação.

- Imposto sobre a Circulação de Mercadorias e Prestação de Serviços – ICMS

  O ICMS é imposto de competência dos Estados e DF, e suas hipóteses de incidência tratadas pelos arts. 155, II, da CF e art. 1º da Lei Complementar n. 87/96 compreendem as seis bases econômicas alcançadas pelo imposto:

  – **Operações relativas à circulação de mercadorias, estando afastada a incidência quando ocorrer o mero deslocamento de mercadoria de um estabelecimento para outro.**

  Mercadorias deslocadas da matriz para abastecimento das filiais. Nesse sentido, é a **Súmula 166 do STJ**: "Não constitui fato gerador do ICMS o simples deslocamento de mercadoria de um para outro estabelecimento do mesmo contribuinte".

  Nesse sentido, incidirá ainda:

  → sobre as operações de energia elétrica, sendo observada a **Súmula 391 do STJ: "o ICMS incide sobre o valor da tarifa de energia elétrica correspondente à demanda de potência efetivamente utilizada".**

  → sobre os combustíveis derivados de petróleo, sendo imunes as operações interestaduais que destinem a outros Estados petróleo, inclusive lubrificantes, combustíveis líquidos, gasosos, além de energia elétrica.

  → nas operações mistas que envolvam a prestação de serviços (não compreendidos na competência dos Municípios) e a circulação de mercadorias, de acordo com o art. 2º, IV, da Lei Complementar n. 87/96.

  – Prestações de serviços de **transporte interestadual na modalidade onerosa**, estando afastado o autosserviço. Está afastada a hipótese de incidência do ISS

  – Prestações de serviços de **transporte intermunicipal na modalidade onerosa**, estando afastado o autosserviço. Está afastada a hipótese de incidência do ISS, que incidirá apenas quando do serviço de transportes prestado dentro dos Municípios (intramunicipal: item 16 da Lista anexa à Lei Complementar n. 116/2003).

  – **Serviços de comunicação na modalidade onerosa**, já que é hipótese de imunidade específica a comunicação na modalidade livre e gratuita (art. 155, § 2º, X, *d*, da CF). Para o STF, essa base econômica compreende os serviços de telecomunicações, incidindo o imposto sobre os sinais de TV a cabo e via satélite. Por outro lado, a Súmula 334 do STJ dispõe que *o ICMS não incide nos serviços de provedores de acesso à internet*. Isso porque os serviços prestados por essas empresas compreendem apenas as atividades meio ou meramente preparatórias.

  – **Importação de bens e mercadorias no momento do desembaraço aduaneiro, o chamado ICMS-Importação.** O STF firmou entendimento que superou a Súmula 660 do STF, e prescreveu a **Súmula Vinculante 48, ratificando a incidência do ICMS**: *na entrada de mercadoria importada do exterior, é legítima a cobrança do ICMS por ocasião do desembaraço aduaneiro.*

  – **Importação de serviços.**

Características do ICMS

– suas alíquotas poderão ser seletivas em função da essencialidade dos bens e mercadorias e serviços, de acordo com o art. 155, § 2º, III, da CF (ao IPI seletividade das alíquotas é obrigatória), e ao Senado é facultado:

  → estabelecer as alíquotas mínimas nas operações internas e;

→ fixar as alíquotas máximas nas mesmas operações com o objetivo de resolver conflito específico que envolva interesse de Estados (art. 155, § 2º, da Lei Complementar n. 87/96).
- não incidirá sobre as operações com ouro definido em lei como ativo financeiro, instrumento cambial, operações que destinem mercadorias e serviços ao exterior, operações de arrendamento mercantil e de alienação fiduciária em garantia, operações que envolvam os bens móveis salvados de sinistros pelas companhias seguradora e as hipóteses previstas pelo inciso VI do art. 150 da CF, que trata das Imunidades Genéricas.

- **Imposto sobre Serviços de Qualquer Natureza – ISSQN ou ISS**

O ISS é imposto de competência dos Municípios e DF, previsto pelo art. 156, II, da CF é disciplinado na Lei Complementar n. 116/2003. Tem como fato gerador a prestação de serviços previstos, expressamente, na lista anexa à Lei Complementar n. 116/2003.

O contribuinte do imposto é o prestador de serviços enumerado na lista anexa.

Não incidirá sobre a remuneração quando da relação de emprego de que trata a Consolidação das Leis Trabalhistas (CLT).

Ainda nesse sentido, **não incidirá:**
- sobre serviços não previstos expressamente na lista anexa;
- sobre os serviços que têm como fato gerador o ICMS, de competência dos Estados (art. 155, II, da CF): serviços de transportes intermunicipal, interestadual e de comunicação; e
- sobre serviços de locação, de acordo com a Súmula Vinculante 31.

A alíquota mínima será de 2% e a máxima de 5%, nos termos dos arts. 8º e 8-A do CTN.

A **base de cálculo** pode ser cobrada tendo como referência:
- O valor do imposto será fixo: quando a prestação de serviços se der na forma de trabalho pessoal.

Exemplo: sociedades uniprofissionais de advogados, médicos, arquitetos, contadores – art. 9º, § 1º, do Decreto-Lei n. 406/68;
- Preço do serviço: quando a prestação de serviços se der por empresas;
- Multiplica-se o montante fixo pelo número de profissionais que a integrarem: prestação de serviços por sociedades profissionais – art. 9º, § 3º, do Decreto-Lei n. 406/68.

O lançamento se dá por homologação.

- **Imposto sobre as Operações Financeiras – IOF**

O IOF é imposto de competência da União, de natureza predominantemente extrafiscal. É instrumento utilizado para regular a economia e incide sobre as operações de crédito, câmbio e seguro, ou relativos a títulos e valores mobiliários. Está previsto no inciso V do art. 153 da CF.

Em razão de sua natureza que extrapola o objetivo meramente arrecadatório, o IOF é exceção à **Legalidade**, sendo facultado ao Poder Executivo modificar as suas alíquotas, por ato unilateral, através de Decreto, e à **Anterioridade** (de exercício e nonagesimal), autorizando exigência no dia seguinte ao da publicação do ato normativo (Decreto do Poder Executivo) ou lei que o tiver instituído ou majorado.

O **Fato Gerador** da obrigação do IOF, nos termos do art. 63 do CTN será:
- quanto às operações de crédito, a sua efetivação pela entrega total ou parcial do montante ou do valor que constitua o objeto da obrigação, ou sua colocação à disposição do interessado;

- quanto às operações de câmbio, a sua efetivação pela entrega de moeda nacional ou estrangeira, ou de documento que a represente, ou sua colocação à disposição do interessado em montante equivalente à moeda estrangeira ou nacional entregue ou posta à disposição por este;
- quanto às operações de seguro, a sua efetivação pela emissão da apólice ou do documento equivalente, ou recebimento do prêmio, na forma da lei aplicável;
- quanto às operações relativas a títulos e valores mobiliários, a emissão, a transmissão, o pagamento ou o resgate destes, na forma da lei aplicável.

> **ATENÇÃO**
>
> De acordo com a Súmula 185 do STJ, não incidirá IOF sobre a caderneta de poupança, conta-corrente e depósito judiciais.

A base de cálculo do IOF, de acordo com o art. 64 do CTN, será:

- quanto às operações de crédito, o montante da obrigação, compreendendo o principal e os juros;
- quanto às operações de câmbio, o respectivo montante em moeda nacional, recebido, entregue ou posto à disposição;
- quanto às operações de seguro, o montante do prêmio;
- quanto às operações relativas a títulos e valores mobiliários:
    → na emissão, o valor nominal mais o ágio, se houver;
    → na transmissão, o preço ou o valor nominal, ou o valor da cotação em Bolsa, como determinar a lei.

A alíquota é variável, dependente da operação tributária e pode ser estipulada entre 0,000137% a 25%.

O lançamento se dá por homologação.

2) Taxas – art. 145, II, da CF e arts. 77 a 79 do CTN

As taxas são classificadas como tributos contraprestacionais/retributivos e de destinação não vinculada.

Cuida-se de tributo de natureza vinculada, com relação à hipótese de incidência, porque sua instituição e cobrança pressupõem a utilização de um serviço público específico e divisível, efetivamente prestado ou posto à disposição, ou o exercício regular do poder de polícia.

a) Taxas de polícia

A definição de "Poder de Polícia" está prevista no art. 78 do CTN:

> Art. 78. (...) atividade da administração pública que, limitando ou disciplinando direito, interesse ou liberdade, regula a prática de ato ou abstenção de fato, em razão de interesse público concernente à segurança, à higiene, à ordem, aos costumes, à disciplina da produção e do mercado, ao exercício de atividades econômicas dependentes de concessão ou autorização do Poder Público, à tranquilidade pública ou ao respeito à propriedade e aos direitos individuais ou coletivos.

A respeito das taxas de polícia, o STF pressupõe o exercício do poder de polícia quando há órgão fiscalizador instalado e em funcionamento. O Tribunal não adota o método da vistoria porta a porta, admitindo as chamadas fiscalizações remotas. Algumas taxas de polícia reputadas constitucionais pelo STF: Taxa de fiscalização e controle dos serviços públicos delegados (ADI 1948-RS); Taxa de fiscalização do mercado de títulos e valores mobiliários (Súmula 665).

b) Taxas de serviço público

A definição de serviços públicos específicos e divisíveis está no art. 79 do CTN: seriam específicos aqueles que podem ser destacados em unidades autônomas de intervenção, utilidade pública ou necessidade pública; e divisíveis, aqueles suscetíveis de ser utilizados separadamente por cada um de seus usuários.

Os serviços gerais, universais (*uti universis*) devem ser custeados pelos impostos, ao passo que os serviços específicos e divisíveis (*uti singuli*) devem ser custeados por taxa.

Em razão de não custearem serviços públicos divisíveis, falta fundamento constitucional às taxas de limpeza dos logradouros públicos, taxas de serviços de segurança pública, taxas de defesa externa do país, diplomacia. Pela mesma razão, nos termos da Súmula 670 do STF.

> **ATENÇÃO**
>
> O serviço de iluminação pública não pode ser remunerado mediante taxa.
>
> Por outro lado, por custearem serviços públicos específicos e divisíveis, o STF entende constitucionais as taxas cobradas exclusivamente em razão dos serviços públicos de coleta, remoção e tratamento ou destinação de lixo ou resíduos provenientes de imóveis, nos termos da Súmula Vinculante 19.

> **IMPORTANTE**
>
> Para que a mera disponibilidade do serviço possa fundamentar a cobrança de taxa, a lei deve tê-lo definido como de utilização compulsória pelos contribuintes. É o caso, por exemplo, da obrigatoriedade da utilização do sistema de esgoto público ou o serviço de coleta domiciliar de lixo. Diferente, por exemplo, do serviço de emissão de passaportes, que não é de utilização compulsória e que, portanto, só pode ser cobrado se efetivamente prestado ao contribuinte.
>
> A tal conclusão se chega a partir da leitura do art. 79, I, *b*, do CTN, segundo o qual os serviços públicos específicos e divisíveis consideram-se utilizados pelo contribuinte potencialmente, quando, sendo de utilização compulsória, sejam postos à sua disposição mediante atividade administrativa em efetivo funcionamento.

Segundo o STF, as custas processuais são taxas de serviço (serviço jurisdicional), podendo ter por base de cálculo o valor da causa ou da condenação, mas é necessário ter um limite de valor.

A respeito, dispõe a **Súmula 667 do STF:** "Viola a garantia constitucional de acesso à jurisdição a taxa judiciária calculada sem limite sobre o valor da causa".

Ainda sobre as taxas de serviço, cabe diferenciá-las dos preços públicos (tarifas) cobrados pela utilização de alguns serviços públicos, especialmente prestados por particulares em regime de delegação (concessionários e permissionários).

A diferença é explicitada na Súmula 545 do STF:

> Preços de serviços públicos e taxas não se confundem, porque estas, diferentemente daqueles, são compulsórias e têm sua cobrança condicionada à prévia autorização orçamentária, em relação à lei que as instituiu.

> **ATENÇÃO**
>
> As tarifas são objeto de questão em todas as bancas que organizam concursos públicos e, entre as alternativas, as TARIFAS sempre estarão presentes como se espécie tributária fossem.

c) Base de cálculo das taxas

Segundo o CTN, não podem as taxas ter o mesmo fato gerador, tampouco a mesma base de cálculo dos impostos (art. 77, parágrafo único, do CTN). A base de cálculo das taxas difere das demais espécies tributárias porque representa o serviço estatal ou fornecido pelo Estado, tendo uma íntima relação com o fato gerador.

Segundo a CF, não podem ter base de cálculo PRÓPRIA dos impostos (art. 145, § 2º, da CF). O que significa que, destinando-se a base de cálculo a medir economicamente o fato gerador, a base de cálculo das taxas deve prever uma grandeza que tenha relação com o custo da atividade estatal correlata, nunca uma riqueza do contribuinte. Por isso o impedimento de criação e taxas com base de cálculo própria de impostos, já que aquelas seriam verdadeiros impostos disfarçados.

> **IMPORTANTE**
>
> A Taxa de lixo é constitucional! Súmula Vinculante 19.
>
> Segundo a orientação adotada pelo STF, a taxa de coleta de lixo domiciliar que, entre outros elementos, adota como critério para apurar a base de cálculo o metro quadrado do imóvel, preenche os requisitos de constitucionalidade, ainda que o IPTU considere como um dos elementos para fixação de sua base de cálculo a metragem do imóvel.

3) Contribuições de melhoria: art. 145, III, da CF e arts. 81 e 82 do CTN

As contribuições de melhoria são classificadas como tributos vinculados, contraprestacionais e de destinação, de receita não vinculada.

Têm como fato gerador a valorização imobiliária decorrente da realização de uma obra pública. Assim, é necessário que, além da realização da obra, haja a valorização imobiliária (não qualquer benefício ao contribuinte).

> **ATENÇÃO**
>
> Em 2016, a Banca da CS-UFG, que organizou a prova para o cargo de Auditor de Tributos para a Prefeitura de Goiânia, elaborou muito bem a questão que tratou das características mais relevantes da Contribuição e entendeu como correta a alternativa "B" a respeito da sujeição passiva do tributo: *tem como sujeito passivo o proprietário do imóvel ao tempo de seu lançamento*. Considerou como incorretas as demais alternativas. Vejamos:

a) *é tributo que pode ser instituído apenas pelos Municípios.*

Alternativa incorreta porque o tributo é de competência comum e todos os entes federados podem exigi-lo. União, Estados, Municípios e o Distrito Federal, quando realizam obras públicas que resultem em valorização do imóvel do particular, podem exigir o tributo e, em respeito ao Pacto Federativo, o ente que realiza a obra é o único competente para exigi-lo.

c) *pode ser cobrada, se o Município prestar um serviço ao contribuinte, e deste resultar uma valorização imobiliária;*

Prestação de Serviço é remunerada ao ente federado mediante Taxa, e não Contribuição de Melhoria.

d) *não paga pelo proprietário do imóvel, não tem os sucessores como responsáveis.*

A Responsabilidade por Sucessão Imobiliária ou Sucessão de Bens Imóveis tratada no art. 130, *caput*, do CTN, é obrigação *propter rem*, que recai sobre a coisa, e a Contribuição de Melhoria é um dos tributos que se transfere ao adquirente (responsável) do bem sobre o qual incidiu tributo não quitado pelo alienante (contribuinte) do imóvel.

Os requisitos objetivos para a que haja a cobrança da Contribuição de Melhoria são:

> **OBRA PÚBLICA + VALORIZAÇÃO IMOBILIÁRIA = FATO GERADOR DE CONTRIBUIÇÃO DE MELHORIA**

A valorização imobiliária é entendida como a diferença do valor venal anterior e posterior à realização da obra. Portanto, o Direito Tributário não cuida das situações de desvalorização.

Como o tributo não é cobrado para financiar a obra, só após sua finalização pode ser exigida a contribuição de melhoria. Segundo o STF, a contribuição de melhoria incide sobre o *quantum* da valorização imobiliária, e seu entendimento majoritário e seguido pelas bancas de concurso é no sentido de que a valorização imobiliária persiste como condição para a instituição e cobrança da contribuição de melhoria.

> **ATENÇÃO**
>
> A VUNESP, quando aplicou a prova para Procurador Jurídico da Câmara de Marília-SP, em 2016, entendeu como correta a assertiva *e* que melhor definia a Contribuição de Melhoria:
>
> *e) todos os imóveis que sejam beneficiados pela realização de uma obra pública ficam sujeitos ao pagamento de contribuição de melhoria com valor que será idêntico para cada um deles.*

O CTN estabeleceu dois limites importantes na cobrança das contribuições de melhoria, ambos previstos no art. 81:

a) Limite global: o valor que o Estado despendeu para a realização da obra.
b) Limite individual: a própria valorização imobiliária.

Seguindo entendimento majoritário do STJ, os arts. 81 e 82 do CTN foram recepcionados pela CF e vigoram ao lado do art. 145, III, da CF.

> Art. 81. A contribuição de melhoria cobrada pela União, pelos Estados, pelo Distrito Federal ou pelos Municípios, no âmbito de suas respectivas atribuições, é instituída para fazer face ao custo de obras públicas de que decorra valorização imobiliária, tendo como limite total a despesa realizada e como limite individual o acréscimo de valor que da obra resultar para cada imóvel beneficiado.
>
> Art. 82. A lei relativa à contribuição de melhoria observará os seguintes requisitos mínimos:
>
> I – publicação prévia dos seguintes elementos:
>
> a) memorial descritivo do projeto;
> b) orçamento do custo da obra;
> c) determinação da parcela do custo da obra a ser financiada pela contribuição;
> d) delimitação da zona beneficiada;
> e) determinação do fator de absorção do benefício da valorização para toda a zona ou para cada uma das áreas diferenciadas, nela contidas.
>
> II – fixação de prazo não inferior a 30 (trinta) dias, para impugnação pelos interessados, de qualquer dos elementos referidos no inciso anterior;
>
> III – regulamentação do processo administrativo de instrução e julgamento da impugnação a que se refere o inciso anterior, sem prejuízo da sua apreciação judicial.
>
> § 1º A contribuição relativa a cada imóvel será determinada pelo rateio da parcela do custo da obra a que se refere a alínea c, do inciso I, pelos imóveis situados na zona beneficiada em função dos respectivos fatores individuais de valorização.
>
> § 2º Por ocasião do respectivo lançamento, cada contribuinte deverá ser notificado do montante da contribuição, da forma e dos prazos de seu pagamento e dos elementos que integram o respectivo cálculo.

> **IMPORTANTE**
>
> O inciso II do art. 82 do CTN prevê que os **interessados** possam impugnar os elementos da contribuição de melhoria (inciso I do art. 82 do CTN) e, em 2016, a banca CESP, que organizou a Prova para o TRT da 8ª Região (PA e AP), entendeu como incorreta a sentença:
>
> *Qualquer cidadão pode impugnar os elementos constantes do edital publicado para a cobrança da contribuição de melhoria.*

O Decreto-Lei n. 195/67 foi recepcionado pela CF e SOMENTE as obras públicas contidas no art. 2º podem ser objeto de exigência de Contribuição de Melhoria. Portanto, o art. 2º se trata de uma lista TAXATIVA:

> Art 2º Será devida a Contribuição de Melhoria, no caso de valorização de imóveis de propriedade privada, em virtude de qualquer das seguintes obras públicas:
>
> I – abertura, alargamento, pavimentação, iluminação, arborização, esgotos pluviais e outros melhoramentos de praças e vias públicas;
>
> II – construção e ampliação de parques, campos de desportos, pontes, túneis e viadutos;
>
> III – construção ou ampliação de sistemas de trânsito rápido inclusive todas as obras e edificações necessárias ao funcionamento do sistema;
>
> IV – serviços e obras de abastecimento de água potável, esgotos, instalações de redes elétricas, telefônicas, transportes e comunicações em geral ou de suprimento de gás, funiculares, ascensores e instalações de comodidade pública;
>
> V – proteção contra secas, inundações, erosão, ressacas, e de saneamento de drenagem em geral, diques, cais, desobstrução de barras, portos e canais, retificação e regularização de cursos d'água e irrigação;
>
> VI – construção de estradas de ferro e construção, pavimentação e melhoramento de estradas de rodagem;
>
> VII – construção de aeródromos e aeroportos e seus acessos;
>
> VIII – aterros e realizações de embelezamento em geral, inclusive desapropriações em desenvolvimento de plano de aspecto paisagístico.

4) Empréstimos compulsórios – art. 148 da CF

Quanto à hipótese de incidência, são tributos vinculados ou não vinculados, a depender da previsão da Lei Complementar instituidora, e de destinação vinculada (segundo a CF, as receitas estão vinculadas às despesas que fundamentaram sua instituição – art. 148, parágrafo único, da CF).

Há três situações materiais que justificam o exercício da competência tributária, no caso dos empréstimos compulsórios (art. 148, I e II, da CF):

> **I – para atender a despesas extraordinárias, decorrentes de calamidade pública e de guerra externa ou sua iminência.**

Essas duas situações do inciso I do art. 148 da CF – calamidade pública e guerra externa – são exceções à anterioridade (de exercício e nonagesimal) – § 1º do art. 150 da CF.

> **II – no caso de investimento público de caráter urgente e de relevante interesse nacional.**

IMPORTANTE

A situação descrita no inciso II respeita a anterioridade (de exercício e nonagesimal), já que o interesse nacional pode exigir recursos que, imediatamente à data da publicação da Lei instituidora, não seriam possíveis de se obter.

ATENÇÃO

Nos termos do CTN (art. 15), há uma terceira situação que justificaria a instituição e cobrança dos empréstimos compulsórios, qual seja, conjuntura que exija a absorção temporária de poder aquisitivo. Predomina o entendimento de que tal hipótese não teria sido recepcionada pela CF, tendo em vista o teor do seu art. 148.

Segundo o STF, os empréstimos compulsórios possuem natureza tributária, prova disso é que estão no capítulo destinado ao Sistema Tributário Nacional, além do que a definição de tributo contida no art. 3º do CTN não exige a definitividade dos valores nos cofres públicos para que se configure determinada prestação como tributo.

A competência para a instituição é apenas da União, que a exerce SOMENTE mediante lei complementar. Segundo o CTN (art. 15, parágrafo único), a lei fixará obrigatoriamente o prazo do empréstimo e as condições de seu resgate.

> **IMPORTANTE**
>
> Ainda que as bancas mencionem que Medida Provisória foi editada diante da urgência e relevância ou diante de qualquer uma das situações tratadas nos incisos I e II do art. 148 da CF, esse instrumento de utilização exclusiva pelo Chefe do Poder Executivo NUNCA será utilizado em matérias reservadas à LC. Razão disso é o art. 62, § 1º, III, que veda, expressamente, a utilização desse veículo.

A devolução ocorre **SOMENTE** em espécie. O STF entende que a devolução deve se dar pelo mesmo veículo pelo qual foi pago, que, em regra, é o dinheiro. Apenas no caso da Eletrobrás, o STF entendeu que a devolução pode ter se dado em ações.

5) Contribuições especiais – art. 149 da CF

Quanto à hipótese de incidência, são tributos não vinculados, e com relação ao destino da arrecadação, eminentemente vinculados. Dividem-se em: contribuições sociais; contribuições de intervenção no domínio econômico; e contribuições de interesse das categorias profissionais e econômicas (corporativas).

a) Contribuições sociais

As contribuições à seguridade social, previstas em capítulo próprio no texto constitucional, submetem-se à anterioridade de noventa dias, prevista na alínea c do inciso III do art. 150 da CF.

As contribuições sociais são divididas em:

i) **contribuições para o custeio da seguridade social** (art. 195 da CF): instituídas por lei ordinária, já que a Constituição Federal já previu as bases econômicas sobre as quais incidirão (fontes de custeio). São de competência exclusiva da União.

> **IMPORTANTE**
>
> As contribuições para o custeio da seguridade social são exceção APENAS à anterioridade de exercício (art. 150, III, b, da CF) e não nonagesimal (art. 150, III, c, da CF), por isso, em 2014, a prova para Técnico Tributário da Receita Estadual, organizada pela FUNDATEC, entendeu como INCORRETA a assertiva da letra contida no texto da alternativa "A":
>
> a) As contribuições à seguridade social, previstas em capítulo próprio no texto constitucional, submetem-se à anterioridade de noventa dias, prevista na alínea c do inciso III do Art. 150 da Constituição Federal.

> **ATENÇÃO**
>
> A alternativa "d) Contribuição para a seguridade social" foi considerada como a que corretamente faz referência a um tributo que ostenta a característica da parafiscalidade, em 2016, na prova organizada pela VUNESP para o cargo de Advogado para a Prefeitura de Registro.

A CF prevê ainda, no art. 149, § 1º, que os Estados, o Distrito Federal e os Municípios poderão instituir contribuição, cobrada de seus servidores, para o custeio, em benefício destes, do regime previdenciário de que trata o art. 40, cuja alíquota não será inferior à da contribuição dos servidores titulares de cargos efetivos da União. Segundo o STF: "a expressão 'regime previdenciário' não abrange a prestação de serviços médicos, hospitalares, odontológicos e farmacêuticos" (RE 573.540).

ii) **contribuições sociais gerais:** visam custear outras áreas da ordem social (distintas da seguridade social), como a educação, a cultura etc. São exemplos de tais contribuições o salário-educação.

iii) **contribuições sociais residuais (art. 195, § 4º):** A lei complementar poderá instituir outras fontes destinadas a garantir a manutenção ou expansão da seguridade social, obedecido o disposto no art. 154, I: não cumulativas e fontes de custeio distintas das já previstas no art. 195 da CF. Assim, as contribuições sociais residuais correspondem a fontes de custeio não previstas expressamente no art. 195 da CF.

Entende o STF que a arrecadação e a fiscalização das contribuições especiais podem ficar a cargo da União, sendo os valores destinados ao órgão responsável pela sua aplicação.

b) Contribuições de intervenção do domínio econômico

Instituídas apenas pela União, por meio de lei ordinária, constituem instrumentos tributários de intervenção na ordem econômica.

Aqui, a intervenção ocorre através do destino dos valores arrecadados a determinada atividade, que, justamente pelo reforço orçamentário, é estimulada.

Exemplos: contribuição destinada ao Sebrae, Incra, AFRMM etc.

c) Contribuições corporativas (de interesse das categorias profissionais ou econômicas)

Visam a financiar as atividades de interesses de instituições representativas ou fiscalizatórias de categorias profissionais ou econômicas.

Exemplos: Contribuição sindical, instituída em lei, cobrada de todos os trabalhadores; Contribuição das entidades de fiscalização profissional ou econômica.

> **ATENÇÃO**
>
> As provas de concurso seguem o entendimento do STF de que as anuidades pagas à OAB não possuem natureza tributária (EREsp 463.258/SC).

6) Contribuições para o custeio do serviço de iluminação pública – Cosip (art. 149-A da CF)

Pode ser classificada como tributo vinculado, quanto à hipótese de incidência, e vinculado quanto ao destino da arrecadação.

Incluída a competência tributária para sua instituição por meio da EC n. 39/2002, visa a custear o serviço de iluminação pública, o qual, por não ser divisível, não pode ser custeado por taxa.

> **IMPORTANTE**
>
> Súmula 670 do STF: "O serviço de iluminação pública não pode ser remunerado mediante taxa".
>
> A prova para o cargo de Juiz do Tribunal de Justiça do Estado do Rio Grande do Norte, organizada em 2013 pela CESP, considerou como incorreta a assertiva:
>
> *O serviço de iluminação pública, dada a sua natureza jurídica, deve ser remunerado mediante taxa instituída pelo município ou pelo DF, observados os princípios da anterioridade anual e nonagesimal.*

O parágrafo único do art. 149-A da CF faculta aos Municípios a cobrança da Cosip realizada diretamente na fatura de energia elétrica.

Em importante decisão proferida no RE 573.675, o STF adotou alguns posicionamentos relevantes relativos à Cosip:

a) Lei que restringe os contribuintes da Cosip aos consumidores de energia elétrica do município não ofende o princípio da isonomia, ante a impossibilidade de se identificarem e tributarem todos os beneficiários do serviço de iluminação pública;

b) A progressividade da alíquota, que resulta do rateio do custo da iluminação pública entre os consumidores de energia elétrica, não afronta o princípio da capacidade contributiva;

c) Cuida-se de tributo de caráter *sui generis*, que não se confunde com um imposto, porque sua receita se destina a finalidade específica, nem com uma taxa, por não exigir a contraprestação individualizada de um serviço ao contribuinte.

6.3 Questões

1. **(CONSULPLAN – TJMG – Titular de Serviços de Notas e de Registros – Remoção)** Sobre a contribuição de melhoria, assinale a alternativa INCORRETA.

A) O lançamento da contribuição de melhoria sobre determinados imóveis deve ser realizado quando já executada a obra em sua totalidade ou em parte suficiente para justificar a exigência.

B) O sujeito passivo da obrigação tributária da contribuição de melhoria é o proprietário do imóvel, sendo nula a cláusula do contrato de locação que atribua ao locatário o pagamento, no todo ou em parte, da contribuição de melhoria lançada sobre o imóvel.

C) A cobrança da contribuição de melhoria, resultante de obras executadas pela União, situadas em áreas urbanas de um único Município, poderá ser efetuada pelo órgão arrecadador municipal, em convênio com o órgão federal que houver realizado as referidas obras.

D) O texto constitucional (art. 145, III) deixou de se referir expressamente à valorização imobiliária, ao cogitar de contribuição de melhoria. Com isso, o acréscimo do valor do imóvel localizado nas áreas beneficiadas direta ou indiretamente por obras públicas deixou de figurar como fato gerador da contribuição.

↳ **Resolução:**
Art. 145, III, da CF estabelece o fato gerador da Contribuição de Melhorias e previu, expressamente, a valorização imobiliária.

↗ **Gabarito: "D".**

2. **(CESPE – MPC-PA – Procurador de Contas)** De acordo com a jurisprudência do STF, é constitucional a cobrança de taxa:

A) para custeio de serviço de iluminação pública.

B) para o custeio de serviço de limpeza de logradouros públicos.

C) de fiscalização em função da área de estabelecimento.

D) de localização e funcionamento em função do número de empregados de uma empresa.

E) para emissão ou remessa de guia de pagamento de outros tributos.

↳ **Resolução:**
Art. 145, II, da CF prevê a cobrança de taxa em função do serviço de polícia administrativa como as fiscalizações que devem ser realizadas pelos entes políticos.

↗ **Gabarito: "C".**

3. **(CESPE – MPC-PA – Procurador de Contas)** Conforme a jurisprudência do STF, o pedágio:

A) é uma espécie de imposto.

B) é uma espécie de taxa.

C) possui natureza jurídica de preço público.

D) não possui natureza tributária, mas deve ser instituído mediante edição de lei.

E) possui natureza de contribuição parafiscal.

↳ **Resolução:**
STF, Plenário. ADI 800/RS, Rel. Min. Teori Zavascki, julgado em 11-6-2014 (Informativo STF 750).

↗ **Gabarito: "C".**

4. **(FCC – Prefeitura de Manaus-AM – Assistente Técnico Fazendário)** A Constituição Federal contempla várias regras que limitam o poder de tributar da União, dos Estados, do Distrito Federal e dos Municípios. De acordo com o texto constitucional:

A) o IPVA, taxa municipal, deve ser lançado e cobrado pelo Município em que o veículo está licenciado.

B) o ITBI, imposto municipal, está sujeito aos princípios da anterioridade de exercício, da anterioridade nonagesimal (noventena) e da irretroatividade.

C) as taxas instituídas pelos Municípios não estão sujeitas ao princípio da legalidade.

D) o IPVA, tributo municipal, deve ser lançado e cobrado pelo Município em que o veículo efetivamente circula.

E) as contribuições de melhoria instituídas pelos Municípios não estão sujeitas ao princípio da legalidade.

↳ **Resolução:**
O ITBI, imposto de competência do Município, é previsto pelo art. 156, II, da CF e se sujeita ao princípio da anterioridade do exercício financeiro e nonagesimal, de acordo com o art. 150, III, *a* e *b*, da CF.

↗ **Gabarito: "B".**

5. **(VUNESP – Prefeitura de Ribeirão Preto-SP – Procurador do Município)** De acordo com o Supremo Tribunal Federal, os valores recolhidos pelas empresas para as instituições do chamado Sistema S têm natureza jurídica de:

A) contribuições, podendo ser instituídas apenas pela União.

B) empréstimo compulsório, podendo ser instituídas apenas pela União.

C) taxa, por ter destinação específica, podendo ser instituídas pela União, Estados e Distrito Federal, respeitadas as normas gerais veiculadas em lei complementar nacional.

D) imposto parafiscal, podendo ser instituídas pela União, Estados, Distrito Federal e Municípios.

E) contribuição de melhoria, podendo ser instituídas apenas pela União.

↳ **Resolução:**
O art. 149, *caput*, da CF estabelece as contribuições de interesse de categorias profissionais de competência da União.

↗ **Gabarito: "A".**

6. **(PROAM – Prefeitura de Macedônia-SP – Fiscal Municipal de Tributos)** É um tributo que é a contraprestação de serviços públicos ou de benefícios feitos, postos à disposição ou custeados pelo Estado, em favor de quem paga ou por este provocado. Ou seja, é uma quantia obrigatória em dinheiro paga em troca de algum serviço público fundamental.

O trecho acima faz referência:

A) Ao Imposto sobre Serviços Públicos.
B) Ao Tributo.
C) A Taxa Pública.
D) Ao Imposto.

↳ **Resolução:**
O art. 145, II, da CF e os arts. 77 a 79 do CTN estabelecem os fatos geradores da taxa conforme a sentença proposta pelo enunciado.

↗ **Gabarito: "C".**

7. **(VUNESP – Prefeitura de Valinhos-SP – Procurador)** Assinale a assertiva que se encontra em consonância com Súmula Vinculante do Supremo Tribunal Federal em matéria tributária.

A) É inconstitucional a adoção, no cálculo do valor de taxa, de um ou mais elementos da base de cálculo própria de determinado imposto, ainda que não haja integral identidade entre uma base e outra.

B) É constitucional a incidência do Imposto sobre Serviços de Qualquer Natureza – ISS sobre operações de locação de bens móveis.

C) O ICMS incide sobre alienação de salvados de sinistro pelas seguradoras.

D) O serviço de iluminação pública pode ser remunerado mediante taxa.

E) Norma legal que altera o prazo de recolhimento de obrigação tributária não se sujeita ao princípio da anterioridade.

↳ **Resolução:**
Súmula Vinculante 50.

↗ **Gabarito: "E".**

8. **(FCC – CREMESP – Analista de Gestão Financeira e Contábil – Área Contábil)** Diferem os impostos das taxas:

A) pois os impostos devem ser obrigatoriamente instituídos por lei de caráter abstrato e geral, enquanto as taxas admitem instituição por atos normativos infralegais, privativos do Chefe do Executivo, e devem ter incidência específica.

B) porque os impostos são tributos vinculados a atividade estatal, e cuja cobrança se submete ao princípio da capacidade contributiva, este que não incide para a cobrança das taxas, que são instituídas com valores específicos e preestabelecidos para cada prestação estatal.

C) pois devem obrigatoriamente possuir fatos geradores distintos, cabendo aos impostos a qualidade de tributos não vinculados a atividades estatais, enquanto as taxas não podem ter bases de cálculo próprias de impostos, devendo se basear na prestação de serviços públicos ou exercício do poder de polícia.

D) porque as taxas dependem da ocorrência de fatos geradores próprios, como exercício do poder de polícia e prestação de serviços públicos de caráter geral, cuja base de cálculo e valores de cobrança devem ser previamente fixados, enquanto os tributos decorrem da prática de atos pelo próprio contribuinte e do valor dos negócios por estes realizados.

E) em razão da competência para instituição, na medida que os impostos devem obrigatoriamente serem instituídos por iniciativa do Chefe do Executivo, enquanto as taxas podem ser criadas por iniciativa emanada do próprio Legislativo, independentemente da concordância do Executivo.

↳ **Resolução:**
O art. 16 do CTN prevê o fato gerador dos impostos e as taxas estão previstas entre os arts. 145 da CF e arts. 77 a 79 do CTN.

↗ **Gabarito: "C".**

7. NORMAS GERAIS EM MATÉRIA TRIBUTÁRIA

7.1 Legislação tributária – vigência, aplicação e interpretação

1) Vigência da legislação tributária

Não havendo disposição específica no CTN, deve o aplicador da legislação tributária se remeter às normas sobre vigência contidas na Lei de Introdução às Normas de Direito Brasileiro – LINDB. É como dispõe o art. 101 do CTN: "a vigência, no espaço e no tempo, da legislação tributária rege-se pelas disposições legais aplicáveis às normas jurídicas em geral, ressalvado o previsto neste Capítulo". Assim, dá-se preferência à eventual previsão específica contida no CTN, porém, na ausência desta, deve-se aplicar a norma geral contida na LINDB.

a) Vigência espacial da lei tributária

A regra, em matéria tributária, é que a lei tem eficácia apenas dentro do território da entidade tributante.

Assim, a lei que institui o IPVA no Estado de SP produz efeitos apenas com relação aos veículos licenciados em seu território. A lei que institui o IPTU no município de São Bernardo do Campo alcança apenas os imóveis localizados em seu território. Essa é a regra da territorialidade.

Entretanto, embora o CTN consagre a territorialidade da lei tributária como regra, admite expressamente, em duas situações, a extraterritorialidade. Assim, é incorreto afirmar de forma absoluta que a extraterritorialidade não é permitida.

Segundo o CTN (art. 102), em duas situações é viável a extraterritorialidade da lei tributária:

> Art. 102. A legislação tributária dos Estados, do Distrito Federal e dos Municípios vigora, no País, fora dos respectivos

territórios, nos limites em que lhe reconheçam extraterritorialidade os convênios de que participem, ou do que disponham esta ou outras leis de normas gerais expedidas pela União.

Exemplo claro de aplicação da segunda hipótese de extraterritorialidade (quando existir disposição autorizando a extraterritorialidade no próprio CTN ou em outras leis de normas gerais expedidas pela União) é a previsão contida no art. 120 do CTN, que autoriza pessoa jurídica de direito público, que for constituída pelo desmembramento territorial de outra, aplique a legislação tributária desta enquanto a sua não for editada.

Lembre-se, ainda, que convênios celebrados entre entidades políticas podem autorizar que a legislação de uma seja aplicada no território de outra.

b) Vigência temporal da legislação tributária

O início de vigência temporal da lei tributária é aquele previsto na própria lei. Quando, entretanto, não houver previsão expressa, deve ser aplicada a regra prevista no art. 1º da LINDB: salvo disposição contrária, a lei começa a vigorar em todo o país 45 dias depois de oficialmente publicada.

Especificamente para as normas complementares, entretanto, o CTN (art. 103) trouxe disposições específicas, que devem ser observadas em detrimento das regras contidas na LINDB. Para cada espécie de norma complementar, o CTN trouxe uma regra diferente:

i) Atos normativos

"I – os atos administrativos a que se refere o inciso I do artigo 100, na data da sua publicação" (atos normativos).

Ou seja, caso não haja previsão em sentido contrário nos próprios atos normativos, estes não possuem período de vacância.

ii) **Decisões administrativas** (singulares ou colegiadas) a que se atribuam efeitos normativos.

"II – as decisões a que se refere o inciso II do artigo 100, quanto a seus efeitos normativos, 30 (trinta) dias após a data da sua publicação" (decisões singulares ou colegiadas a que a lei atribua efeito normativo).

Ou seja, caso não haja previsão em sentido contrário, as decisões dotadas de efeitos normativos possuem uma vacância de 30 dias.

> **ATENÇÃO**
>
> Esse prazo de 30 dias diz respeito exclusivamente aos efeitos normativos da decisão, ou seja, com relação a terceiros. Quanto aos efeitos entre as partes alcançadas diretamente pela decisão, a regra é que a eficácia se dê de forma imediata, a partir da publicação.

iii) Convênios celebrados entre os entes federativos

"III – os convênios a que se refere o inciso IV do artigo 100, na data neles prevista."

O último dispositivo é criticado pela doutrina, uma vez que, na ausência de disposição expressa, o CTN remete ao que estiver previsto no próprio convênio, o que constitui contradição em si. A solução seria, então, ao que melhor parece, aplicar a LINDB, sendo a vigência iniciada 45 dias após a data da publicação do convênio.

Ainda sobre a aplicação da legislação tributária, o art. 104 do CTN prescreve que entram em vigor no primeiro dia do exercício seguinte àquele em que ocorra a sua publicação os dispositivos de lei referentes a impostos sobre o patrimônio ou a renda:

I – que instituem ou majoram tais impostos;

II – que definem novas hipóteses de incidência;

III – que extinguem ou reduzem isenções, salvo se a lei dispuser de maneira mais favorável ao contribuinte.

Predomina o entendimento no sentido de que, na verdade, a intenção do dispositivo legal foi versar sobre eficácia, e não vigência.

A respeito do tema, veja o exposto acima sobre o princípio da anterioridade na revogação de benefícios fiscais.

2) Aplicação da legislação tributária

a) **Regra:** aplicação prospectiva, nos termos do art. 105 do CTN – a legislação tributária aplica-se imediatamente aos fatos geradores futuros e aos pendentes, assim entendidos aqueles cuja ocorrência tenha tido início, mas não esteja completa.

Como regra, a lei tributária produz efeitos com relação aos fatos geradores futuros e aos pendentes.

Fatos geradores futuros são aqueles que ocorrem após o início de vigência da lei tributária.

Já no que se refere ao fato gerador pendente, lembre-se da clássica divisão dos fatos geradores em periódicos (fatos geradores que se prolongam no tempo), os quais podem ser simples ou compostos, e fatos geradores instantâneos.

Os fatos geradores periódicos simples consistem em um único evento que se prolonga no tempo (exemplo: propriedade de veículo automotor), ao passo que os compostos consistem numa sucessão de eventos, os quais devem ser considerados de maneira global dentro de um intervalo de tempo (exemplo: auferir renda).

A respeito do tema da aplicação da lei tributária aos fatos geradores pendentes, ver acima as anotações sobre a Súmula 584 do STF (retroatividade imprópria e própria).

b) **Exceção:** aplicação retroativa.

i) leis expressamente interpretativas (art. 106, I, do CTN): a lei aplica-se a ato ou fato pretérito, em qualquer caso, quando seja expressamente interpretativa, excluída a aplicação de penalidade à infração dos dispositivos interpretados.

Observe-se que essa hipótese de retroatividade não autoriza que sejam aplicadas penalidades ao contribuinte em razão de eventual infração aos dispositivos interpretados. Ou seja, com relação a eventuais penalidades, a lei interpretativa produz efeitos apenas para frente.

Embora parte da doutrina não entenda possíveis as chamadas leis interpretativas, o STF admite sua existência:

> É plausível, em face do ordenamento constitucional brasileiro, o reconhecimento da admissibilidade das leis interpretativas, que configuram instrumento juridicamente idôneo de veiculação da denominada interpretação autêntica (ADI 605 MC).

A Lei Complementar n. 118/2005, pretensamente interpretativa no que se refere à repetição de indébito nos tributos sujeitos a lançamento por homologação, no julgamento do RE 566.621/RS, Relatora a Ministra Ellen Gracie, submetido ao regime da repercussão geral, teve sua inconstitucionalidade reconhecida pelo Supremo Tribunal Federal, considerando válida a aplicação do novo prazo de 5 anos tão somente às ações ajuizadas após o decurso da *vacatio legis* de 120 dias, ou seja, a partir de 9 de junho de 2005.

ii) retroatividade benigna em matéria de penalidades tributárias (art. 106, II, do CTN): a lei aplica-se a ato ou fato pretérito, tratando-se de ato não definitivamente julgado quando deixe de defini-lo como infração; quando deixe de tratá-lo como contrário a qualquer exigência de ação ou omissão, desde que não tenha sido fraudulento e não tenha implicado em falta de pagamento de tributo; quando lhe comine penalidade menos severa que a prevista na lei vigente ao tempo da sua prática.

> **ATENÇÃO**
>
> A primeira observação a ser feita é que a retroatividade prevista no art. 106 do CTN não se aplica quando houver ato definitivamente julgado. E o que seria ato definitivamente julgado?
>
> Segundo o STJ, "somente há que se falar em ato não definitivamente julgado, para efeito do art. 106, II, c, do CTN, se o crédito tributário ainda não estiver sido extinto ao tempo do protocolo da impugnação administrativa ou judicial em curso" (REsp 852.647/RS).
>
> Assim, "a expressão 'ato não definitivamente julgado' constante do artigo 106, II, letra 'c', do Código Tributário Nacional alcança o âmbito administrativo e também o judicial; constitui, portanto, ato não definitivamente julgado o lançamento fiscal impugnado por meio de embargos do devedor em execução fiscal" (EDREsp 181.878 RS).

3) Interpretação e integração da legislação tributária

a) Integração da legislação tributária

Nas hipóteses em que o aplicador da lei deparar com situação em que não encontre solução em disposição legal expressa, deverá se valer das técnicas de integração da legislação tributária, previstas no art. 108 do CTN:

> Art. 108. Na ausência de disposição expressa, a autoridade competente para aplicar a legislação tributária utilizará sucessivamente, na ordem indicada:
>
> I – a analogia;
>
> II – os princípios gerais de direito tributário;
>
> III – os princípios gerais de direito público;
>
> IV – a equidade.

> **ATENÇÃO**
>
> O emprego da analogia não pode resultar na exigência de tributo não previsto em lei; o emprego da equidade não poderá resultar na dispensa do pagamento de tributo devido.
>
> Observe-se que o CTN impõe que a sequência contida nos incisos do artigo seja utilizada sucessivamente e na ordem, como apresentado.

b) Utilização dos princípios gerais de direito privado

Os princípios gerais de direito privado utilizam-se para pesquisa da definição, do conteúdo e do alcance de seus institutos, conceitos e formas, mas não para definição dos respectivos efeitos tributários (art. 109 do CTN).

A lei tributária não pode alterar a definição, o conteúdo e o alcance de institutos, conceitos e formas de direito privado, utilizados, expressa ou implicitamente, pela Constituição Federal, pelas Constituições dos Estados, ou pelas Leis Orgânicas do Distrito Federal ou dos Municípios, para definir ou limitar competências tributárias (art. 110 do CTN).

c) A interpretação literal

Segundo o CTN (art. 111), interpreta-se literalmente a legislação tributária que disponha sobre:

I – suspensão ou exclusão do crédito tributário;

II – outorga de isenção;

III – dispensa do cumprimento de obrigações tributárias acessórias.

Não são poucas as críticas a esse artigo. A primeira delas diz respeito à leitura que se deve dar à expressão "literalmente", que, verdadeiramente, não constitui técnica de interpretação das normas jurídicas. A doutrina entende, na verdade, que não se admite nas hipóteses descritas no art. 111 a chamada interpretação extensiva ou o uso da analogia, de forma a alcançar outras situações que não estejam previstas na lei. Assim, o intérprete deve conferir interpretação estrita da lei tributária quando versar sobre uma das matérias previstas no dispositivo legal. Isso não significa, entretanto, que seja vedado o uso de outras técnicas de interpretação, como a sistemática, a histórica ou até mesmo a teleológica.

Quanto às causas de suspensão, estão elas dispostas no art. 151 do CTN. Apenas e tão somente as hipóteses previstas neste artigo devem ser reputadas como suspensivas da exigibilidade do crédito. Assim, por exemplo, a fiança bancária, embora produza alguns efeitos semelhantes ao de um depósito do montante integral (gera direito à certidão positiva com efeitos de negativa, impede a negativação do nome do contribuinte em cadastros restritivos), não suspende a exigibilidade do crédito tributário. Cuida-se de entendimento do STJ.

O STF possui entendimento consolidado no sentido de que não se pode utilizar o princípio da isonomia para estender isenções fiscais a outras situações ou pessoas não expressamente previstas na lei isentiva, sob pena de se transformar o Poder Judiciário em legislador positivo.

> **ATENÇÃO**
>
> A prova aplicada pela Banca CESP, em 2016, para o Cargo de Analista de Controle para o Tribunal de Contas do Paraná, (TCE-PR), a respeito da vigência, a aplicação, a interpretação e a integração da legislação tributária, entendeu como correta a alternativa "A":
>
> a) Deverá ser interpretada de forma literal a legislação tributária que dispuser sobre outorga de isenção.

> E como incorreta a alternativa "E":
>
> e) Havendo lacuna da lei tributária, a autoridade competente deverá utilizar a analogia, os princípios gerais do direito tributário, os princípios gerais do direito público e os costumes, nessa ordem.

d) A interpretação mais benigna

Em matéria de penalidade, havendo dúvida quanto a um dos elementos descritos no art. 112, deve-se optar pela interpretação mais benéfica ao sujeito passivo. Com efeito, nos termos do artigo mencionado, a lei tributária que define infrações, ou lhe comina penalidades, interpreta-se da maneira mais favorável ao acusado, em caso de dúvida quanto:

I – à capitulação legal do fato;

II – à natureza ou às circunstâncias materiais do fato, ou à natureza ou extensão dos seus efeitos;

III – à autoria, imputabilidade, ou punibilidade;

IV – à natureza da penalidade aplicável, ou à sua graduação.

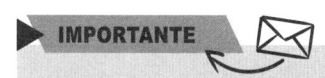

> **IMPORTANTE**
>
> Em 2016, a VUNESP, responsável pela prova para o concurso para Procurador Jurídico, Prefeitura de Mogi da Cruzes-SP, considerou a alternativa "B" como correta ao tratar da interpretação da norma mais benigna:
>
> b) lei tributária que define infrações, ou lhe comina penalidades, interpreta-se de maneira mais favorável ao acusado em caso de dúvida quanto à natureza ou às circunstâncias materiais do fato, ou à natureza ou extensão dos seus efeitos.

7.2 Fato gerador e obrigação tributária

O CTN dividiu as obrigações tributárias em duas espécies: **principal e acessória** (art. 113 do CTN).

A diferença primordial entre as duas espécies de obrigação reside no seu objeto. Enquanto a principal tem como objeto o pagamento de tributo ou penalidade pecuniária (art. 113, § 1º, do CTN), a acessória tem como objeto prestações positivas ou negativas em favor da arrecadação e fiscalização tributárias (art. 113, § 2º, do CTN). Observa-se, portanto, que a obrigação principal tem natureza pecuniária, ao passo que a acessória tem cunho não pecuniário.

Exemplos: Obrigações de Fazer = obrigação de pagar IPTU, obrigação de pagar multa por atraso na declaração de ajuste anual de ajuste do IRPF);

Exemplos: Obrigações de não Fazer = obrigação de não embaraçar as fiscalizações tributárias, obrigação de apresentar declarações, obrigação de manter os livros fiscais devidamente escriturados.

> **ATENÇÃO**
>
> A ESAF em 2009 elaborou o certame para os cargos de Técnico e Assistente Técnico Administrativo do Ministério da Fazenda e em ambas as provas exigiu o conhecimento da obrigação tributária principal de forma idêntica. No gabarito, entendeu pela definição literal do art. 113 do CTN:
> *surge com a ocorrência do fato gerador e tem por objeto o pagamento do tributo ou penalidade pecuniária.*

O CTN (art. 114) expressamente define que o fato gerador da obrigação principal é a situação definida em lei como necessária e suficiente à sua ocorrência. Em outros termos, a obrigação principal decorre obrigatoriamente de previsão legal em sentido estrito (lei em sentido formal e material).

Por outro lado, nos termos do art. 113, § 2º, do CTN, a obrigação acessória decorre da legislação tributária. Isso implica afirmar que atos normativos infralegais podem estabelecer obrigações acessórias.

O CTN também deixou claro que a obrigação acessória, pelo simples fato da sua inobservância, converte-se em obrigação principal relativamente à penalidade pecuniária. A obrigação acessória, quando descumprida, continua a existir, sendo gerada na verdade uma nova obrigação, de natureza principal: **MULTA**.

> **ATENÇÃO**
>
> A obrigação acessória no Direito Tributário não se confunde com a obrigação acessória cuidada no Direito Civil, já que inexiste obrigação acessória sem correspondente obrigação principal. No Direito Tributário, é plenamente possível a existência de obrigação acessória sem correspondente obrigação principal, de forma que se pode afirmar que aquela possui autonomia existencial. São os casos de Imunidades e Isenções.

Exemplos: As entidades assistenciais sem fins lucrativos que são imunes a impostos – **IMUNIDADE SUBJETIVA OU CONDICIONADA** –, devem, como condição para receber a benesse, atender aos requisitos do art. 14 do CTN, cumprindo os deveres instrumentais como a aplicação, integral, no país dos seus recursos na manutenção de seus objetivos institucionais (art. 14, II, do CTN).

Outro exemplo se dava à época em que pessoas isentas do pagamento de imposto de renda eram obrigadas a entregar anualmente a declaração de isento. Ou seja, cuidava-se de situação em que inexistia obrigação principal (ausência de pagamento do imposto), porém existia obrigação acessória (dever instrumental de entregar declaração).

Hoje, podemos pensar na situação do contribuinte isento do pagamento do IRPF porque é portador de neoplasia maligna. A legislação do imposto dispensa o recolhimento do tributo até o período de remição da doença, mas as obrigações acessórias devem ser cumpridas pelo contribuinte isento que, até o final de abril, deve submeter o entregar a Declaração do IRPF à Secretaria da Receita Federal do Brasil.

> **IMPORTANTE**
>
> A Prova elaborada pela FCC em 2016 para o cargo de Auditor Fiscal da Receita Municipal para a Prefeitura de Teresina-PI entendeu, dentre as demais alternativas, como correta, a seguinte alternativa:
>
> [a obrigação] principal é extinta juntamente com a extinção do crédito tributário.

1) Fato gerador da obrigação principal e fato gerador da obrigação acessória

O fato gerador, em síntese, é um evento concreto que faz nascer a obrigação tributária. Sem sua ocorrência, não se pode falar em relação jurídica entre contribuinte e fisco.

Esse fato ocorrido deve se enquadrar perfeitamente à descrição hipotética presente na lei que instituiu o tributo. A essa descrição hipotética de um evento (abstrato) a doutrina denomina de "hipótese de incidência" ou "fato gerador em abstrato".

Assim, tem-se:

- **Hipótese de Incidência:** descrição hipotética de um evento que, se ocorrido concretamente, faz nascer uma relação jurídica entre dois sujeitos: o Fisco e o Contribuinte.
- **Fato Gerador:** evento concreto que se enquadra na hipótese de incidência prevista na lei que instituiu o tributo.

Assim, é possível dizer que a hipótese de incidência nada mais é que o chamado fato gerador *in abstrato*.

Parte da doutrina chama o fato gerador concreto de fato imponível, ou hipótese de incidência concreta, ou ainda hipótese de incidência realizada.

Quando a descrição prevista na hipótese de incidência acontece no mundo real, ocorre o que a doutrina chamada de subsunção do fato à norma.

O CTN, entretanto, não se utiliza da expressão "hipótese de incidência". Assim, em muitas ocasiões, o legislador se vale do termo "fato gerador", mas está se referindo, tecnicamente falando, à hipótese de incidência. É o que ocorre no art. 114: "Fato gerador da obrigação principal é a situação definida em lei como necessária e suficiente à sua ocorrência".

Ora, cuidando-se de situação "definida em lei" é fácil concluir que não se cuida de um fato concreto, mas de uma descrição abstrata, ou seja, da hipótese de incidência. Trata-se, portanto, de uma impropriedade técnica.

Conforme vimos acima, a obrigação tributária se divide em duas espécies: principal e acessória. Por conta dessa divisão, o CTN também adotou uma divisão do fato gerador: fato gerador da obrigação principal e fato gerador da obrigação acessória.

> **ATENÇÃO**
>
> A Banca CESP, responsável pelo certame para a prova de Auditor de Controle Externo para o Tribunal de Contas do Pará (TCE-PA), em 2016, gabaritou como CERTA a assertiva abaixo:
>
> *A sociedade empresária XYZ, que tem por objeto social o comércio de roupas e acessórios, encontra estabelecida em Belém–PA. No desenvolvimento de sua atividade empresarial, essa pessoa jurídica prestava as declarações exigidas pela legislação tributária relativamente ao imposto sobre operações relativas à circulação de mercadorias e prestação de serviço de transporte interestadual e intermunicipal e de comunicação (ICMS) e efetuava o pagamento antecipado do crédito tributário. A partir de dezembro de 2011, embora a sociedade empresária tenha continuado a enviar as declarações, deixou*

> de efetuar o pagamento do valor correspondente à obrigação principal. Em fevereiro de 2016, a secretaria de fazenda estadual identificou, mediante fiscalização no estabelecimento empresarial, o descumprimento das obrigações principal e acessórias relativas ao pagamento do ICMS, tais como a emissão de notas fiscais e preenchimento de livro fiscal obrigatório. A respeito dessa situação hipotética, julgue o item seguinte.
>
> O descumprimento de obrigação de emissão de nota fiscal dá ensejo à realização, pelo poder público, do lançamento de ofício, para fins de aplicação da penalidade cabível. Nesse caso, a multa aplicada equipara-se ao crédito decorrente da obrigação principal, em virtude da sua natureza jurídica de obrigação de dar.

a) Fato gerador da obrigação principal

Nos termos do art. 114 do CTN, fato gerador da obrigação principal é a situação definida em lei como necessária e suficiente à sua ocorrência.

A lei que institui o tributo deve descrever abstratamente uma situação que, quando ocorrida, faz nascer a obrigação tributária. Caso não ocorra, não se pode falar na obrigação de pagar tributo, por isso o CTN prescreve que é uma situação "necessária".

É situação também suficiente porque, uma vez ocorrida, nada mais é necessário para que tenha nascimento a obrigação tributária.

▶ **ATENÇÃO**

A obrigação principal pode ter como objeto pagar tributo ou penalidade pecuniária. Assim, a situação descrita hipoteticamente pode ser uma infração à lei tributária, que, neste caso, uma vez concretizada, faz nascer a obrigação principal de pagar penalidade (não tributo).

b) Fato gerador da obrigação acessória

A obrigação acessória também tem nascimento a partir da ocorrência de um fato concreto.

Por isso, o CTN prescreve que fato gerador da obrigação acessória é qualquer situação que, na forma da legislação aplicável, impõe a prática ou a abstenção de ato que não configure obrigação principal.

Observe-se que esse fato gerador, uma vez ocorrido, pode impor ao sujeito passivo um dever positivo ou negativo (ação ou abstenção).

2) Quando se considera ocorrido o fato gerador?

O momento em que se considera ocorrido o fato gerador dependerá de que tipo de situação está descrita na lei tributária: se está descrita uma situação de fato ou uma situação jurídica. Segundo o art. 116 do CTN, salvo disposição de lei em contrário, considera-se ocorrido o fato gerador e existentes os seus efeitos:

> I – tratando-se de situação de fato, desde o momento em que o se verifiquem as circunstâncias materiais necessárias a que produza os efeitos que normalmente lhe são próprios;
>
> II – tratando-se de situação jurídica, desde o momento em que esteja definitivamente constituída, nos termos de direito aplicável.

3) E quando uma situação jurídica está definitivamente constituída?

Para isso, é necessário observar se se cuida de um ato ou negócio jurídico condicional. Nessas situações, deve-se observar o art. 117 do CTN, nos termos do qual os atos ou negócios jurídicos condicionais reputam-se perfeitos e acabados: "I – sendo suspensiva a condição, desde o momento de seu implemento; II – sendo resolutória a condição, desde o momento da prática do ato ou da celebração do negócio".

Negócio jurídico condicional é aquele cuja eficácia é sujeita a um evento futuro e incerto. Essa condição pode ser suspensiva ou resolutiva, sendo dado tratamento distinto pelo CTN, conforme visto acima.

Exemplo: nos casos de doação sujeita a condição suspensiva, considera-se definitivamente constituída no momento em que a condição se implementar. Já se cuidando de doação sujeita a condição resolutória, desde o momento em que celebrada já se considera ocorrido o fato gerador.

> **ATENÇÃO**
>
> A prova para Auditor Fiscal para a Prefeitura de Juiz de Fora-MG, organizada pela AOCP, a respeito da obrigação acessória (obrigação de fazer), entendeu como correta, a assertiva:
> *Permitir que auditores fiscais adentrem ao estabelecimento comercial e procedam à verificação de livros fiscais consiste-se em uma obrigação acessória.*

7.3 Evasão, Elisão e Elusão Tributária

Nos termos do parágrafo único do art. 116 do CTN, a autoridade administrativa poderá desconsiderar atos ou negócios jurídicos praticados com a finalidade de dissimular a ocorrência do fato gerador do tributo ou a natureza dos elementos constitutivos da obrigação tributária, observados os procedimentos a serem estabelecidos em lei ordinária.

O CTN permite à autoridade fiscal desconsiderar atos ou negócios jurídicos praticados pelo contribuinte quando constatar que sua intenção era dissimular a ocorrência do fato gerador do tributo. Segundo parte da doutrina, trata-se de aplicação da chamada "teoria da interpretação econômica do fato gerador", em que se colocam em segundo plano os aspectos formais (formas jurídicas), sendo relevante a substância econômica do ato ou negócio jurídico praticado pelo contribuinte.

Paira grande discussão na doutrina sobre a aplicação desse artigo, especialmente quanto à amplitude de sua aplicação, se abrangente de outras situações em que não haja a dissimulação propriamente dita, como o abuso de forma.

É importante distinguir três figuras jurídicas, as três praticadas pelo contribuinte com a intenção de fugir à tributação ou de sofrê-la num menor nível:

a) Elisão fiscal

Ocorre quando o contribuinte usa de meios lícitos para não ser tributado ou para o ser de forma menos gravosa. Aqui tem-se o chamado planejamento tributário, forma lícita de economizar tributos. Embora, como regra, a elisão fiscal preceda à prática do fato gerador, há situações em que ocorre após a realização daquele, como, por exemplo, quando há a escolha da declaração de ajuste anual do IR pessoa física (completa ou simplificada) que resulte em maior restituição ou menor pagamento de tributo.

b) Evasão fiscal

Ocorre quando o contribuinte se vale de meios ilícitos para fugir da tributação. Aqui o contribuinte pratica atos que visam a esconder da autoridade fiscal a ocorrência do fato gerador de determinado tributo.

c) Elusão fiscal (elisão ineficaz)

O contribuinte se vale de formas jurídicas inabituais, impróprias, atípicas para realizar suas atividades como forma de fugir à tributação. Aqui o contribuinte, através de verdadeira simulação, traveste a ocorrência do fato gerador da obrigação tributária.

> **IMPORTANTE**
>
> A norma contida no parágrafo único do art. 116 visa coibir diretamente a chamada elusão fiscal, embora seja comumente chamada pela doutrina de norma geral antielisiva.
>
> Sobre a elisão fiscal, a ESFAF, em 2012, na prova para Auditor da Receita Federal, exigiu a alternativa INCORRETA a respeito do tema elisão fiscal:
>
> b) *Tem como sinônimo a simulação, que consiste em uma discrepância entre a vontade real e a vontade declarada pelas partes.*
>
> As demais alternativas conferiam perfeita definição dos institutos da elusão e elisão:
>
> a) *Distingue-se da elusão fiscal por ser esta expressão utilizada para designar a prática de atos ou negócios como base em um planejamento tributário lícito;*
>
> c) *A elisão abusiva deve ser coibida, por ofender a um sistema tributário criado sob as bases constitucionais da capacidade contributiva e da isonomia tributária;*
>
> d) *Para fins de sua configuração, tem grande utilidade a análise do business purpose test do direito tributário norte-americano, que aceita como lícita a economia fiscal que, além da economia de imposto, tenha um objetivo negocial explícito.*
>
> e) *Não se confunde com a dissimulação.*

7.4 Sujeitos da relação tributária

1) Sujeito ativo *versus* sujeito passivo da obrigação tributária

As espécies de obrigação tributária (principal e acessória), conforme já visto, têm objetos próprios: no caso da principal, seu objeto é o pagamento de tributo ou de penalidade pecuniária; cuidando-se de obrigação acessória, seu objeto é uma prestação positiva ou negativa em favor da arrecadação e fiscalização tributárias.

Essas duas obrigações tributárias, além de possuírem objetos próprios, também possuem elementos subjetivos próprios, que são os sujeitos que se relacionam em torno da obrigação tributária. Vinculam-se através da chamada relação jurídico-tributária. São dois os sujeitos da obrigação tributária: sujeito ativo e sujeito passivo.

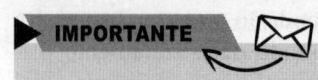

> **IMPORTANTE**
>
> Sujeito ativo é a pessoa jurídica de direito público que exige o cumprimento da obrigação tributária (art. 119 do CTN). Poderá ser o próprio ente político que instituiu o tributo (detentor da COMPETÊNCIA TRIBUTÁRIA), que também o arrecadará e fiscalizará (CAPACIDADE TRIBUTÁRIA ATIVA). Neste caso, a competência tributária e a capacidade tributária ativa se concentram numa única pessoa.

> **ATENÇÃO**
>
> A Prova para Auditor Fiscal Tributário para a Prefeitura de Lages-SC, elaborada pela Banca FEPESE, em 2016, a respeito do Sujeito Ativo da obrigação tributária, gabaritou como correta a seguinte alternativa: *a União, os Estados, o Distrito Federal e os Municípios, os quais detêm a competência tributária, podendo legislar sobre tributos e exigi-los, dentro de suas respectivas esferas.*

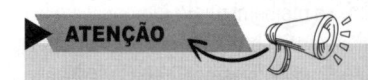

Poderá, ainda, o sujeito ativo ser outra pessoa jurídica de direito público para quem o ente federativo delegue as funções de arrecadar e fiscalizar o tributo por ele instituído, como acontece, por exemplo, nas contribuições corporativas (contribuições de interesse das categorias profissionais, nos termos do art. 149 da CF).

No primeiro caso, tem-se o chamado SUJEITO ATIVO DIRETO; no segundo, em que existe delegação da capacidade tributária ativa, tem-se o SUJEITO ATIVO INDIRETO.

SUJEITOS ATIVOS DIRETOS são os entes políticos; SUJEITOS PASSIVOS INDIRETOS são as pessoas jurídicas de direito público dotadas de capacidade tributária ativa por meio de delegação.

Quanto às pessoas jurídicas de direito público que se constituam pelo desmembramento territorial de outra, o CTN adotou a solução de autorizar que se valha da legislação do ente do qual se desmembrou enquanto não entra em vigor sua própria legislação tributária (art. 120 do CTN).

Já o SUJEITO PASSIVO é de quem se exige o cumprimento da obrigação tributária.

Sendo obrigação tributária principal, evidentemente, será dele exigido o pagamento de tributo ou de penalidade pecuniária; tratando-se de obrigação acessória, será exigido o cumprimento de uma prestação positiva ou negativa em favor da arrecadação ou fiscalização tributária.

2) Contribuinte *versus* responsável tributário

O sujeito passivo da obrigação tributária principal pode ser o CONTRIBUINTE ou RESPONSÁVEL TRIBUTÁRIO.

Será considerado **CONTRIBUINTE** quando tenha relação pessoal e direta com o fato gerador, ou, em outras palavras, quando pratique o fato gerador da obrigação tributária. É também chamado de **SUJEITO PASSIVO DIRETO**.

Segundo o art. 121, parágrafo único, I, do CTN, o sujeito passivo da obrigação principal diz-se contribuinte, quando tenha **relação pessoal e direta** com a situação que constitua o respectivo fato gerador. **Exemplos:** o proprietário do imóvel situado na zona urbana do município; o proprietário de veículo automotor etc.

Quando, por outro lado, não tenha relação pessoal e direta com o fato gerador, mas seja eleito EXPRESSAMENTE pela lei como sujeito passivo da obrigação tributária, será RESPONSÁVEL TRIBUTÁRIO, também chamado de SUJEITO PASSIVO INDIRETO. Nos termos do art. 121, parágrafo único, II, do CTN, o sujeito

passivo da obrigação principal diz-se responsável quando, sem revestir a condição de contribuinte, sua obrigação decorra de disposição expressa de lei.

É o caso da fonte pagadora, que, embora não pratique o fato gerador, retém na fonte o valor devido a título de imposto e o entrega ao fisco federal.

> ▶ **IMPORTANTE**
>
> É importante lembrar que eventual imunidade detida por determinado sujeito não impede que ele figure na qualidade de responsável tributário na sujeição passiva de relação jurídico-tributária.
>
> **Exemplos:** os entes políticos que, embora tenham imunidade de impostos quanto ao patrimônio, renda e serviços, podem ser responsáveis tributários pela retenção na fonte do IR incidente sobre a remuneração paga aos seus servidores.

> ▶ **ATENÇÃO**
>
> O contribuinte de fato, nos casos de tributos indiretos, não figura na qualidade de contribuinte, tampouco de responsável. Ele simplesmente não compõe a relação jurídico-tributária (não se relaciona com o Fisco), já que apenas sofre o encargo econômico-financeiro do tributo.

3) Solidariedade passiva tributária

Ocorre a solidariedade passiva tributária quando, no polo passivo da relação jurídica tributária, figura mais de um sujeito passivo, todos eles obrigados ao adimplemento de toda a obrigação tributária.

As hipóteses de solidariedade estão previstas no art. 124 do CTN:

> I – as pessoas que tenham interesse comum na situação que constitua o fato gerador da obrigação principal;
>
> II – as pessoas expressamente designadas por lei.

No primeiro caso (inciso I), tem-se a figura da solidariedade natural, decorrente do fato dos devedores solidários terem interesse comum na situação descrita pela lei como fato gerador. Em síntese, a solidariedade natural ocorre quando mais de uma pessoa pratica ao mesmo tempo o fato gerador. É o que ocorre, por exemplo, quando um mesmo bem imóvel situado na zona urbana é de propriedade de vários sujeitos.

Exemplo: situação em que várias pessoas praticam conjuntamente o fato gerador da obrigação tributária relativa ao IPTU.

Já o inciso II trata da solidariedade legal, em que os devedores são solidários porque expressamente assim apontados pela lei. É o caso, por exemplo, dos responsáveis solidários apontados no art. 27 do Regulamento do IPI (Decreto n. 7.212/2010). Nos termos de tal artigo, é solidariamente responsável o adquirente de mercadoria de procedência estrangeira, no caso de importação realizada por sua conta e ordem, por intermédio de pessoa jurídica importadora, pelo pagamento do imposto e acréscimos legais.

Em ambas as situações, é bom lembrar, não há o chamado benefício de ordem (art. 124, parágrafo único, do CTN). Ou seja, o Fisco pode exigir de qualquer um dos devedores o adimplemento da totalidade da obrigação tributária, independentemente da sua parcela de participação na ocorrência do fato gerador. Assim, por exemplo, pouco importa a quota da propriedade que certo indivíduo detém para fins de exigência do IPTU. O município poderá exigir-lhe a totalidade do imposto. Eventuais ajustes entre os coproprietários são feitos no âmbito do direito privado.

> **ATENÇÃO**
>
> A Prefeitura de Coqueira-MG, responsável pelo certame para a prova de Advogado do Município, em 2016, entendeu como correta, dentre outras assertivas, a que fala de dois dos Efeitos da Solidariedade:

> *A solidariedade pressupõe que cada devedor responderá pelo montante total da obrigação perante o fisco, sendo incabível invocar benefício de ordem.*

> **IMPORTANTE**
>
> Ainda com relação à sujeição passiva tributária, nenhuma convenção entre os particulares pode modificar o sujeito passivo eleito pela lei tributária. Nos termos do art. 123 do CTN, salvo disposições de lei em contrário, as convenções particulares, relativas à responsabilidade pelo pagamento de tributos, não podem ser opostas à Fazenda Pública, para modificar a definição legal do sujeito passivo das obrigações tributárias correspondentes.
>
> **Exemplo:** ao Fisco não importa eventual convenção entre o inquilino e o proprietário do imóvel locado no sentido de que deverá ser aquele que recolherá o IPTU.
>
> Para fins tributários, havendo o inadimplemento da obrigação tributária, o Fisco buscará a satisfação da obrigação junto ao proprietário e não ao inquilino. O ajuste contratual firmado tem validade apenas perante os particulares.

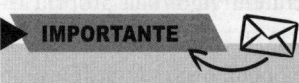

Já os efeitos da solidariedade estão apontados no art. 125 do CTN:

I – o pagamento efetuado por um dos obrigados aproveita aos demais;

II – a isenção ou remissão de crédito exonera todos os obrigados, salvo se outorgada pessoalmente a um deles, subsistindo, nesse caso, a solidariedade quanto aos demais pelo saldo;

III – a interrupção da prescrição, em favor ou contra um dos obrigados, favorece ou prejudica aos demais.

Importante destacar com mais atenção a disposição contida no art. 125, II, do CTN. No caso de isenções ou remissões, sendo estas de natureza objetiva, beneficiam todos os devedores, exonerando-os todos do cumprimento da obrigação.

> **IMPORTANTE**
>
> Na hipótese de isenções ou remissões outorgadas pessoalmente (em que são levadas em conta as condições pessoais do contribuinte), por exemplo, **isenções em razão da idade ou de capacidade física, os devedores não alcançados pelo benefício fiscal continuam solidariamente obrigados ao adimplemento da obrigação apenas pelo saldo e não pela totalidade**. Embora a solidariedade persista entre os devedores solidários não beneficiados, o adimplemento da obrigação restringe-se ao saldo, descontada a parcela objeto da isenção ou remissão.

> **ATENÇÃO**
>
> A respeito da solidariedade, seus efeitos, sua relação com a isenção e a relação com a Fazenda na Execução Fiscal, em 2016, a FUNDATEC entendeu como CORRETA APENAS a assertiva contida na oração II, estando todas as outras, INCORRETAS:
>
> I. *As hipóteses de solidariedade tributária previstas em contrato somente podem ser levadas a juízo se porventura os integrantes do polo passivo da relação jurídica de direito tributário material anuíram antes da execução;*
>
> II. Na hipótese de dois irmãos serem proprietários de um mesmo imóvel e devedores de IPTU de um dado exercício, o sujeito ativo, ao propor a execução fiscal, poderá dirigi-la apenas contra um deles e a critério do município credor;
>
> III. *Em qualquer hipótese de isenção tributária, todos os obrigados são exonerados, ainda que outorgada pessoalmente a um deles;*
>
> IV. *Não há interrupção da prescrição nas hipóteses de solidariedade, pois o surgimento da obrigação tributária principal ocorre diretamente contra o devedor principal.*

4) Capacidade tributária passiva – art. 124 do CTN

Capacidade tributária passiva nada mais é que aptidão que alguém possui para ser sujeito passivo de uma obrigação tributária. O CTN deixou claro que essa aptidão independe de:

I – da capacidade civil das pessoas naturais;

II – de achar-se a pessoa natural sujeita a medidas que importem privação ou limitação do exercício de atividades civis, comerciais ou profissionais, ou da administração direta de seus bens ou negócios;

III – de estar a pessoa jurídica regularmente constituída, bastando que configure uma unidade econômica ou profissional.

Exemplo: se o sujeito que pratica o fato gerador (contribuinte) possui ou não capacidade civil. O menor de 18 anos, embora desprovido de capacidade civil, se for proprietário de imóvel urbano, ou se auferir renda, é contribuinte dos correspondentes impostos (IPTU e IR).

> **ATENÇÃO**
>
> A prova para o cargo de Agente de Suporte e Fiscalização para Prefeitura de Caucaia, sobre a capacidade tributária passiva, entendeu como corretas duas das três assertivas:
>
> *A capacidade tributária passiva independe:*
>
> *I. da capacidade civil das pessoas jurídicas.*
>
> *II. de achar-se a pessoa natural sujeita a medidas que importem privação ou limitação do exercício de atividades civis, comerciais ou profissionais, ou da administração direta de seus bens ou negócios.*
>
> *III. de estar a pessoa jurídica regularmente constituída, bastando que configure uma unidade econômica ou profissional.*
>
> As assertivas II e III estão de acordo com o art. 124, II e III, e a assertiva I está incorreta porque a capacidade tributária passiva independe *da capacidade civil das pessoas naturais* e não da capacidade civil das pessoas jurídicas.

> **IMPORTANTE**
>
> A capacidade tributária passiva não é prejudicada se o sujeito que pratica o fato gerador está impedido de exercer atividades ligadas à administração de seus bens ou privado de realizar atividades laborais, como, por exemplo, profissional (advogados, médicos), suspenso por Conselho Profissional. Praticando este o fato gerador do imposto de renda, embora impedido de realizar a atividade, nasce inexoravelmente a obrigação tributária, e ele ocupa a condição de sujeito passivo da obrigação tributária.

5) Domicílio fiscal

Domicílio fiscal ou tributário é o local em que o contribuinte receberá as notificações, intimações ou qualquer comunicação com efeito legal.

O art. 127 do CTN determina a **regra geral**, segundo a qual, **o contribuinte poderá eleger seu domicílio tributário**.

O domicílio eleito **pode ser recusado pelo Fisco**, de forma fundamentada, quando impossibilite, dificulte ou embarace a fiscalização.

Porém, caso o contribuinte **não eleja seu domicílio**, serão considerados:

I – Pessoas Físicas	Sua **RESIDÊNCIA HABITUAL** OU sendo incerta ou desconhecida, o **CENTRO HABITUAL DE SUAS ATIVIDADES**
II – Pessoas Jurídicas de Direito Privado OU Firma individual	O lugar da **SUA SEDE** ou o de **CADA ESTABELECIMENTO** para os atos e fatos que deram origem à obrigação
III – Pessoas Jurídicas de Direito Público Interno	Quaisquer de **SUAS REPARTIÇÕES**

> **ATENÇÃO**
>
> Quando não couber a aplicação das regras afixadas no art. 127 e incisos do CTN, o § 1º determina que seja considerado domicílio tributário – do contribuinte ou responsável – o lugar da situação dos bens ou da ocorrência dos fatos que deram origem à obrigação.

7.5 Responsabilidade tributária

Está prevista entre os arts. 129 a 137 do CTN.

Conforme visto anteriormente, o responsável tributário é uma das espécies de sujeito passivo. Consiste naquele que, sem se revestir da condição de contribuinte, ou seja, sem ter praticado o fato gerador, assume a qualidade de sujeito passivo por ter sido eleito pela lei.

Observa-se do art. 128 do CTN que a escolha a ser feita pelo legislador não é completamente livre. Nos termos do dispositivo legal, a eleição deve recair sobre terceira pessoa vinculada ao fato gerador da respectiva obrigação. Por isso, tem-se como condição para alguém ser eleito sujeito passivo a existência de um vínculo com a situação (de fato ou jurídica) descrita em lei como fato gerador.

Assim, conclui-se, caso o sujeito tenha relação pessoal e direta com o fato gerador será contribuinte. Possuindo vínculo com a situação definida como fato gerador, desde que expressamente designado pela lei, será responsável tributário.

Ao eleger o responsável tributário, a lei pode excluir da sujeição passiva o contribuinte ou atribuir-lhe tal condição em caráter supletivo do cumprimento total ou parcial da referida obrigação.

Responsabilidade por Transferência: no momento em que o fato gerador ocorre, a relação jurídico-tributária é ocupada por determinado sujeito passivo. Posteriormente, por força da ocorrência de um evento apontado em lei, a sujeição passiva é assumida pelo responsável tributário.

No CTN, constituem responsabilidade por transferência: a **responsabilidade por sucessão** (art. 131, II e III) e **de terceiros** (arts. 134 e 135).

Responsabilidade por Substituição: a sujeição passiva pelo responsável tributário surge com o próprio fato gerador. Exemplo: responsabilidade tributária da fonte pagadora com relação ao IRPF.

> ▶ **ATENÇÃO**
>
> O CTN adota classificação diversa:
> - **responsabilidade por sucessão** (arts. 129 a 133 seguintes);
> - **responsabilidade de terceiros** (arts. 134 e 135) e;
> - **responsabilidade por infrações** (arts. 136 a 138).
>
> Não adota a classificação da responsabilidade nas modalidades "por substituição" e "por transferência". Tal classificação é doutrinária.

1) Responsabilidade na aquisição de bens imóveis – art. 130 do CTN

Nos termos do art. 130 do CTN, os créditos tributários relativos a impostos cujo fato gerador seja a propriedade, o domínio útil ou a posse de bens imóveis, e bem assim os relativos a taxas pela prestação de serviços referentes a tais bens, ou a contribuições de melhoria, sub-rogam-se na pessoa dos respectivos adquirentes, salvo quando conste do título a prova de sua quitação.

Já o parágrafo único dispõe que, no caso de arrematação em hasta pública, a sub-rogação ocorre sobre o respectivo preço.

> ▶ **ATENÇÃO**
>
> O adquirente de bem imóvel passa a ser responsável pelos tributos devidos com relação ao imóvel adquirido, relativos a fatos geradores ocorridos antes da alienação. Ocorre aqui uma sub-rogação pessoal na pessoa do adquirente.

Exceções da Responsabilidade do Adquirente do bem imóvel

a) arrematação de bem imóvel em hasta pública que determina a sub-rogação dos créditos ao preço negociado (parágrafo único do art. 130 do CTN); e

b) prova de quitação constante do título. Nesses casos, o adquirente não assume a condição de responsável tributário. Na arrematação em hasta pública, a sub-rogação ocorre sobre o preço, e não pessoalmente, na pessoa do arrematante do bem (art. 130, 2ª parte, *caput*).

> ▶ **IMPORTANTE**
>
> A FAURGS, responsável pelo certame para o cargo de Juiz de Direito para o Tribunal de Justiça do Rio Grande do Sul, (TJRS), em 2016, entendeu como correta a alternativa que afasta a responsabilidade do adquirente de bem imóvel em hasta pública:
>
> *Em 2013, F.S. adquiriu um imóvel em hasta pública. O imóvel está localizado no município X, em área definida como urbana pela legislação municipal. No local, há rede de abastecimento de água, iluminação pública e posto de saúde. Em 2015, em face de execução fiscal movida pelo município, F.S. foi citado para pagar o IPTU dos exercícios de 2010, 2011 e 2012. Neste caso, com relação à responsabilidade tributária, pode-se afirmar que: não é responsável pelo débito, em face de sub-rogação sobre o preço.*

> ▶ **ATENÇÃO**
>
> Com relação às taxas, apenas as que tenham como fato gerador serviço público específico e divisível são assumidas pelo adquirente. As taxas devidas pelo exercício regular do poder polícia continuam devendo ser pagas pelo alienante.

2) Responsabilidade do adquirente ou remitente de bens móveis – art. 131, I, do CTN

Nos termos do art. 131, I, do CTN, são pessoalmente responsáveis o adquirente ou remitente, pelos tributos relativos aos bens adquiridos ou remidos.

Embora o artigo trate de "bens" de forma genérica, a doutrina entende que o dispositivo legal se aplica às hipóteses de aquisição ou remição de bens móveis, já que a aquisição de bens imóveis já está tratada expressamente no art. 130 do CTN.

Com relação à aquisição de bens móveis, perceba-se, inexiste causa expressa de afastamento da responsabilidade tributária, como ocorre na aquisição de bens imóveis.

> **IMPORTANTE**
>
> O STJ, por reputar que a arrematação em hasta pública é forma originária de aquisição da propriedade, entende que o arrematante de bens móveis também não se torna responsável pelos eventuais tributos devidos com relação ao bem arrematado.
>
> Cuida-se de aplicação, por analogia, da disposição contida no parágrafo único do art. 130 do CTN, entendendo o Tribunal que "a arrematação de bem móvel ou imóvel em hasta pública é considerada como **aquisição originária**, inexistindo relação jurídica entre o arrematante e o anterior proprietário do bem, de maneira que os débitos tributários anteriores à arrematação sub-rogam-se no preço da hasta" (AgRg no Ag 1225813/SP).

> **ATENÇÃO**
>
> A FCC, em 2016, que organizou o certame para o cargo de Procurador do Estado do Maranhão, entendeu como INCORRETA assertiva:
>
> *A responsabilidade tributária por sucessão: é absoluta no caso de aquisição de imóvel em hasta pública para o adquirente, ora arrematante, desde que não se trate de processo de falência, pois, neste caso, a responsabilidade é afastada se o adquirente for parente do falido na linha reta ou colateral até terceiro grau.*

Especificamente com relação à aquisição de veículo, o STJ se pronunciou no sentido de que:

> (...) na alienação em hasta pública o produto adquirido com a venda do bem sub-roga-se na dívida, que se sobejar deve ser imputada ao devedor executado e infrator de trânsito e não ao adquirente, nos termos do art. 130, parágrafo único, do CTN (REsp 954.176/SC).

A **remição de bens** é prevista no art. 685-A, § 2º, do CPC (com redação dada pela Lei n. 11.382/2006) ao prever a possibilidade de o cônjuge, ascendente ou descendente do executado, requerer a adjudicação do bem penhorado oferecendo preço não inferior à avaliação.

Na hipótese de haver mais de um interessado, que pode ser o exequente, o credor com garantia real ou os credores concorrentes que hajam penhorado o mesmo bem (art. 685-A, *caput* e § 2º, do CPC), haverá entre eles licitação; em igualdade de oferta, terá preferência o cônjuge, descendente ou ascendente, nessa ordem (art. 685-A, § 3º, do CPC).

Na hipótese de remição, o remitente é responsável tributário pelos tributos relativos aos bens remidos.

3) Responsabilidade na sucessão *causa mortis* – art. 131, II e III, do CTN

São pessoalmente responsáveis: o espólio, pelos tributos devidos pelo *de cujus* até a data da abertura da sucessão; o sucessor a qualquer título e o cônjuge meeiro, pelos tributos devidos pelo *de cujus* até a data da partilha ou adjudicação, limitada esta responsabilidade ao montante do quinhão do legado ou da meação.

No dispositivo legal, dois importantes marcos para fins de definição dos responsáveis tributários. Aberta a sucessão (morte), assume a condição de responsável tributário o espólio pelos tributos devidos pelo *de cujus* relativos a fatos geradores ocorridos até a morte.

Processado o inventário ou arrolamento e realizada a partilha ou adjudicação dos bens, a condição de responsável tributário é assumida pelos sucessores a qualquer título e cônjuge meeiro, no limite do quinhão hereditário, do legado ou da meação.

> **IMPORTANTE**
>
> Observe que os fatos geradores ocorridos entre a morte (**abertura da sucessão**) e a partilha ou adjudicação são assumidos pelo espólio na condição de contribuinte, e não de responsável tributário.

> **ATENÇÃO**
>
> A FCC, em 2016, tratou da sucessão na *causa mortis* e entendeu como correta a alternativa que transcreveu os incisos II e II do art. 135 do CTN, tratando da responsabilidade na sucessão:
>
> a) é pessoal do espólio pelos tributos devidos pelo de cujus, desde a data da abertura da sucessão até a data da partilha ou adjudicação; também é pessoal a responsabilidade do cônjuge meeiro e sucessores a qualquer título, nos limites da meação, do quinhão ou legado, pelos tributos devidos pelo de cujus até a data da partilha ou adjudicação.

O espólio é um ente despersonalizado que representa a herança, esta entendida como o conjunto de bens deixados pela pessoa falecida.

Em relação à abrangência da responsabilidade, embora o dispositivo indique apenas a responsabilidade por tributos, há precedentes do STJ no sentido de que estão abrangidas também as multas de mora e de ofício (penalidades tributárias). "A responsabilidade tributária dos sucessores de pessoa natural ou jurídica (CTN, art. 133) estende-se às multas devidas pelo sucedido, sejam elas de caráter moratório ou punitivo" (REsp 544.265/CE).

4) Responsabilidade na sucessão empresarial – art. 132 do CTN

A pessoa jurídica de direito privado que resultar de fusão, transformação ou incorporação de outra ou em outra é responsável pelos tributos devidos até à data do ato pelas pessoas jurídicas de direito privado fusionadas, transformadas ou incorporadas.

As operações societárias de fusão, incorporação e transformação têm definição legal expressa na Lei das Sociedades Anônimas.

- **Fusão:** é a operação pela qual se unem duas ou mais sociedades para formar sociedade nova, que lhes sucederá em todos os direitos e obrigações (art. 228 da Lei das Sociedades Anônimas).
- **Incorporação**: é a operação pela qual uma ou mais sociedades são absorvidas por outra, que lhes sucede em todos os direitos e obrigações (art. 227 da Lei das Sociedades Anônimas).
- **Transformação:** é a operação pela qual a sociedade passa, independentemente de dissolução e liquidação, de um tipo para outro (art. 220 da Lei das Sociedades Anônimas).

Em todas essas operações societárias, as pessoas que delas resultam assumem a condição de responsável pelos tributos relativos a fatos geradores ocorridos até a data da operação.

Assim, a título de exemplo, se a Companhia "A" realiza operação de fusão com a Companhia "B", dando origem uma nova Companhia "C", esta se torna responsável pelos tributos devidos pelas duas Companhias ("A" e "B") com relação a fatos geradores ocorridos antes da operação. Já no que concerne aos tributos devidos em razão de fatos geradores ocorridos após a operação, embora o CTN não evidencie, evidentemente a Companhia "C" será contribuinte, já que será esta que realizará o fato gerador.

Apesar de não estar expressamente prevista, a sucessão na **CISÃO** deve ser entendida como as demais formas de mutação empresarial.

Com relação às operações de cisão societária, o CTN não fez expressa referência, uma vez que, à época em que foi publicado, aquela ainda não possuía disciplina legal. No entanto, a jurisprudência do STJ é pacífica no sentido que também se lhes aplicam as regras de responsabilidade tributária previstas no art. 132 do CTN.

Com efeito, o art. 233 da LSA prevê que:

> Art. 233. Na cisão com extinção da companhia cindida, as sociedades que absorverem parcelas do seu patrimônio responderão solidariamente pelas obrigações da companhia extinta. A companhia cindida que subsistir e as que absorverem parcelas do seu patrimônio responderão solidariamente pelas obrigações da primeira anteriores à cisão.

Por fim, nos termos do parágrafo único do art. 132 do CTN, o disposto neste artigo aplica-se aos casos de extinção de pessoas jurídicas de direito privado, quando a exploração da respectiva atividade seja continuada por qualquer sócio remanescente, ou seu espólio, sob a mesma ou outra razão social, ou sob firma individual.

> **ATENÇÃO**
>
> Importante destacar que "a responsabilidade tributária do sucessor abrange, além dos tributos devidos pelo sucedido, as multas moratórias ou punitivas, que, por representarem dívida de valor, acompanham o passivo do patrimônio adquirido pelo sucessor, desde que seu fato gerador tenha ocorrido até a data da sucessão" (REsp 923.012/MG).

5) Responsabilidade tributária na aquisição de estabelecimento ou fundo de comércio – art. 132 do CTN

Dispõe o art. 132 do CTN:

> Art. 132. A pessoa natural ou jurídica de direito privado que adquirir de outra, por qualquer título, fundo de comércio ou estabelecimento comercial, industrial ou profissional, e continuar a respectiva exploração, sob a mesma ou outra razão social ou sob firma ou nome individual, responde pelos tributos, relativos ao fundo ou estabelecimento adquirido, devidos até à data do ato:
>
> I – integralmente, se o alienante cessar a exploração do comércio, indústria ou atividade;
>
> II – subsidiariamente com o alienante, se este prosseguir na exploração ou iniciar dentro de seis meses a contar da data da alienação, nova atividade no mesmo ou em outro ramo de comércio, indústria ou profissão.

O art. 133 CTN trata do chamado **trespasse** de estabelecimentos e fundos de comércio. O adquirente, caso continue explorando a mesma atividade, assume a responsabilidade pelos tributos relativos ao estabelecimento ou fundo adquiridos.

A responsabilidade se descaracteriza quando o adquirente não continua a respectiva exploração. Nesse caso, a sujeição passiva continua na pessoa do alienante do estabelecimento ou fundo de comércio.

A responsabilidade será do tipo integral se o alienante cessar a exploração de qualquer atividade. Por outro lado, será subsidiária com o alienante, se este prosseguir na exploração ou iniciar dentro de seis meses a contar da data da alienação, nova atividade no mesmo ou em outro ramo de comércio, indústria ou profissão.

Sendo integral, a cobrança deverá recair diretamente sobre o patrimônio do adquirente. **Sendo subsidiária**, a cobrança deve recair primeiro sobre o patrimônio do alienante e, esgotados os meios de cobrança em relação a este, os atos deverão ter por objeto o patrimônio do adquirente.

> **ATENÇÃO**
>
> A Prova para o cargo de Procurador, organizada pela FCC para a Prefeitura de Campinas, entendeu como correta a letra a ao interpretar o enunciado a respeito da Responsabilidade do art. 133 do CTN:
>
> *Dispõe o Código Tributário Nacional que a pessoa natural ou jurídica de direito privado que adquirir de outra, por qualquer título, fundo de comércio ou estabelecimento comercial, industrial ou profissional, e continuar a respectiva exploração, sob a mesma ou outra razão social ou sob firma ou nome individual, responde pelos tributos, relativos ao fundo ou estabelecimento adquirido. Dispõe o referido CTN que a responsabilidade do sucessor adquirente será: integral para o adquirente parente, em linha reta ou colateral até o quarto grau, consanguíneo ou afim, do devedor falido ou em recuperação judicial ou de qualquer de seus sócios, desde que o alienante cesse a exploração do comércio, indústria ou atividade.*

O disposto no artigo não se aplica à hipótese de alienação judicial em processo de falência; de filial ou unidade produtiva isolada, em processo de recuperação judicial, salvo quando o adquirente for:

I – sócio da sociedade falida ou em recuperação judicial, ou sociedade controlada pelo devedor falido ou em recuperação judicial;

II – parente, em linha reta ou colateral até o 4º (quarto) grau, consanguíneo ou afim, do devedor falido ou em recuperação judicial ou de qualquer de seus sócios; ou

III – identificado como agente do falido ou do devedor em recuperação judicial com o objetivo de fraudar a sucessão tributária (§§ 1º e 2º do art. 133 do CTN).

6) Responsabilidade de terceiros

A responsabilidade de terceiros é tratada nos arts. 134 e 135 do CTN. A diferença fundamental entre as duas hipóteses de responsabilidade está na atuação regular do responsável no primeiro caso. Já nas hipóteses do art. 135 do CTN, o legislador buscou fundamentalmente responsabilizar terceiros que atuem de modo irregular (infração à lei, a estatutos ou contratos sociais ou excesso de poderes).

a) Responsabilidade de terceiros por atuação regular – art. 134 do CTN

Nos casos de impossibilidade de exigência do cumprimento da obrigação principal pelo contribuinte, respondem solidariamente com este nos atos em que intervierem ou pelas omissões de que forem responsáveis:

I – os pais, pelos tributos devidos por seus filhos menores;

II – os tutores e curadores, pelos tributos devidos por seus tutelados ou curatelados;

III – os administradores de bens de terceiros, pelos tributos devidos por estes;

IV – o inventariante, pelos tributos devidos pelo espólio;

V – o síndico e o comissário, pelos tributos devidos pela massa falida ou pelo concordatário;

VI – os tabeliães, escrivães e demais serventuários de ofício, pelos tributos devidos sobre os atos praticados por eles, ou perante eles, em razão do seu ofício;

VII – os sócios, no caso de liquidação de sociedade de pessoas.

> **ATENÇÃO**
>
> A doutrina critica tal dispositivo legal, porque, ao mesmo tempo que condiciona a responsabilidade à impossibilidade de cobrança do contribuinte, afirma de forma

> contraditória que se cuida de responsabilidade solidária. SOMENTE em provas objetivas em que se cobre a literalidade do dispositivo, admite-se que as pessoas apontadas no art. 134 sejam solidariamente responsáveis pelos tributos devidos pelos terceiros. Caso contrário, entenda como SUBSIDIÁRIA a responsabilidade.

▶ **IMPORTANTE** ✉

> Nesse sentido, a Banca que organizou o certame para Titular de Serviços de Notas e Registro (Provimento) para o Tribunal de Justiça de SP, a VUNESP entendeu como correta a assertiva:
>
> *Em relação à responsabilidade tributária dos notários e registradores pelos tributos devidos sobre os atos praticados por eles, ou perante eles, em razão de seu ofício, é correto afirmar que: é subsidiária em relação aos contribuintes diretos desses tributos.*

Observe-se também que o CTN deixou claro que apenas as multas de caráter moratório são alcançadas pela responsabilidade de terceiro (parágrafo único do art. 134 do CTN). Assim, as multas de ofício não estão abarcadas pela responsabilidade do art. 134 do CTN.

b) Responsabilidade de terceiros por atuação irregular – art. 135 do CTN

São pessoalmente responsáveis pelos créditos correspondentes a obrigações tributárias resultantes de atos praticados com excesso de poderes ou infração de lei, contrato social ou estatutos:

I – as pessoas referidas no artigo 134;

II – os mandatários, prepostos e empregados;

III – os diretores, gerentes ou representantes de pessoas jurídicas de direito privado.

Percebe-se que, nesse caso, a responsabilidade tributária deixa de ser apenas subsidiária e passa a ser pessoal daqueles apontados no art. 135 do CTN. Exige-se, na responsabilidade deste dispositivo legal, uma atuação irregular das pessoas nele elencadas, consistente em excesso de poderes ou infração à lei, contrato social ou estatutos.

Na grande maioria dos casos, as situações alcançadas pelo art. 135 do CTN resultarão em responsabilidade por substituição, já que o responsável ocupa a sujeição passiva tributária desde o momento da ocorrência do fato gerador.

Sobre o tema, merecem destaque importantes entendimentos adotados pelo STJ:

- O inadimplemento da obrigação tributária pela sociedade não gera, por si só, a responsabilidade solidária do sócio-gerente (Súmula 430 do STJ);

- É pacífico no STJ que "o redirecionamento da execução fiscal contra o sócio-gerente da empresa, com fundamento no art. 135 do CTN, somente é possível quando ficar demonstrado que o administrador agiu com excesso de poderes, infração à lei ou contra o estatuto, ou, ainda, no caso de dissolução irregular da empresa" (AgRg no AREsp 654.135/PB);

- "Presume-se dissolvida irregularmente a empresa que deixar de funcionar no seu domicílio fiscal, sem comunicação aos órgãos competentes, legitimando o redirecionamento da execução fiscal para o sócio-gerente" (Súmula 435 do STJ);

- "A certidão emitida pelo Oficial de Justiça, atestando que a empresa devedora não mais funciona no endereço constante dos assentamentos da junta comercial, é indício de dissolução irregular, apto a ensejar o redirecionamento da execução para o sócio-gerente, de acordo com a Súmula 435/STJ" (AgRg no REsp 1.289.471/PE).

7) Responsabilidade por infrações – art. 136 e seguintes do CTN

A responsabilidade por infrações da legislação tributária, salvo disposição de lei em contrário, independe da intenção do agente ou do responsável e da efetividade, natureza e extensão dos efeitos do ato (art. 136 do CTN).

O art. 136 deixa evidente, segundo parte da doutrina, que a responsabilidade por infrações é objetiva, já que independe da intenção do agente, ou seja, independe de dolo ou culpa.

A responsabilidade é excluída pela denúncia espontânea da infração, acompanhada, se for o caso, do pagamento do tributo devido e dos juros de mora, ou do depósito da importância arbitrada pela autoridade administrativa, quando o montante do tributo dependa de apuração. Não se considera espontânea a denúncia apresentada após o início de qualquer procedimento administrativo ou medida de fiscalização, relacionados com a infração (art. 138 do CTN).

> **ATENÇÃO**
>
> Em 2017, a prova aplicada pela Banca Instituto Excelência para o SAAE de Barra Bonita-SP, para o cargo de Procurador Jurídico, entendeu como correta a alternativa "C":
>
> *De acordo com o art. 137, a responsabilidade é pessoal ao agente quando:*
>
> *c) as infrações que decorram direta e exclusivamente de dolo específico.*

8) Denúncia espontânea

A responsabilidade por infrações, ensejadora do pagamento de multas (de mora ou de ofício), é excluída no caso de denúncia espontânea, desde que realizada antes de qualquer procedimento administrativo ou medida de fiscalização, relacionados com a infração. Caso já iniciada qualquer medida administrativa dessa natureza, resta desconfigurada a espontaneidade, devendo ensejar a responsabilidade por infrações, ou seja, o pagamento de penalidades.

A denúncia espontânea, se for o caso, deve ser acompanhada do pagamento do tributo devido e dos juros de mora, ou do depósito da importância arbitrada pela autoridade administrativa, quando o montante do tributo dependa de apuração.

Com relação à denúncia espontânea (art. 138 do CTN), cabe destacar alguns importantes entendimentos do STJ sobre o tema:

a) parcelamento do débito não beneficia o sujeito pelo instituto da denúncia espontânea, já que o CTN exigiu o efetivo pagamento do tributo;

b) não se aplica ao descumprimento de obrigações acessórias;

c) não se aplica aos tributos sujeitos a lançamento por homologação regularmente declarados e pagos a destempo (Súmula 360 do STJ);

d) exclui a cobrança de multas de ofício e de mora.

Casos em que a responsabilidade por infrações é pessoal do agente (art. 137 do CTN):

I – quanto às infrações conceituadas por lei como crimes ou contravenções, salvo quando praticadas no exercício regular de administração, mandato, função, cargo ou emprego, ou no cumprimento de ordem expressa emitida por quem de direito;

II – quanto às infrações em cuja definição o dolo específico do agente seja elementar;

III – quanto às infrações que decorram direta e exclusivamente de dolo específico:

a) das pessoas referidas no artigo 134, contra aquelas por quem respondem;

b) dos mandatários, prepostos ou empregados, contra seus mandantes, preponentes ou empregadores;

c) dos diretores, gerentes ou representantes de pessoas jurídicas de direito privado, contra estas.

7.6 Questões

1. (CONSULPLAN – TJMG – Titular de Serviços de Notas e de Registros – Remoção) Em relação ao domicílio tributário, é INCORRETO afirmar que:

A) Quanto às pessoas jurídicas de direito público, qualquer de suas repartições no território da entidade tributante.

B) A autoridade administrativa pode recusar o domicílio eleito, quando impossibilite ou dificulte a arrecadação ou a fiscalização do tributo.

C) Quanto às pessoas naturais, considera-se a sua residência habitual, ou, sendo esta incerta ou desconhecida, aquela que a autoridade administrativa eleger.

D) Quanto às pessoas jurídicas de direito privado ou às firmas individuais, considera-se o lugar da sua sede, ou, em relação aos atos ou fatos que derem origem à obrigação, o de cada estabelecimento.

↳ **Resolução:**
O art. 127, I, do CTN estabelece que, sendo incerta a residência habitual do contribuinte, será considerado seu domicílio o centro habitual de sua atividade, e não o local eleito pela autoridade administrativa.

↗ **Gabarito: "C".**

2. (CONSULPLAN – TJMG – Titular de Serviços de Notas e de Registros – Provimento) Sobre os temas fato gerador, capacidade tributária e obrigação tributária, assinale a alternativa INCORRETA.

A) O judicialmente interditado pode ser sujeito passivo da obrigação tributária.

B) Para o surgimento da obrigação tributária acessória, exige-se, tal como a obrigação principal, a ocorrência do respectivo fato gerador.

C) O cumprimento, por determinado sujeito, de obrigação acessória, não o condiciona, necessariamente, à obrigação tributária principal.

D) Salvo disposição de lei em contrário, considera-se ocorrido o fato gerador e existentes os seus efeitos, tratando-se de situação jurídica, desde o momento em que se verifiquem as circunstâncias materiais necessárias a que produza os efeitos que normalmente lhe são próprios.

↳ **Resolução:**
Art. 116, II, do CTN.

↗ **Gabarito: "D".**

3. (FCC – Prefeitura de Manaus-AM – Técnico Fazendário) Em abril de 2018, Márcio adquiriu a propriedade de imóvel residencial, sendo que o IPTU referente aos exercícios de 2016, 2017 e 2018 não tinha sido pago. O título aquisitivo da referida propriedade não trazia prova da quitação do referido imposto, nem mencionava nada a este respeito. Considerando que o fato gerador do IPTU, no caso, ocorre no dia 1º de janeiro de cada exercício, e tendo em conta as normas do Código Tributário Nacional acerca da responsabilidade tributária, constata-se que:

A) apenas o crédito tributário relativo ao IPTU devido em 2018 se sub-roga na pessoa de Márcio, tendo ocorrido a prescrição da responsabilidade em relação aos exercícios de 2016 e 2017, porque, entre as datas dos fatos geradores de 2016 e 2017 e a data da aquisição do imóvel por Márcio, transcorreram mais de 360 dias.

B) os créditos tributários relativos ao IPTU devido em 2016, 2017 e 2018 sub-rogam-se na pessoa de Márcio.

C) os créditos tributários relativos ao IPTU devido em 2016, 2017 e 2018 não se sub-rogam na pessoa de Márcio, porque o título aquisitivo da propriedade nada menciona a este respeito.

D) apenas o crédito tributário relativo ao IPTU devido em 2018 se sub-roga na pessoa de Márcio, tendo ocorrido a prescrição da responsabilidade em relação aos exercícios de 2016 e 2017, porque, entre as datas dos fatos geradores de 2016 e 2017 e a data da aquisição do imóvel por Márcio, transcorreram mais de 180 dias.

E) apenas os créditos tributários decorrentes de fatos geradores ocorridos após a data da aquisição do imóvel por Márcio é que se sub-rogarão na sua pessoa.

↳ **Resolução:**
O art. 130 do CTN prevê que os créditos tributos que recaiam sobre o bem imóvel sub-rogam-se, integralmente, na pessoa de seu adquirente.

↗ **Gabarito: "B".**

4. **(FCC Prefeitura de Manaus-AM – Assistente Técnico Fazendário)** O Código Tributário Nacional estabelece regras relativas ao sujeito ativo e ao sujeito passivo de obrigações tributárias. De acordo com esse Código:

A) o sujeito ativo da obrigação principal é a pessoa natural ou jurídica obrigada ao pagamento de imposto devido antecipadamente por substituição tributária.

B) diferencia-se o sujeito ativo do sujeito passivo da obrigação acessória, porque o primeiro é o que paga o tributo antes do vencimento, enquanto que o segundo é o que paga tributo vencido, com os devidos acréscimos legais.

C) o sujeito passivo da obrigação principal diz-se responsável, quando, sem revestir a condição de contribuinte, sua obrigação decorra de disposição expressa de lei.

D) o sujeito passivo de obrigação acessória é a pessoa obrigada ao pagamento de tributo por meio de estampilha ou selo.

E) o sujeito ativo é o contribuinte de obrigação acessória, enquanto que o sujeito passivo é o sujeito ativo que deixou de pagar tributo no prazo fixado em lei.

↳ **Resolução:**
O art. 121, II, do CTN dispõe a respeito do sujeito passivo da obrigação tributária como sendo o responsável.

↗ **Gabarito: "C".**

5. **(CKM – Serviços EPTC – Advogado)** Madalena e Carolina constituem pessoa jurídica de direito privado intitulada *M&C Prestação de Serviços Ltda*. No respectivo contrato social, Madalena consta como sócia administradora. No último ano, a M&C ficou inadimplente em diversos de seus compromissos, incluindo tributação, situação que levou a Fazenda Pública Municipal competente a inscrevê-la na dívida ativa, indicando Madalena e Carolina como responsáveis na Certidão de Dívida Ativa (CDA).

No caso hipotético acima, em observância às regras de responsabilidade tributária, é certo que:

A) A Fazenda Pública Municipal competente agiu de forma adequada ao responsabilizar ambas as sócias assim que da constatação da mera inadimplência.

B) Madalena só responderá pelos débitos tributários se estes forem oriundos de atos praticados com excesso de poder, infração à lei ou ao contrato social.

D) Carolina só responderá pelos débitos tributários se estes forem oriundos de atos praticados com excesso de poder, infração à lei ou ao contrato social.

E) A situação é inapropriada, pois a desconsideração da personalidade jurídica não se aplica à matéria tributária.

↳ **Resolução:**
Art. 135, III, do CTN e Súmula 430 do STJ determinam que o mero inadimplemento não gera, por si só, a responsabilização.

↗ **Gabarito: "B".**

8. CRÉDITO TRIBUTÁRIO E LANÇAMENTO TRIBUTÁRIO

8.1 Crédito tributário

Ocorrido o fato gerador, a consequência imediata e inafastável é o nascimento da obrigação tributária. Ocorre que tal obrigação tributária não goza de três atributos: certeza, liquidez e exigibilidade. Para que o Fisco possa exigir seu cumprimento é necessário que constitua o que o CTN denomina de crédito tributário. Este decorre da obrigação tributária, materializando-se no mundo jurídico através lançamento tributário. Nos termos do art. 139 do CTN, "o crédito tributário decorre da obrigação principal e tem a mesma natureza desta".

As circunstâncias que modificam o crédito tributário, sua extensão ou seus efeitos, ou as garantias ou os privilégios a ele atribuídos, ou que excluem sua exigibilidade não afetam a obrigação tributária que lhe deu origem (art. 140 do CTN).

Assim, qualquer causa que modifique o crédito tributário, como, por exemplo, um parcelamento que suspende sua exigibilidade, não causa interferências na obrigação tributária. Podemos, por isso, dizer com segurança que obrigação tributária é autônoma em relação ao crédito tributário dela originário.

Também se preocupou o CTN em deixar claro que o crédito tributário regularmente constituído somente se modifica ou extingue, ou tem sua exigibilidade suspensa ou excluída, nos casos nele previstos, fora dos quais não podem ser dispensadas, sob pena de responsabilidade funcional na forma da lei, a sua efetivação ou as respectivas garantias. Assim, de acordo com a literalidade do CTN, as causas de exclusão, suspensão e extinção do crédito tributário seriam apenas as contidas nele próprio.

Com relação à previsão em lei distrital da dação em pagamento de bem móvel como modalidade de extinção do crédito tributário (hipótese não prevista no CTN – art. 156), o STF entendeu que ofende o princípio da licitação na aquisição de materiais pela administração pública (ADI 1.917).

8.2 Lançamento tributário

O crédito tributário é constituído por meio do lançamento tributário. Este, por sua vez, é definido pelo próprio CTN, em seu art. 142, como um procedimento administrativo tendente a verificar a ocorrência do fato gerador da obrigação correspondente, determinar a matéria tributável, calcular o montante do tributo devido, identificar o sujeito passivo e, sendo caso, propor a aplicação da penalidade cabível. A atividade administrativa de lançamento é vinculada e obrigatória, sob pena de responsabilidade funcional.

Segundo doutrina majoritária, o CTN atribuiu ao lançamento tributário o efeito de CONSTITUIR o crédito tributário e DECLARAR (verificar) a ocorrência do fato gerador. Adota-se, nesse caso, a teoria dualista, segundo a qual o lançamento possui natureza dúplice: constitutiva do crédito tributário e declaratória da obrigação tributária.

Por meio da atividade de lançamento, a autoridade administrativa determina:

- a matéria tributável;
- o montante de tributo devido;
- o sujeito passivo da obrigação tributária; e
- se for o caso, aplica as penalidades cabíveis.

Também cabe destacar que o lançamento foi expressamente nomeado pelo CTN como um procedimento administrativo, ou seja, uma sequência de atos orientados a atingir um fim: constituir o crédito tributário.

Tal procedimento, de acordo com o parágrafo único do art. 142, é vinculado e obrigatório, o que, certamente, é decorrência também da própria definição de tributo (art. 3º do CTN), que prescreve que a cobrança do tributo é feita por atividade administrativa plenamente vinculada.

Merece destaque especial a hipótese de tributos lançados por homologação. Neste caso, a constituição do crédito tributário se dá pelo próprio contribuinte, cabendo à autoridade administrativa, nos termos do art. 150, § 4º, do CTN proceder à atividade de homologação. Nesta consiste o lançamento, neste caso. Com efeito, na forma do disposto no art. 150 do CTN, o lançamento por homologação, que ocorre quanto aos tributos cuja legislação atribua ao sujeito passivo o dever de antecipar o pagamento sem prévio exame da autoridade administrativa, opera-se pelo ato em que a referida autoridade, tomando conhecimento da atividade assim exercida pelo obrigado, expressamente a homologa.

Que legislação deve ser aplicada ao lançamento tributário?

Segundo o art. 144 do CTN, o lançamento reporta-se à data da ocorrência do fato gerador da obrigação e rege-se pela lei então vigente, ainda que posteriormente modificada ou revogada.

Aplica-se, entretanto, ao lançamento a legislação que, posteriormente à ocorrência do fato gerador da obrigação, tenha instituído novos critérios de apuração ou processos de fiscalização, ampliado os poderes de investigação das autoridades administrativas ou outorgado ao crédito maiores garantias ou privilégios, exceto, neste último caso, para o efeito de atribuir responsabilidade tributária a terceiros.

Assim, tem-se:

a) **Regra:** art. 144, *caput*: ao lançamento tributário se aplica a legislação vigente no momento da ocorrência do fato gerador, pouco importando se essa legislação foi posteriormente revogada ou modificada.

Lembre-se apenas que, se no momento do lançamento de crédito relativo a penalidade pecuniária, a autoridade fiscal estiver diante de uma lei mais benéfica, deverá aplicar o art. 106, II, do CTN (retroatividade benigna).

b) **Exceção:** art. 144, § 1º: quando a legislação posterior à ocorrência do fato gerador instituir novos critérios de apuração ou processos de fiscalização, ampliar os poderes de investigação das autoridades administrativas, ou outorgar ao crédito maiores garantias ou privilégios, afasta-se a legislação vigente no momento da ocorrência do fato gerador e aplica-se a vigente no momento do lançamento.

Todas essas exceções dizem respeito a regras de natureza processual, ou seja, são disposições que versam sobre o procedimento em si, e não sobre a definição dos elementos fundamentais da obrigação tributária (sujeito passivo, matéria tributável, quantum a ser pago etc.).

O CTN estabeleceu, portanto, **duas regras**:

a) quanto à legislação material/substancial: aplica-se a legislação vigente no momento da ocorrência do fato gerador; e

b) quanto à legislação processual/formal/adjetiva: aplica-se a legislação vigente no momento do lançamento tributário, salvo se para o fim de atribuir responsabilidade tributária a terceiros.

O CTN preocupou-se ainda em deixar claro qual o câmbio a ser utilizado quando o valor a ser tributado estiver expresso em moeda estrangeira. Nesse caso, no lançamento far-se-á sua conversão em moeda nacional ao câmbio do dia da ocorrência do fato gerador da obrigação (art. 143 do CTN).

8.3 Revisão do lançamento

O CTN trouxe três situações em que o lançamento tributário pode ser objeto de revisão. Elas estão apontadas no art. 145 do CTN:

a) quando o sujeito passivo, após notificado do lançamento, decidir por discuti-lo, impugná-lo (I – impugnação do sujeito passivo);

b) quando a legislação impuser que, após julgar procedente uma impugnação do sujeito passivo, a autoridade julgadora remeta o processo para a autoridade superior para que ela confirme sua decisão (II – recurso de ofício);

c) quando a própria autoridade que lançou o tributo resolve, sem ser provocada (de ofício), revisar o lançamento tributário, desde que esteja expressamente autorizada pelo CTN (III – iniciativa de ofício da autoridade administrativa, nos casos previstos no art. 149).

8.4 Modalidades de lançamento tributário

O CTN previu três modalidades de lançamento tributário:

- Lançamento de Ofício ou Direto (art. 149 do CTN);
- Lançamento por Declaração ou Misto (art. 147 do CTN);

- Lançamento por Homologação ou Autolançamento (art. 150 do CTN).

A diferença primordial entre as três modalidades de lançamento reside no grau de participação do contribuinte na atividade de constituição do crédito tributário.

Na **primeira modalidade,** o contribuinte se resume a praticar o fato gerador; toda a constituição do crédito tributário se dá pela autoridade fiscal, sem qualquer interferência do sujeito passivo.

Na **segunda modalidade,** o contribuinte, além de praticar o fato gerador, presta esclarecimentos acerca da matéria tributável ao Fisco. Com base nesses esclarecimentos a autoridade fiscal constitui o crédito tributário.

Por fim, na **terceira modalidade,** o sujeito passivo pratica todos os atos destinados à constituição do crédito tributário. Antecipa-se à atividade da autoridade fiscal, declara a ocorrência do fato gerador e antecipa o pagamento do tributo. A autoridade fiscal se restringirá a homologar ou não a atividade realizada anteriormente pelo contribuinte.

Ressalte-se que a Primeira Seção do STJ, no julgamento do Resp 1.120.295/SP, Rel. Min. Luiz Fux, submetido ao rito dos recursos repetitivos, nos termos do art. 543-C do CPC e da Resolução n. 8/2008 do STJ, consolidou entendimento segundo o qual:

> (...) a entrega de Declaração de Débitos e Créditos Tributários Federais (DCTF), de Guia de Informação e Apuração do ICMS (GIA), ou de outra declaração dessa natureza, prevista em lei (dever instrumental adstrito aos tributos sujeitos a lançamento por homologação), é modo de constituição do crédito tributário.

Em outras palavras, para o STJ, a declaração do contribuinte é modo de constituição do crédito tributário, dispensada qualquer outra providência por parte do Fisco.

> **ATENÇÃO**
>
> Em 2014, a ESAF elaborou, para o cargo **AUDITOR FISCAL DA RECEITA FEDERAL,** a respeito do lançamento tributário, questão que entendeu como correta a alternativa "C".
>
> a) A obrigação de prestar declaração é determinante para a definição da modalidade de lançamento do tributo respectivo. **Errada, a declaração é regra formal e a modificação dessa norma procedimental não modifica a obrigação, mas apenas a forma de apuração.**
>
> b) Qualquer que seja a modalidade escolhida para o arbitramento, o fisco poderá levar a efeito a que mais favorecer o contribuinte. **Na modalidade de lançamento por arbitramento ou aferição, a análise subjetiva da ocorrência do fato gerador, por parte do fisco, pode se apresentar como desfavorecimento ao contribuinte.**
>
> c) NOS TRIBUTOS SUJEITOS AO LANÇAMENTO POR HOMOLOGAÇÃO, O PAGAMENTO ANTECIPADO É O TERMO *A QUO* DO PRAZO PARA REPETIÇÃO E COMPENSAÇÃO DE INDÉBITO.
>
> d) A legislação brasileira utiliza-se largamente da modalidade do lançamento por declaração, a maior parte dos tributos, especialmente nos impostos e contribuições sociais, segue tal sistemática. **Errada, porque a maioria dos tributos é lançada por homologação, incluindo as contribuições sociais.**
>
> e) A natureza do ato homologatório difere da do lançamento tributário: enquanto este certifica a quitação, aquele certifica a dívida. **Errada, porque o ato homologatório representa certifica ou ratifica a quitação e o lançamento certifica a dívida.**

1) Lançamento de ofício ou direto

O art. 149 do CTN dispõe sobre os casos em que o tributo é lançado e revisto de ofício:

I – quando a lei assim o determine;

II – quando a declaração não seja prestada, por quem de direito, no prazo e na forma da legislação tributária;

III – quando a pessoa legalmente obrigada, embora tenha prestado declaração, deixe de atender, no prazo e na forma da legislação tributária, a pedido de esclarecimento formulado pela autoridade administrativa, recuse-se a prestá-lo ou não o preste satisfatoriamente, a juízo daquela autoridade;

IV – quando se comprove falsidade, erro ou omissão quanto a qualquer elemento definido na legislação tributária como sendo de declaração obrigatória;

V – quando se comprove omissão ou inexatidão, por parte da pessoa legalmente obrigada, no exercício da atividade no âmbito do lançamento por homologação;

VI – quando se comprove ação ou omissão do sujeito passivo, ou de terceiro legalmente obrigado, que dê lugar à aplicação de penalidade pecuniária;

VII – quando se comprove que o sujeito passivo, ou terceiro em benefício daquele, agiu com dolo, fraude ou simulação;

VIII – quando deva ser apreciado fato não conhecido ou não provado por ocasião do lançamento anterior;

IX – quando se comprove que, no lançamento anterior, ocorreu fraude ou falta funcional da autoridade que o efetuou, ou omissão, pela mesma autoridade, de ato ou formalidade especial.

O lançamento de ofício tem cabimento quando a própria lei o determina, por exemplo, nas hipóteses de lançamento de **IPTU e IPVA**, ou como forma substitutiva aos demais lançamentos, ou seja, quando o sujeito passivo, nos lançamentos por declaração ou por homologação, não realizar eficientemente as atividades a ele incumbidas.

> ▶ **ATENÇÃO**
>
> Em tal modalidade de lançamento, a participação do sujeito passivo é praticamente nenhuma, bastando que ele realize o fato gerador da obrigação tributária principal.

2) Lançamento por declaração ou misto

O lançamento por declaração é efetuado com base na declaração do sujeito passivo ou de terceiro, quando um ou outro, na forma da legislação tributária, presta à autoridade administrativa informações sobre matéria de fato, indispensáveis à sua efetivação (art. 147 do CTN).

A retificação da declaração por iniciativa do próprio declarante, quando vise a reduzir ou a excluir tributo, só é admissível mediante comprovação do erro em que se funde, e antes de notificado o lançamento (art. 147, § 1º, do CTN).

Os erros contidos na declaração e apuráveis pelo seu exame serão retificados de ofício pela autoridade administrativa a que competir a revisão daquela (art. 147, § 2º, do CTN).

Nessa espécie de lançamento tributário, a autoridade fiscal procede à constituição do crédito tributário a partir de informações prestadas pelo sujeito passivo ou por terceiros. É exemplo de tributo sujeito a tal modalidade de lançamento o ITBI.

3) Lançamento por homologação ou autolançamento

No lançamento por homologação, o sujeito passivo se antecipa à autoridade fiscal e realiza o pagamento do tributo antes de qualquer ação do Fisco. Ele mesmo apura o montante do crédito devido e o paga antecipadamente.

Diz o CTN que este pagamento antecipado tem o efeito de extinguir o crédito sob condição resolutória (art. 150, § 1º, do CTN), condicionada à posterior homologação pela autoridade fiscal. Não se trata, portanto, de uma extinção definitiva do crédito, uma vez que precisa ser confirmada pelo Fisco.

O prazo que o Fisco tem para confirmar esse pagamento, chamado pelo CTN de homologação, é de cinco anos contados da data em que ocorreu o fato gerador (art. 150,

§ 4º, CTN). Passado esse prazo, o CTN prescreve que a homologação do pagamento estará realizada de forma tácita, ressalvada apenas a hipótese em que o sujeito passivo tenha agido com dolo, fraude ou simulação (situação em que o STJ entende que deve ser aplicado o art. 173 do CTN). Assim, pode haver tanto a homologação expressa como a homologação tácita do pagamento realizado antecipadamente pelo sujeito passivo.

É importante deixar claro que a atividade de realizar antecipadamente o pagamento pelo contribuinte não consiste em lançamento tributário, que é atividade privativa da autoridade fiscal. O lançamento verdadeiro se dá quando a autoridade homologa o pagamento realizado, o que pode se dar de forma tácita ou expressa.

Porém, é de ressaltar, nos tributos sujeitos ao lançamento é o próprio contribuinte que constitui o crédito, apurando-o e extinguindo-o sob condição resolutória por meio do pagamento antecipado.

4) Lançamento por aferição ou arbitramento: apuração da base de cálculo por arbitramento

Quando o cálculo do tributo tenha por base, ou tome em consideração, o valor ou o preço de bens, direitos, serviços ou atos jurídicos, a autoridade lançadora, mediante processo regular, arbitrará aquele valor ou preço, sempre que sejam omissos ou não mereçam fé as declarações ou os esclarecimentos prestados, ou os documentos expedidos pelo sujeito passivo ou pelo terceiro legalmente obrigado, ressalvada, em caso de contestação, avaliação contraditória, administrativa ou judicial (art. 148 do CTN).

Há hipóteses em que a autoridade fiscal depara com declarações, esclarecimentos, documentos apresentados pelo contribuinte que não merecem fé, não são idôneos. Nesses casos, fica caracterizada hipótese em que a base de cálculo do tributo não deve ser apurada à vista dessas declarações, esclarecimentos ou documentos, autorizando que a autoridade fiscal a apure pela técnica do arbitramento.

Tal apuração da base de cálculo, entretanto, é medida excepcional, que só deve ser utilizada quando, de fato, a definição dos valores ou preço de bens, direitos, serviços ou atos jurídicos não possa ser feita à vista das informações, dos documentos e esclarecimentos oferecidos pelo sujeito passivo. Cuida-se, por isso, de medida cuja exigência deve se fazer caso a caso em particular, nunca como primeira técnica de apuração *a priori* da base de cálculo.

Outro ponto importante é que fica possibilitada ao contribuinte a contestação, avaliação contraditória, administrativa ou judicial, de forma que não se trata de apuração arbitrária, mas por arbitramento.

Também importa destacar que o arbitramento não constitui modalidade autônoma de lançamento tributário, mas apenas técnica de apuração da base de cálculo. Não há que se confundir o arbitramento de valores prevista no art. 148 do CTN com a pauta fiscal – valor fixado prévia e aleatoriamente para a apuração da base de cálculo do tributo – tampouco com o regime de valor agregado estabelecido no art. 8º da Lei Complementar n. 87/96, que é técnica adotada para a fixação da base de cálculo do ICMS na sistemática de substituição tributária para frente, levando em consideração dados concretos de cada caso.

Assim, importa deixar claro que o que a Súmula 431 do STJ ("É ilegal a cobrança de ICMS com base no valor da mercadoria submetido ao regime de pauta fiscal") entende por ilegal é a cobrança de ICMS com base no valor da mercadoria submetido ao regime de pauta fiscal, e não o arbitramento da base de cálculo do imposto, tampouco o regime de valor agregado.

8.5 Suspensão, extinção e exclusão do crédito tributário

Vistos os aspectos gerais do crédito tributário e a maneira pela qual se dá sua constituição (lançamento tributário), devem-se estudar as hipóteses em que esse é extinto, tem sua exigibilidade suspensa ou é excluído.

> **IMPORTANTE**
>
> A Banca MPE-PR que elaborou o certame para Promotor de Justiça, julgou como INCORRETA a assertiva:
>
> e) *São causas que suspendem a exigibilidade do crédito tributário: a moratória; o depósito do seu montante, ainda que parcial; as reclamações e os recursos, nos termos das leis reguladoras do processo tributário administrativo; a concessão de medida liminar em mandado de segurança; a concessão de medida liminar ou de tutela antecipada, em outras espécies de ação judicial e o parcelamento.*
>
> Ainda a respeito dos institutos, a FCC, em 2016, responsável pelo concurso da Procuradoria Geral do Estado de Mato Grosso (PGE-MT), a respeito da Suspensão, Exclusão e Extinção do Crédito Tributário:
>
> *Constituem modalidades de suspensão da exigibilidade, exclusão e de extinção do crédito tributário, respectivamente, a impugnação administrativa, a isenção condicional e a conversão de depósito em renda.*

1) Suspensão do crédito tributário

Em todas as situações apontadas pelo art. 151 do CTN, o crédito tributário está impedido de ser cobrado, já que sua exigibilidade não se encontra plena, mas suspensa.

O parágrafo único do art. 151 não dispensa o sujeito passivo do cumprimento das obrigações acessórias diante de causas suspensivas da exigibilidade do crédito. Assim, mesmo estando protegido por uma das causas de suspensão da exigibilidade, o sujeito passivo continua obrigado a cumprir suas obrigações acessórias.

> **ATENÇÃO**
>
> A alternativa considerada INCORRETA na prova organizada pela AOCP, em 2016, para o cargo de Auditor Fiscal para a Prefeitura de Juiz de Fora-MG:
>
> *A isenção é uma forma de exclusão do crédito tributário que se traduz pela retirada, por lei, de uma parcela da hipótese de incidência do tributo.*

É muito importante destacar também que as hipóteses previstas no art. 151 do CTN impedem a cobrança do crédito, mas não a sua constituição através do lançamento. Assim, se o contribuinte se antecipa e obtém uma medida liminar em mandado de segurança antes mesmo de o crédito ser constituído, a autoridade fiscal não está impedida de proceder ao lançamento, mas apenas de exigir o crédito. Caso fosse diferente, o Fisco correria o sério risco de perder o prazo de lançamento do tributo (decadência), que, conforme se verá, é causa de extinção do crédito tributário.

> **IMPORTANTE**
>
> A suspensão da exigibilidade na via judicial impede o Fisco de praticar qualquer ato contra o contribuinte visando à cobrança de seu crédito, tal como inscrição em dívida, execução e penhora, mas não impossibilita a Fazenda de proceder à sua regular constituição para prevenir a decadência do direito. "As causas suspensivas da exigibilidade do crédito tributário (art. 151 do CTN) obstam a prática de atos que visem sua cobrança, mas não impedem o lançamento, que deve ser efetuado dentro do prazo de cinco anos" (AgRg no AREsp 410.492/PR).

Oportuno destacar que, no âmbito federal, o art. 63, *caput* e § 2º, da Lei n. 9.430/96 afasta a incidência de multa de ofício no lançamento tributário destinado a prevenir a decadência na hipótese em que o crédito tributário estiver com sua exigibilidade suspensa por força de medida liminar concedida em mandado de segurança ou em outra ação ou de tutela antecipada.

São causas de suspensão da exigibilidade do crédito:

a) Moratória

Em síntese, a moratória consiste na prorrogação do prazo de vencimento do tributo. Pode ser concedida (art. 152 do CTN):

i) em caráter geral:
- pela pessoa jurídica de direito público competente para instituir o tributo a que se refira;
- pela União, quanto a tributos de competência dos Estados, do Distrito Federal ou dos Municípios, quando simultaneamente concedida quanto aos tributos de competência federal e às obrigações de direito privado.

ii) **em caráter individual:** por despacho da autoridade administrativa, desde que autorizada por lei nas condições do inciso anterior.

Assim, a moratória pode ser concedida em caráter geral ou em caráter específico.

i) **Caráter geral:** prescinde de despacho da autoridade administrativa; e

ii) **Caráter específico:** depende de despacho pela autoridade administrativa.

Também autoriza o CTN que a lei concessiva de moratória circunscreva expressamente a sua aplicabilidade à determinada região do território da pessoa jurídica de direito público que a expedir, ou a determinada classe ou categoria de sujeitos passivos.

Exemplo: Determinada Região do Sul do Brasil perde a produção de uvas destinadas à fabricação de vinhos em decorrência das chuvas de granizo e a lei daquele Estado concedeu isenção de ICMS, autorizada pelo Confaz, de ICMS aos produtores distribuidores de vinhos daquela região.

Salvo disposição de lei em contrário, a moratória somente abrange os créditos definitivamente constituídos à data da lei ou do despacho que a conceder, ou cujo lançamento já tenha sido iniciado àquela data por ato regularmente notificado ao sujeito passivo. Ou seja, abrange apenas e tão somente os créditos tributários já constituídos, não aproveitando aos casos de dolo, fraude ou simulação do sujeito passivo ou do terceiro em benefício daquele.

O despacho que concede a moratória específica ou individual, conforme prescreve o CTN, não gera direito adquirido (art. 155 do CTN). Se após a concessão do benefício, a autoridade administrativa verificar que o fez com relação a contribuinte que não tinha direito ou que deixou de atender a condições ou requisitos para se manter no seu gozo, deverá revogá-la de ofício.

Em tal revogação de ofício deverá aplicar penalidades ao sujeito passivo, caso verifique que este, ou terceiro em seu benefício, agiu com dolo ou simulação. Caso contrário, não aplicará penalidades.

Embora seja revogável, há de se indagar a respeito de como fica o prazo prescricional durante o período em que a moratória beneficiava indevidamente o sujeito passivo. No caso de dolo ou simulação, o CTN prevê que o período compreendido entre a concessão da moratória e sua revogação não se computa para efeito de prescrição. Já em não se comprovando dolo ou simulação o prazo prescricional considera-se fluindo normalmente.

O CTN também disciplina a chamada moratória autônoma (art. 152, I, *a*, do CTN) (concedida pelo próprio ente tributante) e, em caráter excepcional, a moratória heterônoma (art. 152, I, *b*, do CTN), concedida pela União com relação a tributos de outros entes, desde que "simultaneamente concedida quanto aos tributos de competência federal e às obrigações de direito privado".

b) Depósito do montante integral

A jurisprudência tem reconhecido como um direito do contribuinte suspender a exigibilidade do crédito tributário por meio de depósito do seu montante integral, seja quando o crédito ainda está na fase de cobrança administrativa ou quando já em cobrança executiva.

Importante deixar claro que o montante a ser depositado para fins de suspensão da exigibilidade do crédito é sempre aquele exigido pelo Fisco, não o reputado correto pelo contribuinte. A propósito do tema, cabe lembrar a Súmula 112 do STJ: "O depósito somente suspende a exigibilidade do crédito tributário se for integral e em dinheiro".

Nenhuma outra forma de garantia oferecida em execução, como fiança bancária, seguro-garantia, penhora de bens, tem o efeito de suspender a exigibilidade do crédito tributário, embora tenham o condão de gerar certidão positiva com efeito de negativa (art. 206 do CTN) em favor do sujeito passivo e, sendo integral, oportunizar a propositura de ação de embargos à execução fiscal.

O STJ já consolidou compreensão no sentido de que a fiança bancária "não é equiparável ao depósito integral do débito exequendo para fins de suspensão da exigibilidade do crédito tributário, ante a taxatividade do art. 151 do CTN e o teor do Enunciado Sumular n. 112/STJ" (REsp 1.156.668/DF).

▶ **IMPORTANTE**

A respeito do tema, é exigido o depósito do montante integral como condição para admissão de ações judiciais para a discussão do crédito. O STF possui Súmula Vinculante no sentido de não ser constitucional tal exigência.

Súmula Vinculante 28 do STF: "É inconstitucional a exigência de depósito prévio como requisito de admissibilidade de ação judicial na qual se pretenda discutir a exigibilidade de crédito tributário".

Quanto ao destino dos depósitos realizados judicialmente para discutir o crédito, deve-se examinar o desfecho da ação judicial. Se o contribuinte for vencedor, os depósitos são levantados em seu favor. Se, por outro lado, a Fazenda Pública for vencedora, os montantes depositados são convertidos em renda do ente tributante. Quando o processo for extinto sem resolução de mérito, o STJ entende que, nesse caso:

> (...) o depósito do montante integral realizado pelo contribuinte nos termos do art. 151, II, do CTN para suspender a exigibilidade do crédito tributário deve ser convertido em renda da Fazenda Pública. Essa orientação é excepcionada apenas em situações extremas, como no caso em que a pessoa jurídica contra a qual o contribuinte litiga, e a favor de quem tenha sido feito o depósito, não seja a titular do crédito tributário em discussão; e, também, nas hipóteses em que o tributo seja evidentemente indevido, por exemplo, quando se tratar de uma exação declarada inconstitucional pelo Supremo Tribunal, em decisão com efeito vinculante (REsp 1.155.459/SP).

c) As reclamações e os recursos, nos termos das leis reguladoras do processo tributário administrativo

As formas de resistência administrativa do contribuinte ao lançamento, seja por meio de impugnação, reclamação ou recurso, impedem o Fisco de realizar a cobrança do crédito constituído. Assim, constituído o crédito e notificado o sujeito passivo, caso este instaure a fase litigiosa do lançamento, estar-se-á diante de uma causa de suspensão da exigibilidade.

▶ **ATENÇÃO**

A propósito do tema, é importante lembrar a Súmula Vinculante 21 do STF, que impede que o Fisco imponha como condição para a admissibilidade de recurso administrativo o

> depósito ou arrolamento prévios de dinheiro ou bens: "É inconstitucional a exigência de depósito ou arrolamento prévios de dinheiro ou bens para admissibilidade de recurso administrativo".

d) A concessão de medida liminar em mandado de segurança ou tutela antecipada em qualquer ação judicial proposta pelo contribuinte

O sujeito passivo pode optar por se insurgir contra a pretensão do Fisco de cobrá-lo diretamente junto ao Poder Judiciário, abrindo mão da sua discussão na esfera administrativa. Também é possível esgotar a tentativa de afastar a cobrança na esfera administrativa e, não obtendo êxito, partir para a propositura de ações judiciais.

Nesse caso, pode pleitear que seja concedido em seu favor um provimento que o proteja da cobrança até o final do julgamento definitivo da demanda. Esse provimento pode ser uma liminar ou uma tutela antecipada.

Assim, o contribuinte, antes mesmo de ter uma posição definitiva do Judiciário sobre suas alegações contrárias à exigência, já estará protegido de ser cobrado pelo Fisco, ao menos provisoriamente (precariamente). Ao final da ação judicial, o Poder Judiciário irá decidir definitivamente sobre o mérito da ação, julgando-a a favor ou contra o sujeito passivo.

Por isso, as liminares e as tutelas antecipadas suspendem a exigibilidade do crédito tributário.

Observe-se, entretanto, que a simples propositura de demanda judicial discutindo o crédito tributário não tem o efeito de suspender a sua exigibilidade. É imprescindível que o sujeito passivo obtenha uma liminar ou uma tutela antecipada em seu favor, no sentido de suspender a exigibilidade do crédito:

> (...) a simples existência de ações ordinárias desse tipo não assegura ao contribuinte o direito à suspensão da exigibilidade do crédito tributário cobrado no executivo fiscal, pois as medidas que levariam a tanto estão taxativamente previstas no art. 151 do Código Tributário Nacional (AgRg no REsp 1001156/RS).

e) Parcelamento

O parcelamento foi expressamente incluído no CTN pela Lei Complementar n. 104/2001. Até o advento de tal lei, o parcelamento dos créditos tributários era concedido com base no dispositivo relativo à moratória que permite que esta se dê em várias parcelas. Por isso, alguns autores sustentam que após a Lei Complementar n. 104/2001 não se poderia mais falar em moratória parcelada, mas apenas em parcelamento.

Outros doutrinadores, por outro lado, sustentam que a diferença entre a moratória parcelada e o parcelamento reside nos motivos que justificam sua instituição. A moratória parcelada é motivada por situações econômicas, sociais, naturais que dificultam o adimplemento do crédito tributário por determinados sujeitos passivos. Já o parcelamento seria motivado por mera política fiscal, em que o Fisco, buscando melhorar a satisfação dos seus créditos, permite que estes sejam pagos em parcelas.

> **ATENÇÃO**
>
> Apesar de divergência, em provas de concurso, deve prevalecer o entendimento no sentido de que parcelamento e moratória consistem em modalidades autônomas de extinção do crédito tributário.

> **IMPORTANTE**
>
> A CESP que, em 2016, organizou a prova para o concurso de Auditor de Controle Externo do Tribunal de Contas do Pará (TCE-PA), julgou como **CERTO** o item a respeito do Parcelamento do Crédito Tributário:

> Com base nas normas gerais e constitucionais de direito tributário, julgue o item que se segue: **A concessão de parcelamento tributário não dá ensejo à extinção dos créditos tributários parcelados, pois não ocorre o fenômeno da novação.**

▶ **ATENÇÃO**

O parcelamento depende de previsão legal específica, que disporá sobre a forma e condição da sua concessão. Salvo disposição de lei em contrário, o parcelamento do crédito tributário não exclui a incidência de juros e multas, aplicando-se-lhe, subsidiariamente, as disposições do CTN relativas à moratória.

Nos termos do CTN, lei específica disporá sobre as condições de parcelamento dos créditos tributários do devedor em recuperação judicial. A inexistência de tal lei específica importa na aplicação das leis gerais de parcelamento do ente da Federação ao devedor em recuperação judicial, não podendo, neste caso, ser o prazo de parcelamento inferior ao concedido pela lei federal específica.

2) Exclusão do crédito tributário

As causas de exclusão impedem que o crédito tributário seja constituído. Estão tratadas no art. 175, do CTN. Portanto, em tais hipóteses, segundo doutrina majoritária, a obrigação tributária chega a nascer, mas o crédito tributário não pode ser constituído, porquanto está previamente excluído por conta de isenção ou anistia.

A primeira delas, a **isenção**, refere-se ao impedimento de se constituir crédito tributário que tenha como objeto tributo; a outra, a **anistia**, impede que se constitua crédito tributário que tenha como objeto multa em razão da prática de infração tributária.

Nos termos do parágrafo único do art. 175 do CTN, a exclusão do crédito tributário não dispensa o cumprimento das obrigações acessórias dependentes da obrigação principal cujo crédito seja excluído, ou dela consequente.

▶ **ATENÇÃO**

A Banca UECE-CEV para a Prefeitura de Amontada-CE, em 2016, quando organizou o certame para o cargo de Fiscal de Tributos, entendeu a isenção e a anistia como as duas formas de exclusão do crédito tributário:
Excluem o crédito tributário:
b) a isenção e a anistia.

Ambas as causas de exclusão do crédito tributário dependem de lei específica para serem instituídas, por força da disposição contida no art. 150, § 6º, da CF:

> § 6º Qualquer subsídio ou isenção, redução de base de cálculo, concessão de crédito presumido, anistia ou remissão, relativos a impostos, taxas ou contribuições, só poderá ser concedido mediante lei específica, federal, estadual ou municipal, que regule exclusivamente as matérias acima enumeradas ou o correspondente tributo ou contribuição, sem prejuízo do disposto no art. 155, § 2º, XII, g.

a) Isenção

Conforme já visto, a isenção é dispensa legal de pagamento de tributo. O fato gerador ocorre, a obrigação tributária nasce, mas a lei dispensa o sujeito passivo do pagamento do tributo, impedindo, por isso, a constituição do crédito tributário. É assim que entende a doutrina de forma majoritária.

▶ **ATENÇÃO**

A respeito da isenção, a FCC, que cuidou do certame para a Prefeitura de Teresina-PI para o cargo de Analista de Orçamento e

> Finanças Públicas, considerou INCORRETA a alternativa "B", que misturou a imunidade como se fosse isenção:
>
> *A exclusão do crédito tributário por força de norma constitucional que impede a incidência de lei ordinária de tributação sobre determinado fato, ou em detrimento de determinada pessoa, ou categoria de pessoas, denomina-se: Isenção.*

▶ **IMPORTANTE**

A regra no Direito Tributário brasileiro é a isenção autônoma, concedida pelo próprio ente que instituiu o tributo. As isenções heterônomas, como regra vedadas, ficam por conta do ISS nas exportações, que pode ser isento por meio de Lei complementar nacional, como de fato o foi pela Lei Complementar n. 116/2003 (art. 2º, I). A autorização para a isenção dessa natureza tem previsão no art. 156, § 3º, II, da CF.

O STF também entende que, em sede de tratados internacionais, a República Federativa do Brasil pode conceder isenções de tributos não apenas federais, mas também distritais, municipais e estaduais. Nesse caso, entretanto, não se trata propriamente de hipótese de isenção heterônoma, já que o benefício fiscal não é concedido pela União, mas sim pela entidade de direito público internacional, a República Federativa do Brasil.

O CTN autoriza duas espécies de isenção:

- **isenções incondicionadas**;
- **isenções condicionadas**.

As primeiras são as concedidas sem necessidade de atendimento pelo contribuinte de qualquer requisito especial, sem a imposição de nenhum ônus ao sujeito passivo. Podem ser revogadas a qualquer tempo, desde que haja a revogação da lei que as instituiu. Tal raciocínio decorre do previsto no art. 178 do CTN, segundo o qual a isenção, salvo se concedida por prazo certo e em função de determinadas condições, pode ser revogada ou modificada por lei, a qualquer tempo.

Já as isenções condicionadas, ou onerosas, são aquelas concedidas sob o atendimento de determinadas condições pelo sujeito passivo. Nesse caso, o gozo da isenção está condicionado ao atendimento de um ou mais requisitos pelo contribuinte. Essas isenções, quando concedidas em lei por prazo determinado, não podem ser revogadas antes do término do período de tempo nela previsto. Mesmo que a lei que concedeu a isenção seja revogada, o contribuinte deverá continuar dela se beneficiando, até que o prazo pelo qual foi concedida expire.

Sobre o tema, vale lembrar a Súmula 544 do STF, segundo a qual "isenções tributárias concedidas, sob condição onerosa, não podem ser livremente suprimidas".

Cabe destacar que o CTN deixou claro que as isenções, salvo disposição de lei em contrário, não se estendem a taxas e contribuições de melhoria, tampouco a tributos instituídos após a sua concessão.

O art. 176, ao prescrever que a isenção, ainda quando prevista em contrato, é sempre decorrente de lei poderia induzir ao raciocínio equivocado de que o benefício fiscal poderia ter fundamentado estritamente contratual. Entretanto, a intenção do legislador foi deixar evidenciado que, mesmo que objeto de cláusula contratual, sua concessão depende sempre de lei.

b) Anistia

Segundo o art. 181 do CTN, a anistia pode ser concedida:

I – em caráter geral;

II – limitadamente:

a) às infrações da legislação relativa a determinado tributo;

b) às infrações punidas com penalidades pecuniárias até determinado montante, conjugadas ou não com penalidades de outra natureza;

c) a determinada região do território da entidade tributante, em função de condições a ela peculiares;

d) sob condição do pagamento de tributo no prazo fixado pela lei que a conceder, ou cuja fixação seja atribuída pela mesma lei à autoridade administrativa.

A anistia, quando não concedida em caráter geral, é efetivada, em cada caso, por despacho da autoridade administrativa, em requerimento com a qual o interessado faça prova do preenchimento das condições e do cumprimento dos requisitos previstos em lei para sua concessão (art. 182 do CTN).

O despacho, nesse caso, não gera direito adquirido, aplicando-se, quando cabível, o disposto a respeito da moratória, no que se refere aos efeitos da revogação quanto às penalidades e à suspensão do prazo prescricional.

> **IMPORTANTE**
>
> A **ANISTIA**, ao contrário da isenção, **afasta a constituição do crédito tributário que tenha como objeto penalidades tributárias**. Ou seja, o sujeito passivo comete uma infração tributária, mas, por conta da norma que institui a anistia, o Fisco está impedido de constituir o crédito tributário correspondente por meio do lançamento.

Também cabe destacar que a anistia abrange exclusivamente as infrações cometidas anteriormente à vigência da lei que a concede, não se aplicando:

i) aos atos qualificados em lei como crimes ou contravenções e aos que, mesmo sem essa qualificação, sejam praticados com dolo, fraude ou simulação pelo sujeito passivo ou por terceiro em benefício daquele;

ii) salvo disposição em contrário, às infrações resultantes de conluio entre duas ou mais pessoas naturais ou jurídicas.

3) Extinção do crédito tributário

a) Pagamento

Cuida-se da forma mais convencional de extinção do crédito tributário, por meio da qual o sujeito passivo recolhe aos cofres públicos o valor devido a título de determinado tributo ou penalidade pecuniária.

Nos moldes do disposto no art. 158 do CTN, o pagamento de um crédito não importa em presunção de pagamento:

I – quando parcial, das prestações em que se decomponha;

II – quando total, de outros créditos referentes ao mesmo ou a outros tributos.

Quando a legislação tributária não dispuser a respeito, o pagamento é efetuado na repartição competente do domicílio do sujeito passivo (art. 159 do CTN).

Quando a legislação tributária não fixar o tempo do pagamento, o vencimento do crédito ocorre 30 dias depois da data em que se considera o sujeito passivo notificado do lançamento. A legislação tributária pode conceder desconto pela antecipação do pagamento, nas condições que estabeleça (art. 160 do CTN). Ou seja: nada dispondo, o tributo deve ser pago 30 dias após a notificação do lançamento.

O crédito não integralmente pago no vencimento é acrescido de juros de mora, seja qual for o motivo determinante da falta, sem prejuízo da imposição das penalidades cabíveis e da aplicação de quaisquer medidas de garantia previstas no CTN ou em lei tributária.

Se a lei não dispuser de modo diverso, os juros de mora são calculados à taxa de 1% ao mês.

Tal regra não se aplica na pendência de consulta formulada pelo devedor dentro do prazo legal para pagamento do crédito.

b) A ação de consignação em pagamento

A consignação em pagamento consiste em ação de iniciativa do contribuinte nos casos apontados no art. 164 do CTN:

I – de recusa de recebimento, ou subordinação deste ao pagamento de outro tributo ou de penalidade, ou ao cumprimento de obrigação acessória; ou

II – de subordinação do recebimento ao cumprimento de exigências administrativas sem fundamento legal; ou

III – de exigência, por mais de uma pessoa jurídica de direito público, de tributo idêntico sobre um mesmo fato gerador.

É a ação a ser proposta quando o contribuinte tem a intenção de pagar, mas tem o ato condicionado a exigências supostamente indevidas pelo ente tributante ou quando a cobrança se dá em situação de bitributação, ou seja, duas ou mais entidades realizam concomitantemente a cobrança de tributo com relação a um mesmo fato gerador.

Quando entender cabível a propositura da ação de consignação, o contribuinte deve consignar o que se propõe a pagar. Julgada procedente a consignação, o pagamento se reputa efetuado e a importância consignada é convertida em renda; julgada improcedente a consignação no todo ou em parte, cobra-se o crédito acrescido de juros de mora, sem prejuízo das penalidades cabíveis.

> **ATENÇÃO**
>
> Apenas o julgamento procedente da consignação em pagamento extingue o crédito tributário. Julgada improcedente, o Fisco cobra o saldo remanescente, com incidência de juros de mora.

c) Pagamento indevido

O pagamento indevido gera para o contribuinte o direito a pleitear (administrativa ou judicialmente) a restituição, a devolução do valor (indébito).

A restituição independe de prévio protesto, nos termos do que dispõe o art. 165 do CTN.

Importante questão diz respeito à restituição nos chamados "tributos indiretos". Na forma do art. 166 do CTN, a restituição de tributos que comportem, por sua natureza, transferência do respectivo encargo financeiro somente será feita a quem prove haver assumido o referido encargo, ou, no caso de tê-lo transferido a terceiro, estar por este expressamente autorizado a recebê-la.

Para os tributos indiretos, a interpretação dada pelo STJ ao dispositivo legal foi no sentido de que apenas o contribuinte de direito tem direito à restituição, desde que esteja autorizado pelo contribuinte de fato ou caso comprove não ter transferido para o contribuinte de direito o encargo econômico-financeiro.

Com efeito, a partir do julgamento do REsp 903.394/AL, o STJ concluiu que a legitimidade ativa para pleitear a restituição dos tributos indiretos é do contribuinte de direito, isto é, aquele que se relaciona direta e pessoalmente com o fato gerador tributário.

Entretanto, a Primeira Seção Do STJ, Ao Julgar O Resp 1.299.303/SC (Rel. Ministro CESAR ASFOR ROCHA, *DJe* de 14-8-2012), sob o rito do art. 543-C do CPC, pacificou o entendimento no sentido de que o usuário do serviço de energia elétrica (consumidor em operação interna), na condição de contribuinte de fato, é parte legítima para discutir a incidência do ICMS sobre a demanda contratada e não utilizada de energia elétrica, bem como para pleitear a repetição do indébito referente ao mencionado tributo, não sendo aplicável, na hipótese, a orientação acima apontada.

A restituição abrange não apenas o valor pago a título de tributo, mas também a título de juros e penalidades pecuniárias, salvo as referentes a infrações de caráter formal não prejudicadas pela causa da restituição.

A restituição vence juros não capitalizáveis, a partir do trânsito em julgado da decisão definitiva que a determinar.

> **ATENÇÃO**
>
> Na restituição do indébito tributário, os juros de mora incidem a partir do trânsito em julgado da decisão que reconheceu o indébito, ao passo que a correção monetária incide desde o pagamento indevido.
> **Súmula STJ 188:** Os juros moratórios, na repetição do indébito tributário, são devidos a partir do trânsito em julgado da sentença; e
> **Súmula STJ 162**: Na repetição de indébito tributário, a correção monetária incide a partir do pagamento indevido.

O prazo para pleitear a restituição do indébito está previsto no art. 168, do CTN: cinco anos, contados, como regra, da data da extinção do crédito tributário.

No caso de reforma, anulação, revogação ou rescisão de decisão condenatória, o prazo de cinco anos é contado da data em que se tornar definitiva a decisão administrativa ou passar em julgado a decisão judicial que tenha reformado, anulado, revogado ou rescindido a decisão condenatória.

> **IMPORTANTE**
>
> Caso o contribuinte tenha optado por se valer inicialmente da via administrativa, uma vez proferida decisão que indeferir o pedido de restituição, tem ele o prazo de dois anos para ajuizar AÇÃO ANULATÓRIA DA DECISÃO QUE DENEGAR A RESTITUIÇÃO. É como dispõe o art. 169 do CTN: "Prescreve em dois anos a ação anulatória da decisão administrativa que denegar a restituição".

Sobre o prazo para a restituição do indébito nos tributos sujeitos a lançamento por homologação, importante lembrar que o art. 3º da Lei Complementar n. 118/2005 prescreve que, para efeito de interpretação do inciso I do art. 168 do CTN, a extinção do crédito tributário ocorre no momento do pagamento antecipado de que trata o § 1º do art. 150 da referida lei. E seu art. 4º prescreve que, quanto a tal regra, deveria se observar o disposto no art. 106, I, do CTN, o qual autoriza a aplicação retroativa das leis interpretativas.

O STJ e o STF consolidaram o entendimento no sentido de que é inconstitucional tal previsão contida no art. 4º, segunda parte, da Lei Complementar n. 118/2005, considerando válida a aplicação do novo prazo de 5 anos tão somente às ações ajuizadas após o decurso da *vacatio legis* de 120 dias, ou seja, a partir de 9 de junho de 2005.

d) Compensação

A compensação envolve as situações em que o sujeito passivo é ao mesmo tempo devedor e credor do Fisco. Perceba-se que a compensação é uma alternativa conferida ao contribuinte que, tendo um crédito perante o Fisco decorrente de um pagamento indevido, pode optar por sua restituição.

> **ATENÇÃO**
>
> A propósito, a Súmula 461 do STJ:
> "O contribuinte pode optar por receber, por meio de precatório ou por compensação, o indébito tributário certificado por sentença declaratória transitada em julgado".

O sujeito passivo deve se sujeitar aos estritos limites e condições da lei que autoriza a compensação. Daí o CTN prescrever que a lei pode, "nas condições e sob as garantias que estipular", prever a compensação.

A compensação sempre depende de lei do ente político tributante. Nos termos do art. 170 do CTN, a lei pode, nas condições e sob as garantias que estipular, ou cuja estipulação em cada caso atribuir à autoridade administrativa, autorizar a compensação de créditos tributários com créditos líquidos e certos, vencidos ou vincendos, do sujeito passivo contra a Fazenda pública.

É importante anotar que, no âmbito tributário, há expressa previsão no CTN no sentido de que a lei poderá autorizar a compensação inclusive com créditos vincendos que o contribuinte detenha perante o Fisco. Nesse caso, a lei pode determinar a redução do valor a ser compensado, não podendo, entretanto, cominar redução maior que a correspondente ao juro de 1% ao mês pelo tempo a decorrer entre a data da compensação e a do vencimento.

O crédito detido pelo contribuinte, se discutido judicialmente, deve ter sido reconhecido por decisão judicial transitada em julgado, sendo vedada a compensação antes do trânsito em julgado da decisão judicial que o reconhece. Cuida-se de previsão contida no art. 170-A do CTN. Sobre o tema há, inclusive, a Súmula 212 do STJ: "A compensação de créditos tributários não pode ser deferida em ação cautelar ou por medida liminar cautelar ou antecipatória".

O STJ consolidou o entendimento que: "em se tratando de compensação tributária, deve ser considerado o regime jurídico vigente à época do ajuizamento da demanda" (REsp 1.137.738/SP).

A jurisprudência do STJ reconhece, ainda, que o indeferimento pelo Fisco da compensação tributária, no âmbito federal, efetuado pelo contribuinte enseja sua notificação para pagar ou apresentar manifestação de inconformidade, recurso este que suspende a exigibilidade do crédito tributário, pois se enquadra na hipótese prevista no art. 151, III, do CTN e no art. 74, § 11, da Lei n. 9.430/96 (AgRg no AREsp 445.145/RJ).

e) Transação

O CTN incorporou o instituto da transação, já utilizado no âmbito das relações entre particulares. Através de concessões mútuas, que beneficiam ambas as partes, é possível pôr fim a litígio entre contribuinte e Fisco, extinguindo o crédito tributário objeto de controvérsia.

Para tanto, é necessário que uma lei da entidade tributante autorize tal transação e aponte uma autoridade competente para autorizá-la em cada caso.

f) Remissão

A remissão é perdão de tributos e penalidades pecuniárias já constituídas. Ressalte-se que se a penalidade ainda não foi constituída é possível que a lei institua a anistia como causa de exclusão do crédito tributário.

Depende sempre de previsão legal (lei específica) e poderá abranger todo o crédito tributário ou parte dele.

Os critérios utilizáveis pela lei para instituir a remissão estão previstos nos incisos do art. 172 do CTN:

I – a situação econômica do sujeito passivo;

II – o erro ou ignorância excusáveis do sujeito passivo, quanto a matéria de fato;

III – a diminuta importância do crédito tributário;

IV – considerações de equidade, em relação com as características pessoais ou materiais do caso;

V – condições peculiares a determinada região do território da entidade tributante.

O despacho concessivo da remissão não gera direito adquirido, aplicando-se, quando cabível, o disposto no art. 155 do CTN.

g) Prescrição e decadência

i) Decadência

Extinção do crédito tributário pelo decurso do prazo que o Fisco possui para constituir o crédito tributário, ou seja, para realizar o lançamento tributário. Tal prazo é de 5 anos contados, como regra, do primeiro dia do exercício seguinte àquele em que o lançamento poderia ter sido efetuado (art. 173, I, do CTN).

Caso o lançamento já realizado tenha sido anulado por vício formal, havendo necessidade de realização de novo lançamento, o Fisco terá o prazo de 5 anos, mas agora contados da data em que se tornar definitiva a decisão que tiver anulado o primeiro lançamento (art. 173, II, do CTN).

O parágrafo único do art. 173 prevê que qualquer medida preparatória indispensável ao lançamento, iniciando a constituição do crédito, antecipa a contagem de 5 anos. Nesses casos, uma vez notificado o sujeito passivo, o prazo quinquenal inicia sua contagem. Todas essas regras estão previstas no art. 173 do CTN.

Nos tributos sujeitos ao lançamento por homologação, é bom lembrar, a regra é distinta. Aqui o lançamento se restringe a homologar ou não o pagamento antecipado realizado pelo contribuinte. Nesse caso, o prazo decadencial é contado da data em que ocorrer o fato gerador, na forma do disposto no art. 150, § 4º, do CTN:

> § 4º Se a lei não fixar prazo a homologação, será ele de cinco anos, a contar da ocorrência do fato gerador; expirado esse prazo sem que a Fazenda Pública se tenha pronunciado, considera-se homologado o lançamento e definitivamente extinto o crédito, salvo se comprovada a ocorrência de dolo, fraude ou simulação.

No lançamento por homologação, há de se ficar atento para algumas situações:

- quando o tributo é sujeito ao lançamento por homologação, mas o sujeito passivo não realiza pagamento algum antecipado, sobra para o Fisco lançar o tributo de ofício. Nesse caso, aplica-se a regra do art. 173, I, do CTN e não a do art. 150, § 4º, já que não há o que homologar:

> Nos casos dos tributos sujeitos ao lançamento por homologação em que o contribuinte não efetua o pagamento antecipado, o termo inicial do prazo decadencial é o primeiro dia do exercício seguinte àquele em que o lançamento de ofício poderia ter sido efetuado, revelando-se inadmissível a aplicação cumulativa/concorrente dos prazos previstos nos arts. 150, § 4º, e 173, do CTN, ante a configuração de desarrazoado prazo decadencial decenal (AgRg no AREsp 296.623/SP).

- quando, no lançamento por homologação, se constatar a ocorrência de dolo, fraude ou simulação, aplica-se a regra do art. 173, I, do CTN, ainda que o contribuinte tenha realizado pagamento antecipado:

Segundo firme jurisprudência desta Corte, o prazo decadencial nos tributos sujeitos a lançamento por homologação, caso tenha havido dolo, fraude ou simulação por parte do sujeito passivo, tem início no primeiro dia do ano seguinte ao qual poderia o tributo ter sido lançado (REsp 1086798/PR).

ii) Prescrição

Extinção do crédito tributário pelo decurso do prazo que o Fisco possui para, uma vez constituído o crédito tributário de forma definitiva, proceder à sua cobrança por meio da execução fiscal pertinente.

Na forma do art. 174 do CTN, a ação para a cobrança do crédito tributário prescreve em cinco anos, contados da data da sua constituição definitiva.

Observe-se que o prazo de cinco anos só se inicia com a constituição definitiva do crédito. Assim, se o Fisco procede a lançamento de ofício, o crédito já está constituído. Porém, se o sujeito passivo impugna esse lançamento, abrindo a fase litigiosa do procedimento, o crédito ainda não está definitivamente constituído. Só o estará quando se chegar ao fim da discussão administrativa sobre o lançamento.

É importante observar também que, nos tributos sujeitos a lançamento por homologação, uma vez declarados os valores pelo sujeito passivo, estes já se consideram definitivamente constituídos, ainda que ele realize pagamento a menor que o devido. Assim, uma vez constatando o Fisco diferenças a pagar de valores já declarados, deverá proceder à cobrança sem necessidade de proceder a qualquer lançamento.

> **ATENÇÃO**
>
> Súmula 436 do STJ: "A entrega de declaração pelo contribuinte, reconhecendo o débito fiscal, constitui o crédito tributário, dispensada qualquer outra providência por parte do Fisco".
>
> "A entrega de Declaração de Débitos e Créditos Tributários Federais – DCTF, de Guia de Informação e Apuração do ICMS – GIA, ou de outra declaração dessa natureza prevista em lei (dever instrumental adstrito aos tributos sujeitos a lançamento por homologação), é modo de constituição do crédito tributário, dispensando a Fazenda Pública de qualquer outra providência conducente à formalização do valor declarado (Precedente da Primeira Seção submetido ao rito do artigo 543-C, do CPC)" (REsp 962.379/RS, Rel. Ministro Teori Albino Zavascki, julgado em 22-10-2008, *DJe* 28-10-2008).

Quantos aos valores devidos mas não declarados, devem estes ser objeto de lançamento de ofício, falando-se aqui, sim, em decadência.

Segundo o disposto no art. 174, parágrafo único, do CTN, a prescrição se interrompe:

I – pelo despacho do juiz que ordenar a citação em execução fiscal;

II – pelo protesto judicial;

III – por qualquer ato judicial que constitua em mora o devedor;

IV – por qualquer ato inequívoco ainda que extrajudicial, que importe em reconhecimento do débito pelo devedor.

Em todas as causas de interrupção da prescrição, o prazo, voltando a fluir, recomeça sua contagem.

É possível ainda que o prazo prescricional seja suspenso. Isso ocorre nas hipóteses em que o crédito tiver sua exigibilidade suspensa por qualquer das causas contidas no art. 151 do CTN. A única exceção fica por conta do parcelamento, que, por pressupor a confissão do crédito, importa em hipótese de interrupção do prazo prescricional, na forma do disposto no art. 174, parágrafo único, IV, do CTN.

Ainda quanto à matéria da prescrição, importante lembrar que a disposição contida no art. 2º, § 3º, da Lei de Execução Fiscal – LEF (Lei n. 6.830/80), que considera a inscrição em dívida ativa como causa suspensiva da prescrição, não tem aplicação quanto aos créditos tributários, já que, nos termos do art. 146, III, *b*, da CF, a prescrição tributária é matéria própria de lei complementar. Sendo a LEF lei ordinária, não pode tratar sobre o tema em matéria de tributos.

Assim, a aplicabilidade do art. 2º, § 3º, da Lei n. 6.830/80 (suspensão da prescrição por 180 dias por ocasião da inscrição em dívida ativa) fica restrita às dívidas de natureza não tributária.

h) Conversão do depósito em renda

Conforme já visto quando se estudou o depósito do montante integral como causa de suspensão da exigibilidade do crédito para fins de discuti-lo, caso o contribuinte seja vencido na ação judicial, o juiz deve determinar a conversão em renda dos depósitos realizados.

Nesse caso, os créditos discutidos são extintos à vista desses valores que foram convertidos em renda do ente tributante.

> **ATENÇÃO**
>
> Em 2017, a VUNESP, responsável pelo certame para o cargo de Procurador, entendeu como correta a alternativa "C":
>
> De conformidade com o Código Tributário Nacional, extingue o crédito tributário:
>
> **c) a conversão de depósito em renda.**

i) Pagamento antecipado e a homologação do lançamento – art. 150 e seus §§ 1º e 4º

Conforme também já visto quando do estudo das modalidades de lançamento, o pagamento antecipado realizado no âmbito do lançamento por homologação extingue o crédito tributário sob condição resolutória de ulterior homologação do Fisco.

Uma vez homologado o pagamento (de forma expressa ou tácita), o crédito se torna definitivamente extinto.

j) Decisão administrativa irreformável

Assim entendida a definitiva na órbita administrativa, que não mais possa ser objeto de ação anulatória.

O CTN também previu como forma de extinção do crédito a decisão administrativa da qual não caiba mais recurso (irreformável) proferida em favor do sujeito passivo.

Ao se utilizar a expressão "que não mais possa ser objeto de ação anulatória", o CTN, para alguns autores, abriria a possibilidade de o Fisco impugnar, na via judicial, uma decisão proferida em favor do contribuinte. No entanto, essa tese não é a que prevalece na doutrina.

k) Decisão judicial passada em julgado

Igualmente é possível que o crédito seja extinto em razão de uma decisão judicial transitada em julgado (aquela que não pode mais ser atacada por recurso).

l) Dação em pagamento de bens imóveis

O CTN previu a possibilidade de que lei de cada um dos entes tributantes preveja a extinção de seus créditos mediante a entrega de bens imóveis do sujeito passivo para o Fisco.

Assim, se o contribuinte deve R$ 500.000,00 a título de determinado tributo e possui um imóvel do mesmo valor, poderá, se assim a lei permitir, extinguir o crédito tributário por meio da entrega (dação) desse bem imóvel ao Fisco.

> **IMPORTANTE**
>
> Em 2017, o Instituto Excelência, que elaborou o certame do SAAE de Barra Bonita-SP para o cargo de Procurador Jurídico, a respeito das hipóteses de Extinção do Crédito Tributário entendeu a alternativa "B" como correta:
>
> *O crédito tributário regularmente constituído somente se modifica ou extingue, ou tem sua exigibilidade não suspensa ou excluída. Da extinção do crédito tributário é CORRETO afirmar:*
>
> *b) Consiste no desaparecimento da exigibilidade do crédito tributário motivado por qualquer ato jurídico ou fato jurídico que faça desaparecer a obrigação respectiva, desde que prevista em lei, ao qual mencionará as modalidades de extinção do crédito tributário, poderá ser total ou parcial e, será assim definida, após a verificação de irregularidade da sua constituição.*

8.6 Questões

1. **(VUNESP – Prefeitura de Valinhos-SP – Procurador)** O Código Tributário Nacional elenca as causas que suspendem a exigibilidade do crédito tributário, dentre as quais a:

A) prescrição.

B) moratória.

C) remissão.

D) anistia.

E) transação.

↳ **Resolução:**
Art. 151, I, do CTN.

↗ **Gabarito: "B".**

2. **(IESES – TJSC – Titular de Serviços de Notas e de Registros – Remoção)** Considerando as disposições do Código Tributário Nacional a respeito das hipóteses de suspensão e extinção do crédito tributário, assinale a alternativa correta:

A) O parcelamento não está previsto expressamente como hipótese de suspensão do crédito tributário no CTN.
B) A prescrição não extingue o crédito tributário.
C) A impetração de mandado de segurança, por si só, suspende a exigibilidade do crédito tributário.
D) O pagamento constitui hipótese de extinção do crédito tributário.

↳ **Resolução:**
Art. 156, I, do CTN.

↗ **Gabarito: "D".**

3. (FCC –SEFAZ-BA – Auditor Fiscal – Administração, Finanças e Controle Interno) Sobre a moratória, o Código Tributário Nacional prevê:
A) Do contribuinte devedor, contemplado irregularmente com o benefício da moratória, não serão cobrados juros de mora e não será aplicada penalidade pecuniária, na hipótese de dolo ou simulação, praticados por terceiro, em seu benefício.
B) A moratória somente pode ser concedida, em caráter individual ou geral, por despacho da autoridade administrativa, desde que autorizada por lei ou decreto, expedido pela pessoa jurídica de direito público competente para instituir o tributo a que se refira.
C) A concessão da moratória em caráter individual gera direito adquirido, garantido pela Constituição Federal, e, por isso, nenhum motivo justifica sua revogação de ofício, após ser concedida ao contribuinte por autoridade competente.
D) Salvo disposição de lei em contrário, a moratória somente abrange os créditos definitivamente constituídos à data da lei ou do despacho que a conceder, ou cujo lançamento já tenha sido iniciado àquela data por ato regularmente notificado ao sujeito passivo.
E) A moratória suspende a exigibilidade do crédito tributário e dispensa o cumprimento das obrigações assessórias relacionadas com o tributo, cujo crédito tributário está suspenso.

↳ **Resolução:**
Art. 154 do CTN.

↗ **Gabarito: "D".**

4. (FCC – DPE-SP – Defensor Público) Sobre a suspensão do crédito tributário, é correto afirmar:
A) A concessão de medida liminar em mandado de segurança dispensa o contribuinte do cumprimento das obrigações acessórias.
B) O depósito do valor do tributo dispensa o contribuinte do cumprimento das obrigações acessórias.
C) A consignação em pagamento do valor do tributo dispensa o contribuinte do cumprimento das obrigações acessórias.
D) A compensação não dispensa o contribuinte do cumprimento das obrigações acessórias.
E) O parcelamento não dispensa o contribuinte do cumprimento das obrigações acessórias.

↳ **Resolução:**
Art. 113 do CTN e art. 151, VI e parágrafo único, do CTN.

↗ **Gabarito: "E".**

5. (VUNESP – TJAC – Juiz de Direito Substituto) A Assembleia Legislativa de determinado estado da federação aprova lei de parcelamento tributário estabelecendo, entre outras medidas, a suspensão, por 36 (trinta e seis) meses, dos pagamentos devidos por tributos vencidos até o momento de aprovação da lei, o parcelamento em 120 (cento e vinte) parcelas das dívidas e o perdão de 50% das multas tributárias devidas. Neste contexto, é correto afirmar que a lei previu instrumentos de:
A) suspensão da exigibilidade (moratória e parcelamento) e exclusão do crédito tributário (anistia).
B) anulação (remissão) e extinção do crédito tributário (parcelamento).
C) exclusão (remissão) e extinção do crédito tributário (anistia e parcelamento).
D) suspensão da exigibilidade (moratória) e extinção do crédito tributário (anistia).

↳ **Resolução:**
Arts. 156, VI, e 180, do CTN.

↗ **Gabarito: "A".**

9. GARANTIAS E PRIVILÉGIOS DO CRÉDITO TRIBUTÁRIO

9.1 Garantias do crédito tributário

As garantias enumeradas a partir do art. 184 do CTN são meramente exemplificativas, uma vez que o art. 183 expressamente afirma que não estão excluídas outras que sejam categoricamente previstas em outras leis. Assim, a título de exemplo, eventuais garantias previstas na legislação aduaneira federal não estão afastadas, mas, ao contrário, adicionam-se àquelas estabelecidas no CTN.

1) O patrimônio do devedor como garantia do adimplemento do crédito tributário

Sem prejuízo dos privilégios especiais sobre determinados bens, que sejam previstos em lei, responde pelo pagamento do crédito tributário a totalidade dos bens e das rendas, de qualquer origem ou natureza, do sujeito passivo, seu espólio ou sua massa falida, inclusive os gravados por ônus real ou cláusula de inalienabilidade ou impenhorabilidade, seja qual for a data da constituição do ônus ou da cláusula, excetuados unicamente os bens e rendas que a lei declare absolutamente impenhoráveis (art. 184 do CTN).

O art. 184 do CTN traz a primeira garantia: todo o patrimônio do sujeito passivo serve como garantia do adimplemento do crédito tributário. Assim, o contribuinte e o responsável tributário respondem pessoalmente com todos os bens e direitos (móveis ou imóveis, rendas etc.) que integram o seu patrimônio, ainda que, em razão de convenções particulares, tenham sido considerados impenhoráveis ou inalienáveis, ou que sobre eles recaia ônus real (hipoteca, penhor e anticrese). Toda e qualquer tentativa de afastar do Fisco a garantia que certo bem oferece ao adimplemento do crédito tributário não encontra fundamento legal.

O CTN ressalva apenas os bens ou rendas que A LEI declare absolutamente impenhoráveis. Entre os bens que a lei declara como absolutamente impenhoráveis têm-se, por exemplo: os vencimentos, subsídios, soldos, salários, remunerações, proventos de aposentadoria, pensões, pecúlios e montepios; as quantias recebidas por liberalidade de terceiro e destinadas ao sustento do devedor e sua família, os ganhos de trabalhador autônomo e os honorários de profissional liberal (art. 649, IV, do CPC); até o limite de 40 salários mínimos, a quantia depositada em caderneta de poupança (art. 649, X, do CPC).

O chamado "bem de família", assim considerado, nos termos do art. 1º da Lei n. 8.009/90, "o imóvel residencial próprio do casal, ou da entidade familiar".

A lei o declara impenhorável e prescreve que:

> (...) não responderá por qualquer tipo de dívida civil, comercial, fiscal, previdenciária ou de outra natureza, contraída pelos cônjuges ou pelos pais ou filhos que sejam seus proprietários e nele residam.

Para os efeitos de impenhorabilidade, considera-se residência um único imóvel utilizado pelo casal ou pela entidade familiar para moradia permanente (art. 5º da Lei n. 8.009/90).

Há de se ter cuidado, entretanto, com o disposto no art. 3º, IV, da Lei n. 8.009/90, que reputa inoponível a impenhorabilidade em relação à cobrança de impostos, predial ou territorial, taxas e contribuições devidas em função do imóvel familiar. Assim, a título de exemplo, a impenhorabilidade não pode se oposta pelo contribuinte na hipótese de cobrança de IPTU relativo ao próprio bem de família.

2) Presunção de alienação ou oneração fraudulentas

Presume-se fraudulenta a alienação ou oneração de bens ou rendas, ou seu começo, por sujeito passivo em débito para com a Fazenda Pública, por crédito tributário regularmente inscrito como dívida ativa (art. 185 do CTN).

Uma vez inscrito em dívida ativa o crédito tributário, qualquer alienação ou oneração de bens ou rendas pelo sujeito passivo, ressalvada a hipótese em que sejam reservados bens suficientes para a satisfação do crédito, será considerada fraudulentaa e, portanto, não possui validade perante o Fisco.

Assim, se após a inscrição em dívida ativa, o contribuinte aliena bem imóvel a outro particular, e com isso remanesce sem patrimônio suficiente para adimplir crédito tributário, o Fisco poderá buscar em tal bem a sua satisfação, já que, segundo o CTN, tal alienação foi realizada em contexto de fraude.

Ponto importante de ser observado é que, até o advento da Lei Complementar n. 118/2005, para que se pudesse falar em fraude, além do débito estar inscrito em dívida ativa deveria estar em fase de execução (cobrança). Para alienações ou onerações ocorrida antes da vigência da referida Lei Complementar (9-6-2005), considera-se a presunção de fraude à execução quando a alienação do bem ocorre em momento posterior à citação da devedora (alienante) nos autos de execução fiscal.

A presunção de fraude não se aplica à hipótese de terem sido reservados, pelo devedor, bens ou rendas suficientes ao total pagamento da dívida inscrita (parágrafo único do art. 185 do CTN).

Ressalte-se que, para o STJ, a presunção de fraude é *jure et de jure*, sendo irrelevante a existência ou não de boa-fé do terceiro adquirente. Não se aplica na execução fiscal a Súmula 375 do STJ, segundo a qual o reconhecimento da fraude à execução depende do registro da penhora do bem alienado ou da prova de má-fé do terceiro adquirente, pois, neste caso, se dá preferência ao disciplinamento especial constante no art. 185 do CTN.

3) A indisponibilidade de bens do devedor

Na hipótese de o devedor tributário, devidamente citado, não pagar nem apresentar bens à penhora no prazo legal e não forem encontrados bens penhoráveis, o juiz determinará a indisponibilidade de seus bens e direitos, comunicando a decisão, preferencialmente por meio eletrônico, aos órgãos e entidades que promovem registros de transferência de bens, especialmente ao registro público de imóveis e às autoridades supervisoras do mercado bancário e do mercado de capitais, a fim de que, no âmbito de suas atribuições, façam cumprir a ordem judicial (art. 185-A do CTN).

Assim, se o devedor citado permanecer inerte, sem pagar ou nomear bens à penhora, e o Fisco não lograr êxito em encontrar bens em seu nome, o CTN prevê que o juiz que processa a execução fiscal oficie os órgãos e entidades que promovem registros de transferência de bens e direitos para que estes sejam disponibilizados se localizados em nome do devedor, limitando-se a medida ao valor total exigível pelo Fisco. Cuida-se de mais uma forma de garantia, aplicada nos casos em que o crédito já se encontra na fase de cobrança executiva.

A jurisprudência do STJ é firme:

> (...) quanto à necessidade de comprovação do esgotamento de diligências para localização de bens do devedor, a fim de que se possa determinar a indisponibilidade de bens e direitos prevista no art. 185-A do CTN (AgRg no REsp 1.202.428/BA).

Há de se ter cuidado para não confundir o bloqueio universal do art. 185-A com o chamado Bacenjud. Este consiste na penhora de valores existentes em nome do devedor em instituição financeira e pode ser, inclusive, a primeira medida requerida pela Fazenda Pública após a citação do devedor, antes do esgotamento de diligências patrimoniais. Assim:

> (...) o bloqueio universal de bens e de direitos, previsto no art. 185-A do CTN, não se confunde com a penhora de dinheiro aplicado em instituições financeiras, por meio do Sistema Bacen Jud, disciplinada no art. 655-A do CPC (redação conferida pela Lei 11.382/2006).
>
> Aquele bloqueio incide na hipótese em que "o devedor tributário, devidamente citado, não pagar nem apresentar bens à penhora no prazo legal e não forem encontrados bens penhoráveis", e abrangerá todo e qualquer bem ou direito do devedor, observado como limite o valor do crédito tributário, se verificado o concurso dos requisitos previstos no art. 185-A do CTN. Consoante a jurisprudência do STJ, a aplicação da referida prerrogativa da Fazenda Pública pressupõe a comprovação do esgotamento das diligências para localização de bens do devedor (AgRg no REsp 1.356.796/RS).

Lembre-se, ainda, que, segundo STJ, em se tratando de execução fiscal para a cobrança de dívida fiscal de natureza não tributária, não se aplica o art. 185-A do CTN.

9.2 Demais garantias

Alguns autores as denominam de garantias indiretas. São exigências feitas pelo CTN em situações nas quais a regularidade fiscal de determinada pessoa física ou jurídica é condição para que se ultimem determinados atos: realização de licitações públicas, celebração de contratos administrativos, partilha ou adjudicação de bens no inventário, extinção das obrigações do falido, concessão de recuperação judicial etc. São as seguintes:

a) a extinção das obrigações do falido requer prova de quitação de todos os tributos (art. 191 do CTN);

b) a concessão de recuperação judicial depende da apresentação da prova de quitação de todos os tributos (art. 191-A do CTN).

Observe-se que, nesse caso, o art. 191-A do CTN faz referência expressa à necessidade de observância do disposto nos arts. 151, 205 e 206, de forma que a concessão de recuperação judicial pode ser realizada nos casos em que houver causas de suspensão da exigibilidade do crédito.

Em relação ao parcelamento, **na ausência da lei específica** que disponha sobre as condições de parcelamento dos créditos tributários do devedor em recuperação judicial, conforme previsto no art. 155-A, § 3º, do CTN, o STJ entende que:

> (...) em uma exegese teleológica da nova Lei de Falências, visando conferir operacionalidade à recuperação judicial, **é desnecessário comprovação de regularidade tributária, nos termos do art. 57 da Lei n. 11.101/2005 e do art. 191-A do CTN**, diante da inexistência de lei específica a disciplinar o parcelamento da dívida fiscal e previdenciária de empresas em recuperação judicial (REsp 1.187.404/MT).

c) Nenhuma sentença de julgamento de partilha ou adjudicação será proferida sem prova da quitação de todos os tributos relativos aos bens do espólio, ou às suas rendas (art. 192 do CTN);

d) Salvo quando expressamente autorizado por lei, nenhum departamento da administração pública da União, dos Estados, do Distrito Federal, ou dos Municípios, ou sua autarquia, celebrará contrato ou aceitará proposta em concorrência pública sem que o contratante ou proponente faça prova da quitação de todos os tributos devidos à Fazenda Pública interessada, relativos à atividade em cujo exercício contrata ou concorre (art. 194 do CTN).

9.3 Preferências do crédito tributário

Também merecem destaque as disposições contidas no CTN que versam sobre as preferências do crédito tributário em relação a créditos de natureza diversa.

Para tanto, há de se dividir a análise em duas situações:

a) **fora de processo de falência:** o crédito tributário só não prefere aos créditos decorrentes da legislação do trabalho ou do acidente do trabalho: "O crédito tributário prefere a qualquer outro, seja qual for sua natureza ou o tempo de sua constituição, ressalvados os créditos decorrentes da legislação do trabalho ou do acidente de trabalho" (art. 186 do CTN);

b) **dentro do processo de falência:** o crédito tributário também não prefere aos créditos extraconcursais ou às importâncias passíveis de restituição, nos termos da lei falimentar, nem aos créditos com garantia real, no limite do valor do bem gravado (art. 186, parágrafo único, I, do CTN).

Nos termos do inciso II do art. 186 do CTN, a lei poderá estabelecer limites e condições para a preferência dos créditos decorrentes da legislação do trabalho. A Lei de Falências (Lei n. 11.101/2005), na classificação dos créditos na falência (art. 85), dispôs que a preferência está limitada a 150 salários mínimos por credor.

> **ATENÇÃO**
>
> Na **falência**, a multa tributária **prefere apenas aos créditos subordinados**, não estando, portanto, no mesmo **nível de preferência dos créditos tributários que tenham como objeto tributo**.

Segundo o art. 188 do CTN, são **extraconcursais** os créditos tributários decorrentes de **fatos geradores ocorridos no curso do processo de falência.**

Contestado o crédito tributário, o juiz remeterá as partes ao processo competente, mandando reservar bens suficientes à extinção total do crédito e seus acrescidos, se a massa não puder efetuar a garantia da instância por outra forma, ouvido, quanto à natureza e ao valor dos bens reservados, o representante da Fazenda Pública interessada.

A **cobrança judicial** do crédito tributário **não é sujeita** a concurso de credores ou habilitação **em falência, recuperação judicial, concordata, inventário ou arrolamento**. (art. 187 do CTN).

Por força de tal dispositivo, aliás, é que a cobrança do crédito tributário deve se dar, como regra, no âmbito exclusivo da execução fiscal. Entretanto, o STJ entende que "a possibilidade de cobrança do crédito por meio de execução fiscal não impede a opção do credor pela habilitação do crédito no processo falimentar" (REsp 874.065/RS).

A fim de garantir que outros créditos que preferem ao tributário sejam pagos, a jurisprudência do STJ entende que, se antes da decretação da quebra, for penhorado bem em execução fiscal, uma vez decretada a falência, o produto da alienação do bem em hasta pública deve ser remetido ao juízo universal da falência.

Por outro lado, decretada a quebra, e posteriormente ajuizada a execução fiscal, o juiz da execução fiscal não deve realizar penhoras. O Fisco deverá requerer ao juiz da execução que garanta a satisfação do seu crédito através da chamada "penhora no rosto dos autos da falência". Em outras palavras, as execuções fiscais não são atraídas pelo juízo universal da falência.

Entre os créditos tributários, o **CTN** se preocupou ainda com a situação em que um mesmo devedor possui débitos com diversos entes políticos ou pessoas jurídicas de direito público. Para tanto, previu uma ordem de preferência entre tais entidades: o concurso de preferência somente se verifica entre pessoas jurídicas de direito público, na seguinte ordem:

I – União;

II – Estados, Distrito Federal e Territórios, conjuntamente e *pro rata*;

III – Municípios, conjuntamente e *pro rata*.

A **Lei de Execução Fiscal – LEF (art. 29 da Lei 6830/80)** aprimorou a disposição legal, incluindo as autarquias no concurso de preferências, prescrevendo que este somente se verifica entre pessoas jurídicas de direito público, na seguinte ordem:

I – União e suas autarquias;

II – Estados, Distrito Federal e Territórios e suas autarquias, conjuntamente e *pro rata*;

III – Municípios e suas autarquias, conjuntamente e *pro rata*.

9.4 Questões

1. **(VUNESP – Prefeitura de São José do Rio Preto-SP – Procurador do Município)** De acordo com as disposições do Código Tributário Nacional, no que se refere às preferências do crédito tributário na falência, assinale a alternativa correta:

A) O crédito tributário prefere aos créditos com garantia real, no limite do bem gravado.

B) O crédito tributário prefere aos créditos extraconcursais.

C) A multa tributária prefere apenas aos créditos subordinados.

D) São concursais os créditos tributários decorrentes de fatos geradores ocorridos durante o processo de falência.

E) O crédito tributário e a multa tributária são extraconcursais.

↳ **Resolução:**
Art. 186, III, do CTN.

↗ **Gabarito: "C".**

2. **(VUNESP – Prefeitura de Poá-SP – Procurador Jurídico)** Em relação às garantias e aos privilégios dos créditos tributários, dispõe o Código Tributário Nacional:

A) são pagos preferencialmente a quaisquer créditos habilitados em inventário ou arrolamento, ou a outros encargos do monte, os créditos tributários vencidos ou vincendos, a cargo do de cujus ou de seu espólio, exigíveis no decurso do processo de inventário ou arrolamento.

B) são concursais os créditos tributários decorrentes de fatos geradores ocorridos no curso do processo de falência e, preferenciais os apurados antes de sua decretação.

C) presume-se fraudulenta a alienação ou oneração de bens ou rendas, ou seu começo, por sujeito passivo ou terceiro responsável em débito para com a Fazenda Pública, por crédito tributário inscrito ou não como dívida ativa.

D) o crédito tributário prefere a qualquer outro, seja qual for sua natureza ou o tempo de sua constituição, ressalvados os créditos decorrentes da legislação do trabalho ou do acidente de trabalho, superiores a 100 (cem) salários mínimos, e a extinção das obrigações do falido requer prova de quitação ou do parcelamento de todos os tributos.

E) na falência, o crédito tributário prefere aos créditos extraconcursais ou às importâncias passíveis de restituição, nos termos da lei falimentar, bem como aos créditos com garantia real, no limite do valor do bem gravado, e a multa tributária prefere apenas aos créditos com privilégio especial.

↳ **Resolução:**
Art. 189 do CTN.

↗ **Gabarito: "A".**

3. **(VUNESP – Prefeitura de Guarulhos-SP – Inspetor Fiscal de Rendas – Conhecimentos Específicos)** A cobrança judicial do crédito tributário

A) tem as garantias previstas no Código Tributário Nacional de forma taxativa.

B) pode estender-se à totalidade dos bens e das rendas, de qualquer origem ou natureza, do sujeito passivo, seu espólio ou massa falida, excluídos apenas os gravados com cláusula de inalienabilidade ou impenhorabilidade.

C) pode acarretar a indisponibilidade da totalidade dos bens e rendas, de qualquer origem ou natureza, do sujeito passivo, seu espólio ou massa falida, inclusive os de seus sucessores legais.

D) do município, em regra, impede que o devedor celebre contrato ou participe de processo de licitação com a União ou Estados e Distrito Federal, independentemente de o crédito tributário referir-se à atividade em cujo exercício contrata ou concorre.

E) sujeita-se a concurso de preferência entre pessoas jurídicas de direito público, sucessivamente, União, Estados e Distrito Federal, e Municípios, conjuntamente e pró-rata.

↳ **Resolução:**
Art. 187, parágrafo único, I a III, do CTN.

↗ **Gabarito: "E".**

4. **(CESPE – PGM – Campo Grande-MS – Procurador Municipal)** À luz das disposições do Código Tributário Nacional, julgue o item seguinte.

As garantias do crédito tributário incluem a presunção relativa de fraude à execução e a indisponibilidade judicial de bens do devedor regularmente citado que não paga, não indica bens à penhora tempestivamente e em cujo patrimônio não há bens penhoráveis.
( ) Certo.
( ) Errado.

↳ **Resolução:**
Arts. 184 e 185 e 185-A do CTN.

↗ **Gabarito: "Certo".**

5. **(FCC – SEFAZ-BA – Auditor Fiscal – Administração, Finanças e Controle Interno)** Sobre as garantias e privilégios do crédito tributário, o Código Tributário Nacional dispõe:

A) Presume-se fraudulenta a alienação ou oneração de bem, ou seu começo, por sujeito passivo em débito para com a Fazenda Pública, por crédito tributário ainda não inscrito na Dívida Ativa, mas constituído pela autoridade competente, através de lançamento tributário.

B) Para garantir o pagamento do crédito tributário, o juiz determinará a indisponibilidade de todos os bens e direitos do devedor, mesmo quando o devedor apresentar ao respectivo Juízo, no prazo legal, bens à penhora.

C) O crédito tributário prefere a qualquer outro, seja qual for sua natureza ou o tempo de sua constituição, ressalvados os créditos decorrentes da legislação do trabalho ou do acidente de trabalho.

D) A cobrança judicial do crédito tributário está sujeita a concurso de credores ou habilitação em falência, recuperação judicial, concordata, inventário ou arrolamento.

E) No caso de decretação de falência do devedor, o pagamento de crédito tributário será realizado na seguinte ordem: em primeiro lugar, pagam-se os créditos da União; em segundo lugar, os créditos dos Municípios, conjuntamente e pró rata; e, em último lugar, os créditos dos Estados e Distrito Federal, conjuntamente e *pro rata*.

↳ **Resolução:**
Art. 186 do CTN.

↗ **Gabarito: "C".**

10. ADMINISTRAÇÃO TRIBUTÁRIA

10.1 Fiscalização tributária

O CTN estabeleceu uma série de regras que devem ser observadas na atividade fiscalizatória. É importante destacar, entretanto, que tais regras não afastam a observância de outras disposições legais especiais, previstas na legislação específica dos tributos.

1) Abrangência subjetiva da fiscalização tributária

Toda a legislação que verse sobre a atividade fiscalizatória aplica-se às pessoas naturais ou jurídicas, contribuintes ou não, inclusive às que gozem de imunidade tributária ou de isenção de caráter pessoal.

2) Inoponibilidade da legislação que afaste da fiscalização a escrituração comercial e fiscal ao Fisco

Para os efeitos da legislação tributária, não têm aplicação quaisquer disposições legais excludentes ou limitativas do direito de examinar mercadorias, livros, arquivos, documentos, papéis e efeitos comerciais ou fiscais, dos comerciantes industriais ou produtores, ou da obrigação destes de exibi-los (art. 195 do CTN).

Importante destacar que os livros de escrituração facultativa também estão sujeitos à fiscalização, caso existentes. O que a autoridade não pode é impor sanção pela inexistência de um livro facultativo. Se este, entretanto, por escolha do contribuinte, existir, é plenamente possível a exigência de apresentação pela autoridade fiscal. A esse respeito, tem-se a Súmula 439 do STF: "Estão sujeitos à fiscalização tributária ou previdenciária quaisquer livros comerciais, limitado o exame aos pontos objeto da investigação".

A fim de conferir segurança jurídica aos sujeitos passivos, evitando que estes tenham que manter sob guarda por tempo indeterminado documentos de interesses da fiscalização tributária, o CTN dispõe que os livros obrigatórios de escrituração comercial e fiscal e os comprovantes dos lançamentos neles efetuados serão conservados até que ocorra a prescrição dos créditos tributários decorrentes das operações a que se refiram.

3) Dever de informação – abrangência subjetiva

Também possuem o dever de informação, colaborando na atividade fiscalizatória, aqueles que administrem bens de contribuintes, responsáveis tributários e mesmo daquelas pessoas que gozem de benefícios fiscais.

Dispõe o art. 197 do CTN que estão obrigados a prestar à autoridade administrativa todas as informações de que disponham com relação aos bens, negócios ou atividades de terceiros:

I – os tabeliães, escrivães e demais serventuários de ofício;

II – os bancos, casas bancárias, Caixas Econômicas e demais instituições financeiras;

III – as empresas de administração de bens;

IV – os corretores, leiloeiros e despachantes oficiais;

V – os inventariantes;

VI – os síndicos, comissários e liquidatários;

VII – quaisquer outras entidades ou pessoas que a lei designe, em razão de seu cargo, ofício, função, ministério, atividade ou profissão.

O dispositivo expressa o dever social de contribuir para a fiscalização. Percebe-se aqui que o legislador busca alcançar pessoas que detêm informações relevantes para a atividade de lançamento, embora não figurem como contribuintes ou responsáveis tributários.

Em relação aos bancos, Caixas Econômicas e demais instituições financeiras, vale lembrar que a Lei Complementar n. 105/2001 traz idêntica disposição (possibilidade de quebra do sigilo bancário independentemente de autorização judicial).

4) Dever de informação e sigilo profissional

O CTN assegura, entretanto, que esse dever de informação não alcance as pessoas que, por lei, estejam obrigadas a guardar segredo, por força do cargo, ofício, função, ministério, atividade ou profissão que exercem. É o caso dos advogados com relação aos seus clientes, dos padres em relação aos fiéis etc. É assim que dispõe o art. 197, parágrafo único, do CTN:

> Parágrafo único. A obrigação prevista neste artigo não abrange a prestação de informações quanto a fatos sobre os quais o informante esteja legalmente obrigado a observar segredo em razão de cargo, ofício, função, ministério, atividade ou profissão.

5) Requisição de força pública

As autoridades administrativas federais poderão requisitar o auxílio da força pública federal, estadual ou municipal, e reciprocamente, quando vítimas de embaraço ou desacato no exercício de suas funções, ou quando necessário à efetivação de medida prevista na legislação tributária, ainda que não se configure fato definido em lei como crime ou contravenção.

> **ATENÇÃO**
>
> Lembre-se que hão de ser respeitados os direitos individuais do contribuinte, dentre os quais o direito à inviolabilidade domiciliar.

6) Os deveres das autoridades fiscais

a) Dever de documentar o início do procedimento

A autoridade administrativa que proceder ou presidir a quaisquer diligências de fiscalização lavrará os termos necessários para que se documente o início do procedimento, na forma da legislação aplicável, que fixará prazo máximo para a conclusão daquelas (art. 196 do CTN).

O dispositivo garante a finalidade instrutória do procedimento (princípio da cientificação). Cada ente tributante deve estabelecer o prazo máximo para conclusão do procedimento, embora seja possível prorrogação, tendo em vista os percalços e embaraços que a autoridade administrativa pode enfrentar no curso de uma fiscalização.

Essa documentação do início do procedimento dá-se, via de regra, por meio do chamado "Termo de Início de Fiscalização" e tem dois efeitos claros, segundo o CTN, além do relativo à cientificação do contribuinte:

i) antecipa o termo inicial da fluência do lapso decadencial (art. 174, parágrafo único, do CTN);

ii) desconfigura a espontaneidade do sujeito passivo, impedindo a aplicação da causa excludente de responsabilidade por infrações, prevista no art. 138 do CTN.

b) Dever de sigilo por parte da autoridade fiscal

O procedimento de fiscalização diz respeito exclusivamente ao sujeito passivo e ao fisco, não sendo válida a divulgação das informações relativas àqueles.

Em razão disso, o art. 198 do CTN dispõe que, sem prejuízo do disposto na legislação criminal, é vedada a divulgação, por parte da Fazenda Pública ou de seus servidores, de informação obtida em razão do ofício sobre a situação econômica ou financeira do sujeito passivo ou de terceiros e sobre a natureza e o estado de seus negócios ou atividades.

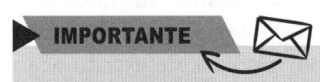

> **IMPORTANTE**
>
> Exceções em que a informação sigilosa não é efetivamente divulgada, mas transferida para um outro órgão:
>
> - requisição de autoridade judiciária no interesse da justiça; e
> - solicitações de autoridade administrativa no interesse da Administração Pública, desde que seja comprovada a instauração regular de processo administrativo, no órgão ou na entidade respectiva, com o objetivo de investigar o sujeito passivo a que se refere a informação, por prática de infração administrativa.

c) Informações divulgáveis, em relação às quais a autoridade fiscal não deve sigilo

Não é vedada a divulgação de informações relativas a:

i) representações fiscais para fins penais;

ii) inscrições na Dívida Ativa da Fazenda Pública;

iii) parcelamento ou moratória.

d) Intercâmbio de informações entre as Fazendas Públicas

A própria CF, em seu art. 37, XXII, expressamente autoriza que os Fiscos atuem de forma integrada, mediante, inclusive, o intercâmbio de informações fiscais, na forma da lei ou de convênio:

> XXII – as administrações tributárias da União, dos Estados, do Distrito Federal e dos Municípios, atividades essenciais ao funcionamento do Estado, exercidas por servidores de carreiras específicas, terão recursos prioritários para a realização de suas atividades e atuarão de forma integrada, inclusive com o compartilhamento de cadastros e de informações fiscais, na forma da lei ou convênio.

O CTN também traz previsão no sentido da atuação conjunta, acrescentando a possibilidade de, mediante tratados, acordos ou convênios, o Fisco brasileiro trocar informações com Estado estrangeiro no interesse da arrecadação e fiscalização de tributos:

> Art. 199. A Fazenda Pública da União e as dos Estados, do Distrito Federal e dos Municípios prestar-se-ão mutuamente assistência para a fiscalização dos tributos respectivos e permuta de informações, na forma estabelecida, em caráter geral ou específico, por lei ou convênio.
>
> Parágrafo único. A Fazenda Pública da União, na forma estabelecida em tratados, acordos ou convênios, poderá permutar informações com Estados estrangeiros no interesse da arrecadação e da fiscalização de tributos.

10.2 Dívida ativa

Constitui dívida ativa tributária a proveniente de crédito dessa natureza, regularmente inscrita na repartição administrativa competente, depois de esgotado o prazo fixado para pagamento, pela lei ou por decisão final proferida em processo regular.

A fluência de juros de mora não exclui, para os efeitos do art. 201, a liquidez do crédito. Nos termos do art. 202 do CTN, o termo de inscrição da dívida ativa, autenticado pela autoridade competente, indicará obrigatoriamente:

> I – o nome do devedor e, sendo caso, o dos corresponsáveis, bem como, sempre que possível, o domicílio ou a residência de um e de outros;
>
> II – a quantia devida e a maneira de calcular os juros de mora acrescidos;
>
> III – a origem e natureza do crédito, mencionada especificamente a disposição da lei em que seja fundado;
>
> IV – a data em que foi inscrita;
>
> V – sendo caso, o número do processo administrativo de que se originar o crédito. Nos termos do parágrafo único do mesmo artigo, a certidão conterá, além dos requisitos deste artigo, a indicação do livro e da folha da inscrição.

Quanto à possível omissão de quaisquer dos requisitos previstos acima, ou o erro a eles relativo, o CTN (art. 203) dispõe que são causas de nulidade da inscrição e do processo de cobrança dela decorrente, mas a nulidade poderá ser sanada até a decisão de primeira instância, mediante substituição da certidão nula, devolvido ao sujeito passivo, acusado ou interessado o prazo para defesa, que somente poderá versar sobre a parte modificada.

> **ATENÇÃO**
>
> O certame organizado pela FCC, em 2015, para Auditor do Tribunal de Contas do Estado do Amazonas (TCE-AM), a respeito da dívida ativa de natureza tributária e não tributária, entendeu como correta a alternativa:
>
> *A Dívida Ativa Tributária é o crédito da Fazenda Pública dessa natureza, (...) e Dívida Ativa não Tributária são os demais créditos da Fazenda Pública (Lei Federal n. 4.320/1964).*

No exercício de 2014, o Estado do Amazonas inscreveu, em dívida ativa estadual, valores devidos por Carlos e originários de: (I) débitos de IPVA, não pagos por ele, (II) multas por infração à legislação do IPVA aplicadas a Carlos, e (III) multas de trânsito aplicadas a Carlos, por infração ao Código de Trânsito Brasileiro. De acordo com a Lei Federal n. 4.320/1964, esses valores são classificados, respectivamente, como dívidas ativas: **tributárias, tributárias e não tributárias**.

Segundo a **Súmula 392** do STJ:

A Fazenda Pública pode substituir a certidão de dívida ativa (CDA) até a prolação da sentença de embargos, quando se tratar de correção de erro material ou formal, vedada a modificação do sujeito passivo da execução.

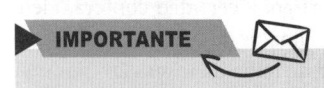

▶ IMPORTANTE

A dívida regularmente inscrita goza da presunção de certeza e liquidez e tem o efeito de prova pré-constituída (art. 204 do CTN). A presunção, no entanto, é relativa e pode ser desconstituída por prova inequívoca, a cargo do sujeito passivo ou do terceiro a que aproveite (parágrafo único, do art. 204 do CTN).

10.3 Certidões fiscais

1) Certidões negativas

Nos termos do CTN, as certidões negativas (que atestam a inexistência de débitos) podem ser requeridas pelo contribuinte como forma de dar cumprimento a exigência legal de prova de quitação de tributos. É o caso, por exemplo, da necessidade de regularidade fiscal na hipótese em que o contribuinte deseja participar de licitação junto à administração pública.

Impõe o CTN que o prazo para apreciação do pedido do contribuinte é de 10 dias a contar da data da entrada do requerimento na repartição fiscal.

2) Certidões positivas com efeito de negativa

Prevê, ainda, o CTN as chamadas certidões positivas com efeito de negativa, as quais devem ser expedidas nas situações em que, embora o contribuinte possua créditos em seu nome, estes ainda não estão vencidos, estão garantidos por penhora (bem imóvel, bem móvel, faturamento, carta fiança etc.) ou estão com exigibilidade suspensa (parcelamento, tutela antecipada em ação ordinária, depósito do montante integral etc.).

Tendo em vista a expressa dicção do CTN (art. 206), tal certidão positiva com efeito de negativa possui os mesmos efeitos da certidão negativa. Portanto, nas situações em que a lei exige certidão negativa como condição para o exercício de um direito, produzirá os mesmos efeitos a apresentação pelo contribuinte de uma certidão positiva com efeito de negativa.

▶ IMPORTANTE

A Banca CESP, em 2016, responsável pelo certame para o cargo de Procurador do Estado do Amazonas (PGE-AM), julgou como CERTO o item:

Considerando o desenvolvimento da relação jurídica tributária, julgue o próximo item: A penhora de bem ou de direito que promova a satisfação integral do crédito tributário assegurará ao sujeito passivo da relação jurídica tributária o direito de obter certidão positiva com os mesmos efeitos da certidão negativa.

3) Dispensa da apresentação de certidões

Nas situações em que houver urgência no exercício de um direito, sob pena de caducidade deste, o CTN expressamente autoriza a dispensa de apresentação da certidão de regularidade fiscal. Trata-se de caso em que a exigência de apresentação causaria mal maior que a sua dispensa.

Nessas situações, entretanto, o CTN expressamente afirma que, uma vez constatado que o contribuinte não está regular do ponto de vista fiscal, todos os interessados deverão responder pelos juros de mora e penalidades cabíveis, exceto as relativas a infrações cuja responsabilidade seja do infrator.

Observe-se que o CTN deixou claro que tal possibilidade independe de disposição legal expressa permissiva, sendo, portanto, indevida a exigência da certidão sob o argumento de que inexiste lei específica autorizando sua não apresentação.

Assim, nos termos do art. 207, independentemente de disposição legal permissiva, será dispensada a prova de quitação de tributos, ou o seu suprimento, quando se tratar de prática de ato indispensável para evitar a caducidade de direito, respondendo, porém, todos os participantes no ato pelo tributo porventura devido, juros de mora e penalidades cabíveis, exceto as relativas a infrações cuja responsabilidade seja pessoal ao infrator.

4) Certidões expedidas com dolo ou fraude

O CTN prevê que, quando a autoridade fiscal responsável por emitir a certidão negativa o fizer com dolo ou fraude, atestando situação que não corresponde à realidade, restará pessoalmente responsável pelo crédito e juros de mora acrescidos.

Parte da doutrina tem interpretado tal dispositivo, entretanto, não de forma literal, mas entendendo que se cuida de responsabilidade subsidiária, de forma que a autoridade fiscal só pagará o tributo quando o Fisco não lograr êxito em cobrá-lo do sujeito passivo.

Alerte-se que não se exclui a responsabilidade criminal e funcional que no caso couber.

10.4 Questões

1. **(CONSULPLAN – TJMG – Titular de Serviços de Notas e de Registros – Remoção)** Sobre a dívida ativa, assinale a alternativa correta.

A) A inscrição em dívida ativa somente se aplica a créditos tributários.

B) O termo de inscrição da dívida ativa indicará, facultativamente, a maneira de calcular os juros de mora.

C) A inscrição em dívida ativa não é requisito indispensável para a execução judicial do crédito correspondente.

D) A dívida regularmente inscrita goza da presunção de certeza e liquidez e tem o efeito de prova pré-constituída, podendo, entretanto, haver emenda ou substituição da respectiva Certidão, desde que feita até a decisão de primeira instância.

↙ **Resolução:**
Art. 204, *caput* e parágrafo único, do CTN.

↗ **Gabarito: "D".**

2. **(CESPE – MP-PA – Procurador de Contas)** Considerando a jurisprudência dos tribunais superiores e as disposições do CTN, assinale a opção correta.

A) O legislador pode relativizar direitos fundamentais sem observar o princípio da proporcionalidade, uma vez que este não é parâmetro balizador da legislação tributária.

B) É inconstitucional lei que autorize o protesto da certidão de dívida ativa, por constituir restrição desproporcional aos direitos de liberdade e propriedade.

C) A administração tributária pode, em razão da presunção de legitimidade de seus próprios atos, desconsiderar declarações do contribuinte independentemente da aferição de dolo, erro ou má-fé.

D) O crédito tributário pode ser parcelado de ofício pela administração tributária, nos termos da lei, mas esse parcelamento não interrompe nem suspende a prescrição.

E) Agente público vinculado à administração tributária pode ingressar, durante o dia, em escritório de contabilidade para efetuar apreensão de livros contábeis, ainda que não esteja amparado por mandado judicial.

↳ **Resolução:**
REsp 1.641.011/PA e art. 151, VI, do CTN.

↗ **Gabarito: "D".**

3. **(VUNESP – Prefeitura de Ribeirão Preto-SP – Procurador do Município)** Suponha que o fiscal de rendas do Município responsável pelo procedimento de fiscalização instaurado contra a empresa Serviços de Sucesso Ltda. tenha encaminhado ao Procurador do Município solicitação de ajuizamento de ação para ter autorizado o acesso a informações bancárias sigilosas da empresa e dos seus sócios. O Procurador do Município, em conformidade com a jurisprudência do STF, deverá:

A) ajuizar a ação de obrigação de fazer imediatamente, com pedido de liminar, já que o sigilo bancário de contribuintes somente pode ser quebrado, pelo Fisco, mediante ordem judicial.

B) orientar o fiscal de rendas a provocar atuação do Ministério Público Estadual, órgão competente para requisitar, ao juízo da Fazenda Pública, a quebra do sigilo fiscal de contribuintes nos autos de processos administrativos de fiscalização.

C) orientar o fiscal de rendas a requerer diretamente o acesso aos dados bancários dos contribuintes, considerando tratar-se de informação essencial para constituição do crédito tributário.

D) orientar o fiscal de rendas a constituir definitivamente o crédito tributário para inscrição em dívida ativa e consequente ajuizamento da execução fiscal, já que somente nesse tipo de ação é possível requisitar informações bancárias de contribuintes.

E) orientar o fiscal de rendas a oficiar a Receita Federal, órgão centralizador e detentor de todos os dados bancários e financeiros de pessoas físicas e jurídicas.

↳ **Resolução:**
ADI 2.390/DF, rel. Min. Dias Toffoli, 17 e 18-2-2016. A Jurisprudência do STF entendeu que não haveria "quebra de sigilo bancário", mas, ao contrário, a afirmação desse direito. Outrossim, seria clara a confluência entre os deveres do contribuinte – o dever fundamental de pagar tributos – e os deveres do Fisco – o dever de bem tributar e fiscalizar.

↗ **Gabarito: "C".**

4. **(VUNESP – Prefeitura de São José do Rio Preto-SP – Procurador do Município)** Dispõe o Código Tributário Nacional que a lei poderá exigir que a prova da quitação de determinado tributo, quando exigível, seja feita por certidão negativa, expedida à vista de requerimento do interessado, que contenha todas as informações necessárias à identificação de sua pessoa, domicílio fiscal e ramo de negócio ou atividade e indique o período a que se refere o pedido.

Nesse sentido, é correto afirmar que:

A) tem efeito de negativa a certidão de que conste a existência de créditos em curso de cobrança executiva em que tenha sido efetivada a penhora.

B) a certidão negativa expedida com dolo ou fraude, que contenha erro contra a Fazenda Pública, responsabiliza solidariamente o funcionário que a expedir, pelo crédito tributário e juros de mora acrescidos.

C) ainda que se trate de prática de ato indispensável para evitar a caducidade de direito não será dispensada a prova de quitação de tributos.

D) a certidão negativa será expedida a requerimento de qualquer interessado, devendo ser fornecida no prazo máximo de 15 dias úteis.

E) a certidão de que conste a existência de créditos cuja exigibilidade esteja suspensa, não tem os mesmos efeitos de certidão negativa.

↳ **Resolução:**
Art. 206 do CTN.

↗ **Gabarito: "A".**

5. **(FCC – TRF – 4ª Região – Analista Judiciário – Área Judiciária)** No que se refere à Administração Tributária, o Código Tributário Nacional (CTN) prevê que:

A) a Fazenda Pública da União, dos Estados, do Distrito Federal e dos Municípios, na forma estabelecida em tratados, acordos ou convênios, poderá permutar informações com Estados estrangeiros, Organizações Internacionais e Agencias de avaliação de risco, no interesse da arrecadação, da fiscalização de tributos e da melhoria do ambiente econômico.

B) é vedada a divulgação, por parte dos servidores da Fazenda Pública, de informação obtida em razão do ofício sobre a situação econômica ou financeira do sujeito passivo ou de terceiros, exceto ao que se refere ao estado de seus negócios ou atividades, e as dívidas existentes perante a Fazenda Pública, escritas ou a inscrever na Dívida Pública.

C) mediante ordem judicial, emitida pelo Juiz de Vara Civil ou Criminal da respectiva comarca, os bancos e demais instituições financeiras, são obrigados a prestar todas as informações de que disponham com relação aos bens, negócios ou atividades de terceiros, sendo vedado prestar tais informações mediante solicitação ou intimação escrita da autoridade administrativa tributária.

D) os livros obrigatórios de escrituração comercial e fiscal e os comprovantes dos lançamentos neles efetuados serão conservados, pelo Estado, em arquivo público, até que ocorra a caducidade das informações, a suspensão da exigência ou a extinção dos créditos tributários decorrentes das operações a que se refiram.

E) para os efeitos da legislação tributária, não têm aplicação quaisquer disposições legais excludentes ou limitativas do direito de examinar mercadorias, livros, arquivos, documentos, papéis e efeitos comerciais ou fiscais, dos comerciantes industriais ou produtores, ou da obrigação destes de exibi-los.

↘ **Resolução:**
Art. 195 do CTN.

↗ **Gabarito: "E".**

REFERÊNCIAS

CONRADO, Paulo Cesar. *Execução fiscal.* 2. ed. São Paulo: Noeses, 2015.

COSTA, Regina Helena. *Curso de direito tributário*: Constituição e Código Tributário Nacional. 7. ed. São Paulo: Saraiva, 2017.

MACHADO, Hugo de Brito. *Curso de direito tributário.* 37. ed. São Paulo: Malheiros, 2017.

_____ (Coord.). *Processo tributário e o Código de Processo Civil de 2015.* São Paulo: Malheiros/ICET, 2017.

MENDES, Gilmar; BRANCO, Paulo Gustavo Gonet. *Curso de direito constitucional.* 10. ed. São Paulo: Saraiva, 2015.

PAULSEN, Leandro. *Curso de direito tributário completo.* 8. ed. São Paulo: Saraiva, 2017.

_____. *Constituição e Código Tributário Nacional comentados à luz da doutrina e da jurisprudência.* 18. ed. São Paulo: Saraiva, 2017.

PAULSEN, Leandro; ÁVILA, René Bergmann; SLIWKA, Ingrid Schroder. *Direito processual tributário*: processo administrativo fiscal e execução fiscal à luz da doutrina e da jurisprudência. 8. ed. Porto Alegre: Livraria do Advogado, 2014.

SARLET, Ingo Wolfgang; MARINONI, Luiz Guilherme; MITIDIERO, Daniel. *Curso de direito constitucional.* 6. ed. São Paulo: Saraiva, 2017.

DANIEL LAMOUNIER

13

SERVIÇO PÚBLICO FEDERAL

Sumário

1. INTRODUÇÃO 968
2. REQUISITOS BÁSICOS PARA INVESTIDURA EM CARGO PÚBLICO 968
   - 2.1 Investidura por estrangeiros 968
   - 2.2 Reserva de vagas para pessoas com deficiência 968
   - 2.3 Questões 969
3. FORMAS DE PROVIMENTO DO CARGO PÚBLICO 969
   - 3.1 Nomeação 969
   - 3.2 Promoção 970
   - 3.3 Readaptação 970
   - 3.4 Reversão 970
   - 3.5 Reintegração 971
   - 3.6 Recondução 971
   - 3.7 Aproveitamento 972
   - 3.8 Questões 972
4. CONCURSO PÚBLICO, POSSE, EXERCÍCIO, ESTÁGIO PROBATÓRIO E ESTABILIDADE 973
   - 4.1 Concurso público 973
   - 4.2 Posse 973
   - 4.3 Exercício 974
   - 4.4 Estágio probatório 974
   - 4.5 Estabilidade no serviço público 975
   - 4.6 Questões 975
5. VACÂNCIA, REMOÇÃO, REDISTRIBUIÇÃO E SUBSTITUIÇÃO 976
   - 5.1 Vacância 976
   - 5.2 Remoção 977
   - 5.3 Redistribuição 977
   - 5.4 Substituição 977
   - 5.5 Questões 977

6.	DIREITOS E VANTAGENS DOS SERVIDORES PÚBLICOS FEDERAIS		979
	6.1 Vencimento e remuneração		979
	6.2 Vantagens		980
	6.3 Férias		982
	6.4 Questões		982
7.	LICENÇAS, AFASTAMENTOS E CONCESSÕES		984
	7.1 Licenças		984
	7.2 Afastamentos		986
	7.3 Concessões		988
	7.4 Questões		988
8.	DIREITO DE PETIÇÃO		989
	8.1 Sujeito ativo		989
	8.2 Sujeito passivo		990
	8.3 Pedido de reconsideração		990
	8.4 Interposição de recurso		990
	8.5 Prescrição		990
	8.6 Poder de autotutela da Administração		990
	8.7 Questões		990
9.	REGIME DISCIPLINAR		991
	9.1 Deveres		991
	9.2 Proibições		992
	9.3 Acumulação		993
	9.4 Responsabilidades		993
	9.5 Penalidades		993
	9.6 Competência para aplicação das penalidades		995
	9.7 Prescrição		995
	9.8 Procedimentos de apuração de falta disciplinar		995
	9.9 Sindicância		996
	9.10 Processo administrativo disciplinar		996
	9.11 Processo administrativo disciplinar de rito sumário		998
	9.12 Revisão		998
	9.13 Questões		998
REFERÊNCIAS			1000

1. INTRODUÇÃO

O art. 39, *caput*, da Constituição Federal impôs regime jurídico único para os agentes públicos da administração direta e das autarquias e fundações públicas.

Cada ente federativo possui sua própria norma.

A Lei n. 8.112/90 é conhecida como o Estatuto dos Servidores Públicos Civis da União e das suas autarquias e fundações públicas.

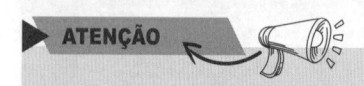

> **ATENÇÃO**
>
> Em 1998, a Emenda Constitucional n. 19 alterou o *caput* do art. 39 da Constituição Federal, retirando a obrigatoriedade de regime jurídico único. Autarquias e fundações públicas poderiam optar pelo regime estatutário ou celetista. No ano de 2007, o Supremo Tribunal Federal suspendeu a nova redação, a retornar a imposição pelo regime único.

O art. 2º da Lei n. 8.112/90 utiliza o conceito restritivo de servidores públicos, ou seja, servidor público é aquele que ocupa cargo público (efetivo ou em comissão).

> **IMPORTANTE**
>
> Cargo público é o conjunto de atribuições e responsabilidades previstas em lei e que devem ser cometidas por servidor.

2. REQUISITOS BÁSICOS PARA INVESTIDURA EM CARGO PÚBLICO

O art. 5º da Lei n. 8.112/90 apresenta os requisitos básicos para investidura:

a) nacionalidade brasileira;
b) gozo dos direitos políticos;
c) quitação com as obrigações militares e eleitorais;
d) nível de escolaridade exigido para o exercício do cargo;
e) idade mínima de 18 anos;
f) aptidão física e mental.

São conhecidos como requisitos básicos, pois a lei de criação de cargos poderá exigir outros requisitos compatíveis com as atribuições, por exemplo: inscrição na Ordem dos Advogados do Brasil para o cargo de Advogado da União.

2.1 Investidura por estrangeiros

Apesar de o Estatuto apresentar o requisito da nacionalidade brasileira, o § 3º do art. 5º possibilita que estrangeiros possam ocupar os cargos de professores, técnicos ou cientistas nas universidades e instituições de pesquisa federais. Trata-se da única previsão no Estatuto para preenchimento de cargos públicos federais por estrangeiros.

2.2 Reserva de vagas para pessoas com deficiência

O art. 37, VIII, da Constituição Federal determina que lei reservará percentual de cargos para pessoas com deficiência

O Estatuto do Servidor Público Federal, em seu art. 5º, § 2º, indica uma reserva de até 20% das vagas em concurso público para pessoas com deficiência. A deficiência deverá ser compatível com as atribuições do cargo.

> **IMPORTANTE**
>
> - Súmula 377 do STJ: O portador de visão monocular tem direito de concorrer, em concurso público, às vagas reservadas aos deficientes.
> - Súmula 552 do STJ: O portador de surdez unilateral não se qualifica como pessoa com deficiência para o fim de disputar as vagas reservadas em concursos públicos.

2.3 Questões

1. (FCC –TER-SP – Analista Judiciário – 2016) Com relação ao provimento de cargo público, de acordo com a Lei n. 8.112/90, considere as seguintes assertivas:

I. As universidades e instituições de pesquisa científica e tecnológica federais poderão prover seus cargos com professores, técnicos e cientistas estrangeiros.

II. A reversão, o aproveitamento, a reintegração e a recondução são formas de provimento de cargo público.

III. O concurso público terá validade de até um ano, podendo ser prorrogado uma única vez, por igual período.

É correto o que consta APENAS em:

A) II e III.
B) I e III.
C) I e II.
D) III.
E) II.

↳ **Resolução:**

I. *Correto*. Trata-se da única previsão para estrangeiros titularizarem cargos públicos, conforme art. 5º, §3º, da Lei 8.112/90.

II. *Correto*. A reversão, o aproveitamento, a reintegração e a recondução são formas de provimento de cargo público, conforme art. 8º da Lei n. 8.112/90.

III. *Incorreto*. Concurso público terá validade de até 2 anos e não até 1 ano, conforme art. 12 da Lei 8.112/90.

↗ Gabarito: "C".

2. (FCC – TRT 7ª Região – Analista Judiciário – 2009) Em relação aos Cargos Públicos, estabelece a Lei n. 8.112/90, que:

A) dentre os requisitos para a sua investidura, exige-se a idade mínima de dezesseis anos.
B) a investidura ocorrerá com o exercício na função.
C) são criados por lei, para provimento em caráter efetivo ou em comissão.
D) não haverá posse nos casos de provimento de cargo por nomeação.
E) dentre as formas para o seu provimento está a transferência e a ascensão.

↳ **Resolução:**

A) *Incorreta*. Idade mínima de 18 anos, conforme art. 5º da Lei n. 8.112/90.
B) *Incorreta*. Investidura e exercício são fenômenos distintos e sequenciais.
C) *Correta*. Os cargos públicos são criados por lei, conforme art. 3º da Lei n. 8.112/90.
D) *Incorreta*. A posse ocorrerá após ato de provimento que, entre outros, poderá ser a nomeação.
E) *Incorreta*. Transferência e ascensão estavam previstas na redação original das normas, mas foram revogadas pela Lei n. 9.527/97.

↗ Gabarito: "C".

3. FORMAS DE PROVIMENTO DO CARGO PÚBLICO

O art. 8º do Estatuto apresenta sete formas vigentes de provimento do cargo público:

a) nomeação;
b) promoção;
c) readaptação;
d) reversão;
e) reintegração;
f) recondução;
g) aproveitamento.

A seguir cada uma delas será comentada, mas cuidado, em concursos públicos as mais exigidas são: readaptação, reversão, reintegração e recondução.

3.1 Nomeação

Prevista no art. 9º do Estatuto, é a indicação de uma pessoa física para titularização de determinado cargo público.

Trata-se da única forma provimento originário.

A nomeação poderá ser para cargo efetivo ou cargo em comissão.

Para o cargo efetivo, exige-se prévia aprovação em concurso público da pessoa a ser nomeada.

Já para o cargo em comissão, a autoridade competente possui discricionariedade de escolha, também conhecida por livre nomeação e livre exoneração.

Apesar de gozar de certa liberdade para nomeação para cargos em comissão, a lei e os princípios do direito administrativo podem impor limites.

Para determinados cargos em comissão, a lei exigirá nível superior de escolaridade, conhecimento da matéria e experiência na área, por exemplo, nas agências reguladoras.

Dois princípios do direito administrativo delimitam a atuação da escolha: moralidade e indisponibilidade do interesse público.

Para o primeiro, a autoridade competente não poderá nomear parentes e afins para os cargos de assessoramento, chefia e direção, conforme a Súmula Vinculante 13:

> A nomeação de cônjuge, companheiro ou parente em linha reta, colateral ou por afinidade, até o terceiro grau, inclusive, da autoridade nomeante ou de servidor da mesma pessoa jurídica investido em cargo de direção, chefia ou assessoramento, para o exercício de cargo em comissão ou de confiança ou, ainda, de função gratificada na administração pública direta e indireta em qualquer dos poderes da União, dos Estados, do Distrito Federal e dos Municípios, compreendido o ajuste mediante designações recíprocas, viola a Constituição Federal.

No entanto, o Supremo Tribunal Federal apresentou uma exceção à aplicação da súmula: cargos de natureza política (ministros e secretários).

Para o segundo, a nomeação deverá respeitar a finalidade pública. O nomeado tem que apresentar conhecimento e experiência a colaborar com a prestação do serviço público.

3.2 Promoção

Carreiras específicas são compostas por cargos de desenvolvimento ascendente.

Por exemplo, o cargo mais baixo da carreira seria o de nível 1 e o mais alto seria o de nível 8. A progressão de cargos depende do atendimento de critérios como antiguidade ou merecimento.

> **ATENÇÃO**
>
> A Súmula Vinculante 43 veda o fenômeno chamado de ascensão que é o provimento em cargo de carreira distinta.

3.3 Readaptação

Readaptação está prevista no art. 24 do Estatuto e é a investidura do servidor em cargo de atribuições e responsabilidades compatíveis com a limitação que tenha sofrido em sua capacidade física ou mental, verificada em inspeção médica.

É o exemplo do servidor que desempenhava perfeitamente suas atribuições até ter seus movimentos físicos limitados por um acidente. Impossibilitado de executar devidamente as atribuições do cargo, a administração pública teria duas opções: readaptação ou aposentadoria.

Sempre que possível, a administração deverá primar pela readaptação, pois o servidor continuará prestando algum tipo de atividade pública.

Caso não haja cargo vago compatível com as limitações sofridas, o servidor atuará como excedente. A aposentadoria por invalidez apenas será concedida quando o servidor se tornar incapaz de prestar atividade pública.

3.4 Reversão

A reversão está prevista nos arts. 24 a 27 do Estatuto e é o retorno à atividade de servidor aposentado. Poderá ocorrer nos seguintes casos: quando cessado o motivo da invalidez (por deliberação de junta médica) ou houver interesse da administração.

A segunda situação dependerá do cumprimento das seguintes condições:

a) pedido do aposentado em até 5 anos após a concessão da aposentadoria;
b) a aposentadoria tenha sido voluntária;
c) já era estável no serviço público;
d) haja cargo vago;
e) limite de idade.

> **ATENÇÃO**
>
> O Estatuto apresentou o limite de 70 anos, no entanto, a Constituição Federal alterou a idade para aposentadoria compulsória, em conformidade com a Lei Complementar n. 152/2015, passando para 75 anos.

O servidor retornará para o mesmo cargo que ocupava ou para o resultante de sua transformação.

Na primeira hipótese de reversão (cessado o motivo da invalidez), não havendo cargo vago, o servidor atuará como excedente.

3.5 Reintegração

A reintegração está prevista no art. 28 do Estatuto e é a reinvestidura do servidor estável no cargo anteriormente ocupado, ou no cargo resultante de sua transformação, quando invalidada a sua demissão.

A anulação da penalidade de demissão poderá ocorrer tanto por decisão administrativa, quanto por judicial.

Caso o cargo se encontre ocupado, o atual ocupante deverá desocupá-lo sem direito a indenização. O destino dele ocorrerá de preferência na seguinte ordem:

a) recondução ao cargo de origem;
b) aproveitamento em outro cargo;
c) colocado em disponibilidade.

> **ATENÇÃO**
>
> A reintegração acarretará recebimento de todas as vantagens relativas ao período em que ficou afastado.

3.6 Recondução

A recondução está prevista no art. 29 do Estatuto e é o retorno do servidor estável, atuando na administração pública, ao cargo anteriormente ocupado e decorrerá das seguintes situações:

a) Inabilitação em estágio probatório relativo a outro cargo

Exemplo: servidor obteve estabilidade no serviço público em virtude do cargo de técnico. Posteriormente, realiza concurso público para cargo de analista. No estágio probatório para analista é reprovado e pode ser reconduzido ao cargo de técnico.

b) Desistência do novo cargo enquanto estágio probatório

Previsão na jurisprudência do Superior Tribunal de Justiça com fundamento no princípio da eficiência. Para melhor desempenho da função pública, o servidor estável (em virtude de vínculo anterior) poderá optar por ser reconduzido ao cargo de origem durante o estágio probatório do novo cargo, sem a necessidade de ter baixa produtividade para justificar a reprovação e a consequente recondução.

c) Reintegração do anterior ocupante

Ocorre quando o servidor, por promoção, ocupe cargo anteriormente ocupado por servidor demitido e a penalidade é invalidada por decisão judicial ou administrativa.

O servidor beneficiado pela decisão judicial será reintegrado ao cargo de origem e o servidor que estava o titularizando retornará ao seu cargo anterior.

3.7 Aproveitamento

Aproveitamento está previsto no art. 30 do Estatuto e é o retorno do servidor que estava em disponibilidade, em cargo com atribuições e vencimentos compatíveis com o anteriormente ocupado.

O servidor poderá ser colocado em disponibilidade em razão da:

a) extinção do cargo por lei, quando estável;

b) reintegração, mas o cargo anteriormente ocupado se encontre extinto;

c) recondução para o cargo anteriormente ocupado, mas que se encontre ocupado e inexista outro cargo compatível vago.

3.8 Questões

1. (FCC – TRT 19ª Região – Analista Judiciário – 2014) Jéssica, servidora pública federal, aposentou-se por invalidez em 2017. Decorridos dois anos, a junta médica oficial declarou insubsistentes os motivos de sua aposentadoria. Cumpre salientar que Jéssica, no início de 2020, completou 75 (setenta e cinco) anos de idade. A propósito do tema e nos termos da Lei n. 8.112/90:

A) aplica-se, no caso, o instituto da recondução.

B) aplica-se, no caso, o instituto da readaptação.

C) é possível a reversão, independentemente da idade, devendo Jéssica, posteriormente, requerer sua aposentadoria por idade.

D) não é possível a reversão, uma vez que Jéssica completou setenta anos de idade.

E) é possível a recondução de Jéssica, independentemente da idade, devendo, posteriormente, requerer sua aposentadoria por idade.

↳ **Resolução:**

A) *Incorreta.* Não se trata de hipótese de recondução, conforme art. 29 da Lei n. 8.112/90.

B) *Incorreta.* Não se trata de hipótese de readaptação, conforme art. 24 da Lei n. 8.112/90.

C) *Incorreta.* A reversão deverá observar a idade limite para aposentadoria compulsória.

D) *Correta.* Não é possível a reversão, pois Jéssica atingiu a idade para aposentadoria compulsória, conforme art. 27 da Lei n. 8.112/90 combinado com o art. 2º da Lei Complementar n. 152/2015.

E) *Incorreta.* Não se trata de hipótese de recondução, conforme art. 29 da Lei n. 8.112/90.

↗ **Gabarito: "D".**

2. (FCC –TRF 2ª Região – Analista Judiciário – 2012) João Carlos, aposentado por invalidez, foi submetido à junta médica oficial, que declarou insubsistentes os motivos da aposentadoria, razão pela qual foi determinado o seu retorno à atividade, que deverá ser feito:

A) através da reintegração em qualquer cargo de atribuições correlatas àquelas do cargo que ocupava anteriormente, ficando o servidor em disponibilidade remunerada se não houver cargo vago com tais características.

B) por recondução para o mesmo cargo anteriormente ocupado. Na hipótese deste estar provido, o servidor será colocado em disponibilidade remunerada até que ocorra a vaga em outro cargo.

C) mediante reversão e ocorrer no mesmo cargo ou naquele resultante da sua transformação. Na hipótese de estar provido esse cargo, o servidor exercerá suas atribuições como excedente, até a ocorrência de vaga.

D) por intermédio do aproveitamento para cargo de atribuições, complexidade e remuneração idênticas ao do cargo ocupado por ocasião da aposentadoria.

E) com a aplicação da transposição para o cargo ocupado quando da aposentadoria, ou para outro com as mesmas características, ou ainda colocado em disponibilidade remunerada, até que ocorra cargo vago.

↳ **Resolução:**

A) *Incorreta.* Não se trata de hipótese de reintegração, conforme art. 28 da Lei n. 8.112/90.

B) *Incorreta.* Não se trata de hipótese de recondução, conforme art. 29 da Lei n. 8.112/90.

C) *Correta.* Trata-se de reversão, conforme art. 25 da Lei n. 8.112/90.

D) *Incorreta.* Não se trata de hipótese de aproveitamento, conforme art. 30 da Lei n. 8.112/90.

E) *Incorreta.* Não existe legalmente a forma de provimento intitulada transposição.

↗ **Gabarito: "C".**

3. (FCC – TRF 2ª Região – Analista Judiciário – 2012) É INCORRETO afirmar que são formas de provimento de cargo público, dentre outras, a:

A) reintegração e a recondução.
B) readaptação e a nomeação.
C) promoção e o aproveitamento.
D) transferência e a ascensão.
E) nomeação e a promoção.

↳ Resolução:
As formas de provimento estão previstas no art. 8º da Lei n. 8.112/90:
– nomeação;
– promoção;
– readaptação;
– reversão;
– reintegração;
– recondução;
– aproveitamento.

Transferência e ascensão estavam previstas na redação original da norma, mas foram revogadas pela Lei n. 9.527/97.

↗ Gabarito: "D".

4. (CESPE – TRF 1ª Região – Analista Judiciário – 2009) A investidura do servidor em cargo de atribuições e responsabilidades compatíveis com a limitação que tenha sofrido em sua capacidade física ou mental verificada em inspeção médica diz-se:

A) readaptação.
B) reversão.
C) reintegração.
D) recondução.
E) afastamento.

↳ Resolução:
Conforme art. 24 da Lei n. 8.112/90, a readaptação é a investidura do servidor em cargo de atribuições e responsabilidades compatíveis com a limitação que tenha sofrido em sua capacidade física ou mental verificada em inspeção médica.

↗ Gabarito: "A".

4. CONCURSO PÚBLICO, POSSE, EXERCÍCIO, ESTÁGIO PROBATÓRIO E ESTABILIDADE

4.1 Concurso público

O concurso público está previsto nos arts. 11 e 12 do Estatuto.

O provimento de cargos efetivos depende de prévia aprovação em concurso público, que poderá ser por provas ou provas e títulos. A definição do critério do concurso se dará pela lei da carreira e pelo edital.

O prazo de validade do concurso público será de até dois anos, podendo ser prorrogado, uma vez, por igual período. A definição do prazo será estabelecida pelo edital.

Enquanto houver concurso com validade vigente e candidatos aprovados não nomeados, a administração pública não poderá abrir novo concurso.

4.2 Posse

A posse está prevista nos arts. 13 e 14 do Estatuto.

Após a publicação da portaria de nomeação, o nomeado terá até 30 dias para tomar posse.

A contagem do prazo será suspensa se a pessoa já for servidora e se encontrar em condição das seguintes licenças ou afastamentos:

a) motivo de doença em pessoa da família;
b) serviço militar;
c) capacitação;
d) férias;
e) participação de programa de treinamento ou pós-graduação;
f) júri e outros serviços obrigatórios por lei;
g) licença-gestante, adotante ou paternidade;
h) tratamento da própria saúde;

i) acidente em serviço ou doença profissional;
j) deslocamento para nova sede;
k) participação em competição esportiva.

> **ATENÇÃO**
> A posse poderá ser realizada por procurador.

A posse ocorrerá por assinatura em termo específico, contendo a descrição das atribuições, deveres, responsabilidades e direitos.

Na ocasião da posse, a administração pública conferirá todos os documentos de habilitação, como diploma de nível superior, certificado de reservista, cumprimento das obrigações eleitorais, declaração de bens etc.

A reprovação em avaliação médica oficial poderá impedir a posse no cargo.

Efetivada a posse, a pessoa física passa a ser qualificada como servidora pública. Não tomando posse no prazo legal, a nomeação perderá seu efeito e outro candidato aprovado no concurso (cargo efetivo) poderá ser nomeado.

4.3 Exercício

O exercício está previsto no art. 15 do Estatuto.

Trata-se do efetivo desempenho das atribuições do cargo ou da função de confiança.

Após tomar posse, o servidor tem até 15 dias para entrar em exercício. Caso não cumpra o prazo, o servidor será exonerado.

Caso o servidor se encontre sob licença ou afastamento, o prazo será contado após o término do impedimento.

A jornada de trabalho do servidor é estabelecida por lei e não poderá ser superior a 40 horas semanais, salvo previsão em lei específica por carreira.

4.4 Estágio probatório

Estágio probatório, previsto no art. 20 do Estatuto, é período pelo qual o servidor será avaliado quanto à sua aptidão e à sua capacidade.

A avaliação observará os seguintes fatos:

a) assiduidade;
b) disciplina;
c) capacidade de iniciativa;
d) produtividade;
e) responsabilidade.

O prazo do estágio probatório previsto em lei é de 24 meses, no entanto, a Constituição Federal foi alterada posteriormente, passando o prazo para aquisição da estabilidade de 2 para 3 anos (art. 41 do Estatuto).

Assim, o Supremo Tribunal Federal e o Superior Tribunal de Justiça estabeleceram que o prazo do estágio probatório deveria ser compatível com o prazo para a estabilidade, ou seja, de 3 anos.

O prazo ficará suspenso durante o gozo das seguintes licenças e afastamentos:

a) doença em pessoa da família;
b) afastamento do cônjuge;
c) atividade política;
d) participação em organismo internacional;
e) participação em curso de formação.

A avaliação será realizada por comissão específica e o relatório final deverá ser concluído 4 meses antes do fim do estágio probatório

A autoridade competente decidirá pela aprovação ou reprovação. Se aprovado, o servidor estará apto a adquirir a estabilidade. Se reprovado, o servidor será **exonerado** ou reconduzido ao cargo anterior (caso já fosse estável no serviço público).

Apesar do silêncio do Estatuto, o Supremo Tribunal Federal decidiu que a reprovação no estágio probatório deverá ser antecedida por procedimento com contraditório e ampla defesa, atendo ao previsto no art. 5º, LV, da CF.

Conforme o § 3º do art. 20 do Estatuto, o servidor em estágio probatório poderá exercer quaisquer cargos de provimento em comissão ou funções de direção, chefia ou assessoramento no órgão ou entidade de lotação, e somente poderá ser cedido a outro órgão ou entidade para ocupar cargos de Natureza Especial, cargos de provimento em comissão do Grupo-Direção e Assessoramento Superiores – DAS, de níveis 6, 5 e 4, ou equivalentes.

4.5 Estabilidade no serviço público

Os servidores públicos efetivos (aprovados em concurso público) podem adquirir estabilidade após a aprovação no estágio probatório (arts. 21 e 22 do Estatuto).

Apesar do Estatuto apresentar o prazo de 2 anos para a estabilidade, a Constituição Federal foi alterada e a redação do seu art. 41 passou a exigir o prazo de 3 anos. Como a Constituição é norma hierarquicamente superior, o prazo para estabilidade é de 3 anos.

A estabilidade garante proteção contra o desligamento arbitrário do servidor, apenas podendo ocorrer nas seguintes situações (previsão constitucional):

a) sentença judicial transitada em julgado;

b) processo administrativo com ampla defesa;

c) insuficiência de desempenho verificada em avaliação periódica com ampla defesa (depende da edição de lei complementar);

d) excesso de despesa com pessoal (art. 169, § 4º, da CF).

O servidor efetivo e estável desligado irregularmente tem o direito à reintegração ao cargo anteriormente ocupado, com o ressarcimento de todas as vantagens relativas ao período em que ficou afastado.

4.6 Questões

1. **(FCC –TRF 2ª Região – Analista Judiciário – 2012)** O prazo para o servidor empossado em cargo público entrar em exercício será de:
A) 45 dias, contados da data da nomeação.
B) 15 dias, contados da data da posse.
C) 30 dias, contados da data da intimação pessoal do nomeado.
D) 10 dias, contados da data da intimação pessoal do investido.
E) 20 dias, contados da publicação do ato de proclamação de aprovação em concurso público.

↘ **Resolução:**
Conforme o art. 15, § 1º, da Lei n. 8.112/90, o prazo para o servidor entrar em exercício é de 15 dias a contar da posse.

↗ **Gabarito: "B".**

2. **(CESPE – TRF 1ª Região – Analista Judiciário – 2009)** Nos termos da Lei n. 8.112/90, a posse de um servidor público federal ocorrerá no prazo de 30 dias contados da publicação do ato de provimento. Caso a posse não ocorra nesse prazo, a consequência prevista é:
A) anular-se a classificação do servidor no respectivo concurso.
B) a demissão do servidor.
C) a exoneração do servidor.
D) a disponibilidade do servidor.
E) tornar-se sem efeito o ato de provimento.

↘ **Resolução:**
Apenas com a posse a pessoa física se qualifica como servidora pública. Caso não tome posse no prazo legal, a consequência é tornar sem efeito o ato de provimento, como por exemplo, a nomeação, conforme o art. 13, § 6º, da Lei n. 8.112/90.

↗ **Gabarito: "E".**

3. **(FCC –TER-AM – Analista Judiciário – 2010)** Nos termos da Lei n. 8.112/90, quanto à posse e ao exercício em cargo público, é correto que:

A) a posse e o exercício poderão dar-se através da nomeação da autoridade do órgão como procurador do servidor, mediante procuração específica.

B) a posse ocorrerá no prazo de quinze dias contados da data do ato de nomeação.

C) é de trinta dias o prazo para o servidor empossado em cargo público entrar em exercício, contados da data da publicação do ato de provimento.

D) a promoção interrompe o tempo de exercício, que é contado no novo posicionamento na carreira a partir da data da posse do servidor.

E) à autoridade competente do órgão ou entidade para onde for nomeado ou designado o servidor compete dar-lhe exercício.

↳ **Resolução:**

A) *Incorreta.* Apenas a posse pode ocorrer por procurador.

B) *Incorreta.* O prazo para posse é de até 30 dias, conforme o art. 13, § 1º, da Lei n. 8.112/90.

C) *Incorreta.* O prazo para entrar em exercício é de 15 dias a contar da posse, conforme o art. 15, § 1º, da Lei n. 8.112/90.

D) *Incorreta.* A promoção não interrompe a contagem do tempo de exercício, conforme o art. 17 da Lei n. 8.112/90.

E) *Correta.* Conforme o art. 15, § 3º, da Lei n. 8.112/90.

↗ **Gabarito: "E".**

5. VACÂNCIA, REMOÇÃO, REDISTRIBUIÇÃO E SUBSTITUIÇÃO

5.1 Vacância

Vacância, prevista nos arts. 33 a 35 do Estatuto, é o fato pelo qual o servidor desocupa seu cargo, sendo possível o preenchimento por outra pessoa.

Poderá ocorrer nas seguintes situações:

a) Exoneração

Caso o cargo seja efetivo, a exoneração se dará a pedido do servidor ou de ofício, quando reprovado no estágio probatório ou quando não entrar em exercício no prazo legal após tomar posse.

Caso seja cargo em comissão, a exoneração poderá ser a pedido do servidor ou de ofício por discricionariedade da autoridade competente.

b) Demissão

Penalidade por prática de falta grave.

c) Promoção

Desocupa o cargo atual para ocupar cargo de nível mais elevado em sua carreira.

d) Readaptação

Em virtude do acometimento de limitação física ou mental que impossibilite o desempenho das atribuições no cargo de origem. Passará a ocupar cargo compatível com as limitações.

e) Aposentadoria

Poderá ser voluntária, compulsória ou por invalidez.

f) Posse em outro cargo inacumulável

A Constituição Federal estabelece a regra de vedação de acumulação de cargos, empregos e funções públicos e aponta exceções (arts. 37, XVI, XVII e 38, III, da CF):

- dois cargos de professor;
- um de professor e um de natureza técnica ou científica;
- dois da área da saúde;
- um de vereador e outro cargo, emprego ou função.

Em todos os quatro casos excepcionais, deve haver compatibilidade de horário.

g) falecimento

5.2 Remoção

A remoção, prevista no art. 36 do Estatuto, é o deslocamento do servidor para desempenhar suas atividades em outra unidade. Ele permanece no mesmo cargo.

A remoção pode ser de ofício ou a pedido.

a) De ofício – para cumprimento do interesse público.

A autoridade competente poderá determinar que um servidor lotado em Goiânia-GO desempenhe suas atribuições em Porto Alegre, independentemente da concordância dele.

b) A pedido do servidor poderá ocorrer em congruência com o interesse público ou independentemente dele.

O segundo caso é o mais típico de provas. Quando o servidor poderá solicitar a remoção e a Administração Pública será obrigada a conceder:

- Para acompanhar cônjuge ou companheiro, servidor público ou militar, de qualquer dos Poderes da União, dos estados, do Distrito Federal e dos Municípios, que foi deslocado no interesse da Administração;
- Por motivo de saúde do servidor, cônjuge, companheiro ou dependente que viva a suas expensas e conste do seu assentamento funcional.
- Aprovado em processo seletivo interno do órgão.

5.3 Redistribuição

Redistribuição, prevista no art. 37 do Estatuto, é o deslocamento de cargo de provimento efetivo para outro órgão ou entidade do mesmo Poder, desde que respeitados os seguintes requisitos:

a) interesse da administração;

b) equivalência de vencimentos;

c) manutenção da essência das atribuições do cargo;

d) vinculação entre os graus de responsabilidade e complexidade das atividades;

e) mesmo nível de escolaridade, especialidade ou habilitação profissional;

f) compatibilidade entre as atribuições do cargo e as finalidades institucionais do órgão ou entidade.

Para redistribuição, o cargo poderá estar ocupado ou vago, e esta sempre ocorrerá no interesse da administração.

5.4 Substituição

A substituição, prevista no art. 38 do Estatuto, implica a substituição do titular do cargo, função de direção ou chefia e cargos especiais em razão de impedimento ou vacância.

Os substitutos naturais deverão estar previstos no regimento órgão ou entidade pública. Caso o regimento seja omisso, a substituição deverá ocorrer por designação da autoridade máxima do respectivo órgão ou entidade.

Durante a substituição, o substituto acumulará as atribuições da substituição com as atribuições do seu cargo de origem e fará jus à retribuição nos casos dos afastamentos ou impedimentos legais do titular, superiores a 30 dias consecutivos.

5.5 Questões

1. **(FCC –TRF 3ª Região – Analista Judiciário – 2016)** Débora, servidora pública do Tribunal Regional Federal da 3ª Região, solicitou remoção para outra localidade, para acompanhar seu cônjuge, também servidor público federal, que foi deslocado no interesse da Administração. Nos termos da Lei n. 8.112/90, a remoção de Débora:

A) ocorre sempre de ofício, isto é, não se dá a pedido do servidor.

B) pode se dar no âmbito do mesmo quadro de servidores ou em quadro diverso.
C) independe do interesse da Administração.
D) ocorre a critério da Administração.
E) ocorre, obrigatoriamente, sem mudança de sede.

↳ **Resolução:**

A) *Incorreta*. Pode ocorrer também por pedido do interesse, conforme o art. 36, parágrafo único, da Lei n. 8.112/90.
B) *Incorreta*. A remoção ocorrerá no mesmo quadro, conforme o art. 36 da Lei n. 8.112/90.
C) *Correta*. Para acompanhar cônjuge deslocado no interesse da administração pública, Débora tem o direito de ser removida, conforme o art. 36, parágrafo único, da Lei n. 8.112/90.
D) *Incorreta*. Não, será independentemente do interesse da administração pública, conforme o art. 36, parágrafo único, da Lei n. 8.112/90.
E) *Incorreta*. Poderá ocorrer com ou sem mudança de sede, conforme o art. 36 da Lei n. 8.112/90.

↗ **Gabarito: "C".**

2. **(FCC – TRT 18ª Região – Analista Judiciário – 2014)** No tocante à disciplina da remoção dos servidores públicos, nos termos da Lei Federal n. 8.112/90, é **INCORRETO** afirmar:

A) Remoção é o deslocamento do servidor, a pedido ou de ofício, no âmbito do mesmo quadro, com ou sem mudança de sede.
B) A remoção a pedido, para acompanhar cônjuge ou companheiro, também servidor público civil ou militar, de qualquer dos Poderes da União, dos Estados, do Distrito Federal e dos Municípios, que foi deslocado de ofício, é concedida independentemente do interesse da Administração.
C) A remoção a pedido, por motivo de saúde do servidor, cônjuge, companheiro ou dependente que viva a suas expensas e conste do seu assentamento funcional, pode ser concedida mediante declaração firmada por médico de confiança do interessado.
D) Na hipótese em que o número de interessados for superior ao número de vagas, a remoção a pedido se dará mediante processo seletivo, de acordo com normas preestabelecidas pelo órgão ou entidade em que aqueles estejam lotados.
E) A remoção a pedido não gera direito à percepção de ajuda de custo pelo servidor removido.

↳ **Resolução:**

A) *Correta*. Transcrição do *caput* do art. 36 da Lei n. 8.112/90.
B) *Correta*. Transcrição do art. 36, parágrafo único, III, a, da Lei n. 8.112/90.
C) *Incorreta*. A comprovação deverá ser por junta médica e não por declaração de médico de confiança, conforme o art. 36, parágrafo único, III, b, da Lei 8.112/90.
D) *Correta*. Transcrição do art. 36, parágrafo único, III, c, da Lei n. 8.112/90.
E) *Correta*. Assertiva legal, conforme o art. 53, § 3º, da Lei n. 8.112/90.

↗ **Gabarito: "C".**

3. **(FCC – TRT 19ª Região – Analista Judiciário – 2014)** Caterina, servidora pública federal, deverá ter exercício em outro Município em razão de ter sido removida. Nos termos da Lei n. 8.112/90, a servidora terá um prazo mínimo, contado da publicação do ato, para a retomada do efetivo desempenho das atribuições do cargo, incluído nesse prazo o tempo necessário para o deslocamento para a nova sede. O prazo mínimo a que se refere o enunciado é de:

A) dez dias.
B) um mês.
C) cinco dias.
D) setenta e duas horas.
E) quinze dias.

↳ **Resolução:**

O prazo mínimo legal é de 10 dias, conforme o art. 18 da Lei n. 8.112/90.

↗ **Gabarito: "A".**

4. **(FCC – TRT 9ª Região – Analista Judiciário – 2013)** Saulo, ocupante de cargo efetivo do Poder Executivo federal, foi informado que seu cargo fora deslocado para outro órgão da Administração direta federal, no qual deveria passar a atuar. De acordo com as disposições da Lei n. 8.112/90, trata-se do instituto da:

A) remoção, que somente pode ocorrer de ofício por inequívoca necessidade de serviço e observada a equivalência de vencimentos.
B) remoção de ofício, que pressupõe, entre outros requisitos, o mesmo nível de escolaridade, especialidade ou habilitação profissional.
C) redistribuição, que pressupõe, entre outros requisitos, a manutenção da essência das atribuições do cargo.
D) redistribuição, que, todavia, somente pode ser aplicada em relação a cargos vagos, assegurando a Saulo o direito de permanecer no órgão de origem.
E) redistribuição do servidor, que pode ser a pedido ou de ofício, pressupondo, entre outros requisitos, a compatibilidade de atribuições.

↘ **Resolução:**
A) *Incorreta.* Não se trata de remoção, pois houve deslocamento do cargo.
B) *Incorreta.* Não se trata de remoção, pois houve deslocamento do cargo.
C) *Correta.* Trata-se de redistribuição com manutenção da essência do cargo, conforme o art. 37, III, da Lei 8.112/90.
D) *Incorreta.* A redistribuição se aplica a cargos vagos e ocupados.
E) *Incorreta.* A redistribuição ocorrerá apenas de ofício, conforme o art. 37 da Lei n. 8.112/90.

↗ **Gabarito: "C".**

5. **(FCC –TER-AM – Analista Judiciário – 2010)** Nos termos da Lei n. 8.112/90, uma hipótese de vacância que pode se dar a pedido do servidor é a:
A) aposentadoria compulsória.
B) exoneração.
C) readaptação.
D) disponibilidade.
E) redistribuição.

↘ **Resolução:**
A) *Incorreta.* Independe de pedido do interessado.
B) *Correta.* Pode ser a pedido ou de ofício, conforme os arts. 33 e 34 da Lei 8.112/90.
C) *Incorreta.* De ofício.
D) *Incorreta.* Não é hipótese de vacância.
E) *Incorreta.* Não é hipótese de vacância.

↗ **Gabarito: "B".**

6. DIREITOS E VANTAGENS DOS SERVIDORES PÚBLICOS FEDERAIS

6.1 Vencimento e remuneração

Vencimento é a retribuição pecuniária pelo exercício de cargo público, com valor fixado em lei (art. 40 do Estatuto).

Remuneração é a somatória do vencimento com as demais vantagens pecuniárias permanentes estabelecidas em lei (art. 41 do Estatuto).

O vencimento do cargo efetivo, acrescido das vantagens permanentes, é irredutível.

Em nenhuma hipótese o servidor poderá receber remuneração inferior ao salário mínimo.

DESCONTOS	
Motivo	Quantidade
Falta injustificada	Remuneração do dia de falta
Atraso injustificado	Parcela proporcional ao atraso
Empréstimo consignado	Até 35% da remuneração mensal
Reposições ou indenizações	Parcela mínima de 10% do valor da remuneração mensal

O servidor em débito com o erário, que for demitido, exonerado ou que tiver sua aposentadoria ou disponibilidade cassada, terá o prazo de 60 dias para quitar o débito (art. 47 do Estatuto).

A não quitação do débito no prazo previsto implicará sua inscrição em dívida ativa.

O vencimento, a remuneração e o provento não serão objeto de arresto, sequestro ou penhora, exceto nos casos de prestação de alimentos resultante de decisão judicial (art. 48 do Estatuto).

6.2 Vantagens

Vantagem corresponde a qualquer valor recebido pelo servidor que não se enquadre no conceito de vencimento.

São três os tipos de vantagens: indenizações; gratificações; adicionais.

Apenas as vantagens permanentes integram a remuneração. As indenizações não se incorporam ao vencimento ou provento para qualquer efeito.

1) Indenizações

Possuem caráter eventual. Serão devidas quando o servidor tiver alguma despesa para desempenhar suas atividades. Quatro espécies:

a) Ajuda de custo

A ajuda de custo, prevista nos arts. 53 a 57, tem o objetivo de compensar as despesas de instalação do servidor quando muda de sede por interesse da administração ou retorno da família, no caso de falecimento do servidor.

O valor máximo da ajuda de custo será o equivalente a 3 remunerações.

Não será concedida ajuda de custo ao servidor que se afastar do cargo, ou reassumi-lo, em virtude de mandato eletivo.

Caso o servidor, injustificadamente, não se apresente na nova sede no prazo de 30 dias, deverá restituir a ajuda de custo.

b) Diária

A diária, prevista nos arts. 58 e 59 do Estatuto, é a parcela que antecipa os gastos habituais para evento em outro ponto do território nacional ou internacional (contempla alimentação, hospedagem e transporte local).

> **ATENÇÃO**
> - Pagamento da metade quando não tiver pernoite ou quando a União conseguir custear de outros modos despesas;
> - deslocamento dentro da região metropolitana não enseja diária;
> - restituição em até 5 dias quando recebidas e não utilizadas.

c) Indenização de transporte

A indenização de transporte, prevista no art. 60 do Estatuto, tem por finalidade ressarcir os gastos por utilização de meio de locomoção de terceiro para execução de serviço externo.

d) Auxílio-moradia

O auxílio-moradia, previsto nos arts. 60-A a 60-E do Estatuto, é utilizado para ressarcimento das despesas com aluguel ou hospedagem no prazo de um mês após a comprovação da despesa.

> **ATENÇÃO**
>
> **São requisitos para a concessão que:**
> - não exista imóvel funcional disponível para uso pelo servidor;
> - o cônjuge ou companheiro do servidor não ocupe imóvel funcional;
> - o servidor ou seu cônjuge ou companheiro não seja ou tenha sido proprietário, promitente comprador, cessionário ou promitente cessionário de imóvel no Município onde for exercer o cargo, incluída a hipótese de lote edificado sem averbação de construção, nos doze meses que antecederem a sua nomeação;
> - nenhuma outra pessoa que resida com o servidor receba auxílio-moradia;
> - o servidor tenha se mudado do local de residência para ocupar cargo em comissão ou função de confiança do Grupo-Direção e Assessoramento Superiores – DAS, níveis 4, 5 e 6, de Natureza Especial, de Ministro de Estado ou equivalentes;
> - o Município no qual assuma o cargo em comissão ou função de confiança não se enquadre nas hipóteses do art. 58, § 3º (Município Limítrofe), em relação ao local de residência ou domicílio do servidor;

- o servidor não tenha sido domiciliado ou tenha residido no Município, nos últimos doze meses, onde for exercer o cargo em comissão ou função de confiança, desconsiderando-se prazo inferior a sessenta dias dentro desse período;
- o deslocamento não tenha sido por força de alteração de lotação ou nomeação para cargo efetivo;
- deslocamento tenha ocorrido após 30 de junho de 2006.

O auxílio-moradia é limitado a 25% do valor do cargo em comissão, função comissionada ou cargo de Ministro de Estado e tem como valor mínimo R$ 1.800,00.

No caso de falecimento, exoneração, colocação de imóvel funcional à disposição do servidor ou aquisição de imóvel, o auxílio-moradia continuará sendo pago por um mês.

2) Gratificações e adicionais

a) retribuição pelo exercício de função de direção, chefia e assessoramento

Prevista no art. 62 do Estatuto, trata-se de compensação pelo exercício de função diferenciada.

b) gratificação natalina

Prevista nos arts. 63 a 66 do Estatuto, corresponde ao 13º salário da iniciativa privada.

O valor da gratificação corresponde a 1/12 da remuneração a que o servidor fizer jus no mês de dezembro multiplicado pelo número de meses de exercício no respectivo ano.

Será considerado mês integral para cálculo da gratificação a fração igual ou superior a 15 dias de trabalho.

c) adicional pelo exercício de atividades insalubres, perigosas ou penosas

Previsto nos arts. 68 a 76 do Estatuto, é devido em razão do contato com substâncias que possam acarretar dano à saúde, de atividade que colocar servidor em risco ou em relação com a localidade em que o servidor está lotado.

Os adicionais de insalubridade e periculosidade não podem ser recebidos conjuntamente (art. 68, § 1º, do Estatuto).

A servidora gestante ou lactante será afastada, enquanto durarem a gestação e a lactação, das operações e locais de risco, exercendo suas atividades em local salubre e em serviço não penoso e não perigoso (art. 69 do Estatuto).

d) adicional pela prestação de serviço extraordinário

Previsto nos arts. 73 e 74 do Estatuto, é a contraprestação pela conhecida "hora extra", com o valor habitual acrescido de 50%.

Somente será permitido serviço extraordinário para atender a situações excepcionais e temporárias, respeitado o limite máximo de 2 horas por jornada.

e) adicional noturno

O adicional noturno está previsto no art. 75 do Estatuto.

O serviço noturno é aquele realizado entre às 22 horas e as 5 horas do dia seguinte. O valor do adicional será de 25% por hora habitual, computando-se cada hora como 52 minutos e 30 segundos.

f) adicional de férias

O adicional de férias está previsto no art. 76 do Estatuto.

Em razão das férias, o servidor tem direito à adicional de 1/3 da sua remuneração.

Caso o servidor desempenhe função de direção, chefia ou assessoramento, a respectiva vantagem incidirá para cálculo do adicional de férias.

g) gratificação por encargo de curso ou concurso

Essa gratificação está prevista no art. 76-A do Estatuto.

> **ATENÇÃO**
>
> São requisitos para concessão (alternativos ou cumulativos):
> - atuar como instrutor em curso de formação, de desenvolvimento ou de treinamento regularmente instituído no âmbito da administração pública federal;
> - participar de banca examinadora ou de comissão para exames orais, para análise curricular, para correção de provas discursivas, para elaboração de questões de provas ou para julgamento de recursos intentados por candidatos;
> - participar da logística de preparação e de realização de concurso público envolvendo atividades de planejamento, coordenação, supervisão, execução e avaliação de resultado, quando tais atividades não estiverem incluídas entre as suas atribuições permanentes;
> - participar da aplicação, fiscalizar ou avaliar provas de exame vestibular ou de concurso público ou supervisionar essas atividades.

A Gratificação por Encargo de Curso ou Concurso não se incorpora ao vencimento ou salário do servidor para qualquer efeito.

6.3 Férias

As férias do servidor estão previstas nos arts. 77 a 80 do Estatuto.

Trata-se do período de descanso do servidor.

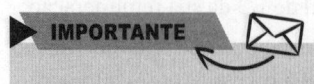

> **IMPORTANTE**
>
> O prazo de férias é equivalente a 30 dias ao ano e poderá ser gozado em até 3 parcelas.

Em caso de necessidade do serviço, poderão ser acumulados até dois períodos de férias

Para o primeiro período aquisitivo de férias serão exigidos 12 meses de exercício.

O pagamento das férias, a incluir o adicional de 1/3, deverá ocorrer em até 2 dias antes do início do respectivo período. Em caso de parcelamento, o adicional integral será pago já na primeira parcela.

As férias somente poderão ser interrompidas por motivo de calamidade pública, comoção interna, convocação para júri, serviço militar ou eleitoral, ou por necessidade do serviço declarada pela autoridade máxima do órgão ou entidade.

6.4 Questões

1. **(FCC – TRT 4ª Região – Analista Judiciário – 2019)** As indenizações previstas na Lei n. 8.112/90:

A) são espécies de vantagens passíveis de serem pagas aos servidores de forma recorrente e reiterada, incorporando-se aos vencimentos devidos mensalmente.

B) não se incorporam aos vencimentos recebidos pelos servidores, porque constituem espécies de vantagens e, como tal, não podem ser pagas por prazo indeterminado.

C) são espécies de gratificações devidas aos servidores, podendo, em alguns casos, ser incorporadas à remuneração mensal.

D) são adicionais devidos aos servidores em situações episódicas, mediante comprovação de despesa prévia, não se incorporando à remuneração mensal.

E) e as gratificações são pagamentos devidos aos servidores em casos de comprovação de despesas extraordinárias, podendo ser incorporadas aos vencimentos, mas não aos proventos.

↳ **Resolução:**

A) *Incorreta.* As indenizações são episódicas e não serão incorporadas aos vencimentos, conforme art. 49, § 1º, da Lei n. 8.112/90.

B) *Incorreta*. Vantagens de caráter permanente poderão ser incorporadas aos vencimentos, conforme art. 49, § 2º, da Lei n. 8.112/90.
C) *Incorreta*. Indenizações e gratificações são espécies distintas de vantagens, conforme art. 49 da Lei n. 8.112/90.
D) *Correta*.
E) *Incorreta*. Gratificações não são devidas por despesas extraordinárias. Indenizações não se incorporam aos vencimentos, conforme art. 49 da Lei 8.112/90.

↗ **Gabarito: "D".**

2. **(FCC –TRT 2ª Região – Analista Judiciário – 2018)** Lara, servidora pública federal, no interesse do serviço, passou a ter exercício em nova sede, ocorrendo mudança de domicílio em caráter permanente. Neste caso, dispõe a Lei n. 8.112/90, que a ajuda de custo:

A) será calculada sobre a remuneração de Lara, conforme se dispuser em regulamento, não podendo exceder a importância correspondente a três meses.
B) não será devida à família de Lara se esta vier a falecer na nova sede, uma vez que esta vantagem é paga exclusivamente ao servidor.
C) será devida, correndo por conta da Administração as despesas de transporte do servidor e de sua família, não compreendendo bagagem e bens pessoais.
D) será devida inclusive na hipótese de o cônjuge de Lara, que detém também a condição de servidor, vier a ter exercício na mesma sede, uma vez que é uma vantagem personalíssima perfeitamente acumulável.
E) não é devida, uma vez que o direito ao recebimento da ajuda de custo está condicionado à transferência temporária.

↘ **Resolução:**
A) *Correta*. Conforme art. 54 da Lei n. 8.112/90.
B) *Incorreta*. Será devida à família, conforme art. 53, § 2º, da Lei n. 8.112/90.
C) *Incorreta*. Compreende bagagem e bens pessoais, conforme art. 53, § 1º, da Lei n. 8.112/90.
D) *Incorreta*. Vedado o duplo pagamento, conforme art. 53, da Lei n. 8.112/90.
E) *Incorreta*. Devido em caráter permanente, conforme art. 53 da Lei n. 8.112/90.

↗ **Gabarito: "A".**

3. **(FCC –TER-SP – Analista Judiciário – 2017)** Considere a seguinte situação hipotética: Pedro é servidor público federal há vinte e cinco anos e, em janeiro de 2016, foi nomeado para exercer o cargo de Ministro de Estado, razão pela qual mudou-se, pela primeira vez, da cidade de São Paulo, onde residia, para morar em Brasília com sua companheira Joana. Cumpre salientar que, em dezembro de 2015, a companheira de Pedro adquiriu um imóvel em Brasília com o objetivo de alugá-lo e assim obter uma renda extra, no entanto, o imóvel ainda não foi locado. Nos termos da Lei n. 8.112/90, Pedro:

A) terá direito ao auxílio-moradia se a companheira de Pedro vender o imóvel.
B) não terá direito ao auxílio-moradia, vez que o imóvel de Joana representa impeditivo legal ao aludido benefício.
C) terá direito ao auxílio-moradia, desde que a companheira de Pedro não ocupe imóvel funcional em Brasília.
D) terá direito ao auxílio-moradia, independentemente de qualquer outro requisito legal.
E) não terá direito ao auxílio-moradia, vez que a lei veda tal benefício para o cargo de Ministro de Estado.

↘ **Resolução:**
A) *Incorreta*. Para ter direito ao auxílio-moradia, a companheira deveria ter alienado o imóvel 12 meses antes, conforme art. 60-B, III, da Lei n. 8.112/90.
B) *Correta*. Conforme art. 60-B da Lei n. 8.112/90.
C) *Incorreta*. Não terá direito pelo fato de Joana ser proprietária de imóvel, conforme art. 60-B, III, da Lei n. 8.112/90.
D) *Incorreta*. Deve atender aos requisitos legais, conforme art. 60-B da Lei n. 8.112/90.
E) *Incorreta*. Não veda, inclusive se trata de hipótese legal, conforme art. 60-B, V, da Lei n. 8.112/90.

↗ **Gabarito: "B".**

4. **(FCC –TRT 15ª Região – Analista Judiciário – 2013)** A Lei prevê, além do vencimento que poderão ser pagos ao servidor indenizações, gratificações e adicionais. É regra atinente a essas vantagens o:

A) pagamento de auxílio-moradia ser uma espécie de gratificação.
B) cabimento de ajuda de custo a servidor afastado em virtude de mandato eletivo.
C) não cabimento de diárias se o deslocamento da sede constituir exigência permanente do cargo.
D) cabimento de auxílio-moradia se o deslocamento do servidor ocorrer por força de nomeação para cargo efetivo.
E) cálculo da ajuda de custo feito sobre a remuneração do servidor, não podendo exceder a importância correspondente a 2 meses.

↳ **Resolução:**
A) *Incorreta.* Auxílio-moradia é uma espécie de indenização, conforme art. 5º da Lei n. 8.112/90.
B) *Incorreta.* Vedado o pagamento de ajuda de custo em virtude de mandato eletivo, conforme art. 55 da Lei 8.112/90.
C) *Correta.* Conforme art. 58, § 2º, da Lei 8.112/90.
D) *Incorreta.* Vedado, conforme art. 60-B, VIII, da Lei 8.112/90.
E) *Incorreta.* O valor não poderá ser superior a 3 meses, conforme art. 54 da Lei 8.112/90.

↗ **Gabarito: "C".**

7. LICENÇAS, AFASTAMENTOS E CONCESSÕES

7.1 Licenças

São sete as licenças previstas no Estatuto como direitos gerais e três correspondentes à seguridade social do servidor:

a) por motivo de doença em pessoa da família;
b) por motivo de afastamento do cônjuge ou companheiro;
c) para o serviço militar;
d) para atividade política;
e) para capacitação;
f) para tratar de interesses particulares;
g) para desempenho de mandato classista;
h) licença para tratamento de saúde;
i) licença à gestante, à adotante e licença-paternidade;
j) licença por acidente em serviço.

1) Licença por motivo de doença em pessoa da família

Essa licença está prevista no art. 83 do Estatuto.

Ocorrerá por motivo de doença do cônjuge ou companheiro, dos pais, dos filhos, do padrasto ou madrasta e enteado, ou dependente que viva a suas expensas e conste do seu assentamento funcional, desde que a assistência do servidor seja indispensável e não possa ser realizada em conjunto com o exercício das atribuições do cargo.

A concessão da licença dependerá de comprovação da doença por perícia médica oficial.

▶ **ATENÇÃO**

A licença poderá ser concedida nas seguintes condições (dentro de um período de 12 meses):
- por até 60 dias, consecutivos ou não, mantida a remuneração do servidor;
- por até 90 dias, consecutivos ou não, sem remuneração.

Contagem do tempo apenas para aposentadoria, quando remunerada, ou sem contagem de tempo para efeitos, quando não remunerada.

2) Licença por motivo do afastamento do cônjuge

Essa licença está prevista no art. 84 do Estatuto.

Quando cônjuge ou companheiro do servidor for deslocado para outro ponto do território nacional, para o exterior ou para o exercício de mandato eletivo dos Poderes Executivo e Legislativo, poderá ser concedida a licença para acompanhar.

A licença será por prazo indeterminado e não será remunerada.

3) Licença para o serviço militar

Essa licença está prevista no art. 85 do Estatuto.

Quando convocado para o serviço militar, o servidor terá direito à referida licença.

Após a conclusão do serviço militar, deverá se reapresentar em até 30 dias (sem remuneração nesse período).

4) Licença para atividade política

Essa licença está prevista no art. 86 do Estatuto.

A licença para atividade política é compreendida em duas acepções:

a) Período entre a escolha como candidato pelo partido (convenção partidária) e o registro da candidatura – sem remuneração e sem aproveitamento do tempo.

b) Período entre o registro da candidatura a até o décimo dia posterior à eleição – com remuneração (limite de 3 meses) e contagem do prazo para efeito de aposentadoria.

5) Licença para capacitação

Essa licença está prevista no art. 87 do Estatuto.

Trata-se de licença para participação em curso de capacitação profissional. A licença poderá ser concedida após cada quinquênio de efetivo exercício, desde que haja interesse da Administração Pública.

O prazo da licença será de no máximo três meses e com remuneração.

Caso o servidor não usufrua da licença a cada ciclo de 5 anos, não haverá acumulação. Ou seja, haverá a perda da oportunidade.

6) Licença para tratar de interesses particulares

Essa licença está prevista no art. 91 do Estatuto.

O servidor efetivo e que não esteja em estágio probatório poderá obter licença para tratar de assuntos particulares, a critério da Administração.

Portanto, a concessão da licença não se trata de ato vinculado, mas discricionário da Administração.

O prazo limite é de 3 anos e a licença poderá ser interrompida a qualquer tempo.

7) Licença para o desempenho de mandato classista ou para participar de administração com cooperativa de servidores públicos

Essa licença está prevista no art. 92 do Estatuto.

Servidor público poderá obter licença para exercício de mandato em confederação, federação, associação de classe de âmbito nacional, sindicato representativo da categoria ou entidade fiscalizadora da profissão ou, ainda, para participar de gerência ou administração em sociedade cooperativa constituída por servidores públicos para prestar serviços a seus membros, respeitados os seguintes limites:

a) para entidades com até 5.000 associados, 2 servidores;

b) para entidades com 5.001 a 30.000 associados, 4 servidores;

c) para entidades com mais de 30.000 associados, 8 servidores.

A licença não será remunerada e a duração será a do prazo do respectivo mandato.

8) Licença para tratamento de saúde

Essa licença está prevista nos arts. 202 a 206 do Estatuto.

Será concedida ao servidor licença para tratamento de saúde, a pedido ou de ofício, sem prejuízo da remuneração.

Como regra, a concessão da licença dependerá de prévia perícia. Nos casos de licença de até 15 dias a perícia poderá ser dispensada.

O limite para licença contínua é de 24 meses. Se o servidor não conseguir retornar ou ser readaptado, ele será aposentado por invalidez.

9) Licença a gestante, a adotante e licença-paternidade

Essas licenças estão previstas nos arts. 207 a 210 do Estatuto.

a) Gestante

Para gestante o prazo da licença será de 120 dias, podendo ser prorrogado por mais 60 dias.

A licença poderá ter início no primeiro dia do nono mês de gestação, salvo antecipação por prescrição médica.

Caso o nascimento seja prematuro, a licença terá início a partir do parto.

b) Adotante

Para adotantes, conforme o Estatuto, o prazo será de 30 dias se a criança tiver mais de 1 ano; 90 dias para criança com até um ano.

> **ATENÇÃO**
>
> O STF igualou o prazo da licença para adotante com prazo da licença-gestante.

c) Paternidade

Pelo nascimento ou adoção de filhos, o servidor terá direito à licença-paternidade de 5 dias consecutivos podendo ser prorrogados por mais 15 dias, conforme Decreto n. 8.537/2016.

10) Licença por acidente no serviço

Essa licença está prevista nos arts. 211 a 214 do Estatuto.

O servidor que sofrer acidente de trabalho terá direito à licença.

Configura acidente em serviço o dano físico ou mental sofrido pelo servidor, que se relacione, mediata ou imediatamente, com as atribuições do cargo exercido, a incluir aquele sofrido no trajeto residência-trabalho-residência.

A licença será concedida com remuneração integral e contagem como tempo de serviço.

Caso o servidor acidentado necessite de tratamento não realizado na rede pública de saúde, realizará em instituição privada à conta de recursos públicos.

A prova do acidente será feita no prazo de 10 dias, prorrogável quando as circunstâncias o exigirem.

7.2 Afastamentos

São quatro os tipos de afastamento:

a) afastamento para servir a outro órgão ou entidade;

b) afastamento para exercício de mandato eletivo;

c) afastamento para estudo ou missão no exterior;

d) afastamento para pós-graduação no país.

1) Afastamento para servir a outro órgão ou entidade

Esse afastamento está previsto no art. 93 do Estatuto.

O servidor poderá ser cedido para exercer atividades em outro órgão ou entidade da União, de Estado, de Município ou do Distrito Federal.

A cessão ocorrerá para exercer cargo em comissão, função de confiança ou em outras hipóteses previstas em leis específicas.

Sendo a cessão para outros entes públicos, o ônus da remuneração do servidor será daquele. O pagamento original continuará com a União e o ente que recebeu o servidor fará a restituição.

2) Afastamento para exercício de mandato eletivo

Esse afastamento está previsto no art. 94 do Estatuto.

O Estatuto repetiu a previsão do art. 38 da Constituição Federal com relação aos servidores públicos que são investidos em mandato eletivo:

a) tratando-se de mandato federal, estadual ou distrital, ficará afastado do cargo;

b) tratando-se de mandato de Prefeito, será afastado do cargo, sendo-lhe facultado optar pela sua remuneração;

c) tratando-se de mandato de vereador:

- havendo compatibilidade de horário, perceberá as vantagens de seu cargo, sem prejuízo da remuneração do cargo eletivo;
- não havendo compatibilidade de horário, será afastado do cargo, sendo-lhe facultado optar pela sua remuneração.

3) Afastamento para estudo ou missão no exterior

Esse afastamento está previsto nos arts. 95 e 96 do Estatuto.

O servidor não poderá ausentar-se do Brasil para estudo ou missão oficial no exterior sem prévia autorização do Chefe do Poder correspondente.

O prazo do afastamento será de no máximo quatro anos. Após o afastamento, novo só será admitido com a permanência no Brasil pelo mesmo período (no mínimo). Da mesma forma, o servidor somente poderá requerer sua exoneração após cumprir, no mínimo, o mesmo prazo de atividades no Brasil com relação ao período em que ficou afastado no exterior, ressalvada a hipótese de ressarcimento da despesa havida com seu afastamento.

O afastamento de servidor para servir em organismo internacional de que o Brasil participe ou com o qual coopere ocorrerá com perda total da remuneração.

4) Afastamento para pós-graduação no país

Esse afastamento está previsto no art. 96-A do Estatuto.

O servidor poderá obter afastamento para participar de programa de pós-graduação *stricto sensu* em instituição de ensino superior no Brasil.

Requisitos:

a) interesse público;

b) participação não possa ocorrer simultaneamente com o exercício do cargo ou compensação de horário.

O afastamento ocorrerá com a manutenção da remuneração.

Os afastamentos para realização de programas de mestrado e doutorado somente serão concedidos aos servidores titulares de **cargos efetivos** no respectivo órgão ou entidade há pelo menos 3 anos para mestrado e 4 anos para doutorado, incluído o período de estágio probatório, que não tenham se afastado por licença para tratar de assuntos particulares para gozo de licença capacitação ou com fundamento neste afastamento nos 2 anos anteriores à data da solicitação.

O servidor somente poderá requerer sua exoneração após cumprir, no mínimo, o mesmo prazo de atividades no cargo com relação ao período em que ficou afastado, ressalvada a hipótese de ressarcimento da despesa havida com seu afastamento.

Caso o servidor seja reprovado no programa de pós-graduação, ele deverá ressarcir os cofres públicos, salvo em razão de força maior.

7.3 Concessões

As concessões podem permitir a ausência do servidor ou a atuação em horário especial sem qualquer prejuízo.

Concessões para ausência do servidor por determinado período de tempo estão previstas no art. 97 do Estatuto:

a) Doação de sangue – 1 dia;
b) Alistamento eleitoral – 2 dias;
c) Casamento – 8 dias consecutivos;
d) Falecimento do cônjuge, companheiro, pais, madrasta ou padrasto, filhos, enteados, menor sob guarda ou tutela e irmãos – 8 dias consecutivos.

Já as concessões para atuação em horário especial poderão ocorrer (art. 98 do Estatuto):

a) para servidor estudante (quando comprovada a incompatibilidade de horários) – necessária compensação;
b) para portador de deficiência (quando comprovada a necessidade por junta médica) – não requer compensação;
c) em razão de cônjuge, filho ou dependente com deficiência – necessária compensação;
d) para instrutor ou participante de banca examinadora – necessária compensação.

> **ATENÇÃO**
>
> Ao servidor estudante que mudar de sede no interesse da administração é assegurada, na localidade da nova residência ou na mais próxima, matrícula em instituição de ensino congênere, em qualquer época, independentemente de vaga. Direito extensível ao cônjuge, companheiro, filhos ou enteados que vivam em sua companhia.

7.4 Questões

1. **(FCC –TRT 15ª Região – Analista Judiciário – 2018)** Um servidor da Administração direta federal foi convidado para ocupar cargo em comissão na Administração indireta estadual, como superintendente da autarquia responsável por ditar a política ambiental, inclusive realizar os licenciamentos naquela unidade federativa. O ente interessado na cessão do servidor formalizou o pedido e o servidor apresentou a seu superior pedido de afastamento, que:

A) não poderá ser deferido, considerando que os pedidos de afastamento para ocupar cargo em comissão somente podem ser acolhidos dentro da mesma esfera da Administração.

B) não poderá ser acolhido porque os pedidos de afastamento somente podem ser deferidos para ocupar cargo em comissão no âmbito da Administração direta.

C) poderá ser deferido, ficando a remuneração do servidor a cargo do ente cessionário.

D) poderá ser deferido, mantendo-se o ônus da remuneração para a Administração pública cedente, considerando o dever de colaboração entre os entes federados.

E) será ou não deferido, conforme decisão discricionária da autoridade competente, cabendo ao servidor optar pela remuneração na Administração pública cedente ou cessionária.

↳ **Resolução:**

A) *Incorreta*. Poderá ser cedido para exercício em qualquer dos entes federativos, conforme art. 93 da Lei n. 8.112/90.

B) *Incorreta*. Poderá ocorrer na Administração direta ou indireta, conforme art. 93 da Lei n. 8.112/90.

C) *Correta*. Conforme art. 93, § 1º, da Lei n. 8.112/90.

D) *Incorreta*. Ônus da remuneração para a entidade cessionária, conforme art. 93, § 1º, da Lei n. 8.112/90.

E) *Incorreta*. A escolha da remuneração ocorrerá em cessão para empresas estatais, conforme art. 93, § 2º, da Lei n. 8.112/90.

↗ **Gabarito: "C".**

2. **(FCC – TST – Analista Judiciário – 2017)** Considere que um servidor público da União tenha sido convidado para integrar, com mandato de quatro anos, um organismo internacional do qual o Brasil faz parte como membro, sediado nos Estados Unidos, e pretenda obter afastamento de seu cargo para desempenhar tal mister. De acordo com as disposições aplicáveis da Lei federal n. 8.112/90, que estabelece o regime jurídico dos servidores públicos civis federais, tal pretensão afigura-se:

A) descabida, salvo se o servidor em questão for integrante de carreira diplomática, podendo o afastamento ser concedido com duração correspondente ao mandato.

B) cabível, exclusivamente em se tratando de missão oficial, nos termos definidos em tratado ou acordo internacional.

C) descabida, eis que o afastamento para atuar no exterior somente é permitido para missão ou estudo, com prazo máximo de 3 anos.

D) cabível, porém o afastamento deverá, obrigatoriamente, se dar com prejuízo da remuneração.

E) cabível, excepcionalmente, com anuência do Ministério de Relações Exteriores, não contando o tempo de afastamento como exercício no serviço público.

↳ **Resolução:**

A) *Incorreta*. Poderá ocorrer em razão de missão oficial ou para estudo, conforme art. 95 da Lei n. 8.112/90.

B) *Incorreta*. Além de missão oficial também poderá ocorrer para estudos, conforme art. 95 da Lei n. 8.112/90.

C) *Incorreta*. Prazo máximo de 4 anos, conforme art. 95, § 1º, da Lei n. 8.112/90.

D) *Correta*. Conforme art. 96 da Lei n. 8.112/90.

E) *Incorreta*. A autorização será do Presidente da República, Presidente dos Órgãos dos Poder Legislativo e Presidente do Supremo Tribunal Federal.

↗ **Gabarito: "D".**

3. **(FCC – TER-SP – Analista Judiciário– 2017)** Miguel é servidor público federal e pretende licenciar-se do cargo para o desempenho de mandato classista em sindicato representativo da categoria do qual faz parte e que conta com 5.000 associados. Cumpre salientar que o servidor foi eleito para cargo de representação no mencionado sindicato. Nos termos da Lei n. 8.112/90:

A) o mencionado sindicato comportará até quatro servidores licenciados para o desempenho de mandato classista.

B) a licença perdurará pelo mesmo prazo do mandato, não podendo ser renovada.

C) será assegurado ao servidor o direito à licença sem remuneração para o desempenho do respectivo mandato.

D) não constitui requisito para a mencionada licença que o sindicato seja cadastrado no órgão competente.

E) o mencionado sindicato comportará apenas um servidor licenciado para o desempenho de mandato classista.

↳ **Resolução:**

A) *Incorreta*. Limite de 2 servidores, conforme art. 92, I, da Lei n. 8.112/90.

B) *Incorreta*. Poderá ser renovada no caso de reeleição, conforme art. 92, § 2º, da Lei n. 8.112/90.

C) *Correta*. Conforme art. 92 da Lei n. 8.112/90.

D) *Incorreta*. Constitui requisito, conforme art. 92, § 1º, da Lei n. 8.112/90.

E) Limite de 2 servidores, conforme art. 92, I, da Lei n. 8.112/90.

↗ **Gabarito: "C".**

8. DIREITO DE PETIÇÃO

Direito de petição, previsto nos arts. 104 a 115 do Estatuto, é o direito do servidor de se manifestar, requerer, em defesa de seus direitos ou por legítimo interesse.

8.1 Sujeito ativo

Quem poderá requerer/manifestar é o servidor público.

Para o exercício do direito de petição, é assegurada vista do processo ou documento, na repartição, ao servidor ou a procurador por ele constituído.

8.2 Sujeito passivo

O demandado será a autoridade competente por intermédio da autoridade imediatamente subordinada.

8.3 Pedido de reconsideração

Dirigido à autoridade que tiver expedido o ato ou primeira decisão (não pode ser renovado) no prazo de até 30 dias.

O prazo poderá ser prorrogado por motivo de força maior.

8.4 Interposição de recurso

1) Quando
- Do indeferimento do pedido de reconsideração;
- Das decisões de recursos.

2) Endereçamento

Para a autoridade imediatamente superior, por intermédio da autoridade subordinada.

3) Prazos

O recurso deve ser interposto em até 30 dias a contar da publicação ou da ciência, pelo interessado, da decisão recorrida.

O prazo poderá ser prorrogado por motivo de força maior.

4) Efeito suspensivo

A autoridade competente poderá receber o recurso com efeito suspensivo.

5) Efeitos da decisão

Acolhido o recurso, os efeitos retroagirão à data do ato impugnado.

8.5 Prescrição

O direito de requerer prescreve em:

1) 5 anos – quanto aos atos de demissão e de cassação de aposentadoria ou disponibilidade, ou que afetem interesse patrimonial e créditos resultantes das relações de trabalho;
2) 120 dias – nos demais casos.

O prazo de prescrição se iniciará com a publicação do ato impugnado ou da data da ciência pelo interessado.

A interposição do recurso ou o pedido de reconsideração interrompem o prazo prescricional.

A prescrição para exercício do direito de petição não poderá ser relevada pela Administração Pública.

8.6 Poder de autotutela da Administração

A Administração Pública deverá rever seus atos a qualquer tempo quando viciados.

8.7 Questões

1. **(FCC –TRT 11ª Região – Analista Judiciário – 2017)** Apolo, Analista do Tribunal, exerceu seu direito de petição em defesa de interesse legítimo, observando os comandos da Lei n. 8.112/90. Seu requerimento foi indeferido, razão pela qual ingressou com pedido de reconsideração. Sendo provido o pedido de reconsideração, os efeitos dessa decisão:

A) não retroagem, isto é, os efeitos serão *ex tunc*; no entanto, será garantida indenização pelos prejuízos eventualmente sofridos.

B) não retroagem, produzindo efeitos *ex nunc*.

C) retroagirão à data da decisão que foi objeto do pedido de reconsideração.

D) retroagirão à data em que exercido o direito de petição.

E) retroagirão à data do ato impugnado.

↳ **Resolução:**
Retroagem à data do ato impugnado, conforme art. 109, parágrafo único, da Lei n. 8.112/90.

↗ **Gabarito: "E"**.

2. **(FCC – TRT 9ª Região – Analista Judiciário – 2015)** O direito de petição previsto na Lei n. 8.112/90:

A) assiste somente aos servidores titulares de cargo efetivo, tendo em vista que os servidores comissionados e os ocupantes de emprego público não se submetem ao princípio do concurso público para ingresso no serviço público.

B) deve ser sempre dirigido à autoridade imediatamente superior ao servidor, em razão do poder hierárquico e disciplinar dos quais é dotada, o que abrange análise de legalidade e de conveniência e oportunidade sobre o requerimento pretendido.

C) deve ser encaminhado pela autoridade imediatamente superior ao requerente, que não pode emitir juízo de valor sobre o pedido, vedado, no entanto, pedido de reconsideração ou recurso em face da decisão da autoridade competente, posto que não se trata de processo administrativo, onde presente o princípio do contraditório e da ampla defesa.

D) deve ser exercido sem que o requerente tenha vista do processo a que se refere o pedido, salvo se diante de processo disciplinar, em que esse direito é garantido aos servidores desde a instauração.

E) é direito do servidor e admite interposição de pedido de reconsideração e de recurso contra a decisão proferida pela autoridade competente, correndo, no entanto, prescrição para exercício do direito de petição.

↘ **Resolução:**

A) *Incorreta*. Não se restringe ao servidor efetivo, conforme art. 104 da Lei n. 8.112/90.

B) *Incorreta*. Deve ser dirigido à autoridade competente para decidir, conforme art. 105 da Lei n. 8.112/90.

C) *Incorreta*. Deve ser dirigido à autoridade competente para decidir, conforme art. 105 da Lei n. 8.112/90.

D) *Incorreta*. É assegurada vista do processo, conforme art. 113 da Lei n. 8.112/90.

E) *Correta*. Conforme arts. 106, 107 e 110 da Lei n. 8.112/90.

↗ **Gabarito: "E".**

3. **(FCC –TRT 24ª Região – Analista Judiciário – 2011)** Nos termos da Lei n. 8.112/90, é assegurado ao servidor o direito de requerer aos Poderes Públicos, em defesa de direito ou interesse legítimo. Diante disso:

A) não caberá recurso das decisões sobre os recursos sucessivamente interpostos.

B) o prazo para interposição de pedido de reconsideração é de quinze dias, a contar da intimação do interessado ou do seu representante legal.

C) não cabe pedido de reconsideração à autoridade que houver expedido o ato ou proferido a primeira decisão.

D) o pedido de reconsideração e o recurso, quando cabíveis, não suspendem ou interrompem a prescrição.

E) o prazo de prescrição do direito de requerer será contado da data da publicação do ato impugnado ou da data da ciência pelo interessado, quando o ato não for publicado.

↘ **Resolução:**

A) *Incorreta*. É possível, conforme art. 107, II, da Lei n. 8.112/90.

B) *Incorreta*. O prazo é de 30 dias, conforme art. 108 da Lei n. 8.112/90.

C) *Incorreta*. É possível, conforme art. 106 da Lei n. 8.112/90.

D) *Incorreta*. Eles interrompem a prescrição, conforme art. 111 da Lei n. 8.112/90.

E) *Correta*. Conforme art. 110, parágrafo único, da Lei n. 8.112/90.

↗ **Gabarito: "E".**

9. REGIME DISCIPLINAR

9.1 Deveres

Os deveres são obrigações a todos os servidores públicos, presentes no art. 116 do Estatuto. O seu descumprimento acarreta, como regra, advertência.

> Art. 116. São deveres do servidor:
>
> I – exercer com zelo e dedicação as atribuições do cargo;
>
> II – ser leal às instituições a que servir;
>
> III – observar as normas legais e regulamentares;

IV – cumprir as ordens superiores, exceto quando manifestamente ilegais;

V – atender com presteza:

a) ao público em geral, prestando as informações requeridas, ressalvadas as protegidas por sigilo;

b) à expedição de certidões requeridas para defesa de direito ou esclarecimento de situações de interesse pessoal;

c) às requisições para a defesa da Fazenda Pública.

VI – levar as irregularidades de que tiver ciência em razão do cargo ao conhecimento da autoridade superior ou, quando houver suspeita de envolvimento desta, ao conhecimento de outra autoridade competente para apuração;

VII – zelar pela economia do material e a conservação do patrimônio público;

VIII – guardar sigilo sobre assunto da repartição;

IX – manter conduta compatível com a moralidade administrativa;

X – ser assíduo e pontual ao serviço;

XI – tratar com urbanidade as pessoas;

XII – representar contra ilegalidade, omissão ou abuso de poder.

Parágrafo único. A representação de que trata o inciso XII será encaminhada pela via hierárquica e apreciada pela autoridade superior àquela contra a qual é formulada, assegurando-se ao representando ampla defesa.

9.2 Proibições

Proibições são condutas vedadas aos servidores descritas no art. 117 do Estatuto.

Art. 117. Ao servidor é proibido:

I – ausentar-se do serviço durante o expediente, sem prévia autorização do chefe imediato;

II – retirar, sem prévia anuência da autoridade competente, qualquer documento ou objeto da repartição;

III – recusar fé a documentos públicos;

IV – opor resistência injustificada ao andamento de documento e processo ou execução de serviço;

V – promover manifestação de apreço ou desapreço no recinto da repartição;

VI – cometer a pessoa estranha à repartição, fora dos casos previstos em lei, o desempenho de atribuição que seja de sua responsabilidade ou de seu subordinado;

VII – coagir ou aliciar subordinados no sentido de filiarem-se a associação profissional ou sindical, ou a partido político;

VIII – manter sob sua chefia imediata, em cargo ou função de confiança, cônjuge, companheiro ou parente até o segundo grau civil;

IX – valer-se do cargo para lograr proveito pessoal ou de outrem, em detrimento da dignidade da função pública;

X – participar de gerência ou administração de sociedade privada, personificada ou não personificada, exercer o comércio, exceto na qualidade de acionista, cotista ou comanditário;

XI – atuar, como procurador ou intermediário, junto a repartições públicas, salvo quando se tratar de benefícios previdenciários ou assistenciais de parentes até o segundo grau, e de cônjuge ou companheiro;

XII – receber propina, comissão, presente ou vantagem de qualquer espécie, em razão de suas atribuições;

XIII – aceitar comissão, emprego ou pensão de Estado estrangeiro;

XIV – praticar usura sob qualquer de suas formas;

XV – proceder de forma desidiosa;

XVI – utilizar pessoal ou recursos materiais da repartição em serviços ou atividades particulares;

XVII – cometer a outro servidor atribuições estranhas ao cargo que ocupa, exceto em situações de emergência e transitórias;

XVIII – exercer quaisquer atividades que sejam incompatíveis com o exercício do cargo ou função e com o horário de trabalho;

XIX – recusar-se a atualizar seus dados cadastrais quando solicitado.

Parágrafo único. A vedação de que trata o inciso X do caput deste artigo não se aplica nos seguintes casos:

I – participação nos conselhos de administração e fiscal de empresas ou entidades em que a União detenha, direta ou indiretamente, participação no capital social ou em sociedade cooperativa constituída para prestar serviços a seus membros; e

II – gozo de licença para o trato de interesses particulares, na forma do art. 91 desta Lei, observada a legislação sobre conflito de interesses.

9.3 Acumulação

A acumulação está prevista nos arts. 118 a 120 do Estatuto.

Como regra, os cargos públicos, empregos públicos e funções públicas não podem ser acumulados.

Exceções quando houver compatibilidade de horário:

a) Dois cargos de professor;

b) Um cargo de professor com outro, técnico ou científico;

c) Dois cargos ou empregos privativos de profissionais de saúde;

d) Qualquer cargo com o de vereador (art. 38 da Constituição Federal)

A acumulação irregular poderá acarretar a aplicação da penalidade de demissão.

9.4 Responsabilidades

As responsabilidades estão previstas nos arts. 121 a 126 do Estatuto.

As faltas cometidas por servidores podem ensejar em responsabilização nas esferas administrativa (penalidades disciplinares), civil (indenização por danos patrimoniais e morais) e penal (sanções penais).

> **ATENÇÃO**
>
> Como regra, as responsabilizações são independentes. Exceção – a absolvição penal pela negativa de autoria ou pela inexistência do fato impede a penalidade administrativa para o mesmo fato. Ausência de provas não obsta a aplicação de penalidade administrativa.

A responsabilidade civil decorre de ato comissivo ou omissivo que provoque prejuízo ao erário ou a terceiros nos casos de dolo ou culpa.

a) Sendo o dano causado diretamente à Administração Pública, poderá acarretar desconto na remuneração.

b) Sendo o dano causado a terceiros, a Administração Pública realizará o pagamento da indenização e exigirá a devolução dos valores ao servidor público por meio de ação regressiva.

A obrigação de reparar o dano se estende aos sucessores (herdeiros) até o limite da herança recebida.

9.5 Penalidades

As penalidades estão previstas no art. 127 do Estatuto.

A prática de falta funcional acarretará aplicação de penalidades:

a) advertência;

b) suspensão;

c) demissão;

d) cassação de aposentadoria ou disponibilidade;
e) destituição do cargo em comissão ou da função de confiança.

1) Advertência

Será aplicada em virtude da prática de falta leve, como as previstas no art. 117, I a VIII e XIX, do Estatuto.

A advertência será por escrito (vedada de modo verbal).

O registro da advertência será cancelado após 3 anos.

2) Suspensão

A suspensão será aplicada nos casos de reincidência de faltas punidas com advertência e para os casos não previstos para advertência e demissão.

A penalidade poderá ser de 1 a 90 dias.

A critério da Administração Pública, a suspensão poderá ser convertida em multa de 50% da remuneração por dia que deveria estar suspenso. Nesse caso, o servidor continuará no exercício das atribuições do cargo.

O registro da suspensão será cancelado após 5 anos.

3) Demissão

A demissão é a penalidade mais grave e acarretará desligamento do servidor público.

O art. 132 do Estatuto apresenta rol taxativo das hipóteses para demissão:
a) crime contra a administração pública;
b) abandono de cargo;
c) inassiduidade habitual;
d) improbidade administrativa;
e) incontinência pública e conduta escandalosa, na repartição;
f) insubordinação grave em serviço;
g) ofensa física, em serviço, a servidor ou a particular, salvo em legítima defesa própria ou de outrem;
h) aplicação irregular de dinheiros públicos;
i) revelação de segredo do qual se apropriou em razão do cargo;
j) lesão aos cofres públicos e dilapidação do patrimônio nacional;
k) corrupção;
l) acumulação ilegal de cargos, empregos ou funções públicas;
m) transgressão dos incisos IX a XVI do art. 117 do Estatuto.

> **ATENÇÃO**
>
> Não poderá retornar ao serviço público federal o servidor que for demitido ou destituído do cargo em comissão por prática de crime contra a administração pública; improbidade administrativa; aplicação irregular de dinheiro público; lesão aos cofres públicos; ou corrupção.

As condutas de improbidade administrativa; aplicação irregular de dinheiro público; lesão aos cofres públicos e corrupção acarretarão indisponibilidade dos bens e ressarcimento ao erário.

4) Cassação de aposentadoria ou disponibilidade

Será aplicada quando o fato apurado punível com demissão tenha ocorrido no desempenho da atividade pública, anterior à aposentadoria e à disponibilidade.

Uma vez aposentado ou posto em disponibilidade, não é possível aplicar demissão.

5) Destituição do cargo em comissão ou da função de confiança

Será aplicada quando a falta praticada for punível com suspensão ou demissão, mas o servidor não titulariza cargo efetivo.

9.6 Competência para aplicação das penalidades

As competências para aplicação das penalidades disciplinares estão previstas no art. 141 do Estatuto:

a) Demissão e Cassação de Aposentadoria ou disponibilidade – Presidente da República, Presidentes das Casas do Poder Legislativo e dos Tribunais Federais e Procurador-Geral da República do respectivo Poder ou Órgão.

> **ATENÇÃO**
> Presidente da República delega competência aos Ministros de Estado para aplicação da penalidade de demissão para os servidores do respectivo Ministério, conforme Decreto n. 3.035/99.

b) Suspensão superior a 30 dias – Ministros (Poder Executivo);

c) Advertência e suspensão de até 30 dias – chefe de repartição;

d) Destituição de cargo em comissão – mesma autoridade que tiver realizado a nomeação.

> **LEMBRE-SE**
> A autoridade maior pode também aplicar as sanções previstas para a autoridade menor. O inverso gera a nulidade do ato.

9.7 Prescrição

A prescrição está prevista no art. 142 do Estatuto.

A ação disciplinar prescreverá observado que quanto maior for a penalidade, maior será o prazo:

a) demissão, cassação de aposentadoria ou de disponibilidade e destituição do cargo em comissão ou função de confiança – 5 anos;

b) suspensão – 2 anos;

c) advertência – 180 dias.

Se a infração disciplinar também for tipificada como crime, o prazo prescricional adotado será o da lei penal.

O marco inicial da contagem do prazo prescricional é a data em que o fato irregular se tornar conhecido.

Haverá interrupção da prescrição com a instauração de sindicância ou de processo administrativo disciplinar até a finalização dos mesmos em seus prazos regulares (jurisprudência do Superior Tribunal de Justiça). Por exemplo, o prazo regular do processo administrativo disciplinar é 140 dias (60 dias, prorrogação por mais 60 dias e 20 dias para julgamento). Caso o procedimento não tenha se findado em até 140 dias, o prazo voltará a correr.

9.8 Procedimentos de apuração de falta disciplinar

São dois os procedimentos para apuração de irregularidades funcionais:

a) sindicância;

b) processo administrativo disciplinar – que poderá ser comum ou de rito sumário.

A instauração do procedimento de apuração não é uma faculdade da autoridade pública competente. Trata-se de um dever.

Os procedimentos que poderão resultar em aplicação de penalidade devem garantir o exercício do contraditório e da ampla defesa.

O art. 144 do Estatuto exige a identificação do denunciante para que sua denúncia possa ser apurada. A jurisprudência do Superior Tribunal de Justiça, a partir da interpretação do princípio e do poder de autotutela concluiu que a **denúncia anônima** não pode ser prontamente descartada. Deverá ser verificada por sindicância investigativa. Caso obtenha mais elementos quanto à autoria ou à materialidade, poderá ser instaurada sindicância acusatória ou processo administrativo disciplinar.

9.9 Sindicância

A sindicância, prevista no art. 145 do Estatuto, é o procedimento administrativo que visa a apuração de irregularidade praticada por servidor público cuja pena máxima seja a de suspensão por até 30 dias.

O prazo para sua conclusão é de 30 dias, prorrogável por igual período a critério da autoridade competente.

A sindicância poderá ser de dois tipos:

a) Investigativa – para obtenção de maiores elementos. Não tem por finalidade a aplicação de penalidades e, por isso, não há necessidade de contraditório e de ampla defesa;
b) Acusatória – tem por finalidade a apuração da falta e ao final poderá aplicar penalidade. Assim, há a necessidade de oportunizar contraditório e ampla defesa ao acusado.

A sindicância poderá resultar em:

- Arquivamento – quando não encontrados elementos suficientes para sanção ou quando negada a autoria ou a materialidade do fato;
- Aplicação da penalidade de advertência ou de suspensão de até 30 dias;
- Instauração de processo administrativo disciplinar se a apuração concluir que a penalidade a ser aplicada é suspensão superior a 30 dias, demissão, cassação da aposentadoria ou da disponibilidade ou destituição do cargo em comissão. Nesse caso os autos da sindicância servirão como medida preparatória.

> **ATENÇÃO**
>
> A penalidade superior à de suspensão de 30 dias aplicada a partir da conclusão da sindicância é nula. Vício de forma.

9.10 Processo administrativo disciplinar

É o procedimento administrativo para apuração de irregularidades praticadas por servidor público, em especial as graves com penas de suspensão (superior a 30 dias), demissão, cassação de aposentadoria ou disponibilidade e destituição do cargo em comissão.

O prazo para conclusão do processo administrativo disciplinar é de 60 dias, sendo possível a prorrogação por igual período. O marco inicial do prazo é a data de publicação da portaria de constituição da comissão para apuração (art. 150 do Estatuto).

A comissão é formada por três membros, servidores estáveis, sendo o presidente ocupante de cargo superior ou de mesmo nível, ou ter escolaridade igual ou superior ao do acusado (art. 149 do Estatuto).

As reuniões e as audiências das comissões terão caráter reservado.

> **ATENÇÃO**
>
> Não poderá participar de comissão de sindicância ou de inquérito cônjuge, companheiro ou parente do acusado, consanguíneo ou afim, em linha reta ou colateral, até o terceiro grau.

1) Afastamento preventivo

Previsto no art. 147 do Estatuto, para impedir que o servidor interfira na apuração poderá ser determinado o seu afastamento do exercício do cargo.

O prazo máximo de afastamento é de 60 dias, prorrogável por igual período, sem prejuízo da remuneração.

2) Fases do processo administrativo disciplinar

O art. 151 do Estatuto divide o PAD em três fases:

a)   instauração;

b) inquérito administrativo – instrução, defesa e relatório;

c) julgamento.

A **instauração** ocorre com a publicação da portaria de constituição da comissão.

O **inquérito administrativo** compreende a investigação, elucidação, do fato.

Durante a instrução, a comissão poderá realizar diligências, colher depoimentos, realizar acareações, requerer perícia.

O Superior Tribunal de Justiça admite o uso de provas emprestadas do processo penal que tenha por finalidade a apuração do mesmo fato, desde que haja autorização do juízo competente.

O acusado poderá acompanhar toda a fase de instrução, não sendo obrigatória a participação de advogado (Súmula Vinculante 5), podendo arrolar e reinquirir testemunhas, produzir provas e contraprovas e formular quesitos para a prova pericial.

O interrogatório do acusado ocorrerá após a inquirição das testemunhas.

Concluídas as medidas preparatórias para formação do juízo inicial, a comissão decidirá pelo indiciamento ou não. Consequências:

- Tipificada a infração disciplinar muda-se o *status* de acusado para indiciado;
- Não tipificada a infração, a comissão requererá o arquivamento do procedimento.

Uma vez indiciado, haverá citação com a apresentação dos fatos apurados, as provas produzidas e possibilidade de defesa escrita.

Caso o indiciado não seja encontrado será citado por edital.

> **ATENÇÃO**
> A ausência de citação acarreta da nulidade do procedimento e da eventual penalidade.

O prazo para defesa é de 10 dias, para um indiciado, ou de 20 dias para mais de um. O prazo poderá ser prorrogado pelo dobro em caso de necessária diligência (art. 161 do Estatuto).

> **ATENÇÃO**
> No caso de citação por edital, o prazo para defesa será de 15 dias.

Sendo considerado revel o indiciado, será nomeado defensor dativo, que poderá ser servidor de igual cargo ou superior, ou de mesmo nível de escolaridade ou superior.

Apresentada a defesa, a comissão elaborará o relatório (art. 165 do Estatuto).

O relatório deverá conter resumo das peças principais dos autos e devem ser mencionadas as provas utilizadas para formação da convicção. O relatório deverá ser conclusivo, a indicar a inocência ou a responsabilidade do servidor, apresentar os dispositivos legais violados e a penalidade possível de ser aplicada.

Concluído o relatório, a comissão encaminhará o processo para a autoridade competente para **julgamento**.

De posse do relatório, a autoridade competente terá 20 dias para julgamento. O decurso do prazo não impedirá a aplicação da penalidade, salvo ocorrência de prescrição (art. 169, § 1º, do Estatuto).

> **ATENÇÃO**
> Em regra, o julgamento acompanhará o relatório da comissão, salvo se aquele for contrário às provas nos autos.

Verificada a existência de vícios no procedimento, a autoridade competente declarará a nulidade total ou parcial e determinará a constituição de nova comissão.

> **IMPORTANTE**
>
> O servidor que responder a processo disciplinar só poderá ser exonerado a pedido, ou aposentado voluntariamente, após a conclusão do processo e o cumprimento da penalidade, acaso aplicada.

9.11 Processo administrativo disciplinar de rito sumário

Esse processo administrativo está previsto nos arts. 133 a 140 do Estatuto.

Trata-se de processo administrativo abreviado para apuração de faltas específicas (que demandam menor juízo probatório) puníveis com demissão.

As faltas apuráveis em PAD de rito sumário são:

a) Acumulação irregular de cargos;

b) Abandono de cargo – ausência **intencional** injustificada por mais de 30 dias consecutivos;

c) Inassiduidade habitual – ausência injustificada por 60 ou mais dias intercalados em um período de 12 meses.

O prazo para conclusão do procedimento é de 30 dias, prorrogável por 15 dias.

O PAD de rito sumário possui três fases:

a) Instauração – por portaria que constituir a comissão contendo dois servidores estáveis.

b) Instrução sumária – indiciação, defesa (5 dias) e relatório.

c) Julgamento em 5 dias.

O procedimento de rito sumário adotará de modo subsidiário os elementos do PAD de rito comum.

> **ATENÇÃO**
>
> No caso da acumulação irregular de cargos, a chefia do servidor o notificará para que proceda à escolha de um dos cargos antes da instauração do PAD. Instaurado, o servidor poderá realizar sua escolha até o último dia do prazo para defesa, hipótese em que ocorrerá a exoneração do cargo preterido e o PAD será extinto sem aplicação de penalidade.

9.12 Revisão

A revisão está prevista nos arts. 174 a 182 do Estatuto.

O processo disciplinar poderá ser revisto após a sua conclusão.

Revisão	
Quando?	A qualquer tempo.
Requisitos?	Fatos ou circunstâncias novos.
Quem poderá requerer?	A administração pública ou o interessado. Em caso de falecimento, desaparecimento ou ausência do servidor, qualquer pessoa da família poderá requerer.
A quem compete o ônus da prova?	Ao requerente.
A nova decisão poderá ser mais grave?	Não. Ou se declara a inocência, ou se atenua a penalidade imposta ou se mantém a decisão original.

Deferido pela autoridade competente o requerimento de revisão, será constituída comissão para apuração no mesmo órgão ou entidade no qual se originou o processo disciplinar.

A revisão ocorrerá em apenso ao processo originário e adotará, no que couberem, os procedimentos do processo administrativo disciplinar.

9.13 Questões

1. (FCC –TRF 4ª Região – Analista Judiciário – 2019) Paulo da Silva é servidor federal e foi designado para compor Comis-

são Processante destinada a apurar a responsabilidade de outro servidor público. Ao tomar ciência da designação, Paulo verifica que o servidor investigado é seu parente de quarto grau, por intermédio de uma irmã adotiva de sua mãe. Diante da situação relatada e à luz do que dispõem a Lei n. 8.112/90 e a Lei n. 9.784/99, Paulo:

A) é obrigado a comunicar o impedimento à autoridade que o designou, abstendo-se de atuar, sob pena de responsabilidade funcional.
B) é obrigado a comunicar a suspeição à autoridade que o designou, abstendo-se de atuar, sob pena de responsabilidade funcional.
C) deve prosseguir na Comissão, pois as leis em questão determinam expressamente que parentescos baseados em adoção são incapazes de gerar incompatibilidade para atuação em processo administrativo.
D) não está obrigado a comunicar impedimento, mas pode declarar-se em situação de suspeição, solicitando o afastamento à autoridade que o designou.
E) não está obrigado a comunicar suspeição, mas pode declarar-se em situação de impedimento, solicitando o afastamento à autoridade que o designou.

↳ **Resolução:**

Não poderão participar de comissão de sindicância ou de inquérito, por impedimento, cônjuge, companheiro ou parente do acusado, consanguíneo ou afim, em linha reta ou colateral, **até o terceiro grau**, conforme art. 149, § 2º, da Lei n. 8.112/90.

Como o enunciado apresentou tratar-se de quarto grau, não se caracterizaria impedimento, mas poderia alegar-se suspeição por amizade íntima, se fosse o caso.

↗ **Gabarito: "D".**

2. (FCC –TER-PR – Analista Judiciário – 2017) No que se refere à prescrição no âmbito da ação disciplinar, a Lei n. 8.112/90 estabelece que:

A) o prazo prescricional começa a correr da data da ocorrência do fato.
B) a abertura de sindicância não interrompe a prescrição.
C) a instauração de processo disciplinar interrompe a prescrição, até a decisão final proferida por autoridade competente.
D) infrações puníveis com demissão são imprescritíveis.
E) prescreve em 2 anos a ação disciplinar quanto às infrações puníveis com suspensão e advertência.

↳ **Resolução:**
A) *Incorreta.* Inicia-se da ciência do fato irregular, conforme art. 142, § 1º, da Lei n. 8.112/90.
B) *Incorreta.* A instauração de sindicância ou processo administrativo disciplinar interrompe o prazo prescricional, conforme art. 142, § 3º, da Lei n. 8.112/90.
C) *Correta.* Legalmente correta, mas o Superior Tribunal de Justiça possui posicionamento de que após 140 dias, sem decisão, retornaria a contagem do prazo prescricional.
D) *Incorreta.* Há prescrição, conforme art. 142 da Lei n. 8.112/90.
E) *Incorreta.* Apenas quanto à suspensão. Para advertência a prescrição ocorre em 180 dias, conforme art. 142, III, da Lei n. 8.112/90.

↗ **Gabarito: "C".**

3. (FCC –TRF 3ª Região – Analista Judiciário – 2016) Ricardo, servidor público do Tribunal Regional Federal da 3ª Região, foi condenado administrativamente à penalidade de demissão. Já seu colega Bernardo, também servidor público do Tribunal Regional Federal da 3ª Região e ocupante de cargo em comissão, foi condenado administrativamente à penalidade de destituição do cargo em comissão. Nos termos da Lei n. 8.112/90, as mencionadas penalidades disciplinares foram aplicadas:

A) pelo Presidente do Tribunal Regional Federal da 3ª Região e pela autoridade que nomeou Bernardo para o cargo em comissão, respectivamente.
B) pelo Presidente do Tribunal Regional Federal da 3ª Região em ambos os casos, não importando, na segunda hipótese, qual autoridade nomeou Bernardo para o cargo em comissão.
C) pela autoridade administrativa de hierarquia imediatamente inferior à do Presidente do Tribunal Regional Federal da 3ª Região em ambos os casos, não importando, na segunda hipótese, qual autoridade nomeou Bernardo para o cargo em comissão.
D) pela autoridade administrativa de hierarquia imediatamente inferior à do Presidente do Tribunal Regional Federal da 3ª Região e pela autoridade que nomeou Bernardo para o cargo em comissão, respectivamente.

E) pela autoridade administrativa de hierarquia imediatamente inferior à do Presidente do Tribunal Regional Federal da 3ª Região e pelo Presidente do Tribunal Regional Federal da 3ª Região, respectivamente.

↳ **Resolução:**

O art. 141 da Lei n. 8.112/90 aponta a competência para aplicação das penalidades administrativas.

A demissão será aplicada pelo Presidente do Tribunal Federal e a destituição do cargo em comissão pela autoridade que houver feito a nomeação.

↗ **Gabarito: "A".**

4. (FCC –TER-AP – Analista Judiciário – 2015) Sobre o processo administrativo disciplinar previsto na Lei n. 8.112/90, é correto afirmar que:

A) as denúncias sobre irregularidades serão objeto de apuração, podendo ser formuladas verbalmente ou por escrito.

B) quando o fato narrado não configurar evidente infração disciplinar ou ilícito penal, a denúncia será arquivada.

C) o prazo para a conclusão da sindicância não excederá 30 dias, podendo ser prorrogado no máximo por duas vezes, desde que por igual período.

D) o afastamento preventivo do servidor é medida obrigatória para que este não venha a influir na apuração da irregularidade.

E) as duas fases previstas legalmente para o processo disciplinar são sua instauração e conclusão.

↳ **Resolução:**

A) *Incorreta*. As denúncias devem ser formuladas por escrito, conforme art. 144 da Lei n. 8.112/90.

B) *Correta*. Conforme art. 144, parágrafo único, da Lei n. 8.112/90.

C) *Incorreta*. A sindicância, legalmente, só pode ser prorrogada uma vez por igual período, conforme art. 144, parágrafo único, da Lei n. 8.112/90.

D) *Incorreta*. Medida facultativa, conforme art. 147 da Lei n. 8.112/90.

E) *Incorreta*. São três fases – instauração, inquérito e conclusão, conforme art. 151 da Lei n. 8.112/90.

↗ **Gabarito: "B".**

5. (FCC – AL-PB – Assessor Técnico Legislativo – 2013) No que concerne à revisão do processo disciplinar, prevista na Lei n. 8.112/90, está INCORRETO o que consta em:

A) Será julgada pela autoridade que aplicou a penalidade.

B) Será dirigida a Ministro de Estado ou autoridade equivalente.

C) Correrá em apenso ao processo originário.

D) Não será cabível na hipótese de desaparecimento do servidor.

E) Não poderá resultar agravamento de penalidade.

↳ **Resolução:**

A) *Correta*. Conforme art. 181 da Lei n. 8.112/90.

B) *Correta*. Conforme art. 177 da Lei n. 8.112/90.

C) *Correta*. Conforme art. 178 da Lei n. 8.112/90.

D) *Incorreta*. Em caso de falecimento, ausência ou desaparecimento do servidor, qualquer pessoa da família poderá requerer a revisão, conforme art. 174, § 1º, da Lei n. 8.112/90.

E) *Correta*. Conforme art. 182, parágrafo único, da Lei n. 8.112/90.

↗ **Gabarito: "D".**

REFERÊNCIAS

CARVALHO FILHO, José dos Santos. *Manual de direito administrativo*. 31. ed. São Paulo: Atlas, 2017.

DI PIETRO, Maria Sylvia Zanella. *Direito administrativo*. 31. ed. São Paulo: Forense, 2018.

MELO, Celso Antônio Bandeira de. *Curso de direito administrativo*. 33. ed. São Paulo: Malheiros, 2018.

PAULO, Vicente; ALEXANDRINO, Marcelo. *Direito administrativo descomplicado*. 26. ed. São Paulo: Método, 2018.

JUSTEN FILHO, Marçal. *Curso de direito administrativo*. 13. ed. São Paulo: Revista dos Tribunais, 2018.